湖南省企业管理现代化创新成果

HUNAN SHENG QIYE GUANLI
XIANDAIHUA CHUANGXIN CHENGGUO

（第二十三届）

 湖南省企业和工业经济联合会 编

2022

湖南人民出版社·长沙·

本作品中文简体版权由湖南人民出版社所有。
未经许可，不得翻印。

图书在版编目（CIP）数据

湖南省企业管理现代化创新成果：第二十三届 / 湖南省企业和工业经济联合会编. —长沙：湖南人民出版社，2023.8

ISBN 978-7-5561-3308-6

Ⅰ. ①湖…　Ⅱ. ①湖…　Ⅲ. ①企业管理—现代化管理—创新管理—成果—汇编—湖南　Ⅳ. ①F279.276.4

中国国家版本馆CIP数据核字（2023）第158228号

HUNAN SHENG QIYE GUANLI XIANDAIHUA CHUANGXIN CHENGGUO（DI-ERSHISAN JIE）

湖南省企业管理现代化创新成果（第二十三届）

编　　者	湖南省企业和工业经济联合会
责任编辑	唐　艳
装帧设计	谢俊平
责任校对	谢　喆

出版发行	湖南人民出版社 ［http://www.hnppp.com］
地　　址	长沙市营盘东路3号
邮　　编	410005
经　　销	湖南省新华书店
印　　刷	长沙市雅捷印务有限公司
版　　次	2023年8月第1版
印　　次	2023年8月第1次印刷
开　　本	889 mm × 1194 mm　　1/16
印　　张	45.75
字　　数	1220千字
书　　号	ISBN 978-7-5561-3308-6
定　　价	128.00元

营销电话：0731-82221529　　（如发现印装质量问题请与出版社调换）

湖南省企业管理现代化创新成果(第二十三届)审定委员会

顾　　问：武吉海

主　　任：杨亲鹏

执行主任：杨月华

副 主 任：吴金明　杨晓喻　宁建业　王国海

评审委员：(按姓氏笔画排序)

尹向东　朱有志　刘松林

祁顺生　张　辉　陆远如

陈荣元　欧　文　颜　琰

湖南省企业管理现代化创新成果(第二十三届)编辑部

主　编：陆远如

副主编：（按姓氏笔画排序）

　　　　宁建业　祁顺生　张　辉　陈荣元

编　辑：朱晓燕　唐　胜

目　录

关于发布和推广第二十三届湖南省企业管理现代化创新成果的通知 …………………………（1）

数字化转型与智能化提升

基于全国首家储能集控平台的储能全寿命周期智慧管理 ……… 国网湖南综合能源服务有限公司（13）
省级电网企业输电运检数字化转型
　　……… 国网湖南省电力有限公司电力科学研究院、国网湖南省电力有限公司超高压输电公司（22）
烟草商业企业卷烟智能配送服务数字化转型实践 ………… 湖南省长株潭烟草物流有限责任公司（30）
电网企业抽水蓄能电站智慧化调度管理
　　………………… 国网湖南省电力有限公司、国网新源湖南黑麋峰抽水蓄能有限公司（37）
大型水电企业基于集控中心建设的智慧管理 …………… 国网湖南省电力有限公司水电分公司（45）
省级电网企业能源智库数字能力体系建设 ………… 国网湖南省电力有限公司经济技术研究院（52）
电网企业营销业务风险数字化内控体系构建与实践 ……………… 国网湖南省电力有限公司（60）
大型暖通制冷设备企业基于自主研发综合信息平台的生产数字化集控管理
　　……………………………………………………………… 长沙格力暖通制冷设备有限公司（69）
省级电网企业电费管理智慧化转型升级 …… 国网湖南省电力有限公司供电服务中心（计量中心）（75）
冬奥会智慧融冰供电保障体系构建 ………………………………… 国网湖南省电力有限公司（81）
高效联动一体贯通的数字化转型管理体系构建与应用 ………………… 中车株洲电机有限公司（87）
中药制剂生产企业基于信息化及智能化的管理创新体系建设 ……… 湖南方盛制药股份有限公司（94）

国企改革与项目管理

轨道交通装备企业集团基于分层分类的机制改革创新实践 …… 中车株洲电力机车研究所有限公司（103）
国有平台型企业以资源聚集为核心的智能网联产业培育管理
　　……………………………………………………………… 湖南湘江智能科技创新中心有限公司（111）

大型建筑企业全生命周期快速建造体系的构建与实践 …………… 中建五局第三建设有限公司（119）
基于政企战略合作模式的电网建设体系创新与实践 ……………… 国网湖南省电力有限公司（126）
高新技术企业跨国并购固定资产投资本土化管理创新与实践
……………………………………………………………… 株洲时代新材料科技股份有限公司（133）
"双碳"目标下电网企业主导的省域小水电聚合管理 ……………… 国网湖南省电力有限公司（140）
特大型发电企业投资项目全过程智能化管理的实践 …………… 湖南大唐先一科技有限公司（147）
多业态集团型企业授权管理体系构建与实施 ………………… 航天凯天环保科技股份有限公司（153）
省级电网企业基于"大中台"的项目投资管理体系构建 …………… 国网湖南省电力有限公司（160）
市级电网企业项目全过程多维精益化管理 ………… 国网湖南省电力有限公司张家界供电分公司（166）
高端制造企业全流程管控的固定资产投资业务体系构建与实施 …… 中国航发中传机械有限公司（172）
国有企业重组整合下现代制造业子公司管理体系的探索与实践 ………… 中车株洲车辆有限公司（178）
大型建筑工程施工企业"融合型"项目管理创新 ………………… 中交中南工程局有限公司（185）

服务创新与管理提升

烟草企业流畅体验的智能客服管理 …………………………… 湖南省烟草公司长沙市公司（193）
市级烟草商业企业保供保畅物流防疫应急体系构建 …………… 湖南省烟草公司邵阳市公司（201）
基于数字化转型背景下客户服务体系构建 …………………… 湖南省烟草公司永州市公司（210）
市级烟草企业营销服务价值创造管理体系构建 ………………… 湖南省烟草公司益阳市公司（218）
基于信用评价的卷烟零售客户数字化服务机制构建 …………… 湖南省烟草公司株洲市公司（226）
数字科技型企业构建区域产业金融互动生态，为中小企业提供"精准"融资服务
……………………………………………………………………… 联通数字科技有限公司湖南分公司（234）
地市电网企业聚焦先进制造业电压暂降的供电服务管理
……………………………………………………………… 国网湖南省电力有限公司长沙供电分公司（241）
电信运营商工业互联网服务能力提升实践 ……… 中国联合网络通信有限公司湖南省分公司（247）
机载企业多样化需求下的敏捷客服体系建设 ………………… 中航飞机起落架有限责任公司（253）
市级烟草商业企业现代卷烟零售终端管理体系的构建 …………… 湖南省烟草公司怀化市公司（259）
基于新时代文明实践中心的智慧供电服务融合管理 …… 国网湖南省电力有限公司常德供电分公司（266）
地市级烟草商业企业智慧物流管理体系的构建与应用 …………… 湖南省烟草公司岳阳市公司（273）
市级烟草商业企业高效协同物流配送体系构建 ………………… 湖南省烟草公司永州市公司（280）
实现两网共赢发展的全链条防灾减灾与应急管理 …… 国网湖南省电力有限公司郴州供电分公司（286）

目 录

人力资源与科技管理

国有资本投资公司多层次人才体系构建 ………… 湖南高新创业投资集团有限公司（295）
市级烟草企业全员积分精准考核体系构建 ………… 湖南省烟草公司娄底市公司（303）
高端制造企业芯片支持技术评价与决策管理创新 ………… 中车株洲电力机车研究所有限公司（310）
"菁英工程"青年人才培养管理体系建设实践 ……… 国网湖南省电力有限公司株洲供电分公司（319）
大型电力建设企业面向转型发展的科技管理探索实践
　………… 中国电建集团中南勘测设计研究院有限公司（326）
大型国有企业数字化人力资源共享服务体系构建与实施 ………… 中车株洲电力机车有限公司（333）
省级电网企业基于中长期激励的科技创新成果转化管理改革实践 …… 国网湖南省电力有限公司（342）
贡献累进型员工管理体系构建与实施 ………… 长沙五七一二飞机工业有限责任公司（349）
电网企业供电所定员定额数字化管理体系构建与应用 ………… 国网湖南省电力有限公司（357）
大型军工企业基于人力资源管理平台的精准管理体系的构建 ………… 江麓机电集团有限公司（363）
新能源车辆装配技能人才梯队培育管理体系构建 ………… 中车时代电动汽车股份有限公司（369）
新能源车辆装配企业学习型团队育成体系构建 ………… 中车时代电动汽车股份有限公司（376）
地市级烟草企业技术技能人员积分制管理体系构建 ………… 湖南省烟草公司衡阳市公司（383）
国有企业基于战略目标实现的体系化绩效考核体系构建 ………… 江南工业集团有限公司（389）

绿色低碳发展与社会责任管理

水利水电工程全生命周期低碳减排目标下的设计管理 ………… 湖南省湘水集团有限公司（397）
大型钢铁企业绿色发展管理的探索与创新 ………… 湖南华菱湘潭钢铁有限公司（407）
电网企业老旧库区遗留问题化解体系构建 ………… 国网湖南省电力有限公司娄底供电分公司（416）
电网企业高质量健康管理体系构建与实施 ………… 国网湖南省电力有限公司（423）
电力产业管理企业"光储充"一体贯通的管理创新 ………… 湖南电力产业管理公司（湘能集团）（429）
国有煤炭企业基于绿色发展理念的改革创新体系构建 ……… 湖南省煤业集团资兴实业有限公司（435）
高端乳品企业"三优一体"社会责任体系的搭建与实施 ………… 澳优乳业（中国）有限公司（441）
市级供电企业新能源并网服务管理体系构建 ………… 国网湖南省电力有限公司永州供电分公司（447）
施工企业基于装配式建筑的绿色低碳管理 ………… 五矿二十三冶建设集团有限公司（454）
电力企业的媒介形象管理创新 ………… 国网湖南省电力有限公司（460）

安全管理与风险管控

市级烟草商业企业纵深防御的网络安全体系构建与应用 ………… 湖南省烟草公司郴州市公司（469）

市级烟草商业企业法律风险管理精准融入标准化管理的协同运行体系构建与实践
.... 湖南省烟草公司株洲市公司(478)
电力大数据远程监管高危企业安全生产 .... 国网湖南省电力有限公司(486)
综合贸易企业基于风险控制的流程再造 .... 湖南华菱资源贸易有限公司(492)
市级烟草商业企业"零事故"安全文化体系构建 .... 湖南省烟草公司益阳市公司(499)
现代电网建设工程全过程安全智慧管理
.... 湖南省电力建设工程质量监督中心站、国网湖南省电力有限公司(505)
大型电网企业聚焦新能源网络安全的大纵深防御体系构建
.... 国网湖南省电力有限公司湘西供电分公司(512)
地市级烟草企业互联网涉烟大数据智能研判与监管 .... 湖南省烟草公司岳阳市公司(519)
大型建筑企业基于"安施达"平台的安全管理创新 .... 中湘智能建造有限公司(525)
军工制造型企业信创产业高质量发展管理体系的构建 ...... 湖南航天经济发展有限公司(531)

生产运营与基础管理

航空制造企业基于生产价值链效能提升的"改善周"探索与实施 ...... 中国航发南方工业有限公司(539)
冶炼企业全过程成本精细化管理 .... 株洲冶炼集团股份有限公司(546)
大型制造企业基于数据中台的存货管控体系建设 .... 三一集团有限公司(555)
市级电网企业新一代集控系统的变电设备运行管理提升实践
.... 国网湖南省电力有限公司湘潭供电分公司(562)
大型钢铁企业"零缺陷"特钢产品质量管理 .... 湖南华菱湘潭钢铁有限公司(568)
高端装备制造企业基于多元产业发展的供应链管理创新与实践
.... 株洲中车时代电气股份有限公司(575)
服务"四个一流"战略目标的省级电网企业专业管理穿透力建设 ...... 国网湖南省电力有限公司(581)
创新全员经营管理体系,助力国有大型制造企业管理升级 ...... 北京汽车股份有限公司株洲分公司(587)
军工企业基于价值创造的采购管理体系构建 .... 江南工业集团有限公司(594)
地市级烟草商业企业基于卓越绩效的自我诊断管理体系构建与应用 ... 湖南省烟草公司岳阳市公司(600)
基于全流程管控的房地产企业精细管理 .... 中建信和地产中南区域公司(606)
风力发电装备"三次物流"精益管理实践 .... 中车株洲电力机车研究所有限公司(612)
高端制造企业多体系协同融合的全业务流程优化 .... 中国航发中传机械有限公司(618)
打叶复烤企业基于"MES+"的智能生产管理体系构建与应用 ...... 湖南烟叶复烤有限公司(624)
大型发电企业电动机全生命周期动态管理实践 .... 湖南华电长沙发电有限公司(631)

军工企业精准计量管理体系的构建 …………………………… 江麓机电集团有限公司(637)

品牌建设与乡村振兴

基础电信企业助力乡村振兴的数字化服务体系建设 …… 中国联合网络通信有限公司湖南省分公司(645)
助力乡村振兴的"村电共治"体系建设 ………… 国网湖南省电力有限公司株洲供电分公司(653)
园林施工企业"绿叶红心"基层党组织品牌的创建与培育 ……………… 中建五局园林有限公司(660)
市级供电企业助力乡村振兴管理体系建设 ……… 国网湖南省电力有限公司怀化供电分公司(667)
地市级烟草商业企业共建共赢的农网流通品牌功能化建设 ………… 湖南省烟草公司长沙市公司(675)
市级烟草企业融入乡村振兴的农村营销网络构建 ………………… 湖南省烟草公司娄底市公司(683)
市级供电企业基于"'三农'供电效能提升"的配电精益管理体系构建
　　………………………………………………………… 国网湖南省电力有限公司衡阳供电分公司(690)
"高山上的蒲公英"基层党建品牌打造与实践 …… 湖南省烟草公司张家界市公司慈利县分公司(696)
地市级烟草商业企业基于消费者大数据分析的品牌协同营销管理 …… 湖南省烟草公司邵阳市公司(702)
科技型企业集团"一体三化"高质量党建品牌的构建与实施
　　………………………………………………………… 中车株洲电力机车研究所有限公司(709)
助力乡村振兴的农村电网精准投资管理 ………… 国网湖南省电力有限公司邵阳供电分公司(715)

关于发布和推广第二十三届湖南省企业管理现代化创新成果的通知

湘管审〔2022〕5号

各市州企业联合会、企业家协会，省直有关行业协会，各有关企业：

为深入贯彻落实习近平新时代中国特色社会主义思想和党的二十大精神，以及党中央国务院、省委省政府关于提升企业创新能力的决策部署，引导企业切实加强管理创新，持续推进企业管理体系和管理能力现代化建设，加快培育优质企业，促进企业高质量发展，助力实施"三高四新"战略定位和使命任务，湖南省企业管理现代化创新成果审定委员会（以下简称省审委会）组织开展了第二十三届湖南省企业管理现代化创新成果（以下简称本届创新成果）申报推荐与审定工作。截至2022年6月底，共收到并受理企业申报推荐本届创新成果材料164项。经组织专家组专家初审、现场咨询、省审委会评审、终审等程序，评选本届创新成果奖100项，其中一等奖36项，二等奖64项，现予以发布（名单详见附件）。

本届创新成果在稳增长与创新发展、保链稳链与"双循环"构建、数字化转型与智能化升级、国家及省重大工程实施与复杂系统工程管理、企业创新联合体构建与关键核心技术突破、商业模式创新与战略新兴产业发展、深化国有企业改革与中国特色现代企业制度建设、混合所有制改革与人才激励、组织变革与管控模式调整、绿色低碳发展与"双碳"管理、防范化解重大风险与合规管理、降本增效与质量提升、弘扬工匠精神与品牌培育、新型城镇化建设与乡村振兴等方面进行了有益探索，充分反映了全省企业坚持创新驱动、持续推进管理创新提质增效取得的成效，体现了应用现代化管理理念、管理理论、管理方法对生产经营管理进行创新实践的系统总结提炼，形成了创新管理经验，展示了当前企业管理的新特点、新趋势、新模式。

本届获奖创新成果属管理类省部级成果，将由省审委会组织编辑出版《湖南省企业管理现代化创新成果（第二十三届）》，为各级各有关部门制定政策提供参考，为企业生产经营提供学习借鉴，为大专院校和科研机构进行企业管理科学研究与教学提供现实案例。省审委会已从获得一等奖的本届创新成果中择优推荐参加第二十九届全国企业管理现代化创新成果审定。

根据国务院《国家科学技术奖励条例》和科技部《国家科学技术奖励条例实施细则》，参照《湖南省科学技术奖励办法》及其《实施细则》，结合有关企业制定的奖励办法，就本届创新成果宣传推广工作提出以下意见。

一、争取政府有关部门在落实政策和安排项目时，对获创新成果奖的企业优先支持，进一步鼓励企业不断加大管理创新力度，促进企业提质增效。

二、希望本届获奖的创新成果所属企业对创造人员给予适当奖励，将本届获奖创新成果记入本人档案，作为评优评先、考核晋级、评定专业技术职称、聘任行政职务等事项的依据之一。

三、各市州企业联合会、企业家协会，省直有关行业协会要贯彻落实党中央国务院和省委省政府的决策部署，围绕当前企业改革发展与经营管理面临的重点、难点问题，加强统筹协调和组织指导，积极开展专题性或区域性创新成果交流和宣传推广，充分发挥创新成果的示范作用。

四、全省广大企业特别是成果创造企业,要结合创新成果宣传推广活动,加强学习交流,进一步激发企业创新管理活力和创造力,实现高质量发展,为全面落实"三高四新"战略定位和使命任务,建设富强民主文明和谐美丽的社会主义现代化新湖南作出新的贡献。

附件:第二十三届湖南省企业管理现代化创新成果名单

湖南省企业管理现代化创新成果审定委员会
2022 年 11 月 3 日

附件

第二十三届湖南省企业管理现代化创新成果名单

一等奖（36项）				
序号	成果名称	申报企业	主要创造人	参与创造人
1	基于全国首家储能集控平台的储能全寿命周期智慧管理	国网湖南综合能源服务有限公司	谢学渊 李 宁	何海零、刘潇潇、黄博文、周 行、张岭乔、徐 勇、胡资鹏、刘 铠、李雄军
2	轨道交通装备企业集团基于分层分类的机制改革创新实践	中车株洲电力机车研究所有限公司	李东林 刘可安	张向阳、王 力、邓青瑞、何政军、刘 曦、陈 昆、唐远远、叶 朋、程 惠、涂晓红
3	航空制造企业基于生产价值链效能提升的"改善周"探索与实施	中国航发南方工业有限公司	王南海 戴琳琳	邓文珺、杨志利、袁健松、欧阳波、王国奇、吴昌生、蒋绍堂、罗逸峰、何 昀、谢 锦
4	水利水电工程全生命周期低碳减排目标下的设计管理	湖南省湘水集团有限公司	易放辉 黄跃群	周文杰、杨家亮、周光跃、詹双桥、周冀杨、欧阳君、曹思宇、周新章、谢辅义、彭映凡
5	国有平台型企业以资源聚集为核心的智能网联产业培育管理	湖南湘江智能科技创新中心有限公司	谢国富 高培基	姚 广、谭 敏、胡 锐、许星伟、田军锋、姜勇钢、刘 婷、覃业钊、秦之遥、毛荣标
6	基础电信企业助力乡村振兴的数字化服务体系建设	中国联合网络通信有限公司湖南省分公司	欧阳恩山	雷 鸣、何凌轩、朱 宏、王海荣、李 佳、胡太白、余 依、杨 鹏、郑 荣、曾小梅
7	冶炼企业全过程成本精细化管理	株洲冶炼集团股份有限公司	刘朗明 何献忠	陈湘军、谭轶中、王浩宇、龙 双、潘 帅、翟周违、周正华、冯 平、熊卫江、陈新峰
8	省级电网企业输电运检数字化转型	国网湖南省电力有限公司电力科学研究院、国网湖南省电力有限公司超高压输电公司	宋兴荣 岳一石	谭 奔、邹妍晖、蔡楚宇、曹明宇、王海跃、万富力、王 峰、杨利波、周 能、廖振宇
9	国有资本投资公司多层次人才体系构建	湖南高新创业投资集团有限公司	汪学高 吕诚伦	李艾东、杨 洁、李俊杰、蔡胜平、龙朝霞、黄有超、盛 庆、张志清、刘恋林、周启航
10	烟草商业企业卷烟智能配送服务数字化转型实践	湖南省长株潭烟草物流有限责任公司	姚利军 王可君	贺 东、刘文新、朱晓鸣、龙铁军、彭 岚、肖红球、游子方、王志祥、陈 阳、涂凯伦
11	电网企业抽水蓄能电站智慧化调度管理	国网湖南省电力有限公司、国网新源湖南黑麋峰抽水蓄能有限公司	刘永刚 刘海峰	邹 鑫、左 剑、向 明、张思远、杨 波、邹妍晖、柳妍妍、胡家华、卿梦琪、向 萌
12	大型制造企业基于数据中台的存货管控体系建设	三一集团有限公司	刘 华 黄建峰	李小玉、吕青海、沈军武、屈 航、吴中荣、白晓斌、朱泽锋、熊志甫、汤宇威、张华松

续表

13	助力乡村振兴的"村电共治"体系建设	国网湖南省电力有限公司株洲供电分公司	姚震宇 陈小武	张学敏、夏文静、杨可人、阳 斌、范学海、周 俊、方 斌、姚力立、周彦尧、张 立
14	大型水电企业基于集控中心建设的智慧管理	国网湖南省电力有限公司水电分公司	胡 磊 李 智	胡宗平、许朝洋、李东需、刘 氚、宋永昊、林金波、黄扬文、杨 龙、胡 蓉
15	省级电网企业能源智库数字能力体系建设	国网湖南省电力有限公司经济技术研究院	周年光 李湘华	李达伟、程 津、陈 剑、林志勇、徐 超、文 明、章 德、马有为、刘 磊、邓 凯
16	大型建筑企业全生命周期快速建造体系的构建与实践	中建五局第三建设有限公司	陈 勇 王飞云	覃 波、李 明、甘鹏宇、李 尚、江升科、皮远明、刘远贵、曹泽峰、李迪凯
17	烟草企业流畅体验的智能客服管理	湖南省烟草公司长沙市公司	贺 东 岳 华	刘 雯、郭兴堃、王利臣、沈 婵、周世民、蔡卫民、翟争光、唐国军、李远箴
18	园林施工企业"绿叶红心"基层党组织品牌的创建与培育	中建五局园林有限公司	童孝义 鲁 新	李新国、陈 检、贺扬明、张子贞、皮明鹏、赵丹丹、杨 睿、王耿翔
19	市级烟草商业企业保供畅物流防疫应急体系构建	湖南省烟草公司邵阳市公司	王 昆 肖纲超	张光利、蒋热情、朱晓鸣、袁 珍、蔡永长、曾 涛、游二平、于庆涛、肖 召、唐海军
20	市级电网企业新一代集控系统的变电设备运行管理提升实践	国网湖南省电力有限公司湘潭供电分公司	言艳辉 杨 宵	王建雄、彭 奕、李朝昀、韩忠晖、董自丹、王 畅、周 毅、禹 稷、李 楠、何前军
21	基于政企战略合作模式的电网建设体系创新与实践	国网湖南省电力有限公司	严科辉 王佳茜	方 鹏、胡 伟、李小云、周松林、邱凤蓉、邓嘉鑫、张 莎、钟 哲、李金茗、张哲维
22	市级烟草商业企业纵深防御的网络安全体系构建与应用	湖南省烟草公司郴州市公司	高志强 谢平槐	阳关云、曾小晖、杨淑琼、张小军、贺 强、周寅晴、王 玮、李邦志、邓 微、周 丽
23	电网企业营销业务风险数字化内控体系构建与实践	国网湖南省电力有限公司	潘继雄 陈建华	易江腾、鄢 重、解利斌、申浩平、刘 鑫、喻世根、钟典宇、王天翼、许立杰、许 羧
24	基于数字化转型背景下客户服务体系构建	湖南省烟草公司永州市公司	幸 勤 廖爱国	李志术、杨隽颖、文 敏、何 琳、廖劲松、陈薇羽、刘兰芳、钟湘瑛、李 玲、杨 露
25	市级烟草企业全员积分精准考核体系构建	湖南省烟草公司娄底市公司	唐世明 曾 琦	孙文玉、杨 琪、戴 轩、龙泳奎、王丽华、杨 钦
26	市级烟草企业营销服务价值创造管理体系构建	湖南省烟草公司益阳市公司	黄梦琳 谭奥林	蔡 蕾、陈竹书、熊 芳、朱武刚、左立刚、周 杰

续表

27	市级供电企业助力乡村振兴管理体系建设	国网湖南省电力有限公司怀化供电分公司	李文利 崔先迤	陈䄂、李 波、袁晓峰、唐 平、杨志涛、崔仁辉、蒋国斌、丁仁高、覃献国、龙 华
28	大型钢铁企业绿色发展管理的探索与创新	湖南华菱湘潭钢铁有限公司	喻维纲	吴 畏、刘桥云、熊 果、谢其湘、刘晓艳、曾 力、熊 嘉、闻 冰、陈 翔、杜在会
29	电网企业老旧库区遗留问题化解体系构建	国网湖南省电力有限公司娄底供电分公司	聂 云 罗 凌	聂贤葛、陈湘涛、程 剑、梁志尧、贺康乐、马 洁、彭晓凤、龚袭垄、贺伟琳、刘新秋
30	基于信用评价的卷烟零售客户数字化服务机制构建	湖南省烟草公司株洲市公司	陈新田 刘艳雄	丁 鹏、齐刚毅、罗真华、王广福、周 毅、罗 瑾、吴雅兰、张 钰、陈李婷
31	高端制造企业芯片支持技术评价与决策管理创新	中车株洲电力机车研究所有限公司	彭森森 吴正平	齐晓武、李 略、唐 旺、刘懿莉、胡文波、孙煌星、王丽娜、贺正凡、彭 静、贺 平
32	数字科技型企业构建区域产业金融互动生态,为中小企业提供"精准"融资服务	联通数字科技有限公司湖南分公司	雷 鸣	柳润琴、朱 宏、吴 秀、许 旭、胡 涵、易凤忍、任 勇、费博文、覃俊霖
33	大型钢铁企业"零缺陷"特钢产品质量管理	湖南华菱湘潭钢铁有限公司	杨建华 刘吉文	周文浩、罗 登、陈利锋、张成元、李红星、郑 键、赵 鹏、张群琥、杨瑞文、杨文志
34	大型暖通制冷设备企业基于自主研发综合信息平台的生产数字化集控管理	长沙格力暖通制冷设备有限公司	王晓彬 陈 逵	彭小兵、古湘龙、颜 晶、汪盛江、林 柳、汪 鹏
35	高新技术企业跨国并购固定资产投资本土化管理创新与实践	株洲时代新材料科技股份有限公司	刘 军 郭喜文	贺天慈、侯 静、董 娟、彭 凡、刘登高、张颖丽、李晓勇、唐定全、张丽敏
36	高端装备制造企业基于多元产业发展的供应链管理创新与实践	株洲中车时代电气股份有限公司	李 欣 李强辉	杨训豹、刘 颖、丁 鑫、董延召、张 明、马 斌、汪 峰、廖俊杰、葛 焱、乔 霖
二等奖（64项）				
1	地市级烟草商业企业共建共赢的农网流通品牌功能化建设	湖南省烟草公司长沙市公司	贺 东 杨楸姗	梅 李、荣方勇、邓文潇、李梦馨、罗容弈、柳 康、李 可
2	"菁英工程"青年人才培养管理体系建设实践	国网湖南省电力有限公司株洲供电分公司	廖丽萍 刘安定	许 甜、陈早东、刘 曼、欧阳光、李爱元、谌 彬、杨 鑫、盛若男、任思燕、付 滔
3	电网企业高质量健康管理体系构建与实施	国网湖南省电力有限公司	许海清 丁介群	戴坚胜、唐 华、刘家钰、李 昂、龙 洋、邓 军、唐纯辉、黄 燕、吴媛媛、江 彬

续表

4	地市电网企业聚焦先进制造业电压暂降的供电服务管理	国网湖南省电力有限公司长沙供电分公司	邓　铭黄际元	李雨佳、陈柏沅、阳小丹、刘　啸、彭清文、杨天丽、黄　跃、王　卓、胡湘伟
5	"双碳"目标下电网企业主导的省域小水电聚合管理	国网湖南省电力有限公司	潘继雄肖　宇	肖建红、叶　志、刘小平、陈湘媛、朱军飞、刘树来、胡斌奇、汤步云、刘慧波、伍莎莎
6	市级烟草商业企业法律风险管理精准融入标准化管理的协同运行体系构建与实践	湖南省烟草公司株洲市公司	段学慧杨鹏飞	朱炎炳、李　剑、何颖迪、吴亦伟、孙　晶、向　姿、孙晓奕
7	电力大数据远程监管高危企业安全生产	国网湖南省电力有限公司	谢国胜王向阳	唐敬军、吴　佼、毛　苗、唐　军、曾伟娴、李沛哲、易宇声、马　骏、刘小海、王海啸
8	特大型发电企业投资项目全过程智能化管理的实践	湖南大唐先一科技有限公司	刘文哲张　宇	李志金、李号彩、张　驰、陈湘军、陈京君、陈军华、张　博、伍　焱、丁　星、左金良
9	服务"四个一流"战略目标的省级电网企业专业管理穿透力建设	国网湖南省电力有限公司	沈志斌任　浪	岳光辉、杨　明、唐剑东、叶伏虎、李　彬、黄　颖、祁　云、张　斌、刘　磊
10	电信运营商工业互联网服务能力提升实践	中国联合网络通信有限公司湖南省分公司	欧阳恩山雷　鸣	柳润琴、朱　宏、吴　秀、郭　勇、王新军、覃译霄、罗淑华、徐鹏程、曾小梅
11	综合贸易企业基于风险控制的流程再造	湖南华菱资源贸易有限公司	阳向宏谭臻鑫	邱　武、张志勇、李健敏、卢锡良、吴建龙、吴　明、梁媛玲、陈　琳、唐珊娜、毛梦园
12	电力产业管理企业"光储充"一体贯通的管理创新	湖南电力产业管理公司（湘能集团）	聂　云刘皎洁	沈志斌、杨立古、赵　峰、肖赛兰、聂贤葛、陈振强、杨俊峰、谭一忠、杨妍璨、杨学伟
13	创新全员经营管理体系，助力国有大型制造企业管理升级	北京汽车股份有限公司株洲分公司	吴　飞周　慧	杨　明、朱贵敏、刘国力、罗辉军、吴双甜、曾　鹏
14	大型电力建设企业面向转型发展的科技管理探索实践	中国电建集团中南勘测设计研究院有限公司	熊文清周轩漾	许长红、戴盈智、康　欢、曹园园、龙　建、唐凯婧、魏　燕、白治军、肖海航、张　璟
15	多业态集团型企业授权管理体系构建与实施	航天凯天环保科技股份有限公司	叶明强王建华	陈星星、陈季陶、伍芸昕、贺　敏、潘柳晔、周　欢、莫　辉、谢　娜、程　伟
16	军工企业基于价值创造的采购管理体系构建	江南工业集团有限公司	汤京军何　娟	欧阳小泉、高友明、陈　劲、刘永科、张　华、李小刚、陈艳露、袁　喜、易　明、刘建湘
17	大型国有企业数字化人力资源共享服务体系构建与实施	中车株洲电力机车有限公司	陈志新程　建	吴　艺、龚　伟、潘　姝、王海龙、曾小雄、余程洋、郭定惠、姚茂健、杨　航、邱红升

续表

18	省级电网企业基于"大中台"的项目投资管理体系构建	国网湖南省电力有限公司	王许姣 苏 黎	周卓敏、潘力强、周年光、李湘华、雷川丽、杨 硕、贺雨晴、刘 博、陈 亮、程俊溢
19	省级电网企业电费管理智慧化转型升级	国网湖南省电力有限公司供电服务中心（计量中心）	肖 宇 邓汉钧	陈湘媛、江 榕、刘树来、樊 芮、苏志鹏、李文慧、田 琴、刘 乔、崔 峰、陈怡恬
20	地市级烟草商业企业基于卓越绩效的自我诊断管理体系构建与应用	湖南省烟草公司岳阳市公司	邓 杰 刘湘江	张 斌、李 浩、刘 魁、李 悦、江 波、徐正平
21	机载企业多样化需求下的敏捷客服体系建设	中航飞机起落架有限责任公司	吴龙飞 张卫国	彭家熙、孟凡斌、张航舟、宋 煜、严山钦、刘冀平、慕建全、韩书正、李振龙、阙 戈
22	基于全流程管控的房地产企业精细管理	中建信和地产中南区域公司	张金玉 舒跃辉	刘 旷、王 琳、胡 英、邱山林、赵丹丹、杨 睿、彭 玲
23	市级烟草商业企业现代卷烟零售终端管理体系的构建	湖南省烟草公司怀化市公司	李汀桂 倪 飞	李祖标、邓红飞、欧家义、周慧君、尹佩琳、韩 丹、吴亚洲、罗剑宏、李佳懋、蒋湘球
24	国有煤炭企业基于绿色发展理念的改革创新体系构建	湖南省煤业集团资兴实业有限公司	周向志 李由顺	龙建、胡德良、罗四苗、刘 斌、朱 熹、张龙生
25	省级电网企业基于中长期激励的科技创新成果转化管理改革实践	国网湖南省电力有限公司	谢国胜 单周平	陈远扬、王敦敦、何智强、肖 莺、刘 凯、方 媛、杨 珉、胡果莉、周 舟、李晨坤
26	高端制造企业多体系协同融合的全业务流程优化	中国航发中传机械有限公司	唐喜军 雷 兵	丰 欣、汤亚林、田桂芬、涂红辉、陈杨梅、程 浩、邓明明、黄 亲、赵仲秋、汪宏亮
27	风力发电装备"三次物流"精益管理实践	中车株洲电力机车研究所有限公司	朱建成 陈长春	徐 钦、阳桂根、周意普、杨兆忠、张东方、谭 凯、彭林影、姚 胜、宋 科、杨督华
28	冬奥会智慧融冰供电保障体系构建	国网湖南省电力有限公司	朱 亮 唐海国	周 舟、江 岳、毛文奇、刘定国、刘 奕、周恒逸、朱吉然、张 帝
29	市级烟草企业融入乡村振兴的农村营销网络构建	湖南省烟草公司娄底市公司	谭耀奇	刘 莎、宁 婷、张 弛、黄娄成、廖红军、龙 伟
30	贡献累进型员工管理体系构建与实施	长沙五七一二飞机工业有限责任公司	龙小涛 陈 瑛	李 玮、湛建平、刘辉雄、黎强华、谢卫华、黄 翮、彭朝晖
31	高效联动一体贯通的数字化转型管理体系构建与应用	中车株洲电机有限公司	卢雄文 刘海礁	肖唤新、关 辉、张 煜、汪宣晟、何小红、吴 锟、杨 炼、张彩霞、徐 涛、苗 瑞
32	市级电网企业项目全过程多维精益化管理	国网湖南省电力有限公司张家界供电分公司	全文琪 杨凤祥	李永智、廖 健、谷金惠、李建云、向 勇、易 娜、覃新蓉、卓 震

续表

33	高端制造企业全流程管控的固定资产投资业务体系构建与实施	中国航发中传机械有限公司	唐喜军 雷 兵	刘胜亚、邓 辉、李瑞涵、陈小琦、向清源、刘浩东、田桂芬、李 阳、李添良、曾小宝
34	高端乳品企业"三优一体"社会责任体系的搭建与实施	澳优乳业（中国）有限公司	吴少虹 罗胜新	张君义、蒋 伟、言希威、曹雅莉、朱建平、洋 林、杜冰清、谭 威、张 俊、文 佳
35	打叶复烤企业基于"MES+"的智能生产管理体系构建与应用	湖南烟叶复烤有限公司	邝文宣 胡 孟	林 朗、谭 景、郑宇睿、谢博文、吴秋果、资 捷、尹 凡、高柏梁、陈壮宇、常一君
36	大型发电企业电动机全生命周期动态管理实践	湖南华电长沙发电有限公司	张辉林	周 俊、蒋辉宏、许 浩、文亚希、李 亮、莫 彬、袁定龙、张宇雄
37	电网企业供电所定员定额数字化管理体系构建与应用	国网湖南省电力有限公司	尹华平	颜宏文、肖志高、浣世纯、罗电兵、陈正茂、邹昶鑫、甘昭荣、王 原、杨 帅、罗 晶
38	市级供电企业基于"'三农'供电效能提升"的配电精益管理体系构建	国网湖南省电力有限公司衡阳供电分公司	肖德祥 文 松	刘志辉、刘君辉、尹虎臣、严 兴、曾向璟、李梦寒、武嘉林、张正华、蔡余亿、曾小军
39	市级供电企业新能源并网服务管理体系构建	国网湖南省电力有限公司永州供电分公司	唐开毅 谢国恒	黄治国、肖耀新、龙爱国、陶利国、杜小芳、王 雄、罗婉韵、周杰达、李慧姣、李志军
40	基于新时代文明实践中心的智慧供电服务融合管理	国网湖南省电力有限公司常德供电分公司	陈敏捷 赵向新	刘正谊、李宗赐、杨 成、皮振宇、罗成岩、聂军祥、覃道周、夏莘雨、林钰婕、谭佳侠
41	"高山上的蒲公英"基层党建品牌打造与实践	湖南省烟草公司张家界市公司慈利县分公司	汪卫国 张俊华	王鹏辉、蒋政文、罗先学、张 程、万里晴
42	市级烟草商业企业"零事故"安全文化体系构建	湖南省烟草公司益阳市公司	章 梦	李晓洋、谷吉祥、杨亦武、陈 兵、伍世婷、叶 庆、李 旭、赵 阳、雷思青、蔡 佳
43	大型军工企业基于人力资源管理平台的精准管理体系的构建	江麓机电集团有限公司	黄帅丹 刘稳兵	权华明、卢 飞、冯 根、邹 芳、罗 意、夏禹晨、郁 锦、梅 竹、郭 昕、刘 湘
44	现代电网建设工程全过程安全智慧管理	湖南省电力建设工程质量监督中心站、国网湖南省电力有限公司	张恒武 彭凌烟	谢宇翔、师 罂、刘永峰、张 宏、姜凯华、谌 阳、刘 磊、吴国强
45	地市级烟草商业企业智慧物流管理体系的构建与应用	湖南省烟草公司岳阳市公司	刘湘江 毛岳胜	彭 祎、姚贻丰、王曙光、凌博群、吴 旭、谢 能、汤卫阳、朱明杰、郑 杰、李 浩
46	新能源车辆装配技能人才梯队培育管理体系构建	中车时代电动汽车股份有限公司	周鲔伟 王朝华	肖乾亮、罗杨洋、林 乐、周 灿、郭 胜、钱胜吉、刘化冰、黄 煌、罗湘春、陶世佳

续表

47	大型电网企业聚焦新能源网络安全的大纵深防御体系构建	国网湖南省电力有限公司湘西供电分公司	张炳烽 罗伟强	王孟定、田 楠、向 兰、侯丽娟、黄 健、龙 颖、刘吉涛、陈峙月、朱艳芳、李晓鹏
48	地市级烟草商业企业基于消费者大数据分析的品牌协同营销管理	湖南省烟草公司邵阳市公司	王 昆 张光利	赵丽珍、游二平、侯钟辉、王丽婧、于庆涛、王亚斌
49	科技型企业集团"一体三化"高质量党建品牌的构建与实施	中车株洲电力机车研究所有限公司	张良荣	曹 婷、黄 文、岳 君、柴 多、吴昌云、黎华珍
50	地市级烟草企业互联网涉烟大数据智能研判与监管	湖南省烟草公司岳阳市公司	潘新安 毛岳胜	潘剑雄、李志勇、李 煜、易贤荣、刘海恩、余 鹏、王 霄、金若尘
51	施工企业基于装配式建筑的绿色低碳管理	五矿二十三冶建设集团有限公司	谢 宇	崔栋彧、张 伟、戴素亮、刘 文、林求昌、曹志良、阳 辉、徐 磊、石 冰、陈衍苗
52	市级烟草商业企业高效协同物流配送体系构建	湖南省烟草公司永州市公司	廖爱国 张 剑	刘树林、钟湘瑛、郭碧沁、欧阳宇、周 闽、罗雨晨、王正卿、周勇波、唐茂清
53	军工企业精准计量管理体系的构建	江麓机电集团有限公司	张文辉 谢朝刚	张 超、张雄鹰、徐文峰、刘春武、危 鑫、李红杰、李 雪、肖菊芳、段 丽、黄 灿
54	大型建筑企业基于安施达平台的安全管理创新	中湘智能建造有限公司	石 拓	易绍兴、聂 雷、朱建雄、罗 吕、余子洋、曾 珣、莫伟明、陈 戈、周 建、姚金雄
55	电力企业的媒介形象管理创新	国网湖南省电力有限公司	于 洋 谢家威	侯建明、张朝晖
56	国有企业重组整合下现代制造业子公司管理体系的探索与实践	中车株洲车辆有限公司	高红梅 胡 晖	谭 达、周志强、张江银、赵卫平、王雅婷、郑席文、杨 芳、江 琼、谢恒武
57	新能源车辆装配企业学习型团队育成体系构建	中车时代电动汽车股份有限公司	肖高华 李龙煊	胡小亮、张 毅、林 乐、肖乾亮、侯小洁、谢文先知、袁 昊、李 伦、周 灿、刘 娟
58	中药制剂生产企业基于信息化及智能化的管理创新体系建设	湖南方盛制药股份有限公司	周伟恩 戴毅文	方传龙、肖 满、郑南芝
59	助力乡村振兴的农村电网精准投资管理	国网湖南省电力有限公司邵阳供电分公司	黄 健 陈精哲	刘建华、肖家旺、马 丽、唐谟懿、罗国才、李 媛、刘楚昕、赵 洁、谢凯文、龙一飞
60	地市级烟草企业技术技能人员积分制管理体系构建	湖南省烟草公司衡阳市公司	曹 哲	刘 智、熊海韬、罗维斌、李仲玲、单雪华、曾志刚、向鹏华、杨冬冬
61	大型建筑工程施工企业"融合型"项目管理创新	中交中南工程局有限公司	彭正勇 刘仁旭	易 辉、陈 刚、吕海军、代 炯、程雅媛、王晓曦、张海燕、王思程、邱一杰、李子豪

续表

62	军工制造型企业信创产业高质量发展管理体系的构建	湖南航天经济发展有限公司	金前文、廖孟安	郑席强、刘根贤、陈建军、易雄威、伍菲菲、赵甜甜、吕长征
63	实现两网共赢发展的全链条防灾减灾与应急管理	国网湖南省电力有限公司郴州供电分公司	张家维、钟向洪	黄先晃、伍文伟、徐筱林、张磊、易维、何陈亮、崔林、戴林斌、欧朝庭、黄林涛
64	国有企业基于战略目标实现的体系化绩效考核体系构建	江南工业集团有限公司	王玮、肖静波	张瑞彤、蔡双蔚、匡朗瑚、陈伟、龚超、程锦荣、苏丽、张禧、周先华、夏乐意

数字化转型与智能化提升

基于全国首家储能集控平台的储能全寿命周期智慧管理

国网湖南综合能源服务有限公司

摘要：国网湖南综合能源服务有限公司立足储能管理难点、痛点、堵点，应用集约管理理论，打造储能集控中心"智慧中枢"，搭建全国首家省级储能集控平台，充分聚合电源侧、电网侧和用户侧储能站资源，应用大数据、人工智能等数字化技术，构建涵盖储能前期设计建设、运行维护、商业运营的全寿命周期的智慧管理体系，实现储能设计科学合理、设备选型精准高效、储能建设保质保量、运行状况实时感知、储能安全智能管控、储能设备高效运维、资产退役闭环管理、运营模式多元发展，打造共建、共享、共赢的储能生态体系。通过项目实施，实现了储能全寿命周期管理，切实提高了储能智慧管理水平，为打造储能生态体系提供了示范。

企业简介

国网湖南综合能源服务有限公司（以下简称综合能源公司）是国网湖南省电力有限公司的子公司，注册资本10亿元，下设14家市（州）分公司、1家设计院、4家子公司，属地支撑遍布全省区县，拥有专业的市场、技术、科研团队。公司始终致力于服务社会用能，提升客户用能体验，降低客户用能成本，主要从事能源规划、设计，智慧能源站、储能站、清洁能源的开发，提供智慧能源综合解决方案与用能一站式服务，打造投资类、运营类、平台类、工程类、产品类等五大业务新生态。

一、基于全国首家储能集控平台的储能全寿命周期智慧管理的实施背景

（一）是助力"双碳"目标实现、服务新型电力系统建设的需要

实现碳达峰碳中和，努力构建清洁低碳、安全高效能源体系，是党中央、国务院作出的重大决策部署。新型电力系统是实现碳达峰碳中和的重要载体，而新型储能是建设新型电力系统、推动能源绿色低碳转型的重要装备基础和关键支撑技术，对"双碳"目标落地具有重要支撑作用。2022年1月，国家发改委和国家能源局印发《"十四五"新型储能发展实施方案》，明确提出创新新型储能商业模式，积极支持各类主体开展共享储能、云储能、储能聚合等创新商业模式的应用示范，试点建设共享储能交易平台和运营监控系统，为推动储能快速发展指明了方向。国网公司作为央企，亟应发挥央企责任担当，试点建设储能集控平台，探索储能商业模式应用，开展储能智慧管理，为支撑新型电力系统建设、实现"双碳"目标贡献央企力量。

（二）是满足能源转型需求、顺应储能快速发展的需要

湖南缺煤无油少气，自给能力严重不足，是典型的受端电网；水能资源开发殆尽，调节性能普遍较差，难以在夏、冬负荷高峰提供可靠供应；湖南省用电负荷呈现"工业低、居民高"的特点，工业用电低于全国平均水平15个百分点，峰谷差率超过60%，多年位居全国第一，消费侧调

节需求大。湖南省电力系统调节能力不足，火电装机占比低于全国平均水平12个百分点，水电80%不具备调节能力，风电、光伏发电装机大幅增长、反调峰特性显著，且仅有黑麋峰一座抽蓄电站，电网调峰压力大。储能电站占地面积少，削峰填谷效果明显，反应时间快，具有参与电网调峰的先天优势，集中式、分布式储能快速发展。与此同时，储能运营管理缺乏平台系统支撑，信息化、数字化手段支撑不足。为保障电力系统安全稳定运行、保障能源供应，推进储能站智慧管理体系构建势在必行。

（三）是解决储能站现状问题、实现公司高质量发展的需要

随着分布式储能、集中式储能快速发展，制约产业发展的难题日益凸显：前期设计建设方面，各环节割裂，导致设计存在安全隐患、设备选型困难、建设效率不高等问题；运维管理方面，缺乏智能化、信息化、数字化支撑手段，导致运维成本较高、安全隐患明显增加、设备资产管理不闭环；运营管理方面，社会储能资源缺乏综合调度策略和专业运维经验，导致储能价值未充分发挥，电网安全运行挑战较大。由于缺少储能共享模式，新能源项目主体前期投资成本较大。为解决储能发展现状问题，推进公司高质量发展，综合能源公司亟应建设统一的储能集控平台，实现对储能产业集中式一体化平台运维管控，推进储能系统安全、有序、健康发展，实现储能和电网平衡发展，体现公司政治站位，彰显社会责任担当，实现能源惠民。

二、基于全国首家储能集控平台的储能全寿命周期智慧管理的主要做法

（一）强化工作顶层设计，科学设计总体工作思路

1. 系统全局谋划，制定总体思路

为助力"双碳"目标实现，服务以新能源为主体的新型电力系统建设，满足能源转型需求，解决储能管理现状问题，综合能源公司应用集约管理和全寿命周期管理理论，以储能集控中心实体化运作为基础，搭建全国首家储能集控平台，采取集约化模式和信息化、数字化手段，充分聚合电源侧、电网侧和用户侧储能站资源，提供储能站设计建设、安全管理、高效运维、设备管理、运营分析、综合调度等服务，通过储能资源的广泛接入、云端控制和协同运行，实现储能状态全息感知、运营数据全面连接、储能设备高效运维、能源生态开放共享、储能多元化盈利，切实提高储能站运营管理水平，提升电网平衡调节能力，促进削峰填谷消纳清洁能源，助力共建、共享、共赢的储能生态体系构建。

2. 强化目标引领，明确建设目标

为满足当前储能站运营管理需要，综合能源公司通过储能智慧管理体系的构建，实现"储能状态全息感知、运营数据全面连接、储能设备高效运维、能源生态开放共享、储能多元化盈利"，储能运营成本降低30%以上，从而提升电网平衡调节及清洁能源消纳能力。

储能状态全息感知：通过接入智能感知终端数据，实现储能状态全息感知，为管理人员提供智能化的专业管理决策，提升储能站生产管理效率。运营数据全面连接：通过全面采集储能站设备数据，为各层级管理人员提供多维度、可视化的统计报表和分析展现功能，全面评估储能站运行水平。储能设备高效运维：以设备全寿命周期管理为主线，强化设备缺陷管理、检修管理、设备异动管理，实现全方位闭环管理。能源生态开放共享：全面接入分布式储能资源，实现源网荷储多资源协同集中监控，实现综合能源服务由管道型向平台型、由分散式向生态式升级。储能多元化盈利：通过调度各种储能系统参与电网削峰填谷以及辅助服务，为各种储能装置获取更高的商业价值提供服务。

3. 明确基本原则，指导工作开展

高点站位，统筹规划。强化顶层设计，突出科学引领作用，力求高起点、高标准，加强与相关规划、政策衔接，立足储能管理工作中的痛点、难点问题，开展储能智慧管理，打造精品工程、典范工程。

集约管理，全局共享。加快推动商业模式和体制机制创新，推动储能运营集约化管理，创新共享储能、云储能、储能聚合等商业模式，实现储能运营成本下降，有效支撑储能产业可持续发展。

立足安全，规范管理。加强储能安全风险防范，明确储能产业链各环节安全责任主体，建立健全新型储能技术标准、管理、监测、评估体系，保障储能项目建设运行的全过程安全。

(二) 构建"一中心、一平台"，打造储能管理"智慧中枢"

针对当前储能管理分散、数字化支撑手段不足、储能运维管理成本较高等问题，综合能源公司运用集约管理理论，应用数字化手段，以储能集控平台为支撑，成立储能集控中心，搭建全国首个省级储能集控平台，打造储能管理"智慧中枢"，形成储能集中管控、高效运维、综合调度的集约化管理模式，显著提升储能智慧运营水平，促进储能运维成本降低。

1. 实体化运作集控中心，落实运营管理工作

成立储能集控中心，明确工作职责。为强化储能集约管控，综合能源公司成立储能集控中心，下设运行班、方式组、市场组等相关专业。运行班负责运行值班、调度联系、远程操作、检修计划、事故处理等。采用"五班三运转"的五班三倒24小时值班模式，每班成员2至4人（初期2人，远期根据业务情况扩展），通过集控中心各系统实现对集中式储能、分布式储能、风光水发电侧厂站、用户侧可调负荷等多类资源的实时监视和控制。方式组负责申报集中式储能、分布式储能、风光水发电侧厂站运行计划；负责检修管理，制订并向调度机构申报设备检修计划。在方式组设置自动化运维及网络安防专责1名，负责日常运行维护及网络安全管理。市场组负责研究中长期交易市场、辅助服务市场、现货市场、碳交易、需求响应等多种新兴业务模式，制定市场交易策略。

明确集控运营方式，高效开展工作。采用"集中监控+少人值守"方式，在正常运行时，集控中心严格遵照调度下发的当日负荷曲线，对储能站进行充放电控制；通过储能集控平台以及工业电视系统等设备，对储能站及分布式储能装置进行远程监控，发现异常信息立即与现场核实并采取相应的措施对站端设备进行控制和干预，当需要派人到站运维时，联系属地运维人员到站处理。

2. 开发储能集控平台，支撑储能高效管理

需求导向、综合布局，合理设计系统架构。围绕安全生产监管的需求，综合能源公司充分考虑当前及远期各业务层次、各环节数据处理的便利性和可行性，认真消化理解实际需求和技术难点，精心组织技术关键环节研讨和实施方案审定，通过严谨细致的基础工作，规划安全管理、运维管理、设备管理、运营分析、综合调度五大功能，提升储能站运营管理水平，提高电网平衡调节能力，切实满足业务需求。

安全管理：实现储能站、储能车、分布式储能运行整体监测，主要包括储能站、升压站设备及主要辅助设备、公用设备的运行状态和参数、运行操作的实时监视，及时发现安全隐患并进行事件告警、远程控制。

运维管理：对接入全省设备故障信息数据进行汇总，以列表的形式展示序号、设备类型、故

障总数、告警总数、故障率、故障类型、故障处理率等信息,实现对设备整体运行情况的统计分析、设备故障的详细分析并自动生成检修报表。

设备管理:以设备全生命周期管理为主线,以设备台账为基础,围绕设备缺陷管理、检修管理、设备异动管理等日常管理,实现对机组运行的监视和告警信息的展示,并对各类数据形成统计报表,为管理人员提供实时监视与指标分析功能及设备、检修、运行、物资等生产管理功能。

运营分析:根据电站系统构成,全面收集电站基本情况和运行数据资料,通过对电站运行数据统计分析,得出关键技术指标,并根据指标评价储能运行状况和效果。

综合调度:将用户侧、分布式储能设施接入集控中心,实现储能资源可监可测,根据预测情况,远程控制储能的功率调节,支撑"削峰填谷"。

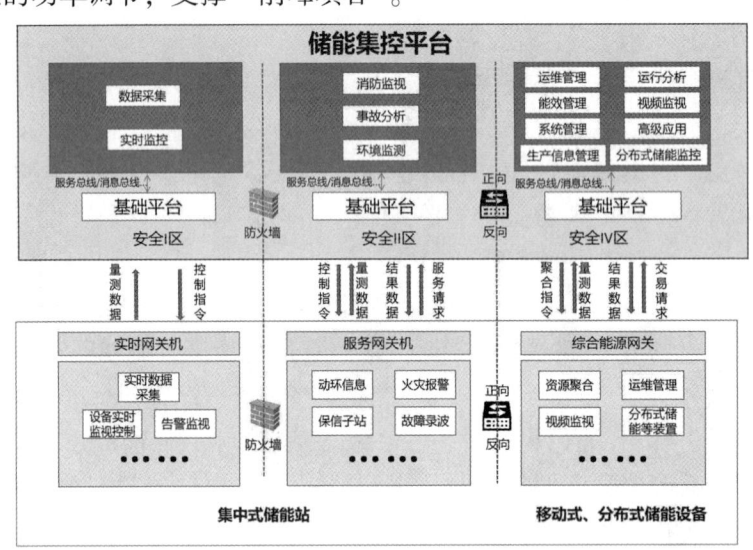

图 1 储能集控平台系统架构

分步实施、迭代优化,持续改进系统功能。为了避免建设的混乱无序,最大化实现资源的有效利用,综合能源公司按照"整体规划、分步实施、确保质量"原则进行整体规划,按标准规范,分步骤、分阶段建设,有效控制风险,确保建设质量。在系统使用过程中,根据系统的使用情况、发展情况、使用环境、管理思维的变化等进行调整,持续动态优化完善,更新迭代系统功能,做到闭环管理、持续改进,更好地发挥系统的支撑作用。

(三)深化"三个融合",加强储能前期设计建设

针对在储能前期管理阶段存在的设计安全隐患大、设备选型难度大、建设经验不足等问题,综合能源公司推进储能"运维+设计+建设""运维+后评价""建设+运维"三大融合,全面提升储能前期设计能力、选型能力、建设能力,降低后期运维成本。

1. 推动"运维+设计+建设"融合,规避设计安全隐患

由于缺乏专业的储能设计经验,设计人员不了解建设与运维要素,设计环节存在安全隐患。为解决上述问题,综合能源公司推动"运维+设计+建设"三维度融合发展,打造了一支专门的储能设计团队,在实际的设计工作中,能够根据储能现场建设、运维的实践与需求,高效并可持续地完善储能的安全设计,以满足储能运维的现场需要。

以风道设计建设优化为例。通过平台对比延农站与椰梨站的同一时刻同一工况下电芯温度,发现椰梨站舱内温度场分布不均匀,存在局部过热隐患,经设计分析,椰梨站风道设计不合理(冷却未送到电池模组)。基于此,二期已进行设计优化、建设标准化,明确规定舱内风道设计和

建设准则，温度场更加均匀。

2. 推进"运维+后评价"融合，支撑设备高效选型

针对储能站建设选型难，产品数量众多、质量良莠不齐，客户选择优质高效的设备存在较大困难等问题，应用设备运行大数据分析，支撑装备选型。综合能源公司建立设备、供应商的全生命周期管理模型，依托储能集控平台记录设备核心参数、故障告警、检修记录等信息，并且统计厂商的运行状况，记录故障次数，识别家族缺陷，为每一类设备、每一个供应商建立评分，为设备比选、供应商比选提供数据参考。

3. 践行"建设+运维"融合，提升储能建设质效

在建设管理方面，由于缺乏成熟的建设管理体系，参建队伍无经验、管控困难、质量无保证；同时，建设与运维体系独立，运维队伍不参与建设过程，工程后期运维风险大。为此，综合能源公司践行"建设+运维"融合模式，让运维人员全过程参与工程设备安装、系统调试、验收等建设过程的关键环节，夯实运维基础。建立健全建设管理体系，沉淀编制储能电站建设全过程开发指南，该指南包括9类过程管控资料清单、12个专业技术工作小组、328项具体工作任务，为储能建设高效开展提供了指引。

（四）开展"四位一体"管理，实现储能智慧运行维护

确保储能安全运行，是保障行业健康发展的重中之重。针对储能管理人员不足、运维费用高、设备选型难、缺乏综合调度策略等问题，综合能源公司发挥储能集控中心"智慧中枢"作用，深化应用全国首家省级储能集控平台，充分利用大数据、云计算等数字化技术，加强储能电站运行管理，构建集中运行监控、安全防范、设备运维、资产退役"四位一体"储能智慧运维管理体系，提升电站智能运维与安全防控水平。

1. 设备状态全景感知，实现储能智监测

当前综合能源公司已投运集中式储能站7座，分布在长沙、郴州、娄底、永州、邵阳等地，布局分散，面临管理人员不够及能力不足、运维费用高等难题。为解决这一问题，综合能源公司应用储能集控平台，对公司储能站内各式设备的电源、负荷、电力电子装置等系统运行状态进行监测，实现区域范围内依据控制策略进行管理和控制。各储能站侧配置实时数据采集通信服务器，全面采集数据信息。集控中心对所属储能站开展远程监视，主要包括储能站、升压站设备及主要辅助设备、公用设备的运行状态和参数、运行操作的实时监视，同时实时监控、分析储能指标，实现统一运行值班，打造一人监控多个储能站的"无人值班、少人值守"方式，大大缩短了可管理距离，减少了沟通成本，提高了管理效率，实现少人值守，降低运维成本。

2. 风险异常自动预警，实现安全智控制

综合能源公司应用储能集控平台，对系统安全事件进行全方位、多角度监控，对非法入侵、异常数据、设备故障、风险告警等情况进行实时监测，形成综合审计报告、安全趋势分析、大数据挖掘分析并进行可视化展示。对支撑电力生产运行的各个系统的运行状态进行全方位监控及分析，提供全面的统计分析和实时的警示告警，提高各个系统的运行可靠性，降低自动化运行人员的工作强度，保证电网生产的安全可靠。当报警事件发生时，储能集控平台能自动监测到事件，并按照严重程度和类别进行分级分类，进行声光和语音报警。集控中心发现异常信息立即与现场核实，并采取相应的措施对站端设备进行控制和干预，根据需要联系属地运维人员到站运维，防范安全事故发生。

3. 故障自动分析研判，实现检修智运维

针对目前储能站内设备数量多、区域分布广、参与厂家多，垂直化管理困难，设备状况、运维检修、采购仓储缺乏科学化管理等问题，综合能源公司应用储能集控平台，强化数据驱动，开展设备故障智能分析，实施区域检修管理，提高运维管理效率。

设备故障智能分析，支撑设备精准检修。优化生产运行管理流程，将原先由厂站生成上报的生产数据统计报表修改为由集控中心生成上报，厂站侧不管生产，只管维护和检修。集控中心汇总全省设备故障信息数据，开展设备整体运行情况的统计分析。定制化开发储能定期报告，针对运行效率、设备健康状态、故障报警等关键参数，对储能站整体运行状况进行统计分析，提升储能设备的精益化水平。

创新"智能巡检+区域检修"管理，提高运维管理效率。开展智能巡检，实现集中运维监管。在日常巡检方面，打造标准化巡检工单，现场人员按图索骥，后台专家通过分析工单数据、巡检照片，为设备提供专业化的运维建议，提前开展预防性维护，构建预防性的储能站安全屏障。开发自动巡检功能，常规电信号及电芯信号可由系统自动巡视并录入，运维人员可只针对预警设备、重点区域开展人工巡视，减少人工巡视频次，大幅提升巡检效率。深化应用移动运维App，实现故障、报警、预警、工单、作业信息即时推送，提高运维事件响应速度，同时记录运维巡检轨迹，支持现场拍照上传，实现集中化运维监管。打造异常回放分析功能，首创针对故障及报警发生时刻进行数据快照，呈现报警发生前后30分钟秒级数据，辅助专家进行故障原因分析，快速定位问题，解决设备缺陷问题。实施区域检修管理，优化检修管理方式。随着"远程集控、无人值班、少人值守"的储能站逐步增多，综合能源公司综合考虑地域因素，设置区域检修中心，检修人员在某一区域内几个储能站地理位置相对集中的城市进行日常办公，有检修任务时奔赴储能站，按照任务分配，检修人员负责所辖区域内储能站检修工作，实行人、财、物全面管理，减少组织协调的中间环节。

4. 设备缺陷精益管理，促进资产智增益

以设备全生命周期管理为主线，以设备台账为基础，围绕设备缺陷管理、检修管理、设备异动管理等日常管理，将设备自入厂到报废退出运行为止所有可能发生在设备上的信息全方位闭锁管理。强化设备异动管理，加强对操作功能变更、设备结构变更、设备拆除和增装等异动信息管理，建立设备与异动历史的紧密关联，实现对设备异动操作的申请、审批、记录和查询，有效地帮助储能站实现了异动管理的信息化。综合能源公司通过明确设备缺陷的管理职责，统一设备缺陷的分类标准，规范设备缺陷的管理流程，建立缺陷统计分析考核机制，实现设备缺陷的闭环管理，降低缺陷发生率，提高消缺质量和效率，逐步实现零缺陷目标，确保机组安全、可靠、经济、环保运行。

（五）聚焦多方主体需求，创新储能商业运营模式

为解决社会储能无序运行、运维成本高，新能源项目主体储能投资成本高、用户高峰用电量大等问题，综合能源公司应用互联网共享思维，发挥储能管理、平台、人才、资源等优势，聚合社会储能资源开展综合调度，创新储能共享模式，开展储能代运维，共享移动储能电源方舱，在提升自身收益的同时，满足了社会储能、投资主体、用户等多方主体需求，打造了互利共赢生态圈，推动了储能产业发展。

1. 统一调动社会储能，助力电力削峰填谷

随着分时电价和储能政策的进一步明确，用户侧储能进入蓬勃发展期，分布式储能安装地点灵活，用户侧分布式储能可以通过低储高发获得相应的经济效益，但缺乏综合调度策略，导致社会储能无序运行，造成了储能资源的较大浪费，也对电网安全运行带来较大挑战。

综合能源公司依托储能集控平台，聚合分布式储能资源，结合天气、负荷预测、调度需求等因素，针对接入的分布资源设定区域充放电目标，由集控中心执行功率分解并下发至分布式储能设备，通过调控指令远程控制分布式储能的功率调节，实现区域集中控制。调控指令远程控制分布式储能的功率调节，通过削峰填谷，降低配电网容量，弥补分布式出力随机性对电网安全和经济运行的负面影响。目前已制定分布式设备接入集控中心方案，在网页版测试平台中已实现5个分布式储能设备的接入聚合工作。

综合能源公司通过聚合发电、储能及负荷（含可调节负荷、售电负荷），鼓励分布式储能参与中长期交易市场、调频调峰等辅助服务市场、现货市场，参与碳交易业务，将"点"资源凝聚起来，社会储能能够获得更高的收益。同时，综合能源公司通过提供"按效果付费"的电力辅助服务，降低了高峰负荷的用电量，赚取需求响应服务费，打造了"双赢"局面。

2022年年初，综合能源公司发现电网的深调需求越来越大、午间的需求时间提前到了13点左右，因此将储能的运行模式由原来的"一充一放"调整为"两充两放"，同时将聚合的储能资源的腰荷充电时间提前至13点左右、充放电深度由原来的80%调整至90%，扩大储能站的高峰充电能力，提升了公司的辅助服务市场参与电量，增加了调峰收益。

2. 开展储能代运维服务，保障社会储能运行

为解决社会投资储能因专业运维经验不足而产生运维费用高问题，综合能源公司充分发挥储能运营管理经验优势、人才优势、平台优势，为用户侧提供分布式储能设备运营管理服务，对分布式储能装置进行远程监控，发现异常信息立即与现场核实并采取相应的措施对站端设备进行控制和干预，根据异常情况及时联系线下运维队伍处理，并开展相关评价工作，服务发电侧、储能侧、用户侧智慧能源管理、智慧运维。综合能源公司按照年度收取一定的储能设备运营管理费，拓展增收渠道。用户侧通过运维服务托管，实现了远程监控，有效降低了日常运维人工成本，综合能源公司通过挖潜价值，拓展了营收渠道，实现了互利共赢。

3. 首创储能共享模式，节约社会投资成本

2021年，湖南省发展和改革委员会出台《关于加快推动湖南省电化学储能发展的实施意见》，明确提出建立"新能源+储能"的储能机制，风电、集中式光伏发电项目应分别按照不低于装机容量15%、5%的比例配建储能电站。新能源投资主体面临着储能电站投资大、后期运维难等问题，在国家政策正式出台前，综合能源公司创新通过市场租赁方式满足新能源发电项目配套储能容量要求，在提升公司收益的同时，也为新能源投资主体节约了成本，发挥了储能社会价值，更好地支撑清洁能源消纳。

4. 应用移动储能电源方舱，保障电力可靠供应

针对客户高峰用电量大等问题，综合能源公司在用户侧设备专门设计了一套安全接入的通信链路，在国内率先探索用户侧储能远程集中控制功能。在配网台区应用方面，公司研发储充一体化站、移动储能电源方舱等灵活储能资源，接入储能集控平台，协助解决台区末端低电压以及重过载等问题。移动储能电源方舱2022年春节首次实现为配网高载台区分时扩容保电，获人民网及《国家电网报》2022年2月10日要闻版面报道。目前已接入长沙3台用户侧储能、2台移动式储能装置，总容量为1440千瓦。

（六）加强多维保障措施，保障储能智慧管理基础

为保障储能智慧管理高效开展，综合能源公司应用全要素管理理论，强化组织、人力、考核保障，支撑储能高效运行，推动储能产业链迭代升级。

1. 成立跨部门工作小组，高效保障工作推进

成立以董事长为组长、主要领导为副组长的领导小组，负责储能智慧管理工作的总体指导和指挥，负责各工作方案、建设方案、建设项目及建设过程中重大事项的指导和审核，指导指挥工作推进。成立以公司领导为组长、核心骨干人员为成员的工作办公室，负责承接领导小组的工作安排，统筹专业小组的工作分工，管控工作进度，开展工作考核和督办。成立由各分管领导挂帅、各事业部参与的工作小组，主要开展储能智慧管理体系构建工作，包括储能集控中心构建、储能集控平台搭建、管理机制建设、安全管理规范制定等工作，支撑设计、运行、运维、运营全链条管理。

2. 加强集控人才培育，高效支撑业务开展

梳理业务要求，明确岗位职责。通过对集控中心的业务梳理，明确规范源网荷储一体化集控中心运行班的岗位职责，并制定集控人员岗位胜任力标准。建立培训体系，提升综合素质。根据集控中心人员岗位要求，围绕快速提升集控中心人员综合素质，编制首个储能集控+现场岗位能力胜任标准及培训路线图，探索管理与运行轮岗、现场与集控轮岗双制度，目前已梳理相关规程清单34项。针对集控中心人员开展培训6次，提升了相关工作人员岗位胜任能力，监控人员能够监视已接入集控中心的各储能站、储能车、储充站的设备状态，了解相关报警信号，具备对智慧能源服务平台、需求侧响应平台的监视及初步的统计分析能力。

3. 建立协调工作机制，加强专项督办考核

建立常态沟通机制，采用周例会、周报等方式，及时汇报工作进度，统一认识，共同解决工作难题，加快工作推进。按照每周"一次管控会、一张工作表、一个成果附件"的形式抓真抓实抓落地。加强督办考核，各工作小组密切跟踪工作进度，按时交付阶段成果，对进度延后的工作进行提前预警、考核督办。

三、基于全国首家储能集控平台的储能全寿命周期智慧管理的实施效果

（一）智慧监控、高效运维，管理效率显著提高

应用数字化技术，实现储能全寿命周期管理。建成了全国首家省级储能集控平台，从设计、建设、运维、平台、安全、试验、后评估等10个方面，打造了涵盖整个储能项目的全寿命周期的智慧管理体系。储能站投运以来，发现1150项系统及设备缺陷，提前预判隐患895项，消除家族性缺陷30项，提供优化迭代建议20项。在国内率先实现用户侧储能站、移动储能电源方舱的集中监控，为电网平衡调节、配网安全运行提供了支撑。通过集控平台，实现对公司储能产业集中式一体化管控，全面夯实安全生产基础，提高设备运营发电效益，大幅提升了公司系统储能运营生产管理水平。填补储能集控管理空白，具有明显示范作用。综合能源公司创新探索，梳理储能集控中心人员机构和岗位职责，发挥综合能源公司储能领域十余项核心能力，在国内率先制定储能集控管理标准、工作标准，建立了一套完整的标准化培训体系，为国网内部单位甚至是其他社会化单位开展储能集控中心建设提供了样板。综合能源公司储能智慧管理模式多次被新华网、新华丝路、红网、《国家电网报》、电网头条、中国能源新闻网、兴人社等媒体报道，项目示范效应明显。

（二）人员精简、营收拓展，经济效益明显增加

人员大幅精简，实现降本增效。采取"集中监控+少人值守"方式，以任务为导向的事件推送方式，大大缩短可管理距离，减少沟通成本，提高管理效率，实现少人值守，降低运维成本。之前的有人值守方式，每站需7名值班人员共计77人方能满足运行要求；项目实施后，35人左右即可满足生产运行要求，可精简值班人员42人，减少人力成本600余万元。创新商业模式，提升营业收入。综合能源公司通过应用储能集控平台，开展分布式储能设备代运维服务，建立容量、安全等级等收费体系，打造储能业务新模式，实现平台新增值，每年可创收100余万元，有效提升公司经济效益。

（三）集约资源、统筹调度，社会效益不断凸显

通过广泛聚合集中式、分布式等各类储能资源，特别是在用户侧应用储能集控模式，强化储能设备安全管理的同时，代理参与调峰辅助服务，既提升了储能设施的利用效率，又为电网提供了更多灵活可调资源，促进清洁能源消纳。2021年12月31日，综合能源公司首次聚合6个储能站参与省间辅助服务，以充电方式跨省帮助河南电网调峰6万千瓦，减少弃风电量13.5万千瓦时，获得调峰收益1.35万元，为构建新型电力系统、推进"双碳"目标实现进程中安全高效、优质经济用好储能作出重要探索。

（四）能源转型、助力"双碳"，生态效应持续提升

依托储能集控平台汇聚集中式、分布式储能资源，利用储能系统对电网进行削峰填谷，在电网负荷高峰时储能系统放电，低谷时储能系统充电，以保证负荷运行平稳。参与湖南电力深度调峰、紧急调峰、启停调峰等辅助服务市场及电力需求侧响应服务，累计在用电低谷时期为湖南省新能源消纳16385万千瓦时电量，在用电高峰期为湖南电网提供13098万千瓦时电量。同时，在"3060双碳"战略目标下研究探索绿碳交易商业运营，为清洁低碳作出了企业的贡献。

主 创 人：谢学渊、李 宁
参与创造人：何海零、刘潇潇、黄博文、周 行、张岭乔、徐 勇、胡资鹏、刘 铠、李雄军

省级电网企业输电运检数字化转型

国网湖南省电力有限公司电力科学研究院
国网湖南省电力有限公司超高压输电公司

摘要： 国网湖南电科院和国网湖南超高压输电公司紧抓国家数字经济发展机遇，以国网公司战略和湖南省"三高四新"战略定位与使命任务为指引，以数字化技术为"基础引擎"，以数字化平台为"支撑载体"，遵照技术创新与组织优化双轮驱动的总体思路，从平台开发、技术升级、队伍提档、制度建设等方面大力推动输电运检数字化转型。通过先进数字化技术在输电专业管理全业务、全流程、全场景的赋智赋能，全面构建了"全息感知+智慧物联"的远程集中监控模式和"无人机巡检+可视化轮巡+人工巡检"的立体巡检模式，开创了管理精益化、队伍专业化、装备智能化、业务数字化的湖南电网输电运检管理新局面，推动湖南成为国网系统内首个实现输电全景监控地市级全覆盖的省份，显著提高了基层一线班组劳动效率，有效提升了输电专业运检管理水平，为湖南经济社会发展提供了坚强能源保障，为世界一流企业建设提供了有力支撑。

企业简介

国网湖南省电力有限公司电力科学研究院（以下简称国网湖南电科院）是湖南省电力有限公司的生产支撑"专家库"和科技创新"主力军"，主要从事电力生产试验、科学研究、技术服务等工作，拥有高效清洁发电技术湖南省重点实验室、国网公司配电网智能化应用及关键设备联合实验室等4个省部级实验室。目前有在职职工316人，其中博士78人、硕士142人；下设职能部门7个、业务中心8个、产业单位1个。近三年，荣获省部级及以上科技奖54项，连续两年荣获湖南省科技进步一等奖，授权发明专利215项，科技产品推广突破3亿元。国网湖南省电力有限公司超高压输电公司（以下简称国网湖南超高压输电公司）主要负责500千伏及以上超特高压交直流输电线路运维检修工作。下设7个职能部门、8个业务机构、1个跨省产业、1个智能带电作业技术及装备（机器人）湖南省重点实验室、1个带电巡检与智能作业技术国网公司实验室。现有全口径员工756人。先后获得中国设备安全管理标杆企业、中国设备管理创新特等奖、中国安全科技进步二等奖、中国电力科学技术进步二等奖等荣誉。

2020年以来，国网湖南电力深度布局输电运检数字化转型发展，开发部署了一系列基础底座平台，构筑了助推输电运检数字化转型与智能化升级的"四梁八柱"，显著提升了输电运检质效，有力保障了湖南电网安全稳定运行，为湖南省经济社会发展注入了强劲动力。

一、省级电网企业输电运检数字化转型的实施背景

（一）是顺应能源革命和数字革命融合发展趋势、推动湖南能源互联网建设的需要

党的十九大以来，习近平总书记多次强调，要利用互联网新技术、新应用对传统产业进行全方位、全角度、全链条的改造，支撑传统产业向网络化、数字化、智能化方向转型升级，释放数

字对经济发展的放大、叠加、倍增作用。面对数字技术的迅猛发展，亟须抢抓转型发展机遇，顺应跨界融合趋势，大力推动"大云物移智链"等现代信息技术在湖南电网中的深度应用，实现电网技术、功能、形态的全面跨越发展，有力提高电网的资源配置能力、安全保障能力和智能互动能力，以数字化手段推动湖南电网向智慧能源互联网迈进，服务支撑"四个革命、一个合作"能源安全新战略落实落地。

（二）是推动电网企业高质量发展、培育可持续竞争力的需要

国网公司完整、准确、全面贯彻新发展理念，明确以现代设备管理体系构建全面优化电网运检模式，从以规模速度为主加快转变为以质量效率为本的企业发展模式，推动电网智能化升级和数字化转型。国网湖南电力输电运检在无人机巡检、可视化监控、人工智能图像识别等新技术运用以及输电专业数字化人才培养等方面一直走在国网前列。但从组织形态看，现有生产组织架构、输电运检业务管控模式仍停留在传统以人力资源投入为主的技术基础上，难以适应电网设备规模快速扩大、新设备新技术广泛应用的现实需要；从管理流程看，当前在用的部分管理制度，与数字化运检模式不适应，与"放管服"工作要求相违背。因此，必须立足实际进行输电运检模式的优化调整，大力推动输电设备智能化升级、管理数字化转型。

（三）是突破输电运检瓶颈、大力提质增效的需要

"十三五"期间，湖南电网输电线路规模快速增长，人均运维线路长度由26.2公里增至35.5公里，电网增长速度与运检人员配置短缺的矛盾日益突出。且随着生态红线等国家一系列法律法规的出台，输电通道日趋紧张，湖南电网大量输电线路分布在山区，地形复杂、气候恶劣，传统以三个月为巡视周期，每个周期依靠人工沿线巡视、登塔检查的输电运检模式存在巡视效率低下、野外作业及登塔作业人员安全风险高、人员作业状态和巡视质量无法有效监控、线路通道内外部突发隐患不能及时感知等突出问题，由此带来的输电线路频繁跳闸等经济损失将不可估量，输电设备运维保障压力巨大。必须利用数字化、智能化手段为输电运检赋智赋能，结合数字化班组建设等现代化管理手段，主动应对输电运检的各类新型问题，提高输电专业全业务、全环节运检质效，实现业务在线化、作业智能化、信息透明化。

二、省级电网企业输电运检数字化转型的主要做法

（一）做好统筹规划，明确转型方向目标

国网湖南电力落实国网公司战略要求，立足湖南省情和电网企情，明确输电运检数字化转型方向目标，为加强输电设备管理体系和管理能力现代化建设指明方向。

1. 科学设计总体思路

主动对标国内先进企业管理体系，以输电设备本质安全为目标，以现代设备管理体系建设为核心，坚持"技术创新"和"组织优化"双轮驱动、融合推进。技术创新是将数字化平台、无人机、通道可视化装置等智能化装备及新技术作为新的生产要素引入输电运检管理中，将集中监控和立体巡检业务创新性引入输电专业；组织优化是开展更适应生产要素变动和生产力发展的生产关系变革，创新成立全景监控中心和无人机作业管理中心，全新设立数字化班组，并配套建立制度规范、激励措施及管理流程。

2. 清晰定位方向目标

通过输电运检数字化转型赋能设备管理、提高管理效率，推动设备智能化升级和业务数字化转型取得突破。

构建"两大模式"。依托输电在线监测装置、预测预警系统等数字化手段，结合设备监控、业

务管控、智能分析等精益管理需求，构建"全息感知+智慧物联"的远程集中监控模式，提升输电运检效率。根据输电设备电压等级、环境特点、重要程度、巡视对象等，结合不同巡视方式的覆盖范围、频率、精度等，构建"无人机巡检+可视化轮巡+人工巡检"的精益立体巡检模式，实现"全量覆盖、重点照顾、配置合理"的状态巡视。

推动"三大转变"。通过集中监控和立体巡检业务的开展，实现多源监测数据的集中监控、标准化处理和挖掘分析，最大限度释放数据价值，降低设备运维盲区，助推输电运检管理从事后应对向事前防范、从分散现场管控向集约生产指挥、从传统人工驱动向数据智能驱动加速转变。

实现"四项提升"。推动湖南电网输电运检管理精益化、队伍专业化、装备智能化、业务数字化水平全面提升，引领湖南省能源行业数字化转型，打造低碳发展的"湖南样板"。

3. 系统提出基本原则

业数融合、开放共享。以输电全业务数据应用的实际需求为牵引，打破专业壁垒，优化整合输电专业数据资源，实现输电管理全业务数据共享，推动输电全景"一览无遗"、智能业务"一键生成"、协同作业"一线贯通"。

试点先行、迭代推广。按照示范试点、优化推广、深化应用、生态拓展的建设时序，稳步有序推进输电运检数字化转型，强化试点示范项目过程管理，注重建设实效。总结试点建设经验，形成典型经验推广应用，同时鼓励基层单位发挥各自优势、结合实际情况"小步快跑、迭代创新"，深挖数据价值，发展新兴业务。

统筹协调、压实责任。充分发挥国网湖南电科院的技术优势和国网湖南超高压输电公司的业务优势，建立常态交流、专题攻关、资源共享等工作机制，促进项目建设各参与主体间及时充分沟通和协同联动，推动项目高效实施和高质量落地。

(二) 打造数字化平台，全面支撑转型发展

遵循国网公司数字化转型统一规划，运用"企业中台+微应用"的技术架构，按照"规范管理、业务驱动、数据共享"的工作思路，打造输电运检数字化平台。平台包括全景监控、无人机自主巡检业务、移动巡检等三大功能模块，通过数据贯通与交互，为运检人员提供了一套基于电脑端和移动端共同协作的管理工具，支撑专业高效管理和业务数字化转型。输电运检数字化平台架构如图1所示。

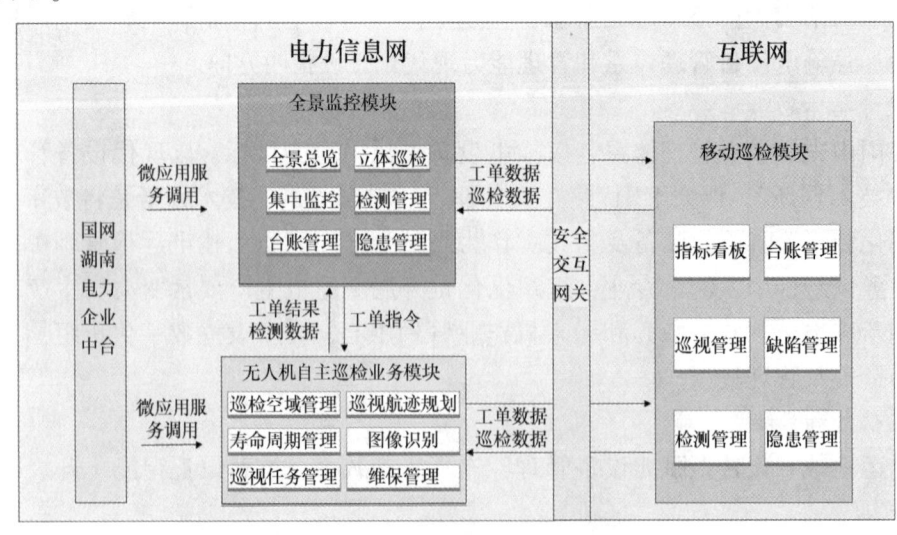

图1 输电运检数字化平台架构

1. 开发全景监控模块，实现集中监控

紧紧围绕"信息全面整合、模型标准规范、内外高效交互、全景实时监控、问题快速处置、分级专业管控"的目标，全面整合各类终端装置，开发全景监控模块，包含全景总览、立体巡检、集中监控等功能，实现输电专业信息的全面汇集。通过全景总览功能，可全方位掌控设备运行情况和业务开展情况；通过立体巡检功能，可开展差异化巡检任务制定、巡检工单下发、巡检过程管控、巡检质量管控、巡检工作闭环，实现巡检工作全过程管理；通过集中监控功能，可实时监测气象环境监测、覆冰监测、雷云电场传感器、多普勒雷达、卫星监测等各类终端数据，实现线路风险自主预警和智能辅助处置的有机配套、高效联动。

2. 开发无人机自主巡检业务模块，突出协同高效

立足无人机现场运维、检修作业和一线专业管理需求，打造无人机自主巡检业务模块，实现无人机巡检业务数据和图像视频数据跨区高效交互，推动无人机专业管理多元化应用。构建"空域申报—作业执行—缺陷发现"的全流程线上智能管控体系，支撑开展无人机巡视航迹规划、空域管理、作业执行、业务监控、数据识别及缺陷反馈。运维人员可通过模块实时动态监控全省无人机人员、装备、业务及空域使用情况，及时跨区调配闲置无人机资源，并可实现无人机设备从入网入库到维修保养、退役报废的全流程线上管控，有效提升资源协调配置能力。

3. 开发移动巡检模块，赋能基层运检

为实现设备主人管理线上化、现场作业无纸化和缺陷隐患管控数字化，提升设备主人到岗履职能力，以工单驱动为基础，以巡视计划开展全过程为主线，开发移动巡检模块。模块主要包括巡视管理、缺陷管理、隐患管理、检测管理、检修管理、台账管理等功能，与全景监控模块、无人机自主巡检业务模块实现数据贯通，为运检人员提供电脑端与移动端协同管理工具。

以巡视计划开展的全过程为例，管理人员通过全景监控模块或无人机自主巡检业务模块下发巡视计划，班组长根据计划下发巡视工单，作业人员通过移动巡检模块现场查看设备状态、完成巡视打卡签到，实现开票、签发、接票、终结等全部流程线上流转，并在现场将巡视、检测数据实时录入，实现业务数据源端数字化。

(三) 突破核心关键技术，深化数据价值挖掘

为解决无人机操作人员不足、海量图片无法人工识别、关键时段核心线路供电能力不足等问题，依托输电运检数字化平台，全面掌握设备状态、业务信息、人员动态等各类数据，开展输电线路三维建模、无人机图像智能识别、线路动态增容等技术创新，通过深度挖掘现有无人机巡检和输电通道监控数据，提高数据应用价值，不断强化赋智赋能。

1. 构建线路三维模型，推进无人机巡检自主化

项目通过采集输电线路通道点云数据，构建了线路三维数字化模型，突破了无人机自主巡检关键核心技术，解放了巡视作业人员时刻紧绷的神经。作业过程由原来需要熟练掌握飞行技能且集中精力作业避免因出现低级错误导致炸机等严重威胁设备和人身安全的情况，转变为仅需关注无人机位置变化及电池情况，仅需掌握基本的飞行常识和日常维护保养要求，通过一键派发无人机自主巡检，按照规划航线即可完成线路巡视，大幅降低了无人机巡检的技术准入门槛，极大减轻了作业人员劳动强度，显著提升了人员和设备安全性。

截至目前，项目已实现全省 500 千伏及以上架空输电线路 6 万余基杆塔自主快速巡检航迹图规划、自主精细化巡检航迹规划，覆盖率 100%；220 千伏及以上架空输电线路点云数据采集 2.3 万余公里，点云数据覆盖率 100%；110 千伏及以上线路自主巡检航迹全覆盖，为全面推广自主巡

2. 强化图像智能识别，推进隐患排查精准高效

随着无人机自主巡检作业范围的不断扩大，巡检后的影像数据识别、缺陷隐患判定成为另一大难题。传统的无人机巡检图像数据处理主要依靠人工先整理命名后，再进行人工识别，数据处理工作量大、效率低且差错率高。项目联合国网联研院、国网智能、华为等三家单位开展图像智能识别算法攻关，推动算法识别服务本地化部署，巡检图像通过无人机自主巡检业务模块自动命名后开展智能识别，基于识别结果自动形成缺陷隐患报告，巡检图像处理速度得到大幅提升，实现数据处理批量化、规范化、快速化。

截至目前，对于2厘米螺丝至20余米长绝缘子串等9大类输电杆塔部件总体识别准确率已达到80%，识别速度从10秒/张提升至4秒/张，基本具备实用化能力。已累计智能识别照片30万余张，发现设备本体缺陷万余条，较人工识别缺陷提升效率40%，极大解决了人工分析数据量大、传统人工巡视质量不佳等难题。

3. 深化多源数据监控，推进线路输送能力动态提高

依托输电运检数字化平台，开发输电线路输电能力动态提升模块，通过监测环境温度、风速、太阳辐射强度以及导线温度等影响输电能力的关键物理量，实时计算线路载流能力，实现线路30分钟输送能力预测与推送，可在不改变现有网架结构和不影响在运线路固有稳定规定的情况下，短时间提高线路载流量，从而动态提升线路输送能力约10%，对提升重要断面关键时刻保供电能力、增强清洁能源消纳能力具有重要意义。

(四) 优化组织机构设置，提升资源配置能力

为保障输电运检数字化转型顺利落地，统筹各类资源高效利用，适应集中监控和立体巡检两大新型业务发展需要，创新成立省、市两级全景监控中心和省级无人机作业管理中心，加强输电监控班和全能运检班两类数字化班组建设，为转型发展增添动能。

1. 建设省、市两级全景监控中心，监控业务全景掌控

为充分发挥输电运检数字化平台作用，实现设备运行状态、业务开展情况、人员作业状态的集中监控，国网湖南电力构建"省级+地市级"两级输电全景监控中心，率先在国网系统实现输电全景监控地市级全覆盖。全景监控中心标准化配置有监控大屏、监控台和数据中心，有效支撑监控人员开展24小时实时监控。其中，省级监控中心负责督办输电专业重大事项及监督、评价各地市监控中心工作开展情况；地市级监控中心负责开展运维范围内集中监控业务，实现运维检修业务实时监控和全流程管控。

全景监控中心通过对设备、业务、人员的实时监控和多源数据的处理分析，具备通道环境实时监测、设备状态实时感知、班组动向实时监控、智能诊断预测预警等功能，可辅助运维检修班组制定巡视、维护、试验等运检策略，精确掌握班组人员工作开展情况，充分发挥"情报中心"角色，实现传统"线下、离散、低效"人工管控方式向"线上、集中、高效"平台集中监控方式转型。

2. 建设省级无人机作业管理中心，统筹无人机专业管理

为强化无人机专业集约化管理，打造管理水平一流、技术国际领先的无人机巡检示范单位，创新成立省级无人机作业管理中心（技术监督中心），作为国网湖南电力无人机业务专业支撑机构，挂靠国网湖南超高压输电公司，主要开展无人机业务管控、空域管控、无人机管控平台建设与运维、专业技术标准体系建设、新技术研发、无人机培训取证等工作，全面规范无人机巡视、检测和检修业务，形成管理层级更清晰、工作流程更简洁、资源利用更高效的全省无人机管理模

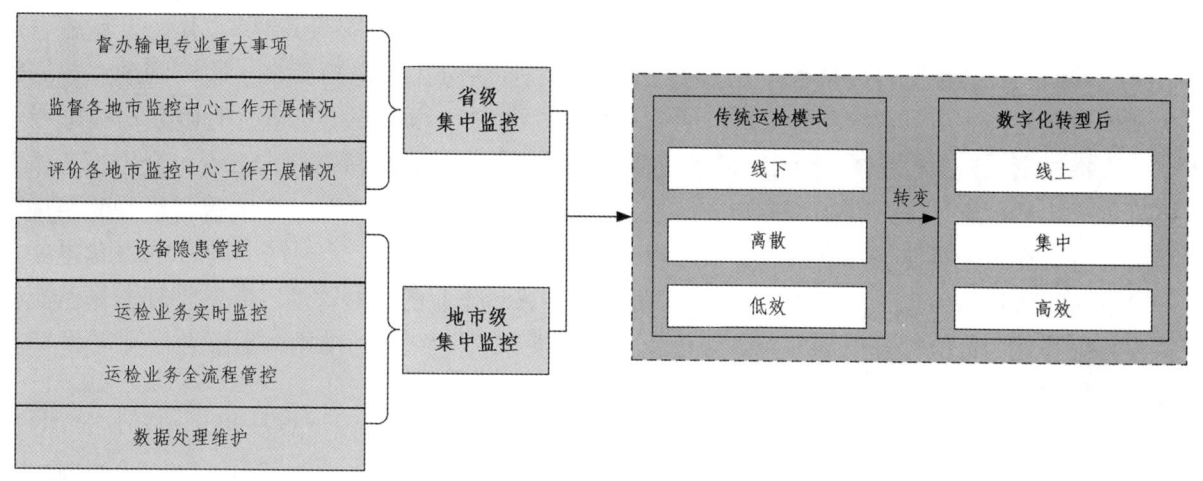

图 2　省、市两级监控中心功能架构

式，促进和指导全省无人机自主巡检规模化应用提升。

中心充分盘活内部人力资源，在国网湖南超高压输电公司原内设机构无人机巡检中心基础上进行结构调整，设安全生产办公室（党建人资、生产计划、安全保障、装备管理及维保）、技术监督室（标准制度建设、作业规范、从业资格、特种作业）、技术研发室（算法攻关、新技术新装备研究推广）、系统数据室（空域管理、作业监控、数据处理、平台建设与运维）等4个部门，覆盖安监、发展、设备、建设等各个专业。

3. 建设数字化班组，培育专业融合数字化队伍

湖南电网输电运检数字化转型后，产生了集中监控和立体巡检两大新型业务。为全面适应业务发展需要，提升班组核心业务能力，创新开展输电专业班组改革，全新设置输电监控班和全能运检班，大力培育与设备管理数字化转型相适应的复合型人才。

输电监控班着力解决输电专业智能感知设备运行状况无人管控、设备状态信息无专人监控、数据价值未有效挖掘等问题，全面开展设备、业务、人员监控。设备监控方面，开展通道可视化等监测终端的实时集中监控，对异常告警信息进行分析，推送工单至设备主人进行现场处置，并对处置过程进行跟踪。业务监控方面，通过工作票（工单）线上办理、作业现场关键安全措施拍照上传、作业地点实时显示、关键人员人脸识别等，实现运维检修业务实时监控和全流程管控。人员监控方面，通过平台和移动终端联动，可定期统计巡检人员到岗到位、巡检计划开展情况，智能化分析管控全员巡视效能，协助开展人员绩效评估。

全能运检班着力解决班组队伍技能弱化、智能装备应用水平不高和现场安全管控能力不强等问题，主要负责开展"无人机巡检+可视化轮巡+人工巡检"的精益立体巡检的全面落地应用，实现抢修、检修等核心业务自营，在常规巡检技能基础上向深层次技术掌握提升，由地面简单作业向高空较复杂作业延伸，着力于通道扫描、故障查找等无人机巡检技能进阶，有效提升应对电网大型应急抢修的能力。

(五) 固化数字化转型经验，持续提升输电运检质效

总结固化输电运检数字化转型经验，重点围绕制度建设、绩效激励措施、业务流程组织等方面打造并转化工作成果，形成管理闭环，推进输电运检质效不断提升。

1. 建立制度标准规范

聚焦输电运检数字化建设全链条管控，全新建立相关制度标准，提炼固化已有建设成果。编

制《国网湖南省电力有限公司输电专业"立体巡检+集中监控"管理指导意见》，作为开展输电运检数字化转型的纲领性文件，从数字化转型工作目标、职责分工、巡检要求、监控管理、数据管理、评价与考核等方面对数字化转型进行明确和量化。编制《国网湖南省电力有限公司输电专业班组建设指导意见》，确立"1+2+N"的建设模式，明确数字化转型所需岗位职责，全力打造输电监控班和全能运检班。编制《国网湖南省电力有限公司架空输电线路无人机巡检管理规定》《国网湖南省电力有限公司架空输电线路通道可视化运维管理指导意见》《国网湖南省电力有限公司平安输电应用管理指导意见》，建立无人机、可视化、移动作业的人员管理、装备管理、作业流程管理、数据管理的运检管理规范，为数字化业务开展明确统一的行动准则，保障数字化转型经验方法转化积淀。

2. 完善绩效激励措施

在企业生产经营活动中对生产要素实施组织、计划、指挥、监督和调节的全过程，关键要素是人。项目为动员和激励全员参与输电运检数字化转型，充分发挥个体潜能，增强运检管理效率，国网湖南电力鼓励支持各运维单位根据员工结构、数量、岗位等特点，差异化制定符合实际的绩效激励措施，充分激发基层管理人员和一线班组人员积极性，并根据员工业绩表现，建立绩效计划制订、绩效辅导沟通、绩效考核评价、绩效结果应用、绩效目标提升的持续循环过程。

以国网湘潭供电公司为例，印发《国网湘潭输电检修公司班组绩效管理实施方案》，以"多能多得、多劳多得"为导向，创新采用"工分+积分"制和"抢单制"相结合的激励方式，并设立专项奖励，引导员工主动适应新业务开展，监控班强化"设备、业务监控和数据分析处理"新型业务技能掌握，全能运检班突出"检修检测技能和项目管理能力"核心业务技能回归。全能运检班核心业务技能分为"四类九项"、以星标注，与个人绩效线性挂钩，鼓励班组成员"一人多能"，积极发挥主人翁作用，主动承担急难险重任务，引领全员核心技能水平提升。

3. 规范业务流程组织

利用输电运检数字化平台和相关管理制度的应用，将工作计划编制、工作计划分解、工作质效评价等进行流程化规范，通过总结各典型业务场景的最优解决方案并固化典型业务场景流程，确保业务流程在各岗位间得到有效支撑和高效协作。

以外部隐患处置为例，传统巡检模式在监控人员发现隐患后，需上报生产技术室专责，生产技术室专责整理相关信息汇报给分管副经理，分管副经理分析现场隐患危急程度，安排对应运维人员开展现场危险源辨识和处理，业务流程长，效率低，无法应对部分发生速度较快的外部隐患。开展流程化组织建设后，全景监控模块通过识别通道图像抓拍照片发现隐患并发出告警，监控人员对平台推送的隐患图片进行人工确认后即刻发出指令，一键派发部署附近供电所的无人机，飞往外破隐患区对现场人员进行广播喊话提醒离开线路保护区。系统自动派发外破管控工单至相关运维人员移动巡检终端，运维人员到达现场对外破风险点进行处置并在移动巡检终端进行闭环，有效提高运检业务质量和工作效率。

三、省级电网企业输电运检数字化转型的效果

（一）输电运检模式全面升级

项目运用"大云物移智链"等先进数字化手段为湖南省输电运检管理赋智赋能，通过输电运检数字化平台的打造，通过先进传感、信息通信、自动控制等数字化手段与输电设备的深度融合，全面构建了"集中监控"和"立体巡检"两个全新输电运检模式，实现输电运检由常规状态管控模式向以"全息感知+智慧物联"为主的远程集中监控模式转变，由常规人工巡检模式向以"无人机巡检+可视化轮巡+人工巡检"为主的精益立体巡检模式转变，湖南省输电专业智能监测设备覆盖率和业务数字化率分别达到30%、80%，设备缺陷、隐患管控闭环平均时间下降20%，闭环率提升50%，设备主人每年人均户外工作时长同比减少480小时，缺陷、隐患处置响应速度提升80%。基层班组人员从以往线路本体通道巡视、外破点蹲守、树障隐患排查等时效较差、质效较低、存在安全风险的工作中解放出来，投入更多精力用于数据分析、设备消缺、隐患处置、技能提升与项目管控，输电专业管理穿透力大幅提升。

（二）提质增效成果丰硕

省级电网企业输电运检数字化转型后，基层班组日均巡视的塔基数量相较原人工方式增至3~4倍，巡视效率由传统方式约15基/天提升至50~60基/天，班组每次集中巡检时间由7~8天缩短至2天。在线路长度不断增长的背景下，每公里聘请护线员数量同比减少20%，设备主人人均维护线路长度同比提升21%，一年人工地面巡视工作量由4.6万人天同比降低至1.2万人天，每年节约人力成本约1700万元。通过输电全景监控中心值班监控，累计完成1.02亿余张可视化图像处理，识别各类缺陷隐患13316处，实现对外力破坏、山火隐患点、"三跨"隐患点的全天候实时管控，2021年特高压直流线路湖南维护段跳闸次数同比减少50%，220千伏及以上电压等级交流线路跳闸次数同比减少11.5%。设备状态评估准确性提升10%，降低设备运维、检修经济成本约9400万元。

（三）社会效益持续提升

省级电网企业输电运检数字化转型有效保证了湖南省疫情防控、复工复产、迎峰度夏等特殊时段的电力优质高效供应，通过对蓝思科技、三一重工等省内重点企业供电线路开展数字化升级，实现线路状态全天候可控、在控，为重点企业错峰用电、用电高峰让电于民提供了可靠保障，同时切实减少了企业用电成本，为全省经济发展和人民美好生活提供了坚强能源保障。通过推进无人机自主巡检全面覆盖和特高压输电线路5000余套在线监测装置的安装和监控，实现了特高压输电线路状态全天候监控和精细化巡检，有力保障了由湖南省负责运维检修的复奉线、锦苏线、宾金线三条"西电东送"主要特高压线路通道的稳发满发，开展数字化转型至今三条特高压线路未发生停运现象，为东部地区经济发展提供了坚强电力保障。

（四）示范效益逐步彰显

省级电网企业输电运检数字化转型在技术创新和组织优化方面沉淀的成果普适性好、可复制、易推广，在操作层面能够落实落地，已在湖南省14个地市公司全面落地应用，得到公司领导批示肯定，有力提升了国网湖南电力竞争力和美誉度。中国新闻网以《国网湖南电力：加快数字化转型，提升输电专业智能化水平》为题对湖南省输电运检数字化转型成果进行了大篇幅宣传报道，项目技术创新荣获电力行业人工智能技术创新应用大赛一等奖、全国电力职工技术成果二等奖、全国电力巡检技术创新应用无人机人工智能创新案例奖等奖项，发表核心期刊及以上论文5篇，授权专利6个。

同时，项目的成功经验也可在湖南省同类企业或者交通等其他行业内大规模推广，有效提升各行业基层管理穿透力和一线承载力，加速推动湖南省数字化转型步伐，为全省在数字化转型浪潮中赢得先机作出新的贡献。

主 创 人：宋兴荣、岳一石
参与创造人：谭 奔、邹妍晖、蔡楚宇、曹明宇、王海跃、万富力、
王 峰、杨利波、周 能、廖振宇

烟草商业企业卷烟智能配送服务数字化转型实践

湖南省长株潭烟草物流有限责任公司

摘要： 湖南省长株潭烟草物流有限责任公司深入贯彻落实党中央关于推动数字经济和实体经济融合发展的重要指示精神，扎实推进国有企业数字化转型工作。针对烟草商业企业卷烟配送领域交接环节繁、过程监管弱、客户体验差、防疫常态化等业务痛点难题，运用"云大物移智"等数字新基建技术对卷烟配送交接场景进行数字化和智能化重构。通过强化顶层设计、自主研发，构建"两端一平台一中心"省级卷烟智能配送服务数字化转型解决方案，重塑卷烟智能配送数字化服务新流程，形成卷烟智能化配送服务标准体系和评价机制，推进企业管理数字化和服务能力智能化，通过组建科学有效的组织架构、管理机制和资源配置，与高校名企深度合作培养数字化人才、优化技术能力，以价值与体验驱动产品运营提升服务质量，将卷烟智能配送服务数字化转型实践成果转化为物流域信息服务产品，实现产业化，并在湖南、西藏两省20家烟草商业企业进行推广应用。平均每笔运单减少1分钟交接时间，可缩减工作时长26.6万小时/年，节约配送成本1647.33万元/年。技术应用和管理创新在卷烟配送"数智签收"领域居国际领先水平，实践成果和产业化成效得到财政部、湖南省政府及烟草行业单位的高度评价。

企业简介

湖南省长株潭烟草物流有限责任公司（以下简称长株潭物流）成立于2015年6月16日，由湖南省烟草专卖局（公司）主导，其直属单位长沙市烟草公司、株洲市烟草公司、湘潭市烟草公司按5∶3∶2的出资比例，共同投资成立，由长沙市烟草公司受托管理。2019年3月12日，长株潭物流揭牌正式运营，采取独立法人实体运作模式，设信息、设备、仓储分拣、配送等10个部门、5个对接点（长沙浏阳、宁乡，株洲茶陵、醴陵、攸县）。自运营以来，长株潭物流稳妥推进区域物流、工商共库、区域分拨三大核心业务平稳发展，97个配送车组覆盖长株潭三市约7.2万户零售户，为湖南、河北、重庆、安徽、河南、山东等中烟公司提供优质物流服务，依托卷烟物流资源和物流技术积淀，积极探索非烟物流和第四方物流业务，初步形成了四大板块业务的发展形式。长株潭物流紧盯"建设行业一流现代物流企业"发展目标，2021年共计分拣卷烟63.4万箱、配送257.85万户次，累计实现营业收入24235.12万元，推动各项工作持续稳定健康发展。荣获国家"4A级物流企业"认证，荣获数字化转型先锋企业"创新实践奖"。

一、烟草商业企业卷烟智能配送服务数字化转型实践的背景

（一）数字化转型是国有企业高质量发展的必然选择

加快推进国有企业数字化转型，促进国有企业数字化、网络化、智能化发展，是党中央关于推动数字经济和实体经济融合发展的重要指示精神，是推动国有企业高质量发展、支撑构建新发

展格局的重要途径。2020年8月，国资委印发了《关于加快推进国有企业数字化转型工作的通知》，就推动国有企业数字化转型全面部署，为国有企业推进数字化转型工作吹响了新号角。烟草行业作为国有企业，肩负着推动经济发展的重要责任，需要在新一轮科技革命和产业变革浪潮中发挥引领作用，成为推动数字化智能化升级的排头兵。长株潭物流作为烟草行业第一家服务于工业企业、专业提供中南及华南地区区域分拨的商业物流企业，势必牢牢抓住数字化转型的新机遇，通过建设敏捷响应的用户服务体系，实现从订单到交付全流程的按需、精准服务，提升用户全生命周期响应能力，动态采集产品使用和服务过程数据，提供在线监管、远程调度等管理延伸，丰富完善物流服务产品和业务模式，探索打造平台化、集成化、场景化、移动化的卷烟智能配送服务产品，在国企数字化转型探索和行业智慧物流建设中抢占技术和管理创新高地。

（二）数字化转型是烟草行业培育新动能的重要引擎

数字化转型是改造提升传统动能、培育发展新动能的重要手段。国家烟草专卖局明确提出，要抢抓数字经济发展机遇，坚定不移推进实施数字化转型战略，为推动高质量发展提供新动能，为推进高效能治理提供新手段，为造就高素质队伍提供新支撑。湖南省烟草专卖局（公司）提出：积极融入国家发展战略大局，主动融入湖南省"三高四新"战略，落实行业"转思维观念、转驱动方式、转技术架构、转工作模式和大平台、大数据、大安全"的"四转三大"数字化转型基本思路，奋力开创以技术先进、业务协同、数据共享、安全可控为主要特征的湖南烟草商业数字化转型发展新局面。迈入行业数字化转型的新征程，长株潭物流积极探索"云大物移智链"等信息技术对企业生产经营管理进行全方位、全角度、全链条的融合创新，为"建设行业一流现代物流企业"的发展目标提供强有力的数字支撑。

（三）数字化转型是企业解决发展问题的重要途径

当前以京东、顺丰为首的社会物流都在以提高物流配送效率、提升送货服务水平为目标，为用户提供了极佳的服务体验。对标社会化物流企业，烟草商业企业卷烟物流配送的服务能力和管理水平的数字化、智能化程度等亟待提升。当前，卷烟物流配送环节普遍采用传统纸质票据手工签字或刷NFC卡签收两种模式，但两种模式在实际操作中都存在一定缺陷。比如，手工签收模式存在效率低、代签字、成本高等问题，而NFC卡签收以"认卡不认人"的方式进行卷烟货物的交接，也存在持卡代收货物的隐患。行业传统卷烟物流交接模式存在交接环节繁、过程监管弱、客户体验差、物流成本高等业务难题，迫切需要采取技术手段和管理创新予以改善。

（四）数字化转型是助力常态化疫情防控的有益探索

当前，国内新冠肺炎疫情防控已进入常态化防疫阶段，远程办公、在线教育、在线医疗等新业态蓬勃发展，一方面展示出了数字经济所带来的巨大优势，另一方面也对企业数字化转型提出迫切要求。作为湖南省烟草商业系统唯一一家区域物流企业，长株潭物流承担着长沙、株洲、湘潭三市约7.2万户卷烟零售户的卷烟配送服务业务，年配送运单约260万单，迫切需要探索出一种无接触的卷烟配送数智化签收新模式，有效保障卷烟物流配送工作平稳有序。

基于上述背景，长株潭物流开展卷烟智能配送服务数字化转型的探索实践，旨在构建动态感知、敏捷服务、自主可控的烟草行业商业物流配送智能服务体系，实现物流配送作业全流程、全场景的数字化、可视化、智能化，以配送流程更加"精简"推动卷烟配送管理由传统向智能转变，以服务能力更加"精准"提高零售客户服务满意度，以企业管理更加"精益"提升现代物流企业管理智能化水平，为提升企业核心竞争力、推动高质量发展蓄力赋能。

二、烟草商业企业卷烟智能配送服务数字化转型实践的主要做法

（一）强化卷烟智能配送服务数字化转型顶层设计

长株潭物流在推动数字化转型初期，坚持前瞻规划，谋定后动，全力系统推进智能配送服务数字化转型工作。

1. 统筹规划，系统推进配送服务数字化转型

为实现"动态感知、敏捷服务、自主可控"的烟草行业商业物流配送智能服务体系的建设目标，长株潭物流制定了《湖南省长株潭烟草物流有限责任公司数字化转型三年规划》，从顶层明确提出数字化转型发展思路。基于物联网感知平台，推进订单管理、运输管理、仓储管理、路径动态优化等业务和管理数字化，全面感知物流关键环节，健全与供应链上下游相关系统，提升物流各作业环节数据的采集效率和准确度，从而实现物流业务全流程的数字化。同时利用云计算、大数据、物联网、移动互联网、人工智能（AI）等技术，构建物联网数据平台，推进大数据信息挖掘，建立关键业务和环节智能生产调度系统，为业务管理的智能化决策提供高效的数据支撑。2020年，长株潭物流开展卷烟智能配送服务数字化转型课题研究，以卷烟物流配送业务流程数字化再造为主线，探究应用移动互联网、人工智能等新技术对传统的烟草商业卷烟交接场景进行数智化的重构。

2. 聚焦痛点，树立配送服务数字化转型目标

为系统性解决困扰烟草商业企业卷烟配送业务的交接环节繁、过程监管弱、客户体验差、防疫常态化等痛点难题，运用"云大物移智"等数字新基建技术对卷烟配送交接场景进行数字化和智能化重构，自主研发实施运营"数智签收"系统。通过技术升级和业务模式升级，建设具有行业特色的智能、安全、高效的商业企业卷烟配送业务系统，主动满足零售客户个性化需求，在送货周期、送货时间、送货方式上为零售客户提供更加灵活多变的服务方式，通过卷烟智能配送全过程的统一规划和管控，达到整合资源、提高效率、优化服务、增强能力的创新成效。

3. 价值驱动，构建配送服务数字化业务蓝图

发挥大数据、人工智能、云计算、移动互联等数字新基建技术的作用，建立统一的数据底座，重构卷烟智能配送的业务流程和服务能力，真正发挥数据价值。主要包括：与公安系统互联，建立卷烟零售客户实名认证机制；采用人工智能技术，实现签收智能识别；打破系统间数据孤岛，拉通仓储、分拣、配送流程数据，在卷烟配货交接、装车、到户交接等环节减少等待时间；采用车载监控技术，实现对车辆轨迹、司机驾驶状态等智能监控预警；采用大数据技术，实现消息智能化、个性化推送；采用云计算技术，实现全业务流程智能监控；采用移动互联技术，实现随时随地的业务处理与沟通。

（二）构建省级卷烟智能配送数字化转型方案

基于烟草行业物流实际，长株潭物流参考社会物流平台建设成果与运营经验，遵循烟草行业智慧物流建设指导意见和信息平台建设标准规范，自主研发"数智签收"系统，构建"两端一平台一中心"省级卷烟智能配送服务数字化转型解决方案。利用数字水印技术对签收场景的"人、货、地、时间"进行数字化重构。其中，"人"包含取货人姓名、配送员车组、姓名、手机号，以及所属零售户许可证等基本要素；"货"包括所属订单号、烟包数和条烟数等基本要素；"地"包含交接场景的背景、交接GPS位置以及与历史数据的偏差数据等基本要素；"时间"为送货交接时拍照确认的准确时间。通过对卷烟交接场景的数字化重构，在一张照片上集成"人、货、地、时间"要素，真正做到"只画不话、以画说话"。

1. 构建数智签收卷烟配送服务端

构建物流作业管理端移动应用，配送员可以通过移动终端实现任务下载、出园申请、拍照签收、日结等便捷的作业操作，并为企业高管和业务部门管理层提供实时作业预警、数据查询、动态展示等监管功能。应用 AI 识别技术，通过送货交接照片实现对无人、无烟、送货位置偏差大等配送管理不规范要素的自动识别预警，并对识别的结果按照不同情况进行标注，强化对卷烟签收的规范管控。

2. 构建零售客户动态感知服务端

打造客户服务掌上应用，实现物流过程透明、服务精准迅捷。零售客户以实名认证中心注册的手机号登录微信服务小程序，可查询订货、分拣、打包、装车、配送、签收、评价等信息，通过地图展示看到送货车辆的行驶轨迹和当前位置，配送前后系统自动发送到货提醒、电子票据和服务评价短信，真正满足零售客户对订单动态化感知的服务需求，切实提升客户体验感和满意度。

3. 构建统一运营指挥调度平台

建设统一运营指挥调度平台，实现配送任务的线上调度、配送过程的实时监管。平台对配送过程行为和任务进度实时监控，发现异常及时预警，并同步至相关管理人员，及时干预和指挥调度处理，支持通过监控大屏、移动应用等多种渠道指挥调度配送，管理层在手机上能够快速审批调度流程，实时感知配送任务进展，驱动客户服务能力不断提升。

4. 构建零售客户实名认证中心

通过"公安认证接口+人脸活体识别"技术构建行业首个卷烟零售客户实名认证中心和标准化人脸库，为以照片或视频为卷烟交接凭证的数智化签收模式提供基础人脸认证服务。由零售户和收货人自主完成线上认证流程，每个卷烟零售户持证人最多授权 3 个收货人，在后台建立"人脸—姓名—身份证号—手机号—专卖证"等多要素关联，进一步校正与丰富专卖基础数据，为后续提供到货提醒、服务评价、电子票据等服务建立客户连接，实现对内促规范、对外优服务。

（三）重构卷烟智能配送数字化服务新流程

长株潭物流开展物流域"数智签收"配送服务、到货提醒、运营预警等业务流程的梳理重构，从源头推动数据的全量化汇聚、标准化治理、场景化开发，实现由传统流程化支撑向数据资源价值发挥的变革。

1. 重构"数智签收"配送服务流程

"数智签收"服务通过拍照替代传统的纸质票据签字或 NFC 卡确认签收，以照片为卷烟交接凭证，即拍即走。配送员根据"人烟1米、拍照3米、正视镜头"的标准采集一张合格的卷烟交接场景照片，实时记录"人、货、时间、地点"4类要素，系统利用 AI 算法、数字水印技术对照片上的签收场景要素信息进行自动识别和分析标注，并提供到达前提醒、签收评价和电子票据推送等服务功能，实现零售户对订购卷烟送达前、送达中和送达后的全程动态感知，通过监控大屏、PC 端和移动端报表以及移动端钉钉机器人 3 种监管渠道推送信息，辅助企业管理者和物流部门对每个车组、每笔订单作业数据的实时动态感知。

2. 重构卷烟配送到货提醒流程

数字化转型实践中，长株潭物流通过大数据分析预计到达时间与最终到达时间的差距，不断优化路径，提升服务精准度。通过"GPS+大数据 AI 算法"优化出以最短路径为目标的最佳配送线路，当完成第 N 户签收后，系统会对后续的 N+20 户根据 GPS 距离、路况等自动计算到达时间，对 30 分钟以内到达的客户以短信方式通知提醒收货，提醒送货到达时间与实际签收时间精度偏差基本控制在 5 分钟以内，减少客户等待时间，提高客户交接效率，降低物流配送成本。

3. 重构规范运营预警监控流程

为强化烟草商业企业物流管理人员对卷烟交接过程的实时掌控能力，第一时间发现不规范的作业，长株潭物流引入钉钉智能机器人，实时对每笔交接照片进行扫描，对于照片中没有识别出收货人与烟包、一人多签、签收位置偏差大的异常订单，自动推送预警至相关工作群。同时，提供省、市两级监控大屏和 PC 端报表等监管渠道，支持对订单签收、异常预警、配送服务评价等卷烟智能配送数据的实时监控展示和数据查询。

（四）搭建卷烟智能配送数字化服务标准体系

为将应用成果固化、深化，实现可复制、可推广，长株潭物流聚焦规范作业、优质服务、夯实管理，形成有效的规章制度、清晰的岗位职责、严格的绩效管理、完善的评价机制和健全的标准体系，促进卷烟智能配送服务工作更加规范化、标准化、专业化。

1. 建立卷烟智能配送服务管理标准化

建立涵盖行业、省级和企业各范围的配套管理和技术标准体系，形成了《烟草商业企业卷烟交接拍照签收规范》《湖南省烟草商业企业卷烟配送双智融合工作规范》等多项配套管理和技术标准。申报行业标准 1 项，发布省级企业标准 3 项、企业标准 7 项，固化配送员卷烟交接签收时的 4 个规范动作，即"拍摄终端要求、拍摄位置要求、签收人脸要求、烟包要求"，推进配送标准化与服务品质化深度融合，将卷烟交接过程结果标准化、规范化，为面向烟草行业全面推广奠定了基础。

2. 健全卷烟智能配送服务管理制度

聚焦规范作业和优质服务，对系统运行、系统维护、操作规范、预警处理、结果运用整个流程进行规范，制定出台《湖南省长株潭烟草物流有限责任公司数智签收管理办法》《湖南省烟草商业企业卷烟数智签收规范实施细则》等管理制度，做到岗位有职责、管理有制度、结果有方向，形成一个完整的卷烟物流配送闭环，促进卷烟智能配送服务工作更加规范化、标准化、专业化。

3. 创新卷烟智能配送服务评价机制

在湖南全省烟草商业企业首次建立物流配送服务智能化评价和数字化考核的新机制，告别了传统的人工、电话或第三方对配送服务进行评价的方式，通过"数智签收"系统实现卷烟智能配送服务到货提醒、客户评价、电子票据的秒级推送和考核数字化。系统会对签收照片中识别、比对出的收货人，自动发送电子票据和服务评价的短信链接，形成自主、实时、多维度的评价体系，并将评价结果纳入配送员的绩效考核，不断提升卷烟智能配送服务能力和管理水平。

（五）实施卷烟智能配送服务数字化实践成果产业化

经过技术和市场分析，"数智签收"系统符合国家"人工智能+物流"发展趋势和烟草行业物流域数字化转型需要，采用标准模块化设计和云端应用易于推广，自主研发实施运营符合国家网络安全和烟草行业物流自主管控有关要求，具有较强竞争力和推广前景。因此，长株潭物流通过组建科学有效的组织架构、管理机制和资源配置，与高校名企深度合作培养数字化人才、优化技术能力，以价值与体验驱动产品运营提升服务质量，将卷烟智能配送服务数字化转型的研究实践成果转化为产品，以提供信息化服务的方式实现产业化，完成"数智签收"系统在行业内湖南、西藏两省 20 家烟草商业企业推广应用。

1. 完善资源配置，保障产业化组织基础

为实现产业化提供科学有效的组织架构和管理机制。长株潭物流成立推广工作领导小组，负责统筹规划、顶层设计，下设技术保障组和现场实施组，负责推广实施和系统优化，进一步明确工作职责和进度安排。建立联席会议机制，定期协调推进工作，通过微信公众号消息推送、客户经理动员宣传、配送员主动上门服务等多重手段加强操作指导，推动项目实施落地落实。

为实现产业化提供充足的人、财、物等资源。企业高度重视、大力支持成果产业化，经董事会研究在产业化涉及的人才薪酬、采购项目、配套奖励等方面拨付充足的经费预算。按照市场运营管理方式，向社会公开招聘项目产品经理、开发工程师、运维专员、商务专员等人才，建立满足产业化需求的数字化人才团队。采购配套硬件基础设施和服务资源，建立适宜推广的基础架构和服务能力。相关部门、合作伙伴通力合作，及时解决产业化遇到的问题，保证项目实施进度与质量。

2. 优化技术能力，推动实践成果快速转化

与知名企业搭建智慧物流能人工作室科研平台，充分整合各方优势资源，推动数字技术与物流业务深度融合，采取标准化共享、双向化应用、平台化推广方式，形成专业产业相互促进、技术场景互融互通的共同发展格局，提升成果社会影响力，通过科研平台进行技术验证、成果转化、项目孵化，为加速推动成果转化提质增效。

为破解产业化转型过程中核心技术攻关、科研成果转化、学术研究宣传等企业短板，长株潭物流与科研院校开展战略合作，建立"人才+课题"培养模式，激活创新因子，先后开展省市科研项目4项、省级标准项目3项、精益和对标等课题7项，企业技术技能人才参与率100%，打造出一支懂技术、爱攻关、擅创新的科研人才队伍，学术科研氛围日益浓厚，极大促进了科研攻关和成果产业化。

3. 提升服务质量，运营信息服务产品实现产业化

长株潭物流将卷烟智能配送服务数字化转型的研究实践成果转化为产品，以提供信息化服务的方式实现产业化，先后与行业内湖南、西藏两省20家烟草商业企业签订信息化服务项目采购合同，为客户提供"数智签收"系统移动应用等信息服务，提供基础资源等配套设施信息服务，提供专业化服务团队保障配套软硬件安全、稳定和正常运行，提供相应的业务培训、数据分析、需求响应和技术支持等服务。贯彻落实党中央、国家局援藏工作要求，打造行业内省级单位合作共赢的样板。

产业化过程中，长株潭物流持续提升服务质量，以价值与体验驱动产品运营，注重产品全生命周期管理。一是持续免费迭代系统版本。根据自身业务痛点和行业物流发展需求，先后更新退货暂存、以图搜图等新功能10余项，新增各类流程20余项。二是不断改进提升运营服务。建立运维交付群作为发布系统升级等通知公告的统一窗口，运维服务7×24小时在线，及时响应处理各单位的疑问和业务需求。三是加强政策风险管控。严格履行网络安全主体责任，开展等保测评备案，定期开展个人信息安全影响评估等安全检查，全力保障系统、网络、应用和数据安全。

三、烟草商业企业卷烟智能配送服务数字化转型实践的效果

（一）项目经济效益突出

随着卷烟智能配送服务数字化转型的实施，湖南烟草系统全面取消两联纸质配送小票，卷烟配送迈入无纸化作业时代。优化交接环节和方式后，大幅精简了配送车组人员和运行车次，提高了车辆装载率，纸质票据、企业用工、设备折旧等配送成本大幅度降低，湖南、西藏两省20家烟草商业企业共节约配送成本1647.33万元/年。同时，通过将卷烟智能配送服务数字化转型的实践成果产业化，长株潭物流每年可盈利525万元，随着行业扩大，推广应用产生的效益会更大。

（二）管理水平得到提升

一是交接流程化繁为简，提升配送效率。通过以照片为交接凭证，运用AI识别等技术手段精简了交接流程，提升了配送效率，平均每笔运单减少1分钟交接时间，可为两省节约交接时间26.6万小时/年，实现了从以NFC卡为代表的数字签收向人脸识别的"数智签收"跃进，有效推进卷烟配送"按单送货、落地落户"。二是过程监管由弱到强，规范配送作业。通过对配送车辆进行数字化改造实时记录GPS位置，监控车辆行驶时的安全状态，构建实名认证理清人店关联，实现监管前移，从根本上增强配送交接规范的刚性约束，为规范市场经营和配送作业提供数据支持。三是客户体验由差转优，创新服务模式。利用移动互联网优势，实现物流企业、配送员与零售客户之间的实时信息互动，真正实现零售户、配送员、企业管理者对物流订单的动态化感知，客户体验感和满意度显著提升，日均卷烟配送好评率超过99.88%，全面筑牢"作业可视、过程可控、服务可靠、绩效可考、纠纷可溯、自主可控"的智能配送管理基础。

（三）社会效益成效明显

长株潭物流开展的卷烟智能配送服务数字化转型探索实践，通过信息化、自动化手段有效地提高了卷烟配送作业效率，降低了基层配送人员的劳动强度，提升了基层作业人员、零售客户等相关主体的幸福感。通过取消纸质送货小票，践行绿色环保理念，减少废弃物、降低能源消耗，具有较高的环境效益。相关技术、算法与实现方式为烟草行业首创，具备交接作业便捷、高效、可追溯等优势，该创新成果和实践经验对于社会化物流企业也具有较强的实用借鉴价值。特别是在防疫常态化的形势下，可应用于高价值、危险品等作业场景，例如茅台酒、疫苗等贵重物品的物流配送。

（四）创新实践成果丰硕

为提升企业管理创新软实力和科技创新核心竞争力，长株潭物流以"数智签收"系统为载体开展的卷烟智能配送服务数字化转型创新成果和实践经验陆续实施成果转化，取得7项软件著作权，申请3项发明专利、1项实用新型专利，发表论文7篇，被EI收录1篇，取得行业内外荣誉11项。2022年4月，成果经湖南省科学信息研究所国内外科研查新，国内外未见项目综合技术特点相同的文献报道，专家评价成果具有明显的创新性，技术应用和管理创新在卷烟配送"数智签收"领域居国际领先水平。

（五）示范推广成效显著

财政部、湖南省政府、烟草行业各省市单位等对卷烟智能配送服务数字化转型工作给予了高度评价，成果在行业物流最高权威刊物作了首刊报道，被评价为为推动数字化转型战略提供实践样板、为助力行业智慧物流建设提供湖南方案。自2021年2月以来，产业化成果在湖南、西藏两省20家烟草商业企业推广实施，为32万零售客户、500名配送员提供迅捷柔性的智能化物流服务。作为烟草行业对口援藏重点项目，于2022年4月完成在西藏全区6个地市烟草商业企业的推广应用，助力西藏烟草高质量发展。

主　创　人：姚利军、王可君
参与创造人：贺　东、刘文新、朱晓鸣、龙铁军、彭　岚、肖红球、
　　　　　　游子方、王志祥、陈　阳、涂凯伦

电网企业抽水蓄能电站智慧化调度管理

国网湖南省电力有限公司
国网新源湖南黑麋峰抽水蓄能有限公司

摘要： 国网湖南省电力有限公司和国网新源湖南黑麋峰抽水蓄能有限公司主动发挥数据资源优势和信息技术优势，以调度管理智能化转型及精益化升级为核心，以释放抽水蓄能电站提升电网供电能力、促进清洁能源消纳的潜能为着力点，综合研究智能运行技术和创新管控手段，在国内首创了抽水蓄能机组全新运行模式，构建了涵盖全省"源网荷储"的电力电量智能平衡平台，全新建立了抽水蓄能机组技术革新模式常态化运行管理机制、抽水蓄能调度日内计划优化调整机制、抽水蓄能调度管理动态完善机制，打造了"分析—研究—试验—运用—评价"的全新调度管理流程，推动了调度管理由人工经验型向智能精准型转变、由日前计划安排向日内实时调整转变、由运行后处理向运行前干预转变，有效促进了湖南电网供电能力及清洁能源消纳水平提升，助力构建清洁低碳、安全可靠、智慧灵活、经济高效的现代能源体系，为支撑湖南经济社会高质量发展提供了坚实可靠的能源保障。

企业简介

国网湖南省电力有限公司是国家电网有限公司的全资子公司，以建设和运营电网为核心业务，担负着保障湖南省电力可靠供应的重大责任。公司现设19个职能部门，下设14个市（州）供电公司、98个县供电公司，用工总量7.01万人（全口径）。截至2021年底，湖南电网拥有220千伏及以上变电容量1.33亿千伏安、线路2.3万公里。供电范围覆盖全省14个市（州）117个县（市、区），营业区面积占全省总面积的96%，营业区人口占全省总人口的98%。

湖南黑麋峰抽水蓄能有限公司于2013年注册成立，由国网新源控股有限公司、国网湖南省电力公司共同出资组建，主要负责湖南黑麋峰抽水蓄能电站的经营管理。湖南黑麋峰抽水蓄能电站总装机容量1200兆瓦，设计年发电量16.06亿千瓦时，年抽水耗用低谷电量21.41亿千瓦时，主要担负湖南及华中电网的调峰、填谷、调频、调相及事故备用等任务。

一、电网企业抽水蓄能电站智慧化调度管理的实施背景

（一）是服务重大战略部署、推动构建新型电力系统的迫切需要

2022年5月，习近平总书记发表重要文章《正确认识和把握我国发展重大理论和实践问题》，为我国深入贯彻落实"双碳"目标指明了前进道路，明确提出能源行业是减碳的主战场，电力是主力军。推动形成适合中国国情、有更强新能源消纳能力的新型电力系统，加速推进能源供给绿色低碳转型，是实现"双碳"目标的重要路径。抽水蓄能作为目前技术最成熟、经济性最优、最具大规模开发条件的储能方式，以其清洁、灵活等特点成为新型电力系统中应用最广的调节电源

之一。加快发展抽水蓄能是推进新型电力系统建设、完善能源供应体系的关键一环。"十四五"期间，湖南将建成平江抽水蓄能电站，开工建设安化抽水蓄能电站，争取安化二期、东江、汨罗、攸县和湘南地区等抽水蓄能电站纳入选址规划。政策利好与行业需求双效叠加，湖南抽水蓄能发展持续提速，亟需建立与抽水蓄能电站发展的远景目标相适应的科学规范调控管理体系，促进抽水蓄能资源的合理利用，助力湖南省构建清洁低碳、安全高效的能源体系。

（二）是实现绿色低碳转型、提升清洁能源消纳水平的必然选择

2021年3月，湖南省政府发布的《湖南省国民经济和社会发展第十四个五年规划和二〇三五年远景目标纲要》以"三高四新"战略定位和使命任务为引领对湖南省未来发展作出具体规划，明确指出要"切实加大能源供应能力，着力构建坚强能源网络"。2022年5月，湖南省政府发布的《湖南省强化"三力"支撑规划（2022—2025年）》强调，要大幅提升能源保障能力，清洁能源占比要持续提高，2025年风电、光伏装机将突破2500万千瓦。积极推进清洁能源消纳是能源转型升级对电网企业提出的迫切要求。然而，尽管湖南清洁能源发展态势良好，但弃风弃光顽疾难解。湖南呈现"风水同期"的气候特点，风电、水电等清洁能源在汛期达到发电高峰，但对应的全省基础负荷水平较低。发电高峰与用电高峰存在时间错位，导致湖南电网清洁能源呈现时段性富余局面，用电低谷时段省内清洁能源消纳困难。随着新能源装机规模逐步增大，清洁能源消纳压力进一步加剧。抽水蓄能作为电力系统最强大的"充电宝"，可以有效存储负荷低谷时期清洁电能，突破电网规模对清洁能源容量的限制。因此，构建抽水蓄能智慧化调度体系，充分发挥抽水蓄能电站与清洁能源运行的互补性，是提升清洁能源消纳水平、推进建设以新能源为主体的电力支撑体系的有力抓手，也是加快生态文明建设，实现美丽湖南的必然选择。

（三）是保障电力可靠供应、支撑电网安全稳定运行的内在要求

在经济社会高速发展背景下，随着新型电力系统建设持续推进、可再生能源装机比例不断增大，电网形态将发生深刻变化，湖南电网安全稳定运行面临严峻考验。一方面，近两年湖南全社会用电量平均增长10%，用电水平快速提升导致电网电力供应矛盾突出，供应形势异常严峻。同时，受制于湖南省内电源与负荷逆向分布等因素，电网安全稳定运行存在一定风险，高峰负荷期间发电能力不能完全释放，省内整体供电能力受限。湖南电网保供电、保民生压力巨大。另一方面，大规模清洁能源接入电力系统后，由于其出力受天气影响，具备极强的间歇性及不确定性，引起电网的不正常波动，给系统的安全稳定运行带来重大挑战。可再生能源出力无法及时可靠地响应负荷变化，也将导致系统电力电量平衡和运行方式安排日趋复杂化。在风电、光伏等新能源大规模高比例发展趋势下，以抽水蓄能为代表的调节性电源是解决上述问题的有力手段。抽水蓄能机组启停迅速的灵活性可弥补清洁能源发电的随机性与不均匀性，减少新能源大规模随机并网对系统的冲击，既能满足快速发电的需求，又能响应电量不平衡等紧急情况的处理。优化抽水蓄能电站调度运行，提升智能化技术手段和管理措施，实现抽水蓄能资源与其他各类能源的高效协同管理与科学动态配合，是提供优质可靠电力供应、保障系统安全稳定运行的重要保障。

综上所述，从服务重大战略目标、提升电网电力供应能力和清洁能源消纳水平、推动能源电力优质发展多个维度来看，都亟需推动抽水蓄能智慧化调度管理体系建设。近年来，国网湖南电力深入贯彻落实"双碳"战略，以"三高四新"战略定位和使命任务为引领，以抽水蓄能机组调度管理为抓手，创新运行控制手段，持续推进平台建设，有效促进调度管理体系构建核心技术攻关和成果转化，有力提升了湖南电网供电能力和清洁能源消纳水平，保障了湖南电网安全稳定运行，为奋力建设现代化新湖南注入了澎湃动能。

二、电网企业抽水蓄能电站智慧化调度管理的主要做法

（一）加强顶层设计，明确整体目标思路

1. 深入调研，分析现有短板

项目团队通过实地调研各级电力调度控制中心，并依托"大云物移智链"等先进信息技术对湖南电网的历史运行数据进行深度分析，总结发现当前抽水蓄能运行方式及调度管理有待提升的方面和环节。一是机组运行模式有待拓展。现有抽水蓄能机组均运行于两种传统常规模式，即在负荷低谷时将下水库的水抽到上水库中储存起来，在负荷高峰时放水发电。抽水蓄能机组在发电和抽水两种工况间的"空档期"未被有效利用，其调节电力系统平衡、促进新能源消纳的潜能未被充分挖掘，运行模式有待进一步拓展。二是精益化调度水平有待提高，通过对电网的历史弃风弃水时段的运行数据进行深度分析，发现抽水蓄能电站的启停机安排对电网低负荷时段的填谷效果并非最优，负荷低谷时段的清洁能源消纳空间有待提升，在抽水蓄能电站的实时平衡优化运行方面，缺乏有效的技术支撑手段。三是智能化调度手段有待加强。抽水蓄能电站的实时水文和运行工况未转成调度人员可便捷操作的信息，无法精准快速开展抽水蓄能运行调整匹配全省负荷曲线和其他电源方式。抽水蓄能电站运行安排长期依赖于运行人员的工作经验和反复沟通，缺乏科学智能、灵活动态的辅助决策工具和科学流程。

2. 高点定位，制定目标思路

以响应国家"双碳"目标及保障湖南"三高四新"战略能源供给为指导思想，坚持"技术应用、机制建设、组织优化"三位一体，深入分析抽水蓄能调度管理现状，总结分析主要问题，以调度运行的智能化、精益化管理为核心，以释放抽水蓄能电站提升电网供电能力、促进清洁能源消纳的潜能为着力点，综合研究智能运行技术和创新管控手段，拓展精益化运行新模式，开辟数据化运行新路径，制定智能化运行新策略，开展常态化运行新管理，明确"二三四二"抽水蓄能调度管理优化目标。

深化"两项应用"：国内首创抽水蓄能机组全新运行模式，搭建涵盖全省"源网荷储"的电力电量智能平衡平台。形成"三大机制"：构建抽水蓄能机组技术革新模式常态化运行管理机制、抽水蓄能调度日内计划优化调整机制、抽水蓄能调度管理动态完善机制。实现"四项转变"：推动抽水蓄能机组运行由传统常规模式向技术革新模式转变，推进调度管理由人工经验型向智能精准型转变、由日前计划安排向日内实时调整转变、由运行后处理向运行前干预转变。促进"两个提升"：有效促进湖南电网电力电量供应能力和清洁能源消纳水平提升，实现2021年湖南电力供应能力同比提高1.5%、弃风弃水电量同比减少9000万千瓦时以上，为推动实现"双碳"目标及"三高四新"战略目标、服务湖南经济社会高质量发展提供坚强可靠的能源保障。

3. 全面部署，把握工作原则

按照"规范管理、高效运转、灵活操作、务实推进"的基本工作原则，建立以国网湖南电力为实施主体、国网湖南电力调控中心牵头推进、国网湖南电科院提供技术支撑、黑麋峰电站深化实践的多层级、多单位、多专业协同的组织体系，以绿色低碳作为根本理念，支撑具有灵活调节性能的抽水蓄能资源精益化、智能化调度管理。

坚持问题导向。深度分析抽水蓄能电站历史运行数据，总结归纳以往抽水蓄能机组运行问题及传统抽水蓄能调度管理的薄弱环节，聚焦供电能力提升和促进清洁能源消纳，结合实际运行情况，因势利导制定阶段性目标举措，匹配现代能源系统发展需求。

深化数据赋能。将云计算、信息通信、大数据分析、人工智能技术深度融合应用在抽水蓄能

调度管理全流程环节,通过参数对应、接口衔接等信息技术实现各级调度的数据互通和通信管理,以调度管理数字化转型推动调度运行精益化、智能化。

攻克控制创新。基于安全运行约束和实际管控场景,运用"源网荷储"互动环境下的电网安全分析方法,突破协同优化技术和互动控制技术等,攻克抽水蓄能与各类资源互动的理论问题与关键性技术,优化能源互联网的智慧大脑。

(二)夯实管理基础,创新运行技术平台支撑

1. 研究全新运行模式

电力系统中,由电源供给的电功率有两种:有功功率是支撑各类用电设备正常运行的"燃料",将电能直接转换为光能、热能等其他形式的能量;无功功率是运输有功功率这一"燃料"的"工具车",是有功功率传输的必要条件,用于建立旋转磁场、带动电机转动。在任意时刻,发电机组提供的总有功和无功出力均需与负荷总有功和无功需求达到平衡。电网故障时,功率实时平衡遭到破坏,发电机组将改变输出功率以适应新的平衡。因此,为了保证功率具备可调范围以备不时之需,承担系统调节功能的火电机组实际输出功率将小于最大值,预留部分发电裕度、处于"待机"状态,在电网遭受扰动时迅速响应改变出力提供支撑。由于系统所能容纳的发电容量有限,这部分"随时待命"的发电容量将挤占其他电源的发电空间,导致省内电源可发功率不能完全利用,一定程度上限制全省整体供电能力。

为解决故障下的功率不平衡问题,项目团队深度挖掘抽水蓄能运行潜能,创新性地提出一种全新运行模式,即让机组在抽水和发电的空档期"空转",不发出有功功率,只向电网输送无功功率。当电网发生故障、电压跌落时,确保无功功率"供得上",电网能够"稳得住",有效提升电网抵御扰动的能力。同时,代替火电机组预留的发电容量补充电网所需的无功储备,使火电机组发电能力得以充分利用、可发出更多有功功率保障电力供应。

2. 搭建智能平衡平台

围绕抽水蓄能运行优化,项目团队构建了描述"源网荷储"多要素运行情况的电力大数据赋能模型。一是依托"大云物移智链"等先进信息技术,构建超短期系统负荷和新能源功率预测模型,开展日内系统负荷和新能源功率预测,未来4小时预测准确率达99%以上。二是基于当日实际运行情况,结合各类电源时空和出力特性,构建包含清洁能源消纳水平和全省电力电量平衡情况的动态分析模型,快速确定系统所需备用容量等边界条件。三是通过对历史汛期抽水蓄能运行数据与各类资源的匹配进行大数据挖掘分析,建立抽水蓄能电站运行拟合系统短期负荷曲线的数学模型,提出能量分层填充法快速求解抽水蓄能电站的精准控制策略。

围绕智慧化调度管理,项目团队以构建的电力大数据赋能模型和基于云平台的电网运行数据为基础,深度挖掘电网调度业务相关的海量数据价值,搭建涵盖全省"源网荷储"的电力电量智能平衡平台。该平台具备超短期系统负荷及新能源出力预测、未来态电网潮流构建、未来态运行方式安全校核、实时电力电量智能平衡闭环控制等多项功能,可靠实现抽水蓄能资源与"源网荷储"等各类资源在日内平衡系统的数据汇聚感知、性能分析评估、科学建模应用、智能辅助决策及可视化交互展示。通过优化抽水蓄能资源调度运行,强化资源协作,提升清洁能源消纳水平。

(三)运行灵活切换,提升电网电力供应能力

在电网供电能力提升方面,项目团队以释放火电机组发电空间为着力点,以抽水蓄能机组多功能赋能为抓手,创新运行控制手段,在国内首创抽水蓄能机组全新运行模式。通过实现抽水蓄能电站发电、抽水和新模式三种运行工况灵活调度切换,巧妙利用抽水蓄能机组发电和抽水的

"空档期"为电网提供无功功率支撑,有效提升湖南电网抵御扰动能力和调峰能力,释放负荷高峰期火电机组发电空间,显著提升湖南电网电力供应能力。

1. 灵活调度控制,当好电力供应"充电宝"

抽水蓄能是以水为基础的"超级充电宝"。在中午和夜间用电较少的负荷低谷期,通过将下水库的水抽至上水库、将电能转换为重力势能完成"充电宝"的充电过程,填平电网负荷曲线的低谷;在夜间用电高峰期,将上水库的水放到下水库,通过重力势能到电能的转换实现"充电宝"的放电过程,将用电低谷时期的富余电力转换为用电高峰时期的高价值电能,可在用电高峰期提供电能支撑。此外,利用抽水蓄能抽水、发电两种运行工况间的"空档期",以项目所创技术革新模式运行,使抽水蓄能机组可以替代火电机组向受扰后的电力系统提供快速、大额的动态无功功率支撑,进而释放火电机组预留的备用容量使其发电能力得以充分利用,有效提升电网供电能力。项目团队基于湖南电网2020年夏季用电高峰期实际运行数据,对黑麋峰抽水蓄能机组以全新模式运行时的供电情况进行多轮次模拟测算。计算结果表明,相比传统运行模式,黑麋峰抽水蓄能电站4台机组以项目所创全新模式运行可增加湖南电网总发电输出约60万千瓦,相当于湖南省首条特高压直流——祁韶直流目前最大输送功率的10%,充分论证了所提运行模式在用电高峰期释放火电机组发电空间提升电网供电能力的效果。

2. 深化实践运用,注入可靠保供"稳心剂"

2020年12月,项目团队以黑麋峰电站为试点,在国内首次开展抽水蓄能机组技术革新模式运行试验。结果验证了机组具备以全新模式长期稳定运行的能力,证明了所提模式的运行可行性及安全可靠性。基于试验结果,团队加强与国家电力调度控制中心、华中电力调度控制中心的沟通汇报,积极推动应用落地,最终在2021年湖南电网冬季负荷高峰期间,黑麋峰抽水蓄能电站4台机组以项目所创全新模式运行,3个月内增加发电量约7200万千瓦时,可靠保障了湖南电网在用电高峰期间的供电能力。团队全面总结相关成果经验,发表论文1篇,申请发明专利1项,报批国网公司企业标准1项、中国电机工程学会标准1项。

3. 制定运行规定,筑牢电网运行"防火墙"

工作团队进一步细化仿真计算的颗粒度和精细度,基于2020年冬季及2021年夏季电网运行数据对黑麋峰抽水蓄能机组以技术革新模式运行时的供电情况进行测算,进一步制定了湖南电网10种不同负荷水平及祁韶直流不同输送功率下的黑麋峰机组运行方式建议。该方案被纳入国网公司运行规定(国调第2020-0171号、第2021-0103号和第2021-0150号)下达并应用于电网运行,作为权威性指导性文件可靠保障不同场景下电网的安全稳定,有效提升了电网供电能力。通过抽水、发电、新模式三种运行工况的灵活切换,最大程度挖掘抽水蓄能提升系统供电能力的运行潜能,在国内首次实现抽水蓄能机组调度运行管理由传统常规模式向技术革新模式转变,也标志着本项目在抽水蓄能机组运行控制方面的研究成果进入了国网公司特高压互联电网稳定运行的最高安全层级。

(四)强化资源协同,提升清洁能源消纳水平

在清洁能源消纳能力提升方面,项目团队以优化抽水蓄能电站运行为着力点,以抽水蓄能全时段调度管理为抓手,提升智能化管理措施,构建涵盖全省"源网荷储"的电力电量智能平衡平台。利用该平台中的抽水蓄能精准调度智能辅助决策系统可实现抽水蓄能精准调度,使抽水蓄能机组出力精细跟踪全省负荷变化和其他发电计划调整,强化抽水蓄能与清洁能源的高效协同和一体优化,利用抽水蓄能电站合理削峰填谷,及时储存负荷低谷的清洁能源发电,有效调节电力供

需平衡，提升清洁能源消纳水平。

1. 测算调峰能力，担任系统平衡"生力军"

平台通过对湖南黑麋峰抽水蓄能电站的水文信息、实时运行、机组特性等业务数据进行大数据分析测算，以实际运行数据为指导反复比对单一流量算法、阶梯流量算法等多种算法，形成了抽水蓄能电站水位、电量及可抽发时间的关系对应表，精确关联黑麋峰电厂上下游水库水位所对应的可抽（发）电量，可用于快速判断抽水蓄能电站实时调峰能力。根据系统调峰需求，平台可动态优化抽水蓄能电站各机组启停机时间，充分发挥抽水蓄能电站快速转变的灵活性，弥补风电等清洁能源发电的随机性和不均匀性，将最宝贵的抽水蓄能资源配置在清洁能源消纳最窘迫的系统负荷低谷时段，最大程度发挥抽水蓄能电站实时调峰能力，完成"超级充电宝"的"充电"过程，精细化提升电力系统对清洁能源的接纳能力，从根源上缓解新能源大规模发展给系统带来的平衡和调峰问题。

2. 智能辅助决策，做好机组运行"参谋员"

平台以调度云为基础，综合挖掘利用电网实时海量的运行数据资源，采用微服务架构，利用大数据、智能AI等技术，嵌入了基于实时运行的抽水蓄能精准调度辅助决策系统。调度运行人员可利用抽水蓄能精准调度辅助决策系统，根据全省超短期负荷精准预测曲线、新能源出力预测曲线、各类电源计划出力情况以及抽水蓄能调峰能力测算，在任意时刻智能化分析抽水蓄能电站实时工况或未来工况的优化运行方式，一键生成抽水蓄能电站的发电抽水计划，精准计算出每台机组的启停机时间，并支持在此基础上进行人工调整，实现运行方式实时修正。该系统科学智能、灵活动态地指导了抽水蓄能机组运行方案制定，使运行安排不再简单依赖于运行人员工作经验，助推抽水蓄能调度管理实现从人工经验型向智能精准型转变。相关成果已申请发明专利4项，软件著作权1项，发表论文3篇。

3. 日内实时调整，实现清洁消纳"助推器"

基于该电力电量智能平衡平台，可基于实时运行或未来超短期运行情况构建抽水蓄能机组出力精细跟踪全省负荷变化和其他发电计划调整的优化调度方案，精准制定抽水蓄能电站协同其他各类电力要素的资源配置策略，有效促进了抽水蓄能资源与源网荷储等各类资源的协调互动和一体优化，可靠为抽水蓄能运行的日内运行优化调整提供辅助决策，推动抽水蓄能调度管理由日前计划安排向日内实时调整转变。利用抽水蓄能电站合理削峰填谷、对未来趋势提前进行平衡控制，有效储存负荷低谷的清洁能源发电，最大程度提升清洁能源消纳水平。2021年汛期，通过采用智能平衡平台实现抽水蓄能机组优化调度管理，日均减少弃风弃水电量约60万~80万千瓦时。

（五）优化管理流程，提升调度运行管理质效

围绕新型电力系统对抽水蓄能调度管理体系提出的新要求，分别建立抽水蓄能机组技术革新模式常态化运行管理机制、抽水蓄能调度日内计划优化调整机制，对项目所创抽水蓄能机组全新运行模式及电力电量智能平衡平台两项应用进行管理，同步构建抽水蓄能调度管理动态完善机制，完善"分析数据—优化方法—试验论证—实践运用-运行评价"的全新调度管理流程。通过构建以三大机制为基础的调度管理体系，有效提升调度管理智能化、精益化水平，全面提高管理质效。

1. 构建抽水蓄能机组技术革新模式常态化运行管理机制

打造抽水蓄能机组全新模式运行示范项目。总结黑麋峰抽水蓄能机组以全新模式运行落地应用的相关经验，依托国网湖南电力新型调度管理体系建设的重点实验室及重大科技项目攻关等重大专项持续拓展资金渠道，加强对抽水蓄能机组运行模式升级以提升电网抗扰能力的专题研究，

不断深挖抽水蓄能机组运行潜力，并结合电网运行特性丰富其应用场景。因时制宜动态更新管理规定。随着新型电力系统建设稳步推进，湖南电网规模不断增大，多条特高压交直流馈入更使电网运行方式发生深刻变革。为适应运行场景的快速更迭，依据保供电工作形势，每个季度定期制定并滚动更新稳定管理规定，动态调整湖南抽水蓄能机组运行方式，以适配特定负荷水平及不同运行方式下的运行要求。

2. 构建抽水蓄能调度日内计划优化调整机制

明确抽水蓄能电站精准调度管理技术措施。瞄准新型电力系统源网荷储高效协同，将信息通信、自动控制技术与大数据分析深度融合应用在抽水蓄能调度管理全流程环节，创新协同优化技术和互动控制技术，在全局层面精益控制抽水蓄能与电源、电网、负荷和其他储能之间的互动，提升不确定性环境下的抽水蓄能机组运行分析和调控能力。规范日内计划优化调整流程。明确各级单位职责，梳理形成规范化运行曲线日内调整及运行方式实时修正流程，并形成相应的机制性文件，构建电科院研究核心算法、抽水蓄能电站配合优化运行、各级调控中心实施落地的日内计划优化调整技术应用体系，从整体上把握互动环境下抽水蓄能调控管理的脉络，支撑抽水蓄能电站精益化、智能化调度管理。

3. 构建抽水蓄能调度管理动态完善机制

针对抽水蓄能精准运行的后评估分析，开发了抽水蓄能精准调度分析软件，开展抽水蓄能运行策略效果测算。通过在界面中输入负荷数据、各类发电资源和参与优化的抽水蓄能基本参数，可快速得到抽水蓄能机组优化运行的评估结果。通过定期开展供电能力提升计算及清洁能源消纳分析回算，对比分析抽水蓄能电站运行优化前后的运行情况，进行抽水蓄能精准调度管理的成效评估，及时汇总分析，提出改进优化整改建议，为之后抽水蓄能机组运行方式的动态调整提供参考。通过回算优化分析，实现了调度管理体系闭环，完善了"分析—优化—论证—运用—评价"的全新调度控制管理流程，推动抽水蓄能调度管理体系建设规范化、常态化、系统化运转，推进抽水蓄能精准调度管理由运行后处理向运行前干预转变。

三、电网企业抽水蓄能电站智慧化调度管理的实施效果

（一）社会效益全面彰显

有力保障电网安全运行，保证电力可靠供应。运用抽水蓄能机组全新运行模式有效增加了火电机组发电空间，黑麋峰抽水蓄能电站4台机组在用电高峰期以所提新模式运行，最多可释放火电机组发电能力60万千瓦；按日均运行4小时计算，2021年冬季可增发电量7200万千瓦时，按城镇居民每户每月平均用电200千瓦时计算，可以满足36万户城镇居民一个月电量供应需求。切实提升清洁能源消纳水平，实现节能减排。自项目成果在湖南省应用以来，有效实现了各类资源优化交互，切实提升了汛期清洁能源消纳水平，减少了化石能源消耗，大幅降低碳排放。2021年汛期减少弃风弃水电量约9220万千瓦时，对应节约标准煤36880吨，减少二氧化碳排放量91000吨，推动生态环境质量持续改善，擦亮全面建成小康社会的绿色底色，为推进"双碳"目标、落实湖南"三高四新"战略定位和使命任务提供了坚强可靠的能源保障。

（二）经济效益显著增强

节省设备技术改造成本。利用抽水蓄能机组技术革新模式运行调节湖南电网电力电量平衡，无须新增机组改造费用，通过现场试验、专题计算、专家论证及试运行即可正式投入运行，安全有效，成本较低。减少汛期弃电损失。在汛期科学安排抽水蓄能电站的运行方式，显著增强清洁能源消纳能力，提升清洁能源厂站上网电量，有效减少弃风、弃光、弃水带来的经济损失，大幅

降低汛期购电成本。据测算，以风电应急交易价格 0.27 元/千瓦时计算，2021 年汛期提升消纳的清洁能源电力可为公司节约购电成本 2490 万元。增加辅助服务收益。通过科学安排机组的启停机时间、运用抽水蓄能电站精准调度实现深度调峰，参与湖南电力辅助服务市场，收益可观。黑麋峰抽水蓄能电站 2021 年全年共获得辅助服务收益 7000 余万元。提升湖南省生产总值。按照 2021 年湖南单位用电量贡献 GDP21.4 元/千瓦时计算，2021 年冬季通过黑麋峰抽水蓄能电站精准调度所增发的电量创造了约 15.4 亿元的经济效益，有力支撑了湖南经济社会高质量发展。

（三）管理效益大幅提升

调度运行更高效。通过科学严谨的数据分析处理和智能化的控制研判手段，任意时刻可智能化分析抽水蓄能电站实时工况或未来工况，抽水蓄能的优化运行方式代替日前的抽水蓄能计划方式，在日内调度平台实现抽水蓄能与其他资源的智能互动调度管理，动态实现抽水蓄能资源与负荷和其他发电资源的一体优化。抽水蓄能调度管理由提前 24 小时制定计划方案转变为 15 分钟以内依据实时工况动态调整运行方式，管理效率提高 98%。决策管理更智能。依托"大云物移智链"等先进信息技术对调度管理体系进行全面迭代升级，优化了日常电网调度的辅助决策手段，促进电网调度运行具备强大的综合承载能力、全息感知能力和智能精准调控能力，有效提升调度管理精益化、智能化水平，提高电网调度运行智慧化调控能力，为湖南电网常态化开展提质增效提供有力支撑。

（四）示范效应充分发挥

项目构建了国内首个包含抽水蓄能机组发电、抽水和新模式三种运行工况灵活切换的智慧化调度管理新体系，所创成果已在国家电力调度控制中心、华中电力调度控制中心、湖南电力调度控制中心、国网新源湖南黑麋峰抽水蓄能有限公司成功应用。抽水蓄能机组技术革新模式于 2020 年 12 月在黑麋峰抽水蓄能电站落地实施，所提出的黑麋峰机组调相运行建议已被纳入国家电力调度控制中心运行规定并下达各级调度控制中心应用于电网运行，有效保障电力安全可靠供应。电力电量智能平衡平台已于 2021 年 2 月在国网湖南电力调度控制中心成功上线投运，抽水蓄能精准调度分析功能使用流畅，各工作环节衔接高效、运转正常，效益显著，实现了以提升电网供电能力和促进清洁能源消纳为目标的"抽水蓄能精准调度管理"应用落地的良好示范。相关成果得到社会各界高度评价，2021 年 3 月 20 日《湖南日报》刊发《抽蓄电站调相运行取得重大科研成果——清洁能源消纳有了"稳定器"》，充分肯定了黑麋峰抽水蓄能电站智慧化调度运行在保供电保民生和促进清洁能源消纳等方面的重要意义。

项目相关经验具有较强的可操作性、复制性和推广性，可推广至全国的抽水蓄能电站。到"十四五"末期，全国抽水蓄能投产总规模超过 6200 万千瓦，若全部应用本项目研究成果，在用电高峰期可增加发电量约 33.4 亿千瓦时，按 2021 年全国单位用电量贡献 GDP13.8 元/千瓦时计算，可创造约 460.92 亿元的经济价值；每年汛期可提升清洁能源上网电量约 50.1 亿千瓦时，减少碳排放量 495 万吨。相关原理还可推广至其他各类储能资源的调度运行管理，推动技术变革发展，推进管理转型升级，为实现"双碳"目标贡献积极力量。

主 创 人：刘永刚、刘海峰
参与创造人：邹 鑫、左 剑、向 明、张思远、杨 波、邹妍晖、
柳永妍、胡家华、卿梦琪、向 萌

大型水电企业基于集控中心建设的智慧管理

国网湖南省电力有限公司水电分公司

摘要：为适应当前能源结构变化形势，提高运营管理水平，充分挖掘湖南水电潜能，国网湖南省电力有限公司水电分公司（以下简称公司）充分发挥60年水电生产所积累的丰富水电运营管理经验，开展以"一个中台、四大场景、两项保障"为重点的智慧集控中心建设。通过实现数据融合分析与共享，围绕监控运行、水情决策、大坝观测与应急指挥四大业务场景，充分利用大数据与人工智能技术，打造面向水电生产全业务链条的生产管理体系，实现水电生产集约化和智能化管理。促进企业生产运行智慧化转型，助力企业清洁、高效、安全、可持续发展，也为现代水力发电企业实现智慧化转型提供了可借鉴、可复制的模板。

企业简介

公司于2018年5月18日在长沙正式挂牌成立，系国网湖南省电力有限公司（以下简称省公司）的二级分公司，内设12个职能部门，管辖柘溪、凤滩、东江3家水电厂和6个业务机构及省管产业单位，现有员工1779人。3家水电厂既是湖南电网主力调峰、调频电厂，又是湖南省重要的防洪与抗旱水利枢纽，共装22台机组，总装机容量241.25万千瓦，设计年均发电量64.31亿千瓦时，肩负着"为社会奉献清洁能源、为江河提供防洪保障"的神圣使命。公司自成立以来，创新安全发展理念，积极探索水电运行管理新思路，对所辖水电厂发电运行、水库调度、大坝观测等各生产环节实施集中管理。通过数字化手段，细化管理颗粒度，以数据为基础，以智能为驱动，不断促进公司清洁、高效、安全、可持续发展。安全运行天数日创新高，发电量逐年提升，为保障湖南电网安全运行、供应可靠电力、落实"三高四新"战略定位和使命任务提供了充足的清洁能源。

一、大型水电企业基于集控中心建设的智慧管理的实施背景

（一）是适应国家数字化转型的客观需要

近年来我国发电企业信息化管理基本普及，各大发电企业都在完成基本信息化建设后，全力开展智慧电厂的相关研究与建设，以此提升企业管理水平和电厂生产效率。尽管公司数字化转型逐步深入，但整体数字化建设水平与智慧电厂建设目标仍存在较大的差距，主要体现在生产决策数据支撑与数字中台建设还略显薄弱，感知深度广度不足，感知层资源共享不足，业务即时性不足等方面。迫切需要加快数字化建设进程，强化数据资源整合，深化"用数据说话、用数据决策、用数据创新、用数据考核"的理念应用，以量化的流程和业务标准提升水电企业运营质效，以任务在线化、感知敏捷化、支撑智能化助力传统电厂智能化转型。

（二）是适应电网精准性调控的迫切需要

随着祁韶直流、雅江直流等特高压入湘建设和以风电、光伏为代表的新能源占比不断增加，

湖南电网供给结构日趋复杂。建立新型电力系统，破解电网运行难题，调节能力是关键。公司作为湖南电网最重要的调峰调频电源点并兼顾着湖南省小水电优化调度及资江流域协同调度管理职责，迫切需要通过智能化集控建设，加强对现场设备运行、流域水情、电网负荷等进行实时智能监控，提升机组设备监测水平，提高故障预警分析能力，提升科学决策支持水平。

（三）是实现公司集团化发展的战略需要

实现三厂融合、推动集约化管理，是公司未来做大做强的必由之路。放眼国内外，发电企业的规模化、集团化管理是一个发展趋势，以往的"单厂运行"模式已无法满足当前公司集团化运营的现实要求。为此，公司亟需通过现代信息通信技术，根据业务特点和相互之间的内在联系，开展智慧集控建设，以解决自动化系统和信息化系统各自孤立、管控困难、维护复杂、智能决策水平低以及重复投资等问题，为实现公司集团化、集约化、扁平化、市场化发展提供支撑，更为老厂数字化转型形成示范性引领作用。

二、大型水电企业基于集控中心建设的智慧管理的主要做法

（一）顶层设计，明确智慧集控建设总体思路

1. 规划先行，高位谋划智慧集控建设

公司智慧集控建设是加快落实水电集约化改革、提质增效的重要管理变革，也是公司智慧化转型的关键步骤。通过制定公司"智慧集控建设发展战略规划"，明确建设路径，从智慧管理、数据贯通、全态感知三个方面明确智慧集控建设方向。智慧管理，通过智能感知、智能学习、智能决策，支撑集控业务开展工作，实现日常工作的自动化支撑、专业分析的智能化辅助，提升集控中心管理效率效益。数据贯通，围绕各部门、各专业横向协同需求，深化专业数据共享共用，打破业务"壁垒"、消除数据"孤岛"，推动生产关联业务协同，促进数据应用便利化。全态感知，围绕集控中心监控、水情、观测三大业务主线，加强现场设备感知，结合集控业务全过程管理要求，实现现场状态信息全方位信息感知。

2. 明确定位，系统指引智慧集控建设

公司结合自身实际情况，提出聚焦主业、构建"中心—属地协同、业务流程贯通"的体系架构。围绕平台建设与现场改造同步，明确智慧集控建设四大定位。一是实现数据资源标准化、规范化。通过集控中心的建设，梳理和汇集公司的各类生产数据资源，实现数据资源的标准化、规范化以及统一管理，业务的互联和贯通，系统统一设计和功能互动，支持数字孪生建设、信息化和智慧化升级。二是实现公司水电站集中运行管理。实现现场"无人值班"（少人值守），为减员增效和人力资源优化调配提供支撑，提升公司现场管控和生产业务运营水平，增强核心竞争力和综合实力。三是实现水电联合调度。以柘溪、凤滩、东江三厂为重点，结合湖南省小水电顶峰及湖南省资江流域水资源数据共享及协同调度要求，通过构建湖南电网流域水文模型，研究并建立符合流域现状和特点的流域优化调度模式、模型方法及软件功能，协调优化各级水电站调度过程，充分挖掘水电站发电能力，提高水能资源利用率和水资源综合利用水平，通过降低发电耗水率和资源化利用洪水，提高水电站发电量和发电效益，实现水电联调，最大化优化湖南水力资源利用。四是实现大坝安全信息集中监控。以实现公司所辖大坝安全信息集中监控为目标，构建现场监测、集中监控、决策分析、综合展示于一体，为各级管理人员提供一体化技术支撑和服务的综合性大坝安全监控业务平台，满足公司大坝安全管理需求。

（二）整合资源，搭建"智慧集控"管理数据平台

万丈高楼平地起，规划智慧集控建设，首先要实现数字化，夯实智慧集控基础。这对于公司

这类基于老厂合并而成的发电集团而言，更需要建设、改善现场设备数字化感知能力。但智慧集控的基础建设是一个复杂的建设过程，采集哪些数据，优先进行哪些投入，都需要有明确的指导思路进行支撑。为明确基础建设内容，公司多次召开智能集控研讨会，统一数据平台建设的三大标准，即丰富数据采集手段、规范数据传输格式、建设数据汇集平台，并以此为方向，进一步夯实基础建设。

1. 丰富采集手段，增加现场感知

为丰富现场数据采集手段，增强设备现场感知能力，公司加大对现场设备改造投入。一是加大感知设备投入。充分利用设备检修、技改机会，先后完成了集控电厂电气一次设备、二次设备、机械辅助设备、自动化装置等的智能改造升级，提高了集控设备自我状态感知能力、可靠性和通信集成能力。二是完善工业电视系统。在原有工业电视摄像头上完善现场音频、红外测温、表计检查功能，并对部分死角区域增加摄像头点位监视。同时，视频监控系统还具备在恶劣天气、特殊季节、特殊情况下的自动轮巡功能，增强现场感知能力。三是构建网格化水情监测体系。为加强水情站点建设，提高水情预报准确性，中心连接气象部门的天气预报系统，实现自动获取天气信息的功能；对所辖流域增大水文站观测密度，在所辖流域新增观测站点18座，做到全流域全范围监测，实现流域内来水网格化精准计算；开展数字化流域建设，数据采集系统对收到的数据进行处理，将流域雨量站、水位站等监测量迅速转化为决策支撑数据；丰富监测手段，实现数据高效采集。四是丰富大坝观测手段。公司采用无人机观测技术、多波束探测技术、水下无人潜航器检测技术与三维激光扫描等多种新技术，突破了水工建筑物深水、浑水、动水以及需停机条件下传统水下检测技术难题，破解了水工建（构）筑物水下缺陷的精确定位和定量分析的难题，节约了传统观测人工成本，有效防范了安全风险。

2. 统一数据传输，破除系统壁垒

公司进一步加强通道建设，规范数据格式，为实现不同系统之间的信息交互和功能调用，在降低各系统聚合度的同时，提高各系统之间的信息共享和协同互动能力，为系统功能扩展和适应今后需求发展奠定基础。一是统一通信规约。针对公司发电设备同类数据没有一致的数据模型，造成数据共享较难的状况，对现场设备进行改造，统一通信规约，确保不论是哪个系统集成商都可以通过系统配置文件了解整个电厂构架，确保数据共享。二是加强通道建设。更换及新增加密装置18套、防火墙1套、主干交换机20台，新安装屏柜19个，对各厂站端的通信主屏分别配置主干交换机4台、加密装置3台。集控侧配置主干交换机4台、加密装置9台，进一步加固集控与厂站端通信链路，保障通信可靠性。三是建立标准体系。围绕数据模型标准化、运行数据标准化、实时数据标准化、数据交互标准化构建标准体系，实现ID编码全局唯一、通用数据对象建模、统一元数据管理、关联其他业务系统、兼顾个性化需求。同时按"云、管、边、端"体系中边缘物联代理标准规范，对接省公司大数据平台，实现公司与省级平台生产经营数据贯通，建立运行数据关联关系，实现云数据远程浏览。

3. 开展中台建设，实现业务贯通

为解决各业务应用之间数据信息共享困难、业务流程之间难以形成有效互动问题，公司打造智能集控运行一体化中台作为集控信息共享中台，通过整合涵盖监控系统、水情水调系统、大坝监测自动化系统、在线监测系统、视频监控系统、生产管理系统等多套系统数据，采用面向服务的软件架构（SOA），利用先进的面向对象的方法对数据库组态，对监视、报警和预警进行智能优化，为探索和实现安全防护、信息通信、视频监控、经济运行、梯级集控、水库调度、状态监测、专家决策等水电生产运行管理的各个环节提供强大的数据支撑。智能集控运行一体化中台应用主要包括电厂监视与报警、经济运行与调度、状态监测、大坝监测等，各类应用建立在统一的基础平台之上，中台为各类应用提供统一的模型、数据、网络通信、人机界面、系统管理以及分析计算等服务，应用之间的数据交换通过中台提供的数据服务进行。

中台的信息集成包括横向和纵向两个方面。横向通过网络化实现电厂监控、水情监测、水库调度、状态监测、大坝监测等业务的集成。纵向通过调度数据网双平面实现电网调度、集控中心、发电厂间的数据采集和交换，实现各类业务的纵向贯通。为打破分区限制，智能集控运行一体化中台采用一套平台、分区部署、应用加载的部署方案，根据不同的安全分区业务需求，加载不同的业务应用。为解决数据孤立问题及实现硬件资源的共享，智能集控运行一体化中台将各类应用建立在统一的基础平台之上，系统基础中台提供统一的系统管理、数据分析、图形、报表等功能支撑接口，完成各个应用的数据采集、数据同步、数据交换、对外通信、模型管理、文件管理。根据业务需求和安全要求不同，不同安全区加载的应用有所区别，系统提供跨区的信息自动同步机制，支持在满足安全规范下的不同分区之间数据与信息的平台级透明传输，简化了不同系统和应用的跨区交互实现，确保各数据实现"源端维护，全局共享"。

(三) 数字赋能，运用"智慧集控"实现精准管控

平台应用数字化技术，统一数据接入，并聚焦集控现场监控、水情决策、大坝观测三大主营业务板块的不同特征和差异化需求，开发针对性高级应用场景，实现集控信息实时感知、业务协同、精益管理、精准决策。

1. 融合监控业务数据，构建智慧监屏场景

针对发电设备实施监控以及预警，进一步夯实公司本质安全，提升公司智慧化水平。公司围绕集控监控业务，建立智慧监屏决策场景，系统融合监控系统、HPMS（水电生产管理信息系统）、在线监测、工业电视等多平台数据，为发电设备的运行、维护、检修等全寿命周期管理提供决策支撑。

(1) 多维度分析，实现智能告警。对生产运行信息进行多维度分析，利用大数据算法及人工智能模型，充分利用人工经验及历史数据，化个人经验为依据，化历史过程为模型，实现了对集控设备异常判断和事故处置决策提示等功能，降低告警误发率，为值班人员提供更加直观的决策依据。一改传统发电企业对现场信号全采全送，结论完全依赖值班人员的专业能力与职业素养进行监控判断的模式，实行以智能判断为主要依据、人工处置为辅助手段的新模式，提高值班质量，提升本质安全。

(2) 利用人工智能，研发趋势分析功能。针对具有趋势发展的水机信号，研发趋势分析预警。趋势分析预警功能以统计学、神经网络等人工智能技术为基础，实时跟踪分析设备状态变化趋势，并根据试运行的结果，不断修正完善软件系统。趋势分析功能可用来实时分析设备状态的参数变化趋势，在设备状态出现异常的早期便能发出预警，使设备故障异常能够早发现、早处理，从而提高设备安全稳定运行水平，同时提高值班人员的监视效率。

(3) 整合各项资源，开发智能值班模块。模块全面整合 OMS、H9000、HPMS 等系统数据，自动提取当前设备缺陷及注意事项，并对值班中日常记录上报工作进行流程化管理，实现值班自动记录，报表自动生成，初步达成集控值班"去键盘化"目标。同时还自动采集设备缺陷、信号，并形成实时报表，为监控系统参数定义、检修质量评估、设备全寿命分析提供有效的参考建议。

(4) 关联各类数据，支撑事故处理。一旦发生设备事故，平台将自动关联工业电视系统，对

事故发生设备进行监视，提高集控值班人员现场感知能力，同时调取事故案例库，自动匹配相似事故，提供处理过程指导，为值班人员事故处理提供强有力的支撑。

2. 打造水情分析体系，支撑水情创效场景

为加强水情调度，更好地利用水力资源，提升公司效益，公司充分整合湖南水电资源，提升水情决策智慧化水平。

（1）以湖南省小水电优化调度及资江流域协同调度管理为契机，全面整合湖南水电资源。融合生产信息、水情水调、大坝观测、视频监控等系统，不仅准确地满足流域水情和电网负荷调度要求，而且在精准调控上实现了优势互补，达到"数据采集自动化、信息预测精确化"。目前，公司在水文预报上通过多流域对比及网格化精准计算，洪水预报准确率提升6%，达到国内水电行业顶尖水平，平均水能利用率上升8%。

（2）新建智能水情水调自动化系统，实现对调度系统、通信方式、数据采集模式以及水情遥测系统的设备、型号、信息发送方式的统一。开发自动报送功能，实现了自动向省水文局、大坝中心、省能源局自动报送水文报表、水情数据、系统预警、来水预报、发电方式建议及机组轻空载数据统计信息，自动化完成工作比例从原来的16.7%提高到54.2%。

（3）深化开展小水电顶峰工作，通过建立与水利厅的数据共享，结合公司多年水调经验，实现省重点流域骨干电站水情数据全覆盖，全面提升流域和水库监控能力，组织电科院、长沙理工大学及中南大学等单位优化小水电流域模型，全面承接全省小水电流域水情监测、预报和流域优化发电方案编制，充分挖掘全省水电潜能，发挥小水电集群作为分布式清洁能源在削峰填谷、新能源消纳、能效提升等方面的作用，精准响应电网安全稳定运行及清洁能源消纳要求。

3. 创新大坝观测手段，建立大坝监测场景

为加强大坝监测能力，确保大坝安全，公司充分利用新技术、新手段，提升大坝监测与数据分析预测能力。

（1）投入大坝安全自动化监测系统，实现对目前接入系统柘溪、凤滩、东江三厂四坝共2000余个监测点，包括大坝环境量、变形量、渗流量、应力应变量等项目的远程集中监测，并以短信的形式自动报送异常报警信息，大坝安全管理人员通过数据分析，提前预判数据变化趋势，做好相应应急防护措施，确保大坝及周边生产、生活人员安全。

（2）实现大坝安全监测数据智能分析预测。借助平台数据分析与处理能力，紧密围绕数据接收、分类管理、质量监测、数据分析、预警分析、可视化表达和自动报警等内容，有效减少工作人员人工处理数据的时间，减少主观判断带来的偏差，提升工作的自动化程度和工作效率；监测工作的质量在数据质量控制、数据预警分析能力、数据分析效果、预警服务质量等方面都有明显提升。通过引入人工智能分析算法和新的神经网络分析模型，可明显改进大坝运行的监测服务能力和预警的有效性，提升智能化服务能力。

4. 实现数字孪生展示，建设管理指挥场景

为实现数据统一展示，提升管理人员分析决策与事故应急处置能力，公司通过对各专业进行走访调研、对各系统进行数据挖掘，累计梳理出生产运行数据3000余条，其中核心数据1200余条。利用可视化展示系统，按照三大主题模块，依托可视化建模，对多源数据进行整合，最终完成面向分析的数字孪生系统，实现对不同主题的综合查询与分析展现。

（四）强化保障，支撑"智慧集控"规范高效运转

1. 建立机制，从管理上保障智慧集控运转

构建组织机制、制度机制、责任机制为一体的水电智慧集控管理支撑保障平台。一是组织机制方

面，成立由公司执行董事、党委书记任组长的智能集控运行管理改革工作领导小组，统筹规划总体方案，协调解决重大问题。通过统筹公司现有发电生产系统人、财、物资源，打破原有三个集控水电厂单厂生产运行管理模式和资源分散的现状，实现"生产统一管理、资源统一调配、人员统一优化、保障一体管理"的智能集控运行管理模式。二是制度机制方面，修订内部岗位职责和管理制度。智能集控运行管理改革中，共制定岗位职责36项，修订工作标准和管理办法58项，梳理发电运行、设备检修、水情水调、大坝监测等生产业务流程46类158个节点，调整跨部门、跨专业的业务流程23项。合理设置岗位考核指标及配套标准，突出岗位绩效管理的针对性和导向性。以岗位绩效工资制为基础，建立与工作岗位、能力素质和工作绩效紧密挂钩的薪酬分配体制。三是责任机制方面，公司按分层分级原则，根据设备类型，将所有设备整体划分为Ⅰ、Ⅱ、Ⅲ级设备。Ⅰ、Ⅱ级设备由集控中心负责调度管理，Ⅲ级设备由各电厂运维管理，进一步明确管理范围，厘清责任。

2. 培养人才，从队伍上保障智慧集控运转

为强化智慧集控中心人才队伍保障，实现人员素质软实力同步提升，公司以"要什么、学什么、怎么学、怎么检验、怎么应用"为出发点，有计划、有重点地培养一岗多责、一专多能的专业技术技能人才。一是分层分级，强化需求导向。公司结合智慧集控运行情况，围绕水电厂运行、水工观测、水调等多个专业，通过统计、分析，摸清楚不同专业员工、不同年龄层次员工、不同职称与技能等级员工和新进员工的培养需求，有的放矢、针对性地开展培训，打造科学高效的融合培养体系。二是精准聚焦，丰富培养方式。通过现场设备与集控操作两大场景梳理集控人员能力需求，重点加强集控人员现场运行设备掌握能力、安全知识应用能力、监控系统操作能力与事故应急处理能力四个方面综合能力素质的提升。紧密结合生产现场，打破班组界限，采取实操培训、专家讲堂、技能比武、跨专业取证等相结合的方式，打造"专一能二会三"复合型技能人才队伍，并定期开展能力测试，引导职工主动作为、自我提升。三是注重实效，完善激励机制。制订各班组轮训计划，由各班组长担任培训负责人，带领全班共同熟悉电厂现场设备、运行规程、图纸、日常操作等相关内容，并由培训部门对培训情况进行督察评价。对每位员工建立个人培训档案，进行积分式管理，确保每一位员工参与培训的情况、检测结果有据可查，同时设立专业融合专项绩效奖，让培训成效好、动手能力强、工作业绩优的一线职工得到真正实惠，并作为员工能否胜任重要岗位的重要判断依据。

三、大型水电企业基于集控中心建设的智慧管理的实施效果

（一）促进公司数字转型，助力企业安全发展

智能集控中心通过"中心—属地协同、业务流程贯通"架构的构建，全方位感知公司生产环节，建立了全系统协同控制体系；通过对生产运行、设备状态分析、检修状态评估等多场景的融合，打通了地理界限、业务壁垒，构建了智慧集控新生态，实现了全公司生产管理"一中心"、运行指挥"一盘棋"。2022年，公司柘溪2号机、凤滩4号机改造分别提前31天、18天优质高效完成，均实现并网发电一次成功，各项参数全面优于国家标准。

通过各专业场景建设，实现了对发电设备及水工建筑物全方位、全天候、高频次、高精度的监测，突破了人工监视的弊端，并实现异常数据误判率和漏判率降低80%。通过大数据分析提前预警，准确预警凤滩镇溪滑坡体垮塌等多起事故，将事故提前消除在萌芽状态。截至2022年9月1日，公司安全运行1567天（柘溪电厂安全运行6009天，凤滩电厂安全运行7373天，东江电厂安全运行9197天，其中东江水电厂更是保持同类型水电厂安全运行天数最高纪录）。公司连续4

年荣获省公司安全生产先进单位。

（二）实现公司精准管理，助力公司提质增效

通过智能集控运行改造，公司生产系统实现统一，通信方式、数据采集模式以及生产设备、型号、信息发送方式逐步实现统一，方便了对系统及设备的维护和检修。三家水电厂的发电运行专业、水情水调专业、水工观测专业由分散管理转变为智能集中统一管理，集控中心所属生产班组由21个减到5个、精简77%，员工人数由252人减到105人、精简59%。职工劳动生产率由89.07万元/人·年提升到94.31万元/人·年，提升5.88%。同时，通过智慧化支撑，公司水能利用率不断攀升，机组综合耗水率同比降低18.1%，持续低于多年平均值，水能利用提高率由实施前4.6%提高至9.4%，相当增发电量6.39亿千瓦时。公司发电量实现逐年提升，2018、2019、2020、2021年分别累计发电达46亿、73亿、83亿、72亿千瓦时，提质增效成果显著。

（三）强化公司科学决策，彰显公司社会效益

智慧集控在保证水电企业核心发电业务的前提下，利用多年积累的水情数据优势，进一步为水库调度决策提供可靠依据，实现精准调控。2021年汛期，公司成功调度洪水8轮次，累计预腾库容34.93亿立方米，利用大数据与人工智能技术，实现科学预测、滚动预报，及时开展实时洪水预报，极大提升预报准确度。为实现流域防汛安全、下游民生安全及保障下游工农业和生活用水作出了巨大贡献，工作成效得到省领导充分肯定。

在2022年迎峰度夏期间，公司以数据为依托，实施滚动式水位消纳，确保在高温来临期间，公司三厂水库水位均保持历史最高值，为迎峰度夏提供重要支撑。同时，通过优化调度湖南省小水电资源，在2022年历史罕见高温期间，连续顶峰不低于450万千瓦，落实调令提升10万千瓦，保障送出通道提升5万千瓦，整个迎峰度夏期间，湖南小水电最大顶峰出力达到502万千瓦，较正常发电状态提升108万千瓦，顶峰相当于新增一座百万级火电厂，为迎峰度夏作出巨大贡献，湖南卫视、《国家电网报》等多家媒体广泛报道。

（四）探索企业转型路径，创造公司示范成效

通过智慧集控中心建设，实现公司生产管理全链条业务场景智能提升，并为传统水力发电企业智能化转型摸索出一条行之有效的道路。在行业内获得很好的反响，为同类型发电企业智能升级尤其是老厂实现智慧化转型提供良好示范，三峡集团、五凌公司、湖北黄龙滩、江西柘林、湖南湘水集团等17家国内水电龙头企业来公司调研交流。同时，通过智能集控建设以及融合培训，集控人员专业技术水平得到大幅度提升，培养了一批足以胜任集控工作的"一专多能"复合型人才。在参与平台建设的基础上，集控员工形成了许多创新性成果，获得"全国职工技术创新优秀成果奖""中国2019大数据星河奖"等多个全国性奖项，在核心期刊发表论文5篇，申报软件著作权3个，产生使用新型专利17项、发明专利1项，形成良好的示范效应。

主 创 人：胡磊、李智
参与创造人：胡宗平、许朝洋、李东霈、刘 氘、宋永昊、林金波、
　　　　　　黄扬文、杨 龙、胡 蓉

省级电网企业能源智库数字能力体系建设

国网湖南省电力有限公司经济技术研究院

摘要： 当前，能源低碳转型进入碳达峰关键期，新型电力系统建设推进中各方主体对预见性、导向性和战略性能源决策咨询需求不断增长。传统智库的政策研究被动响应、数据运营缺乏支撑、核心业务创新不足的弊端开始显现。针对上述问题，国网湖南省电力有限公司经济技术研究院（以下简称省经研院）锚定"能源互联网高端智库"发展战略定位，明确了以数字化为切入点，实现智库战略研究组织架构、业务流程、运营方式和核心能力的转型升级的工作目标。省经研院通过构建"五力"能源智库数字能力体系，即以战略决策研究咨询能力为根本，构建矩阵式组织架构，做好智库问题发现、智库问题分析和智库成果产出和传播等智库全业务流程统筹；以数据汇聚服务能力为基础，应用平台化技术提供常规核心业务和敏捷研究探索的个性化数据服务支撑，提升非结构化等知识数据的管理运营水平，优化智库内部数据服务和知识成果共享；以能源电力预测预警能力、能源电力规划设计能力和项目智能辅助评审能力为核心，贯通能源供给需求预测、电网规划设计、项目评审管理等核心业务流程，做好双碳、新型电力系统顶层设计规划指导，以多样化数字化产品服务政府、市场和电网多方主体共赢发展，指导项目规范管理和精准落地实施。通过能源智库数字能力体系建设，省经研院管理质效和经营水平持续提升，"电眼观湖南"、新能源消纳咨询等智库成果得到推广应用，智库品牌和参谋作用不断彰显，为服务新型电力系统建设、能源电力保供，实现"碳达峰、碳中和"目标提供了坚强支撑。

企业简介

国网湖南省电力有限公司经济技术研究院是国网湖南省电力有限公司（以下简称公司）的直属二级单位，主要从事能源经济、电网规划、数字智能、项目评审、技经造价、投资决策、设计咨询等业务，重点聚焦"双碳"、新型电力系统、能源互联网、"新能源+储能"、电价、电力市场等前沿领域，为政府科学治理、企业高质量发展和电网能源保供提供核心支撑。现设职能部门3个，业务中心6个和省管产业单位1个。现有职工362人。拥有博士研究生13人，硕士研究生105人，副高及以上职称88人，各级各类专家人才29人，各类注册职业资格54人，平均年龄36.5岁，是一支战斗力强、研究力优、创新力足的高学历、高水平研究型队伍。拥有"湖南省能源电力发展研究中心""能源互联网供需运营湖南省重点实验室""规模化电池储能应用技术湖南省工程研究中心"和"湖南电力市场研究中心"4个省部级研究平台，具有"工程勘察专业（岩土工程、工程测量）甲级资质""工程设计电力行业专业甲级资质"和"工程咨询甲级资格"。近年来，省经研院聚焦能源互联网智库发展定位，为各级政府机构、能源市场主体和企业发展建言献策，能源智库平台资质能力、专业水平和智库形象不断提升。

一、省级电网企业能源智库数字能力体系建设的实施背景

（一）明晰智库发展定位，提升咨政献策水平的内在诉求

2015年1月，中共中央办公厅、国务院办公厅印发《关于加强中国特色新型智库建设的意见》，中国特色新型智库建设走上快车道。同时，我国智库发展恰逢数字化时代，面临数字化的机遇和挑战。2021年，中央经济工作会议强调，要"加快数字化改造，促进传统产业升级"，国务院国资委正式印发《关于加快推进国有企业数字化转型工作的通知》，要求加快推进新一代信息技术与国有企业的融合创新，助力企业质量变革、效率变革、动力变革。省经研院对接国网公司"建设具有中国特色国际领先的能源互联网企业"和省公司"四个一流"发展战略，遵循企业发展规律和省经研院业务特点，提出争取到2025年全面建成"国网领先电力经济技术研究院和国内领先能源互联网高端智库"的战略目标。目前，国内外相关研究机构和智库组织在支撑政策研究和决策咨询方面往往存在滞后现象，被动式响应存在明显短板。在智库研究方向选取和热点问题发现方面，欠缺情报收集发现能力，难以满足数字经济时代政策研究精准化需求。在政策研究方法和基础业务能力方面，缺乏平台化轻量化技术手段，智库研究成果复用程度和共享程度较低。在研究成果转化推广和智库影响力构建方面，通常依赖传统媒体、研究报告和学术论文等，缺乏成果高效加工的传播载体，难以向社会公众梳理智库良好形象。因此，为进一步推动能源智库实力稳健提升，必然要求省经研院明确发展定位，通过数字化手段，全面提升智库数字能力，建睿智之言，献务实之策。

（二）贯彻国家数字战略，优化智库资产运营的必然要求

2021年，国务院国资委正式印发《关于加快推进国有企业数字化转型工作的通知》，要求加快推进产业数字化转型，明确提出打造能源类企业数字化转型示范。省经研院作为服务政府宏观决策、支撑公司发展的"智库"，必须顺应时代发展大势，充分激活数据资源、数字技术、数字生态等智库资产潜能。智库数据驱动和经验驱动深度结合研究范式的变化，对智库资产运营提出了更高要求。在基础数据资源建设和工具研发方面，需要拓展能源经济、电网运行、自然资源、卫星气象等多维数据来源，强化运用新兴技术进行数据挖掘和综合分析复杂问题的能力。数据资产管理方面，海量数据通常按单个项目或独立平台进行管理，标准化规范化程度低，缺乏业务共享能力，不利于业务人员应用。智库知识管理方面，省经研院存在大量报告、图纸等非结构化数据，需要合理的知识发现和管理模式，实现智库内部知识沉淀、协同共享。通过合理的技术手段，为智库数据和知识资产提供平台化的技术能力支撑，是数字经济时代能源智库转型的必由之路。

（三）支撑电网企业发展，服务能源低碳转型的根本要求

当前，能源格局面临深度调整，能源发展已步入构建现代能源体系的新阶段，能源低碳转型进入碳达峰关键期。面对"碳达峰、碳中和"、新型电力系统建设等重大机遇，公共政策、公司运营和电网发展正面临关键的"政策窗口"，能源智库服务对象必然由公司内部拓展至包括政府、公司和企业等多方主体，各方预见性、导向性、战略性决策的咨询需求日益增长。能源供需方面，电网连接电力生产消费，在保安全、保供应的巨大压力下，只有做好能源电力监测，才能做好碳减排的核心枢纽，从而保障新能源大规模开发和高效利用，满足经济社会发展的用电需求，数字赋能研究水平提升具有更加重要的现实战略意义。规划设计方面，新型电力系统主体和调控手段不断丰富，省、市各级新能源统筹消纳与新能源企业接入需求矛盾凸显，新型电力系统野蛮发展将对电网安全稳定运行带来巨大隐患。因此，新型电力系统框架设计对电网规划精细化水平要求较高，电网工程协同设计业务模式亟待革新。项目评审方面，现阶段评审数字化水平较低，无法

实现项目评审全过程管控和智能化辅助评审,存在项目重复申报、专业协同沟通不畅和评审资料标准化规范化水平不足等问题。为此,省经研院能源供需、规划设计和项目评审等能源智库核心业务必须迅速转型,提供多样化产品和服务,以数字化塑造能源智库发展新优势。

二、省级电网企业能源智库数字能力体系建设的主要做法

(一)统筹制定顶层设计,明确能力建设工作原则

1. 明确智库数字能力建设总体思路

当前,能源低碳转型进入碳达峰关键期,新型电力系统建设推进中各方主体对预见性、导向性和战略性能源决策咨询需求不断增长。省经研院作为服务政府宏观决策、支撑公司和电网发展的智库,将国有企业数字化转型要求与能源智库业务创新发展相结合,以数字能力体系建设作为企业创新发展的系统工程,统筹数据、技术、流程和组织转型,促进智库技术创新、管理创新、产品创新、市场和品牌创新,实现能源智库的政策研究主动响应、数据资产科学运营、核心业务创新发展的新业态新模式。

2. 确立"五力"智库数字能力建设总体目标

省经研院锚定"能源互联网高端智库"发展战略定位,明确了以数字化为切入点,实现智库战略研究组织架构、业务流程、运营方式和核心能力的转型升级的工作目标。通过构建"五力"能源智库数字能力体系,即以战略决策研究咨询能力为根本,构建矩阵式组织架构,做好智库问题发现、智库问题分析和智库成果产出和传播等智库全业务流程统筹;以数据汇聚服务能力为基础,应用平台化技术提供常规核心业务和敏捷研究探索的个性化数据服务支撑,提升非结构化等知识数据的管理运营水平,优化智库内部数据服务和知识成果共享;以能源电力预测预警能力、能源电力规划设计能力和项目智能辅助评审能力为核心,贯通能源供给需求预测、电网规划设计、项目评审管理等核心业务流程,做好"双碳"、新型电力系统顶层设计规划指导,以多样化数字化产品服务政府、市场和电网多方主体共赢发展,指导项目规范管理和精准落地实施。

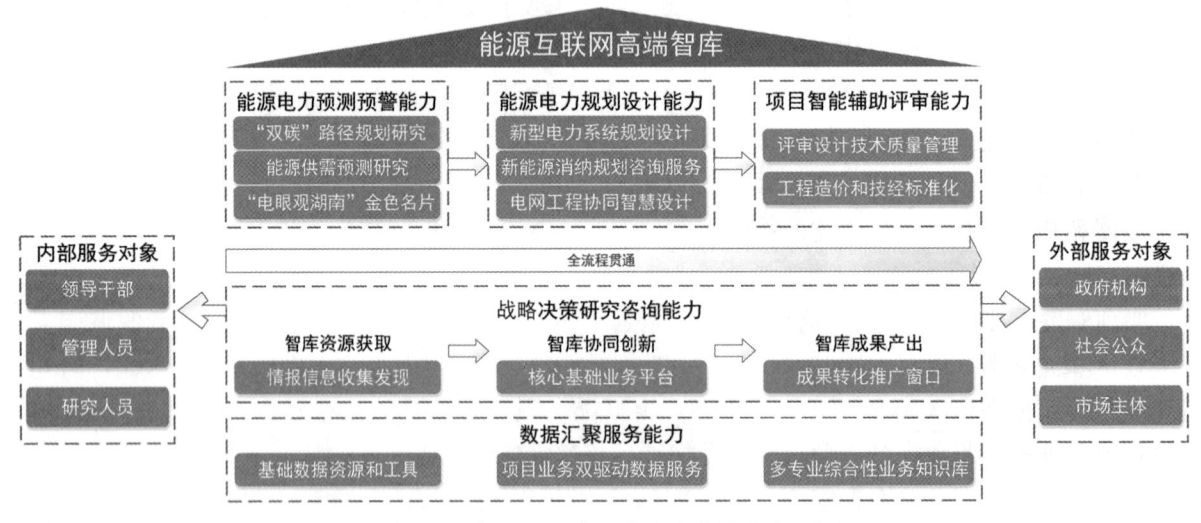

图 1 省级电网企业能源智库数字能力体系建设框架图

3. 坚持"三全"智库数字能力建设基本原则

省经研院将能源智库数字能力作为企业发展核心动力,明确了数字能力体系建设面向全对象、贯通全流程、覆盖全层级的"三全"建设基本原则。全对象即能源智库面向的内部、外部利益相关者。内部对象主要包括智库内部的领导干部、管理人员和研究人员,外部对象主要包括政府机

构、社会公众、市场主体等。能源智库数字能力体系既要保障智库内部生产管理的有效运作，促进研究成果高效产出，也要提升智库对外咨政建言、社会服务水平。全流程即依托数字能力实现智库业务工作流程的优化与重构，贯通智库资源获取、协同创新、成果产出全流程，加快能源电力预测预警、能源电力规划设计和项目智能辅助评审核心业务能力提档升级，通过数据服务和能力构建，实现业务工作提质增效和互联互通。全层级即根据不同的对象和流程的实际工作需求，创新提供基础数据服务、业务平台能力、数字化产品应用、数字化咨询服务和新兴传播媒体等多种能源智库能力形式，形成良好的能源智库交流合作生态。

（二）贯通智库业务流程，提升决策研究咨询能力

省经研院针对智库业务无法满足政策咨询研究快速响应的问题，广泛调研了国内外智库和互联网企业先进的研究和管理经验，把握能源智库能力的内涵和外延，构建矩阵式组织架构，做好智库问题发现、智库问题分析及智库成果产出和传播等智库全业务流程统筹，大力提升智库研究和智库咨询工作质效。

1. 加强情报信息收集发现，关注前沿热点问题

省经研院构建了领导层、管理层和执行层三层"业数融合"矩阵式组织架构，"业数融合"领导小组强化工作指导，严格把关研究和数字化建设顶层设计，形成规划引领、需求统筹，共下"一盘棋"的智库研究新局面。"业数融合"管理机构工作协同，六大业务中心全面支撑公司发展、建设等专业部门，第一时间梳理形成研究需求。"业数融合"执行团队按"业务经理+项目经理+技术经理"模式推进建设实施，有力支撑业务需求—业务模型—技术实现的快速转化。借助大数据、人工智能等新兴技术赋能政策研究方法，挖掘分析海量数据，迅速萃取有效信息，拓展政策研究问题的可及性，提高政策研究成果的精准度，提升大数据环境下的政策研究能力。

2. 建设核心基础业务平台，赋能政策研究方法

省经研院充分应用省级研究平台和公司技术平台优势，系统构建能源智库基础研究咨询能力，提升智库研究咨询工作深度、广度。依托省级研究平台，提升智库研究咨询工作深度。坚持开门建设，将数字化平台建设作为"湖南省能源电力发展研究中心""能源互联网供需运营湖南省重点实验室""规模化电池储能应用技术湖南省工程研究中心"和"湖南电力市场研究中心"省级平台重点工作，邀请系统内外部专家开展集中培训，加强数字化知识和问题交流研讨，应用推广数字化建设成果。依托公司"中台+微服务"技术架构，拓展智库研究咨询工作广度。坚持公司统一技术架构，贯通各个专业工作流程，以数据服务和业务服务的方式构建核心基础业务平台，同时沉淀能源智库工作成果，固化形成公司级可复用数字化能力，有效提升业务标准化规范化水平，加快智库成果迭代和推广应用。

3. 打造成果转化推广窗口，扩大智库影响力

省经研院打造全景展示和"互联网+"新媒体平台，增强智库品牌效应。全景展示平台作为智库研究和业务成果集中展示窗口，以可视化大屏为载体，凝聚业务数据研究成果，推出"双碳"、电眼观湖南、新型电力系统系列大屏产品，支撑智库研究成果广泛传播。应用"互联网+"手段赋能成果宣传推广，通过系统内外网站、报纸等传统媒体，以及智库论坛、网络平台等新媒体多渠道布局，促进智库知识生产、传播和转移应用。

（三）深挖数据资产价值，提升数据汇聚服务能力

省经研院强化数据管理，面向智库核心业务和工作模式，将数据全寿命周期管理嵌入智库工作流程，实现能源、经济、通信等多源高质量数据获取与服务，以平台化技术支撑开展数据质量

控制、存储、融合、转化和挖掘工作，提供常规核心业务和敏捷研究探索的双驱动个性化数据服务，提升非结构化等知识数据的管理运营能力，优化智库内部数据服务和知识成果共享工作模式，实现智库人员、数据、业务三者的统一，提升咨询能力。

1. 加强基础数据资源和工具建设

对外强化信息情报收集能力，针对外部诸如发改委、工信厅、媒体信息等外部数据源，开展源端数据范围、接口协议、格式转换、落地模型设计等工作，形成标准、规范、安全的外部数据自动化引接机制。对内提升数据归类整理能力，应用 RPA 流程机器人和自动报表等行业领先快速数据分析和服务，支撑业务人员自主探索，并对结果集进行业务属性标注与指标业务逻辑的梳理，形成业务场景化的数据分析服务目录。

2. 提供项目业务双驱动数据服务

省经研院采用项目驱动和业务驱动"双驱动"数据服务模式，面向项目需求，统筹内外部数据，加强数据资产管理，常态化开展数据标准化和数据目录构建，沉淀共性数据和业务逻辑，强化数据服务共享。面向业务需求，坚持"业数融和"的建设理念，要求员工将智库咨询研究、业务开展关键环节建立在数据支撑基础上，实现业务流、数据流、价值流的有效整合和相互协同，以用促建提升数据基础支撑和自主探索能力。

3. 构建多专业综合性业务知识库

省经研院强化电网评审材料等非结构化数据管理水平，应用公司标准化人工智能服务模块和通用组件，接入能源经济、规划、评审、技经、设计、专业咨询等领域的知识，构建支持高效知识查找、方便共享、安全可靠的知识库系统，有利于能源智库内部知识沉淀、协同共享，有利于电网规划、项目评审、能源经济研究咨询等核心业务的开展，同时对能源智库的跨学科交叉性研究提供支撑。

(四) 发挥监测先导作用，提升能源电力预测预警能力

省经研院高质量开展能源智库前端业务，超前深入分析能源电力发展趋势，做好智库研究方向和业务重点计划统筹。依托"湖南省能源电力发展研究中心""能源互联网供需运营湖南省重点实验室"等省级研究平台开放合作，组建工作专班，描绘湖南能源碳达峰实现路径，加强能源企业工作协同，深挖供给侧和需求侧资源潜能，创新政企校研合作机制，以"电眼观湖南"等数字化产品为载体，促进内外部数据跨行业融通共享，唤醒电力数据价值，创造良好的合作生态。

1. 深化"双碳"路径研究，抢占"双碳"规划研究高地

省经研院聚焦"碳达峰碳中和"目标，在碳达峰实现路径等方面率先开展研究。搭建碳排放监测指标体系，接入近年湖南省级、地市级二氧化碳排放总量、强度、人均排放量、燃煤燃气和发电量等数据，融合经济、气象、能源、电力大数据，采用统计分析、机器学习科学模型算法，建立分析预测模型，筛选出能耗高的工厂（发电、冶金、钢铁、建材、石化等），辅助政府分析湖南省碳达峰情况，结合经济数据分析影响碳排放的因素。基于分地区、分时间、分行业、分用电类型的用电分析结果，从碳达峰的定义及判断标准入手，提出适用于湖南城市碳达峰的评估体系和全社会减碳政策建议。

2. 稳步开展能源供需预测，助力能源精准互动决策

省经研院广泛调研分析湖南省能源结构特点，深挖供给侧和需求侧资源潜能，保障能源电力安全稳定供应。开展供给侧湖南电网调峰能力测算，分析湖南省中长期抽水蓄能电站开发规模和时序，扎实开展湖南"十四五"及中长期电力资源优化配置及政策机制研究。结合湖南电网的运

行情况，从用电负荷、新能源发展、跨区跨省送受电等方面分析计算省内各水平年典型日的系统调峰需求，结合电源发展规划，研究未来各水平年调峰能力发展情况，研究发挥湖南抽水蓄能资源优势，分析湖南调峰电源资源潜力，制定"十四五"及中长期调峰措施方案。精细化开展需求侧负荷预测工作，创新"平台+数据+指数"研究方法，开展中小微企业景气指数研究、中部崛起战略实施效果分析与评估专题研究，超前开展湖南迎峰度夏、度冬电力供需形势分析，全面对比分析多省份需求响应政策，为湖南省需求响应政策制定奠定坚实基础。

3. 做优"电眼观湖南"金色名片，加快研究成果推广应用

省经研院创新政企校研合作机制，通过内部资源协作和外部资源联动，促进内外部数据跨行业融通共享，唤醒电力数据价值，形成"电眼观湖南"多维场景应用，开展保供电负荷预测分析、园区发展监测、旅游业发展监测、美丽乡村建设情况追踪等多主题功能研发工作，推进电力大数据"可提取、可流转、可汇集、可分析、可应用"，向各级政府、市场主体和公司内部提供更专业、更科学、更具前瞻性的决策咨询服务，形成数据交互生态圈，为湖南经济社会提供全新的洞察城镇运行的方法和视角，打造面向电网公司业务规划和政府决策支撑的"智慧能源大脑"。

（五）数据驱动业务变革，提升能源电力规划设计能力

省经研院面向源网荷储各类设备协同建设，政府、市场和电网多方主体共赢发展等湖南省能源结构转型中的关键问题，贯通电网规划、网源协同、电网工程设计业务环节，加强源网荷储全环节、全电压等级和全时间尺度数据等数据资源要素管理，构建多层级新能源消纳规划咨询数据增值服务，加强电网工程设计工作协同平台支撑，整体提升能源电力规划设计能力。

1. 拓展电网规划时空维度，描绘新型电力系统"湖南方案"

汇聚公司发展规划、调控运行、建设运维、营销服务等系统数据信息，从单体设备、电网整体多角度全面分析电网发展现状和发展能力，对照目标网架和短板全面诊断电网，对电网安全稳定、事故隐患、重过载问题逐一分析，精确诊断电网安全隐患和薄弱环节，实现问题查询、统计、定位、展示和预警。以海量数据支撑电网规划设计工作拓展深度和广度，全方面服务湖南主干网和配电网完善，构建坚强柔性新型电力系统。

2. 做好消纳规划咨询服务，推进新能源积极有序发展

面向省、市州各级政府和新能源企业差异化需求开展消纳规划咨询服务。服务湖南省新能源消纳预警研究。基于全省历史新能源出力数据、电力负荷和送出通道等数据，对全省各地区新能源消纳能力进行评估测算，对各地区新能源消纳形势由劣到优进行逐级分类，按年度形成全省新能源消纳预警结果报送省发改委，用于指导项目有序开发、新能源电网接入评审工作。服务市州新能源消纳规划。综合分析市州历史新能源出力数据、电力负荷和送出通道情况等因素，对市州新能源消纳能力进行评估测算，结合送出通道分析和市州电网规划，指导市州政府合理管控本地区新能源项目的装机容量及投产时序，为新能源项目审批提供技术支撑。服务新能源企业消纳咨询服务。面向新能源企业单个项目投资建设需求，结合项目所在地的负荷情况、送出通道及周边地区已投新能源项目的出力情况，分析项目所在地供区的消纳能力，提出合理的消纳方向，指导业主增减装机容量，调整投产时序，提高投资收益。

3. 探索电网工程协同设计，构建工程智慧设计业务新模式

联合行业头部设计软件厂商和省内电网设计单位，率先采用"互联网+"思维打造省级电网项目共享设计平台，服务新型电力系统高质量建设。筑牢基建数字孪生中心基础，充实公司常用设备产品模型库，按照标准化、规范化的原则，汇聚云端设计所需使用的设计前期数据，搭建参

数化图形符号库、模型库、典设库，将全省的设计知识结晶进行统一的归纳、梳理、分享、复用，为后期规则调用、成果输出奠定数字基础，满足基建、运检、调控等部门使用实景模型要求。构建全过程数字化设计平台，提升公司对输变电工程的管理力度，大幅减少手工填报数据的工作量，沉淀省级设计知识库，切实改变设计人员的传统设计模式，通过强条校验、图纸复用、智能设计等数字化方式，减轻设计人员工作量，提升设计质量。

（六）强化投资精益管理，提升项目智能辅助评审能力

省经研院坚持将项目精益评审作为有效推进能源智库成果落地应用的重要抓手，以电网规划设计方案为指导，以优化设计方案、优化资金使用成效为主线，牢固树立服务理念，加强评审流程梳理和标准化、数字化改造，应用数字化平台评审信息优势，提早发现重复施工、资金浪费等问题，提升评审人员工作质效，减少送审单位冗余流程，实现双赢。

1. 梳理评审业务流程重点，优化评审设计技术质量管理

省经研院高标准严要求牢牢把控评审质效，为湖南电网安全发展奠定坚实基础。梳理评审业务流程和评审重点，制定设计文件数字化标准，规范电网基建工程评审源数据。强化评审造价管理，利用数字化手段加强造价分析预测、设备材料信息价预测、造价控制标准分析、造价影响因素分析等，提升造价管理水平，深度挖掘造价数据的价值，支撑电网项目投资精益管理。开展自动预审和智能评审研究，扩展评审阶段至竣工图，开展对项目数据从设计到运维交付的继承性评价，初步建设实物资产信息档案，实现工程项目信息、设计资料与电网资产的自动对接与提取，避免项目重复储备与投资不足或浪费，提高评审工作质效。

2. 深化工程造价分析研究，加快技术经济标准化建设

省经研院坚持"合理造价、合理依据、合理程序、精准高效控制"管理原则，完善国网湖南公司各专业类型管理体系和计价标准。建立完善非基建技经管理体系，优化全口径投资项目技经管理流程，明确职责分工，层层压实各专业、各层级主体责任，对公司 26 类投资项目计价标准开展深入研究，为公司落实"加强非基建项目技经管理，关口前移，把好资金出口关"的要求夯实了良好的基础。多措并举履行技经监督检查职能，积极做好结算监督检查，促使各建管单位精准控制投资，加强问题整改闭环。

三、省级电网企业能源智库数字能力体系建设的实施效果

（一）能源智库管理质效增强

省经研院开展能源智库数字能力体系建设以来，管理运营水平显著提升。政策研究、业务创新提质增效，智库能力响应速度提升明显，第一时间完成美国得州电荒事件分析及启示专题报告，获省长毛伟明、国网公司董事长辛保安高度认可。2021年，获省公司一体化单位业绩考核排名第一，优质高效完成公司内部各项能源电力经济、电网规划设计研究工作，公司内部模拟利润完成率144%，超额完成年度任务。工程评审、技经造价等基础文件和数据质量不断提高，成功发布湖南公司资本类、成本类项目计价体系研究成果，明确3000余条技经评审要点，测算800余项参考指标。2020—2021年取得国网评审能力评价第六名的历史最佳成绩，为公司高质量评审和造价精准管控提供了决策支持。

（二）企业经营水平持续提升

省经研院开展能源智库数字能力体系建设以来，为公司经营和电网发展创造了良好的经济效益。2021年，能源电力规划对电网工程设计指导不断加强，省管产业单位在500千伏项目可研、后评价等咨询业务中取得突破，数字化平台有效承载工作量快速提升，超额完成利润目标值，利

润总额完成率超过110%。数字化逐渐形成新的企业增长极，新能源消纳规划数据产品为多家新能源投资企业提供新能源消纳咨询服务，2020年至今已取得合同收入1700余万元。依托智能辅助评审和技经造价管控数字化平台支撑，2021年评审电网基建项目434项，核减6.76亿元，生产项目可研评审计划完成率排名国网系统第二名。

（三）服务社会彰显责任担当

扎实开展湖南电网规划，推动2021年500千伏以上项目全部纳入国家电力规划，"宁电入湘"和民丰—南岸第三回线路等重点工程纳入国网规划库，争取电网基建投资达220亿元，为湖南经济发展提供坚实能源保障。常态化支撑公司报送省政府工业经济形势分析会材料、省人大财经委年度经济形势分析材料和省能源局《宏观经济与能源发展》专报，承接省发改委"湖南省价格政策支撑碳达峰、碳中和路径"项目，全省工业电力经济"导航仪"的智库作用凸显。高质量评审保障电网建设精准落地实施，2021年共完成评审282项，项目数量较2020年提升38%，超额完成评审任务，评审质量优秀率达100%。按月度计划完成概算、预算、结算"三算"集中监督工作共计629项，较2020年提升15%。通过线上化评审和规范化流程管理，大量减少了设计单位数据重复填报和线下审批环节，节约办公、人力等成本超过200万元，得到设计单位一致好评。

（四）生态环境效益持续释放

省内率先开展"双碳"目标下湖南能源电力发展路径规划，为"双碳"目标下湖南省电源发展路径提供指导。推动株洲"双碳"实现路径试点研究，形成市州级低碳样板。提出了符合湖南省情的产业结构和能源结构的调控措施，预计2029年碳排放达峰，2030年能源消费总量达峰，2060年碳排放值约6500万吨，电能占终端能源消费比重超过80%，满足双碳背景下多元清洁电力供应需求，生态环境效益持续释放，为社会经济发展提供强劲动力。

（五）成果示范推广效应显著

省经研院开展能源智库数字能力体系建设以来，智库研究成果体系不断完善，成果获各级政府和公司领导肯定，并得到广泛推广应用。"电眼观湖南"专题分析在国网系统内首发商旅、节假日、防返贫预警等研究成果，"电力赋能乡村振兴"项目以第一名成绩荣获2021年"金钥匙——面向SDG的中国行动"冠军奖。相关报告获得时任省领导和公司领导等的批示肯定，各市州参照"电眼观湖南"省级模式向地方政府报送相关报告。牵头项目"面向电网优化运营的电力大数据智能分析关键技术及应用"获湖南省科学技术进步二等奖，"基于电网大数据的智能辅助评审平台研发"项目获国家级QC成果奖项。2020年，"双碳"、新型电力系统研究成果通过省级研究平台、博士沙龙和智库微信公众号等渠道发布，内外部各类媒体发稿530条次，《湖南日报》、电网头条等多家主流媒体广泛传播。鲤鱼江电厂转供湖南项目纪录片获得全国职工微电影节"庆祝建党百年优秀作品奖"，树立了省经研院高端能源智库的良好形象。

主　创　人：周年光、李湘华
参与创造人：李达伟、程　津、陈　剑、林志勇、徐　超、文　明、
　　　　　　章　德、马有为、刘　磊、邓　凯

电网企业营销业务风险数字化内控体系构建与实践

国网湖南省电力有限公司

摘要：国网湖南省电力有限公司在全域现代营销"新运营"基础上，有机融合营销业务风险防控，坚持以防为主、防控结合的工作思路，以全面防范营销业务风险为主要目标，以内部控制体系建设为行动主线，以数字化管理为创新手段，创新打造营销业务风险"事前校验、事中预警、事后稽查"三道防线，构建营销全业务、全流程、全环节业务风险防控数字化管控平台，通过营销业务风险数字化防控功能部署应用，对原有营销稽查监控体系进行延伸和拓展，利用大数据分析技术，分层、分级、分专业动态展示业务管理水平及工作质量，形成营销业务风险"嵌入式校验、过程化预警、结果性稽查"防控新模式，实现对营销业务风险点的全面覆盖、分级防控、实时预警和快速响应。通过数字化内控体系的创新建立和高效实施，实现营销业务异常事前消缺、工作差错事中管控、业务质量事后把关，推动营销工作"再集约化、再数字化、再标准化、再精细化"。

企业简介

国网湖南省电力有限公司（以下简称国网湖南电力）是国家电网有限公司（以下简称国网公司）的全资子公司，以建设和运营电网为核心业务，担负着保障湖南省电力可靠供应的重大责任。现设职能部门19个，下辖市（州）供电公司14家、县级供电公司98家，员工总数7.1万人（全口径）。供电范围覆盖全省14个市（州）117个县（市、区），营业区面积占全省总面积的96%，营业区人口占全省总人口的98%。2021年，完成售电量1737.32亿千瓦时，同比增长12.96%；资产总额突破1396.35亿元；资产负债率68.67%；营业收入1029亿元，同比增长16.93%；利润总额2.5亿元，同比增加15.96亿元。

一、电网企业营销业务风险数字化内控体系构建与实践的背景

（一）是全面落实依法治企，防范营销重大风险的迫切需要

党的十九大以来，党中央、国务院对防范化解重大风险和推动高质量发展作出了明确部署，要求各中央企业建立健全以风险管理为导向、合规管理监督为重点，严格、规范、全面、有效的内控体系，实现强内控、促规范、防风险的管控目标。国网公司高度重视依法治企和合规经营工作，将营销业务风险作为风险防控的重中之重，明确提出，要建立完善多维营销业务风险内控体系，常态化开展风险预警防控，确保重点领域和关键环节不发生系统性风险。各级电网企业，需要适应国家、国网公司新形势、新任务、新要求，积极探索营销业务风险防控管理新模式，对传统营销稽查模式进行全面改造，实现对营销业务风险点的全面覆盖、分级防控、实时预警和快速响应，为全面落实依法治企、防范营销重大风险提供支撑。

（二）是全面顺应数字化转型，提升营销服务品质的内在需求

随着数字技术的蓬勃发展，电网业务也在持续向数字化转型升级，国网公司系统全面确立了"数字国网"的建设发展目标，将数字化理念深度应用到各项业务当中，尤其在与客户直接相关的营销业务领域，不断加码数字化建设力度，先后搭建了智能运营管控平台、"两率一损"平台、营销稽查2.0系统、新一代供电服务指挥平台、智慧能源综合服务等平台和大数据应用功能，传统业务管控基本实现去人工、业务全融合。随着营销数字化水平和营销服务品质的不断提升，传统营销业务风险防控迎来新的挑战，传统营销风险防控手段需要与时俱进，针对营销基础管理和供电服务中的薄弱环节，需进一步强化信息化支撑、深化数字化转型，利用数字赋能，精准实施营销业务风险识别和防控，以全面提升营销业务风险识别和防控能力，确保营销服务品质不断升级，满足人民日益增长的美好生活需要。

（三）是全面夯实营销基础，推动公司高质量发展的必要手段

受宏观经济下行、电量增速趋缓、阶段性降低用电成本以及新冠肺炎疫情常态化等多重因素影响，电网企业经营面临着"量价齐跌"的不利形势，盈利水平大幅下降，公司经营形势十分严峻。作为电网企业的收入前端，营销业务面临重大责任和巨大压力，迫切需要全面夯实营销业务基础，不断推进营销业务质量持续提升。从近年来电网企业内外部巡视审计和监督检查发现的问题可以看出，营销基础管理和供电服务仍存在薄弱环节。一是业务风险还在一定范围内存在，部分人员为民服务意识不强、违规违纪、小微腐败等"发热点""出血点"风险依然存在，电量、电价、电费核算失误的风险、服务不足导致的风险等严重影响企业品牌形象，而传统营销风险防控侧重于事后稽查，事前防范能力不足，亟须将关口前移，由事后稽查向事前预警转变，将各类营销风险消灭于萌芽状态。二是风险智能防控水平需进一步提高。传统模式下，采用营销稽查方式对风险进行监管，稽查工单处理及审核对人工操作依赖性较高，尚未做到智能、精准管控。稽查主题阈值难以满足各单位差异化管理需求，发单率要求导致出现虚跑工单、查实率不高等问题。随着全域现代营销体系的建设，国网湖南电力营销领域数字化、信息化管理水平不断提升，奠定了采用数字化手段对营销业务风险进行全面防控的基础。三是营销业务风险防控的体制机制需要完善。当前还存在营销稽查异常没有及时反馈给专业，专业制度文件没有及时传递给稽查，造成营销稽查效率不高、整改不到位等问题，亟须加强营销全业务、全流程、全环节监督管控，建立健全营销业务风险管控机制，推动营销高质量发展，助力公司提质增效、稳健经营。

为此，国网湖南电力深入探索数字创新和管理变革，开展营销业务风险数字化内控体系构建与实践，夯实营销基础，堵塞管理漏洞，提升精益管理，推动公司高质量发展。

二、电网企业营销业务风险数字化内控体系构建与实践的主要做法

（一）立足营销业务工作实际，理顺数字化内控建设思路

1. 梳理三类风险，明晰业务风险领域

供电企业作为能源供应中心，营销是与电力客户接触的最前端，营销领域的风险直接关系到电力客户的用电获得感，必须加强营销业务风险防控。国网湖南电力开展营销业务风险种类识别，明确营销业务风险防控的重点领域。第一类风险是市场风险。主要包括电量、电价和电费风险，其中电量风险主要来自非法窃电，电价风险体现为没有严格按照电价政策执行而引起的电价争议，电费风险则是电费无法及时精准回收的风险。第二类是服务风险。由于缺乏服务意识、缺少良好的服务态度，引发客户的不满，从而造成一部分客户群体流失，损害企业自身的信誉度，甚至酿成巨大的服务风险。第三类是法律风险。一些供电企业由于缺乏积极的法律意识，在实际的电力

营销中出现非法操作、以权谋私等问题，给自身带来信誉威胁，从而面临严重的法律风险。综合分析各类风险，其根本原因在于业务执行过程中没有遵循已有的规章制度标准，导致各类风险的发生。

2. 明确三道防线，确立风险管控目标

国网湖南电力高度重视新时期营销业务风险防控工作，将其置于影响企业高质量发展的高度进行审视。立足当前营销业务风险管控的重点难点，在国网公司顶层设计的基础上，结合国网湖南电力实际，变革传统营销风险事后稽核整改的模式，将稽核关口全面前移，推动稽核与营销业务双线并轨、全面融合。以内部控制体系建设为行动主线，以数字化管理为创新手段，实现营销业务风险由被动防控向主动预防的转变。全面防范营销业务风险，明确"事前校验、事中预警、事后稽查"三道防线，打造营销全业务、全流程、全环节业务风险防控数字化管控平台。通过营销业务风险数字化防控功能部署应用，对原有营销稽查监控体系进行延伸和拓展，利用大数据分析技术，分层、分级、分专业动态展示业务管理水平及工作质量，形成营销业务风险"嵌入式校验、过程化预警、结果性稽查"的防控新模式，实现对营销业务风险点的全面覆盖、分级防控、实时预警和快速响应。通过数字化内控体系的创新建立和高效实施，营销稽查主题异常问题数量实现下降40%以上的目标。

3. 贯通四级主体，成立内控专属机构

国网湖南电力成立体系建设领导小组，负责组织领导和统筹协调，研究决定重大事项，指导、监督体系建设工作；设立专家指导组，具体负责开展体系建设，协调解决具体问题。按照"全面监控、穿透管理、系统融合、专业协同"的原则，纵向上贯通省、市、县、所（站）四级主体，构建营销业务风险防控工作体系，完善分级预警、闭环管控、质量评价等工作机制，确保营销业务风险防控能力全面提升。坚持管业务必须管风险内控的原则，将风控管理各项要求融入日常工作和业务流程，横向上落实业务部门-内控部门-监督部门一体化的风险内控职责。业务部门立足本专业管理需求，结合风险内控管理要求，制定本专业相关管理标准和规范文件，开展专业风险评估及监测预警，研究确定风险管理策略；通过健全完善规章制度，持续优化内控措施，规范业务行为。内控部门为业务部门提供风险内控技术支持，结合本单位工作实际，协助开展营销业务风险分析，指导开展实施预警防控、深度稽查工作。审计、巡视巡察等内部监督部门，负责对内部控制体系建设和实施进行监督检查，准确揭示风险隐患和内控缺陷，推动问题整改，促进管理体系不断优化。

（二）开展数字稽核功能建设，实现与营销业务全面融合

1. 基于现有平台，部署内控校检规则

国网湖南电力坚持好用、实用、管用的原则，围绕"事前校验、事中预警、事后稽查"三道防线，开展风险防控数字化管控平台建设。依托营销业务系统、营销智能运营管控平台、营销稽查2.0系统等现有信息化平台，建立内嵌校验规则库、预警防控规则库和稽查规则库，全面部署三道防线。一是在营销业务应用系统内嵌校验规则库，部署字段校验和环节校验主题。营销稽核需要一定的数值、字段对现有业务执行情况进行校验，实现营销业务执行的全面监控。国网湖南电力在营销业务应用系统业务数据处理层面，根据关联字段间的逻辑关系限定填写或可选范围，部署字段校检规则，违规流程无法填报；在工单流转环节进行规则预判，通过环节校检对判断异常的予以拦截或提示，修正或确认后方可流转至下一环节。二是在营销智能运营管控平台并联部署预警防控规则库。在营销工作流程中，根据逻辑设定规则，汇集原本相互独立的业务信息，对

流程时限、业务规范性、现场工作质量进行实时监控、并联分析、智慧提醒，在差错发生或客户感知前，协助专业及时发现业务风险，实现对当前在途业务流程的实时监测与异常预警。三是在营销稽查2.0系统丰富完善深度稽查规则库，深化大数据分析应用，对业务差错、质量事件和经济损失等结果性问题开展营销业务风险溯源分析，通过"三位一体"营销稽查（在线、专项、现场）开展问题线索核查，督促问题整改，建立问题销号制度，持续跟踪整改成效，实现对营销全业务的结果性稽查。通过三个规则库建设，将营销业务常见风险稽核规则全部融入营销业务系统，推动稽核与业务双线并轨、有机融合，同时将风险控制前移到业务执行前端。

2. 丰富勾稽关系，自动溯源业务风险

勾稽关系是营销业务风险防控过程中不同业务、不同系统平台、不同业务报表之间存在的关联或逻辑对应关系。勾稽关系的建立与完善，能够通过单一事件或单一行为及时预警与之相关的业务风险。基于营销稽查2.0系统，应用"关联分析算法"，国网湖南电力丰富和完善业扩报装、电价电费、计量管理、客户服务和新型业务5大领域40套勾稽关系，为数字化风险内控奠定基础。根据异常情况反向推理异常产生的原因，建立校验到预警、校验到稽查、预警到稽查主题的关联关系，形成事前、事中、事后主题间的关系网络，推动勾稽关系的自动捕捉、动态更新，支撑稽查问题溯源分析和专业工作质量分析，实现稽查主题异常问题校验、预警触发标识自动添加，各类稽查异常问题对应的流程、环节的自动溯源，并将溯源结果在前台全面展示。

3. 强化数据交互，提升数字稽查能力

依托公司数据中台，优化跨专业、跨部门数据获取方式与效率，汇聚营销、发展、财务、设备、调控等专业数据，满足营销业务风险防控所需海量数据实时获取与高效传递的需求。拓展95598热线、"网上国网"、车联网等自有渠道运营数据共享维度和频率，汇集营销业务应用系统、采集系统等信息系统数据，实现线上线下服务数据的汇聚应用，大幅提升营销业务风险数据获取效率和协同处理能力，满足海量数据存储和大数据计算能力需求，实现营销全业务风险在线校核、预警和稽查，支撑业务稽查工作开展。同步建设智能稽查标签体系，对营销业务风险种类、影响程度、关联业务等进行标签化设计，持续丰富稽查标签维度和数量，实现基本单元灵活组合、按需定制和分享应用，动态形成稽查主题，提升业务风险稽查主题部署的灵活性和可扩充性。围绕典型业务场景，利用稽查标签体系构建场景式风险内控分析模型，利用机器自学习技术积累经验、不断提高，满足深层次、智能化营销稽查管控需要。开展图像语音识别、文字语意识别等人工智能技术在风险内控领域的研究应用，提升智能稽查水平。

4. 构建成效看板，深度分析业务质量

根据营销业务风险防控工作内容及业务管控要求，组织制定预警成效、专业管理健康指数等风险防控成效关键指标及计算标准。利用大数据分析技术，实现按照时间趋势、单位个人、专业主题等多种维度，开展营销业务工作质量和管控成效统计、分析及评价，实现经济成效达标率、异常下降率等关键内控建设成效，以及预警升级率、整改完成率等专业运营指标的全方位展示。建立规则、主题监测分析看板，深度钻取各类规则，触发问题明细，以及稽查异常问题明细，实现业务运营质量的动态监控及深度分析。依托营销稽查2.0系统，建立成效看板，分层级、分区域、分专业展现量化评价信息，实现风险"可控"、规则"可用"、成效"可看"。

5. 智能成效校检，全量统计内控成效

稽查工作成效是评估营销业务风险数字化内控体系建设成效的重要手段。鉴于传统营销稽核模式下，稽查工作成效采用人工报表统计，存在效率低、不及时、不准确等问题，国网湖南电力开展营销稽查成效数据自动化校验课题研究，以实现稽查工作成效自动化校验、自动统计，全面顺应数字化转型。一是制定成效认定标准。分析稽查工作成效数据来源、构成及分布特点，梳理稽查工作成效中存在问题，形成9类稽查经济成效认定标准、28项营销稽查经济成效认定负面清单。二是整合归集成效信息。分析、摸索各稽查监控平台稽查成效数据规律，找到各平台工作成效数据之间的映射关系，建立稽查工单的统一明细库，完成3个稽查监控平台的稽查工作成效信息全量归集。三是成效自动校验+人工复核。通过流程校核、字段校核等方式，围绕稽查成效认定标准，对关联稽查工作成效进行系统自动校核，形成"负面清单""疑似负面清单""校验通过"等9类成效标签，其中"负面清单""疑似负面清单"等自动进入人工核查。该课题的研究，极大缓减了稽查工单审核人员、稽查成效统计人员的工作压力，工作效率提升60%。

(三) 立足风险数字内控平台，强化三道防线精准化管控

1. 事前抓"三全"，嵌入校验防差错

按照全业务、全流程、全环节的原则，针对基层员工反复发生的"习惯性违章"问题，国网湖南电力梳理总结成熟有效的稽查主题，在营销业务应用系统各业务环节增加嵌入式校验规则，对工作人员业务操作结果进行实时校验，重点开展用户基础档案、设备参数、计量采集、电价策略等规范性、准确性验证，减少人为差错。在营销业务应用系统各业务环节累计内嵌校验规则109项，拦截计费档案信息错误、现场勘查信息缺失、电费电价策略异常、计量档案错误等各类问题10.08万余件，实现对局部爆发问题及长期未整改问题的全面监控。

2. 事中抓"三化"，过程预警控风险

依托经过验证有效的营销稽查主题，国网湖南电力整合电网结构、运行设备、财务往来等数据，对在途业务流程进行合规性审查和预警性防控，重点对供电方案合理性、计量计费准确性、业务工单时效性等进行过程性管控，通过系统自动推送预警信息，协助专业及时发现和处理业务风险。针对电价执行、业扩时限、光伏档案等常见差错实施"精准化预警"，对变损漏计、高可靠性供电费用差错等隐蔽性问题实施"智慧化预警"，对客户违约用电、窃电等客户用电异常行为实施"数字化预警"。依托营销智能运营管控平台，累计部署预警防控规则71项，防控业扩流程超时限、高可靠供电费少收或漏收、远程抄表方式异常、计量类资产状态超期、充电桩电价执行异常等各类问题5.7万件，稽查万户异常问题同比下降47%。

3. 事后抓"三查"，深度稽查提质效

强化在线、专项和现场稽查三位一体稽查模式。全面梳理客户诉求、综合监管、营销稽查、审计巡查等发现的历史敏感突出问题，明确5大领域50个营销业务重点风险防控方向。结合历史典型问题特征，利用大数据建模技术，建立结果性深度稽查主题库，配套建立对应知识库和典型案例库。深化大数据在业扩报装、电价执行、电费抄收、计量采集、光伏电站（含集中式、分布式、户用）并网结算等业务领域的稽查应用，重点稽查业务差错、质量事件和经济损失等结果性问题，深度开展业务风险分析，持续跟踪整改成效，确保营销业务质量问题整改到位。依托营销稽查2.0系统，累计部署深度稽查主题83项，查处业扩流程"体外循环"、综合倍率错误、电价执行不规范、业务费收取不规范等各类问题6138件，取得稽查经济成效1604万元，反窃查违收入5644万元。

4. 重塑"三流程"，问题整改双闭环

重塑风险预警流程，新增风险预警单及整改督办单，强化局部爆发问题及长期未整改问题的全面监管。针对局部突发问题开展业务风险预警，对于稽查主题中发现的问题集中爆发及属地政

策执行偏差等情况，重点分析并点对点派发业务风险预警单，根据异常数据情况及工作难度，灵活设定回单时间。重塑整改督办流程，针对未整改问题实施专项督办，对于当月在线稽查、专项稽查中未完成整改的工单，于次月下达整改督办单，各单位按3个月的整改期限完成问题整改及工单回复，对于规定期限内无法完成整改的，建立整改延期报备机制，确保整改工作件件有落实，事事有回音。开展专项稽查流程改造，依托专项稽查工单明细线上化转译改造，全面支撑在线稽查以外的稽查工单信息自动收集及经济成效自动统计，应用人工智能技术，实现稽查主题自助构建、任务自动派发、工单自主流转和结果智能审核，提升稽查质效。

（四）落实各级风险内控职责，健全数字化内控工作机制

1. 实施分级管控，落实省市两级职责

在数字化风险内控体系的基础上，建立与之相适应的内控工作机制，推动数字化风险内控工作有序实施。国网湖南电力聚焦营销业务习惯性违规问题，扩展、优化稽查主题，结合"三道防线""三个流程"，落实省市两级管控职责，坚持"省级统一、市县公司为主、分层分区分级"原则，按照差错影响程度、范围，逐一对各预警防控主题设置分级预警策略。省市两级监控人员按日监控涉及的预警信息，分层分区分级发布预警信息。对预警数量较多的单位或预警等级较高的预警信息发起督办任务，并督促处理，同时推动将预警信息处理工作质量纳入本单位指标考核体系，提升预警防控质效。

2. 健全三类机制，防范重点内控风险

国网湖南电力重点针对账实不符、电量差错、基本电费计收异常、电价执行不到位等经营成果"跑冒滴漏"问题，业扩流程虚假终止、提前送电导致基本电费少收等业扩报装管理问题，以及互感器变比差错、抄表及拆表示数少录、计量异常长期未消缺等计量管理问题，开展风险内控。为确保内控各项举措的有效落实，创新构建以下三个机制：一是建立工单驱动机制。实行"工单类""清单类"指标任务的工单化管理模式，依托供电服务指挥、营销智能运营管控、"网格化管理平台+移动作业App"等平台系统，以线上工单驱动"客户诉求、设备巡视、异常消缺、建设改造、故障抢修、数据异动排查"等业务运作。二是建立派单抢单机制。完善系统角色配置，实现工单由市级直派站所，涉及抢修等时限要求高的工单直派到人，涉及时限要求高、处理难度大的工单实行跨区域、跨站所的"抢单制"，推动基层人员"见单办事""按单履职"。三是建立工单评价机制。分站（所）、分班（组）对工单处理质量及闭环情况进行监督评价，按天公示个人工单、工分，实现用数据评价、用数据管理、用数据考核。

3. 推进三类集约，优化业务管控模式

集约化管理是对各类生产要素进行集中、统一配置，以约束、高效为价值取向，从而达到降本增效的管理目标。传统营销业务管理中各自为政、令出多头的现象较为普遍，不利于风险的统一防控。国网湖南电力全面梳理业扩报装、电费电价、计量采集、客户服务、新型业务五大专业的业务风险内控要点，聚焦电费、计量和稽查三个重点，推动业务集约化运作，优化业务管控模式，为全面风险防控奠定基础。一是推进电费集约化管理。将远程费控、电价电费异常监控、智能语音催收等工作由属地单位向市级集约，全面应用智能费控技术提升实时催费效果，实现电费回收风险按日管控。二是推进计量线损集约化管控。根据"一台区一指标"达标状况，逐步推动台区线损指标管控向市级集约，通过为一线员工提供定时、定位、定因的工单，构建"短平快"的营销线损核查机制，全面提升降损工作质效。增强计量管理体系，推进计量、采集类异常监控市级集约，推动城区10千伏及以上高压计量装置运维、电动汽车充电桩强检市级集约；重构计量

专业化监督管理体系，定期以"远程评价+现场核查"形式逐级开展计量专业化督导评价，着力解决专业薄弱问题和突出困难。三是推进稽查监控集约化、一体化运营。针对电量、电费之外的其他营销业务风险，着力推进营销稽查集约化运作，逐步取消县级监控，推动营销业务异常监控向市级集约，通过"远程监控、运营分析、现场稽查"三类班组协同运作，实现"全面监控、专业分析、重点稽查、协同运作、联防联治"。

4. 强化专项稽查，突出问题挖掘能力

聚焦政策落实情况和营销业务普遍性问题，加强专项稽查力度，做好国家及国网公司重大工作部署落实情况专项稽查工作，根据公司需要自主开展本单位专项稽查，着力查风险、补短板、强弱项，切实提升营销业务质量，提升营销专业管理水平。一是开展异常工单分析研判，对异常集中的突出问题启动线上线下一体化专项监控和稽查，对查处问题深刻剖析成因，开展溯源分析，总结典型案例，提出防控治理建议，编制专项诊断报告，有效推动突出问题治理。二是加强现场稽查的存疑与突发问题核查，对在线监控与线上专项监控中发现的存疑问题、普遍性问题、突出问题、突发性重大风险事件组织开展现场稽查，锁定被稽查单位与范围，组织专人或专家队伍，采取"四不两直"方式，开展有针对性的现场稽查，对查处的问题进行溯源分析，了解问题形成的原因，按照"一事一报"上报核查结果，并督促相关单位落实问题整改。三是强化风险问题溯源防范，建立营销监控与稽查协同高效的闭环管控机制，省市稽查部门根据监控发现的存疑问题，开展现场稽查，强化稽查成果应用，按照"四不放过"原则，协同推动问题整改。针对稽查监控发现的问题，协同专业做好风险溯源分析，从业务执行、流程环节、标准制度、专业协同等方面深入查找管理漏洞和服务问题，督促各专业从根源上进行整治，实现"发现一个、消除一片"的治理目标，推动营销风险管控由"事后治理"向"事前预防"转变。加强对查处问题整改情况的监督，对未按时限要求完成整改闭环的单位进行通报考核，形成问题查处、整改闭环的管理机制，实现营销业务风险问题溯源防范与闭环管控。

(五)健全内控支撑保障措施，打造营销风险内控生态圈

1. 健全标准制度，奠定体系执行基础

为加快营销稽查数字化、智能化转型，推动稽查工作向事中管控、事前预警转变，国网湖南电力多次组织召开营销业务风险内控工作研讨会，从保障体系有序运行、指导基层单位高效实施、推进业务部门高质量执行、助力国网公司模式化推广的角度出发，组织编制《营销业务风险数字化内控体系建设实施方案》《营销全业务数字化稽查监控体系建设实施方案》《营销业务风险防范手册》《营销稽查作业指导手册》《营销稽查监控运营管理办法》《营销业务风险数字化内控体系建设指引》《省市县三级数字化营销稽查监控业务工作规范》《营销稽查监控工作质量评价标准》等两项实操化建设方案和六项标准化管理规范，有效支撑营销业务风险数字化内控工作体系化运作、标准化管理。

2. 加强队伍建设，夯实内控人才保障

以发现问题、诊断问题、解决问题为目标，分营业管理、电能计量、服务与稽查、市场开拓、智能用电等5大专业组建省级营销稽查柔性专家团队，统一管理、统一调配、动态调整，支撑公司专项课题研究、专家经验固化、专项稽查落地等工作。建立柔性稽查专家团队正向激励评价机制，促进稽查专家在提升营销业务质量方面发挥更大作用。积极吸纳和培养信息化技术人才，满足数字稽查建设需要。设立专项资金，建立营销稽查常态化激励机制，对及时发现并消除重大风险隐患、避免重大经济损失的单位或人员给予奖励，充分调动稽查人员的积极性。

3. 开展内控评价，形成持续改进生态

按照"问题定性、责任定位"原则，国网湖南电力利用大数据分析技术，聚合内嵌校验触发信息、预警防控告警、事后稽查异常问题，构建营销业务健康指数算法，分层、分级、分专业、分人员开展工作质量量化评价和多维画像。一是因地制宜建立营销业务质量问题考核办法，推动将风险防控结果与绩效管理挂钩。按月汇总、评价和展示各单位风险防控成效，及时共享优秀风险防控主题和典型案例，促进公司营销服务风险防控水平整体提升。二是科学评价营销业务风险防控工作成效，依托营销功能，对重复校验次数、预警升级、经校验和预警仍产生事后稽查问题、稽查整改不到位、经济成效达标率、异常下降率等纳入评价体系，聚焦各专业管理水平、业务执行质量，全面评测各专业管理质效，科学评价各单位营销风险预警防控及稽查工作质量。三是实施主题规则全生命周期管理，对评价过程中发现已不适用当前政策的校验、预警、稽查规则库内容进行下线处理，并根据当前政策的调整，不断对原有规则进行优化完善，增加新的主题规则，更新迭代，确保校验、预警、稽查主题库规则适应当前国家政策要求。通过评价与改进，推动各单位持续提升风险内控水平，形成持续改进和不断迭代的良性发展生态。

三、电网企业营销业务风险数字化内控体系构建与实践的效果

（一）防范业务风险，管理效益显著提升

国网湖南电力依托系统平台，围绕"事前校验、事中预警、事后稽查"的三道防线，构建形成"事前嵌入式校检、事中过程化预警、事后结果性稽查"三个规则库，首次完成109个校验规则、71个预警防控规则、83个事后稽查规则部署，建成营销业务风险防控"指标自动预警、异常自动派发、报告自动生成"的智慧化功能，实现异常"一类一策"精准管控。通过营销业务流程优化、关键参数自动赋值、档案逻辑校验提醒，营销业务风险得到全面防控，形成营销业务风险"嵌入式校验、过程化预警、结果性稽查"防控新模式。2022年上半年统计数据表明，万户异常问题发生数较上年同期下降47%。结合发现的风险管控点，国网湖南电力组织专业部门对薄弱点和管理漏洞进行提醒，指导营销专业管理者进行决策，及时查漏补缺，堵塞管理漏洞，促进专业管理水平不断提升。基于系统平台，国网湖南电力在国网公司系统首个完成营销业务风险内控可视化展示，建成成效看板，实现按照时间趋势、单位个人、专业主题等多种维度成效展示，便于公司决策者及业务管理部门便捷化开展营销业务工作质量和管控成效统计、分析及评价，专业管理质量持续走高。

（二）异常精准定位，助力公司提质增效

国网湖南电力依托营销业务风险数字化内控体系建设，实现对营销业务风险全面覆盖、分级防控、实时预警和快速响应，对业务差错、质量事件和经济损失等结果性问题开展营销业务风险溯源分析，通过"三位一体"营销稽查（在线、专项、现场）开展问题线索核查，督促问题整改，确保企业效益颗粒归仓。稽查专业协同营销相关专业，定期分析本单位风险预警和在线稽查工单信息，滚动优化预警主题算法，动态调整预警阈值，提高预警的针对性和有效性，及时准确定位异常客户，支撑公司提质增效。2020年以来，拦截计费档案信息错误、现场勘查信息缺失、电费电价策略异常、计量档案错误等各类问题21万件，协助专业防控电费电价风险6421个、业扩报装风险4894个，核查营销服务异常9.1万件，属实问题8.7万件，稽查经济成效3.8亿元，推动营销服务万户异常问题同比下降47%。应用计量异常全量数据全景监测，设计"阈值、分段、分域"异常监控模型，开展需量超容、计量过载、零度户、低电压等专题应用，为公司分析发现异常1.09万件，追补电费2553.88万元。

（三）提升服务品质，彰显公司品牌价值

基于营销业务风险数字化内控体系建设，扩大了营销监控范围，细化了监控精度，增加了业务异常分级预警，扩展了互联网服务、同期线损、营配调贯通等大数据决策分析功能，进一步将异常监控关口前移，精准实施营销业务风险识别和防控，为客户提供更快、更优的服务。形成了6项营销业务风险内控管理规范，进一步提升了供电优质服务水平，降低了服务风险，提高了服务效率，全面提升了营销服务品质以及国家电网品牌价值和美誉度，不断满足人民日益增长的美好生活需要。

2020年以来，国网湖南电力以营销业务风险数字化内控不断助推营销工作走向"再集约化、再数字化、再标准化、再精细化"，营销质效不断走强，相关工作得到省委、省政府和国网公司领导的肯定。

主 创 人：潘继雄、陈建华
参与创造人：易江腾、鄢 重、解利斌、申浩平、刘 鑫、喻世根、
　　　　　　钟典宇、王天翼、许立杰、许 弢

大型暖通制冷设备企业基于自主研发综合信息平台的生产数字化集控管理

长沙格力暖通制冷设备有限公司

摘要： 为应对经济下行与疫情负面冲击，在市场竞争最为激烈的家电行业突显核心竞争力，长沙格力暖通制冷设备有限公司对企业粗放的生产活动与低效的管理方式进行了分析，提出要在保证质量、降低成本的前提下实现不断缩短客户化订单交期的管理目标，必须实施全生产业务流程的数字化转型，并在数字化后的业务流程上自主研发综合信息平台，再在平台上开展高效的生产集控管理。从而使客户化订单从下单起就进入生产计划智能排程，生产物料供应与齐套做到智能分析、透明跟催保障，订单生产进程和周期管控完全透明化、实时化监控，生产异常响应与闭环管理信息平台监管、成品仓储和发运由信息平台调度跟进，实现生产管理五大环节的高效有机联动，达成订单全生命周期的数字化、规范化、扁平化的集控管理。

企业简介

珠海格力电器股份有限公司（以下简称格力电器）是目前全球最大的集研发、生产、销售、服务于一体的国有控股专业化空调企业，据日经社统计发布，2020年格力家用空调全球市场占有率达20.1%，连续16年稳定保持全球第一。在国内市场，格力中央空调连续10年占有率全国第一。国内外建有77个生产基地，有近8.2万名员工，其中研发人员近1.6万名，技术工人3万多名，业务遍及全球180多个国家和地区。

长沙格力暖通制冷设备有限公司（以下简称长沙格力）是格力电器的第十个空调基地，项目位于湖南省长沙市国家级宁乡经济技术开发区，整体项目分为三期建设。其中一期项目占地716亩，2016年6月建成投产，是家用空调和商用空调等产品的综合性生产基地。二期项目占地430亩，2019年11月正式投产，主要生产大型水冷风冷机组和末端等产品。三期项目占地961亩，主要规划生产冰箱和洗衣机。自投产以来，长沙格力获得"智能制造示范点示范企业""工业互联网应用试点示范企业"等7个国家级荣誉。2021年，长沙格力在湖南制造业企业100强中排名第27位，实现产值75.7亿元，同比增长29.1%；营业收入75.5亿元，同比增长40.2%；缴纳税收3.4亿元，同比增长47.9%。近三年公司累计已实现产值192.8亿元，累计税收贡献7.62亿元。

一、大型暖通制冷设备企业基于自主研发综合信息平台的生产数字化集控管理的实施背景

（一）是适应国家高质量发展战略的需要

中国经济已由高速增长阶段转向高质量发展阶段，民营企业数字化转型在以数字化培育新动能、以新动能推动新发展方面将发挥重要作用。数字化浪潮已成为互联网后中国经济发展的主要推动力，国家"十四五"规划纲要专门提出"加快数字化发展，建设数字中国"，各部委、各地

区下发的数字化报告和规划中,都多次提到了数据、数据中台和数据治理。数据业务作为企业的战略资产越来越受到重视,从最初的数据协助业务协同,转化为数据驱动业务,数据驱动人工智能应用,乃至数据驱动运营。在此大背景下,长沙格力必须开展数字化转型创新,实现数字化驱动企业各业务,实现企业运营的数字化集控管理,以推动企业高质量发展。

(二)是制造行业解决自身管理问题、提升核心竞争力的需要

数字化时代数据价值的利用和发挥将影响企业数字化转型过程,形成数字化背景下企业的核心竞争力。全国工商联经济服务部的《民营企业数字化转型调研报告》指出,我国农业、制造业和服务业的数字化水平、附加值和生产率仍然偏低,传统产业的数字化转型能力和成效并不理想。反观长沙格力身处制造业与市场竞争最为激烈的家电行业,在经济下行与疫情负面冲击的双重影响下,客户愈加追求质优价廉、定制化的产品,企业利润越来越薄。为提升生产效率和产品质量,降低生产成本,进而提升企业效益,长沙格力在2016年投产之初就在少部分业务流程上实施数字化。但据2021年的生产数据统计,在客户化订单占到97%的大机组生产上,订单超期率高达15.7%。因此,长沙格力的数字化进程还处于"全面优化"与"成熟应用"的攻坚阶段。作为空调行业的领跑者,为提高核心竞争力,实现数字化与数字化上的集控管理更显得十分迫切。

(三)是实现高效管理、促进企业转型升级的必然选择

客户化订单大幅上升,客户需求不断变化,生产订单集中,呈现少批量、多品种、短交期的特点。客户不断变化的需求,使企业运作效率持续低效;生产计划变更不灵活导致断档;物料齐套率难管控;异常信息人工传递迟滞失真,部门间协同越来越困难,"政出多门"导致生产异常处理速度越来越慢,产能持续下降;紧急订单增多,造成交货期得不到保证;产品质量稳定性变差,进而造成客诉增加、销量下滑,企业利润减少。这一系列矛盾演化聚焦在生产管理信息无法集控实现统一调度处理上。因此,实施生产数字化集控管理是提高企业应对内外部变化和挑战管理能力的有效途径,是企业完成转型升级实现效率、效益双提升,产品故障率、生产成本双下降,稳健经营的必然选择。

二、大型暖通制冷设备企业基于自主研发综合信息平台的生产数字化集控管理主要做法

以国家"十四五"规划纲要提出的"加快数字化发展,建设数字中国"为指导,针对企业生产管理存在的客户化订单难管理、生产信息上传慢且失真、职能部门各自为政导致问题处理不及时,过程异常的闭环无法被透明监管导致生产订单交期滞后事故时有发生的管理问题,长沙格力通过研发综合信息平台构建生产数字化集控管理的高效管理模型探索问题解决之道。生产数字化集控管理实施路径分三步走:首先,构建全面覆盖生产管理各业务流程的数字化模型,实现对生产全要素信息的数字化采集;其次,建立综合信息平台,对所有采集的数据进行集成管控,挖掘数据资产背后的可用价值;最后,成立多部门协同入驻的实体"生产集控中心",该中心利用综合信息平台实现对生产各环节的透明化集中管控与订单全生命周期的快速高效闭环管理。从而解决多层管理、各自为政的低效管理症结,实现扁平集中管理的目的。通过生产数字化集控管理达成持续优化改善生产过程,缩短订单交期,满足客户需求,同时促进企业效率、效益的双提升,故障率、生产成本双下降的总体目标。

(一)树立生产管理新理念,设计数字化集控管理新思路

长沙格力进行生产数字化集控管理是树立一种新的依托汇集生产管理各环节的数字化,挖掘海量业务信息背后不可见价值,实现信息集控管理从而达成高效生产的管理理念。长沙格力利用信息技术手段构建生产全业务流程的数据采集传输、处理和反馈的闭环,打通不同层级、不同部

门间的数据壁垒，提高企业运行效率，构建全新的数字管理体系。借鉴华为等数字化转型优秀企业的经验，通过对自身粗放的生产管理组织、不透明的生产业务流程管理、落后的信息传递方式和重叠的决策下达等低效管理方式进行分析，在降低成本、保障质量的前提下达成压缩订单的制造周期以缩短订单交期的目标，设计一条贯穿订单全生命周期的数字化集控管理的新思路。

在生产数字化集控管理的新理念指导下，以全面数字化、扁平化组织、快速响应闭环，实现生产订单交期最短为主要思路，围绕订单响应最快、物料齐套排查与配送最准、生产制造效率最高、生产异常处理闭环最快、成品仓储发运最快五个核心子目标开展数字化集控工作。以原有的PLM（产品生命周期管理）系统、ERP（企业资源计划）系统、MES（制造执行管理系统）系统、WMS（仓库管理系统）系统和各业务流程已实现数字化的应用为基础，依托自主开发的智能信息化综合平台，将生产全业务流程采集到的海量信息进行汇集，通过每个信息流的数据应用模型对大数据进行加工，汇集成生产、物流、质量、工艺、设备五大信息流。在长沙格力从企业层面制定的《集控中心运行管理决策管理办法》支撑下，由生产集控中心内的各职能科室集体讨论，对于要去生产现场核实的任务要求5分钟内到达现场核实，需要多单位协同的任务，要求主体责任单位代表企业管理层主导跟进并现场决策下达执行层，同时由企业生产管理第一负责人驻扎在生产集控中心提供决策力、资源调度支持，从而达到订单全生命周期的全流程系统化、规范化、高效化的管理。生产数字化集控管理模型见图1。

图1　生产数字化集控管理模型

（二）创新生产管理流程，自主开发综合信息系统平台

1. 实现对生产管理流程的创新

为提升公司生产管理水平，长沙格力一直在寻找一个可从海量数据中挖掘有价值信息进行汇集加工，然后直达管理层，管理层集中讨论后快速做出响应的信息系统平台，以优化原有低效生产运营模式。利用数字化技术可实现对订单排产响应靠人工排产，物料齐套靠人工进WMS与ERP系统导出表格联动采购员逐条核对分析，生产异常信息靠车间班组长微信、电话反馈，产品发运靠物流部门与客户使用纸质发货计划单跟催等低效生产业务流程的全面创新。

2. 自主开发综合信息系统平台

综合信息系统要求与PLM系统、ERP系统、MES系统、WMS系统以及各业务流程的数字化应用实现无缝对接，实现订单管理、物料齐套配送、订单交期跟进、生产异常处理、成品仓储等多环节的自动触发与集中闭环，旨在通过对自动集采的生产信息进行集中管控与综合运用，实现高效决策，提高企业生产效率与经营效益。综合信息系统既要符合企业自身的实际情况与理念，又要适应企业未来中长期发展需要，还要考虑到后期二次开发及维护成本。经公司管理层研究决定，从企业实际需求出发，自主研发长沙格力综合信息系统平台。

该系统平台在 PLM 系统、ERP 系统、MES 系统、WMS 系统的基础上，围绕生产业务流程开发生产制造子系统 3 项、生产交期管控子系统 5 项、物料齐套子系统 7 项、异常闭环管理子系统质量类 7 项、设备能源类 4 项、安全管理 3 项、成品仓储发运子系统 4 项，并实现了 5 大环节的子系统数据库的融合，只需进行排列组合并辅以运算逻辑，就能够生成新的运营数据，真正实现对大数据的有效价值挖掘，实现对数据背后不可见价值的最大利用。

该系统平台建立了企业级的数据中台，进行各业务流程信息的汇总与交互，既要能够处理 5 个环节采集的大量数据，并按照逻辑组合分析，又要能在 3 分钟内完成 300 万项的物料需求齐套检查运算和拣选指令生成，还要能够支持生产现场 2000 个节点的实时数据采集并动态生成配送看板，数据量极大，且交互频繁。在系统开发过程中，IT 采用敏捷开发模式，在业务逻辑层和数据层采用了多线程并行运算和分布式事务处理，提高了开发效率。在数据处理方面，采用业务层面、数据库层面的多分布式事务处理方式，使得系统运行稳定、高效。

（三）订单全生命周期的数字化升级，实现全业务流程的重塑

1. 聚焦订单全生命周期的流程管理

明确新的生产管理理念后，各管理层要从订单各生产环节的独立管理向聚焦订单全生命周期的流程管理转变。订单全生命周期是指生产订单从客户下单起到产品交付客户合格启用直至闭环的整个周期。要解决从订单下达到交付客户过程中的各类障碍点，围绕客户定制化订单按期交付的目标对订单全生命周期的各个节点全面聚焦。它包括订单下达的快速响应、物料齐套的快速到位、配套保障、生产异常快速闭环、高效生产制造、快速入库与发运等环节的集中统管调度，从而做到哪个环节出现异常，生产集控中心就第一时间介入哪个环节，从组织架构上实现对订单生产全要素的实时集控。

2. 开展全流程数字化转型

聚焦订单全生命周期的流程管理模式由人工信息传递、人工分析、人工监管向全业务流程数字化转型，长沙格力成立涵盖生产管理链路上所有业务，由物流部门、配套保障单位、生产部、质控部、工艺部、安全部等协同参与的信息化小组 11 个，依托各小组对业务流程的熟悉程度实现对实操业务流程的数字化转型。明确企业生产系统开展数字化转型的路径是：以服务订单全生命周期为中心，为加快生产系统数字化管理转型，提高生产过程业务数据的传递速度，打破系统之间的数据壁垒，消除落后、原始的数据记录、传递、使用方式，要求以实现数据端到端传递为目标，组织各单位全面开展"消除数据搬运工""流程扁平简化""电子签审""移动在线处理"等工作与业务。

3. 实现流程重塑

实现原有业务流程的数字化重塑，最大极限实现生产业务流程线上办公，关键在于生产全要素的五个核心环节——订单管理、物料齐套配送、订单交期跟进、生产异常处理、成品仓储与发运的业务流程能全面实现数字化，以及各业务的数据能被采集与被加工转化成有用的信息流传递给综合信息系统平台，从而实现生产五大环节的高效有机联动与集控管理。为此，长沙格力以生产数字化生产集控中心为核心，提出了生产业务流程全面数字化的实施模型。

该模型从订单管理、物料齐套配送、订单交期跟进、生产异常处理、成品仓储与发运五个生产组织的关键环节规划了 20 个子数据采集系统与数据应用子模型。这 20 个子模型就是 20 个面向订单生产过程的有力抓手，为综合信息系统平台实现数字化集控提供了丰富的有价值的数据资产，生产业务流程数字化覆盖率由 20% 提升至 76%。该模型起到对订单全生命周期的流程实时数据显

示、风险及时预警、过程实时监控三大职能，通过跨系统数据采集融合与生产管理经验相结合，实现生产管理由面对面、邮件沟通、电话跟催向智能互联工作方式的转变。

（四）业务流程集控，实现生产各要素高效协同

1. 整合信息零散应用，集成展示，聚焦管理

在平台各板块搭建完成后，进行阶段性总结时，发现长沙格力内部数字化并未形成完整的数字化管理体系，导致决策层无法根据目前各板块搭建的信息化做出决策。为此，有必要在信息化管理基础上突破固有思维定式，实现从数据透明互通到集中集控的转变，为决策层提供数据依据，将原分散在不同板块的信息系统全部归类整合形成闭环，调整职能由生产部归口监管的综合信息平台与生产集控中心；以指标为手段，运用数据管理职能，对公司全生产周期进行常态监测分析，引导各使用单位、基层班组严格执行现有信息化使用，应用"全生产周期"数字化综合信息平台，达成综合信息平台设计之初的生产订单响应最快、齐套最快、闭环最快、发运最快、交期最短等五个核心子目标。

2. 职能分工管理集控，缩短异常决策周期

为纵向消除异常信息上下传递的障碍，综合信息平台横向打通了部门间协同的壁垒，模糊了部门边界，做到"数出一门，政出一孔"的高效办公。以更高效、更快捷的方式推进生产过程异常管理，缩短异常处理周期，达到事前预警、过程主动指挥、异常快速响应的高效管理要求。为提升生产活动的组织与管理效能，充分发挥综合信息平台的生产数字化集控管理功能，特成立了具有长沙格力特色的生产集控联合办公中心。该集控中心主要落实以下四项职能：生产计划部负责集控中心的运营管理，承接有利于数字化集控的生产业务流程开发与综合信息平台的运维与优化；工艺技术、质量管理、生产调度、IE人员负责受理生产一线通过综合信息平台各数字化流程上传的产品设计、产品质量、工艺技术、生产设备、生产人员、生产低效等异常问题；采购工程师、物流调度员负责受理在生产过程中因物料短缺、来料异常、订单物料齐套排查失效等异常问题；各生产单位统一接受生产集控中心发出的合理指令与调度，同时由企业生产管理第一负责人进驻生产集控中心作为集控中心决策力、资源调度的有力支持与保障。

3. 严格根据信息化系统进行日常监督考评

为规范生产业务数字化重塑后的数字化应用工作的管理，长沙格力倡导全员参与生产系统数字化管理转型，提高团队的协作意识和能力。为使各业务流程重塑后的信息化系统的管理制度化、实现各数字化流程在实际操作中可闭环有黏性的目标，长沙格力制定了《信息化开发与使用管理办法》，规范信息化项目的申报、评审、开发、使用管理、推广应用工作。根据数据的准确性，智能统计员管理，信息化管理推进制定各单位的信息化KPI指标内容，并实施按日监督按月考评的管理方案。

生产集控中心利用AI智能统计员、现场检查、远程监控等方式对已完成系统开发并投入使用的数字化应用进行运行实况检查，对于未按要求运行的数字化应用，在线应用由综合信息平台自动提醒整改，非在线应用由生产集控中心提醒，复查仍未积极落实整改的单位，将追责项目板块责任人。

4. 规范集控管理要求，实现高效协同

长沙格力制定《集控中心运行管理决策管理办法》规范集中控制指挥调度中心运行过程中的各项操作要求，明确生产集控中心的权利与义务，明确各单位的工作职责，规范各用户的操作方法；通过生产过程的可视化、数字化，实现过程问题快速传递、快速响应、快速处理、快速闭环，通过集中控制、集中指挥、集中调度实现高效协同的目标。

三、大型暖通制冷设备企业基于自主研发综合信息平台的生产数字化集控管理的实施效果

（一）产品交付周期大幅缩短，有效提升产品市场占有率

长沙格力通过自主研发的综合信息平台推行生产数字化集控管理，纵向消除异常信息上下传递的障碍，横向打通部门间协同的壁垒，使得订单在投产各环节出现的异常可以快速响应与闭环，订单在产线制造流程中的关键节点可被透明监控。订单交付周期明显缩短，订单响应、物料齐套排查与配送、生产制造效率、过程异常处理、成品仓储发运周期得到极大压缩，厂内产线停线时长下降285%，订单交付周期由原来平均47天压缩到平均35天，订单最快交付纪录为30天，而国内同行厂商生产同制冷量机型一般在43天左右。2022年的部分调研报告显示，格力中央空调国内占有率继续保持行业第一的身份领跑。

（二）促进企业与各供应链合作方的经济效益共赢

成本下降：综合信息平台下的供应链拉动系统是长沙格力自主研发的子应用且是物流模块集成运用的典范，实施后大幅缩短了订单所需物料齐套的排查时间，并对不齐套的物料进行精准跟踪，缺料停线时间同比下降20000个人工时，下降幅度达72.5%，折合增加产值5000万元。提升了供应链管理效率，实现根据成品入库数量反冲发料数量，并根据反冲结果与供应商结算货款，从源头上控制了供应商超计划送货的问题，供应商呆料与长沙格力自身呆料金额下降45.8%。

效益增长：长沙格力通过生产数字化集控管理，在企业效率、效益方面得到了双提升。2021年，长沙格力空调产量达到632.4万台，比2017年项目实施前提升92.71%；实现产值75.7亿元，比2017年提升132.43%；实现营业收入75.5亿元，比2017提升151.29%。

（三）社会效益显著

长沙格力以原有的PLM系统、ERP系统、MES系统、WMS系统为基础，借助自主开发的智能信息化综合平台，达到订单全生命周期的全流程系统化、规范化、高效化的管理，实现了信息化建设从独立分散建设向集中统一建设的跨越。

数字化、信息化的实现使长沙格力的智能化水平更为成熟，研发能力进一步提升，截至目前，长沙格力申请国内专利282项，获授权专利164项，其中发明专利25项，软件专利5项。获评国家工信部"智能制造试点示范企业"和"工业互联网应用试点示范企业"，成为国家级双示范项目企业。本项目在实施过程中实现了绿色工艺、达成了节能减排的效果，使长沙格力绿色化水平进一步提升，长沙格力获得国家级"绿色工厂""绿色供应链管理企业""电力需求侧管理示范企业"等一系列绿色示范荣誉。

项目的实施对产业链供应商的影响也是十分巨大。在完成了整机装配集成环节后，对于核心部件供应商采取拉动式管理；对于整个产业的质量体系标准、销售和供应链物流标准以及供应链JIT模式进行整合；打造家电制造云协同体系，带动家电制造的上下游联动和资源聚集；形成供应链产业集群，截至2022年底，长沙格力引入本地配套采购厂家35家，带动本地就业，在职员工约有4000人。自2017年以来，长沙格力每年被国家税务总局认定为纳税信用A级纳税人，2021年缴纳税收3.4亿元。据中标院统计发布，自2011年以来，格力顾客满意度、忠诚度连续11年保持行业第一。

主　创　人：王晓彬、陈　逵
参与创造人：彭小兵、古湘龙、颜　晶、汪盛江、林　柳、汪　鹏

省级电网企业电费管理智慧化转型升级

国网湖南省电力有限公司供电服务中心（计量中心）

摘要：电费管理是电网企业管理的核心内容，传统的电费管理模式存在资金归集主体和层级偏多、人工校核对账效率不高等一系列问题。受"智慧引领未来"理念以及智慧电网发展趋势的启发，国网湖南省电力有限公司供电服务中心（计量中心）创新提出了"电费管理智慧化"的工作愿景，即推进电费管理向集约化、标准化、精细化和数智化迈进，实现电费管理的系统性变革。以集约化定基，推进管理聚合，重点突破管理主体和层级偏多的问题；以标准化立准，统一管理要求，重点突破管理过程不规范、主观随意性大的问题；以精细化做优，促进管理优化，重点突破管理机制僵化、管理方式死板的问题；以数智化护航，支撑管理落地，重点突破人工工作量大、差错难以避免的问题。自2020年正式启动电费管理智慧化转型升级工作以来，电费管理工作人力投入更少、效率更快、质量更高；用电客户交电费更便捷、更"无感"、更温馨；电网企业实现了降本增效，管控了经营风险，助力了电费回收；促进了全省电力供需平衡和企业节能减排，成效显著。

企业简介

国网湖南省电力有限公司供电服务中心（计量中心）（以下简称中心）成立于2017年9月，是国网公司首家集电能计量器具全寿命周期管理、电力客户服务业务运营、用电市场分析、电费业务及电力需求侧管理于一身的省公司直属运营保障单位。中心下设13个部门，包括管理职能部门2个（综合管理部、党委党建部），业务部门11个（营销运营部、电费业务管理部、购电业务部等）。中心现有员工188人（含领导班子成员5人），员工平均年龄37岁，大学本科及以上学历占比98.7%。中心电费业务管理部，成立于2020年9月，是省级电费管理机构。负责电费全环节风险防控和业务监控，负责支撑国网湖南电力开展电费工作的管理及相关制度、流程和标准制定及系统建设等事宜。中心购电业务部，成立于2022年5月，属中心业务部门，是省级电费集约化业务的实施机构。主要开展用电客户结算、电费账务、发电企业和售电公司结算、现货交易等业务，推动电费业务全流程数字化智能化建设，是国网湖南电力电费集约业务"践行者"、电费基础数据"生产商"、电费价值"守护者"。

一、省级电网企业电费管理智慧化转型升级的实施背景

（一）传统电费管理模式面临诸多现实问题

随着人们对支付便捷性、时效性、精准性等要求的不断提高，传统电费管理模式的局限性更为凸显：一是电费归集路径为"资金——市级电网企业电费账户——省级电网企业电费账户"，导致以跨市（州）集团公司为代表的用电客户，电费交纳必须由各市（州）分公司、分支机构、营业场所等独立进行，客户体验感较差；二是与银行的信息沟通不畅，以2018和2019年为例，

湖南省月均有超过137万条的银行交易记录,其中约50%没有电力标识或标识不明,需要依靠人工甄别,账务工作量巨大;三是人工差错难以避免,销账不及时、销账错误、银企对账滞后、单边账处理不及时、不明款项等问题时有发生。

(二)提升电费管理水平成为发展首要任务

电费管理是电网企业管理的核心内容,包含电费抄核(抄表和核算)、电费回收、账务处理三个环节,担负着传导市场和客户需求、保障经营成果回收的重要责任。但传统的电费管理模式在电费结算对象增加、结算方式转型、结算时效要求提高等诸多挑战下,对内成倍增加了人力、财力和物力成本,对外依然无法满足客户个性的服务需求。此外,随着电力体制改革的不断深入,增量配电市场、光伏接网、交易市场等新兴电力业务不断涌现,电网企业经营发展形势更为严峻,提升电费管理水平成为摆在电网企业面前的首要任务。

(三)时代管理新趋势指明了工作优化方向

随着数字技术的飞速发展和应用,"智慧引领未来"的理念被提出,为电网企业优化电费管理指明了方向。"智慧化"指能够模拟人类思维,替代人类完成判断和决策等工作,对于有效解决电费管理人工工作量大、差错难以避免等问题,价值巨大。从长远看,随着智慧城市、智慧园区等概念的不断发展,作为经济社会发展支撑的电网企业,也必将加快智慧电网的发展,以能源革命对接产业发展和社会变革,用一流电力服务更好地满足人民美好生活的需要。

二、省级电网企业电费管理智慧化转型升级的主要做法

(一)找寻管理弱点,统筹工作开展

1. 构建特色管理愿景

目前,"智慧化"的概念还处于发展阶段,尚未形成统一的定义和标准。结合工作实际,中心将"电费管理的智慧化"明确为:开展电费管理模式的系统性变革,推进电费管理向集约化、标准化、精细化和数智化迈进。

2. 设计高效推进路径

中心充分发挥上呈省级电网企业、下达各市(州)供电公司、内接各专业部门、外连政府和用电客户等利益相关方的纽带作用,以市场和客户服务需求为导向,从全要素视角和解决实际问题视角出发,对电费管理的三个核心环节(电费抄核、电费回收、账务处理)进行优化与升级,以集约化"定基"、以标准化"立准"、以精细化"做优"、以数智化"护航",在搭建组织架构、形成沟通机制、强化过程管控的保障下,最终实现电费管理智慧化转型升级。

(二)以集约化定基,推进管理聚合

集约化,是突破电费管理主体和层级偏多等问题,提高电费管理效率的第一步。中心从省级电网企业视角出发,统一部署工作安排,统一配置人力、物力、财力等资源,稳步推进了电费核算省级集约、电费资金"省级直收"、电费催收市级集约、账务处理省级集约。

1. 电费核算向省级集约

统一管理归口和对接口。中心支撑国网湖南电力明确将电费核算业务统一归口到省级电网企业,从省级层面建立与交易中心的"省对省"单线沟通机制,改变原来由14个市(州)供电公司分别对接交易中心多线沟通的方式,缩短市场化用电客户结算的内部沟通环节。

系统编制管理文件和制度。中心支撑国网湖南电力完成了《关于规范市场化核算业务的通知》《市场化交易客户核算业务省级集约方案》等文件编制,对电费核算省级集约工作的目标、实施计划、业务标准、落地要求等做出了统筹安排。

2. 电费回收向省市集约

电费资金"省级直收"。改变以往电费回收由各市（州）供电公司分散处理的方式，调整为省级电网企业集中处理。将电费账户管理主体由市（州）供电公司14个合并为省公司1个；将电费资金归集路径转变为直接向省级电网企业电费账户归集，开通省级"专属收款账号"，将全省电费账户由87个缩减为8个；针对现金交费方式，从省级层面开通"营业厅坐收现金智能存缴"功能，解决营业厅现金"日清日结"的管理难题。

电费催收市级集约。基于催收工作需要依靠基层供电所组织电话催收或者人工赴现场催收，构建"省级管控+市级集约催收+基层供电所（服务站）运维"的工作格局，极大提升工作效率。

3. 电费账务向省级集约

在省级电网企业层面上统一全省电费账务工作标准、工作流程、管理要求及协同机制；撤销各市（州）供电公司账务班；推进前台现金、银行代收代扣、专属客户收款账号收款、银行汇票四类资金类业务及实收差错、调账、退费、预收转实收、应收发行等非资金类业务省级集约处理；集中开展电费历史账务清理及问题整改，梳理历史不明款项，退返历史已销户用电客户的预收电费。

（三）以标准化立准，统一管理要求

标准化，是突破管理过程不规范、主观随意性大等问题，最大程度降低管理内耗、提升管理质效的捷径。中心一方面建立标准化管理体系，清晰确定每一步工作的具体要求；另一方面通过专业培训、案例引导、持续监控、跟踪优化等方式，确保标准化要求的有效贯彻和落实。

1. 电费核算标准化管控

统一明确电费核算工作要求。与各市（州）供电公司协同，研究制定《国网湖南省电力有限公司电费结算管理办法（试行）》《国网湖南省电力有限公司电力市场化交易电费结算业务基本规范（试行）》等文件，强化对核算异常处理超期、退补工单质量不过关等9大类问题、21个业务小项的管控，畅通省、市、县公司之间的电费核算业务衔接。2022年，国网湖南电力用电客户电费抄核工单超期率下降15.44%，退单率下降9.67%。

统一管理售电量预测工作。建立"两级独立预测、三级联动校核"（两级是指省级、市级，三级是指省级、市级、县级）售电量预测机制，依托预测平台，综合省、市、县地域差异，强化信息收集，提升预测水平，推进代理购电业务更规范开展。

2. 电费回收标准化操作

电费回收源端的管理标准化。统一中（中国银行）、农（中国农业银行）、工（中国工商银行）等银行类金融机构以及微信、支付宝等非金融机构的代收代扣电费业务管理要求，在流水中嵌入电力行业特质标识，贯穿收费账务业务全过程。

电费回收现状的标准化监控和分析。按行业分类、客户分类、用电类别等维度，全面剖析用电客户日电费回收现状，了解客户日欠费异常问题，对异常数据进行图形界面展示和分析，直观有效地反映目前电费回收的整体情况，并进行分析预警。

3. 电费账务标准化处理

统一电费账务的处理要求。制定《营财账务处理规定》《账务工单管理办法》等文件，在省级层面上高度统一电费账务的工作标准、工作流程、管理要求、协同机制等，减少人工差错。

统一电费工单的操作要求。统一电费账务工单附件标准，推进账务凭证制证自动化，并组织专家开展工单标准化管理培训，详细讲解工单申请的业务规则和相关附件要求。在减少电费账务处理人工工作量的同时，工单回退率下降9%。

统一遗留问题的处置要求。针对电费历史遗留问题，分类制定差异化的处置方案，并辅以典型的实践案例做示范，确保对历史遗留问题的处置有依据、有规则，做到标准化管理。

（四）以精细化做优，促进管理优化

精细化，是突破管理机制僵化、管理方式死板等问题，确保电费管理水平持续和动态提升的有效路径。中心全面梳理电费管理业务工作全流程，查找需改进的问题点，从模式先进性、管理规范性、规则合理性、成本有效性等视角发力寻找解决方法。

1. 提升电费抄核工作质效

电费数据自动化抄表成功率低一直是电费抄核环节工作质效不高最主要的原因，并可以细分为电费数据提取成功率低、提取到的数据可用性低、新增客户电费自动化抄表成功率低三个因素。

提高数据提取成功率。深入分析采集系统表码数据入库及自动审核时间，合理调整系统抄核自动化任务启动时间和频次；专变抄核自动化任务启动时间由原来的每天凌晨一次改为三次，充分利用系统空余资源，提升系统在抄表例日当天数据的初次提取成功率。

提高采集数据可用率。重构智能抄核异常规则库，对于无效异常或准确率低的异常进行优化，删减无效的异常，新增必要的异常，将异常细化为五大类105条，分用电客户类型、分电压等级执行差异化审核，推动核算异常智能研判。

提高自动核算发行成功率。优化新装增容及变更用电等办电流程，新增电费试算功能，在客户办电流程归档后自动触发"电费试算"流程，前置电费核算环节，实现提前审核、发现和处理业务流程问题，提高流程计费档案信息准确率，提高电费自动化发行率。

2. 强化电费回收风险管控

受新冠肺炎疫情、中美贸易战不断升级等影响，部分企业生产经营压力增大，产生了一些挪用电费预算、恶意拖欠电费的行为，存在较大的欠费风险，需要多措并举强化电费回收风险管控。

创新电费回收管控模式。常态管控电费回收进度，按日监控电费回收情况，并依托"电费回收全过程管控平台"重点管控回收超期大电量用电客户。重点盯防存在欠费记录等回收中高风险用电客户，实时掌握其生产及用电情况，提前防范电费回收风险。

创新电费回收催收方式。依托营销业务系统大数据以及"四个清理"上报的电费高风险、失信、停电高危用电客户名单，根据电费交纳情况建立"电费风险客户库"。针对不同信用评级客户靶向施策，根据实际情况分类开启欠费停电模式策略。

3. 推进电费账务高效流转

电费账务管理的标准化，极大提升了账务处理环节的管理能力和工作产出质量。在此基础上，提升账务流转效率、强化日常管理监控成为精细化管理的进阶选择。

提升电费账务流转效率。推动营销侧业务审批及附件全部线上流转，实现营财关联资金退费业务全流程线上审批、审批单共享，大幅缩减业务处理时长；推动营财电费账务数据有效集成，开发营财月度报表系统自动生成、自动校验功能，提升报表报送准确性、及时性。

强化电费账务异常监控。按日开展现金收费日清日结管控，常态督办营业厅现金收费业务异常；新增系统退单标识及退费日志功能，根据优先级别审核处理，在线管控退费全流程；运用大数据报表统计，强化账务工单耗时、超期、退单等情况稽查监控力度。

（五）以数智化护航，支撑管理落地

数智化，是突破大量依靠人工、人工差错难以避免等问题的必然之选。当前电费管理的数智化包括电费管理的智能处理和电力大数据有效应用两部分内容。因此，数智化重点工作是推动电费管理各环节的线上自动化运行和自动智能处置，并以数字和数据为基础，创新提升服务能力。

1. 电费管理的线上运行

电费抄核环节，推动自备电厂用电客户三项代征基金线上发行，以及市场化电量、电价全线上传递。电费回收环节，完善营销远程实时费控系统，对停电异常工单管控等九大模块优化提升，推动费控工单流转便捷化、异常判别智能化。电费账务环节，打造新型线上对账模式，推动移动作业 App 贯通 PC 端平台，对账管控线上化。

2. 电费管理的自动处理

电费抄核环节，推动市场化抄核流程自动发行、省级智能报表一键统计；推动市场化零售交易电费自动、快速、准确发行。电费回收环节，在湘潭供电公司试点启动"智能语音催缴"功能，替代人员电话催费；推进客户交费信息、识别编码等标识信息实时写入银行交易记录，同步至电网系统。电费账务环节，在带有行业特征信息的银行交易记录同步至电网系统后，财务侧电费收入智能清分到归属单位，各省、市管理层级会计凭证联动生成，实现银行、营销、财务三方数据实时传递、自动销账、自动到账确认、自动对账。

3. 电费服务的创新探索

创新数字人民币应用先河。紧抓长沙市成为全国数字人民币第二批试点城市的契机，联合建设银行推动数字货币交纳场景建设，服务全国首个省级数字人民币电费交纳应用场景 2021 年在湖南省落地。

创新挖掘电力数据应用价值。组织技术力量开发反欺诈、授信辅助、贷后预警、空壳企业、企业微标签五款电力大数据产品，实现对企业用电信用的整体评价，并面向银行开展基于电力数据的金融信贷风控数据产品推广，建立数据治理模型，开拓金融市场合作渠道。

（六）夯实管理基础，做好管理保障

1. 搭建管理组织架构

成立专项工作领导小组和实施小组。领导小组负责贯彻落实国家电网公司电费管理工作要求；研究审议电费管理转型升级的工作思路、方案；研究解决遇到的重大问题，决议重大事项。实施小组负责制定相关工作和技术方案；负责具体工作的组织推进；负责编制工作制度、规范并推进执行；负责定期召开工作例会督办工作进度，协调进展所需资源。

2. 形成联动沟通机制

建立纵横交错、信息实时共享的交流工作机制。横向，加强省级电网企业各专业部门之间的管理协同；纵向，加强省级电网企业、中心、各市（州）供电公司之间的对接互联。保持信息实时共享，按照周、月、年定期开展工作沟通，协调解决日常重点、难点问题；借助微信、腾讯会议等软件，采用线上视频会议等方式不定期开展沟通。

3. 强化过程执行管控

强化时间管理，每周汇总各项工作完成情况，形成周总结；按月抓好指标监控。强化问题清单管理，按照"发现问题、改进提升、持续优化"的思路，将问题及时上报和汇总，共同研究解决。

三、省级电网企业电费管理智慧化转型升级的实施效果

（一）破解了工作难题，管理成绩显著

人力投入更少。地市核算员、账务员减员 57%，释放的人力为电网企业运营模式创新与战略新兴产业发展提供了有力支撑；基于市场化用电客户核算省级集约，市场化及代理购电用电客户人均核算量由 0.35 万户/月增至 1.58 万户/月。

工作效率更高。与2021年初相比，抄核全流程平均处理时长缩短30.68小时，同比提速15.80%；自动化抄表环节平均处理时长缩短17.73小时，同比提速50.85%；电费发行时间由30天分散式核算发行，转变为月初6天集中式核算发行。

业务质效更高。电费审核异常精准度大幅提升，与2021年初相比，核算异常率同比下降75.62%；工单全线上流转后，与2021年初相比，退费业务平均处理时长压降16个工作日。

（二）提升了经营水平，经济成效明显

实现了降本增效。通过规模优势实现了中行、建行、交行免收手续费，代收电费手续费率整体下降6.25%；微信提醒功能替代计费通知短信1亿条，有效降低了短信提醒成本。

管控了经营风险。通过欠费情况及回收进度的在线管控，对用电客户基本信息和交费行为的系统分析，融合客户信用评级和风险评估，实现了对风险客户的精准识别、提前预警、主动实施、重点盯防。

助力了"颗粒归仓"。电费账务集约至省公司，从源头上阻断了电费回收真实性的问题，历史不明款项下降97.5%，销户用电客户预收余额下降92.46%；利用"电费回收日跟踪平台"，实现电费回收全过程数字化在线管控，现金日清日结率达99.75%，每月电费回收100%结零。

（三）优化了交费体验，社会效益突出

交费方便快捷。目前，国网湖南电力可以向集团客户提供省-省"合并账单、合并通知、合并催交、合并收费、合并开票、余额共享"五合一享电费服务，即集团客户众多的分公司、分支机构和营业场所，全省一张账单、一笔支付、一张发票，且互相之间的余额可以共享。

交费支付"无感"。全省用电客户户均发行时长（电费发行指在电力营销系统内经过电费核算，确认电费正确性后，进行电费发行操作，产生应收电费的过程）同比缩减1476分钟；电费网银、集团交费等企业用电客户线上交费到账"零延时"；微信、网上国网App预收费自动代扣等居民线上交费"无感化"。

交费一举多得。以交电费为切入口，创新了银行与电网的大数据资源互通模式，带动了以"资源共享"为核心的大数据运用，也开发了新的就业资源，拓宽了信息化、数字化、专业化人才的就业机会。

（四）开展了应用推广，更多价值初显

产生了生态效益。有力支撑政府电价系列政策的执行，高质量按时完成了代理购电用电客户及高耗能企业迎峰度夏市场交易电费发行，助力政府利用市场化手段促进电力供需平衡，促进企业节能减排。

形成了有效示范。目前，中心已完成电费管理智慧化转型升级相关成果在一定范围内的推广，荣获国网湖南电力管理创新课题一等奖，在14家市（州）供电公司深入推广应用。本创新成果获得国网总部高度认可并作为经验推广，吸引了广西、湖北等多家省级电网企业前来调研学习。获得银行业青睐，带动了中国银行、建设银行等合作银行的电力账务管理由银行市级向省级集约。

主　创　人：肖　宇、邓汉钧
参与创造人：陈湘媛、江　榕、刘树来、樊　芮、苏志鹏、李文慧、田　琴、刘　乔、崔　峰、陈怡恬

冬奥会智慧融冰供电保障体系构建

国网湖南省电力有限公司

摘要：为确保北京冬奥会顺利举办，国网湖南省电力有限公司接受国家电网有限公司的统一委派，参与冬奥保电支援任务。针对保电过程中保障队队员分散部署、监管手段单一、过程监管缺失、监管智能化水平不高等难题，国网湖南省电力有限公司充分利用电网企业大数据平台特征，依托"数据中台和i国网"等成熟的技术基础和丰富的电力大数据资源，创新科技监管手段，构建支援冬奥会高效智能的防冻融冰管控新模式，强化覆冰预测预警专业特点，创新大数据微服务省外运用，圆满完成涉奥输配电线路防冻融冰供电保障目标。建成"分级管控、联动预测、数字应用、标准管理"的"科技创新+数字管控"的冬奥会智慧融冰供电保障体系。立足数字化电网全场景，充分开展技术研究和应用工作，集合云平台、大数据、物联网和移动互联技术，开展数字化监测，实现人员分级管控，创新性运用大数据，监测线路覆冰/融冰预测预警，结合i国网，研发冬奥保电微应用小程序，实现线路台账、保电特巡、覆冰预测等业务的数字化管控，逐步实现设备可视化，着力推动防冻融冰监管水平提升，支撑湖南保障队全部35条责任线路台账、冰情观测、覆冰预测和应急融冰等业务的数字化管控，实现与国网覆冰预测预警中心预测结果的数据交互。

企业简介

国网湖南省电力有限公司（以下简称湖南公司）是国家电网有限公司（以下简称国网公司）的全资子公司，以建设和运营电网为核心业务，担负着保障湖南省电力可靠供应的重大责任。现设职能部门19个，下辖市（州）供电公司14家、县级供电公司98家，员工总数7.1万人（全口径）。供电范围覆盖全省14个市（州）117个县（市、区），营业区面积占全省总面积的96%，营业区人口占全省总人口的98%。2021年，完成售电量1737.32亿千瓦时，同比增长12.96%；资产总额突破1396.35亿元；资产负债率68.67%；营业收入1029亿元，同比增长16.93%；利润总额2.5亿元，同比增加15.96亿元。

一、冬奥会智慧融冰供电保障体系构建的实施背景

（一）是服务党和国家办好北京冬奥会的使命担当

为有效应对冬奥期间雨雪冰冻灾害天气等极端情况，国网公司安排湖南省电力有限公司前赴张家口和崇礼地区参与冬奥保电支援，确保冬奥期间张家口地区不发生覆冰引起倒杆断线事件。在国网公司的统一组织安排下，湖南公司配电30人分别部署在张家口市区、崇礼区，输电13人分别部署在北京宝山变电站、松山变电站，变电3人在张家口完成现场培训。

湖南公司向国网公司承诺将认真贯彻习近平总书记关于冬奥筹办的重要指示精神，全面落实

党中央决策部署，落实"绿色、共享、开放、廉洁"的办奥理念，按照"简约、安全、精彩"的办赛要求，坚持以最高标准、最强组织、最严要求、最实措施、最佳状态，全力以赴确保电网安全稳定运行和电力可靠供应。为确保圆满完成支援任务，湖南公司全面构建智慧融冰供电保障体系，制定冬奥会供电保障防冻融冰方案，组建应急融冰队伍，携带专业融冰装备现场值守，专业开展电力线路融冰，全力以赴做好冬奥保电工作。

（二）是提升湖南应对自然灾害技术水平的现实需要

湖南所处地域环境复杂，易受雨雪冰冻灾害影响。目前湖南公司配电网缺乏线路本体及通道的监测手段，覆冰观测以人工为主，智能化手段支撑不足，因覆冰倒杆断线、树线碰线造成的线路故障多发，且故障后故障查找困难，快复电技术及装备缺乏。提升覆冰在线监测和预警能力，建设配电网冰灾监测和防治系统是湖南电网的当务之急。

在冬奥会、冬残奥会供电保障的关键时期，湖南公司通过参与冬奥支援保供电，结合省内历史抗冰经验，发扬省内优势弥补缺陷，形成具有湖南电网特色的智慧融冰体系，支撑湖南公司持续开展防冻融冰工作，演化出湖南公司长期对抗自然灾害的应对机制，有助于提升企业核心竞争力。

二、冬奥会智慧融冰供电保障体系构建的主要做法

（一）立足担当作为，强化顶层设计

1. 工作思路

针对目前保障队队员分散部署、监管手段单一、过程监管缺失、监管智能化水平不高等难题，湖南公司充分利用电网企业大数据平台特征，依托"数据中台和i国网"等成熟的技术基础和丰富的电力大数据资源，创新科技监管手段，构建支援冬奥会高效智能的防冻融冰管控新模式，强化覆冰预测预警专业特点，创新大数据微服务省外运用，圆满完成涉奥输配电线路防冻融冰供电保障目标。

2. 工作原则

国家电网公司作为北京2022年冬奥会和冬残奥会官方合作伙伴，将为冬奥会提供可靠、优质的供电服务保障。国家电网充分发挥专业优势，积极构建新型电力系统，高质量建设冬奥电网工程，大力推动绿色电力交易，为北京2022年冬奥会和冬残奥会提供安全可靠、绿色清洁的电力服务，努力为促进我国清洁能源产业发展、服务生态文明建设、助力首都率先实现碳达峰、碳中和目标作出新的贡献。

3. 工作目标

为达到国网公司要求的全面加强比赛场馆、重要活动场所、驻地、新闻中心以及市政、机场、高铁、地铁、医院、广播电视等重要用户供电保障，做到"一个杜绝、三个不发生"（杜绝各类安全事故，不发生有影响的停电和服务事件，不发生越级上访等社会稳定问题，不发生失泄密事件），实现"五个确保"（确保安全生产形势平稳，确保赛区电网稳定运行，确保比赛场馆供电万无一失，确保赛区及周边不发生因电引起的火灾、森林草原火灾，确保不因疫情影响供电保障）"五个零"（设备零故障、客户零闪动、工作零差错、服务零投诉、员工零感染）保电目标。冬奥会智慧融冰供电保障体系以解决电网防冻融冰人员承载力不足、现有预防手段不足和融除冰效率低、抗击冰雪保供电形势严峻等问题为目标，坚持科技创新、管理创新和数字化转型，打造重大保供电"数字化管控+智能化应急"防冻融冰保供电体系，确保湖南公司圆满完成保电任务。

4. 实施路径

本次冬奥支援保供电通过提前做好覆冰预测预警，在雨雪冰冻灾害来临之前发布覆冰预警预测，实现覆冰覆雪预警及时、量化指导融冰除冰实施的目标。通过防冻融冰数字化线上业务流程管控，提升各单位电网防冻融冰工作效率和工作成效，透明化重大保供电期间的人员、设备和业务管控，实现应急融冰业务线上发布和管控，全面支撑冬奥保电防冻融冰业务数字化"立体"管控。

(二) 以政治保障为统领，发挥党建引领作用

1. 成立临时党支部，发挥支部战斗堡垒作用

冬奥保电支援队伍成立临时党支部，充分发挥支部堡垒作用，构建高效和谐支委班子，建立健全工作机制，在工作中发挥支部战斗堡垒作用。以党员为示范载体，在队伍中营造比学赶帮超的浓厚氛围，促进党员干部在工作中攻坚克难，起到先锋模范带头作用，以点带面，带动普通队员共同成长。全队一共18名党员分层分级部署，确保每个分队、每个小组均有党员业务骨干，充分发挥党支部战斗堡垒和党员先锋模范作用。构建"党建+生产管控+疫情防控"体系，把旗帜鲜明讲政治贯穿保电全过程，切实做到管理到位、人员到位、责任到位、措施到位。

2. 推动党建工作与抗冰保电工作深度融合

召开临时党支部支委扩大会议及主题党日3次，集中学习习近平总书记考察调研北京冬奥会准备工作讲话等党中央重要指示精神，组织党员围绕冬奥保电谈感悟，与专业骨干开展谈心谈话36人次，开展"爱国教育"学习交流讨论会，引领全体队员勇担职责使命、焕发昂扬斗志、敢于攻坚克难。对接张家口公司、河北公司及其他支援队伍开展"融冰演练夯基础""技术交流齐奋进""应急体系建设强保障"等6次"联学联创"活动，党组织之间互相学习借鉴先进经验与做法，提升业务工作质效，做实、做大并做出特色，圆满实现"党建+保电获双丰收"的工作目标，构建了"党建+"生产作业体系，形成党员冲锋在前、党员责任落实在班组的保电工作格局。

3. 吸收突出员工火线入党

在支援冀北公司抗冰保电期间作出重大贡献或参与除冰抢险危难工作的员工可"火线入党"。对已作为党组织确定的入党积极分子或发展对象，以及在抗冰保电第一线递交入党申请书或向临时党组织提出入党申请的员工，经组织核查，申请人一贯表现好、符合党员条件，在抗冰保电第一线表现特别突出，可及时吸收为预备党员。对新发展的预备党员，在支援冀北公司期间由临时党组织认真做好培训工作。

(三) 以技术保障为支撑，打造科技智慧融冰体系

1. 基于i国网打造数字化冰情管控平台

为响应科技奥运与智能运检管控要求，针对冬奥会防冻融冰保电任务，湖南公司牵头组建冬奥保电数字化支撑团队，充分应用先进技术，基于湖南公司现有的i国网智能运检App中的防冻融冰功能模块，开发一套针对冬奥期间防冻融冰保电的专用模块——冬奥会防冻融冰功能模块，全面实现融冰应急方案、现场覆冰观测和预测预警数据在线发布，有力支撑全部35条责任线路台账、冰情观测、覆冰预测和应急融冰等业务数字化管控，实现与国网覆冰预测预警中心预测结果的数据交互。通过业务数字化流转，快速掌握保电现场设备、通道环境以及人员交通情况，保电期间基于冬奥保电微应用累计完成观冰哨巡视1745次，上传设备照片3198张，巡视记录全部在线实时向省公司、属地公司发布，极大提升了保电工作效率，全面支撑冬奥保电防冻融冰业务数字化"立体"管控。

2. 依托超算中心开展精细化覆冰预测

北京冬奥会雪上竞赛项目大多处于地形复杂的山区，涉奥输配电线路通道走廊气象环境复杂。湖南公司提前在松山变电站部署气象雷达车和微波辐射计各1台，启动24小时气象观测，全面监测赛区周边地区风廓线、大气水汽含量等气象数据，采用"超算中心+实时观测"相结合的方法，利用湖南公司国家重点实验室每秒630万亿次超级计算机，对北京、延庆和张家口三大赛区输配电线路覆冰情况开展短期精细化覆冰覆雪滚动预测，保电期间共发布30m×30m高分辨率冬奥覆冰覆雪短期专题预测报告55期，实现了冬奥期间涉奥线路覆冰覆雪预警及时、量化指导融冰除冰实施的目标。

3. 提升融冰智能化与保电标准化水平

湖南公司充分调动队内、省内、外省支援队伍等各类优势资源，总结防冻融冰线路查勘关键要素，形成配网线路融冰方案编制通用技术标准，编制《配网融冰技术规程》。探索开展"配电自动化+融冰装置"一键顺控配网融冰操作流程，构建新型快速融冰系统，提升配网架空线路的融冰效率。同时，结合本次冬奥保电形成大型保供电人员、装备和组织机构标准化配置方案，完善电网应急响应体系，服务公司重大保供电任务和灾害应急处置能力提升。

（四）以业务保障为主线，促进保障队队员技能提升

1. 构建双螺旋式融冰方案修编模式

湖南公司联合张家口公司对29条配网涉奥线路和6条输电线路开展查勘，结合湖南支援13套配变配融冰装备及属地单位3套自有融冰装备进行融冰技术研讨，联合开展线路通流融冰演练5次，协助京张地区搭建完备融冰体系，为融冰工作开展奠定基础。针对现场地形环境复杂、架空电缆深度混合、线路图实不符的现状，为确保融冰工作快速有序实施，支援保障队晚上利用已有单线图等资料编制融冰草案，白天结合融冰草案对每条涉奥线路融冰相关的接线、地形、导线等逐一现场查勘，再结合查勘情况修改完善方案，经5天3轮双螺旋式交叉查勘与修编，完成了35条涉奥线路融冰工作一线一方案精细编制，精编后的融冰方案结构清晰、参数适宜、装置就位、操作性强，使融冰队伍在覆冰后可第一时间快速、安全实施现场融冰。

2. 紧密协调属地公司联学联动

湖南公司与北京检修公司、延庆公司、张家口市公司及4个县区公司等属地单位联动，就融冰技术装备、管理制度、现场管控等方面开展多轮交流，将湖南先进的融冰技术及丰富的融冰经验倾囊相授，联合对29条配网涉奥线路和6条输电线路开展查勘，结合湖南支援13套配变配融冰装备及属地单位3套自有融冰装备进行融冰技术研讨，联合开展线路通流融冰演练5次，协助京张地区搭建完备融冰体系，为融冰工作开展奠定基础。

3. 培训演练提升队伍技能

保电期间，湖南公司充分发动融冰保障队内各专业类型精兵强将，由学识渊博的资深"电博士"、专研融除冰及配电自动化技术的专家、扎根基层三十多年的"老工匠"等轮流担任讲师，通过腾讯视频会议方式对4个分队开展全覆盖集中授课7次，拓展队员理论知识广度与深度，不断提升年轻队员技术能力水平。充分利用冬奥会与冬残奥会转换间隙期，在完成日常线路特巡覆冰监测的前提下，还科学安排联学联创、培训交流、体能拉练等8次"充电"活动，确保队伍得到必要休整、思想稳定、军容更盛，以更加饱满的热情回到本职工作岗位，助力公司全面高质量发展。各分队每周固定开展防冻融冰应急演练及融冰装置上电试运行，全流程、全场景模拟保电区域覆冰融冰操作，通过优化仪器设备装车清单、应急融冰责任清单、融冰装置操作清单"三个

清单"并强化执行，不断提升队伍应急响应速度，提高队员融冰技能水平，提升队内协调配合默契度。

（五）以要素保障为基础，确保融冰工作有序开展

1. 建章立制规范管理

湖南公司支援保障队到达张家口驻地当晚，连夜召开安全生产工作首次例会，完成并发布《国网湖南电力支援冬奥会防冻融冰供电保障队安全生产第一次例会会议纪要》，明确物资到货、安全监督、现场查勘、属地对接等工作要求。前线指挥部结合冬奥保电实际情况，编制并发布《国网湖南电力支援冬奥会供电保障队安全监督工作方案》《疫情防控工作方案》《工作纪律二十一条》以及《应急融冰标准化作业指导卡》等一系列规章制度，为全体队员快速投入现场保电工作奠定坚实基础，确保管理有序有方。

2. 构建"3+3+3"冬奥保电统一管控体系

湖南公司构建三级指挥体系、三级生产管控体系以及三级疫情管控体系，保障支援冬奥工作整体运转安全高效。针对支援保障队分散部署在张家口市区、崇礼和北京松山、宝山4个保电区域的情况，生产管控体系按照"前线指挥部—片区分队—小组"三级部署，指挥部设安全总监督、分队设安全员。指挥部负责审核发布冬奥保电各类规章制度、周计划以及安全生产监督和对外联络清单；分队负责制定覆冰巡视和应急融冰工作责任清单，对工作任务进行日管控；小组负责执行周计划和每日工作任务，并将观测数据实时上报i国网冬奥保电微应用。实现了指挥部统一管控、分队属地应急、小组承包实施的冬奥保电统一调度模式。每天早晚八点定期组织日早会和晚例会，日早会进行当天工作任务安排，晚例会对当日工作进行成效总结管控，通过周计划、日例会强化工作统筹。压紧压实4个分队长与安全员责任，将岗位和职责对应到人、任务分配到天。严格执行人员、车辆外出派单制，非派单禁止外出，确保生产组织到位、安全监督到位、疫情防控到位。

3. 全面构建科学防疫及后勤保障

湖南公司通过构建"前线指挥部—片区分队—小组"的三级防疫保障体系，采取面对面、电话视频等形式对各级疫情防控专责开展专项督办7次，层层压实疫情防控责任；通过开展贴春联、包饺子、猜灯谜等多种多样辞岁迎新活动，缓解支援队员节日思乡之情，增强队伍凝聚力。积极联系公司后勤中心（健管中心）、电科院等相关单位，定期寄来各地家乡菜，缓解南北差异造成的饮食不适应，组织队员开展体能拉练、观看红色影片等活动，从体质上、心理上克服水土不服、高海拔、极低温等困难，始终保持了队伍精神饱满、队员身心健康。

三、冬奥会智慧融冰供电保障体系构建的实施效果

（一）保障冬奥会圆满收官，湖南公司顺利完成保供电任务

湖南公司冬奥会智慧融冰供电保障体系通过科技创新，确保了援冬奥保电的万无一失。46名队员、14套融冰装置、10台保障车辆参加输变配专业防冻融冰保障，保障期间湖南公司依托冬奥会智慧融冰供电保障体系，共完成保电线路特巡707条次，出动人员1713人次，巡视里程8686公里。圆满完成冬（残）奥会开、闭幕式及各项赛事保电任务，负责的35条输配电线路未发生覆冰引起倒杆断线事件，未发生人员安全责任事件、泄密事件、现场舆情事件、疫情感染事件，成功实现国网"五个确保"和"四个零"保电目标。

（二）打造智慧融冰新体系，助力湖南公司提升灾害应对能力

支援冬奥会防冻融冰供电保障实践证明，冬奥会智慧融冰保障体系运作流畅、科学，为湖南

公司在低温雨雪冰冻天气下开展电网防冻融冰增添了核心利器，为湖南重大保供电、电网抗击冰雪灾害提供了很好的技术管理思路和示范引领作用。这是湖南公司服务于国家重大保供电任务应急保障人民群众用电安全，也是国网公司全力以赴做好优质服务的重要手段，湖南公司以实际行动践行"人民电业为人民"宗旨，用心用力用情守护万家灯火。

得到了开展大型活动保电能力建设的宝贵经验。一是组建保供电领导小组，开展大型活动保供电工作组织体系和队伍建设。省公司牵头成立保供电整体管控体系，以各二级单位应急队伍人员为基础，从综合协调、设备运维、电网运行、网络安全、综合保障等方面加强保供电能力建设，打造一支"平时生产，战时保电"的保供电队伍；以公司智能运检管控平台为基础，全景式监控电力设备情况，建设数字化、智能化保供电体系。二是加强跨区域支援队伍联合保电组织和后勤保障能力建设，学习北京、冀北等公司保电经验，对核心区域保电和外围保电进行合理分工，具备重大活动联合保电或重要抢修联合保障后勤服务能力。

（三）结合冬奥保电体系，形成典型经验指导后续工作

1. 强化配网融冰方案编制标准化水平

精准的融冰方案是现场融冰安全高效实施的基础，冬奥配网保电队伍30人历经5天多轮修改和查勘才完成29条配网线路方案编制。省内年初防冻融冰工作中也暴露出部分线路无融冰方案或方案操作性不强等问题。在总结冬奥保电和省内冰灾经验的基础上，为确保融冰工作安全、快速、高效实施，建议加强配网融冰方案编制标准化建设及日常管控，并根据融冰方案选配适用的融冰装置。

2. 研究冰灾防治及配网典型问题综合治理

易覆冰线路多为高海拔山区老旧线路，投运年限久、线径小、线路长、运维状况不良，抗冰能力薄弱，低电压、重过载、树线矛盾等问题也同样突出。结合公司"向配网开战"、两降两控要求，建议在对配网线路抗冰抗雪专项改造时，同步考虑对频繁停电、低电压以及重过载等典型问题进行综合治理。

3. 构建配网防冻融冰标准体系

本轮覆冰反映出配网覆冰比主网更严重，而配网线路结构、融冰流程、融冰方式、管理体系等与主网存在显著不同，现有《湖南电网防冻融冰规程》主要针对主网输电线路，对配网涉及较少，建议结合配网专业特点，完善湖南配网冰灾防治体系精细化管控。

4. 研究应急情况下综合保障标准体系建设

根据不同应急保障地域特点、重点岗位应急工作特点，分类制定重点岗位的健康标准（含心理健康），预防、控制生产过程中的健康危害因素，确保不发生因员工个人健康问题导致应急保障工作出现重大事故；充分发挥公司后勤中心（健康管理中心）专业优势，组建多学科专家支撑团队，发挥"传统装备（急救箱、血压计等）强基础，优势装备（移动检测设备）锻长板，新型装备（可穿戴设备）补弱项"的新型应急医疗装备体系优势，推进智能化、信息化健康监测平台建设，打造公司应急保障医疗支撑体系，为公司应急支援提供后勤专业支撑。

主　创　人：朱　亮、唐海国
参与创造人：周　舟、江　岳、毛文奇、刘定国、刘　奕、周恒逸、朱吉然、张　帝

高效联动一体贯通的数字化转型管理体系构建与应用

中车株洲电机有限公司

摘要： 随着世界整体经济大周期环境的影响，我国经济正逐步由连续高速增长转入高质量发展阶段。在当前全球数字经济浪潮和经济新常态下，开展数字化转型，已成为企业谋求生存，适应高质量发展的必然选择。中车株洲电机有限公司在"十三五"期间加入数字化转型行列，并结合自身实际，以"点线面体"的思路创造性地提出了数字化转型管理体系概念，即将企业信息系统视作人体的神经系统，"研产供销服"核心业务价值实现视作人体的四肢躯干，数据视作人体的血液，通过三者的融合联动和一体贯通，有效解决了在数字化转型过程中企业所面临的意识匮乏、责权利边界模糊、数据孤岛严重、经营模式变革乏力等突出问题，实现可视可控的运营管理及产品全生命周期服务。同时取得了主营收入平均增长5%、企业整体能耗下降7%、成本节约近千万元等经济效益，数字化产线样板工程城轨及标动牵引电机组装线获得《新闻联播》《大国重器》等央视媒体的宣传与报道，提升了企业产品市场竞争力及品牌形象，助力企业成为全球轨道交通高端装备的龙头企业。

企业简介

中车株洲电机有限公司（以下简称株洲电机公司）是中国中车旗下一级核心子公司、中车通用机电装备专业领域旗舰企业，中车首批入选"双百综合改革"企业之一，是我国唯一同时承担高速、重载铁路装备九大核心技术中牵引电机和牵引变压器两项核心技术的企业，是铁路牵引电机和变压器行业标准第一起草单位，业务涵盖轨道交通、风力发电装备、新能源汽车驱动、高速永磁电机、特种变压器等领域。自2004年公司成立至今，经过十余年发展，销售收入由3.85亿元增长至100亿元，年均复合增长率达23%，铁路以外的市场化产品收入超过70%。公司下辖13家分、子公司，形成轨道交通、风力发电、新能源汽车驱动、高效节能动力、高速永磁电机、特种变压器、特种装备电机等"1+1+5+X"产业平台，已成为国内最具规模的机电产业集团，特别是牵引电机和风力发电机位居全球领先地位，成为细分行业的领跑者。公司始终坚持"三创三化"的战略愿景，致力于打造世界一流的通用机电集团，构筑专业化、集团化、国际化的百年基业。

一、高效联动一体贯通的数字化转型管理体系构建与应用的实施背景

（一）是贯彻国家推进数字化转型战略的需要

党的十九大报告指出，要加快数字化和智能化转型，发展先进制造业，推进信息化与工业化的深度融合，加速数字化转型升级；国务院国资委亦先后发布《关于加快推进国有企业数字化转型工作的通知》等有关要求。株洲电机公司作为中国中车一级子公司，历经十多年的高速发展，

传统的经营管理模式已成为制约企业高质量发展的关键问题，主要体现在数字化基础能力弱、数字化人才队伍少、智能化产品刚起步、数字化转型机制未建立等方面。因此，迫切需要贯彻国务院国资委、中车集团的要求，顺势推进数字化转型。

（二）是提高企业在同行业核心竞争力的需要

近年来，在新冠肺炎疫情持续、国贸单边主义上升、市场增量萎缩、大宗原材料价格大幅上涨等多重环境因素作用下，轨道交通市场形势和竞争格局发生了巨大变化。株洲电机公司作为轨道交通高端装备制造企业，面临着前所未有的困难与挑战，在这种非常时期，公司迫切需要改变竞争战略，通过推进数字化转型，研制高质量、低成本、短交期的产品，提高品牌价值、增强客户满意度，确保公司与上下游合作伙伴共同建立良好的生态环境，提升企业的核心竞争能力及社会影响力。

（三）是驱动企业的经营管理变革创新的需要

在推进数字化转型前，株洲电机公司商业模式单一，需完善"产品+技术+服务"商业模式；精细化管理、项目管理、成本管控、流程变革等方面有待提升；生产制造环节自动化、数字化程度较低，亟需开展数字化生产线建设；新一代信息技术在公司尚未广泛应用，亟需结合具体业务场景开展研究；数据标准化程度低，数据质量有待提高。通过推进数字化转型，驱动公司的经营管理变革、创新，实现大批量制造模式向柔性化制造模式转型变革、传统职能式管理模式向流程自动化转型变革、"制造"型企业向"制造+服务"型企业转型变革，最终实现"数据驱动"型企业。

二、高效联动一体贯通的数字化转型管理体系构建与应用的主要做法

（一）战略统领，科学谋划，擘画数字化转型规划

1. 上下联动，明晰总体思路

研究制定公司"十四五"数字化发展战略及数字化转型实施方案，搭建了"123456"总体思路。从数字化视角，将数字化转型活动划分为组织职责、规划管理、预算管理、需求管理、项目管理、人才管理等20多个管理活动，这些活动均以项目为载体，通过项目"由点到线""聚线成面""面动成体"，从而实现全方位的联动，促进管理的高效提升。

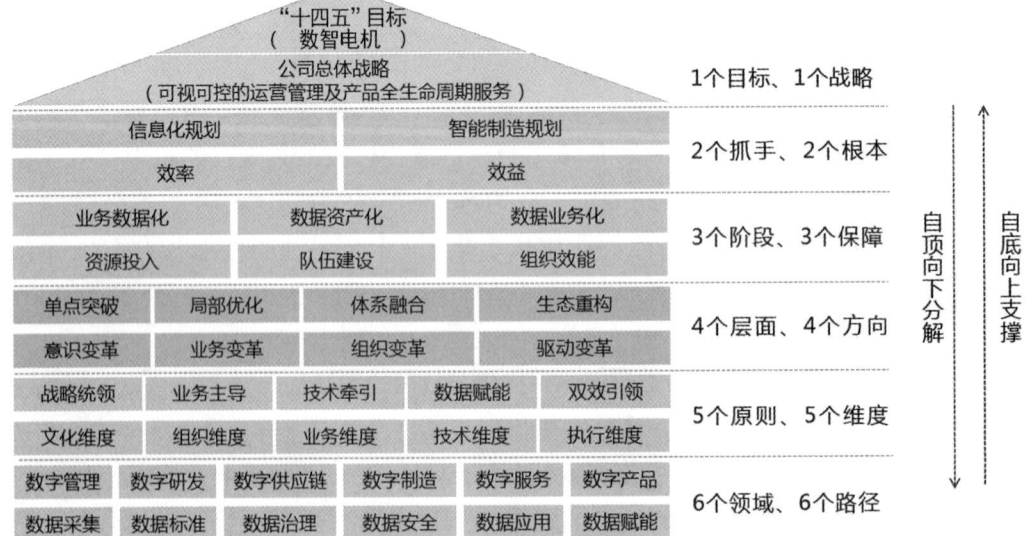

图1 数字化转型思路

借鉴人体模型，在推进企业数字化转型时，将信息系统视为人体的神经系统，将研发、制造、管理、营销与服务业务价值实现视为人体的四肢躯干，将数据当成人体的血液，通过系统、业务、数据三者的融合，实现企业数字化转型各项工作的一体化贯通，并通过数字化转型管理体系的指引作用，促进数字化转型各项工作的高效联动。

2. 数智赋能，明确建设目标

构建高效联动一体贯通的数字化转型管理体系，应用于公司数字化转型进程中，着力建设"数智电机"，以数字化转型赋能企业发展，促进管理、研发、制造、供应链、产品、服务数字化，实现可视可控的运营管理及产品全生命周期服务，加速构建新型竞争能力，助力公司战略发展目标的实现。

3. 目标导向，贯彻基本原则

株洲电机公司在推进数字化转型过程中，贯彻以下基本原则：第一，坚持战略统领原则。立足战略统筹推进数字化转型，成为企业高质量发展新引擎。第二，坚持业务主导原则。以业务为龙头，实现全要素管理、全流程贯通、全价值链覆盖。第三，坚持技术牵引原则。强化新一代信息技术的应用，引领数字化转型方向。第四，坚持数据赋能原则。健全数据管理机制，打造各类数字场景为业务赋能。第五，坚持双效引领原则。突出效率、效益指标，形成数字化转型良好生态。

（二）项目为基，由点到线，串联核心业务价值链

1. 强化项目管控，建立数字化项目管理机制

数字化项目是数字化转型落地的重要基点。为规范数字化项目管理，加强项目管理与监控，充分发挥数字化转型组织结构的管理与服务职能，保障项目目标的实现，助力公司转型升级，株洲电机公司借鉴项目管理知识体系理论和信息系统实施方法论，建立了数字化项目管理机制，并通过数字化手段提高项目管理效率。

一方面，将数字化项目管理过程划分为启动、策划、执行、监控、收尾5个过程组，并重点关注时间、质量和成本的变化。另一方面，项目管理建设坚持以终为始的原则，主要包含项目准备、实施方案、系统实现、上线准备、试运行、验收6个阶段。最终构建数字化项目管理机制，建立健全以项目目标为导向的管理体系。输出1套数字化项目管理办法，涵盖范围、进度、成本、采购、变更等10项管理内容，以及项目立项、策划、执行、上线、收尾和变更等10多项管理流程，实施成果对照表、项目计划、问题跟踪列表等20多张管控表单。

2. 聚焦单点突破，推进各项信息化系统建设

为满足业务的数字化需求，促进业务与IT的融合，支撑企业战略发展，株洲电机公司搭建了完整的信息化架构，其中：研发业务方面，建设了产品全生命周期管理系统（PLM）、仿真数据管理系统（SDM）、试验数据管理系统（TDM）等系统，实现了产品设计、仿真、试验的信息化；管理业务方面，建设了企业资源计划系统（ERP）、办公系统（OA）、人力资源管理系统（HCM）、知识管理系统、任务管理系统等系统，实现了企业资源、办公、人力资源等业务的信息化；制造业务方面，建设了仓储管理系统（WMS）、制造执行系统（MES）、质量管理系统（QMS）等，实现了仓储物流、生产制造、质量管理的信息化。

3. 数字技术赋能，探索新一代信息技术应用

聚焦AR、"5ABCD"（即5G、人工智能、区块链、云计算和大数据）等新一代信息技术，株洲电机公司开启了"千里眼"AR、"智慧大脑"AI、5G、云计算等技术探索与应用的新篇章。

（1）AR 技术应用。通过 AR 技术研究及应用场景调研，经过方案制定、项目实施、场景试运行 3 个阶段工作，株洲电机公司部署了 AR 远程通信与协作平台，目前已在运维服务、远程装配指导等业务场景实现 AR 技术的应用，成倍地提升了沟通协作效率。

（2）5G 技术探索。通过调研 5G 技术应用情况及场景应用可行性研究，结合公司数字化产线建设需求，制定了《5G 技术应用的可研报告》，可以在智能物流、数据采集、产线布局等业务场景探索 5G 应用。

（3）AI 技术应用。公司率先实现在数字化产线上试点应用 AI 技术，通过 AI 智能检测方式，构建最有效的物理世界感知手段，实现对数字化装备、生产物料、人员规范等核心要素的实时监控识别。

（4）云技术应用。通过研究云计算技术，株洲电机公司建成集计算、网络、存储资源于一体的私有云平台，并应用于文档管理、桌面应用、服务器管理等场景，IT 硬件投入成本降低 60%，数据中心能耗节约 70%，运维效率提升 80%。

(三）业务为线，聚线成面，全面打通企业价值流

1. 推进数字化研发，提升协同化研发水平

（1）研发业务横向贯通。为实现产品设计的数字化协同及与下游业务的贯通，通过系统集成，株洲电机公司一是以 PLM 为中心，实现与 SDM、TDM 的互联互通，实现设计、仿真、试验的协同；二是根据业务需求，实现与 ERP、MES 等核心业务系统的集成，实现 BOM（物料清单）等核心数据的流通。

（2）设计工艺制造协同。一是建立 MBD（数字产品定义）标准规范体系，规范基于 MBD 的设计模式；二是搭建基于 MBD 的一体化协同研发平台，实现三维设计、结构化工艺设计等功能；三是选择产品项目试运行验证，小范围推广结构化工艺设计；四是按设计工艺制造一体化流程完成某型牵引电机新产品研发的验证，实现 BOM、工艺路线等数据传至 ERP 及 MES。取得了以下效果：改善工艺设计手段，提高工艺规范编制效率；电子化工艺文件可直接传递至车间现场；产品设计、工艺、制造等环节数据共享利用，减少差错及变更。

（3）模块设计提升效率。一是引入模块化、谱系化、平台化等设计理念，搭建模块化设计平台，实现产品主参数选型、参数驱动、数据检入等功能；二是选择某型高效电机、某型牵引变压器两个产品试点，推广应用；三是组织模块化设计平台培训。取得了以下效果：产品三维模型、标注及二维图纸均自动生成；减少人为失误，提升了设计质量；提升设计效率，同结构的新产品设计效率可提升 80%。

2. 推进数字化管理，提升精细化管理水平

（1）管理业务横向贯通。为实现企业经营管理的数字化及与上下游业务的贯通，通过系统集成，株洲电机公司一是以 ERP 系统为中心，实现与多业务系统的互联互通，实现核心流程之间的集成与共享、实时共享、实时监控业务数据，规范管理；二是根据业务需求，实现与 PLM、MES 等核心业务系统的互联互通，实现 BOM 等核心数据的流通。

（2）业务流程优化变革。一是构建数字化流程管理系统，实现流程的全生命周期管理；二是设计端到端和多体系融合的流程，构建主体业务流程全景图，形成"人、岗（业务）、事（流程）、知识（数字化产物）"四合一的匹配；三是流程监控，推行全员岗位工作标准化、信息化；四是流程优化，通过对采购、生产等核心流程的执行效率和效果进行客观评估，实现针对性的精准改善。

(3) 经营分析决策支持。一是建立指标,以经营管理指标体系为标准,建设经营管理驾驶舱,采用驾驶舱形式,直观监测指标运行情况;二是问题导向,直面数据问题,对异常数据加以预警与挖掘分析并提出针对性解决建议;三是提炼总结,针对问题与异常,围绕其上下游数据构建相关问题模型,并针对相关问题挖掘分析情况,提炼总结分析模型。

3. 推进数字化制造,提升柔性化制造水平

(1) 制造业务横向贯通。为实现产品生产制造的数字化及与上下游业务的贯通,通过系统集成,株洲电机公司一是实现 WMS、MES 和 QMS 等系统的互联互通,实现了物料配送及时性、产品生产过程透明化、质量信息无纸化等目标,提高了数字化生产制造管理水平;二是根据业务需求,实现 PLM、ERP 及产线中控等核心业务系统的互联互通,实现 BOM 等核心数据的流通。

(2) 数字化生产线建设。在数字化转型管理体系指引下,株洲电机公司通过整合现有城轨和标动电机离散型组装作业模式,优化工艺布局,结合智能制造和精益思想,开展城轨及标动牵引电机组装数字化产线建设。一是根据公司数字化转型战略,开展立项暨可行性研究工作;二是根据多年的经营管理经验及知识积累沉淀,开展产线技术调研工作;三是根据实际开展的 7 项核心关键工序自动化验证、58 次技术研讨、28 次公司级评审及 3 次外部专家评审,形成 23 万字的产线技术方案;四是全面开展立体仓库、机器人、产线工作站、产线中控系统等安装调试工作。

(3) 生产指挥数据中心。一是聚焦生产效能,建立可测量、可跟踪、可评价的生产运营指标体系;二是以项目计划、生产计划、采购计划、物流配送计划高效协同为基本要求,建立企业从订单到交付全流程一体化生产指挥数字化平台,实现柔性化制造;三是从企业、车间、产线、工位四个维度,搭建生产指挥数据驾驶舱,实现生产制造全过程的可视可控,为企业生产运营决策和生产管理绩效改进提供支持,并为实现"双碳"目标助力。

(四) 数据为核,面动成体,驱动数字化转型升级

1. 开展数据治理,提升核心数据质量

为提升数据质量,株洲电机公司开展以核心业务系统深化应用为载体的数据治理工作。一是"自上而下"的数据治理活动,成立以公司总经理挂帅的公司级深化应用项目,强调从企业层面出发的顶层设计与战略规划,统筹整体业务流程及蓝图。二是"定纲定线"的数据管控活动,以《核心业务系统深化应用方案》文件为纲,强调数据治理过程中的管理流程与制度,确保管控活动顺利进行。三是"实事实干"的数据管理活动,以产业单元为执行试点,成立专项工作组,推进产业单元核心业务系统深化应用。

2. 建立数据标准,提升数据管理水平

为进一步加强基础数据管理,提高数据的准确性和及时性,株洲电机公司制定了《数据管理办法》,包含数据架构、数据源、数据质量、主数据、元数据、数据安全等内容。同时,为实现主数据标准统一,制定了一个办法和两个流程,即《主数据管理办法》《主数据类型准入评审流程》和《主数据冻结解冻申请流程》,实现对集团统管主数据(物料、客户、供应商)和公司自管主数据(成本中心、科目、人员等)两大类主数据的管理,并持续开展主数据贯标。

3. 提升数据安全,保障数据资产安全

随着业务对数据可靠性需求的不断增强,为降低安全风险,株洲电机公司开展了数据安全能力建设工作。一是系统梳理数据资产,输出《数据资产清单》《信息系统 API 清单》等文件;二是做好数据安全分类分级,输出《数据安全分类分级指南》《数据安全标签库》等文件;三是开展数据安全风险评估,输出《数据安全风险评估报告》《数据安全合规对标清单》等文件;四是

设计数据安全规划,输出《数据安全规划》等文件;五是建设数据安全管理体系,输出《数据安全方针》《数据资产管理制度》《数据分类分级管理制度》等文件。

(五)资源整合,双向联动,建立多要素保障机制

1. 体系指引,要素融合,加强体系保障

为管理、规范数字化转型系列工作,株洲电机公司建立了具有自身特色的数字化转型管理体系,由体系大纲、数字化项目管理、数字化人才建设、数字化文化建设、数字化安全管理、数据资产管理等6套文件组成。该管理体系是公司规范内部数字化转型建设活动的指导性文件,从组织、管理与运行三个方面进行规范和监督,保障公司数字化转型工作平稳高效开展。该体系主要以数字化产线建设、数字化项目管理、数字化文化构建、数字化人才建设、数字化安全管理等5个方面为载体实现落地。

2. 领导挂帅,专项分组,奠定组织保障

为确保数字化转型各项工作的高效联动,株洲电机公司建立了由"党委书记、董事长+总经理"挂帅的数字化转型专项机构。数字化转型组织机构划分为领导组、推进办公室、专家组和专项推进组,其中专项推进组下设产品研发数字化、经营管理数字化、生产运营数字化、数字化制造和数字化技术服务等5个组。

3. 坚持合规,加大投入,提供资金保障

为保障数字化转型工作的顺利推进,株洲电机公司根据重点项目投资、全面预算等管理办法,统筹科技研发、固定资产、无形资产投资管理,加大数字化转型投资投入,确保数字化重点项目的实施。预计到"十四五"末期,数字化转型投入占企业销售收入比例将由目前的0.33%提升到1%。

4. 科学规划,梯队建设,提供人才保障

为保障数字化转型工作的顺利推进,株洲电机公司聚焦人才的"选、育、用、留"四个关键环节,不断完善数字化转型人才育成机制,开展数字化转型人才梯队建设。通过自主培育、市场化招聘等方式,合理提升数字人才占比,以"揭榜挂帅""选拔帅才"等模式,挖掘和培养更多高水平、创新型、复合型、多元化人才,形成数字人才成长梯队。建立数字化转型从业人员能力评价标准,加强人才梯度培育,形成专家引领、中坚支撑、新生后备的多维人才结构。

5. 转型指标,评价激励,加强机制保障

为评价数字化转型工作的推进效果,株洲电机公司结合发展实际,将数字化有关指标(如生产设备数字化率、关键工序数控化率、设备联网率、产品全三维设计率、业务流程IT化率、智能化产线数量)逐步纳入各业务部门考核评价体系,优化数字化转型管控模式,建立容错和激励机制。

6. 知识管理,分享交流,提供文化保障

为培育数字化文化,加快员工意识的转型,基于知识管理系统,株洲电机公司一是大力推广知识管理系统应用,知识条目累计超过10万条,系统累计登录次数超过3万次,检索累计次数超过1.5万次;二是持续开展20期线下知识分享交流会活动;三是制定《知识系统平台安全管理办法》,规范公司知识系统平台安全管理工作。株洲电机公司根据专业、技术梳理知识分类,建立"数智学吧"知识分享与交流平台,每日定期发布、推送数字化资讯,形成数字化交流文化圈。目前,已推送各类数字化相关知识讯息20万余条,每日平均点击量超过3000次。

三、高效联动一体贯通的数字化转型管理体系构建与应用的实施效果

（一）管理效益

通过建立高效联动一体贯通的数字化转型管理体系，株洲电机公司管理效益显著提升，有效解决了相关管理痛点。一是公司业务流程实现信息化率70%以上，采购、财务、销售等经营管理数字化普及率提升24%；二是数字化管理类和技术类人才增长500人；三是经营报表自动生成率增长至50%；四是产品研发周期缩短10%；五是产线自动化程度超过90%，生产效率提升20%，产品不良率降低15%，减少作业面积31%，在制品周转率提升2倍。

（二）经济效益

通过建立高效联动一体贯通的数字化转型管理体系，株洲电机公司经济效益得到提高。2021年，主营收入平均增长5%，企业整体能耗下降7%。另外，新一代信息技术或数字化工具应用，解决了远程运维、异地办公、远程办公等问题，出差人次得到有效控制，差旅费用大幅下降。与此同时，会议及生产现场等场景的无纸化管理不仅有助于"双碳"目标实现，亦进一步促进降本，成本可降低千万元。

（三）社会效益

通过建立高效联动一体贯通的数字化转型管理体系，株洲电机公司也取得了一定的社会效益。一是2022年6月，中央电视台《新闻联播》聚焦湖南科技赋能，重点报道了株洲电机公司建成的城轨及标动牵引电机组装数字化产线。它作为国内外轨道交通牵引电机领域首条数字化产线，在行业内引起了高度关注及反响。二是数字化产线样板工程建设，实现了由"株洲电机制造"向"株洲电机智造"的转型升级，提升了企业产品市场竞争力及品牌形象。三是先后入选国家智能制造优秀场景、湖南省"三化"重点项目、湖南省级工业互联网平台等，提升了公司的品牌形象及影响力。

主　创　人：卢雄文、刘海礁

参与创造人：肖唤新、关　辉、张　煜、汪宣晟、何小红、吴　锟、杨　炼、张彩霞、徐　涛、苗　瑞

中药制剂生产企业基于信息化及智能化的管理创新体系建设

湖南方盛制药股份有限公司

摘要： 湖南方盛制药股份有限公司（以下简称方盛制药）作为湖南省生物药行业的排头兵，分析了中药制剂行业在生产、经营和管理等方面智能化水平比较落后的现状，以"创新中药研发"和"管理变革"双轮驱动公司核心竞争力的持续提升，为提升产品经济效益、提高产品品质、加速转型升级，建立了信息化和智能化的管理创新体系。通过建设以制造执行系统（MES）为核心的现代中药数字化车间，采用数字化建模进行工厂总体设计、工艺流程及布局设计，引进先进的中药制造装备、在线检测系统、企业资源计划系统（ERP），实现生产流程可视化及生产工艺可预测。采用基于分布式控制系统（DCS）的生产过程自动化控制、在线质量检测系统的自动检测技术，建立生产过程质量控制体系，进行 MES 系统和 ERP 系统的有效整合，实现运营成本降低 21%，产品竞争力提升，为湖南省中药生产企业的信息化及智能化建设提供示范，经济效益和社会效益显著。

企业简介

湖南方盛制药股份有限公司创始于 2002 年 6 月，是一家集制药工业、工商联盟体和大健康于一体的高品质、综合性、科研型医药健康产业集团，2014 年 12 月 5 日在上海证券交易所成功上市（股票代码：603998）。注册资本 42942.972 万元，是一家以中药提取、中药制剂、化药制剂及原料药为主导，集新药研发、生产、销售为一体的集团企业。

方盛制药致力于打造一家以创新中药为核心的健康产业集团，建设了"1+N"的研发体系，现已成功开发"欣雪安"牌心脑血管科、"金蓓贝"牌儿科、"美尔舒"牌妇科、"方盛堂"牌骨伤科等几大品牌系列产品。2021 年方盛集团实现销售收入 15.67 亿元，其中母公司方盛制药实现销售收入 10.54 亿元。方盛集团拥有药品注册批件 142 个，新药证书 20 件，发明专利 43 项，国际专利 1 项，外观专利 6 项，实用新型专利 52 项。先后获批国家级博士后科研工作站、国家企业技术中心，荣获国家技术创新示范企业、国家知识产权示范企业、国家守合同重信用企业、国家火炬计划重点高新技术企业、湖南省省长质量奖等荣誉。

一、中药制剂生产企业基于信息化及智能化的管理创新体系建设的背景

（一）是应对医药工业发展的需要

《中国制造 2025》从国家层面确定了我国建设制造强国的总体战略，明确提出：要以新一代信息技术与制造业深度融合为主线，以推进智能制造为主攻方向，实现制造业由大变强的历史跨越。发展智能制造是中国制造业转型升级的主要路径，今后二十年，正是"智能制造"这个新一

轮工业革命核心技术发展的关键时期。我国医药卫生体制改革也在不断深化，相关政策陆续出台，使医药行业整体面临一定的经营压力，同时也进一步促进了行业整体加速整合，产业加速升级，在带来机遇的同时，倒逼企业向创新升级、高质量发展方向迈进。

（二）是破除医药工业短板的需要

方盛制药作为湖南省制造业100强企业，是近三年唯一获批两个中药新药注册批件的医药企业，技术创新水平省内领先，是湖南省生物药行业的排头兵。但是，在实施信息化及智能化之前，企业生产、经营和管理等的智能化水平相对比较落后，存在许多"信息孤岛"；同时信息化建设和应用方面存在着许多明显的薄弱环节，没有真正深度融合到药品优化设计、生产加工、质量控制、设备和能源优化以及工业环境改进等工业过程之中，信息化和自动化大部分是互相分离的，没有实现真正的"信息化与工业化的深度融合"。

（三）是企业扩大核心盈利能力的需要

方盛制药作为一家上市企业，每年保持营业收入增长20%左右，对车间产能、生产效率要求越来越高，数字化改革迫在眉睫。推进企业信息化及智能化，一方面可以实现中药生产过程及营销的数字化；另一方面，借助积累的数据，可以加强对关键参数的理解和控制，逐步提高中药质量。方盛制药主要通过引进自动化设备，采用工业软件，完成车间升级改造，实现企业发展。

二、中药制剂生产企业基于信息化及智能化的管理创新体系建设的主要做法

（一）明确目标、科学谋划

1. 立足现状，树立战略愿景

从2002到2014年，方盛制药完成了第一个"十二年"的创业，成长为一家上市企业。在第二个"十二年"的发展道路上，方盛制药将继续秉承"您的健康，方盛的追求"的企业使命，以快速实现"快乐幸福的方盛"为主调，以逐步推进"规范健康的方盛"为基础，以全面兼顾"环境和谐的方盛"为前提，以持续推进"高速成长的方盛"为目标，努力打造受人尊敬的企业。

方盛制药针对自身在创新中药领域已经具备的一些优势，结合国家产业政策发展方向，对其未来发展方向及思路进行了系统的复盘与规划，确定了"打造成为一家以创新中药为核心的健康产业集团"的发展方向，后续将以"创新中药研发"和"管理变革"双轮驱动公司核心竞争力的持续提升。

2. 明确建设原则，确定总体工作思路

从行业数字化的未来发展来看，医药行业的数字化发展潜力较大，数字化的应用将为医药行业带来高速度的增长。为此，方盛制药以战略为引领，从自身的特点、需求和条件出发，提出了数字化及智能化转型的整体思路和"方盛集团主导，归口管理、组织保障；统筹规划，分步实施；统一标准，互联共享"的指导原则。

（1）公司主导，归口管理、组织保障

成立信息化及智能化领导小组，组长负责统一领导整个管理创新、智能化和信息化建设工作；建立信息化委员会制度；对现有的信息、智能技术力量进行整合，优化信息中心并作为信息技术归口管理部门。

（2）统筹规划，分步实施

信息化及智能化建设必须坚持统筹规划、统一部署的原则。以需求为导向，以应用促发展，以实用为准绳，以效益为目标，在信息化及智能化领导小组的统一领导下，分步开展企业信息化及智能化系统的建设和推广应用工作。

（3）统一标准，互联共享

建立和形成适合自身发展需要的智能化、信息化基础标准体系，先实现办公、财务、营销数字化，再实现质量管理、生产管理、环保管理的智能化。

3. 坚持目标导向，明确总体建设目标

遵照《中国制造2025》规划中所提出的"立足当前，着眼长远"原则，根据行业与企业的现状与条件，参照《智能制造工程实施指南》推荐的智能制造新模式及其关键要素的要求，目前方盛制药"智能制造"的探索工作重点首先放在全面和扎实地完善和提升各个方面的自动化与信息化水平，同时探索突破制药行业"智能制造"的一些关键难点和制药行业"智能制造"的合理模式问题上，为逐步实现真正的"智能制造"打好基础。

4. 引进关键人才，为信息化及智能化保驾护航

先进的数字化研究团队是方盛制药开展数字化及智能化建设的保障。方盛制药通过培养与引进的方式，组建了一支专业化的团队，包括研发人员、自动化工程师、IT专业人才等共计25人。同时为数字化相关人员提供了多层次、全方位的培训，搭建了四大教育体系，提供了"课程库、讲师库、学习平台"三大资源库，确保员工具备开展数字化所需的知识、技能，为智能化与数字化发展实施保驾护航。

（二）数据互联互通设计，打破"信息孤岛"

传统的制药业大部分是以纸质文档存储制药过程数据，很难实现数据驱动生产管理的提升，更难实现医药产品生产过程的可视化、标准化。为此，方盛制药以智能制造设备、原材料、控制系统、信息系统、产品以及人之间的网络互连为基础，通过对生产数据的全面深度感知、实时传输交换、快速计算和高级建模分析，实现装备智能控制、运营优化和生产组织方式变革。

1. 建立数据采集系统，实现数据自动采集

原始数据在整个工厂管理系统中起着非常关键的作用，但是目前大多数药品生产企业都以手工填制方式进行，数据精确度和准确度无法有效控制，药品质量难以保证。因此，方盛制药建立数据采集系统，构建现场层、车间层、监控层和Intranet层四个层次的车间生产系统硬件架构，采用分布式数据库模式，软硬件分步集成。通过数据采集和监控系统（SCADA），对现场运行设备进行监视和控制，实现数据采集、设备控制、测量、参数调整以及各类信号报警等各项功能，生产工艺数据自动数采率超过95%。

2. 建立监控系统，实现质量在线监控

针对传统的质量监控存在生产质量控制难、以抽样检验为依据放行、生产过程质量缺乏有效监控、检验报告人为误差等问题，方盛制药建立车间生产过程的在线质量检测系统，采用在线分析技术对药品生产过程的质量指标进行实时在线监测，并构建质量信息数据库对质量数据进行统一存储、管理和统计分析。在原料、产品检验环节，根据中国药典的要求，采用Waters Empower 3色谱管理系统实现高效液相色谱仪检测数据的实时分析、存储和可视化展示，保障检测分析数据的完整性、真实性和可靠性，提高检测分析效率。

3. 信息集成状况，建立智能化车间

方盛制药基于MES及ERP系统集成智能化车间的生产信息化和流程化管理体系，实现生产决策、过程执行、成本、质量动态跟踪、分析优化。从现场设备与控制系统集成、现场数据与生产管理系统的集成、MES和ERP的集成等方面构建智能制造系统集成技术架构。

（三）开发 MES 系统，购置智能化设备，实现智能化生产

鉴于医药行业企业具有工艺机理错综复杂、不确定性因素多、批次生产特性显著、生产计划性强、批号管理严苛及其软件合规性等特性，方盛制药结合自身需求及产能，自主开发 MES 系统，将企业体制、运行模式等合理、有效地结合，并应用到生产过程中。

1. 进行生产工艺管控，实现中药生产流程化

通过在 MES 中构建标准化、结构化的工艺流程，构建结构化的工艺参数，MES 强制产品按照构建的结构化工艺和参数进行流动，物料配料时依据工单配送物料，保证生产前物料的可用性。实现了系统灵活定义产品的加工工艺流程，生产过程中保证产品按事先设定的流程生产，如发生任何异常情况将会自动纠正与报警处理，物料在使用时依据产品类别进行检查，防止物料错用。

2. 进行生产计划管理，实现智能化排单

通过以生产线的生产工单批量导入，并可进行编辑修改，实现生产工单下达、调度、管理智能化，实现工单进度跟踪，超时预警。精细排产，排单工时减少；多车间计划协同；合理调配生产资源；产能平衡，负荷均衡；快速响应，提高生产效率。

3. 全面的质量管理，实现产品的可追溯性

方盛制药以产品规范为基准，以在线实时分析为手段，依托大数据平台，构建智能制造全面质量管理体系。MES 记录生产过程中的不良现象、不良原因、废品记录、关键件组装防错、工序路径执行防错。生成直通率报表、产品抽检等质量报表，实现可通过产品批次追溯产品生产信息、质量信息以及关键部品信息。构建生产追溯体系，为服务、质量提供支持。

4. 进行设备管理，实现设备信息全面采集

以底层设备数据采集系统为基础，融合设备维保信息和运维信息，对设备的故障、运行状态及各类综合效率指标进行统计和分析，为设备预防性维护提供考核及决策依据，构建智能设备管理体系。依托数据采集和可视化监控系统平台，实现对生产设备运行参数、物流和质量等信息的实时采集、集中监控与闭环反馈。

5. 购置智能化设备，实现智能化控制

方盛制药从 2010 年开始建设方盛工业园，部分设备及系统已不适用于现代智能化生产。通过提升现有制剂车间自动化生产线的整体智能装备水平，在现有合成等制备技术、一步制粒、快速混合制粒、烘干、压片、高效包衣、铝塑包装等工序上实现全流程监控与高度集成，建立数据采集和监控系统，提高了公司的生产运营效率。

（四）建立数字化平台，实现信息化运营

方盛制药作为一家以中药生产为主的药品制造企业，建立了一套符合企业特点的、先进的、一体化的信息化全面解决方案。

1. 建立用友 ERP 系统，实现业务、财务管控数字化

方盛制药 ERP 系统集财务管理、供应链管理、生产制造管理、供应商及客户关系管理、分销管理、人力资源管理、企业绩效、商业智能分析、移动商务、集成引擎及行业插件等业务管理组件为一体，以成本管理为目标，计划与流程控制为主线，通过对目标责任的明确落实，有效地执行过程管理和激励，帮助企业建立人、财、物、产、供、销科学完整的管理体系，最终实现生产信息和管理信息全程透明、共享，以大数据实现企业智能管理和决策。

2. 建立 OA 系统，实现企业办公信息化

方盛制药的 OA 系统具备流程管理、销售管理、客户管理、采购管理、研发管理、技术文档

管理、系统集成、财务管理、人事管理、考勤管理、资产设备管理等功能。实现全程无纸化办公，提高了工作效率，降低了工作成本，全面实现信息可查阅、可追溯。

3. 建立决策支持商业智能（BI）系统，实现营销数据可视化

获取用友 ERP 系统、OA 系统、MES 系统的数据，进行数据处理及分析，实现精细化运营，提升生产效率，解决决策层对业务变化使用数据进行监管的需求，按需求为营销中心定制报表，实现传统手工取数转化为数据的可视化呈现。

(五) 支持保障措施

1. 科研实力雄厚，为数字化转型提供技术支持

方盛制药积极构建专业化研发创新平台，拥有国家企业技术中心、湖南省心脑血管工程研究中心和国家级博士后科研工作站等科研平台，为公司提供了多层次的引进、培养高端科研及智能化人才平台。研发经验丰富，特别是在中药新药研发方面，已有指纹图谱技术、药物组合和应用技术、一步制粒技术等十余种先进技术。拥有专业研发团队，并与来自湖南中医药大学、湖南省中医研究院等院校的知名专家建立了长期的合作关系，可为平台建设提供技术咨询及指导。

2. 经济实力强大，为智能化转型提供了资金保障

2010 年因高速发展的需求，方盛制药于高新区购地 150 亩，总投资 8 亿元，启动全新医药工业园建设，可实现年产 150 亿元的产值。2018 年开始在望城铜官进行生产基地建设，建设了前处理、提取车间、制剂车间。同时，公司决定每年将利润的 15% 投入信息化与智能化建设。

3. 建立长效机制，为智能化转型提供了组织保障

在进行信息化与智能化建设的过程中，不断完善信息化管理机制，成立了以董事长为首的信息化及智能化领导小组，组建了信息化管理团队，不断完善信息化及智能化内控管理制度。成立了专门的 CRM 及 MES 系统开发小组，设置开发小组组长，负责项目的组织、协调、各专业的工作衔接，聘请专职人员进行开发，确保开发工作高质、有效进行。

三、中药制剂生产企业基于信息化及智能化的管理创新体系建设的效果

(一) 经济效益

方盛制药持续优化制药主业，聚力大品种的打造，以进一步提高核心竞争力，通过产品研发与市场营销的持续投入，实现整合式协同发展，做强、做大制药主体业务，开展数字化与智能化转型与商业模式创新实践。通过增加部分关键设备，对部分核心产品的生产、检测、试验设备进行改造升级，产品生产效率和质量提升巨大。通过集成多种智能化设备和一体化管理系统，智能化和自动化水平得到极大提升。生产工艺的改进和物流环节的增效也有效提升了能源和物料的利用率，运营成本降低 21%。

(二) 社会效益

1. 为医药制造业企业的智能化提供示范

方盛制药以 ERP 和 MES 为导向，将现代制药企业生产管理思想、理念引入企业生产管理，对制药企业生产管理流程进行重组和优化，使企业生产管理活动的业务信息化、自动化、数字化；推动生产管理的科学化，带动制药工业的现代化，实现生产数字化，为医药制造业企业的智能化提供示范。

2. 为医药制造业培养智能化人才

中药制剂生产企业基于信息化及智能化的管理创新体系建设，为医药质量管理科学化、标准化提供示范，增强医药企业 QA（质量保证）和 QC（品质控制）的执行力，有助于提高生产效

率、降低成本、提高产品质量和安全性等，为社会带来更加安全有效的药品。同时，也为医药制造业培养智能化人才提供了更多机会和需求，促进了医药行业的可持续发展。

3. 促进国产中医药工业装备和软件系统创新与应用

方盛制药中药生产集成 MES、ERP、CRM、OA、营销软件等工业软件均为自主研发和国产软件，同时购置大量国产智能化设备，带动了国产智能化装备在中医药工业的创新与应用，提高了我国中医药工业的技术水平，增强了产品竞争力，促进了上游装备企业的技术提升。

（三）生态效益

1. 实现智能化管理，提高能源利用率

方盛制药通过信息化及智能化的管理创新，生产效率、办公效率大幅提升，设备空转的时间大幅减少，管理人员工作时长缩短，在节约能源、减少排放上取到明显成效。在智能化生产流程和精益化管理的双重作用下，生产物料、生产辅料大幅度降低浪费，能源利用率提高18%。

2. 构建数字化应用生态体系，促进相关行业发展

方盛制药研发、应用、推广的中药工业制剂数字化平台，构建的中药工业装备制造、工业控制和管理软件系统研发、互联网电子商务等数字化应用生态体系，还可在生物农业、生物化工、生物环境等产业广泛推广与应用，促进相关行业节能、降耗、减排。

（四）管理效益

方盛制药利用信息技术融合自动化技术、设计技术、制造技术和现代化管理技术，采用数字化建模进行工厂总体设计、工艺流程及布局设计，引进先进的中药制造装备、在线检测系统、企业资源计划系统的集成，实现自动排产、自动监控、自动记录，并实时生成营销及生产数据和报表，实现流程可视化及可预测，提高了企业管理水平，能更灵活地应对市场变化及需求，提升市场竞争能力，为同行业企业的信息化及智能化管理提供示范。

主　创　人：周伟恩、戴毅文
参与创造人：方传龙、肖　满、郑南芝

国企改革与项目管理

轨道交通装备企业集团基于分层分类的机制改革创新实践

中车株洲电力机车研究所有限公司

摘要：中车株洲电力机车研究所有限公司（以下简称中车株洲所或企业）深入贯彻党中央、国务院关于国企改革的推进部署要求，加快建设世界一流企业，立足自身"科技驱动、多元发展、充分竞争、集团管控"特点，按照"系统谋划、分层分类、突出重点、示范引领"原则，着眼于"提效力、添动力、促合力、传压力、激活力"的目标，在"规范化治理完善现代企业制度、精准化稳慎实施混合所有制改革、差异化管控打造价值协同型总部、市场化经营构建新型经营责任体系、价值化激励重塑员工价值创造体系"等方面深化机制改革，赋能企业植入市场化基因和强化企业市场主体地位，充分发挥价值协同型总部功能定位，助力中车株洲所成为"技术引领、行业一流，高端、高效、高质量"的全球化产业集团。

企业简介

中车株洲所始创于1959年，是中国中车集团有限公司（以下简称中车集团）所属企业（转制院所）。近年来，中车株洲所全面贯彻习总书记三次视察中国中车重要指示精神，持续深化国企改革，积极转变发展方式，依托同心技术的多元应用，将列车牵引系统（列车的心脏）和网络控制系统（列车的大脑）等关键部件核心技术延伸应用于新能源汽车、船舶、工业自动化、轨道工程机械等多个领域，逐步转型升级成为涉及"电气传动与自动化、高分子复合材料、新能源装备、电力电子器件"四大产业的高科技企业集团。从一家销售收入800万元、人数不到600人的科研院所，发展成为收入规模过400亿元、境内外员工17000余人（其中境外员工近5000人）的国际化企业，为中国高端装备制造跨越电气化、自动化时代，全面进军数字化、智能化时代作出了一定的贡献。

一、轨道交通装备企业集团基于分层分类的机制改革创新实践的背景

（一）是国企改革"双百行动"和国企改革三年行动的战略要求

为贯彻落实习近平总书记关于国有企业改革发展和党的建设重要论述，深化国企改革"1+N"政策文件落实落地，党中央、国务院研究制定和发布部署国企改革三年行动方案，国务院国资委以更高起点、更大力度推动"双百行动""科改示范行动"等国企改革专项工程企业深化落实综合性改革，要求国企改革专项工程企业率先闯出改革新路子，以点带面、积厚成势，形成改革乘数效应，提高改革综合成效。中车株洲所作为专项工程试点企业，紧扣"双百行动"、国企改革三年行动的总体目标和要求，始终以改革破除活力激发、效率提升、产业发展的障碍，始终以改革抢抓发展机遇，以改革凝聚人心，探索实践更加市场化、更具创新性、更有推广价值的方法路径，

推动国有企业治理体系和治理能力现代化，强化国有企业对外经营、内部管理和管理机制市场化，以更加开放、更深融合的态势，加快显现国企改革综合成效，充分发挥国企改革专项工程企业的示范和引领作用。

（二）是国有企业深化改革转型升级的战略需要

进入新时期，轨道交通行业"天花板"来临，市场化改革加剧，民营企业准入门槛放开，优化产业结构、平衡资源投入、提升经济效益成为产业稳健发展关键；能源板块百花齐放，合资合作、重组整合成为争夺市场有力抓手，资本驱动市场竞争更趋白热化，风电、新能源汽车、储能等领域进入超级竞争阶段；新基建、碳中和、补短板、数字化等系列政策释放多重大政策利好，以"大智移云"、机器人、5G等为代表的新一代信息化技术助推传统制造业数字化、网络化、智能化转型，技术迭代速度指数级加快，科技发展日新月异。在新经营理念、商业模式层出不穷的时代背景下，身处交通和能源领域的国有企业，均积极主动投身改革以适应新的形势要求。中车株洲所也深刻意识到转变传统经营思维和业务模式的紧迫性和必要性，唯有守正创新以改革激发企业活力、增强内生动力、提升资源配置效率，才能形成应对快速变化和适应激烈竞争的核心竞争能力。

（三）是中车株洲所高质量发展的战略任务

中车株洲所是一家跨行业发展、全球化经营的企业集团，在全球20余个国家、60余个城市布局百余家分子公司，管理幅度大、法人层级多，目前所属产业形态各异、成熟度不一，如何以市场化为导向，提升组织决策效率、行业适应性、创新发展和产业转型升级的速度，达成组织赋能和高效管理的目标，已成为企业本轮国企改革率先突破的重点领域和关键环节。中车株洲所牢牢抓住改革政策窗口期顺势深化机制改革，通过改革破除束缚发展的机制藩篱，打破好人主义、平均主义，以改革思维、发展眼光推动差异化机制建立，破除传统行业惯性，依托改革势能补齐竞争要素、整合行业资源、激发人才活力、有效传导压力、释放发展红利，加快从"装备制造商"逐步向"系统解决方案提供商"转型，实现轨道和交通领域的改革创新再发展。

二、轨道交通装备企业集团基于分层分类的机制改革创新实践的主要做法

（一）总体思路、原则和组织领导

1. 总体思路

深入贯彻党中央、国务院关于国企改革的推进部署要求，以国企改革"双百行动"和"改革三年行动"为契机，立足自身"科技驱动、多元发展、充分竞争、集团管控"特点，按照"系统谋划、分层分类、突出重点、示范引领"原则，着眼于"提效力、添动力、促合力、传压力、激活力"的目标，在"规范化治理完善现代企业制度、精准化稳慎实施混合所有制改革、差异化管控打造价值协同型总部、市场化经营构建新型经营责任体系、价值化激励重塑员工价值创造体系"等方面深化机制改革，赋能企业植入市场化基因和确立企业市场主体地位，充分发挥价值协同型总部功能定位，助力中车株洲所成为"技术引领、行业一流，高端、高效、高质量"的全球化产业集团。

2. 实施原则

系统谋划：改革坚持以解放生产力为前提，遵循企业实际和行业发展规律，有机结合自上而下的顶层设计和自下而上的基层意愿，因地施策、因业施策、因企施策，以机制改革创新破解企业在治理效能提升、产业多元发展、内生动力活力激发等方面的问题，实现方向、动力、活力、效率的协调统一。

分层分类：根据企业战略与产业定位，区分实施不同行业不同阶段不同特点企业的改革策略与路径，进一步提高企业改革的针对性、有效性和科学性，并且根据内外部环境变化对规定动作和自选动作进行转化和调整，积极处理好改革与发展、改革与创新、改革与稳定的关系。

突出重点：改革是一项系统工程，需要聚焦重点难点，补短板强弱项，转变传统管理思维，扫除体制机制障碍，激发内生动力和聚合竞争势能，实现规范化治理、精准化混改、差异化管控、市场化经营、价值化激励等改革重点领域和关键环节的率先突破。

示范引领：改革试点无具体范式可循，需要改革企业在探索实践的同时进一步总结提炼形成理论成果、制度成果和实践成果，形成可复制、可推广的改革经验，实现从试点到示范的转变，以点带面发挥示范引领作用。

3. 组织领导

在机制改革过程中，成立纵向贯穿、横向协同的跨主体跨职能联合工作组，构建领导挂帅、组织保障和业务联动的保障机制。一是强化领导责任，成立以中车株洲所党委书记、董事长亲自主持的改革领导组；二是健全工作机构，专门设立深化改革办公室和以退二线领导为主的改革专家组，负责研究改革政策案例、统筹指导推进和策划经验推广；三是强调集团职能部门负责人和产业单位第一责任人应直接参与具体工作推进，按照"上门问诊、专项攻坚、闭环管理、改革评估"管理机制开展穿透式推进，针对重难点领域率先由集团本级实施"职能域机制改革"，将改革创新管理与传统职能管理相融合，持续推动企业完善"管理内核"，赋能支撑"业务域变革发展"。

(二) 机制改革创新实践

1. 规范化治理完善现代企业制度，有效提升企业集团治理效力

中车株洲所始终坚持以法人治理效能为突破，推动党的领导融入公司治理、应建尽建配齐建强董事会、融合构建"管控+治理"管理模式等工作，根据各级次股权比例、业务性质、业务规模、发展阶段等实际情况，通过分层分类精准授权制定治理决策清单、行政审批清单、授权放权清单和共性共享清单，依托清单构建起"权责法定、权责透明、协调运转、有效制衡"的治理型管控机制，有效提升企业集团治理效力。

将党的领导融入公司治理作为现代企业制度建设的前置条件。一是全级次企业确保制度化地实现党建进章程、规范化地明确权责事项清单、程序化地落实党委前置研究讨论重大事项；二是以清单为载体发挥党组织领导作用，对不同层级的控股及参股子企业，分门别类确定"三重一大"事项范围，差异化确定重大资金额度划分标准，以清单形式确定党组织在决策、执行、监督各环节权责和工作方式，根据企业实际发展需要动态更新完善清单；三是分类落实混合所有制企业党建治理，绝对控股混改企业实施"整体平移、一体管控"，按照控股全资企业实施党建要求全覆盖，相对控股混改企业着力"深度渗透、有效协同"，守正创新协同非公股东党建联动，参股混改企业聚焦"规范到位、加强监督"，坚持底线思维防范化解经营决策风险。

将应建尽建、配齐建强董事会作为现代企业制度建设的关键环节。一是制定董事会应建尽建清单，对于市场化程度较高、业务多元、投资高频、处于成长期或成熟期的企业，以推动董事会建设为重点，充分发挥定战略、做决策、防风险的治理效能；二是配齐建强董事会，建立专业多元、能力互补的外部董事人才库，成立支撑履职的专门委员会，明确职能部门与董事协作机制，规范实施董事选用考评机制，以专职化促专业化、专责化；三是引入外部董事优化治理运行机制，充分发挥外脑专家的监督制衡作用，防止内部控制，促进企业科学决策、民主决策、依法决策；四是落实董事会权利，在治理机制健全和实现外部董事占多数的企业，动态评估法人治理行权能

力，授予董事会选人用人、考核分配、重大财务事项等决策权利，促使各级法人更加充满活力和竞争力。

将有效融合法人治理与行政管理作为现代企业制度运行的核心载体。一是根据法人单位不同特点实施战略导向下的差异化复合型管控模式，"一企一策"明确差异化管控要素；二是进一步完善法人治理体系，厘清企业股东会、董事会、监事会、经营层权责事项清单，融合串接行政事项清单，确保治理决策和行政审批的统筹融合；三是对于具备行权能力的企业，在"三会一层"权责事项清单、行政事项清单基础上进一步区分授权放权清单和共性共享清单，充分发挥控股股东治理协同作用和支撑董事、监事发挥自主决策市场主体作用，将治理型管控体系作为市场化程度高、产业发展稳健、管理基础良好的企业开展高效能治理的重要途径。

2. 精准化稳慎实施混合所有制改革，注入多元产业发展动力

中车株洲所结合多元产业形态特点，从战略定位、核心竞争力、资源配置、经济效益等维度将产业界定为支柱型、成长型、培育型、退出型，遵循"分层分类、混资引战、转制提效、依法合规"原则，从产业协同补短、体制机制创新、资本价值回报等方面各有侧重地寻求新突破。

以产业分类为基础确立改革方向。一是支柱型产业，主营业务稳定，主要产品及市场成熟，行业地位持续领先，能贡献稳定利润及现金流。在确保国有股东控股地位的前提下，可以有序实施混资引战和加快转制提效，通过协同外部资本、智慧和资源，促进内部机制体制转换和产业创新升级，提升引领优势和强化核心竞争能力。轨道交通、新材料属于支柱型产业，所属上市公司时代电气、时代新材通过上市"广积粮、高筑墙"，累计募集资金超百亿元，为重点产业突破和智能化、数字化转型发展募集发展资金。二是成长型产业，主营业务尚处于成长壮大阶段，但已具备一定市场地位和竞争优势，处于企业战略重点地位。在保持国有股东控股地位前提下，可以积极稳妥实施深化改革，以资产和资本互动为纽带，加快瓶颈突破、释放发展势能，促进体制机制转换和产业创新升级。风电、半导体属于成长型产业，风电事业部、时代半导体公司分别通过超额利润分享"多打粮食"、员工持股"共享共担共发展"，圆满完成风电抢装任务，实现产值百亿跨越，半导体核心能力突破，率先于国内完成IGBT"芯片—器件—模块—系统"技术创新与工程制造。三是培育型产业，主要产品处于市场导入的初期，尚未形成成熟的、可持续盈利的业务，处于企业战略重点培育地位，是企业未来发展的新动能。可以灵活设置股权结构，初创期可以灵活参股、成长期需控再控，引入利于孵化业务率先破局的外部资本，积极开展股权融合、战略合作、资源整合，紧抓破局点，率先形成有力基本盘，建立培育期风险分摊机制和市场化经营机制，着力激发各类资源主体活力。智轨产业属于培育型产业，引入有助于市场突破推广的战略投资者，2021年开通两个商业运营线路，新增开通城市4个，年度销售收入同比增长70%以上，2022年通过股东纽带首次斩获海外订单，马来西亚、阿联酋项目合同金额超过10亿元。四是退出型产业，是依据企业战略需要实施退出的产业。基于外部价值认知和内部最优判断，择机引入投资者探索参股形式资本运作。绝缘、工塑、桩工属于退出型产业，以退为进，转变经营机制，实现国有资产保值增值。

以引入战略投资者为重点规范混资引战。选择合适的投资者是股权多元化或混合所有制改革实现"资本共赢、产业发展"的前提，中车株洲所依据政策法规，进一步明确和规范了投资者引入过程所涉及的活动环节、文档要求和管控项点，确保引入投资者能够成为改革企业产业链、供应链、价值链上中下游深入合作的战略伙伴。一是搭建资本合作联系平台，定期发布资产评估机构、产权交易所、行业协会、产业链上下游关联企业、政府及金融机构长名单，以更合规更精准

更高效地对接投资者。二是重视商业计划书编制，以投资视角评估产业"含金量"，理顺各产业成长空间、竞争能力和团队实力，掌控谈判过程节奏感与神秘感。三是对于进入重点考察范围短名单的投资者，围绕"高战略匹配度、高文化认同感、高产业协同性"评估投资者与企业中长期发展规划的匹配度、企业经营理念和文化的认同感，分析投资者在市场拓展、技术创新、管理提效和资源互补等方面发挥的协同作用，是否有利于促进企业突破瓶颈、优化资源和激活机制。四是签订投资协议前，企业职能部门将对投资者开展反向尽职调查和专项评审，充分识别投资过程可能存在的风险及需采取的应对举措。五是强化公司章程、合资协议管理，对于招商引资、人才引进、市场协同、技术协同、"三会一层"权利义务、知识产权归属及授权使用规则等领域实施标准化、模板化设计，最大限度保障各方股东权益和合资合作目标达成。

以战略规划为导向推进转制提效。股权多元化和混合所有制改革作为国企改革的有效突破路径，股权层面资本合作是手段，机制层面激活提效是重点，根本上是要以提高核心竞争力和资源配置效率为目标，加快形成有效制衡的法人治理结构、灵活高效的市场化经营机制。一是在改革前确定产业未来发展战略目标、业务布局、商业模式、技术路线、管控方式，剖析制约企业活力激发、效率提升、效能提高的短板及瓶颈。二是从股权多元、混合所有制改革、员工持股等方面评估资本运作的必要性，从完善法人治理、推动三项制度改革、强化中长期激励、释放科技创新活力等方面评估机制转化的可行性，制定"混资本+改机制"综合改革方案。三是对于机制类改革，需理顺改革政策导向、产业发展需求、职能管理要求间的关系，统筹发展路径、资源配置、管理效能，打破机制束缚，释放市场主体活力，赋能产业超常速发展。

3. 差异化管控打造价值协同型总部，促进产业组织发展合力

中车株洲所在财务管控型、战略管控型、运营管控型三种常规集团管控模式类型基础上，结合企业自身产业分类和特点，创造性地建立了以战略主导型为主的差异化复合型管控模式，充分发挥多产业协同竞争优势，支撑实现"本级业务管理+集团化职能管理"定位，将提升专业职能整合和专业协同能力作为打造价值协同型总部的关键举措。

以产业组织分类为基础确立管控重点。匹配不同管控模式，明确不同产业组织管控核心点的管控范围和管控深度。对于上市公司以及业务进入产业化发展轨道、自身管理体系完整、管理能力成熟的分子公司（含并购或合资公司），采取战略主导型管控模式，即以战略管控为主导，兼顾运营监督，如所属时代电气、时代新材两大上市公司，管控核心点为党建、战略、投资、干部、合规风控等。对于处于培育、成长初期阶段，管理能力基础较薄弱的非上市下属公司，以及作为种子产业、培育产业而新设的分子公司，采取管理支持型管控模式，例如中车株洲所风电事业部、智行公司、襄阳电机公司等，管控核心点为党建、战略、投资、干部、财务、人力资源、信息化、合规风控、管理支持与运营支持等。对于联营或参股公司，采取财务管控型管控模式，例如时代高新投公司、中车电动，管控核心点为投资收益和风险控制。

以分类考核为抓手牵引产业发展。在支柱型、成长型、培育型、退出型产业分类基础上，增加考核资源平台、财务投资平台两类。其中，对于支柱型产业，主要考核收入、利润、资产收益率等经营性指标，确保为公司贡献稳定的现金流；对于成长型产业，主要通过看齐行业标杆，在考核中均衡关注规模收益和关键能力建设；对于培育型产业，主要依据战略规划考核落实情况，确保培育型产业按行业规律孵化发展；对于退出型产业，主要完成存量业务交付和风险化解。对于资源平台，主要考核战略性创新任务、重大科研项目的实施完成情况，重点培育内生动力和发展能力。对于财务投资平台，重点考核投资回报、投后项目管理等内容。

以资源协同共享赋能产业发展。构建"总部母体-业务单位子体"之间的"脐带"关系，推动建立各业务板块间的紧密耦合关系，支撑和赋能改革推进、产业发展。一是强化产业战略协同。避免内部跨主体的产业各自为政，对于支柱型业务"稳定份额、转型升级、引领创新"，对于成长型业务着重"坚定方向、适时投入、改革发展"，对于"非战略核心、非战略优势"业务实施有价值退出。二是强化研发协同。以中车株洲所研究院为依托，为产业发展提供基础、共性、平台技术和先进方法工具支撑，各业务单元面向市场需求开展应用技术研究、产品开发以及研发方法和工具适应性的改善；凭借中车株洲所完整的产业链和技术链优势，基于行业新趋势实施跨专业学科、跨业务单元的联合研发，充分激发研发协同优势，支撑多元产业发展。三是强化市场协同。实施"经营城市"策略，深耕产业和市场资源富集的重点地域（城市），通过系统谋划和长期战略协同，促进交通和能源相关产业的市场拓展。深耕行业，成立汽车产业协同平台（DCB）、能源产业协同平台（DEB）、国际业务协同平台（DIB）、经营城市协同平台（MCB），共享市场信息，协同开展重要城市/客户的交流走访，助力重大订单获取。四是强化管理协同。发挥决策支撑、服务共享、管理赋能的突出作用，通过合署办公、共享中心等建设，实现职能管理资源的共享利用，先后组建财务共享中心、人力资源共享中心、信息化共享中心、企业大学、专业委员会、专项帮扶工作组等，聚焦产业发展短板弱项，协同推动和指导产业提质增效，最大化提升组织效率。

4. 市场化经营构建新型经营责任体系，充分传导干事创业压力

中车株洲所始终坚持领导干部人事制度改革走在前、干在前，以上率下带动三项制度改革走深走实，在创新实践考核排序、总经理组阁制、经营层任期制和契约化管理等系列举措后，内部市场化氛围日趋浓厚，人才队伍干事创业热情与活力得到有效激发。

坚持领导干部末位淘汰是新型经营责任体系的有力支撑点。实施领导人员强制排序，综合考虑产业板块、工作关联度等因素划分排序群体，第一次评价排序由上下级和相关部门完成，各群体排名前、后10%的人员由企业领导班子实施二次排序。排序后5%的人员列入扣减绩效年薪和末位淘汰范围，排序考核结果作为干部选拔任用、评先推优、能上能下的重要依据。2018年以来，通过赛马排序有9位领导干部因排序"末位"而退出领导岗位，近50位领导干部因年度考核"不合格"而受到调岗、降薪、诫勉谈话等不同程度的处罚，同一层级年薪最高者是最低者的近两倍。

推行竞聘上岗是新型经营责任体系的动力输出源。一是实施经理层公开竞聘和总经理组阁制，建立了"选一人，一人选，权责共担"的管理模式，充分落实总经理在竞聘打分、提名组阁等环节的选人用人权，构建了总经理与经理层共同进退的共生关系。二是经营层竞聘通常采用"发帖揭榜"，明确任期内经营层各岗位的业绩和薪酬目标，常有勇者主动加码提出更高质量的经营目标。截至目前，通过总经理组阁制，有12名经理层成员竞聘连任失败被转入普通岗位。

实施刚性考核是新型经营责任体系的统筹指挥棒。一是推行"两制一契"管理（聘任制、任用制、契约化）。通过建立任期和契约关系，进一步完善考核评价、激励约束、过程监督和退出机制。二是扩大任期制和契约化管理范围。在经营层领导人员的基础上，将董事会成员、党委领导人员、职能部门负责人、资源中心负责人纳入"两制一契"管理范围。三是实施差异化管理。对于经理层领导人员实行聘任制，以营业收入、净利润、总资产收益率、总资产周转率等为主要考核指标；对于非经理层领导人员实行任用制，着重履职承诺与监管，在管理价值创造、能力提升专项、横向职能协同、纵向产业支持等维度设置考核指标，确保相关年度战略重点工作的高效推进和目标落地。四是构建短期与中长期相结合的契约化管理。构建"基本+绩效+任期+中长期"目标考核体系和薪酬兑现体系，浮动薪酬占比超过80%（含绩效年薪、奖罚工资、任期激励和中

长期激励等）且与契约化目标考核结果刚性挂钩，有效引导企业负责人从关注短期经营业绩指标转向重视企业长期发展类指标。

5. 价值化激励重塑员工价值创造体系，全面激发企业创新发展活力

中车株洲所始终坚持以"人与激励"为核心，遵循"事其所好、精其所专、成其所想、得其所值"的人才发展理念，完善全员职业发展平台，多样化、精准化强化员工激励，创新性员工持股实践模式，建立企业与员工共创共享共担机制，持续激发员工干事创业激情和内生动力，实现员工利益、企业发展的相互和谐统一。

完善全员职业发展平台是确立员工价值创造体系的风向标。以淡化官本位思想、强化专业能力提升为导向，结合企业发展阶段和群体时代特征构建员工职业生涯发展通道和职位等级体系。一是丰富多元职业发展通道，由最初的管理、技术、制造迭代为项目管理、工程技术、营销贸易、专业管理、生产制造，打造了复合人才与专业人才分类培养、领导干部与企业员工齐头并进的职业发展赛道。二是建立多层次职业发展等级，坚持"岗位管理"与"能力管理"并重，将基本素质和知识水平作为员工职业生涯赖以立足的根本，核心价值标准为企业和员工的成长提供方向、指引和原动力，关键能力与行为标准帮助员工在事业道路上快速发展，组织贡献与绩效标准科学激发人才核心价值创造能力。三是重视科技人才、青年人才和核心人才培养发展，畅通"心无旁骛做科研"晋升机制，将研发人员的层级上限设为最高，基于能力变化的梯度，设计青年人才"小步快跑"晋升机制和核心员工"稳步迈进"培优机制，目前已有20名资深专家被认定为T层级（与经营班子及高管同一层级）、1名科学家被认定为最高的S层级（高于经营层层级）。

以分类为基础强化激励是丰富员工价值创造体系的稳定器。中车株洲所结合企业特点、团队特征，多样化、精准化完善激励机制。一是构建"3+X"复合差异化价值分配模式，以岗位、能力、绩效为三要素，量化评价岗位工资标准体系，以重大科研项目预约奖励、创新提案奖励、设计知识积分奖励、质量攻关奖励等个性化的激励工具为"X"，搭建复合差异化价值分配模式，注重价值创造和激励及时性，持续激发创新内驱力。2021年，各类"重大科研项目预约奖励"累计超过5000万元。二是各有侧重明确激励目的和实施群体，岗位分红聚焦科技人才激励，超额利润突出经营班子及核心骨干贡献，围绕利润目标完成值核算激励总额度，鼓励员工创造业绩增量、分享发展红利，让奋斗者和价值创造者获得与贡献相匹配的回报。激励实施期间，累计分享激励金额超过4000万元。三是实施特殊群体工资总额单列管理，率先对国家级研发机构的核心技术攻关团队和骨干科技人才实施工资总额单列，创新性提出保障工资、激励工资、奖励工资3种单列模式，保障核心科技人员"粮袋子"水平在企业内部相对领跑。2021年，技术研发岗位平均薪酬增幅达到公司全体员工人均薪酬增幅的4倍以上。

创新员工持股实践模式是重塑员工价值创造体系的新起点。围绕激发活力、吸引和留住核心人才的目标，遵循"依法合规、共享共担、突出核心、以岗定股"的原则，建立适合不同产业发展的员工持股管理机制。一是对于初创期产业，综合实施混合所有制企业员工持股和科技人员"上持下"跟投，打通市场化、资本化的引才和留人通道，让一线研发人员参与创新业务孵化培育和共享转化成果。二是对于市场热度高、人才竞争激烈的产业，用好用足政策，实施科技型企业股权激励等市场化激励方式，吸引和留住核心人才。三是对处于转型升级阶段的合资企业，探索员工受让非公资本股权，促成核心员工团队与非公资本间股权交易，唤醒沉睡股东，凝聚员工信心，重塑产业发展格局。自"双百行动"以来，累计向1600余名核心员工实施混改企业员工持股、科技型企业股权激励、科技人员跟投、科技成果转化奖励和科创板战略配售，其中以智轨产

业为试点,依据《促进科技成果转化法》实施股权奖励,以股权的形式将无形资产评估增值部分的30%奖励至创新业务孵化的核心技术团队,有力调动和激发了科技人员创新和科技成果转化的积极性。

三、轨道交通装备企业集团基于分层分类的机制改革创新实践的效果

（一）动力活力持续激发,创新能力显著提升

2018年以来,中车株洲所新活力新动能彰显,积极承担国家战略任务,推动科技自立自强,在创新平台建设、高层次人才培养和科技成果申报方面硕果盈枝。先后打造"复兴号高速列车"动力之芯,推动解决IGBT等"五基"问题,加速突破芯片、SiC器件、高性能复合材料等"卡脖子"技术,攻克时速400公里高速动车组、时速600公里高速磁浮、新一代永磁牵引系统等前沿核心技术；建成变流技术国家工程研究中心、新型功率半导体器件国家重点实验室等5个基础、前沿研究平台,成立电气技术与材料工程研究院、双碳中心及26个专家工作室等共性技术研发平台,依托产业建立12个行业应用中心；获国家科学技术奖5项、省级一等奖12项、学会特等奖11项及二等奖项40余项；培养工程院院士候选人、国家万人计划、科技部中青年领军人才、湖湘青年领军人才等218人次；申请专利5564项,其中发明专利4120项,斩获德国纽伦堡国际发明展金奖和银奖各1项,中国专利金奖2项、银奖2项、优秀奖10项。

（二）多元产业赋能突破,经营业绩跃上新台阶

自2018年中车株洲所成为国企改革专项工程试点企业以来,企业营业收入从295亿元增长至2021年的362亿元,资产总额从513亿元增长至750亿元,累计创造利税200亿元。分类改革推动多元战略性新兴产业发展,不仅在轨道交通主业成长为全球产品型谱最完备、综合技术实力最强、产品应用数量最多的牵引控制系统首选供应商,并已在电气自动化（例如深海机器人等）、高分子复合材料（例如弹性元件、风电叶片等）、电力电子器件（例如高压IGBT、晶闸管等）、新能源装备（电动汽车等）等领域的一些细分行业中进入全球前列。

（三）改革示范效应明显,加快建设一流企业步伐

中车株洲所机制改革创新已成为推动企业高质量发展、建设世界一流企业的关键一招,在经营业绩、活力动力、科技创新、治理能力方面的成果丰硕,管理实践经验先后入选国资委国企改革简报和国资委《改革样本》,在国资委主办的"双百行动"现场推进会、"科改示范企业"负责人培训班、国资委国企改革三年行动培训班上授课分享,目前已成为国资委"学先进、抓落实、促改革"典型示范企业（全国共33家）、国资委"双百行动"专项评估的"标杆"企业（全国共39家）,并作为11个典型案例之一入选国资委《国资报告》国企改革三年行动专刊典型案例,获得中车集团2021年第六届管理创新成果一等奖、2020年调研课题成果一等奖,连续三年获得中车集团改革发展专项奖,为中车集团加快建设世界一流企业、实现"产品服务卓著亮眼、品牌影响显著提升、创新能力不断提高、治理体系更加规范"目标作出突出贡献。

主 创 人：李东林、刘可安
参与创造人：张向阳、王 力、邓青瑞、何政军、刘 曦、陈 昆、
唐远远、叶 朋、程 惠、涂晓红

国有平台型企业以资源聚集为核心的智能网联产业培育管理

湖南湘江智能科技创新中心有限公司

摘要：智能网联汽车产业作为战略新兴产业，受到全球各国的高度重视，产业培育呈现蓬勃态势。国内各地方政府依托地方平台企业开展智能网联新基建、场景示范项目建设，支撑政府出台顶层规划和扶持政策，推动了我国智能网联汽车产业的发展，近年长沙表现尤为突出。本文以国家智能汽车创新发展战略为导向，以新基建项目建设、示范场景牵引、协同管理体系为理论基础，顺应国家智能汽车创新发展战略、解决产业发展和城市交通痛点、推动地方经济和企业发展，通过协助政府搭建产业发展的组织机制和政策规划体系、建设智能网联新基建项目聚集资源、推动应用场景落地、建设"车路云网图"一体化智能网联园区体系、搭建智能网联公共服务平台，助力长沙智能网联产业综合实力不断提升，智慧城市转型升级社会效益显著，新基建建设水平提升管理效应凸显，企业发展取得良好经济效益。

企业简介

湖南湘江智能科技创新中心有限公司（以下简称湘江智能）成立于2018年8月16日，注册资金50亿元，是湖南湘江新区重点培育的新兴产业载体，负责国家级湖南（长沙）车联网先导区建设运营，愿景是成为国内一流的智能网联产业平台型综合服务商。2019—2021年营业收入分别为1475万元、1773万元、3882万元，多年保持高速增长。获批湖南省"专精特新"小巨人、国家高新技术企业、湖南省制造业创新中心（智能网联车辆测试）、国家技术标准创新基地（长株潭）智能网联汽车标准创新中心，当选长沙市智能汽车产业促进会会长单位。

湘江智能致力于以智能网联汽车为主，产城开发、产业投资为辅的三大业务板块：建设运营了全国规模领先的智能网联新基建；打造了智慧公交、智能环卫、智能重卡等一批应用场景，形成了车路协同与智慧交通解决方案、车联网运营服务、智能驾驶系统集成及终端三条业务产品线，自主研发了智能环卫车、T-box、V2X协议栈等产品。支持长沙成为全国唯一获得智能网联领域四块国家级牌照的城市。共对接智能网联汽车企业80余家，已成功落地百度、中国汽研、腾讯等企业21家。正在建设长沙市十个重大引领性产业项目之一的湘江智能网联产业园，该园占地面积约35.8平方公里，总投资为2080亿元。

一、国有平台型企业以资源聚集为核心的智能网联产业培育管理的实施背景

（一）是贯彻落实国家智能汽车创新发展战略、实现城市智慧化升级的需要

智能网联汽车产业是备受瞩目的战略新兴产业，目前，美、欧、日、韩等发达国家和地区均将智能网联汽车作为未来发展的重要方向，在政策法规、关键技术研发、场景应用示范等方面取

得了重大进展。中国将智能网联汽车产业作为国家战略产业，经过10年快速发展，智能网联汽车无论是技术水平还是产业发展都取得了令人瞩目的进步，逐步从全面落后和追赶态势，发展为与欧、美、日等汽车强国并跑，部分领域领跑的态势。抢抓智能网联汽车产业发展的重大历史机遇，将实现汽车产业转型升级，建立新的产业生态。2020年2月，国家发改委等11部委联合发布《智能汽车创新发展战略》，提出加快汽车产业转型升级，推动加快建设制造强国、科技强国、智慧社会，增强国家综合实力。中国智能网联产业虽然还未实现大规模产业化，但已得到政府、多类型企业的积极参与，各方共同探索推动产业快速发展。智能化成为产品差异化的核心亮点，各车企、交通设施商、智能终端商等纷纷加大智能网联研发投入，积极布局智能网联产品。各地方政府相继出台智能网联汽车产业扶持政策和规划细则，明确构建产业创新生态，开展载人、载货、环卫等多场景应用，并以车联网建设为发力点，协同建设智慧城市、智慧交通，助力数字经济高质量发展。

智能网联产业培育发展将推动汽车产业、交通产业跨越式发展，同时实现现代城市的智慧化升级。发挥中国市场和体制优势，基于国内在新基建、智慧城市等方面的优势，实践产城协同发展路径，将打通客流、物流、能源流和信息流，实现城市运行效率提升及节能减排。智能网联汽车和智慧城市的融合，将实现城市中产业、经济、生活、工作的完善布局，带动城市实现智能化转型的目标。智能网联汽车培育的基础设施、云服务、软件算法、场景应用等可被拓展复用到智慧城市其他场景，利用智能网联汽车技术赋能，助力打造有颜值、有气质、有内涵、有格调、有品位的智慧城市样板和标杆。

（二）是解决智能网联产业发展及智慧城市发展痛点难点的需要

虽然长沙市智能网联汽车产业已取得长足发展，但仍面临诸多痛点、难点，比如本地产业链配套率低、技术创新应用转化不够、商业应用场景不足等，导致企业的盈利能力、科技研发、培育壮大等存在瓶颈，影响了产业的持续稳定发展。政府及平台公司聚集资源，将为产业提供创新应用场景，引进及培育本地配套产业链，助力新技术的商业应用，实现技术产品的迭代升级。

随着现代城市的快速发展，交通安全、通行效率、能源消耗、环境污染等问题逐渐凸显，严重影响了城市可持续发展。通过聚集场景资源，可实现智能网联技术与智慧城市、智慧交通的协同，将打通客流、物流、能源流和信息流，实现城市运行效率提升及节能减排。通过路侧基础设施、新型网络、城市基建、车城网、智能网联场景等建设，可实现智能网联新技术在城市交通、城市生活的规模应用，助力解决以上的痛点、难点。

（三）是推动地方经济、人民美好生活和企业高质量发展的共同需要

智能网联产业培育是推动地方经济、人民美好生活和企业高质量发展的共同需要。长沙市作为传统制造业城市，面临着产业转型升级、寻找新产业增长点的迫切需要，而智能网联汽车产业作为战略新兴产业，具有技术密集、产业链长、发展前景大等优点，培育智能网联产业将孵化新经济增长点；将车联网、智能驾驶、导航定位、大数据等新技术、新产品规模化应用到城市交通出行、城市公共服务、城市休闲娱乐等领域，建设现代化智慧城市，能满足人民群众多样化、个性化、不断升级的美好生活需求。同时，湘江智能公司作为政府平台企业，需要在服务产业的基础上实现市场化转型，培育市场化核心竞争力业务以实现自我造血，通过新基建、示范场景等资源打造，将实现湘江智能公司的智能网联产品业务应用到项目建设中，不断迭代升级技术产品，打造具有市场竞争力的核心业务，实现企业的高质量发展。

二、国有平台型企业以资源聚集为核心的智能网联产业培育管理的主要做法

（一）协助政府搭建组织机制和政策规划体系

1. 成立智能网联产业培育发展的组织机构

由省委常委、长沙市委书记与长沙市委副书记分别担任"湖南省新能源与智能网联汽车产业链""长沙市人工智能与智能网联汽车产业链"链长，成立长沙市智能网联汽车（车联网）产业工作领导小组。建立由市领导任召集人，湖南湘江新区管委会以及市发改、财政、住建、工信、交通、数据资源管理等市直单位为成员单位的智慧城市基础设施与智能网联汽车协同发展试点工作联席会议制度，以高效统筹推动智能网联新基建、新场景建设的工作。各级领导高频次开展现场调研，理清思路、解决困难。

2. 建立"政府+国企平台+生态企业"的组织机制

探索并实践了引领国内智能网联产业发展的"长沙模式"组织机制，实现政府、国企平台、生态企业的组织协同。湘江智能作为长沙市智能网联产业的"排头兵"，通过四年的发展，探索出国内智能网联产业发展的"长沙模式"组织机构，即"政府+国企平台+生态企业"的"铁三角"组织模式。一是政府侧，省市相关部门出台了一系列政策举措，提供顶层设计和政策支撑，为智能网联汽车产业发展营造良好、创新的环境和氛围；湖南湘江新区推出了具体的行动计划，积极构建开放包容、协同创新、人机融合的智能网联汽车产业发展生态。二是国企平台侧，湘江智能扮演搭平台、聚生态、促发展的角色，围绕网联场景打造、产业生态集聚和行业品牌塑造，牵引整合生态资源实施，负责新基建建设、示范场景运营、解决方案集成等；通过建设一个共性的平台，不同的解决商、设备商、算法商，围绕应用用起来、经常用，智能网联汽车的发展就会更加贴近客户的需求。三是生态企业侧，提供技术赋能，包括关键技术研发、产品与服务等。通过政府、国企平台和生态企业相互赋能、优势互补，形成发展智能网联汽车产业的"长沙模式"。

3. 协助出台顶层规划和支持政策

前瞻性地制定产城协同规划目标，出台一系列顶层规划和支持政策。根据产业、城市开发等规划目标，省、市、区先后出台了《长沙市新型智慧城市示范城市顶层设计（2021—2025年）纲要》《长沙市新型智慧城市示范城市建设三年（2021—2023年）行动计划纲要》《长沙市智能汽车产业生态火炬计划》《长沙市智能汽车与智慧交通融合产业头羊计划》《长沙市智能网联汽车道路测试管理实施细则（试行）》《湖南省新能源及智能网联汽车三年行动计划》《湖南湘江新区核心区智慧交通专项规划》等规划政策，湘江智能主动作为，积极对接，支撑省、市、新区出台支持智能网联汽车产业培育发展的规划体系，实现规划目标协同，确保总体规划目标、领域分目标的协同，推动产业和智慧城市的快速发展。

（二）建设新基建项目，聚集业务资源培育产业链

通过智能网联新基建项目聚集资源培育产业。湘江智能作为发展智能网联产业的政府平台企业，通过推动长沙市新型基础设施项目建设，重点开展智能网联路侧基础设施、新型网络、车联网应用平台等项目建设，聚集项目资源培育孵化智能网联产业，为行业企业提供产品试验田，扶持上下游产业链企业发展。

1. 建设智能化基础设施

一是开展智慧道路改造。依托新基建项目建设，加快道路基础设施的智能化改造，对长沙主城区210个交叉口的城市道路和三环线、长益复线100公里高速公路进行智能化改造，安装部署近400套LTE-V2X路侧单元。二是建设5G智能物流车路协同示范线。打造了重卡园区5G智能

物流车路协同示范线，满足物流重卡智能驾驶研发测试及应用示范的需求。三是建设多杆合一智慧灯杆。开展了三一大道—岳麓大道道路空间品质提升项目，实现湖南省首条多杆合一示范道路试运行。通过多杆合一，将交通信号灯、交通标识牌、道路指示牌、电子监控等传统设施集成在道路照明灯杆上，实现城市建设和管理集约化、精细化、智慧化、低碳化。

2. 完善新型网络基础设施

一是加快 5G 网络布局。与中国移动、中国电信、中国联通等密切合作，加快无线通信 5G 网络布局，完成了 2 万个 5G 基站建设，累计完成 5.5 万余个。二是开展车联网身份认证系统部署。基于"新四跨"及智慧城市产业生态圈（SCIE）的安全技术及信息安全产品，重点部署 LTE-V2X 通信安全机制，推动建立安全可靠的 LTE-V2X 规模化应用环境。

3. 搭建"车城网"平台

一是建设城市超脑系统。"长沙城市超级大脑"基座已初步建成运行，联通长沙市各级政务部门信息系统 356 个，上线发布 3458 个数据资源目录和 3519 个信息资源目录，汇聚各领域数据 131.7 亿条，成为智慧城市的能力核心，"一脑赋能，数惠全城"的格局正在加快形成。二是建设城市时空信息云平台（CIM）。出台《关于下发推广建筑信息模型（BIM）应用工作实施意见的通知》和《长沙市新型城市基础设施建设试点实施方案》，开展 CIM 平台建设。三是建设智能网联云控管理平台项目（二期）。强化云控平台能力建设，实现云平台与多种产业平台、政府监管平台的互通，实现智能网联及智慧交通的监管和运营。

（三）推动应用场景项目落地，实现产品培育和业务模式探索

通过建设国内领先的智能网联应用场景，支持智能网联产业链企业的产品落地应用，带动其不断迭代升级，实现产品技术升级。

1. 推动全国领先的智慧公交规模化应用

湘江智能牵头完成了 2072 台公交车的智能化、网联化升级，在主动安全、准点率、驾驶员监管、交通信号优先等方面示范应用。基于信号优先和专享路权的"梅溪湖—高新区"智慧定制公交，有效避免了等车困难、堵车迟到等情况。

2. 开展智慧环卫示范应用

打造车路协同的低速自动驾驶环卫场景，为城市运营增添了智能网联元素，开发了基于 V2X 车路协同的小型自动驾驶环卫车辆装备。

3. 开展重点营运车辆的监管与服务

湘江智能对 30 台渣土车进行智能化改装，并投入运营，重点车辆（"两客一危"、渣土车、校车、公交车）加装汽车电子标识 4000 余辆，有效减少了重点车辆的违法违规现象。

4. 开展智慧停车项目

打造智慧停车信息平台"湘行天下"及 App，注册用户数达 34 万，日均为车主提供停车服务超过 11 万次。完成桃花岭自动泊车示范停车场建设。

5. 开展智慧物流示范应用

湘江智能与三一重工签订合作协议共同打造 5G-V2X 智慧物流示范项目，推动新一代智能驾驶工程机械机群的研发与商业运营。

6. 推出 RoboTaxi 智慧共享出行

率先在全国开展 L4 级自动驾驶出租车示范运营，已投放 30 台自动驾驶出租车。

7. 构建公众出行一体化（MaaS）体系

湘江智能推出"湘智行"智慧定制公交小程序，市民可通过 App 预约智慧通勤公交上下班、乘坐智慧通勤公交。

在智能网联企业孵化方面，企业在应用场景运行中，不断采集海量环境感知数据、复杂场景数据，为技术和产品提供自动化迭代能力，最终实现企业产品的大规模商用化，实现企业的培育壮大目标；在智慧城市新型场景探索方面，构建"车路云网图"一体化协同智能网联城市全场景体系，重点推动智慧网联公交、无人接驳、智能环卫、无人末端配送、智慧停车、智能安防等应用场景落地，为智慧城市场景建设提供新应用、新服务、新亮点，实现城市建设的智慧化升级。通过智能网联场景建设，实现智能网联企业孵化和智慧城市发展的协同效应，不断验证技术产品的可行性和稳定性，实现技术协同。

（四）打造"车路云网图"协同园区体系，加速产业群聚集及产城融合发展

为加速产业和智慧园区开发的协同发展，湘江智能2021年启动湘江智能网联产业园建设，为智能网联产业提供地理载体，实现产业集群聚集发展和产城融合。以"中国智联高地，湘江绿智新城"为愿景，以"双新（新基建、新产业）""双融（产城融合、长株潭融城）"为特色，将智能网联新技术、新产业、新理念应用到城市开发中。产业园聚焦"人工智能、智能汽车、智慧城市、智慧工业"等产业及相关细分赛道，打造"产、城、人"一体化融合发展示范园区。总规划面积约35.8平方公里，由人工智能科技园、智联创新园、智联加速园、智联制造园、智联服务园、智慧农业科技园、数字融城示范园七个"园中园"组成，为长沙市智能网联产业集群发展提供了良好载体。产城融合发展是产业园的核心特色，按照"车路云网图"一体化协同打造湘江智能网联产业园，涵盖智能网联大数据中心，打造城市级路云系统、5G基础设施、智慧路灯体系、智慧管网、片区"多网合一"驻地网。

1. 构建智能网联大数据中心

依托智能网联云平台，按照"分层定位、分类实施、分期建设"的原则，建成国家智能网联汽车大数据中心属地分中心、湖南省车联网运营服务中心及湖南湘江新区智慧交通应用服务中心"三个中心"，同时，为湘江智能网联产业园提供统一新基建项目的数据治理、AI算法及智慧交通平台 SaaS 云端应用等服务能力。

2. 打造城市级路云系统

正式启动部署约470个路口总计470套智能网联路侧系统，构建车联网5905—5925一张网，具备智能驾驶测试、先行示范、运营服务等能力。

3. 完善5G基础设施建设

产业园部署20个5G基站，确保已建成成熟片区5G网络全覆盖。

4. 构筑智慧路灯体系

推进现有电力塔杆、通信基站、交通指示牌、监控杆、路灯杆等城市挂高资源开放共享和数字化改造，新建集智慧照明、视频监控、交通管理、环境监测、5G通信、应急求助等功能于一体的智慧杆柱2000个。

5. 规划智慧管网

统一对片区道路的强电、弱电、排水等管网进行规划和建设，运用物联感知、智能控制等技术，对管井内积水、井盖异常等状态进行实时监测，支持设备远程维护、智能预警等；部署城市管网三维地理信息系统，以三维虚拟场景直观呈现管网空间分布和工作状态，实现管网实时监测、

自动预警和智能处置。

6. 建设片区"多网合一"驻地网

统一规划片区通信基础网络设施，整体考虑片区居民、企业的有线宽带、有线电话、广播电视、无线通信和片区公共智慧城市应用的网络需求，统一规划包括整体网络拓扑结构、机房、光交位置、容量及覆盖范围、光缆路由、管道位置容量，部署高速光纤通信基础网络，实现片区"多网融合"节约建设。

(五) 搭建公共服务平台，孵化产业生态实现产业聚集

提供产业孵化器、科技创新平台、人才培育平台、标准创新平台、产业协会联盟等发展要素，建设公共服务平台，通过服务资源协同实现智能网联产业生态聚集发展。

1. 打造国内领先的智能网联产业孵化器

湘江智能积极打造湖南省及长沙市级孵化器，孵化器引进在孵企业16家，储备入孵企业10余家，成功孵化5家以上。发挥长沙智能汽车产业促进会和长沙市汽车产业链办公室的桥梁纽带作用，引导生态企业落户湘江智能网联产业园。引进吉大长沙汽车创新研究院、舍弗勒、中国汽研，围绕智能网联及新能源汽车产业发展技术需求，开展科学研究开发及科技成果转化。紧扣产业招商、产业园招商，积极推动空天智能飞行器湖南省工程研究中心项目与湖南航天产业化合作等重点项目落户产业园。

2. 建设以湘江实验室智能网联分实验室为代表的科技创新平台

为抢滩布局长沙市智慧交通与智能网联产业，加强校、政、企三方的合作，探索建设具有长沙特色的、智慧交通与智能网联的城市智慧交通大脑，湘江智能与长沙市交通局和湖南工商大学三方共同联合成立湘江实验室/长沙市人工智能社会实验室智慧交通研究中心。智慧交通研究中心采取"以智慧交通与智能网联创新为主，加强校、政、企三方的合作，突出技术推动产业"的建设策略，实现短中长期资产的多元化布局，创造明显的战略协同效应，互促互融，共同推动产业和经济社会发展，解决交通领域的痛点和难点问题，攻坚关键核心卡脖子技术以支撑产业发展。

3. 建设湖南湘江人工智能训练营为代表的人才培育平台

湖南湘江新区管委会及湘江智能公司高度重视智能网联人才培养，于2018年底成立湖南湘江人工智能训练营，采取校企联合培养、科研课题揭榜、人工智能训练营、后备军培养计划、工程师精进计划等多种人才培养模式，先后实训逾千名学生、数百名技术人才，组织数十个科研课题揭榜，打造湖南湘江新区的智能网联人才培育平台，取得了良好的人才培育效果。

4. 建立国内领先的智能网联标准创新平台

在湖南省市场监督局领导下，按照国家车联网（智能网联汽车）产业标准建设指南要求，湘江智能积极承担国家技术标准创新基地（长株潭）智能网络汽车标准创新中心和湖南省智能网联汽车标准化技术委员会秘书处工作，为智能网联产城协同发展提供标准创新平台，开展湖南省智能网联汽车特色化发展技术标准规范体系和对策研究及湖南省智能网联汽车标准体系规划制定，起草智能网联汽车相关标准40余项。

5. 建立生态聚集的产业协会联盟

为智能网联产城协同提供协会联盟服务。湘江智能在工信部主导下，与国内15家智能网联汽车第三方测试平台共同签署《智能网联汽车测试区（场）共享互认协议》，实现资源共享、资质互认、标准共建；由湘江智能牵头成立长沙市智能汽车产业促进会，吸纳会员单位54家，长沙市智能汽车产业集群被确认为湖南省先进制造业集群。

三、国有平台型企业以资源聚集为核心的智能网联产业培育管理的实施效果

（一）长沙市智能网联产业实力进步明显，企业高速发展，经济效益良好

长沙市智能网联产业实力不断发展。在2020年赛迪研究院推出的智能汽车产业投资潜力榜上，作为中部城市，长沙位居全国第三。湘江智能助力长沙先后获得四块国家级牌照，包括国家智能网联汽车（长沙）测试区、湖南（长沙）国家级车联网先导区、国家智能网联汽车质量监督检验中心（湖南）、智慧城市基础设施与智能网联汽车协同发展试点城市。

产业聚集能力和经济发展水平不断提高。生态企业"百花齐放"，当前长沙已吸引10余家智能网联及相关行业世界500强企业落户，汇集产业链上下游企业350余家，实现年产值逾150亿元。目前长沙已集聚百度、华为、腾讯、京东、博世、大陆、舍弗勒等70多家国内外行业优势企业和中车时代、地平线等12家科研院所，本地产业链配套率快速提高，拥有国家级实验室2家、省级重点实验室11家、省级技术研究中心11家。以湘江新区为核心的智能网联汽车全产业链实现产值超过150亿元，其中产值过亿元的重点企业36家。

企业经营业绩连年高速增长。营业收入从2019年的1475万元增长到2021年的3882万元，年均增幅82%，公司资产达11亿元。同时，湘江智能成立四年来，已获批湖南省"专精特新"小巨人、国家高新技术企业、国家技术标准创新基地（长株潭）智能网联汽车标准创新中心、湖南省智能网联汽车标准化技术委员会、湖南省制造业创新中心等，企业实现高质量发展。

（二）长沙智慧城市、智慧交通转型升级，社会效应显著

湘江智能通过聚集资源培育发展智能网联产业，取得显著社会效应，获得社会广泛认可。对长沙市2000余辆传统公交车进行网联化、智能化改造，并结合路侧通信、传感、计算等信息化基础设施以及智能网联云控平台，可实现公交车辅助驾驶、公交车信号优先通行等功能，提升公交运行效率及准点率，保障公交运行安全，提升城市智能化水平，改善群众出行体验。经统计，智慧公交行程时间平均缩短约13.3%，高峰准点优化率达80%，智慧公交调度平台帮助湖南巴士提高运营管理效率25%，服务群众超过1000万人次，得到了体验市民的一致好评。"梅溪湖—高新区"智慧定制公交服务通勤人口10000余人，均支持主动式公交优先、红绿灯信息共享、App预约出行、准点准时出行等多项功能，较私家车按地图推荐线路的通勤时间平均节省约27.5%，据抽样分析，约有24.7%的乘客由开车通勤转变为乘坐智慧通勤公交通勤。长沙市主动式公交优先项目荣获联合国人居署、世界经济论坛、西班牙工业部联合颁发的2021年"世界智慧城市出行大奖"。RoboTaxi智慧共享出行已在全国率先开展L4级自动驾驶出租车运营，实现了商业收费运营，投放30余台自动驾驶出租车，载人测试里程超过100万公里，网上订单累计服务5万人次，满足了市民多样化的出行需求，公众反响热烈。

（三）企业及长沙的新基建建设水平取得进步，管理效应凸显

提高了智能网联产城协同新基建的工程管理水平。2018—2019年，智能网联新基建作为全新领域，因全国无经验可循，项目工程管理只能边摸索边突破，其工程进度管理因受各方因素影响效果不佳。2020年后新基建建设的工程管理水平有了质的飞跃，进度管理、成本控制、质量管理等均有了较大的进步。湘江智能《基于场景体系构建推进智能网联汽车产业发展的管理创新》获得2019年湖南省企业管理创新成果一等奖。

增强了跨部门的协调管理水平。探索出"政府+国企平台+生态企业"的"铁三角"管理模式，加快了重大项目的推进速度，提高了跨部门、跨区域、跨层级的协调管理水平。

提升了新基建项目的标准化管理水平。出台智能网联产业项目建设及运营的系列标准，规范

管理新基建、项目运营、体系。2021年编制发布《湖南省智能网联汽车产业标准化体系》《智能网联汽车云控平台运营服务规范》《智慧城市路口智能化路侧系统技术要求》《智能网联汽车自动驾驶功能测试规程》《智能网联公交车路云一体化系统技术规范》等湖南省地标,编制《智慧公交智能网联基础设施建设技术导则》《智能网联道路新型基础设施建设标准》,通过标准化提高新基建建设及运营的管理水平。

主 创 人:谢国富、高培基
参与创造人:姚　广、谭　敏、胡　锐、许星伟、田军锋、姜勇钢、
　　　　　　刘　婷、覃业钊、秦之遥、毛荣标

大型建筑企业全生命周期快速建造体系的构建与实践

中建五局第三建设有限公司

摘要： 快速建造是近年来运用到建筑施工领域的新型建造方式，代表建筑行业缩短施工周期、提高建造效率的努力方向。快速建造体系遵循"安全第一、质量优先、绿色环保、敏捷高效"的基本原则，基于工程项目全生命周期，在确保处理好安全、质量和工期关系的前提下，科学地计划、组织、协调、控制，采用先进的施工技术和工艺，合理地配置生产要素，解决传统建造方式的一系列弊病，科学缩短项目建设时长，并使建造速度处于行业的先进水平。

作为一种以效率提升为导向的高精度、可量化的工程项目计划控制系统，中建五局第三建设有限公司围绕搭建实体平台、实现设计先导、工艺集成、设备升级、流程再造、技术创新及要素优化等七大方面的核心内容，将计划指令施加到工程项目建造全过程中，并根据实际情况与预期目标的差距动态调整纠偏，达成缩短建造周期、节约施工成本、提升劳动效率的管理目标，并最终推动施工企业实现经济效益、管理效益、社会效益、生态效益和示范效益的有机统一，提升市场核心竞争力，推动行业建造方式的变革升级。

企业简介

中建五局第三建设有限公司（以下简称中建五局三公司）成立于1971年，注册资本25亿元，是中建五局旗下唯一一家拥有"双特双甲"资质的法人单位，综合实力位居湖南省建筑企业前三强，营业收入连续四年跻身中国企业500强，达到了"千亿企业、万人团队"的发展规模。

近年来，中建五局三公司已打造成为集研发、设计、建造于一体的工程总承包商，构建了基于工程项目全生命周期的快速建造体系，形成了以"厂房十条"为快速建造经验集成，推动了项目建设的效率提升，新建了多个施工工艺达到领先水平的世界一流工厂，率先破解了湖南省快速建造产业园区项目中的各类施工难题，获评工程项目最高奖——鲁班奖，演绎了量质齐升的"速度与激情"，为社会相关方持续创造价值。

在此体系的助力下，仅用不到9个月时间优质履约26万平方米的长沙智能终端产业园比亚迪电子工厂，提前3个月实现26万平方米的长沙蓝月谷智能制造产业园竣工交付，创造了工程项目建设的"望城速度""宁乡速度"，获得属地政府、业主单位、行业内外的一致认可，助力一系列战略性新兴产业落地兴湘，为湖南省践行"三高四新"和"强省会"战略贡献了超10万人次的就业、超10亿元的利税收入，并带动上下游上千家供应商投产兴业。

一、大型建筑企业全生命周期快速建造体系的构建与实践的背景

在建筑行业激荡变化的当下，建筑方式的变革正在悄然上演，以提升工效、绿色环保为最主要特征的快速建造成为崭新课题。快速建造因其满足了客户对于质量、安全、进度的综合性需求，

既是建筑行业转型升级的迫切需求，也是建筑行业上下游产业链生产力快速提升的必然产物。作为一家大型建筑企业，构建全生命周期快速建造体系，主要基于以下背景。

（一）是践行新发展理念的必然需求

习近平总书记在党的十八届五中全会上提出以"创新、协调、绿色、开放、共享"为内涵的新发展理念，为建筑行业的高质量发展提供了根本遵循。建筑业"十四五"规划明确提出"坚持创新驱动，绿色发展。推广绿色化、工业化、信息化、集约化、产业化建造方式，推动新一代信息技术与建筑业深度融合，积极培育新产品、新业态、新模式，减少材料和能源消耗，降低建造过程碳排放量，实现更高质量、更有效率、更加公平、更可持续的发展"。快速建造是指具备科学的计划组织、控制、协调、配合等完整的施工工艺以及先进的建造技术，是建筑行业解决环保、安全、质量和效率协调统一的必然方向。在全省大力实施"三高四新"和"强省会"战略的背景下，项目建设是经济建设的主战场，在推动经济高质量发展中发挥着关键作用。坚持以新发展理念为指导，变革赋能建造方式，推动项目落地、高质量建设、高质量投产，势所必需，势在必行。

（二）是建造方式升级变革的实际需求

建筑行业作为关系国计民生的国民经济支柱性行业，上下游产业链企业众多，吸纳就业人口巨大，但传统建造方式也存在明显缺陷：一是施工周期较长。由于现场施工机械化程度低，相对工效不高，据测算，一个10万平方米左右的工业厂房，建造时间一般要20个月，加上设备调试，交付时间需要2年以上。二是资源浪费严重。建筑业现场作业条件复杂，要素配置多，辅助设施周转利用率低，劳动力投入缺乏精确计算。三是环保问题不容乐观。建筑行业普遍采用现场浇筑施工模式，噪音、泥浆、灰尘固体悬浮物、固体废弃物等造成环境污染严重。四是标准化程度不高。受制于现场作业环境、劳动力素质以及管理精细化程度等主客观条件，施工企业很难保证提供均质化的建筑产品，这也导致有关质量、工期、安全的投诉居高不下，客户满意度不高。五是建筑垃圾产生量大。传统建筑施工产生的材料废弃物、建筑残余垃圾，不仅给当地的垃圾清运和处理能力带来巨大的压力，而且对经济社会和生态环境的承载能力提出了更大的挑战。因此，改变传统建造方式，实现升级变革已是必然趋势。

（三）是提升市场竞争能力的重要抉择

当前，项目建设成为推动经济发展的重要抓手。政府、使用方对于建筑企业高效的建造速度和建造能力提出了新的要求。以"当年签约，当年竣工，当年投产"为目标，迫切要求有一个可以统筹所有建设事项的"大管家"，以推动项目快速投产、快速形成生产力、快速创造价值。因此，行业急需具备规划、设计、报建、建造、专项验收、联动调试能力的全产业链服务工程总承包企业。快速建造正是满足"安全第一、质量优先、绿色环保、敏捷高效"的建设原则，是在确保处理好安全、质量和工期关系的前提下，科学缩短项目建设时长、解决传统建造方式弊病、产生持续的综合价值和整体效益的新型建造体系。快速建造成为建筑企业赢得市场竞争、拓展市场份额、树立市场口碑的必然选择。

二、大型建筑企业全生命周期快速建造体系的构建与实践的主要做法

建造施工是一个庞大且复杂的指挥控制系统，建造方式直接决定建造效率的高低。中建五局三公司经过广泛的建造实践，确定以"平台、设计、工艺、装备、流程、技术、要素"为核心内容的快速建造体系，施加运用到工程项目建设的全生命周期，形成创新性的管理成果，主要内容如下：

（一）做好顶层设计，搭建实体平台

秉承"专业的人做专业的事"的理念，中建五局三公司在中建五局系统内率先成立高科技厂房事业部，旨在专门研究和推广快速建造的标准化作业流程和规范化管理体系，增强在高科技厂房领域的差异化竞争优势，推动和引领建筑行业建造模式升级。

作为快速建造体系的实体平台，高科技厂房事业部以"致力于打造全国最具价值创造力的产业园区项目工程总承包商"为愿景，紧紧抓住新基建、制造强国、产业项目建设、新能源行业发展机遇，推动快速建造体系在不同区域、不同类型工程项目的广泛运用，充分释放顶层设计价值，主要功能为"三提一输"：

1. 提出发展规划

高科技厂房事业部负责快速建造体系的全面规划和设计，明确将快速建造体系作为工程总承包的一种核心竞争力，2022年，在公司50%以上的项目中进行应用推广，预计2025年在90%以上的项目中实施运用，缩短项目整体工期1个月以上，其中产业项目缩短3个月以上。

2. 提炼发展优势

依托中建五局机电安装、钢结构、精装、幕墙、市政、智能化、园林产业链优势，为快速建造创造资源组织可靠、过程实施可控、系统运行稳定、产品良率提高的良好环境。同时，以专业的建造水准、多业态项目建造经验，结合业主交付后的评价及建议，逐步改进工艺、工序和工程品质，确保建造过程出精品。

3. 提供专业咨询

基于全类型的经验、全专业的资源、全过程的服务，为快速建造体系的运用提供最全面的专业咨询，综合荷载标准、洁净度等级、项目业态与结构形式匹配度等因素，避免返工和资源浪费。

4. 输出管理成果

编制快速建造项目统一模板，项目架构、人员配置、分包模式、优质供方一体化考虑，项目设计、安全、质量、进度、环保系统化考虑，并输出以"大十条""小十条"和"刚性十条"为代表的管理成果。

（二）实施设计先导，推动"三预"融合

设计是把客户的需求转化成系统性的基于技术的解决方案。设计先导不仅包括具体的设计工作，而且包括整个建设工程内容的总体策划及实施组织管理的策划和具体工作，是将设计成果工程化，用于指导采购、商务、建造管理。设计对于快速建造的推动作用，主要体现在预设计、预采购、预施工的"三预"融合中。

1. 预设计

在设计执行团队开始正式设计工作前，项目部充分研究业主对功能、使用、运营等各方面的需求，响应企业在造价、安全、建造便利性等方面的要求，通过科学论证、细化整理，由项目设计管理部下达明确设计指令给设计执行团队。

2. 预采购

在开始实质性采购之前，通过招议标方式与潜在供方就实施阶段的合作模式、服务内容、技术性能参数、价格等主要条件进行协商并达成共识，签订标前协议。一旦正式中标，就可直接签订合同协议，从而节省大量时间。其中，专业分包主要确定合作模式、服务内容，材料设备主要确定技术参数、产品品牌。

3. 预施工

通过方案阶段提出结构形式、初设阶段植入工艺及方法、施工图阶段协调具体做法等，为后期便捷施工服务。例如，施工图设计阶段，在充分考虑工艺的前提下，把总图出图顺序提前，便于永临结合施工，进场就开始施工部分内容，以节约建造时间。

"设计先导、'三预'融合"主要体现在固化各方需求，建立项目设计标准的基础上，通过预采支撑，进一步细化专业分包、材料设备的技术要求和造价要求。通过"三预"融合，编制项目设计技术指导书，明确设计指令，节约接口交底时间，提升建造效率。

（三）确定工艺要素，实现工艺集成

工艺在建造过程中占据重要地位，特别在产业项目中，工艺决定一切，是产业园区能否成功达产的关键因素。工艺管理要素主要包括业主需求（考虑短期和长期）、政府期望产能（预备扩产准备）、产线厂家参数（产品的市场占有率）、产品工艺需求（市场更新迭代速度）以及安评、环评参数（刚性要求）。工艺集成主要体现在以下方面：

1. 永临结合

建造过程中临时设施与实际交付的使用设施之间往往存在重复施工的情况，这样既增加了成本，又延长了工期。快速建造以永临结合为着力点，包括地下管网、道路、围墙、路灯、部分绿化等施工内容，发挥EPC项目设计优势，按照正式图纸一次施工到位，减少临时设施的投入，同时减少过程的维护费用，满足现场优质形象和环保的要求。按一个20万平方米的工业厂房计算，采取永临结合能节约工期30天。

2. 精准防水

厂房屋面一般单体面积较大，且作为功能性生产厂房，必须确保"零渗漏"。传统防水工艺采取双层卷材，与基层粘接不牢，卷材下面容易积水，时间长了易渗水，卷材易起壳脱落。在实际施工过程中，采取"非固化+防水卷材"具有突出优势：非固化材料具有良好的黏结性、黏滞性，在基层产生变形时，基本没有应力传递，既能像"皮肤"一样粘接在结构板上，质量可靠，断绝漏水隐患，又能有效避免后期治漏返修风险，保障建筑使用功能，减少维修成本。

3. 集成拼装

为实现建筑外墙尽早封闭，及时插入室内装饰及机电工程施工，建筑外立面全部采用装配式金属岩棉夹芯一体板+内衬板工艺。

传统保温外墙体易出现渗水、空鼓、开裂、保温层脱落等情况，平整度控制难度大，时间长了污渍较多，无法清洗，维修成本高。采用金属岩棉夹芯式外墙，2500平方米只需10天工期，节约外墙施工工期75%以上，同时，有效降低了外墙开裂渗漏风险，减少维修成本。

（四）依托"中建奇配"，实现装备升级

机电安装采用中建五局自主装配式机电品牌"中建奇配"，实现模块化设计、工业化生产、装配化施工。相较于传统机电安装方式，"中建奇配"具有以下优势：

1. 节约工期

传统施工工期需2~3个月，且缺少材料加工场地和材料堆场。"中建奇配"通过BIM优化，在工厂提前完成构件预制，构件之间采用法兰连接，并在工厂进行试拼装，具备工作面后迅速装配，现场拼装仅需30天，节约机电安装工期50%以上。

2. 环保节能

产品按照深化图纸在工厂内批量生产、切割、快速组装，相比传统施工方式，该技艺可节能

30%、节材20%、节地20%以上，大大提高生产效率和降低人工成本，建造过程可很好地实现"四节一环保"。

3. 安全高质

传统机电安装现场施工环境差，机房狭小，高处作业多，焊接作业有火灾隐患，烟尘污染影响政府"蓝天行动"。工人操作水平参差不齐，导致人工现场下料的质量无法保证，焊接质量难以满足要求，美观度差。"中建奇配"实现工作环境优化和品质提升，现场基本无切割焊接，单根管段安装变成成块吊装，减少高空作业，安全系数更高。工厂全部采用数控设备加工，质量稳定，外形美观。

（五）精梳工序计划，实现流程再造

工序流程直接决定施工进度。在现有建造方式中，因为工作面界定不清楚、职责定位不明确，容易出现现场调度失控、流程无序空转、计划杂乱无章等问题。提升建造效率，缩短施工工期，迫切需要进行流程再造，主要从以下三个方面展开：

1. 精准落地计划管理

在建设全生命周期内编制和整合各类进度计划，形成一个总控计划，全程对总控计划的实施予以监控，同时根据监控数据制定应对措施和调整计划。制定施工计划，综合考虑计划的全面性，包括工程计划、工作计划、资源计划，计划管理包括编制、监控、考核、调整；计划的全过程性，覆盖项目建设全生命周期；计划的综合性，各类计划界面多，接口关系复杂。

2. 科学部署施工穿插

理顺各专业之间施工的先后顺序，解决建造接口工序交叉问题，确保各专业间穿插转序有序、顺畅。基于广泛的施工经验，采用"3+3+3+1+1+1=12天"主体施工速度，即按5000平方米一个单元考虑，施工周期为3天支模架+3天模板+3天钢筋绑扎+1天浇筑砼+1天技术间歇期+1天地面保护。通过详细的施工部署、施工流水，及时、有效穿插，均衡施工，锁定各区楼面混凝土浇筑时间，提高材料周转利用率，避免抢工造成人员聚集、降低工效、浪费资源。

3. 前后工序有机结合

传统建造方式采取建筑与结构地面分层分阶段施工，后期二次地面浇筑至少需花费2个月工期，容易出现二次污染，而且极易出现开裂、空鼓现象，导致返工而造成成本浪费。采取楼地面一次成型做法，按20万平方米厂房项目，楼地面每平方米45元施工成本计算，节约投入近千万元，而且无质量隐患，后期无返工维修费用，工期缩短至少2个月。

从宁乡蓝月谷项目开始，中建五局三公司在产业项目上推广主体施工时结构、建筑地面一次成型，加强成品保护，取得了良好的经济效益，从根本上杜绝了空鼓开裂的质量问题，同时节约了清理费用和工期。

（六）运用先进装备，实现技术创新

秉承"技术创造效益"的原则，以专业技术能力和建造水平，降低成本，提升效率，为相关方创造效益。

1. 运用新型盘扣体系

园区厂房层高一般超过6米，部分因工艺需求超过10米、20米的层高，若采用传统钢管架搭设，支架材料用量非常庞大，货源组织和搭设难度极大，且效率很低，占用时间很长。采用60新型盘扣架体，按5米层高、5000平方米的施工单元来计算，搭建、拆除分别只需3天/施工单元、5天/施工单元，缩短工期22天，节约项目刚性成本约400万元。同时，搭设及拆除方便、安全系数高，不占用塔吊时间，减少塔吊布设，提高塔吊使用率，减轻项目管理压力。

2. 采用便捷门式外架

传统外架搭拆功效低，费用高，且需施工方提供钢管扣件，配合成本较高。按一栋高24米、单栋厂房周长800米的厂房项目计算，采取门式外架搭拆成本大幅降低，厂房外架约为0.4平方米/建筑平方米，相比钢管架可节约4元/建筑平方米，搭建、拆除各需5天/层，缩短工期12天/层，且整体标准化、形象好。成建制、专业化施工，提升了项目工效。

3. 实施全穿插施工技术

设计、监理、土建、机电、装修、消防等单位提前参与到前期的穿插策划中来，使工序穿插的质量得到保证。图纸先行，利用BIM技术，提前进行土建、水电、风暖、装修等相关问题的汇总，通过前期图纸会审，将问题消灭在萌芽状态，保证土建、水电、风暖、装修四图合一，解决建造接口工序交叉问题，确保土建与机电、土建与装饰施工穿插转序顺畅。

（七）科学测算投入，实现要素优化

建造施工过程中的人力、财力、物力的投入，是一门控制科学。只有保持配比得当，科学优化，才能加快周转，减少损耗。

1. 临建设置标准化

传统临建标准不统一，基本采用板房，临建面积过大，生活区板房都是一次配置到位，周转率低，造成资源浪费。通过临建施工优化，办公区全部采用模块化图纸施工，以50人/3000平方米最为经济，生活区采用集装箱+板房结合的方式，按以上人员规模及使用时间段需求增设集装箱即可。形成固定模块后便于周转，至少周转3~5次，可节约大量刚性成本。

2. 要素投入公式化

管理人员按100万/月人均产值计划，根据项目工期和造价即可确定所需人数：项目管理人员数量=总造价÷工期（月）÷100万元/月人；劳务人员按劳月产值为5万元/人，每支劳务队伍配置120至150人，每天工人数量=主体产值÷5万元/（人·月）÷主体计划施工时间，劳务队伍数量=每天工人数量÷（120至150人）。

通过以上公式，进一步明确了临建设施和劳动力投入的精准度，优化了关键要素，有效避免了"冗员"、"窝工"、人员不足等情况，保持了建造过程的计划性、连续性，提高了整体建造效率。

三、大型建筑企业全生命周期快速建造体系的构建与实践的效果

快速建造体系基于工程项目的全生命周期，极大地释放了生产力，具有变革式意义，主要体现在以下五个方面：

（一）经济效益显著

近五年来，中建五局三公司依托快速建造体系建成超1600万平方米的高科技厂房和产业项目基地，合同额超450亿元，并因优质高效赢得了望城片区后续50亿元及宁乡片区后续30亿元的项目工程等超百亿项目承接；快速建造体系对于工程项目的工期缩短平均在30%以上，间接降低施工投入成本约15%，提升了企业的核心竞争能力，经济效益可观。同时已由省内向全国、全球拓展，已签约匈牙利宁德时代工程项目，对接商洽了匈牙利亿纬锂能项目，为企业创造价值的同时，更为湖南省创造外汇收入。

（二）管理效益突出

快速建造体系提高劳动生产率30%以上，缩短了施工周期，相应节能40%、节水约40%、节

材约30%、节地20%。同时，作为一种高周转建造方式，减少人力投入20%、临时设施投入30%，加速了内部周转，实现了资源节约、运转经济，建造效率和成本降低率处于行业先进水平，有力地解决了传统建造方式存在的施工耗时耗力、现场污染严重、计划杂乱无章等问题。

（三）社会效益明显

依托快速建造体系，公司每年吸纳800名大学毕业生就业，创造了超10万人次的就业机会。同时与国内外知名企业如华为、三一、中联、京东、格力、宁德时代、比亚迪建立深入合作关系，与电子院、电子十一院、中机国际、中航院等设计院建立良好战略关系，培养了3000余名快速建造专业人才、200余名设计人员，规模相当于一个中等设计院。

（四）生态效益突显

由于快速建造提高了机械使用率，保证了产品质量的标准化和稳定性。装配式部件、机电的使用，减少了现场施工的生产环节，有效地减少了施工工地的噪声和扬尘污染，现场施工的安全隐患也大大降低。在时间上，快速建造缩短了工期，使得建筑"三废"的刚性排放时间减少；在强度上，由于先进技术和装配化施工方式的使用，建筑"废渣、废水、废气"的排量显著减少。综合测算，减少建筑垃圾40%以上。

（五）示范效益显现

在确保安全和质量的前提下，快速建造管理体系推动了建筑产品实体质量的提升，所属工程获得建筑行业最高奖——鲁班奖、湖南省优质工程奖、芙蓉奖等一系列荣誉成果，并在中建五局各层级会议上进行了超过10次的经验交流，在中建集团的"铁三角"论坛中进行了连续两年的推广交流，形成的"快速建造十条"经验集成在中建五局100多个项目中得到应用推广。经验成果由长沙市持续推广到各地州市，由湖南省推广到全国相关省份，产生"对标先进、竞技一流"的示范效应。长沙机场扩建工程综合交通枢纽、中联智慧产业城、三安光电产业园等快速建造工程项目被省部级媒体报道总计200次以上，宁乡蓝月谷项目被《湖南日报》评价为"干出来的宁乡速度"。

主　创　人：陈　勇、王飞云
参与创造人：覃　波、李　明、甘鹏宇、李　尚、江升科、皮远明、
　　　　　　刘远贵、曹泽峰、李迪凯

基于政企战略合作模式的电网建设体系创新与实践

国网湖南省电力有限公司

摘要： 国网湖南省电力有限公司切实贯彻中央"碳达峰、碳中和"重大战略目标，积极投身湖南省"三高四新"战略主战场，创新推出"政企合作，共建电网"战略合作。将电网规划纳入湖南经济社会发展规划中，为电网建设夯实前期工作基础，通过建立内外联动的工作机制、错级协调的组织架构，为电网建设提供坚实的机制保障。充分发挥政府主导优势，加大电网建设投入力度，加快电网建设步伐，推进新型电力系统建设，全力建成优质电网，持续强化电网发展，共同维护电网建设的良好环境，保证电网项目顺利推进，政府和电网企业共享电网建设收益，实现政企合作的可持续发展。为湖南经济社会发展和人民美好生活需要提供了可靠保障和有力支撑，彰显了国有重点骨干企业的责任和担当。

企业简介

国网湖南省电力有限公司（以下简称国网湖南电力）是国家电网有限公司的全资子公司，以建设和运营电网为核心业务，担负着保障湖南省电力可靠供应的重大责任。现设职能部门19个，下辖市（州）供电公司14家、县级供电公司98家，员工总数7.1万人（全口径）。供电范围覆盖全省14个市（州）117个县（市、区），营业区面积占全省总面积的96%，营业区人口占全省总人口的98%。2021年，完成售电量1737.32亿千瓦时，同比增长12.96%；资产总额突破1396.35亿元；资产负债率68.67%；营业收入1029亿元，同比增长16.93%；利润总额2.5亿元，同比增加15.96亿元。2019年以来，国网湖南电力创新推出"政企合作，共建电网"合作模式，建立政企内外联动工作机制，长期聚焦于高效推动电网建设，提供优质电能服务，助力湖南经济高速发展，满足人民美好生活用能需求。

一、基于政企战略合作的电网建设体系创新与实践的背景

（一）新型电力系统建设是实现"双碳"目标的关键环节

2021年3月，习近平总书记在中央财经委第九次会议上提出，构建以新能源为主体的新型电力系统。这是党中央基于保障国家能源安全，实现清洁低碳，推动"碳达峰、碳中和"目标实施作出的重大决策部署，明确了新型电力系统在实现"双碳"目标中的基础地位，为能源电力发展指明了科学方向、提供了根本遵循。省委、省政府发布的《关于完整准确全面贯彻新发展理念做好碳达峰碳中和工作的实施意见》中指出，构建清洁低碳安全高效能源体系，提高电网对高比例可再生能源的消纳和调控能力。为推动国家重大决策部署在湖南落实落地，国网湖南电力与政府在认知和行动上保持高度协同，在新型电力系统建设、服务"双碳"目标等方面形成最大合力，将电网发展融入地方党委政府工作大局，积极探索创新电网建设体系，使湖南成为促进能源清洁

低碳发展和安全高效利用的引领者、推动者、先行者。

(二) 电力助推经济社会发展是各主体的共同愿景

2020年9月，习近平总书记在湘考察，赋予湖南"三高四新"战略定位和使命任务。省委、省政府奋力将总书记为湖南擘画的宏伟蓝图变为美好现实，并提出要强化电力、算力和以科技创新为主要代表的动力支撑，明确了电力作为"三大支撑"之首的重要地位。随着"三高四新"战略的稳步实施，湖南经济保持稳中向好发展态势，地区生产总值两年平均增长5.7%，全社会用电量两年平均增长7.5%，用电需求保持高增长趋势，各方对建设坚强优质电网的需求十分迫切。2021年7月，省委副书记、省长毛伟明在国网湖南电力调研时强调，要形成全省"一盘棋"的工作合力，统筹保障电力供应，助力湖南高质量发展，点亮人民高品质生活。国网湖南电力将企业自身发展主动融入省委、省政府工作大局中，始终以服务湖南经济社会发展为己任，以政企高度协作引领提升电网发展水平，为"三高四新"战略实施和现代化新湖南建设提供有力支撑和可靠保障。

(三) 电网高质量发展是满足电能需求的根本保障

"十四五"以来，湖南电网供电能力、供电可靠性、城乡一体化水平提升等方面成效明显，但与电网高质量发展要求相比，各方面不同程度地存在短板，电网建设效率与质量亟待提升。随着电网建设步伐日渐加快，由于用地审批文件难以取得、开工手续办理流程复杂、征地拆迁协调困难等现实因素，极大地延缓了项目整体建设时间，导致部分保供电重点项目无法按期开工建设，造成电网建设与经济发展节奏不匹配的矛盾日益凸显。由于城市化进程不断推进，电力设施与市政建设、城市改造、小区绿化等的矛盾日益突出，外力破坏电力设施现象时有发生，市区土地开发临近饱和，变电站建设用地选址困难，输电线路廊道紧张，以电网企业为主体进行电网建设，征地困难，容易产生产权纠纷。政企沟通机制不通畅、信息不对称、民众维权意识强、政府维稳压力大等因素，导致以电网建设影响生态环境和居民健康为由的阻工现象频发，严重制约电力发展。为此，国网湖南电力积极主动作为，加大政企合作的深度和广度，促使各级政府转变成为电网建设的主导力量，共同打造政企合作建设电网的新生态。

二、基于政企战略合作的电网建设体系创新与实践的主要做法

(一) 确立目标，明确总体思路

1. 构建清洁供能格局

一是促进能源清洁化替代，推动"新能源+储能"协同发展，坚持集中与分布式并重，依据电网消纳和承载力，统筹促进风电、光伏开发，科学推进整县光伏试点。二是提升新能源消纳水平，加快推进特高压工程等一批重点项目规划建设，为新能源送出做好配套电网建设及支撑服务。三是加快电网数字化建设，广泛应用"大云物移智链"等新技术，助推源网荷储协同发展，推动电网向能源互联网转型升级，降低社会用能成本，打造低碳绿色发展城市。

2. 提升电网发展水平

一是加强坚强智能主网建设，强化500千伏网架结构，提升区域电网供电保障能力，满足鲤鱼江、永州电厂等大型电源接入，保障全省电力安全供应；提升220千伏供电能力，满足负荷发展需求，形成分区合理的电网结构，保障重要用户的接入；优化110千伏及35千伏网络结构，进一步解决重过载，设备整体水平提高，供电可靠性得到提升。二是实现配网提质改造升级，按照"结构合理、适度超前、技术先进"原则，采用网格化先进技术，优化配电网结构，提升设备质量、配电自动化和信息化管理水平，增强电网运行的灵活性、自愈性、互动性。三是提升乡村电气化水平，建成结构合理、先进可靠、经济高效、技术先进、环境友好的现代农村配电网，实现城乡供电服务均等化，服务县域经济社会发展，满足美丽乡村建设、自供区接管改造等需求。

3. 培育低碳用能体系

一是创新终端消费新模式，聚焦能源消费低碳化，推广"供电+能效服务"，提高用户用能体验，推动生产生活方式绿色转型，提升电能在终端能源消费中的占比。二是建设能源大数据中心，依托能源大数据平台，汇聚煤、电、油、水、热等相关能源数据，深化能源大数据创新应用，加快与城市管理数据共享，服务政府决策、企业运营和居民用能。三是大力实施电能替代，安排专项资金开展电能替代配套公用电网改造，重点推进工业、建筑、农业、交通等四大领域电能替代。其中工业生产领域，推广工业电锅炉等设备应用；建筑领域，优先在党政机关、商业楼宇、医院学校等开展"全电厨房"、空气源热泵改造；农业生产领域，推广电烤烟、电养殖、农业大棚电气化综合应用；交通领域，加大充电基础设施建设力度，重点推进城乡公交、物流配送、工程环卫、旅游景区等四大领域"专车"充电设施建设。

(二) 规划共谋，强化前期基础

为进一步提高电网投资的效率，国网湖南电力与政府共谋实施"一张网规划"，从源头上解决电网项目落地难题，形成电网规划与经济社会发展规划融合的常态机制。

1. 协调电网规划投资，提高投资效益

电网规划投资是电力规划的重要组成部分，电网投资的合理性对提高经济社会效益、国有资本的整体投资效益以及电网企业的稳定发展具有重要现实意义，政企协调统筹电网规划投资能够使电网项目建设贴合经济社会发展，及时满足地区负荷需求以及实现资源配置最优化。能源主管部门对规划总投资和新增输配电量进行测算，评估实施后对输配电价格的影响，明确500千伏及以上输变电工程的功能定位，110千伏及以上输变电工程的建设安排和35千伏及以下输变电工程的建设规模。电网企业通过明确全省电力需求、省内电源规划以及电力电量平衡等边界条件确定电网投资计划，论证合理投资规模，提高电网投资效率，加强与电源专项规划的有效衔接，积极开展前期工作，合理控制工程造价，规范履行相关程序，保障电网规划项目顺利落实。

2. 同步电力布局规划，匹配建设时序

政府牵头电力专项规划编制，按照"多规合一"要求，指导电力公司完善电力设施布局规划，科学布局变电站站址和线路廊道，并将规划成果纳入城市国土空间规划，其中变电站站址全部纳入控制性详细规划或村镇规划，形成"一站（线）一档案"进行统一管控，确保输变电设施与输电线路通道同步规划，共享土地利用规划、林业分布、基本农田、生态红线等国土空间规划成果。电力公司负责编制、上报电力建设项目年度计划，及时向领导小组办公室报送，并组织实施各电压等级电网的建设项目，确保年度项目建设任务的完成，配合国土、规划部门将电网规划及时纳入总体规划、控制性详细规划以及土地利用总体规划，参与"多规合一"工作，参与总规、控规编制及调整审查，确保电网项目建设与城市建设时序相匹配。为解决"最后一公里"供电难题，创新开展10千伏"网格化"规划，修编115个城区网格化和84个县域目标网架规划，打通服务用户的最后一公里，不断满足人民对美好生活的需要。

3. 统筹电力设施用地，满足建设需求

政府提前一年将电网建设项目用地纳入土地储备计划，按照要求预留并优先安排建设用地指标，优先配置建设用地，并在项目核准后一个月内，与电力公司根据变电站预估占地面积和杆塔数量，签订工作委托协议，提前开展拆迁工作；在制定产业空间布局规划、安排重大市政项目建设、新规划产业园区、新引进重大项目时,充分考虑配套电力设施布局并预留建设用地,对于建筑面积达 20 万平方米及以上的房地产开发项目,自然资源规划部门在征求电力公司意见后将配套电力设施建设用地一并纳入开发项目规划用地范围;按照规划预留架空线路廊道,根据电力公司需求提前建设电缆沟、电缆排管、电缆隧道、综合管廊等,新建道路一次建成,已建道路一次改扩建到位;住建部门联合电力公司对配套路由建设进行全过程监督,明确涉电管线设计、施工、验收、移交等关键环节的操作细则和验收、质保标准,确保管线通道满足电力行业的建设、运行规范要求。

(三) 机制共建,强化协调能力

1. 加强组织管理,提供坚实保障

按照"统一领导、分层组织、内外联动、政企协同"的原则,构建"顶层设计,错级协调"的组织架构。在政府层面,市级成立由市长担任组长、相关职能部门全面参与的电网建设领导小组,区县(园区)成立由主要领导担任组长的电网建设指挥部,乡镇(街道)成立由主要领导任指挥长的项目指挥部,各级协调推进电网项目建设。在企业层面,省电力公司统筹、协调、收集各专业需求和计划,统一与市政府对接并达成一致,再分解任务下达各专业;市电力公司与县级政府达成战略合作,并建立内部分级协调工作机制,充分发挥属地协调优势;县电力公司成立协调工作组,与乡镇政府保持常态沟通,解决施工建设过程中的各种问题。

2. 创新工作机制,实现政企联动

聚焦政策保障、机制优化、现场管理,坚持"政府主导、政企联动、责任共担、合作共赢"的原则,强化管控举措、标准研究,落实政府和电力公司主体责任,保障电网有序建设。政企保持常态沟通,建立能够及时有效解决突发问题和现场问题的常态化协调工作机制,按年、季、月、周定期召开会商、讲评、协调、调度会议,严控建设过程风险。每年召开一次电力发展建设会商会议,研究电力发展建设的重大事项,会商电网建设过程需要解决的重大问题;每季度至少召开一次讲评会议,对重点建设项目实施进度进行督导,根据项目实际情况动态调整,保障重点项目合理、合规、高效实施;每月定期召开一次例会,调度电网项目日常工作开展情况,协调内外部各方,解决项目推进过程中的具体事项,通报电网项目开展,安排月度重点工作;每周召开一次调度会议,对近期工作情况、下一步工作计划及此阶段重点工作进行审议,电力项目建设过程中遇到突发状况或矛盾,电网建设领导小组能够及时组织各相关单位和部门会商解决。

3. 突出绩效管理,促进履职担当

政府层面,将电网建设考核纳入全市绩效考核体系,建立完善常态考核评价机制,对各县市区、市直部门工作成效进行季度通报、年度评价,并将评价结果应用于年度全市各县市区及市直部门绩效考评结果,把电网建设作为硬指标、硬任务落到实处,促使各区县(市)、园区以及市直部门主动担当作为,切实履行职责,实现"要我做"到"我要做"的转变;将电网项目纳入市发改委重大项目管控平台,以项目为中心,坚持定性评价与定量考核相结合的原则,每月(季)形成电网建设的情况通报,把电网建设项目作为市重大项目进行调度、督查、考核,推动相关工作全面提速提效。企业层面,建立属地协调分级量化考核机制,市电力公司、县电力公司以及供电所三级单位主要负责人作为属地协调第一责任人,要将电网建设作为本单位核心工作,评价结果纳入企业负责人业绩考核;将施工现场协调管理工作纳入施工合同条款,落实施工单位责任导向与合同考核,提升施工现场管控水平。

（四）投入联动，强化能力发展

1. 加大电网建设投入力度，提升电网保供能力

省政府办公厅印发的《湖南省强化"三力"支撑规划（2022—2025 年）》中指出，要构建坚强高效主干网架，提升配电网支撑保障能力。为提升电力支撑能力，各级政府进一步加大对电网建设的财政支撑力度。张家界市政府为阳湖坪 110 千伏变电站工程减免农用地转建设用地报地费 25 万元/亩，并免费完成慈利蒋家坪东 110 千伏变电站 1.4 万立方土方开挖外运任务，全力支持电网建设。长沙市政府出资建设农大变 220 千伏及 110 千伏长度约 1 千米的配套路由、城东变 110 千伏及 10 千伏长度约 3 千米配套路由等，依法依规移交给电力公司管理使用。宁乡市政府统筹解决宁乡 500 千伏输电线路工程房屋拆迁货币安置 4800 万元，促进工程顺利投产，有效提升宁乡电网保供能力。国网湖南电力在政府支持下充分发挥主观能动性，加大电网建设投入力度，2021 年完成电网基建投资共计 238.69 亿元。一是扩大主电网延伸覆盖范围，提高整体受电能力，满足新能源规模化接入和乡村振兴用电需求，主电网建设项目开工 249 项，线路 3039 千米、变电 1422 万千伏安，投产 302 项，线路 3111 千米、变电 1668 万千伏安。二是建设城配网线路加强互联，持续提升城网供电能力和供电可靠性，10 千伏及以下配电网，解决重过载线路 490 条、配变 3074 台；解决低电压台区 5412 个、线路 119 条，涉及用户约 24 万户。三是实施农村电网巩固提升工程，改善农村供电质量和提升用电水平，农村用电潜能进一步释放，农村电网网架结构逐步完善，农村地区供电质量显著提高，安全隐患问题大大降低。

2. 加快电网重点工程建设，提高电网发展质效

政府大力实施电力稳定供应能力提升行动，全力保障重点电网项目建设，国网湖南电力乘势而上，加快建设步伐，确保重点工程按计划开工投产。一是开通电网项目行政审批绿色通道，依法依规简化电网项目手续办理流程，按合理工作周期优先办理，林业部门保障电网建设项目采伐指标，简化林业采伐许可证办理程序，按最低时限要求办理林业采伐许可，因防洪抢险抢修电力设施、危及电力线路安全运行消缺等紧急情况需采伐林木的，可以先行采伐，在紧急情况结束之日起 30 日内，将采伐林木的情况报告当地县级林业部门，以施工合同为依据，受理施工单位办理线路林地使用审批手续。二是以"容缺"方式办理相关手续，湘西 500 千伏输变电工程、张吉怀铁路 220 千伏外部供电工程等 20 项、共计 50.5 亿元投资电网建设项目，以自然资源主管部门出具的《用地预审和选址意见书》和国家发展改革委或省发展改革委的核准批复文件代替穿越生态红线的唯一性论证报告，容缺审批使用林地许可手续和环评批复，提升项目审批办理效率，推进重点工程如期开工投产。三是采取免办理有关手续的政策支持，在办理城市道路挖掘及修复、城市绿化占用及恢复、公路开挖及修复等施工许可手续时，只需提供项目核准文件或电力部门的设计批复文件，履行报备手续，不再办理其他审批流程。推动 500 千伏鲤鱼江电厂转供等供电能力提升工程如期投产、500 千伏岳阳北输变电等重要电源送出工程按期实质性开工。

3. 推进新型电力系统建设，助力实现双碳目标

一是促进新能源发展，政府科学有序推进新能源开发利用，对符合条件的新能源发电项目开展补贴，国网湖南电力积极响应，全力支持分布式光伏及风力发电等新能源接入和消纳，超额完成湖南省消纳责任权重指标。二是加大储能项目投入，湖南省储能产业规模已超千亿元，政府推出如设立储能产业项目发展基金等一系列扶持政策，储能产业迎来良好的发展时机，国网湖南电力已全面启动湖南电网三期储能工程建设，截至 2021 年底，已在长沙、郴州等 5 个地市建成 7 座储能电站。三是推动电动汽车发展，政府出台《湖南省人民政府办公厅关于我省新能源汽车推广

应用的实施意见》，按照国家补助标准1∶1给予补贴，并根据实际情况保障新能源汽车配套设施建设所需土地，2021年国网湖南电力完成充电桩投资0.55亿元，全年累计建成充电桩2493台，送电2471台，建成有序桩1242台，投运800台，全力支持"十四五"期间公共充电桩建设。

（五）环境共治，强化质效提升

1. 优化外部环境，保障电网安全

一是加强电力设施保护。将电力设施安全纳入公共安全和应急管理体系，并纳入社会治安综合管理责任考核范畴；深化规划、林业、安监、公检法等部门协调联动机制，严格落实《湖南省电力设施保护和供用电秩序维护条例》，加大执法力度；严格规范履行电力线路下方及周边建房审批流程，依法严厉打击供电企业及变电站周边违规占道和堵门闹事、盗窃、哄抢工程物资、破坏电力设施、电力设施保护区内违章建房、违法施工等行为。二是加强高危及重要客户检查。组织相关职能部门定期对高危及重要用户开展用电安全检查，持续巩固用电安全隐患整治工作机制，督办责任单位对用户侧安全隐患闭环整改。三是健全电力行政执法队伍。监督电力法律法规的执行，处理重大违法违规事件，及时协调处理阻工、树竹障砍伐、青苗赔偿、线路跨越改造等建设环境问题。

2. 开展常态督导，实现精细管控

市政府督查室、电网建设领导小组与市电力公司联合管控，实现对电网项目建设过程的常态化督导，针对因外部环境问题导致进度产生严重偏差的项目，进行实时跟踪、定期督办，确保问题得到及时解决，对于有失职行为或故意阻碍电力设施建设的单位及其工作人员，按照有关规定追究责任。市政府针对重点电网项目，按时间节点制定详细任务计划书并按期督办；电网建设领导小组对各区县工作情况进行专门检查，每月下发督查简报，通报项目建设推进情况，督促市电力公司和相关单位及时落实领导小组的工作部署，加快工作进度；市电力公司作为项目监理责任部门，做好与电网建设领导小组的沟通汇报工作，及时收集项目建设相关信息，报告电力设施建设进度和提请需协调解决的问题，服从重大项目的统筹调度，积极配合电网建设领导小组开展工作。

3. 加强宣传引导，营造良好氛围

充分发挥政务媒体的主观能动性，由政府相关部门牵头组织电力公司与省市媒体对接，就电力设施建设的重要性和群众关心的问题，以视频、专栏等多种形式积极做好正面宣传报道工作，营造社会各界关心电网建设、支持电力事业的良好环境。在项目所在地组织电磁辐射知识科普宣传和政策宣传，引导居民科学理性地看待电网基础设施对健康、环境的影响，破除谣言、消除疑虑；做好征占地、房屋拆迁政策宣传，与属地乡、村政府及居民充分沟通，及时传达政府补偿和政策利好信息，明确责任与义务，合作共赢推进项目建设；对于阻碍电力设施建设和破坏电力基础设施的典型事件，在政府的支持下予以曝光，用舆论的力量潜移默化地影响公众对待电网建设的态度。加强引导社会民众树立"经济发展、电力先行"的理念，把电力基础设施作为经济发展的"先行军"，民生保障的"稳压器"，争取社会各界的理解和支持。

（六）收益共享，强化动力升级

1. 提升供电能力，服务经济发展

华润鲤鱼江电厂灵活送湘工程顺利投产运行，为湖南增加66万千瓦供电能力；南昌—长沙1000千伏特高压交流工程竣工投产，对外受电能力提升25%，为政府招商引资提供优质的营商环境，为国家级园区和新开工产业项目的用电提供可靠保障。长沙电网供电能力较2017年提升57%，迈入千万瓦级水平，为服务政府重大招商引资项目落地提供优质的电力支撑。2021年，湖南地区生产总值达到4.6万亿元,同比增长7.7%;进出口总值5988.5亿元,同比增长22.6%;全省固定资产投资同比增长8.0%,高于全国3.1个百分点。宏观经济高速发展,供需形势也稳中向好,成功应对夏、冬两季负荷屡创新高和秋季长晴高温挑战,主电网"卡脖子"现象基本消除。

2. 加速低碳转型,实现环境友好

截至2021年5月,实现替代电量11.06亿万千瓦时,减少二氧化碳110.8万吨,二氧化硫3万吨,氮氧化物1.45万吨,坚决落实打赢打好污染防治攻坚战,全力服务美丽湖南建设。

3. 保障用电质量,改善人民生活

2021年城市综合电压合格率完成值为99.996%,农网综合电压合格率完成值为99.85%;城网供电可靠率为99.967%,农网供电可靠率为99.815%,在"用上电"向"用好电"转变中不断提升人民群众的获得感和幸福感,农网户均容量达到2.24千伏安,有效保障了乡村产业发展和农民生活品质提升。

三、基于政企战略合作的电网建设体系创新与实践的效果

（一）电网建设水平显著提升

一是历史遗留问题得到解决,娄底市市长亲自主持召开110千伏乐坪变电站建设专题调度会,有效解决乐坪变电站选址搁置10年的难题。长沙突破核心城区6年无新建220千伏变电站历史,马王堆变、窑岭变等4个变电站陆续开工,城南变等3个变电站相继投产。二是电网建设效率得到提高,雅中—江西直流工程提前建成投运,有力保障了白鹤滩水电站送出及华中电力供应,南昌—长沙1000千伏特高压交流工程创造了"当年开工、当年投产"特高压建设新纪录,打造了"新时代特高压样板工程",湖南电网迈入特高压交直流混联时代。

（二）企业经济效益快速增长

电网基建投入不断加大,及时满足先进装备制造业、战略性新兴产业、医药制造业等大电力用户用能需求,有效支撑用电负荷和电量增长,提高电网建设投资收益。2021年,国网湖南电力完成售电量1737.32亿千瓦时,同比增长12.96%;实现营业收入1029.03亿元,同比增长16.93%,经济效益显著提升。

（三）示范性和社会效益显著

一是形成长沙示范试点,长沙率先推行政企合作共建电网模式,持续打造"630攻坚"品牌,全面建成全国省会城市示范电网,并在全省实现引领,电网建设和供电服务的"长沙品牌"深入人心。二是助力打赢脱贫攻坚战,完善了6509个贫困村的电网,保障了4131个光伏扶贫电站并网发电,提前一年完成新一轮农网改造升级任务,全额结算光伏扶贫项目上网电费9.85亿元,推动建成乡村电气化惠农富民项目435个,荣获全国脱贫攻坚先进集体,有效彰显了央企责任形象。三是获得政府高度认可,政企合作共建电网模式自2019年推出以来,国网湖南电力已与14个市州政府签订了两轮电网建设战略合作协议,政府先后发布《关于全力推进电网建设的若干意见》《关于进一步支持电网发展的通知》等多个专项文件支持电网建设。2022年8月,省委副书记、省长毛伟明在全省迎峰度夏保供电部署调度会上充分肯定国网湖南电力为电力保供作出的积极贡献。

主　创　人：严科辉、王佳茜
参与创造人：方　鹏、胡　伟、李小云、周松林、邱凤蓉、邓嘉禽、
　　　　　　张　莎、钟　哲、李金茗、张哲维

高新技术企业跨国并购固定资产投资本土化管理创新与实践

株洲时代新材料科技股份有限公司

摘要： 高新技术企业株洲时代新材料科技股份有限公司（以下简称时代新材）于2014年收购了全球知名汽车零部件集团德国采埃孚集团旗下的橡胶和塑料业务单元（以下简称BOGE公司）。因BOGE公司的工作语言、企业文化、管理体系、业务模式和管理方式等与其新股东时代新材存在较大的差异，其在加入时代新材后，存在严重的"水土不服"现象，导致母子公司之间经常出现业务摩擦，特别是在固定资产投资管理领域，如投资项目申报及审批无法满足业务交付进度要求，投资项目收益无法满足预期要求，投资实施及评价过程无法满足国资体系监管要求等。为解决跨国并购后母子公司之间的管理融合问题，时代新材以固定资产管理为切入口，创新性地引入"固定资产投资本土化管理"新理念，通过流程体系再造，优化管理方式和管理手段，在遵循国家相关部委对国有企业投资管理要求的前提下，在不逾越管理红线的情况下，尊重境外被并购企业既有的管理文化和管理方式，采取求同存异的原则，对时代新材跨国并购后的固定资产投资管理进行了一系列的创新和实践，成功地解决了时代新材与被并购的境外企业之间在固定资产投资管理领域存在的管理融合问题，规范了管理流程、提高了管理效率、促进了投资收益、管控了境外投资风险，提高了时代新材国际化经营管理能力和经营品质，也助力时代新材2021年成功提级为中国中车一级子公司，并获批为国资委科改示范企业。本管理创新与实践深化了境外被并购企业与中国股东之间的管理融合，赢得了境外被并购企业对中国股东的认同，也为中国企业开展"一带一路"国际合作、境外并购整合等国际业务提供了示范。

企业简介

株洲时代新材料科技股份有限公司位于湖南省株洲市，是中央企业中国中车集团有限公司（以下简称中国中车）旗下的A股上市企业，是中国中车最大的新材料产业平台。2021年实现销售收入140亿元，利润总额2.7亿元。公司主要从事减振降噪、结构轻量化和新能源装备等高分子材料研究及工程化应用，产品和技术广泛应用于轨道交通、汽车、风力发电等领域。目前，公司轨道交通减振降噪业务位居全球第一，产品被中国中车、阿尔斯通、GE和西门子等全球轨道交通巨头广泛采用。风电叶片产业位居全球第三，全球排名前十的风电整机商有7家采用时代新材自主研制的风电叶片。时代新材于2014年收购了全球知名汽车零部件集团德国采埃孚集团旗下的BOGE公司，BOGE公司在全球7个国家拥有4家研发中心和11家生产基地，使时代新材汽车减振降噪方面的业务销售规模达到60亿元，一跃进入全球前三，产业竞争力大幅增强，直接助力时代新材在当年成为一家产值过百亿、国际化指数达到50%的高科技上市跨国企业。

时代新材是国家火炬计划重点高新技术企业，拥有"国家认定企业技术中心""企业博士后科研工作站""国家地方联合工程研究中心"等多个国家级技术创新平台,目前已入选国务院国资委"科改示范企业"。公司将坚持以"新材科技,奉献时代"为使命,致力于成为高分子材料研究及工程化应用的领先者。

一、高新技术企业跨国并购固定资产投资本土化管理创新与实践的背景

（一）是贯彻国资委相关政策的需要

近年来国资委对中央企业境外固定资产投资管理提出了更高的要求,相继发布了《中央企业境外投资监督管理办法》《中央企业违规经营投资责任追究实施办法（试行）》等,对中央企业境外固定资产投资管理工作从结果上提出的检查和问责办法进行了强化,要求中央企业必须建立境外投资管理体系,健全境外投资管理制度,切实加强境外项目管理,提高境外投资风险防控能力,组织开展境外检查与审计,强化海外投资经营行为的合规管理,明确海外投资经营行为的红线、底线,确保国有资产保值增值。时代新材并购BOGE公司后,由于BOGE公司对时代新材的固定资产投资管理体系的不适应,造成时代新材既有的管理体系无法对BOGE公司进行有效管理,存在较大的管理漏洞和经营管理风险。因此,建立健全时代新材固定资产投资管理体系是对国资委关于中央企业境外固定资产投资经营行为有效、规范、合规管理要求的积极响应和落实。

（二）是落实中国中车集团战略的需要

党的十八大以来,党中央、国务院持续深化"放管服"改革,中央企业作为实施"放管服"改革工作的重要载体,以"简政放权""放管结合""优化服务"为主要抓手,不断完善中央企业治理体系,提升管理水平。作为中央企业和时代新材实际控制人的中国中车,2017年以时代新材为试点单位实施了境内固定资产投资管理"放管服"改革工作。BOGE公司是中国中车历史上在境外并购的最大企业,作为一家汽车零部件企业,也是中国中车除轨道交通主业外的重要支柱力量,BOGE公司经营的好坏关系中国中车国际化经营品质和国际化经营能力。因此,基于BOGE公司开展境外企业的固定资产管理创新与实践,是对中国中车固定资产投资管理"放管服"改革工作由境内向境外的补充和完善,也是提升中国中车集团国际化经营能力和经营效益的重要战略举措。

（三）是满足企业内部经营的需要

固定资产投资作为企业战略实施和生产经营中的重要组成部分,直接关系企业的经营目标的达成和长久发展。BOGE公司作为一家对固定资产投资高度依赖的制造型高新技术企业,每年都需要大量的固定资产投资来建设产能以提升和巩固研发能力,满足订单获取及生产交付要求。由于BOGE公司的工作语言、企业文化、管理体系、业务模式和管理方式等与其新股东时代新材存在较大的差异,其在加入时代新材后,存在严重的"水土不服"现象,并引发一系列的问题,导致母子公司业务之间经常出现摩擦,既降低了BOGE公司固定资产投资项目的决策效率,也暴露出时代新材在固定资产投资管理领域存在的弊端和风险,不利于固定资产投资项目的效益达成,阻碍了BOGE公司业务的正常发展,母子公司之间的隔阂也越来越深。因此,无论是BOGE公司还是作为股东的时代新材,都有着对公司固定资产投资本土化管理变革的迫切需求。

二、高新技术企业跨国并购固定资产投资本土化管理创新与实践的主要做法

针对BOGE公司固定资产投资管理活动,时代新材确定了统一思想、重构流程、强化考核、加强保障及注重反馈五项基本工作方针。统一思想认识,相互尊重,促进了解,求同存异,严格遵守国家和当地法律法规,不逾越管理红线;重构管理流程,引入适合BOGE公司业务运营的本

土化固定资产管理方案，消除管理融合问题；强化绩效考核，确保管理过程合法合规、资产高效利用及投资收益达成；加强组织保障，通过制度的建立和发布、专业人员能力提升以及信息化平台的搭建等手段确保管理创新的有效实践；注重实践反馈，加强运用效果的总结和反馈，不断优化改进，建立可持续的本土化固定资产投资管理方案。

（一）统一思想认识

跨国并购有个"七七定律"，即70%的并购没有实现期望的商业价值，而其中70%失败的原因是并购后的企业文化冲突问题不能很好解决，企业文化整合不成功而导致并购失败。因此，针对BOGE公司的固定资产投资管理，首先要统一思想认识。

1. 求同存异意识

BOGE公司原股东为世界知名企业德国采埃孚集团，有深厚的公司文化底蕴、系统的管理理念和先进的管理方式，由于中西方企业管理文化的差异，BOGE公司加入时代新材后产生了严重的不适应性。对此时代新材深入调研了BOGE公司管理文化和现状，了解了当前经营过程中存在的问题，倾听对方的痛点与诉求。对于BOGE公司既有先进管理方式，在不逾越管理红线的前提下，尊重本土化管理需求，求同存异，尽量采纳。这种"自下而上"的工作思路，消除了BOGE公司员工的抵触情绪，赢得了BOGE公司对新股东的认同，为后续管理创新方案在BOGE公司内进行有效实践打下了基础。

2. 红线管理意识

时代新材作为一家中央企业，其首要任务是承担社会责任和创造社会效益，确保国有资产保值增值。对于国资委等相关经营、投资管理制度的硬性、红线管理要求，要坚决贯彻和执行。因此时代新材组织BOGE公司管理层、固定资产投资管理人员就国资委相关制度进行了宣贯和交流，如《中央企业投资监督管理办法》《投资项目负面清单》等，强化境外固定资产投资红线、黄线管理意识。让BOGE公司理解股东管理的初衷，了解什么投资活动可以开展，什么投资行为必须禁止，进而把控境外固定资产投资风险。

3. 风险管理意识

固定资产投资活动在实施前、实施中和实施后需要履行多方面的法律法规程序，如环境保护、安全、职业卫生、消防等，由于BOGE公司在全球多个国家都有基地布局，管理难度大，合规风险高。中国中车和时代新材都是中央企业，又是上市公司，境外合规问题有可能会对公司造成重大财产损失，也会对上市公司信誉、中央企业形象造成影响。因此时代新材组织BOGE各基地对当地固定资产投资项目合规管理要求进行了分析和整理，并在BOGE公司集团内部进行了宣贯，强化了风险管理意识。

（二）重构管理流程

时代新材并购BOGE公司后，并未建立境外固定资产投资管理体系，仅在外部专业咨询机构的支持下，与BOGE公司管理层达成了基于RPDA（Reserved Power Delegated Authority）的授权文件，BOGE主要依据RPDA开展相关固定资产投资管理活动。这种授放权仅规定了决策层级，其主要缺点是操作指导性不强，无法对某个具体投资事项进行指导，比如不同的固定资产投资项目的申报，应准备什么申报材料、关注哪些项点、相关审批流程、指标要求及投后管理事项等。因此BOGE公司对时代新材固定资产投资管理流程的认识是被动的、碎片化的，缺乏对整体的理解。因此时代新材重构了BOGE公司固定资产投资管理流程，确定了从年度投资预算到资产管理的全生命周期管理方案，并对各环节管理内容进行了本土化管理创新，以适应BOGE公司的业务发展和中央企业的管理要求。

1. 年度投资预算管理创新

中国中车主要基于下属单位年度投资计划和折旧摊销额来决定下属单位当年固定资产投资预算额。BOGE公司所在汽车零部件行业具有高强度、强计划性的投资特点，而这种固定资产投资预算分配方案，无法适应BOGE公司业务的正常经营需要，导致BOGE公司无法充分参与市场竞争，从而逐步丧失市场竞争力。因此，时代新材基于BOGE公司历史投资预算执行情况，研究出固定资产投资额与销售规模之间的正相关性，确定了基于投资支出率（固定资产投资/销售收入）的年度投资预算分配方案，提升了年度投资预算分配的科学性和及时性，满足了BOGE公司的经营需要。

2. 项目申报及审批管理创新

（1）管理工具创新。考虑境外籍员工的工作习惯以及BOGE业务运营模式，时代新材创新性地开发了标准化、模块化的投资申报工具，即采取标准化"Excel文档格式"来代替当前所使用的"Word文档格式"起草的可行性研究报告。标准化Excel文档格式侧重对投资项目经济效益的评价，采用"宏"功能进行编程，相关数据可自动计算获得，并开发出德语、英语、法语和中文四种语言版本，四种语言可以一键切换，便于各地区境外员工使用、阅读，大幅提升固定资产投资项目的申报和审批效率。

（2）绩效指标创新。时代新材主要基于固定指标对投资项目进行评估，以确定其是否达到决策要求，而BOGE公司在全球7个国家拥有11个生产基地，每个国家的税率、人工成本、采购成本等都是不一样的，因此，同样的一个产品定点在不同的基地进行生产，其投资回报率也是不一样的。如果采取相同的绩效指标标准来对BOGE公司各基地固定资产投资项目进行评价的话，则高成本地区的基地势必会因为预期投资回报弱于低成本地区而无法得到足够的投资资源支持，进而失去市场订单的持续补充，导致可持续经营难以为继。作为跨国企业，应综合考虑各基地的平衡发展，因此时代新材针对BOGE公司高成本基地和低成本基地的成本差异设定了两套不同的固定资产投资项目经济目标值指标，既确保足够的投资收益，又确保各基地都具备订单获取能力，进而保证BOGE公司的全球综合竞争力。

（3）管理授权创新。通过分析BOGE公司历年固定资产投资内容的构成，发现BOGE公司平均每年约70%的固定资产投资投向了为满足市场订单交付的客户类项目。既往固定资产投资项目的申报和审批周期较长，BOGE公司等到项目获批时，往往已错失市场机会。为确保BOGE公司具备快速的市场响应机制，在满足绩效指标的前提下，时代新材对BOGE公司固定资产投资管理进行了差异化授权，如对市场响应要求较高的客户类固定资产投资项目，时代新材采取管理前置的方式，对审批环节进行了大幅缩减，对审批流程进行了大量简化，对投资决策权限进行了充分授权，以确保BOGE公司快速响应市场需求和客户需求，进而提升BOGE公司的获单能力，提升市场竞争力。

3. 投资项目实施管理创新

时代新材在国资体系下，对采购过程的合规性要求很高，采购金额达到一定数值必须进行公开招标，而境外国家对市场化企业无公开招标的要求。由于BOGE公司所在汽车零部件行业具有自动化程度高、批量化生产的特点，对机器设备的标准化程度和质量稳定性要求很高，如果通过公开招标，设备将多样化，无法满足标准化生产要求，各设备间无法进行切换共用，导致设备维修保养成本高、设备利用率和生产效率低等问题，大幅增加了BOGE公司的管理成本和生产成本。

因此BOGE公司一般通过单一寻源的方式来确保设备单一性和质量稳定性，但也导致业务经营需求与合规管理之间的矛盾问题。因此，时代新材创造性地提出境外公司设备框架集采方案，对BOGE公司未来几年同一类设备进行打包并组织竞争性谈判议价采购，既确保了BOGE公司设备的标准化和质量可靠性，同时也满足了国资体系下的合规管理要求，降低了管理成本、生产成本和采购成本。

4. 投后管理创新

在国资管理体系下，时代新材对固定资产投资项目的验收包括投资完成情况、建设实施情况、合法合规手续履行情况、档案管理情况和经济效益实现情况等。中外企业管理重点的不同，导致BOGE公司无法投入大量的人力和物力组织开展投资项目的投后闭环管理工作，使BOGE的投资项目的投后管理成为闭环过程中的漏项，导致时代新材无法向境外企业压实投资责任。因此，时代新材基于BOGE公司组织架构情况及既有人员配备情况，确定了竣工验收、中期评估和投资后评价的"三位一体"投后管理机制，对各投后管理环节，从流程、管理方式和交付物等方面进行全面的简化，确保BOGE公司在不增加人员和工作量的情况下，实现投后管理的落实。

5. 资产管理创新

对于国有资产处置管理，如固定资产转让，国资体系下一般要求资产评估后，在国有产权交易所通过公开挂牌的方式进行转让。BOGE公司作为一家境外公司，如果在境内国有产权交易所进行公开挂牌转让活动，势必很难吸引优质的境外购买方，既增加了固定资产处置成本，又容易造成国有资产呆滞闲置。因此，时代新材创新性地引入境外产权交易中介机构，通过中介机构发布转让信息，来寻找优质的购买方，进而确保国有资产保值增值。

（三）强化绩效考核

通过一系列的本土化管理创新，时代新材对BOGE公司的固定资产投资管理由过去的以审批为主向以监管和服务为主转变，逐渐将主要精力放到事中事后监管。BOGE公司则在固定资产投资管理上获得了更大的自主决策权，而一旦这些投资回报不及预期，则对BOGE公司的经营产生不良影响，构成重大境外投资风险。因此，时代新材针对BOGE公司的固定资产投资管理建立了一套本土化的绩效考核机制。

1. 投资收益与经营业绩挂钩

时代新材强化对固定资产投资项目建设情况和运营效果的检验，对于BOGE公司的固定资产投资项目销售收入和利润达成情况，要求每年开展全面对标检查，了解指标达成情况，分析偏差原因，制定改进举措；针对改进举措，做到季度跟踪反馈。一方面向管理层和项目团队传递责任压力，促进投资收益；另一方面把控投资风险，避免出现重大投资损失。时代新材每年将固定资产投资预算、重大投资项目实施和投资项目收益达标情况列入BOGE公司年度经营责任状进行考核，考核结果直接与管理层薪酬挂钩，确保固定资产投资管理结果符合企业经营计划要求。

2. 实践成效与资源授权挂钩

对于本土化管理创新方案在BOGE公司内部的实践，时代新材每年末会组织对BOGE公司本土化管理创新成效进行总结，制定了基于投资管理能力、制度体系、团队建设、投资回报等多维度的综合评估方法，对BOGE公司在本土化管理创新方案实践后提出了更高的要求。综合评估得分将决定BOGE公司未来的决策权限和资源获取力度，评分高则BOGE公司获得更大的自主权和更多的资源分配，反之时代新材将缩紧授权力度和资源分配力度。这对BOGE公司管理层既是一种激励，也是一种鞭策。

（四）加强组织保障

为确保时代新材和BOGE公司具备足够的承接固定资产投资本土化管理实践的能力，时代新材从制度保障、人员保障和信息化保障等三个方面为BOGE公司提供了支撑。

1. 制度保障

时代新材相继组织发布《境外投资项目负面清单》《境外投资管理办法》《BOGE固定资产和无形资产投资管理办法》《BOGE固定资产投资项目验收管理办法》等，形成一套BOGE公司本土化固定资产投资管理制度，确保管理创新方案实践有章可循。推动BOGE公司将管理方案通过N5、C-engis等系统嵌入BOGE公司的内部业务信息化流程中，将固定资产投资管理作为BOGE公司业务运营过程中的一部分，避免了此前固定资产投资管理与业务脱节的问题。同时为方便境外籍员工阅读和理解，内部参照使用，时代新材首次将管理制度设计为中英文对照版本，得到了BOGE境外籍员工的一致好评以及上级单位的高度赞赏。

2. 人员保障

本土化管理创新制度发布后，时代新材在BOGE公司组织开展了管理制度宣贯会，召开多次培训和交流会，对固定资产投资管理人员进行专业考核上岗，提升业务管理能力。加强BOGE公司固定资产投资管理人员与股东之间的互动交流，在管理方案实践的过渡期，外派时代新材固定资产投资管理人员前往BOGE公司总部进行帮扶指导，为管理创新方案在BOGE内部有效推广运行提供了人员保障。

3. 信息化保障

（1）投资管理平台。BOGE每年需要开展的固定资产投资项目立项上千项，如果对于大量的数据管理和程序履行工作进行管理，管理成本势必大幅增加；同时，母子公司相隔万里，管理的及时性也存在问题。如何在确保不增加人员成本的前提下，既满足业务运营的需求，又提升管理效率，做到高效的管理？时代新材联合BOGE公司开发了兼具项目研发及工程化、投资项目申报及过程监督的项目管理平台，相关的投资项目可以通过该平台与BOGE业务进行全面的衔接，实现了项目申报、项目审批、项目投资实施一站式流程办理。

（2）投资绩效管理平台。BOGE公司既往投资项目中，投资效益较预期偏差较大，对于持续时间长、投资规模大的项目，如何确保投资项目成本可控，及时达纲达产并发挥效益，是需要重点考虑的问题。时代新材基于BOGE公司所在汽车零部件行业特点，在SAP系统中引入SAP COPA模块（获利能力分析模块），搭建了BOGE的项目成本模型和数据库，通过SAP COPA，对BOGE的各投资项目的销售收入、材料成本、生产成本、项目经营利润等数据进行抓取，大幅完善投资项目绩效数据的获取方式。同时，在SAP COPA基础上，进一步开发了Qliksense可视化系统，该系统可以集成SAP COPA的数据，直接与BOGE固定资产投资项目可行性研究报告预期收益进行对标，实现销售收入、材料成本、制造费用、经营利润等多个口径的分析，并生成一系列的可视化报表，提升数据阅读和分析的便利性，更有利于业务的运营。

（3）注重反馈优化。自本土化管理创新方案实施以来，时代新材定期对BOGE公司的反馈进行搜集整理，开展年度总结，针对管理创新方案实践过程中存在的问题和BOGE公司的建议，不断进行优化。基于实践反馈的情况，相继实施了包括对绩效指标、管理报表、投资管理平台和绩效管理平台的二次优化等，不断完善本土化管理方案，建立科学、可持续的固定资产投资管理体系。

三、高新技术企业跨国并购固定资产投资本土化管理创新与实践的效果

（一）提高了国际化经营管理能力，提升了管理水平

为时代新材对并购的境外企业实施全面的运营管控提供了可行性方案。本土化管理创新方案的提出和长效管理机制的建立，大幅提升了管理的有效性；通过搭建高效的信息化管理平台代替传统的人工报表管理模式，大幅提升管理效率，节约管理成本，提升管理的及时性。自本管理创新实践以来，BOGE公司的固定资产投资项目申报及审批周期缩短了50%，投资项目未批先建的合规问题比例由原来约80%降至零，订单获取成功率由原来的25%提升至30%，时代新材国际化经营管理能力得到大幅提升，也助力了时代新材在2021年成功提级为中国中车一级子公司，并入选国资委科改示范企业，进一步彰显了中央企业国际化经营管理的新形象。

（二）改善了管理环境，获得了认同，产生很好的社会效益

本管理创新与实践赢得了境外员工的认同，管理环境得到大幅改善，境外员工对工作的获得感和幸福感有了大幅提升，固定资产投资管理领域人员流失率大幅降低。同时，强化了固定资产投资管理的红线意识和合规意识，避免了违规投资、违法投资行为的发生，降低了境外固定资产投资风险，确保了境外企业的可持续经营，产生很好的社会效益。

（三）促进了投资收益，降低了管理成本，产生很好的经济效益

本管理创新与实践通过管理流程的重构，科学地设计绩效指标，搭建信息化平台，并强化绩效考核，大幅提升管理效率和投资项目质量。改变了BOGE公司此前一味追求经营规模扩张的思维，固定资产投资项目申报质量大幅提升，从此前"有订单就投资"到今天"有好订单再投资"的管理思维转变；BOGE公司申报的重点投资项目的动用资本回报率指标达标率从此前的不足50%提升至95%。在管理内容增加的情况下，借助信息化管理平台，BOGE公司固定资产投资管理领域反而进行了减员，管理成本下降10%；投资支出率（固定资产投资额/销售收入）由5.4%降低为3.5%，降低了资金成本，提升了资产使用效率。

（四）具有很好的示范性作用

本管理创新与实践很好地将国资委等部委、中央企业等管理要求深度融入并购的境外企业的管理体系中，是一次中西方管理文化的深度融合，也是一次职能管理与业务经营之间的融合。本管理创新与实践积极落实中车集团国企改革战略规划行动的要求，在中国中车集团内部多次被引用，曾获得中车株洲所战略发展与改革工作一等奖，作为优秀案例多次在内部单位间进行交流和推广，为中央企业开展"一带一路"国际合作、境外并购整合等国际业务提供了借鉴，具有很好的示范性作用。

主　创　人：刘　军、郭喜文
参与创造人：贺天慈、侯　静、董　娟、彭　凡、刘登高、张颖丽、李晓勇、唐定全、张丽敏

"双碳"目标下电网企业主导的省域小水电聚合管理

国网湖南省电力有限公司

摘要：在"双碳"目标战略推进和省内电力供需矛盾凸显的大背景下，湖南作为水能资源大省，受制于3472座小水电管理主体不一、调度指令不一致、管理水平参差不齐等的影响，水电的低碳和顶峰价值始终难以发挥出来。基于此，国网湖南省电力有限公司积极发挥主导作用，推进全省小水电聚合管理，在全国首创一条"一个系统、两线融合、三个原则、四方共赢、五个统一"的有效路径。通过建设小水电聚合管理平台，融合电网企业调度管理线、小水电发电管理线，遵循创新探索、利益共享、透明开放三个原则，推动政府、小水电协会、各小水电、电网企业四方协同，统一调度、统一制度、统一规范、统一指挥、统一评价，最终实现了小水电的"统一管理"和"群调群控"，有效缓解了湖南全省的电力供需压力，服务了"双碳"目标战略的推进，构建了四方共赢的小水电管理新格局，也推进了防洪、扶贫等社会效益的同步实现。目前，本创新管理经验已实现向省内的光伏、风电等分布式电源的纵向复制，以及其他水电资源丰富省份的横向推广，示范价值巨大，应用前景广阔。

企业简介

国网湖南省电力有限公司（以下简称国网湖南电力）是国家电网有限公司的全资子公司，以建设和运营电网为核心业务，担负着保障湖南省电力可靠供应的重大责任。现设职能部门19个，下辖市（州）供电公司14家、县级供电公司98家，员工总数7.1万人（全口径）。供电范围覆盖全省14个市（州）117个县（市、区），营业区面积占全省总面积的96%，营业区人口占全省总人口的98%。主要负责湖南境内的电力生产（含水电）、供应、销售；负责湖南境内的电力调度、输电、配电、变电工程、设备安装与维护等；负责电力规划、设计、电力技术开发、研究；负责仪器仪表修校和综合能源服务；负责提供电力技术咨询、培训服务。自2020年6月开始实施湖南省域小水电聚合管理，国网湖南电力建立了由营销归口管理、调控技术指导，供电服务中心、电科院、水电公司等专业机构互相配合，省市县三级各司其职的协同管理机制，在国家电网系统甚至全国范围内属于首创。

一、"双碳"目标下电网企业主导的省域小水电聚合管理的背景

（一）深度挖潜水电资源，是服务"双碳"目标实现的重要举措

实现"碳达峰、碳中和"，是党中央作出的重大战略决策。电网作为各类能源转换利用和优化配置的重要平台，在推进能源革命、服务"双碳"目标中发挥着不可替代的重要作用。为此，国家电网公司提出"大力发展水电""加强跨区域、跨流域风光水火联合运行"等工作要求，肯定了水电这一清洁能源的重要价值。湖南省依托湘、资、沅、澧四大水系，水能资源丰富，对境内

水电资源进行系统摸底、全面管理和深度挖潜，是国网湖南电力践行央企担当和服务"双碳"目标战略的重要举措。

（二）增强水电顶峰能力，是服务经济社会发展的现实需要

在消费侧，湖南省全社会用电量及最高用电负荷急剧增长，尤其是迎峰度夏和迎峰度冬期间，电力缺口更为凸显。2017—2020年，全省电源装机容量较前年变化较小，最高用电负荷、用电量均突破湖南电网供电极限。在供给侧，湖南省一次能源禀赋不足，缺煤无油少气，火电占比约43%，水电占比约33%，火电受煤炭能源消费严格控制影响发展后劲明显不足。因此，通过蓄水错峰发电，充分激发水电潜能，及时补上用电缺口，对于湖南全省的保供电具有非常重要的现实意义。

（三）主导小水电聚合管理，是电网企业履责担当的必然选择

湖南省的水电发展已有几十年历史，弃水现象一直存在的背后，是一系列的现实问题：一是在四大流域及一二级支流分布着3400余座小水电（电压等级在110千伏及以下），管理调度难度大。二是各小水电之间沟通不畅，上下流域水力、电力难以相互补偿。三是部分小水电存在枯水期水库过早放空、电站长期处于低水头运行的情况。四是电网企业对小水电的调度管理交由各市（州）、县供电公司负责，管理标准不一、档案质量不高。因此，电网企业作为能源接入平台，承担起主导省域小水电聚合管理的重要职责。

二、"双碳"目标下电网企业主导的省域小水电聚合管理的主要做法

小水电聚合管理工作自2020年6月开始，2021年8月初见成效，目前逐步趋于完善。

（一）搭建组织架构，强化有效沟通

推动3400余座小水电聚合管理，是对小水电几十年来固有管理思想和模式的一场深刻变革，可以预见一定会面临巨大的阻力和挑战。因此，国网湖南电力高规格搭建管理组织架构，组建"高精尖"攻坚团队，强化常态的沟通协调和信息披露。

1. 搭建高位推动、多方联动的管理组织架构

国网湖南电力重视发挥"高层领导"的影响力和带动力，从高位进行工作推动。一是董事长亲自抓，在基层调研和周例会上统筹部署小水电聚合管理工作，并将其作为"一把手工程"持续跟进。二是分管副总七次组织召开推进会，重大问题亲自过问、重点环节亲自协调，专题部署和研究小水电聚合管理工作。三是建立营销归口管理、调控技术指导，供电服务中心、电科院、水电公司等专业机构互相配合、各司其职的协同管理机制。

2. 组建专业融合、职责分明的攻坚克难团队

小水电聚合管理涉及营销、调度控制等各个专业口的内容。因此，国网湖南电力着力组建一支融合的大团队。一是从营销服务、调度运行、水电管理、能源研究和系统建设等领域抽调人员组建专家团队，负责难题的集中攻关。二是省级团队按照"全职+兼职"的方式配置团队成员10名，主攻管理体系建设、业务标准制定，并分组推进湘、资、沅、澧四大流域的聚合管理。三是市级团队按专业划分职责，营销部门负责小水电的牵头管理，协调处理各种问题；调控部门统一发布指令实行顶峰管控；供电指挥应用系统督促指令落实到位。

3. 建立常态管理、透明开放的沟通披露机制

国网湖南电力一是制定周例会制度，每周二定期召开营销、调控、供指、财务等多部门共同参与的例会，集中交流工作进展、遇到的难题。二是明确双周通报制度，每两周通过"内网邮件+微信群"的形式公开整体进度，部署下一步工作，通报有突出贡献或工作进展不佳的部门或单位。

(二) 组织摸底调研，开展顶层设计

国网湖南电力将摸底调研的核心明确为两个层面，一是彻底摸清各个小水电的实际运行情况。二是了解其对聚合管理的意愿和诉求。进而在综合调研各项结论的基础上，更科学地开展顶层设计。

1. 组织扎实、全面的摸底调研

国网湖南电力历时130多天、累计150多人赴3400余座小水电开展现场调研，得出了3个重要结论：一是全省小水电共3472座，分别归属五凌电力、湘水集团、乌江电力、重庆电力、浙水电力等不同的国有、集体、私营主体，长期以来各自为政，调度指令不一致、利益分配不均等问题时有发生，部分小水电之间的"敌对"情绪较大。二是绝大多数小水电管理能力不足，无法及时、准确掌握水情和雨情信息，发电计划的制定主观任意性大、科学性不足。三是各小水电现有管理系统彼此之间差异性很大，如果统一更换新的系统，必须考虑界面友好性和操作便捷性。

2. 作出科学、系统的统筹安排

经过多轮讨论和修改，国网湖南电力对小水电聚合管理作出"一个系统、两线融合、三个原则、四方共赢、五个统一"的统筹安排。

（1）一个系统：建设统一的小水电聚合管理平台，实现小水电的可观、可测、可控、可调，以及科学化和智能化管理。

（2）两线融合：通过电网企业调度管理线，实现小水电调度方案的统一制定；通过小水电发电管理线，实现小水电发电计划的统一执行。

（3）三个原则：创新探索原则，在管理机制、资源利用、收益分配等方面大胆创新；利益共享原则，充分挖掘利益相关方有效资源，寻求合作、共享收益；透明开放原则，重视小水电聚合管理信息的披露和共享。

（4）四方共赢：构建政府、小水电协会、各小水电、电网企业四方协同、四方共赢的小水电聚合管理新格局。

（5）五个统一：统一调度，电网企业统一制定发电计划，小水电统一按照计划进行发电；统一制度，出台系列管理制度，推动工作程序化、标准化；统一规范，确保档案管理、计量管理、结算管理、电量上网管理的规范化；统一指挥，特殊紧急情况下（小水电顶峰）听从安排，各司其职；统一评价，强化全省小水电顶峰的评价管理。

(三) 汇聚多方资源，寻求四方共赢

"愿意聚合"是小水电聚合管理一切工作开展的前提，考虑到部分小水电之间存在一些矛盾和隔阂，国网湖南电力尝试借助其他利益相关方的力量，激发小水电参与聚合管理的意愿，同步寻求更多有利的管理资源。

1. 激发小水电参与聚合的意愿

国网湖南电力一是多次向各级政府进行专项工作汇报，促请湖南省发改委出台《关于加强小水电安全运行和调度管理工作的通知》，促请郴州市发改委对接郴电国际及其并网小水电，推动了满天星、青山垅等上游水电站参与流域调度，盘活了下游多个小水电。二是争取到小水电行业协会的加入和支持，在小水电协会的牵头下，累计召开"厂（小水电）—网（电网企业）—行协（小水电行业协会）"沟通会214次，最终与3472座小水电全部签订了《小水电并网调度协议》。

2. 汇总小水电聚合管理的资源

国网湖南电力充分考虑到绝大多数小水电不具备及时掌握相关信息的基础条件，并且相关设备安装所需的资金投入量较大，因而积极从外部资源入手，与省气象局、省水利厅合作，直接接入气象数据、水情数据。此外，国网湖南电力还牵头分别建立了湘、资、沅、澧四大流域水电站的"发电计划调度群"，实现了上下游电站之间共享水位库容调度信息，助力下游电站合理安排运行方式。

3. 解决水情测报系统的资金难题

省气象局、省水利厅的气象数据和水情数据是从全省视角出发进行采集和测算的，对于整个流域有重要的参考价值，但无法精确到每个小水电，水情测报系统（可实时采集某电站固定点的水情、雨情和出入库流量信息）仍然是小水电管理更为精准、更为科学的数据源端，但其基础投资对部分效益不高的小水电来说确实比较困难。因此，国网湖南电力提出了利益分成的模式，由电网企业负责投资，为装机容量较大的骨干小水电建设水情测报系统，多发电的电费收益按比例分成。截至目前，已完成138座骨干小水电水情测报系统的安装工作。

（四）推进五个统一，做实管理根本

水电资源的充分挖潜、小水电顶峰能力的有效发挥，也需要建立在五个统一（统一调度、统一制度、统一规范、统一指挥、统一评价）的基础之上。

1. 统一调度

从电网企业调度管理线来看，为推进小水电调度方案的统一制定，国网湖南电力统一收集各流域水电站的降雨情况、预计来水等信息，站在全局视角按流域顶峰效益最佳制定梯级水库（主要是季调节以上水库）调度运行方案，科学控制各小水电的开停机次序，实现流域发电及调峰最大化。从小水电发电管理线来看，为推进小水电发电计划的统一执行，国网湖南电力统一制订流域发电计划，自上而下统一下达发电计划至相应的市级调度部门、县级调度部门和小水电，畅通自下而上的反馈渠道，及时接收各市级、县级调控与营销部门及小水电的执行反馈，不断调整和优化发电策略。

2. 统一制度

国网湖南电力一是出台《小水电精益化管理工作指导意见》，将小水电聚合管理细化为深化流域聚合、深化流域优化调度、建立厂—网—行协常态交流机制等18项具体措施。二是制定《湖南电网2021年迎峰度夏小水电顶峰工作实施方案》《湖南电网2021—2022年迎峰度冬小水电顶峰工作实施方案》，完善小水电聚合管理优化调度的省市县三级（含省级支撑机构）职责、流程、体系。三是形成《小水电聚合管理办法》，明确以聚合管理为抓手，以信息化系统应用为手段，不断优化小水电团队建设、调峰顶峰策略、经济运行能力。

3. 统一规范

国网湖南电力一是全面整理小水电基础档案资料，将分散在营销、调度、财务等多个部门的小水电档案和数据信息进行系统梳理、匹配。二是全面规范小水电计量管理，开展上下网电量抄表方向专项核查整改及计量变比核对，提高计量装置现场校验标准。三是全面规范小水电结算管理，开展上下网电量互抵专项清理、取消工作。四是全面强化电网对水电的消纳，加强上网线路监控，加大受限线路与变压器改造力度，提升区域电网新能源消纳能力。

4. 统一指挥

国网湖南电力根据管理层级，将"战时"（小水电顶峰）的"保障性"团队划分为省级团队和市级团队两部分，明确了省级团队提前2~3天下达顶峰预通知、提前1天下达顶峰执行通知，制定各流域最优调度方案和不同情况下的顶峰决策方案，并实时跟踪进展；市级团队快速响应各类应急指挥工作要求，根据实时雨情、水文预测及洪水预报情况安排迎峰及顶峰备用水，组织辖区内小水电按照发电计划要求合理安排放、蓄水及发电，并做好实时监控。

5. 统一评价

国网湖南电力在每一轮顶峰工作结束后1个工作日内，对全网顶峰按市（州）执行情况进行评价，评价标准包括顶峰完成率、顶峰负荷比、顶峰响应度等综合内容，以评估四大流域发电能力，对小水电发电、消纳、顶峰情况及专题问题进行总结、改进，实现小水电顶峰能力的不断强化。同时，详细记录水文、气象数据、汇流面积、顶峰能力等相关信息，建立起小水电清洁能源数据资源库。

（五）建设一个系统，落地管理要求

小水电聚合管理的最终落地，需要依靠一个架构先进、技术可靠、功能完善、运行智能、界面友好、操作便捷的综合管理平台。

1. 引用先进技术搭建基础架构

国网湖南电力应用"大云物移智"、GIS、大数据挖掘分析等先进技术，构建基于"源网云"（由小水电、光伏等分布式电源、电网、负荷组成的云平台）的小水电聚合管理平台。该平台共分为采集端、管控端、服务端三大块，采集端实现水雨情、出入库流量数据的实时采集和传输；管控端接收、整合和分析多端口数据，设置看板管理、并网监测、优化调度、数据分析等功能模块；服务端面向所有小水电，提供信息查询、发电日历、水情推送等服务，也能实时收集小水电上报的经纬度、电站闸门开度等信息。此外，配套开发小水电端和电网企业端两个App，解决了调控指令接收不及时、小水电需求不能及时响应等问题。

2. 以高标准要求设置核心功能

国网湖南电力从建设标准、功能完善、运行智能三方面集中发力。一是按照电网企业中台建设标准进行技术选型，融合应用"大云物移智"（"大"是大数据，"云"是云计算，"物"是物联网，"移"是移动互联，"智"是人工智能）等先进技术，实现统一数模、统一数据访问、统一接口服务、公共应用服务等多项支撑服务。二是建立一套功能完善的小水电管控模块，包括档案管理、并网电能质量管理、配网监测、联合优化调度、小水电管控看板等功能。三是平台融合营销业务应用、OMS（电网调度管理系统）、财务管控、PMS（工程生产管理系统）、用电信息采集等系统数据，构建流域拓扑、水文预报等数据模型，为小水电聚合管理提供一体化解决方案。

3. 紧扣实际研发流域调度模型

流域调度模型的建立分为两个层面。一是以流域小水电为调度对象建立的调度参数模型，参数包括小水电所属流域、小水电在流域中的拓扑关系、流域梯级存在水利联系电站之间的流速、流量、水位库容关系等特征曲线参数、水位特征曲线、发电特性参数等与发电调度相关的关键信息。二是建立适用于不同应用场景和不同优化目标的发电优化调度模型，目前已完成的流域发电量最大优化调度模型可以根据不同来水条件，实现流域梯级电站整体发电量最大；顶峰最优调度模型可以在重要保供电时期，实现用电高峰时段流域整体出力最大。

（六）维护管理生态，推广聚合价值

小水电聚合管理新格局的初步成型只是工作的第一步，从长远视角出发做好维护，才能保持小水电聚合管理旺盛的生命力。

1. 管理人员的持续培养

国网湖南电力一是明确由各市（州）供电公司牵头，按需组织开展小水电聚合管理平台及服务 App 的应用培训，指导辖区内小水电精准响应电网顶峰需求。二是完善电网企业内部小水电管理人才的培养体系建设，省级电网企业建立专门管理团队，在省供电服务中心、水电公司、电科院成立专业管理部门，设置专责岗位；14 个市（州）供电公司配置专职或兼职的小水电综合管理专责，每个小水电分配对应的营销责任人和调控责任人。

2. 运行问题的及时协调

考虑到以往小水电之间的沟通不足，国网湖南电力系统安排，由 14 个市（州）供电公司分重要流域建立起龙头水电站、小水电、地方电网企业常态化召开的流域水电季度调峰协调会（重要时段每月一次），会上总结上一阶段的优化调度情况，分析存在的问题，共同探讨解决的方法。

3. 服务需求的全面响应

在调研中，国网湖南电力了解到部分小水电的管理能力不足，人才、技术、管理资源等的积累情况均不乐观。为此，国网湖南电力整合了系统内的水电人才、技术、管理资源，充分发挥雨情、水情、气象通信、负荷预测、电力调度、电力营销网络、电力市场交易等优势，向有意向的小水电提供专业化的代运维综合能源服务，助力小水电提高安全生产能力、管理水平和流域水资源利用率。同时，综合能源服务也给电网企业带来了一定的经济收益，实现了互利共赢。

4. 示范价值的有效发挥

截至目前，国网湖南电力已输出一系列管理成果。其中，《国网湖南电力小水电聚合管理典型案例》获得国家电网公司青创赛二等奖，《小水电聚合管理平台的研发》获得湖南省质协一等奖，并申报了《一种分布式清洁能源上网电能质量监控分析方法》《一种分布式小水电站短期发电出力预测方法》两项发明专利。同时，也取得一系列的推广成绩，一是在湖南省内，纵向推广至具有分布式特点的其他清洁能源，如风电、太阳能等领域，尤其是分布式光伏领域。二是横向推广至浙江、四川、贵州、云南、江西等水电资源丰富、但对小水电的管控仍处于分散模式的省份，在云南昆明开展的推广应用，在 2022 年迎峰度夏中已得到检验，应用效果良好。

三、"双碳"目标下电网企业主导的省域小水电聚合管理的效果

（一）有效提升了电网企业对小水电的管理水平

一是形成"营销部归口、供指监管，调控、财务等部门协同，省市县所各司其职"的小水电管理新机制。二是实现结算电量、增发电量、实时出力等 50 余项小水电业务指标的"统一管理"和"群调群控"。三是借助"源网云"平台，实现小水电异常的在线监控及业务流程线上流转，工单闭环率（完成闭环工单数/派发异常工单总数×100%）由 35.36%提高至 96.36%。

（二）有效缓解了湖南全省面临的电力供需压力

一是顶峰效果明显，2021 年小水电顶峰 22 次，2022 年截至目前小水电顶峰 12 次，且不断刷新小水电顶峰出力纪录。二是探索了发电端解决湖南能源短缺问题的新路径，以小水电聚合管理为基础，尝试向光伏、风电等领域拓展，通过构建可观、可测、可控、可调的电源聚合池，可实现电力资源的"零存整取""随取随用"。

（三）有效服务了国家"双碳"目标战略的逐步推进

一是 2021 年小水电顶峰出力同比增加 122 万千瓦，相当于新增 1 座百万千瓦装机的调峰清洁电站，2022 年在 2021 年的基础上又另外增加了 84 万千瓦。二是极大地减少了化石燃料的消耗和二氧化碳的排放，年均减少碳排放不低于 59.82 万吨。三是在水电引领下，风电、光伏等清洁能源装机规模进一步增加，电网对绿色能源的整体消纳能力进一步优化。

（四）有效构建了四方共赢的小水电管理新格局

一是对地方政府来说，改善了全省用电客户用电高峰期的用电体验，为经济社会稳定发展保驾护航。二是对小水电协会来说，减少了小水电之间的矛盾，提高了行业整体效益，强化了自身话语权。三是对小水电来说，2020年发电量同比增加21.6亿千瓦时，2021年增加33.6亿千瓦时。四是对电网企业来说，2020年、2021年、2022年（截至8月）比目标值分别减少购电成本2.59亿元、1.44亿元、1.82亿元，预计未来每年将比前一年减少购电成本7200万元，综合能源服务增加企业收入2000万元。

（五）有效推进了防洪、扶贫等社会效益的同步实现

一是发挥了全流域防洪优势，湖南省水资源丰富且河流众多、汛期极易因暴雨等强对流天气产生突发性洪涝灾害，通过统一调配各级库容，实现了流域防洪效果最大化，确保了社会稳定、人身安全。二是助力了扶贫攻坚与乡村振兴，小水电位于偏远山区居多，是这些地区的主要财政来源，通过小水电流域优化的调度，提升了小水电的发电能力，增加了山区相关贫困人民的收入，提升了地区经济发展水平。

主　创　人：潘继雄、肖　宇
参与创造人：肖建红、叶　志、刘小平、陈湘媛、朱军飞、刘树来、
　　　　　　胡斌奇、汤步云、刘慧波、伍莎莎

特大型发电企业投资项目全过程智能化管理的实践

湖南大唐先一科技有限公司

摘要： 中国大唐集团有限公司（以下简称集团公司）依据国资委《中央企业投资监督管理办法》和《国有企业数字化转型行动计划》相关要求，对标国际一流，通过建立投资项目全过程一体化管理体系、打造投资项目全过程一体化管理平台、搭建投资项目大数据决策支持中心、健全投资项目全过程风险防范体系、构建"精益+智能"的投资项目全过程管理新模式，促进集团公司依法治企工作集团化、规范化、一体化和精益化管理，形成投资项目全过程管理业务高效协同的有机整体，使投资项目全过程管理工作更加科学合理和高效智能，有效缩短业务周期，防控项目过程管控风险，提高工作效率，促进投资项目效益最大化，推动企业可持续高质量发展。

企业简介

湖南大唐先一科技有限公司（以下简称先一公司）成立于 2004 年 12 月，由大唐华银电力股份有限公司全额投资，注册资本 7500 万元，是中国大唐集团有限公司旗下的信息化专业公司，现有员工近 900 人。先一公司以信息技术为主，综合能源服务与节能服务为辅，通过集成创新及市场培育，现已形成发电集团信息化、电网节能、发电企业厂级信息化、电子政务及能耗管控、信息安全及通用产品以及节能及环保技术等 9 大产品（技术）系列。客户分布在全国 30 个省、自治区、直辖市，重点客户包括大唐集团、南方电网、粤电集团、华电集团、神华集团、华润集团、华能集团、国家能源局、中国电建等。

先一公司先后获得"软件企业""高新技术企业""长沙市企业技术中心"认定，为湖南省软件与信息技术服务业十大名企之一、湖南省小巨人企业，荣获国家发改委等五部委"国家鼓励重点软件企业"联合认证，顺利通过美国软件协会 CMMI5 级、ISO9001 质量管理体系认证，具有信息系统集成及服务二级资质、运行维护服务能力成熟度（ITSS）二级资质、电子与智能化工程专业承包贰级资质等。

一、特大型发电企业投资项目全过程智能化管理建设的实施背景

（一）是贯彻国资委部署要求、落实企业战略的重要举措

国务院国资委发布的《中央企业投资监督管理办法》对中央企业建立完善投资管理信息系统提出了明确要求。集团公司"十四五"网信规划也对投资管理信息系统建设提出了清晰的建设路线。通过大数据分析、建模，数据挖掘和标签画像技术，建立投资项目全过程管控模型、全过程全息画像，打造决策审批流程智能化、图谱化，报表生成自动化。

（二）是提升投资管理精益化、智能化的重要支撑

集团总部主要承担投资发展的决策和管控职能，实现项目发展全流程管理，以项目全过程管

理为主线，横向覆盖前期、投资、工程、投产的精益化管理，纵向实现决策层、管控层、作业层的三级贯通，数字技术与投资管理深度融合，提高各阶段工作质量，是落实集团公司"数字智慧"战略的典型实践，是助力集团公司高质量发展的重要支撑。

（三）是有效改善和解决投资项目全过程管理问题的迫切需要

目前，特大型发电企业普遍存在业务条线分割，管理周期长，过程风险隐患难以排查，项目超期、超概和质量安全等问题。一方面信息化管理较为散乱，现有信息系统功能单一，横向集成度低，纵向不能完全满足需要，系统平台不统一，甚至增加了基层企业负担。另一方面数据资源利用率低，投资项目全过程数据标准不统一，数据质量不高，数据集成共享难；未建立投资项目主数据管理体系和指标体系；未实现数据的聚合管理，数据零散地存储在各个应用系统中，不利于数据的整体开发利用。因此，迫切需要建立投资项目全过程一体化管理平台来改善和解决投资项目全过程管理的主要问题。

二、特大型发电企业投资项目全过程智能化管理的主要做法

（一）构建投资项目全过程一体化管理体系

1. 总体思路

强化顶层设计，坚决贯彻习近平总书记关于加快数字化转型重要指示精神和党中央、国务院决策部署，认真落实国资委要求，根据集团公司年度规划与投资发展工作会议精神，以高质量发展为根本目标，以大中型基建项目为切入点，通过涵盖集团公司三级责任主体、覆盖投资管理全过程业务、融合全量全要素数据的投资管理信息系统建设，提升集团公司投资发展业务全过程数字化、网络化、智能化水平，为集团公司统筹打好新能源提速增效攻坚战、新产业振兴拓展攻坚战提供投资发展数字化支撑，促进集团公司"世界一流能源供应商"建设。

2. 主要目标

顶层设计的目标是通过项目建设，贯通协同全过程业务，共享融合全量全要素数据，辅助支撑集团公司投资发展管控决策，提升投资管理工作效率和投资风险防控，确保项目投资效益最大化。构建一体化业务平台，打造一个覆盖前期管理、投资管理、工程管理、后评价管理等全流程业务，融合投资项目全过程资金流、实物流、信息流的全量全要素数据，构建一贯三级适应数字化转型标准化管控体系的投资管理信息系统。集成整合周边业务数据，集成整合经评、规划、投资、工程、全面计划等相关系统业务数据，统一平台和架构，规范数据标准，实现与内外部系统的无缝对接和充分共享。通过构建一体化管理模式推动投资发展业务"数字化转型战略"快速落地。实现集团公司项目全类型的数据汇聚分析应用，构建项目的"三线一化"管理（业务在线、流程在线、数据在线、智能化），通过业务流程全面贯通和业务高效协同，形成统一全要素数据库，辅助投资管控，优化投资分配，确保项目投资效益的最大化。实现数字智慧应用，充分应用新一代信息技术与投资业务深度融合，自动汇总、智能分析，全面提升智能智慧体验。汇聚全过程数据，强化数据分析，挖掘数据价值，赋能投资发展业务全过程价值管理和风险管控。

3. 体系构建原则

坚持战略引领，以集团公司战略为根本遵循，基于集团公司投资管理管控模式和各层级企业定位，开展投资管理信息系统建设工作，不断提升集团化管控、专业化运营、精益化管理水平。坚持业务驱动，坚持以业务为本，紧紧围绕"高质量发展"这一根本目标，着力解决集团公司投资管理业务的痛点、难点问题，畅通提升投资管理业务全过程、一体化水平。坚持统筹规划，按照管理层级全覆盖、业务板块全覆盖、项目类型全覆盖、业务过程全覆盖要求，统筹规划设计集

团公司投资管理信息系统。遵循规划、标准、平台、管理"四统一"原则,加强项目建设统筹管理。坚持分步实施,先期以大中型基建项目为切入点,开展涵盖集团公司三级责任主体、覆盖项目全过程管理的系统建设,不断总结经验,完善平台功能,按照"分期分阶段迭代"原则逐步完成项目全类型的系统建设。

(二)建立投资项目全过程一体化管理平台

以集团统一平台和架构,规范数据标准,实现业务数据的纵向互通、横向互联、集成共享,建立一贯三级覆盖投资项目全类型、投资业务全覆盖的一体化管理平台。通过业务流程全面贯通和业务高效协同,形成统一的全要素数据库,实现数据共享与联动,提高数据的时效性、准确性、合理性,为企业战略规划和产业结构调整提供信息支持,辅助投资管控,优化投资分配,提升投资管理水平,确保项目投资效益的最大化,促进集团公司科学有效地组织投资管理工作。

系统立足于解决集团型企业合同全生命周期管理的痛点,在项目前期立项和投资决策阶段评估投资收益,严格把关、好中选优,把有限的资金和资源优先投向优质项目。项目实施中,对投资项目全程跟踪,实时掌控项目的整体运作状况,确保投资收益顺利实现。项目后期,通过对投资项目目的、执行过程、效益和影响进行全面、系统的分析后评价,吸取经验教训,持续提高管理水平和改进投资效益。

投资项目全过程业务从战略规划开始,将集团战略、项目前期、投资决策、项目建设、项目投产各环节业务纳入其中,并与风险预警关联贯通。利用移动互联网,支持在移动终端查看及处理项目各阶段业务,摆脱时间和场所局限,随时进行随身化的管理和沟通,利用移动通信的便捷性、灵活性、时效性,使业务处理更加轻松快捷,整体运作更加协调,有效提升各项业务的协同处理能力及处理效率,使工作更加轻松有效,整体运作更加协调。

(三)搭建投资项目大数据决策支持中心

搭建企业分级管理体系,借助大数据分析工具,帮助各级管理者推动、监督、落实投资管理工作,实时监控投资项目全过程,动态掌控投资、造价、执行、结算状况,为科学决策分析提供数据支撑。

以"一张图"的方式,通过大屏或分专题多屏展示,在一张地图上显示投资项目全过程的各项重点指标,全方位、多视角地展示投资项目全过程业务情况,利用数字化技术实现投资项目的科学分析和数据支撑,为集团公司和分子公司管理层用户提供项目集群的宏观监控和分析,为项目公司管理层用户提供项目建设情况实时监控和分析,集中集团内区域分析、集团总体分析等维度信息,实现可视化展示。

集团公司级(决策层):根据项目公司经纬度在数字化地图上显示的方式,并可通过地图展示每个省份项目的关键指标,展现当年在建项目统计情况,能实现对投资项目群进行全方位监控。在首页上以图表形式统计、汇总、分析所有项目,可帮助决策人员实时了解现场情况和资金情况等详情,并能根据项目建设进度及时在首页进行预警提示,对项目现场发生的安全问题能实时监控、跟踪处置。

分子公司级(管控层):以所属省份大屏数字化地图展现所属在建项目建设情况,能实现对所属项目的全方位监控,实时了解项目现场情况和资金情况等详情,并能根据项目建设进度及时在分公司首页进行预警提示,对项目现场发生的安全问题能及时上报集团和响应集团指示。

项目公司级(作业层):以时间线形式显示项目建设情况,根据项目进度用不同的颜色标记实时进度。在首页上以图表形式统计、汇总、分析项目,实时展示项目现场管控情况和资金情况等信息,并能根据项目建设过程中发现的问题及时在首页进行预警提示和处理反馈。

(四)健全投资项目全过程风险防范体系

系统通过建立多级风险防控体系,对投资项目全过程核心业务实现实时动态监控和预警。风险防范可根据投资项目全过程业务的特点,收集相关的资料信息,监控风险因素的变动趋势,并分析各业务偏离预警线的风险强弱程度,通过多途径、多方式的预警及告警,实现投资项目全过程业务的风险管控,降低投资项目的业务风险。

构建集团总部、分公司、项目公司的三级投资风险管理体系,对风险进行识别、分析和评估,全面落实风险控制点,强化跟踪分析和过程监督检查,实现对业务过程的风险控制。采用多维度、多视角统计分析,为投资风险管控提供数据支撑,实现对投资管理风险全方位、全过程监管。在前期投资决策阶段评估投资回报,优选投资项目,优化资本配置。项目实施中,对投资项目全程跟踪,实时掌控各项目运作的整体状况,确保投资收益顺利实现。项目后期,通过对投资项目目的、执行过程、效益和影响进行全面、系统的分析后评价,从投资项目中吸取经验教训,科学合理地做出决策,提高管理水平和投资效益。

(五)构建"精益+智能"的管控新模式

建立投资项目全过程管控模型:一是为规范投资管理,自动生成更加科学合理的开工规模、投产规模、预计总投资、投资计划与资金计划等核心数据。系统建设采用项目日常作业的资金数据,作为基础数据和模型的自变量,梳理项目全过程管理的过程数理逻辑,构建投资管控计算模型,通过计算模型自动生成相关投资指标数据。二是系统分决策、管控、作业三个业务平台。集团公司决策平台,结合计算模型实现对投资规模、投资计划、投资统计分析、投资结构、投资预测、投资对标等的管理以及风险控制;分子公司管控平台,实现投资任务下达、投资调整、投资审批、投资实时监控(超概预算、超计划总投资、超审批概算)等的管控及实时监控;项目公司作业平台,实现项目日常的作业数据收集,并实现对资金流、实物流、作业流、信息流等核心业务的闭环管理,项目公司作为投资管理基层单位,着重强调精益化作业管理、降低工程整体造价。

项目全过程全息画像:系统依托大数据平台,基于数据挖掘和标签画像技术,通过对项目全过程信息化管理近几年过程管控数据的分析,为重大项目建立前期管理、投资管理、工程管理、后评价管理各时期的特征指标库,聚焦重大项目主体开展分析,建立项目多维度多视角全息画像,可回溯该项目前期管理、投资管理、工程管理、后评价管理各时期过程管理痕迹和成功知识经验,为后续同质项目提供知识借鉴,同时支持生成项目各阶段归档报告和工作过程所需的智能文档报告。

决策审批流程智能化:基于人工智能技术,运用RPA机器人技术实现对项目全过程管理审批流程的高效化和规范化。一方面,系统将项目全过程管理同质业务的审批流程、核对要点纳入规则引擎,可在流程填报和审批过程中对不符合规则的情况进行自动提示,有效规避审批风险。另一方面,系统通过将规则引擎和RPA技术结合,实现对上报可量化数据的异常自动检测,对违规业务进行自动退单回滚、自动提醒,对延期超时节点实现自动办理,极大地提升了审批流程的运转效能。

审批流程信息图谱化:利用爬虫技术采集国家法律法规、行业政策及企业各级所需政策与管理要求,利用规则引擎条目化,建立项目过程管理的业务规则库,形成业务规则与审批流程清单规则知识图谱,在项目填报、投资决策审核和审批时,提供国家和企业相关管理规定的参考图谱,并对同类审批流程结果建立案例知识库,在后续建设同类型项目时,提供参考图谱,不断提升业务流程与审批流程的合规性和科学性。

智能报表与智能文档：智能报表是结合用户习惯，采用 Excel 融合分析方法，支持使用 Excel 作为报表设计器，能实现多维度、多视角的图形化展示，相关主要报表可以所见即所得，既降低了操作门槛，又提高了性能。智能文档采用人工智能和 OCR 技术，依据特定文档模板，帮助用户定期生成日常所需的各类自定义报告文档，能够以图表化的形式体现当前数据和历史数据的比对分析，支持个性化配置模板，输出智能化文档报告。

过程管理业务中台化：通过统一数据标准、统一技术平台、统一应用平台、统一服务等方式，提炼项目全过程管理制度、业务流程、审批流程、审批表单、业务规则等构建业务中台，将标准流程与分级授权相结合，实现大型集团公司各级企业在项目全过程管理中业务与数据服务的共享，满足项目全过程管理同质企业与个性化企业需求，减少同质化企业功能的重复建设。同时，通过业务中台化满足与内部系统的联动需求和外部系统接口服务的要求，极大地提升业务系统功能复用及相关业务系统集成整合应用的效率。

三、特大型发电企业投资项目全过程智能化管理的效果

（一）管理效益得到提升

投资项目全过程管理系统的建设，对标一流，以集团管理标准化为基础，以业务管理系统为手段，强调各业务系统间的信息联系。通过业务替代、流程替代、标准化建设将企业业务变成一个有机的整体，实现集团内各层级、各部门、各岗位之间协同工作、信息共享、规范流程，从而提升管理效率，降低管理风险。同时运用数字化技术，实现投资项目全过程、全流程、全要素的一体化管理目标，提高投资质量，防范投资风险，不断提高投资项目管理的智慧化水平。

系统的建设覆盖投资项目全过程业务，将投资管理业务变成一个有机的整体，可有效缩短业务周期、提高工作效率。系统将各级上报的投资计划、概算执行等投资数据自动汇总统计分析，极大地提升报表数据的统计速度和准确性，辅助各级管理层高效决策，管理效率突出。如系统可将目前投资计划需要近一周时间才能完成的 CDT 系列报表、资金分解表、小型基建项目、参股项目等报表，缩短至按需实时计算完成，提高数据分析及智能报告生成效率 50% 以上，间接提高投资决策信息获取效率 15% 以上。系统将打通与财务、法务等相关系统数据的管理壁垒，达成投资数据、造价数据、工程数据、财务数据之间的及时稽核，避免基层单位在不同系统的重复录入上报工作，缩短数据共享周期，提高基层工作效率约 20% 以上，数据录入工作量减少 30%，极大地提高了投资项目的工作效率和管理效率。

（二）经济效益得到提升

系统带来的直接经济效益，一是通过系统提升各类报表计算、统计、分析工作，避免重复工作，提高工作效率，降低人工成本。二是通过对系统的统一集中管理，实时更新数据，快速查询所需信息，提高数据的唯一性和准确性。三是通过对投资业务的全面梳理，用数字化驱动转型升级，用智能化引领创新发展，提升了投资管理能力。

系统带来的间接经济效益，能辅助投资决策合理合规，整体提高工程建设效率，防控投资风险，促进投资项目效益最大化。在投资项目日常管理基础上实现经验管理向管理模型转变、经验判断向计算模型转变、数据驱动向模型驱动转变。对投资管控数据的收集，将投资管理合规规则与计算公式细致化、规范化，保证数据来源有效，数据源可追溯，作业流程更加合理合规，计算模型更加科学，能有效加强项目投资的精细化管理，为企业战略规划和产业结构的调整提供信息支持。系统建设将消除各方信息不对称，提升投资决策能力，提高流程审批效率，减少重大风险

事件,提高重大风险防范率约15%,为集团公司带来极大的经济效益。通过系统应用,显著提高储备项目的过程透明化管理,规范开工项目的流程,通过基建生产一体化,实现数字化文档资料的自动汇集,极大提高内外审材料的获得和配合效率,全面提升数字化移交效率达100%。通过业财一体化可以提高项目成本的控制能力,并为竣工决算奠定坚实基础,整体提高竣工决算效率50%左右。

(三)社会效益得到提升

投资管理信息系统的建设立足新发展阶段,贯彻新发展理念,响应国家数字化转型战略规划,推动集团公司"十四五"规划落实,推进集团公司"数字智慧"战略落地,带动业务运营转型,提升投资效益,促进集团公司的高质量发展。项目的建设为集团公司构建清洁、低碳、安全、高效的信息化管理体系,响应国家科技创新的发展战略,推进集团公司数字化转型,吸收借鉴数字化建设领域先进理念、成功经验和成熟模式,进一步发挥数据资源的价值,支撑集团公司的投资分析和决策工作,提高工程质量,杜绝安全事故,助推经济发展,提升集团公司的行业影响力。

主　创　人:刘文哲、张　宇
参与创造人:李志金、李号彩、张　驰、陈湘军、陈京君、陈军华、张　博、伍　焱、丁　星、左金良

多业态集团型企业授权管理体系构建与实施

航天凯天环保科技股份有限公司

摘要： 为落实全员经营管理模式，创新约束机制，航天凯天环保科技股份有限公司根据公司治理结构特征，将公司授权体系划分为战略决策层、职能管理层和业务单元层三个层级，通过关键流程梳理和风险预判，在总体遵循效率优先原则下，对不同业务类型、不同规模、不同性质的组织单元实施量化分权的授权体系。通过构建责权利约束机制，将员工从执行者转化成经营者，最大限度地发挥全员经营潜能，保障公司经营目标顺利达成，最终实现公司长远目标发展。

企业简介

航天凯天环保科技股份有限公司（以下简称航天凯天环保）为中国航天科工集团控股公司，下设多个事业部、分子公司，拥有四大生产基地。航天凯天环保是一家专业致力于环境规划、环保产品研发设计、生产制造、工程安装、环保设施运营于一体的绿色生态环境综合服务商。公司以"产业为基础、技术为支撑、环境服务为龙头、体系为保障、资本为驱动"开展环保业务，是环保部授予的首批17家环境服务试点单位及"AAA"级环保信誉企业。

航天凯天环保以"做百年企业，创世界品牌"为愿景，以科技能力创新、商业模式创新和管理创新为统领，充分发挥航天科工的人才优势、技术优势、资本优势和产业协同优势，以打造成集大资本、大平台、高技术的绿色生态环境综合服务商，为推进生态文明、建设美丽中国作出积极贡献。

一、多业态集团型企业授权管理体系构建与实施的背景

（一）是适应国内外经营环境变化，快速响应市场的需要

随着环境保护和可持续发展理念的广泛普及，世界环保产业呈现迅速发展的势头，全球各国对环境保护以及可持续发展的重视程度日益加深，环保产业规模稳步增长。近年来，新冠肺炎疫情使国内外经济均受到严重冲击，环保作为产业结构调整、淘汰落后产能的手段之一，更加追求专业化、市场化、精细化和信息服务化水平。航天凯天环保在新的竞争格局中，亟需把握立身之本，创新业务模式，提升业务水平，加快市场信息决策速度，成为全球环保资源整合集成的创新主导者。

（二）是抓住国家决胜污染防治攻坚战机遇，实现公司战略目标的需要

随着国民环保意识的觉醒，整体社会环境迎来了更加追求品质、追求环境质量的新阶段。党的十八大以来，生态文明建设上升为国家战略高度，习近平总书记围绕生态文明建设和生态环境保护提出了一系列新理念、新思想、新战略和新要求，推动我国生态环境保护和生态文明建设发生历史性、转折性、全局性变化。党的十九大首次明确实现美丽中国目标的时间点，这意味着在

未来至少20年内,中国环保产业仍将处于大规模投入和治理阶段。二十大报告着重提出深入推进环境污染防治,促进人与自然和谐共生。在这样新的文化政治格局中,航天凯天环保亟需抓住机遇,奋力成为美丽中国生态环保家园的捍卫者和推动生态文明发展的践行者。

(三)是突破企业发展瓶颈,提升管理效率的需要

在利好的行业发展背景下,航天凯天环保规模不断扩大,业务板块越来越多,管理架构越来越复杂,管理难度越来越大,管理问题也越来越多,执行效率逐渐降低,主要表现在以下几方面:

第一,航天凯天环保业务单元众多,但业务规模差距大,有些业务单元年营业收入近10亿元,而有些业务单元年营业收入不足1000万元。

第二,经营单元成熟度不一致,内部机制和管理水平有差异,有些经营单元内控水平和业务流程非常成熟,而有些经营单元成立伊始,内部管理机制不完善,人员不稳定。

第三,多种形态性质的业务单元共存,管理深度有区别。在业务类别上,既有实体经营单元,又有平台营销公司;在公司性质上,既有全资子公司,也有不同持股比例的控股或参股子公司。

面对如此复杂多样的组织体系,为快速适应新的竞争局面,突破发展瓶颈,合理优化配置资源,提高内部执行效率,如何构建科学有效的授权体系,直接影响航天凯天环保战略目标能否达成,关系着企业的发展命脉。

二、多业态集团型企业授权管理体系构建与实施的主要做法

基于全员经营管理理念,创新约束机制,根据公司治理结构特征,建立了航天凯天环保量化分权的授权体系,将授权体系划分为战略决策层、职能管理层和业务单元层三个层级。通过构建责权利约束机制,以经营计划为依托,经营会计报表为手段,通过信息化手段实现从上自下分层分类下放权力,简化流程分权,实现授权体系高效运转。在日常经营管理活动中强化对授权体系执行效率和风险防控情况等方面进行定期评估,持续对授权体系进行调整与优化,最终实现航天凯天环保发展目标。主要做法如下:

(一)导入全员经营管理理念,明确授权体系顶层定位

为突破管理瓶颈,航天凯天环保推行全员经营管理模式,通过建立扁平化的组织架构,将每个业务单元都模拟成一个单独的利润中心,通过创新"四大机制"即动力机制、核算机制、约束机制和运营机制,鼓励全员经营,实现经营单元自负盈亏,自我造血,不断成长。全员经营"四大机制"相互联动,相互影响,构成高效运转的齿轮效应,其中授权体系的建立是确保"约束机制联动轴"顺利运转的关键(见图1)。

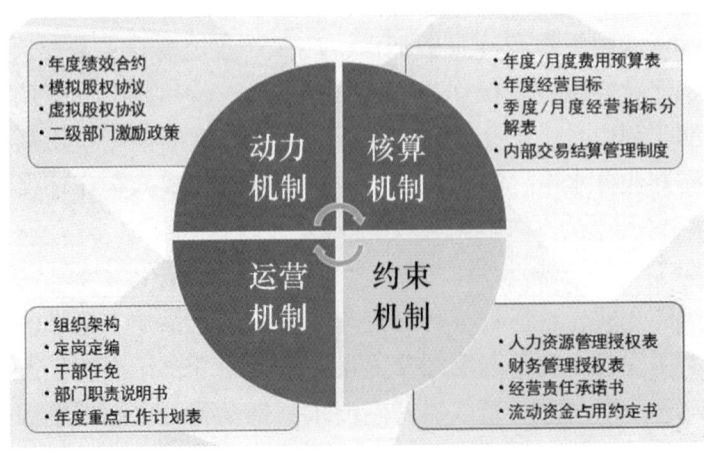

图1 全员经营管理体系之授权体系定位图

（二）以制度为依托，构建责权利保障机制

结合航天凯天环保总体产业战略发展思路，强化和体现每个经营单元风险管理的责任，做到责、权、利统一。航天凯天环保从整体风险防控和经营发展要求出发制定《责权利体系管理制度》，并作为授权管理体系执行的原则性、指导性文件；同时通过签订《经营责任承诺书》《流动资金占用约定书》明确经营班子成员的职责范围，规范各单元经营管理行为，提高经营者风险内控意识。通过《模拟股权激励办法》《分公司虚拟股权管理制度》等创新多种激励模式，让员工在承担责任且完成约定目标的同时获得对等的利益，从而激发员工动力。见图2。

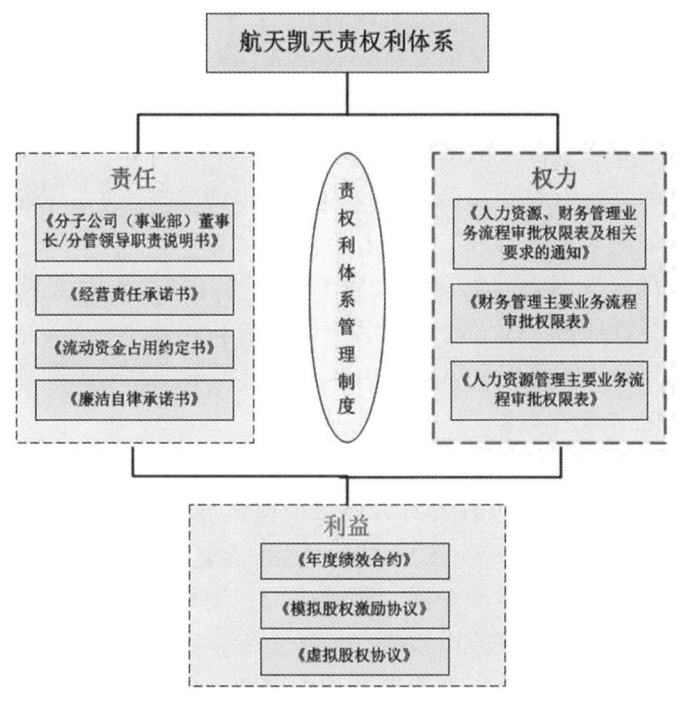

图2 航天凯天责权利体系框架图

（三）将授权体系分层分级，实现精细化管理

1. 业务流程授权决策的三个层级

战略决策层授权：含董事会决策、总裁办公会决策和党委会决策。凡属重大决策、重要人事任免、重大项目安排、大额资金运作等符合"三重一大"事项的，必须由领导班子做出决策，具体决策程序、决策权限按《三重一大决策制度实施办法》执行。

职能管理层授权：作为成本中心的职能部门，是航天凯天环保各类业务流程统筹归口管理的指挥中心和风控中心。在授权体系中，强调审计、法务、财务的风险防控地位，公司所有销售合同、采购合同的签订必须经审计部、法务部评审，一定金额以上合同的签订还须财务部审核。所有财务款项支付、费用报销须事业部财务负责人审核，一定金额以上还须总部财务部审核。所有投融资事项需资产管理部、投融资部和财务部审核。

业务单元层授权：授权表编制过程中根据各经营单元业务规模、成熟度、经营班子承责能力等多维度进行评估考量，制定"一司一策"的《财务管理主要业务流程审批权限表》和《人力资源管理主要业务流程审批权限表》。对于经营风险小、未超出航天凯天环保业务红线范围的关键业务流程由经营单元内部控制，职能管理层进行业务监督，总经理或董事长决策，灵活实现经营单元经营自主，有效提升业务流程办事效率和一线风险防控水平。

2. 业务单元层授权管理的五大类别

航天凯天环保下属8大事业部，5大区域公司，7大职能服务部门，5大业务支持中心，有20多家不同持股比例的控股或参股子公司，公司根据各单位不同性质，将授权管理划分为五大类别，分别是参股子公司类和控股子公司类、事业部类、区域公司类、职能部门及业务支持中心类。

参股子公司类业务流程授权力度最大，航天凯天环保作为参股方，对子公司关键事项根据金额大小和风险级别，一般实行"委派负责人—分管副总裁"两级授权模式。

对于控股子公司类，航天凯天作为控股方，对关键事项根据金额大小和风险级别，一般实行"财务委派负责人—委派总经理/董事长—分管副总裁"三级授权模式。

对于事业部类，作为航天凯天环保的实体经营单元，根据各经营单元成熟度，在关键业务流程上实行"经营单元总经理—经营单元董事长—分管副总裁—总裁"四级授权模式。对于区域公司类，更突出销售管理类业务流程授权，授权模式同事业部类。

对于职能部门及业务支持中心类，这是授权力度最小的类别，部门内部管理层级简单，一般实行"部门负责人—分管副总裁—总裁"三级授权模式。

五大类别的授权管理表根据不同的业务流程事项，同时融入职能管理层业务审查，含法务、审计、财务、招采、工程管理等，通过经营单元内部管控和职能平台监管确保航天凯天环保法律风险、经济风险、道德风险、质量安全风险等关键业务流程在可控制范围内。

（四）正式发布执行授权管理体系文件

1. 明确授权管理基本原则

（1）统分结合、权责对等原则。航天凯天环保授权管理体系始终保持与公司战略发展一致，公司统一指挥，分层分级分类管控，并始终坚持"业务工作谁主管，风险内控谁负责"的原则。在授予权力的同时，通过建立健全组织体系，明确内部控制职能，落实风险管理责任，鼓励经营者在完成经营业绩的同时主动承担风险内控责任，防止发生重大风险和内控缺陷，确保责权利匹配，赋予被授权人相应的职责，使执行者能调动相应资源，确保流程高效、顺利执行，避免授权空投。

（2）差异化原则。由于各经营单元业务形态、业务规模、发展阶段、能力业绩不同，航天凯天环保采取差异化的授权方式区别对待，对发展处于初期、管理能力偏弱的独立经营单位进行更紧密的控制，而对经营业务成熟、内控水平较高、业绩良好的独立经营单位放权更大。通过采取"一司一策"、自上而下量化分权的规则，将权力和责任同步下放，直至基层一线。

（3）授权和风险管理相融合的原则。航天凯天环保授权体系遵循内部控制和风险管理相融合的原则，放权与风险防控同步进行，避免出现"一抓就死、一放就乱"的局面。从航天凯天环保的长远效益出发，以平衡的视角，既兼顾价值的创造又不忽视风险、回避风险、放弃机会。通过《风险管理与内部控制规定》，航天凯天环保审计部定期开展风险评估与审计，在加大放权的同时强化风险内控工作水平。

（4）职权绝对性原则。航天凯天环保授权体系中各审批节点及审批岗位须对本职能范围内业务发生的合理性及真实性负直接责任，因审核把关不严导致公司损失的，根据具体情况由审批人员承担相应责任。如节点审批人再转授权给其他人的，须有正式书面的授权文件，且不免除授权人授权事项的管理责任，被授权人承担连带责任。

2. 厘清经营边界风险，明确授权红线

（1）人力资源红线规定。包括人力资源风险重点防控组织架构、定岗定编、关键岗位人事任免、高层管理人员定薪调薪、高层管理绩效考核方案等红线的界定。

(2) 销售类业务红线规定。航天凯天环保为确保销售业务有序开展，利润可控，实行项目毛利保底原则、建设期利润覆盖投资原则、付款方式受控原则、销售合同签订后再进场原则、代理/居间费比例限值控制原则等。

(3) 采购类业务红线规定。为确保采购定价合理，采购质量可控，资金分配合理，航天凯天环保实行统一线上商务招标原则、同比例付款原则、预算控制管理原则、选择公司通用品牌/供应商库原则、履约保证金原则、工程分包合同签订后进场原则、独家采购控制原则等。

(4) 财务费用类红线规定。为确保资金风险可控，航天凯天环保实行年度流动资金占用额度内款项支付原则、项目现金流为正付款原则、确保工程进度和质量审计后付款原则、按工程实际进度付款原则、总经理/董事长借支和费用报销相互审批原则等。

3. 编制发布执行授权管理文件

基于以上授权管理原则和公司业务红线管理规定，航天凯天环保分层分类编制各单位《财务管理主要业务流程审批权限表》和《人力资源管理主要业务流程审批权限表》，经公司批准后发布执行。

(五) 以经营计划为抓手，推动授权体系有效执行

根据经营单元的业务特点，公司将各经营单元年度经营目标通过签订《年度绩效合约》进行规范，通过季度/月度目标分解，形成经营计划，明确各单位经营单元经营责任，包括经济考核指标（营业收入、净利润、经营性净现金流、新增合同额、中标额等）、任务考核指标（年度重点工作等）、专项考核指标（人均净利润、人均收入、两金总额、优质工程数等）和否决项（廉洁自律、重大质量安全事故等）四部分。在放权的同时，以经营计划的形式对经营目标、经营责任进行明确，促使经营单元担好责、用好权、控风险，创造效益，实现共赢。

(六) 以经营会计报表为手段，实现授权经济效果可视化管控

航天凯天环保创新核算机制，实行经营会计管理，运用独立核算的手段，实行经营会计报表损益管理，编制了《经营会计管理制度》，规范了经营会计报表模板与口径。根据财务核算数据，有选择性地进行提取，实现经营数据可视化管理，更直观、更明确地反映每一个独立经营单元经营计划的执行情况。

(七) 通过信息化手段简化流程，实现授权体系的高效运转

为提升业务流程审批效率，提高办事效率，根据已发布的各经营单元财务管理授权审批表，将各关键业务流程如销售类合同评审流程、采购类合同评审流程、借支流程和款项支付流程等通过信息化手段固化至 OA、NC 系统中。各经营单元通过便捷的信息手段快速传递信息，高效决策。同时通过信息系统后台监控，监督、评估流程执行效率，促进授权体系有效落地。

(八) 授权管理体系执行后评价与优化

航天凯天环保在不断摸索和实践中，科学合理地制定出授权管理体系，为保证授权的实施行之有效，按照 PDCA 循环管理原则，定期对制定的授权体系进行监控，确保各项关键业务流程按照授权管理体系来实施，并且在监控的同时，评估授权体系的运转是否高效可控，不断完善授权体系。

1. 经营计划完成情况评价

航天凯天环保建立经营计划监控体系，在确定和分解各独立单元经营目标后，公司对计划执行情况进行实时过程监控、通报，并执行考核。针对主要经营指标建立日、周通报机制，每月组

织召开经营业绩分析会，考核通报上月经营业绩完成情况，部署下月的经营计划。建立经营管理重点工作支持与督办体系，对各独立经营单元的年度/月度重点工作进行跟踪、督办管理。通过月度经营业绩分析会和督办考核通报，建立内部公开透明的赛马机制，以更客观的数据和事实及时予以反馈，对各独立经营单元经营贡献作出客观评价，通过经济效益执行情况间接评估授权体系执行效果。

2. 经营风险防控级别评价

航天凯天环保以提升决策效率和有效防范风险为出发点，以内部控制为基础，形成风险防控"三道防线"，即各业务部门为第一道防线，内控职能部门为第二道防线，战略决策层为第三道防线，实现了授权控制和风险管理的有机融合。

3. 关键流程执行效率评价

在加大授权的同时，航天凯天环保建立日常内审检查机制，遵循事先审批和事后监督检查相结合的原则，以授权体系和规章制度为依据，通过全方位开展管理规范性内审检查，评估授权体系运行和执行质量，持续监控和个别评估，针对内审检查中存在的执行不到位、不执行或错误执行情况提出纠偏措施，确保授权体系真正落地。

4. 授权体系调整与优化

公司每年末会组织一次授权体系执行效果评价，对本年度授权体系执行情况、流程执行效率、风险防控情况等方面进行调查评估，各经营单元和职能内控部门须如实反馈情况，提出改善建议。根据收集的反馈意见，制定第二年授权体系优化对策，完善业务流程，控制授权风险，在保障经营风险可控的前提下，不断提升管理执行效率。

三、多业态集团型企业授权管理体系构建与实施的效果

（一）扭转内控管理局面，提升员工工作效率

通过搭建授权管理体系，明晰了航天凯天环保各种事项的审批流程，可以更好地管控流程中的风险，还使得审批程序更加高效，员工工作效率显著提升。航天凯天环保人均营业收入指标从2017年的105.07万元/人提升到2021年的195.86万元/人，增幅达86.41%。

（二）优化公司治理机制，推动公司长远发展

通过授权体系搭建并按照PDCA循环改善，航天凯天环保的公司治理机制进一步优化，从而推动公司获得更长远的发展，"十三五"期间实现营业收入翻番的历史性任务。

（三）带动公司商业模式创新和技术创新

航天凯天环保在整体框架和原则下，创新商业模式，如河北衡水高新技术产业开发区"环境污染第三方治理"模式，被国家发改委、生态环境部评为首批典型案例，并在全国推广；湖北县域生态环境综合治理"云梦模式"，成为住建部重点推广的"全方位一站式环保管家"模式。

2017年以来公司先后被评为国地联合工程研究中心、省工程研究中心、省院士专家工作站、环境检测中心，2018年被认定为国家企业技术中心。专利技术数量屡创新高，2017—2021年航天凯天环保申请507项专利，授权255项专利，在高温工业烟气高效综合治理关键技术等方面有重大技术创新，2018年荣获湖南省科学技术进步奖一等奖。

（四）创造了良好的经济效益，市场竞争力增强

授权管理体系的构建与实施，使得航天凯天环保中高层自主经营意识显著提升，员工工作效率得以释放，2017—2021年营业收入年平均增长28.57%。

（五）员工满意度提升

完善的授权体系，培养了一批有自主经营责任意识的管理干部和员工。全体员工自主自发地为航天凯天环保经营创造效益，航天凯天环保战略目标得以实现，形成一套公司与员工的利益共同体和命运共同体机制。

（六）社会效益和生态效益显著

在量化分权的授权模式下，航天凯天环保的经济效益持续增长，企业影响力进一步提升，行业地位得到深化。公司连续荣获湖南省"十佳企业"称号，入选中国机械行业500强，稳居中国环境企业50强。2017—2021年，航天凯天环保实施了近3000项工业厂房环境治理、大气环境治理、水环境治理、土壤环境治理、工业园区环境治理、垃圾和固体废弃物处置等环保项目，为国家打好蓝天保卫战、守护绿水青山作出了重要贡献。

主　创　人：叶明强、王建华

参与创造人：陈星星、陈季陶、伍芸昕、贺　敏、潘柳晔、周　欢、莫　辉、谢　娜、程　伟

省级电网企业基于"大中台"的项目投资管理体系构建

国网湖南省电力有限公司

摘要： 为全面落实全省"三高四新"战略定位和使命任务，充分发挥电网投资服务能源低碳发展、能源产业链升级的资源配置作用，国网湖南省电力有限公司以提升投资效率和投资效益为目标，构建以项目中台为技术支撑、以项目投资管理中心为组织保障、以业数融合为创新机制，以项目库和全链条管控为核心内容的项目投资管理体系，推动公司项目投资管理模式数字化转型，确保了投资结构科学合理、过程管控精益高效、投资决策智能精准，对电网企业提质增效、降低投资风险、提升精益化管理水平具有重要意义。

企业简介

国网湖南省电力有限公司（以下简称公司）是国家电网有限公司的全资子公司，以建设和运营电网为核心业务，担负着保障湖南省电力可靠供应的重大责任。公司现设职能部门23个，下辖市（州）供电公司14家、县级供电公司98家，员工总数7.1万人（全口径），供电范围涵盖全省14个市（州），营业区面积占全省的96%，供电人口占全省的98%。2021年，公司资产总额突破1396.35亿元，售电量1737.32亿千瓦时，营业收入1029亿元。

一、省级电网企业基于"大中台"的项目投资管理体系构建的背景

电网企业深入贯彻习近平总书记能源安全新战略和"碳达峰、碳中和"决策部署，当好能源绿色发展的"引领者""推动者""先行者"。相对于传统电网，新型电力系统在电源结构、负荷特性、电网形态、技术基础、运行特性等方面都产生深刻变化，其规划、需求、储备、投资、建设过程与传统电网相比存在显著不同。作为新型电力系统建设的重要基础和保障，电网企业的项目投资管理模式必须做出适应性调整和优化，从理念转变、策略提升、流程优化、体系建设、管控创新、数字化转型等方面入手，坚持目标导向和问题导向，用新发展理念引领实践，着力破解项目管理的深层次矛盾和系统性问题，主动应用数字化、智能化技术，以项目中台为抓手，加快推动项目管理模式变革，重塑公司项目管理体系，提升项目管理质效，推动电网企业发展从规模速度为主转向效率效益为要。

（一）是落实国家稳增长要求和全省"三力"规划的必然选择

如何紧扣国网公司"一体四翼"发展布局，统筹发展和安全、保供及转型，多措并举、精准发力，对电网企业的项目管理体系提出了更高的要求。同时，湖南作为中部地区崛起战略的重要一环，提出打造"三个高地"、践行"四新"使命战略，省政府印发《湖南省强化"三力"支撑规划（2022—2025）》，将电力作为全省三大支撑基础设施建设之一。电网企业既要统筹电网基建、生产技改、市场营销、数字化等资本类投入，又要加大研究开发、生产运维、安全投入等成

本性投入，构建科学有效的项目投资管理体系成为落实国家要求、实现全省战略落地的必由之路。

（二）是加强全过程管控和实现全要素发力的重要举措

长期以来，电网企业项目管理以线下分散式管理为主，缺乏公司统一的管理体系，各部门、单位间各自为政，各执一套管理方法，各按一套管理流程，职责界面不清晰、立项及实施流程不规范、合规性问题突出。因此，必须依托数字化手段，构建标准、统一、协同、高效的项目投资管理体系，实现"数据一个源、项目一个库、业务一条线、应用一平台、专业全覆盖"，推动与项目相关的各层级、各环节"全要素发力"。

（三）是降低安全风险和提升效率效益的关键路径

防范项目投资管理风险，就是要充分运用数字化技术，把规范要求固化到项目立项、执行等各环节流程中，让机器判断代替人工审核，确保刚性约束、监管到位，并开展项目执行全过程动态评价，将项目执行状态信息与固化的规范要求进行比对，对执行问题及时预警，动态调整项目实施方案，避免投资损失。以项目投资管理数字化转型激发管理活力，提升效率效益，驱动发展方式、管理模式变革。

二、省级电网企业基于"大中台"的项目投资管理体系构建的主要做法

（一）建立"平台型"组织架构，夯实体系运行基础

为改变电网企业分散式项目投资管理模式，避免各专项管理流程不贯通、标准不完善、深度不统一、支撑力量薄弱等问题，湖南电力深化项目投资管理体系建设，遵循垂直化、短链条的平台型工作模式，整合现有人员资源，在组织架构上组建省、市、县三级组建项目投资管理中心，深化投资成效管理，打造业数融合数字化建设运营团队，为企业项目投资管理转型升级提供业务和人力资源支撑。

1. 做优项目前期管理，把好投资入口关

组建项目前期室，支撑项目需求、规划、可研评审管理。一是抓好规划项目落地，支撑开展"十四五"规划项目库及专项规划修编，建立企业级规划项目库，确保公司和电网规划重点在具体项目上落实落地。二是构建市（州）、县（区）、所（班组）项目需求管理网络，建立需求提报审核快速响应机制，形成对储备的支撑合力。三是编制《非电网基建项目可研评审管理实施细则》，将《资本类、成本类项目计价体系》课题研究成果全面应用于项目可研及设计阶段造价文件的编制和评审环节。遴选463位专业技术扎实、经验丰富的专家，充实各专项项目评审队伍。

2. 做强项目执行管控，把好投资过程关

组建项目执行室，支撑项目储备、计划编制和投资执行管理。一是抓好项目储备管理，及时下达储备重点，抓好项目实时储备，强化储备进度管控，抓好储备项目关联分析和评分评级，严格把控项目储备质量。二是抓好项目计划管理，严格计划线上管控，避免体外循环，优化批次安排和创项流程，科学制定投资策略，合理编制计划建议。三是抓好项目执行管理，强化里程碑计划节点管控，加强计划、预算、物资实施协同，合理安排招标批次，加强停电计划统筹，开展执行跟踪监测督办，提升项目执行效率。

3. 做实项目评价闭环，把好投资成效关

组建项目评价室，支撑评价和考核管理。一是完成评价库建设，将投产满3年的110千伏及以上项目、投产满1年的35千伏及以下项目、投产满半年的生产技改大修项目纳入评价库。二是抓好项目评价管理，强化项目评价指标体系建设，开展全量项目线上评价，整体分析评价结果并闭环反馈。三是系统分析和排查影响项目投入产出水平的关键问题和因素，评价结论向上游环节

推送应用，实现项目闭环管理。四是抓好项目考核管理，充分应用项目评价结果，提出考核建议，纳入企业负责人、同业对标、管理穿透力等统筹考核中。

（二）打造"企业级"中台，支撑全业务线上管理

遵照"强后台、大中台、活前台"的电网企业业务中台建设总体思路，构建项目管理数字化新架构，汇集项目管理全量数据，贯通项目管理全流程。与电网企业其他中台和网上电网、设备资产管理系统、互联网业务管理系统等十余套前台专业系统一并构成"一体四翼"项目智能管控平台，实现13个专项项目同平台管理。

1. 打造共享服务能力，夯实管理基础

一是统筹项目管理共性业务需求，提供标准规范服务，构建数据标准、业务流程、合规规则。覆盖规划—储备—计划—执行—评价环节。二是统一项目编码、命名、标签、分类等数据标准，规范各类项目管理流程，建立各环节合规管控机制，统一ERP入口，实现各类项目管理"车同轨、书同文、源同享"。三是支撑各专业部门、各层级在同一平台上在线开展项目全过程管理，实现串行业务的并行协同，优化管理流程。四是利用数字化、结构化管理规则，对各类项目状态进行实时监测，自动识别业务风险，及时响应应急需求，项目安排滚动优化，有效保障投资精准。五是开展投资策略研判、项目组合优选、成效评价预估，实现整体投资方案最优，科学测算投资能力，统筹制定投资策略。

2. 开展"中台+应用"示范，实现赋能创新

一是按照"五库全链条"的项目管理策略，避免出现游离于计划之外的"表外"项目，确保"项目账"明白清楚。二是对项目管理的全过程10个阶段27个关键节点进行管控，推动项目合规高效推进，使业务工作实现实时化、线上化、透明化的精益管理。三是以自动化、智能化为指引，重点攻克需要严格标准化作业、人工效率低和项目管理的难点、堵点问题。

3. 注重中台运营建设，强化技术支撑

一是持续开展业务需求分析，持续萃取提炼同质流程、共性业务，沉淀项目管理通用服务。二是依据共享管理流程与安全合规要求，提供项目管理业务的多维度可视可查、在线获取、智能推荐等共享服务。三是持续提供各专业管理应用调用所需项目规划、储备、计划、执行到评价等项目的全过程管理服务支撑。四是提供技术标准、工具运用、规范遵从、制度管理、方案应用等全方位经验赋能，输出专业化管理赋能服务。五是灵活高效地响应基层应用需求，激活基层创新动力，促进项目中台应用更加实用实效。

（三）构建保障体系，支撑投资管理作用的发挥

1. 压实责任体系，强化投资问效

一是坚持"统一领导、落实责任、分级管理、分类指导"原则。单位主要负责人是项目投资管理活动的主要决策人，是项目投资风险的第一责任人，对本单位项目投资管理工作全面负责。二是压实项目需求提报人、可研评审计划把关人、技经把关人的主体责任。项目需求提报人负责确定解决方案，明确预期成效，对项目需求的真实性、必要性和预期成效负责。可研评审技术把关人对设计技术、设计标准和新技术应用负责。技经把关人负责精准高效管控工程造价，对项目的技术经济性负责。

2. 构建监督体系，聚焦合规高效

一是将资金安全检查、综合计划执行检查作为综合监督的组成部分。二是开展项目常态评价、专项评价和年度评价，对于发现投资效率差且造成投资重大浪费等问题项目，进行考核追责。依

托储备集中审查,对总控规模提出考核建议;依托项目评价,通过企业负责人、同业对标、管理穿透力指标,提出投资考核建议。

3. 完善制度体系,确保规范高效

依据《非电网基建项目可研评审实施细则》规范评审流程,建立班车制和专车制评审模式;依据《非电网基建项目可研评审专家实施细则》组建专家库,明晰咨询费用及权责;依据《全面综合计划全过程管理实施细则》构建"五库全链条"项目全过程管控策略;依据《数字化项目建设管理实施细则》落实"专业+基层"结对和资金支付"334"原则;依据《数字化项目成效评价体系》建立开发、实施等六类项目的成效指标体系;依据《项目管理"三全三好"投资效益提升专项行动方案》构建体系,健全机制,打造队伍,建设中台。

(四)深化"全流程"管控,辅助投资决策

1. 构建投资推演沙盘,统筹平衡需求能力

一是深入开展电网发展"形势—战略—投资—价值—决策"全链条分析,实现影响因素显性化、关键指标联动化、决策过程体系化、投资价值具象化。二是调用内嵌智能算法,快速平衡投资需求与能力,优化投资规模和结构,对企业关键经营指标进行敏感性分析。三是系统测算电网投资对湖南经济预期增长的贡献、产业链升级拉动作用、就业拉动作用、生态环境改善的促进作用等,实现多方案投资规模结构和价值的动态评估。

2. 实现项目智能优选,合理安排建设时序

一是建立全电压等级电网项目智能优选机制,"自下而上"辅助支撑投资决策。二是在量化评价的基础上,兼顾合法合规原则建立储备项目优选排序模型,提出基于电网成效贡献度的储备项目静态、动态优选排序方法。电网项目智能优选机制已用于指导省内14个市州开展储备项目优选评价和投资计划安排,有效提升了电网投资管理水平和决策水平。

3. 实行两级决策制度,夯实投资主体责任

在企业内部建立省公司管理和各单位管理两级投资管理模式,防控投资风险。建立健全公司违规经营投资责任追究制度,防范投资风险。积极开展问题清单梳理整改,配合监事会开展监督检查,大力推进集中重点检查问题整改,强化整改决议落实,建立销项制度。探索建立长效机制,堵塞管理漏洞。落实投资项目负面清单,强化风险管控。

(五)开展"全链条"跟踪,降低投资风险

构建电网基建项目投资执行过程管控及风险预警机制,实现对逐个项目的线上化管理并能开展动态跟踪和风险防控,有效解决了项目基数大、涉及专业多、进度不一等投资执行过程管控中的难点、盲点问题,实现电网基建全电压等级项目执行进度可控、在控,有效防范投资执行风险,保障投资价值目标实现。

1. 建立追踪分析机制,提前预警投资风险

一是集成电网项目实施过程中发展、基建、物资、财务等多个专业部门数据及管理要求,建立包含28条规则的执行风险预警规则库,对存在投资风险的项目发布线上预警,限期整改。二是建立"月分析、季通报"的投资执行跟踪分析机制,全面掌握项目进度和执行问题。加强执行风险防范,减少低效无效投资,有效提高电网投资全过程管控精益度。

2. 调整分级管理权责,快速响应新增需求

全面落实"放管服"要求,优化管理流程、完善配套制度、整合关键考核指标,构建权责对等的电网基建项目投资动态调整机制。明确各级单位投资决策、风险管理、责任追究的范围,精

简了决策流程，大大提升了项目投资管理效率，确保相关管理权限放得下、接得住、管得好。

3. 建立问题督导机制，有效避免投资损失

建立包含项目安排、执行进度、风险管控等三个方面的执行问题库。对调整频次高、执行进度滞后、投资效率效益低的项目开展重点跟踪分析，限定时间督促对问题进行销号。通过对问题项目的持续关注、重点分析、经验总结，科学指导年度计划调整和下一年投资安排，全面提升项目管理水平和管控效率，有效防范投资损失。

4. 盯紧"五个环节"，强化节点论证管理

一是抓需求论证，贯彻好"一张蓝图绘到底、一茬接着一茬干"的理念，解决"要不要"的问题。二是分层分级开展全量项目可研评审，加强项目把关人、可研评审把关人、技经把关人管理，解决"行不行"的问题。三是按投资规模分层分级落实投资论证职责，形成总控目标规模和项目建议，解决"干不干"的问题。四是构建既统一又独立的多链条执行管理模式，应用项目中台，通过日常跟踪、月度通报、工单驱动，解决"成不成"的问题。五是抓投资评价，解决"好不好"的问题。

（六）实现"全要素"发力，加强项目投资成效管理

1. 拓展评价覆盖范围，体现发展投资质效

一是从重点项目、典型项目后评价，扩展至全电压等级后评价，首次实现配网项目全覆盖，构建已评价项目的全寿命周期评价分析模型。二是规范省、地市、县三级分级管理流程、评价指标体系和评价内容，完善跨专业的工作组织体系和质量保障措施。三是针对效率效益提炼主导指标，贯穿各级投资经营主体，基于辅助指标强化关联分析，找准制约发展的症结。基于项目中台实现运行效率自动测算和问题智能诊断，避免人为干预。

2. 优化评价指标体系，突出效率效益导向

一是运营效率聚焦"人、财、物"企业经营关键要素，重点关注单位投资增售电量、设备负载率、全员劳动生产率等，经营效益聚焦"收入、成本、利润"等。二是根据各级经营主体权责逐级细化指标，确保层层衔接。

3. 建立闭环反馈机制，提升投入产出水平

一是基本完成评价库建设，将投产满3年的110千伏及以上项目、投产满1年的35千伏及以下项目、投产满半年的生产技改大修项目等项目纳入评价库。二是初步完成评价功能开发，加快推进项目评价指标评分标准构建及中台功能开发，已完成评价库中主网基建、配网基建、技改大修等539个项目和设备的关联。

三、省级电网企业基于"大中台"的项目投资管理体系构建的实施效果

（一）提升了投资能力，落实了重大决策部署

一是基于"大中台"的项目投资管理体系构建，以单体项目为最小单位，重点聚焦投资领域"解决了什么问题""实现了什么目标""取得了哪些成效"的三个关键，形成可复制的管理模式，走在国网系统前列，得到国网公司主要领导的高度认可和投资支持，使得"十四五"初期保持了300亿元以上的年投资力度，因投资管理模式转型带来的规模增加每年超过10亿元，两年时间拉动地方经济发展将超过40亿元。

二是通过统筹考虑电网现状、发展需求、投资能力、政策环境等，以效率效益为核心，优化规划投资和开展项目优选，源网荷储各要素协同发力，统筹各级电网协调发展，保证各级电网平稳运行。

三是积极服务新能源快速发展，公司年度投资结构更加合理，有效支撑新型电力系统研究和建设。聚焦"四类要素"（源网荷储），提升"五种能力"（供应保障、清洁消纳、系统调节、信息支撑、协同互动），实施"十大工程"，发挥好电网资源优化配置的平台作用。

（二）提升了投资效率，实现了企业提质增效

一是实现项目立项从"顾眼前"向"利长远"转变。各专业依托中心和中台，坚持管理关口有序前移，在从规划到计划的各阶段，均对项目未批先建、决算超估概算等合规性问题，采取干预、告警、挡出等多种措施，多轮次滚动进行严格管控。

二是实现项目合规风险防控从"治已病"到"治未病"的转变。各专业依托中心和中台，多轮次滚动进行严格管控，防范处于萌芽状态或将要发生的投资风险，有效提升项目合规水平。

三是实现投资成效从"事后看"到"全程管"的转变。2022年累计完成非电网基建项目评审70.4亿元，可研投资节约率由不足2%跃升至10.12%，充分实现"管理创效"。计划执行效率明显提高，支撑各类投入"早部署、早计划、早开工"。

四是实现效益评价从"经验判"向"自动算"转变。实现设备与项目的关联管理，完成项目中台各专项评价体系和评分标准验证，以及相关基础数据的维护和治理，保障线上评价客观、准确、完整。

五是实现"放管服"从"放得下"到"接得住"的转变，解决基层单位在项目管理中长期存在的线下管理工作量大、项目信息不透明、流程衔接困难等问题，大大减轻基层项目管理工作负担、提升工作效率。

（三）树立了良好示范，助推了管理模式转型

一是以项目管理中台深化应用为抓手，做到项目投入既"足量保障"，又"科学精准"；项目管理既"统一规范"，又"协同高效"；项目过程既"智能管控"，又"动态优化"。

二是依靠先进的管理和技术，破除了项目投资管理中业务部门的本位主义和山头意识，杜绝了"另起炉灶""体外循环"。构建强有力的项目管理中台和体系，使得复杂问题简单化、简单问题标准化、标准问题数字化，通过数字化转型赋能，以数据流的耦合带动专业协同效率提升。

三是推进项目中台建设和管理体系变革。同时，开展项目执行全过程动态评价，将执行实施状态与预期要求进行比对，帮助企业清理无效、低效投资，做到投入必问效、花钱必负责，切实把钱用在刀刃上。

主　创　人：王许姣、苏　黎
参与创造人：周卓敏、潘力强、周年光、李湘华、雷川丽、杨　硕、
　　　　　　贺雨晴、刘　博、陈　亮、程俊溢

市级电网企业项目全过程多维精益化管理

国网湖南省电力有限公司张家界供电分公司

摘要： 国网湖南省电力有限公司张家界供电分公司（以下简称张家界公司）创造性地将多维精益化管理与项目全过程管控结合，摒弃原有的粗放管理模式，在项目全过程链条中开展多维精益化管理，在项目评审阶段采取"专业管理+集中评审"模式，在项目实施阶段采用多维预算执行分析，在项目评估阶段创新财务"智慧稽核"，在制度机制方面建立以"三个清单"为核心的资金管理使用机制。通过项目全过程多维精益化管理，公司各类项目投资立项更精准、投向更明确、效益发挥更充分。张家界公司努力践行"人民电业为人民"的企业宗旨，通过各类项目实施，全力打造高效率办电、高品质服务、高质量供电的电力营商环境，以利企便民提升"获得电力水平"。

企业简介

国网湖南省电力有限公司张家界供电分公司位于世界知名旅游城市张家界，成立于1996年，担负着张家界市优质可靠的电能供应职责。现管辖35千伏及以上变电站51座、变电容量205.69万千伏安；35千伏及以上输电线路92条、共计1915.27公里；10千伏配电线路246条、共计7532.03公里；承担±800千伏锦苏线、复奉线288公里的属地协同管理责任。

一、市级电网企业项目全过程多维精益化管理的实施背景

（一）是推进数字化转型，加快构建世界一流财务管理体系的需要

党的十九大报告提出"培育具有全球竞争力的世界一流企业"后，国务院国资委选定包括国家电网在内的10家中央企业作为创建世界一流示范企业，力争用三年时间取得显著成效。国家电网公司财务作为企业经营管理核心领域，要锚定世界一流企业建设目标，围绕发展理念和核心能力升级、管控方式和经营模式变革等精准施策，全面运用数字化思维，深入探索全业务数字创新、流程精益和管理变革，促进各类资源在价值链上高效配置，推动思维方式、驱动要素、价值实现方式的迭代升级。多维精益管理以提升国家电网价值创造能力为核心目标，通过对全部经济业务进行系统梳理、全面解析及数字化改造，创新设立并构建会计科目、管理对象和用于描述管理对象的数据标签三者之间关系，形成业务和价值紧密融合的数据图谱，实现全业务、全流程数字描述和多场景、多层级应用拓展，有效支撑管理决策、促进业务创新、驱动转型发展。项目是财务的重要管理对象之一，传统的项目全过程管理主要满足企业内部需求，且方式单一，无法适应外部越来越高的监管要求和构建世界一流能源互联网企业的需要，推动项目全过程多维精益管理，可以实现项目信息多维度精益反映，优化项目管理机制，进一步驱动公司财务数字化转型，助力公司精优发展。

（二）是着力推进项目信息多维度反映，敏捷响应管理多元化的需要

传统价值记录主要依赖会计科目，以记录与反映会计六要素为主，呈单维线性结构，无法承载丰富的业务信息，信息应用的广度与深度受到较大限制。随着经营环境日趋复杂、多变，企业各利益相关方价值信息多元化、多视角、多维度诉求日益强烈。多维精益管理为项目赋予更多信息，包括业务活动、用户类别、电压等级、资产类型四个核心维度以及产品服务、电能类型、成本大类、费用明细等信息规范管理维度，从业务管理视角出发，实现价值信息反映从财务语言向业务语言转变，促进业财深度融合。通过财务系统实现项目信息频道化展示，实时、多维、高效获得项目执行情况，为管理者做决策提供有效支撑，提高预算管理质效，解决预算统筹平衡不够、执行推进难的问题。

（三）是强化精准投资，服务公司高质量发展的需要

近几年来，公司对电网设备问题高度重视，资金投入不断加大。确保资金真正投到电网设备上，并能迅速产生效益，是当前地市公司及县公司的主要管理工作之一。目前，生产运维、生产大修等项目问题数量占比大，资金浪费、虚列套取问题时有发生，主要是管理不规范等问题引起，从项目过程管控来看主要体现在项目前期管理和结算管理等环节。前期管理中项目可研、初设编制质量不高，评审不严，造成后期实施过程中需大量变更，从而造成资金浪费；项目结算管理方面的问题主要是未完先结、虚假结算，签证资料不齐，工程量不准，审计单位未认真开展价格审核，付款金额与结算审计报告不一致等。前期张家界公司项目的可研经济性论证、立项依据和建设成效等由项目所属单位独立完成，责任体系单一、项目资料不完善、估算（概算）偏差较大、立项依据不充分等问题反复发生，造成预算资金闲置，资金使用效果不佳等情况屡禁不止。实行项目全过程多维精益化管理，可以采取打破专业部门一条线项目管理模式，制定科学合理的评审工作方案、组建专业评审团队，采取按计划性评审、固化评审工作流程等模式，及时解决了项目前期存在的诸多问题，为项目精准立项、精准投资前期管控打下了基础。

二、市级电网企业项目全过程多维精益化管理的主要做法

（一）采取"专业管理+集中评审"模式，严把项目评审环节关

一是在项目提报、评审等前期，明确每个项目需有项目负责人、项目把关人、技经把关人等三种人，将项目管理责任前移，融入项目各过程管理，按照"谁主管业务、谁负责监督"的原则明确管理责任和主体，项目负责人及所属单位（班组）对项目负直接责任，实行全过程监督和管理，如发生工程量与实际不符等情况，可严肃追责。二是支撑部门，明确专人负责生产项目评审，规范组织，保障投入，对可研规范性、方案可行性和经济合理性负责。制定《张家界供电公司非电网基建项目可研评审实施细则（试行）》，建立市县两级专家团队，支撑项目评审、验收及评价，对评审项目技术方案的先进性与适应性负责。

1. 严格关键环节管控，做好项目前期管理

现公司各单位上报的项目，存在导向不突出、未开展现场勘察、未开展策划和论证、工程量与实际不符等问题，前期管理形同虚设。资金计划下达后，实际实施困难不能及时办理变更，导致项目长期挂账，或者随意变更资金投向，而确实无法使用的资金不及时退还，造成资金使用效率较低和违规。规范项目评审流程。实行"班车制+专车制""限上评审+限下评审"相结合方式增加评审频度，按周发布非基建项目评审计划，按收集年度项目需求评审计划→发布年度评审计划→收集季度项目需求评审计划→发布季度评审计划→项目管理部门（单位）报送资料→组织项目预审→组织会议评审→项目评审收口→出具评审意见→评审意见审核→评审意见行文→资料归

档等流程组织项目评审,明确评审职责分工、评审流程和评审重点。使用标准化评审卡,出具评审内容,以便整改和落实,确保成本投资的精准和规范,确保项目储备进度和质量,扭转了项目可研评审混乱的局面。

2. 加强监督审查,严格评价考核

项目监督与审查。在项目结算审查阶段,审计单位对项目结算造价的合规性负责,对履职不到位的将严格按合同约定追责。监理单位按照"一事项一签证"原则,及时办理变更签证手续,对项目工程量签证的真实性、准确性负责。设计变更要求分项签证资料应连续编号,结算时禁止以总签证代替分项签证。加强项目负责人签证意识,重点加强县公司应急项目和隐蔽工程签证管理,未获得完整、准确签证资料的工程不得办理竣工结算,必须补充签证。项目竣工验收,各单位根据实际情况组织财务、安监、物资、调控、审计等相关部门(专业)参与,设计、施工、监理等单位参加,据实编制竣工验收报告,并要求全部参验人员签字确认。项目负责人对项目竣工验收报告的真实性、完整性、准确性负主要责任。财务部门加强决算把关,对决算资料的完整性、准确性存疑的项目不予办理决算。

(二)开展多维预算执行分析,有效监控预算执行

项目预算管理是项目全过程管理的重点环节,传统的项目预算执行分析方式是线下从财务ERP系统中导出入账明细,通过excel表格设置公式加工成项目入账明细表,操作烦琐,公式若设置错误则存在统计错误风险,表格因设置公式过多、数据量大,电脑操作起来经常会卡顿,同时难以满足内外部监管者对项目执行情况的多样化需求。为了提高预算执行质效,为管理者决策做好有力支撑,张家界公司利用财务管控系统开发多维预算执行分析应用,通过提供有效的预算监控分析手段,以达到预算管理工作的规范统一和高效运作。实现预算统计报表自动取数、业务部门直观查询、预算执行进度实时反馈、超预算即时预警、底层业务按事项标识等功能,且采用全场景数字展示,提高预算管理效率和规范性。

1. 选定拓展系统,确定管理分析对象

为确保实现预算执行分析的实时性、敏捷性、准确性,组织系统开发竞商会议,对比财务管控与ERP系统开发优势、用户使用体验后,张家界公司最终选定ERP作为预算执行分析体系建设系统,同时确定系统拓展需求方和建设方主要负责人,形成系统拓展建设团队。考虑张家界公司经营管理分析需要,确定预算执行分析对象即执行分析所涵盖费用类别。成本性支出涵盖重点类别,包括购电成本、折旧费用、可控成本、人工成本、委托运维费、研究开发费、其他业务支出、营业外支出8项,资本性支出涵盖电网基建、小型基建、固定资产零购、生产技改、营销资本性投入、生产辅助技改等14项,各类费用预算执行情况一目了然,满足不同用途或不同使用者预算执行管控的需要。

2. 设计执行分析模板,开展主数据配置

根据前期确定的管理分析对象,财务人员根据不同成本构成、项目投向类别形成基础数据表,包括可控成本省市县三个层级以及不同层级下项目投向、预算管理费用类别梳理,人工成本、委托运维费、其他业务支出、营业外支出构成梳理。系统建设人员在系统中定义成本类别与项目类别主数据,搭建预算执行分析框架。根据前期确定的实际使用部门费用(项目)预算执行分析模板,由财务人员确定现有会计科目(区分多维费用明细)与成本类型、项目主数据与成本类型对照关系,由系统建设人员在预算执行分析框架中设置对应逻辑,实现多维费用明细支出自动归集到预算管理费用类型,明细项目支出自动归集至不同层级不同投向。由财务人员对公司目前在用

的216个成本中心和利润中心进行梳理，对应归集形成实际使用部门主数据基础表，由系统建设人员在预算执行分析框架中设置对应逻辑，实现多维核算中底层成本中心费用支出情况迅速归集至实际使用部门，从而高效反映预算执行主体实施情况。

3. 治理系统数据，编制系统预算数据

由财务人员对410个在用资本性项目的建设管理单位字段进行全面治理，确保资本性项目执行数据按照建设管理单位归集至对应的专业管理部门，专业项目预算执行分析准确无遗漏。由财务人员对413个在用成本性项目建设管理单位、项目层级、项目投向、细分投向、请求成本中心字段进行全面治理，确保成本性项目执行数据能准确归集至不同成本层级、项目投向、实际使用部门、专业管理部门。由财务人员导出系统预算编制模板，进行实际使用部门、专业管理类别的预算编制和导入，模板导入后系统将自动计算各费用类别、各实际使用部门、各专业管理部门以及公司总预算，预算数据可随公司预算调整实时更新，确保预算数据具有及时性、相关性。

4. 多场景运用预算执行分析系统

一是高效便捷，系统一键式运行取数，方便管理人员实时掌握张家界公司各类费用预算执行情况，以便有针对性地督导预算执行。二是分层级多维度，用于各类费用预算执行的实时对比分析，便于预算资源的统筹调整和安排。三是汇总、明细双向反映，用于重点关注费用预算执行预警管控，避免问题发生。四是双重监督评价，用于落实专业管理、直接使用部门职责，通过业业融合、业财融合提高预算执行质效。五是预算管理闭环，以各类费用预算执行分析报告支持公司经营决策、管理优化。

（三）创新财务"智慧稽核"，提升项目监督水平

张家界公司财务稽核管理原来是以人工线下稽核为主，限制了企业的财务管理和业财的进一步融合。单纯依靠线下稽核，不能形成制度化、智能化稽核管理要求，无法满足"智慧财务"的建设需求，因此，在实际工作过程中，自主运维项目的管理问题日益突出。张家界公司采取"线下—线上—线下"的模式，在项目全过程管理中，构建对应的稽核场景。以资金检查为契机，对线下稽核结论进行全面梳理，以问题为导向，逐条明确具体稽核条件、稽核规则方法、稽核规则依据以及使用范围和相应的参照值等，由线上稽核结果优化线下整改流程和制度，后续通过内外部监督检查中发现的问题分析潜在的财务风险点，对应案例梳理不断完善和丰富稽核规则，让自主运维项目稽核工作线下与线上有机结合、稽核流程完美闭环，达到智慧化稽核监督。

1. 统筹项目储备规则，提升资金使用效率

结合"专业管理+集中评审"的模式，张家界公司建立两个"统一"的储备规则，通过前期规范的手段，提升资金使用效率。一是统一集中评审。自主运维项目必须统一经公司财务部、发展部、审计部和专业部室分别对其经济性、可行性、合规性和真实性集中评审通过后才能下达预算，严防项目重复投资和立项的问题。二是统一专业管理。分专业对项目集中实施管理，同类型项目各基层单位不再各自立项实施，如桌面终端维保服务统一由信通公司根据各单位需求测算后立项实施，后勤维保服务统一由综合服务中心立项实施，同时各专业建立项目管理台账，按照不同类型维保服务制定周期标准，在标准周期内不再重复投入资金。通过建设，张家界公司统一储备规则，在既定的资金规模内统筹规划，提高资金效率，以更少的资金实施更多的运维项目。

2. 丰富项目核算维度，加强青苗赔偿管控

近年来在各项检查中发现，张家界公司的青苗赔偿业务不同程度的存在重复治理，同一类型赔偿结算单价不同的问题，加之青苗赔偿本无单价依据，加大了这类项目的资金风险。基于青苗

赔偿业务的稽核规则主要通过细化项目核算维度，通过逻辑判断，即时预警重复结算和结算标准差异问题。具体可通过在项目ERP字段中，增设线路段、杆号、树木类型维度，业务前端在提交时录入相关维度信息，经核算完成后维度信息集成至财务管控，通过财务管控查询提取项目的明细账，在项目名称、项目定义、赔偿日期、收款人、线路段、杆号、树木类型和赔偿金额等维度实现逐一列示项目。在稽核工作中，系统自动判断在一定周期（月度或者季度）内青苗赔偿业务涉及线路段、杆号等字段是否重复以及同一线路段、杆号、树木类型赔偿金额是否差异大，该规则主要预警同一线路段、同一杆号、同一树木类型是否存在重复结算和赔偿价格差异大的问题。智慧稽核工作中，通过提取线上多维集成数据字段开展青苗赔偿业务的稽核工作，能够大幅度提高稽核效率，让财务人员用更少的时间办更多的事情。

3. 逐步打通业财融合，加强资金风险预警

在正常的项目管理流程中，项目预算下达后应先经招标签订合同然后再实施，并以施工进度入账，按照合同约定支付款项，已经结算审计后的金额为项目最终实施金额。而在项目实施过程中，由于主观意识上管控不到位、基础工作不扎实等原因影响资金规范运作，暴露出一些资金风险问题。针对资金风险的稽核工作，需通过经法系统、ERP系统、财务管控系统端口对接，提取经法系统已完成流转的项目合同数据集成至财务管控系统项目数据库，将ERP系统中项目开工日期和竣工日期等数据集成至财务管控系统项目数据库，结合费用的支付数据，将三方数据进行合理性匹配，对于关键字段运用稽核规则进行逻辑判断，及时预警资金风险。

（四）建立"三个清单"制度体系，完善项目管理机制

为规范资金使用行为，提高资金使用效率，张家界公司制定以"三个清单"为核心的资金管理使用机制。"三个清单"是指资金管理责任清单、资金管理权限清单和资金使用需求清单，用于明确资金管理使用部门间职责分工、各单位权限界面，是从资金需求提出、具体使用到评价监督的管理规范，是一个相互联系的有机整体。张家界公司利用"三个清单"的资金管理机制明确各类项目在市县两个层级的使用责任清单、使用权限清单、使用需求清单，明确各类项目的管理、实施职责，使管理流程更加顺畅。

1. 建立资金管理使用责任清单，明确各类职责

资金管理责任清单主要是从横向上明确业务部门的资金管理使用责任，包含直接责任、管理责任和监督责任，重点解决各层级资金管理使用部门间责任不清晰、专业要求不明确的问题，主要按以下原则确定：谁管谁负责、谁分谁负责、谁批谁负责、谁用谁负责。

2. 建立资金管理权限清单，明确各类权限

资金管理权限清单主要是在纵向上分专业明确市、县两个层级资金管理使用具体事项的权限界面，按业务类别、投入规模和资金来源等确定各层级管理权限，重点解决资金管理使用管得过宽、放权不够、权限不明的问题。

3. 建立资金使用需求清单，明确各类需求

资金使用需求清单主要是根据资金管理责任和权限，按照使用单位提出需求、按权限界面进行审批、分配单位下达项目的流程，明确资金使用从储备、评审批复、计划预算下达和组织实施的过程，确保资金使用安排符合实际、流程畅通、程序合规。

三、市级电网企业项目全过程多维精益化管理的实施效果

（一）精准立项，服务公司精优发展

2021年张家界公司第一批成本性项目集中会审，严格执行一项目一评审卡制度，对不具备评

审条件的项目退回修改，未按期整改的延后审查。此批次项目评审中发现需按项目包立项的项目14项、必要性不充分项目3项、不具备评审条件项目6项、未按最新文件进行调差项目45项，核减项目12个，核减投资计划347.61万元，核增投资计划21.91万元。2021年度第一批次农网项目可研设计评审，评审项目188个，提出问题642项（其中桑植108项、慈利534项），调整项目1项（桑植），调整投资1811.73万元（其中桑植核减494万元、慈利核减1317.73万元），对配网储备项目质量进行了严格把关。通过近一年新模式评审工作的开展，对系统储备库的项目进行了优化和精减，有效地防止重复投资、重复建设、虚报预算等情况，确保了成本项目储备库的规模和质量，公司项目建设实现了高质量发展。

（二）精益管理，实现预算执行多维动态管控

通过建立多维预算执行分析应用，改变传统的线下统计预算执行进度的方式。一是实现重点预算投入执行情况实时管控，支撑公司战略、重点工作部署不偏不倚地落实。二是实现预算的精益科学管理，分层级、投向、费用明细分析反映预算执行情况，通过多维度、深层次地剖析，及时发现问题，优化预算资源配置及管理策略，提高投入产出效率。三是实现全面预算管理信息化、自动化，通过系统实时取数、信息整合，匹配多维核算数据与预算管理对象，提高分析的准确性和管理效率。

（三）完善机制，助力关键指标提升

在"专业管理+集中评审"模式的助推下，通过多维预算执行分析应用灵活统筹安排项目预算，以"三个清单"管理制度为准则，张家界公司项目全过程管理质效逐渐提升，公司各项关键指标得到提升。2021年，张家界公司生产指标实现年度目标，10千伏线路故障率、配变停运率、配变平均停电时长、配网低电压率同比分别下降53.88%、39.94%、45.28%、63.01%，全面完成"两降两控"四个下降率目标。

主　创　人：全文琪、杨凤祥
参与创造人：李永智、廖　健、谷金惠、李建云、向　勇、易　娜、覃新蓉、卓　震

高端制造企业全流程管控的固定资产投资业务体系构建与实施

中国航发中传机械有限公司

摘要： 高端制造企业全流程管控的固定资产投资业务体系构建与实施，是中国航发中传机械有限公司（以下简称中传公司）深入开展对标世界一流管理提升行动的统一部署，支撑中传公司战略转型，加快创建自主创新型企业，持续提高投资效益的重要举措。按照"贯穿全生命周期、覆盖全业务领域、理顺全管理流程"的原则，以全流程管控为管理理念，按照流程优化、综合管控强化、固定资产管理规范化的思路，通过构建固投体系工作模型、建立项目精细化管控工作机制、规范项目论证基础要素管理、深化信息系统应用等策略，构建固定资产投资业务体系新模式，建立涵盖投资项目管理、综合业务管理、保障条件支持在内的全域一体的长效管理机制，全面实现固定资产投资管理全流程精细化管控，有力地支撑核心能力体系建设，实现管理提质提效，助力自主创新转型升级，强力支撑"十四五"及中长期发展战略实现。

公司简介

中国航发中传机械有限公司位于湖南省长沙市，隶属中国航空发动机集团有限公司，是国有全资企业，是我国航空发动机齿轮和直升机中、尾减速器专业化制造基地，现有员工1497人，其中含博士、硕士在内的研究员级高级工程师、高级工程师等各类专业人才500余名。1965年建厂以来，中传公司始终坚持国家利益至上，立足高端制造、创新突破，在国家军工工业、民用工业史册上创造了多个第一：第一台涡桨发动机齿轮、第一台航机陆用燃气机齿轮、第一台军用气垫船左右风扇变速箱和第一台直升机中、尾减速器，打造了多项军工民用的国家和省部级优秀产品，为中国航空事业发展做出了重要贡献。

一、高端制造企业全流程管控的固定资产投资业务体系构建与实施的背景

（一）是落实新时代武器装备发展战略的迫切需要

当前，我国正处于从大国走向强国的关键时期，迫切需要强大的现代化武器装备基础，军工行业仍处于战略机遇期。以人工智能技术为标志的第四次工业革命已经到来，武器装备智能化、无人化趋势明显。填补武器装备研制生产中的手段空白和瓶颈资源是固定资产投资的重要任务，提高固定资产投资效益、深化投资成果应用是落实国家国防科技工业发展战略的迫切需要。

（二）是满足航空发动机自主保障的形势要求

为深入贯彻落实习近平总书记对航空发动机发展的重要指示批示精神，以支撑航空发动机自主创新体系为目标，补齐关键短板，优化能力布局，提升保军强军能力，到2025年，要基本建成系统完整、水平先进、布局合理、与发展需求相适应的航空发动机核心能力体系，全面保障航空

发动机型号研制的需要，支撑我国航空发动机自主创新发展和军民用航空发动机协调发展，固定资产投资的效能高低直接影响体系构建的质量，固定资产投资管理提升是满足航空发动机自主保障的形势要求。

（三）是加速企业高质量发展的内在需求

中传公司"十四五"及中长期发展规划中明确，聚焦军品科研生产任务高质量完成，聚焦民品价值创造能力持续提升，加快数字化工厂建设，突出发展核心技术能力。固定资产投资业务领域的变革创新和持续改进将有力地促进数字化转型升级，加快构建核心能力体系，是推进企业高质量发展的内在需求。

二、高端制造企业全流程管理的固定资产投资业务体系构建与实施的主要做法

（一）梳理固投现状，构建固投体系工作模型

1. 明确固投管理目标，规划体系工作模型

针对中传公司体系化建设思路不清晰、精细化管控能力不强、数据传递分析运用弱化的问题，立足于固定资产全流程管控，全面梳理相关业务流程，构建流程优化、综合管控强化、固定资产基础管理规范化的"三位一体"的工作机制，将技术支撑、精细化管控、数据应用及信息化作为有力抓手，对项目规划、立项申报、项目实施、项目验收、投资效果后评价全过程进行流程优化，并建立强管控形式的综合管理模型和规范的固定资产基础管理模型，将以往不同步的信息同步反馈，不固定的流程固化完善，不易操作的表单细化要求，不显性留存的经验形成指导文件，通过将知识经验固化，加强项目管理的针对性，提高项目管理水平和建设质量，保障科研生产任务顺利完成。见图1。

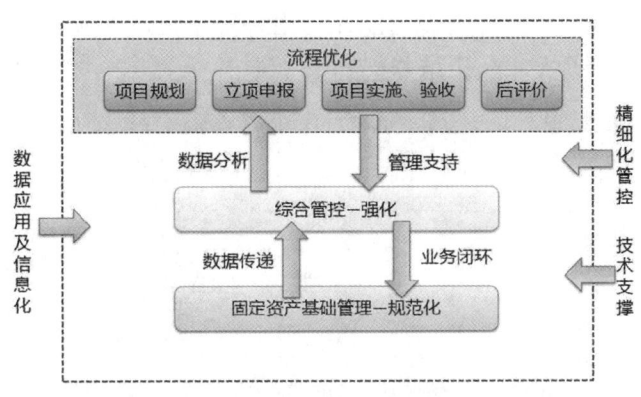

图 1 固定资产全流程管控机制

2. 遵循体系建设要求，策划全流程管控思路和实施路径

按照体系建设思路，针对固定资产投资项目管理流程的关键因素和堵点，开展深入调研，制定强化项目规划论证、细化项目实施标准、优化项目管理流程、显化管理知识经验、深化信息系统应用的"五化"创新策略，通过关键控制点改善、深化利用数据资产、建立信息传递平台、精细化综合管控要求等做法，完成固定资产投资全流程管控的业务体系重构。

（二）立足精细化管理，建立项目管控工作机制

1. 针对关键流程节点，分层设计专业管理团队

针对投资关键环节，建立分层管理团队搭建机制，采用分层例会、分级划定岗位职责的方式相对固化项目团队，项目总体规划管理层级由部门领导组建工作团队，各单位技术/技改领导直接参与，重要进展和工作事项统一商讨决策，在每月技改例会中汇报、协调；子项实施管理层级直

接对接现场，自上而下的专职团队和粗细有别的分层例会有效地提高了信息沟通效率和准确性，逐渐扭转了出现问题急忙"灭火"的被动局面。见图2。

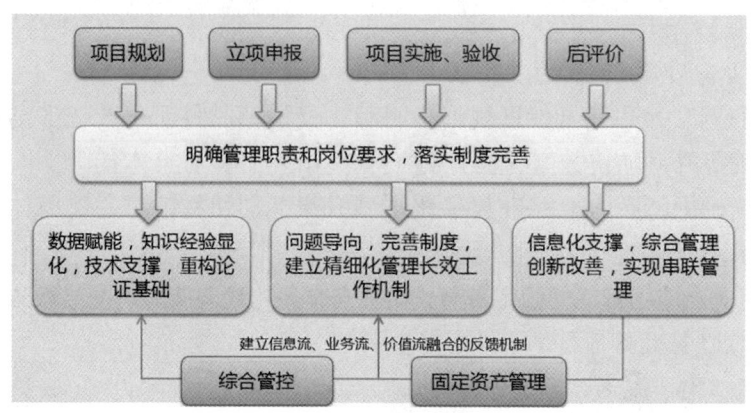

图2 优化思路

2. 根据投资项目特点，编制重大项目专职团队组建标准

对于投资规模大、技术方案复杂、关注度高的重大固定资产投资项目，常规的项目管理组难以支撑项目深化论证，为保障项目的顺利实施，形成重大项目专职团队组建标准，在生产中心和技术系统内组织精干力量建立专职团队人才库，根据项目特点抽调库里骨干组成专职工作团队，专门负责重大投资项目建设方案论证和项目管理工作。专职工作团队把原先分散在各个部门/生产中心的技术人员和技改管理人员集中，减少了大量部门间的沟通工作，也使承接项目建设方案设计的咨询公司能与技术团队直接对接，集中力量进行项目攻关。这种团队标准的建立和工作模式不仅大大提升了项目管理效率，团队成员还能在与内外部单位的交流调研中培养过硬的技术和管理能力，对中传公司能力建设人才队伍培养起到了"走出去、传下去"的双向效应。见图3。

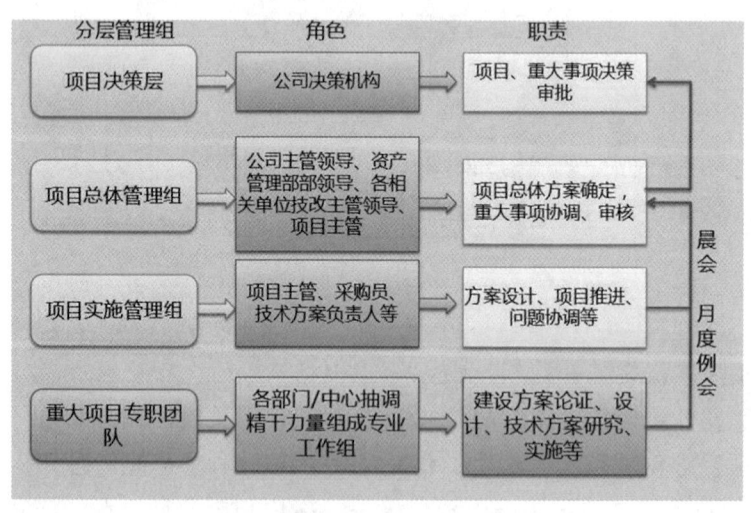

图3 分层管理模型

（三）聚焦项目论证，规范论证基础支撑要素管理

1. 提炼项目论证关键要素，编制规划论证指导文件

固定资产投资项目可按资金来源、投资类别分类，不同性质的项目在论证阶段各有侧重和方法，研保类项目侧重满足型号研制的硬性条件，批生产项目侧重生产能力的补充，零星技改技措多用于临时发生的、短平快的或难以争取国家资金支持却对中传公司发展有关键作用的项目。通

过对历年项目的评估意见,并结合国家、上级机关对固定资产投资和指导的原则和规定,提炼任务分析、投资方向把控、能力体系构建要素、不同性质项目论证重点等方面的有益经验和做法,编制项目规划论证重点步骤指导文件,把各类型项目论证和申报材料中要重点考虑的因素、论证重点、需明确的输入信息等经验式的知识整理成文,将知识经验显性化,操作步骤规范化、协作分工明晰化,在不断的改进和完善中,为项目主管人员和申报单位提供有力的指导,提高项目论证的针对性和建设方案的合理性。

2. 梳理技术发展核心,提供项目论证支撑

由技术部门牵头,按照"成功树"分析思路编制技术地图,分类列明技术发展现状、技术内涵、技术成熟度、工艺能力需求等重点内容。技术地图体现了中传公司中长期技术体系建设的重点,对于固定资产投资而言,技术地图成为立项论证的依据,技术地图圈出了中传公司核心能力发展方向,即成为能力建设的重点论证,排除可外扩能力和淘汰工艺的无效投资,能更有针对性和高效率地进行项目规划论证。在以技术地图作为论证基础的应用中,生产中心逐渐形成聚焦核心、放开一般的论证思路,项目申报更加往关键技术能力提升、核心瓶颈资源补充的方向考虑,这是在目前基础上为更加精准投资提供决策依据的重要工作。

3. 推进基础数据赋能,保障项目论证可靠

固定资产投资项目审查的重点之一是已建项目和拟建项目的统筹论证问题,这就要求项目建设方案要充分考虑中传公司现有能力情况,与已批复或已评估的投资项目的建设内容进行对比分析,提出统筹建设思路和具体路径。针对上述情况,项目团队按投资项目和生产单位分类全面梳理已建、在建和待申报项目建设内容,形成投资项目数据库,数据库包含与下一步申报设备息息相关的信息。数据库的建立将原本分散在各个项目主管手中的信息集中,可以在后续项目论证时及时查看同类设备前期批复情况,提供项目统筹的基础资料和依据;通过比对技术要求,可以大致区分不同类型、不同规格的设备通常运用于哪些车间,还能进行投资预算和购置价格的对比,从而提高预算准确度,减轻总体项目论证难度。

(四)把控关键控制点,着力项目实施管控及后评价

1. 聚焦问题根源,形成长效整改机制

固定资产投资项目财务审计、监督检查和自查是发现项目管理问题的有力手段,针对问题及时整改是确保项目顺利验收的重要条件,通过梳理总结历年来在审计、检查中发现的问题和考核情况,深挖问题根源,制定整改措施,形成问题清单和整改措施清单,并在每季度固定资产投资完成情况简报中进行举一反三的项目自查。自查整改工作机制的建立,有效地降低了低层次、重复性问题的发生,并提示潜在风险,提高了项目管理质量和人员项目管理水平。

2. 加强投资预算监控,提升预算执行率和计划完成率

预算执行率是项目建设进度和成效的重要反映点,同时也是落实财务预算精细化管理要求的重要一环。通过开展投资项目月度预算执行集中监控,由专人汇总管理所有预算支出计划和进度,严格按照"日提醒、周检查、月回顾、定考核"的工作机制,精准测算月度付款计划,完善付款情况通报、考核机制,从而提高资金利用率,确保预算执行达到序时进度要求。通过长期坚持,项目管理人员对于预算申报和执行的敏感度提高,促进了项目进度的按时推进。

3. 建立后评价制度,扎实开展项目后评价

后评价是准确评估投资成效,分析投资效益,持续改善投资方案不可或缺的工作。项目后评价可以为建设项目全流程管理提供改善依据,能够支撑提高决策水平,增强管控机制,更好地发

挥投资效益。针对后评价制度缺项,编发了《重大设备后评价管理办法》,从"服务、质量、成本、效能、改善"五个维度综合制定重大设备后评价模型,设计评价指标,适度前置评价时机。该制度执行以来,已完成低压真空渗碳油淬炉、TC+NX 扩点等项目的后评价,后评价制度执行日臻完善,也将极大地提高固定资产投资效益和全流程管理水平。

(五)依托信息化手段,提高固投业务综合管控质量

1. 应用项目管控系统,提升固投过程资源调配水平

随着投资规模加大,全流程管控要求越来越深入,项目综合管理工作仍然采取手工登记与汇总的方式,已不再适应新形势下的项目管理要求。通过搭建信息化管理平台,开辟综合管理新路径和新模式。综合管控平台搭建了固定资产投资项目信息化管理模块,管理模块具备项目管理、计划管理、合同管理、综合统计、沟通协调等功能,储备项目、在申报项目、在建项目、待验收项目、已验收项目等全部纳入系统管理;并持续优化综合统计分析、重点工作计划跟踪、会议纪要部署及落实等功能,逐步将固定资产投资管理模块与已有的合同管理系统、财务支付系统、战略管理系统及资产管理系统进行融合,责任人能在系统中查看、反馈项目进度,提出协调需求,查阅基础数据等,实现固定资产投资项目全业务域互联互通,达到业务流、信息流和价值流"三流合一",形成快速响应、准确反馈、风险控制的综合管控平台。

2. 搭建资产管理系统,优化固投输入和过程管理

固定资产管理涉及转固、质保期管理、后评价、固定资产的后续支出等事项,以往资产转固都是通过纸质表单流转,资产台账也是采用简单的表格登记,管理方式落后,而且对于新购固定资产留存信息少,难以对数据进行二次开发利用。通过建立固定资产管理系统,将固定资产转固、状态变更等一系列管理工作移到线上,并与合同系统、综合管控平台形成数据关联,建立资产数据库,资产转固时即从合同系统、固定资产管理系统中抓取项目合同价、规格型号、供应商、购置日期、放置位置等信息填充至转固台账内,可以随时查询资产状态、合同情况、技术参数等与后续投资项目相关的信息,管理系统上线使用可以实现项目从立项到转固验收的全生命周期管理。同时,详细的资产台账为固定资产的改造、大修等后续支出提供翔实的信息,也可为供应商评价、筛选、后续项目论证提供数据依据。

(六)完善保障条件,支持固投体系良性运行

1. 完善固定资产投资制度体系建设

完善的制度体系是管理活动有序合规开展的重要保障,制度规定缺乏操作性、业务流程不明晰等会给固定资产投资管理带来极大的影响,甚至埋下投资不合规的隐患。对此,通过全面梳理全流程、全业务域的制度执行情况,整理缺项漏项,分析可操作性程度,对相关制度进行修订或编发,将流程显性化、表单格式化,完成多项制度编修,完善了制度体系,提高了制度的可操作性和指导性。

2. 创新培训方式,助力人员业务能力提升

着力加强人才队伍建设,及时收集上级机关、地方政府关于固定资产投资管理的政策变化情况,对能力建设业务主管进行培训,坚持"走出去"与"请进来"的培训模式相结合,坚持业务主管至少每两年参加一次外部培训,熟悉掌握国家、上级机关及集团的相关政策和规章制度,聘请外部专家进厂授课,以扩宽知识经验获取渠道和业务范围。2021 年 8 月,特邀集团内固定资产投资业务专家开展固定资产管理专项培训,中传公司共 30 余名专、兼职技改主管参加培训,取得了良好的培训效果。

3. 强化规矩意识，筑牢廉洁防线

通过分析固投业务全流程管控中的廉洁风险要素和控制点，关联央企合规管理规范要求，将廉洁管理要求嵌入制度和流程之中，形成业务流程、风险岗位、廉洁合规"三维合一"的廉洁管理模式。持续开展廉洁岗位建设，建立廉洁风险岗位轮换制度，定期对固定资产投资管理人员进行廉洁教育，完善风险岗位管理规范，进行风险岗位识别，签订廉洁责任书，每年至少开展一次集体约谈，每两年开展廉洁风险岗位轮岗。

三、高端制造企业全流程管控的固定资产投资业务体系构建与实施的效果

（一）管理质量显著提升

2021年以来，中传公司获得1个项目立项批复、2个项目初步设计批复，1个建设项目零问题、零审减"双零"竣工验收，并完成4个建设项目规划方案论证、3个建设项目建议书编报、1个项目可行性研究报告编报。建设成效突出，近三年来，中传公司固定资产投资增长率分别达21.15%、26.05%和32.08%，2021年财政预算执行率100%，累计计划完成率97%。基础管理工作效率提高，在全流程管控业务支撑下，各部门工作职责明晰，管理业务精准执行，形成自主管理能力提升的良性循环，以2022年一季度投资管理工作为例，一季度能力建设计划完成579项，实际完成571项，计划完成率达98.6%。

（二）投资效益明显改善

进一步加大项目统筹力度，投资决策注重经济效益提升，充分利用增量投资盘活存量资源，改变以往盲目铺大资金盘子，重复投入一般能力的老思想，注重建设通用性强、集成度高、柔性自动化特点的工艺装备，带动生产能力跨越发展，复合型设备、工艺技术创新型支撑设备投资力度加大。三年来，五轴加工中心、三维激光扫描仪、面齿轮车齿机等30余台高端装备、50余台生产瓶颈设备逐步投产，有效缓解了能力缺口，进一步提高中传公司数控化率，补强核心制造能力，工艺攻关力度及技术成果应用持续增强。

（三）社会效益、经济效益凸显

中传公司立足航空高精密齿轮及相关部件研发制造，在新一代信息科技浪潮中，抓住数字化战略转型的关键期，实现固定资产投资全流程管理水平的提升，加速效能型能力体系构建，突出科技创新发展，有力地推动了核心能力建设。三年来，中传公司营业收入年均涨幅13.5%，净利润年均涨幅27.3%，固定资产投资规模年均涨幅24.3%，为航空产业等领域传动产品自主创新型企业创建创造了良好条件，为湖南省乃至国家航空领域高端制造产业链能力的完备性和稳定性打下坚实的基础，培养了一支专业素质好、管理能力强、政策把握准的复合型人才队伍，为下一步智能制造布局提供了条件保障，不断推动航空产业向好向快发展。

（四）管理示范性效果明显

构建的固定资产全流程管控工作机制，使固定资产投资工作全方位得到优化、强化和规范化，管理工作质量提升明显，在行业内取得了良好的示范效应。中传公司固定资产投资业务主管获评中国航空发动机集团2021年度固定资产投资先进个人称号，主管领导和骨干业务作为项目审计、评审专家参与多个投资项目审查与交流。

主　创　人：唐喜军、雷　兵
参与创造人：刘胜亚、邓　辉、李瑞涵、陈小琦、向清源、刘浩东、
　　　　　　田桂芬、李　阳、李添良、曾小宝

国有企业重组整合下现代制造业子公司管理体系的探索与实践

中车株洲车辆有限公司

摘要：在国有企业改革的浪潮下，中国中车集团有限公司实施了货车企业改革重组，中车株洲车辆有限公司结束了12年分公司管控模式，恢复法人资格独立运营。通过"理念转变、动力再造、机制重构、管理创新、党建引领"等举措，有序推进法人治理结构建立、组织构架重建、制度体系重塑、科技体制机制优化、经营机制改革、精益运营体系构建等一系列工作，打造了新时代新形势下的高效运营平台，进一步优化资源配置，筑牢企业发展根基，激发企业发展活力。中车株洲车辆有限公司以存续分立的转型实践，探索了国有企业集团模式下的分公司到子公司管控体系转变的些许经验。

企业简介

中车株洲车辆有限公司（以下简称中车株辆公司）是中国中车集团旗下的二级企业，注册资本7.689亿元，位于湖南省株洲市，生产面积16.8万平方米，现有员工2000余人。2021年，固定资产原值6.61亿元，净值2.38亿元。2019—2021年，年均营业收入21.56亿元，年均利润0.57亿元。

中车株辆公司已有64年研发、制造铁路货车历史，拥有全谱系铁路货车研发制造能力，主导产品包括敞车、平车、罐车、棚车、漏斗车等全系列通用货车，新造铁路货车产能为7500辆/年。具有和国际标准接轨的制造体系和质量管理体系，与国家能源集团等国内外大型企业建立了长期友好合作关系，产品远销美洲、非洲、澳洲、东南亚等国家和地区。先后荣获"全国质量效益型先进企业""科学技术先进集体"等国家级荣誉称号；通过了高新技术企业、省级企业技术中心认证，获评国家绿色企业，是国家安全生产标准化一级达标企业。

一、国有企业重组整合下现代制造业子公司管理体系的探索与实践的背景

2007年，南车集团对所属货车企业进行整合重组，在武汉成立长江车辆有限公司，中车株辆公司成为其下属的分公司。2019年，中国中车（2015年南车北车合并成立）再次进行货车企业重组，设立齐车、长江两个子集团，企业在历经12年分公司管控模式后，再次恢复法人资格独立运营，更名为"中车株洲车辆有限公司"，归入长江集团。存续分立后，原分公司的管控模式、组织构架、规章制度等已不适应企业发展需求，因此须对重组整合后的公司管理体系进行探索、重构。

（一）是贯彻落实党中央、国务院深化中央企业改革重大部署的必然要求

近年来，党中央、国务院高度重视国有资本布局优化、结构调整和重组工作，习近平总书记多次对央企深化改革作出重要指示，为央企进一步做好改革工作指明了方向，提供了根本遵循。

李克强总理对央企重组工作作出重要批示，为央企深化企业改革、优化布局结构、增强国际竞争力提供了重要契机。中国中车是唯一一家入选创建世界一流示范企业的机械类制造企业，必须担好"国企改革先锋"的重大责任，努力推动中车改革向纵深推进。中车株辆公司作为中国中车旗下的主要货车制造企业之一，全面践行国企改革三年行动，加快企业变革，不仅是贯彻落实党中央、国务院、中国中车国有企业改革精神的重要内容，也是自身改革发展的现实需要。

（二）是构建中国特色现代国有企业制度的内在需要

2017年《国务院办公厅关于进一步完善国有企业法人治理结构的指导意见》指出，当前多数国有企业已初步建立现代企业制度，但从实践情况来看，现代企业制度仍不完善，部分企业尚未形成有效的法人治理结构，权责不清、约束不够、缺乏制衡等问题较为突出。中车株辆公司恢复独立运营后，相关法人治理结构（如公司章程的制定、董事会、监事会的设置等）都需要从"零"开始。同时，在存续方和分立方权限的职责划分、管控模式设定、管理机构设置等方面，只有保证权责清晰、高效协同、差异发展，才能实现资源配置和管理流程的优化，促进高效运作，实现企业健康可持续发展。

（三）是推动实现企业高质量发展的关键举措

企业要适应竞争激烈的外部环境，体制机制的改革就势在必行。中车株辆公司经历多年分公司"成本中心"管控模式，企业的自主性、积极性、创造性受到一定的抑制，经营主体的危机意识和市场意识淡薄，在企业内形成"工作基本靠熟练，管理基本靠经验，技术基本靠引进，市场基本靠分配"的思维定式。必须借助中车新一轮"重组改革"的契机，结合复杂的市场环境，对内部的体制机制进行改革、完善，破解传统货车行业发展难题，创造适合新发展理念的合理合规路径，努力推动实现企业高质量发展。

二、国有企业重组整合下现代制造业子公司管理体系的探索与实践的主要做法

以"效率优先、利于管控，精干机构、市场为主"为原则，成立中车株洲车辆有限公司，实施企业存续分立独立运营。以"一核一新"为发展战略，以构建权责清晰、高效协同、差异发展的管理体系为中心，通过"理念转变、动力再造、机制重构、管理创新、党建引领"等举措，积极适应母公司"战略+运营"管控模式的变化，有序推进公司精益管理理念植入、法人治理结构建立、组织架构重建、制度体系重塑、经营机制变革等一系列改革工作，进一步优化资源配置。

（一）强化顶层设计，筑牢企业发展根基

企业面对激烈的市场竞争和变化的运营环境，不仅要靠市场、研发的突破，更要靠管理的突破。公司聚焦顶层设计，以"明战略、定组织、建制度、优治理"为重点，推进组织架构、法人治理结构与企业规划的对接融合。针对业务流程不畅、"部门墙"现象、协同融合不足等突出问题，构建相互衔接、紧密结合的制度体系，确保重组整合后的各项任务落实到位。

1. 战略引领，全面做好五年规划

2019年，立足于"十三五"末和"十四五"初的交会期，中车株辆公司聚焦国家战略、行业技术发展趋势、重大市场需求，强化全球视野和战略思维，科学制定"一核一新"（以做优铁路货运装备传统产业为"核"心、重点开拓现代化物流装备"新"产业）发展战略和打造"最具国际竞争力的铁路物流装备供应商"发展目标，精心编制公司"十四五"发展规划，加快由"传统制造型企业"向"服务制造型企业"转型升级的步伐。

2. 组织保障，确保重组经营稳中推进

实施存续分立，总体要求是既要保证正常生产经营不受影响，又要实现资源配置、产业结构、制度流程优化的总体目标。为确保资产和权益分割与承继工作、债权人利益保护,尤其是现有车型资质变更、延期、转移等方面工作能够平稳过渡,中车株辆公司制定《子公司运营筹备推进工作计划》,成立子公司运营筹备工作推进领导小组和办公室,设立机构职责组、资产清查组、工商注册组、技术管理组、体系管理组和宣传品牌组等六个工作组,明确各组工作主要职责,确保各项工作有序落地。

3. 制度重塑,保障企业运营高效协同

按照"系统、高效、实用、简洁"的原则,以统筹安排、分步推进的方式,组建由规划、精益、信息、合规、财务等多部门骨干组成的专家团队,对原分公司模式下380余项规章制度进行全面梳理、诊断,结合母公司新的管控模式、公司战略发展需求及组织机构的改革等实际情况,对既有规章制度进行充分的对标调研和现状分析,提出改善意见,彻底明确公司规章制度层级、管理过程以及制度流程的有效性、规范性,完成了291项规章制度的新增与修订,形成以公司章程为核心的制度体系,为公司经营管理的高效运行提供保障。

4. 依法治企,健全企业法人治理结构

积极推进现代企业制度建设,完成公司制改革,并按照《公司法》审议通过《中车株洲车辆有限公司章程》,明确党委、董事会、监事会、经理层权责,搭建符合现代企业管理制度的法人治理结构。同时,充分发挥公司章程在企业治理中的基础作用,修订完善了《党委会会议制度》《董事会会议规则》《总经理办公会议事规则》《"三重一大"实施细则》等,确保公司恢复法人资格后权责更加清晰、程序更加规范、执行更加有力。

(二)优化科技体制机制,增强企业发展动力

坚持"自立自强、系统思维、创新驱动、效率优先"的原则,建设高效的科技创新体系,强化技术供给,突破关键核心技术。同时,以制造环节的智能化为核心,以端到端数据流为基础,解决生产关键问题,全面改善车间环境,提升自动、智能、信息化手段,引领行业发展。

1. 重塑科技创新体系

坚持以市场需求为导向、研发引领市场为宗旨,从壮大研发队伍、提升研发能力、完善研发体系等方面着手,加大科技创新改革力度,成立技术中心,拥有独立的产品研发部门,构建公司产品研发平台,形成快速响应客户需求的产品开发能力。不断夯实技术软实力,充分利用株洲市轨道交通产业集群技术资源优势,搭建并维护行业前沿技术的交流平台,借力提升自身技术创新水平,公司顺利通过省级企业技术中心和高新技术企业的认证。两年来,累计申请75余件专利,2个科技创新项目实现中车科研项目立项,技术软实力得到快速提升。

2. 加速数字化转型升级

针对原有核心业务流程难以适应子公司运营模式的现状,按照"管理制度化、制度流程化、流程表单化、表单信息化"的信息化建设要求,有效挖掘、应用各业务系统的数据资源,打通企业经络,化繁为简,提高工作效率。基于"需求导向、注重实用""互联互通、资源共享""分析运用、提升管理"三大原则,自主建立了运营管理和流程控制相结合的管理信息化平台,打破了"信息壁垒""信息孤岛"现象,实现多业务数据的互联互通、统一标准、统一集成、共享应用。同时聚焦指标分析目视化,开发数据自助分析程序20余个、可视化管理驾驶舱17个,为指标运行管理提供有效分析依据。

3. 打造"精益化+自动化+信息化"智能制造模式

为进一步优化传统的生产组织模式和设备设施,公司坚持创新驱动发展,革弊鼎新,深入开

展低成本、高效率、自动化产线的关键技术研究。以工位制节拍化生产为主线,以产线效率和质量提升为目标,累计投资1.2亿元,实施"以机代人"项目,顺利完成一期、二期及其配套项目的安装调试。将精益理念融入产线自动化建设,以工位制节拍化流水作业为路径,围绕人机工程、产线效率、产品品质等方面不断改善,并构建生产制造执行信息化平台(MES系统),实现生产环节与管理环节的互联互通。两年来,中车株辆公司顺利晋升为中车"精益管理二级单位",台车车间、备料车间先后晋升为中车一级精益车间。

(三)深化经营机制改革,激发企业发展活力

深化经营机制改革是公司适应新形势、抢抓新机遇、寻求新发展的客观需要,也是推动公司持续快速发展的强大动力。围绕国家"双循环"新发展格局,积极构建"一核一新"发展新格局,系统推动存续企业改革,持续加强人才队伍建设,促进公司经营管理与市场环境"同频共振",充分激发每个经营环节的活力。

1. 构建"一核一新"发展新格局

随着国家铁路集团修程修制改革的推进,铁路货车市场需求不平衡的矛盾更加突出。在原分公司模式下公司缺少新产业能力培育和市场协同推进力量,生产经营过于依赖国铁集团的货车订单。为了适应市场发展趋势,公司提出产业结构多元化战略构想,制定"一核一新"发展战略,在恢复独立法人身份后,成立产业发展部,积极培育新的经济增长点,并创新实施市场化选人用人机制,引入各类高素质人才。经过近两年的不断开拓和探索,公司在智能装卸站场领域、新能源装备领域和铁路货车关键零部件领域取得了新突破。

2. 推动存续企业改革

剥离企业办社会职能是国家全面深化国企改革的重要内容,是推进供给侧结构改革的重要举措。中车株辆公司在完成生活区供水、供电及居民区改造、物业移交工作后,积极推进企业退休人员社会化管理,为公司公平参与市场竞争、实现高质量发展提供保障。为顺利完成退休人员移交工作,成立领导小组和工作组,编制《退休人员社会化管理实施方案》,同时加强与政府部门沟通,特殊事项因事施策,确保移交工作交得出、交得稳。在实施退休人员移交后,每年减少企业负担费用790余万元。

3. 加强人才队伍建设

在错综复杂的内外部环境下,人才培育模式的变革,要敢于颠覆传统的培育模式,构建基于现代企业的人才培育创新机制,真正激活人才价值创造活力和能力。一是建立中层管理人员"导师制"的人才培养模式。通过"一对一"结对的方式,形成层层递进的培养链条,打造优秀年轻干部队伍。二是探索"三层四进"工匠人才队伍培养模式。针对国家级、省市级、企业级三个人才层次建立专项保障机制,采取"四进"培养方式,即进项目平台、进集中轮训、进技能赛场、进名企名校,进一步建强技能人才队伍。三是搭建青年员工"育成"五年培养平台,采取针对性培训、多岗位历练、专业导师培养、竞赛磨砺、基层锻炼等方式,形成计划—实施—评价—成长激励的良性循环,促进青年员工成才。

(四)构建精益运营体系,促进企业行稳致远

以"精益理念"为核心,聚焦价值创造,以谋划公司高质量发展、推动经营业绩上台阶为目标,建立健全独立法人模式的组织机构和现代化企业职能;健全公司绩效指标体系,推进全面预算管理建设,创新提质增效工作方式,抓发展、提实力,建立协同高效的运营管理体系,平稳度过公司管控模式的变革期。

1. 构建高效分工协作的职责体系

公司主动适应集团"战略+运营"管控模式，认真分析现状，规划管理职责，梳理业务流程，2020年建立子公司模式下的组织机构架构，设置董事会、党委会、监事会，经营管理层设21个行政部室、6个党群部室。2021年末至2022年3月，围绕公司"一核一新"发展战略，进一步优化组织机构，做强市场、战略单元，实现管理部室精减21%。同时，为提高市场风险抵御能力，成立"一核""一新"两个制造单元，构建多元发展的新局面。新机构、新职责明确后，中车株辆公司部门职能进一步健全，减少了工作推脱、责任推卸等现象，管理效率显著提高。

2. 构建以战略为引领的全面预算管控体系

公司以健康持续发展为基础，以市场适应性为导向，构建全面预算动态管控体系，成立全面预算管理委员会，通过全员参与、全面覆盖和全程跟踪控制，促进公司管理水平、经济效益和市场竞争力的提升。一是加强全面预算管理理念的宣贯，从业财融合入手，打破过去传统的观念，积极营造全员参与预算管理的氛围。二是建立预算关键指标分析预警机制，通过月度滚动预算，强化对内、外部环境的综合分析，实现预算执行动态监控、分析、预警和纠偏调整，让预算的指挥棒融入各个业务流。三是聚焦中车核心指标，"对标对表"先进指标，将指标管理贯穿于经营管理全过程，保证预算管理体系真正发挥效益。

3. 构建以结果为导向的绩效管理体系

对标行业先进企业绩效指标，重新设计绩效指标体系框架，做到脉络清晰、重点突出、上下联动。完善相关绩效制度。完善员工行为考核、组织绩效考评、员工绩效考评等制度，做到内部绩效管理体系一盘棋，各个条线交相呼应、相互协调。加强指标过程管控。在月度考核例会的基础上，不定期检查、通报指标输出工作；强化对指标分解、奖惩落实等情况的监督，对分解不细不实、考核平均主义的部门，采取加重连挂考核、通报批评等措施，维护指标的严肃性。加强指标分析。从原有的 ERP、MES、BPM 等核心应用系统中抓取数据，建立集成平台和目视化动态看板，打破公司各职能部门及应用系统之间的数据壁垒，实现数据共享。

4. 构建以目标为导向的降本增效创新体系

坚持目标导向、质效并重，积极构建降本增效创新体系，以"三精"促"三实"，两年来累计创效8200余万元。一是精准发力出实招。以保障年度经营目标为工作重点，从源头上发力，梳理存在的突出问题，明确年度部门提质增效工作目标，系统制定工作实施方案和计划，分阶段、分步骤压实压紧责任。二是精细落地见实效。坚持"抓大不放小"，将提质增效措施分解落实到具体岗位、具体责任人，并采用跨部门、跨专业的专家工作室、创新工作室联盟形式。同时以"大监督"体系建设为契机，定期开展监督检查，确保指标分解到位、工作实施到位。三是精益管理创实绩。围绕重点领域的关键创效点，组建专项攻关小组，提升投入产出效率和组织运营效率；建立以正向激励为主的考核导向，实行月度监控分析、季度过程考核、年度整体评价，进一步实现精准激励和持续激励。

(五) 实施党建经营融合，提高党建工作效能

坚持以党的领导为核心，增强党的政治领导力、思想引领力、组织执行力，将党建工作与生产经营深度融合，把加强党的领导和完善公司治理相统一，深化公司党建品牌和党建工作绩效考评体系建设，构建株辆个性文化理念体系，以高质量党建引领促进企业高质量发展。

1. 将党的领导融入公司治理

制定党建经营深度融合实施方案，聚焦"思想、目标、制度、载体、评价"五个融合，充分

发挥党建为生产经营高效运行的"领航"作用。构建富有株辆特色的"五轴五心"党建品牌体系，有效推动党建特色工作和公司经营管理工作的双向融合。成立公司创新工作室联盟，分类建立工作室11个，迈出推进新时代产业工人队伍建设的新步伐。

2. 完善党建考评制度

搭建公司《两级党建工作考评实施办法》，建立问题导向、目标导向、价值创造、品牌彰显等为主要牵引的党建考评体系。以创先争优、提质增效、强基固本、经营目标、重点工作等为导向，设定部门指标55项、基层指标41项，采用双百分相乘得出最终绩效的模式，将党建工作的各个要素与生产经营重点工作有效贯通，融为一体。

三、国有企业重组整合下现代制造业子公司管理体系的探索与实践的效果

（一）运营基础不断夯实

公司快速适应母公司"战略+运营"管控模式的变革，整章建制，建立健全公司章程、董事会、监事会、党委会、总经理办公会等运作程序和机制，完善以独立法人为模式的组织构架，探索出一条既符合实际又具有开创性的改革之路。同时以全面预算为主线，构建与战略相匹配的预算动态管控体系，预算指标运行均衡稳定。优化完善绩效管理体系，围绕公司经营目标，系统设置经营管理、产业发展、生产组织等重点指标，涵盖各个环节，确保公司管控模式变革期间的平稳过渡。两年来顺利通过省级企业技术中心、高新技术企业、两化融合体系以及军工保密资质三级认证，获评国家绿色企业、国家级劳模创新中心。

（二）经营业绩明显改善

公司近两年国内市场保持稳定、出口市场勇攀高峰，整体经营业绩逐年提升，营业收入、利润等"两利四率"指标处于长江集团领先水平。与2020年相比，营业收入增长24.3%，利润总额增长968.2%，净资产收益率增长1397%，总资产报酬率增长664%，营业收入利润率增长1628.6%，研发投入增长2.7%，全员劳动生产率增长19.6%。

（三）科技创新卓有成效

一是实现智能装卸系统一代产品成功研发，并荣获中冷联盟"仓储技术设备推荐品牌奖"；《新兴物流系列智能装备及产业化》成功申报"2021年度长株潭国家自主创新示范区建设重大科技专项"项目。二是"以机代人"项目效能充分释放，实现FMG敞车、国铁平车的柔性化、节拍化生产。2019年一期项目实施后，公司主要车型生产效率提升30%以上。2021年二期项目实施后，X70平车生产效率提升20%以上，单车用工下降7.8%，生产节拍达成率为90.22%。《铁路货车转向架人机协同智能制造》项目入选国家级年度智能制造优秀场景；《精益化、自动化、信息化促铁路货车制造技术升级》项目获工信部第二届"促进金砖工业创新合作大赛"优秀奖。

（四）人才队伍蓬勃发展

在中国智能焊接职业技能竞赛冷作钣金工竞赛中，3名参赛选手均获大赛铜奖，实现公司员工在全国性国家Ⅱ类职业技能竞赛中第一次获得等次奖的历史性突破。在株洲市第二届"石峰杯"技能竞赛中荣获优秀组织奖，3人分获第一、二、四名，2人获第五名。2020年，2名选手在中车第三届青年职业技能竞赛中获奖，创下货车企业在中车职业技能竞赛焊接比赛的最好成绩。

（五）党建工作亮点纷呈

一是政研创新成果丰硕。党建创新成果荣获株洲市2018—2019年度优秀政研成果一等奖、中国中车2020年度政研会研究课题二等奖。《基于项目化管理的"五心五力"党建品牌创建》获第二十二届湖南省企业管理现代化创新成果一等奖。二是建立以全国劳动模范易冉领衔的工作室11

个，其中易冉劳模工作室获评全国劳模工作室，易冉作为大国工匠，走进央视直播间，迈出推进新时代产业工人队伍建设新步伐。同时，以易冉为代表的一批先进典型，先后在《人民日报》、中央电视台等央媒、网络媒体上被密集报道，提升了中车集团、长江集团江以及中车株辆公司的品牌形象。

主　创　人：高红梅、胡　晖
参与创造人：谭　达、周志强、张江银、赵卫平、王雅婷、郑席文、
　　　　　　杨　芳、江　琼、谢恒武

大型建筑工程施工企业"融合型"项目管理创新

中交中南工程局有限公司

摘要： 随着建筑企业内部竞争的日趋激烈，抱团合作成立联合体共同参与市场竞争，已经成为行业常态。联合体中标大型项目后，两家单位如何统建统管，发挥最大合力，实现最大利润，是最终生产经营目标。本项目主要从科研技术、支撑保障、经营合同、安全管理等方面来阐述大型联合体施工企业"融合型"项目管理举措，通过管理创新的实际应用，实现挖潜增效。

企业简介

中交中南工程局有限公司（以下简称公司）创建于2004年，是中国交建、中交一公局的合资企业。公司注册地点位于湖南省长沙市天心区万家丽南路二段688号中南总部基地，注册资金15亿元人民币，拥有公路工程施工总承包特级、工程设计公路行业甲级、公路路面工程专业承包一级、公路路基工程专业承包一级、隧道工程专业承包一级、桥隧工程专业承包一级、市政公用工程施工总承包一级、建筑工程施工总承包一级等资质。

公司坚持新发展理念，立足公路、市政、铁路、轨道、城市、房建六条主链，以EPC、PPP等多模式，致力成为政府与经济社会发展的分担者、参与者和服务者。公司获鲁班奖、詹天佑大奖5项，国家优质工程金奖、李春奖等省部级及以上优质工程类奖50余项，国际先进水平科技创新成果25项，省部级行业协会科学技术奖45项，行业级和省部级工法43项，授权专利130余项，市级优质工程奖30余项。公司获评全国优秀施工企业、中施企协AAA信用评价、公路建设行业诚信百佳企业、全国施工行业优秀企业、全国交通工程专业承包十佳企业、全国工程建设优秀品牌施工企业等众多荣誉称号，被认定为全国高新技术企业。

一、大型建筑施工企业"融合型"项目管理的实施背景

（一）宏观环境分析

随着我国经济的持续快速增长，城市规模日益扩大，为满足城市经济文化和社会生活需求快速增长的需要，各城市尤其是一线大城市的轨道交通工程建设也得到了空前发展。经过一定时期的发展，轨道建设施工管理方面的弊端逐渐暴露出来，既不利于轨道交通工程项目使用功能的充分发挥，同时也浪费了大量的社会资源。因此，有必要对当前轨道交通工程施工管理中存在的主要问题进行分析和总结，并就提高其管理效率进行建设性探索。

（二）行业现状分析

从理论上来讲，联合体有三种形式：法人型联合体、紧密合同型联合体和松散合同型联合体。其中法人型联合体由于存在资质准入问题，在国内不适用；松散合同型联合体是目前比较常见的方式——假联合、假总包；只有紧密合同型联合体才对企业能力建设具有较大帮助。

在具体操作中，联合体的模式基本有三种类型：优势互补型联合体、本地化经营及业主需求型联合体、风险规避型联合体。优势互补型联合体是两家或两家以上具有不同竞争优势的企业发挥特长，强强联合，取得竞争优势而组建的总承包联合体。在这种模式的联合体中，一般以综合管理能力较强的一方作为项目的牵头方，负责项目投标、实施的整体规划，协调联合体与业主之间的关系，制定联合体内部的管理制度等；而其他成员拥有项目所需技术、施工能力、物资供应能力等，并因对联合体作出贡献而在决策过程中具有一定的影响力。

（三）企业自身发展的必要性和紧迫性

本文所研究的"融合型"项目管理创新即在优势互补型联合体基础上，由联合体两家公司共同组建一个项目经理部，其中一家公司牵头配置项目主要负责人，其他职能部门管理人员穿插组建，通过项目部"直插"各工区进行管理，并"楔入"协作队伍深度融合，进一步扩大优势互补、资源共享，提高现有管理水平。

目前施工企业项目常用管理模式主要有"总分"、平行项目两种，各模式之间存在利弊差异，现以某项目为例，从施工进度、项目成本、安全、技术质量管控、社会效益等方面与"融合型"项目生产组织模式进行对比，综合分析如下：

总分管理优势：项目管理增加一道监管，安全、进度、质量更有保障，有利于集团管控项目风险，有利于充分利用各公司的专业优势，更好地实施项目。对外品牌展示形成合力，社会效益效果明显。

劣势：组织机构层级增多，管理费用偏高，生产经营积极主动性受限。项目责任主体较多，可能出现由于责任交叉带来的管理问题，出现"等、靠、要"的思想弊病。多层机构审批，日常事务效率可能降低，内耗严重。

平行管理优势：两套独立运转的项目管理体系，易产生竞争对比，实现比、学、赶、超的态势。管理灵活，多项目并行有利于进度、质量、安全的细致管理。

劣势：相对于"融合型"项目而言，在集团公司层面存在岗位重叠、事务重复的情况。两套项目管理班子的建立，造成管理成本增加。在物资采购、队伍选择等方面，削弱了"量大价优"的优势，优势资源互补效果递减。对外品牌展示无法形成合力。业主与合同的需求不统一，造成协调费用增加。

"融合型"管理优势：过程管控指令信息更趋于"垂直"，针对指令能快速响应与回复，提高管理的效率与准确性。实现优势资源共享、互补，良好的材料、设备以及经验等方面的互补，可提高整体管理水平。项目采用的"十个统一"管理，实现资源集成与力量集中。减少协调、宣传等工作重叠、杜绝岗位人员叠加设置；高效管理助力品牌建设，实现管理费成本节约与可控。日常安全、质量、进度管控，形成内部竞争，更易打造充满激情与活力的团队。"融合型"项目的"因岗配人"原则，要求每个项目员工自身素质过硬，真正做到"一岗多责"，有益于培养综合型人才。

劣势：牵头单位与合作单位层级为平行单位，鉴于目前该管理模式暂未成熟，过程管控的"着力点"较少，管控力度不足，实际合作想要达到完全的思想统一，有一定难度。"融合型"项目作为一种新型的管理模式，在探索初期较难得到业主方、质安站等当地单位的认可，易因固定思维而被误以为存在关键岗位人员配置数量不够的问题。

通过上述对比分析，"融合型"项目生产组织模式的建立，有利于两家单位优势互补、深度融合，高效的管理能够助力项目品牌建设，实现管理费成本的节约与可控，是未来施工企业发展的必然趋势。

二、大型建筑施工企业"融合型"项目管理的主要做法

（一）科研技术融合，打造技术亮点，实现技术创效

1. 核心技术共研

项目依托 BIM 安质平台对各工区现场进度、质量、安全以及基坑监测、智能临电进行管控，实现项目全面智能化、精细化管理。通过 PC 端和手机端结合的方式，对现场日常巡查中发现的质量、安全问题进行上传、选择对应负责人要求整改并设置整改时限，超时未整改则会自动推送到上级领导层，从而形成问题闭环。各站点质量、安全问题通过云计算把数据回传至平台上进行储存分析，可形成质量、安全问题记忆库，通过平台直观反映出各工点在质量、安全、进度控制方面存在的问题。

2. 施工方案共审

在管理现代建筑工程项目施工时，由于施工方案的不同，对施工的质量及工程项目建设周期有着极大的作用。为了确保工程项目施工的正常开展，节约成本，缩短施工时间，需对施工的设计方案进行调整与优化。

项目结合施工实际，大力推进技术资源整合、共享，按照一编、双审、终确认的原则，由项目部编制施工方案，邀请两家单位专家双审，提出方案修改意见，最终组织外部专家全方面评审，论证方案可行性，有效提高了方案指导施工的作用。

3. 技术教育共培

技术质量交底对于工程施工质量有着重要的意义。为保证参与项目施工的人员能够从多方面了解工程建设的要求，如设计情况、结构特点、技术要求、施工工艺、质量标准等，项目通过BIM 建模可视化的形式，对关键节点、施工难点进行技术质量交底，在施工现场设置交底二维码展示牌，促使交底到位至实际操作工人。另外，项目通过专题班、总结会等方式不断强化技术人员能力素质，提高技术质量交底质量。

4. 技术质量共检

地铁施工任务由多个小部分组成，工序衔接转换快，每道工序实施的质量都会对地铁实体质量造成影响。因此在施工过程中，要把工序质量控制当成核心，采取有效控制措施。结合地铁施工的特点，项目采取"现场+信息化"双管控手段，设置每日质量巡检牌，让质量隐患暴露在工人眼中，时刻提醒工人，进一步提高质量意识。通过 BIM 系统"下单、回复"的形式，提醒现场管理人员督导整改质量隐患。项目统一制定质量验收流程，精细化制定分部分项工程验收标准，立标杆、定标准，围绕各站点首件工程开展对标管理，营造"竞争型""学习型"质量管理氛围。

（二）经营合同融合，采用以量博价实现经营创效

1. 大宗物资共采

A 公司与 B 公司强强联合，双方优质资源共享形成"资源集群联盟"，将 B 公司主材工程量纳入 A 公司集采范畴，以更大的数量去换取更优的综合采购价格，以更多的优质供应商资源获得性价比更高的大宗物资。以"增量换优价"，通过谈判将毛利（10.4%）控制在 11%（内控收益率）以内，同时对比框架协议采购单价可降本近 200 万元；通过双平台公开招标，将最终的管片中标下浮率确定为 7.2%，对比标后预算降低幅度超过 5%，项目管片整体综合采购成本降低近600 万元。针对主要设备双方分别开展对外寻源，寻源结果双方共享，"两家并一家"联合进行资源比选，实现项目整体降本。

2. 财务资金共管

以公司为载体搭建金融票据支付平台，拓宽项目资金对外支付渠道，延缓项目资金流出，以票据换现金，以时间换空间；资金的统筹支付也助力了供应链产品的推广，提升了供应链产品在下游的认可度和熟知度，直接为项目的资金融合创效提供强有力的支撑。目前已搭建"云信""E信通"两种平台支付方式，两家单位的融合办公，后期仍可向"航信、供应链ABS"等多渠道金融产品继续努力，不断拓宽项目对外支付方式，提升资金沉淀价值。

3. 分包合同共谈

主体与附属相比施工工序较为简便且工程量大，所以项目在分包时通常将主体与附属一起分包。为避免队伍在做完主体时提前退场给项目造成损失，项目在利润分配时采用阶梯单价的方式将利润点集中至附属工程，提高队伍施工附属的积极性，也保证队伍利润点均衡，从而降低项目因二次招标带来成本及工期增加的风险。在项目出现资金困难、抢工期等特殊情况时，两个公司相互支撑，进一步提高项目综合抗风险能力。

（三）支撑保障融合，统一管理体系，实现管理创效

1. 组织机构共建

项目打破传统的"总分"模式和平行项目模式，创造性地打造"融合型项目部+分离式工区"的新型扁平化管理模式。以A公司与B公司优势互补、深度融合，交融建设项目经理部，设五部一室，形成"对外管理十个统一、对内管理六个分开"的管理思路。项目经理部领导班子及各部室主要人员均由A公司配置，B公司派驻一名副经理。见图1。

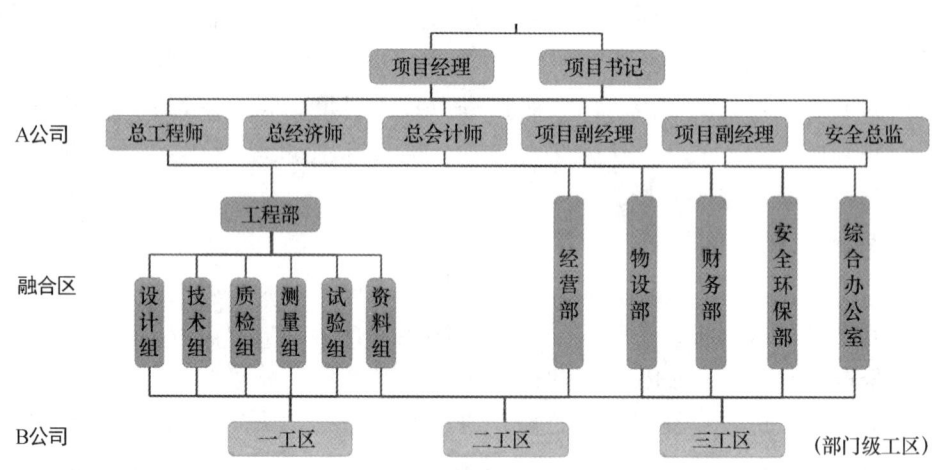

图1 "融合型项目部+分离式工区"的扁平化管理模式图

2. 制度要求共守

对外严格执行"十个统一"：对外接待协调统一、对上变更索赔统一、对上合同管理统一、进度计划执行统一、安全环保监控统一、技术质量标准统一、物资材料招标统一、机械设备管理统一、分包物设限价统一、党建宣传统一。对内严格执行"六个分开"：管理费用分开核算、分包物设合同分开签订、协作队伍分开计量支付、管理人员分开考核、财务税务分开列账、管理责任分开追责。

3. 党建活动共创

项目健全组织机构，将两家单位党员、协作队伍党员纳入支部统一管理，严抓党内政治生活，把学习习近平总书记有关重要论述作为"融合型"支部学习的第一议题，结合"三会一课"指导

方案，落实落细，各方党员围绕研讨内容，积极为项目献言建策；利用周边红色革命基地，采用现场线下讲授和线上展播相结合的方式打造"沉浸式"学习氛围，激发"融合型"支部党员活力。

坚持党建工作与项目建设同步谋划、同步部署、同步推进，推动党建工作与生产经营共同促进、共同提升。依托"融合型"项目特点，各方党员立足本职，统筹谋划融合项目工作，形成资源共享机制。支部牵头组织开展"进度、安全、质量"等方面的对标竞赛活动，每月依据考核结果为各个站点颁发流动红旗，营造竞争型、学习型项目氛围，促进项目生产；聚焦"卡脖子"问题，组建成立党员突击队，党员同志划分责任田，明确目标任务，带头解决项目征拆、进度、环保三大难题，为快速、优质、安全、高效完成生产经营目标提供强有力的组织保证，充分发挥党员先锋模范作用，提升项目部的融合凝聚力，提高各工区的分离战斗力，实现高质量党建引领项目高质量发展。

(四) 安全管理融合，统一安全标准，共创平安工地

1. 安全经费共提

编制安全文明措施费用使用计划时，将B公司所需安措费用同时纳入项目整体安全文明措施费使用计划之中。每月根据A公司与B公司实际安措费使用情况，集中汇总，形成清单台账，统一提交业主进行计提，减少了监理、业主审查次数，缩短了审查周期，提高了安措费提取效率，确保A公司与B公司安措费能同步审批、同步到账、同步使用，保证项目安全生产费用足额投入。

2. 安全隐患共查

根据A公司与B公司各自固定安全隐患排查清单进行融合，针对项目整体实际施工情况，制定项目"接地气"、具有实际指导意义的一套"体检卡"。每周组织对A公司与B公司施工工区的"安全体检"，根据"安全体检"排查出的隐患问题数量，每周安全环保周例会对各工区进行评比排名。同时，对各工区的隐患类型进行对比分析，制定整改闭合措施，共商规避后续施工问题，提高了各工区对安全环保隐患的敏感性，确保项目安全生产实现"双零"目标。

3. 安全教育共培

结合A公司对安全教育培训方面的先进理念与B公司卓有成效的教育培训方法，总结出一套项目因地制宜的教育培训体系，编写临时用电安全、起重吊装安全、高处作业安全等专项教育培训资料若干。从内容上、形式上追求多样化，一改以往照本宣科、强塞硬灌机械式的固定思维方式，通过教育培训与受教育人员开展提问互答、有奖竞猜、头脑风暴等活动，提高教育培训实际效果，进而提高产业工人参加教育培训的积极性。

4. 安全责任共担

结合A公司与B公司以往的应急处置经验，制定项目安全事故应急处置与报告流程规定。应急处置对内各自分工，对外统一协调，与地方单位形成高效联动，建立通畅的绿色通道。制作"应急处置联系卡"，要求每名产业工人佩戴于胸前，确保突发事件发生时，涉险人员能快速、高效、精准地联系到应急处置人员，使得项目能第一时间掌握突发事件发展动态。

三、大型建筑施工企业"融合型"项目管理的实施效果

(一) 经济效益

穿透式扁平化的管理，更贴合目前一线时效。项目高干、精炼团队的打造，全面推进项目成本管控，很好地落实了前期策划中对于经营的预期指标。截至目前，项目管理费完全控制在3%以内，如照此模式发展至项目完工，项目管理费将较传统总分管理模式下6.14%的比例节省2512万

元,其中工资、社保费 1256 万元,办公、福利费 502.4 万元,机材采购费 502.4 万元,临建设施费 251.2 万元。

（二）品牌效益

融合型管理对外形成了良好的品牌效应,进一步巩固了公司在湖南的品牌影响力,助力公司二次开发、属地化发展。

（三）社会效益

通过融合管理,提高管控效率,大大缩短了施工工期,造福沿线居民,同时联合开展各类社会实践活动,展现央企担当。

（四）生态效益

公司在融合管理下注重过程环保,创新方式减少了环境噪声污染,进一步助力长沙蓝天保卫战。

主　创　人：彭正勇、刘仁旭

参与创造人：易　辉、陈　刚、吕海军、代　炯、程雅媛、王晓曦、张海燕、王思程、邱一杰、李子豪

服务创新与管理提升

烟草企业流畅体验的智能客服管理

湖南省烟草公司长沙市公司

摘要： 随着"放管服"改革深入推进及公众服务需求日趋多元化，传统客服热线效能不足、管理效率不高、客户体验不佳等问题日渐凸显。湖南省烟草公司长沙市公司（以下简称"长沙烟草"）负责全省烟草商业系统客服工作，点多、线长、面广，面临智能化程度低、人工率偏高、工作量大等发展瓶颈。基于此，长沙烟草探索先行、先试、流畅体验的智能客服管理，以流畅体验为理论指导，立足烟草企业实际，以数字化转型赋能客服管理提质，按照 PDCA 循环管理法，聚焦信息流畅、感官级流畅、互动流畅、管理流畅、协同流畅，打造智能客服技术平台，建立健全运营体系、优化体系、管理体系和保障体系，依托技术层面的智能化、管理层面的科学化、服务层面的人本化，以主客观双向反馈机制达到技术支撑能力与管理理想状态的平衡，以多路径的服务形式对接客户多元化的服务需求，实现烟草客服的敏捷管理以及客户外部体验、企业内部体验的多维流畅，不断提高烟草企业客服热线效能和管理效率，彰显服务型流通企业的责任担当。

企业简介

长沙烟草是中国烟草总公司湖南省公司（以下简称湖南烟草）的全资子公司，资产总额46.92 亿元，下辖 9 个县级分公司，内设 19 个职能科室（含烟草服务中心），在册在岗职工 739 人，主要负责组织全市烟叶生产种植、收购、调拨和卷烟、雪茄烟的销售，承担全省 14 个地州市烟草商业系统 32 万余客户的服务工作，其中长沙市烟农 2567 户、卷烟零售户 39665 户。

长沙烟草于 2007 年设立烟草服务中心，开通服务热线 96368，负责全省烟草商业客服工作，2021 年成为烟草市场监管服务热线 12313 湖南分中心、湖南政务服务便民热线 12345 烟草分中心。烟草服务中心依托智能服务平台，采取"线上+线下"模式，积极开展市场调研、服务评价、数据分析等服务，发挥"窗口"效应，赢得优良口碑，提升了湖南烟草的服务水平和企业形象。烟草服务中心先后荣获全国巾帼文明岗、湖南省文明窗口单位、湖南省三八红旗集体、长沙市直机关共产党员示范岗、长沙市青年文明号等荣誉称号。

一、烟草企业流畅体验的智能客服管理实施背景

（一）是提升烟草行业客服热线效能的需要

"国家利益至上，消费者利益至上"的行业共同价值观，是以人民为中心的发展思想在烟草行业的具体体现。践行"两个至上"，必须始终把维护烟农利益放在心上，始终把为零售客户提供优质服务作为流通企业的根本任务。随着信息技术的迅速发展和客户诉求的日益增多，传统客服热线工作的弊端愈发明显，极大地影响服务效能。为提高便民服务水平，国务院办公厅于 2020 年底下发《关于进一步优化地方政务服务便民热线的指导意见》（国办发〔2020〕53 号），国家烟

草专卖局在2021年初印发《12313烟草市场监管服务热线整合建设实施方案》（国烟办专〔2021〕52号），指出12313烟草市场监管服务热线省级局分中心要加强智能文本、智能语音等应用，方便企业和群众反映诉求，完善热线知识库建设，强化舆情监测，加强数据分析，研判反映集中的高频问题、高频区域，动态预警，提出工作建议，为促进行业高质量发展提供有力支撑。长沙烟草肩负全省烟草商业系统"总客服"的重任，必然要因势而新，加快人工智能等新技术赋能客服管理，提升服务热线效能。

（二）是提高烟草企业客服管理效率的需要

烟草企业传统客服的粗放式管理和被动式服务，一定程度上降低了客服管理效率，影响客服管理水平。长沙烟草是烟草行业经营门类最齐全、产业链最长、管理幅度最大的市级烟草商业企业，也是湖南烟草商业系统在全国争先进、在区域作示范、在全省当标杆、作贡献的主力军，其客服管理效率的高低将直接影响湖南烟草乃至烟草行业的客服管理水平。当前，"互联网+"经济形态逐渐深入各行各业和各管理环节，人工智能、大数据等新技术异军突起、发展迅猛，烟草企业客服管理工作必须也必然坚持创新驱动，智能客服管理迫在眉睫、势在必行。2021年以来，长沙烟草主动顺应新形势、新情况和新任务，按照《湖南省烟草商业系统数字化转型实施意见》，加快推进数字化转型，推动传统客服管理模式实现数字化转型和数智化升级，实现客服管理高质量发展。

（三）是优化烟草客户服务体验的需要

随着国家经济快速发展、公民受教育程度普遍提高以及信息技术对社会生活各方面的深度渗透，服务管理对象对服务管理主体的诉求呈现出层级化、多元化特征。过去，烟草服务中心96368热线全部依赖人工接听，电话量大且时间集中，比如2020年座席接通率仅57.24%，人工质检覆盖率只有2.97%，超时工单占比达5.7%，97.13%的客户回访满意度尚有提升空间。加之由于烟草业务知识复杂、更新快，每个地市政策差异性大，导致业务知识库庞大而实际使用率不高。此类问题容易给客户带来消极体验，影响客户满意度。相反，依托智能客服管理模式，以先进技术支撑语音智能机器人、文本智能机器人等功能稳定流畅运行，通过敏捷、精准、高效的互动方式和健全完善的标准流程及机制体系，可以保障客户体验的流畅感，给客户带来积极体验。为优化客户服务体验，满足客户日益多样化的服务需求，长沙烟草必须坚持问题导向，不断提升服务管理对象的满意度和幸福感。

二、烟草企业流畅体验的智能客服管理的主要做法

（一）聚焦顶层设计，明确总体思路

1. 烟草企业流畅体验的智能客服管理内涵

智能客服管理的对象对外而言主要包括烟农、零售客户和消费者等群体，对内而言指烟草企业。烟农和零售户是烟草客服的主要群体，推动传统客服管理模式实现数智化升级和数字化转型，首要目的是优化其体验感。流畅体验的智能客服系统主要根据知识库和平台对接需求者，有利于创设场景式问题情境，引导客服流畅回答问题，智能机器人无法解答的问题，立即转为人工服务，以多路径的服务形式提升客户满意度。内部管理的流畅性体现在职责分工、标准流程、客服素养等方面的持续优化，通过内部管理强化外部客户体验的流畅性和内外部衔接的流畅性，达到客户满意度和企业管理水平双提升效果。

2. 烟草企业流畅体验的智能客服管理目标

通过构建流畅体验的智能客服管理模式，以推动平台底层架构全软件更新和IP内核一体化设计为手段,加快烟草客服数字化转型,加强人工智能等新技术应用,提升客服信息化支撑能力,确保信息流畅;开通客服全媒体渠道,丰富服务形式,提升服务效率,确保客户感官级流畅;加快智能文本、智能语音等应用,完善知识库建设,确保互动流畅;搭建"前台统一受理、后台分级办理、前台统一反馈"运行机制,确保管理流畅;强化队伍建设、机制运行和技术支撑,确保协同流畅。以"五个流畅"降低企业客服运营总成本,增强多维度客服整合能力,实现服务资源最优化配置和综合业务能力的深度激发,进而提升客服热线效能和客服管理效率,优化客户服务体验,助推国有企业高质量发展。

3. 烟草企业流畅体验的智能客服管理总体思路

长沙烟草聚焦客户外部体验、企业内部体验的多维流畅,构建"一个平台、四大体系",即智能客服技术平台,智能客服运营体系、优化体系、管理体系和保障体系,实现客户主观感受和客观条件双向反馈的一体化循环,推动AI客服与烟草业务的深度融合,形成烟草企业流畅体验的智能客服管理模式。

智能客服技术平台兼顾客户服务需求和烟草企业内部管理需要,为流畅体验提供技术支撑,通过全面改造原有呼叫系统和智能升级一体化服务管理系统,推动业务系统与数据中台互联互通,实现信息流畅。智能客服运营体系主要服务于客户,倾向于客户的触觉体验,以"晓烟"品牌建设推广全媒体客服矩阵,推行融合式服务、场景式服务、耦合式服务和叠加式服务,实现感官级流畅。智能客服优化体系以客户为中心,关注客户心理感受,应用AI技术和智能质检技术,完善智能知识库,加强大数据分析,实现互动流畅。智能客服管理体系着眼于烟草企业内部管理,通过优化工作架构,完善工作制度,确立标准规范,实现管理流畅。智能客服保障体系主要提供人员、机制、技术等保障,实现外部与内部、内部与内部的协同流畅。技术平台是流畅体验的智能客服管理的基础和载体,运营体系和优化体系是智能客服技术平台的升级和进阶,管理体系和保障体系是智能客服管理的支撑和保障。"一个平台、四大体系"构成一个有机体,相互作用,彼此补充,共同致力于智能客服管理,以主客观双向反馈机制达到技术支撑能力与管理理想状态的平衡,以多路径服务形式对接客户多元化服务需求,防止技术层面"智能"、使用管理层面"失智",体现烟草智能客服管理便捷、高效、规范、智慧等特点。

(二) 聚焦信息流畅,升级技术平台

1. 全面改造升级呼叫系统

公司呼叫系统自2008年建成以来,先后经历三次扩容升级,由于其语音交换机、外拨工控机等核心设备已超硬件服役年限,维护成本高昂,存在信息安全隐患。湖南烟草以问题为导向,主动革新,于2020年对原呼叫系统进行全面改造,建成全新一代基于全软件构架的呼叫系统,具备NLP(自然语言处理)、TTS(语音合成)、ASR(语音识别)等人工智能领域功能,使用linux操作系统,形成部署简单、功能强大、维护方便和信息安全等比较优势。

2. 智能升级一体化服务管理系统

立足于全省服务诉求统一管理,湖南烟草于2007年建成一体化服务管理系统,并先后多次迭代升级,但其功能仍显薄弱,无法满足当前多样化服务需求。2019年,湖南烟草智能化升级该系统,利用互联网、移动终端、多媒体、大数据分析工具,全面实现业务流程和状态跟踪、服务调查、政务服务等方面的创新突破,为智能客服管理提供强大的技术支撑。

3. 加强业务系统与数据中台互联互通

升级后的呼叫系统及一体化服务管理系统与湖南烟草数据中台全面对接,避免系统之间各自为政、更新迟缓、数据孤岛等现象。比如针对咨询较多的订烟批次、客户经理联络方式、零售许可证信息、卷烟供货等营销类事项，客服人员可通过业务系统即时查询反馈卷烟营销数据。同时，智能客服工单可通过内部信息平台"湘烟通"及时流转、提醒，以可视化流程有效提高工单办理效率。此外，通过智能知识库建设湖南烟草FAQS，实现与各业务系统的信息共享、数据互通，成为企业内部搜索引擎。

4. 开发"服务小秘书"移动App

通过开发"服务小秘书"App，实现智能客服在电脑端和移动端的同步处理，方便服务受理人员实时查看智能客服工作状态，跟踪监督服务进度，查询服务信息数据，必要时可转人工处理相关业务，离线保存工作日志，支持数据报表导出，使智能客服后台处置更加灵活、便捷、高效。

（三）聚焦感官级流畅，搭建运营体系

1. 打造"晓烟"品牌全媒体客服矩阵

以"晓烟"为品牌建设推广全媒体客服矩阵，拓宽服务渠道，扩大辐射范围，提升服务效率，满足社会多样化服务需求，获得明显"引流"效应。一是优化热线端。客服热线搭载智能语音机器人"晓烟"，可自助查询卷烟零售客户订单信息、客户经理电话、卷烟配送、烟草专卖零售许可证等热点问题，通过语音转写、语音交互等技术与用户互动，分流热线压力，减少等待时间，减轻人工座席工作量，有效解决大量同质化咨询拥堵问题，确保用户服务体验感更加流畅。二是开设微信端。针对湖南省85%以上卷烟零售客户习惯用微信公众号订购卷烟的实际情况，智能文本机器人"晓烟"与全省各市（州）公司微信公众号对接，实现7×24H在线答疑；智能文本机器人路径设计简洁，用户从入口到对话框点击层级不超过三级，使用体验流畅。三是打造网页端。用户可从湖南烟草专卖局（公司）官网首页进入"晓烟"智能客服对话页面，智能文本机器人以算法监测客服与用户之间的对话流设计，采用关键词触发原理自动应答，且支持多轮交互，服务效率明显提升。四是构建视频端。利用通信网、互联网及5G技术推进"晓烟"视频客服建设，为客户提供"可视、可听、可互动"的视频服务平台，在传统语音播报基础上通过视频同步向用户展示信息，实施差异化服务，提升品牌形象。

2. 推行"智能客服+政务服务"融合式服务

按照国家烟草专卖局《12313烟草市场监管服务热线整合建设实施方案》，以"智能客服+政务服务"融合式服务模式推进12313烟草市场监管服务热线分中心建设。一是增设智能回访功能。政务服务热线工单办结后增加智能回访环节，利用智能外呼及语音交互技术进行满意度调查，如用户表示不满意，则转人工回访。二是开展政务调查。利用自动外呼技术开展12313热线知晓率及使用满意度调查，覆盖全省14个地级市，呼叫次数达23万余次，摆脱业务对传统人力资源的深度依赖，提升现代企业管理服务水平。三是延展"互联网+政务服务"。整合网上服务大厅与线下政务服务大厅，利用智能文本机器人处理烟草专卖咨询、求助、查询等服务；建立智能知识库共享机制；与湖南省政府一体化平台共建数据治理体系，加强数据挖掘与过程监管，提高客户满意度。

3. 推行"智能客服+烟草业务"场景式服务

组织客服人员与业务线人员多次碰头研讨，构建"三维一循环"场景服务模型：以业务需求、技术方案、数据分析为三个主体维度，按照PDCA循环持续优化，具体步骤按照提出需求开展调研、方案设计、组织协调实施、数据分析与报告撰写、沟通反馈与改进落实五个步骤实施。目前，该模型已应用于卷烟零售客户及烟农满意度智能调查、卷烟品牌培育、卷烟销售策略告知及卷烟消费环境调查等方面。以长沙市卷烟零售客户满意度调查为例,以往采用人工电话抽样耗时长、效率低、样本量较小,采用人工智能调查后,可覆盖全市近4万户卷烟零售客户,调查效率提升20倍,调查周期缩短95%,经数据清洗,有效样本量扩大约10倍,推动人工智能技术与烟草业务场景的深度融合。

4. 推行"智能客服+人工客服"耦合式服务

"智能客服+人工客服"耦合式服务即"1240"工作模式。"1"指所有智能服务端口必须最终可触达人工客服,形成一个服务闭环,避免出现智能客服"不智能"现象;"24"指人工客服24小时在线,受理智能客服转接事项,所有坐席人员必须接受培训,具备受理全渠道服务事项能力;"0"指人工客服无法解决的事项即时形成业务工单,通过一体化服务管理平台派单,由相关单位按流程处理。人工客服与AI技术相互协作,对客户服务起到精准施策、有效支撑、积极促进等作用。

5. 推行"智能客服+新媒体宣传"叠加式服务

针对烟草行业咨询类问题集中、求助类问题具备典型性等特点,利用新媒体宣传叠加辅助智能客服,以眼球效应推动服务效应,覆盖广、传播快、效果良好。一是打造"晓烟说"服务IP。收集智能客服热点问题,先后制作《湖南省卷烟零售客户信用体系问答》《96368智能语音机器人使用指南》《电子烟系列问答》《湖南省零售户电商网站系统"通关"宝典》等短视频,播放量达49.3万次,转发量1.2万余次。二是开通"晓烟说"直播服务。通过"青青紫荆"融媒体中心进行周期性直播,宣传智能客服,解读热点问题,以直播互动服务构建良好的客我关系。

(四)聚焦互动流畅,构建优化体系

1. 提高AI训练能力

建立"运营发现问题—技术沟通改进—人工持续训练—应用训练成果—再次发现问题"的AI训练机制,促进智能客服"智慧养成"。其训练内容主要有三个方面:一是烟草行业政策,如由"办理卷烟零售许可证的条件"可推衍出"如何办理许可证""我想要办理许可证"等十余种问法,需要总结归纳。二是业务场景,如零售客户档位查询,可能涉及行政区域、相应政策、客户经理电话等,通过多维度场景式训练支持多轮应答,以提高机器人解决问题的能力。三是地方方言,湖南"十里不同音",存在较为复杂的方言壁垒,目前已标注方言1000多处,可支持较为简单的方言应答。

2. 应用全量式质检技术

首次采用"智能质检+人工复核"双检验机制,按照"机器人自动质检—人工修正—导出质检结果—监控发现问题—优化质检规则"流程,结合烟草业务内容及语音呼叫规则,将待检数据转换为文本监测,最终生成质检结果。通过人工复核,进一步提升质检准确率,目前累计抽检录音及文本记录170784条,人工复查1800条,智能识别准确率达86.33%,有效解决了人工质检率低的问题。

3. 夯实智能知识库基础

以知识内容的客户化为核心需求,根据业务中遇到的问题、场景、痛点进行填充完善,利用知识本体、场景图谱、问题图谱等建设基础语料库,实现"双高一准"目标。触达率高:以知识库覆盖面宽度支撑机器人高触达率,避免出现无法应答的现象;准确率高:建立知识库更新流程,实时更新,热点问题准确率可达90%以上,避免出现答非所问现象;答案匹配准确:由"一问一答"向"多问一答"转变,目前215条场景化问题均支持多种问法,做到有问有答。

4. 强化大数据分析

一是实现客户精准画像。依托智能客服及大数据分析,加强全渠道、多触点客户合法采集应用,构建涵盖数据汇总、客户画像、特征分析的画像系统,精准分析零售户等群体行为特征和服务需求,便于提供精细化服务和互动化服务,打造新型数字化客户关系模式。二是统一客服标准。健全完善智能知识库,收集高频问题,编制《湖南烟草客服100问》,涵盖卷烟营销、专卖管理、物流配送、烟叶种植等业务知识,形成规范话术及服务标准,提高业务线服务水平。三是持续优化服务。通过对全链路实时监测,提高信息预警能力,辅助人工对"高频""异常"事项的重点研判,运用数据统计报表、热力图等分析形成《湖南省烟草服务通报》,提出服务优化建议,督促相关部门改善业务。四是数据共建共享。对内与基层单位建立数据共建共享机制,通过后台数据"把脉",疏通服务"经脉",开具管理"药方",精准推送到区域业务一线,提高数据治理能力;对外以数据大屏为载体,强化分析能力、应用能力、展示能力,为办事群众提供可视化服务窗口。

(五)聚焦管理流畅,完善管理体系

1. 搭建组织架构

湖南省烟草服务中心归属省烟草公司卷烟销售管理处,由1名副处长直接管理,与长沙市烟草服务中心合署办公。全省各市(州)烟草公司均设立服务中心,形成全省统一、业务联动、层级清晰的烟草客服管理组织构架,在烟草行业具有鲜明特色。湖南省烟草客服受理采用业务外包方式,通过公开招标选择资质过硬、能力卓越、资源丰富、信誉可靠的外包方共同合作,目前共有服务受理人员30名。根据业务需求,成立智能客服工作小组,由1名副主管牵头,2名AI训练师和4名文字客服负责智能语音机器人、智能文本机器人的训练使用,以高专精服务意识助力湖南烟草打造全生命周期的智能客户服务链。

2. 健全长效机制

建立健全科学决策、协调督办、风险管控三大管理机制,形成"前台统一受理、后台分级办理、前台统一反馈"的运行机制,强化智能客服集中管控。一是科学决策,定期开展专题研讨,成立内外部智库团队,辅助重大服务决策。二是协调督办,每月召开两次工作推进会,协调解决智能客服推进过程中的重点难点问题,统筹研究部署工作。三是风险管控,通过指标、数据研判等方式查摆工作薄弱环节,排查服务舆情风险隐患,抓严抓实风控措施。为避免任意设置前置条件和流程不优等问题,智能客服管理多渠道汇入后由前台集中受理、统一应答,形成工单后由后台分级办理,实现前台后台、线上线下无缝对接和高效运转,最后由前台统一反馈,切实让"信息多跑路、群众少跑腿",减少一次性告知不落实及"两头受理、体外循环"等现象。

3. 完善制度流程

从制度层面明确烟草智能客服工作方式、内容、职责和流程,确保智能客服体系有效运行和持续改进。依托科技创新项目,深入开展智能客服管理研究,制定《客户信息管理制度》《智能知识库管理制度》《反馈建议机制》等8项工作制度,涵盖智能客服全部业务流;以加强业务黏合度为目标,构建面向乙方的月度及年度综合评价体系,包括话务质量、质量管理、安全管理、综合管理等4大类15项评价内容,督促合作方加强服务质量管控及人员培养使用;以智能客服全生命周期业务流程为驱动,拆解细分各过程,明确关键控制环节,建立标准业务流程图,形成7大板块20个标准业务流程。

(六)聚焦协同流畅,构建保障体系

1. 以专业高效为目标,强化组织人员保障

一是加强"坐席员"专业培养,要求合作方每季度组织智能客服专题培训,通过技术技能比

武、岗位练兵等方式培养高技能人才，参加 AI 训练师认证考试，达到以考促学、以学促用的目的。二是与"对标员"共建，联合湖南电信等智能客服标杆企业多次开展座谈交流，吸收先进管理经验，以结对子方式互帮互促。三是校企联合引入"指导员"，以科研创新为基础，对接湖南师范大学"智能计算与语言信息处理"实验室，形成专家指导、业务改进、双向发力的合作模式。

2. 以协同优化为导向，强化运行机制保障

成立贯穿决策层、管理层及执行层的联合工作组，包括信息中心、营销中心、专卖管理、物流配送、经济运行、技术中心等职能部门。联合工作组以协同优化为导向，实行牵头任务制，下设业务需求、平台建设及实施运营三个攻关小组，各小组明确责任分工，制定路线图和时间表，以高效的组间交流确保建设进度、质量控制及整体推进，有力保障智能客服管理。

3. 以整合优势为手段，强化技术支撑保障

依托项目建设，优选技术先进、安全、可靠的信息化公司承担智能客服信息平台改造升级工作，严格把关技术方案，引入清华团队人工智能技术成果，按照驻场开发、本地运维的要求开展项目建设及后期维护，技术支撑得到有效保证。

三、烟草企业流畅体验的智能客服管理实施效果

（一）客服热线效能明显提升

智能客服系统投入应用以来，其使用体验逐步得到优化，热线 15 秒接通率从 2021 年 12 月的 40%上升至 2022 年 6 月底的 93.41%，平均排队时长由 10.5 秒减少至 4.5 秒，工单平均审派时长从 23 小时缩减至 0.66 小时，超时工单占比从原有的 5.70%下降到 2.54%，转办按期完成率达到 94.23%的新高，挂机满意度从 96.8%升至 98.88%，客户回访满意度从 97.13%提升到 98.97%。自 2021 年下半年起，长沙烟草在长沙市 12345 热线考核通报中连续多月蝉联所在工单组第一名。2022 年，湖南烟草在全国烟草系统 12313 热线评查通报中获得优秀单位。

（二）客服管理效率明显提升

一是人工座席针对性更强。2020 年人工服务受理 66468 起，人均年受理量 6042 起。自 2021 年应用智能客服管理模式以来，人工服务受理 57962 起，人均年受理量 5269 起，人工通话时长由 94.21 秒增加至 178.28 秒，录音质检覆盖率达 100%。人工座席可专注于解决更复杂的问题，实现由量向质的转变。二是政务热线智能回访精准高效。截至 2022 年 6 月底，政务热线智能回访呼叫 8651 次，准确率达 89%，用户满意度达 85%，服务效率极大提升，回访时间由以前的 1~3 天降至 12 小时内，人工座席压力进一步减轻。三是客服反馈模式优化升级。形成以工单为原点，向上推进管理服务改进的"倒三角"服务反馈模式，提高了烟草企业在一线服务中发现问题的能力。自 2021 年以来烟草服务中心累计发布省、市级服务通报 15 期，针对营销服务规范、烟草办案流程、卷烟货源供给、客户档位划分等提出建议近百条。

（三）客服满意度明显提升

一是服务便利性有力提升。依托智能客服管理，从烟草企业实际需求入手，开发移动端及互联网服务入口，增设智能语音机器人自助客服，多渠道分流效果明显、响应速度更快、识别能力更强，对受众而言，服务选择性更强。2021 年热线电话服务 57962 次、智能语音机器人服务 1240 次、智能文本机器人服务 3506 次，人工接通率提升至 92.78%，机器人回访工作量接近 30%，智能客服水平提升明显。二是服务即时性有效提高。智能知识库让烟草行业知识形成势能，驱动智能客服管理精准化。自其应用以来，服务热线在线办结率由 72%提升至 87%，2021 年智能语音机器人问题自助解决率达 62.9%，2022 年智能文本机器人问题自助解决率达到 70.11%，多渠道服

务诉求大部分得到即时解决。三是服务体验全新升级。多渠道服务诉求100%即时响应，热线呼损率由40%下降到10%以内。当前，湖南烟草客服满意度达98.69%，承办满意度达99.29%，远超烟草行业平均水平。

（四）企业管理水平明显提升

一是客服成本下降。由于以往热线客服工作全部依赖人工完成，导致服务外包成本居高不下，如2020年服务外包成本高达824万元。自应用智能客服管理模式以来，2021年费用降至677万，2022年进一步降至472万元，年均降幅21.36%。二是平台运维成本下降。在智能客服管理运用之前，湖南烟草客户服务业务平台性能单一，且因技术陈旧导致维护成本居高不下。自2014年起累计投入建设运维费用高达985.54万元，折合164.26万元/年。智能化升级之后，新系统支持全媒体客服渠道及多层级业务应用，其建设及维护费用降至61.93万元/年，企业管理成本得到有效控制。

（五）示范带动作用彰显

2021年，长沙烟草的《烟草客户智能化服务水平的提升与应用》成果荣获湖南省第二届质量技术创新大赛优质服务类一等奖，并同步取得2项软件著作权。探索流畅体验的智能客服管理模式，为湖南省12345热线和长沙市12345热线建设完善提供了有益经验。在烟草行业2021年全国30个重点城市公司14项对标指标中，有2项指标为行业标杆，3项指标排第二，6项指标排前三，12项指标优于平均水平，以绝对优势稳居烟草行业第一。

主　创　人：贺　东、岳　华
参与创造人：刘　雯、郭兴垄、王利臣、沈　婵、周世民、蔡卫民、
　　　　　　翟争光、唐国军、李远篪

市级烟草商业企业保供保畅物流防疫应急体系构建

湖南省烟草公司邵阳市公司

摘要：为切实做好物流保通保畅工作，保链稳链，湖南省烟草公司邵阳市公司创新卷烟仓储分拣封闭作业机制，运用BPM流程管理方法，优化作业流程，搭建数字化防疫平台。基于风险分级管控原理，全面优化卷烟收发货模式，创新定点保供商户渠道，实现疫区全境物流保畅，开展全程无接触、优质快捷、安全高效的接发货服务，确保物流作业中心货物进得来、出得去。同时，创新"后备培养+先锋突击"模式建立应急人力资源库，创新"常态储备+全域共享"模式建立防疫物资共享库，确保满足应急作业的人力物力需求。开创"数据逻辑分开+卷烟实物共用"的异地应急作业模式，相邻地市烟草公司相互托底支撑物流作业，确保疫情严重情况下异地恢复作业，支撑卷烟市场保供保畅。

企业简介

湖南省烟草公司邵阳市公司（以下简称邵阳烟草或邵阳市公司）位于湖南省邵阳市，是湖南省烟草公司下属全资子公司。公司性质为全民所有制，属于商品流通行业，主要负责组织全市卷烟、雪茄烟、电子烟的销售以及烟叶生产经营，并依法监管全市烟草市场。

邵阳烟草内设15个职能科室，下辖9个县（市）级分公司，其中6个纯销区、3个两烟区。2021年销售卷烟22.63万箱，居全省烟草商业系统第4位；营业总收入72.88亿元，实现利润7.55亿元，实现税利总额20.13亿元，增幅3.81%。截至2021年底，在岗职工732人，在网运行卷烟零售户3.06万户，资产总额23.25亿元，其中货币资金11.30亿元，企业资产负债率8.34%。

一、市级烟草商业企业保供保畅物流防疫应急体系构建的实施背景

（一）是贯彻落实国家决策部署，顺应行业物流保通保畅的需要

自新冠肺炎疫情暴发以来，我国坚持"外防输入、内防反弹"总策略和"动态清零"总方针，有效防止了疫情蔓延和大规模感染。2020年4月，党中央就统筹疫情防控和经济社会发展、在防控常态化条件下加快恢复生产生活秩序、积极有序推进复工复产提出了指导意见，要求常态化防控与应急处置相结合，分区分级恢复生产秩序，推动全产业链复工复产。2022年4月国务院应对新型冠状病毒感染肺炎疫情联防联控机制发出切实做好货运物流保供保畅工作的通知，国家局和省局（公司）积极响应，要求所属各单位（部门）扛稳抓牢稳定宏观经济的政治责任、经济责任，增强做好疫情防控和生产经营工作的责任感、紧迫感，保障物流运输畅通，确保行业生产经营平稳有序，为稳定经济社会发展大局、促进财政增收做出应有贡献。在此背景下，构建市级烟草商业企业保供保畅物流防疫应急体系，保障物流畅通，是做好疫情防控和生产经营工作，满足人民群众生活需要、发挥国有企业经济压舱石作用的重要创新举措。

（二）是提升企业应急管理水平，促进生产经营平稳有序运行的需要

目前，烟草商业企业已取消县级公司法人资格多年，全面推行地市卷烟仓储"一库制"，并积极探索"省级区域物流配送中心"工作，大部分地市物流配送中心不仅负责本级主城区的卷烟配送工作，同时负责非主城区区域（含所辖县域和农村）的卷烟配送工作，部分区域物流配送中心还承担着跨地市的卷烟物流配送工作，相当于物流作业中心点、关键点、千钧一发。面对疫情，物流一停，经营即停，卷烟保供保畅存在诸多困难和挑战：一是物流应急体系不完善。市级烟草商业企业在面对当地疫情时，物流首先受到影响，缺少应对思路和基本原则，没有完善的应急流程、科学决策和组织保障体系，企业难以正确作为。二是中心库（物流作业中心）内部无法正常运转。市级烟草商业企业物流配送中心所处城区防疫管控区缺少详细的应急作业预案和防疫保障，作业中心点无法进行仓储分拣作业。三是中心库卷烟货物无法进出。由于道路被封锁，上游企业货物进不来，下游配送货物发不出，不仅疫区所在主城区卷烟市场断供，其他由物流配送中心供货的非主城区区域（含所辖县域和农村）卷烟市场也同步断供，零售户和消费者权益全部受到影响。四是缺少应急人力物力保障。因疫情防控原因，部分作业人员不能到岗，物流线关键岗位往往缺少有效人手，防疫物资调运和储备不足，无法开展作业。五是缺少托底经营的预案。疫情严重的地市，物流配送中心无法在本地作业，缺少异地作业应急机制，只能选择停工停产，企业经营目标直接受到影响。

综上所述，充分认识物流防疫应急体系不完善的危害后果，探索构建一套资源集成、协同高效的市级烟草商业企业保供保畅物流防疫应急体系，切实提高物流域疫情防控和应急管理能力，支撑烟草企业持续平稳有序运行，具有重要意义。

二、市级烟草商业企业保供保畅物流防疫应急体系构建的主要做法

（一）注重顶层设计，凝心聚力推动体系建设

1. 保供保畅物流防疫应急体系建设的总体思路

保供保畅物流防疫应急体系建设的总体思路是：创新物流防疫机制和保供保畅配套措施，力争在本地启动仓储分拣封闭作业和无接触收发货作业，同时建立异地物流作业备选方案，托底企业生产经营，保障消费者需求。

2. 保供保畅物流防疫应急体系建设的基本原则

保供保畅物流防疫应急体系建设遵循以下四个基本原则：

一是坚持统一指挥。针对卷烟物流应急工作，在烟草系统内部，省市县成立应急领导小组，始终保持三级联动，上下协同，统一调度应急资源；在烟草系统外部，服从政府防疫部门统一指挥，并保持充分沟通，积极解决卷烟物流应急工作中的难点、堵点问题。

二是立足全链安全。针对工业企业（烟厂）来烟、商业企业仓储分拣、配送发货环节等物流供应链全链，创新安全管理模式和防疫保障措施，配套常态化防护机制和教育机制，增强全员防护意识和能力，实现保供保畅防疫应急工作中的物流全链安全。

三是突出快速响应。坚持因地制宜、精准施策，突出快速响应，细化物流防疫应急预案，层层压紧压实工作责任。根据疫情变化趋势和地方政府管控情况，科学优化应急生产经营调度方案，果断决策，主动作为，快速启动保供保畅防疫应急工作。

四是集成纵横资源。深挖用足本地资源，创新物流园区配套保障机制，支撑启动本地应急作业。纵向上，科学调度工业企业（烟厂）来车来货资源，按照疫情需要，合理调剂内部卷烟库存；配送发货环节，整合优化车组线路，开设疫区定点保供渠道，纵向延伸物流业务保障。横向上，

整合其他相邻的地市分公司资源，结对相互帮扶，托底卷烟市场保供、物流保畅工作。

3. 保供保畅物流防疫应急体系建设的主要目标

在省局（公司）的指导下，以"构建一套资源集成、协同高效的市级烟草商业企业保供保畅物流防疫应急体系，切实提高市级烟草商业企业物流域疫情防控和应急管理能力"为体系建设的总体目标。具体从两个层级着手实现：

第一个层级：创新物流防疫机制和保供保畅配套措施，针对本地疫情，就地开展应急工作，实现保供保畅。包括创新园区封闭作业机制，解决物流作业中心无法运转的问题；创新无接触收发货机制和疫区定点保供配送模式，实现疫区全境物流畅通；建立物流应急作业人力资源库和防疫物资共享库，解决因疫情管控而作业人员、防疫物资不够的问题。

第二个层级：结对建立异地物流应急作业、相互托底的机制，应对疫情非常严重、本地物流中心无法启动作业的情况，最大范围实现保供保畅。由相邻的其他地市公司协助，实现本地非封控区域（含所辖县域和农村）卷烟物流保供保畅，最大限度地降低疫情影响，托底企业经营。同时，制定本地无疫情、相邻的其他地市发生重大疫情，反向承接其物流应急作业任务的机制。

（二）深挖物流资源，创新园区封闭作业机制

市级烟草商业企业是烟草商品实物经营主体，一般都有卷烟仓库和配套的物流园区。邵阳烟草物流园区占地200亩，在园内定居生活的员工约有70人（可作为物流应急作业的后备力量），园内生活设施齐全，疫情期间可对园区进行临时封闭管理，具备封闭作业基础条件。

1. 全面优化作业流程，形成高效应急预案

高效物流防疫本地应急作业预案的主要流程分为三个步骤：

第一步，组织研判。应急工作领导小组组长（一般为市级烟草商业企业一把手）召集相关部门负责人及业务骨干，通过电视电话会议，研判当前疫情防控状态下实施本地生产作业的可行性。

第二步，推演排难。确定可行性后，分管领导（一般为市级烟草商业企业党组成员）分阶段召集营销中心、物流配送中心、机关服务中心等实施部门，通过电话会议，对物流防疫应急和保障措施等具体工作，每个环节进行全面推演，统一调度，解决实际困难。

第三步，流程优化。运用BPM流程管理方法，按照疫情防控应急需要，对物流业务操作流程进行清除、增加、重排、简化、信息化等处理，包括合理优化分拣作业、调整作业顺序、精简业务环节、整合送货车辆批次等，形成高效率、低风险的应急作业预案。

邵阳烟草制定的《关于疫情期间保供保畅的应急作业预案》，包括细化和明确卷烟出入库批次调度、优化分拣顺序和模式、甄选把关入园人员、控制作业人员总数量，等等。营销中心及时开展电话调查，针对可以配送到位区域，制定合理、有序的订单投放计划。物流配送中心在仓储环节开通疫情期间工业来车特别通道，确保防疫安全和快速入库；分拣环节合理优化作业顺序、精简业务环节，先分拣较远的西边县域卷烟，当天由干线运输至各中转站；后分拣较近的东边县域卷烟，当天装车，次日清晨由干线运输至各县临时对接点（邵东、新邵、邵阳县）。

通过优化作业流程，既精简了业务，提高了效率，装卸作业耗时可节约50%，同时，又降低了对作业人员的数量需求，现场作业人员可压缩20%。

2. 甄选物流作业人员，创造园区封闭管理

疫情期间，针对物流园区采取封闭管理，只甄选必要的、无风险的作业人员入园。主要管理流程包括：全体物流从业人员坚持每天核酸检测，居家待命；筛选非封控区、绿码、与确诊病例无密接和次密接、多轮（三轮以上）核酸检测阴性人员，形成备选作业人员名单；确定安全可靠

的备选作业人员后，将名单上报当地政府防疫指挥部备案；分批次安排作业人员，提前进入园区，实行统一管理，分散居住，中途不出，每天核酸检测，观察三天以上，再根据计划进入作业岗位。

本地疫情防控期间，整个园区仓储分拣人员严格执行"只进不出"制度。进入园区后的仓储分拣作业人员，实现集中管控，仅限在物流作业区生产生活，不进入其他办公区和家属区；就餐采用盒饭分领、分散就餐；疫情结束之前，不出物流园，分散居住在园区内的临时宿舍，同时杜绝非作业人员进入物流人员活动区域。第三方物流单位指定临时负责人分别管理好物流从业人员，严格落实疫情防控要求和园区封闭管理要求。

通过采取作业人员分批入园，将安全可靠的园外人员提前纳入园内统一管理，入园区后不出园，既做好封闭作业的启动准备，又大幅减轻疫情防控难度；同时，通过加强园区配套措施，创造封闭管理条件，有效防止交叉作业，控制感染风险，保障园区人员正常的生产生活。

3. 应用数字化防疫平台，确保生产安全有序

市级烟草商业企业物流园区作业人员一般由烟草公司、第三方物流公司、物业公司等多方单位人员搭配组成，在禁止作业人员和非作业人员接触的同时，为快速识别人员和健康信息，强化防疫措施，确保封闭作业顺利进行，创新应用数字化手段，在园区各个出入口以及物流配送中心主要作业场所（联合工房）出入口架设疫情防控信息监测设备，高效助力疫情防控。

邵阳烟草创新应用数字化防疫平台，自动对接湖南省卫健委数据库，运用大数据技术对参会人员信息的健康码、疫苗接种、核酸情况进行检验排查分析。物流人员入场前通过扫描个人健康码或身份证实时获取信息，再经过大数据快速分析比对，由监测设备语音播报个人健康码、疫苗接种和核酸检测等信息，对红黄码或者异常信息人员，平台会通过短信及时提醒管理人员，实施精准阻断。

通过应用数字化防疫平台，高效从严把控出入口，提高防疫监测效率，确保人员及生产安全有序。

（三）全程无接触作业，创新卷烟收发货模式

按照市级烟草商业企业的卷烟业务模式，物流业务除物流园区内的卷烟仓储、分拣、装卸等环节外，还有涉及园区外的工业企业（烟厂）来烟、中心库至县级中转站的干线运输，以及将卷烟送至零售户的配送运输等环节，这些环节都需要用车。常规模式下，物流园区作业人员需与外省（市）工业企业（烟厂）人员接触，配送人员需与本市（含疫区）几万零售店人员接触，交叉感染风险较大，因此，迫切需要创新收发货机制，以阻断感染风险。

1. 创新定点保供商户渠道，实现疫区全境物流保畅

由于疫区道路实行交通管制，各类生活场所、公共场所被严格管控，商业场所大多无法正常营业，群众因渠道不畅，采购不到所需卷烟，而卷烟零售户经营业态具有多样性，很大一部分同时经营米、油、副食及其他群众生活必需品，基本覆盖了政府拟定的定点保供商户名单。疫情期间卷烟零售户大多期望在落实好疫情防控措施的情况下正常营业。鉴于此，邵阳烟草创新了定点保供商户的物流配送渠道。

主要管理流程包括：向政府防疫指挥部汇报卷烟保供保畅事项，办理卷烟配送车辆所需的物流保供车辆通行证，同时将卷烟纳入生活必需品进行管理；针对疫情封控管控区的一般零售户进行电话调查，了解零售户经营需求和市场情况，与指挥部沟通协调，合理优化定点保供商户布局；指导有意愿、有防疫能力的零售户，与就近的定点保供商户临时建立疫情期间约定取货的关系，并在内管备案；针对筛选后的零售户，制定访销批次和货源投放策略，向疫区投放群众急需的卷

烟品规；物流配送中心启用卷烟物流保供车辆，将这些零售户订的卷烟配送至疫区就近的定点保供店（全程采用无接触方式进行配送和交接）；零售户根据当地疫情管控情况，自行合理安排取货时间，从就近的定点保供店取回各自所订卷烟，保障疫情群众的消费需要。

通过办理疫区卷烟物流保供车辆通行证，创新定点保供商店渠道，完善卷烟配送模式，打通物流业务所有环节的堵点，将卷烟纳入当地群众生活必需品进行管理，进得来，出得去，从而实现邵阳市下辖县区全境卷烟物流保畅的目标。

2. 建立分类无接触收货流程，实现优质快捷接货服务

市级烟草商业企业的卷烟货源来自全国各地烟厂，由于来源地疫情风险等级不同，除提前针对性地储备必要的货源、减少来烟来车外，邵阳烟草基于风险分级管控原理，分级分类制定无接触收货和闭环卸货接货管理的创新措施，全面优化卷烟收发货模式。

低风险区烟厂来人来车，先入园消杀，采用无接触式拍照等方式，查验48小时内核酸检测证明、健康码、行程码、疫苗接种情况；随车人员实行全程戴口罩、限定活动区域、盒饭分散就餐等基础防疫措施。

中高风险区烟厂来人来车，在基础防疫措施基础上，安排专人到高速公路出口引导，协助司乘人员在邵阳全程不下车，车上就餐；预留专用通道，入园后即到即卸即走；离园后作业区域专项消杀。

疫情严重区域（如2022年二季度的上海）烟厂来人来车，不下高速公路。由烟草公司安排专人专车，在高速公路服务区消杀和以无接触方式转运，本地作业人员下高速后开展核酸检测，并参照防疫重点人员管理。

邵阳烟草针对中高风险区工业企业来烟，调运前由营销中心向工业企业（烟厂）介绍邵阳防疫政策和烟草无接触式接收卷烟流程，提前确定烟厂车辆下高速时间，并提前告知物流配送中心和中航物业做好准备工作。由营销中心安排专人到高速出口接车，指导司乘人员按要求在高速出口进行核酸检测等，并引导车辆进入邵阳烟草物流园。园区中航物业负责安排专人，穿戴防护服、口罩、手套等全套防护装备，在物流西门口对烟厂车辆进行全面消杀；采用高举大字展示牌等方式，叮嘱司乘人员全程不下车，不开车窗，并戴好口罩；同时，通过无接触式拍照等方式，查验48小时内核酸检测证明、健康码、行程码、疫苗接种情况等；此外，由中航物业安排专人，全程在现场为每辆入园的中高风险和疫情比较严重的地区的烟厂车辆提供一对一的服务，现场提醒非作业人员不必要靠近，并督促落实所有防疫措施。物流配送中心提前做好接货准备，预留专用卸货通道，确保车辆入园后立即卸货。所有参与作业的仓库保管员和装卸人员穿戴防护服、口罩、手套等全套防护装备，由物流中心指定专人检查确认防护到位后，再进入作业区。中高风险区来车卸货作业时，广场附近50米区域内的其他作业暂停，仓库保管员提前告知非作业人员和其他车辆司机远离该作业区域。由物流配送中心为烟厂车辆司乘人员安排盒饭和水，采取无接触方式，送入驾驶室。作业结束后，由物流配送中心安排专人，引导和护送烟厂车辆至高速入口。中高风险区车辆离园后，由中航物业安排专人立即对相关作业区域进行全面消杀。2022年二季度上海等疫情严重区域来烟，烟草公司安排专人专车到高速公路服务区接货。接货时对车辆严消毒、人员不接触、作业不交叉；接货后参与作业人员参照防疫重点人员管理，开展三天两检的核酸检测，其间不参与物流园其他作业，确保防疫安全。

通过周密计划，分级分类采取无接触收货和闭环管理，既确保卷烟能进物流园区，同时确保安全、高效接收所有工业企业（烟厂）卷烟，包括疫情非常严重的地区来烟。

3. 优化干线运输模式,实现安全高效发货服务

市级烟草商业企业物流配送中心送货服务覆盖面积较广,通常针对一些离市区较远、小货车配送至零售店无法当天往返的县级区域,采取二级配送模式,即一级干线配送采用大货车运输至中转站,二级支线配送采用小货车转运配送至零售店内。离市区较近的区域,则由小货车直接从物流配送中心配送至零售店内。

为提升物流配送中心园区安全和作业效率,邵阳烟草制定应急时期发货运输模式和流程,一是减少出入园的车辆批次,降低感染风险。二是调整站点干线大货车,优化运力需求。三是提前装载干线大货车,提高发货效率。

通过合理优化干线运输,既确保了卷烟能顺利从物流园区运出,同时有效强化了疫情防控措施,大幅减少了县市之间往来的配送车辆数量,避免了所辖各县大量终端配送人员在各县非疫区和市中心城区的疫区之间往返,降低了风险。

4. 推行数字化签收方式,实现无接触终端配送服务

市级烟草商业企业物流配送中心的终端配送车组直接面对几万零售店商户,邵阳烟草按照"分区分级、差异管理、精准施策"的要求,创新"物流中心封闭式作业+干线全程无接触式运输+县域中转站独立配送"的应急配送模式。主要管理流程包括:

第一步,向零售户发放《告零售客户书》,宣传订单分拣配送筹备和启动安排事项,做好零售户宣传解释工作,指导零售户按时订货、及时存款,合理安排店内库存。

第二步,所有配送车组采用数字签收系统进行交接,由信息中心和物流中心加强对临时替岗人员(含烟草公司在编人员)进行电子导航和数字签收系统的应用培训。

第三步,实行无接触式配送,送货员不入户,在门前拍照交接卷烟;对正常营业但不具备直接收货条件的零售客户,实行约时定点取货,杜绝疫情传播渠道。如出现配送车组红、黄码人员,由所在县(市)分公司按照当地防疫流程处理,并安排烟草在编人员临时替岗作业。

通过推行数字化签收方式,确保了配送车组与不同风险区域和防控级别的零售户到店签收,实现物流配送全程无接触作业,提高了交接效率、降低了感染风险,零售户更加满意,更加放心。

(四)建立人力物力资源库,保障物流应急作业

储备必要的物流人力资源和防疫物资,是本地疫情防控期间物流应急作业的重要保障。烟草商业企业物流各环节的岗位专业性较强,各个岗位所需技能不一样,部分关键岗位既有流水线"缺一不可"的标准化作业特性,也有需要时间打磨、熟能生巧才能胜任的实践经验要求。防疫物资方面,建立常态化储备机制和物流全线应急共享机制,合理控制库存,不浪费防疫资源,不挤兑社会资源。

1. 培养物流应急志愿者,保障仓储分拣应急作业

物流配送中心一线作业的关键岗位,主要集中在联合工房的仓储和分拣环节。为保障应急工作,市级烟草商业企业在疫情发生前,即在市本级机关员工中挑选一定数量人员作为物流应急志愿者,到卷烟仓储分拣的一线作业岗位,定期进行实操集训,储备应急力量,以备物流防疫应急作业需要。以邵阳烟草为例,国内发生疫情之初,即在市本级机关员工中培养和储备27名物流应急作业人员,邵阳"4·18"疫情防控期间,部分物流一线原作业人员因疫情不能到岗,关键岗位缺失人手,影响物流应急作业的启动。邵阳烟草迅速从后备培养的应急人力资源库中抽取居住在园内的9名机关人员,及时补充到仓储分拣岗位,新老搭配组合作业,保障了物流配送中心封闭作业的顺利启动和平稳运行。

2. 组建党员先锋突击队，增强物流一线应急力量

针对物流配送车组送货员等技术含量不高的岗位缺人问题，组建党员先锋突击队，现学现做，快速补充到物流一线相关岗位上，按照"老带新"人员搭配应急作业，采取无接触送货模式，完成每天的卷烟配送任务。

3. 常态化储备防疫物资，共享全域应急作业资源

建立物流防疫应急推演机制，据实收集防疫物资需求，市级烟草商业企业指定相关部门常态化储备防疫物资，动态调整库存数量。本地疫情防控期间，企业全域防疫物资统一调配，共享人财物应急作业资源，保障了生产经营的需要。

4. 精准评价抗疫事迹，激励物流作业应急人员

针对参与物流抗疫和应急作业的人员，建立科学的评价机制，完善激励措施，在部门和员工月度考核中设置加分项，奖励表现突出的部门和人员。同时，精准收集和及时总结典型事迹，树立身边的模范榜样。

（五）制定异地作业备选方案，托底物流保供保畅

能否在疫情发生地就地启动仓储分拣封闭作业和无接触收发货作业，实现卷烟物流保供保畅，不仅需要当地烟草商业企业的物流应急保障和准备基础，同时还须参考当地疫情严重程度及政府管控力度。当疫情特别严重，物流配送中心所在主城区的交通道路完全封闭管控时，需要制定卷烟物流异地作业的备选方案，以保障当地及其下辖县（市）域等低风险区的卷烟市场供应。

1. 创新异地作业流程，打造应急备选方案

烟草行业卷烟营销和物流业务模式基本相同，各地市营销系统基本是同一套系统，物流系统虽略有不同，但数据结构相差不大，相邻地市打通数据接口，数据逻辑分开，卷烟实物和资源共享，互相扶持，承担对方防疫应急特殊时期的物流异地作业任务，具备技术可行性和创新基础。

邵阳市公司周边距离较近、物流信息系统同质化最高的地市公司就是怀化市公司。邵阳市公司和怀化市公司卷烟物流库容和单日最大分拣能力均有富余，可以互相临时承担对方的物流仓储和分拣业务。经省局（公司）协调，并报国家烟草专卖局相关部门备案同意，邵阳市公司和怀化市公司结对开展物流防疫应急工作，打通物流信息系统接口，在防疫应急特殊时期，异地开展卷烟物流仓储和分拣业务，创造性地形成和完善了物流防疫应急备选方案。见图1。

2. 科学决策部署调度，集中资源托底业务

异地开展卷烟物流仓储和分拣业务的防疫应急备选方案，相比本地启动仓储分拣封闭作业和无接触收发货作业的防疫应急主选方案，需要调动资源更多、成本更高，因此需要科学决策，合理调度。本体系具体对策包括：一是密切关注本地卷烟市场需求情况，研判是否需要在疫情期间正常经营生产。二是全面调研了解本地疫情防控政策，研判是否具备在本地启动仓储分拣封闭作业和无接触收发货作业的条件，作业能"本地"就不"异地"。三是跟踪分析疫情发展趋势，精准研判本地疫情结束、道路解封的时间节点，避免随意启动异地作业，增加成本。四是省局（公司）、各地市公司之间保持密切沟通，反复研讨，群策群力，结对开展物流防疫应急工作，托底物流业务。

以邵阳市公司和怀化市公司为例，邵阳"4·18"疫情防控期间，怀化市公司已经做好承担邵阳物流异地仓储和分拣的准备，但由于邵阳市公司物流应急体系建设基础较好，采取了本地作业的防疫应急主选方案，实施"物流中心封闭式作业+干线全程无接触式运输+县域中转站独立配送"的应急配送模式，提高应急响应速度，节约应急管理成本。

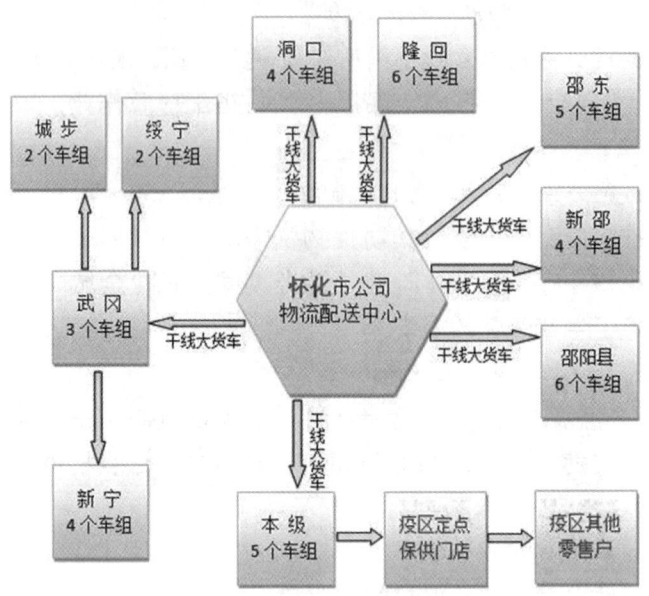

图 1　异地备选方案疫情期间物流配送应急业务流程图

怀化"3·17"疫情防控期间，由于怀化市疫情复杂，道路完全封闭，邵阳市公司迅速承担了怀化物流异地仓储和分拣任务。由省局（公司）物流管理处报国家烟草专卖局相关部门备案同意，工业企业（烟厂）将怀化市卷烟运输至邵阳市公司物流配送中心，到货后实行两市卷烟共库管理，按照怀化订单数据开展分拣打码，分区域线路打包码垛，由怀化市公司安排干线车辆，从邵阳市公司物流配送中心月台将分拣后的卷烟运输至怀化市各个县域中转站。该工作流程和作业模式，持续至怀化市主城区域解除封控措施、怀化市公司物流配送中心能正常作业为止，实现了托底物流业务保畅保通、正常运行的目的。

三、市级烟草商业企业保供保畅物流防疫应急体系构建的实施效果

（一）企业发展质量持续提高，经济效益有效提升

市级烟草商业企业保供保畅物流防疫应急体系的成功构建，提升了企业的核心竞争力和综合竞争实力，增强了企业发展的动能和势能，保障了市级烟草商业企业疫情之下在正常的轨道上更健康、更安全的持续发展。邵阳"4·18"疫情防控期间，启动保供保畅物流防疫应急体系，平稳有序运行20天，邵阳市公司共计接收入库卷烟38924件，分拣卷烟58545件，配送卷烟63923.52件，配送客户数30036户，营业收入约4.5亿元，卷烟货款回收率100%，有力保障了卷烟市场供应，提升了经济效益。对比前一年，2021年邵阳烟草利润总额增加707万元，销售收入增加42375万元，增长6.17%；全员劳动生产率增加24.36万元/人，增长7.99%；零售户综合毛利率也达到13.42%，排全省第一。企业主要经济指标均保持较高水平且位于全省系统前列。

（二）构建行业物流应急新体系，示范效益明显

市级烟草商业企业如何进行疫情防控和卷烟保供保畅，是烟草行业物流面临的新课题，此前没有成熟的应对思路和成熟体系。邵阳市公司积极构建保供保畅物流防疫应急体系，既从应急管理机制上完善，推动体系建设，同时又进行了具体实践。比如，2022年4月18日邵阳市主城区出现疫情，物流配送中心所在的双清区按防疫要求，实行道路交通管制，分级分区进行封控和管控，邵阳市公司迅速在本地启动仓储分拣封闭作业和无接触收发货作业；再比如，2022年3月17日怀化主城区出现疫情，全域实行道路交通管制，除参与疫情防控等工作人员外，所有居民一律不得

外出，怀化市公司因此无法在本地启动仓储分拣作业。按照就近原则和应急流程，由邵阳市公司承担怀化卷烟异地仓储分拣任务，保障了怀化下辖各县市区域的卷烟市场供应。

市级烟草商业企业卷烟保供保畅物流应急体系的成功构建和生动实践，树立了烟草商业企业防疫应急工作典范，推广价值高，在整个烟草行业物流以及非烟企业物流之中，均具有明显的示范效益。

（三）保供保畅基础不断夯实，社会效益稳步提升

疫情给宏观经济运行和人民群众生产生活带来不利影响，高效统筹疫情防控和经济社会发展，做好物流保供保畅，既是民生，也是大局。市级烟草商业企业保供保畅物流防疫应急体系的成功构建，在最大范围保障了发生疫情地市的低风险区域（含广大县域和农村）卷烟配送工作不受影响，解决了卷烟零售户和消费者的急盼愁难问题。省局（公司）通报的数据显示，卷烟保供保畅物流应急体系的成功构建，支撑邵阳烟草零售户货源供应满意度稳步提升，由2020年的87.96%提升到2021年四季度的95.28%，同比提升7.32个百分点，由原来全省倒数第二名，提升至全省第三名。

市级烟草商业企业保供保畅物流防疫应急体系构建的创新成果，符合国务院联防联控机制以最小范围、最低代价控制突发疫情，提高应急保障水平的要求，社会效益持续提升。该体系建设课题，已被纳入全省烟草系统重点精益课题。

主 创 人：王 昆、肖纲超
参与创造人：张光利、蒋热情、朱晓鸣、袁 珍、蔡永长、曾 涛
　　　　　　游二平、于庆涛、肖 召、唐海军

基于数字化转型背景下客户服务体系构建

湖南省烟草公司永州市公司

摘要： 湖南省烟草公司永州市公司以国家数字化转型战略为导向，以大数据为支撑，以先进服务管理理念为依据，坚持客户需求导向，开展了"智能化、专业化、规范化、精准化"客户服务体系构建。一是研发"九一云服"智助服务系统和"九一在线"通信软件，搭建在线直播平台，打通数据壁垒，畅通客我沟通渠道，实现服务方式智能化，全面提升服务效率，充分满足客户快捷高效服务需求。二是基于数字化转型背景，重新定义营销服务职能，新增数字化服务队伍，同时将组织架构向"职能型"转变，全面提升服务质量，满足零售客户专业服务的需求。三是根据新的服务职能和服务方式，制定客户服务标准，推动服务工作的标准化。四是强化数据采集与分析，构建"四投四保"货源精准投放模型，实现货源供给服务精准化，满足客户核心盈利需求。该体系已运行两年，客户满意度和客户卷烟经营毛利提升明显，获得软件著作权2项，形成省局标准1项，具有较好的示范推广性。

企业简介

湖南省烟草公司永州市公司（以下简称永州烟草）成立于1985年，是湖南省烟草公司的全资子公司，企业性质为国有企业，主要经营烟叶生产种植、收购、调拨、烟草种子加工销售和卷烟、雪茄烟销售。全市系统有在岗职工1284人，内设17个职能科室，下辖10个县级分公司，其中3个纯销区、7个两烟区，辖区内有卷烟零售户2.6万户，烟农7900余户。2021年销售卷烟18.34万箱，调拨烟叶63.12万担，营业总收入77亿元，实现税利总额21.24亿元，居全省烟草商业系统第5位。

近年来，永州烟草以管理创新为抓手，扎实推进"实力永烟、活力永烟、魅力永烟"企业发展愿景，企业运行质量和效益逐年提高，先后被评为湖南省纳税信用A级单位、湖南省消费者信得过单位、第四届全国精神文明建设工作先进单位。

一、基于数字化转型背景下客户服务体系构建的实施背景

（一）是推动企业高质量发展的时代需要

随着互联网、大数据、云计算等在各行业各领域的广泛应用，数字化已成为推动经济社会发展的核心驱动力。在数字经济时代，促进数字经济与实体经济深度融合，是实现经济高质量发展的必由之路。烟草商业企业属于专卖体制的国有企业，囿于传统观念和路径依赖，对数字化经济的认识和理解不充分，缺乏数字化应用的顶层设计，也缺少成功经验和路径，在方法、技术和人才方面相对匮乏，阻碍了数字化转型的步伐，严重影响了企业高质量发展。2021年全国烟草工作电视电话会议提出，要培育以数字化、网络化、智能化为主要特征的新型生产方式，全面推进企

业高质量发展。深入认识数字化转型的现状与问题，构建数字化运营服务体系，是时代发展要求，对推动企业高质量发展、持续进位具有重要的理论价值和现实意义。

（二）是提升企业服务生产力的现实需要

2021年全国烟草行业经济运行会议指出，行业营销战线要积极探索"互联网+"服务模式，优化服务流程，提升服务生产力，为卷烟营销可持续发展注入新动能。2021年湖南烟草卷烟营销工作会议提出，要持续完善服务渠道，推动智能服务平台和移动服务平台建设，加强知识库建设，升级数据服务功能，彰显营销信息化建设新作为。近年来，京东、淘宝、阿里等网络巨头加速抢占线下终端，全面开启数字化新零售时代，给传统零售店带来巨大挑战。然而，烟草商业企业当前的服务模式和素养与数字化转型要求相距甚远，智能化服务平台、知识库建设尚处于空白阶段，导致服务生产力低下，难以指导客户迎接新挑战，急需顺应数字化转型趋势构建富有数字化特征的服务体系，以提高服务科学性，提升服务生产力，满足客户持续发展需求。

（三）是化解企业当前服务短板的迫切需求

近年来，互联网高速发展，越来越多的零售客户习惯于网络购物和休闲、网络学习和办公，对服务方式、服务内容和服务效率有了更高的要求。"放管服"改革以来，永州市卷烟零售客户从1.8万余户增长至2.6万余户，客户经理户均服务客户数量大幅增加至300余户，传统的服务模式难以满足新时代下卷烟零售客户的需求，企业在服务体系上存在的问题也愈发凸显：一是服务方式陈旧，服务效率低下。客户沟通仍以市场拜访、电话沟通为主，客户诉求渠道少，服务响应速度慢，高效沟通反馈需求难以满足。二是缺乏数字化专业队伍，服务队伍不专业。客户经理服务工作内容繁多，什么事都要做但都难以专业，许多新媒体、信息化、新零售等专业问题难以解决。三是服务流程不顺畅，服务标准缺乏。营销服务人员工作繁忙但心中迷茫，对于某些工作如何做、做成什么样心中无底。四是服务不精准。一方面服务队伍和服务标准缺乏导致服务指导不精准，另一方面数据采集分析和数据应用不够，导致货源组织与货源投放精准性不够。

二、基于数字化转型背景下客户服务体系构建的主要做法

（一）厘清思路，客户服务体系构建顶层设计

1. 客户服务体系的内涵

基于数字化转型背景下客户服务体系的内涵是以数字化转型为导向，以大数据为依托，以客户服务为核心，围绕客户服务全过程所建立的一整套应对系统，包括服务标准、服务流程、服务工具、服务架构在内的一切人、财、物、系统和文件等软硬件的组合。

2. 客户服务体系构建的整体设计

坚持数字化转型路径，围绕零售客户服务全过程，以客户需求为导向，以数据作支撑，对服务方式、服务队伍、服务标准等服务要素进行持续优化和革新，构建相互支撑、相互协同，富有数字化特征的卷烟商业客户服务体系。

搭建智能化服务平台：搭建信息化服务平台、畅通服务渠道、提高服务响应效率、监测服务质量以推动服务改进，满足客户便捷高效的服务需求。

组建专业化服务队伍：革新组织架构，建设专业服务队伍，提高信息数据服务能力，满足客户专业化指导的服务需求。

优化服务标准：更新服务内容，重构服务流程，制定服务标准，满足零售客户标准化的服务需求。

强化数据应用：畅通数据壁垒，强化数据采集与数据关联分析，实现客户、品牌精准画像，

推动货源组织与货源投放精准有效，满足客户盈利的核心利益需求。

3. 客户服务体系建设目标

基于数字化转型背景构建服务体系的主要目标是通过建设"智能化、专业化、规范化、精准化"的服务体系，增强服务质量，提升服务效率，强化服务保障，以全面提升零售客户盈利水平和获得感，实现企业与零售客户形成"经营共同体、利益共同体、文化共同体、发展共同体"，进而提升渠道控制力，推动企业可持续高质量发展。

4. 客户服务体系建设原则

坚持数据驱动。按照国家局深化卷烟营销市场化取向改革的思路，以满足市场需求为出发点和落脚点，在运行调控、品牌培育、终端建设、客户服务、队伍建设等服务环节，树立"业务数据化、数据业务化"的理念，依托信息化平台强化数据采集和数据分析，驱动货源组织、货源投放、服务提供精准有效。

坚持需求导向。直面零售客户服务过程中的痛点和难点问题，推动平台建设、标准建设、队伍管理等从客户需求角度出发，推动服务体系高效便捷、客户满意。

坚持资源配置最优化。从公司现有的人力、物力资源出发，通过服务队伍合理化分工、优化组织架构、出台服务标准等措施，实现营销人员与客户服务需求的精准匹配，保障服务资源的合理分配。

（二）搭建平台，推动服务方式智能化

长期以来，零售客户通过对一线服务人员的市场拜访了解公司政策，通过电话、微信询问自身经营数据；问题反馈、咨询或投诉渠道有限；经营能力的提升主要依靠到公司参加集中培训。服务方式的陈旧、信息化服务平台的缺乏，已经难以满足零售客户快捷便利的服务需求，严重影响了客户的满意度。针对这一问题，永州烟草从客户需求出发，加强信息化应用，全面开发面向零售客户的沟通、服务、培训平台，推动服务方式从以人工服务为主向数字化服务转型。

1. 打通数据壁垒，构建线上服务平台

永州烟草基于零售客户最关心的、需求最强烈的问题，基于企业微信公众号开发了"九一云服"智助服务平台，实现零售客户一站式查询、了解各类经营情况，获取经营策略。

一是加强数据分析，搭建平台模块。永州烟草基于行业内全省系统"96368"服务热线三年54万多条咨询、投诉记录的数据库，通过专业软件进行数据归集、数据清洗和数据筛选，汇总得出零售客户最关心的问题，为平台模块搭建提供思路。根据客户需求，开发"数据看板"模块，让零售客户对自身卷烟订单、经营档位、终端星级、信用等级等经营情况一目了然，全面减少了零售客户电话咨询次数，有效减轻了一线人员的工作负担；开发"市场动态"模块，及时公示各类最新政策、传递卷烟市场动态，提醒市场异常，通报相关工作进度或工作处理结果，让零售客户及时了解卷烟市场动态；构建"常见问题库"，根据市场调研了解零售客户常见的问题，并组织业务骨干编写在线问题库，支持在线输入关键字即刻获取问题答案。二是打通数据壁垒，保障数据协同。零售客户订单数据、配送数据、相关评价数据等存储于公司内网，而进销存数据等则存储在零售终端管理系统，处于外网，内网数据始终难以与外网畅通，零售客户难以获得相关数据。永州烟草按照"私有云+公有云"的形式，实现内部服务器资源数据共享和对外发布信息数据的通畅，各平台之间数据接口、数据标准互联互通，保障了数据的及时协同，同时通过采取"三层防护，五道监测"的安全策略措施，保障了零售客户及时在线自助查询了解各类数据信息。

2. 跨越信息鸿沟，畅通在线沟通渠道

湖南省烟草系统设有"96368"服务热线，但其仅在工作日开放而且时常占线，同时服务热线受理层级过多、处理时间过长，难以满足零售客户紧急的服务需求。永州烟草通过搭建多条反馈、处理渠道，着力将问题解决在一线。

一是研发商业系统与零售客户互通的"九一在线"通信软件。零售客户可及时通过平台的"在线服务"服务模块在线向公司指定部门反馈问题，全市每个单位设置一名专业在线受理员，负责解答零售客户的各类疑问，及时协助处理各类异常情况。二是设置"在线留言"模块。在非工作时间内，零售客户可在线将问题反馈至平台，平台将相关留言按照零售客户想要送达的对象自动推送至指定的管理者或服务人员，确保服务工作精准高效。三是在线公开服务人员电话。平台自动匹配零售客户辖区服务的工作人员，实时更新辖区的服务人员名单及其电话，避免了服务人员变更服务辖区后零售客户一时找不到对应的服务人员的情况，保障了服务人员就在身边。

3. 突破时空限制，建设在线培训中心

一直以来，零售客户受时间、距离因素等影响，加公司集中组织的培训面临诸多不便。为此，永州烟草组织专业人员开发课件，搭建线上培训中心。一是建立直播平台。针对重要政策临时调整、上级重要政策传达等紧急情况，上门拜访和电话沟通效率低下，永州烟草在全市范围11个市场部建设了标准的直播室，配备了专业直播设备，创建了需要验证零售客户身份才能进入的直播平台，由专业直播队伍进行在线培训，支持重复回播，全面提升了紧急政策传达和培训的效率。二是开通"在线培训学院"。对日常零售客户最关心、较为复杂的重要政策和经营技巧，通过微视频课件开发，上传至平台"在线培训学院"模块，零售客户可随时在线重复学习。视频同时支持营销人员在线转发，大大减轻了一线人员重复讲解的工作强度，同时也避免了宣传口径不一的问题。

（三）数据驱动，推动货源供给精准化

卷烟盈利是客户的核心需求。一直以来，货源组织与货源投放依靠经验，致使客户卷烟经营盈利水平始终徘徊在5%~10%。盈利水平不高将影响客户经营积极性，从而影响零售客户规模及企业渠道控制力。为此，永州烟草以大数据平台为基础，通过升级卷烟营销系统对客户、品牌精准画像，强化货源组织，构建"四投四保"投放模型，实现货源精准投放，促进客户盈利水平稳步提升至13%左右。

1. 强化数据采集，推动客户和品牌精准画像

精准识别客户卷烟需求是提升卷烟供给质量的基本前提，是提升客户盈利水平的重要保障。掌握不同类别客户、不同品牌、不同市场的特征是货源精准投放的关键。一方面永州烟草通过营销管理平台、移动办公平台等多种渠道收集建立客户信息管理数据库、品牌信息数据库。以此为基础，从客户经营属性、信用评价、经营数据、市场动销四个层面设置了69个客户标签；对在销品牌的市场状态、适销区域、消费群体三个层面设置了32个品牌标签，从而实现对客户和品牌进行立体画像和精确定位，为货源精准投放夯实数据基础。另一方面，通过第三方监测机构、零售终端管理系统采集卷烟品牌市场价格、客户库存和动销数据，为掌握客户真实的品牌需求提供了重要依据。

2. 强化市场调研，推动货源组织规范有序

全省卷烟目录中有近300个卷烟品规，选择适宜永州销售的品规，销售适宜的品规数量，保障良好的市场状态，也将影响客户的盈利水平。一是科学把控市场销售品规数量。永州烟草在各价位段中构建"主导规格—护卫规格—潜力规格"的梯形结构，通过线上调查平台广泛开展调

研，将市场国产卷烟规格总数控制在170个左右，有效满足市场需求。二是"自下而上"开展需求预测。结合市场人口、经济发展、历史销售数量等指标建立市场规模推算模型，开展市场需求预测，用数据来决策货源组织，提高了科学性和精准性，彻底结束了靠经验决策的时代。三是完善品牌进退和调控规则。每半年对在销品规进行市场测评，采取"四个一批"退出机制，即"销量未达预期清退一批、价格持续倒挂清退一批、外流持续靠前清退一批、工业主动调整清退一批"。建立"三偏"调控机制，即对"社会库存偏高、市场价格偏软、流出风险偏大"的品规进行缓调、停调，并根据出现次数的频率，决定次年货源组织的规模，全力保障市场状态。

3. 强化数据应用，推动货源投放精准高效

在卷烟计划总量有限的前提下，很难解决部分品规"供不应求"的问题。但不同的零售客户对不同的品牌需求不一，因而把适合的品牌投放到适合的零售客户，解决"供非所求、供过于求"的问题，是保障货源利用最大化、客户利益最大化的重要途径。为满足市场差异化需求，永州烟草采用"四投四保"卷烟货源精准投放模式，即"以稍紧投放保状态、以预测投放保均衡、以档位投放保公平、以标签投放保规范"，确保零售户可根据商圈位置、消费群体构成及偏好、营销目标等自主选择品牌，实现货源公平投放与市场自由选择有机结合。同时根据卷烟的市场价格指数、社会存销比、订足率、订足面、商业存销比等五个要素，利用"四投四保"投放模型，建立标签中心和组合模型，将品牌细分和客户细分精准对接，自动筛选目标零售户、自动调整当前投放计划、自动生成投放策略建议，达到投放与需求相适应，实现货源精准投放，有效满足差异化货源需求，保障客户盈利水平最大化。

（四）组织重构，推动服务队伍专业化

一直以来，营销工作涉及品牌、市场、综合三个部门不同的工作内容，多部门工作安排致使一线营销工作人员工作繁杂，只能是"眉毛胡子一把抓"。永州烟草营销服务队伍平均年龄超过40岁，全日制大学学历比例不足30%，其政策性理解力和服务能力均难以满足零售客户需求，时常出现政策宣传出偏差，客户的咨询无法解答等情况，很大程度上影响了客户满意度。为此，永州烟草紧跟数字化转型发展趋势，根据客户需求，优化工作职能分工，加强数据采集、数据分析和数据应用上的队伍配置，以构建能岗匹配的营销队伍认证体系入手，通过完善队伍培养体系、优化服务组织架构，推进服务队伍向数字化转型。

1. 优化职责分工，强化数字化转型岗位配置

一是优化工作职责。为适应数字化转型和营销工作新要求，永州烟草从整体资源配置效率出发，打破原有的以市场部、品牌部、综合部为划分标准的岗位设置，根据工作项目的专业大类，对现有的工作内容与职责进行分解和归并，将工作类别分为"综合文案类、基础服务类、营销转型与数据分析"三大类，根据具体工作职责，细分为政策研究与策划、客户培训与新媒体运营、党建与后勤管理、客户服务运维、终端建设与维护、数据分析与应用六小类工作方向。二是配置专业化岗位。根据六小类工作方向，大幅减少客户经理、市场经理、品牌经理人员数量，新增配置数据分析经理、新媒体运营经理、内训师、在线客服经理等六个专业化岗位，将原来"全能型"的客户经理分类转型为"专业型"。

2. 开展岗位认证，提升转型人岗适配度

人岗相适作为现代人力资源管理所推崇的一种管理模式，其本质上体现的是以人为本、科学管理的原则。永州烟草为提高队伍专业化能力，推行人岗"双向选择"，按照"职业偏好+技能测评+自主选择"的模式进行岗位调配。一是确定偏好与性格。利用MBTI职业性格测试，分析性格

类型与岗位工作的匹配程度，由此可以对员工的岗位类型进行初步选定。例如，测试结果为外向的员工，适合从事客户服务运维、客户培训等服务型、交流型工作。二是提交意向自主选择。实行岗位职数公开、岗位职责公开，营销人员可根据测试结果，立足现有岗位分工，结合专业特长，选择对应的专业填报岗位意向表，实现"人选岗"的初步选择。三是专业技能测评。在全市系统营销线组织开展了全员岗位资格测评，依据六大分工岗位编制能力测评试卷，试卷内容包含每个岗位的重要工作内容和技能，统计测评数据可得出员工营销技能匹配程度，结合MBTI职业性格测试结果，得出"岗选人"的结果。四是综合评估"双向"选择。综合"职业偏好+技能测评+自主选择"结果，判定匹配的岗位。在双向选择过程中，如未满足自主选择，则进入岗位技能测评的匹配岗位，并进行自主选择岗位的学习培训，经学习培训合格后，由本单位部门根据岗位空缺及本人的实际情况，在征求本人意见的基础上，进行二次安排。

3. 完善培养体系，提升转型岗位专业能力

整合现有师资力量和培训资源，搭建"九一学院"员工培训平台，健全营销线人才培训体系，重点加强新增的转型岗位队伍的培养。在培养方式上以常规培训为主，以"师带徒""导师制""项目制"等个性化人才培养方式为辅，开展综合辅导，加速人才成长。鼓励技能竞赛优秀选手、业务骨干担任内部导师，将行业、省级技术能手直接纳入指导老师名单，聘请行业内知名教师授课，全方位提升转型专业技能。

4. 革新组织架构，实现"职能制"组织架构转变

根据专业化分工结果，永州烟草打破原有"直线型"部门组织管理架构，实现向"职能型"架构转变。专业化队伍组建不局限于县级公司，而是贯穿于市、县两级，不同专业化队伍的工作垂直联系，加快了信息流的速率。具有专长的同组人员沟通更畅、理解更透，政策落实更到位，工作决策更高效。专业化队伍开展专业化服务，工作积极性和工作专业度得到极大提升，有效解决了服务不到位、服务不专业的问题。

（五）流程优化，推动服务内容标准化

近年来，随着市场化取向改革深入推进，改革内容增多，一线营销服务人员工作繁忙而且"茫然"，因而在服务过程中不知道该如何服务，应该达到什么标准心中没底，因而服务质量参差不齐。基于此，永州烟草从零售客户需求出发，运用服务蓝图工具，制定零售客户市场服务标准，并固化进营销人员工作动态管理平台，同时将工作过程中有效的工作模式、程序予以固化，形成数据采集标准、直播标准、队伍管理标准等，提高了客户服务和企业规范管理水平。

1. 依据服务蓝图制定面向客户服务标准

根据马斯洛的需求理论，不同的卷烟零售客户在不同时期对服务的需求也不同。永州烟草通过全面梳理零售客户服务全过程，设计调查问卷，收集服务过程中各环节服务的需求，并将每项服务的前、中、后台所需提供的服务予以明确，绘制出面向零售客户服务的服务蓝图。

根据服务蓝图提供的"客户入网、卷烟订购、货款结算"等八个服务环节，将前台服务、后台服务和后台支持的所有服务内容、服务流程、服务要求予以细化，并将"服务监测与评价"和"服务改进"纳入其中，形成服务标准的闭环管理。通过试运行，并全面收集基层意见进行不断完善修改，最终制定出面向卷烟零售客户的《卷烟营销零售客户服务规范》。规范运行一年以上，永州烟草收集全省各单位意见并进行修订后，通过了湖南省局标准委员会的评审并发布。

2. 针对岗位变化编制服务人员适应制度

永州烟草根据新设置的岗位，相应编制了系列岗位职责说明书，出台《数据采集与分析应用

规范》《新媒体信息发布管理办法》《直播服务规范》《在线客服管理办法》等系列规章制度13个，配套《内训师队伍管理规范》《数字化转型发展纲要》等相关人才选拔、管理、激励奖惩等相关制度8个，形成工作过程中相关审核、审批等相关固定表单27个，促进了企业数字化服务转型稳步推进。

3. 通过多种方式系统化宣贯标准制度

全市通过直播培训、集中培训，将服务流程、服务标准、各类规章制度等以文字、图片、视频形式纳入全体营销人员培训内容，对相关标准流程予以固化，加入"营销工作动态管理平台"；营销人员将服务过程中的执行完成情况，通过图片、文字和数据等方式反馈至营销人员动态管理平台；营销管理人员把完成情况与服务标准进行比对，看是否达到服务标准。同时建立营销人员服务标准化积分制管理，依据服务标准，营销管理人员对平台采集到的营销人员工作痕迹进行线上考评，并进行考核激励，引导营销人员规范有序开展服务，推动服务措施落到实处。

（六）资源整合，强化服务体系运行保障

永州市烟草公司强化管理保障，从运营架构、人才队伍、设施平台、经费投入等方面为项目实施提供全方位支撑。

1. 强化组织领导

为保障零售客户服务体系高效运营，成立市、县、点三级专项工作组，由市局领导班子组成最高决策小组，以党组书记、局长（经理）为组长，副经理为副组长，多部门负责人及各县级分公司局长（经理）为成员，对零售客户服务体系工作进行组织、协调、指导、监督；县级由营销中心主要负责人任组长，抽调全市系统营销、信息业务骨干43人，分别成立服务标准化、服务专业化、服务智能化专项办公室，各组分块负责相关领域的营销创新工作。同时邀请湖南工商大学等高校的专家和相关软件公司参与项目，拓宽工作思路，保障体系构建顺畅。同时，明确零陵、祁阳、蓝山为首批试点单位，分别制订试点工作实施方案，明确目标任务，明晰职责分工，统筹时间进度，全面保障服务体系的建设。

2. 配全基础设施

硬件设施方面，设立创客工作室3间，建设直播间11间，添置专业直播设备11套、专业拍摄设备2套，添置服务器2组。软件方面，研发了营销工作动态管理平台、"九一云服"智助服务平台，升级了零售终端信息管理平台，搭建了直播服务平台，引入第三方测评机构1家，充分保障平台运行安全。

3. 加强投入保障

为保障体系顺利构建，公司给予了充分的费用保障，包括平台研发费用、系统运维费用、员工培训费用以及各项奖励费用，共拨付1200余万元。

4. 强化制度保障

为推动专业化队伍的组建，人事部门制定了薪酬激励机制，加大了员工外出培训的鼓励机制；营销部门变更了考核办法，加大了对数字化转型项目的考核和激励。

三、基于数字化转型背景下客户服务体系构建的实施效果

（一）管理效益卓有成效

本项目解决了传统服务模式在智能化、专业化、标准化方面的瓶颈问题，构建了基于数字化转型背景下的客户服务体系，推动了企业由经验式管理向数智化和规范化管理转变，由原始粗放管理向高质量精细化管理转变，显著提高了管理的科学性和正确性。自服务体系运转以来，全市

一线拜访人数减少82人,客户拜访频次每月减少200余户次,客户问题解决效率提升5倍,各项对标指标明显好转。根据省局2021年对标情况通报,市州局45项对标指标中,永州市局有14项指标得到提升,指标提升个数排全省系统第3位,20项指标优于全省平均水平。

(二)经济效益稳步提升

通过基于数字化转型背景下客户服务体系的构建,永州烟草实现了智能化、专业化、标准化服务管理,实现了对服务管理监控的高效运行,大大节约了服务时长,降低了企业成本,年节约培训费、电话通信费150余万元。同时,货源的精准投放作用于卷烟市场的效果明显,卷烟运行调控质量显著提高。一是卷烟销量及销售收入平稳增长。项目实施以来,实现卷烟销售18.34万箱,销量稳步增长,总量排名全省第六,销售收入增长3.16%。二是卷烟销售均价快速提升。全市单箱销售均价3.33万元,同比增加1977元,增幅6.32%,增幅排全省第4位。三是重点品牌稳步发展。重点品牌销售17.31万箱,占比94.40%,占比提高1.73个百分点。

(三)社会效益有效彰显

一是市场状态全面提升。货源投放的精准调控、市场状态的精确把控,促使卷烟市场规范有序发展。根据第三方数据监测,永州烟草整条零售价格指数上升为100.97%,从长期倒数第一上升到全省第7位,同比提升1.05个百分点。二是保就业效果显著。服务效率的提升促使零售客户对政策知晓率显著提升,现代化卷烟经营意识明显提升。根据第三方数据监测,零售客户综合毛利率从9.78%提升至13.98%,创下历史新高。全市新增零售许可证1万余户,户均盈利3.2万元。疫情期间,卷烟经营为众多商户提供了重要盈利保障。三是客户满意度显著提升。2021年零售客户拨打全省96368服务热线咨询户次下降38.7%,全年满意度得分同比提升3.07分,排位前进6名,列全省第四。

(四)生态效益逐步显现

截至2021年底,全市26777户零售客户、159名营销线工作人员积极应用"九一云服"等智能化服务工具,实现从"纸间"向"指间"转变,信息共享、协同办公,有效提高了服务效率,每年可节约纸张以及打印、复印相关费用50万元。同时,卷烟市场是一个涉及烟草工业、商业、零售户、消费者的"工商零消"生态圈,该体系的构建运行,惠及生态圈的所有参与者,极大地提高了营销人员的服务效率和质量,帮助零售户提升了经营能力。对于烟草工业企业来说,精准的品牌、零售户、消费者画像为烟草工业研发产品、布局产品等工作提供了客观依据;对于消费者来说,良好的卷烟市场秩序保障了消费者权益,让消费者能够放心消费。

(五)示范推广成果明显

截至2021年底,本项目已在全市11个县运行两年,取得了较好的效果,在省内形成了一定影响,积累了可复制、可推广的经验,在湖南省2021年第二季度重点工作推进会上作为先进典型被重点推广。娄底、怀化等地同行专程到永州来学习考察客户服务体系建设,专题文章先后在《中国烟草》《东方烟草报》《永州日报》等行业内外媒体上刊发。该体系已授权2项软件著作权,形成省局标准项目1项,通过了省烟草公司科技处组织的专家评审。

主　创　人:幸　勤、廖爱国

参与创造人:李志术、杨隽颖、文　敏、何　琳、廖劲松、陈薇羽、
　　　　　　刘兰芳、钟湘瑛、李　玲、杨　露

市级烟草企业营销服务价值创造管理体系构建

湖南省烟草公司益阳市公司

摘要： 市级烟草企业在打造"客我共同体"发展目标引领下，需要提升渠道掌控力，化解客观存在的现实困境，创新思考市级烟草企业营销服务价值创造管理体系的构建。将营销服务划分为经营决策、货源组织、客户服务、品牌建设、配套支撑等关键环节，这些环节既独立拥有核心价值创造能力，又能整合发挥价值创造集群效应。以数据驱动的货源组织改善供需不平衡的问题，提升烟草产品的投放与店铺经营能力的匹配度；以问题靶向的客户服务改变传统服务"大水漫灌"的不足，找准服务薄弱项、分层分类管理、立体全方位服务，实现"功能+情感"的价值创造；以文化创新的品牌建设助力提升核心竞争能力，让营销服务人员的思维能力和店铺经营的经验特色"变现"；配套支撑为整个体系运行提供"人、财、物"保障，促进核心价值点落地，达到企业营销服务管理效益最大化。

企业简介

湖南省烟草公司益阳市公司（以下简称益阳烟草）组建于1984年11月，是中国烟草总公司湖南省公司的全资子公司，为全民所有制企业，依法监管全市烟草市场，负责组织全市卷烟、雪茄烟批发销售。益阳烟草下辖4家县级烟草专卖局（分公司），目前有在岗职工436人，内设标准机构14个。2021年实现税利16.67亿元，同比增长3.07%。近年来，益阳烟草积极践行"国家利益至上、消费者利益至上"的行业共同价值观，不断深化企业内部改革，创新经营机制，努力建设创收增效能力强、核心竞争能力突出、富有社会责任感的现代流通企业，先后荣获全国文明单位、全国五五普法中期先进集体、全国模范职工之家、益阳市文明行业、益阳市诚信十佳企业、益阳市诚信服务示范窗口单位等多项殊荣，连续3年获得湖南省企业管理现代化创新成果奖项。2020年以来，益阳烟草卷烟零售客户满意度排名持续两年保持全省第一。

一、市级烟草企业营销服务价值创造管理体系构建的实施背景

（一）领悟行业发展目标重要性，构建客我共同体

中国烟草总公司在《深入推进2020年卷烟营销市场化取向改革工作的通知》中提出，要"彰显烟草责任担当，推动行业与零售客户形成经营共同体、利益共同体、文化共同体、发展共同体"。围绕实现"客我共同体"的发展目标，烟草企业要加快对客户需求的响应速度，充分认识到目前零售客户经营能力与客户经理专业素养无法完全适应发展要求的问题。市级烟草企业通过营销服务创造价值，让客我联系更为紧密，实现同题共答、同向发力、同频共振。让每一个营销关键环节都实现价值创造，以营销服务管理体系的全流程价值创造推动营销高质量发展，让行业改革发展的红利惠及广大零售客户。

（二）明确建设市场生态必要性，提升渠道掌控力

随着新技术的蓬勃发展，零售业正发生深刻变化，电商企业抢滩线下实体店，连锁便利企业快速发展，加上疫情防控常态化，给传统零售业带来了严峻挑战。面对新形势，烟草行业积极推进卷烟营销市场化取向改革，营造公平有序的市场环境，充分发挥市场机制的协调链接功能，促进改革红利不断释放。在构建市级烟草企业营销服务价值创造管理体系的过程中，探索市场化取向改革管理创新，协同零售客户共建智慧、和谐、绿色、健康的市场生态，为主动融入改革发展大局迈出了至关重要的一步。

（三）认识营销转型发展的紧迫性，化解营销服务困境

牢固树立问题导向，对标行业外营销转型发展的先进标杆，认识烟草企业化解营销服务困境的重要性和紧迫性。一是要着力解决货源组织供需不平衡的矛盾。在提供货源供应服务的过程中，市场存在供不应求、供过于求、供非所求并存的结构性矛盾。产品规格数过多、过散，难以形成大品牌、大市场的合力，货源组织的"功能性价值"难以发挥。二是要着力化解政务服务要求与营销精准服务的矛盾。"放管服"政策实施以后，益阳市烟草零售客户数量激增，客户经理人均服务客户数过多的客观现实与"个性化服务、高质量服务"要求之间存在矛盾，"精准服务"的核心价值无法体现。三是要着力解决营销工作要求与人员队伍素质不匹配的矛盾。现有人员在素质、能力水平、组织架构等方面难以完全适应服务创新、技术创新、能力创新的要求，经营决策、保障支撑的价值无法达到最大化。

二、市级烟草企业营销服务价值创造管理体系构建的主要做法

（一）优化顶层设计，发挥科学有效决策机制的总体价值

1. 整体思路

在构建营销服务价值创造管理体系的过程中，将营销服务管理全流程视为烟草企业为零售客户提供"功能+情感"完整价值的过程。借助营销"服务蓝图"模型分析营销服务"前、中、后"台，认为各环节可以对应具体岗位和业务，能通过货源调控、客户服务、经营决策和配套支撑等构建首尾相连、前后呼应的全流程价值创造体系。其理论创新点在于，将每个环节视为具有独立作用且突出核心价值的功能模块，通过整合功能模块实现整体价值最大化，以此与营销服务理论中服务蓝图普适性的"前台、中台、后台"区分开来，更具有新时代烟草营销服务的实践意义。

2. 应用目标

通过动态平衡的货源组织、精准优质的客户服务、内涵丰富的文化创新和及时高效的配套支撑，构成完整的营销服务管理价值链，在每个环节和整体价值创造过程中，实现客我效益"双提升"，达到服务质量提升、客户满意度提升和企业经济效益增长的实际效果。在应用过程中，既要满足零售客户的货源需求，又要达到烟草企业发展的目标，以烟草企业现有的人力资源实现对零售客户的全方位服务和对零售终端的全面管理，进而实现税利提升、报效国家、回报社会的最终价值。

3. 基本原则

坚持数据驱动原则。通过信息采集、数据统计、市场分析、数据检验等步骤达到"用事实说话、用数据说话"的效果，充分发挥销售数据、客户数据和经营数据描摹市场轮廓的作用，为货源组织、货源投放、需求预测等重要环节提供数据支撑和分析依据。

坚持问题靶向原则。从问题着手，深挖零售客户的真实服务需求，找准掣肘精准服务的痛点和难点，发现服务盲区，倒推服务全流程，找准问题点、抽出问题线、解决问题面，提高服务

效率。

坚持科学有效原则。要保证营销服务价值创造是具体的、实用的，是整体效益可共享的，在营销服务管理决策的过程中就要保证科学有效，这是营销服务全流程的"类脑"部分，是价值创造管理的"灵魂"。

坚持共同体构建原则。营销服务价值创造围绕打造"客我共同体"这一主线进行设计，使得每个具体的环节既有单独的价值创造意义，又有共同的价值目标指向，将每个独立的部分联系在一起。

4. 决策机制

从优化组织架构、升级管理决策和完善战略设计等方面发挥顶层设计的总体价值。一是突破传统金字塔型组织限制，以矩阵式的组织裂变建立专事专班，开拓新型经营决策路径。采取"专岗+项目组"的双重人员配置方式，延续传统的垂直岗位管理，创新"以事组人"横向管理方式，提高"人与事""事与岗""岗与人"的适配度，提升组织管理效能和办事效率。二是通过柔性化的管理决策实现人员思想和组织氛围的转变，注重对组织内部的"人文关怀"，突出"以人为中心"的管理模式。通过全员参与、建言献策、出谋划策、共同决策，激发人员队伍的内在驱动力和潜在创造性，运用"头脑风暴"收集意见，达到决策最优和效度最大。三是综合考虑企业长远发展的人力资源需要，不断完善战略设计。运用SWOT（优势、劣势、机会、威胁）分析法、PEST（政治、经济、社会、技术）分析法等，对现处环境、竞争对手进行综合分析。结合企业发展目标、发展要求、发展水平等自身条件，选择适合的发展战略，以实现总体的价值创造。

（二）强化"数据驱动"，创造供需平衡的货源组织价值

益阳烟草坚持数据驱动原则，采用"T+"型数据采集模式，从纵和横两个维度准确把握市场动态，丰富采集方式，掌握不同类型客户对货源的差异化需求；开展自下而上的需求预测，建立多指标市场状态研判模型，提高货源投放的精准性和客户需求满足率；建立涵盖市场份额、覆盖率、上柜率等16项指标的数据模型，开展全面的市场调研和产品测评，科学规划产品布局，提高产品培育成功率和竞争力，促进市场供需平衡。

1. 畅通终端数据"流入口"，细化数据采集与分析

运用"T+"型数据采集模式，及时把握卷烟市场动态，掌握零售客户差异化货源需求，为营销决策提供真实、有效的数据支撑。横向上，建立零售终端信息直采点27家、终端云POS扫码采集点2600余个，综合考量山区、湖区等地理因素选择采集点，准确反馈价格、库存、订单量等市场基础信息，勾勒出不同的市场轮廓，为城网、农网消费者画像。纵向上，打通信息采集"双通道"，密切工商零协作，加强市县沟通，将垂直管理模式转变为矩阵管理模式，实现市场数据信息交互。在"T"型数据采集模式基础上，运用微信平台、腾讯问卷等开展线上信息采集，及时掌握市场动销变化。

对数据进行建模分析。首先，建立多源并轨数据库。将终端扫码数据和辅助手段采集的数据并轨汇入数据池，建立市场信息原数据库。其次，建立多维数据分析库。根据采集点区域、市场类型、商圈类型、经营业态、经营规模等维度，对数据进行"清洗"和分类，将"T+"模式获取的数据关联分析，推算市场状态还原模型。最后，对数据进行校验预警。结合第三方市场监测与数据分析库推算结果进行交叉校验，辅助逻辑回归、决策树等多种算法，对数据进行还原修正，从而更客观、准确地反映辖区市场状态，为销售预测和货源投放提供准确的数据支撑。

2. 建强供需平衡"调节仓"，优化货源组织与投放

在数据采集和建模分析的基础上，对货源精准投放进行"全程、动态、精准"调控，多部门联动、多岗位协作，形成环环相扣、层层推进的闭环式运行调控体系。以数据驱动业务链，将预测数据延伸至终端消费需求，开展立体式的自下而上的需求预测，准确把握市场动态，为货源组织提供可靠依据。以市场状态为"晴雨表"，依托运行调控机制按周开展市场状态分析，构建"订足率、订足面、市场价格、社会存销比、商业库存"五要素分析模型，按照"俏""紧""平""松""软"输出状态结果，提高货源投放的精准性和需求满足率。对品牌落地销售情况进行动态分析，优化货源组织，控制不适销品规购进，减少社会库存积压和零售客户资金周转压力，保持"总量控制、稍紧平衡"的良好状态，保障零售客户盈利，提升货源组织与投放环节的服务价值。

3. 调节产品进退"筛选器"，完善产品竞争机制

益阳烟草不断健全和完善产品竞争机制和进退机制，制定并执行《湖南省烟草公司益阳市公司品牌（规格）引入退出管理规则》，定期开展产品测评，每半年在全市范围内开展市场调研，深入地市、县区、乡镇三级市场，确保在销品规调查全覆盖，以准确把握产品生命周期和成长趋势，及时退出不适销品规，科学规划产品布局。

一是健全在销产品测评机制。依托省级营销管理平台，按照市场份额、销售收入贡献度、覆盖率等16项指标进行数据模型测算，每半年开展一次全面产品测评。根据测评数据拟定退出产品并建立观察期产品整改机制。针对"观察期"产品，就整改原因及对策、整改措施、整改目标和预计效果等与工业企业共同商定并实施整改方案，对测评结果仍然较差的产品启动退出流程，以提升产品整体竞争力。二是采取"规定+自选"市县共育机制。结合公司经营需要、产品发展规划、市场发展潜力选择年度重点培育规格，明确培育目标，细化培育措施，制定年度培育实施方案。综合数据测评模型和市场调研结果，每半年按照产品（规格）引入申请、初评、市场测评、引入审批、试销和评估六个环节集中办理新品引入，在新品试销期间同步强化跟踪和调控，确保市场状态平稳、产品健康发展。

（三）树立"问题靶向"，提升精准优质的个性服务价值

2019年上半年以前，益阳市卷烟零售客户满意度一直处于全省落后水平。为此，益阳烟草提出"找短板、优服务、增价值"的服务思路，以问题为靶向，找准服务短板，通过对客户的分层分类分析，摸准客户服务需求，通过制定相关服务标准、方法，开展跨区域合作、优化升级智能服务平台、创新服务形式，打造立体式服务，改变过去"大水漫灌"式的客户服务，以"精准滴灌"的方式让服务"恰到好处"，增加服务附加价值。

1. 树立问题靶向，找准服务薄弱项

益阳烟草以"一条主线"+内外"两条辅线"纵深推进零售客户服务短板排查。一是以满意度调查为主线，找准服务薄弱项。2019年上半年湖南烟草零售客户满意度调查中，益阳市满意度在全省排名第12位，其中"卷烟供应"单项为全省最低分；从零售客户业态来看，超市类客户满意度得分最低；从规模来看，中小（中低档位）客户满意度得分最低。因此，有超市类客户、中小（中低档位）客户及"卷烟供应"服务三类短板。二是以能力测评为内线，分析队伍优劣。以自评和互评、教考结合的方式获取营销队伍业务技能、分析问题和解决问题的能力、职业素养、个性特点等方面的具体信息，找准每个营销人员的优势和劣势。三是以客户诉求反馈为外线，获取客户诉求痛点。分类整理、分析近年来客户咨询与投诉事由和原因，以市场检查、问卷调查等

形式广泛收集客户服务诉求和引发"不满意"的原因，多通道查找客户诉求，为精准服务施策提供方向。

2. 分层分类分析，把握客户需求点

益阳烟草从多个维度对客户进行分层分类，并在营销管理平台、客户经理移动办公平台为客户设置电子"标签"，客户需求识别更智能、更精准。一是按经营规模分类，采取综合销售量和销售额的算法，将零售客户规模分为大、中、小三类，通过调研和分析，总结出服务短板中的中小客户系统应用、政策讲解、经营指导等主要服务需求。二是按零售业态分类，分析不同业态客户的经营特点，将七种零售业态聚类为商场与超市、烟酒店、便利店与食杂店、娱乐服务与其他四大类，总结商场与超市类客户订烟与销售分离、销售人员变动频繁等问题，针对性地开展服务。三是按业主年龄分类，不同年龄层次的业主在店铺经营管理理念、思维方式、获取信息的能力、现代信息技术操作与应用技能等方面差异明显。四是按终端生态分类，根据总公司"发展诚信户、帮扶贫困户、控制违规户、打击违法户、清理虚假户"的原则，采取差异化服务措施。结合不同类别客户的特点，最终提炼出七类主要服务需求：获利需求、信息获取需求、情感需求、认可需求、增效需求、成长需求、帮扶需求。

3. 提供立体服务，增强服务精准性

一是制定服务标准，促进服务规范化。在客户分类管理的基础上提炼出《三分四到客户服务法》，通过客户分类、需求分析、服务分策的"三分"策略，精准识别不同类型客户需求，构建服务策略库，通过客户类别与需求类型匹配、需求类型与策略组合，为客户经理提供服务策略组合参考。针对服务短板中的中小客户、商超类客户制定专项服务策略，重点提升这两类客户的满意度。再通过"客户拜访脚到，参谋指导手到，品牌培育口到，亲情服务心到"的"四到"服务，在选择恰当服务策略组合的基础上，把握四个关键点，赢得客户满意。

二是小片区大合作，促进客我共成长。组建学习小组，开展"小片区、大合作"的跨片区、跨区县学习交流；充分发挥党员、青年骨干学习先锋、服务先锋、创新先锋作用；主动融入乡村振兴，对经济困难、老弱病残零售客户开展"家访式"帮扶、"输血式"援助和"造血式"扶持工作，运用方言俚语、案例教学、场景演示等方法，帮助零售户理解规则、提高经营技能、转变经营观念。2020年以来，益阳烟草共帮扶困难零售客户186户，赠送推烟器7000余个、卷烟柜台22个，开展客户经理跨区合作、上门帮扶活动272次。与中烟工业联合，为辖区成绩优异、经济困难的零售客户子弟，申请"芙蓉学子"助学项目8次，帮助困难学子圆梦。

三是坚持市场导向，推进服务智能化。搭建供需对接平台，设立客户经理实践操作基地6个，面向客户开展创新活动，推动营销成果快速转化应用。自主研发"手持式卷烟标签打印系统""新型可弹性调节标签""营销自助服务机"等自主知识产权成果10余项，有效改善客户服务响应时间过长、客户经理上门服务效率低等问题，使客户服务过程更加便利化、高效化。以"营销管理可视化系统"为抓手，将营销可视化管理展示屏、管理层PC屏幕与一线人员移动办公手机屏有机统一，打造多屏联合的全域视角，将数据转变为"会说话"的场景，提升烟草企业营销服务的效率和精准性。优化客户经理移动办公平台，新增客户意见反馈、经营建议、客户资源维护等模块，实现服务精细化。

四是创新服务形式，提升终端"软硬"实力。依托微信平台开设"银城e课堂""直播讲堂"，打造品牌"云培育"，终端"云提升"，难题"云解答"，推动服务质量升级，提高服务价值。2021年以来共开展直播教学32次，涉及疫情期间店铺经营技巧、终端机和云POS运用、信用体系建设、雪茄知识讲堂等内容，参与学习人数超过9000人。线下打造"客户之家"，提供场景化、体验式的培训场所，将理论培训与实践相结合，提升客户实操能力。积极探索商零合作新模式，充分发挥连锁商超、便利店终端信息化业务熟悉的优势，开展商零数据汇总、端口连接等工作，建立商零数据互联，更科学地指导商超、便利店连锁经营，更精准地组织货源投放，满足客户需求，提升服务附加价值，提高客户满意度和获得感。

（四）加强品牌建设，融入内涵竞争的文化创新价值

通过营销人员的创新设计，巧妙地融入卷烟经营和终端建设过程中，形成个性化、差异化和标志化的"文化ID"。这种创造性的服务过程既是营销服务本身的价值创造，也是文化创新以后的价值变现，成为现代零售行业中不可多得的"软实力"竞争力。

1. 党建文化凝聚思想合力，发挥意识形态的引领价值

将具有高度思想引领力的主流文化融入终端打造、陈列设计、零售客户培训等过程中，让终端窗口展现"主流色彩"，凝聚思想共识，激活零售客户的主观能动性和价值创造力。首先，共享理论学习课堂，烟草企业具有深入研学政治理论知识的资源优势，营销人员以"送党课进终端""党建活动+小组活动"等方式，与零售客户共同开展理论学习和实践教育，深入领悟党建文化的精神内核，在潜移默化的过程中形成客我思想共同体。其次，促进学用转化，提供个性化的营销服务，升级打造红色终端、设计红色主题陈列、厚植红色文化内涵。在学深悟透党建知识的前提下，让党建文化的引领力看得见、摸得着、听得到。最后，发挥党建文化的示范效应，在开展经营决策的过程中，把党员示范店、党员示范片区的建设融入营销网络建设的系统工程，通过"点、线、面"的文化联动，起到宣传、造势、聚力的作用，打造出亮点工程和特色工程。

2. 本土文化打造终端特色，提升文化创新的变现能力

益阳地处洞庭之畔，是物产丰富的鱼米之乡，下辖安化、南县、桃江、沅江四县，具有明显的山区文化和湖区文化特色，包含竹文化、茶文化、莲文化等具有代表性的文化产业。通过营销人员的实地调研，在打造特色零售终端的过程中，综合运用本土文化特色，如将竹编、竹篓等竹产品融入零售终端的产品陈列当中，设计具有情节性和感染力的文创故事，结合卷烟品牌故事，开展主题陈列；将烟、酒、茶进行组合搭配，让产品形象更加时尚、个性，如提供故宫博物院"上新了，故宫"系列文创产品的成功案例，拓宽零售客户自主设计、主动创新的思路；将卷烟产品的品牌文化与本土文化结合，如将玉溪（初心）与"莲文化"搭配销售，"莲"通"廉"，寓意清晰明确，具有极强的象征性。让每一个创意搭配和文化设计都变得"吸睛"又"吸金"，提升文创产品的变现率，最终实现文化创意的价值创造。

3. 品牌文化为终端赋能，发挥终端微生态的标杆作用

在开展网络建设的过程中，着力打造包括直营终端636、城网加盟终端"湘汇636"、农网加盟终端"湘村636"在内的"一体两翼"工程。"一体两翼"工程从硬件条件到软件实力打造了终端微生态圈中的标杆，具有统一明显的标识、明亮整洁的店堂、诚信经营的理念、品吸服务的体验、公益驿站的功能等多重元素，能充分为门店引流。严格的加盟资格审批和营销服务过程的重点管理，放大了流通品牌的无形价值。

（五）形成长效机制，提供配套完善的辅助支撑价值

1. 淬炼人才队伍，创新用人机制

一是建立科学培训体系，提升整体能力价值。以人才分层分类的思路制定培训计划，提升各层级人员的营销服务技能。着重提高高层服务管理人员把握经营服务方向、制定调整战略规划的

能力；针对中层服务人员，着重提高规划执行与监督反馈能力；针对基层服务人员，重点提升目标执行、问题发现、人文关怀等具体服务能力。指导青年员工进行职业规划，面向专业人员开展"师带徒"结对培训。二是创新人员配置模式，促进人岗效能双提升。利用胜任力模型对营销人员的教育背景、性格特点、专业知识、能力取向等特质进行分析评价，形成动态"能力库"，实现人岗效能双提升。突破专岗限制，对照能力标签，组建营销项目组，最大限度地挖掘人力效能。分析"能力库"短板，发展"强才计划""青年人才培养计划"，为企业高质量发展搭建"骨架"，充盈企业发展"血肉"。

2. 优化经费管理，提供物质保障

一是完善营销费用管理制度，发挥资金的最大价值。根据营销服务价值创造管理体系高效运行的要求，修订《湖南省烟草公司益阳市公司卷烟营销费用和卷烟营销物资管理办法》，配套制定《湖南省烟草公司益阳市公司营销物资台账管理办法》《湖南省烟草公司益阳市公司营销物资仓库管理办法》。坚持依法管理、严格规范、预算管理、注重实效的原则，对终端陈列展示设施费、终端信息化设施费、零售终端培训费等进一步强化管理，为益阳烟草营销各项服务价值创造提供物质保障。二是建立科研创新专项基金，激发企业创新潜力。建立科研创新专项基金，赋予项目承担单位项目经费管理使用自主权。对研发过程中急需的仪器设备、试剂耗材、信息平台等，简化采购流程，缩短采购周期，给予创新团队有力支持。同步制定《科技创新工作专项奖励考评办法》，从创新环境、创新平台、创新机制、创新队伍和创新效能等多个维度赋予考核权重，对创新成果予以嘉奖和激励。

3. 完善制度建设，保障长效运行

一是将成果制度化，长效推进。益阳烟草按年度编撰营销制度汇编，根据年度服务管理要求，及时建章立制，推动标准化转版，定期修订，推广应用，为益阳烟草营销服务管理提供指导。组织市县营销线学习相关制度文件，深植各层级"服务价值创造"理念，着力实现营销服务各环节服务提效、服务创新和服务增值，确保管理体系长效推进。二是考评同步跟进，持续优化。分运行调控、客户服务、经营决策三大条线对卷烟营销服务价值创造管理体系的运行情况进行考核，设置卷烟供应、客户服务、市场管理3个一级考核指标和卷烟需求满足率、零售客户满意度、客户盈利水平等28个二级考核指标，对运行效果进行实时调控、定期评价，对问题进行梳理，分析改进方案，做到运行效果"回头看"和检验提升"向前看"同步进行。

三、市级烟草企业营销服务价值创造管理体系构建的实施效果

（一）管理效益明显提升

一是有效解决人力资源紧张问题。市级烟草企业营销服务价值创造管理体系的构建和运行有效缓解了服务资源紧张的矛盾，2022年零售客户数19515人，营销服务人员85人。二是有效提升零售终端实力。零售终端软硬实力全面提升，建成星级终端4942家。"一体两翼"终端体系逐步成型，依托直营终端和"湘汇636""湘村636"加盟终端，形成标杆引领的"头部示范"，建成"湘汇636"加盟终端112家，"湘村636"加盟终端40家，提高了流通品牌价值。三是有效提升人员队伍素质。通过改善管理组织形态，实现职能交互和思维碰撞，数字化应用水平、新媒体适应能力不断提升，搭建起专业化营销人员队伍。近5年来，营销人员队伍中聘用一级营销师1名、新增二级营销师2名、新增省级技术能手5名、新增行业技术能手1名。

（二）经济效益成效明显

营销服务管理体系持续循环优化，全力维护好良好的市场状态，推进卷烟营销高质量发展持续进位,为国家税利持续贡献力量。2021年,益阳烟草实现税利16.67亿元,同比增长3.07%,其中利润总额6.76亿元,同比增长2.3%。益阳市高质量发展评价指标中生产效率评价得分排名全省第2位。零售户店铺经营能力显著提升,盈利水平进一步提高。2021年,整条零售价格到位率100.29%,同比提升0.44个百分点;零售客户综合毛利率13.24%,同比提升1.41个百分点。

(三)社会效益显著提高

益阳烟草通过运用营销服务价值创造管理体系,将服务做实做细,追求服务创新,努力实现由客户"满意"向"非常满意"的跨越。2020年以来,益阳市零售客户满意度排名连续两年保持全省第一。营销服务人员聚焦客户需求,精准服务,提振了卷烟零售客户的经营信心,增强了卷烟零售客户对烟草企业的信赖度和依附度,提升了烟草企业的企业形象和社会影响力。

(四)示范效益效果良好

营销服务价值创造管理体系构建促进了益阳烟草营销服务工作稳步提质,《三分四到客户服务法》作为全省重点工作推进会的标准手册,为全省卷烟零售客户服务工作提供了成功的经验。益阳烟草营销服务管理工作得到省公司的肯定,其营销服务创新管理成果被湖南红网、经济网、中国经济周刊官网、中国产业经济信息网等多家媒体报道,产生了较大影响力。

主　创　人:黄梦琳、谭奥林
参与创造人:蔡　蕾、陈竹书、熊　芳、朱武刚、左立刚、周　杰

基于信用评价的卷烟零售客户数字化服务机制构建

湖南省烟草公司株洲市公司

摘要：面对卷烟零售客户失信严重的现象，传统的卷烟零售客户服务未能将客户诚信经营行为纳入考量范围，致使烟草行业资源配置和客户经营行为的有效引导相分离。湖南省烟草公司株洲市公司以信用理念为引领，围绕卷烟零售客户的经营行为，利用数字技术构建起基于信用评价的卷烟零售客户数字化服务机制。确立科学的信用评价指标体系，明确信用等级划分标准。以卷烟零售客户信用评价结果为依据，以卷烟零售客户信用服务平台为依托，实现科学合理的差异化客户服务策略及资源配置策略。建立卷烟零售客户信用预警机制，有效防范零售客户经营失信行为的发生。在基于信用评价的卷烟零售客户数字化服务机制下，信用成为卷烟零售客户的新型商业资源，有效引导卷烟零售客户自觉诚信经营，解决了卷烟零售客户失信率高的问题，探索出一条以管服互融引导客户诚信经营、推动行业高质量发展的新路径。

企业简介

湖南省烟草公司株洲市公司（以下简称株洲烟草）成立于1984年，是湖南省烟草公司的全资子公司，主要负责组织全市烟叶生产种植、收购、调拨和卷烟、雪茄烟的销售。2021年全市系统在岗职工430人，内设15个职能科室，下辖5个县（市）级分公司，在网运行卷烟零售户约20000户。2021年实现"两烟"销售收入58.85亿元，增幅4.01%；实现税利18.07亿元，增长4.95%，迭创历史新高；实现资金收益3039万元，增长24.6%，国有资产保值率112.68%。株洲烟草信用体系建设初见成效，卷烟零售客户信用体系已在全省烟草商业系统推广应用，得到中国烟草、信用中国等媒体的推介，省内外20余家兄弟单位前来交流学习。

株洲烟草连续13年保持"全国文明单位"荣誉称号。近年来，获得全省纳税50强企业、全省卷烟打假突出贡献奖、全市创建全国文明城市工作先进集体、全市社会管理综合治理先进单位、全市扶贫工作先进单位、全省烟草商业系统优秀市级烟草专卖局（公司）、烟草行业商业企业标准化示范单位等荣誉。

一、基于信用评价的卷烟零售客户数字化服务机制构建的实施背景

（一）是贯彻落实国家信用体系政策的内在要求

党的十九大报告指出，社会信用体系建设是国家治理体系和治理能力现代化的题中应有之义。诚信，是社会主义核心价值观的重要内容，是社会主义市场经济的重要基础，是社会公民的基本道德规范。商务诚信作为国家信用体系的重要组成部分，是构建企业之间、企业与消费者之间和谐关系的桥梁。以诚信为底色的商务关系，离不开科学的以信用为基础的服务机制的支持，在企业数字化管理模式变革大背景的驱动下，构建数字化的信用服务机制已成为一种现实需要。

(二)是构建烟草行业高质量零售客户服务机制的迫切需要

《中国烟草总公司关于加快推进卷烟零售客户信用体系建设的指导意见》提出，要进一步发挥信用在创新客户服务机制、提高资源配置效率方面的基础性作用，加快形成统一开放、竞争有序的烟草市场体系，助力行业高质量发展。在信用评价体系经历几十年发展和数字化时代的驱使之下，构建基于信用评价的卷烟零售客户数字化服务机制已成为促进烟草行业健康发展、加速数字化服务建设的迫切需要。

聚焦当前卷烟市场流通环节，贩售假私烟、二次批发、真烟异常流动等损害消费者权益的现象屡有发生，究其本源，在于卷烟零售客户的失信经营行为得不到合理的约束而守信行为也缺乏应有的激励。无论是约束还是激励，都需要通过恰当的客户服务机制来实现。建立基于信用评价的卷烟零售客户数字化服务机制是构建高质量卷烟零售客户服务机制的迫切需求。

(三)是提升烟草企业实力的有效途径

诚信水平是评价企业道德形象的重要指标，服务水平是衡量企业业务能力的关键标准。无论是有关烟草企业形象的软实力，还是有关烟草企业业务能力的硬实力，要提升企业实力，都离不开高质高效的客户服务机制。

由于烟草行业的特殊性，烟草企业往往存在信息公开程度不高的问题。卷烟类产品自身的敏感性和烟草企业在国家税收中地位的重要性，使得烟草企业的行业形象存在双面性。与此同时，当前客户服务模式以客户档位为基础进行评估，缺乏数字化意识，以卷烟销量及销售结构为焦点，欠缺差异化思维，使得客户失信率居高不下，对客户诚信经营引导的效果不明显。因此，构建基于信用评价的卷烟零售客户数字化服务机制，是由内而外提升烟草企业实力的理性选择，是提升烟草企业实力的有效途径，有利于进一步优化烟草企业的客户服务模式，培育烟草企业改革创新精神，同时有利于进一步建立烟草企业与卷烟零售客户之间互帮互助的友好商务氛围，实现烟草企业形象向积极正面方向的转化。

二、基于信用评价的卷烟零售客户数字化服务机制构建的主要做法

(一)以诚信建设为主线，强化卷烟零售客户服务机制顶层设计

1. 科学谋划，树立指导思想

以习近平新时代中国特色社会主义思想为指导，认真贯彻党的十九大和十九届二中、三中、四中、五中全会精神，大力弘扬社会主义核心价值观，立足于响应信用中国建设的战略需要，深入贯彻行业高质量发展"1+6+2"政策体系，认真贯彻落实全国烟草工作会议、全省系统工作会议要求，以卷烟零售客户信用体系建设为着力点，建立健全以信用为基础，贯穿零售客户卷烟经营全过程的新型监管与服务机制，进一步突破卷烟市场监管与服务"瓶颈"，进一步规范卷烟市场秩序，引导零售客户诚信经营，激发经营活力，提升企业软实力，推动株洲烟草高质量发展。

2. 问题导向，聚焦现实困境

通过广泛调研，掌握株洲市卷烟零售客户服务体系存在的问题：一是传统的卷烟零售客户服务未能将客户诚信经营行为纳入考量范围，致使烟草行业资源配置和客户经营行为的有效引导相分离。卷烟零售客户贩售假烟等经营失信行为频发。客户经理需花费大量时间对零售客户进行规范经营指导。二是现有服务机制数字化技术利用不足，导致运行效率低，服务资源紧张，传统的卷烟零售客户服务机制亟待变革。三是目前针对不同零售客户的服务策略以客户经理的经验积累、主观判断为主，尚未形成完善的服务工作操作指南。

3. 统筹兼顾，明确总体方案

建立健全以信用为基础的卷烟零售客户新型服务机制必须坚持规划先行，谋定而后动，才能把握好正确方向，确保精准发力。株洲烟草确定以建立卷烟零售客户信用服务平台为依托，构建基于信用评价的卷烟零售客户数字化服务机制的总体方案设计思路。通过精细化的标准获取零售客户经营行为信息，并依据信用指标评价体系划分信用评价等级，根据信用等级和客户档位施以差异化服务策略，引导卷烟零售客户自觉诚信经营，形成守信经营的烟草市场文化氛围。

(二) 以信用理念为引领，构建卷烟零售客户信用评价体系

1. 构建卷烟零售客户信用评价指标

为了真正做到让守信者受益、失信者受限，株洲烟草在落实中央和行业关于信用建设相关要求基础上，结合工作实际，科学界定零售客户卷烟经营方面的守信和失信行为，遵循合法、公正、准确的原则，从违法类、违约类和激励类等角度构建零售客户信用评价指标体系，共分为一级指标 3 项，二级指标 21 项，三级指标 62 项。

违法类指标，是指卷烟零售户存在违反《中华人民共和国烟草专卖法》《中华人民共和国烟草专卖法实施条例》以及《烟草专卖许可证管理办法》《烟草专卖许可证管理办法实施细则》等的行为，涵盖非法运输和销售卷烟、不履行处罚、阻碍执法等，共计 28 项三级指标。

违约类指标，是指卷烟零售户存在不履行与烟草部门签订的卷烟经营诚信协议和有关承诺的行为；不履行与烟草部门签订的其他各类合约协议的行为；在卷烟经营方面不履行面向社会公开承诺的行为。指标涵盖经营迹象、真烟异动、违反诚信互助公约、明码标价、"湘汇636"加盟协议等，共计 18 项三级指标。

激励类指标，是指零售客户在卷烟经营中产生较大积极影响的行为。涵盖主动检举违法经营、维护诚信互助小组公约、评为"优秀小组长""优秀组员"及持续多年诚信经营等共计 16 项指标。

2. 划分卷烟零售客户信用评价等级

围绕卷烟零售客户经营行为数据，根据信用评价指标体系，通过数字化服务平台自动读数和手工评价录入相结合的方式计算出每个零售客户的信用积分，从而自动生成零售客户信用评价等级。每个卷烟零售户的初始信用分为 1000 分，卷烟零售户的信用等级根据本人信用得分情况分为 AAA 级、AA 级、A 级、B 级、C 级五个等级。信用分值大于等于 1100 分为 AAA 级；大于等于 1050 分、小于 1100 分为 AA 级；大于等于 1000 分、小于 1050 分为 A 级；大于等于 950 分、小于 1000 分为 B 级；信用分值小于 950 分为 C 级。

(三) 以数字技术为手段，构造卷烟零售客户数字化服务平台

卷烟零售客户信用服务平台分为以下三大功能模块：一是信用信息模块。根据卷烟零售客户经营行为划分信用等级，信用服务平台能够提供全市系统零售客户信用等级信息。二是信用服务模块。根据客户档位和信用等级制定每个卷烟零售客户对应的差异化服务策略。以零售客户信用评价等级作为资源投入的重要依据，使得更为有利的营收资源与增值服务项目向那些信用状况良好的商户倾斜，进一步鼓励和壮大其经营规模。三是信用预警模块。信用服务平台能够及时推送客户信用积分变动信息以及信用预警信息，以便客户经理及时接收、及时处理。

1. 信用评价数字化，显著提升信用管理工作质效

归集全市卷烟零售客户信用数据，在信用服务平台中建立信用档案，为实施差异化服务策略、信用预警等信用应用奠定基础。

为实现信用评价数字化，株洲烟草主要从下列五个方面进行卷烟零售客户信用评价数据的获取和对接：一是平台从省级卷烟营销平台中获取卷烟零售户的基础档案，作为基础数据。二是平台从行业专卖系统中获取专卖案件数据，根据已办结的卷烟零售户案件信息自动计算涉案零售户违法类信用得分。三是从国家局内管系统手工导出真烟非流数据表格，在管理平台信用评价模块中将该类数据导入，根据导入的数据自动计算涉案零售户违规类信用得分。四是市管员或客户经理根据市场检查或走访情况对卷烟零售户的违约行为、评奖奖励情况进行标识，平台系统根据零售户被标识的行为结合评价指标自动计算零售户信用得分。五是与物流管控平台对接，获取零售客户的地理坐标信息，在地图中展示全市区域内卷烟零售户的信用等级。根据以上五部分的数据来源、得分结果实时计算并记录零售客户的信用得分，形成一户一档的信用管理。目前，信用得分结果实现实时传送到省级卷烟营销平台，每周手动同步到面向零售客户的"容诚服务"微信公众号，零售客户能通过公众号查看到自己的诚信等级、诚信得分，以及分数变动的明细。

2. 服务策略差异化，全面优化烟草零售资源配置

卷烟零售客户规模庞大、情况复杂，难以依靠人工判断每个客户的服务内容、服务形式、服务频次。基于数字化技术，卷烟零售客户信用服务平台能够根据客户信用评价和档位精准制定不同客户对应的不同服务策略，节约大量人力和时间成本。例如，针对信用评价为 AAA 级客户，优先提供门店推广、形象升级及素质拓展等服务项目。针对信用评价为 AA 级客户，为其提供店铺管理、货源管理等服务项目。针对信用评价为 A 级客户，为其提供品牌培育等服务项目。针对信用评价为 B 级客户，为其提供法律法规学习、店铺管理等服务项目。针对信用评价为 C 级客户，督促其进行法律法规政策学习。

同时，通过信用服务平台，智能推送客户服务信息，客户经理得以高效、高质开展服务工作，大幅提升卷烟零售客户服务水平、服务质量和服务效率。

此外，以经营者信用评价等级作为资源投入的重要依据，充分利用数字化配置手段使得更为有利的营收资源向那些信用状况良好的商户倾斜。例如，根据客户信用得分减少或增加每周货源上限量，信用分低于 1000 分部分约每 30 分减 1 条，信用分高于 1000 分部分约每 30 分加 1 条，从商定总量上进行整体调整。根据"3521"货源精准投放模式，信用等级高的客户可以获得更多货源，信用等级低的客户货源减少，主要应用品规是芙蓉王（硬）、利群（新版）等。高价位卷烟投放、新品选点直接排除信用等级 B 级、C 级客户。针对新品或其他需要选点投放的品规，优先选择信用等级 AAA 级、AA 级客户进行投放。利用数字化服务平台，助力烟草零售资源与优质零售客户精准、高效匹配。

3. 信用监测智能化，有效防范卷烟客户失信风险

利用数字化手段建立零售客户信用预警机制。卷烟零售客户信用服务平台能够智能监测零售客户是否触发信用预警标准，并实时推送信用预警信息。客户经理根据信用预警信息及时对预警客户开展信用辅导，如组织预警客户温习《信用承诺书》等，规范卷烟零售客户的经营行为，有效防范信用风险。

（四）以精准反馈为基础，实现卷烟零售客户服务机制迭代优化

1. 精准反馈目标进度，确保客户服务机制落地落实

在整体方案实施过程中，株洲烟草分解落实各项目标任务，细化责任分工，明确各项任务完成时间。定期开展工作汇报，精准反馈目标进度，持续跟踪推进，确保客户服务机制能够落地落实。

2. 精准反馈评估结果，切实发现实施方案的问题和漏洞

每个环节完成后，均需及时评估检查实施效果，切实发现问题和漏洞。对每个细分项目均设置科学合理的评估标准、明确量化目标，精准反馈评估结果。例如，在进行卷烟零售客户信用信息公示时，要达到客户信用查询知晓率高于90%，公示信用信息合规率高于95%的目标。通过调查统计，发现信用信息公示后，平均客户信用查询知晓率为93.56%，平均公示信用信息合规率为98.11%，均高于目标。但在方案实施过程中，发现可能存在侵犯客户隐私、泄露客户秘密的风险。根据识别到的问题，株洲烟草向法规科和发改委咨询确认后，采取仅公开零售客户卷烟经营信用评价信息及许可证号、证件有效期等基础信息，不包含客户经营特征信息的方式解决问题。

此外，在实施差异化服务策略时，利用I-S法对零售客户服务项目满意度展开调查分析。通过调查株洲市零售客户对各服务项目满意度（S）和重要性（I），应用I-S法定位各服务项目，准确识别需改进项目。

3. 精准反馈改进意见，实现服务机制动态迭代优化

在方案实施过程中不断发现问题，改进问题。精准反馈改进建议，持续完善信用服务机制，实现服务机制动态迭代优化。例如，由于客户信用预警是通过信用管理平台进行自动推送，客户经理在拜访客户时，不能及时接收客户信用预警。因此，株洲烟草及时在卷烟零售客户信用服务平台中增设信用预警功能，有效弥补了平台设计的不足。在循环过程中，不断发现问题、解决问题，实现基于信用评价的卷烟零售客户数字化服务机制的动态迭代优化。

（五）以管服互融为核心，创建卷烟零售客户信用新生态

区别于其他行业，烟草企业在日常经营活动之外，还承担着重要的管理监督职责，日常监管卷烟零售市场的违法违规经营行为。基于信用评价的卷烟零售客户数字化服务机制寓监管于服务，以服务促监管，探索出一条监管与服务相互融合的新路径。传统的监管模式以审批为主，重事前、轻事后。并且事后监管主要依赖现场执法这一基本手段，监管范围有限、监管效率较低，难以从根本上解决卷烟零售客户经营失信问题。在新型服务机制下，信用成为影响卷烟零售客户获得营收资源和增值服务的重要因素，有效引导卷烟零售客户自觉诚信经营，缓解了烟草公司的监管压力，提升了监管效率和监管质量。

1. 管服互融创造客户信用新价值

在信用评价的卷烟零售客户数字化服务机制下，信用成为卷烟零售客户的新型商业资源。通过差异化服务策略，使得经营者的信用状况成为提供增值服务的依据。为守信客户提供优质经营指导、职业化培训、消费引流等增值服务。而失信客户在失去相关服务项目支持的情况下同时成为重点监管的对象，并运用经济手段在卷烟经营方面实施一定的约束措施。将AAA、AA类零售户纳入随机抽查排除清单，当年度不进行随机抽查。对于A、B、C类零售户纳入随机抽查范围，同时，对于B、C类零售户，还要纳入定向检查范围。对于B类零售户，每季度开展1次定向检查；对于C类零售户，每月开展1次定向检查。对失信者"利剑高悬"，极大地提升了失信客户的经营成本，失信行为将导致零售客户自身经济利益的损失，真正做到增强烟草市场主体信用意识和自我约束力。通过服务强化信用约束和监管，使得卷烟零售客户"不敢失信"。

2. 管服互融构建客商共生新纽带

以管服互融为新纽带，加强烟草公司与卷烟零售客户之间的互信合作。双方均以满足消费需求为共同目标，以诚信规范经营为共同准则，以提高经营效益为共同追求。推动烟草公司与卷烟零售客户形成经营共同体、利益共同体、文化共同体、发展共同体，形成推进社会信用体系建设

高质量发展合力。管理与服务相互融合,促使零售客户与烟草公司紧密相连,使得零售客户"不能失信"。

3. 管服互融激发诚信经营新动力

通过管服互融,使得经营者自觉将守信经营作为自己的内在要求,珍惜自身信用资本价值,开展自我约束、自我管理。信用等级高的零售客户可以享受更多的增值服务,例如,信用等级为AAA级的零售客户可优先提供加盟终端、合作终端等现代终端建设支持;免费安装终端智能设备和零售终端信息系统,进行门店数字化改造;高价位卷烟、新品优先供应等多种增值服务。通过差异化服务策略将零售客户信用等级和经济收益紧密相连,形成激励卷烟零售客户诚信经营的内生动力,使诚实守信成为卷烟零售客户的自觉追求和烟草市场运行的价值导向,使得零售客户真正做到"不想失信"。

(六)以多维保障为支撑,夯实卷烟零售客户信用服务机制

1. 健全管理体系,提供制度保障

由于信用立法尚不完善、行业体制特殊,株洲烟草遵循合法、公正、规范的原则,以文件形式出台配套制度。通过健全配套制度,保障卷烟零售客户服务机制的顺利运行,进一步完善卷烟零售客户服务长效机制。

一是健全守信激励机制,依法依规对信用评价优良的卷烟零售户,在行政服务、档级评定、终端加盟、终端升级、客户培训、品牌培育、卷烟配送等方面给予适当激励。二是健全失信约束机制,对卷烟经营中存在违法违约等失信行为、信用评价较差的卷烟零售户,纳入专卖部门的重点监管对象范围,并运用经济手段在卷烟经营方面实施一定的约束措施。三是健全信用修复机制,包括到期自然修复、依申请修复、依申诉修复三种方式,切实维护零售客户权利。卷烟零售客户信用修复后,要按程序停止公示其失信信息,重置其信用基础分值,停止采取约束措施。

2. 强化专业培训,提供人才保障

从信息中心、营销、专卖、物流、烟叶、经济运行、办公室等职能部门精选干将,组建一支跨领域广、包容性强的数字化转型工作团队,利用思想碰撞、头脑风暴等方式,大力促进技术与业务双向融合发展,不断提高株洲烟草数字化转型工作动力。

除此之外,株洲烟草制定"123"数字化人才发展规划,积极探索数字化人才培养模式,不断提升员工的数字素养,有针对性地加强对数字化人才的培养和锻炼,着力打造更专业的数字化转型队伍。

3. 加大支持力度,提供资金保障

近年来,株洲烟草在信用管理领域累计投入经费80余万元,为本项目的开展提供了充足的资金保障。

三、基于信用评价的卷烟零售客户数字化服务机制构建的实施效果

(一)社会效益

1. 有效保障了消费者权益

基于信用评价的卷烟零售客户数字化服务机制,有效保障了消费者权益,提高了卷烟零售客户信用体系建设的社会知晓度和认可度。"容诚服务"微信公众号粉丝达3.8万人。1.3万名零售客户自发地在朋友圈发布"诚信经营、放心消费"短视频,消费者点赞破百万,巩固了消费者与卷烟零售客户之间的监督关系,解决了传统市场管理模式治理效能不足的问题。通过科学界定零售客户卷烟经营方面的守信和失信行为并向社会公众公布,减少了消费者购买假冒伪劣产品的次

数，在保障消费者知悉真情权的同时，稳定了烟草市场的秩序，切实保障了消费者的经济利益。2021年，消费者投诉率同比下降71.43%。

基于信用评价的卷烟零售客户数字化服务机制改变了过去监管者与经营者单纯的二元关系，通过信用公示制度将消费者纳入其中。在监管者、经营者、消费者新的三元关系中，不仅监管者可利用数字化信息技术实现对被监管者的动态监督，消费者在消费时也可以自主查询经营者信用信息，从而得以规避权益受损的风险，切实保护了消费者的合法权益。

2. 优化了烟草行业的营商环境

根据客户信用评价等级实施差异化信用服务策略，加速了烟草行业诚信建设的进度。通过宣传教育的方式和通过文化的柔性约束，潜移默化，润物细无声，将诚信理念深植人心，激发了卷烟零售客户的经营活力，提高了卷烟零售客户的诚信意识，优化了烟草行业的营商环境，规范了烟草行业的市场秩序，弥补了一线人员理解不精不透、卷烟零售客户了解不全不深、消费者知晓不多应用不多等缺陷，进而提升了产业链、供应链安全可控水平，强化了以诚信为核心的理念，同时完成了将诚信经营覆盖到生产经营各环节的任务。

3. 推动了国家信用体系建设

基于信用评价的卷烟零售客户数字化服务机制高度契合营造社会诚信氛围这一目标，增强了株洲市民的信用意识和监督意识，推动了国家信用体系建设，推动了株洲市践行社会主义核心价值观，加强了社会信用体系建设在凝聚社会合力方面的作用。

（二）经济效益

2021年，株洲烟草共投放1109箱卷烟货源用于激励守信的卷烟零售客户，增投守信的卷烟零售户货源35628户次，整条价格到位率99.99%，卷烟零售客户毛利率稳定在12%以上，为株洲市信用优质客户增加经济收益约521.71万元。高信用等级的卷烟零售商可以获得更多畅销烟草的销售指标，带动其营业利润的提高，同时较高的守信积极性也促进其在未来销售周期的利润趋于增长。

2021年，株洲烟草的销售收入由2020年的567433.59万元提升到589924.65万元，增长3.96%；利润总额由2020年的73038.78万元提升到77833.03万元，增长6.56%。在保证了烟草企业未来的客户群体的同时，实现了烟草企业可持续发展的目标。

（三）管理效益

基于信用评价的服务机制，保证了卷烟零售资源配置的公平性和有效性，拓宽诚信卷烟零售商的经营范围宽度，进一步挖掘卷烟零售业务内涵的深度。成功做到对守信者无事不扰，对失信者利剑高悬。通过构建基于信用评价的服务机制，株洲市卷烟零售客户失信率由12.99%降低至5.89%，成功达成降低株洲市卷烟零售客户失信率的这一目标，大幅提升了客户经理对卷烟零售客户规范经营指导的效率，管理能力显著提升。

通过对信用评价系统中的高信用等级客户的免勘验，以及对B、C级卷烟零售客户的增加检查，平均检查时间已经压缩到10分钟。实现针对性地开展管理和服务，借助信用平台，不仅大大节约了手工录入指标的人力和时间成本，还为下一步与政府信用管理平台的对接打下了基础。

（四）示范效应

本项目通过科学设置评价指标，着力加强信息支撑，严格规范信用管理，建立了一套实时更新、动态调整的卷烟零售客户信用评价指标体系。这套标准化体系在烟草行业具有示范效应，它完善了烟草行业的管理方法，有针对性地解决了失信问题，基本消除了行业内部非法销售、真烟异动等现象。在此基础上对行业资源进一步优化配置，卷烟零售客户经营活力得到有效激发，其满意度持续走高，由运行前的84.53%提升到2022年上半年的91.69%，高于全省平均水平。

主 创 人：陈新田、刘艳雄
参与创造人：丁　鹏、齐刚毅、罗真华、王广福、周　毅、罗　瑾、吴雅兰、张　钰、陈李婷

数字科技型企业构建区域产业金融互动生态，为中小企业提供"精准"融资服务

联通数字科技有限公司湖南分公司

摘要： 联通数字科技有限公司湖南分公司（以下简称湖南数科）为落实湖南省政府关于中小企业融资问题的工作部署，从为中小企业提供融资"精准"服务方面着手，突破区域产业金融"无生态"、融资服务"缺平台"、涉企征信"少数据"、普惠金融"低效率"和服务机制"无创新"五大难题，根本上降低中小企业融资成本，建立政银企三方共赢的新格局。

本成果的主要创新点包括五个方面：明确建设原则与目标，构建顶层设计模式为"123+N"的"政银企"金融互动生态；以大数据平台为载体，优化企业融资服务渠道；打造"应归尽归"的涉企数据整合机制，提升企业风险核查效率；为企业精准"画像"，打破普惠金融效能瓶颈；打造专业的服务团队，采用"线上+线下"双模式，以"活动"见成效，创新融资服务机制。

本成果充分发挥财政资金作用，服务中小企业 623.5 万家，累计线上融资 117.53 亿元；助力金融机构识别 11 万家优质企业，年授信总额超过 300 亿元，并成功入选《湖南省"数字新基建"一百个标志性项目》。

企业简介

湖南数科是联通数字科技有限公司设立的在湘分支机构。公司全面依托湖南省资源，在软件和信息技术服务行业中深耕多年，主要承接总公司业务、负责总公司的业务咨询与联络、软件开发以及信息系统集成服务，同时结合核心技术优势与属地化资源禀赋，将大数据、人工智能、区块链等先进技术广泛应用于多个领域。

截至目前，湖南数科拥有研发人员近 1000 人，另从总部公司引入百名行业专家，在规划咨询、创新研发、建设运营等方面构建起全方位的支撑能力，在湖南省内软件和信息服务行业占据领先地位。已获软件著作权达 45 项，2021 年全员劳动生产率同比增长 39.28%，销售收入同比增长 216.56%，盈利能力突出，经营效益良好。湖南数科以技术实力助力湖南省数字化转型发展，企业发展与区域发展相结合，多次荣获省、市级奖项，在业内产生了良好的社会效应。

一、数字科技型企业构建区域产业金融互动生态为中小企业提供"精准"融资服务的实施背景

（一）是保生存促发展，数字金融服务实体经济的迫切需求

自 2020 年以来，受国际形势变动和新冠疫情的冲击，国际经济遭受重大挫折，国内广大中小企业面对外部的不确定性艰难求生。对此，国务院、中央银行等部门连续发文，要求加大对实体经济融资的支持力度，促进中小微企业融资增量。湖南省也相继出台《关于全力支持和组织推动中小企业复工复产的措施》《应对新冠肺炎疫情影响促进企业健康发展的若干政策措施》等扶持

性政策。

各级政策均要求加强信用信息共享与整合,构建全国一体化融资信用服务平台网络,各省分级建设省级平台;合理运用互联网、大数据等金融科技手段,有效解决信用信息在数据授权、应用场景、风险防控等方面的问题,形成普惠金融发展新动能;加快实现各部门和相关单位信息系统与融资信用服务平台的互联互通,构建普惠金融信用生态。

(二)传统银企互动模式,难以突破普惠金融的"不可能三角"

传统普惠金融场景中的障碍,一方面在于中小微企业信用数据的缺失,导致银行难以进行准确的风险画像,征信核查效率低下;另一方面则是银行普惠小微金融数字化程度低,缺乏精准的企业画像,服务成本居高不下。因此,囿于传统征信模式,"普""惠"和"风险可控"难以共存,成为从业人士口中的"不可能三角"。

湖南中小企业不少是信用白户,缺乏足够的征信信息,自身也缺乏利用数字化手段将公司商事向线上转移的动力,因此导致银行难以对客户构建精准的风险评价,融资难、融资贵的问题难以解决。

于金融机构而言,传统的信用评价手段带来风险成本、服务成本高和运营成本"三高",仅凭自身积累的数据远远无法满足业务需求,数据平台、征信、抵押担保等配套体系内的金融基础设施尚不完善,因而导致金融机构不敢贷,也不愿贷。

要打破传统的普惠金融场景,急需整合更全面的涉企风险数据、构建更精准的企业画像、打造更低成本的服务机制,实现"普""惠"和"风险可控"的平衡。

二、数字科技型企业构建区域产业金融互动生态为中小企业提供"精准"融资服务的主要做法

为解决区域产业金融"无生态"、中小企业融资"无平台"、涉企征信"无数据"、普惠金融"无效率"和服务机制"无创新"的五大难题,湖南数科依托互联网、云计算、区块链、大数据技术,有效聚合政府公共信用信息、扶持政策、金融机构产品等资源,为湖南省内广大中小企业提供首贷、续贷、转贷、股权融资、产业链金融、供应链金融等一站式金融综合服务,降低企业融资门槛及成本,构建区域产业金融互动生态,实现政府、金融机构、中小企业三方共赢的高效精准融资体系,主要做法如下:

(一)开展顶层设计,确立构建区域产业金融互动生态的思路

为解决区域产业金融"无生态"的问题,湖南数科明确"政银企"金融互动生态的建设原则,以大数据归集治理分析为基础,构建"123+N"的融资服务模式,梳理了平台阶段性实施方案。

1. 明确"政银企"金融互动生态的建设原则

湖南数科以企业融资难、融资贵问题为切入点,围绕"需求主导、统一规划、分区实施、成果共享"的原则进行建设,以服务湖南省中小企业为中心,聚焦于"中小企业纾困帮扶",围绕政府、金融机构和企业三大对象,构建以金融资源流转为核心、"政银企"一体化互动为目标的区域产业信用金融互动生态圈。

2. 明确湖南省中小企业服务平台的定位

为聚合各方金融服务资源,湖南数科构建"123+N"的融资服务模式,运用数据治理的工具和技术,为中小企业提供一站式、全流程融资服务。其中,"1"指搭建全省统一的中小企业融资服务平台(总平台);"2"指归集建立两个基础数据库;"3"指三大重点基础性平台(专业平台);"N"指在省市区县及园区多级联动,适时建设多个分窗口平台。

3. 细化精准融资服务的目标和阶段性实施方案

湖南数科通过大数据驱动引入在线的融资服务，协同政府将政务数据、扶持政策、金融机构产品等资源引到平台上来，提升金融机构对中小企业敢贷、愿贷、能贷的意愿。

实施的第一阶段是以做好融资服务，激活平台流量，构建健康的政银生态循环为目标。基于开放、普惠、高效、共享的理念，构建以融资服务、信用服务、续贷服务为基础的"三位一体"综合性融资服务，切实提升中小企业对金融服务的可得性和满意度，强化政府对中小企业发展态势的精准管控。

实施的第二阶段是以构建覆盖全省的立体化、一站式金融综合服务体系，提升湖南省数字政府能力为目标。充分发挥智能化、信息化等科技手段的支撑作用，积极推进企业大数据信用信息服务；赋能金融机构降低贷前营销成本，支持金融机构服务于贷款业务的贷前、贷中、贷后三个环节；监测分析地区、行业经济环境发展状态，推进湖南自贸试验区建设，提升数字政府能力，助力双循环经济发展新格局。

实施的第三阶段是以满足银企更多需求服务，提升政府公共服务能力为目标。在数据安全的前提下，平台开展深度数据分析和挖掘，满足银企更多需求服务，创造更安全、有序的营商环境，推动区域经济健康发展，打造"互联网+政务服务"新生态。

(二) 以平台创新承载服务生态，助力中小企业融资服务

为解决融资服务"缺平台"的问题，在实现传统功能的基础上，创新建立一键发布需求、智慧政策超市、智慧融资超市、大数据征信等多种功能，以平台为载体，为中小企业整合多样化金融服务。

1. 一键发布融资需求，创新抢单机制

平台根据供需双方需求，按价格、期限、担保方式等金融产品要素进行全面分析，依托模型算法实现"满足条件的企业"和"满足需求的产品"间的精准对接。在平台上，仅需通过点击"一键发布融资需求"，即可获取申请成功率最高的金融产品推荐，操作简单且高效。平台创新"抢单机制"，在将企业融资需求推向多家匹配的金融机构后，金融机构可向企业反馈优惠报价，企业通过综合比选报价，选择最优融资产品。

2. 智慧政策超市，智能推荐惠企政策

平台通过汇集各级政府惠企政策，利用人工智能技术，提供跨行业、跨部门政策集成服务，对海量中小企业相关政策全文、核心条款进行分类解读、查询检索和智能推送，让政策可及、可读、可得。平台通过"政策超市"功能，为每个注册企业建立专属政策库，实现政策与企业的精准匹配，助力企业全面掌握政策内容、政策期限和申报流程。

3. 智慧融资超市，提供多样化金融服务

平台从易用性、全面性、智能性方面，优化企业注册认证、金企需求对接和政府部门管理核心流程，通过"首贷中心""续贷中心""转贷中心""智慧直融"以及围绕省内20条新兴产业链数据打造的"产业链金融"五大特色功能，引导金融机构和企业由线下向线上迁移，为企业提供信贷、直接融资、供应链金融等多样化金融服务。

(三) 构筑区域性的中小企业数据整合新机制

为解决涉企征信"少数据"的问题，湖南数科积极动员和与相关部门协商，创新地提出数据治理六步法，落实"应归尽归"的数据整合新思路，治愈数据"归而不用"的传统顽疾，实现全省涉企数据资源的充分整合，以优质的政务数据填补金融机构自有数据的空白，助力金融机构提

升风险预警能力。

1. 应归尽归，充分整合全省涉企数据资源

在省工信厅的指导下，湖南数科协调各部门联动，搭建政务数据基础数据库。积极动员并协调工商、税务、司法等相关部门，整合各部门的信息资源，统一归集行业许可、认可信息、行政处罚信息、知识产权信息等政府监管信息，以及人民银行信贷评价信息、商业银行评价信息、民间借贷评价信息等银行信贷信息。同时，积极争取金融机构、金融科技企业和互联网等多方外部机构参与，汇集电商大数据、小额贷款类大数据、第三方支付大数据等互联网金融风控数据，以及水、电、气、公共事业单位等行业评价信息。

通过落实"应归尽归"的数据整合思路，实现全省涉企数据清单的整理，大大减少了以往数据归集不到位、数据质量差的问题，构建标准化的"数据接口集市"，形成支撑上层应用、服务各行各业的数据核心能力。

2. 提出数据治理标准，改变数据"归而不用"的传统顽疾

在全面归集地方政府部门、公共事业单位和地方金融组织掌握的共享涉企信用数据的过程中，湖南数科同步开展数据治理，设计高可拓展性和灵活性的数据架构，创新地提出数据治理六步法，其中，第一步摸家底，了解数据现状和数据质量；第二步制定数据标准；第三步整理业务规则、关键数据指标；第四步数据采集，搬运分散数据；第五步数据清洗、加工；第六步统一数据服务。通过数据治理六步法，构建内外数据"再生产"平台，应用平台数据模型，聚合重塑各种数据，形成数据资产与解决实际问题的知识、办法与手段，消除数据"归而不用"的传统顽疾。

3. 大数据征信，助力金融机构实行全面风险管理

以"归而可用"的数据为前提，湖南数科构建"500+"项数据指标，并以此为基础打造信用评级、贷后预警、反欺诈等模型，以信用报告的形式服务金融机构。做到企业信用数据可查可核可溯，及时动态掌握市场主体经营情况及规律特征，建立风险预警机制，及早发现和防范苗头性和跨行业、跨区域风险。

(四) 强调企业画像的深度应用，打通服务中小企业融资需求的"最后一公里"

为解决普惠金融"低效率"的问题，更好地服务企业、金融机构和政府，湖南数科基于整合的数据资源，为大量数字化水平偏低的中小企业建立属地化的"企业画像"，为精准匹配产品与政策、提高融资服务效率和质量、提供大数据辅助决策，打通三个"最后一公里"。

1. 服务中小企业，精准匹配产品与政策

针对企业对于融资产品"贵"与"对"的担忧，湖南数科根据金融机构所发布贷款产品的利率、额度、期限、还款方式、担保方式等产品要素，构建中小企业的金融智能匹配模型，进行企业画像与金融产品画像的特征匹配，从海量金融产品中筛选出最适合当前企业自身情况的金融产品。同时，针对企业"政策知晓难""政策评估难"等问题，搭建"政策超市"，全面收集中央、省、市三级惠企政策，打造目前省内最全的中小企业惠企政策集成数据库，实现相关政策全文、核心条款分类解读、查询检索和智能推送，让产品和政策更好地惠及中小企业。

2. 服务金融机构，提高融资服务效率和质量

针对中小企业自身资质较差、守约意识不强的问题，企业画像可以客观、真实、准确地反映小微企业的经营状况和还款能力，贷前挖掘潜在性风险，有效预防欺诈行为的发生；贷后监测实时性风险，保障金融机构的信贷安全和实现案件防控，有效降低信贷逾期和资金损失风险。

通过全面监测中小企业，动态筛查负面信息，及时预警高风险，防范化解银行信贷业务风险，

进一步提高银行贷后管理质量，增强银行风险防控能力。

3. 服务政府部门，辅助精准施策

针对政府部门对中小企业贷款服务全流程监管、质量把控的智能需要，湖南数科通过企业画像指标与可视化BI工具相结合，实现分行业和地区的涉企经济指标展示，包括市场主体年度发展分析、企业存续趋势、企业各季度缴税金额等，全面细致地推断区域及行业的经济运行趋势，为政府精准决策、施策提供科学的参考数据。

（五）强化服务意识，创新服务机制

为解决服务机制"无创新"的问题，当好中小企业心中的"好管家"，湖南数科充分发挥人才、本地化运营、互联网运营经验等优势，构建完善、专业的服务体系，创新采用"线上+线下"双模式，降低服务成本，提升服务效率，实现促融资服务。

1. 充分发挥经验优势，打造中小企业心中的"好管家"

湖南数科吸纳综合管理、合规风控、宣传推广、数据管理、技术支撑等多个行业领域的专家组建"尖刀营"，规模超过15人，第一时间明确团队的运营职责，下达运营指标和任务，并持续加强与政府单位、金融机构的沟通合作，制定三方共赢的运营策略。

湖南数科具备丰富的中小企业客户资源，有自主运营的营业厅门店千余个、合作门店万余家，服务体系完整覆盖省、市、县、乡四级，有天然的属地化服务优势，更方便触达中小企业需求。

同时，湖南数科还具备互联网运营的经验，作为首个混合所有制改革的国企，充分吸收了互联网企业的运营服务经验，整合了短信、电话、微信朋友圈、微信公众号、抖音、中国联通App等多条宣传通道，以此为基础开展的融资服务推广效率更高、成本更低，更容易成为中小企业心中的"好管家"。

2. 采用"线上+线下"双模式，以"活动"促融资服务

湖南数科为实现更专业、更高效的服务，在服务企业模式上，开拓创新服务思路，采用"线上+线下"双线服务模式，实现企业服务"零距离"，企业信息"全覆盖"，企业诉求"全响应"。利用网站、微信公众号、手机小程序等多种传媒渠道，以线上"宣传"推广应用平台，提升平台活跃度，高效进行金融产品、服务、政策、资讯的宣传推广。

以线下"活动"见证成交，协办多场政策宣讲及培训活动，辅助开拓业务。一是开展"助力融通"中小企业融资系列活动，以"助力融通"中小企业系列活动为主题，为中小企业普及金融知识，提高融资能力，拓宽融资渠道，进一步搭建金企供需对接桥梁。二是不定期举办"金融服务进园区"活动，与高新区工业园、湘江新区工业园等重点园区开展合作，利用园区资源，针对企业感兴趣的板块，共同承办产融相关培训或活动，筛选有融资需求的企业进行精细化融资服务。三是举办中小企业政策宣讲活动，宣讲和普及当前国家、省内最新的、企业最感兴趣的扶持或申报政策，帮助中小企业把握相关政策机遇，助力企业发展。此外，定期组织开展重大服务活动，如"湘企大讲堂""创业创新大课堂"等各种讲座、专精特新培训等矩阵式的服务，帮助中小企业纾困解难和创新赋能。

三、数字科技型企业构建区域产业金融互动生态为中小企业提供"精准"融资服务的效果

湖南数科通过建设湖南省中小企业融资服务平台，构建区域产业金融互动新生态，为湖南中小企业提供"精准"融资服务提供了信息化载体，在以数据智能为牵引的企业融资服务方面进行了模式的创新，在构建区域性的中小企业数据整合方面进行了机制的创新，在落实"政—企—银"融合的运营服务方面进行了合作生态的创新，成果颇丰。

(一) 管理效益

1. 打造智能化金融监管体系，强化对中小企业和金融机构经营状况的掌控

湖南数科通过构建区域产业金融互动生态，帮助政府相关管理部门建立对各层次金融服务机构服务实体经济的效能评价及智能化金融监管体系。打造的管理门户入口、可视化领导驾驶舱等功能，明确了金融服务的管理要求和流程制度，以极为简洁、清晰的图表进行相关重要指标的展示，以"自动流传"代替"层层审批"，以"数据直达"代替"人工上报"，实现了服务管理工作的制度化、规范化、标准化，达到提升劳动生产率、提高人财物投入产出比和管理满意度的效果。运营至今，平台累计融资117.53亿元，服务对接8090笔，坏账率0%。

2. 充分发挥财政资金的导向和放大作用，实现政府对中小企业发展态势的精准管控

湖南数科积极配合政府引导中小企业发展风向，以信息化为工具，为湖南省设立商业价值信用贷风险补偿金提供技术载体。当中小企业信用贷款出现风险后，政府为银行提供风险补偿资金赔付兜底，此举将充分发挥财政资金的导向和放大作用，鼓励和引导金融机构加大对中小企业的信贷支持，推动经济持续健康发展，实现政府对中小企业发展态势的精准管控。截至2022年，湖南省已培育专精特新"小巨人"企业共计1977家。湖南省中小企业融资服务平台在未来将继续发挥作用，进一步助力政府支持中小企业加快推进数字产业化和产业数字化的进程，培育更多"小巨人"企业。

(二) 经济效益

1. 各方合作共赢，为海量的中小企业提供优质的融资服务

该成果真正解决了企业"融资难、融资贵"的问题，为海量的中小企业提供优质的融资服务。截至目前，湖南省中小企业融资服务平台举办或协办"助力融通"中小企业融资服务系列相关活动300余场、服务企业40000余次，相较于传统的服务方式，活动组织成本降低30%。

2. 平台为联通数科树立标杆案例，经济效益提升明显

该成果签约金额总计1450万元，为联通数科纯自主研发的超大型软件项目之一，曾获评《2021年度中国联通创新产品新高地劳动竞赛》10大优秀项目，目前已在山东德州、四川眉山、湖北黄石、福建罗源、辽宁锦州等地落地实施数十个同类型项目，不仅起到了示范案例的作用，更为中国联通带来数亿元收入。

3. 平台为银行参与方数字化服务提质提量，实现降本增效

该成果帮助银行参与方强化风险管控能力、开发特色金融产品、降低融资成本和提高客户体验感，实现服务方式逐步线上化。截至目前，发布或推送产融资讯近万余条、金融产品信息380余条、企业需求5万余条，放款7.7万笔，年授信总额超过300亿元，为银行节约近50%的营销成本，将融资申请通过率由40%提升至70%。

(三) 社会效益

1. 为区域产业创造安全、有序的营商环境，推动区域经济健康发展

该成果以湖南省中小企业融资服务平台为载体，助力政府为区域经济提供政策引导、项目申报、融资服务、科技创新等数字化服务支持，为区域特色产业创造安全、有序的营商环境，推动以中小企业为主体的区域经济健康发展提供养料。截至目前，湖南省中小企业融资服务平台入驻中小企业15.8万家，入库企业623.5万家，预计到2025年，将实现湖南省中小企业全覆盖。

2. 创造政务数据赋能经济发展的典型模式，推动中小企业健康发展

该成果创新了数据共享体系，推动政务数据与产业、金融服务机构及企业等多方数据互通，

更高效地帮助金融投资机构准确识别中小企业信用风险，更便捷地降低企业融资成本，更有力地推动中小企业健康发展。平台目前已归集省发改委、省教育厅、省工信厅、省财政厅、省国资委、省税务局、省市场监管局等21个部门共1421项数据，接入政策数据1400余条，充分满足了授信预审批的数据需求。

3. 助力湖南打造成运用大数据手段解决中小企业融资难题的试验田

该成果构建的区域产业金融互动生态，同时解决了中小微企业、金融机构及政府机构在中小企业融资场景中的关键问题，实现了多方信息互通，解决信息不对称问题，推动中小企业健康发展。平台上线后，已入驻28家银行机构，上线156个信贷产品，归集4.3亿条数据，汇聚市场、工商、税务、社保、法院等16大类数据，通过平台筛选15.8万家优质民企和小微企业，累计融资117.53亿元。

（四）示范效益

1. 打造"互联网+政务服务"新成果，提升产业链、供应链现代化水平

该成果融合运用大数据、云计算等先进技术手段，加快推进政务应用和金融服务创新，打造"互联网+政务服务"新生态；提升中小企业资本市场融资对接成功率，进一步激发市场主体活力，推动提升产业链、供应链现代化水平。该项目已成功入选《湖南省"数字新基建"一百个标志性项目》名单，为产业升级实践提供了新思路。

2. 提高金融机构公共服务能力，构建金融服务新业态

该成果实施过程中，与邮储银行湖南省分行、光大银行长沙分行、中信银行长沙分行等10余家银行进行战略合作，向银行移交了基于大数据筛选出来的优质企业名单，充分发挥了平台的数字资源优势和各银行机构长期深耕企业融资服务的金融支持作用，为中小企业发展创造良好环境。

主 创 人：雷 鸣
参与创造人：柳润琴、朱 宏、吴 秀、许 旭、胡 涵、易凤忍、任 勇、费博文、覃俊霖

地市电网企业聚焦先进制造业电压暂降的供电服务管理

国网湖南省电力有限公司长沙供电分公司

摘要： 国网湖南省电力有限公司长沙供电分公司以落实省委、省政府"三高四新"战略定位和使命任务为原则，以助力湖南打造先进制造业高地为目标，以满足先进制造业生产过程中高标准供电需求为导向，以解决电压暂降呈现的电压短时波动问题、提升优质供电服务为管理重点，对客户进行电压暂降敏感分级，形成以目标化导向、数字化监测、现场化诊断、精益化运行、多维化保障的"五化"治理机制为管理主线，以高敏感客户、较敏感客户、一般敏感客户为分类管理思路的电压暂降治理体系，取得了"电网运行防御全面支撑、客户治理服务高效协同"的效果，显著提高了先进制造业客户用电满意度，达成保障先进制造业客户高质量供电的目标，优化了供电营商环境，推进供电服务管理标准化、数字化、精益化。

企业简介

国网湖南省电力有限公司长沙供电分公司（以下简称国网长沙供电公司）是国网湖南省电力有限公司的分公司，为国家管控的资源能源型企业，以投资、建设、运营电网为核心业务，负责经营长沙电网，保障电力供应和电网安全。截至2021年底，国网长沙供电公司供电面积1.19万平方公里、人口839.45万，电力客户440.05万户，完成售电量435.27亿千瓦时。长沙电网最高负荷达925.3万千瓦，城市、农村综合电压合格率分别达到99.999%和99.926%，供电可靠率分别达到99.973%、99.890%。国网长沙供电公司先后荣获全国一流供电企业、全国五一劳动奖章、全国创建文明行业示范点、全国模范职工之家、抗冰救灾先进集体、全国供电可靠性金牌企业、湖南省文明单位、长沙市抗洪救灾先进集体等多项荣誉。

一、地市电网企业聚焦先进制造业电压暂降的供电服务管理的实施背景

（一）是满足先进制造业高质量发展的客观需要

中共中央印发的《关于新时代推动中部地区高质量发展的意见》指出，要着力构建以先进制造业为支撑的现代产业体系，推动中部地区加快崛起。长沙市也明确提出争当实施湖南"三高四新"战略的领头雁，落实着力打造国家重要先进制造业高地。相较于传统制造业，先进制造业生产链中存在大量对电能供应质量要求极其苛刻的精密设备，对电压暂降极为敏感。电压暂降是指供电电压有效值在短时间内突然下降又回升恢复的现象。一旦发生电压暂降，可能会极大地影响先进制造业企业的正常生产和经济效率，造成千万元以上经济损失。因此，以先进制造业客户更高标准的供电需求为导向，建立一套有效的电压暂降防治管理体系，保障先进制造业客户高质量用电需要，是当前面临的一个重要课题。

（二）是落实国网公司最新战略部署的必然要求

为践行"人民电业为人民"的企业宗旨，贯彻"一体四翼"的发展目标，实现"始于客户需

求、终于客户满意",近年来,国网公司"两会"均对优化营商环境提出明确要求,始终力争在世界银行和国内评价中取得良好成绩,构建贴近客户、贴近市场的服务模式,对各级单位公司提升供电服务品质的要求越来越高。电压暂降问题严重影响了客户用电体验,尤其是先进制造企业等敏感客户,是用电投诉的高频群体。因此,整合现有的技术资源、数据资源、管理资源、政治资源,开展综合的电压暂降治理工作,是提供高质量供电、优化营商环境的必然选择,也是落实国网公司最新战略部署的必然要求。

(三)是提升电网企业供电服务能力的有效途径

近年来,国网长沙供电公司高度重视先进制造业电压暂降治理工作,提升优质供电服务能力。然而,公司当前仍存在缺乏监测手段、海量电网数据信息无法集中共享和应用、客户画像不精准、未形成统一的管理机构导致各部门无法高效协调等问题,严重制约着公司电压暂降治理能力的提升。因此,急需结合先进制造业客户高质量供电需求,整合贯通各专业业务系统数据,搭建数字化管理技术平台,开展客户精准画像,创新服务模式,推进电能供应从"用上电"到"用好电"的转变。

二、地市电网企业聚焦先进制造业电压暂降的供电服务管理的主要做法

(一)强化目标化导向,明确管理总体思路

1. 全面调查摸排,厘清企业设备现状

国网长沙供电公司依托营销专业掌握的大量客户资源,组织分公司市场部、网格服务站、区县公司营销部等机构人员,通过现场走访、线上发放调查问卷等形式发放《"电压暂降治理"项目调研表》,分行业调研200余家企业电压暂降基本信息情况,为公司开展电压暂降现状分析提供信息支撑。根据《"电压暂降治理"项目调研表》与业务知识,对收集的客户电压暂降基本情况进行分析,发现长沙地区各类先进制造企业面临电压暂降造成的经济损失数额不同、对社会民生影响大小不同、改造意愿强弱不同,为实施精准电压暂降防治方法提供了指引。

2. 开展客户分类,确定差异化服务思路

结合长沙地区先进制造企业的基本特征,国网长沙供电公司确立实施分类开展电压暂降治理活动,形成更高效、更经济、更贴近客户需要的差异化服务策略。一是进行敏感等级划分。根据电压暂降造成的经济损失大小、社会影响大小,将先进制造企业分为高敏感客户、较敏感客户、一般敏感客户三类,实施分类管理。二是开展差异化供电服务。客户服务方面,根据客户对电压暂降的敏感性不同,从专属客户经理配备、上门服务的形式、用电方案提供等方面构建差异化的客户服务机制,提高客户服务体验。电网运行方面,根据客户对电压暂降的敏感性不同,构建差异化的运维服务机制,从电网网架优化、运行方式优化等方面实施差异化的运维服务管理,提高电网供电质量。

3. 强化目标引领,明确构建工作目标

国网长沙供电公司充分结合自身禀赋资源,基于历史经验,从提升管理水平、提升业绩水平、提升对地方发展支撑三方面提出了电压暂降治理的工作目标。一是明确电压暂降管理目标。构建一套适合长沙地区先进制造企业需求实际的系统电压暂降治理体系,实现从技术、服务、组织等方面出发,对先进制造业电压暂降问题的技术化、平台化、差异化的精益管理。二是减少先进制造业经济损失。实现先进制造业发生电压暂降问题同比下降15%以上,为先进制造业客户减少因电压暂降问题带来的经济损失上千万元。三是提升优质供电服务能力。通过构建系统电压暂降治理体系,有效提升客户的用户体验,将电压暂降处理时间压降至5分钟以内。

4. 统筹管理机构，推进业务高效协同

为破除管理链条长、专业协调壁垒多等问题，国网长沙供电公司构建全环节协同的高效组织机构。由国网长沙供电公司总工程师牵头，办公室设在调控中心，营销部、运检部、配网部、科网部、供指中心、客服中心、各区县公司、综合能源公司、思极公司等多部门参与，全盘负责长沙地区先进制造业客户的高标准电能供应服务相关工作。下设以下小组：平台技术支撑小组，负责核心技术攻关，利用大数据手段进行技术研发支撑管理；电网运行管理小组，全盘负责满足先进制造业客户高标准供电质量需求工作的电网运行管理；客户优质服务小组：采取点对点服务模式，深入推进"多元管理、高效协同"的末端服务机制，把控先进制造业客户需求分析。

（二）实施数字化监测，实时感知全网状态

1. 全网布点监测装置，疏通电压感知末梢

构建全网监测和重点监测相结合的"天眼"网路，实现监测全覆盖。一是全网布点，实现监测全覆盖。针对较敏感客户、一般敏感客户，在全长沙地区电网侧进行电压暂降监测装置（电压暂降记录仪和电压暂降在线监测系统）的优化布点，完成147台电压暂降监测装置的安装。二是重点布点，实现高敏感客户实时感知。针对蓝思科技、惠科、广汽菲克等重要的先进制造业客户，按一客户一方案，调查客户的敏感设备分布情况、敏感设备占比、需要安装治理装置的环节，在重点用户的各个生产环节均安装电压暂降监测装置，确保先进制造业客户电压所有暂降敏感点、薄弱点可控、在控。

2. 有机融合业务数据，构建海量数据资产

国网长沙供电公司开发电压暂降一体化防治平台，全面汇聚全网运行数据，形成海量数据资产。一是全网汇总运行数据，形成数据资产体系。汇聚各专业管理数据，整合运检、调度、营销等专业管理系统数据，按照共享应用的原则，形成统一的数据资产库，并构建组织完善、职责清晰、流程规范、标准统一的数据维护体系。二是强化数据质量治理，确保数据安全可用。针对先进制造业客户自设监测装置数据与电网的交互，强化信息安全管控，采用数据分级分类、授权访问、数据加密、数据脱敏、防泄漏等手段，实现核心数据全生命周期安全管理。

3. 实施数据精准分析，实现事故智慧管理

依托电压暂降一体化防治平台，实现数字化、可视化的全网电压暂降感知—预警—防治的全流程一键管控。一是设置分级预警机制，实现电压暂降及时预警。根据先进制造企业敏感级别设置不同预警阈值，将线路和变电站的详细信息、电网故障电压暂降影响域、大型敏感企业电压暂降风险域进行可视展示，实现异常电压暂降数据及时预警。二是在线筛查薄弱环节，强化高敏感客户风险防范能力。通过大数据挖掘识别与电压敏感用户关联性高的线路，识别这些可能给电压敏感用户造成电压暂降问题的电网薄弱节点，聚合力量协同解决电压暂降问题。三是综合多维运行数据，实现电压暂降精准定位。根据电网各业务系统的实时数据，结合配电网图模拓扑来自动搜寻电压暂降深度最大的位置，快速定位电压暂降源。

（三）开展现场化诊断，提供精准优质服务

1. 开展客户现场走访，全面诊断运行现状

针对预警区域和故障报警区域，组织客户生产分析、经济分析、供电分析三个小组进行现场走访风险诊断。客户生产分析小组调研用户生产线运转流程和各流程点暂降影响及恢复方案。经济分析小组根据梳理的流程点暂降影响范围、恢复方案、用户订单与合同状况，分析各流程点暂降经济损失。供电分析小组梳理用户各设备供电路径，针对高敏客户、一般敏感客户设备抗扰度的不同，设置合适的暂降深度门槛，结合高经济损失点和供电薄弱点，诊断出暂降高风险损失点位。根据现场诊断结果，给出供电薄弱点布局及相应的经济损失风险值，将用户敏感程度、暂降损失风险程度分级评定，帮助用户直观了解潜在的暂降威胁程度，依据分级情况提供阶梯式治理指南，初步指导用户主动治理。

2. 识别客户需求特征，提供定制解决方案

一是开展客户需求分析。基于现场诊断情况，综合考虑客户敏感级别、所属行业、敏感设备种类、敏感设备容量、治理资金是否充足、因电压暂降造成年度经济损失情况等因素，对客户进行治理电压暂降需求画像，划分为强烈治理意向且资金充足、强烈治理意向且资金不充足、一般治理意向且资金充足、一般治理意向且资金不足四类需求。二是系统制定定制化的解决方案。基于客户的需求特征，为客户制订定制化的解决方案。根据以上四类需求特征，分别从安装治理装置、优化用电方式、优化运行方式、差异化运维等服务项目为客户制定定制化一体化电压暂降解决方案，为客户有效解决电压暂降问题。

3. 锚定重点敏感客户，研发精准治理装置

针对先进制造企业电压暂降高敏感用户，研发了一套可靠性高、响应快、能耗低的储能型电压暂降治理装置。一是推广电压暂降装置安装服务。针对高敏感客户，完善客户经理团队与客户建立沟通协调机制，实地调研电压暂降对用户敏感负载的影响，多方位为客户分析安装电压暂降装置的优劣势，实现应装尽装。二是完善电压暂降装置安装流程。根据对重要客户的调研，召开客户电压暂降治理装置安装需求分析研讨会，明确客户的安装需求，制定一体化方案，提供成套方案设计、安装、售后的一体化服务。三是创新项目运作模式。针对电压暂降装置安装需求较大的高敏感、较敏感用户，根据其可投入资金的不同，从客户角度出发创新开发了直接采购、分期付款（设备租赁）、保险合作、售电公司能源交易服务、高质量高可靠性电价五种项目安装资金投入模式，解决用户资金困难等问题。

4. 加强客户日常服务，指导客户科学预防

一是加强客户用电知识宣传培训。与政府联合成立长沙市保护电力设施办公室，印发《长沙市电力设施和电能保护办法》，按照客户敏感级别，开展有侧重的宣传教育，对容易引发电网线路跳闸的地铁、道路等高敏感施工单位加大宣传次数，截至目前共进行安全宣传教育98次，发出协调函53份，现场勘察245次，对地区电网450处外破隐患逐一跟踪落实，累计巡视1万人次。二是优化电压暂降治理装置安装售后服务。针对用户在装置维护上的困难，定期上门维护，明确故障响应时间小于4小时，即4小时内有相关的技术人员与用户沟通，协商排除故障的初步措施，确认现场服务时间，在24小时内为用户提供上门维修服务，充分保障用户的装置使用安全。

（四）深化精益化运行，保障高标准电能供应

1. 锚定供需失衡环节，布局电网规划建设

一是系统分析高敏感客户分布区域。依据对先进制造企业客户敏感级别的划分，系统梳理高敏感用户的供电网架结构、拓扑关系等，实施供电能力、供电质量精准评估，筛选供需失衡环节，为电网规划提供目标导向。二是分类实施优化电网规划布局。针对供需失衡的高敏感客户网架，采取有限改造、高标准改造原则。主网方面，加强主网变电站站点建设及其配套送出，精简地区主网供电网络，优选高电压等级专线接入方式；配网方面，避免采用架空线路供电，减少故障频次，进而降低暂降概率，缩短供电半径，加快实施已规划的新建开闭所采取双回供电，重要用户由新建开闭所供电。针对一般敏感用户、较敏感用户，可根据客户意愿进行适当改造。

2. 锁定高敏感客户区域，优化电网供电方式

针对先进制造企业高敏感用户较为集中的区域，实施电网供电方式着重改造，降低电压暂降发生概率。一是优化主网运行方式。优化重要敏感用户所在供电区运行方式，尽量避免 T 接设备多的"长藤结瓜"型方式，选取故障概率较低的线路作为主供电源，研究制定湘江新区、长沙县地区 110 千伏及以上等级线路保护方案，通过加装线路光纤差动保护，实现该区域供电线路的全线速动保护。二是精简配网供电环节。将敏感用户供电线路与其他高故障率线路进行隔离，尽量避免与高故障率线路等电压暂降源有直接电气联系；通过双电源和快速切换开关等多项措施，不加装自动重合闸装置，放弃经自动重合闸保证的供电可靠性；高电压等级设备计划检修时，通过临时调整 10 千伏线路运行方式保障重要敏感用户用电可靠性。

3. 聚焦高敏感客户等级，提供差异化运维方式

一是强化高敏感用户分析评估。调控中心分析全地区先进制造企业重要敏感用户分布情况，统计地区 220 千伏、110 千伏等级对供电安全要求较高的重要大型用户，各县配调（供电服务指挥中心）统计辖区内电压问题严重的供电区域、敏感用户分布，明确需要重点保护的用户。二是开展差异化运维。按照用户的敏感程度进行分类分级，梳理对重要用户造成影响的相关线路、设备清单，调控专业指导，运维、检修等专业协同，开展对需要重点保护的电网设备的差异化运维，对于高敏感客户开展专项巡视、动态巡视等，及时清除设备隐患，增加重要设备的试验检测频率，有效降低重要设备的故障率。

（五）建立多维化保障，夯实高质量供电管理基础

1. 强化监督考核，确保措施取得实效

将先进制造业客户高标准供电质量需求工作任务纳入本单位对标和专业工作考核指标体系，梳理先进制造业客户高质量供电管理全环节管控流程，分解各部门同业对标指标，牢牢牵住主体责任"牛鼻子"，坚持抓"主官""主管"，一级抓一级，结合重点工作把责任清单、任务清单落实到个人。加强执行情况反馈、全过程跟踪督办和管控机制，及时发现并解决推进工作中的问题，确保暂降防治工作取得预期效果。

2. 加强人才培养，提升专业技术能力

一是加强数据分析人才培养。重点培养和提升人才队伍的企业级数据分析能力。协同人力资源部设计和开发数据能力培训项目，整理内外部典型案例和精品课程，跟踪大数据领域前沿动态，结合人员岗位能力要求，定期通过集中培训、网络课堂等方式针对性地组织数据建模、数据分析、数据应用等数据能力培训。二是强化各个环节特殊人才培训。依据高端产业的高品质需求，以先进制造业客户高标准供电质量需求为导向，重点培养和提升人才队伍的企业级供电标准管理、优质服务能力。协同人力资源部设计和开发相应的培训项目，整理内外部典型案例和精品课程，跟踪专业领域前沿动态，结合人员岗位能力要求，定期通过集中培训、网络课堂等方式针对性开展培养工作。

3. 整合知识产权，强化规范制度管理

建立健全相关电网管理专业规范。国网长沙供电公司整合在技术攻关中的相关知识产权，规范供电质量管理行为，建立健全相关管理规范。知识产权包括论文 35 篇，其中 SCI/EI 收录 14 篇、中文核心期刊 18 篇、省级期刊 3 篇；授权国家发明专利 8 项、软件著作权 5 项，国家标准 1 项，根据整合资源，制定《电压暂降敏感设备管理办法》《10kV 及以下电压暂降治理设备性能检测》等规范，《电压暂降治理工作标准》《敏感负荷客户电压暂降控制技术导则》等标准，《电压暂降

敏感设备管理办法》等管理办法，加强对先进制造业客户电压暂降敏感设备的管理，进一步保障长沙地区先进制造业客户高质量电能供应的管理水平。

三、地市电网企业聚焦先进制造业电压暂降的供电服务管理的实施效果

（一）满足客户高质量供电，取得显著管理效益

国网长沙供电公司应用大数据技术、综合电网运行、客户服务等多种手段，构建一套适合长沙地区先进制造企业需求实际的电压暂降管理体系，提升了电压暂降治理水平。将电压暂降处理时间压降至5分钟以内，对先进制造业客户高电能质量供应、损失评估、舆情控制等正常应急处置工作的管理效率提升45%，指导电网网架规划优化率提升21%，重要客户供电质量提升48%。

（二）提供高标准服务，取得显著经济效益

依托数字化电压暂降管理分析平台，国网长沙供电公司实现了业务平台化、管理智能化，有效降低了运营管理成本。减少因电压暂降导致的客户接待量1000余次，电压暂降问题处理时间缩短55%，节约劳动用工约300人，每年节省人工成本600余万元，相关设备故障率下降39%，节约设备购置成本1250万元，减少了因电压暂降造成的公司电量损失，用电量同比增加3.1%，增加营业收入7亿余元，助力先进制造业发展。

（三）构建高协同供电生态，取得显著社会效益

提升先进制造业客户的"获得电力"服务感，持续优化用电营商环境，形成相关商业模式等电压暂降防治平台生态，为优化综合能源服务和构建多方互利平台提供了示范参考。实现了首个将数据、监测、治理、服务合为一体的先进制造业客户高标准供电质量管理，有力地推动了长沙高端制造业的发展。

主　创　人：邓　铭、黄际元
参与创造人：李雨佳、陈柏沅、阳小丹、刘　啸、彭清文、杨天丽、
　　　　　　黄　跃、王　卓、胡湘伟

电信运营商工业互联网服务能力提升实践

中国联合网络通信有限公司湖南省分公司

摘要： 2020年初，中国联合网络通信有限公司湖南省分公司（以下简称湖南联通）组织队伍对电信运营商提供工业互联网服务时存在的问题及优势进行研究，创新性地提出"产品供给为基、队伍建设为本、营销推广为纽、品牌打造放大"的整体企业管理创新思路，建立"三维产品体系、五大能力图谱、三级联动拓展、五项放大措施"的"3535"能力提升框架，分阶段逐步推动电信运营商在工业互联网领域的服务能力全面提升，最终实现能力效益双提升。

企业简介

湖南联通由原来的基础网络提供商向综合化信息服务商转型，以担当"数字信息基础设施运营服务国家队、网络强国数字中国智慧社会建设主力军、数字技术融合创新排头兵"为目标，在传统电信业务基础上，大力开展"大联接""大计算""大数据""大安全""大应用"等领域业务。2021年，湖南联通整体业务收入已突破百亿目标，并计划在五年时间内打造"双百亿工程"。在工业互联网领域，湖南联通连续七年协助湖南省工信厅举办"企企通"系列活动，并在2020—2022年先后入围"湖南省中小微企业核心服务机构""湖南省两化融合管理体系贯标咨询服务机构""湖南省制造业数字化转型服务商"。

一、电信运营商开展工业互联网服务能力提升实践的背景

（一）是践行国家战略要求，把握时代发展趋势的需要

自2018年开始，工业互联网被连续写入政府工作报告，工信部等政府部门先后发布《关于推动工业互联网加快发展的通知》《工业互联网创新发展行动计划（2021—2023年）》等一系列文件，加速工业互联网发展。2020年，工业互联网作为重要组成部分，被纳入数字新基建，作为拉动社会投资"乘数效应"的关键载体，被写入国家战略。可以说，提升工业互联网服务能力，已成为国家、时代及市场对于电信运营商的重要要求。

（二）是解决企业自身能力问题，实现敏捷响应服务的需要

湖南联通自2015年开始，在湖南省工信厅的指导下，连续多年举办"企企通"系列活动，为4万余家中小微企业提供"上云上平台"服务。在此期间，服务团队逐步发现企业数字化转型是一项系统工程，不仅要加大研发投入、人才储备，还需全面升级企业各生产环节的基础数字设施，打破传统基础设施部署和应用架构建设模式，更高效地响应市场需求，实现商业价值。同时，企业数字化转型进一步发展至生产数字化时，往往需要对工艺流程的专业知识进行储备与理解，对产品进行定制化开发，才能真正有效解决企业降本增效的转型目标。湖南联通从能力出发进行分析，发现存在以下四个问题：一是缺乏丰富且有效的工业互联网产品供给。2020年前，湖南联通

在工业互联网领域的产品供给主要包括传统通信网络，或依托合作伙伴提供简单的企业数字化转型产品，缺乏整体产品供给规划和工业互联网自研产品体系。二是缺乏专业化的服务团队。虽然湖南联通2015—2020年连续举办了"企企通"活动，为中小企业提供网络及上云服务，但是，一方面服务团队的营销人员主要复用商企队伍，思维方式多为传统基础业务拓展思路，对工业行业及工业互联网领域知之甚少，另一方面，服务团队的支撑人员也缺乏在工业互联网领域开展自主交付、顶层设计等工作经验，无法有效支撑业务拓展。三是缺乏标准的营销拓展指导。2020年前，在工业互联网领域，湖南联通既未形成"攻山头控平台"的省市县三级联动机制，也未确定"按图索骥"的拓展战术，营销团队仅凭前期沉淀开展"守株待兔"式的业务推广。四是电信运营商的品牌效应在工业互联网领域不显著。大部分工业行业客户对运营商的认知仍停留在网络服务提供商的阶段，对运营商能否在工业互联网领域提供成熟的信息化解决方案持怀疑态度。

二、电信运营商开展工业互联网服务能力提升实践的主要做法

（一）完善顶层设计，明确服务能力提升整体思路及目标

1. 从四大要素入手，确定"3535"整体能力提升框架

为推动工业互联网服务能力提升，2020年初，湖南联通组织队伍对企业提供工业互联网服务时存在的问题及优势进行讨论与研究，通过开展顶层设计，从产品、队伍、营销、品牌等四大要素入手，明确"产品供给为基、队伍建设为本、营销推广为纽、品牌打造放大"的基本思路，并创新性地建立了"三维产品体系、五大能力图谱、三级联动拓展、五项放大措施"的"3535"能力提升框架。

在产品能力方面，重点从工业互联网平台、5G+云大物智安链、外部应用生态等三个维度入手，全面拓宽产品供给的广度与深度。在队伍建设方面，关注商务及省市两级技术人员主体责任，并构建包括咨询规划、行业洞察、解决方案、自主交付及专业技能在内的五大能力图谱。营销推广能力，关注推广模式的建设、营销制度的建设以及标准动作的建设。品牌打造从行业峰会、试点示范、行业竞赛、重大项目发布等维度着手，实现效益放大作用。

2. 精准制定"四个一"目标，分阶段推进保障实施

在顶层设计过程中，湖南联通按照务实求精的原则，制定了本次企业管理创新的目标，即"输出一批自主研发的工业互联网产品""构建一支专业专精的工业互联网人才队伍""形成一套适宜于工业互联网领域业务推广的营销推广打法""打造一批工业互联网标杆示范项目"的"四个一"目标。

产品供给方面，第一阶段，除熟练运用5G+云大物智安链产品及外部应用生态外，主要聚焦工业互联网平台基础版本的自主研发，初步具备产业、企业等数字化转型的基本功能；第二阶段，一方面基于工业互联网平台进行各类工艺机理模型的沉淀，做大做强平台数据分析能力，另一方面综合运用各类新型信息技术，模块化搭建平台功能，整合应用生态产品，实现产品的敏捷供应。

队伍建设方面，第一阶段，建立工业互联网BU，在省级、市级分别成立专业营销团队和技术支撑团队，并要求技术支撑队伍要在工程机械、轨道交通、钢铁冶炼等9大行业形成自主方案交付、自主咨询设计、自主产品研发等能力；第二阶段，营销队伍进一步下沉至销售最前端，而技术支撑团队则进一步扩展自主能力。

在营销推广方面，第一阶段，通过项目的反复实践，建立省市县三级联动机制，推动营销人员思维的转变；第二阶段，通过对市场推广模式及标准动作的总结，逐步形成可复制的营销推广打法。

在品牌打造方面，第一阶段，主要通过峰会宣传、专家入库、重点项目发布等方式扩大企业影响力；第二阶段，尝试进行各类试点示范申报、行业竞赛，以实际成绩来反馈品牌影响。

（二）三大产品供给，夯实工业互联网服务基础

1. 自研工业互联网平台

工业制造业是湖南重要的产业基础和经济命脉，是实施"互联网+"行动的主战场。推动制造业与互联网融合，有利于推进湖南"三高四新"战略布局、培育新模式新业态，是湖南省提升制造业核心竞争力的客观要求。基于该背景，湖南联通积极响应政府规划和市场发展趋势，对工业互联网业务发展方向、重点解决方案、重点产品进行规划重整。

以产业协同为核心，自研联通工业互联网平台，以生产数字化为重点，依托5G、物联网、大数据、区块链等新一代信息技术，整合省内自主研发与生态力量，打造一批基于供应链管理、故障诊断、工艺优化、质量控制、节能减排等环节的智能化解决方案与自研工业软件，高效赋能湖南省"3+3+2"产业集群升级，协助政府升级传统产业和培育新兴产业。

打造工业智能物联能力，建立设备到云端的可靠连接和管理。为企业提供云管边端一体化数字化能力。工业互联网平台基于智能边缘计算网关，帮助用户快速建立设备到云端的连接，实现设备管理、监控运维、数据分析等服务，支撑海量设备的数据采集、数据传输、存储计算、运行监控和故障预测等场景需求。

打造工业数字孪生能力，运用虚拟仿真、数字孪生、VR等相关技术，在工业互联网平台上开发一套集智能制造相关教学、设计、加工、制造、测控等多方面内容的知识体系。结合虚拟样机相关技术，从而完成产品从构思到方案设计、详细设计及验证的完整过程。

打造供应链溯源能力，运用区块链多中心信用、安全、高效、低成本特性，为生产制造企业、物流企业、各级分销商、零售商、电商、消费者提供供应链溯源服务，打造优质品牌生态链，产品可进行双向追溯、辅助防伪、关键信息采集与共享，提升了流通效率，形成多方共赢的市场运行体系。

2. 打造云大物智安标准产品池

为服务中小微企业，湖南联通在云大物智安链等领域储备标准产品池，降低中小微企业数字化转型成本和难度。

云计算领域，整合云服务能力及云市场生态，通过联通多云管理平台为客户一站式提供主流公有云服务。基于长沙双中心机房，提供部署在本地的行业云服务。

大数据领域，经过多年在数据领域的积累，形成跨行业数采整合能力、大数据治理能力、平台集成能力、多行业方案能力、产品交付能力和大数据运营能力，形成适宜于中小微企业的大数据产品池，包括企业洞察、数睿广告、舆情通、数盾风控等。

物联网领域，2015年5月17日，中国联通物联网平台正式上线。中国联通物联网持续保持高速发展，荣获工信部2016年物联网优秀解决方案等诸多荣誉。2020—2022年，湖南联通进一步储备适宜于中小微企业的物联网标准化产品，包括5G智享宽带、公网对讲机、云章等。

人工智能领域，打造自主创新的AI能力，拥有100+应用场景沉淀、100+客户实践案例，AI平台能力达到业界领先。产品包括AI生产质检、AI合规监测等标准化人工智能产品。

安全防护领域，践行央企责任，落实网络强国战略，依托云网资源，构建云管端数一体化安全能力体系，围绕等保密评合规，同步设计、实施、运营安全服务体系，为客户提供运营商级别安全托管服务，包括云盾抗D、云安全下一代防火墙等标准化安全产品。

3. 强化外部应用生态交流，建立合作伙伴库

近年来，湖南联通创新业务总量快速增长，生态合作业态也不断更新。截至目前，湖南联通全省已入围 IT 服务类创新业务合作伙伴 2233 家，其中累计已开展合作的合作伙伴 1298 家，全省累计合作项目金额达到 50 亿元，合作项目 7000 余个。

为进一步提高湖南联通工业互联网面向全面数字化转型的专业技术能力，积累生态共赢资源，湖南联通广泛征集遴选省级工业互联网行业生态合作伙伴，形成要素齐全、技术先进、服务优质的伙伴群。根据产业基础、数字化需求迫切程度不同，分批分类建立湖南联通工业互联网生态合作伙伴名录。创造工业互联网生态合作伙伴主要纽带和关键节点，推动资源共享互通，共同打造开放性更强、供需衔接更紧的工业互联网发展生态圈。

（三）五大能力图谱，筑牢工业互联网服务根本

1. 打造工业互联网 BU，明确角色主体责任

工业互联网 BU 涵盖从市场前端、技术中端到运营服务端到端的团队体系，主要由市场销售团队、咨询设计团队、方案交付团队、产品研发团队、运营服务团队组成，其中市场销售团队覆盖省市两级，市级技术支撑中包含咨询设计、方案交付、运营服务团队，而省级技术支撑中则包含咨询设计、方案交付、运营服务团队以及产品研发团队。

（1）市场销售团队：由营销管理和业务发展人员组成，营销管理团队负责经营管理、政策研究、品牌推广和队伍建设。业务发展团队主要分布在地市，直接开拓全省全国的 5G 工业项目营销队伍，主要职能包括客户交流、业务拓展。

（2）咨询设计团队：咨询顾问负责企业转型咨询和设计，顶设人员负责企业数字化工厂、智慧园区等大型项目的方案设计。

（3）产品研发团队：根据本身产业特色负责工业产品的设计、研发、产品推广、产品支撑、产品交付及运营，真正实现产品端到端的全流程高效率闭环管理。

（4）解决交付团队：方案经理根据划分的细分领域分为小团队进行定向专业支撑。包含方案交流、项目招投标。交付经理负责除自研工业产品以外的项目交付实施、合作伙伴的管理等工作。

（5）运营服务团队：待项目终验后，负责项目的售后运维服务，及时响应客户的需求。

2. 规划队伍能力图谱，全面提升项目支撑强度

工业互联网 BU 的子团队成员必须具备专业能力，以更好地提升项目支撑力度和深度。

（1）市场销售能力：根据全省各个地市产业情况，分为一类地市、二类地市和三类地市，重点区县设营服。定期对业务发展人员进行培训，帮助他们掌握自研产品特点以及行业解决方案。

（2）咨询设计能力：紧跟国家政策，与政府高频互动，与大型供应商合作探讨，更新并完善宏观认知以及技术更新，促进企业转型咨询和大型项目设计方案更接地气、更先进。

（3）产品研发能力：与市场销售团队、咨询设计团队做好沟通交流，紧跟市场和政策，及时响应企业需求，对产品进行迭代更新，做好产品原子能力、产品交付以及运维。

（4）方案交付能力：方案经理定期培训行业解决方案，完善合作伙伴资源力量。与其他省分公司的方案经理做好沟通交流，调用资源做好自研产品项目支撑。交付经理熟悉通用的软硬件架构体系，并将其整理成知识库，定期培训。

（5）运营服务能力：与方案交付团队做好沟通对接，定期接受培训，更好地服务客户和高效率响应客户需求。

(四)建设营销模式制度及标准,强化工业互联网服务纽带

1. 明确两大推广模式

分析湖南省产业数字化推进情况,明确两大推广模式,加强工业互联网在优势产业集群和重点企业的推广,促进企业本质贯标,打造新型能力,增强核心竞争力。

一是以工业互联网作为推动省内行业数字化转型的重要抓手,以产业集群为切入点,通过工业互联网赋能省内产业集群数字化转型,"盘活"地方实体经济,形成工业互联网协同发展格局。聚焦能源、矿山、茶叶、工程机械、轨道交通等重点行业的产业集群,推动智能制造单元、智能生产线、智能车间、智能工厂建设,全面提升企业数字化水平。同时,围绕产业链开展工作,利用平台及工业应用贯通整条产业链生产数据的流动,实现全要素全产业链的全面连接,推进产业基础高级化和产业链现代化。

二是与重点企业携手融通创新,打造一批创新标杆。湖南联通在"5G+工业互联网"领域不断寻找突破口,面向产品质量检测、设备智能维修运维、工业视频监控、仓储无人运输拣选等典型生产制造场景,利用5G、边缘计算、人工智能等前沿技术,聚焦头部客户,应用并开展实践,打造灯塔项目,将建设经验推广到省内具备创建潜力的企业中,助力产业数字化转型升级。

2. 建立三级营销制度

湖南联通以"数字信息基础设施运营服务国家队、网络强国数字中国智慧社会建设主力军、数字技术融合创新排头兵"为目标,已建立"省—市—县"多级联动的赋能模式。

3. 梳理五大标准动作

根据营销推广、运营转型的总体部署,结合联通实际情况,梳理标准动作"五步法"。

第一步是产业梳理。研究该产业及相关的产业,寻找现有产业以及相关产业的痛点,通过痛点形成新的业务。把行业内未解决的难题,重新用工业互联网的技术审视一下,看看传统的难题是否可以用工业互联网技术解决。

第二步是实地调研。实地调研企业发展现状和数字化建设情况、企业负责人对行业数字化升级的理解。深入了解企业在智能化、信息化建设方面的计划,目前在数字化转型中遇到的问题和诉求,以及企业在车间生产、人员管理、原材料管理等方面数字化转型开展的情况。

第三步是联动推进。与试点领军企业或区域政府通过签订数字化战略合作协议、联合建设试点示范项目等合作方式,在企业或产业数字化转型领域开展深度合作,有针对性地提供有价值的服务,创造产业价值点。

第四步是示范实施。提升行业级整体解决方案及自主交付能力,夯实基础管理,提升交付能力,打造精品项目。省、市两级均成立自主实施团队,重点聚焦行业级项目,以顶层设计、行业洞察为牵引,打造产业互联网的专家形象。在交付实施中,重视打造标杆示范点,强化示范引领作用。

第五步是运营推广。积极融入地方数字经济建设,使技术研发、产品研发与经济发展、社会需求相适应,结合自身资源禀赋探索培育有利于本省数字经济发展的科技创新产品,并在重点聚焦领域形成影响力。积极参与"5G+工业互联网"领域的重量级比赛与试点示范活动,发挥标杆示范引领作用,推动"5G+工业互联网"场景应用加速成熟。

(五)着力品牌打造,放大工业互联网服务影响力

自2020年开始,湖南联通在工业互联网领域通过举办峰会、试点示范申报、行业竞赛、重大项目发布等方式,扩大企业在工业互联网领域的影响力。在峰会举办方面,企业在各市州分公司

配备专项资金，要求每年至少完成两次以上工业互联网峰会，邀请政府及企业客户进行研讨，一方面增加客户对联通的了解，另一方面也了解客户在工业互联网领域的需求。在试点示范申报方面，重点关注工信部、工业互联网产业联盟、省工信厅、省科技厅在相关领域的试点示范申报，通过试点示范的建设，与客户共同打造标杆项目。在行业竞赛方面，组建专门团队，了解研究包括绽放杯、光华杯、工业互联网大赛等行业赛事，联合客户及合作伙伴，最大限度地展现工业互联网专业能力。

三、电信运营商开展工业互联网服务能力提升实践的效果

（一）提升了地方政府及产业的管理效益

湖南联通通过联通工业互联网平台的公共服务能力，协助地方政府，着力构建"全流程"管理体系。一是畅通"企业端+政府端"的数据汇集模式，实现以公共资源交易、企业信用服务、金融综合服务等为基础的政府侧公共资源数据和以工业互联网平台、企业综合服务平台等为基础的企业侧产业发展数据的联通互动。二是畅通"实时监测+实时比对"的数据分析模式。如通过建立行业数据模型，对行业企业产值、税收、增加值等主要数据和用电、用水、用地、用工等匹配数据进行不间断的分析比对，引导企业规范上报数据、应统尽统，同时也不间断地完善行业数据模型。

（二）提升了客户及联通双方的经济效益

湖南联通依托工业互联网服务能力的提升，助力各类型企业数字化转型工作，已推动全省4.6万家企业深度上云上平台，累计降低企业IT成本4.46亿元。同时，通过与湖南省中小企业服务中心合作，打通中小企业融资服务瓶颈，解决企业"融资难、融资贵"的问题，截至目前，湘企融平台入库企业数量达到571.24万家，对接服务1229笔，累计融资70.48亿元。在湖南联通自身经济效益方面，2020—2021年两年内湖南联通在工业互联网领域累计落地项目1311个，累计合同金额达3.11亿元，年均增长30%。

（三）获得了良好的社会效益

创新成果实施期间，湖南联通服务政府，2020年入围"湖南省中小微企业核心服务机构"，2021年入围"湖南省两化融合管理体系贯标咨询服务机构"，2022年入围"湖南省制造业数字化转型服务商"。湖南联通与企业客户合作，共同打造了多个标杆项目，其中，山河智能数字工厂入围工信部2020年工业互联网试点示范，中伟新能源数字工厂项目入围工信部2021年新一代信息技术与制造业融合发展试点示范，包括博世5G数字互联工厂在内的3个项目入围2021年湖南首批"5G+工业互联网"示范工厂，包括三一集团设备协同在内的5个项目入围湖南省机械行业"5G+工业互联网"六大典型应用场景。此外，在工信部2021年组织的第四届5G绽放杯比赛中，山河智能、安化黑茶、中伟新能源等项目斩获包括先进制造赛道一等奖、全国赛优秀奖在内的多个奖项。

主　创　人：欧阳恩山、雷　鸣

参与创造人：柳润琴、朱　宏、吴　秀、郭　勇、王新军、覃译霄、罗淑华、徐鹏程、曾小梅

机载企业多样化需求下的敏捷客服体系建设

中航飞机起落架有限责任公司

摘要：本成果基于产品全寿命周期持续综合后勤保障确保用户使用的服务理念，按照"四个导向"（战略、问题、用户、标杆导向）建立总体框架，采用基于风险的思维、持续改进的方式，从管理和技术支持上提升服务的敏捷性，从用户"会、给、能、敢、想"自助服务方面开展技术和管理提升，促进从返厂和上门服务向自助服务模式的转变以提升服务的敏捷性。

企业简介

中航飞机起落架有限责任公司（以下简称起落架公司）隶属航空工业集团，是2007年由原陕西燎原航空机械制造公司和湖南湘陵机械厂进行专业化整合而成立的企业，是飞机起落架专业化系统供应商，国家重点保留军品科研生产能力单位。2021年，营业收入为20.7亿元，资产总额为36.5亿元，现有职工2995人。客户服务（以下简称客服）工作需要保障公司产品在主机厂的生产配套最终交付任务及部队用户的飞行任务，"服务支持"是和公司"设计研发""核心智造""供应链管控"并列的四项核心战略能力之一。目前有专职技术管理人员和相关专家40余人开展日常客服工作，重大专项任务则调用全公司相关人员和设备、备件等资源以满足用户需求。2021年完成维修业务产值约3000万元、备件业务产值2亿余元，公司在建国70周年、建党100周年等各种重大专项保障中获多项荣誉。

一、机载企业多样化需求下的敏捷客服体系建设的实施背景

（一）因航空战略和疫情原因，导致用户的要求日益严格

新时代强国强军目标，对最终用户提出了"召之即来、来之能战、战之必胜"的新要求，用户保障频次与要求越发严格，集团、机载公司、用户代表室、各相关最终用户机关等相关单位对最终一线用户的装备使用情况的关注程度大幅提升，集团、主机厂通过供应商评价手段将更高的保障质量和效率等要求传递到配套厂家。2020年起，新冠肺炎疫情常态化防控导致人员的流动性受限，保障人员不能及时到达用户现场，从而降低了服务效率，客服因而形成逐步推进从返厂、上门服务到自助服务转变的思路，用户也因疫情风险不愿人员流动上门服务，故双方对非接触、远程指导用户自助服务的需求日益强烈。

（二）因历史原因和行业发展，导致用户需求日益多元

中国的航空装备从修理、仿制逐渐向自主研发模式发展，早期研制时仅重视战术性能指标，对产品的维护和保障性等客服需求的研究和定位存在一定不足。2016年之前，用户对客服需求较低。随着新装备技术要求的增高，需要开展伴随保障、技术支持、备件、培训、排故等各项相关服务，技术需求也从以前单一的口头指导操作和二维图纸展示转变为三维技术模拟、实战化的多

维仿真等,对服务保障提出了24小时随时响应,小需求当天处理,难度较大的需求3天内必须处理的要求。

(三)面对外部需求多样化,公司内部急需建立体系化的管理

1. 客服任务需求、用户类别、服务产品的多样化

(1)随着新军事变革的推进和一切向"实战"靠拢、以"打赢"为目标的新实战化保障体系的形成,客服任务从原来的简单故障排除上升到排故、保障、备件和维修航材、培训、技术解答等多样化需求。

(2)起落架公司是航空集团下机载公司的一个成员单位,既要保障产品在主机的最终配套交付任务,又要按主机厂和部队的要求组队在外场保障,需要承接集团、机载、各大主机、战区、基层部队用户的客服需求,导致用户需求输入来源的多样化。

(3)起落架公司是各型飞机起落架的主要配套厂商,面向全行业配套供货,需承接各大主机厂所战斗机、运输机、无人机以及民机等不同的机型配套产品,各种机型的差异化产品导致服务产品需求的多样化。

2. 内部机构业务急需整合,技术能力急需提升

(1)公司存在异地管理模式,用户要求统一保障等导致两地业务急需整合。

(2)客服需要调动各项资源并开展相应的管理,以前的事后简单排故的方式已不能满足战训保障、备件、培训、航材维修等各方面的要求,需顶层策划、系统提升。

(3)客服业务涉及设计、工艺、检验、操作等方方面面的技术和技能要求,而客服技术铺垫缺乏。

(4)前期出厂产品因行业历史原因在维修性和保障性等方面的研究投入和考虑不足,导致维护手册操作指导性不强,用户培训效果不好。

(5)原客服管理文件只有顶层框架性的两份指导性文件,没有具体的实施细则,导致服务效率低。而相关行业的标杆企业和国际领先企业均建立了适应其企业实际的保障体系,起落架公司要实现服务支持战略的发展,急需建立适应自身实际的客服体系。

二、机载企业多样化需求下的敏捷客服体系建设的主要做法

(一)聚焦整体客服能力提升,制定顶层战略发展规划

总体顶层架构:一是按"四个导向"(战略、问题、用户、标杆)建立以信息收集为中枢的接收用户多样化需求后按业务流程处理的保障体系。二是借鉴综合后勤保障和民航运行支持的理念、采用基于风险的思维、持续改进的方式,从管理和技术支持上提升服务的敏捷性,即以片区集约驻点保障、增修细化专业流程、强化服务监督考核、夯实客服文化、强化服务信息化并事前梳理配套行前点检册、三维矩阵表、用户需求星级图、客服监督卡等强化敏捷服务管理支撑,以行业内历史客服数据的统计分析应用为依托,按标准建立"六性"设计体系、开展老型号保障性设计回头看、新型号"六性"设计体系建设的应用提升,并事前配套编制客服通规和参数手册以增强敏捷服务技术支持。三是从用户"会、给、能、敢、想"自助服务方面开展技术和管理提升,促进从返厂和上门服务向自助服务模式的转变以提升服务的敏捷性,在常态化疫情防控的形势下赋予客服新的实践应用价值。

1. 对接上级和起落架公司战略,制定专项发展规划

充分调研各相关单位的客服发展历程,紧紧围绕公司发展战略目标,结合用户多样化保障需求、公司产品的特点以及两地(长沙、汉中两个厂区)管理的现状,在充分论证的基础上,从服

务体系、服务策略、服务规划方面统筹策划，从客服中心的组织、流程、激励和授权以及硬软件设施等方面进行细化完善，从服务提升方面提出起落架公司"十年发展设想"的规划。

2. 战略导向承接顶层规划，确立建设实施路径

以起落架公司战略和服务规划为导向，对比分析客服的实际情况和规划差距，主要是简单的排故保障和综合技术服务的差距，结合实际确定客服体系实施路径。

3. 问题导向，构建客服体系整体流程框架

建立以信息收集为中枢的体系框架，承接规划、运营、安全、保密、党建等各项要求，外部负责接收用户需求并衔接内部排故、培训、咨询、备件、保障等执行流程，满足用户的需求。

4. 用户导向，新增细化流程提升服务质量

以用户需求为导向，新增重大保障、日常伴随保障、用户服务表扬和投诉处理、客户走访管理等多个具体的实施流程，每个流程均进行了多层级20余次自下而上、自上而下的流程迭代和优化。

5. 标杆导向，对标分析验证确定流程清单

根据继承原有管理模式、两地统一管理对接用户的需求，解决实际工作中的痛点、堵点、难点问题，端到端解决问题。根据提升客户服务效率的原则，采取多种方法确定流程清单，以对比实际现状与标杆单位的差距来验证流程、查漏补缺，确定流程清单。

6. 承接多样化需求，建立客服体系

整体体系框架经过多轮次评审修订迭代，最终形成1份管理手册、6份管理规定、24份实施细则文件，实现两地统一管理，统一标准、台账，并进行数据共享交互的客服管理体系。

(二) 内合机构、外引资源，提升资源调配能力

整体思路是无偿的客服业务要履行政治使命和社会责任，需全方位调配资源以保障最终用户的使用需求；有偿的维修业务既要降低与批产业务争资源从而影响整体生产交付，又要把握市场机遇，引进民企联合促进维修业务融合发展。

1. 调整机构统一管理，"集约化"服务好用户

为了提升客服能力和服务满意度，2018年对机构进行调整，将总部客服和长沙汉中客服中心合并成一个独立的客服中心，下设管理、技术、备件、外场四个专业小组，对两地的售后服务人员和业务集中统一协调管理，实行"集约化"管理，解决售后服务分散的问题，以更好地履行强军首责，服务好用户。

2. 外引资源合资互补，强维修能力，抓维修机遇

前期维修业务一直是和批产混线生产，因科研批产任务量的日益饱和导致维修业务重视程度不够，不能满足用户需求和挖掘市场潜力。为此，公司联合三家民企共同出资成立维修公司，承担飞机起落架的维修相关业务。2021年完成各型起落架维修业务产值3200万元，实现了批产维修基本分线，以更好地满足用户维修需求。

3. 成立专项领导小组，总体调配资源，把控整体方向

项目开始后，公司成立以副总经理为组长，客服、技术、质量、生产等相关单位人员为成员，按需参与的领导小组，保证了调配资源能力和项目整体计划把控能力。

4. 内部专家骨干共享，建立敏捷的客服用人机制

随着产品交付数量和部队战训强度的增加，对保障人员的需求也增加，为建立人员的动态化调配机制：建立应急人员保障库，客服"定编"人员维持日常保障，制造中心专家骨干为保障的

"蓄水池",对于突发和特定阶段性任务,客服按照预先编制的临时紧急用人管理制度,从预先建立的服务人员库中应急动态调配人员,实现动态支援保障,阶段任务完成后回归原岗位。

(三)事前系统地细化管理,提升管理响应的敏捷性

1. 事前统筹策划片区保障,提升人员响应的敏捷性

针对两地管理和多地区需统一保障的要求,采用"1个中心+5个片区+N处保障点"的模式,细化职责、信息传递处理考核等要求,建立了以主机厂和产品数量较为集中的部队以及新接装的部队为中心,采取"定点保障和流动保障"相结合、"现场保障和远程支援"相结合的异地协同、集约化联合统一按片区的客服模式,提高了客服响应速度。

2. 事前总结细化重点管理,增设日常和重大保障流程

设立了外场组,专门负责外场保障工作。从人机料法环测方面梳理、分析、总结、研究提炼确立流程,并经持续迭代改善确定日常和重大保障的流程,以更好地满足用户要求。

3. 事前归纳基础管理配套,提升基础支持的敏捷性

为了解决因内部技术支援推诿而导致的响应效率低、服务针对性不强、合规管理不落地的问题,采取了如下措施:

(1)明确各配合单位的客服职责和要求,提升技术支持的敏捷性。

(2)提升主机的服务的针对性,以产品在用户的流转使用过程为抓手,从产品出厂到各主机交付部队用户接装在主机的流转过程梳理每一步的验收要求、对接人员、注意事项、关注和影响程度等因素,绘制用户"需求星级图"。

(3)建立客服点的交通、人员、产品处理能力的"三维"矩阵表,以提升准确调配最适合的保障人员到用户处进行保障的敏捷性。

(4)编制客服出行前"点检册"。事前从文件、实物、交通、安全、保密、财务等方面梳理编制客服点检表并配套专项文件11份,装订成客服人员出行前的"点检册",开展行前点检,提升准确将"粮草弹药"移交/送往外场的敏捷性。

(四)事前优化技术支持体系,提升技术支持的敏捷性

1. 保障性设计方面:事前构建"六性"流程体系

从系统工程设计思路来看,随着技术的发展,用户对机载产品的"六性"要求也越来越高,以前存在的主要问题有:(1)设计研发过程中对"六性"的关注度不够高,缺乏顶层设计;(2)"六性"设计不规范,未能与产品的设计过程融合;(3)前期产品外场产品使用数据没有反向指导改进设计的闭环迭代及产品的综合保障性的评估、验证。针对上述问题,开展了国内外标准收集、行业内的可靠性数据、历史故障数据统计分析,形成一套完整通用的设计综合保障流程体系,制定流程图24个,编制指南及模板共43份,构建"六性"流程体系,提升保障性设计,让产品本身能更好地保障和提升服务的敏捷性。

2. 维护排故工艺方面:事前编发客服的典型工艺

对有史以来收集的外场数据进行了统计分析,综合用户产品的使用情况、后续产品服役和飞行任务情况,选取了部分型号组织设计、工艺、检验、实操等专业的协同,编制了跑冒滴漏等多种常见的典型外场故障的通用工艺规程,以提高外场需求技术方案制定的敏捷性。

3. 综合技术支持方面:事前编发客服技术参数手册

排故、解答用户技术咨询等相关客服工作经常需重复查询一些"散落"在设计、工艺、检验、生产、分工、材料等各方面的产品技术、质量等各种文件,且需重复翻阅大量图纸,不仅查找周

期长，而且传递错误的风险高。为此，基于已有的外场数据进行了统计分析，经逆向分解制定了包含型号、主要参数、数据的来源等参数收集的样表，确定了版本控制、校审流程等要求，组织汇总校审和修订后形成《×××客服常用参数手册》，提升了技术参数查找的敏捷性。

4. 实施应用方面：事前基于体系开展保障性设计

（1）新型号方面：事前开展保障性技术的应用。按照体系要求，在某新飞机型号开展起落架系统维修工程技术研究及应用实践中，完成了基于国际民航标准的系统说明、外场级维修手册、部件级维修手册、分解图册及随机备件等编制用户资料98份。验证修订及发布等工作，基于维修性分析开展起落架系统维修任务分析及地面使用维护设备的研制工作，开展了故障模式及影响分析，修订了《故障模式影响及危害性分析》等30余份文件，为用户提供必要的维修工程支持和地面支持设备供应和保障服务。

（2）老型号方面：事前开展综合保障性设计"回头看"。①补充编制某老型号起落架修理手册，进行验证后完成该型号首次到寿翻修延寿的应用；②通过收集××等型号的外场故障信息，开展分析后完成相关型号用户培训手册的编制和修订及用户培训；③以可靠性为中心进行维修性分析，完成20余份文件的编制、修订，为外场服务工作提供了依据。分析外场统计数据，对可靠性不达标且容易更改的机载设备改进设计图纸、修订试验大纲、领先使用和验证确认以确保满足指标，提升老产品的可靠性。

（3）用户培训方面：将事前编发的技术成果应用于培训教材的制作。将构建"六性"流程体系的文件、通规、参数手册等相关技术成果应用到用户培训和职工所需培训教材的编制上，将通规、参数手册等直接作为新职工的基础技术培训教材，提高了客服培训教材制作的敏捷性。

（五）更新模式远程委托用户，自助服务提升整体敏捷性

2019年开始采用"流动+定点"结合的"片区管理"保障模式，提高了客服的效率，但新冠肺炎疫情导致人员流动受阻，使得以培训用户来开展委托用户自助服务产生了日益强烈的需求。

1. 以前推进自助服务效果不佳的原因分析

（1）传统用单纯二维图纸培训的模式效率不高、效果不明显，用户不会施工，不接受委托。

（2）部分工作以前用户虽然会施工，也想接受委托，但因未授权委托导致用户如果施工则违反质量程序。

（3）部分工作用户实际上会施工或用户通过培训后会施工，但以前没有进行相关的尝试，也没有对应的流程来支撑培训用户并委托用户排故的流程，导致业务部门不敢书面委托用户施工。

（4）部分服务工作，用户也想自己施工，就算用户具有委托用户排故的手续，同时也具备排除某外场故障的能力，但因技术不托底，用户害怕次生质量风险而不敢施工，不敢施工的次数多了，便逐步导致"不想施工"。

2. 开展促进自助服务问题解决措施的策划实施

站在落实质量管理体系原则中"与供方互利"的角度，从流程配套支撑方面开展流程制度建设，促进委托用户自助服务。

（1）改变模式，提升用户培训的效果。制定相关制度，确定视频制作的要求；编制视频制作指南，开展对应培训，提升相关人员制作视频能力；基于历史数据确定视频制作内容后，将促进理解记忆的背景音乐、配音、图片、文字等插入仿真视频动画，组织技能较强的工人演示拍摄实操视频，将视频按要求进行后处理、版本控制和审批后发布；以视频和图纸相结合开展用户培训，以多维度信息输入强化理解记忆，减少"用户不会干"的比例。

（2）采用风险分析和措施制定的方法提升用户能干的比例：以客服、质量、技术等专业联合确定委托用户施工流程，使委托用户有配套的管理流程支撑，减少"不敢让用户干"的比例、提升"允许用户干"的比例。

（3）根据精准核心技术范围和保密知悉范围的划分，允许向用户托底的产品向用户技术托底，以引导用户敢接收委托，减少"用户不敢干"的比例。

（4）通过强化和用户的交流沟通、思想观念的引导以及疫情下非接触服务的逐步推广实践，减少"用户不想干"的比例，逐步实现用户自助服务，提升保障的效率和敏捷性。

（5）按策划方案制作装配过程理论仿真动画和实操视频，以动画、视频结合图纸开展用户技术培训。

3. 针对疫情形势转变模式，开展自助服务实践应用

（1）在远程技术支持的基础上委托用户自助开展了某无人机起落架的改装升级任务。（2）开展了某无人机起落架常规服务的委托自助服务的实施应用。（3）开展了某军用大型运输机的改装升级工作。通过研究外场的施工工作要求，制作专用工装、量具和检具，采取协调委托用户实施和派人现场施工相结合的方式完成10余架机的改装升级任务，避免了产品批次性返厂所需的复杂手续，节约了备件筹措成本，在减少对用户的影响的同时，提升了客服效率、降低了服务成本。

（六）强化保障安排，提升敏捷体系的软实力和执行力

强化客服文化和信息化建设，提升客服的软实力，强化服务监督刚性通报考核，强化落实持续改进。

三、机载企业多样化需求下的敏捷客服体系建设的实施效果

起落架公司围绕客服整体策划、实施、考核、改进等方面建立了完整敏捷的服务体系，提升了基础管理水平，助推公司发展战略的落地。通过本项目的实施，共节约各类客服成本约1513万元。公司在各主机供应商评价客服模块的得分以年均10%的速率提升。

主　创　人：吴龙飞、张卫国
参与创造人：彭家熙、孟凡斌、张航舟、宋　煜、严山钦、刘冀平、
　　　　　　慕建全、韩书正、李振龙、阙　戈

市级烟草商业企业现代卷烟零售终端管理体系的构建

湖南省烟草公司怀化市公司

摘要： 新零售时代数字经济和实体经济加速融合，品牌连锁便利店加速发展。湖南省烟草公司怀化市公司（以下简称怀化烟草）聚焦当前传统卷烟零售终端店经营理念落后、管理模式单一、信息化水平低等突出问题，构建了"系统完备、结构严谨、一体运营、规范高效"的现代卷烟零售终端管理体系，运用移动互联技术搭建数字化、智能化的现代卷烟零售终端管理平台，创立涵盖建设标准、考核评价、星级升降等八个维度的动态建设及运维机制，有效推动"人工+经验"的传统卷烟零售终端向"互联网+营销"的现代卷烟零售终端转型升级，促进怀化烟草管理水平、经济效益、社会效益和示范效应显著提高。目前，该体系已在全省14个市州全面应用，有力地推动了湖南卷烟市场和烟草企业的高质量发展。

企业简介

湖南省烟草公司怀化市公司成立于1984年，依法履行烟草专卖行政管理、卷烟销售、烟叶种植等职能，是全民所有制大型企业。怀化烟草现有15个职能部门，下辖11个县级局（分公司），在编员工579人，服务全市卷烟零售客户21681户、140余万消费者。2021年，怀化烟草销售卷烟16.1万箱，销售收入55.39亿元，实现税利16.78亿元。怀化烟草先后获得"全国文明单位""湖南省纳税50强企业""湖南省文明标兵单位""全省烟草商业系统优秀市级局（公司）"等荣誉。怀化烟草始终把维护好、发展好卷烟零售客户和消费者的利益作为工作的出发点和落脚点，全力服务于地方社会、经济发展。

一、市级烟草商业企业现代卷烟零售终端管理体系构建的实施背景

（一）是烟草行业实现高质量发展的现实要求

党的十八大以来，党中央高度重视网络和信息化工作，作出一系列重大决策部署，推动我国数字产业化和产业数字化的进程，有力地支撑了经济高质量发展。在全国卷烟销售工作会上，国家局确定"以零售终端建设为主要内容的卷烟营销网络是行业最有价值的战略工程"。烟草行业正在加快数字化、网络化、智能化融合发展，而卷烟零售终端是现代烟草经济体系的重要载体，其管理是否高效协同直接影响行业的健康发展。为适应新发展理念，融入新零售格局，满足烟草行业工商零消共同利益，烟草行业急需建立一套信息化共享、集约化整合和高效化利用的现代卷烟零售终端管理体系，推动烟草行业高质量发展。

（二）是企业实现数字化转型的必经之路

国家"十四五"规划指出，要加快推进国有企业数字化转型工作。在移动互联技术发展成熟，大数据、云计算等技术不断涌现的背景下，烟草零售客户需求向个性化、多元化发展。客户价值

理念和信息需求增强，但其自身在增强消费者购物体验、实时客流画像及门店经营分析向智慧终端运营转型等方面存在不足。烟草商业企业需运用数字化技术提高精准服务、便捷服务和智能服务水平，提升零售客户获得感和满意度。怀化烟草以现代卷烟零售终端管理体系构建为载体，依托零售终端软硬件升级，实现对零售终端的技术赋能、场景创新和金融支持，改造工商零消价值链，优化卷烟零售生态圈，探索实现卷烟市场数字化转型之路。

（三）是终端提升市场竞争力的迫切需要

随着新零售行业的快速发展，零售终端的数量和规模不断扩大，行业竞争加剧，而烟草终端零售客户普遍存在经营观念陈旧、能力不足、零售终端软硬件实力薄弱等问题。硬件方面主要体现在门头招牌不醒目、货柜陈旧、店铺管理缺少硬件支持等；软件方面主要体现在运用"互联网+营销"等新思想、新技术来争取消费者的主动性和能力不足。因此，零售终端对烟草商业企业的依存度不高，商业企业对卷烟营销渠道掌控力不强等问题进一步凸显。为帮助卷烟零售客户更好地适应零售市场环境的变化，提高商业企业对卷烟零售终端渠道的掌控力，急需建立一套高效科学的卷烟零售终端管理体系，全面提升零售客户的市场竞争力。

二、市级烟草商业企业现代卷烟零售终端管理体系构建的主要做法

（一）统筹战略布局，强化管理体系顶层设计

1. 坚持高点定位，建设思路体现全局性

秉承"国家利益至上、消费者利益至上"的烟草行业共同价值观，聚焦当前问题，以烟草行业深化卷烟营销市场化取向改革工作为任务推动，在"优化卷烟零售生态布局、实现我与客户共成长"建设理念的指导下，搭建一套湖南省通用的现代卷烟零售终端管理体系，构建基于商业企业、零售客户和社会公众三大层面的全视域角度终端评价机制，搭建数字化、智能化的现代卷烟零售终端管理平台体系，创新涵盖建设标准、考核评价、星级升降等八个维度的动态建设及运维机制，推动"人工+经验"的传统卷烟零售终端向"互联网+营销"的现代卷烟零售终端转型升级。

2. 强化目标引领，建设目标体现精准性

现代卷烟零售终端管理体系构建的总目标，是通过先进的管理理念和移动互联技术，构建现代卷烟零售终端管理体系，建立面向卷烟经营全流程的业务管理中心。具体目标为：一是构建一个体系。即在"优化卷烟零售生态布局、实现我与客户共成长"建设理念的指导下，搭建一个湖南省通用的现代卷烟零售终端管理体系。二是打造两方平台。即运用移动互联技术，创新终端消费场景与金融模式，搭建现代卷烟零售终端管理平台和"帮团送"购烟平台。三是建设三方机制。建立一个涵盖烟草商业企业、零售客户和社会公众三大层面的全视域角度终端评价机制。

3. 贯彻发展理念，建设原则具有先进性

一是统筹规划，有序推进。坚持一盘棋思想，统筹不同区域、不同商圈、不同业态的卷烟零售终端协调发展，结合实际、突出重点、精准施策，不断提升卷烟零售终端整体水平。

二是自愿参与，共建共享。体现"自愿申请、自愿投入、自愿管理"的合作意向，引导零售客户自主投入终端硬件和软件升级，打造工业企业、商业企业、零售客户共同面向消费者的营销阵地。

三是因地制宜，规范形象。坚持因地制宜、合理配置资源，根据零售终端自身经营需求、经营条件，合理选择适合该零售终端发展的层级，规范有序地促进零售终端整体提质。

四是公平公正，科学管理。强化过程管理，在建设过程中涉及营销物资使用和营销费用投入

的环节，坚决做到规范先行、科学管理、信息公开、客观公正，严格遵守行业有关规定，严防不规范情况发生。

（二）构建管理体系，推进体系标准化

为避免卷烟零售终端管理服务标准不一、重复建设等问题，怀化烟草探索按照经营实力与合作程度从硬实力和软实力角度对现代卷烟零售终端进行层级管理，分类有序推进建设，构建环节规范、流程标准的终端管理体系，夯实卷烟营销网络基础。

1. 构建卷烟零售终端评价机制

对卷烟零售终端实行动态评价，运用层次分析法构建五力一体模型，建立一个从烟草商业企业、零售客户和社会公众三大层面的全视域角度进行终端评价的机制，共分为一级指标3项，二级指标19项，三级指标82项。其中烟草商业企业层面，涵盖卷烟销量增长、卷烟结构提升、终端形象改进等共计28项三级指标；零售客户层面，涵盖店面形象、经营管理、守法经营等共计35项三级指标；社会公众层面，涵盖满意度、忠诚度、体验感等共计19项三级指标。

2. 明确卷烟零售终端信息采集标准

根据每个指标的不同性质，赋予其不同指标和分值，明确指标保留的时限、数据来源和责任部门。制定《现代卷烟零售终端市场信息采集数据管理规范》《现代卷烟零售终端市场信息采集工作质量评价规范》《现代卷烟零售终端市场信息分析应用规范》，明确各个指标的判定标准、获取规则和采集流程。

3. 确定卷烟零售终端六种类型

将卷烟零售终端类型划分为六种，构建以直营终端为塔尖，加盟终端、合作终端、特色终端、一般现代终端为塔身，普通终端为塔基的终端生态体系，促进终端建设均衡、协调、整体发展。

4. 划分卷烟零售终端七大层级

对卷烟零售终端的硬实力和软实力进行综合评分（百分制），根据评分结果将卷烟零售终端划分为七大层级，即五星现代终端（≥95分）、四星现代终端（≥90分）、三星现代终端（≥85分）、二星现代终端（≥75分）、一星现代终端（≥70分）、准星现代终端（≥65分）、非星级现代终端（<65分）。

（三）运用移动互联技术，支撑平台体系高效运行

在信息社会里，为不让卷烟零售终端在激烈的市场竞争中单兵作战，形成信息孤岛，怀化烟草探索互联网前瞻技术与卷烟零售终端管理深度融合，依托数字化信息服务平台，助力现代卷烟零售终端转型升级。

1. 搭建卷烟零售终端管理平台

坚持"前台+中台+应用"的技术路线，融合省级卷烟营销管理平台、四员移动办公平台、96368卷烟订货系统、市场信息采集分析系统、终端店铺管理系统、"工商零"协同营销平台、"帮团送"购烟平台七大系统数据，兼具订单管理、销售管理、渠道管理、库存管理、员工管理、会员管理、报表分析、运营管理等10大功能模块、53个子项功能，实现卷烟零售终端管理平台化、数字化、智能化、可视化。

2. 建立"帮团送"购烟平台

"帮团送"购烟平台是基于对共享经济内涵、共享经济模式、联合采购模式等理论综合打造的平台，消费者通过平台线上发起采购需求，卷烟零售终端客户可以在该平台上进行线上分享和响应消费者需求信息。"帮团送"购烟平台为消费者提供更多、更好、更便捷的服务渠道，同时有

效拓宽了卷烟零售终端客户的销售渠道，增加了销售收入。

3. 开发"雪峰泉语"服务公众号

开发"雪峰泉语"服务公众号，提供政策宣传、经营指导、培训学习、订单查询、咨询服务等8项功能，为零售客户提供行业政策信息和信息自助查询服务，为客户后续投资决策提供信息支持。目前已推广至所有卷烟零售终端客户，周活跃度达98.12%。

4. 引入银联云闪付结算功能

与中国银联开展合作，在卷烟零售终端客户端口植入银联的多渠道移动支付消费场景，引入银联云闪付的各项资源，包括消费者支付满减、商户支付手续费补贴、商户资金托管理财及消费者线上消费信贷等政策、产品，用金融共享为卷烟零售终端赋能，实现消费引流和资金增值。

（四）实施精细化管理，深化管理体系延伸应用

面对卷烟营销市场化取向改革带来的货源投放方式的改变，为高效满足不同卷烟零售终端的差异化需求，提高盈利能力，怀化烟草实施卷烟零售终端精细化管理，不断增强终端渠道掌控能力。

1. 指导货源资源精准投放

卷烟货源投放在原有的按档位投放的基础上，推行"档位+N"的货源投放政策，用档位锚定卷烟销售基数，用变量反映卷烟需求潜力和客户经营意愿，向烟草商业企业准确反馈卷烟零售终端货源需求。具体操作如下：按统一标准对终端"硬实力"基础条件进行评级，根据评级结果在档位评价中综合评定；按终端扫码数据评价结果，对客户"软实力"进行定量评级，根据评级结果在档位评价中综合评定。软、硬实力评价指标随政策变化、经营需求定期优化，充分调动了零售终端的主动性。

2. 指导终端资源精细投入

由于卷烟工商企业终端人力、宣传物料、非烟促销品、技术指导等服务性资源有限，无法充分满足客户提质升级、提升竞争能力的服务需要。现代卷烟零售终端管理体系通过对终端的分类分级和合理引导，量化层级差异和终端资源投入标准，按量分配推烟器、烟模、包装袋、培训、活动竞赛等软硬资源。在兼顾公平的同时，以差异化满足激活了沉默终端的资源需求和经营意识，以较少资源的精细投入最大化地满足了零售终端的服务性资源需求，引导客户自我升级、自主投入。

3. 引导管理平台推广应用

全渠道开展现代卷烟零售终端管理体系和管理平台的宣传推广工作。线上发布微信公众号"雪峰泉语"、零售客户微信群讲解宣传终端管理体系，推广终端管理平台，告知终端改造内容及相应的激励措施。线下渠道以各县级分公司组织零售客户会议、交流学习、现场观摩等形式，让零售客户直观感受终端管理平台的实用性和便利性，因地制宜地推广双屏机、手持POS机、自有智能设备配置扫码枪等多种参与方式，引导零售客户"缺什么补什么"。

4. 引导市场机会精确投递

构建"工商零"协同营销平台和"帮团送"购烟平台，以直营终端和加盟终端为模板，探索积分管理模式，并借助市场对终端网络进行深度梳理，发掘高活跃、快响应、优服务的终端网点，建设高效、快捷的市场需求响应网络。建立职业化零售客户培养平台，通过标杆引领和经验共享，建立"公域宣传+私域传播"合作推广机制，以点带面推广终端管理平台，争取与优质终端合作共赢，提升客户盈利水平。

（五）建立动态管控机制，确保管理体系流程规范

为规范现代卷烟零售终端管理体系的发展和运维管理，怀化烟草从建设标准、发展流程、日常运维、异常监管、考核评价、星级升降、退出机制等八个维度进行管控。

1. 严格建设标准

根据客户自愿、守法经营、规范经营、诚信经营、经营状况、配合程度、回避原则、合理布局8个原则，严格执行卷烟零售终端建设标准。目前，全市累计建成加盟终端104户、合作终端15户、特色终端4户、一般现代终端8012户、普通终端13546户。

2. 明确发展流程

明确提出申请—资格审查—改造升级—竣工验收—评定（授牌）的发展流程，根据直营终端、加盟终端、特色终端、合作终端、一般现代终端等不同终端类型的改造特点，在保证流程逻辑一致的前提下，增加适应性或调整流程。

3. 数智管理服务

营销部门、专卖部门和内管部门对现代卷烟零售终端开展"线上+线下"的数智管理服务工作，直营终端、加盟终端、特色终端、合作终端每月开展一次，一般现代终端每两月开展一次，普通终端每季度开展一次。

4. 定期异常监管

在现代卷烟零售终端管理平台建立数据分析模型，自动筛检出异常数据，发出不同级别的预警，营销中心组织专门人员对异常的零售数据进行市场抽检、实盘验证。平台运行以来，累计发出和处理红色预警78条、橙色预警345条、黄色预警756条。

5. 科学评价考核

根据《现代零售终端月度（半年度）考核细则》，在现代卷烟零售终端管理平台自动开展卷烟零售终端考核评价工作。

6. 星级动态升降

根据考核评价结果，实行动态升降管理：五星现代终端（≥95分），四星现代终端（≥90分），三星现代终端（≥85分），二星现代终端（≥75分），一星现代终端（≥70分），准星现代终端（≥65分），非星级现代终端（<65分），直至取消星级现代终端合作资格。

7. 政策激励赋能

在严格遵循有关法律法规和行业相关政策的前提下，给予现代卷烟零售终端多种营销资源激励，如技能培训、品牌宣讲、新品培育、营销物料、增值服务等，提升了资源配置效率和零售客户营销积极性。

8. 坚持退出机制

发生严重违法违约及未通过整改验收的违法违约行为，由营销中心（县级分公司）客户服务（分）部填写《现代零售终端违法违约通知书》，通知相应零售客户，取消其星级现代终端合作资格，退出现代卷烟零售管理体系。

（六）制定多重保障机制，夯实管理体系建设基础

为保障现代卷烟零售终端管理体系规范高效运行，怀化烟草遵循合法、公正、规范的原则，以文件形式出台各项配套制度。

1. 构建交流机制，高效协同分工

2020年2月，《湖南省烟草公司怀化市公司现代卷烟零售终端管理体系的构建》科技创新项

目通过省局审批，确立了"省局牵头、怀化公司为主、县级参与"的研究交流机制，为现代卷烟零售终端管理体系的构建营造了良好的政策环境。

2. 建立组织架构，明确职责分工

2020年3月，怀化烟草成立以一把手为组长的领导小组，以营销中心、专卖科、信息科、法规科、物流中心、办公室、各县级公司为成员的工作小组，明确组织机构和职责分工，落实现代卷烟零售终端管理体系构建的各项工作任务。

3. 健全管理制度，规范终端管理

2020年4月，怀化烟草制定下发《湖南省烟草公司怀化市公司现代卷烟零售终端管理体系建设工作方案》《湖南省烟草公司怀化市公司关于规范现代卷烟零售终端发展的通知》《卷烟零售终端运维管理体系手册》等文件，编制年度工作方案，分解工作任务清单，同步确立日管控、周通报、月考核的工作机制。

三、市级烟草商业企业现代卷烟零售终端管理体系构建的实施效果

（一）管理效益显著提升

1. 管理方式转型升级

通过构建"系统完备、结构严谨、一体运营、规范高效"的现代卷烟零售终端管理体系，解决了传统卷烟零售终端经营理念落后、管理模式单一、信息化水平较低等瓶颈问题。建立基于商业企业、零售客户和社会公众三大层面的全视域角度终端评价机制，搭建平台化、数字化、智能化的现代卷烟零售终端管理平台，覆盖建设标准、考核评价、星级升降等八个维度的动态建设及运维机制，实现了卷烟零售终端信息数据自动采集、全流程线上管理、数据即时全方位呈现的成果，有效推动"人工+经验"的传统卷烟零售终端向"互联网+营销"的现代卷烟零售终端转型升级。

2. 管理效率大幅提升

通过搭建卷烟零售终端平台体系，使企业实现卷烟营销数字化转型，带动零售终端从传统门店向数字门店转型，推动数字技术与客户服务工作全面融合，营销队伍数据挖掘与分析水平提升。依据门店进销存数据、市场行情数据、客户数据画像和重点工作，差异化、精准化地提供经营指导服务，让优质服务以数字化的形式惠及偏远农网客户，服务形式从"线下"向"线上"转型、从"经验"向"数据"转型，服务效率大幅提升，节约了烟草企业营销人员用工，降低了企业人力资源成本，2020—2021年，怀化烟草年均节约管理费用48.72万元。

（二）经济效益稳步提升

该体系运用于卷烟市场的效果明显，卷烟运行调控质量显著提高，企业销售收入显著提升。一是卷烟销量稳中有增。2021年全市累计销售卷烟161000箱，同比增长300箱。二是销售收入大幅提升，超过全省平均水平。2021年全市累计实现卷烟销售收入55.39亿元，同比增加3.32亿元，增幅6.37%；实现税利16.78亿元，同比增加1.05亿元，增幅6.67%。三是重点品牌发展良好，全年累计销售重点品牌152141箱，同比增加3868箱；全年累计销售创新品类15383箱，同比增加5071箱；全年累计销售一二类卷烟72521箱，同比增加9995箱。

（三）社会效益有效彰显

该体系运转后，怀化卷烟零售终端客户的市场竞争力、盈利水平和满意度稳步提升。根据省局公布的2021年第三方监测数据，怀化零售客户累计零售卷烟67.19亿元，同比增加3.75亿元；零售客户综合毛利率提升至13.34%，排全省第3位；零售客户的户均毛利5.3万元，同比增加

0.27万元；怀化卷烟零售价格指数100.32%，排全省第3位；全市零售客户满意度排全省第2位。累计建设农村现代卷烟零售终端5429户，带动数千人返乡创业，通过烟草与乡村振兴、农业农村、邮政、银行等部门的多渠道融合，推动农村现代卷烟零售终端发展成惠民利民的"一站式"综合服务平台，把更多村民所需、所盼的终端服务送到身边，构建便民生活服务圈，推动乡风文明建设。

（四）生态效益逐步显现

卷烟市场是一个涉及烟草工业、商业、零售户、卷烟消费者的"工商零消"生态圈，该体系的构建运行，惠及生态圈的所有参与者。该体系的主要执行者是烟草商业，它引导并帮助广大卷烟零售终端客户转变经营理念，提升终端经营的硬实力和软实力；对于烟草工业和商业，现代卷烟零售终端持续提升的硬实力和软实力，为烟草工业和商业提供了卷烟销售的阵地、形象展示的窗口、品牌培育的纽带、宣传促销的平台、信息采集的源头；对于卷烟消费者，零售客户的优质服务、优质消费环境、数字门店管理，提高了消费者的获得感和满意度。

（五）示范推广成果明显

2020年12月，该体系在全省烟草商业系统四季度重点工作会上做了重点展示，获得与会领导的一致好评。2021年2月，中国烟草总公司湖南省公司正式下文，在全省14个市州全面推广应用该体系。目前该体系已获得国家版权局颁发的2项软件著作权、国家知识产权局颁发的3项外观设计专利，通过了省局科技处组织的专家评审和成果鉴定，被鉴定为国内领先水平。现代卷烟零售终端管理体系被写入行业营销域系统标准版本，助推全国卷烟营销的高质量发展。云南、山东、四川、广东等19家工商企业前来怀化烟草就现代卷烟零售终端管理体系的建设经验进行交流探讨。专题文章先后在《东方烟草报》、《怀化日报》、省局网站等行业内外媒体上刊发，示范效应十分明显。

主 创 人：李汀桂、倪 飞

参与创造人：李祖标、邓红飞、欧家义、周慧君、尹佩琳、韩 丹、吴亚洲、罗剑宏、李佳懋、蒋湘球

基于新时代文明实践中心的智慧供电服务融合管理

国网湖南省电力有限公司常德供电分公司

摘要： 国网湖南省电力有限公司常德供电分公司全面落实党中央关于新时代文明实践中心建设的战略部署，基于企业数字化转型的要求和提升供电服务质效的迫切需要，挖掘新时代文明实践中心建设和智慧供电服务在目标任务、建设意义等方面的一致性与相关性，明确了新时代文明实践中心与智慧供电服务融合管理的实施思路，构建中心—分中心—服务站"三级联动"文明实践与智慧服务管理体系，实现阵地融合、人员融合，搭建平台、数据、程序、评价"四位一体"的数智网络，实现工具融合、管理融合，实施红色铸魂、绿色赋能、金色塑形"三大行动"，实现内容融合、服务融合，以"十有标准"构建保障体系，实现制度融合、保障融合，推动"新时代文明实践+智慧供电服务"相融并进、持续发展，发挥"1+1>2"的倍增效应，助力企业在落实党中央决策部署上率先垂范，在供电服务上智慧升级，在经营管理上降本增效，在节能减碳上做出成绩。

企业简介

国网湖南省电力有限公司常德供电分公司（以下简称国网常德供电公司）是国家电网湖南省电力有限公司直属的大型供电企业，供电范围覆盖常德市2区、6县、1市（县级）。国网常德供电公司现设16个职能部室、11个业务支撑机构、3个省管产业单位和11个县级供电公司、68个乡镇供电所，服务客户242万户。

一、基于新时代文明实践中心的智慧供电服务融合管理的实施背景

（一）是落实乡村振兴战略和践行企业宗旨的需要

建设新时代文明实践中心是推动习近平新时代中国特色社会主义思想深入人心、落地生根的重大举措，是推动乡村全面振兴、满足农民精神文化生活新期待的战略之举。开展新时代文明实践中心与智慧供电服务融合管理，是国网常德供电公司作为"大国重器"和"顶梁柱"，落实"供好电、服好务"主业主责，践行"人民电业为人民"企业宗旨，充分发挥县级供电公司、供电所直接服务农村的优势，在促推乡村振兴战略、服务乡村美好生活中深入践行企业宗旨的重要体现。

（二）是助力企业数字化转型和经营管理提质增效的需要

数字化转型已成为未来能源及电力企业发展的关键战略，供电企业迫切需要提高运行效率、降低管理成本、改善客户服务、综合创造价值，电网服务手段数字化、智能化成为必然趋势。结合新时代文明实践中心建设，依托数字化技术优化供电服务管理，可以深入贯彻"以人民为中心"的现代服务理念，激发基层队伍创造力、凝聚力、战斗力，驱动供电服务新业态发展，为公

司经营管理创新创效。

（三）是提升基层班组站所前端服务能力和服务质效的需要

近年来，国家电网公司作为能源公共服务行业，客户对办电服务模式、服务流程、服务渠道等方面给予极大期望。国网常德供电公司主动适应新形势，依托数智手段推动城乡供电服务转型提质与新时代文明实践活动质效提升有机结合，拓宽基层供电服务窗口，提升服务质效，畅通供电服务的"最后一公里"，实现城乡服务同质化。

二、基于新时代文明实践中心的智慧供电服务融合管理的主要做法

（一）明确"文明实践+智慧供电服务"融合并进的总体规划

1. 树立总体思路

以提升群众精神文化生活水平和精准服务群众美好生活用电需求为导向，依托新时代文明实践中心打造供电服务"智慧大脑"，以"四位一体"数智工具、文明实践"三大行动"促进智慧供电服务落地，以"十有标准"构建保障体系，促进文明实践与供电服务相融并进，搭建专业联动、政企合作的桥梁，多措并举拓展服务渠道、升级服务场景、精准匹配群众需求，以实际成效赋能乡村振兴和企业经营管理。

2. 明确工作目标

国网常德供电公司明确了通过实施基于新时代文明实践中心的智慧供电服务融合管理，实现在落实党中央决策部署上率先垂范、在供电服务上智慧升级、在经营管理上降本增效、在节能减碳上做出成绩四个方面的工作目标。

3. 制定实施原则

国网常德供电公司建立试点运行机制，有序、分步骤进行推广，通过前期深入调研和反复论证，明确了实施基于新时代文明实践中心的智慧供电服务融合管理的"四个坚持"原则，即坚持以群众的需求为中心、坚持数智驱动、坚持因地制宜、坚持长效支撑。

（二）构建"三级联动"文明实践与智慧服务融合管理体系

国网常德供电公司搭建了中心—分中心—服务站三级服务体系。各层级进行全过程供电服务管理，前移风险防控关口，后延属地细分服务，有效完善服务结构，整合现有基层站所服务阵地资源，建立统一行为规范，以"2+4+X"模式开展供电服务活动，形成一套成体系的有组织、有阵地、有规范的管理模式。

1. 搭建组织架构

按照"建阵地、抓队伍、履职责、强实践"的工作要求，形成"新时代文明实践中心（市公司）—分中心（县级供电公司）—服务站（供电所）"三级联动机制，有效打造新时代文明实践分中心、实践站两级示范阵地。

新时代文明实践分中心主要以"2+4+X"模式（2支服务大队+4支服务分队+特色服务分队）开展服务活动。以共产党员服务队和青年志愿服务队两支服务大队作为支撑，公司党委书记和团支部书记分别担任队长；电力优质服务、数据增值、宣讲服务、爱心公益4支服务分队充当服务主力军，具体职能见图1。除此之外，各实践站可根据实际情况，建立特色服务分队，如政企联动分队，为企业提供增值服务，与社区共同成立"村电联建"便民服务点；巾帼志愿者分队，开展宣讲与爱心服务。

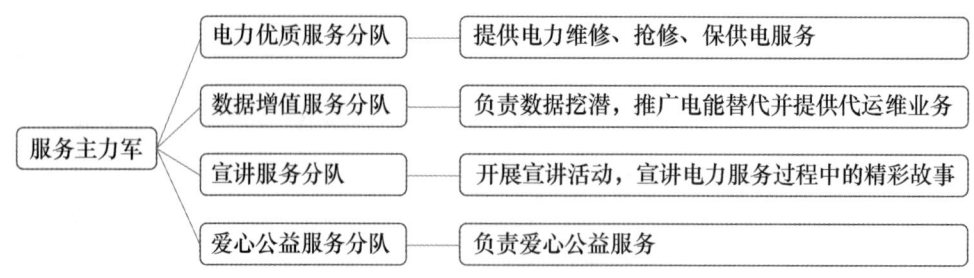

图 1 服务分队职能分工图

2. 盘活阵地资源

明确中心阵地建设"服务载体、传递文化、推广品牌"三个定位。以先进经验为引领，盘活融合各类活动阵地资源，结合供电营业厅、党员活动室、劳模工作室等，形成新时代文明实践工作展示厅、实践活动岗亭。依托智能化、交互类供电服务设备、展示设备，不断提升阵地服务功能。通过探索建立"内勤指挥外勤、工单驱动业务"的管理模式，查询系统、分析指标异常的时间平均缩短了25%，压降抢修时长30%。自实践站建成以来零投诉，服务效率提升近60%。

3. 统一行为规范

实践活动做到年有计划、季有主题、月有重点、周有安排。根据气候及客户用电规律，确定不同时期服务主体与重点，形成实践分中心活动流程图（见图2）及新时代文明实践活动二十四节气表（见图3），制订实践活动计划并予以执行，提高供电服务水平。

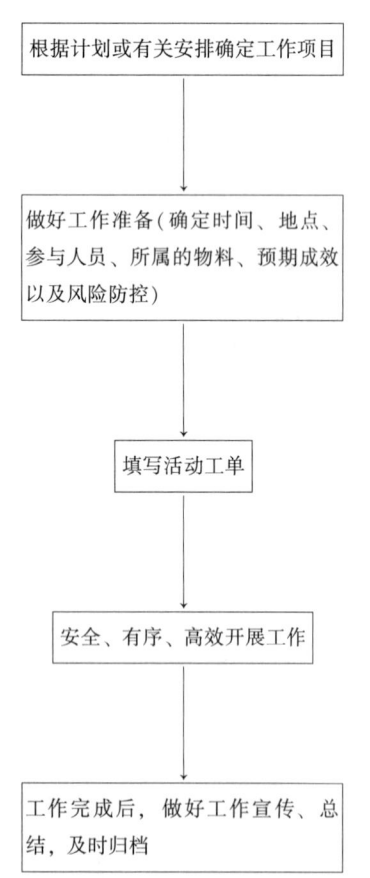

节气	重点任务指引
清明	1. 开展政治服务：赴烈士陵园等缅怀革命先烈，传承革命精神；加强自身建设，以"联学联创"等方式带动学习实践科学理论。 2. 开展抢修服务、深入移风易俗：聚焦清明防山火，加强电力线路巡视和消缺，宣传倡导文明祭祖；组织防外人触电安全宣传。
谷雨	1. 开展抢修服务：全力服务做好汛期抢险应急、抢修恢复等工作。 2. 开展增值服务、宣传宣讲党的政策：宣传相关用电政策，为客户提供能效诊断、用能咨询、隐患排查等服务，助力绿色低碳。
立夏	1. 联合青年开展"庆五四"服务活动。 2. 开展抢修服务：全力服务做好汛期抢险应急、抢修恢复等工作，提高响应能力和抢修效率。
……	……
夏至	1. 开展政治服务、丰富活跃文化生活：带头学习领会习近平总书记重要讲话精神，开展形式任务教育，服务做好"7.1"建党节专项行动。 2. 服务供电能力提升专项行动，提升电力供应保障能力。
小暑	1. 开展政治服务：全力服务做好抗旱保供电，保障安全用电。 2. 开展营销服务、宣传宣讲党的政策：开展节能低碳宣传，推广电能替代、能源服务，宣传节用电知识，解决客户难题。
大暑	1. 开展抢修服务：做好迎峰度夏应急抢修，低电压台区整治专项行动。 2. 开展志愿服务、培育践行主流价值：走访慰问、结对帮扶公司系统生活困难职工、老干部老党员、烈士遗属、因公殉职职工家属。
……	……

图 2 实践分中心活动流程图　　　图 3 新时代文明实践活动二十四节气表（部分）

(三) 搭建"四位一体"数智平台网络,夯实智慧服务基础

构建"四位一体"数智平台网络,实现工具融合、管理融合,"线上+线下"联动升级供电服务模式,提升企业经营管理质效和供电服务指标。

1. 多平台应用,搭建全业务融合线上管控模式

创新开发供电所指标看板。梳理6个系统、6000余个数据项,自主开发14个示范供电所业绩评价指标及16个员工绩效评价指标看板,形成"实践站"电力智慧监控决策体系。

优化新供电服务指挥平台。开发服务指挥平台功能,明确各类数据监控系统对相关业务的全口径、全链条统一管理,方便供电所针对具体环节制定服务场景、服务行为标准,提升供电服务能力。

深化应用网格化管理平台。根据服务半径、人均服务户数等前提,将城乡供电区域划分为若干网状单元格,并通过设置新时代文明实践岗等方式实现网格化管理平台工单直派到人,有效融入政府、社会网格。

2. 大数据挖掘,提升末端服务员工工作质效

为提升客户服务效率,国网常德供电公司应用"大数据+人工智能"手段,进一步优化了员工培训方式及业务处理效率。

首先统一权限系统,整合供电所员工账号,实现不同系统"一账号"单点登录。自主开发数据质量统计分析、配电变压器档位分析识别等大数据应用,自动分析定位源端异常数据,辅助生产、营销等专业异常诊断分析,提升专业管理水平。

以基层班组"零报表"试点为突破,整合供电所各类报表报送需求,依托"中台数据+报表工具"开展"零报表"攻关。深化"自动报表"和"数字员工"(RPA,机器人流程自动化技术)应用,实现常规报表个性化定制自动生成、一键导出,避免出现人为服务差错。

3. 全渠道贯通,打造用电客户数字服务新阵地

自主开发了"能效E助手""新能源E服务"等服务受理微信小程序,并贯通政务平台、网上国网等各类服务渠道,深化客户办电的政企联动和数据资源共享,打造用电客户数字服务新阵地。

在新时代文明实践站服务窗口创新实施"你点单、我服务"线上点单服务举措。用电客户可通过扫码"点单"进入微信小程序,获得安全用电、乡村电气化等模拟用能体验,并反馈服务需求,实践站"接单"后精准服务,将优质服务切实办到群众心坎上。

推进营销系统与"互联网+政务服务"一体化平台对接,实现办电服务"网上办",拓展各类线上办电、缴费渠道,共享业务流程办理数据。利用人工和智能客服,为客户提供基础预约、查询、咨询服务,精准开展诉求响应,帮助客户实现"云端互动"。

4. 新评价模式,助推供服专业管理保持正向反馈

传统供电服务管理考核一般是基于投诉或意见工单内容对相应单位及个人进行考核。基于新时代文明实践中心的智慧供电服务融合管理提供了更多考核激励的思路。

深化工单积分运用,强化员工激励模式。以员工"你点单、我服务"的接单派单数据为基础,综合统计服务群众工单数量、工作质效、经营指标等信息,量化员工绩效积分,以此作为绩效考核数据支撑,让绩效评价透明化、科学化。

将营销服务、志愿服务、抢修服务、增值服务等相关工作纳入公司新时代文明实践活动计划中,并将"立足行业特点,帮助群众解决实际问题"等标准,加入《新时代文明实践中心管理考

评细则》"优质服务"板块考核内容中,年末进行评估。

(四)实施"三大行动"升级文明实践与供电服务场景

通过"红色铸魂、绿色赋能、金色塑形"三大行动,打通文明实践与供电服务场景,推进新时代文明实践中心与智慧供电服务实现内容融合、服务融合。

1. 实施"红色铸魂,锻造暖心传送带"行动

党建引领聚人心。开展"红书包"行动,集中宣传党的重大方针政策、需求响应政策和节能减排政策。志愿者深入村组、田间地头开好"屋场会",以多种形式开展理论教育、加强行为引导。依托新时代文明实践分中心、实践站与街道、乡镇联动开展用电暨安全宣传44次,与小区物业形成合力,联合排查小区1201个,参与全市11个村的驻村帮扶、结对帮扶工作。

网格服务安民心。依托新时代文明实践中心和实践站开展"村电联建",融合政府网格与供电网格,利用文明实践服务体系和网格化平台,提前判断、精准对接、迅速解决群众用电困难。以全渠道工单数据为基础为客户"画像",建立公司敏感客户、台区、供电所档案,按照一般诉求属地闭环、敏感诉求提级督办的方式,实现客户诉求100%及时闭环。

多样工具速响应。通过汇聚各项服务的工单中心,建立服务站的工单智能整合和服务抢单模式,打造全聚合工单池与全链条数字化运营管控。依托营销移动作业App,推行低压业扩全环节线上交互办理模式,将系统流程中的11个环节精简至移动作业中的1个环节,实时接收客户的服务预约、实时获取客户的电子证件,及时开展现场服务,提高工作效率90%。

2. 实施"绿色赋能,做好电力先行官"行动

智慧响应农村电网维护服务。将新时代文明实践中心综合设备巡检周期、负荷变化曲线、易受外破地段等条件合并为巡视任务,通过供指平台和网格化平台形成工单并自动派发,提升巡视效率。

挖掘响应乡村用电服务需求。通过探索乡村居民延伸服务需求,总结归纳农村地区服务短板,深入挖掘乡村企业、乡村旅游等农村产业的重点服务需求,推进电制茶、电烤烟、全电养殖等乡村电能替代,实现"电力等发展"。

迅速响应群众办电服务诉求。实践站服务队员推广使用移动作业平台应用,进行低压办电全流程移动作业,使用手机即可实现低压办电"一个环节、一支队伍、一天完成"。为客户提供供电方案自助比选服务,深化"三零""三省"办电服务,提升业扩服务透明度。

3. 实施"金色塑形,架起党群连心桥"行动

利用数字手段开展延伸服务。在阵地服务窗口建设新时代文明实践志愿服务岗,依托微信小程序推广群众"点单"、实践站"派单"、志愿服务者"接单"的"你点单、我服务"服务模式。利用电力大数据精准筛查预测返乡人员,以短信、微信群、电话沟通、上门走访等方式,了解返乡人员用电需求,并提前做好电力服务保障,消除客户用电隐患。

利用志愿队伍开展公益服务。持续打造电力义务维修"阳光电力"志愿服务、"电骡子"便民捎带服务、"1+1"爱心助学等公益志愿服务品牌。以"电骡子"爱心基金为依托,聚焦特殊群体、弱势群体,开展走访慰问、爱心奉献、扶弱助困等公益志愿服务。提供用电隐患排查、重大活动保电、解决群众诉求等各类便民服务。

利用供电专班开展应急服务。在市、县、所三级建立24小时供电服务队伍,持续推进东方红(电骡子)共产党员服务队建设,实时报送停电信息,实现不间断服务。建立"供电服务应急专班"制度,在重大自然灾害、突发事件、疫情防控等危急时刻全力做好抢险应急、抢修恢复等

工作。

（五）打造"十有标准"支撑文明实践与供电服务持续发展

1. 有机制

形成《国网常德供电公司全面深化新时代文明实践中心建设实施方案》《实践中心建设工作计划表》等管理制度，完善了16支东方红（电骡子）共产党员服务队的组织机构、服务队章程。

2. 有阵地

明确阵地建设"服务载体、传递文化、推广品牌"三个定位，将新时代文明实践活动阵地建设融入"新站所"、营业厅"三型一化"优化改造。结合供电营业厅、党员活动室、劳模工作室等活动阵地资源，形成完善新时代文明实践工作展示厅、实践活动岗亭等。

3. 有队伍

以东方红（电骡子）共产党员服务队为基础，吸纳青年骨干及外部力量，组建17支"电小骡"志愿服务队。

4. 有计划

制定新时代文明实践活动二十四节气表并执行，各区县累计开展新时代文明实践活动4349次。

5. 有规范

服务队明确以政治服务、抢修服务、营销服务、志愿服务、增值服务为服务内容，以青年"电小骡"青年志愿者服务队作为东方红（电骡子）共产党员服务队的有益补充，扩大服务群众的范围。

6. 有载体

突出"一站一特色"，根据月度活动主题开展系列活动，以"讲评帮乐庆"形式向群众传播文明。以"电骡子"爱心公益基金为依托，聚焦特殊群体、弱势群体开展走访慰问、爱心奉献、扶弱助困等公益志愿服务。

7. 有记录

实行表单管理，按照优质服务、数据增值、主题宣传、公益行动、文化乐民服务类别，规范、简洁地记录文明实践活动的开展情况。

8. 有保障

在党建工作经费中安排一定比例用于相关工作。

9. 有宣传

总结提炼内部工作消息，踊跃在内、外部媒体开展宣传报道，提升公司新时代文明实践中心建设及供电服务的影响力、带动力。

10. 有成效

组织开展"优秀志愿服务队""最美志愿服务者"等评比、评选活动。主动承担服务地方重大活动、重要会议等志愿活动，开展义务维修、排查隐患、敬老助残、爱心助学、安全教育等志愿服务活动，在服务群众的过程中起到了重要支撑作用。

三、基于新时代文明实践中心的智慧供电服务融合管理的实施效果

（一）社会影响力显著增强，彰显企业品牌示范效应

国家电网公司董事长高度肯定公司东方红（电骡子）共产党员服务队志愿服务工作成效。创新开展的"点单接单"式志愿服务典型经验荣登中共国家电网有限公司党组党史学习教育简报。

国网湖南电力有限公司新时代文明实践中心现场会在常德石门召开。常德市委宣传部部长多次考察公司新时代文明实践中心建设并给予高度评价。国网常德供电公司先后被中共常德市委、常德市人民政府联合行文授予"优化营商环境工作优秀单位""行业（部门）实施乡村振兴战略先进单位""驻村（对口）帮扶先进单位"等荣誉称号。

（二）供电服务智慧升级，开创企业服务管理新局面

通过新时代文明实践中心的服务体系和多样化的数智工具，驱动服务管理不断智慧升级。各实践站有序开展电力智慧服务渠道推广，"网上国网"App推广88万户，完成省公司任务的109.05%。通过"办电e助手"应用帮助企业与客户实现"云端互动"，累计服务客户2503户，应用率达到97.97%。2021年度95598客户投诉同比下降76.66%，2022年春节保供电期间实现服务全渠道"零投诉"。国网常德供电公司荣获国网湖南省电力有限公司2021年度"市场营销先进单位""优化营商环境先进单位"荣誉称号，宝峰、德山、灌溪、挡市、城头山、壶瓶山6个供电所被省公司评为"2021年度五星级乡镇供电所"和"示范供电所"，安福供服站、善卷供服站被评为"示范供电服务站"。

（三）经营管理提质增效，促进企业效率效益显著提升

以新时代文明实践服务体系为网络，以高效的组织运行、科学智慧的管理方式和数智工具，不断挖潜企业效益和节约人力成本，助力企业提质增效。2021年，各实践中心、实践站宣讲服务分队积极开展充电运营业务"线上+线下"引流活动，充电量完成率、充电服务费收入均排名全省第一。实践中心和实践站服务人员通过多样化线上平台和数字化工具的使用，实现数据一次录入、业务一站处理，服务时长大幅缩减。2021年全年已开发完成营销、综合等专业常用自动报表共148张，累计节约1182人天，节约时间280.2小时；开发营业问候短信等RPA产品24个，单点单次运行缩短工作耗时约70%，缩减人工成本约81%。

（四）"双碳"战略有效落地，推动生态效益持续增长

通过结合新时代文明实践系列活动和数智分析工具，精准开展高压能效账单推广与能效走访，国网常德供电公司高压能效账单绑定覆盖率达99.89%，全省排名第一。加强对服务区域农村、农业、农民的生产生活用电提供服务保障，大力推广"电能替代"，进行"煤改电""柴改电"。2021年，公司累计完成310个以电代煤、代油、代气项目，完成替代电量1.37亿千瓦时，相当于燃煤3.72万吨、燃油357万升、燃气343万升，减少碳排放3.2万吨、二氧化碳10.28万吨，切实助推绿色能源发展，助力"双碳"战略落地见效。

主　创　人：陈敏捷、赵向新
参与创造人：刘正谊、李宗赐、杨　成、皮振宇、罗成岩、聂军祥、
　　　　　　覃道周、夏莘雨、林钰婕、谭佳侠

地市级烟草商业企业智慧物流管理体系的构建与应用

湖南省烟草公司岳阳市公司

摘要： 随着烟草行业的不断发展，物流管理环节的关键性作用日益凸显，企业迫切需要提高物流管理环节的管理能力和资源配置水平。2019年，中国烟草总公司印发《关于推进烟草行业智慧物流建设的指导意见》，提出了通过关键环节物流智能应用研究与建设，打造"全面感知、数字驱动、智能管理、智慧决策"的行业智慧物流体系。为了加快落实国家局、省局（公司）对智慧物流建设的各项要求，湖南省烟草公司岳阳市公司（以下简称岳阳烟草）积极应用大数据、物联网、3D仿真等现代信息技术，打造"一个平台、两全管理"的智慧物流管理体系，搭建智慧物流平台，打通各个数据系统间的壁垒，打破各作业系统之间的信息孤岛，实现平台之间数据的互联互通。建设智慧仓储作业、智慧分拣作业、智慧配送作业，实现"全过程"智慧管理，建设智慧设备、智慧工位、智慧定额、智慧月台、智慧服务、智慧安防，实现"全要素"智慧管理，充分发挥智慧物流建设对现代物流发展的促进作用，推进企业物流服务升级、管理升级、创新升级，促进物流运行提质、增效、降本，助力企业高质量发展。

企业简介

岳阳市烟草专卖局（公司）组建于1984年12月，负责全市烟草专卖管理和全市烟草系统人财物、产供销、内外贸的统一管理和经营，服务全市2.9万余卷烟零售经营户。下辖临湘市、汨罗市、岳阳县、华容县、湘阴县、平江县6个县级局（分公司）和14个内设科室。连续3年被省政府评为"全省纳税50强企业"，连续5年被评为全省烟草商业系统目标管理一等奖，连续10年被省公安厅、省局授予"卷烟打假特别贡献奖"，连续两届被岳阳市委、市政府授予"岳阳慈善奖"，被国家局授予"地市级局（公司）标兵单位"，被省税务局评为"纳税信用A级单位"。先后荣获"全国工人先锋号""省巾帼文明岗""全国三八红旗集体""行业'六五'普法先进单位""全国文明单位"等荣誉称号。

一、地市级烟草商业企业智慧物流管理体系构建与应用的背景

（一）是推动物流智慧化转型的需要

2019年3月，国家发改委等24个部委联合发布的《关于推动物流高质量发展 促进形成强大国内市场的意见》指出：要实施物流智能化改造行动。大力发展数字物流，加强数字物流基础设施建设，推进货、车（船、飞机）、场等物流要素数字化。加强信息化管理系统和云计算、人工智能等信息技术应用，提高物流软件智慧化水平。2020年6月，国家发改委、交通运输部印发的《关于进一步降低物流成本的实施意见》提出：加快发展智慧物流。推进新兴技术和智能化设备应用，提高仓储、运输、分拨配送等物流环节的自动化、智慧化水平。湖南省下发的《湖南省

"十四五"现代物流发展规划》指出,要推进物流智慧化发展,着重将物流智慧化、专业化、绿色化提升作为重点工作和任务。

(二)是落实烟草行业智慧物流建设的需要

近年来,行业物流工作按照国家局的决策部署,稳步推进、扎实开展,物流信息化建设在整合物流资源、提高运行效率、创新管理方式、加强信息服务等方面取得了初步成效。2019年,中国烟草总公司印发《关于推进烟草行业智慧物流建设的指导意见》,提出"通过关键环节物流智能应用研究与建设,打造'全面感知、数字驱动、智能管理、智慧决策'的行业智慧物流体系,发挥智慧物流建设对行业现代物流发展的促进作用,推进行业物流服务升级、管理升级、创新升级,促进行业整体物流运行提质、增效、降本,助力行业高质量发展"。

(三)是提升岳阳烟草物流智慧管理水平的需要

随着烟草行业的不断发展,烟草物流作为服务广大零售客户及消费者的桥头堡,不仅是实现烟草企业增值的关键环节,更是展示烟草企业形象的前沿阵地。要实现烟草行业的高质量发展,迫切需要提高物流管理环节的管理能力和资源配置水平。岳阳烟草物流配送中心无论是基础设施、技术装备等硬件方面,还是运行管理、成本管控、服务能力、创新意识等方面,都与此要求存在一定的差距,影响企业经营成本和运营指标的改善和提升,制约企业综合管理能力的提升和客户服务能力的提高。要助力烟草行业物流高质量发展,必须提升物流配送过程的智慧化管理水平。

二、地市级烟草商业企业智慧物流管理体系构建与应用的主要做法

(一)系统谋划智慧物流管理体系

岳阳烟草物流配送中心深入贯彻落实国家局、省局高质量发展战略部署,结合自身实际和企业发展的最新要求,系统谋划设计,成立智慧物流建设领导组织,推动智慧物流的建设。

理念:以高质量发展为引领,全面提升企业核心竞争力为主线,深植数字化、智能化理念,找准关键路径,实现数字化与企业物流服务同频共振、互相促进,推动物流管理向数字化智能化转变。

原则:坚持统筹规划、协同整合,充分发挥企业管理优势,构建纵向贯通、横向协同、资源共享的物流生态圈;坚持科技引领、创新驱动,积极探索现代信息技术在物流领域的应用和融合,通过科技创新激发和释放烟草物流发展新动能;坚持安全可靠、经济适用,兼顾地区间、业务间物流信息化基础差异,适度建设,安全运行,稳步推进智慧物流建设。

思路:以《国家信息化发展战略纲要》和《新一代人工智能发展规划》等国家战略规划为指导,按照《烟草行业"互联网+"行动计划》和国家局党组关于建设现代化烟草经济体系推动烟草行业高质量发展的总体要求,通过打造"一个平台、两全管理"的智慧物流管理体系,发挥智慧物流建设对现代物流发展的促进作用,推进企业物流服务升级、管理升级、创新升级,促进物流运行提质、增效、降本,助力企业高质量发展。

一个平台:数智化智慧物流平台。

两全管理:全过程智慧管理、全要素智慧管理。

目标:一是物流业务数字化。实现入库、出库、分拣、配送物流关键环节全面感知,物流数据自动、准确、实时采集。构建物流信息互联互通、协同共享、有效利用的数字化物流综合管控体系。二是物流关键领域实现管理智能化。利用大数据、云计算、物联网、移动互联、人工智能等现代信息技术,在关键领域和重要环节建立智能应用模型,实现物流管理向数字化智能化转变,稳步提高物流智能化运营水平。

（二）搭建数智化智慧物流平台

岳烟物流积极发挥信息技术的支撑作用，将自动化、智能化要求融入物流配送中心数字化建设，构建仓储、分拣、配送等环节一体化，集智慧物流管控、卷烟配送精准监管、数字月台智能监控、设备维护保养管理、数智签收、物流园区智慧安防于一体的智慧物流平台（见图1），打通各个数据系统间的壁垒，打破各下位作业系统之间的信息孤岛，实现平台之间数据的互联互通，让决策更智慧，推动岳阳烟草物流向数字化智能化转变。

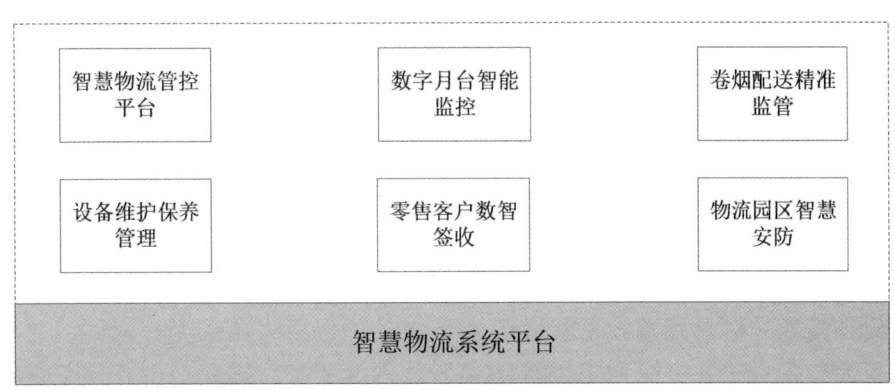

图1　智慧物流平台框架

（三）全过程智慧管理

1. 智慧仓储作业

岳阳烟草采用3D可视化技术，能够快速、准确地完成盘点，解决了多年来困扰行业内高架立体库无法实现快速盘存的难点问题。3D可视化高架库卷烟盘点是通过对高架库出入库设施设备、卷烟进行3D建模，实现3D虚拟自动化仓库运行状态与实际仓库状态实时同步，实时连接真实场景数据库，实时还原仓库设备运行环境，对场景进行实时仿真监控。通过库位积压预警来合理利用宝贵的库位资源，避免存货报废的损失、加快货物周转以降低仓储成本，节约企业成本。智慧仓储作业实现了仓储实时监控盘点、日统计、作业统计、运行分析、可视化库存查询等功能。

2. 智慧分拣作业

通过应用3D可视化技术，以3D模拟的方式对仓储分拣设施、卷烟、动线等进行展示，实现输送辊道、机器人、提升机、拆盘手、开箱机、补货小车、摆渡小车、包装机等自动化分拣设备的3D仿真，实现了卷烟分拣实时运行和设备故障预警信息的拟真化。通过自动获取设备故障信息，实时关联设备故障点，实现设备故障自动报警和故障快速诊断，提升设备故障处理的准确性和及时性。实时展示卷烟分拣作业情况，便于管理人员直观了解卷烟分拣的效率和进度，合理调度配送车辆进行装车作业，实现装车与分拣作业的无缝对接，解决了以往配送装车等待时间长的管理痛点，提升了卷烟分拣管理效率。

3. 智慧配送作业

该系统采用人工智能、大数据技术对现有的配送车载系统进行升级改造。系统紧密围绕人员、配送车辆、卷烟三个维度，通过驾驶行为分析、中心调度监控功能，实现安全精确管控。通过车载北斗定位系统实时定位，能做到车辆运行轨迹的实时准确跟踪和回放；通过实时调取车载视频，调度员能对配送过程中的车辆状况、司机行为和发货过程进行实时检查和监督。实现对卷烟配送环节的全过程精准监控的提质升级，实现实时动态监控可视化、取货过程自动归档管理、驾驶行为自动分析、统计信息查询等功能，满足物流、营销、专卖和内管等对业务监控的需求。

(四）全要素智慧管理

1. 智慧设备管理

通过与WMS仓储管理系统数据库进行关联，获取即时卷烟库存信息，然后物流设备智慧管控系统通过3D可视化技术对现有的自动化集成设备运行情况进行实时监控及模拟展示，实现输送辊道、光电传感器、提升机器人、拆盘手、开箱机、补货小车、合单机、打码机、包装机等自动化仓储分拣设备的仿真模拟，自动获取设备故障信息，实时关联设备故障点，实现设备故障自动报警功能和故障快速诊断功能，提升设备故障处理的准确性和及时性。设备保养备件管理系统以业务需求为驱动，充分满足一线作业人员业务需求，通过搭建设备维修保养和备品备件管理数据库，降低人为记录的随意性和产生差错的可能性，加强维修保养的过程管理和备品备件使用的痕迹化管理，借助微信小程序，实时掌握设备的维修保养情况，以及备品备件的库存情况、使用频率，实现设备保养、维修和备品备件入库、领用记录的动态录入、维护、查询功能，实现维修保养的数据化，为设备高效运行和备品备件管理提供支持。

2. 智慧工位管理

智慧工位管理是通过信息感知设备对物流环节中各工位上人员的到岗时间、工作数量、工作质量等信息进行实时采集，并提交到工位管理和绩效考核系统。智慧工位管理不仅仅是通过自动获取提高了信息采集的效率和准确率，能够更好地考核员工的考勤情况和工作数量，也可以通过感知设备所反映的差错率、工作时间等指标，考核员工的工作质量。例如可以通过传感器获得维修员对设备的维修时间，进而计算出MTTR（平均设备故障恢复时间）这一可以反映出设备维修员工作能力和工作质量的核心指标。

3. 智慧定额管理

智慧定额管理是围绕国家局、省局下达的深入开展物流费用分层分类对标的要求，科学编制物流预算，切实降低物流运行成本。全面实施预算管理和定额管理是以科学测算的定额作为物流成本预算的基础，严格控制可控成本，实行相对独立运行的成本核算体系，规范核算程序，确保物流成本的核算完整、准确。岳阳烟草物流中心全面梳理了卷烟物流定额管理的各项指标，包含物流财务审核管理（涵盖职责、程序要求、保障管理、中转站报账管理等内容）、执行国家标准的成本费用、执行行业标准的成本费用、作业环节件烟费用定额标准（涵盖仓储、纸箱回收、分拣、车辆、送货、中转等各个环节的定额标准）四项内容定额标准，四项标准涵盖物流运行过程中的各个定额指标。通过对定额指标数据的自动获取、自动传输、智能处理，岳阳烟草提升了整体管理水平，规范了企业内部的管理行为，降低了物流生产成本，提高了物流生产效益。

4. 智慧月台管理

数字月台智能监控系统，围绕卷烟装卸作业过程中人员、车辆、货物、仓储四大要素，通过自动感应设备实时检测车辆到达、离开月台状态，为车辆到达园区后进行排队、随车人员登记、仓库管理人员叫号和停车叫号展示提供能力支撑。通过月台画布对装卸月台进行可视化呈现，在画布上展现已配置的园区月台，通过不同的颜色进行提示状态展现，利用车位检测相机实时检测车位状态、车牌号码、车门开关状态、装卸货人数、车厢内货物装载率等作业情况，自动记录相关数据，形成完整作业的管理数据，极大地提高月台作业情况的可溯性，提升作业规范和标准（见图2）。

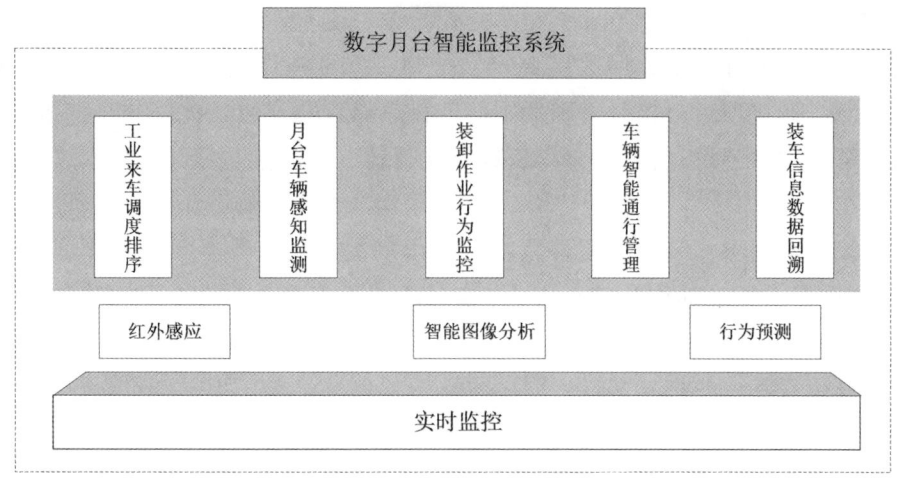

图 2 数字月台智能化框架

5. 智慧服务管理

零售客户数智签收系统通过人工智能新技术，对卷烟交接场景进行数字化重现，建立"订单—照片—人脸"的数据关联，零售客户经过"数智签收移动客户端"实名认证，自动关联个人与烟草零售许可证的店铺信息，将个人身份信息与所登记店铺进行绑定，法人可对名下店铺进行本人签收和授权签收等。系统采取拍照比对的方式，将签收照片的人员、位置、订单与零售客户信息进行智能 AI 算法比对，自动识别签收是否真实合规，消除了卷烟配送过程中的规范风险。卷烟配送全过程无纸化，系统自动下载当日配送订单信息，减少了纸质客户小票的使用，助力绿色物流的目标达成。零售户配送当日，系统会根据当日卷烟送货任务判断预计送达零售户时间，并统一时间向零售户进行推送，零售户可获取当天送货时间范围，了解具体送货时间。配送任务结束后，零售户可通过手机对整个物流环节进行服务点评，用户点评可以形成服务报表，方便对整个环节的服务把控，从而提出有针对性的整改，提高满意度。

6. 智慧安防管理

物流园区智能安防系统是借助物联网、视频分析、人工智能和大数据等技术，围绕智慧消防、人脸智能分析、车辆管控、访客管理、疫情防控及安保巡更等综合子系统，建立起人脸识别、访客管理、巡更管理、疫情防控、智能门禁、周界智能视频防范、人脸识别考勤等子系统。它解决了物流园区安防人员不足、巡防面积过大的问题，将自动化、智能化安全管理融入物流配送中心数字化建设，提高管理效率，防范安全隐患，实现物流安全管理数字化、智能化。

（五）做实智慧物流支撑保障工作

1. 转化思维理念

强化大数据思维，树牢"全面感知、数字驱动、智能管理、智慧决策"的智慧物流理念。一是丰富理论知识。组织开展专题读书会、讨论会，聘请外部专家开展专题讲座，丰富物流中心全体员工的数字化、智能化的理论知识，提高其数字化、智能化转型能力。二是对标成功企业。向华为、腾讯等头部企业取经，感受数字文化魅力，主动对标行业率先转型的标杆单位，学习浙江烟草构建"互联网+浙江烟草专卖商业"模式的先进经验。三是营造转型氛围。组织论文征集、专栏推送和读书活动，搭建舞台，干部员工登台讲思路、摆方法、谈收获，交流互鉴，取长补短，大力营造数字文化氛围。

2. 强化组织机制

成立智慧物流建设领导小组，形成主要领导挂帅、分管领导主抓、物流中心承办、各部门协同配合的责任机制；通过项目审核制，确保所有项目能够互融互通、数据共享；落实专题例会制，统筹协调，及时解决项目建设过程中的重点和难点问题，并对进度实行月度通报，确保执行效力。

3. 健全标准体系

根据行业物流标准要求，结合岳阳智慧物流建设的关键环节特点，规范岗位作业标准，围绕"作业要素、作业顺序、标准动作"三个方面，认真分析各环节作业工序和操作流程，通过现代信息技术，对产生重复操作的流程节点进行优化，减少冗余动作，规范标准作业时间，形成一套高效实用的流程标准体系和作业指导书。

4. 提升人员专业素质

借助乐捷创新平台，形成赛马、倒逼机制，鼓励跨领域、跨部门组建创新团队，协同作战，孵化数字化新项目，实施挂帅领题、点将命题、揭榜摘题，在物流中心智慧物流建设过程中形成比学赶帮超氛围。以强化政治素质、专业能力、业务实操能力为重点，全面推动物流队伍全员素质再提升。开展好"数字化讲堂""乐捷服务品牌培训""设备操作培训"和"物流技能竞赛"等一系列定期教育比赛活动，鼓励员工自主参与智慧物流建设，推动素质教育和业务培训融合发展，确保物流人员的技能、基础管理和创新能力得到提升和突破。

三、地市级烟草商业企业智慧物流管理体系构建与应用的成效

（一）管理水平得到提升

通过智慧物流管理体系的构建与应用，岳阳烟草物流配送中心进一步整合优化物流信息化系统和物流数据管理，依托"乐捷精益"、智能设备管理系统等不断完善物流环节的数字化管理，强化仓储分拣日常管理、设备维修精益管理、6S现场管理、外包公司绩效考核，编写了《现代化物流体系建设资料汇编》，印发了一系列规范性文件，完善和修订了作业流程，全面实现了标准化作业，企业管理水平得到大幅度的提升，为企业的高质量发展打下了坚实的基础。

（二）经济效益稳步增长

通过地市级烟草商业企业智慧物流管理体系的构建与应用，岳阳烟草物流配送关键对标指标及全省行业排名达到全省优秀水平。其中人均卷烟配送效率全省排名第五，库存周转次数全省排名第七，仓储破损率、分拣破损率和送货破损率低于十万分之一，2021年三个环节实现了零差错率。在全市系统实现干线运输"五改四"、支线配送"四改二""四改一"差异化访销配送新模式，共减少配送车辆2台，减少人员4人，支线干线运输成本共计降低54.65万元，客户满意度达到全省、全市行业平均水平之上。

（三）生态效益逐步显现

通过地市级烟草商业企业智慧物流管理体系的构建与应用，岳阳烟草物流配送中心积极打造绿色循环、精益高效的物流配送模式，积极履行企业生态建设方面的责任。在2021年新增2台新能源配送车的基础上，力争"十四五"期间新能源配送车使用量达到50%以上。加强客户订单、设备运行及车载量大数据分析，常态化开展线路优化。持续推进绿色包装、运行低碳化，加大与工业公司的沟通与联系，扩大循环包装箱回收数量，完善循环烟箱回收机制建设，确保超标准完成年度循环烟箱回收工作任务，绿色物流各项指标进入全省先进行列，实现节能减排、降本增效的总体目标。

（四）社会效益愈发突出

通过地市级烟草商业企业智慧物流管理体系的构建与应用，岳阳烟草物流配送中心在继承和发扬"先忧后乐、团结求索"的岳阳精神的同时，秉承"服务社会、互助友爱"的企业价值观，充分发挥企业渠道优势和资源优势，先后通过选派干部职工深入驻村帮扶、与贫困村结对帮扶、打通产业扶贫渠道、积极为希望工程、贫困户捐款等方式，积极投身社会福利事业，企业连续两届被市委、市政府授予"岳阳慈善奖"，企业社会效益得到显著提升。

（五）示范领跑作用凸显

通过地市级烟草商业企业智慧物流管理体系的构建与应用，岳阳烟草物流配送中心获得省公司QC小组活动成果二等奖3项、三等奖2项，获评全省烟草商业系统"精益十佳课题"；获得计算机软件著作权7项，获得实用新型专利证书2项；2020年、2021年乐捷QC技术小组连续两年被评为湖南省优秀质量管理小组，课题《提高物流提供线索的准确率》和《卷烟高架库3D可视化管控平台的研发》在湖南省第41次、42次QC小组成果交流会上荣获一等奖。2020年8月，五支部被中共岳阳市直属机关工作委员会授予"先进基层党组织"称号，11月被湖南省烟草专卖局党组授予"示范党支部"称号；2020年、2021年，左劲松、吴旭两名同志先后被省局评为"最美物流人"，在全省物流行业发出了属于岳阳烟草的声音。

主　创　人：刘湘江、毛岳胜

参与创造人：彭　祎、姚贻丰、王曙光、凌博群、吴　旭、谢　能、汤卫阳、朱明杰、郑　杰、李　浩

市级烟草商业企业高效协同物流配送体系构建

湖南省烟草公司永州市公司

摘要： 当前物流已成为支撑国民经济发展的基础性、战略性产业，为适应现代化经济体系建设步伐，国家加快物流枢纽网络建设，烟草物流也提出优化网络资源配置，提升运行管理水平。湖南省烟草公司永州市公司针对现有物流体系布局不合理、整体效率偏低、信息化应用程度不高等问题，通过以"零浪费"为目标、"零等待"为主线进行全供应链"工商协同""两烟协同"和"区域协同"的协同优化；以全流程精益化为目标优化整合现有资源，进行科学配置，实现流程、设备升级；采用信息化、智能化技术支撑"三智"平台建设，提升智能管控、智能服务水平。通过两年的实施，现已建成集成有序、配置合理的"科技、精益、高效"现代化卷烟物流配送体系。

企业简介

湖南省烟草公司永州市公司（以下简称永州烟草）是湖南省烟草公司的全资子公司，企业性质为国有企业，主要经营烟叶生产种植、收购、调拨、烟草种子加工销售和卷烟、雪茄烟销售。全市系统有在岗职工1284人，下辖10个县级分公司，内设17个职能科室，1个非法人实体物流中心，9个物流中转站，辖区内有卷烟零售户2.6万户，烟农7900余户。2021年销售卷烟18.34万箱，调拨烟叶63.12万担，营业总收入77亿元，实现税利总额21.24亿元，居全省烟草商业系统第5位。近年来，永州烟草以管理创新为抓手，扎实推进"实力永烟、活力永烟、魅力永烟"企业发展愿景，企业运行质量和效益逐年提高，先后被评为"湖南省纳税信用A级单位""湖南省消费者信得过单位""第四届全国精神文明建设工作先进单位"。

一、市级烟草商业企业高效协同物流配送体系构建的实施背景

（一）是对接国家物流枢纽网络建设的战略需求

物流是支撑国民经济发展的基础性、战略性产业，随着互联网技术的进步，电商高速发展，物流需求大幅增长，从而出现"物流热"。可是在发展过程中，以企业为主体的物流中心建设存在规划、布局不合理，规模效益难以形成；标准化缺乏，运作不规范，整体效率偏低，服务质量落后；物流设施、设备老旧，无法适应互联网下物流作业需求等制约点。特别是受新冠肺炎疫情影响，社会物流成本出现阶段性上升，难以适应建设现代化经济体系、推动高质量发展的要求。2021年下发的国家物流枢纽网络建设实施方案中指出，要整合优化存量物流基础设施资源，构建"通道+枢纽+网络"的物流运作体系，全面提升物流效益、效率。

（二）是建设现代化烟草行业物流体系的需求

烟草行业实行专卖专营制度，行业物流市场竞争意识较为薄弱，特别是烟草产业链上下游之

间，采购物流、销售物流、内部物流资源分散在不同环节和部门，无法实现一体化运作，存在作业效率整体偏低、响应速度相对较慢、成本费用普遍偏高等情况。国家局提出紧密联系企业发展实际，在网络资源配置优化、运行管理水平提升、服务保障能力增强、信息技术应用创新、人才队伍素质强化等方面下功夫，提升精益管理水平、增强服务能力、降低物流成本，提高烟草行业供应链竞争管理水平。

（三）是满足企业持续提升物流运营效能的需要

随着服务竞争时代的到来，永州烟草原本适用的经营方式和管理模式正在逐步显现出它的不足之处。一是物流布局不合理，资源浪费大。以行政区划为主设置管理机构的管理模式由于资源分散、人力配置不合理、送货区域不均衡等因素影响，产生了物流费用高、人均配送效率低等问题，物流整体效能提升空间受限。二是流程不够优化，作业效率低下。物流过程分散在各部门，缺乏统一控制和协调，在交接、传递等过程中依然存在错误和延时现象，作业效率不高，对客户需求反应迟缓。三是"互联网+"物流探索应用不够。作业过程的标准化、可视化、智能化管理程度低，业务数字化在各流程之间存在空白，信息系统集成程度不高，作业数据不能实现完全共享，智能化决策水平低。永州烟草紧扣效率、效益两个核心指标，积极探索实施高效协同物流体系的创新模式，努力打造"精益、科技、高效"的现代物流服务商。

二、市级烟草商业企业高效协同物流配送体系构建的主要做法

（一）明确目标原则，做好顶层设计

永州烟草物流与20家卷烟工业公司合作，为全市2.6万零售客户提供年18万箱卷烟的采购、分拣、配送等相关服务。现有物流园区1个，仓储容量1.45万箱，9个物流中转站，拥有37个配送车组、185条送货线路，可实现日均卷烟入库400箱/小时，分拣132箱/小时，配送720箱/天的作业量。受狭长地形南北距离远、山区交通条件差、卷烟零售客户多且分散、户均订单量小等因素的影响，现有物流配送体系按行政区划地理位置实行"1+9"配送模式，即1个物流配送中心，9个中转站，其中3个卷烟中转站实行配送车组从物流中心直接装载分拣后的卷烟给客户实行配送，6个中转站需在各中转站物流仓库进行中转暂存后再配送到客户手中。现有模式存在机构臃肿、从业人员多、流程烦琐、业务单一、成本费用偏高、信息化应用程度低于行业外物流等问题。

1. 成立领导小组，强化组织保障

针对现有物流配送体系中存在的问题，永州烟草将体系重构工作列为公司2020年十大重点工作之一，成立由市局分管卷烟业务经理为组长，人事科、财务科、经济运行科、法规科、物流配送中心等部门主要负责人，零陵区等9个县市级烟草分公司分管业务经理为成员的工作领导小组，进行统筹安排、沟通协调、计划组织，确保工作高效推进。

2. 聚集核心升级，厘清构建思路

以"协同化""数字化""精益化"为原则，采用精益管理思维重新规划中转站布局、优化配送路线、改进作业流程、采用信息化智能化技术提供作业支撑、探索两烟物流降低物流费用，以"零浪费"为目标、"零等待"为主线进行全供应链的"协同优化"物流配送体系升级改造，将永州烟草物流建设成为"精益、科技、高效"的现代化卷烟物流配送体系。

3. 确定精准目标，明晰建设方向

"零浪费"：消除配送体系中不增值的浪费，通过减少环节、降低差错，最大限度地挖掘效益潜力。

"零等待":减少供应链上下游各个作业环节的等待时间,减少卷烟零售客户的取货无效等待。

"高效率":全面优化整合现有资源,进行科学配置,实现效率提升。

4. 遵循统一原则,保障实施成效

协同化原则:以"优势互补、协同高效、互惠互赢"为原则,构建工业与商业"工商协同"、卷烟与烟叶"两烟协同"、区域中转站"区域协同"。

数字化原则:利用大数据、移动互联网、人工智能等互联网新技术,构建"全数据共享、全业务覆盖、全流程可控"的智能化物流配送体系。

精益化原则:在顾客满意前提下,消除浪费、优化流程、提高质量、降低成本,实现利润最大化。

(二)完善网络布局,实现"区域协同"

以现有物流节点为核心,结合当地路网规划信息,分析全市卷烟零售客户地理位置布局和历史配送量,建立物流节点的选址、覆盖规模、物流节点数量等布局指标体系。运用统计学算法,选择最优物流节点的空间位置,通过数据模型计算最优配送线路。

1. 统计分析,科学谋划,重构物流节点布局

永州三面环山,南北狭长,三个山系将永州分隔成南北两大相对独立的特殊地理环境,形成南边6县和北边2区2市1县的行政区划。通过多种统计工具分析,打破行政区划,重新划分配送区域,以"充分利用原有设施"为原则建设最优物流节点。

分析全市地理地貌、各县区城市、乡镇、农村消费能力、交通区位、物流量现状等基本因素,考虑物流节点布局规划的系统性和复杂性,综合应用最小运输费用分析法、重心法和层次分析法等常用的优化法,经多次比较和修正,最终选择最优节点规划方案。以省公司搭建的 GIS/GPS 公共服务平台中经纬度、路网等信息,结合客户数、客户分布、客户订单量、交通区位情况、地理地形特征等因素进行测算,将全市11个区市县的配送区域分区划片为3个区域。确定冷水滩、零陵、祁阳、东安、双牌为北面配送区域,宁远、蓝山、新田、双牌县麻江镇为南面一配送区域,道县、江华、江永、双牌县江村、理家坪村地等为南面二配送区域。运用层次分析法,将现有烟草物流设施、道路网衔接程度、周边土地可拓展程度、改造费用等因素应用德尔菲法确定指标权重,进行测算。最终选定宁远县局原烟叶经理部和道县祥霖铺烟草站分别为南部的物流节点,永州市卷烟物流配送中心为北部的物流节点。实施后,永州北部将直接配送区域扩大,减少中转配送费用。而南部的两个二级节点通过改造利用中转站原有设备设施,未另行建设仓储设施,有效控制投入成本,使现有资源得到充分利用,实现节点到配送区域最合理距离。

2. 建立模型,数据评判,优化整合配送线路

通过数据模型计算出各个物流节点的最优配送线路,以里程、时间、费用等相关维度指标的优劣衡量优化成效,最终实现线路整合的目的。统筹设计全市送货线路规划方案,建立混合整数规划问题数学模型,设计遗传算法进行求解。由于卷烟零售客户的订货具有规律性,即每个客户在固定的时间和固定的周期订货,且7天为一个循环(包含周末),因此将一个周期的卷烟零售客户数量和订单量分别通过编码、交叉、变异等流程,计算出各个物流节点的最优配送线路。依据线路优化的结果,计算出配送距离和配送成本,以总的运输成本最少、总的时间成本最小、从业人员的工作强度平衡、从业人员工作时间平衡、零售客户需求得到满足为衡量指标。将指标进行量化,以数值形式展示,具体包括作业户次、作业总量、作业时间、运输总成本,实施以来各项指标均达到预期效果,提升幅度明显。

（三）流程优化重组，实现"工商协同"

烟草产业链上下游之间，采购物流、销售物流、内部物流资源分散，各作业流程之间存在闲置、等待甚至重复作业。烟草商业从烟农收购烟叶验级后调拨给工业，从工业采购成品卷烟批发给卷烟零售客户。永州烟草以创造无间断流程为核心，对产业链上下游流程关键节点进行价值流分析，查找非增值环节，采取措施进行改善，全流程优化后达到提升作业效率的目的。

1. 信息共享，按需配送，跨企作业流程重组

成品卷烟销售与上游企业湖南中烟协同合作，共享卷烟零售客户订单数据，运用精益供应链思维，将占作业总量80%的省产卷烟入库，从工业车辆直上商业分拣线重组入库流程，实现商业"零库存"目标。对卷烟品规、日均销量、安全库存、物流费用进行数据分析，将原有的"月初多到、月末少到"的不合理模式改为按商业销量"按需到货"模式。工业到货卷烟将不再到仓储进行储存，从平均入库距离、平均举升高度、平均放烟时间、落烟风险四个维度优化储位，到货后直接对接商业分拣线进行分拣，精简了装卸、储存等6个流程节点，入库效率大幅提升。

2. 数据互通，无缝对接，运输作业高效协同

工、商物流依托卷烟在途平台实行精准预约送货，减少等待时间，以流程优化实现双方物流运输、装卸的人力、物力资源利用最大化。商业卷烟配送中心梳理收货月台、收货人员、日收货能力、单车装卸效率、卸货现状、已排班货车、最适宜卸货时间等信息发布至平台。工业在送货前查询商业公司的物流现状，结合订单信息、自身运力进行合理安排，车辆按约定时间到商业物流园区后可实现精准对接，大幅度减少等待时间。

（四）资源有效整合，实现"两烟协同"

克服卷烟与烟叶物理属性差别、兼容差别，充分利用卷烟集装箱，减少干线运输车辆等待装载烟叶的时间；通过改造利用中转站原有设备设施，建立两个集卷烟、烟叶一体化管理和运作的"两烟"中转站。

1. 消除制约，整合资源，建成集约化"两烟"物流

烟叶有浓郁香味，属于农作物，运输作业时有碎屑、虫子等杂物，对在同一装载物中运输的成品卷烟的香气、香味等质量有一定影响，是制约两烟物流一体运输的关键点。永州烟草通过项目攻关克服了卷烟与烟叶物理属性差别大、兼容性差、节点多等难关，优化资源配置，落实"规划一体化、组织一体化、业务一体化、信息一体化、评价一体化"的两烟物流建设内容，通过改造利用中转站原有设备设施，改建了集卷烟、烟叶统一管理和运作于一体的集约化"两烟"物流中转站。

2. 空箱等货，回程满载，实现"两烟"双向物流

为解决干线运输车辆需要中转站等待装烟叶，影响运输效率的问题，将集装箱放置在烟站收购现场。卷烟运输车辆返回时，回运烟站收购的烟叶，使得卷烟物流与烟叶物流实现双向运输，减轻烟叶集中时间大批量运输的压力，节约运输费用，提高卷烟运输车辆利用率，实现物流资源利用最大化。

（五）设备升级改造，实现提质增效

根据作业需求、场地限制和以成本最低为原则，通过对现有设备在分拣和配送环节进行升级改造，实现全流程"烟不落地"和"卷烟可溯"的状态，为卷烟零售客户提供更为高效的服务。

1. 无缝链接，消除浪费，装车作业效率提升

为消除重复搬运的动作浪费，取消托盘暂存装烟，借鉴"机场行李提取输送系统"的平行传

输原理,在卷烟出库最后环节,通过可移动式伸缩福来轮传送带直接将分拣后的订单包裹传送至配送车辆,由分拣人员直接装车,消除"装托盘—暂存"两大耗时较多的作业环节,创新推出"分拣直上送货车"的高效包裹上车作业模式,减少多次人工装卸转运流程,作业效率大幅度提升,装卸环节破损量大幅减少。

2. 快速识别,精准纠错,分拣差错基本消除

以不影响卷烟分拣生产连续性、不降低日均作业效率为基本条件,对卷烟零售客户订单最小单位条烟的图像数据进行采集,对数据接口、识别校验等应用配置进行适应性改造,上线运行卷烟条烟分拣识别纠错系统。该系统部署于分拣线末端包裹机前端,按订单对卷烟品牌和数量进行实时比对纠错,也可以在生产任务结束后的盘点环节针对某品牌的卷烟数据进行查询和统计、快速定位到相关卷烟及对应的客户信息,真正实现了分拣差错卷烟不出作业工房。

(六)构建"三智"平台,提升客户体验

烟草物流经过近几年信息化建设和数字化转型工作的深入开展,已基本打通了入库、在库、分拣、运输、交接、售后等环节的信息壁垒,进行了数据共享、分析、应用。在"最后一公里"的客户感知方面,永州烟草利用移动终端工具,探索"数智签收""智助烟仓""智达云服"等信息化融合,为客户提供更好的服务体验。

1. "数智签收",AI 比对,卷烟交接更快捷

通过无接触式的拍照签收代替原来刷验 NFC 卡进行卷烟交接,照片包含了客户、卷烟、时间、地点、配送员以及店铺关联信息等重要元素,实现"一单一照一人脸"的强关联,对拍照获取的人脸数据、位置数据与采集的相关数据进行 AI 智助算法比对分析。卷烟零售客户关于送货差错、送货质量等方面的担忧得到有效化解,对服务质量问题的追溯有了依据,简化交接程序,提高送货效率。同时,管理人员无须等待当日送货作业完成,就能发现送货差错,可以实时跟踪送货作业过程,及时识别、反馈送货过程中的差错,并发出预警,组织干预和快速处置,从而极大地提升服务监管效能。

2. "智助烟仓",服务偏远,方式拓展更灵活

部分偏远客户因道路原因送货车无法直接送达,造成客户不能及时拿到自己的卷烟,客户满意度不高。为提升整体服务质量,以"云柜"为基础建设智助烟仓,在邮政储蓄所、邮政快递点、烟叶收购站等地设置取烟柜,借助云计算系统、大数据平台在区域内实现数据的有效共享,通过信息管理系统在乡镇区域内完成信息流与物流的实时监控。将烟包配送入仓到出仓的过程,包括配送员、收货人、烟草专卖许可证、配送订单、烟包交付的包数、条数、坐标、环境、时间、音视频等进行数字化处理,能够让客户自主完成取货,拓展配送服务方式,真正做到为卷烟零售客户解难题、办实事。全市第一期在最偏远山区设置 21 个智助烟仓取货点,实现了 262 户零售户的自主取货。

3. "智达云服",融合便民,客户感受更智能

以客户为关注焦点,提升客户体验,永州在全省率先探索在微信公众服务平台建立针对卷烟零售客户的物流感知系统。开放全过程物流跟踪体验,通过大数据和云计算,送货到达前 15 分钟自动提醒客户,客户也可以通过平台查询订货、付款、分拣、打码、包装、装车、签收等全过程信息,并且支持电子票据等在移动端导出、保存、打印等功能,送货完成后可进行服务评价和信息反馈,极大地方便了客户。管理部门可通过平台实时查看整个送货作业过程的信息,发现送货差错可以及时追溯、纠正,整个卷烟送货作业过程实现可控、可查,送货服务效率及服务水平得

到有效提升。

三、市级烟草商业企业高效协同物流配送体系构建的实施效果

（一）有效解决运营堵点，管理水平显著提升

一是物流网络按区域管理，实现提质赋能。打破按行政区划设置管理层和配备人员的传统，将全市9个中转站整合为3个分中心，每个分中心配备4名管理人员，其中分中心主任1人、副主任1人，调度管理1人，综合管理1人，较之前减少县级局管理机构4个、管理人员5人，同时管理职责更加明确，管理效能得到提升。二是精简作业流程，实现加速增效。通过"三协同"及物流设备升级，精简流程。实施后，总作业时间同比减少20%，订单响应时间提升20%，单车干线运输时间由7个小时缩短至4.5个小时，减少中转仓库面积2000平方米，精减送货车组3个、送货线路15条。三是全程监督管控，保障高效运行。与高效协同物流配送体系建设配套，制定、完善了《物流配送中心分中心管理规范》《卷烟送货管理规范》《甩箱技术规范》《干线运输管理规范》《现场管理规范》《中转运输作业流程》《卷烟送货作业流程》《卷烟分拣作业流程》等，明确了各项工作的职责、标准、考核激励等内容，为体系优质、高效、低成本地运行提供制度支撑。

（二）注重体系运行效能，效率效益大幅增长

自高效协同卷烟物流配送体系运行以来，物流作业效率大幅提升，干线运输效率提升58%，入库效率提升35%，库存周转率提高20%，卷烟破损率从0.01‰降低到0.005‰，人均配送效率达1323箱以上，超过全省平均水平，同比提高104箱/人，多项指标同比增幅排名居全省前列。精减从业人员，每年可节约人工费用1380万元；减少装卸次数，装卸搬运费每年可减少34万元；实行"两烟"双向物流，每年可减少烟叶物流运输费用18万余元；物流费用在2017—2019年三年中年均增长375.24万元的情况下，实现了减少170.6万元/年的良好趋势。

（三）成果获得多方认可，示范效应显著

高效协同卷烟物流配送体系实施后，省局充分肯定了永州烟草的业务流程重组与再造、物流资源整合应用、提效率降成本等多项举措。在2021年全省烟草商业系统重点工作现场会上，永州烟草向全省系统做典型介绍，多家地市级企业到现场进行交流学习。目前，有3家地市级单位借鉴采纳永州烟草高效协同物流配送体系的相关做法，成功经验被网络媒体宣传报道，3篇论文公开发表。《协同优化型卷烟物流配送体系升级项目》在2022年湖南省质量协会组织的精益课题发布会上荣获一等奖。

（四）履行责任担当，社会、生态效益逐步彰显

通过拍照式卷烟交接实现透明可视，防止冒领、代领等行为，极大地保障广大客户的合法权益，零售客户信任度全面提升。在新冠肺炎疫情下实行无接触式送货，有效地阻断疫情传播途径，保障客户商品供应不断档，得到客户大力赞赏。为偏远客户设置烟仓，拓展服务方式，打通"最后一公里"的数字化闭环管理，为农村客户解难题、办实事，助力乡村振兴。运用先进的信息化技术手段，用电子小票取代传统的打印纸质小票，为零售客户营造了更好的服务体验，2021年客户满意度居全省第3位。通过物流网络布局优化，每年可缩短物流车辆运输里程16万公里，为建设绿色物流贡献了力量。

主　创　人：廖爱国、张　剑

参与创造人：刘树林、钟湘瑛、郭碧沁、欧阳宇、周　闻、罗雨晨、王正卿、周勇波、唐茂清

实现两网共赢发展的全链条防灾减灾与应急管理

国网湖南省电力有限公司郴州供电分公司

摘要： 国网湖南省电力有限公司郴州供电分公司（以下简称国网郴州供电公司）以履行央企社会责任为宗旨，以统筹理论为指导，将保障人民美好生活追求的政府责任和供电企业实现安全可靠供电的专业责任相统一，将电力行业应急体系与社会各行业防灾救灾体系相统一，将电源、电网、用户全链条应急响应相统一，将电网调度、运维检修、安全监督、电力营销专业相统一，通过多行业、全专业、全口径的应急管理，实行科学应急指挥决策，深化双重预防机制，统筹协调应急资源调配，周密制定灾后重建计划，完善协同检修工作流程，建立了跨行业、跨供电链条、跨专业的防灾减灾应急管理体系。初步构建起一套符合国家应急规定，全面提升电力领域应急速度，实现两网共赢发展的全链条防灾减灾与应急管理的工作模式，达到减少灾情损失、保障用户供电、提高应急质效、树立企业形象的目的。

企业简介

国网郴州供电公司成立于1979年，是国家电网最南端的供电企业。公司下设15个职能部门、8个业务支撑和实施机构、7个县（市、区）公司、1个省管产业单位，现有用工总量3075人。公司所属电网覆盖全市11个县市区，是全省唯一与地方电网（郴电国际）长期并存供电的区域，现有电力客户122万户。辖500千伏变电站1座，220千伏变电站14座，110千伏变电站51座，有35千伏变电站56座，储能站1座，35千伏及以上输电线路291条，总长度4352公里。2021年，完成售电量102.87亿千瓦时，同比增长11.33%；售电均价593.26元/千千瓦时，同比增加16.02元/千千瓦时；营业收入53亿元，增长14.1%；综合线损率6.04%；年度利润减亏4900万元，电费回收连续14年"双结零"，职工劳动生产率74.73万元/人·年；电网基建投资16.03亿元，增长35.29%。郴州电网最高负荷达224.75万千瓦，三创历史新高。

近年来，国网郴州供电公司先后获得全国文明单位、全国五一劳动奖状、全国精神文明建设先进单位、2008年抗雨雪冰冻灾害先进基层党组织、湖南省文明标兵单位等荣誉。

一、实现两网共赢发展的全链条防灾减灾与应急管理的实施背景

（一）是全面落实安全生产责任的使命初心

2018年国家为了进一步防范化解重大安全风险，健全公共安全体系，整合优化应急力量和资源，提高防灾减灾救灾能力，成立了应急管理部。2021年9月1日，新修订的《中华人民共和国安全生产法》正式施行，进一步明确了政府及监管部门的安全监管责任。应急管理部和新《安全生产法》也分别对供电企业开展应急管理工作提出了明确要求。保障能源电力安全可靠供应，以优质高效的服务满足经济社会发展和人民美好生活用能需要，是供电企业的根本任务和第一责

任。所以供电企业必须在应急管理工作上创新,形成一套政企协同指挥、各行各业密切配合,供给侧和需求侧上下贯通的应急救灾指挥体系。

(二)是提升恶劣环境下应急成效的关键环节

电网应急救灾的传统管理模式基本依赖上级电网企业对环境、天气的整体预判,然后对基层单位下发应急预警,但不适用于微地形特点。郴州处在罗霄山脉和南岭山脉之间,山区微地形气候使受灾环境更加恶劣,持续性更长,抢险难度更大,与单一预测情况存在较大偏离。加之郴州地区矿产丰富,历史上开采时间长、面积广,山体发生地质灾害可能性大,在暴雨、冰冻、雷暴、泥石流、山体滑坡等灾害领域受灾较重,2008年郴州地区冰灾持续长达20余天,远超其他地区覆冰程度,最终造成电力孤岛而发生全市范围的大面积停电。只有实现多平台的气候预测和灾情预警,才能更加准确地选择应急预案,科学调用应急物资,全面保障应急救援工作高效开展,所以构建实现两网共赢发展的全链条防灾减灾与应急管理体系是提升恶劣环境下应急成效的关键环节。

(三)是两网摒弃矛盾共赢发展的美好愿景

由于历史原因,郴州地区长期存在国家电网及郴电国际两家电网企业,在部分县、区内存在交叉供电的直接竞争关系。在长期电力市场竞争过程中,两网企业在电网发展过程中存在重复投资、浪费资源的现象;在用户可靠供电方面存在低价恶性竞争、劣币驱逐良币的风险,劣质电气设备进入市场,导致电气设备故障频发,严重影响用户可靠供电;在统筹合作方面,双方在竞争背景下合作意识淡薄,数据信息不脱密不交互,设备停电检修计划不统筹不配合的现象时有发生,造成两网交界设备因对方无法停电而严重失修,甚至造成越级跳闸事件,影响对方电网用户正常供电,对人民正常生活、生产用电造成负面影响。所以要保证全市保供电工作安全、高效开展,就必须将两家单位的应急保供工作统筹安排部署,摒弃竞争矛盾,在人员队伍、应急演练、事故预案等方面全面开展深度合作,在灾前预防、灾中预警、灾后重建工作中统筹资源,才能打好应急保供的攻坚战,保障郴州电网的安全可靠运行。

二、实现两网共赢发展的全链条防灾减灾与应急管理的主要做法

实现两网共赢发展的全链条防灾减灾与应急管理的主要做法是以政企联动、两网合作为核心,由政府主导开展灾前预防和双重预防机制强化工作;以大数据分析、精准预警为基础,通过多平台大数据研判,准确预测灾情发展,协助各行业开展防灾救灾工作,并全面提升电源、电网、用户等供电全链条企业应急预警的响应速度;以统筹全链条资源、科学调度为重点,整合供电链条上各单位抢修作业的计划、进度等关键要素,提高抢修抢建的工作效率和现场安全管控;以总结经验、动态优化为发展点,不断归纳总结应急保供经验,全员开展应急专业培训,不断更新应急管理工作流程,差异化补强微地形地区设备抗灾能力,最终在全行业、全供电链条下达到灾前预防到位、灾中指挥精准、灾后重建有序的工作目标。

(一)统一两网应急工作流程,打破行业壁垒

在以往停电事件应急处置过程中,两网之间存在指挥调度无序、沟通不畅等情况,国网公司下发的应急预警并不能指导地方电网开展应急物资筹备、人员队伍集结、应急演练开展等工作。同时在信息沟通共享、人员协同合作方面没有统一机制,在涉及多网的停电故障处置中效率不高,极大地影响了停电恢复速度,降低了供电区域居民用电体验。为高效协同两网工作,统一各方资源,提高事故处置效率,国网郴州供电公司认真分析弊端成因,向政府提出改革建议,通过建立机制、整合资源、强化政企协作,补充完善了工作流程,加强了抢修能力,提高了应急处置效率。

1. 强化两网应急协同，形成电力行业应急合作机制

为了实现两网企业共赢发展的美好愿景，国网郴州供电公司主动向市委、市政府进行专题汇报，并在市发改委的指导下协同郴电国际，根据两家供电企业在电网调度运行、应急队伍协同指挥等领域开展深度合作，制定了《郴州市大面积停电应急处置预案》《郴州市应急队伍管理办法》等29项专项应急预案和现场处置方案，由政府专业评审通过后进行发布备案。行文明确了郴州两家供电企业和各相关单位在应急保供电、预防大面积停电工作中的职责，进一步规范供电企业对灾害和突发事件的应急预案、演练、预警和响应要求，通过分层分级快速响应，达到防灾减灾的目的。重点强调应急工作标准化流程，明确不同应急等级下，政府与两家电力企业预警响应的工作要求以及其他行业联动开展专业协同启动的要求，通过优化不同等级响应标准，确定各单位、各层级、各角色的分工，让应急处置敏感度更高、各专业任务更加明确，在应急物资筹备和人员匹配上更加精准，响应更加快速。通过现场故障处置进行检验，以往各电网企业协同不足、专业间信息沟通不畅、事件发展掌握不清、盲目指挥等问题得到有效解决。

2. 整合应急资源，确保应急响应精准

为了提升抗灾阶段应急指挥工作实效，各行业、各专业必须提前整合资源，统筹安排应急处置及培训演练工作。在电网调度专业方面，要求两家电网企业调度员熟悉双方的应急保电方案，熟练掌握应急预案，提前制定供电负荷转供方案，尽可能减少停电范围，避免发生因错误调度导致的大面积停电事件。在应急指挥方面，每次季节性灾情来临前，由政府牵头主办、供电企业承办开展大面积停电桌面推演和实战演练，真正打通电力应急工作"最后一公里"，将供电全链条下各电厂、电网企业、铁路等重要用户纳入应急演练范围，确保各类应急突发事件下，各项资源供应正常。在应急基干队伍方面，统一修订国网郴州供电公司与郴电国际应急基干队伍名单，确保各个小组有人对接，各个专业有人精通，各类设备有人熟悉。同时每年统一进行拉练培训，确保技能使用正确、操作规范。在应急管理方面，国网郴州供电公司安全应急办与郴电国际安全应急办加强业务联系，尤其是就交叉关联设备的安全隐患定期告知整改进度，确保两网联络通道在应急期间随时可用，各类数据能及时上传至调控中心给予应急指挥研判。

3. 强化政企联合治理，降低灾损和抢险难度

事故防范需要深入贯彻"预防为主、综合治理、安全第一"的安全工作总方针，联合政府针对不同灾情在事前做好相应的预防性工作，尽量降低应灾阶段的抢险难度。2021年冬天冰情来临之前，国网郴州供电公司准确预判灾情，并积极向市政府汇报、沟通，促成市政府下发《关于强化政企联动保障今冬明春电力可靠供应的紧急通知》，各区县立即响应，将电力通道内树障进行清理，与带电线路保持安全距离，确保树竹覆冰倒伏时不发生碰线跳闸，并结合实际情况制定应急预案和物资储备方案，应急工作提前得到有效落实。

2022年春，在全省经历的超强雨雪冰冻天气过程中，郴州未发生由于线路覆冰导致的输电线路停运及电网大面积停电事件，经受住了严寒冰冻天气的考验。

(二) 强化双重预防机制，做好灾前预防工作

最好的事故处置，就是避免事故的发生。《中共中央国务院关于推进安全生产领域改革发展的意见》明确了建立双重预防机制的要求。国网郴州供电公司坚决贯彻落实国家要求，将应急工作与"安全风险分级管控+安全隐患排查治理"双重预防机制有机结合，通过建立安全风险管控机制、开展隐患排查治理，最大限度地减少各类事故发生。

1. 全面排查电网结构风险

针对郴州电网发展的实际情况，及时建立电网结构风险的应急预案，对长期存在的电网风险进行投资优选分析，尽快纳入整改计划，针对暂时不能整改的风险进行"一风险一台账一预案"管控，并定期针对相关风险开展联合演练，确保风险涉及单位熟悉应急工作全流程。在灾情来临前对结构性风险的支撑设备进行特巡，确保安全隐患整改到位，确保以最完备的方式应急抗灾。

2. 全面开展隐患排查治理

国网郴州供电公司创新性地将隐患和风险相结合，根据设备隐患可能造成的安全事件动态更新风险等级，并根据隐患治理情况实时更新风险，确保把最优势的资源用在最关键的问题上，对隐患分级开展治理工作，并根据动态风险库制定专项应急方案。

（1）定期开展安全隐患排查。国网郴州供电公司和郴电国际在每年6月份以前开展至少一轮次安全隐患排查，对需要共同配合停电整治的设备集中安排停电整改工作，对因隐患排查不到位的安全事件进行"一事件一分析"，对事件背后的问题和短板深刻剖析，对发生隐患排查不到位导致跳闸事件严肃开展事故调查，争取"发现一处问题，解决一类隐患"，同时由市发改委汇总收集两网供电企业的重大隐患，进行督办整治，每季度对各单位隐患排查整改情况进行核实，对发现隐患不及时、不到位等情形进行考核批评。

（2）全面督办隐患整改进度。按照"危急缺陷隐患立即治理、严重缺陷隐患24小时内治理、一般缺陷隐患1个月内治理"的原则进行管控。各单位对各自隐患排查整改工作根据治理计划按照"月统筹、周通报、日管控"原则实施管控，确保隐患风险"防在未，治在小"。

（3）全员监督隐患整治质效。为了方便各级人员随时能查找各类设备隐患，规避安全风险，并结合日常工作开展检查，在公司网站定期发布安全隐患台账和整治进度，发动全体工作人员对隐患排查工作质效进行有奖监督，对设备主人安全隐患排查治理工作进行评价。

通过上述方法，隐患与风险得到有机结合，动态风险库的科学使用让重大隐患得到及时治理，设备存在的风险得到有效控制，出现安全事件应急工作的概率大幅降低，预案制定更加贴合设备运行实际，真正做到了应急预案真实、可用、高效，应急举措得当、可靠、熟练。

（三）发挥大数据优势，做好灾中预测研判

只有做好气象精准预测和现场实时反馈，才能准确开展应急指挥和人员、物资准备工作，有效实现快速处置，减少灾情损害。以往天气情况仅能从天气预报中获取，不能及时结合天气趋势和现场信息做出事态研判。通过湖南省电力公司防灾减灾实验室天气预警及与当地气象部门建立协同机制，掌握实时天气情况，并且通过国家电网开发的监测系统对设备运行情况和现场抢修情况进行远程监控，极大地提高了应急处置过程中全事态感知和掌控能力，有利于更加迅速有效地开展应急处置工作。

1. 发挥技术支撑，做精灾情预测

郴州山区微地形的气候变化频繁，冬季远超其他地区覆冰时长。湖南省电力有限公司防灾减灾中心在暴雨、山火、冰冻天气来临前和应灾时段会定期下发长、中、短期天气预报，国网郴州供电公司为了弥补高寒山区、湖区、原始森林等气象预测有所偏差这一短板，主动与郴州气象部门建立协同机制，利用气象部门60余处监测点和气象卫星云图补充预测天气对设备、道路、山体、水坝等重点设施、环境的影响和受灾情况，同时结合企业内部电量采集系统和全口径小水电采集系统中各流域小水电机组过水流速、发电量判断雨情、水情等应急数据，让数据更加贴近现场真实情况，准确研判气象灾害对郴州微地形等局部地区的影响，有效帮助电网抢修和应急人员开展应急救援工作。

2. 共享有效信息，跨行业保障供电

与政府深度合作开展跨专业应急指挥综合研判，在现代应急救援活动中的作用日益重要，通过多次联合演练，供电部门基干队伍也进一步掌握了其他行业对电力的需求，从电力行业的角度协助政府开展长、中、短期设备运行预警，在防灾前期主动对接属地政府协调隐患治理情况，开展联合行动，降低受灾风险，减少灾情损失，使得应急资源调配更加精准，人员安排更加科学。

（四）总结归纳应急保供经验，精益统筹灾后重建工作

国网郴州供电公司不断总结经验，通过持续开展业务培训、完善工作机制、提升运维水平、加强电网建设、补齐应急装备和物资等办法，逐步提升公司防灾减灾能力。

1. 组织分析应急经验，不断加强业务培训

目前国网郴州供电公司已形成规范的融冰操作流程、融冰典型操作票，并在每年进入防冻融冰警戒期前进行一次防冻融冰大型联合反事故演习，充分检验公司应对电网突发雨雪冰冻灾害的快速响应、综合协调与应急处置能力。同时对郴电国际调度开展业务培训，规范融冰操作流程，对自身设备提前拟写融冰票；对各水电、风电场值班人员每年开展培训，加强用户侧、电源侧防冻融冰应急响应能力。目前，郴州电网应急响应速度、融冰操作时间在全省地市公司层面耗时最少，为覆冰线路及时融冰和迅速恢复重要用户供电提供了有力保障。

2. 规范停电审批流程，严抓应急抢修安全

为确保供电链条下各单位、用户不随意申请事故应急抢修，以免影响用户供电可靠性，遏制巧立名目随意停电的乱象，国网郴州供电公司成立了由公司分管副总经理为组长，调控中心、运检部、安监部等专业部门为组员的应急停电管控领导小组，明确统筹协调配合的应急停电管控机制。建立健全应急计划停电管理制度和考核办法，将停电的权力管控在制度内。

3. 开展深度合作，统筹两网灾后重建工作

国网郴州供电公司与地方电网企业郴电国际在部分县、区存在交叉供电的直接竞争关系。在灾情后期，灾损后评估工作未统筹安排，无法精准定损，确定抢修计划。灾后抢修工作将导致电网处于非正常方式下运行，发生电网事故的风险极大。针对该弊端，国网郴州供电公司与地方电网企业郴电国际、各电厂、各重要负荷开展抢修抢建深度合作，统筹安排各单位设备检修计划，按照月、周计划管控执行，提前根据各单位的检修需求合理安排电网运行方式，有效控制设备临时检修发生电网事故的风险，尽可能减少全供电链条上设备停电次数，减少对系统运行的影响，有效提升电网设备重建速度。

4. 定期开展通道治理，避免树竹压线停电

为确保受灾期间不发生因树竹覆冰碰线导致高、低压停电、倒杆、断线事件，公司针对强降雨、雷暴、寒潮季节，提前梳理易覆冰的线路，结合历史运行经验，集中优势力量进行重点砍伐，实现精准治理，确保寒潮来临前通道治理到位。

5. 选优配好电网设备，不断提升抗灾能力

郴州电网高寒山区设备对比其他地区设备，具有线路融冰时间密集、融冰时长、老化严重的弊端。随着实现两网共赢发展的全链条防灾减灾与应急管理工作的推进，公司在每次应急响应工作结束后，统计收集电源侧、电网侧、用户侧的受灾情况，及时分析设备损坏程度与设备寿命、施工工艺、抗灾等级间的关系，给电科院、防灾减灾中心、设备产家提供实际灾损参数，帮助设备升级换代，确保相应灾情不会再次损坏设备或造成停电事件。

三、实现两网共赢发展的全链条防灾减灾与应急管理的实施效果

（一）实现社会效益提升，减少重复停电

提升社会效益是实现两网共赢发展的全链条防灾减灾与应急管理的宗旨。国网郴州供电公司将国家电网的价值理念与应急管理紧密结合，实现了社会责任"全民参与、全过程覆盖、全方位融合"，将用电客户的强烈诉求与企业的责任担当紧密结合起来，拉近了公司与社会公众的心理距离。用户在受灾期间供电可靠性明显提升，自2008年以后，未再发生大面积停电事件；自2021年后形成两网互动、协同的应急保电模式，各级政府、行业、单位对供电全链条的所有源、网、荷单位在救灾过程中提供的电力保障作出高度评价，并在电力可靠供应的基础之上提出机械化挖掘、通信应急保障创新技术。

（二）实现服务质量提升，减少灾情受损

提升服务质量是实现两网共赢发展的全链条防灾减灾与应急管理的目的。目前，杜绝了无序的救灾抢建工作，全供电链条中电厂、用户端的停电需求均统一纳入停电计划，在救灾抢修环节能做到"应修必修，修必修好，一停多用"，重复停电的情况明显减少。2020年国网郴州供电公司频繁停电投诉次数22笔，2021年下降至4笔，2021年配变停运总时长较2020年下降21%，停电工单数、服务投诉时间、停电损失电量均大幅下降，塑造了可靠、可信赖的责任央企品牌。

（三）实现综合安全提升，减少无效指挥调度

提升综合安全是实现两网共赢发展的全链条防灾减灾与应急管理的本质。过去国网郴州供电公司与地方电网企业经常存在的变电设备检修与相关线路检修未配合的情况基本消除，保证了电网安全稳定运行，减少了人员灾后恢复重建作业时间，降低了人身安全风险，给现场检修作业创造了安全的工作环境。

国网郴州供电公司的电网全链条防灾减灾与应急保供新模式效益明显，有效解决了应急预警及时性不高、设备受灾多老化严重、地方电网缺乏统筹协调、大面积停电检修难度大等问题，推广价值较高。

主　创　人：张家维、钟向洪
参与创造人：黄先晃、伍文伟、徐筱林、张　磊、易　维、何陈亮、
　　　　　　崔　林、戴林斌、欧朝庭、黄林涛

人力资源与科技管理

国有资本投资公司多层次人才体系构建

湖南高新创业投资集团有限公司

摘要：习近平总书记指出，国有企业是中国特色社会主义的重要物质基础和政治基础，是我们党执政兴国的重要支柱和依靠力量。国有资本投资公司试点是国企改革的重要方向之一，健全的多层次人才体系是打造一流国有资本投资公司的重要支撑。湖南高新创业投资集团有限公司（以下简称高新创投）被明确为湖南唯一省属国有资本投资公司后，公司实施了从过去的创业投资向产业投资与创业投资双轮驱动的战略转型。为支撑公司战略转型，高新创投大力实施人才强企战略，强化多层次人才体系顶层设计，探索出一条适合国有资本投资公司高质量发展的多层次人才路径，构建了一套符合省属国有资本投资公司多层次人才发展的保障体系，推出了一批多层次人才"引、用、育、留"的务实适用的创新举措，突破了一批制约多层次人才发展的体制机制障碍，疏通了一批多层次人才发展的痛点、难点和堵点。通过系列改革创新，高新创投多层次人才体系构建日趋完善，高质量的人才队伍助推高质量的发展成效。

企业简介

高新创投成立于2007年6月，系湖南省属大型骨干企业，湖南省股权投资协会、湖南省咨询业协会会长单位。公司始终面向国家需求，紧跟省委战略，秉持"汇聚各类资本力量，助推湖南开放创新"的初心使命，以战略性新兴产业、军民融合领域为主要投资方向，以国有资本为纽带，集聚高端资源要素，持续推进尖端高新技术落地湖南和高新技术项目产业化。公司始终坚持以"把事干成"为第一工作导向，大力践行"高端带动、产投联动、创新驱动"的经营理念，坚持"三个一流（技术、机构、团队）"的合作标准，聚焦新材料、高端装备制造两大投资领域布局，致力于成为湖南实施"三高四新"战略定位和使命任务的重要抓手、湖南省属国有资本布局结构调整和军民融合协同创新的重要平台、奋力建设现代化新湖南的重要力量。截至2022年6月底，资产管理规模达551亿元，有在管直投项目63个，在管基金81支，基金管理规模305亿元，投资项目379个，已投项目上市43家。

一、国有资本投资公司多层次人才体系构建的实施背景

（一）是实现公司战略转型的需要

2017年以来，高新创投根据省委巡视组交办的主业不聚焦等问题整改，结合省委、省政府赋予的新的职责使命，实施新的战略转型，改变原有的以财务性投资、阶段性持股分享股权增值收益的业务结构及金融投资、财务管理为主的人才结构及能力短板，调整为以产业投资和创业投资双轮驱动的业务结构，将资产重点布局到产业领域，投资加运营一体化运作，聚焦新材料、高端装备制造两大领域中的"卡脖子"技术产业化。高新创投的战略转型对多层次人才结构和数量提

出了新的更高要求，原有人才结构基本不能满足公司的发展要求，尤其是懂产业运营和技术创新领域的多层次人才奇缺。如何快速建立新的符合公司战略转型的多层次人才体系、培育选用大批人才，成为当务之急。

(二) 是适应新形势下投资行业发展规律的需要

世界百年未有之大变局加速演进，新冠疫情愈演愈烈，中美贸易战加剧，地缘政治冲突频发，国内外经济形势愈发严峻。投资行业也在深刻变革，募投管退均有所降温，部分指标断崖式下降，经营理念和管理模式均在调整。随着投资行业整体逐步回归理性，各投资机构对产业的研究和理解越来越重视；一二级市场估值倒挂迫使投资阶段前移；单纯财务投资向投资与参与经营转变，等等。这些新的趋势和变化，无不对投资机构多层次人才提出了更高的要求。国有资本投资公司多层次人才建设，既要解决人才管理体制机制不顺畅的国有企业普遍存在的困难，也要积极顺应投资行业发展规律，解决从业人员行业研判能力不足、履职经验欠缺、专业技术知识不匹配等问题。

(三) 是打造一流国有资本投资公司的需要

高新创投擘画了建设一流国有资本投资公司的宏伟目标，重点是落实湖南"三高四新"战略定位和使命任务，完成国务院国资委对标一流任务，服务国家战略，优化国有资本布局，提升产业竞争力，促进"卡脖子"技术加速转化。要完成这一宏伟目标，必须有一大批多层次人才。客观而言，"十三五"初，高新创投面临着引才机制不顺导致人才数量不足、用才导向不明导致人才结构不佳、育才效果不好导致人才素质不高、留才手段不够导致人才流失严重等系列困难，多层次人才体系不健全成为制约公司打造一流国有资本投资公司的重要因素之一。如何快速破解上述难题，构建一流的多层次人才体系，是实现高新创投"建设一流国有资本投资公司"宏伟目标的现实需要。

二、国有资本投资公司多层次人才体系构建的主要做法

(一) 构建多层次人才战略规划

高质量发展离不开高素质人才。高新创投从多层次人才体系顶层设计入手，制定了符合实际的多层次人才发展战略。明确多层次人才战略指导思想：坚持以习近平新时代中国特色社会主义思想为指导，认真贯彻落实习近平总书记关于做好新时代人才工作的系列重要论述，全面实施人才强企战略，有效解决多层次人才体系建设"中梗阻"，将人才优势转化为企业核心竞争力，促进企业经济效益显著提升。多层次人才战略基本原则：坚持党管人才原则，坚持人才建设与业务发展相统筹、人才价值与企业价值相统一、组织原则与体制创新相协调。多层次人才战略总体目标："十三五"期间，构建培养与引进并举、数量与质量同步、能力与结构相适的多层次人才队伍，确保企业高质量发展。具体目标：集团管理多层次人才总数300人左右，在人才能力层次上，分为三类，即核心人才60人、中级人才80人、初级人才160人；在人才分布上，集团本部40人左右，控股和实际控制类二级公司120人左右，选派入混合所有制重点产业项目140人左右；在人才学历结构上，博士占比10%，硕士占比35%，本科占比50%；在人才专业结构上，对经济、金融、投资类专业进行适量压缩，控制在30%以内，增加材料、装备制造、自动化、计算机等产业类专业比重，提升至50%以上。在人才年龄结构上，重点培养35~40岁的经营管理类人才，促其尽快进入中层干部序列；培养30~40岁的产业运营类人才，促其尽快成为高级管理人员；培养25~35岁的投资类人才，促其尽快成为细分领域独当一面的投资专家。

近五年来，高新创投探索出一套有效的多层次人才工作保障体系。首先是坚持"一把手"抓

"第一资源"。集团总部"一把手"带头，各级"一把手"亲自抓人才工作，做到"四个一"：人才工作第一时间研究，每年主持一个重点人才项目，解决一个制约人才发展的突出问题，联系一名优秀年轻人才。其次，成立人才工作领导小组。集团党委书记任组长，专职副书记任副组长，班子成员和主要二级公司负责人为成员，办公室设在人力资源部，主要职责是落实中央、省委人才政策，对全集团多层次人才工作进行指导、协调、监督，落实多层次人才工作战略研究和规划，研究多层次人才相关制度的制定、完善和实施，组织实施重大人才工程，推进多层次人才体制机制创新等。人才工作领导小组作为集团党委常设机构，人员精简高效，做到重要人才工作马上协调、马上研究、马上实施。最后，建立健全多层次人才工作制度。5年来，制定或修订相关制度40余项，涉及人才引进、培育、使用、考核、激励等方面。整体来看，高新创投已形成相对稳定和完善的多层次人才工作保障体系和制度体系，能较好地支撑业务高质量发展。

（二）构建价值共享引才模式

针对引才机制不顺导致的人才数量不足、水土不服、责任不明、引真才难引庸才易等问题，高新创投构建靶向引才体系解决引才困惑。分层分类定义多层次人才，打造"国企出资+政府土地入股+技术团队知识产权入股"的价值共享引技术团队模式，分类授权放权释放二级公司人才活力。

1. 按三个层级定义多层次人才

鞋子合不合脚只有自己知道。什么是符合企业发展阶段、业务需要的人才，须做好界定。高新创投将人才分为三个层次，第一个层次是重点引进或培育60名核心人才。根据业务布局，倒推出要发展和运营好已有的资产，需要60名独当一面、并能为公司增光添彩的四梁八柱性质的核心人才，一般为集团公司中层正职或同等职级的专家序列人员。高新创投将这60名人才分为三类，即培养20名领军人才（其中综合管理类5人，战略研究类2人，财务管理类5人，人力资源类2人，党务类2人，风险控制类4人）；培养20名明星投资经理（募资类6人，分行业投资类8人，投后管理类3人，项目退出类3人）；培养20名高端产业运营管理人才（实体项目综合管理类4人，技术研发类8人，市场营销类8人）。第二个层次是引进或培育80名中级人才。这80名中级人才是具备较高的学历、专业和工作经历，能够出色完成本职岗位工作，具有良好的培养潜力，一般为集团公司中层副职或同等职级的专家序列人员。其中，综合管理类10人，投融资类20人，产业运营类50人。第三个层次是引进或培育160名初级人才，这160人是技能熟练，能较好地胜任本职岗位要求，并具有一定的发展潜力的人才，一般年龄不超过35周岁，为集团公司员工或二级公司中层管理人员。高新创投根据实际情况，在总部每个部门、二级公司每个部门，以及重点产投项目委派产权代表中均明确2~3名初级人才，进行重点培养打造。

2. 用价值共享模式引入"卡脖子"原创技术团队

要在较短时间内拥有大批具有"卡脖子"原创技术的人才，创新引才模式十分重要，首先要解决的就是懂技术研发创新的急需人才问题。核心技术人才培养周期太长，成建制引入成为必由之路。高新创投在与院士、高校等一流技术团队合作过程中，打造出价值共享引团队模式，以"国有资本出资+地方政府土地作价入股+核心技术团队知识产权入股"的价值共享模式成建制引入核心技术团队，缩短了对技术的吸收磨合时间，大大提升转化效率，有效支撑了湖南高科技成果快速产业化。该模式的核心构成是，高新创投现金出资占股35%以内，地方政府土地作价占股20%左右，技术团队知识产权作价占股20%~30%（技术团队通常包含技术发明创新以及转化所需要的高、中、初成套人才），其余股份由其他战略投资者和非技术研发类核心骨干团队股权激励组成。该混合所有制模式既能有效捆绑技术团队，又能以市场化运作的方式极大地释放企业活力；既符合高科技企业的运行规律，也很好地解决了高新创投支持科技成果转化缺技术人才的问题。5年来，高新创投采取这种模式成功与马伟明、钟掘等4个院士团队成功合作，成效显著。

3. 用分类授权加充分放权激活二级公司引才活力

二级公司是财务独立核算的市场经营主体，更是创新中心、利润中心。高新创投对二级公司多层次人才引进实施分类授权、充分放权机制，放手让二级公司招募符合岗位实际的人才。建立以"分管领导牵头、用人单位为主、组织部门协调"的引才机制，明确"谁用人谁引进、谁引进谁负责"的责任体系，最大限度地挖掘真实用人需求，明确用人单位负责人责任，有效确保人岗相适，破除"唯关系论"，禁止近亲繁殖和小圈子，破解了"请神容易送神难"难题。对二级公司引才进行分类授权，二级公司班子成员引进由集团人事部门负责实施，充分尊重二级公司的用人需求及推荐建议，如无重大原则冲突，基本按照二级公司的推荐意见实施；对二级公司中层干部及以下人员的引进实施充分授权，集团公司不参与、不干预，其中，中层干部的引入只需事后报备。通过充分放权，既激活了二级公司的活力，也明确了责任，比如中创空天，集团除派出产权代表，加上共同组建的技术团队外，其余人才全由中创空天自行招聘，此举迅速提升了中创空天人才选聘的市场化水平，也较好地支撑了公司业务的快速发展。

（三）构建一线战功用人体制

针对用才导向不明导致人才结构不佳，存在"论资排辈、近亲繁殖""上得去、下不来""进得来、出不去"等问题，高新创投不断重构用人体制，破解用才困扰，明确用业绩说话、凭战功用人导向，实施"蹲苗"计划培养年轻干部，建立人才退出20条负面清单。通过科学选人用人，高新创投人才机制被激活。

1. 树立突出一线业绩用人导向

人才难得，轻视不得，耽误不得。用人精准激励一片，用人不慎打击一片。高新创投牢固树立用业绩说话、凭战功用人的导向。注重结果导向选人用人，采取赛马制代替相马制，鼓励肯干实干苦干并干出业绩，鼓励揭榜挂帅。以业绩硬指标破除干部选用论资排辈，不搞刷履历、刷学历式虚功，只求壮体格、壮筋骨式实效，做到让组织放心、群众满意、干部服气。全集团上下做到用人所长，不求全责备，不拘一格重用人才，用人单位负责人做到对人才优缺点心里有数，发挥人才的长处，将合适的人放在合适的位置，用人之所长，容人之所短。对只要能干成事的人才，不论出身，均将其提拔至相应岗位上来。如公司一名学历不高但文笔很好的笔杆子，多次担纲撰写重要汇报材料，表现突出，被破格提拔到集团中层管理岗位，成为公司60名核心人才中的综合管理类后备人才。高新创投还十分注重从基层一线、业务一线、关键事件线渠道选人用人，激励大家到条件艰苦、情况复杂的基层去历练，对经受住考验、业绩突出的人，第一时间识别出来予以提拔重用，公司60名核心人才中，有超过半数的是从一线艰苦岗位中成长起来的。

2. 实施"一线蹲苗"计划培育年轻人才

年轻干部是希望、是未来。为培养好年轻干部，高新创投大力实施"一线蹲苗"计划。一是精准滴灌"育好苗"。坚持干什么学什么、缺什么补什么原则，帮助蹲苗人员知责明责、理清思路，尽快进入工作角色。实行结对帮扶制度，结合蹲苗人员工作领域、业务能力等实际情况，安排经验丰富的人与蹲苗人员结对，进行教育引导，帮助其提高解决实际问题能力。二是压担淬炼"用好苗"。蹲苗锻炼选择去一线车间、一线市场营销、一线募资融资、一线项目尽调等直接面对客户、面对机器等吃紧岗位，蹲苗期间为全脱产。让蹲苗人员在基层一线的宽广领域中汲取知识、学习经验。同时，严把底线，探索回炉重造制度，将工作推进缓慢、执行力差、担当不够、不服从管理，影响集团发展大局的人调整至更艰苦的岗位历练，有效压紧压实蹲苗人员担子，杜绝保苗式培养现象发生。三是严管厚爱"管好苗"。始终把从严管理贯穿蹲苗全过程，严格执行请休假制度，规定年轻干部在蹲苗锻炼期间必须吃住在基层，蹲苗结束后由所在单位负责人进行鉴定，防止蹲苗镀金、走过场等形式主义现象。强化督查问效，集团人力资源部不定期开展跟踪督查，对未按时在岗、不服从管理的蹲苗人员从严追责问责。强化激励关怀，经常性地开展谈心谈话，所在单位负责人定期看望蹲苗人员，了解思想动态和工作情况，帮助解决困难和问题。通过"一线蹲苗"计划，公司一大批年轻人脱颖而出，公司60名核心人才中近60%是80后，80名中级人才中近30%是90后。

3. 构建"人才退出20条"负面清单

退出机制是多层次人才工作体系的重要组成部分，高新创投建立负面清单完善人才市场化、法制化退出机制。建立了人才退出20条，对每一种退出情形进行精准表述，对300名集团重点关注的人才每年按5%的比例实施动态优化调整。大致分为两种类型：一类是考核不达标，根据情况进行调整，充分发挥试用期、契约期、年度考核评价三大工具作用，对人员进行精准审核和评价，根据考核结果，相应作出不签约、不续签、降职、降薪、调岗、待岗、解聘等决定，确保人员与岗位、岗位与能力相适应，营造能者上、平者让、庸者下、劣者汰的竞争氛围。另一类是"一票否决"情形，对重大违纪、违法、违规的一律清退；对严重失职、营私舞弊、损公肥私，对公司利益或形象造成重大损害的一律清退；对不思进取，不担当不作为，明显不在工作状态，躺平式员工、官油子中层干部等坚决劝退；对不认同公司价值和文化，不适应公司发展形势的坚决劝退。

(四) 构建多层次人才培育方式

针对育才效果不佳导致人才素质不高，培育理念陈旧、方式单一、不注重成效评估等问题，高新创投大力提升育才实效，破解育才困境。以"三20"核心人才培育计划重点培养核心人才，以"博士领头、硕士领队、学士领班"人才梯队计划带动中级、初级人才共同提升，以"线上+线下"全方位评价动态优化人才。通过大力提升育才实效，高新创投人才强起来。

1. 以"三20"人才培养计划重点提升核心人才能力

人才工作，基础在培养，难点在培养。高新创投制定了"三20"人才培养计划，明确每个人的培养方向，实施订单式培训，打造"高新大讲堂"，每月邀请院士、行业专家等授课，针对性地派出人才参加省里的调训以及对外交流学习。"三20"人才是集团四梁八柱式的核心人才骨架，即培养20名领军人才，针对本部及二级公司业务特征，注重综合管理能力的提升，提升其独当一面、开疆拓土的能力，成为综合性管理人才和重点后备干部；培养20名明星投资经理，重点提升其政策研判、行业研究、投资实务、财务法务尽调等方面的能力，使其成为每个投资环节的专家，为他们创造多参与、接触投资行业人士的机会和平台，不断增长知识和见识；培养20名高端产业运营管理人才，主要针对重点战略直投项目的行业技术特点，聚焦新材料、新装备核心领域，重点提升其产业运营管理、技术研发、市场开拓等方面的能力，使其成为产业板块的行家里手，重点支持他们多了解本专业领域内的新动态、新前沿的情况，支持他们发表专业论文和增加他们在业内的曝光度。

2. 以"博士领头、硕士领队、学士领班"计划大力促进中级、初级人才队伍整体提升

高新创投结合实际大胆探索师徒制培育方式，以60名核心人才为师，每名核心人才带若干中级、初级人才徒弟，形成人才梯队的发展格局，带动团队共同提升。重点实施"博士领头、硕士

领队、学士领班"计划,打造适应投资行业发展新趋势的精干特种作战小分队,确保战略目标的完成。组建"新材料、先进装备制造"2支产业团队,每支团队安排一名高专业水平的博士领头,带领若干名中级、初级人才队伍不断攻克技术难关,比如中创空天、湖南稀土院均组建了博士领头的技术攻关小组,其中湖南稀土院的王志坚博士团队的《钪的高效提取与高值化利用技术研究及产业化》被中国有色金属工业协会及中国有色金属学会评为中国有色金属工业科学技术一等奖。组建"新能源、新一代信息技术、航空航天、生物医药"4支创投团队,每支队伍由一名资深硕士领队,带领若干名中级、初级人才组成项目小组,主要负责行业内创投项目的牵头、行业研判等工作,比如侯江洲硕士领队的项目小组,成功投资了一批新一代信息技术企业,其中纳芯微等项目成功登陆资本市场。学士领班主要是由业务骨干组建包括核心人才、中级和初级人才组成的小分队,承担募资融资、项目尽调、投后管理等工作,成员间相互学习、共同提高,比如章涛学士领班的投后小分队,为多个已投资项目化解风险,挽回国有资产损失4亿余元。通过"博士领头、硕士领队、学士领班"计划,形成核心人才带动中级、初级人才,中级人才带动初级人才的良性循环,为公司多层次人才体系构建注入强劲动力。

3. 采取"线上+线下"全方位评价方式动态优化人才结构

人才培育评价是比较容易忽视的方面,高新创投探索出独具特色的"线上+线下"全方位人才评价方式,及时调整优化人才,始终保持人才地位与能力相匹配,让入选了公司人才计划的人员不能一劳永逸,而是要时刻保持压力和动力。"线上+线下"全方位评价方式是指:线上评价主要以一年为一个周期,对人才在网上开展各类技能、知识考试,领导能力、价值观、个性风格、心理风险、思辨能力等测评,同时要求测评对象根据岗位实际,在线上提交自己及团队在政治能力提升、业务开拓、管理效果、财务表现等方面的自我评价报告。线下评价主要是公司组织人事部门通过实地走访调研、个别谈话、平时观察、团建活动等方式,360度了解考察对象德能勤绩廉等方面情况,同时还借助第三方评估机构进行综合分析,包括专业的人力资源评估公司的评估、巡视审计,以及上级部门的考核检查报告等。最终由组织人事部门综合线上、线下考察情况形成综合评估报告,提交公司党委会审议决策。5年来,公司根据评估结果,调整优化了5名核心人才,占60名核心人才的8.3%;调整优化了15名中级人才,占比18.75%。

(五)构建市场化、科学化激励机制

针对留才手段不够导致人才流失严重、人才对事业缺乏信心、企业对人才缺乏情感、薪酬制度不够科学等问题,高新创投不断丰富激励手段化解留才困局,用员工跟投机制构建企业与人才命运共同体,用超额分享机制构建科学的留人薪酬制度,用"一把手"情感关怀感化人。通过不断丰富激励手段,高新创投人才留起来。

1. 创新实施员工跟投机制

员工跟投机制是投资行业的国际惯例,是一项重要的激励约束机制,是行业防范职业道德风险的利器,同时也是留住投资行业从业人员的重要手段。纵观国内国有投资机构实施员工跟投机制情况,大部分因操作不规范导致管理混乱、变向利益输送等现象。为做好员工跟投,高新创投研究一套符合国有企业实际、符合证监会监管要求的员工跟投机制,出台员工跟投办法,对跟投范围予以明确,项目直接相关人员必须强制跟投,其他人员可自行选择是否跟投;对跟投比例予以明确,根据投资金额的大小,充分考虑强制跟投人员的资金承受能力,建立阶梯式跟投比例,明确上限和下限,对强制跟投人员设置跟投下限;对跟投方式予以明确,由核心员工自行发起组建与公司无关的有限合伙企业进行跟投,将员工跟投与公司法务纠纷进行有效隔离,实施单个项目结算机制。高新创投实施规范的员工跟投机制以来,所投项目无一失败,部分项目获得了超过30倍以上的投资收益,同时也很好地实现了公司与多层次人才的利益捆绑,留住了人才。

2. 创新实施超额利润分享机制

薪酬制度是国有企业留人的重点,也是难点。高新创投构建薪酬制度与激励制度于一体的留人制度。薪酬制度方面主要是做好两个联动,一个是工资总额与效益联动,从工资效益联动、效率对标调节、工资水平调控3个维度对所属企业工资总额进行调控。以工资总额和效益同向增减为基础,明确工资总额增幅不高于利润总额增幅;另一个是薪酬与绩效联动,人员薪酬与经营业绩强挂钩,绩效薪酬占比70%以上,超额完成目标的给予利润分成,未达目标或同比下降的扣减薪酬或下调薪酬基数。建立"两个30%"的超额收益分享机制,对超额完成年度目标利润的企业,按超额部分的30%实施分享,主要奖励团队有功人员,其中班子成员不超过总额的30%。激励制度方面主要是做好正向激励。推行专项激励、即时兑现,制定《董事长特别奖励办法》,激励关键人物在关键阶段取得关键性突破,强化精准滴灌,激励内容涵盖募资、投资、退出等业务内容,也包含增收节支、特别贡献等非业务内容。注重打造激励文化,持续在全集团上下开展"五个给谁"(即工资给谁、奖金给谁、高薪给谁、股权给谁、重要岗位给谁)大讨论,通过反复讨论,逐步凝聚为公司创造价值的共识。

3. 创新分层实施"一把手"情感关怀机制

人是情感动物,情感关怀有助于留住人才。"一把手"关怀是最高规格的关怀,高新创投着力打造分层次的"一把手"对人才的关怀机制。公司组织人事部门每年初制定"一把手"与人才面对面谈话方案,明确谈话时间、谈话范围,做到一年内谈话实现全覆盖。集团公司"一把手"重点与60名核心人才进行谈话关心,集团公司分管高管重点与80名中级人才进行谈话关心,集团中层正职重点与160名初级人才进行谈话关心。集团"一把手"以身作则,按照年初方案,每月抽出一天时间与核心人才面对面交心谈心,每个人谈话时间不少于40分钟,着重了解人才的思想、学习、工作、生活情况,认真听取他们对公司的经营发展提出的意见建议,并及时作出回应,认真了解他们在工作、生活中的困难,并及时予以解决。比如,在谈话中,有人提出公司《董事长特别奖励办法》不适应当前业务发展形势,对中后台人员奖励项目过少等问题,集团"一把手"亲自组织对办法进行修订。再比如,有人提出外地来集团上班,存在停车难、看病难、就学难等现实困难,集团"一把手"结合为民办实事实践活动,帮助解决部分困难等。集团其他高管、各二级公司、总部部门主要负责人向集团"一把手"学习,分别与中级和初级人才进行谈心交心,真正在全集团上下形成关心人才、重视人才的浓厚氛围。

三、国有资本投资公司多层次人才体系构建的实施效果

(一)人才工作体系科学完备

通过不断探索实践,成功打造2支专业的产业团队和4支专业的创投团队,成功打造了"三20"核心骨干人才队伍。一大批年轻干部脱颖而出,中层管理干部平均年龄41.8岁,具有硕士及以上学历的占比61.9%,80后占比57.89%。

(二)经济社会效益显著增长

"十三五"期间,公司总资产、净资产、收入、利润年均增长50%以上;国有资产保值增值率年均103.49%;近5年社会贡献总额33.67亿元;全口径人均产能年均增长率、人均创效年均增长率均超过20%;国有资本的引领带动效应逐步显现,国有资本功能放大10倍;累计支持300余项科技成果产业化,大部分为"卡脖子"技术。

(三) 示范带动作用日益彰显

公司人才短板转化为人才优势，相关做法被省内主流媒体报道，人才工作受到省领导肯定性批示，集团党委书记、董事长获中国优秀企业家荣誉。2021年，公司获国家科技进步一等奖1人，获省部级以上奖励20项，获评8个省级创新工程中心，示范效应凸显。

主　创　人：汪学高、吕诚伦
参与创造人：李艾东、杨　洁、李俊杰、蔡胜平、龙朝霞、黄有超、
　　　　　　盛　庆、张志清、刘恋林、周启航

市级烟草企业全员积分精准考核体系构建

湖南省烟草公司娄底市公司

摘要： 为激励干部员工新时代新担当新作为，更好地调动全员工作积极性、主动性、创造性，全面、客观、公正地考核评价干部员工是关键。在国有企业传统的年度考核方式下，往往通过单一的民主测评对干部年度考核等次进行确定，通过部门领导主观评价对员工年度考核等次进行确定，干部员工的年度考核评价工作方式简单、透明度低、效果不理想、员工满意度不高。基于员工成长的全员积分考核评价体系构建，旨在以积分管理为抓手，以信息化平台为依托，着力推进年度考核评价工作实化、量化、精细化。同时，在通过考评确定年度考核等次的基础上，加大考核数据的分析和利用，着力为员工发展提供科学指导，努力实现企业发展与员工成长同频共振。

企业简介

湖南省烟草公司娄底市公司（以下简称娄底烟草）成立于1984年，是湖南省烟草公司的全资子公司，企业性质为国有独资企业。全市系统现有在岗员工367人，内设14个职能科室，下辖4个县级分公司，辖区内有卷烟零售户17000余户。2021年销售卷烟14.92万箱，实现税利13.58亿元。近年来，娄底烟草建立完善"五有"创新管理机制，不断深化管理创新，企业运行质量和效益稳中有进、稳中提质。"十三五"期间，获地厅级以上集体荣誉35项、个人荣誉26项。

一、市级烟草企业全员积分精准考核体系构建的实施背景

（一）是新形势下国家对人才评价工作的新要求

习近平总书记强调：我国人才发展体制机制的一个突出问题是人才评价体系不合理，要完善人才管理制度，加快建立以创新价值、能力、贡献为导向的人才评价体系，形成并实施有利于科技人才潜心研究和创新的评价体系，让人才静心做学问、搞研究，多出成果，出好成果，坚决破除唯论文、唯职称、唯学历、唯奖项倾向。要求在人才评价工作中要注重差异化管理，不要论资排辈，不要都用一把尺子衡量，让有真才实学的人才英雄有用武之地，让事业激励人才，让人才成就事业。烟草行业正处于高质量发展的新阶段，需要应对多方面爬坡过坎、滚石上山的危机和挑战，进一步改进人才评价方式、激发人才活力、强化创新驱动变得尤为重要。在此过程中，行业各单位不断探索新的干部员工考核机制，但考核的导向性仍未得到充分发挥，考核的差异性未得到充分体现，考核的精准性仍然任重道远，如何适应新的发展形势、改进干部员工考核机制是当前烟草企业管理的重要课题。

（二）是助力员工职业生涯发展的现实需要

"报效国家、回报社会、成就员工"是烟草行业的使命。近年来，烟草行业坚决服从和服务于人民健康、财政增收、振兴民族品牌、脱贫攻坚及乡村振兴、社会需求五个大局，积极践行国有

企业的使命和担当。在此基础上，烟草企业积极为干部员工搭建平台，改善员工生产生活环境，关注员工身心健康，注重员工教育培训，努力为员工成长创造更好的条件，并建立了行政道、专业技术道、职业技能道和先进模范道4条发展通道。根据马斯洛需求层次理论，自我实现是人的最高层次的需求。与其他企业人员一样，烟草企业干部员工期望在工作中拥有更好的展现平台、发现和成就更好的自己。在科学的考核评价模式下，员工能够及时看到自己的短板不足及优势所在，并根据评价情况选择最适合自己的、最优的发展通道。改进考核评价管理模式，其目的在于帮助员工正确认识自我、明确努力方向、指导生涯发展。

（三）是推动人力资源数字化转型的重要举措

随着信息社会的不断发展、新基建步伐的不断加快，企业数字化转型已经不可逆转。如何科学合理地布局人力资源、积极打造高素质专业化干部人才队伍？以大数据驱动队伍建设是突破口，人力资源数字化转型迫在眉睫、势在必行。在传统的人力资源管理中，员工处于完全被动地位，管理的透明度和参与度尤为欠缺，在干部员工的考评评价工作中尤其如此。通过搭建线上考核评价平台，着力打造"数字员工"，构建员工数字标签体系，将员工的多要素、多维度数据聚合，更加立体、完整地描述个人特质，不仅包括员工基础数据信息，还包括员工工作过程中的动态数据、员工绩效与能力成长数据等，通过数据积累沉淀和分析，帮助员工全面了解自身情况，进行自身画像，获取职业发展规划指导，不断促进数字化的自我驱动提升，促进自身与企业共同发展，实现员工与企业的互存互荣、双赢多赢。

二、市级烟草企业全员积分精准考核体系构建的主要做法

（一）坚持问题导向，强化顶层设计

1. 树立积分制考核、数字化管理的考核理念

针对以往考核中以测评打分、投票推选、领导商定等主观评价为主的考评方式，对考评理念进行全面深入变革，在坚持以"德能勤绩廉"为主要考核维度和考核内容的基础上，聚焦PDCA的闭环管理思路，结合积分制管理，构建能够与公司高质量发展同向发力，与"十四五"规划协调统一的"对表做工作、努力得积分、积分做评价、画像去提升、信息做支撑"的基于积分制管理的全员评价体系，推动考核由"定性"向"定量"转变，由"凭印象"向"比积分"转变，由"填表格"向"数字化"转变，促进企业形成"责任感、行动力、好结果"的良性循环，推动考核评价管理全面转型升级，助推企业各项工作得到有效落实和提升，促进企业发展和人才培养同步发力。

2. 明确建立一套覆盖全员的考核体系的工作思想

娄底烟草系统有360余名干部员工，在管理层级方面，需对市县两级人员进行考核评价；在职务层级方面，需对科级实职、科级非领导职务、股级干部、已聘专业技术技能人员及普通员工等进行考核评价；在业务性质方面，需对机关人员、行政执法人员、营销服务人员、物流配送等业务类型人员进行考核评价。人员多、层级多、类型杂，考评操作难度大，需建立一个方向统一、覆盖全员、各有侧重的考核评价体系。全员积分管理，在坚持抓好道德品质、工作业绩、廉洁自律等共性内容考核的基础上，建立"共性项+个性项"的积分评价体系，打造内容丰富、导向性强的积分指标池，对不同人员在权重中作出区分，最大限度地保障考核评价工作的科学性。

3. 构建人事牵头、多部门协作的考核格局

人事部门作为考核评价干部员工的主管部门，在以往的考核体系中，考核任务重，但很难深度参与，更多地成为一个收集汇总考核结果的"二传手"，将各单位、各部门提供的考核结果进行

归档，作用不能得到充分发挥。在全员积分考核评价体系中，由人事部门牵头，由涉及德能勤绩廉等主要考核内容的党建、经济运行、办公室、纪检监察等主管部门深度参与，做到全市系统"一盘棋"，优化考核评价工作组织体系，确保考核工作运行顺畅。

4. 推动集中考核评价向以平时考评为主转变

"小者大之端，轻者重之源。"改变以往在年底或次年初对干部员工进行集中考核评价的方式，注重考核指标量化，平时算好细账，根据岗位职责和工作目标细化量化考核项目，对全员的日常工作和一贯表现进行经常性考评，及时肯定鼓励、提醒纠偏。全员积分考核评价坚持日常考评与年度考评相结合，并以日常考评为主，切实提升考核评价工作对员工成长的推动作用。

(二) 抓住核心关键，优化考评方式

1. 建立以定量考核为主的"平时考评"

结合职能职责和工作任务，区分不同类别人员，针对德能勤绩廉设置考评指标，并对考评指标进行量化赋分，通过积分对全员的一贯表现进行考评。其中："德"主要考核政治品质、道德品行，明确了积分指标，并区分党员和非党员，其中非党员对照当年度《全员政治能力积分指标》，直接以积分情况计算得分；党员则结合娄底烟草《党员积分管理办法》，计算公式为：政治能力积分×50%+党员年度积分×50%。"能"主要考核干部员工管理决策、专业素养、实操水平、工作传承及创新等方面的能力，同样建立了积分指标池，最高积分不超过100分。"勤"主要对是否遵守考勤纪律进行考核，基础分5分，扣完为止，主要涉及工作及会议考勤、作风督查、双岗值班等方面。"绩"主要依据月度和年度绩效考核结果确定，其计算公式为：个人"绩"的得分＝单位（部门）年度工作业绩考核得分×20%+个人月绩效考核得分平均值×80%。"廉"主要考核遵守廉洁自律准则方面情况，不设置基本分，出现扣分的在平时考评总分中扣除。具体考评指标结合实际工作及时调整优化，尤其注重对"能"的考核。对照企业中长期发展规划及年度将定量考核中的"能"细化为三级指标，一级指标包括政治能力、履职能力、执行能力、创新能力和通用能力；履职能力中包括管理决策、专业素养、实操水平、专业传承，创新能力包括管理创新、技术创新和服务创新，通用能力包括沟通表达、文字分析、组织策划和终端操作。每个二级指标之下均有多个用于积分的三级指标。目前共设计3个级别共计50个指标，其中一级5个，二级12个，三级33个，每年可根据企业发展实际自行增加导向性强的新的指标，并设置积分规则。

2. 建立以定性考核为辅的"年度考评"

在进行定量考评的基础上，对不同角色人员的年度表现进行主观方面的综合评价。其中：部门正职按照本单位局领导评价占40%、本单位各部门评价占20%、本单位民主测评占40%的比重得出年度考评得分；部门副职及正副主任科员按照本单位局领导评价占40%、本部门正职评价占20%、本单位民主测评占40%的比重得出年度考评得分；聘任专业技术（职业技能）人员按照本单位局领导评价占40%、娄底烟草聘任工作委员会评价占60%的比重得出年度考评得分；一般员工按照所在部门正职评价占65%、所在部门分管副职评价占35%的比重得出年度考评得分。在局领导的评分中，本单位局领导评价由主要负责人占12%、分管局领导占10%、班子其他副职评价占15%、本单位非领导职务干部评价占3%组成。在完成年度"平时考评"与"年度考评"后，定量与定性结合形成年度考核综合得分，个人年度考评综合得分＝平时考评×65%+年度考评×35%。

3. 建立以独立考核为补充的"专项考评"

专项考评是对考评对象在完成重要专项工作、承担急难险重任务、应对和处置重大突发事件中的工作态度、担当精神、作用发挥、实际成效等情况所进行的针对性考评。如对公司派出驻点开展乡村振兴等工作性质特殊的人员,制定专项考评工作方案,明确考评对象、考评内容指标、程序步骤和工作要求等,适时听取考评对象的总结汇报,采取查阅资料、实地调研、舆情分析、个别谈话、民主测评等方式,核实印证有关情况,必要时可以向纪检监察机关或者审计、信访等部门了解情况,综合对考评对象作出评价。专项考评结果可以采用考评报告、评语、等次或者鉴定等形式确定。

(三)立足岗位特性,细分考核对象

1. 开展岗位特性分析

结合湖南省烟草系统岗位价值测评结果,立足各岗位人员《岗位说明书》,进一步对各个岗位的性质、任务、职责、权力、隶属关系劳动条件和环境,以及任职人员的知识、技能等承担岗位任务应具备的资格条件进行深入调查、系统分析与研究,以工作要求、工作内容等为主要参考维度,将考核对象分为中层干部、已聘专业技术人员、已聘职业技能人员和一般员工四个大类。

2. 细分小组确定等次

在划分好大类的基础上,为便于相互评价,为后续最终确定考核等次、开展评先评优、进行员工比对等打下基础,遵循人员类型一致同组、业务性质相近同组、有可比性同组的原则,进行进一步分组。细分后为12个小组,其中中层干部细分为机关组中层管理类,专卖、营销、物流组中层管理类;一般员工细分为市局本级机关组、专卖组、营销组、物流组、基层所(站)组以及县级局机关组、一线组、基层所(站)组。

3. 分类设置平时考评权重

对不同类型的考核人员,对其平时考评中德、能、勤、绩、廉五个维度的积分按照不同权重进行计分。中层干部平时考评得分权重构成为:"德"的积分×20%+"能"的积分×25%+"勤"的积分+"绩"的积分×55%-"廉"的扣分;已聘专业技术人员为:"德"的积分×10%+"能"的积分×75%+"勤"的积分+"绩"的积分×15%-"廉"的扣分;已聘职业技能人员为:"德"的积分×10%+"能"的积分×65%+"勤"的积分+"绩"的积分×25%-"廉"的扣分;普通员工为:"德"的积分×10%+"能"的积分×35%+"勤"的积分+"绩"的积分×55%-"廉"的扣分。

(四)搭建线上平台,丰富积分画像

1. 线上开展"平时考评"与"年度考评"

全员积分申报与管理信息化平台研发完成后,娄底烟草运用此平台开展全员积分评价工作。对积分申报与管理模块进行梳理,申报模块的需求主要体现在要与积分进行有效对应,员工能够对照三级积分标签,上传相关证明资料,在主管部门评分后,获取积分,以提升绩效考核效率与准确率。除干部员工自主录入相关资料外,相关职能部门还可对相关指标进行一次性导入,以减少干部员工工作量。如:人事部门根据自身职能职责,一次性导入本单位全体干部员工的考勤结果;纪检监察部门可一次性导入"廉"的方面的扣分结果。年度考评方面,实施线上测评和打分,一改以往通过发放《民主测评表》《领导打分表》等方式,根据年度考评中的综合评价规则,不同角色根据自身权限,对干部进行民主测评、对本部门员工进行评分。评分一旦提交确认,系统自动进行保密处理,确保全体干部员工毫无顾虑、实事求是地开展评价。全员在完成个人积分申报及权限范围内的测评和打分后,系统将根据事先设定的计分权重、规则,自动产生全体考核评价对象的年度考核最终得分,并根据划分的小组、形成排名等情况,支持一键导出。

2. 线上开展"积分画像"

线上生成的全员积分为年度综合评价积分，主要解决"工作好不好""能力强不强"的问题，用于确定年度考核等次、评先评优候选对象等是否科学合理。但对于解决"好在哪""哪里强"的问题，在为企业领导层有效掌握全员能力素质特点，为员工找准个人短板弱项等方面，还存在局限性。"积分画像"的主要目的是在不改变考评步骤、不另设积分指标、不增加操作难度的基础上，将平时考核的指标得分进行分类汇总，输出政治能力、创新能力、业务能力、执行能力、通用能力等个人五种能力，通过细化积分、"化整为零"，利用"五维雷达图"（见图1）等形式，进一步帮助领导掌握全员综合表现及能力个性特征，所生成的历史积分数据可为下阶段运用提供依据，主要为领导决策、员工自我改进、干部选任及专业技术技能职务聘任等提供参考。见图1。

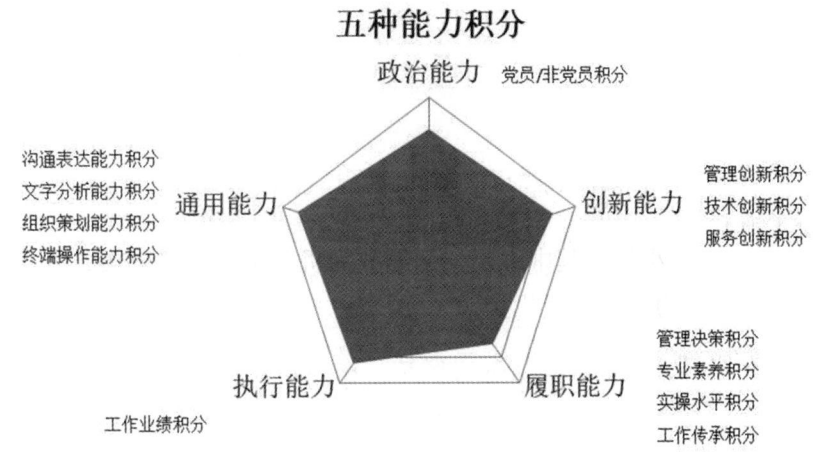

图1 "五维雷达图"

3. 线上建立"标签体系"

通过"积分画像"确定五维度积分类型以后，除五大类积分外，各小类积分也将分类记录，如创新能力下的管理创新、技术创新、服务创新积分等，甚至包括管理创新的下一级指标积分，也将分类记录。娄底烟草将积分类型统称为标签，建立三级标签体系。标签可查询，通过设置筛选条件，查询单个或多个标签在指定积分范围内的所有人员信息。根据各类标签的积分情况，按照相应统计规则进行排列组合，更深入地为员工个人职业发展规划、管理者选人用人提供参考。同时，通过一级标签，系统可自动发送年度综合表现评语。

4. 线上建立"成就体系"和"标签画像"

在建立标签体系的基础上，根据标签的积分数值，设置对应的标签等级，通过类似于"青铜、白银、黄金、王者"等成就名称进行等级命名，再将各类成就通过"词云"方式进行展示，有助于员工本人和管理者进一步了解掌握其能力个性特征，进而有针对性地制定改进提升措施，推动全员积分管理从"综合型"向"精细型"转变。目前设计了3个级别共计113个成就名，其中一级成就19个，二级成就29个，三级成就65个，成就可跨年累积，如"积分大咖×3"，代表其有三年获得本单位前10%或同组第一的成就。后续根据标签变化可自行设置成就名称和规则。

（五）释放考核实效，丰富结果应用

1. 确定年度考核等次

年度考评结果以平时考评结果为基础，年度考评优秀等次在平时考评结果好的考评对象中产

生。具体情况如下：中层管理类、一般员工类："优秀"等次从平时考评排名同类同组考评对象前50%的人员中产生，且年度考评综合得分排名同类同组考评对象前30%（市局机关本级一般员工类中，专卖组、营销组、物流组被评为"优秀"等次的，其年度考评综合得分需达到三个组所有人员的平均分以上）；年度考评综合得分70~79分的为基本称职；70分以下的为不称职；其他情况为称职。已聘专业技术职务组、已聘职业技能岗位组：年度考评综合得分90分及以上且排名同类同组考评对象前30%、且在当年度具有省公司级以上创新成果的为优秀，80分以上的为称职，70~79分为基本称职，70分以下为不称职。考评对象在专项考评中表现突出、有显著成绩和贡献的，年度考评结果可以直接确定为优秀等次。

2. 开展评先评优

根据考评结果，有针对性地加强激励约束、培养教育，鼓励先进、鞭策后进，营造见贤思齐、比学赶超的良好氛围。年度考评结果为优秀等次的，可获得年度"优秀管理干部""先进工作者"评选资格，从中产生年度"优秀管理干部""先进工作者"。2020—2021年，全市系统共线上提交审核积分资料上万份，形成740余份年度积分考核结果，通过积分考评结果直接确定优秀等次200余人，评选优管干部、先进工作者50人。

3. 应用于干部选任与技术技能职务管理

在干部管理工作中，规定全员积分考核结果连续三年为优秀的，优先考虑提拔任用；推动干部能上能下，对年度积分考核结果为不称职的，按照规定程序降低一个职务或者职级层次任职，不适宜担任现职的，将根据有关规定对其进行调整；作为年轻干部培养的重要依据，将年度考核相关数据纳入年轻干部成长档案，针对年轻干部成长制定针对性举措，进行跟踪管理。在专业技术技能职务聘任管理中，考核结果与其待遇、续聘直接挂钩，年度考核为优秀等次的，下年度绩效工资按所聘专业技术职务（职业技能岗位）薪级的上一级绩效工资标准发放；年度考核为称职等次的，下年度绩效工资按所聘专业技术职务（职业技能岗位）薪级标准发放；年度考核为基本称职及以下等次的，下年度绩效工资按其所在岗位绩效工资标准发放；聘期内出现年度考核"不称职"的，予以解聘，且当年及次年不得申报晋升专业技术任职资格或职业技能等级资格。聘期内出现年度考核为"基本称职"的，当年不得申报晋升专业技术任职资格或职业技能等级资格。

三、市级烟草企业全员积分精准考核体系构建的实施效果

（一）提升了企业管理效益

1. 有效改进考核质效

整合考核资源，减少重复工作，有效解决不同类型人员考核方式不一致、考核指标未量化、考核程序繁琐、结果运用不到位等问题。同时，实现线上积分申报、审核、计算全流程管理，有效解决全员评价积分计算不准确、标准不一致、结果不透明等问题，考核的科学性、合理性、操作性大大增强，整体的便捷性、精准性、参与感得到显著提升。

2. 提升队伍建设成效

一是精准推动专业人才选拔。相较实施前，中高级专业技术人才占比提升7个百分点，三级以上行业特有工种等级人员占比提升近10个百分点，11人被确定为湖南省烟草系统青年专业人才培养对象，入选国家局、省局各类人才库的人员提升至20人，创建2个以个人名字命名的技术能人工作室。二是有效助力干部选任。2020年以来，在深入分析全员积分考核数据的基础上，娄底烟草提任80后正科3人、85后副科4人，干部年龄结构、知识结构得到明显优化。

3. 提升人力资源数字化转型成效

顺应数字化转型发展大势，以员工考核评价为切入点，打造线上绩效考核、年度考核、线上考勤、员工画像、线上档案等管理工具，人力资源管理工作思路、工作模式出现极大转变。在全员积分考核评价体系运行相对稳定成熟后，娄底烟草作为全省烟草系统牵头试点单位，启动全省系统人力资源管理信息系统建设，将全员评价作为重要内容纳入系统建设之中。根据建设规范，全省系统人力资源管理信息系统将打造成集业务服务、员工服务、数据服务于一体的服务型人力资源平台，推进管理流程的优化再造，实现人力资源数据的全面整合，加强人力资本的有效管控。在推进湖南省烟草系统人力资源数字化转型中，全员评价发挥了探索性、先行者作用。

（二）提升了企业经济效益

2021年，娄底烟草自主研发应用"无感考勤""促销物资管理""线上办公费用管控""零售户服务直通车""安防掌上通""智慧食堂"等App，1个项目获第二十二届湖南省企业管理现代化创新成果二等奖，1个课题获全省系统"精益十佳"，2个课题分获全省系统QC课题评比二等奖和三等奖，2项成果在全省系统第二届科技创新论坛上作典型发言，1个App取得计算机软件著作权。相关创新项目成果带来较大经济效益，其中，仅《提高卷烟配送效率》与《降低卷烟平均配送作业时长》两个课题的成果实施，每年便可为企业节约费用44万余元，综合来看，两年来创新成果给企业带来的直接经济效益超300万元。同时，积分考核全面激发全员比学赶超动力，有效推动企业连续两年来收入、单箱均价、税利及效益"四个增长"，其中2022年企业税利增幅达5.28%。

（三）提升了企业社会效益

2020年以来，娄底烟草卷烟营销工作连续两年获全省系统先进，蝉联娄底市安全生产工作优秀单位，1个基层党支部获全省系统"示范党支部"和娄底市"先进基层党组织"。累计投入社会共建资金近800万元，先后帮扶7个贫困村、664户贫困户、2143名贫困人口实现脱贫，1人获评湖南省脱贫攻坚先进个人，2人分别荣立娄底市脱贫攻坚二等功、三等功，连年获省级园林单位，连续3年获市联村建绿先进单位。同时，"员工满意度"和"员工考核满意度"两个指标较往年均有明显提升，尤其是通过针对性的考核分组、量化的指标积分、科学的评价分析，让员工能直观地看到自己的优势、特点、不足及努力的方向，有效提升了服务满意度。

（四）发挥了良好的示范效应

娄底烟草在全省烟草系统首创"全员积分考核评价"管理模式，其工作思路、方法及运行情况得到湖南省烟草公司及兄弟单位的认可，该体系模式在全市系统推广，多家市级烟草企业前来调研学习。在2021年湖南省烟草系统第二届科技创新论坛上，娄底烟草对"久久"卓越绩效管理平台运行及全员积分评价管理成果进行发布，重点对线上工作开展进行展示，得到全省系统各单位高度评价，发挥了良好的示范效应。

主　创　人：唐世明、曾　琦
参与创造人：孙文玉、杨　琪、戴　轩、龙泳奎、王丽华、杨　钦

高端制造企业芯片支持技术评价与决策管理创新

中车株洲电力机车研究所有限公司

摘要： 由于芯片支持技术发展相对滞后，中车株洲电力机车研究所有限公司（以下简称中车株洲所）一度面临产品良率低、质量不稳定、能耗巨大、成本居高不下等诸多问题。该公司首先与先进企业对标找差距，找出各类"表象"问题，然后成立以各类细分专业专家为主体的虚拟组织机构，依托公司的战略规划，制定了"435"（四降低、三提高、五步法）的总体创新目标及相关路径。采用德尔菲法调研工具，对各类"表象"问题进行精准归类定位，探寻存在问题的"根源"。运用 OEE（设备综合效率）、业财融合等专业评价工具，对"芯片支持技术"的肌理展开深入剖析，对高洁净、高污染、高精密、高投入等运营场景进行逻辑关系梳理、研判、推演技术提升路径，并相继开展现场制氮、废水回用等多项改造工程，大幅降低了能源消耗，改善了生产环境，提高了生产工艺稳定性和产品良率，并取得 4200 万元的经济效益，为摆脱芯片技术封锁、探索新路子、尝试新作为，谱写了新篇章。

企业简介

中车株洲所始创于 1959 年，现为中国中车一级全资子公司。拥有 2 家上市公司、11 个国家级科研创新平台、3 个企业博士后科研工作站、5 个海外技术研发中心和 10 家境外分（子）公司。中车株洲所积极贯彻"交通强国""海洋强国""3060 碳达峰碳中和"等国家战略，立足交通和能源领域，沉淀"器件、材料、算法"三个内核技术，承担的大功率 IGBT 芯片等"卡脖子"攻关技术广泛应用于国家电网、轨道交通、新能源汽车等重要工业领域。2021 年公司销售收入超过 360 亿元，利税贡献近 50 亿元。

中车株洲所的功率半导体产业发源于 20 世纪 60 年代末，70 年代初形成产能，80、90 年代先后引进日本、美国技术，2009 年成功收购英国丹尼克斯半导体公司。2020 年 10 月，独资成立"株洲中车时代半导体有限公司"（以下简称时代半导体），员工共计 1234 人，另有英国 Dynex 员工 200 余人。时代半导体拥有新型功率半导体器件国家重点实验室，同时是中国功率半导体技术创新与产业联盟理事长单位、欧洲电力电子学会副主席单位，先后取得世界上第一只 6 英寸 UHVDC8500V 商用晶闸管、国内首条高压 IGBT 模块封装线、世界第二条 8 英寸 IGBT 芯片生产线等业绩。

一、高端制造企业芯片支持技术评价与决策管理创新的实施背景

（一）是企业降低运营成本、减少能源消耗的迫切需要

芯片制造是高精尖技术产业，包括设计、生产、封装和测试等关键环节，每一个环节又包含多个精密制程工艺。由于中车株洲所的主业一直是轨道交通牵引变流设备的研发与制造，2009 年

收购英国Dynex后才大规模启动IGBT芯片的国产化，处于新兴产业的培育、探索阶段。企业对芯片制造板块的管理水平相对不高，缺乏对设备采购、原材料和辅料采购、生产工艺管理、高标准环境管理等支持方面的系统评价与科学决策能力，导致产品良率较低、生产效率不高，经济效益处于较低水平。

同时，芯片制造又是高耗能产业，尤其是在产品开发阶段，为保障流片调试与工艺验证，企业不惜重金，实施巨额投资，耗费大量能源成本，来确保生产环境在最高标准下运行。而进入量产阶段时，出于对工艺稳定性的顾虑，在明知具有巨大潜力的情况下，依然不敢实施任何改进。面对芯片行业技术发展日新月异的外部环境，及时进行相关评价，进而实施必要的技术引进与升级改造，实现节能减排、降低生产成本，是企业的迫切需求。

（二）是企业打破内部壁垒，提升专业管理的内在需求

芯片支持技术是为适应芯片制造的严苛要求（环境、材料、设备、维护等）而提供的综合支持技术的总称，主要包括高端工艺设备与应用材料、高可靠性电源、高纯水及特种气体化学品供应、高洁净恒温恒湿环境控制、剧毒废气废水处置等。与工艺技术相比较，工艺技术解决的是芯片性能及"有无"问题，支持技术解决的是芯片良率与"盈亏"问题。面对一个全新的复杂技术管理体系，中车株洲所急需汇集自身优势资源形成合力，解决纵深管理问题。

中车株洲所起步于一个科研事业单位，在传统的轨道交通产业中，面对小批量、高附加值的产业，多年来依托强大的科研能力以及高水平的扁平化分散发展管理模式，由几百人的科研单位迅速发展成为多元产业并举、近2万人的大型央企。在这一扁平化分散发展模式下，部门墙阻隔逐步形成，人才资源、试验资源等被割裂，尽管中车株洲所拥有强大的技术实力与资源优势，但面对大批量、专业化的芯片产业，仍难以提供纵深化的专业管理支持，特别是芯片支持技术名目繁多的各类细分专业的评价与决策。因此，急需在保持扁平化管理模式优势的基础上，创新具备纵深管理能力的组织架构。

（三）是国家产业转型升级，打破国外封锁的必然选择

面对中国芯片产业的高歌猛进，许多国外企业改变营销策略，对于那些国内尚未企及的高端产品，采用垄断高价销售，以获得高额垄断利润；在国产技术突破稍显端倪之时，又采取低价倾销方式，打击中国企业。例如2018年，对国内已经具备量产能力的某芯片产品，国外公司采取断崖式降价，将售价2万元的某产品，突然降至5000元，以打击国内的新生力量。面对国外企业的价格战，成本管控成为国内企业的生存之道，芯片支持技术全面革新是行业的必然选择。

在我国，芯片生产是一个新兴产业，芯片支持技术更是一个全新的专业术语。对于这一技术、管理领域，目前国内处于学习、认知阶段，各方面的理论、信息大多以碎片化形式呈现，未形成系统理论，更无法与本土技术相结合，在实践中进行评价和决策。开展此项技术管理创新，可以对芯片支持技术进行系统认知、识别并探寻本土化的技术管理路径，打破国外技术封锁。

二、高端制造企业芯片支持技术评价与决策管理创新的主要做法

（一）对比标杆，依托顶层设计确定目标路径

1. 行业对标找差距

为解决芯片板块长期亏损的问题，中车株洲所首先考虑的是考察标杆企业，寻找差距。因功率芯片先进企业英飞凌、ABB、三菱等工厂均在国外，保密意识和措施极强，公司主要以国内数字芯片的先进单位，如台积电、中芯国际、华虹等为标杆进行对标、交流。

对标的主要指标有能耗、用水、OEE、工作节拍、良率、毛利率、边际贡献率等，以找出差

距上的"表象"问题,为后期找出具体"根源"问题做好准备。在这一过程中,同时将各自不同的产品工艺、产能规模等背景要素归集清楚,为后期评价和决策提供参数。

2. 依托顶层设计确定目标

依托对标结果和公司顶层设计,制定评价工作目标。随着轨道交通产业的逐渐饱和,该公司将经营的重点转入新能源装备、电动汽车驱动、功率芯片等新型产业。

其总体目标是,通过管理创新,探寻未知领域,建立评价和决策机制,实施技术改造,达成提高企业效益的目标,摆脱"赔本赚吆喝"的被动局面。支持技术和管理水平,达到国际同步、国内领先水平。具体目标是,实现芯片支持技术综合匹配良好,降低投资风险、能耗、制造成本和环保压力,提高产品良率、生产效率和综合竞争力,简称"四降低、三提高",同时逐步建立纵深型的管理机构。

3. 管理创新原则及路径设计

在目标的引领下,制定具体的技术评价管理原则,在芯片支持技术方面,保障芯片制造工艺需求,确保产品质量和产量的稳定性,达到设计产能和完成经济效益指标。

其具体路径为:(1)通过对标找出差距,暴露"表象"问题,如能耗高、风险高等方向性问题。(2)运用德尔菲法对"表象"问题中的"根源"问题进行精准定位,探寻问题肌理和根源,如能耗高中的工艺空调联控问题。(3)通过专家组织运用各类专业评价方法,评价决策具体问题,如液氮自制、引进外部资源自制、制氮技术选择的具体事宜。(4)在实践基础上,逐步形成该领域(模块)的评价模型。(5)最后监察验收情况,支持管理运行,形成闭环管理。该路径简称"五步法",其特征是一个循环机制,只有起点、没有终点,只有节点目标、没有终点目标,是一个永续、动态、不断更新的管理机制。

(二)设立虚拟组织机构,打破扁平化管理约束

1. 利用虚拟组织机构调动资源

标杆对比情况表明,台积电、华虹等芯片专业制造厂商,企业规模巨大、产业专注度高,拥有一支庞大且专业的支持技术团队,可以直接高效地获取并应用行业最新技术。中车株洲所因产业多元、芯片产业规模较小等原因,导致人才及其他资源配置有限,需要突破原有体制的局限性,设计"理想化"的组织机构。所谓"理想化",就是不受现有组织框架、现有资源配置的限制,按需求进行组合的机构框架设计,一切限制均由"虚拟"方式来突破。因为芯片支持技术和管理的特殊性,现有的实体机构显然无法满足需求,"理想化"更无从谈起。为了维护传统的"扁平化管控模式"的既有优势,同时避免机构臃肿、效率低下的问题,虚拟机构将自有人才及其他资源、视野无限放大,是一个切实可行的创新方法。

虚拟组织机构由公司级行政保障部门牵头设立,以支持技术中的具体问题(技术、管理)为导向,召集各个单位的专家组成。组织机构中除牵头部门的人员相对固定外,其他组成专家不是固定的,随问题(技术管理专题)的不同,聘请不同专业、特长的专家。虽然这一机构是虚拟的,但这一机构是永续存在的。

2. 成立芯片支持技术管理协会

虚拟组织机构包括"芯片支持技术管理协会",由中车株洲所行政保障、财务、法务、运营、规划等部门的相关细分领域专家,以及芯片制造部门(单元)的相关专家等组成。协会设秘书处、工艺制程效能组、财务分析组、空间环境(绿色建筑、暖通)组、动能技术组、消防类(化工专业)组、废物回收与环保组、临时工作小组等机构。

其中具体分工是：(1) 秘书处负责审议、提交临时工作小组工作方案，筹建外部专家库，收集信息、形成报告提交协会，组织技术论坛及信息发布，执行协会决议。(2) 工艺制程组提出工艺制程支持技术需求、技术改造和试验，对工艺制程形成的风险进行评估，对技术改造和试验，对工艺制程产生的影响进行评估。(3) 动能技术组依据工艺制程要求，提出动能技术解决方案和改造方案。(4) 财务分析组依据改造方案，提交经济指标分析报告或经济性方案选优决策。(5) 空间环境（绿色建筑、暖通）组依据工艺制程要求，开展环境逻辑关系算法研究，提出满足空间环境需求技术的解决方案或改造方案。(6) 消防类（化工专业）组依据工艺制程要求，提出满足消防需求的技术解决方案或改造方案。(7) 废物回收与环保组依据工艺制程要求，提出三废回收利用、达到环保排放要求的技术解决方案或改造方案。(8) 临时工作小组准备调查背景资料，拟定具体工作方案并组织评审，监督、指导方案落实，收集方案成果后提交总结（或课题结题）报告。

协会的主要工作流程是：第一步是问题的提出，一般由基层管理部门提出面临的问题，主要是为了满足生产工艺要求而提出的环境改善、降低能耗、降低成本、降低风险、提高良率等需求，形成报告提交秘书处。同时，秘书处也可依据收获的信息，直接提出需要解决的问题。第二步是由秘书处组织各专业组负责人，对问题展开讨论，确定解决问题的相关细分专业人员，组成临时工作小组。第三步是由临时工作小组研究确定解决方案及管理工具运用，并与施工改造部门对接，进行监督和指导，参加工程竣工验收等工作，提出整改建议。涉及德尔菲法调查时，负责全部调查及成果运用工作。其间需要其他支持时，由秘书处统一协调。

3. 聘请外部专家随时保障支持

虚拟组织机构还包括外部专家库，外部专家库成员由企业以外的人员组成，由芯片支持技术管理协会讨论、甄选确定，事实上是该协会的辅助成员。中车株洲所依托其中国功率半导体技术创新与产业联盟理事长单位、湖南省绿色制造产业联合会理事长单位、欧洲功率半导体协会副主席单位等优势，收集相关外部专家信息，建立了"芯片支持技术咨询专家库"。一般情况下，这些专家主要用于德尔菲精准调查使用，因此不会将这一专家库信息通知专家本人，更不会告知其他专家信息，以确保专家思维判断的独立性、客观性。当向外部专家发送调查问卷时，再进行背景介绍和答卷规则告知，必要时也可将其作为专门的咨询对象。

考虑到台湾具有几十年的芯片产业发展史，芯片制造行业较发达，拥有台积电、联发科、日月光等一系列行业标杆企业，国内主流芯片工厂也多为台湾团队筹建或核心参与，中车株洲所通过专业咨询公司的渠道，聘请多位台湾籍资深半导体厂务专家作为专家库成员。其中包括代表行业最高水平教材《高科技厂务》的作者颜登通教授，参与南京台积电项目建设的高管人员等。

虚拟组织机构吸纳各类细分专业人才，获得各类细分专业人才所在单位的试验资源和广泛信息，突破部门墙，为后续评价、决策提供经济、迅捷、专业的支持。

(三) 运用评价管理工具，创建管理评价模型

1. 德尔菲调查法应用

芯片支持技术是各类综合支持技术的总称，对于我国而言，存在着诸多陌生领域，选择合适的工具和方法，是该项创新的重要基础。依据标杆对比等场景，对已经归类的主要"表象"问题，运用德尔菲法进行深入调查，对未知事项及或有事项进行分析研究，可以高效准确预判，从而找出"根源"性的问题答案。

其工作原理是，依据设定的程序，由临时工作小组向专家发送邮件，介绍"问题"的背景情

况，请求专家提供解决方案或提出看法的一种调研方法。后续工作中，专家提供的解决方案或看法，将会以匿名方式呈现。后续会将各个被调查专家的意见汇总，再次发送给各个被调查的专家，再次请他们发表意见。通过多轮次向专家发送调查问卷，获得每位专家的最终看法，最后汇总专家基本一致的看法，作为预测的结果。

该方法的主要优势是，专家之间不会互相讨论，不发生横向联系，可以保障专家建议的独立性，预测结论较为可靠。其最大的劣势是，程序过于繁杂，对临时工作小组（该项创新活动为内部专家组）的综合素质要求极高，同时需做大量的准备工作、进行多轮意见汇总、再次问询，导致时间跨度较长。公司依据问题特征，简化程序，提高了调查效率。在本课题中，"现场制氮技术引进决策""制冷站群控技术自研决策"等专项，均采用了这样的方法，收到了良好效果。

2. 设备综合效率（OEE）指标评价法应用

在德尔菲法精准定位的指引下，需要对各个维度的具体问题展开研究和评价，其中OEE指标评价，就是最为重要的维度之一。OEE指标是高端制造企业用于衡量生产效率的关键指标。其中"时间开动率"可以反映设备使用状况（人为管理因素），如操作人员熟练程度、设备运行设置参数等；"性能开动率"可以反映设备固有的效率属性（设备因素）；合格品率可以反映设备固有的精度属性（设备因素），如设备精度导致的产品良率等。对于已经拥有的设备而言，其评价活动可以发现问题的具体项点，从而寻求改善方案。对于将要采购的设备而言，可以在技术协议中，明确这些重要指标，包括人员培训等延伸要素。

OEE＝时间开动率×性能开动率×合格品率

其中：时间开动率＝开动时间/负荷时间；

性能开动率＝净开动率×速度开动率＝（加工数量×实际加工周期/开动时间）×（理论加工周期/实际加工周期）；

合格品率＝合格品数量/加工数量

本课题中，对半导体量产产线满负荷运转30天状况进行监测，并展开深入分析，该产线时间开动率、性能开动率、产品合格率分别为91%、92%、99%，因此，产线综合效率OEE等于83%。统计结果显示，该产线综合效率低于目标设计值85%。其原因在于：该产线属于半自动生产线，部分人工工序存在瓶颈，影响产线总效率。按照OEE评价分析结果，公司启动了洁净天车传递技术等芯片智能制造升级改造的决策。

3. 多专业融合评价应用

除了类似OEE这类专业评价方法，通用的评价方法依然发挥着主导作用，对其进行改进、创新，可以凸显其强大优势。传统的业财融合法，是财务计算方法与具体业务的紧密结合，注重的是投资与回报的精确计算，这一方法的预测准确率虽然很高，但大多建立在有限的假设基础之上，许多技术问题、管理问题并未融入其中。

芯片支持技术因其特殊性、广泛性，更多的需要这种多重融合的评价，既包括汇率损失、到岸前货物保险、对冲工具运用、税费优惠、科研经费正确归集等财务要素，更要考虑技术迭代、既有设备设施和设备匹配、备品备件、后续改造升级等要素，还要考虑现有设计、生产、采购、销售、售后服务等多重管理要素。因此，在相关项目评价中，几乎所有细分专业的专家都要参加。

4. 评价模型创建

鉴于芯片支持技术的多元性、广泛性、复杂性，如果每一次评价活动均制定评价维度、评价项点，不仅工程浩大，且多有疏漏、重叠现象，导致评价效率降低。通过评价实践活动，逐步建立各类模块的评价模型,并在后期的使用中不断修改完善,是提高评价质量和效率的重要保障。在产线投资评价模块中,公司建立了一个包含12个维度、42个项点的芯片产线投资评价模型,为相关评价工作提供了重要指引。评价模型的创建,为评价工作提供了科学、系统的章法,提高了评价效率。

专业评价工具、通用评价工具以及评价模型的运用,均需依据实际需求确定,并非一成不变,否则将本末倒置。

(四)果断决策,全面实施

任何优秀的评价,如果仅仅停留在案卷上,就会功亏一篑、没有任何意义。勇于承担风险与责任,才能迈向成功的最后一步。

1. 现场制氮技术引进决策

通过标杆对比获知,沿海半导体规模企业普遍采用现场制氮的模式供给氮气。而公司采用外购液氮的模式,采购成本高,且存在运输、充装等安全风险。为了降低采购成本、降低管理风险,公司委托芯片支持技术管理协会进行现场制氮技术引进评价。

第一步:综合经济、技术指标评价。

现场制氮需要一定的固定投资,但其运营成本远低于液氮采购成本,安全方面增加了空分设备低温、高压、膨胀风险。经研究,协会决定组建临时工作小组,撰写详尽的背景资料,设计调查问卷,采用德尔菲法进行调查。同时运用业财融合方法进行详尽的经济指标测算。经后期整理,决定采信调查结论,即施行现场自制的方案。

第二步:自行投资与引进投资决策。

采用自主投资、自主运营的模式,需要培养专业的运维技术人员;采用引进投资方式,由对方投资设备并负责运维,但经济性略低。经协会临时工作小组、业财融合专家测算,结合其他专业组意见,就经济效益、人员投入与质量和安全风险分析,确定了引进投资的决策。

第三步:制氮工艺方案决策

深冷制氮与液态空分制氮工艺各有所长,采用液态空分工艺,可以同时制取氮气和氧气,所获得的经济收入更高,但工艺更加复杂,安全风险更高。经协会临时工作小组业财融合专家测算,结合其他专业组的意见,最终确定了深冷制氮的技术方案。

在技术方案确定以后,公司整合本部所有的氮气用户点,包括IGBT器件生产线、晶闸管生产线、SiC器件生产线、高铁牵引生产线等,将现场制氮管理辐射至公司本部所有产线。通过项目的实施,实现了氮气的集中供应,企业每年节约液氮采购费用约953.6万元,节约投资2000余万元。同时为社会节约大量运输能源消耗,并降低了安全管控风险。

2. 稀氟酸废水回收技术引进决策

稀氟酸废水回用,是近几年来半导体行业出现的新型技术,即将大部分稀氟酸废水净化为自来水水质,继续转入Scrubber(尾气处理设备)、纯水设备等用水量大的设备循环使用。但由于工序复杂、安全风险高、投资巨大等原因,协会组织动能、业财融合、回收与环境等专家组成临时工作小组,进行综合评价,决定采用信息收集、外部专家支持的方式,展开专题研究评判,最终决定采用稀氟酸废水回用技术,并编制了改造方案。该方案投资680万元,建设反渗透膜稀氟酸废水回用设备,系统设计处理能力888立方米/天,回收效率65%,每年节约水电费、废水处理药剂费用、废渣处理费用等共计150万元。此外,向下游污水处理厂少排放含氟废水23万吨/年,减轻了市政环保负担。

3. 制冷站群控技术自研决策

芯片生产能耗最大的部分是维持洁净室恒温恒湿运行，需要制冷站 365 天不间断开启。在标杆企业考察过程中，发现芯片大厂因规模大，制冷站拥有几十台最大功率冷冻机，只需增减机即可实现高效运行。而公司制冷站冷冻机数量较少，常年仅部分负荷运行，制冷效率低下。为了节能降本，协会成立临时工作小组，集成各个专业小组专家，采用德尔菲法及聘请外部专家咨询的方式提供解决方案。

由于标杆企业的经验无法借鉴，运用德尔菲法确定主要环境控制参数，通过信息采集系统，获知了舒适性空调行业存在全变频智能群控技术。经咨询，该技术无法应用于半导体工艺性空调领域，在外部专家的帮助下，决定自行研制变频群控系统，并同时制定了改造升级方案。该方案在硬件方面，参考全变频制冷站模式，将原有的工频设备全部增加变频器，并借用先进的大数据仿真理念，开发了一套适用于洁净室工艺空调的参数自动寻优控制软件。由于最核心的控制逻辑部分采用自研方式，公司仅投入硬件改造以及少量软件改造，共计 500 余万元，制冷站达到能效整体提升 20% 以上的效果，每年节约电费 400 余万元。

4. 洁净控制节能技术自研决策

洁净室配置的供暖通风设备设施是一个复杂系统，各类设备设施的参数互相关联、耦合，每一项参数均会影响洁净室的温湿度、洁净度，从而最终对生产工艺造成巨大影响。因"牵一发而动全身"的原因，加之运维人员水平有限，为满足生产工艺稳定性需求，各设备参数均按上限值设定，未能兼顾节能减排需求，造成极大浪费。由于学术期刊、节能咨询提供的节能案例与措施均为单项节能，不具备系统性，为解决这一问题，临时工作小组依托协会强大的技术力量，充分发挥实体部门（芯片制造、运用单元）的积极性，决定自研洁净室控制系统节能技术。

通过厘清各元素的逻辑关系，运用科学算法，将终端要求划分为洁净度控制、温湿度控制两条线，设备设施划分为新风空调箱、洁净室、工艺排气三条线，予以拆分后分别进行理论研究，建立了相应的数学模型及优化算法。然后根据理论成果，陆续开展工艺排气风平衡调节优化，洁净厂房气流组织优化，新风空调箱、干冷盘管温湿度控制优化等，最终完成对洁净厂房的整体节能优化，取得年节能 200 余万元的降本效果。

5. 微环境控制技术采购决策

为了企业的后续发展，二期扩能项目设备采购被提到议事日程。按照抓主要矛盾的方法，环境要求最苛刻、价格最贵的设备为光刻机，该设备选型技术决策成为焦点。为了作出正确的技术研判，临时工作小组启动了信息链板块，随时跟踪相关技术信息；启动了业财融合板块，对大环境、微环境建设投资和运行费用展开深度测算，对涉及的进口设备运输及保险、汇率变化、金融对冲政策等项点展开预研究；启动了工艺技术板块，对拟引进的全球顶尖设备供应商 ASML 生产的 DUV 光刻机进行研究认知。

经综合研判比对，确定了采购新型的自带微环境控制的光刻机的方案。其主要优势是设备内置微环境，利用先进的半导体制冷技术，进行内部洁净度、温湿度自动调节，可大大降低对大环境的控制需求。所增加的采购成本，可以用节约的大环境建造费用补偿。每年可节约运行费用 350 万元，更为重要的是保障了工艺运行的稳定性。

6. 洁净天车传递技术升级决策

该企业芯片线在建设之初，物料传递沿用原有老晶闸管产线的"小推车+货架"模式，大量的货架产生洁净气流组织的死角，成为"藏污纳垢"之地，非常不利于洁净室的洁净管控。为解决该项问题,运用生产效率评价法评价成果,利用二期产线扩能的契机,协会成立临时工作小组,集成各个专业优势,提供内、外部专家资源,进行多专业联合设计,最终选用洁净天车晶圆传递技术。

无尘洁净天车系统综合工艺、建筑、装饰、设备自动化等多方面的技术,满足了芯片制造领域对生产环境和质量的苛刻要求,具有洁净、耐磨、低故障率、调速范围广、定位准确等特点。通过无尘洁净天车建设,公司基本实现了芯片制造自动化、少人化,不但提高了单位劳动生产率,还减少了人工失误、提高了成品率,并解决了原有小推车货架影响洁净度的问题,释放了大量洁净空间。

(五)强化保障,为项目实施提供全面支撑

1. 加强经费保障

芯片支持技术的创新与实施,需要大量项目改造经费,主要分为技术的创新管理费用和技术改造、投资费用。费用预算一般在每年年底前,由虚拟组织机构与芯片制造单元共同编制完成,由芯片制造单元(实体组织)提交,纳入企业全面预算管理之中。预算指标分别下发给实体单位,由实体单位控制使用(包含上述虚拟单位的费用)。

2. 加强人才保障

尽管芯片支持技术管理协会的专家均来自企业内部,但因分属不同的主体单位,自然都有不同的利益诉求和工作管理要求。公司以"芯片支持技术管理协会"的名义,与专家本人及所在主体单位签订服务协议,明确三方(协会、专家、专家所在单位)的权利义务,可以确保专家在协会有充足的工作时间、高效率和高质量的工作状态,同时可以确保专家权益。如专家在协会工作的差旅费、加班费、绩效考核等事项,都有明确约定。

同时实施培训创新,在培训的对象上,普通学员与专家时常互换角色,相互了解各个细分领域的专业知识;在培训方法上,随时进行互动交流,将激烈讨论转化为深刻记忆。由此也为人才保障提供了助力。

3. 加强制度保障

公司建立了全新的芯片支持技术评价与决策的业务流程与规范。此外,将部分技术成果物转化为规章制度,例如《洁净系统节能操作规程与作业指导书》等,为便于基层操作人员使用,在关键部位进行了手动可视化呈现。

三、高端制造企业芯片支持技术评价与决策管理创新的实施效果

(一)企业管理风险显著降低

通过虚拟组织与实体组织并立运行,克服了扁平化管理模式的部分缺陷,纵深管理得以有效展开,风险项点得以显露。成功实施项目改造,公司内部参与人员达157人次,逐步沉淀、稳定的人员约有74人,为公司提供了细分专业人才保障,为降低、消除风险奠定了人才基础。生产、安全、保管、运输、污染等各类风险项点,由2018年的1932个降至2021年的345个,下降了82.14%。

(二)经济效益显著提升

技术改造项目的实施,对制程工艺形成强大而稳定的支撑,故障率直线下降,其中2021年比上年同期下降了74.4%;产品合格率不断上升,2021年,提升经济效益0.35亿元;达产率逐步提高并稳定,2021年末达到产能设计的93.4%,共降低人工、运行等费用1324万元。

通过现场制氮等多项技术改造项目的实施,大幅降低了能源消耗和辅助材料用量。2018年4

月至 2021 年末，共节约电能 1100 万度、新水 50 万吨、天然气 40 万方。其中现场制氮项目节约投资约 2000 万元，运行费用年节约 953.6 万元。该项管理创新成果共形成节约效益 4400 万元，为企业参与国际竞争赢得了一定先机。

（三）社会效益成果显著

该项管理创新开创了高端芯片支持技术自我研判、自我研发、自我改造的先河，管理成果的成功运用极大地提振了公司的投资信心。公司先后投资半导体三期、新能源汽车关键零部件、新能源传感器件等高端制造产业项目，年产值增加 52.19 亿元，增加劳动就业岗位 2347 个，年贡献税费 12.16 亿元，带动社会相关产业链约 320 亿元的 GDP 增长。

（四）环保生态得以改善

课题创新期间，共减少二氧化碳排放 12000 吨，减少含氟废水排放 55 万吨。现有状况下，每年可减少二氧化碳排放 4500 吨，减少含氟废水排放 24 吨。

（五）成功经验得以推广

该项管理创新成果，特别是"435"（四降低、三提高、五步法）总体创新目标及路径的理念，已在中车株洲所内部推广至半导体三期、新能源汽车关键零部件、新能源传感器件等项目。在核心期刊上发表相关论文 4 篇，引起广泛关注，相关企业与中车株洲所开展多次交流活动。该项成果形成的建议书，得到省、市领导的相关批示，正在通过工信厅、工信局等渠道推广。

主　创　人：彭淼淼、吴正平

参与创造人：齐晓武、李　略、唐　旺、刘懿莉、胡文波、孙煌星、王丽娜、贺正凡、彭　静、贺　平

"菁英工程"青年人才培养管理体系建设实践

国网湖南省电力有限公司株洲供电分公司

摘要： 自 2020 年起，国网湖南省电力有限公司株洲供电分公司（以下简称株洲公司）围绕"育才"主题，以打造青年发展"汇聚能力新高地、人才培养新高地、创新创效新高地"为目标，形成一套青年员工培养、成长、选拔的"菁英工程"管理体系。其主要内容是：以人才需求为导向，注重人才培养方向、层次性，明确"三部曲"培养路径；以提升员工精神素养能力、专业技术能力、综合素质能力、创新创造能力"四力"为抓手，批量培养人才队伍；聚焦先进典型，依托八大专业劳模、工匠创新工作室，发挥传帮带职能，放大以点带面辐射作用，打造菁英人才队伍；创新研发业绩量化积分 App，拓宽员工评价维度，将业绩进行量化积分，对员工价值贡献开展科学评定；根据评定结果，进行员工个人画像、企业整体画像。帮助员工了解自身发展优劣势，迅速定位出"管理型、职员型、工匠型"发展方向，同时，帮助企业发现人才培养薄弱环节并及时调整策略，推动人才培养始终朝着有利于企业发展的方向进行。秉承"过程真评、结果真用"原则，建立菁英人才储备库，结合评选制度实行优胜劣汰、有进有出机制，建立与评价结果挂钩的动态菁英人才库，引导人才良性竞争和有序流动。形成工作业绩看板，营造比、学、赶、超工作氛围。菁英人才的"选、培、管、用"机制实现了员工、企业发展的双方共赢，具有广泛的推广价值。

企业简介

株洲公司是国网湖南省电力有限公司（以下简称国网湖南电力）下属的供电分公司。株洲公司担负着株洲市 5 区 4 县（市）的供电保障任务，供电区域面积 11262 平方公里，服务客户数 193.25 万户。下设渌口区、醴陵市、攸县、茶陵县、炎陵县 5 个县级供电企业，以及天元区供电支公司、城东供电支公司 2 个城区供电机构，主办省管产业单位 1 个。电网单日最大负荷 245.6 万千瓦，全省排名第五，日最大用电量 4815.56 万千瓦时，均创历史新高。近年来，株洲公司积极践行"人民电业为人民"的企业宗旨，秉持"以客户为中心"的服务理念，先后获得全国文明单位、全国五一劳动奖状、国家电网公司先进集体、湖南省文明标兵单位、湖南省光伏扶贫先进单位等荣誉称号。

一、"菁英工程"青年人才培养管理体系建设实践的背景

（一）是贯彻新时代国家人才发展战略的基本要求

中共中央在《关于深化人才发展体制机制改革的意见》中将"促进青年人才培养"作为重要内容进行详细阐述，指出青年人才培养体系的建设是一项紧迫而且事关全局的战略性任务，是一项事关和谐发展的系统工程。企业作为青年成长的"第二大学"，也被赋予全新的引导使命。依托

企业岗位技能、人才特点，充分发挥劳模、工匠创新工作室的传帮带职能，建立培养后起之秀的典型平台，是企业育才用才的重要体现。目前，各企业高度关注人才发展工作，但有效的融合机制仍需进一步完善，人才管理的成果有待丰富创新。因此，急需整合企业资源，健全员工成才过程中"培养、机会、选拔"等管、培、育机制，将企业打造成为企业汇聚能力的新高地、人才培养的新高地和创新创效的新高地，为推动实现中华民族伟大复兴筑牢雄厚的人才基础、提供有力的人才支撑。

（二）是适应新形势下电网企业发展布局的迫切需要

青年员工是企业发展的人力基础，青年人才是企业发展的巨大动力和智慧源泉。重视青年人才队伍培养，研究如何提高人才培养质量，激发青年人才创造活力，实现企业高质量发展目标，是企业人才建设需要考虑的重要问题。当前，各省市供电企业先后启动集控站建设等智慧化工作，全新的战略需要，更高的发展要求，急需培养一大批独具"匠心"、身怀"匠技"的优秀技能人才，发挥劳模精神、工匠精神，致力于专业发展和开拓创新，推动企业技术和管理的深刻变革。而原有的"师傅领进门，修行靠个人"的人才成长机制，作为青年人才培养的主要方式，存在两点不足：一是青年员工所占比例逐年增加，企业缺少最直接的渠道来掌握内部各专业人才的成长情况，对青年进行职业发展指导及服务时易顾此失彼，从而错失培养机遇。二是员工个人很难对自己进行精准定位，职业发展规划不够清晰，人员成长速度慢，与企业发展不协调。因此，把握人才成长规律，提高人才培养的制度化、规范化、科学化水平，为企育才，对培养更多适应企业高质量发展与高水平创新创效的各专业人才具有重要意义。

（三）是营造企业内部良好人才成长环境的必要举措

企业不断完善科学考核、评价、推荐机制，为青年人才打通成长晋升通道，使各方面人才各得其所、尽展所长，这是营造企业内部良好人才成长环境的重要体现，也是激发青年人才活力的重要方法。而原有的人才晋升机制尚有不足，一是难以直观地比较青年员工工作过程表现和业绩，缺乏科学可行的选拔措施，使得青年人才储备库较难成型。二是企业内部职业发展三通道分布不均衡，技术技能人才数量不足，梯次不合理，专业不平衡，使得企业人才梯队易出现断层问题。因此，株洲公司急需探寻人才科学考评机制，充分发挥人才考核、评价机制的指挥棒功能，推动人才资源合理化配置、顺畅流动，全面激发员工内生动能，增强员工对企业的认知度和归属感，并在实现自我价值的成就感中坚守初心。

二、"菁英工程"青年人才培养管理体系建设实践的主要做法

（一）以人才需求为导向，构建"菁英工程"青年人才培养管理体系

1. 确定"菁英工程"总体思路

以人才需求为导向，注重人才培养方向、层次性，明确"三部曲"培养路径。以提升员工精神素养能力、专业技术能力、综合素质能力、创新创造能力"四力"为抓手，批量培养人才队伍。聚焦先进典型，依托八大专业劳模、工匠创新工作室，发挥传帮带职能，放大以点带面辐射作用，打造菁英人才队伍。创新研发业绩量化积分 App，拓宽员工评价维度，将业绩进行量化积分，对员工价值贡献开展科学评定。根据评定结果，进行员工个人画像、企业整体画像，及时发现人才培养薄弱环节。秉承"过程真评、结果真用"原则，建立菁英人才储备库，结合评选制度实行优胜劣汰、有进有出机制，建立与评价结果挂钩的动态菁英人才库，引导人才良性竞争和有序流动。同时，形成工作业绩看板，营造比、学、赶、超的工作氛围。

2. 明确青年人才职业规划"三部曲"培养路线

制定职业规划"三部曲"培养路线，充分激发青年人才干事创业能力。第一部曲是完成个性化职业规划，加快"生力军"角色转换。为每一位新入职的青年员工配备一位职业规划导师，制定一份入职规划表，明确初期、中期、远期计划及目标。第二部曲是培训计划的制定与实施，增加青年对公司的归属感，推动"主力军"队伍建设，提供更系统、更对口的员工培训。制定好职业规划后，配对一位技能导师，制定师徒培训计划，开展系统性培训。培训分为现场培训和理论培训，按月计划开展，根据每月培训内容开展月度技能测评。第三部曲是开展员工业绩评定。每年针对青年员工工作业绩组织开展"亮、晒、比"评比活动，并将评价结果作为人才选拔的重要参考依据。

3. 确定人才培养"两个原则"

明确"菁英工程"青年人才培养管理体系的方向性、层次性原则。其中，方向性原则是指国有企业青年人才的培养务必做到"方向正确""旗帜鲜明"，体现的是新时期国有企业青年人才培养的本质要求。层次性原则是指从多元化背景入手，结合青年的思想情况有针对性地开展分层次教育，既认同青年的共性特征，又兼顾不同个体的特殊性，做到有效融合员工发展的个性与共性。

（二）以提升"四力"为目标，培养多支"菁英工程"青年人才队伍

1. 抓思想建设，提升青年人才精神素养能力

在精神素养提升方面，公司以党支部为精神堡垒，以优秀党员为信念旗帜，邀请优秀党员为青年集中开展精神素养提升工程，通过加强对新员工的政治引领、道德引领、技能引领，在青年人才中凝聚起强大的精神力量，为公司和谐发展提供强有力的思想保证、道德滋养和技能支撑。加强政治引领，就是要给青年入职后"扣好第一颗扣子"，引导新员工树立正确的世界观、人生观、价值观，填满"思想缺口"，筑牢"思想之魂"。加强道德引领，就是要推进青年产生道德认同，在日常工作中学会明辨是非，弘扬正能量，摒弃负能量，推进践行以爱岗敬业、办事公道、奉献社会为主要内容的职业道德，鼓励新员工在工作中做一个好劳动者。加强技能引领，就是要练就过硬本领、掌握过硬技能、培养过硬作风、建设过硬队伍，使新员工在日常工作生活中端正态度，紧跟优秀党员的步伐。如公司为深入开展"转观念、抓作风、强落实"活动，促进人才培养提质增效，特邀请"双高"专家讲述近十几年来在变电运维岗位上的故事。通过亮出企业响当当的"电力名片"，感染青年继承优秀精神品质，提升青年员工精神素养。

2. 抓技能培训，提升青年人才专业技术能力

公司通过多种形式开展青年人才技能培训工作。班组层面，班组根据公司人资部下发的《班组培训操作指引》开展班组培训，制订年度培训计划，细化至月度计划、周计划管控，指定班组专业师傅担任讲师，每次培训后开展小测试，并将测试结果反馈至公司培训专责。部门层面，八大专业部门对基层供电公司和职能支撑机构开展专题培训，邀请本专业的资深内训师担任讲师，专题培训后开展专业测评，并对测评第一名的员工予以绩效激励。同时，组织公司各专业青年员工前往各输变配新建工程开展跟班学习，熟悉电网建设项目管理以及整个安装调试过程。公司层面，公司组织青年员工定期开展专业轮训多岗位锻炼，促进多专业贯通融合、推动员工跨专业开展工作交流，并要求青年员工在轮训结束后开展专题总结答辩，将评价结果纳入业绩评价中。组织优秀青年员工前往省检修公司、省电科院、省公司开展阶段式学习，掌握优秀的管理方法、做法，了解省公司战略政策等。

3. 抓队伍建设，提升青年人才综合素质能力

株洲公司提供多种平台，引导青年员工"用心成长"，提升队伍整体素质。第一，提供"青年大讲堂"平台。通过举办青年大讲堂，培养青年深耕专业、表达表述、总结经验的能力。2020年以来，"青年大讲堂"已举办10期，内容覆盖专业技术知识、企业文化、党性教育、创新创效等方面，青年员工走上讲堂，结合自身工作实践经验"现身说法"，为株洲公司员工精彩授课，营造进取向上的良好氛围。第二，提供创新成果孵化平台。为推广员工技术创新项目应用到现场，株洲公司多措并举建立起创新成果孵化平台，邀请省公司内部专家对创新成果进行验收评价，加大对创新项目实用性、应用面的评价权重；通过线上直播、线下参展的形式对员工技术创新成果进行展示；建立专业的成果孵化团队，依托劳模创新工作室提供孵化服务。第三，提供网络新媒体宣传平台。建立"国网株洲青年"微信公众号，搭建"青动力"新媒体宣传联盟，聘请热爱新媒体、懂得新媒体制作的青年员工加入宣传联盟，对青年群体进行宣传报道，提升员工的宣传写作能力。

4. 抓数字化建设，提升青年人才的创新创造能力

2020年以来，株洲公司大力开展数字化建设。各专业青年员工依托劳模创新工作室，在数字化建设上大展身手、大有所为。2021年，针对企业管理穿透力不强、要求层层递减、基层班组压力大等问题，青年员工研发了"工作安排管控系统"，通过部门上下联接提升企业管理穿透力。同时，由青年员工组成工作安排管控系统柔性工作团队，收集工作安排管控系统在使用过程中的问题并改进，逐步完善该系统。2022年，株洲公司为打造更智能、更数字化、更坚强的电网，成立了智能运检管控中心。由智能运检管控中心牵头，开展在带电检测、项目管理等各类工单上的驱动研发，形成以青年员工为主体的工单驱动柔性工作团队，负责提出工单驱动流程图，同时督促工单驱动的研发进度。通过工作安排管控系统和工单驱动的研发，激发青年员工创新创效热情，让青年员工深入到数字化建设浪潮中去。

（三）平台推进，发挥优势菁英人才全体共进的作用

1. 发挥专业优势，补齐青年人才创新短板

株洲公司充分发挥劳模、工匠的示范引领效应，成立变电、计量、调度、客户服务中心等八大专业方向的劳模、工匠创新工作室，将劳模、工匠创新工作室"传帮带"特性与员工成才过程中"培养、机会"等重要因子深度结合。以解决实际工作痛点、难点、堵点问题为目标，融合创新资源，将员工所掌握的岗位理论、方法与应用联系起来，培养员工针对实际应用发现问题、分析问题、解决问题以及创新的能力，助推创建专业技能培养外的第二课堂。以以老带新为路径，将创新思维融入工作室项目之中。工作室每年收集各个专业班组的创新需求，由工作室创新经验丰富、专业技能过硬的创新骨干牵头，采取自愿报名的形式吸纳相关专业的新员工全程参与创新活动，并分配具体任务，承担相应职责，启发员工创新思维，如参与课题可行性研究，参与课题目标、方式路径、理论工具的确定讨论，承担材料报告撰写、实地成效验证任务等。以营造创新氛围为抓手，将创新意识贯穿于工作常态之中。以专业为单元，工作室定期组织创新研讨会，鼓励员工标新立异、打破陈规，质疑工作中所有阻碍工作效率的工作方法。各劳模、工匠创新工作室因专业不同，创新攻关方向不同。如爱元劳模创新工作室（调度专业）主要面向提升电网供电可靠性、电网调度运行管理效率等方向攻关，廖丽萍劳模创新工作室（变电专业）主要面向解决变电生产过程中作业效率不高、作业风险较大的难点。

2. 发挥传帮带作用，激发青年人才干事创业的热情活力

摒弃"师傅领进门，修行靠个人"的传统模式，各劳模、工匠创新工作室发挥"传帮带"职能，设立人才培养工作小组，创建"双培养"结对子模式。所谓双培养，即将专业技能人才逐步培养成创新骨干，将创新人才培养成专业技能骨干。在自愿参加工作室组织的创新攻关、培训考察等活动后，新员工自动转为创新工作室成员身份，人才培养工作小组为其配备技能导师，作为其专业技能与专业创新方面的引领人，参与指导员工在班组培训、部门集训、实践培训、跟班培训、专业轮训等技能培养过程中的成长，引导带领员工在专业重点工作中担当作为，鼓励支持员工围绕专业技能开展实战练兵，在企业重点工作任务中崭露头角。

3. 发挥点面效应，推进人才队伍全体共进

创立"微课堂"，打造共享的交流平台。与定期研讨会不同的是，"微课堂"不局限于本专业范围内的课题探讨，其主题一般是由创新工作人才培养工作小组提出的综合性问题，需要充分发挥不同专业、不同岗位技术技能人才自身的优势，将理论研究和工作实践相结合，开展技术交流与协作。此外，创新工作室积极与专业对接，整合优秀人才资源，承接省市公司重点工作内容，参与编写的《新一代智能变电站运维检修技术》《变电站消防培训管理》等在中国电力出版社出版发行，为主创作的《党员量化积分管理手册》在国网公司范围内获得大力推广，将劳模经验转换为殷实的工具书，并传递给青年职工，促进人才队伍全体共进，为企业发展注入源源不断的新动能。

（四）正确评价，创新"菁英工程"量化平台

1. 拓宽评价维度，量化业绩成效

以实绩评价为主、兼顾素质评价为原则，通过分类、量化业绩成绩，自主研发出"菁英工程"App，探索出与企业发展相适应的人才评价机制和激励机制，进一步强化对青年员工的动态管理考核评价，促进人才成长。

将员工工作业绩分为党团任务、专业重点工作、行业认可度、论文论著、科研创新成果、竞考奖项和个人荣誉六大类，并将其设定为业绩积分模块，根据系统预置分值实现自动赋分积分；同时，设置政治品质负分模块，建立纠偏纠错机制，根据日常违规违纪情况进行人为干预扣分。在各员工完成工作后，将上述六大类工作业绩在"菁英工程"平台上申报，人才培养工作小组定期审核其真实性与质量，系统根据预置积分规则自动赋分；此外，政治品质负分项目由人才培养工作小组进行填报，根据失误的轻重程度按照评分细则进行扣分，严重违章行为可执行一票否决权。在完成所有员工业绩评定后，经平台大数据评价，在"积分总览"中一一展示。

2. 开展评价画像，建立纠偏机制

根据员工个人积分、专业整体积分开展员工精准画像及整体精准画像。其中，员工"精准画像"有助于员工个人及时了解自身发展优劣势。优势积分帮助员工迅速定位出"管理型、职员型、工匠型"发展方向，减少困惑与迷茫期，激发青年员工做事干劲与冲劲，缩短成长周期；劣势积分帮助员工找到弱势短板，及时补足或避开技能弱项。同时，企业根据部门整体画像积分分布情况，直观了解员工重点工作参与情况，发现人才培养薄弱环节，并对"管理型、职员型、工匠型"发展不平衡问题及时干预，对培养策略作出调整，优化"菁英工程"人才培养方案，不断改善人才成长环境。

3. 用好评价结果，开展动态储备

秉承"过程真评、结果真用"原则，建立菁英人才储备库。依托"菁英工程"评价体系，建

立菁英人才的"选、培、管、用"机制，带动企业青年队伍整体优化提升。对进入菁英人才库的优秀员工，进行集中深造培养，结合评选制度实行优胜劣汰、有进有出机制，建立与评价结果挂钩的动态菁英人才库，引导人才良性竞争和有序流动。同时，形成工作业绩看板。通过统计、对比、分析各专业单位在调度、服务、生产等方面工作的贡献情况，系统自动形成工作业绩看板。通过业绩看板，及时发现、纠正管理薄弱环节，有效整合各类资源，确保专业单位有实力、运行好，在服务企业生产活动中能真正发挥出助推作用。

(五) 强化机制建设，健全"菁英工程"建设实施保障

1. 建立运行机制，确保培养体系有效实施

以人企共进为追求，健全菁英人才培养机制建设，出台三大方案解决"菁英工程"人才培养体系谁来推、怎么推、推不好怎么办的问题，确保"菁英工程"人才培养体系有效实施和规范运行。《"菁英工程"人才培养体系管理方案》确定了管理机构与管理要求，明确责任主体与对象，确保体系有效推进；《"菁英工程"人才培养体系实施应用方案》确定了应用目标与重点内容，明确实施办法与时间节点，介绍具体操作方法，提供操作标准；《"菁英工程"人才培养体系实施考核方案》确定了"菁英工程"人才培养体系的考核标准和成果检验，明确体系推进的奖惩方案，对推进成果进行全面管控。

2. 建立保障机制，确保培养体系有效落地

一是强化资金保障，株洲公司以专业为单元设立专项资金，用于日常教学、评比激励等活动。二是强化物资保障，通过加强与兄弟单位的交流沟通，实现设备资源共享。三是强化沟通，发挥各劳模、工匠创新工作室的"窗口"作用，与中车涂装事业部劳模技师创新工作室、常德卷烟厂创新工作室等行业内外劳模创新工作室达成人才交流合作协议，针对企业生产、管理难题，联合开展技术攻关、技能培训和管理创新活动，共享人才、硬件、经验资源，助力劳模创新工作室在员工培养方面实现深层次、高质量的互助共赢。

3. 建立选育机制，确保企业员工尽展其才

利用数图转化等技术，将员工、企业各个维度工作实际开展、完成情况以图文结合形式进行展示。以月度为周期，系统自动对同专业员工间、各专业单位间的积分情况以月度表现横向对比、月度间表现纵向对比、年度表现同期环比三大形式实现排名亮相。对排名靠前的员工进行激励，对能力有所欠缺的员工与培养成效较差的专业单位加强关注并进行干预，及时发现员工与专业单位在技能、管理方面同标杆体系之间的差异度。同时，将业绩评分结果作为人才选拔的重要参考依据。

三、"菁英工程"青年人才培养管理体系建设实践的效果

(一) 谋转型、强规范，提升青年培养管理水平

近年来，株洲公司通过"菁英工程"人才评定向其他兄弟单位和上级部门输送各类人才150余人，78名大学生相继走上班组管理岗位，培养国家电网专家技能人才2人，高级技师225人，技师274人。本项目的实施，真正使株洲公司成为湖南电力人才的孵化基地。

(二) 重创新、出成效，助推企业效益快速增长

本项目实施以来，株洲公司人力资源得到充分盘活，"菁英工程"创新队伍共取得创新成果260余项、实用新型及发明专利15个、国家软件专利版权3项，发表论文72篇，其中2篇发表在国际学术期刊并被EI收录，百余项成果获得国网湖南电力及以上奖励。如2020年，营销专业创新工作室通过构建营销全业务数字化稽查监控创新体系，集约业务处理人员减少23人，人均监控

户数从2.5万户提高至6.92万户，营销异常从月均5万余条下降至不足1000条，监控派单从月均1.5万笔下降至800笔左右，株洲公司稽查监控工作质效得到大幅提升。各类专业人才开展科技攻关所形成的创新成果，为株洲公司带来年均600万元的经济效益。

（三）守主业、促发展，助推社会高质量发展

"菁英工程"使企业人才能够立足主业，大展所为，助推全市经济社会向好向上发展。如新冠肺炎疫情期间，王绍槐技能大师工作室研发的"企业用能分析"平台对全市用户开展监测分析，筛选出符合支持性两部制电价政策用户111户、符合九五折优惠电价政策的非高耗能用户13.87万户，累计向市委、市政府呈送分析报告23期，为株洲市复工复产决策部署和精准施策提供了高价值的数据服务，为株洲社会经济发展保驾护航。

主　创　人：廖丽萍、刘安定
参与创造人：许　甜、陈早东、刘　曼、欧阳光、李爱元、谌　彬、
　　　　　　杨　鑫、盛若男、任思燕、付　滔

大型电力建设企业面向转型发展的科技管理探索实践

中国电建集团中南勘测设计研究院有限公司

摘要： 中国电建集团中南勘测设计研究院有限公司面对业务转型、管理转型和数字化转型等新形势要求，为积蓄科技创新动能、引导科技研发主方向、发挥科技成果高价值，探索大型电力建设企业面向转型发展的科技管理顶层设计及激励机制。揭示新形势下大型电力建设企业科技发展难点产生机理，厘清创新驱动发展战略管理环节关键影响因素，创新提出"科技管理顶层设计+激励机制体系化建立"的双轮驱动模式。构建"管理模式—创新体系—学科平台—领军人才"四位一体的科技管理顶层设计新系统。充分调研、科学对标，创新打造"人才—组织—成果"耦合的三层面九维度激励机制，精准提出高效能技术创新驱动激励政策建议。

企业简介

中国电建集团中南勘测设计研究院有限公司（以下简称中南院）是成果研究单位，为中国电力建设集团有限公司的成员企业，拥有工程设计综合、工程勘察、工程咨询、工程监理、环境影响评价等16项甲级证书，同时拥有对外承包工程资格证书等多项其他资质，为全国首批拥有工程设计综合甲级的14家企业之一，也是目前湖南省唯一的双综合甲级设计院。

一、大型电力建设企业面向转型发展的科技管理探索实践的背景

（一）新形势下科技创新存在科技管理模式不适应业务发展模式的难点

目前，科技管理模式是基于单一的传统水电勘测设计业务形态下建立起来的，采用以运营管控为主的模式，所有的科技项目采用院级项目管理制，项目的立项、计划、费用和成果均由归口科技部门直接管理。从管理层级上来看，管理部门"重运营管控、轻战略管控""重保姆型服务、轻指导型服务"，管理人员"重事务，轻业务"，以"做事"型为主，围绕事件转，缺乏"谋事"能力，导致战略策划不精准、战略管控不到位，业务指导不系统、业务能力不够强。二级单位没想法、没动力，依赖和推诿思想强。从管理能力上来看，多元化业务形态下，业务范围广、技术门类多、研发项目散，现有运用管控模式导致科技管理部门"管不了""管不赢"。管理人员能力不够，知识水平难于覆盖业务范围，管理人力资源不足，人员配置无法满足业务发展需求。

（二）新形势下科技创新存在科技创新体系不支撑企业发展战略的难点

在科技创新战略上，"重指标、轻目标"，纵向围绕着上级科技考核指标转，横向围绕着高新企业认证投入指标跑，科技成果"重数量、轻质量"，未形成真正的企业核心品牌和核心能力，对市场驱动能力有限。在研发项目管理上，管理人员在项目管理上"重立项、轻验收""重开发、轻推广""重激励、轻责任"，形成事实上的管理分段、责任不延续。在组织体系上，团队作用虚化，研发需求执笔人是研发主要执行人，团队其他成员大多是旁观者和站台者；二级单位职责缺

位，常认为"没时间、没方向、没方法"，无法兼顾生产与创新，无人系统思考技术的未来和市场的方向，等靠上级部门定规矩、给制度。在研发技术体系上，以生产攻关型和提质增效型为主，市场驱动能力相对弱，大部分研发成果推广应用价值有限，创优质量不高。

（三）新形势下科技创新存在创新平台未发挥引领和聚焦作用的难点

平台采用虚实结合模式，开放运行，大多无专职人员，存在"无机制、无主体、无责任"，目标虚化、职责不明等问题。

（四）新形势下科技创新存在科技人才培养缺乏有效机制的难点

在技术人才职业发展待遇方面，提供了技术职称和内部技术专家两个通道，但缺乏人才培养机制，尤其是创新人才，导致人才培养处于"自发性、盲目型、散养式"为主，组织行为相对缺位，人才培养无分层、没递进、不聚焦。

二、大型电力建设企业面向转型发展的科技管理探索实践的顶层设计

（一）调整管理模式，建立分层分级、战略与运营结合的管控模式

公司层面，以"战略控制""协同发展"为目标，按"分类分层""抓大统小"的原则，采用战略与运营结合的管控模式，负责战略规划、计划下达、业务指导、业绩评价，聚焦基础性、前沿性重大项目和国家、省级级重点创新平台，负责其目标制定、经费投入、项目组织和成果转化，负责二级单位研发方向和资源统筹管理。

二级单位实行"目标引领、责任压实"的自我运用管控，负责战略落地管理，聚焦本板块科技发展，负责其经费投入、项目管理和成果转化。负责本板块创新人才培养和团队建设，要有相对固定的3~5人团队持续聚焦市场引领方向创新，带动板块发展。负责制度的探索，由现在公司统一定章建制，改为二级单位自我探索，公司层面的政策一定是来自实践，回到实践中去，需要各单位自我实践。同时，各二级单位都掌握绩效二次分配权和内部人事权，"票子"和"帽子"向哪些人倾斜，完全在自己手上，具备自我探索基础。

（二）完善创新体系，构建以市场驱动为目标的"研推一体"创新体系

构建"引力"和"推力"并举的激励与考核评价体系。由单一激励引导的自选动作，调整为激励与考核并重的规定动作，在职称聘用和职务提拔上设置创新创优指标，激发全员创新的动能；在单位年度考评中设置研发与推广工作目标，压实生产单位责任，最终实现"我要做"的自发动作。

建立"研推一体、技术产品化"的研发组织体系。按产品化的思维进行研发和推广，由现在的研发和推广两个阶段、两个主体，调整为一个责任主体，"谁提出、谁委托、谁验收、谁推广，后评价"。其中，市场驱动型主体是市场部门（市场经营部、区域总部、生产部门经营组织），生产攻关型主体是项目部，提质增效型主体是内部使用部门。

构建"市场化、板块化、产业化"为主导的研发技术体系，研发启动以市场需求调研和价值分析为基本前置条件，以技术可达性分析为保障，每个板块聚焦一两个支撑点去发力，且持之以恒，在研发中推广，在推广中研发，不断迭代。

（三）做实创新平台，切实发挥科技平台的聚焦和引领作用

按"开放、流动、联合、竞争"和"边建设、边研究、边开放"原则，采用分级管理模式，国家级、综合性外部平台两级直管模式。完善创新平台自申报立项、建设运行至绩效考核的全体系管理制度，规范创新平台各环节管理，注重绩效考核，择优支持、奖勤罚怠，不达标者限期整改。对实体化运作的创新平台，保持相对稳定和明确的研究方向，组建结构合理和完整的人才团

队，配备长期高效运行的条件保障。构建各创新平台间以及与外部研究机构间的创新生态圈，持续开展协同创新。赋予创新平台成果转化职责，结合生产实际，及时将科技成果转化为生产力。

（四）着重科技领军人才培养，建立以双创型技术领军人培养机制

领军人物造就以自我培养为主要途径，培养目标是双创型干部。培养对象选拔要来自生产，也要回到生产中去，培养方式需要依托板块发展方向聚焦的项目开展，项目来自市场，也要回到市场去。试点"导师式骨干牵头、专兼型团队支持、依托制组织保障"的"双创型"工作模式。以市场为目标，以领军人物培养为主线，依托对应业务板块和二级单位，构建专职和兼职相结合的创新团队，按产品开发理念，持续发力某个领域，不断迭代。前期以创新为主，后期以创业为主。

三、大型电力建设企业面向转型发展的科技管理探索实践的管理制度改进

为促进企业取得更多高质量的技术创新成果，从技术创新项目资金管理、技术创新成果转化与交易平台建设等方面制定了相应的配套管理制度。

（一）技术创新项目资金投入与经费管理制度的改进

1. 健全技术创新资金管理制度

充分发挥财务人员的业务优势，探索建立财务助理制度，该制度有助于解放技术创新人员，同时推动财务工作职能从事务型、核算型向服务型、管理型转变，切实提高技术创新项目经费使用效益。

科研财务助理利用自身的专业优势，在技术创新项目资金的预算管理、资金支出、绩效考核以及内部控制上提供专业的意见，以保证技术创新项目资金使用的高效、透明，保证技术创新项目的顺利实施。

2. 简化预算编制，下放预算调剂权限

第一，将技术项目负责人作为技术创新项目经费使用和管理的第一责任人，根据技术创新活动规律和特点，改进预算编制方法，实行预算批复前项目资金预拨制度，保证技术创新人才及时使用项目资金。第二，下放预算调剂权限，在项目总预算不变的情况下，将直接费用中的材料费、测试化验加工费、燃料动力费及其他支出预算调剂权下放给技术创新项目承担单位。第三，简化预算编制科目，合并会议费、差旅费、国际合作与交流费科目，由技术创新人才结合技术创新活动实际需要编制预算并按规定统筹安排使用，其中不超过直接费用10%的，不需要提供预算测算依据。

（二）建立技术创新成果转化与交易平台管理制度

1. 技术创新成果转化平台的功能设计

通过对基本需求进行分析，梳理平台定位以及结构设计方案，进而划分出平台下属各个层次或子服务平台的功能设计：

供给方：技术创新成果转化平台作为一个规范化的官方发布渠道，提供最新的技术创新成果和创新资源，可以有针对性地对接客户与目标客户的科技需求，有的放矢地推进技术创新成果转化。

需求方：主要为客户企业及潜在客户企业、集团内部各成员企业、政府、高校及科研院所、中介机构等，其在技术创新成果转化平台上可以及时了解到最新最全的公司技术创新成果，或针对企业最急需的技术与产品进行专项咨询，形成有效对接。

管理方：进行政策发布和招商引资；对内可以依托平台简化技术创新项目申报和过程管理，合并财务验收和技术验收，对部门或成员企业技术创新成果转化绩效进行分类评价与考核。功能

设计见图 1。

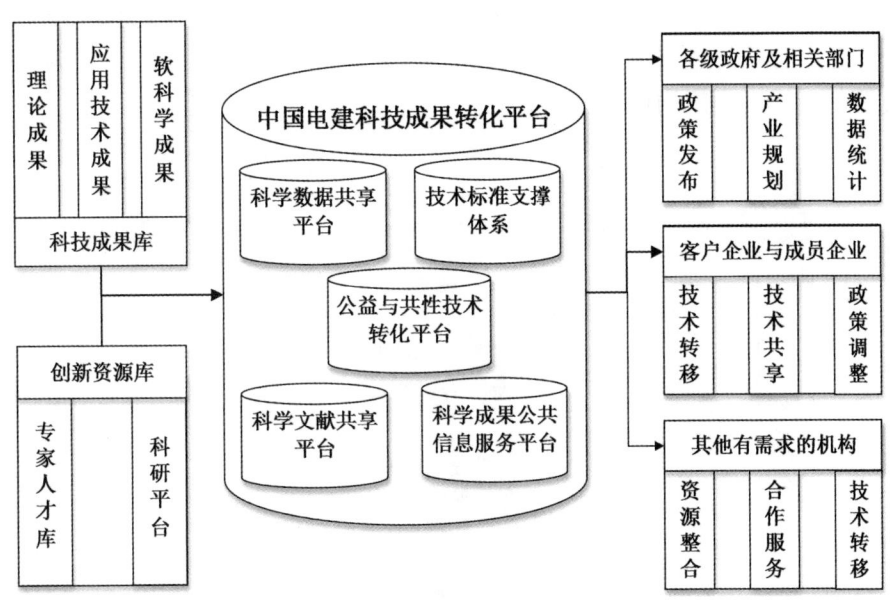

图 1　技术创新成果转化与交易平台功能图

2. 技术创新成果转化平台的站点建设

技术创新成果转化平台依据现有的业务区域划分,设置为总站和若干分站,其中分站包括区域分站、业务板块分站与分院分站三类。

分站为站内组织提供产品发布、最新技术创新成果、技术创新项目信息及个性化服务等内容。整个平台以技术创新成果转移转化为主,打通技术转移高速通道,以构建可持续发展的技术创新成果转移转化服务平台为远景,致力于提供优质便捷的技术创新成果转化全流程服务。权限职责见表 1。

表 1　各平台站点权限职责

站点类别	权限职责
平台总站	职责:整合区域分站、业务板块分站与分院分站所提交的信息,以大数据的模式为各分站提供数据互通、数据统计与数据分析等服务,并通过平台的宣传推广吸纳各国科技服务机构与科技资源机构入驻平台 权限:平台总站具备各分站所有权限,具备对会员注册、开通账号审核的权限,可对已开通会员进行相关必要的再次审核,对平台内所有内容享有审核、修改、删除与增加等权限
区域分站	职责:提供区域内高新区、科技园区、客户企业、政策法规、招商合作等信息整合服务,通过宣传等方式吸纳区域内科技服务机构入驻平台,建立起多方联系的服务机制 权限:审核开通不同业务板块企业注册账号,对开通账号所发布的信息具有审核权限
业务板块分站	职责:提供各业务板块的最新研究动向、最新技术创新成果与行业需求,吸纳各业务板块相关的科技中介服务、投融资与展会组织等专业机构 权限:审核开通不同分院企业注册账号,对开通账号所发布的信息享有审核权限
分院分站	职责:提供科技成果、合作高校、专家团队、技术创新研究方向、应用领域等相关信息,并以分院及其合作的高等院校的科技资源为依托,提供开放实验室、评估检测与仪器设备等共享资源 权限:审核开通合作的高校账号,对开通账号所发布的信息具有审核权限

3. 技术创新成果转化平台的层次架构

技术创新成果转化平台处于动态、复杂的技术创新环境下,在管理过程中需要将复杂系统进行分解和综合,建立有效的过程体系,一般采用层级控制与层间控制相结合、分散控制与集中控制相结合的模式。具体层次架构详见图2。

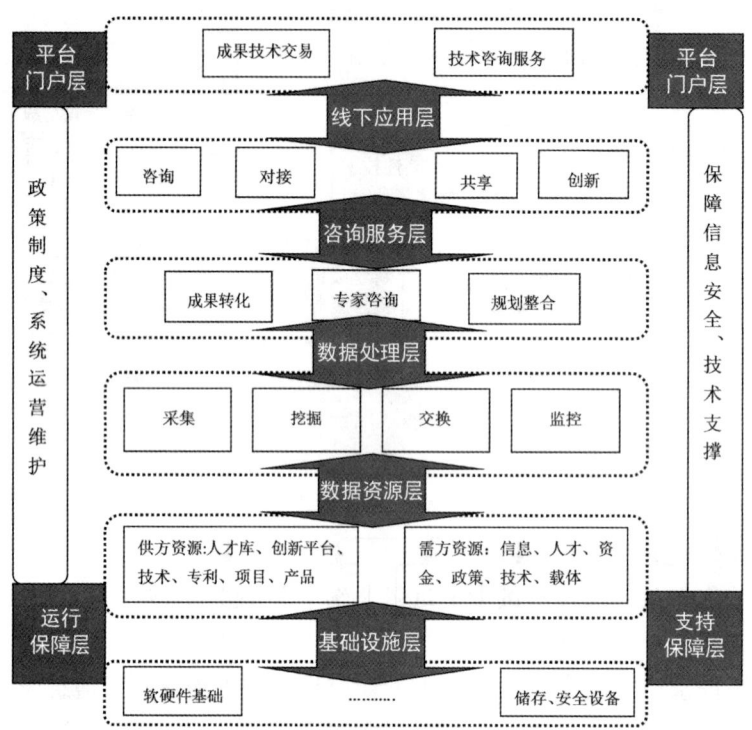

图 2　技术创新成果转化平台层次架构

4. 技术创新成果转化平台的转化指标体系设计

平台通过科学设计评价指标体系,客观合理地评价技术创新成果转化的绩效,提高促进技术创新成果转化政策和资金投入的效率,以应对影响技术创新成果转化绩效的不利因素,加速技术创新成果转化。借鉴国内外研究成果的同时结合公司技术创新活动实际特征,设计技术创新成果转化绩效评价指标体系见表2。

表 2　技术创新成果转化绩效评价指标体系

维度		主要评价指标
投入		R&D 员工规模、R&D 经费、技术改造经费、技术引进经费等
产出	科技成果应用	技术(或专利)转让收入、技术(或专利)转让合同数、成果使用率、全员劳动生产率、技术开发项目完成率等
	科技成果商业化	新产品产值率、新产品销售收入、高新技术产品增加值、新产品投资收益率、新产品销售利润率等
	科技成果国际化	新产品出口值、高技术产品出口额占商品出口额比重等

通过使用比例最高的主成分分析法模拟技术创新成果转化绩效评价指标体系的赋权过程。主成分分析能降低所研究数据空间的维数,优化统计数据;能客观地确定各指标的权重,较好地避

免由各指标重要程度不同和部分信息相互重合所导致的综合指标失真而产生的问题。

5. 技术创新成果转化平台的技术创新成果孵化与交易

技术创新小组、成员企业在平台上可借助孵化器和相关中介机构的辅助，获得知识产权管理、政策咨询、技术创新成果推广基金等基础服务及市场咨询中介服务、交流培训服务等个性化服务，以市场为导向，有针对性地进行技术创新成果孵化与选择市场应用前景较好的技术创新成果进行交易。

四、大型电力建设企业面向转型发展的科技管理探索实践的激励机制改进

（一）激励机制改进探索思路

按人才、组织、成果等分类梳理电建股份相关激励政策，既要注重人才、成果奖励等激励，更要注重探索成果创造价值后的激励，形成与价值链配套的激励机制，为完善电建股份激励环境和丰富激励手段、激励途径等发挥作用（见图3）。

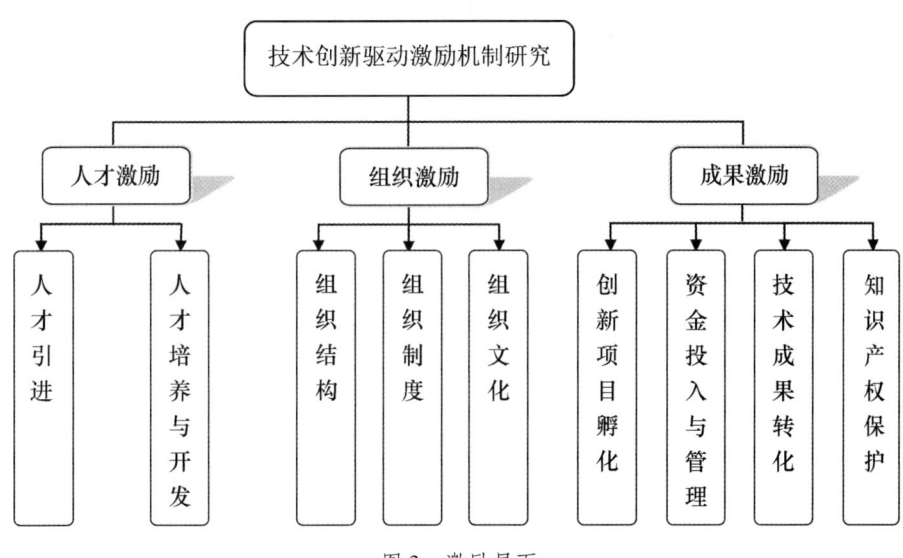

图3 激励层面

（二）人才层面激励机制改进建议

建立人才引进的柔性机制，精简人才引进程序。首先，以"一人一策、一事一议"为原则，建立"战略科学家引才荐才直通车"机制，积极引入技术创新杰出人才。其次，充分采用兼职、咨询、短期培训、项目合作、技术合作、技术入股、合作经营等多元化的方式，积极引入技术创新领军人才。最后，以按需设岗、公开招聘、专家评审、择优聘任、合同管理为原则，实行技术创新拔尖人才岗位聘任制。

（三）组织层面激励机制

建立柔性化的组织结构、技术创新虚拟组织和"技术创新小组+赋能平台"的组织结构。

构建"技术创新小组+赋能平台"的基本动态组织构架。组织平台的建立与发展要同技术创新小组的发展和演进基本同步，并表现出互相促进和强化的组织特征。

赋能平台的赋能机制：中国电建集团平台能力的不断完善以及赋能平台的形成，为集聚在平台之上的技术创新小组的运行提供了有效的能力供给。赋能主要是通过能力支持、收益共享、自驱动和共同成长四大机制来体现。

（四）成果层面激励机制

中国电建集团应按照专利取得收益前与取得收益后两种情况，对专利成果进行科学合理的激

励，对学术论文成果进行科学合理的激励等。

五、大型电力建设企业面向转型发展的科技管理探索实践的效果

（一）科技发展规划与创新驱动发展战略融合推进

中南院提出了以五大工程为核心的科技创新体系建设方案，明晰了清洁能源电力建设及相关高端装备制造、水资源开发利用和保护、水环境治理和水生态修复、基础设施建设等九大重点业务技术发展方向，系统部署了政策引导、机制创新、技术攻关、平台建设、人才培养、资金投入和国际合作等创新工作任务清单和责任主体，绘就了推进创新驱动战略深入实施的时间轴与路线图。

（二）重大技术攻关与研发体系建设扎实开展

中南院围绕创新驱动战略九大技术发展方向，主动承担国家、行业和地方重大创新攻关任务，先后牵头和参与国家重大科技专项、国家重点研发计划50项，牵头省部级科技项目101项。"自下而上"优选立项集团公司重点科技项目，引领带动各子企业持续开展企业级科技项目研究，组织立项集团公司级重点科技项目289项，引导子企业自立科技项目近8800项。

开放协同推进创新平台建设。整合集团公司内外创新资源，着力打造国家级高端创新技术平台，精心培育省部级专业研发机构，不断推进新兴业务产业技术创新联盟建设，研发平台和联盟建设数量和质量稳步上升。目前拥有国家级平台9家、省部级平台90家。国家级研发平台建设方面，依托企业技术中心、国家能源水电工程技术研发中心等高端研发平台，参与国家能源规划和水、风、光电等专项规划的制定与实施，持续推进清洁电力行业标准体系建设和管理，打造国家可再生能源信息管理中心和流域综合监测中心。

（三）科技奖励与专利标准等创新成果丰硕

科技奖励成果丰硕。2016年以来，累计获得国家科技进步奖9项，省部级科技进步奖1230项。不断提升管理水平，加大投入力度，知识产权管理取得长足进步，自主知识产权取得突出成绩。

（四）科技创新管理水平不断提升

积极落实创新驱动发展战略，开展创新型企业指标要素研究和项目专题研究，持续推动创新型企业建设和高新技术企业建设工作。集团公司创新型企业增至15家，高新技术企业增至90家，典型成员企业获评中国企业创新能力千强企业。

主　创　人：熊文清、周轩漾
参与创造人：许长红、戴盈智、康　欢、曹园园、龙　建、唐凯婧、
　　　　　　魏　燕、白治军、肖海航、张　璟

大型国有企业数字化人力资源共享服务体系构建与实施

中车株洲电力机车有限公司

摘要： 本文阐述了数字化人力资源共享服务体系构建在大型国有企业全球化经营、智慧化转型和国有企业提质增效等方面的必要性。基于核心内涵，介绍了顶层设计、组织流程重构、平台建设和运营管理等数字化人力资源共享服务体系构建与实施的四个基本环节，梳理了准备度分析、框架模型搭建、路径规划、组织优化、流程重构、服务标准建立、总体架构设计、实现方案制定、运营机制设计和运行资源配置10个方面的具体步骤和方法，并在提高效率、降低成本、管控风险、优化服务、数字化转型推进等方面取得了成效。

企业简介

中车株洲电力机车有限公司（以下简称株机公司）是中国中车旗下核心子公司、湖南千亿轨道交通产业集群龙头企业。主营业务包括电力机车、城轨车辆、轨道工程车，以及磁浮列车、储能式有轨/无轨电车等新技术公共交通车辆、重要零部件、专有技术延伸产品、维保服务及总包服务等，先后在20余个国家获得近60个项目订单，产品覆盖世界六大洲，并在全球设立20余家子公司，被国务院原总理李克强赞誉为中国装备"走出去"的代表作。2021年，株机公司正式通过"十四五"规划提出：要在"十四五"末建成"智慧株机"。

2017年，株机公司提出人力资源管理三支柱转型，着力建设人力资源专家中心（以下简称HRCOE）、人力资源业务伙伴（以下简称HRBP）和人力资源共享服务中心（以下简称HRSSC）三大支柱。2019年正式启动数字化人力资源共享服务体系的建设。

一、大型国有企业数字化人力资源共享服务体系构建与实施的背景

（一）是适应企业全球化经营的需要

中车株机公司经过多年的努力，正式进入全球化经营的新阶段。而全球不同国家和地区的历史、政治、经济等宏观环境差异巨大，对企业的文化建设、意识形态、竞争策略等方面提出了各不相同的要求。同时，国际环境日趋复杂，不稳定性、不确定性明显增加。因此，系统性的设计符合当地需求的人力资源战略、政策、制度尤为关键。

数字化人力资源共享服务体系的构建，是通过人力资源基础业务和服务的标准化，实现人事服务的全球统一，支撑好全球人力资源基础服务交付，同时，推动HRCOE根据全球不同国家、地区和市场的需求，做好人力资源顶层的政策、制度设计。推动HRBP因时、因地制宜，制定个性化解决方案，提供针对性的人力资源服务，有效驱动业务发展。因此，数字化人力资源共享服务体系在助力大型国有企业"走出去"、适应全球化经营方面，将发挥越来越重要的作用。

（二）是助推企业智慧化转型变革的需要

当前，全球新一轮科技革命和产业变革正在重塑全球经济结构，新一代信息技术加速突破应

用。以创新为核心的数字化、智能化转型,是制造类企业生存发展的必由之路,对于国有企业而言必须抓住这一智能革命的机遇。

2021年,株机公司正式提出要在"十四五"末建成"智慧株机"。而没有"人"和"人力资源管理"的数字化,就不可能真正实现企业的智能化转型。人力资源共享服务体系的构建过程,也是人力资源业务流程标准化、信息化,并迈向数字化的过程,也是不断推动数据治理,充分发掘数据价值,实现数字驱动的过程。因此,数字化人力资源共享服务体系构建的过程,也是大型国有企业推动智慧化转型的过程。

(三)是推动国有企业提质增效的需要

党的十九届五中全会进一步强调要深化国资国企改革,做强做优做大国有资本和国有企业,持续增强发展动力和活力。因此,国有企业在提质增效、转型升级等方面的要求极为迫切。

传统的人力资源管理体系业务流程存在相互独立、相互割裂的情况,且大量业务依赖手工处理,运行效率不高,且合规性风险较大。而人力资源共享服务体系通过对人力资源组织和流程的重构,实现人力资源业务的标准化、规范化,并以此为基础,整合组织、人才、系统等资源,打造人力资源共享服务平台,将业务纳入人力资源共享服务平台集中交付,实现规模经济。通过业务、数据和系统的融合,全面提升人力资源业务交付效率,降低人力资源运行成本。

二、大型国有企业数字化人力资源共享服务体系构建与实施的主要做法

数字化人力资源共享服务体系的核心是"服务",以服务员工、服务业务为最高准则。关键是"共享",是通过组织、流程、系统和人才的多维度整合,实现服务的共享,以达到优化资源配置、降低企业成本、提高管理效率的目的。通过流程的优化设计,实现了人力资源各模块、全流程的打通,并以此为基础,搭建业务互通、数据整合、实时监测、实时分析的共享服务系统平台,为企业经营管理和战略决策提供基础支撑。

(一)人力资源共享服务体系顶层设计

1. 企业准备度分析

人力资源共享服务体系构建之前,首先需从理念、思维、体系和人才能力要求等维度,分析企业是否具备构建人力资源共享服务体系的基本条件,见图1。

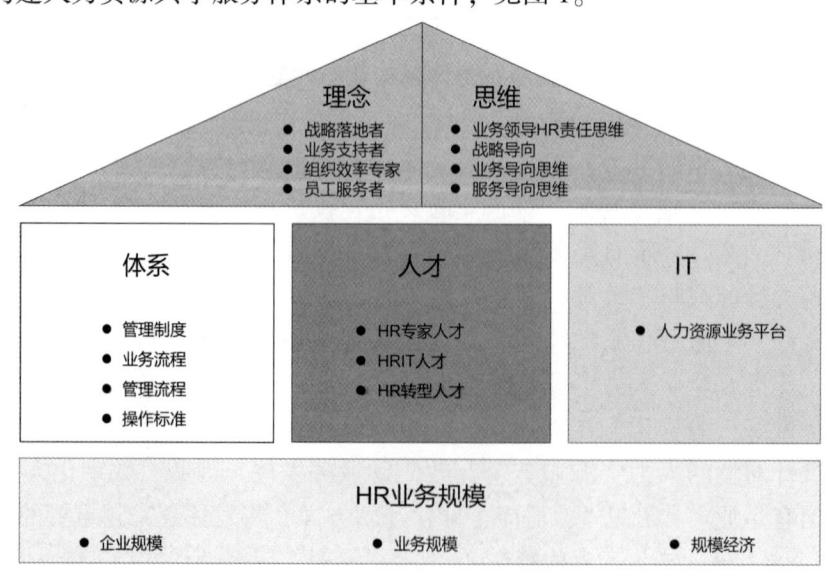

图1 准备度分析模型

理念维度重点考量国有企业高层以及人力资源部门自身是否将人力资源角色定位为战略落地者、业务支持者、组织效率专家和员工服务者。

思维维度应从业务领导和 HR（人力资源）从业者两个方面考量。业务领导方面，重在考量业务领导是否将自身定位为本部门人力资源管理的第一责任人。HR 从业者方面，重在考量 HR 从业者是否具备战略导向、业务导向、服务导向的思维方式。

人才维度重在考量现有 HR 队伍中，是否拥有对人力资源管理三大支柱转型和人力资源共享服务体系建设有较深理解的人才，是否拥有兼具 IT 和人力资源管理知识、经验的人才，是否拥有对人力资源各模块业务作优化、整合和设计的人才。

体系维度重点考量企业人力资源管理是否具备清晰、规范、标准的管理制度、业务流程、操作标准。

IT 维度重在考量企业是否拥有成熟的人力资源信息系统平台。人力资源管理信息系统平台是企业建设共享服务体系的基础。

HR 业务规模维度重在考量企业建立人力资源共享服务中心的必要性。人力资源共享服务中心更适合规模大的企业。

根据以上模型分析，株机公司具备构建数字化人力资源共享服务体系的基本条件。

2. 搭建人力资源共享服务体系框架模型

运用服务分层、优化资源配置的思想，设计人力资源共享服务体系的四级服务框架模型。

0 级服务也称自助服务，本质上是通过极致的标准化，借助智能设备交付的服务，全过程无需 HR 参与，极大地提升了人力资源运营效率。员工需求的大部分问题会在 0 级得到解决。当 0 级服务无法解决时，会上升至 1 级前台服务。

1 级前台服务指由前台服务人员基于标准化的流程和规范进行服务交付，包括 400 热线和柜台服务。当 1 级服务无法解决时，再上升到 2 级客户支持。

2 级客户支持主要由 HRSSC 后台业务专员承接，主要负责前台提报的疑难问题的解答和批量业务的处理。2 级客户支持无法解决的问题，就需要上升到 3 级专家服务。

3 级专家服务包括两方面：一方面是人力资源业务方面的专家服务，包括战略解读、政策设计、制度体系设计、流程设计、方法工具设计、个性化方案设计、疑难问题处理等，主要由 HR-COE、HRBP 负责。另一方面是人力资源共享模式设计、系统方案设计、流程运营机制设计、数据标准制定、服务体验设计等，由 HRSSC 后台专家负责。

3. 规划人力资源共享服务体系实施路径

数字化人力资源共享服务体系的构建投入大、影响面广、复杂程度高，因此，必须根据企业实际和构建目标，坚持整体策划、分步实施、快速见效、持续优化的原则，见图 2。

快速见效阶段目标是在株机公司本部，覆盖地域范围包括株机公司株洲本部，业务范围包括组织、人事、薪酬、绩效、社保服务以及咨询问询等，初步实现人力资源数据共享。

升级拓展阶段目标是在第一阶段快速成效的基础上，全面升级、拓展数字化人力资源共享服务体系的服务范围、业务范围和系统范围，包括将地域范围拓展至全国范围，将业务范围拓展至招聘、培训等人力资源全业务模块，构建数据治理体系，深入推进数字化转型。

深挖价值阶段目标是深入挖掘共享服务体系对企业全球化经营、人才发展、智能化转型方面的价值，包括拓展至株机公司全球子公司，业务范围包括人才发展、干部管理等，实现人力资源数据与生产经营数据的深度融合，实现数据驱动和商业智能。

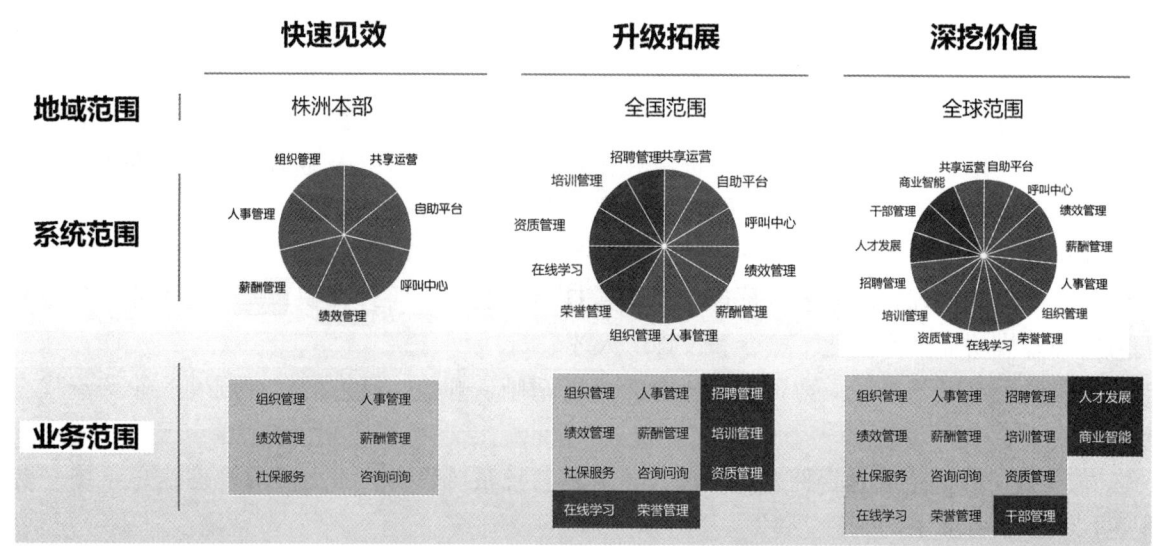

图2 人力资源共享服务体系构建规划

在三步走战略的基础上，设计人力资源共享服务体系各阶段实施步骤，包括顶层设计、组织流程重构、平台建设、运营管理4个环节、10个步骤，见图3。

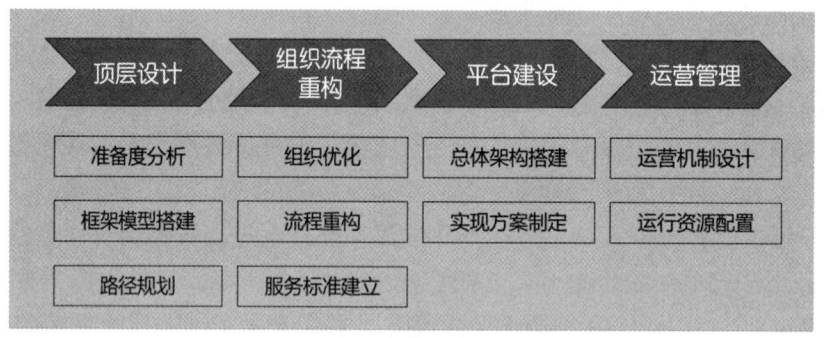

图3 人力资源共享服务体系实施步骤

(二) 人力资源共享服务体系组织流程重构

1. 优化人力资源共享服务体系组织架构

人力资源共享服务体系组织设计应遵循以下基本原则：

管控分层原则：分集团、区域、子企业三个层次，设计全集团人力资源共享服务中心架构。

运营支持原则：根据服务交付和业务运营的分层来设计组织。

业务关联原则：根据各职能业务关联程度设计组织，例如薪酬与绩效业务关联性较高，可以将薪酬与绩效职能合并为同一业务单元。

管理幅度适度原则：在充分考量管理者所能管理的人数和各业务单元人数相对均衡的原则下设计组织。

执行与监督分设原则：将业务交付职能与监督职能岗位分离设定，确保监督职能的公正性。

基于组织结构设计，开展人力资源共享服务中心定岗定编。

基于纳入共享中心的人力资源活动内容，测算全集团在各项活动上的时间投入，折算出当前全集团完成纳入共享中心的人力资源活动所需的人员总数。

活动所需总时间 = ∑活动时间投入占比 × 员工出勤总时间

岗位编制数 = ∑活动所需总时间/年工作日数/工作日

完成基于现状的共享服务中心岗位定编后,还应基于标杆企业共享服务中心建设效率提升情况,通过标杆对比进行优化定编。一般而言,通过业务的集中交付,实现规模经济,可实现效率提升30%;基于信息系统的上线和运营,可进一步提升效率至50%。

2. 重构人力资源共享服务体系流程

人力资源流程体系的梳理和重构,是实现人力资源共享服务体系业务导向和数字化目标的关键。

流程重构基本步骤包括流程清单梳理、流程现状还原、流程重构、SOP(标准作业程序)编写四大环节。

(1)流程清单梳理

基于人力资源各职能模块的划分,将人力资源分解为组织及人才发展、招聘配置、薪酬、绩效、培训、人事、考勤、工时、信息化等模块。针对各模块,采用PDCA模型,梳理各模块流程清单。

(2)流程现状还原

流程现状还原指按照以下步骤,梳理当前每条流程的输出、输入和处理过程,用VISIO绘制流程现状图。具体步骤如下:

第一步:明确流程所对应的相关管理制度;

第二步:确定流程的输出;

第三步:确定流程的输入;

第四步:确定流程的处理过程。

(3)流程重构

人力资源共享服务体系流程重构重在规范流程交付角色、提升流程效率和服务体验。主要采用场景化流程梳理和ESEIA流程优化法。

场景化流程梳理是从客户的角度出发,基于交付的思维,绘制出一幅HR与客户互动过程的场景图,最大限度地识别客户的痛点,发掘"关键时刻",提升服务体验。

流程优化的ESEIA法主要指通过分析流程每个环节,识别其中消除、简化、增加、集成和自动化的流程或节点,见图4。

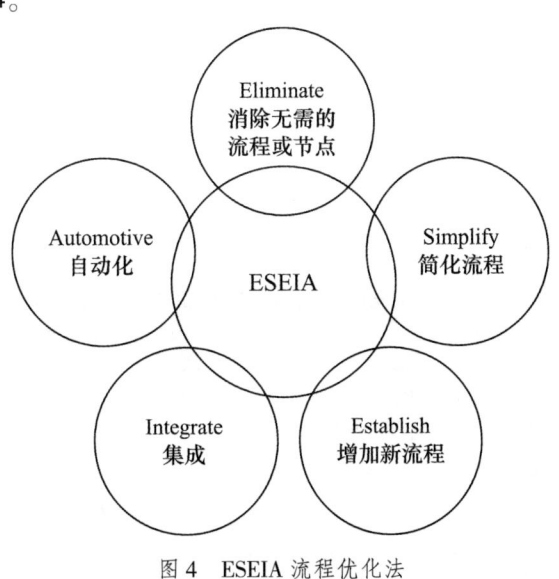

图4 ESEIA流程优化法

（4）通过流程梳理，形成整体的流程地图、业务流程图、流程说明和SOP。

3. 建立人力资源共享服务体系服务标准

人力资源共享服务体系服务标准是指规定HRSSC的服务应达到的标准。基于服务标准，制定共享服务中心服务水平协议（SLA）。若企业采用利润中心的模式运行，还需明确服务定价与结算等内容（见表1）。

表1 服务标准（示例）

序号	服务项目名称	服务目标	计算公式	服务承诺	权重（%）
1	人事服务	手续办理及时率	（1-未按标准时间完成的手续办理数量/手续办理总数量）×100%	95%≤及时率≤98%	10
2	人事服务	手续办理准确率	（1-手续办理完成后修改并重新发出数量/手续办理总数量）×100%	95%≤准确率≤100%	15
3	人事服务	公司内部档案、文件的完整率	（1-不完整的员工内部文档数量/内部文档总数量）×100%	95%≤完整率≤98%	5
4	福利服务	福利办理及时率	（1-未按规定时间完成的福利办理数量/福利办理总数量）×100%	95%≤及时率≤98%	10
5	福利服务	福利办理准确率	（1-错误福利办理数量/福利办理总数量）×100%	95%≤准确率≤100%	15
6	薪资服务	薪酬计算及时率	（1-未按规定时间计算的薪酬数量/薪酬计算总数量）×100%	95%≤及时率≤98%	10
7	薪资服务	薪酬计算准确率	（1-薪酬计算有误数量/薪酬计算总数量）×100%	95%≤准确率≤100%	15
8	数据服务	数据更新/报表提供及时率	（1-未按规定时间更新/报表提供的数据数量/总数据更新/报表提供数量）×100%	90%≤及时率≤95%	5
9	数据服务	数据更新准确率	（1-错误数据更新数量/数据更新总数量）×100%	95%≤准确率≤98%	10
10	政策与咨询	及时响应率	（1-未及时响应的电话数量/电话拨入总量）×100% 平均等待时间：90%在20秒内，95%在30秒内 客服代表与客户电话沟通所花费的时间：少于6.5分钟 客服代表挂断电话后完成请求所花费的时间：1.5分钟	90%≤响应率≤95%	5

（三）人力资源共享服务体系数字化平台建设

1. 搭建人力资源共享数字化平台总体架构

人力资源共享服务体系数字化平台规划，以共享业务分层化和员工服务自助化为基础，重点加强运营分析数字化，推动实现绩效算薪自动化、人才管理科学化和能力发展体系化（见图5）。

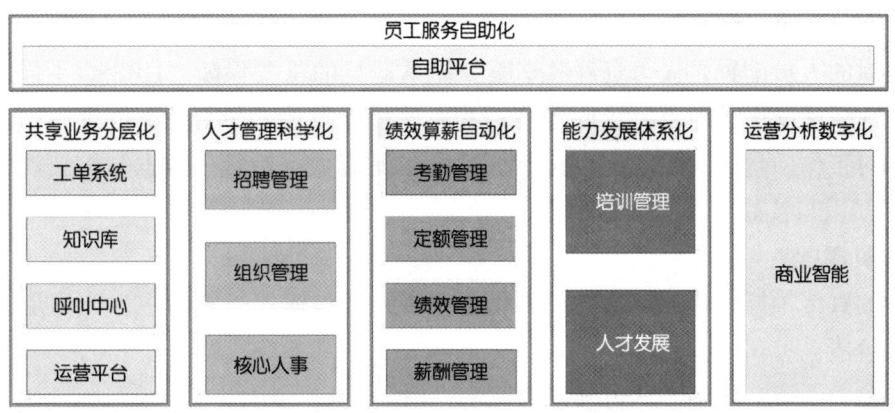

图 5　人力资源共享服务体系总体规划示例

其中，人才管理科学化，指科学打造核心人事、招聘管理、组织管理模块，有效助力人力资源日常工作的管理效率提升。能力发展体系化，指强化岗位能力要求和员工能力评估体系，形成可视化、智能化的员工职业生涯规划，打通培训发展模块，提供针对性的培训课程。

2. 制定人力资源共享数字化平台实现方案

以人力资源共享服务体系数字化平台为基础，严格按照前期梳理的业务流程、管理流程、工作标准，制定组织、人事、薪酬、绩效等模块的实现方案。方案设计中，应注重流程的打通，以关键流程驱动整体人力资源业务运营（见图6）。

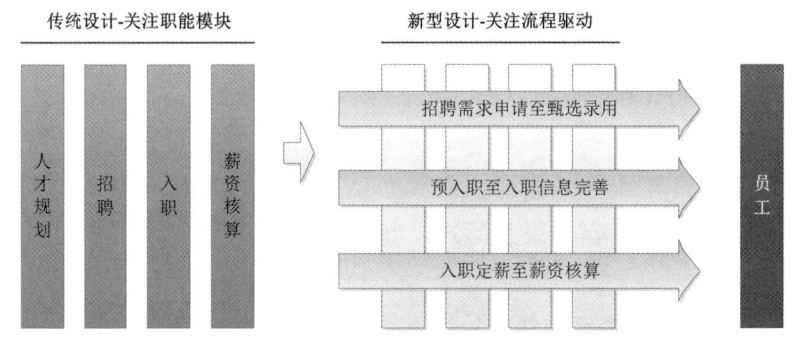

图 6　方案设计

（四）人力资源共享服务体系运营管理模式

1. 建立人力资源共享服务体系运营机制

人力资源共享服务体系运营机制，包括服务运营、流程运营和系统运营。运营的过程包括评价、应用和持续优化。

服务运营，以服务标准为核心，开展服务质量分析评价。包括服务数据分析、敬业度调查和员工在线评价反馈等方式。将服务标准评价结果，应用于共享服务人员绩效考评和绩效改进，形成管理闭环。

流程运营，基于工单系统的运营监控分析功能，全面分析共享中心流程的整体效率和流程各节点的运作效率，不断改进业务流程。

系统运营，推进信息系统的应用和持续优化，推进数据治理、数据挖掘分析。

2. 配置人力资源共享服务体系运行资源

人力资源共享服务体系的运行依赖的资源包括人力资源、宣传资源、硬件资源和场地资源。

（1）人力资源配置

合理、及时的人员配置是人力资源共享服务体系运行的重要保障。HRSSC 不同岗位，能力要求各不相同。前台座席岗，主要要求服务精神和系统操作技能。中台业务办理岗，主要要求工作的责任意识和对工作质量的关注。后台运营岗，要求具有数据治理、数据分析技能、流程设计与优化能力、IT 知识与技能、产品化思维等。

（2）宣传资源配置

通过持续的宣传推广，让 HR 尽快理解和适应新的工作模式与新角色，让高层进一步认可共享服务中心的价值。

宣传一般分为了解、认知、认可和信任四个阶段。

了解阶段主要帮助相关人员初步了解 HRSSC 优点，激发兴趣。宣传形式包括 HRSSClogo、吉祥物设计、理念宣传和会议发布等。

认知阶段指宣传 HRSSC 的服务理念、标准和内容，加深员工对 HRSSC 的了解。宣传形式包括微信推送、OA 通告、开放日活动等。

认可阶段指员工由接受变为乐于使用 HRSSC。宣传推广方式包括启动会、交流会、赠送礼品等。

信任阶段指 HRSSC 深入员工心中，树立口碑。关键在于定期公示运营情况，展示价值。

（3）智能硬件资源配置

人力资源共享服务体系要实现高效率的服务，需配置、集成智能服务硬件，包括智能一体机、护照管理机、证明打印机，实现证明打印、工卡制作、护照取还等业务的自助化。为提升电话问询的便利性，开通 400 呼叫线路。

（4）共享服务大厅建设

人力资源共享服务大厅是服务的窗口，兼具办公、服务、宣传、展示、休闲体验等功能。基于共享中心的服务对象、服务内容、服务形式、办公需求、展示内容等要求，设计和建设人力资源共享服务大厅。

三、大型国有企业数字化人力资源共享服务体系构建与实施的效果

（一）提升人力资源工作效率，降低人力资源管理成本

通过数字化人力资源共享服务体系的建设和运营，业务操作信息化率达 70%，业务审批信息化率、移动化率达 100%。相比原线下申请、签字、审批、发放人事令和补录人事令的模式，按每次节省 HR 和员工 1 小时计算，预计节省 6000 余小时。提供在职证明、收入证明、基础政策和操作问询等自助服务，合计节约人力 5200 余小时。

同时，实现了本部及国内分子公司 60 余家单位员工薪酬核算与发放的在线化，实现培训报名、通知、签到、评估的集中化和在线化，实现资质证书、考试、制证、发证、复证、有效期监控等资质管理的集中化和在线化，与原手工线下作业相比，效率提升 50%。

每年累计节省 33800 余小时，相当于每年节省 16.9 个人力，效率提升 15.4%。

（二）规范人力资源业务流程，提升企业管理合法、合规性

数字化人力资源共享服务体系构建共计梳理和优化业务流程 207 条，梳理审批流程 190 余条，优化流程 40 余条。通过信息系统，固化业务流程和审批流程，有效规范业务流程，规避了合规性风险和操作性风险。

(三）优化服务体验，提升全员满意度和归属感

实现简历投递、面试、OFFER发放、入职、培训、离职、退休、转正、证明打印、问询咨询等各类人事服务的在线化、自助化和一站式办理，提升员工办事效率。建成温馨、舒适的共享服务大厅，制定服务标准化方案，重点优化与员工接触界面，发掘员工体验点，通过现场前台和400热线电话处理员工问题9300余人次，提高问题处理效率，全面提升公司全体员工的服务体验。

(四）驱动业务发展，助力企业战略目标达成

通过将人力资源事务性工作集中纳入共享服务中心，提升人力资源业务运行效率20%，释放人力资源部和各业务单位13位专业HR的工作精力。驱动7名专业HR转向专职HRCOE，聚焦支撑公司战略落地和人力资源部政策制度设计，实现战略人力资源管理的落地。驱动8名专业HR往HRBP方向发展，聚焦公司政策、制度的落地和个性化解决方案的制定，推动整个人力资源体系的工作重心转向驱动业务目标达成，聚焦公司战略落地。

(五）奠定人力资源数字化基础，助推企业智慧化转型

通过集成企业ESB数据总线，实现将人力资源共享系统作为全公司生产、经营、财务、质量、运营等各业务系统唯一的人事主数据来源，全面提升人事主数据的规范性和统一性。

基于数字化平台，开展人力资源数据治理，完成数据整改7638人次，修改数据37787项。实现数据抽查的合格率由27.9%提升至63.6%。

通过人力资源共享服务平台的建设，集成社保、考勤、绩效、财务共享等系统，实现组织、职位、招聘、人事、培训、薪酬、绩效、考勤、社保9大模块、27类、400余个人力资源相关数据的共享。实现数据统计和数据报表的自动化、实时化和可视化呈现，为企业的数字化运营和数字化决策奠定基础，驱动智慧株机和数字中车的建设。

主　创　人：陈志新、程　建

参与创造人：吴　艺、龚　伟、潘　姝、王海龙、曾小雄、余程洋、郭定惠、姚茂健、杨　航、邱红升

省级电网企业基于中长期激励的科技创新成果转化管理改革实践

国网湖南省电力有限公司

摘要： 国网湖南省电力有限公司（以下简称国网湖南电力）始终坚持"科技自立自强、持续自主创新"，为破解公司科技成果转化路径不畅、科研人员成果应用后激励不足的难题，积极探索并开展基于中长期激励的科技成果转化管理改革，取得显著效果。公司设定"出成果、重转化、促实效"的总目标，从组织体系、制度规范、部门协同、技术保障入手，建立适合创新成果转化的环境氛围，通过深耕成果选定、计划实施、运行管控、产业化推广与后评估五个阶段，促进成果转化效能。通过创新中长期激励机制，完善项目收益分红的管理办法、管理程序、激励额度、基本条件、人员资格，提升人才创新热情，激发广大科技人员参与科技创新工作的积极性，实现企业多专业、多层级基于成果推广应用与人员激励协同管理的一体化推进，束牢科技人员与企业发展的联结纽带，持续提升公司核心竞争力，服务湖南省落实"三高四新"战略定位和使命任务。

企业简介

国网湖南电力是国家电网有限公司的全资子公司，以建设和运营电网为核心业务，担负着保障湖南省电力可靠供应的重大责任。现设职能部门19个，下辖市（州）供电公司14家、县级供电公司98家，员工总数7.1万人（全口径）。供电范围覆盖全省14个市（州）117个县（市、区），营业区面积占全省总面积的96%，营业区人口占全省总人口的98%。2021年，完成售电量1737.32亿千瓦时，营业收入1029亿元。

一、省级电网企业基于中长期激励的科技创新成果转化管理改革实践的背景

（一）是支撑"三高四新"战略定位和使命任务的必然选择

"三高四新"战略定位和使命任务是湖南坚持创新引领开放崛起的战略途径。在"三高四新"战略定位和使命任务的引领下，湖南创新人才加速汇聚，创新成果不断涌现，创新活力竞相迸发。国网湖南电力作为扎根湖南的能源央企，时刻紧跟战略需要，着力提升自主创新能力，在建设创新型省份中充分发挥主力军作用，聚焦"双碳"目标、新型电力系统建设等重点领域，融合大数据、云计算、人工智能、物联网等新兴技术，加快电力领域技术创新步伐，确保电力技术具备领先优势，支撑湖南经济社会快速发展。

（二）是推进国网湖南电力持续创新发展的需要

创新是引领发展的第一动力，科技成果转化是实现创新驱动发展的根本路径，是提升国家创新体系效能的关键。国网湖南电力加快推进核心技术攻关、科技创新能力建设，逐步解决科技成果总量大但成果成熟度低、科技成果转化"最后一公里"不畅、成果转化链条上各方职责仍未完

全明晰、项目成果推广意愿不强等问题，探索科技成果转化体系构建，提升电网企业市场竞争能力，开辟科技成果从研发到市场的有效通道，带动科研机构及上下游产业单位参与成果转化和技术创新。

（三）是突破科技成果转化与人才激励桎梏的需要

近年，国网湖南电力在创新成果转化与人才激励方面出台相关制度与激励办法，但仍然存在一些现实问题需要解决。公司上下仍然存在"唯论文、唯职称、唯学历、唯奖项"的传统观念，急需探索并建立适应创新发展需要的人才激励模式、管理模式；激励机制建设刚刚起步，以创新价值为导向的差异化薪酬体系亟待完善。同时，国网湖南电力作为国有电网企业，薪酬模式为工资总额模式，科研人员薪酬福利机制设计缺乏灵活性，在成果导向、创新贡献导向等方面不能实现对科研人员的精准激励，对于科研人员的激励方式较为单一，缺乏中长期激励手段，降低了科技人员的创新动力和成果转化动力。

二、省级电网企业基于中长期激励的科技创新成果转化管理改革实践的主要做法

（一）调研创新人才诉求，明确工作目标

1. 开展一线调研，掌握创新人才诉求

国网湖南电力先后组织公司科研单位、省部级实验室负责人和博士代表座谈，听取科技管理人员和科研骨干对科研工作的意见和建议，掌握科研人才工作现状和诉求。一是公司各科研单位高层次人才数量较多，希望可以最大限度地发挥这些人才的科技创新能量，从"环境激发""待遇激发""热情激发"三个方面入手。二是近年来的人才当量是下降的，优质的科研人员面临繁重的科研成果产出压力，无法从现有的薪酬体系中获取额外的补偿，希望对在科技推广上做出特殊贡献的员工予以激励。三是一线班组人员可提出切合实际并能在现场转化应用的需求，但受限于专业局限，不能通过科学研究解决具体问题，希望可获得帮扶。

2. 加强顶层设计，确立创新工作目标

依据《中华人民共和国促进科技成果转化法》《国家电网公司科技成果转化管理办法》等，结合国网湖南电力实际，按照"出成果、重转化、促实效"的总要求，统筹科技力量，明确了工作总体目标以及基本要求。工作以建立健全《加强科技人员薪酬激励的指导意见》《公司科技成果转化、新技术及群众创新成果推广应用实施方案》等工作机制为目标，建章立制，明确各部门、各单位分工，加强工作衔接和协调配合，共创职责明确、优势互补、协同推进的工作局面；组织有序，由科技管理部门和人资部门牵头，科技成果推广过程中有交叉的所有部门参与协同推进，明确各阶段重点任务，健全科技管理全过程组织实施流程；示范先行，在国网湖南电力科研单位中逐步实施，不断总结与提炼经验，全面整合公司系统技术、资金、人才等资源，激发公司系统全员创新活力，营造大众创业、万众创新的良好氛围。

（二）强化组织体系引领，健全保障机制

1. 组织引领，建立四级组织体系

国网湖南电力为深入推动科技成果转化，强化组织领导，实现人财物相关资源的集约化管理，建立四级组织关系，成立"创新成果转化领导小组+领导小组办公室+双创中心+支撑部门"的四层组织机构，负责落实创新成果转化发展决策、管理和执行要求。其中，创新成果转化领导小组负责公司创新成果转化的全盘统筹，审核公司成果转化及应用工作规划和规章制度，研究决策公司创新成果转化工作中的重大问题。领导小组办公室设在科技数字化部，具体负责落实领导小组的决策部署，组织制定成果孵化、转化方案，审核成果转化推介相关方案等。双创中心负责创新

成果孵化和转化应用全过程管理及成果遴选、成果孵化、价值评估、供需撮合、成果采购、激励奖励等工作的具体实施。本部各部门协调合作，全力支撑公司成果转化工作，服务创新主体开展技术创新实践。

2. 制度先行，出台专项配套文件

国网湖南电力出台《科研经费管理实施细则》《科技项目负责人制实施细则》等管理制度，完善科技管理制度体系，强化对基层单位和科研人员的服务，赋予科技项目负责人更多自主权，激发各类人员创新创造活力；制定《科研预研管理实施细则》，设立公司预研专项资金，探索建立了科研预研机制，快速响应公司重大技术需求，提高项目可研深度，提升科技研发质量；建成公司"科技信息管理服务系统"及相关应用办法，对科技项目开展全过程信息化管理与服务。

3. 多方护航，建立协同互补机制

协同公司支撑单位、地市公司，整合国网湖南电力科技创新、群众性创新成果，建立具有推广应用价值的"1张成果清单"；协同设备、建设、营销、互联网、调控等专业职能部门，组织建立"1套技术评估体系"；协同财务部，组织第三方价值评审单位建立"1套价值评估办法"；协调生产一线，统筹做好国网湖南电力科技成果和创新成果转化推介活动，遴选具有较大推广应用价值的成果组织"1场公开发布推介会"；协同法律部、产业单位，充分发挥产业单位承担成果转化工作的第二梯队作用，编制转化应用意向各方的"1个成果转化应用合同模板"；充分依托电科院、防灾减灾中心等单位，为产品转化提供技术指导、试验场地、样机测试等软硬件支撑，打造"1个成果转化实验基地"；协同物资部、综合计划专项管理部门，组织应用单位对成果应用项目开展物资采购、应用实施的"1张物资需求清单"。

4. 技术保障，打造信息共享平台

依托大数据平台，开展国网湖南电力科技信息服务共享系统建设。一是整合国网湖南电力科技创新资源，开展"科技百度"模块的研究，实现前沿技术、管理制度、项目、成果等创新资源统一管理、实时更新。二是发挥平台作用，挖掘更多"接地气、易推广"的科技创新成果，充分发挥平台"需求协作、资源共享"等方面的支撑服务作用。三是积极与国网公司双创线上平台以及"电商交易专区"对接，依托国网湖南电力双创中心进行市场化运作。四是在集聚成果、资金、人才、服务等各类创新要素的基础上，打通国网湖南电力电商平台科技创新产品专区，出台国网湖南电力科技创新成果"电商化"交易的政策举措，制定科创产品上电商操作指南，拓展产品销售渠道。

（三）优化全链条转化过程，促进成果转化效能

1. 遴选成果，挖掘潜力项目

自下而上，开展常规孵化转化项目遴选。科技部每年年初启动公司科技成果孵化转化需求申报工作，成果主要来源于科技项目研发、群众性创新活动、青年创新创意大赛、QC小组活动。双创中心会同相关业务部门、产业公司、应用单位、外部专家、会计师事务所对通过项目的先进性、可行性、成果价值、市场前景、商业模式等进行综合评估。

自上而下，深化"公司出题、团队揭榜"制。国网湖南电力依托专业部门提出的相关专业领域迫切需要解决的问题或者公司发展运营的"急难险重"需求，面向公司各单位发布攻关方向榜单，系统动态组建科技攻关团队，结合榜单需求开展"赛马"，胜出者获得科研经费支持，并由双创中心提供科研场地，配置科研助理，为科研人员减负提效。

针对生产一线需求，组建"军团+片区"管理机制。军团指公司本部专业部门和支撑单位，

片区指各地市一线。一线班组分输电、变电、配电、营销、信通等专业提出需求，双创中心统筹协调支撑单位科研骨干提供技术支持、项目指导、现场交流等，促成"你有需求、我有技术"，研究成果共享，成果转化收益共担。

2. 制订计划，有序推进创新

科技部按照公司年度综合计划管理的要求，编制科技成果转化、新技术和群众创新成果推广应用年度计划，明确项目年度工作目标、时间进度及预算，落实任务分工。会同相关业务部门审定公司年度科技成果转化、新技术和群众创新成果推广应用计划，并报公司总经理办公会批准。

3. 运行管控，强化科学实施

一是成果产出单位与投资方共同组建项目部，并制定《科技成果转化项目章程》，科技部会同公司相关业务部门进行评审，通过评审的项目方可实施。二是项目部编写《科技成果转化项目实施方案》和《科技成果转化项目管理计划书》，经专家评审、科技部批准后实施，科技部将依据实施方案和管理计划书进行管理、考核。三是项目部严格按照项目管理计划书开展成果转化工作，定期组织召开内部工作例会，每季度提交《科技成果转化项目季度工作报告》并进行专题汇报。四是设备部、建设部、营销部、调度控制中心等部门负责协调转化成果的应用实施及技术指导，定期组织召开协调推进会。五是转化工作完成后，项目部及时提交《科技成果转化项目总结报告》，需明确产业化的相关计划，科技部会同公司相关业务部门、外部专家等对转化成果的价值、技术、产业化模式等进行验收与评估。六是转化项目根据评估意见进行研究开发、技术升级、工艺改进等，提升技术水平和市场竞争力。七是成果产出单位组织开展转化成果的检测认证工作，并依据国家有关要求办理进入市场销售环节的相关资质。

4. 实施产业化，推动价值创造

科技部负责对转化推广效果良好、市场前景广阔的成果实施产业化，遴选孵化基地或外部企业，承接公司科技成果规模化开发、市场化推广等工作。科技成果产业化有系统内产业化和系统外产业化两种模式。系统内产业化由科技部定期组织成果产业化对接会，按照自主洽谈、评估审查、产业化实施的流程开展；系统外产业化推荐采用许可或授权使用、合作开发等不转让成果所有权的方式开展，由双创中心组织撮合，依托湖南联交所等有资质的机构，开展公开挂牌交易。

5. 开展后评估，形成典型经验

项目推广应用1至2年后，科技部组织相关专家对科技成果转化、新技术及群众创新推广应用项目进行后评估，重点评价成果的推广应用效果，以及对公司电网建设、安全生产、经营管理等方面发挥的作用，打造典型经验，指导公司后续科技成果转化、新技术及群众创新成果推广应用计划的制定。

(四) 创新中长期激励机制，提升人才创新热情

1. 出台项目收益分红管理办法

为充分调动专业研究力量、激发科技人才积极性、吸引和留住核心骨干人才，国网湖南电力制定《国网湖南省电力有限公司虚拟项目收益分红管理办法》，激励在推动科技进步、提高经济效益和社会效益方面作出重大贡献的集体和个人。虚拟项目收益分红，是指企业通过成果转让(许可)、作价投资、自行实施或者与他人合作实施等方式进行职务科技成果转化，以形成的收益为标的，将项目收益按一定比例奖励给激励对象的方式。

2. 制定项目收益分红管理程序

每年一季度，公司科技部组织开展分红新增项目申报工作。相关单位提交申报项目的实施预

案，明确项目激励对象、项目成本、预期收益、预期激励额度及预期激励分配方式等内容。公司科技部协同专业部门、公司财务部对项目分红实施预案进行审核，重点审查、复核项目筛选、研发费用计划等材料，评估审核科技成果转化成效、项目成本、收益核算结果等。公司人资部对各单位上报的项目分红实施方案进行审核，批复年度项目分红专项工资计划。

3. 明确项目收益分红激励额度

一是相关单位项目分红年度激励总额原则上不超过本单位上年度工资总额的10%。二是单个科技项目转化成果的激励额度根据该转化成果的折算收益、转化方式的激励标准确定，折算收益根据该转化成果的收入占比、项目净收益确定。三是各类科技成果转化的激励不得高于标准，公司范围内产生的折算收益按60%计算。四是科技成果完成单位根据不同人员在项目研究、成果转化、产品推广中的重要性及贡献，确定个人分红标准。职工个人奖励水平一般不超过该项目激励总额的30%，该项目激励人数少于4人时，可适当提高职工个人奖励占激励总额的比例。

4. 规范项目收益分红的基本条件

一是科技项目符合《国家电网公司国家科技项目管理细则》和《国家电网公司科技项目管理办法》的有关规定，为近五年内结题，纳入公司综合计划的科技项目或经公司科技部组织筛选列入成果推广目录的项目。二是科技项目产出的科技成果应为该项目验收意见中列出的并经验收专家组认可的科技成果。三是科技项目产出的科技成果应技术领先，并拥有自主知识产权。四是科技项目产出的科技成果应符合国网公司科技成果转化管理相关制度且已进行了成果转化，取得了较大收益。

5. 规范项目收益分红人员资格

一是项目分红对象为与公司相关单位直接签订劳动合同，参与新产品研发、新成果转化的核心科研、技术人员和科研管理骨干，如科研项目主要负责人、对主导产品或者核心技术、工艺流程作出重大创新或改进的核心技术人员。二是相关单位企业负责人担任科技成果主要完成人，且经公司审核确认创新贡献的可作为激励对象，其奖励纳入企业负责人年薪方案核定。三是相关单位不得面向全体员工及下列人员实施分红激励：与科技成果研发、产业化无直接关联的办公、财务、人资、经法、后勤、政工、工会、监察、审计、离退休等行政、职能管理人员。

(五) 健全保障机制，扫清创新障碍

1. 严格执行收益发放有关规定，确保激励到位

项目收益分红激励与工资发放在渠道上严格区分，实现项目收益分红与员工工资发放"两条线"。从分配方式看，员工工资由国网湖南电力统一核定，分红激励由创新主体单位根据激励额度核算并申请发放，二者互不干扰。从分配渠道看，整体激励额度统一由创新主体单位进行兑现，兑现形式采取直接发放和委托代发的模式，破解人员劳动关系制约。从分配结果看，激励范围外的员工平均薪酬不因分红激励的发放受到影响，客观上为项目收益分红激励的足额发放创造了良好的舆论环境。

2. 建立收益反哺基金，推动持续创新

转化成果的市场潜力被充分激发，取得的收益反哺科研项目，建立成果孵化"基金"，用于支持其他成果的孵化与性能提升，实现了科研项目自身造血机制的作用发挥；同时，结合市场拓展，成果的关键核心技术进一步得到市场检验，成果水平不断提升，人员劳动关系、薪酬发放模式等一系列国有企业实施项目收益分红的制约因素被逐一解决。通过成果共享与收益反哺，在项目收益分红实施的积极实践中，实现成果技术水平与市场反馈、科研需求与企业生产需求的良性互动。

3. 鼓励组建柔性团队，实现自由组合

一是打破组织界限和专业壁垒，组建矩阵式柔性团队。项目负责人根据项目技术路线、研究内容、成果转化实施方案等，向公司提出项目组成员需求，明确成员投入项目的工作量、时间段及其他要求。在征得相关成员同意后，自行组建创新项目课题团队。二是组建矩阵式柔性团队，不以职务、职称为限制条件，赋予项目负责人充分的选人和用人权力，由其根据成果转化或科技研发过程中的实际情况，在公司范围内实行项目负责人和科研人员双向选择，自主组建成果转化团队，有效调动科研人员积极性。

4. 健全创新容错机制，提供宽松氛围

一是引入容错理念。创新本身具有一定的不确定性，公司实行免责机制，允许员工在问题解决过程中有失误、失败，鼓励员工大胆改革、大胆实践，在允许试错、宽容失误的宽松环境下实现解决问题动力的提升。二是导入避错机制。应用帮扶指导体系保证问题解决在立项、实施、成果推广等阶段顺利进行，提升问题解决的投入产出比，降低失败成本。三是建立纠错机制。科技部与专业部门对问题解决过程中产生风险的源头、过程及后果进行科学评估，及时引导端正方向，让问题解决的实效不断提升。

三、省级电网企业基于中长期激励的科技创新成果转化管理改革实践的效果

（一）显著强化了项目实施质量和管理效率

在以科技成果转化为导向的中长期激励模式带动下，公司营造了"大众创业、万众创新"的良好氛围，攻克了输变电设备防灾减灾、（特）高压智能带电作业、电网噪声控制等领域的一系列关键技术和难题。电网防冰、防火等居于国际领先水平，网络工控安全、变电站噪声控制、台区计量故障智能诊断达到国际先进水平，智慧水电、配电网智能化应用处于国内领先水平。2019—2021年国网湖南电力获省部级及以上科技奖励88项，其中牵头项目获国家技术发明二等奖、中国专利金奖各1项；新增发明专利431项，累计拥有发明专利515项；牵头制定修订国家标准1项、行业标准15项，成果丰硕。

（三）全面激发了企业人才活力和创新氛围

国网湖南电力采取一系列人才队伍、绩效考核、扩大激励试点等方面的保障措施，树立起"科技致富""科技成才"的正向良好氛围，项目分红激励的实施，充分激发了骨干员工的活力。在国网湖南电力防灾减灾中心和电科院先后实行激励分红政策，发放虚拟收益分红700万元，极大地激发了广大科研人员科技创新工作的积极性。构建了国家重点实验室、省（国网公司）级实验室、公司实验室及科技攻关团队相互配合、相互支撑的科研主体，科技人才成长渠道进一步拓宽，新增中电联电力行业技术能手2人，中国电机工程学会青年人才托举工程1人，湖南省"121"人才4人、湖湘英才1人、科技人才托举工程2人。

（三）明显提升了电网安全水平和经济效益

国网湖南电力除在公司内部推广、集体企业内部拍卖推广之外，积极联系孵化器公司，利用"众筹"与"众创"等方式，引进社会化投资，进行成果扶持转化。国网湖南电科院自主研制的"变压器中性点隔直装置"通过型式试验和挂网运行考核，价格成本能控制到常规矿物绝缘油变压器水平，累计在国网公司系统内外推广5000余万元。带雷击放电计数装置的"防雷内置式柱式限压器"，成本由原来的每套400余元降至160元，市场竞争力大大提升，2021年实现净利润300余万元。国网湖南防灾减灾中心自主研发的10千伏防雷防冰复合绝缘子已在湖南多雷重冰区的邵阳、娄底和常德的配电线路上应用3万余支，运行两年以来应用线路没有发生雷击和覆冰闪络跳

闸。10千伏防雷防冰复合绝缘子应用无需进行接地改造,在减少配网总建设费用的同时提升了线路防雷和抗冰能力。

主 创 人:谢国胜、单周平
参与创造人:陈远扬、王敦敦、何智强、肖 莺、刘 凯、方 媛、杨 珉、胡果莉、周 舟、李晨坤

贡献累进型员工管理体系构建与实施

长沙五七一二飞机工业有限责任公司

摘要：贡献累进型员工[①]因工作及成效不好量化而难以管理。如何充分调动贡献累进型员工工作的积极性、主动性和创造性，是不少企业的难题。本项目以实现企业和员工"双赢"为目的，以贡献累进型员工职岗位体系为平台，按照"台阶清晰、价值显现、对标对表、积分晋级、薪随级变"的思路，以提升贡献累进型员工能力素质为基础，以客观评价和认可贡献累进型员工价值创造为手段，在统筹运用人才评价传统要素的基础上，创造性地采用典型工作案例这一人人可为的新载体来评价贡献累进型员工的价值创造，引导贡献累进型员工立足岗位对接企业战略创造价值，以"积分"晋级，形成一套操作性强、较为完善的企业对贡献累进型员工持续评价激励的工作体系，取得了良好的效果。

企业简介

长沙五七一二飞机工业有限责任公司（以下简称长飞）始建于1960年，原名中国人民解放军第五七一二工厂，2002年由空军装备部移交至航空工业集团，2017年加入成飞产业集团，成为成飞产业集团战机研发、生产、服务保障全产业链、全价值链中关键的一环，长飞也实现了从军队企业、军工企业到现代企业的跨越。长飞是我国中南和西南地区唯一一家能同时进行歼强机、教练机、直升机、轰炸机、无人机和外贸机大修及服务保障的综合性专业化重点企业，是国防能力动员建设和应急作战战场抢修保障单位，是航空军贸维修基地。长飞现有航空工业集团特级专家3人，享受政府特殊津贴5人，是我国航空维修企业保障机型最多、持续保证试飞安全时间最长的企业之一。

一、贡献累进型员工管理体系构建与实施的背景

（一）是落实中央人才评价机制改革要求，解决企业人才队伍建设痛点难点问题的需要

中共中央及国务院办公厅《关于分类推进人才评价机制改革的指导意见》指出："我们必须紧紧围绕实施人才强国战略和创新驱动发展战略，以科学分类为基础，以激发人才创新创业活力为目的，不断改进和创新人才评价方式，不断加快推进重点领域人才评价改革，不断健全完善人才评价管理服务制度，努力形成导向明确、精准科学、规范有序、竞争择优的科学化市场化人才评价机制。"在以制造为主的企业中，贡献累进型员工是企业管理和技术进步的基础和源泉，但是由于贡献累进型员工的职业发展通道建设不畅、晋升台阶不太清晰、价值创造标准缺乏，员工积极性、创造性难以持续调动，成为企业管理中的痛点和难点，不仅影响到员工个人的成长成才，

---

① 贡献累进型员工：特指在企业中长期从事普通管理、技术工作为主的员工。

也隐性地影响到企业的快速发展。只有构建一套以价值创造为导向的管理体系，才能持续激发人才创新创造的活力。

（二）是适应军队训战变革和企业转型升级对人才队伍建设的需要

战机是现代战争重要的指挥与作战平台，军队战机的不断升级要求战机大修企业快速提升能力水平，履行"强军首责"和满足服务部队训战的需要。战机大修企业是典型的"高科技手工操作型企业"，人的能力素质直接决定企业的能力水平。绝大部分国有制造企业由于行业的特殊性，人才队伍建设最主要是立足自身培养，而自身培养的关键是要有良好的机制和平台。通过搭建各类人才成长成才的平台，构建以价值创造为导向的激发员工成长成才的评价机制、分配机制等，造就适应企业转型升级需要的管理、技术、技能人才队伍。

（三）是满足企业快速发展对知识管理的需要

新时代，航空工业快速发展，战机更新换代越来越快，多机种、小批量的战机大修模式已成为生产经营的常态，这给战机的准时交付带来了更多挑战。根本的解决办法是快速提升员工的能力水平，满足客户多修、快修各类战机的要求。而员工的能力水平体现在其掌握和运用技术技能和管理经验解决实际问题上，这些既是员工的"独家本领"，又是企业的宝贵财富，虽然部分通过"师徒带教"等方式传承下来了，但更多的随着员工退休或离职流失了，这就需要企业搭建一个平台或载体，让员工通过贡献知识、智慧获得应有的报酬激励，从而激发员工不断创新创造，客观上为公司不断累积"知识资本"，提升公司服务客户的能力水平，实现企业和员工的"双赢"。

二、贡献累进型员工管理体系构建与实施的主要做法

（一）顶层设计，构建贡献累进型员工管理体系

本项目以构建企业和贡献累进型员工"双赢"为目的，以贡献累进型员工职岗位体系及"以级定薪、级变薪变"为激励平台，通过构建"台阶清晰、价值显现、对标对表、积分晋级、薪随级变"的体系框架，在统筹运用人才评价传统要素的基础上，不断强化激励贡献累进型员工通过提升能力创造价值，创造性地采用典型工作案例这一人人可为的新载体来评价普通贡献累进型员工价值创造，并以"积分"的形式来牵引晋级，引导贡献累进型员工立足岗位对接企业战略创造价值。

（二）主要做法

1. 分类设计贡献累进型员工职级晋升通道

系统设计普通管理和技术类员工成长成才职级晋升的通道体系。企业按照一般员工35年左右的"职业工作时间"，为普通管理和技术人员各设立了10级、每级3星、共33档的晋升阶梯。见表1。

表1 技术/管理职级框架

职级	工程技术序列	业务管理序列	星档		
11	技术总师		三星	二星	一星
10	技术副总师	专业副总师	三星	二星	一星
9	主任工程师	特级业务经理	三星	二星	一星
8	副主任工程师	高级业务经理	三星	二星	一星
7	主管工程师	一级主管业务经理	三星	二星	一星

续表

职级	工程技术序列	业务管理序列	星档		
6	分管工程师	二级主管业务经理	三星	二星	一星
5	主管技术员	三级主管业务经理	三星	二星	一星
4	分管技术员	一级业务经理	三星	二星	一星
3	技术员	二级业务经理	三星	二星	一星
2		三级业务经理	三星	二星	一星
1	档案资料员	业务员	三星	二星	一星

2. 明确贡献累进型员工职级及基本薪酬与其他类型员工的对应关系

企业设置了高层管理、中层管理、工程技术和业务管理职级、操作人员岗位对应薪酬区间，形成相互贯通的机制。除操作人员因工种差异岗位工资有别外，其他各类贡献累进型员工职级及薪酬基本对应，便于贡献累进型员工之间的横向交流。见表2。

表2 员工职级、基本薪酬对应表

职级	高层管理	中层	专家	工程技术序列	业务管理序列	操作人员
11	副总经理		首席专家	技术总师		
10		副总师级	特级专家	技术副总师	专业副总师	首席专家
9		中层正职	一级专家	主任工程师	特级业务经理	特级专家
8		中层副职	二级专家	副主任工程师	高级业务经理	一级专家
7				主管工程师	一级主管业务经理	二级专家
6				分管工程师	二级主管业务经理	首席技师
5				主管技术员	三级主管业务经理	特级技师
4				分管技术员	一级业务经理	高级技师
3				技术员	二级业务经理	技师
2					三级业务经理	高级工
1				档案资料员	业务员	中级工

3. 突出业绩，构建持续创造价值的积分体系

（1）积分项目

分固定和浮动两类。固定部分，主要体现历史贡献和能力基础，设工龄、学历、职称、绩效等4项，按规定的分数一次性积分，若有高一级的新变化，则按差额积分，主要解决贡献累进型员工躺在学历资历上吃老本的问题，鼓励员工"活到老学到老"，不断提升自己的素质能力。浮动部分，体现的是价值创造，分为科技/管理成果、论文、案例、专利、评优评先等5项，评优评先体现的是个人年度综合贡献评价，科技/管理成果、论文、专利体现的是员工价值创造业绩的显性

指标。无论是固定项还是浮动项，根据难易程度和贡献大小赋予1~15分，见表3。

表3　贡献累进型员工积分项目

序号		项目	15分	10分	5分	3分	1分
1	固定加分项	工龄	—	—	—	—	每满1年1分
2		学历	博士后	博士	研究生	本科	大专
3		职称	正高级	—	副高级	中级	助级
4		绩效考核	—	—	—	优异	良好
5	表现或业绩分	科技成果（管理创新）	集团级（省部级）	成飞产业集团级（中南片区一等奖）	公司一等奖及以上（中南片区二等奖）	公司二等奖（中南片区三等奖）	公司三等奖（中南片区级优秀奖）
6		论文	—	—	核心期刊（列入国家级行业协会论文集）	列入省级及以上协会论文集	一般期刊
7		案例	—	—	—	公司级	—
8		专利	—	—	发明	实用新型	—
9		评先评优（党务类）	集团级优秀共产党员	—	成飞级优秀共产党员	公司级优秀共产党员	—
10		评先评优（行政类）	集团级立功、劳模、先进个人	—	成飞级立功、劳模、先进个人	公司级立功、劳模、先进个人	—

（2）积分规则

工龄：满1年积1分。

学历：使用一次，变化时差额计分。

职称：使用一次，变化时差额计分。

绩效考核：以年度为单位，使用一次。优异等级积3分，良好等级积1分，其他等级不积分。

科技创新/管理创新成果（内容必须为满足公司战略和生产经营所需）：同一成果获得企业与外部奖项时取最高分，不重复计分。企业内部级成果三等奖（中南片区级成果优秀奖）只取排名第1人；企业内部级成果二等奖（中南片区级成果三等奖）取排名前2人，分值分别为3分、1分；企业内部级成果一等奖及以上（中南片区级二等奖及以上）取排名前3人，分值分别为5分、4分、3分。成飞产业集团级（中南片区级一等奖）成果排名第1人10分，排名第2人8分，排名第3及以后6分。集团级（省部级）成果排名第1人15分，排名第2人13分，排名第3及以后11分。

论文：论文内容必须是基于本职工作或公司管理需要，非工作总结、通讯、报道类，只取第一作者。核心期刊是指录入北大《中文核心期刊要目总览》的期刊。

案例：案例要求立足岗位，对接战略需求，解决公司痛点、难点问题的可复制、可借鉴、可推广的做法，并入选公司分类专业案例库。同一案例获得科技（管理创新）成果奖时，取最高分，不重复计分。

专利（内容必须为满足公司战略和生产经营所需）：实用新型专利取第一发明人；发明专利

取排名前 3 人，分值分别为 5 分、4 分、3 分。

评先评优：是指集团、成飞或企业行政（党务）授予的奖项。公司级以上的业务分管部门授予奖项按相应级别行政奖项分数三分之一计分。

（3）积分晋级体现先易后难

贡献累进型员工主要分布在管理、技术类岗位，每类纵向设置的 10 个职级，晋升条件都不一样，管理类职级晋升只需满足积分要求（见表 4）。技术类职级晋升除积分（见表 5）外，还需满足技术职级晋升基本条件（见表 6），以更好地体现员工价值创造与企业主业务发展转化的有效性。不同职级横向设置的三个星档，晋升所需积分各不相同，积分设置原则是晋升低职级所需积分低，晋升高职级所需积分高。员工业绩突出、积分较多的，可跨级晋升，跨级晋升所需积分是跨级分数之和。

表 4　管理类职级晋升所需分数

业务管理序列	星档（由低到高）		
	三星	二星	一星
专业副总师	13	13	13
特级业务经理	10	10	10
高级业务经理	10	10	10
一级主管业务经理	7	7	7
二级主管业务经理	7	7	7
三级主管业务经理	6	6	6
一级业务经理	5	5	5
二级业务经理	4	4	4
三级业务经理	4	4	4
业务员		4	4

表 5　技术类职级晋升分数

工程技术序列	星档（由低到高）		
	三星	二星	一星
技术总师	8	8	8
技术副总师	8	8	8
主任工程师	7	7	7
副主任工程师	7	7	7
主管工程师	6	6	6
分管工程师	6	6	6
主管技术员	5	5	5
分管技术员	5	5	5
技术员	4	4	4
档案资料员		5	5

表 6　技术类职级晋升基本条件

技术职级	基本条件（担任现职级以来取得的业绩）
技术总师/技术副总师	1. 作为子项目（系统）技术负责人，主持1个型号新机试修、大修建线等新产品技术开发工作；或作为课题负责人完成上级科研课题研究1项；或作为课题负责人完成公司内部课题研究1项 2. 获得上级科技成果1项排名前15名；或公司级科技成果1项排名第一；或获得发明专利1项排名第一 3. 解决公司复杂或疑难技术问题5项
主任/副主任工程师	1. 作为主要研发人员，完成1个型号新机试修、大修建线项目技术等新产品开发工作；作为子课题负责人完成上级科研课题研究1项；或作为课题负责人完成公司内部课题研究1项 2. 获得上级科技成果1项排名前15名；或公司级科技成果1项排名第一；或获得发明专利1项排名第一 3. 解决公司复杂或疑难技术问题3项
主管/分管工程师	1. 作为研发人员之一，完成1个型号新机试修、大修建线等新产品开发工作；或作为主要研发人员完成上级科研课题研究1项；或作为课题负责人完成公司内部课题研究1项 2. 获得上级科技成果1项排名前15名；或公司级科技成果1项排名前三；或获得发明专利1项排名前三 3. 解决公司疑难技术问题2项
主管/分管技术员	1. 作为研发人员之一，完成1个型号新机试修、大修建线等新产品开发工作；作为主要研发人员完成上级科研课题研究1项；或作为主要研发人员完成公司内部课题研究1项 2. 获得上级科技成果1项排名前15名；或公司级科技成果1项排名前三；或获得发明专利1项排名前三 3. 解决公司较难技术问题2项
技术员	1. 编制试修（制）管理文件或技术工艺文件1份 2. 设计1项设备或工装 3. 进行2项较大零部件自制技术开发

对高职级人数设定相应比例，实行优中选优，符合晋升高职级分数的人员，在该职级比例范围内按积分从高到低排序晋升，积分相同时由职级晋升管理办公室综合考核业绩（贡献）评定晋升人员，超出名额部分参与下一职级排序晋升。充分体现晋级先易后难原则，高职级人员必须取得突出的成果和业绩。高职级人数比例见表7：

表 7　高职级技术人员比例表

技术类	技术总师	技术副总师	主任工程师	副主任工程师
比例	$A=N\times2\%$	$B=N\times5\%-A$	$C=N\times12\%-A-B$	$D=N\times20\%-A-B-C$
管理类	专业副总师	特级业务经理	高级业务经理	
比例	$A=N\times4\%$	$B=N\times10-A$	$C=N\times20\%-A-B$	

备注：表中 N 指该岗位类别的总人数。

（4）创建体现贡献累进型员工价值创造成果的"工作案例"新载体

无论学历、职称高低，工龄长短，浮动项目部分才是调动各层级贡献累进型员工多为企业创造"价值"的新引擎。然而对于占大多数的普通职工来说，论文、专利、科技成果等项目起点要求较高，难以起到即时激励和引导作用，因此企业创造性地使用"典型工作案例"来显现员工价值创造成果。案例特指通过自己的思考和努力，解决了公司在管理、技术、技能方面的难点、痛点并取得成效的典型事件的陈述。

案例撰写遵循"1233"原则："1"是指案例主人一定是当事人，是自己的专利。"2"是指有创新，有成效。第一个"3"是指摘要写明三句话，一是要点明存在的问题是什么，二是提出思路和办法，三是点明价值点和可推广、可借鉴的范围。第二个"3"是指情景复盘的三条线索——时间线、情景线、决策线。

（5）积分牵引价值创造为导向的贡献累进型员工职级晋升模式的操作

成立职级晋升评审小组和办公室。评审小组由公司领导、机关部门领导组成，主要任务是研究职级晋升相关规章制度，研究职级晋升体系及配套措施，审核申报人员职级晋升积分，评审申报人员职级晋升等级。办公室设在人力部，主要负责对贡献累进型员工固定和浮动分值的复核。

成立案例评审小组。案例评审小组分管理和技术两大类，技术类案例评审小组由总工程师、各级专家组成；管理类案例评审小组由机关部门主要领导及业务专家组成。案例评审小组的主要职责为评审、核定、推广工作案例。

建立案例的评比标准。企业制定案例评分标准和办法。评委按照案例解决公司实际问题的大小、创新性、成效等五个方面分项打分，按照平均分高低确定等级，一、二等级的入选公司案例库，参与积分。对于多人共同参与的案例，由案例申报人根据案例积分在内部予以分配。

对标对表，确认积分，进入岗级。贡献累进型员工每年对照积分项目，统计自己的得分并提供佐证材料，经所在单位初审、评聘办公室复核后报职级晋升评审小组审核。评审小组组织对"一票否决项"审核后提交企业党委会审定。评审小组审核、确定员工最终得分后，对照晋级积分标准进行职级晋升，发文确定岗级，享受相应职级薪酬待遇。

设立"一票否决"项。对于贡献累进型员工因个人原因造成较大质量、安全、环保、保密、廉洁、综合治理等问题的实行"一票否决制"，当年不予晋升，所得积分可保留至次年使用。

明确各职级薪酬标准。为达到通过对贡献累进型员工价值评价、价值分配来激励贡献累进型员工更多地创造价值的目的，企业在顶层设计上将员工职级与"固定薪酬"挂钩，并适当地拉开职级、档级对应的"固定薪酬"差，且职级越高差距越大。各类人才初始职级"固定薪酬"不低于当地最低工资标准。

妥善处理职级晋升机制改革过渡期的有关问题。积分牵引价值创造导向的员工职级晋升方案是对原来员工职级晋升模式的重大改革，企业首次推行新方案时，充分尊重历史，对按以往办法评定的职级，只要企业下了文件的，都予以确认，全部进入对应或接近职级的初始档，从上次确认的时间起开始积分，最大限度地化解各种矛盾，确保新方案推进顺利。

三、贡献累进型员工管理体系构建与实施的效果

（一）解决了贡献累进型员工价值创造的评价问题，充分调动了贡献累进型员工爱岗敬业创新创造的积极性

杜绝了片面以学历、职称、工龄等吃大锅饭的"躺平"现象。论文、专利、评先评优、绩效评价，特别是工作成果案例等积分项，将普通员工的价值创造与企业需要结合起来，解决了贡献累进型员工价值创造的显性化问题，员工更加关心企业改革发展，积极为企业痛点难点问题想办法、动脑筋，更加注重立足企业的业绩和价值创造，客观上促进了企业的发展。贡献累进型员工感到事业和个人成长有了希望，爱岗敬业，立足岗位成长成才成为员工精神和行为的主流，企业

骨干人才十分稳定，没有出现流失现象。

（二）贡献累进型员工"知识产权"得到确认，企业知识成果积累及使用有了突破性进展，增强了企业核心竞争力

企业对外刊发的论文逐年增多，每年产生20多项专利，已创造三代机大修标准40多项，被评为国家级高新技术企业。企业创建了案例库，已收录典型工作案例600多个，列入企业知识成果管理。2021年，企业评选试扩修、外委转自修、排故案例330多个，当年为企业节约成本900多万元。企业经验积累传承有了新平台，经验流失得到遏制，核心竞争力提升开始加速，企业全面融入成飞研发、制造、服务保障产业链，三代机正实现全型号大修能力，四代机服务保障和大修取得积极进展，无人机大修取得突破，企业在国内外市场中的竞争力明显增强。

（三）人员素质能力不断提高，为选人用人提供了新参考，提高了快速选人用人的精准度

贡献累进型员工管理体系的构建，使得业绩和价值创造为主的"好员工"评价标准深入人心，追求上进的年轻人只要肯学肯干，就可以凭业绩和价值创造成果获取更多的积分，进入晋升的绿色通道。这也为组织选人用人提供了"看得见"的"量化"的品德和业绩表现，为快速识别人才提供了新参考，近两年企业选人用人满意度为100%。企业"十四五"人力资源规划确定的管理、技术、技能人员队伍结构目标、数量目标已完成过半，质量也有了快速提升，一专多能成为常态，在总人数没有增加的情况下，基本满足了企业战机大修由二代机的单一机型、大批量模式向三代机、四代机及多机种、小批量大修模式转型升级对人才的需求。

主　创　人：龙小涛、陈　瑛
参与创造人：李　玮、湛建平、刘辉雄、黎强华、谢卫华、黄　翮、彭朝晖

电网企业供电所定员定额数字化管理体系构建与应用

国网湖南省电力有限公司

摘要：为贯彻落实国网公司"一体四翼"发展布局要求，国网湖南省电力有限公司（以下简称湖南公司）全面推进现代人力资源管理体系建设。定员定额数字化管理作为现代人力资源管理体系的重要组成部分，当前存在人工测算定员、数据更新不及时、工作量大、应用不方便等突出问题。本项目以湖南公司"十四五"人力资源规划为引领，以激发人力资源活力和提高效率效益为目的，以问题、目标、结果为导向，以数字赋能为支撑，通过制定并实施数字化建设战略部署，构建供电所定员定额数字化管理组织保障体系；研究制定科学精细的供电所定员定额计算模型，创建供电所定员定额标准体系；首创"地图上的 e 所 e 站"定员定额数字化管理平台，建立供电所定员定额数字化运营体系；全面深化定员定额应用，构建供电所定员定额应用体系。通过供电所定员定额数字化管理体系的建设与运用，为公司科学决策提供有力支撑，全面提升人力资源精细化、信息化管理水平。

企业简介

国网湖南省电力有限公司是国家电网有限公司（以下简称国网公司）的全资子公司，以建设和运营电网为核心业务，担负着保障湖南省电力可靠供应的重大责任。现设 19 个职能部门，下辖 14 个市（州）供电公司、98 个县供电公司，员工总数 7.1 万人（全口径）。供电范围覆盖全省 14 个市（州）117 个县（市、区），营业区面积占全省总面积的 96%，营业区人口占全省总人口的 98%。截至 2020 年底，湖南电网拥有 35 千伏及以上变电容量 1.65 亿千伏安，线路 7.73 万公里，发电设备装机容量 4984.29 万千瓦。2021 年，湖南公司资产总额突破 1396.35 亿元，资产负债率为 68.67%，实现营业收入 1029 亿元，同比增长 16.93%。

一、电网企业供电所定员定额数字化管理体系构建与应用的实施背景

（一）是推动现代人资体系建设的重要举措

为推动国网公司"一体四翼"发展布局落实落地，构建现代企业治理体系，湖南公司积极推进现代人力资源管理体系建设，定员定额管理作为现代人力资源管理体系的重要组成部分，能有效指导基层单位有效盘活企业内部资源，最大限度地发挥现有人力资源在企业管理中的作用。供电所是企业中最小组织单元，也是服务广大电力客户的前沿阵地；加强供电所定员定额管理，是全面建设现代人力资源管理体系的关键措施，能有效支撑公司战略目标落地。

（二）是促进电网企业提质增效的必经之路

随着电力体制改革、国资国企改革的纵深推进，市场化交易规模不断扩大，对电网企业的营收和利润增长的影响逐步显现。同时受疫情、国家降价降费政策等多重影响，湖南公司电量增速

下降、盈利空间缩紧，急需通过优化定员定额管理，引导基层单位按照先进合理的定员定额组织生产，促进公司整体效率效益提升。湖南公司现有796个供电所，供电服务职工达到2.1万余人，服务乡镇1800多个、人口2668万余人，供电所用工总量占比超40%以上。通过供电所定员定额数字化管理体系构建，能有效提升公司劳动用工效率，压降用工成本总量，有效促进电网企业提质增效。

（三）是实现定员定额精细管理的现实需要

供电所是公司管理链条的最末端，在提升营商环境、优质服务、供电质量等方面发挥着举足轻重的作用，直接关系到公司经营发展和企业形象。当前对供电所定员定额测算依然采用手工填报数据、线下收集信息等方式，原定员标准影响因素考虑不全，无法同时适应不同类型的供电所定员测算，且存在定员定额测算精准度不够、测算工作量大、设备台账数据质量不高、定员深化应用力度小等突出问题，急需建立一套考虑技术装备条件、劳动组织方式、地形地貌、员工队伍素质等多维度影响因素的定员定额标准，有效提升供电所定员定额管理的适应性和精细度。

（四）是适应电网企业数字化转型的必然要求

按照国网公司"任务在线化、作业移动化、感知敏捷化、支撑智能化"的数字化建设要求，湖南公司广泛应用"大云物移智链"等现代信息技术，推动企业数字化、智能化转型。当前营销、运检等各类业务系统沉淀了大量数据，云平台、大数据等新兴数据分析平台与技术日趋成熟，为数字化定员定额管理体系构建提供了先进技术手段。供电所是湖南公司数字化创新升级的重要板块，是全面推进企业数字化转型的首要阵地。创新构建电网企业供电所定员定额数字化管理体系，能有效解决当前定员定额管理信息化手段不多、数据更新不及时等关键问题，实现供电所定员额管理由粗放到精准、由线下到线上、从孤立到共享的数字化转型升级，有效提升电网企业管理效益效率。

二、电网企业供电所定员定额数字化管理体系构建与应用的主要做法

（一）明确工作思路目标，建立项目顶层设计框架

1. 系统谋划，明确总体建设思路

以国网公司"一体四翼"发展布局为引领，以激发人力资源活力和提高效率效益为目的，坚持问题导向、目标导向、结果导向，通过深入现场调研、全面收集资料，开展工作量和劳动效率分析，合理确定定员小项、典型参数、标准水平，创新优化定员定额管控模式，深化定员定额应用，充分发挥定员定额的导向和基石作用，全面夯实人力资源管理基础，支撑公司"十四五"人力资源规划落地。

2. 精准定位，明确体系构建目标

优化完善低压网格化业务模式下的业务流程，建立供电所定员定额线性回归计算模型，确立供电所低压网格化各项业务工时定额、定员定额标准和管理流程，搭建"地图上的e所e站"定员定额管控平台，为供电所定员定额管理提供数字化支撑，引导供电企业按照定员定额组织生产，促进供电所定员定额管理精细化、数字化、智能化。

3. 统筹思考，明确建设基本原则

坚持因地制宜，充分考虑湖南公司组织模式、业务流程、新设备投入、新技术应用等情况，精准选取典型参数，合理确定公司定员小项，提升标准适应性。坚持先进适用，聚焦用工总量、结构、效率方面存在的问题，结合湖南公司"十四五"人力资源规划，考虑一定超前性，从严从紧确定定员水平，发挥定员定额的指导引领作用。

(二) 强化组织保障体系，完善内部协同工作机制

1. 健全组织体系，理清各级职责分工

为高效推进供电所定员定额数字化管理体系建设，湖南公司组建以公司总经理为组长，人资部、发展部、设备部、营销部、科数部5个部门为工作成员的领导小组，负责统筹指导、协调定员定额数字化管理体系建设过程中的重要事项、重要决议等事宜。下设综合协调组和4个专业工作组，组员共计40余人。综合协调组负责统筹工作进度，协调各专业工作组的沟通，组织开展汇报、验收等工作。各专业工作组负责统筹本单位内外部资源，组织开展相关业务的流程梳理、定员定额标准的分析、计算和验证等工作。

2. 健全制度体系，理顺各级业务流程

为确保供电所定员定额数字化管理体系建设工作落地，湖南公司制定了《供电所定员定额数字化管理体系建设工作方案》，按照"一团队三清单（责任清单、项目清单、目标任务清单）"的方式进行管理，采用OKR目标管理法，制定短期目标、阶段性目标与最终目标，并滚动更新工作目标任务清单。按照"战略导向、分级管理"原则，制定《电网企业劳动定员定额管理实施细则》，突出全过程闭环管理，理清省、市、县三层级人资管理部门和专业部门的职责界面，规范定员测算、核定、分解与应用、监督考核等具体规则和业务流程。

(三) 创新定员标准体系，夯实定员定额管理基础

1. 理清主营业务范围，推进业务分类分级管理

按照"四级两类"的结构，全面梳理供电所主营业务范围。其中，"四级"是指四个业务层级，一级至三级业务分别对应定员定额标准中的定员大项、中项、小项，四级业务对应定员项目的工作要项，共计121项。"两类"是以企业核心竞争力的影响程度作为判别依据，分为核心、非核心两类业务。核心业务严禁外包；非核心业务鼓励自营，基层单位根据自有用工规模可适当实施外包。供电所有核心业务47项、非核心业务75项，为湖南公司推进核心业务自营、优化用工策略提供有效依据。

2. 优化定员项目设置，适应企业业务发展需求

以班组类型为依据，结合供电所管理模式，因地制宜设置"低压客户服务、配电运检、配电自动化、配网不停电"4个定员小项。其中，低压客户服务包括"低压电能计量、低压市场业扩、低压市场拓展、低压用电检查、低压电费管理、低压网格综合、低压配网运维"7类业务，配电运检包括"低压配网检修、配网线路及设备运检、配电电缆运检"3类业务，"配电自动化、配网不停电"分别对应"配电自动化业务、配网不停电作业"2类业务，通过优化定员项目设置，解决供电所定员分解核定缺乏依据的问题，助力定员深化应用。

3. 精选定员典型参数，支撑数字化管理要求

根据历史文献、现场调研情况，收集总结供电所定员影响因素，形成"地形地貌、设备情况、客户情况、其他因子"等4类25个影响因子指标，分别建立各定员小项的影响因子指标库。按照"全面系统性、科学合理性、代表差异性、独立性、操作可行性、系统直取"原则，精心选取"客户密度、设备密度、公变运行时间"等12个典型参数；基于百度地图，创新引入"平均坡度、平均相对高程、公变到办公点距离"等空间数据，并对典型参数进行精准量化，提高定员定额标准的精准性，解决定员标准影响因子考虑不全或未量化等问题。

4. 创新模型构建方法，建立定员定额计算模型

在剔除自然环境、地形地貌、设备状况等影响劳动效率的关键影响因子后，首先采取工作写

实、专家评估等方法确定121项工作要项的标准工时、业务频次、业务周期以及参与人次；其次运用方差分析法，在可信区间选取关键影响因子的典型样本数据；再次根据历史数据和专家研判，对典型样本数据进行标准化处理，确定关键影响因子的阈值；最后通过多元线性回归法、最小二乘法等方法建立标准工时、关键影响因子与用工需求的内在关系，形成精准定员定额计算模型。

（四）科学合理确定定员水平，发挥定员定额引导作用

以湖南公司"十四五"规划为目标，结合新技术新装备应用情况、用工配置现状及未来用工策略，合理确定定员定额标准水平，满足"十四五"期间对劳动效率提升的引导作用。

1. 坚守定员水平确定基本原则，提高定员定额标准的科学性

坚持先进合理原则。以问题为导向，围绕湖南公司用工结构、效率等方面存在的问题，结合湖南公司实际，合理确定定员水平，保证具有一定超前性、前瞻性。坚持可量化原则。以经营业绩好、劳动效率高的供电所为标杆，创新引入标准工作量，将不同维度、不同类型的典型参数值通过归一标准化处理转换成标准工作量，实现劳动效率可量化、可对比。坚持可操作性原则。定员水平确定需充分考虑生产经营实际，酌情考虑地域、环境等具体的差异，确保定员定额结果可用、能用。

2. 统筹考虑定员水平影响因素，提高定员定额标准的合理性

综合考虑新技术新装备的应用前景。根据"十四五"期间各专业新技术新装备应用规划，充分考虑无人机自主巡检比例提升、现代智慧供应链仓储业务广泛应用、配电自动化设备规模增大等因素对劳动效率的影响。重点关注劳动组织方式优化调整。随着现代设备管理体系、全域现代营销管理体系建设的不断推进，各专业横向协同及各业务纵向融合的力度逐步加大，需重点关注劳动组织方式的优化调整对人力资源效率的影响。精准预测人力资源供需情况。聚焦"一体四翼"发展布局对人力资源支撑提出的新要求，结合人力资源"十四五"规划的用工总量目标，科学预测未来人力资源需求；全面分析湖南公司未来减员情况，结合用工现状及用工策略，科学预测未来人力资源供给。

3. 全面测算验证定员定额水平，提高定员定额标准的适用性

定员定额水平是指用人的数量和质量，是定员定额标准的核心问题，只有先进合理的定员定额水平，才能发挥定员定额标准的示范引领作用。开展定员定额试测试算。根据定员定额计算模型，依托定员定额管理平台，对供电所定员定额进行自动试算。开展对比验证分析。全面统计供电所实际用工规模、人均承载力等数据，从总量、人均承载力、配置率三个维度对实际值与试测值分别进行对比分析，验证定员定额水平的科学性、合理性和适用性。

（五）构建数字化运营体系，促进基层组织高效运行

基于定员定额标准与大数据建设成果，湖南公司打破各专业系统壁垒，融合专业系统数据，首创"地图上的e所e站"定员定额管理平台，构建数据共享型信息融合网，为供电所定员定额数字化管理体系的高效运转提供有力支撑。

1. 构建数字化管控平台，打造空间可视化工作沙盘

基于电网一张图和数据中台，首创"地图上的e所e站"定员定额管理平台，打造人资、生产、营销等多专业融合的空间可视化工作沙盘，实现全专业数据可视化展示、多专业数据融合、多维度指标动态跟踪。多元数据展示可视化。创建多元数据展示模型，全面展示供电所所辖设备数量、客户数量、供电面积、设备状况、地形地貌、实际用工、定员定额、办公位置等数据，让管理人员对下属单位的设备规模、管理难度有全面、直观的了解。多维指标感知实时化。创建供

电所的承载力和绩效电子看板，动态更新人均维度客户数、人均维护线路长度等 29 个经营指标，对各项指标进行实时跟踪和预警，让管理人员第一时间掌握供电所经营管理状况。

2. 构建"地图+"应用平台，打造"中台+应用"典型示范

"地图上的 e 所 e 站"定位为湖南公司定员定额全过程管理信息系统，实现流程全监控、管理全闭环、专业全联动，为湖南公司人力资源管理人员提供技术支撑。打造中台创新示范。对定员台账、用工管理、定员测算核定、定员分解、定员分析等相关业务流程进行整体重构与设计，将每项业务都设计成灵活的独立微服务，形成一整套微服务体系，所有应用全部实行微服务产品化，其他平台通过微服务方式调用功能，避免重复开发、资源浪费。打造数据融合示范。基于数据中台标准 API 接口调用实现数据接入，实现应用服务的快速构建和业务需求的敏捷交付。同时贯通营销、生产、人资专业等 20 余套系统数据，实现数据同源一致、实时交互，充分体现数据融合的共享示范作用。打造云平台改造示范。研究基于阿里云平台特性的部署适配方案，实现微服务的快速发布与全面监控；通过云服务总线 CSB 实现微服务的动态路由、流控和鉴权，实现应用服务的不停机快速发布和业务需求的快速迭代。

3. 构建数字化管理模式，推进定员定额管理转型升级

发挥数字化管理模式在数据提取、精准测算等方面的优势，完成供电所的定员参数系统直采、定员结果精准计算、用工数据自动统计、绩效指标动态跟踪，全面推进线下业务线上化升级，实现定员定额管理由粗放到精准、由线下到线上、从孤立到共享的转型升级。全专业数据自动化提取。运用大数据思维，基于数据中台，优化数据使用和管理流程，建立数据自动提取规则，打破专业数据壁垒，全面整合地形地貌参数、供电面积、设备台账、用户数量、用工人数等专业系统数据资源，贯通数据链路，实现人资、营销、设备等专业系统数据一键式提取、及时更新。定员测算精准化核定。精准测算供电所最小组织单元定员定额，将定员测算组织单元由县级供电单位细化至供电所，减少定员核定分解难度，提升定员定额测算核定的精准度。全业务线上化办理。全面优化定员定额核定、分解、分析等业务流程，推进定员定额核定、分解、分析等业务由线下转为线上管理，减少人工干预，实现定员定额全过程业务线上化管理，提升定员定额管理质效。

（六）构建定员定额应用体系，打造多元化应用场景

基于"地图上的 e 所 e 站"，深化定员定额在电网企业绩效管理、薪酬分配、用工配置和业务外包管控等方面的应用力度，同时为供电所开展办公选址、电网规划、数据治理等工作提供更为丰富的应用场景，全面激发供电所内部活力。

1. 全面实行定额承包制，深化定员在绩效管理方面的应用

统筹优化企业负责人、同业对标等指标体系，搭建省、市、县三级内部模拟市场，按照"增人不增资、减人不减资"的原则，在供电所层面全面实行"定额承包制+岗位聘任制"；以定员为依据，核定供电所承包人数和年度绩效工资总额，组织签订供电所年度绩效承包合同和负责人岗位聘任制协议，并在供电所内开展全员岗位竞聘，有效激发员工工作积极性，提升基层单位内部活力。

2. 全面推行精准化补员，深化定员在用工管理方面的应用

根据"地图上的 e 所 e 站"测算定员，结合用工现状及和未来减员情况，分析当前存在缺员或未来即将面临严重缺员的供电所的实际情况，制定精准补员方案，根据业务分类和岗位性质，分级分类实施补员措施。同时在供电所实行核心业务自营激励机制，以定员定额为依据，将外包人工成本压降比例与工资总额浮动比例挂钩，促使基层单位优化内部用工配置，合理压降业务外

包规模,提升劳动效率。

3. 全面开展数据治理,深化定员在数据管理方面的应用

"地图上的e所e站"融合了人资、生产、营销等5个专业共计89个典型参数或指标,可从不同应用场景或统计维度检验数据质量,能够精准定位数据问题的原因。同时随着定员定额应用场景的逐渐丰富和定员定额应用力度的逐步加大,增加基层单位开展数据治理的内生动力,促使各专业数据质量逐步提高,形成良性循环,提升企业数据价值和生命力。

三、电网企业供电所定员定额数字化管理体系构建与应用的实施效果

(一)管理效益显著提升

促进定员定额管理更精益。更加全面深入地分析劳动定员影响因素,创新引入"客户密度、设备密度、平均坡度、平均相对高程"等关键影响因子,根据业务发展需求,因地制宜设置定员项目,有效提升了定员定额管理的精益程度。促进定员定额管理更智能。基于"地图上的e所e站",设备台账和用工人数实现了自动提取、实时更新,关键因子和绩效指标能够纵横对比、直观展示,定员结果可以精准计算、动态核定,办公地点和供电范围能够一键查找、自动定位,为管理人员和一线班组减轻工作负担,大幅提升了定员定额管理智能化水平。促进定员定额管理更有效。构建定员定额标准体系、数字化运营体系、定员定额应用体系,有序推进按照定员定额组织生产,人力资源在地区、专业、岗位等方面的分配布局更加均衡合理,定员定额管理对人力资源高质量、高效率的促进作用更加有效。

(二)经济效益稳步提高

节约企业人工成本。为人力资源相关管理人员减少台账收集、填报、核对等工作量,全年节省工时超过8650人·天,每年节约人工成本约1000万元。提升企业经营质效。湖南公司已在121个县级供电企业796个供电所全面推行"定额承包制+岗位聘任制",每年有效压减业务外包人工成本高达1500万元。近3年湖南公司全员劳动生产率从38.1万元/人·年提升至59.3万元/人·年,提升54.8%;人均维护10千伏线路长度从35公里提高至55公里,提升58%;人均维护用户数从1300户提高至1600户,提升23%。

(三)社会效益有力彰显

发挥行业示范引领作用。湖南公司在国网系统首创"地图上的e所e站",率先实施供电所定员定额数字化管理,其相关做法和工作成果得到国网公司总部的高度肯定,并成功入选国网公司典型经验和省公司软科学成果;同时吸引行业内外众多单位前来学习借鉴,较好地发挥了示范引领作用。提升企业品牌影响力。供电所定员定额数字化管理体系的构建与应用,为供电所办公选址、电网规划、机构优化布局、人员队伍建设等方面提供了精准、科学的数据和技术支撑,提高了公司客户服务响应速度,提升了公司供电区域供电质量,优化了公司服务水平和营商环境,提升了企业品牌形象。

主　创　人:尹华平
参与创造人:颜宏文、肖志高、浣世纯、罗电兵、陈正茂、邹昶鑫、
　　　　　　甘昭荣、王　原、杨　帅、罗　晶

大型军工企业基于人力资源管理平台的精准管理体系的构建

江麓机电集团有限公司

摘要：江麓机电集团有限公司（以下简称江麓集团）根据国家建设"数字中国"战略部署以及深化三项制度改革要求，基于目标管理、PDCA 管理理念和信息化技术，构建了基于人力资源管理平台的精准管理体系。该体系以人力资源管理平台为基础，通过加强顶层设计、流程再造、制度优化、强化保障等手段，将员工招聘与配置、培训与开发、用工及岗位管理、绩效管理、薪酬福利管理等人力资源日常业务工作与信息系统相融合，实现业务数据的实时归集、图形化分析、跨部门交互共享等功能，为人力资源科学管理、规范运作、动态分析、成本控制、持续改进提供依据，有效提升了管理效率，具有良好的示范效应。

企业简介

江麓集团始建于1958年，是中国兵器工业集团有限公司（以下简称兵器集团）所属国有大型一类骨干企业，是国家重点保军企业、高新技术企业。公司现占地面积3000亩，其中生产区1700亩，总资产35亿多元，员工2800余人，具有较强的精密机加、大型机加、自动焊接、切割钣冲、有色精铸、热表处理、总装及检测试验等综合制造能力，是我国中轻型坦克装车车辆、坦克装甲车辆中轻型综合传动装置、电气电控装置的研制基地。

一、大型军工企业基于人力资源管理平台的精准管理体系构建的实施背景

（一）是落实建设"数字中国"战略部署的需要

国家"十四五"规划和2035年远景目标纲要提出"加快建设数字经济、数字社会、数字政府，以数字化转型整体驱动生产方式、生活方式和治理方式变革"。"十四五"以来，大数据、云计算、物联网、人工智能等新一代数字技术迅猛发展，成为推进现代化建设的强大动力，建立覆盖全面、实时更新的人力资源数据中心，构建差异化人员管理、薪酬绩效管控机制，已成为国有企业"十四五"期间人力资源规划的普遍的战略目标。当前，江麓集团的人力资源管理还处于信息化管理阶段，需要通过完善管理平台，加强资源共享共用，推进人力资源管理向数字化转型。

（二）是深化三项制度改革，提升发展质量的需要

2015年，党中央、国务院正式颁布《中共中央、国务院关于深化国有企业改革的指导意见》这一新时期国有企业改革的纲领性文件，并出台了一系列配套政策文件，全面指导国有企业改革工作。兵器集团公司下发《深化劳动、人事、分配三项制度改革评估办法》，提出要加快建立和实施以劳动合同管理为关键、以岗位管理为基础的市场化用工制度，大力推行员工公开招聘和管理人员竞争上岗，推动落实末等调整和不胜任退出机制。而江麓集团现有的人力资源管理平台尚不

能做到将三项制度改革所包含的业务工作进行有效整合,各类数据均处于零散状态,尚不能为人力资源改革提供精准的数据支撑。

(三)是实现人力资源精准管理的需要

江麓集团虽然建立了较为完善的人力资源管理制度体系,但是大部分制度运行仍处于传统管理模式下,重复且繁琐的业务工作消耗了大量人力、财力和物力;部分制度存在与业务工作分离、信息利用、共享不充分等问题,导致人力资源管理效率、系统化和规范化程度相对较低。而现有的人力资源信息化管理平台只能进行常态化的数据处理,与制度流程结合不紧密,无法实现人员与岗位、绩效、薪酬等的精准匹配。

二、大型军工企业基于人力资源管理平台的精准管理体系构建的主要做法

(一)转变思路,加强顶层设计

1. 统一思想认识,明确工作思路

江麓集团通过对国家"十四五"规划、2035年远景目标纲要和党中央、国务院以及兵器集团公司深化三项制度改革的要求的学习研讨,制定了《"十四五"人力资源发展规划》,提出"加强信息系统开发力度,构建数据采集、分析、解读等功能于一体的数字化人力资源管理系统,切实发挥人力资源信息系统大数据作用"的工作思路,明确通过完善人力资源管理系统,实现人员"自上而下全过程管控,薪酬绩效统一可视精准管理"的工作要求。

2. 搭建组织机构,明确工作职责

一是成立由董事长为第一责任人、各职能部门、信息化部门领导为成员的推进工作领导小组,负责顶层设计、确定建设目标、协调保障资源等工作。二是成立由人力资源部、信息中心以及各二级单位业务人员组成的专项工作小组,负责人力资源信息平台的建设与运营工作。三是与中国兵器人才研究院签订系统个性化开发协议,提出将业务工作与信息系统相融合的建设目标,为实现人力资源精准管理提供平台保障。

3. 以目标为导向,细化工作目标

以目标为导向,运用PDCA管理理论,明确完善管理平台、流程再造、制度优化、强化保障的工作思路,通过建立一套标准、规范、全面的人力资源管理平台,实现管理制度流程化、数据归集实时化的工作目标。

(二)完善平台,实现数字化转型

人力资源信息管理平台是构建精准管理体系的基础,通过对平台的个性化开发,推进制度流程线上运行,将实现人力资源管理各业务板块数据及时更新,解决原有的数据管理与业务工作结合不紧密、信息共享不充分、流程运转不顺畅等问题。

1. 完善系统,打造数字化管理平台

2019年,江麓集团基于人力资源精准管理的内在需求,主动承担兵器集团公司新人力资源信息系统试点运行任务,借助中国兵器人才研究院和信息中心强大的咨询设计和技术开发力量,对原有的人力资源信息系统进行个性化开发。

江麓集团人力资源信息系统的个性化开发共历经6个阶段。一是增添相关设备设施,做好硬件资源保障。二是以制度为依据,设计业务流程、表单模板、管理权限,规范各类管理流程,做好平台保障。三是规范组织机构、岗位设置以及人员基础数据采集与录入,保证管理信息与制度流程相匹配。四是各业务模块功能试运行,优化设计流程,确保业务工作与系统运行相融合。五是组织开展流程培训,将信息系统推广至所有部门,提高信息系统应用范围。六是加强与人才研

究院、信息中心的沟通、反馈，优化管理系统。

2. 系统运行，实现业务流程全覆盖

江麓集团进行个性化开发后的人力资源管理系统覆盖了组织机构及岗位管理、员工关系管理、招聘与配置、培训与开发、职业发展、绩效与薪酬福利管理等人力资源管理模块，可以实现人力资源全业务、全过程、全流程精准管理。具体内容如下：

（1）组织机构及岗位管理。组织机构及岗位管理模块以单位职责为基础，用于设置部门信息、岗位信息，部门之间、部门和岗位之间的关系，并可依据公司发展战略、人员现状及人员管控要求，对标准岗位、岗位编制等内容进行设置，明确各单位岗位编制及职责，同时实现岗位、编制分析等功能。为保证岗位信息和人员信息的规范性，江麓集团将岗位分为管理、技术、技能岗位3类，并以各单位"定岗、定编、定员"为基础，规范了55个技术岗位、61个管理岗位以及58个技能辅助岗位的名称、职责等。

（2）员工关系管理。员工关系管理模块以《劳动合同管理办法》《用人用工管理办法》《员工"三岗"管理办法》等制度为基础，可办理劳动合同管理、岗位管理、考勤管理等业务，并具备员工的基本信息维护、员工信息综合查询、员工合同续签以及考勤异常情况提醒等功能。

（3）招聘与配置。招聘与配置模块以《招聘工作管理办法》《新进大学生管理办法》《引进急需人才管理办法》为基础，可实现新员工入职管理、岗位调整、内部调配等功能，除此之外，还可以根据公司业务工作管理需要，灵活配置各类人员变动表单和人员变动流程。

（4）培训与开发。培训与开发模块以《培训工作管理办法》为基础，覆盖培训计划制订、组织实施、效果评估等培训实施的全过程，可实时对年度教育培训实施情况进行监控，掌握员工参与培训的培训班、学时、学分等信息。

（5）职业发展。职业发展模块以《科技带头人管理办法》《关键技能带头人管理实施办法》《青年科技带头人管理办法》等为基础，覆盖高层次科技人才、技能人才选聘工作全过程，并可对人才队伍现状进行查询与管理。下一步，还将增加管理人员选聘的流程，将覆盖范围扩大至公司全体员工。

（6）绩效与薪酬福利管理。绩效与薪酬福利管理模块是人力资源管理系统的重要组成部分。江麓集团以《薪酬管理办法》《工资总额管理办法》等为基础，重新设计各单位的薪资体系，可通过系统配置，实现薪资项目设置、税表设置、薪资方案设置、薪酬计算、薪酬审核与发放、薪酬报表等功能。通过薪酬管理模块，可满足各单位正常按月发放工资、补发工资、年终奖、多工资账套发放工资、工资多级计算与审核等多种形式的工资计算与审核需求。

3. 统计分析，实现人员精准管控

江麓集团人力资源信息平台不仅能够精准查询各单位的人员配置、岗位变动、绩效考核结果、薪酬发放等信息，实现员工岗前、在岗、离岗的全过程精准管控，还具备统计分析的功能，可提取各个流程中的员工基本信息、岗位、薪酬、培训等关键数据，自动生成人力资源月报、年报。此外，江麓集团的人力资源信息平台还设计开发了"桌面管理模块"，不同层级的管理人员可多角度、全方位地对各单位人员、薪酬情况进行查询，及时掌握人力资源总量、结构、薪酬总量、薪酬结构等情况。

江麓集团通过升级改造，建成了"统一规范、上下联动、动态交互、高效有序、集成共享"的人力资源管控平台，实现了对人力资源业务工作全过程的精准管理。一是"总量"精准管理。实现岗位设置与人员配置、人员总量与薪酬发放相对应，从源头上实现人员的精准管控。二是

"结构"精准管理。当各类人员比例超出管控范围时,可通过系统对人员配比不合理的单位进行提醒,非审批不得进入系统。三是"过程"精准管理。通过看板功能对各单位的劳产率情况、人员流动情况、人员优化情况等实现全过程动态监控。

(三)流程再造,全过程管控

江麓集团新的人力资源管理平台可实现各项业务工作线上运行,但是原有的部分管理制度尚未实现流程化,不具备线上运行的条件,需要通过流程再造,才能实现对人力资源全过程精准管理。

1. 设计流程架构,明确管理职责

江麓集团以公司发展战略为基础,对实现人力资源管理目标的全过程进行复盘,最终形成包括6个流程组,28个一级流程,69个二、三级流程在内的流程清单。其中流程组即为人力资源管理制度的六大模块之一。一级流程是对流程组工作内容的分解,二级、三级流程则是具体的操作层面的流程。人力资源流程架构设计的具体程序包括:

(1)以人力资源管理职能为基础,对现行的管理制度进行分析,明确各项制度的编制目的、应用范围以及具体的内容。

(2)确定各项管理制度中从流程组至三级流程的全部业务工作,确保管理制度覆盖人力资源管理全过程。

(3)逐级落实流程责任。明确各个流程的所有者,由流程所有者负责流程建设、运营和优化工作,保障流程的高效运行,推动流程绩效改进。

(4)设计流程架构,明确实现组织目标所需的全部过程,为体系、制度、流程的构建提供依据。

2. 绘制流程地图,明确业务管控关系

江麓集团将人力资源管理制度体系按照业务流程顺序进行分解,明确实现组织目标所需的全过程,形成具有严谨的流程分级关系、业务流程接口、流程所有者等必要管理要素的流程地图。具体工作流程如下:

(1)按照"战略驱动"的设计原则,梳理人力资源管理各模块的制度,明确各模块间的关系。

(2)根据管理制度运行模式,识别与定义各层级流程的描述、目标、输入输出、起止条件及上下级流程关系等,建立表单库、角色库、岗位库。

(3)以人力资源管理工作为基础,根据各项管理流程在实际运行中的情况,绘制覆盖人力资源全流域的流程地图。

3. 编制流程草图,实现流程显性化

江麓集团依据流程地图,对流程进行显性化描述后形成流程草图,明确具体的流程开始条件、客户、参与者以及流程步骤等内容,实现流程显性化。

4. 流程建模运行,持续优化改进

(1)流程建模与验证。依据流程草图,利用专业流程建模工具,将改进与优化后的流程及流程相关要素模型化,形成流程模型库,并通过收集流程运行数据进行流程仿真,完成流程运行的初步验证,为实现流程线上运行做准备。

(2)体系文件编制与发布。根据体系文件框架,编制相关体系文件,落实各项制度中的管理要求、相关工具以及管理方式等。

(3) 管理制度的修订与匹配。根据流程构建的需要,同步对人力资源管理体系内的相关制度、管理办法与程序文件进行修订,保证制度与流程相匹配。

(四) 制度优化,形成闭环

江麓集团在流程再造以及线上运行的过程中,发现部分管理制度存在流程不完善、表单不规范、审批不充分以及部分权责交叉等问题,需要对制度进行优化,保证管理流程运行科学、合理、有据可依。

1. 编制制度框架

江麓集团依据人力资源管理流程模块化运行的特点,按照"分层分类分流程"的总体原则,对现行的人力资源管理制度进行梳理,按业务模块最终形成"两层六大模块"的人力资源管理制度体系。"两层"即将人力资源管理制度分为基本制度和专项制度,其中基本制度主要包括人力资源发展规划、年度工作计划、单位职责、岗位职责以及质量安全保密等基础制度,"六大模块"依据人力资源管理领域进行分类,主要包括"员工招聘与配置、培训与开发、用工及岗位管理、绩效管理、薪酬福利管理"等基本操作类管理制度。

2. 优化制度内容

根据流程运行过程中发现的问题,结合国家现行的劳动法、劳动合同法、社会保险法、民法典、安全生产法等一系列法律法规,同时充分学习和借鉴国内外、同行业企业的先进管理理念及经验,从权责划分、管理要求和流程上对人力资源管理制度进行优化,确保管理职责、管理层级、工作程序、管理要求等符合现行法律法规,制度之间接口清晰、结构合理、协调有序。

3. 加强监督反馈

江麓集团在人力资源管理制度执行过程中,对制度运行情况进行监控,根据内外部环境的变化和流程运行过程中发现的问题不断做出调整,对于重复发生的问题,认真查找制度中存在的问题并及时修订完善,从制度上消除产生问题的原因,避免类似问题再次发生,从而保证制度科学合理、可操作性强。

(五) 强化保障,力求长效

1. 健全运营机构,强化组织保障

江麓集团为保证人力资源管理平台的有序运行并持续改善,成立了由公司人力资源分管领导为组长,人力资源部、信息中心以及各二级单位系统运行管理人员为成员的专项工作小组,通过定期召开总结推进会议、开展评估分析,不断对流程、制度运行过程进行优化完善。

2. 建立长效机制,强化制度保障

一是根据公司《"十四五"人力资源规划》和人力资源信息平台建设工作要求,制定人力资源信息化管理制度,对信息系统使用规范、数据维护标准、报送要求等作出明确规定。二是建立数据审查机制,对每月的增量数据进行审核,对于数据报送不及时、维护不到位的部门进行反馈考核。三是结合人力资源业务工作的开展,每年组织召开2至3次人力资源数据评审会议,对人力资源信息平台的运行情况进行评估。

3. 打造专业队伍,强化人员保障

一是明确专人统筹管理人力资源信息平台的运行、升级、统计、分析等工作。二是将人力资源信息平台的内容与业务工作相融合,由业务工作负责人管理各业务板块的数据的录入、上报、分析等工作。三是积极开展专业培训,每年进行3至4次专项培训,确保操作人员能够熟练使用系统的各项功能,并具备一定的数据运维和安全保障能力。

三、基于人力资源管理平台的精准管理体系构建的实施效果

（一）人员精准管控，管理效率提升

江麓集团以人力资源信息系统为依托，推进人力资源管理平台个性化建设，实现对员工招聘与配置、培训与开发、用工及岗位管理、绩效管理、薪酬福利管理等业务工作的精准管理。2019年以来，已实现流程线上运行28项，新增管理制度18项，修订完善管理制度23项，形成以管理流程为核心的人力资源制度体系；年均线上运行各类流程1000余条，维护各类人员信息18000余条，为人力资源的人员配置、招聘、培训、薪酬管理等工作提供有力支撑，保证了人员与岗位、绩效、薪酬等精准匹配。

（二）数据共享共用，经济效益升级

通过人力资源管理平台，打通了部门、科室间的"信息孤岛"，实现了数据共享、共用，部门、分厂、车间可在管理权限范围内实现管理制度、管理流程、人员信息等资源便捷查询，使以前繁琐、盲目的管理程序得以简化，提升了对业务工作的管控能力；通过在管理系统中对人员总量、薪酬总额、培训学时等目标进行统计和管理，能够在过程中及时发现各类制度、流程、数据执行中的不足之处，不断补充完善各项内容。通过人力资源信息系统实现人员精准管控，在节约大量人工成本的同时提升管理效率，2019年以来，公司管理人员减少约8%，全员劳动生产率提升约20%。

（三）经验示范推广，示范效益提升

江麓集团作为兵器工业集团公司人力资源信息系统首批两家试点单位之一，通过构建人力资源信息的采集输入、过程管理、输出展示过程，实施闭环管理，搭建了人力资源信息采集系统、管理系统、显示系统三大平台，全面提升信息管理集成化、规范化、智能化水平，促进了人力资源信息管理更加实用、规范、高效，为通过打造人力资源信息平台实现人员精准管控提供了良好的示范作用，取得了较好的社会效益。兵器工业集团公司30余家子集团和直管单位先后来公司交流学习。

主　创　人：黄帅丹、刘稳兵

参与创造人：权华明、卢　飞、冯　根、邹　芳、罗　意、夏禹晨、
　　　　　　郁　锦、梅　竹、郭　昕、刘　湘

新能源车辆装配技能人才梯队培育管理体系构建

中车时代电动汽车股份有限公司

摘要： 创新新能源车辆装配技能人才梯队培育管理体系至关重要。本项目设计以专业技工队伍为塔基，以多能工为塔身，以高技能工为塔尖的金字塔型梯队人才结构，将岗位技能划分为7级——T1—T7，并同步引导其提升国家职业资格技能等级，为技能人员搭建展示本领的舞台和成长进步的阶梯。构建制度保障与长效激励机制，将岗位技能认证结果与薪酬强关联，加大对多能工、名师高徒、技能竞赛获奖及技能等级晋升的激励，确保核心技能人才队伍的稳定。开发培训教材、题库及操作考核标准等，以工艺工程师、技能骨干及院校教师等作为培训讲师，搭建通用技能、岗位技能实景训练平台，以名师带徒、技能竞赛、多能工培育、校企合作等多途径相结合的方式巩固技能梯队人才建设的基础，为中车电动的发展壮大提供强有力的技能人才支撑。

企业简介

中车时代电动汽车股份有限公司（以下简称中车电动）成立于2007年7月，是中车集团下属核心子公司，总部位于湖南株洲。中车电动是国内第一家专业从事新能源商用车核心技术研发、系统及关键零部件制造以及整车（客车、专用车、物流车）研发制造的高新技术企业。中车电动目前拥有基础元器件—核心部件—系统集成—整车研发与制造—行业生态的新能源商用车全产业链条，在株洲、宁波、广州、石家庄、无锡、常德、重庆等地建有生产基地，致力于以顶尖的科技为人类和社会提供美好出行和运输服务。截至2021年底，累计投放整车超过55000台，产品已覆盖全国各省、自治区、直辖市，并相继突破白俄罗斯、新西兰、法国、韩国、沙特等国际市场，新能源客车市场销量稳居全国前三。先后获得"国家科技进步奖二等奖""国家工信部首批智能制造示范企业""国家企业技术中心""博士后科研工作站""湖南省省长质量奖""湖南省文明单位"等荣誉、资质。中车电动以科技之智，行绿色之路，及道之所至，尽社会之责，矢志成为人类绿色出行及物流高效畅通的连接者、中国乃至全球新能源汽车核心技术的引领者、未来交通新能源革命的推动者。

一、新能源车辆装配技能人才梯队培育管理体系构建的实施背景

（一）优化技能人才的数量结构是实现战略的必然要求

近年来中车电动强调以企业高质量发展为中心，发展方式由规模速度向质量效益转变。多基地同时规模化流水线生产，对技能人才队伍提出了更高要求，需要一大批技艺精湛、技能高超的技能人才。中车电动现有技术工人1763人，技术工人中属于高技能人才（高级工及以上）人数83人，占技术工人总数的4.7%，技师12人，高级技师4人，35岁以下技师、高级技师人数2人，国际焊工52人，中车技能专家1人，高技能人才青黄不接、技能传承断档的问题凸显，各工

种优秀的高技能领军人才更是稀缺，可见技能人才梯队无论从数量上、结构上、水平上，都难以满足推进战略发展对技能人才支撑的需求。

（二）提升技能人才的技能水平是满足市场形势的需要

要提高制造能力，向客户提供高质量的产品，仍需要大批熟练掌握岗位操作技艺的技能人才。从市场需求看，还是多品种小批量生产的特点和趋势，在现场生产中，经常遇到新问题，需要现场反馈和处理解决。关键岗位对操作者的技能水平要求较高，许多岗位的员工长期从事"一手活"，缺乏操作技能的广泛学习锻炼，适应市场产品要求变化和岗位变换的能力还不强，这些问题将成为制约生产效率提升及质量保障的短板和瓶颈。

（三）加强技能人才培育创新是实现个人价值的必经之路

近年来，中车电动技能人才诉求逐步向个人价值得到认可的方向转变，现有技能人才培育的机制和平台缺乏创新，技能人才的发展通道不畅，造成不少人职业认同感不强，导致愿意钻研技术、提升技能的人员不多，追求极致、精益求精的技能人员更少。为了帮助中车电动技能人才进一步实现职业愿望、提高学技练功的积极性，需要不断提升他们的获得感、自豪感和荣誉感，既有地位又有尊严。可见创新技能人才培育路径，也是满足新时代新能源车辆装配技能工人实现个人价值需求的必经之路。

二、新能源车辆装配技能人才梯队培育管理体系构建的主要做法

（一）加强顶层设计，强化制度保障

1. 推进制度保障

从中车电动层面进行顶层设计，健全技能人才发展规划，如《技能人才发展总体规划》《技能人才发展年度计划》等，构建技能人才培育的各项管理制度和培训体系。

2. 严格经费保障

设定技能工人培育专项经费，保障培育经费的有效投入，加强技能骨干专业技能的内外训，促进各类技能工人岗位技能及职业能力的"双提升"。

3. 提升薪酬保障

建立基于岗位价值、业绩贡献的工资分配机制，强化工资收入分配与技能关联，引导技能员工持续不断地学习提高操作技能，鼓励技能员工从事技能水平高的工作岗位，体现多劳多得、技高多得。

4. 构建激励保障

创新多能工、技能竞赛、岗位技能及职业技能晋升、师带徒等奖励机制，让高技能人才更受尊重、更有尊严、更显价值，推动技能员工持续贡献与成长。

（二）构建分类标准，形成序列体系

以中车集团产业工人队伍建设改革为主线，从制度建设、搭建平台、探索达成途径等方面入手，多措并举引导技能员工由"工"成长为"匠"，全面推进技能人才梯队建设。培育思路总框架如图1所示。

1. 重点培育类别

中车电动技能人才梯队培育重点分为新员工入职上岗培训、在岗员工多技能工（以下简称多能工）培育及高技能工培育三大类。

新员工入职上岗培训：对于统一招聘并经公司级培训后，分配到各生产基地车间的新进人员、以及各生产基地转岗人员，组织开展安全、质量、工艺、设备及岗位技能等培训。

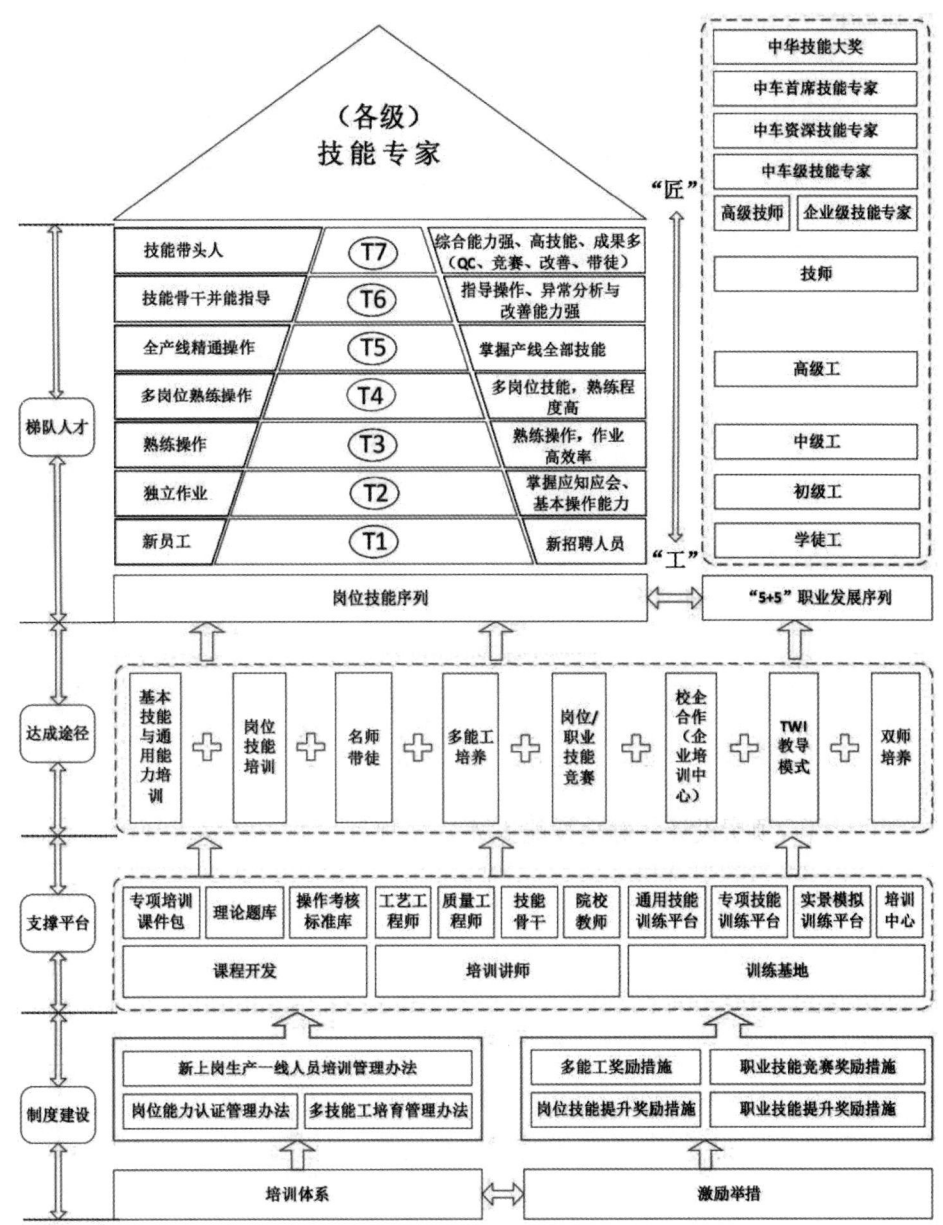

图 1 技能人才梯队培育思路总框架

在岗员工多能工培育：根据生产需要，提高人力资源的使用率，引导员工掌握多种技能，对在岗员工开展多工位多能工或多工种多能工培育。

高技能工培育：对现场技能骨干、技能带头人及各级技能专家，在具备较深的理论功底、精湛的岗位技能水平的基础上，积极引导其综合能力的提升，培育成善于发现问题、敢于解决问题并拥有突出工作业绩、丰硕创新成果的高技能人员。

2. 岗位技能序列

设计金字塔型岗位技能序列，以专业技工队伍为塔基，以多能工为塔身，以高技能工为塔尖的金字塔型梯队人才结构。具体将作业员工岗位技能从同岗位独立作业提升到多岗位、全产线精通操作，成长为技能骨干及技能带头人，划分为 7 级（如图 1）——T1—T7（其中 T4、T5 为多能工级，T6、T7 为高技能工级），并同步引导其参加中车集团技能鉴定，提升职业资格技能等级，获得跨工种能力提升。对岗位技能对应的级别分别设置理论、操作试题库及评价考核标准等，采取"先过理论（30%），再考操作（70%）"的考核方式进行评价。T1提升至T2需上岗实操培训至少3个月后由班组自行组织考核认定并报备，T3—T5由各车间每半年评价一次，评价结果报中车电动人力资源中心审核，T6及以上岗位技能级别由人力资源中心原则上每年组织员工进行一次报名考核认定，各梯队所有认证结果与薪酬强关联。

3. "5+5"职业序列

以中车集团技能人才发展通道为主要依据，构建形成技能员工"5+5"职业发展通道，如图2所示。

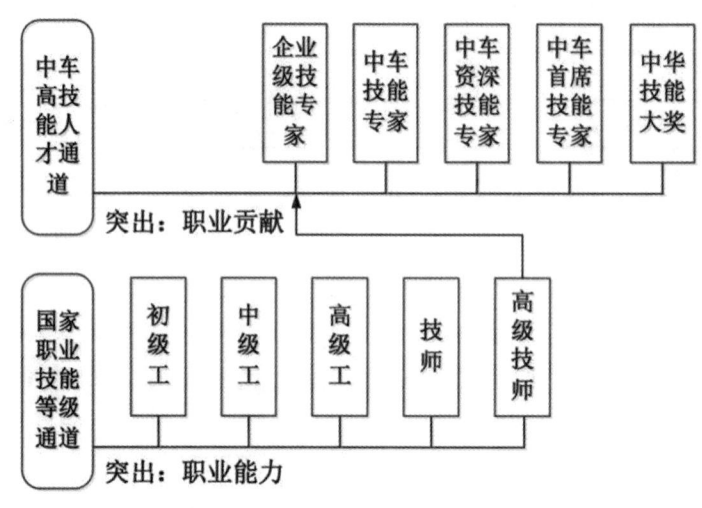

图2 "5+5"职业发展通道

(三) 创新培训方式，提升培训效果

1. 量身打造课程

根据产品装配对员工技能的需求及各车型装配工艺标准，设置专项课程培训包及操作考核标准库，开发理论培训知识库，搭建移动化在线学习模式。采用易于接受的案例教学、微课教学、互动式培训等，促使学员都能带着问题接受培训，更有利于培训内容的吸收。

2. 遴选优秀讲师

制定《技能员工培训师管理办法》，规定培训师的评聘、培育、激励等机制内容；制定《导师制培育管理办法》，明确导师的类别、条件、职责目标等内容、由此完成技能人才能力提升、快速成长的渠道建设。技能员工岗位理论知识主要由工艺工程师、质量工程师、校企合作院校教师等负责授课，实操技能培训由"双师型"人才或各工位/工种装配技能较高且有传授专业技能和一定表达能力的多能工、技能骨干及技能带头人负责实操指导。

3. 升级培训道场

以新能源车生产岗位技能要求为主要依据，结合产品结构，升级改造精益道场，开发通用技能训练台、专项技能训练台及实景模拟训练台等，打造岗位适应性培训道场。通过开发OPL（单点课程）教程、推行TWI（基层干部训练）工作等教导模式，实现实操培训工作标准化，提升实操训练效果。

4. 推行校企联合

依托中车电动与湖南汽车工程学院共建的校企合作企业培训中心，利用院校师资资源，以现代学徒制试点为基础,通过定制化培育和定向培育相结合,采用弹性的"旺工淡学"技能人才培育模式,循环培育学生来中车电动顶岗实习,以及在生产淡季订单量不饱和的情况下,定期组织关键岗位人员、技能骨干等进入校企合作企业培训中心进行专项技能强化训练。

5. 创建技能专家工作室

技能专家工作室,取名"班墨工场",寓意弘扬班墨文化、培育技能英才,期望技能员工传承中华民族的传统文化,崇尚科学、寻求真知、大胆创新、勇于实践,发挥工作室在人才培育、技能竞赛、难题攻关、技术创新等方面的带动作用,激发技能人才交流和合作热情,以点带面,深入推动中车电动高技能领军人才队伍建设。

(四)抓住关键环节,构建快速上岗体系

1. 加强入职培训

(1)培训内容及要求。入职培训的课程和内容按集中培训和岗位培训分别设置。集中培训以理论面授为主,岗位培训以现场实操为主,具体以"师带徒"模式开展。对同一工种由其他班组调入或转岗的情况,岗位培训内容只涉及作业指导书,由车间班组自行组织并形成规范的培训记录后报备。

(2)培训组织与实施。新上岗员工集中培训定于到岗后的第一个工作日开始,培训时间按实际集中培训课程表时间确定,培训后形成相关记录存档。岗位培训由车间在班组内指定技能骨干作为岗位指导师傅,并签署《师带徒协议》,培训时间原则上应不低于60天。

(3)考核与结果应用。集中培训结束后,由车间组织考核,采用随堂测试方式,考试均采取百分制,考试达到80分以上为合格,考核合格后方可进入岗位培训阶段。岗位培训结束后,组织质量、设备及工艺等人员进行考核,考试达到90分以上为合格,方可独立从事考核所涉及岗位的工作。

2. 培养多能工

加强对多能工的培育,推行"333原则",实现"每人会3个以上岗位""每个岗位有3人以上会""一条产线至少有3人全部掌握"的目标,同时把多能工(T4或T5)培育作为加快技能人才培育和队伍建设的重要举措,以实现提产达能。

(1)多能工培育要求

根据生产实际需求定期制订多能工培育计划,并在临时性用人需求时优先考虑多能工的调配。将多能工培育分为三个阶段:理论培训学习期,以课堂授课为主;实践操作指导期,采取轮岗一对一技能指导"师带徒"的形式;独立操作考察期,结合工作需要安排至第二技能岗位独立操作,考察期要求不低于10个工作日,产品合格率100%。

(2)多能工评价标准。多工位多能工考核由理论考试成绩、实践操作考试成绩和独立操作考察报告组成,要求理论知识考试成绩合格后方可进入实践操作阶段,能独立完成该工位内的标准化作业,生产出合格产品,对出现问题的产品能进行返修、返工。多工种多能工考核以参加中车集团统一的职业技能鉴定成绩为准,成绩合格后直接认定为多工种多能工。

(3)多能工激励措施。对掌握多工位或多工种的多能工,按等级给予一次性技能晋升奖励(300元至1000元不等),短暂性转到第二岗位上作业设置多能工津贴300元/月,并且多工种多能工可同步申请享受政府相关技能奖励政策,使多能工获得更高的薪酬待遇,实现物质方面的奖励。同时提供外出培训和交流的机会,体现精神方面的激励。

(4)多能工师傅奖励。多工位多能工指导师傅,在其所培育的多工位多能工经考核合格并认定后，获得一次性奖励600元/人。多工种多能工指导师傅，在其所培育的多工种多能工经考核合格并认定后，按等级200元至1000元/人标准获得一次性奖励。培育多名徒弟者可累加奖励。

（五）聚焦重点人群，构建高能育才体系

1. 聚焦高技能工

对高技能人员不仅要求掌握岗位技能且考核合格，还将积极引导其参与岗位技能授课、师带徒、技能竞赛、职业技能等级提升、改善提案、QC活动及经验总结等，多维度进行引导培育，树立典范，传承精益求精的工匠精神。

2. 聚焦双师人才

将技能人才培育成"双师"型人才，是中车电动未来高素质技能人才成长、蝶变的必然趋势。搭建起高技能人才与工程技术人才成长的"立交桥"，制定"双师"通道评审、评价标准，全面建立"双师"机制，加强高技能人才主动参与生产、技术、质量管控、攻坚克难、优化提效等意识，激发和调动高技能人才的创新创造能力。

3. 聚焦领军人才

搭建技能领军人才全面参与项目研发、产品试制的平台，把技能领军人才发挥作用的时间、位置前移，将后续批量生产可能发生的问题提前解决在产品设计试制过程中。组织技能领军人才在技能竞赛、技能鉴定、难题攻关、作业文件编制和评审中担任出题人、评委、考官等角色，全面提升技能领军人才的地位，最大限度地发挥其价值。

4. 聚焦骨干人才

为技能骨干人才"三画"，即"画像"（梳理技能骨干人才现状，为现有和急需的技能骨干人才绘制清晰的"像"）、"画圈"（根据画像结果，绘制技能骨干人才地图，明确紧缺岗位、工种、人员数量等）、"画道"（设置技能骨干人才培育发展通道，通过多种途径培育技能骨干人才），从而构筑技能人才培育阶梯。

5. 聚焦青年人才

重点辅导技能青年人才规划职业生涯，加大技能青年员工培训力度，引导技能青年人才自觉成为中车电动高质量发展的践行者和奋斗者。在体制机制方面，着力破除论资排辈、平衡照顾、求全责备等观念，突出能力、潜力、业绩和价值导向，对优秀青年技能人才在荣誉推荐及评选中加以倾斜。

（六）统筹要素保障，构建长效培养机制

统筹出台对技能人才培养的牵引机制、评价机制及激励机制等，不断实践及探索创新，形成科学合理的培养机制。将重点工作指标落实到各职能部门及各个生产单位和责任者，每季度进行检查和考核，促进各项计划措施落地。抓住激励技能人才成长的关键，在工资分配、技能津贴等薪酬待遇上，在压担子、给任务等锻炼成长上，在关心人、帮助人等情感关怀上，分别采取具体措施，努力体现对技能人才的激励保障。深化技能人才职业生涯规划，畅通晋升发展通道，提供成果发布、专利申报和论文发表等支持帮助，构建形成工作指导、成果评价、业绩考核等技能人才培养的长效机制。

三、新能源车辆装配技能人才梯队培育管理体系构建的实施效果

（一）建立了由党、政、工、团齐抓共管的技能人才培育机制

在中车电动高质量发展的背后，有一支高技能人才队伍，党、政、工、团齐抓共管，形成科学合理的技能人才培育机制，每年投入近60万元用于一线技能人才教育培训、技能竞赛及岗位技

能晋级奖励，引导每位技能员工找到自己的目标和发展方向。多部门协同配合，形成尊重人才、重视人才、人人期望成才的文化氛围，确保核心技能人才队伍的稳定，为中车电动的蓬勃发展提供强有力的技能人才支撑。

（二）打造了"技艺精湛、数量充足、结构合理"的装配巧匠

中车电动已培育出一支面对多样复杂的生产经营模式都能够做到"召之即来、来之能战、战之必胜"的新能源车辆装配的能工巧匠（其中高技能人才167人、国际焊工93人、中车资深技能专家1人、技能带头人42人、技能骨干218人、多能工336人），促进整车生产周期缩短30.8%，单台质量缺陷数下降46.8%，客户满意度逐年提高。据不完全统计，这样的一支装配巧匠队伍，平均每年可解决生产制造难题逾330项，节约生产制造成本累计1000余万元，助力提升公司产品市场竞争力。

（三）发挥了技能工作室平台作用及引领技能人才团队式成长

依托"班墨工场"技能专家工作室的有效运转，倡导团队式成长，为技能人才发挥作用、切磋技艺搭建舞台，促进技能人才整体技能水平的快速提升。工作室首创职业技能及岗位技能认定理论"在线刷题+线下难题培训解析+考前模拟测试+实操集中培训"的鉴定新模式，遴选内训师29名，开发内训课件84个，理论考试通过率由10%提升至70%，实操考试通过率由40%提升至95%。每年组织"匠心筑梦·点亮人生"职工技能大赛，每季度车间开展常态化的挑战吉尼斯、涂装大师、物料拼焊等比武项目，先后有100余人从竞赛中脱颖而出，对获得中车电动级以上的竞赛选手给予0.5万到2万元不等的奖励，劳务员工可破格转编，在技能员工当中引起热烈反响，技能专家工作室已发展成中车电动独具特色的新能源车辆装配技能人才培育的新平台。

（四）育成了一批新能源行业的高技能人才并促进校企合作发展

中车电动高技能人才队伍不断壮大，涌现出一批获得国家级、省市级荣誉的高技能人才（其中全国技术能手1人、享受国务院政府津贴1人、湖南省青年五四奖章1人、中车高铁工匠1人、株洲市工匠6人、株洲市技术能手2人、株洲市B类高层次人才1人等）。5名高技能人才还被聘为高职院校、省市级职业教育技能大师，参与6项高职院校省级课题研究，受邀开展工匠精神传承讲座20场次，受训人次逾3000人，指导院校学生参加省赛、国赛获一等奖4项，二等奖5项；5人作为创新型高技能人才分别为市汽车工业协会及轨道交通产业群的企业一线骨干授课。中车电动的高技能人才在追逐梦想的同时，不但成长了自己，助力了中车电动的发展，还为社会职业教育的发展及推进产教融合更好地贡献了力量。

主　创　人：周鲔伟、王朝华
参与创造人：肖乾亮、罗杨洋、林　乐、周　灿、郭　胜、钱胜吉、
　　　　　　刘化冰、黄　煌、罗湘春、陶世佳

新能源车辆装配企业学习型团队育成体系构建

中车时代电动汽车股份有限公司

摘要：为深入贯彻习近平新时代中国特色社会主义思想和新时代党的组织路线，中车时代电动汽车股份有限公司（以下简称中车电动）在人才培养方案方面形成以党建政治思想培养的"红英研修社"、中高层领导力培养的"菁英博学堂"、后备管理人才培养的"飞英青学团"及一线蓝领人才培养的"领英精益坊"为重点的培养项目。中车电动打造"一体四翼"的人才培育体系。"红英研修社"进一步提升领导干部党性修为；"菁英博学堂"提升中层干部格局视野，重点提升干部"三力三高（执行力、专业力、胜任力、高效率、高能力、高品质）"打造高品质干部团队；"飞英青学团"进一步提升青年后备人才能力素质；"领英精益坊"进一步提升蓝领工匠精益管理。同时，中车电动与湖南汽车工程学院实现产教融合，开展企业技能人员培训、组建学徒制班等多种产教融合模式，致力于打造国家级产业学院。

企业简介

电车电动成立于2007年7月，是中国中车下属的核心子公司，总部位于湖南株洲。中车电动是国内第一家专业从事新能源商用车核心技术研发、系统及关键零部件制造以及整车（客车、专用车、物流车）研发制造的高新技术企业。中车电动目前拥有基础元器件—核心部件—系统集成—整车研发与制造—行业生态的新能源商用车全产业链条，先后获得"国家科技进步奖二等奖""国家工信部首批智能制造示范企业""国家企业技术中心""博士后科研工作站""湖南省省长质量奖""湖南省文明单位"等荣誉、资质。中车电动以科技之智，行绿色之路，及道之所至，尽社会之责，矢志成为人类绿色出行及物流高效畅通的连接者、中国乃至全球新能源汽车核心技术的引领者、未来交通新能源革命的推动者。

一、新能源车辆装配企业学习型团队育成体系构建的实施背景

企业是树，人才是根，根有多深，树有多盛。人才是推动企业不断应对挑战、实现持续发展的内核力量。中车电动紧紧抓住国家大力推广节能与新能源汽车的历史性机遇，历经15年的发展，从新能源汽车产业新兵一步步成长为行业前三甲、中车集团一级子公司。企业规模实现快速发展的同时，也积累了诸多问题。进入"十四五"，公司领导班子立足新起点，大刀阔斧推进组织结构、管控模式和干部人事制度改革，明确了"十四五"发展方向和目标。当前，公司正处于改革攻坚、发展转型的关键阶段，存在人才梯队断层，后劲不足等问题，急需打造企业学习型团队育成体系。充分发挥人才引领作用，培育和打造符合公司实际、引领公司未来发展的具有电动特色的人才育成体系，是公司推进"32332"战略落地、实现发展转型、勇担集团"一极"新使命的现实需要。

为深入贯彻习近平新时代中国特色社会主义思想和新时代党的组织路线，全面落实中车集团人才工作会议及公司一届五次职代会精神及要求部署，公司人才培养方案将形成以党建政治思想培养的"红英研修社"、中高层领导力培养的"菁英博学堂"、后备管理人才培养的"飞英青学团"及一线蓝领人才培养的"领英精益坊"作为重点培养项目，并围绕这四大培养项目在专业化培训体系中持续建设，开发系统化、定制化、实用型的人才培养方案。

公司结合自身发展战略，积极落实《中国中车"十四五"人力资源战略规划》，通过升级"硬件设施"、配优"软件服务"、抓实"培养教学"，不断丰富和完善教育培训资源，提升培训实际效果，通过系统性学习培训、日常培养教育，注重道德品质与专业能力同步提升，为实现公司"十四五"战略规划目标提供坚强的人才保证。

二、新能源车辆装配企业学习型团队育成体系构建的主要做法

公司打造了"一体四翼"的人才培育体系。"红英研修社"以"举学为炬，学思践悟"为方针，进一步提升领导干部党性修为；"菁英博学堂"以"博闻广学，启智明德"为方针，进一步拓展中层干部格局视野；"飞英青学团"以"活力青春，以梦为马"为方针，进一步提升青年后备人才能力素质；"领英精益坊"以"拓学精技，琢玉成器"为方针，进一步提升蓝领工匠精益管理。

（一）党建落地，学思并行，"红英研修社"构筑思想阵地

培训分层次开设课程，通过开发涵盖党史党规、时事热点、国情市情等领域的特色课程，推行"现场考察+现场教学"模式，提升教学的现场感和体验感。

1. 红英班

面向群体是公司党委领导、公司班子成员，主要学习内容是党委主体责任、一岗双责、合规经营、党内法规、党管意识形态、习总书记讲话、会议精神、国内国际形势等。

2. 中青班

面向群体是中高层管理者以及后备管理人才，主要学习内容是意识形态教育、习近平新时代中国特色社会主义思想、新时代中国共产党的历史使命、新时代的干部要求、习近平治国理政之用人之道等。

3. 党务班

面向群体是专兼职党务干部、基层党组织负责人，主要学习内容是党务培训、党建标准化建设、党建工作创新与党建品牌建设、"三会一课"的组织与实施、新时代的群众路线与群众工作方法等。

4. 红心班

面向群体是正式党员，主要学习内容是党性教育、政党与政党制度、中国共产党章程解读、习近平总书记重要讲话精神、中国共产党的纪律和作风建设、做一名符合"四讲四有"的合格党员等。

（二）学理并重，开拓视野，"菁英博学堂"培育新时代干部

中高层领导力培育将专项学习与严格考评相结合，通过常态化定制培养、贯通式严管监督、多维度考核应用、全流程落实责任，重点提升干部"三力三高"（执行力、专业力、胜任力、高效率、高能力、高品质）。

1. 提升执行力，打造高效率干部团队

针对中高层管理干部，在公司上下贯彻结果文化，开展干部执行力提升专项培训，从思想、

意识上加深干部对执行力的理解，在行动上通过重点工作督办常态化，不断强化执行力。

（1）强化工作办结执行力。干部在思想认识上的执行力最终要落实在工作推进中。由董事会（总经理）办公室牵头完善重点工作管理机制，由运营管理中心牵头完善部门绩效改善管理机制，每月公布各部门重点工作及部门绩效完成情况，纳入部门考核及干部考核范围。

（2）提升专业力，打造高能力干部团队。根据中层管理者实际需求，配置沟通管理、财务管理、向下管理、流程管理等提升培养课程，解决中层管理团队突出的共性问题。同时，建立专家辅导机制，提升中高层干部的思想认识。

2. 开展"智美电动大讲堂"

邀请公司领导、外部专家就国家政策、行业发展形势等方面进行授课，扩大干部视野。针对干部团队不足的共性问题，分阶段开展专业课程的集中学习。

（1）引入外部专家辅导机制。特邀外部专家每半年一次对中层正职干部进行一对一面谈辅导，每次辅导时间2小时左右，重点解答工作困惑、强化战略思维，并对干部进行评价。

（2）引导干部加强自我学习。公司根据学习安排通过线上平台发布管理类通用学习课程，中层管理者自行开展在线移动学习。

（3）开展专项课题研究活动。中高层管理者组建跨部门学习小组，从问题清单中明确研究课题，拿出解决方案。每年底，公司举办课题研究成果发布会，由公司领导班子担任评委，验证并评价研究课题。

3. 提升岗位胜任力，打造高品质干部团队

通过加强干部团队评价及考核结果应用，进一步强调干部团队的危机感和紧迫感。

（1）持续强化红色教育与政治历练。融合红色拓展和干部团队建设活动，引导干部增强"四个意识"，坚定"四个自信"，做到"两个维护"，不断提高政治判断力、政治领悟力、政治执行力。

（2）全面加强多岗位实践磨炼。选派中层管理者到中车集团进行挂职、助勤锻炼。有计划的地拔干部到下属子公司进行一线锤炼。要求2/3以上的中层管理者加入内训师团队，面向公司员工开展现场授课，打造干部内训师团队。

（3）强化廉政纪律教育。根据公司纪律检查委员会要求，组织干部廉政纪律专题学习，包括纪律提醒谈话、廉政谈话，组织干部开展党内纪律专题学习，并组织廉洁从业教育测评，提升干部合规经营的意识，持续提升公司的治理效能。

4. 建立干部人才画像档案

记录中层管理者的个人基本情况、重要奖惩、培训表现、民主评议情况、任期情况、性格特点等信息，建立干部人才画像。

5. 强化干部考核评价

将干部胜任力和部门组织绩效挂钩，建立干部考核管理办法，实施年度考核评价，实现干部能上能下、薪资能增能减的目标。

（三）一体双翼，个性打造，"飞英青学团"描绘后备人才图

根据公司后备管理人才梯队建设的需要，设立覆盖管理、技术、营销、技能四大通道的一、二级人才资源池。资源池由人力资源中心建立，并获取池中培养的候选人的基本信息、培养过程和质量，以及候选人的准备度及可获取性状况，为挑选干部和后备管理人才提供决策支持。

1. 构建后备管理人才领导力模型

围绕"十四五"人力资源战略规划的核心内容,综合定位后备管理人才应该具备的能力(见表1)。

表1 后备管理人才领导力模型

要素	内涵	行为表现
忠诚企业	遵纪守法 企业认同 组织至上	1. 遵纪守法:廉洁自律,诚实守信,是非分明,言行一致 2. 企业认同:遵守公司各项规章制度,忠于企业,具有企业认同和荣誉感 3. 组织至上:组织利益高于一切,个人利益与组织利益相冲突时,优先考虑组织利益
责任担当	务实肯干 勇于担当 敢做决策	1. 务实肯干:积极完成个人所承担的工作任务,不推诿、不敷衍、不拖沓,不把问题抛给领导 2. 勇于担当:遇到困难任务时能挺身而出,承担重责;敢于承担下属工作失误产生的责任与后果 3. 敢做决策:不回避推脱决策责任,敢于承担决策后果
执行力	目标管理 高效执行 结果导向	1. 目标管理:制定清晰、明确的业绩目标和行动计划,确保组织战略能够得到有效分解与落实 2. 高效执行:理解上级工作指示与要求,坚决贯彻落实;制定清晰的工作计划并按计划完成工作,不找任何借口推脱责任 3. 结果导向:一切工作以提升效率和实现目标为导向,以业绩结果和贡献作为评价工作成效
敬业奉献	爱岗敬业 认真负责 奉献精神	1. 爱岗敬业:喜欢自己所从事的工作并保持长期的投入,在专业领域内不断学习和研究,始终保持和提升自己的专业技能 2. 认真负责:兢兢业业,一丝不苟,尽职尽责,严格按照标准和要求开展工作 3. 奉献精神:把本职工作当成一项事业来热爱和完成,从点点滴滴中寻找乐趣
专业精神	专注专业 精益求精 持续改进	1. 专注专业:在专业领域内不断学习和研究,始终保持和提升自己的专业技能 2. 精益求精:不断改进方法和流程,在专业领域内形成自己的核心竞争力 3. 持续改进:不满足于现状,认为永远存在更好的方法;持续改善工作方法和业务流程、不断解决问题以提升内部效率

2. 后备管理人才的选拔

后备管理人才选拔通过入池管理测评、综合面试选出入池人员。后备管理人才选拔遵循三大核心原则:坚持从有成功实践经验的人员中选拔;坚持从有基层经验的人员中选拔;选拔入池人员重实绩,竞争择优。后备管理人才选拔基本标准:品德优秀且档案无不良记录;年龄:原则上不超过35周岁;学历:具有大学本科及以上学历;职业发展层级:不低于C3层级。

3. 后备管理人才的学习培训

后备管理人才培养方案将以专项学习与严格考评相结合,通过常态化定制培养、多维度考核应用。学习与培训通过智美讲堂、线上学习、学习分享三个方面实施。邀请外部专家讲师、内训师等开展"智美电动大讲堂",重在提升后备管理人才队伍专业力;以在线学习平台为基础,学员可自行开展在线自学。不定期开展读书分享会,检验学员学习情况,激发学习热情。

4. 通过岗位锻炼、攻克难题,进行实践提升

不定期、有计划地开展"挂职""轮岗",在保留其现有职位的基础上,让学员兼任管理副职

或到其他岗位工作，培养其复合能力，增加学员的管理实战资历；组建跨部门课题研究小组，从公司问题清单中明确研究课题，学习小组就研究过程及落地成果开展专项课题汇报。

5. 通过活动凝心、谈话自省，进行思品方面提升

邀请公司中高层人员交流业务决策、规划、成本等落地化工作案例，现场座谈、答疑，举行"飞英学坛"；考察谈话工作每年进行一次，谈话人一般为公司中高层以及党支部书记，谈话内容主要是了解思想和工作，肯定成绩，指出缺点，帮助提高。

6. 后备管理人才测评

坚持高标准、严要求，切实加强后备人才管理。每年第四季度组织对后备管理人才进行年度考评，就关键素质考察结果、培养计划完成情况进行综合评价，得出年度考评结果。

（四）化育丰羽，产教融合，"领英精益坊"技能强企

公司与湖南汽车工程学院实行产教融合，实施全方位立体化合作。校方提供3200平方米的专门化教学实训场，场地包含"总装实训基地""焊装实训基地""涂装实训基地"等多个功能区域。

实训基地项目双方共投资1000余万元，共同推进公司产业学院建设，切实服务了校企双方。

1. 开展企业技能人员培训

企业技能人员培训对象主要包括公司全体技能人员以及售后服务工程师。校企双方共同确定课程教学内容，采用课程认领方式，规范双方承担课程的门数与职责。以实验项目与训练项目为载体，依托"汽车营销与服务"与"新能源汽车技术"两个国家级教学资源库，共同开发教学资源。

2. 组建学徒制班，实施"工学交替"

根据公司需求，每年招收30~60名订单培养学员，以现代学徒制试点为基础，采用弹性的"旺工淡学"人才培养模式，毕业后经公司考核合格的学生，优先安排就业，切实解决公司当前潮汐式用工的问题。

3. 开展技能竞赛以及技能等级鉴定

围绕"以赛促建"目标，校企合作实行"岗课赛证"体系融通，企业对学校培养的获湖南省技能竞赛省级一等奖及国家级奖项的学生在招收录用时，给予优惠政策。学校与公司每年举办1次以上高水平技能竞赛及技能鉴定赛事，在举办技能大赛的同时就能做技能等级鉴定。

4. 共建技能专家工作室及专家工作室

以解决企业实际问题及服务企业问题实际工程化项目投建为切入点，校企共同培育新能源汽车和智能网联汽车领域专家工作室各1个。以帮助企业培养技能带头人为目标，开展肖乾亮技能专家工作室建设，兼顾技能研究、攻坚克难、名师带徒、技能培训、技能鉴定、技能竞赛六大职能，服务整车及关键系统专业领域，切实解决公司生产疑难，提升生产效率和产品质量。

5. 开展关键工序技能培训

校企双方整合关键工序技能培训内容，通过岗位技能模型和培训的对接矩阵，整合成立体的培训内容架构，建立技能类课程资源体系。打造公司独有的技能知识图谱体系，借助平台优势进行新员工快速标准化入模培养。

（五）凝练智慧，人人为师，建设"光之翼"内训师队伍

"光之翼"内训师管理方案将中高层管理干部、专业培训讲师、对外讲师等有效结合，打造支撑业务发展的"人人为师"的内训管理体系。

内训师的培养将通过无"师"自通—良"师"益友—"师"者荣耀三部曲，从培养内驱学习力到授课实战训练，推进内训师队伍建设，打造支撑业务发展的内训师队伍。

1. 无"师"自通

学员可自行开展自学，自学内容涵盖逻辑演绎技巧、生动演绎技巧、内训师的自我修炼等项目。

2. 良"师"益友

公司中高层参与"智美大讲堂"授课，进行实战提升；公司业务内训师涵盖技术、工艺、质量、管理、生产等多个专业板块，业务内训课件需为解决通用性或瓶颈问题，逐步搭建公司专业化内训师精品课程体系。

3. "师"者荣耀

人力资源中心每年组织举行"光之翼"微课大赛。参赛内容覆盖一线业务、办公技巧、人力社保等多方面。微课大赛以"线上投票+专家评定"的方式，评选出年度十大优秀微课。

三、新能源车辆装配企业学习型团队育成体系构建的实施效果

（一）强化全体党员党性锻炼，扩大党建影响力

公司"红英研修社"强化"不忘初心、牢记使命"教育，将"内部培、走出去、请进来"相结合，持续加大党员培训力度。"红英研修社"共培训80余名中高层干部、1000余名党员以及200余名专兼职党务干部、基层党组织负责人。

在公司党委的指引下，以思想—行为为主线，以"掘需、塑心、树行、践效"为发展线，用调研方法挖掘培训需求；用理论武装思想，强化政策理论水平；用方法改变行为，提升党建业务素质能力；用创新增质成效，加强创新思维能力。运用学习技术促进培训效果转化，加深、巩固培训效果，将培训所学运用于党建工作实践。同时，利用公司信息化平台，开发党建系列微课程，将业余实践利用起来形成碎片化学习，借助短时间快速学习，通过网络课程、微课学习进一步提升党支部书记等党员干部的知识理论底蕴，强化思想政治基础。

（二）强化中高层及后备干部领导力建设，带动管理创新

中高层领导力提升项目——"菁英博学堂"大力发现选拔优秀管理人才，共培养了77名中高层管理者，推动了企业中高层管理人员梯队建设不断适应公司高质量发展需求，建设了一支大公无私、忠诚担当、强执行力、高素质专业化、充满活力的干部队伍。后备管理人才培养项目——"飞英青学团"共培训了74名后备管理人才，打造了一支对党忠诚、堪当重任、作风优良、经得起风浪考验、符合"五强"领导班子建设需要的后备管理人才队伍。同时，中高层管理者与后备管理人才一同打造改革项目，以"定方向、强管控、理关系、明职权、减层级"为改革思路，探索构建出战略引领强、资源配置强、管理服务强、党的建设强、创新协同高效的"运营型强管控模式"机制，通过组织优化调整，进一步实现企业扁平化管理。

（三）强化产教融合，提升企业行业影响力和竞争力

公司通过产教融合项目，进一步深化了产教融合、校企合作，促进教育链、人才链与产业链、创新链有机衔接，全面提升公司人力资源质量。校企合作重点成果体现在以下四个方面：

1. 开展联合科研项目

校企双方设立专项资金奖励科研平台和科研项目，响应国家及省市关于建立新能源汽车产业链相关政策导向，开展了"校内4KM自动驾驶示范公交线"和"动力电池梯次利用平台"等科研项目。

2. 共建专家工作室

共建了郭淑英技术专家工作室与肖乾亮技能专家工作室，培养了30余名科技人才以及60余名技能人才，同时解决了企业实际问题，如热管理系统测试、关键系统部件集成研发等。

3. 校企双方合力组建现代学徒制班

采用工学交替模式，培养了200余名工学交替生，借助校企共建的生产性实训基地联合培养，建立实习生激励机制，鼓励工作绩效突出人才，切实解决公司当前潮汐式用工的问题。

主 创 人：肖高华、李龙煊
参与创造人：胡小亮、张　毅、林　乐、肖乾亮、侯小洁、谢文先知、
　　　　　　袁　昊、李　伦、周　灿、刘　娟

地市级烟草企业技术技能人员积分制管理体系构建

湖南省烟草公司衡阳市公司

摘要： 本项目通过建立定性、定量相结合的技术技能积分指标体系，为技术技能人员的评价考核提供了一套统一的指标，以积分为依据对专业技术职务和职业技能岗位两类技术人员进行考核、评价与聘任。积分指标每年根据企业的中心工作、重点任务进行动态调整，保障其合理性；积分制管理的过程中有效运用大数据手段，提高积分制管理的效率。市局机关统筹配置职数，通过建立动态聘任机制，实现"能者上、庸者下"，打破聘任终身制；改革绩效工资分配模式，强化积分激励效果，实现奖优罚劣。积分制管理体系自运行以来取得了良好的效果，并在全省推广实施。衡阳烟草技术技能人员积极性显著提高，各类创新成果不断涌现，企业效益稳步提升。

企业简介

湖南省烟草公司衡阳市公司（以下简称衡阳烟草）组建于1984年7月，是湖南省烟草公司的全资子公司，企业性质为国有企业，主要负责组织衡阳市内烟叶生产经营、卷烟销售和烟草市场专卖管理，下辖衡南、衡阳、衡山、衡东、常宁、祁东、耒阳、南岳8个县级局（分公司），内设18个职能科室，共有在编员工741人，其中技术人员414人，占比55.72%，各类专业技术人员325人，职业技能资格人员565人；总资产25.23亿元，是"全国文明单位""全国卷烟打假工作先进集体""湖南省纳税50强企业"。

自组建以来，衡阳烟草经济效益和社会效益持续增长，综合实力不断增强，为区域经济发展作出突出贡献。2021年完成"两烟"销售收入82.95亿元，同比增长4.39%；实现税利24.43亿元，同比增长3.08%；销售卷烟24.85万箱，同比持平；销售均价（含税）3.56万元/箱，同比增长5.17%。

一、地市级烟草企业技术技能人员积分制管理体系构建的背景

（一）是贯彻落实新形势下人才强国战略的需要

近年来，为破除束缚人才发展的思想观念和体制机制障碍，解放和增强人才活力，国家先后出台《关于深化人才发展体制机制改革的意见》《关于分类推进人才评价机制改革的指导意见》，指出要推进人才管理体制改革、改进人才培养支持机制、创新人才评价机制、健全人才顺畅流动机制、强化人才创新创业激励机制、构建具有国际竞争力的引才用才机制、建立人才优先发展保障机制，构建科学规范、开放包容、运行高效的人才发展治理体系。

（二）是推动烟草行业高质量发展的需要

建设现代化烟草经济体系、推动行业高质量发展，关键在高素质专业化人才队伍。实施创新驱动发展、提升自主创新能力，离不开技术技能人员作用的发挥。湖南省局党组提出"三高三进"

发展思路,将"推进高素质队伍积极进取"写入发展规划,要求全省上下要紧紧围绕这一发展目标,持续深化人才队伍建设,强化人才培养使用力度,创新人才培养、使用和评价的方式方法,全力提升企业人才队伍素质。新形势下,如何科学培育、评价与选用专业技术人员,激发创新创造活力,已成为烟草企业人才队伍建设当前面临的重要课题。

(三)是激发企业人才队伍活力的需要

衡阳烟草现有在编员工741人,但是技术技能人才的专业贡献率长期以来不够突出,参与各类课题项目、技术创新的积极性不高,主要原因是技术技能人员的专业水平、专业贡献缺少一套能够量化的标准进行评价,谁的能力强、谁的贡献大无法定量比较,导致在实际工作中"干多干少一个样,干好干坏一个样",整个人才队伍缺乏活力。

二、地市级烟草企业技术技能人员积分制管理体系构建的主要做法

(一)积分制管理体系构建的顶层设计

1. 积分制管理体系构建目标

一是创新人才管理方式,畅通技术技能通道。探索研究烟草企业技术技能人员积分制管理模式,着力解决目前技术技能人员管理中存在的科学评价、绩效考核、能上能下等问题,畅通技术技能人员成长通道,为烟草企业技术技能人员管理制度改革提供有益借鉴。二是激发技术人才活力,形成良好工作氛围。在日常管理中,以积分统一评价作为标准,以科学量化的方式对技术人员的能力和表现进行持续、不间断记录,通过积分指标明确正确导向,并将积分与荣誉、待遇挂钩,达到激发技术技能人员工作积极性、主动性的目的。三是提升管理效益,促进企业高质量发展。通过激发技术技能队伍活力,促进技术技能人员在科研、试点项目、技能竞赛、人才队伍建设等方面更上一层楼,为企业高质量发展提供坚强的技术和人才储备。

2. 积分制管理体系构建思路

根据技术人员的岗位特点和技能要求,通过创新管理方式,运用积分制管理办法对技术人员进行考核、评价与聘任,用"积分"建立起个人目标和组织目标间的"桥梁",激发员工工作积极性、主动性和创新性,形成有效的绩效管理机制。

3. 积分制管理体系构建原则

一是鼓励创新,激发活力。坚持创新导向,鼓励全员创新,最大限度地激发技术技能人员的创新活力,提升创新动力,增强创新能力,取得创新成果。二是分类设置,自我评价。从专业技术职务、职业技能岗位两个类别构建积分评价指标体系,引导技术技能人员自我管理、自我评价、自我激励、自我提升。三是动态管理,能上能下。通过积分聘任实现动态管理,倡导"能者上、庸者下"的选人用人氛围,努力形成"上得来、下得去、流得动、稳得住"的技术技能人才队伍管理机制。

(二)构建定性、定量相结合的动态化积分指标体系

根据技术技能人员所在各岗位的具体情况,通过业绩积分引导员工行为,使其价值贡献与企业组织绩效相一致。指标设计中,在人性假设X理论、期望值理论的指导下,考虑技术人员工作的主动性程度、激励的期望值大小和组织发展的近期与远期目标导向,动态设置积分指标。

1. 构建积分指标框架

根据不同的人才培养导向分类设置指标,具体包括专业技术职务、职业技能岗位两个类别。其中:专业技术职务类指标重点考察专业水平和专业贡献,突出创新应用,注重培养专业技术"专家型"人才,主要分为履职能力、创新应用、成果及荣誉三个大类,共包括论文专著、科研项

目、科研成果等14项指标。职业技能岗位类指标重点考察技能水平和专业贡献，突出实操运用，注重培养职业技能"工匠型"人才，主要分为技能水平、专业贡献两个大类，共包括技艺传承、人才培养、技能攻关等17项指标。

2. 明确积分指标分值

采用层次分析法对指标进行赋分，通过调研座谈、调查问卷、专家咨询等方式，结合工作实际确定指标分值。具体采取以下方法：

一是分层级赋予分值。一方面要考虑同一指标不同层级的纵向对比，另一方面还要考虑不同指标之间的横向比较，在指标分值赋值的合理性上还要强调各个指标的横向有效对比性，确保指标设置科学合理。

二是按贡献计算积分。对于需要团队协作共同完成的科研成果，如论文、专著、项目等指标，按团队人员贡献度、以"1/N"规则进行积分：排名为第二的，其积分为排名第一的积分值的1/2，依次类推，排名为第N的，则积分为排名第一的对应分值的1/N。"1/N"计分原则可避免技术技能人员参与项目"互相挂靠、利益均沾"的情形。

三是实行代表作积分原则。技术技能人员应注重理论联系实践、注重解决实际问题，因此，对论文、专著/编著按照"代表作"方式进行积分，即只在每个积分年度按照一篇最高级别的论文、专著/编著进行积分，防止"唯论文化"。

（三）实施大数据管理，推进积分管理智能化运用

1. 建立积分制指标数据库，依据成果贡献智能化积分

将技术技能人员的各项积分指标汇聚成一个积分指标数据库，根据不同指标设置对应分值，各技术技能人员在申报积分过程中，只要对应选择相应的指标类别下的成果贡献项，就可以实现分值的自动累计，并能够对照积分规则实现按贡献计算积分和按代表作积分，实现了积分的智能化计算。

2. 建立个人积分电子档案，对技术技能人员精准画像

在OA系统内建立技术技能人员的电子档案，引导技术技能人员"自主积分、自主管理"，当技术技能人员产生新的积分项目时，可在系统内上传进行申报，更新本人积分档案，经人事部门组织审核后，确定为相关人员的新增积分和累计积分情况，从指标、序列等维度对专业人才在专业能力、擅长领域等方面进行精准画像，让公司领导能够在系统中直观看到每一名专业人才的优势强项、短板差距，从而在工作中有针对性地调整考核策略和重点，对专业人才进行个性化培养和使用。

3. 进行人才"沙盘推演"，优化全市人力资源配置

公司领导及人事部门负责人可通过系统对专业人才进行"沙盘推演"，对各单位、部门相关序列的人才进行模拟配置，为人才调配提供决策依据，进一步优化人力资源配置。如农艺师及烟叶分级技师序列，常宁作为全市第一大烟叶产区力量较强，共聘任4人，衡南、衡阳、耒阳各聘任1人，祁东无人聘任，因此可以为领导在统筹考虑优化烟叶线人才配置的时候提供参考，也能够提醒相关单位在人才培养的薄弱序列采取针对性举措。

（四）统筹配置职数，进行不同序列的差异化管理

1. 职数配置全市"一盘棋"

所有职数由市局统筹管理，改变过去市局分配职数、县局自行聘任的方式，打破技术技能人员聘任属地管理原则，让技术技能人员在全市系统范围内共同竞聘、"同台竞技"，给所有人提供

一个公开、公平、公正的竞争平台。

2. 分序列考核评价

为保证各序列技术技能人员积分的可比性和竞争性，分序列进行考核评价。一是将人数较多的农艺师、工程师序列，营销、专卖、烟叶、物流四线的职业技能岗位分成单独的序列进行考核。二是将考核内容性质接近的会计师、审计师作为一个序列进行考核评价。三是将职数小于3人的专业技术职务（即政工师、经济师、统计师）纳入同一个序列进行考核评价，保证相对有效竞争。

（五）打破终身聘任制，实施动态聘任机制

1. 实行"三年一聘"，打破原有的终身聘任制

明确三年为一个聘期，打破过去的聘任终身制，按竞聘人员三年累计积分从高到低进行聘任，将聘任机制从"伯乐相马"变为"赛场比马"，做到积分面前人人平等，彻底打通技术技能人才晋升通道。在2022年初全市系统的技术技能人员聘任中，原聘任人员有4人被解聘。

2. 规范积分审核，公平公正评价与聘任

建立技术技能人员积分档案，每年组织开展积分审核，积分审核包括初审和复审两个环节。初审是对竞聘人员申报的积分进行交叉审核，并就积分过程中遇到的具体情况进行沟通，以内部会议的形式平衡眼光、统一标准。竞聘人员申报积分证明材料不足的，通知相关人员补充材料和说明情况，形成初步审核结果。复审是评审小组组长对评审结果进行全面检查，避免错审、漏审。

（六）改革绩效分配，强化积分考核评价激励效果

1. 改革现有的绩效工资分配办法

把积分与绩效工资分配有效结合起来。通过合理运用积分考核结果，适当拉开绩效工资差距，激发技术人员争先创优意识和动力。将每个序列的技术技能人员的年度积分按从高到低平均分为四档，第一档到第四档分别在本岗位绩效工资的基础上，按照聘任专业技术职务（职业技能岗位）新增绩效工资的110%、100%、90%、80%进行兑现。

2. 创新绩效分配的档位设置

第一档：年度积分大于或等于先进平均值；第二档：年度积分小于先进平均值且大于或等于平均值；第三档：年度积分小于平均值且大于或等于落后平均值；第四档：年度积分小于落后平均值。经过实践测算，通过积分考核，中级技术人员的第一档和第四档工资差距达到1.5万元，较大地激发了技术技能人员的工作积极性。

三、地市级烟草企业技术技能人员积分制管理体系构建的实施效果

（一）推广管理经验，扩大烟草行业社会效应

1. 为烟草企业人才管理提供可借鉴的新模式

积分制管理自实施以来，形成广泛的社会效应。一是公开发表3篇论文，为烟草企业开展专业人才管理制度改革提供了经验借鉴。二是主持的"创建衡阳烟草技术技能人员积分制管理模式"课题被评为全省烟草系统2019年"精益十佳"课题。三是在湖南省烟草商业系统第一届创新论坛上，衡阳烟草以"衡阳烟草技术技能人员积分制管理模式研究与应用"为题进行了专题汇报与交流。四是省烟草专卖局在2020年4月发文《湖南省烟草专卖局关于全面推广技术技能人员积分制管理工作的通知》（湘烟人〔2020〕75号），在全省推广衡阳烟草技术技能人员积分制管理。

2. 较大地提高了衡阳烟草的企业知名度

在2020年全国烟草行业企业管理电视电话会议上，国家烟草专卖局领导对积分制管理改革给予高度评价。广东清远、山东淄博、河南南阳等多个公司前来学习交流。2022年根据国家局对标

帮扶安排，衡阳烟草与崇左烟草开展结对帮扶，其中技术技能人员积分制管理作为主要管理经验进行了推广。

（二）依托技术革新，提升烟草企业经济效益

1. 衡阳烟草税利稳中有进

自积分制管理实施以来，衡阳烟草各项经济指标稳中有进，持续向好，尤其是2021年，衡阳烟草克服疫情的不利影响，充分激发人力资源活力，实现销售收入、税利逆势增长。2021年，全市实现"两烟"销售收入82.95亿元，较2018年（项目实施前）增加13.04亿元，增长18.65%，年均增幅5.87%；实现税利24.43亿元，较2018年增加2.97亿元，增长13.84%，年均增幅4.42%。

2. 企业相关费用持续下降

实施积分制管理后，企业三项费用控制率逐年降低，2021年三项费用率控制在5.61%，较2018年（6.08%）下降0.47个百分点。衡阳烟草物流技术人员自主研发的"基于虚拟视窗的异型烟分拣线项目"通过节约采购成本、运维成本，实现经济效益600余万元。

3. 对标指标趋好

2021年度，全省系统对标数据通报数据显示，衡阳烟草有20项指标优于全省平均水平，其中人均查获真烟量、查获省外来源真品卷烟数量占被省外单位查获真品卷烟数量比、人均卷烟配送效率、送货响应时间、全员劳动生产率、人工成本投入产出率等均位于全省前三，充分显示积分制管理体系试行以来，对工作效率产生了有效促进作用。

4. 服务对象受益

卷烟零售客户受益。根据第三方监控数据显示，客户综合毛利率从2018年底的10.07%提升到2021年底的13.22%，提升3.15个百分点；卷烟零售客户户均盈利从3.06万元提升到3.56万元，增加5000元，增长16.34%。

烟农增收。烟叶技术技能人员职业技能水平不断提升，烟叶质量稳步提升，烟农收入稳定增加。2019—2021年烟叶产量稳步增加，烟叶质量显著提升，烟农户均收入由2018年的9.65万元增加到2021年的18.74万元，烟农户均收入翻了将近一番。

（三）通过技术革新不断提升生态效益

1. 节能减排取得明显成效

在物流生产环节，项目研发和技术革新，特别是湖南烟草商业系统电控虚拟仿真平台科研成果的投入使用，产生了较为明显的经济效益，按年度计算，年均能耗节省11904元，运维费用节省80.5万元。

2. 烟叶质量安全有效提升

产品质量安全标准体系的全面实施，使烟叶质量安全得到进一步保障。通过构建烟草绿色防控体系，化学杀虫剂的使用量显著减少，确保了我市烟叶质量安全。通过标准化生产，烟叶外观和内在质量不断改善，化学成分更加协调，浓香型风格特色得到较好彰显。

（四）技术技能人才创新活力得到全面激发

1. 技术技能人员贡献度提升明显

在积分考核制度的引导下，技术技能人员参与科研、申报项目的热情明显提高，由原来的"要我做"变为"我要做"。自2018年起，衡阳烟草创新工作呈稳步提升态势，2021年完成科技创新项目28项，较2018年增加6项；申请专利、软件著作权18项，较2018年增加14项；发表

科技论文 26 篇，较 2018 年增加 11 篇。

2. 青年员工工作积极性得到增强

2018—2021 年，衡阳烟草 306 人参与行业技能鉴定，其中 21 人取得二级职业技能资格，248 人取得三至五级职业技能资格；4 人取得高级技术职称，33 人取得初、中级技术职称，人才储备日渐丰富。同时，在积分制管理的推动下，衡阳烟草先后成立物流、营销、烟叶、专卖和财审 5 个技术能人工作室，技术技能人员以工作室为平台和依托，积极投身科技创新和项目开发等实践，进一步激发了人才队伍的创新创造活力。

（五）所在企业收获技术人才培育丰硕成果

1. 人员结构得到合理优化

通过积分制管理，中高级专业技术技能人员的学历结构和年龄结构均得到优化。2021 年底，本科以上学历人员的比例达到 70%，技术技能人员平均年龄为 38.1 岁，80 后人员比例为 69.6%，技术技能人员队伍得到持续优化。

2. 各类技能竞赛成果喜人

衡阳烟草专业技术人员在各项行业评比中屡获佳绩。2018 年，衡阳烟草在全省系统第六届烟叶技能竞赛中获得团体第三名，2 人被评为"省级烟草技术能手"，1 人作为行业唯一代表被人社部授予"全国技能人才培育突出贡献个人"。2019 年，衡阳烟草在全省系统首届烟叶调制岗位技能竞赛中荣获团体第一名，2 人获评"烟草行业技术能手"，1 人获评"省级烟草技术能手"；参加全省第三届会计岗位技能竞赛荣获团体第二名，1 人获评全省系统会计岗位技术能手；参加全省专卖管理人员比武获得团体三等奖；参加全省"崇德守法、知行合一"法律知识竞赛获得三等奖。2020 年，在第六届湖南省烟草专卖局（公司）烟草制品购销职业技能竞赛中，4 名选手获评"省级烟草技术能手"，其中 2 名获评"行业烟草技术能手"；1 人获评第一届湖南省烟草专卖局（公司）烟草物流岗位技能竞赛"省级烟草技术能手"。2021 年，在全省系统培训师竞赛中，获综合组第一名 1 人、物流组第二名 1 人，单位荣获湖南省第二届培训师教学技能竞赛团体第二名。

主　创　人：曹　哲

参与创造人：刘　智、熊海韬、罗维斌、李仲玲、单雪华、曾志刚、
　　　　　　向鹏华、杨冬冬

国有企业基于战略目标实现的体系化绩效考核体系构建

江南工业集团有限公司

摘要： 基于战略目标实现的体系化绩效考核体系是指以企业战略目标为导向，对战略目标进行任期分解、年度分解和过程分解，逐级签订任期责任书、年度责任书，结合深化国企改革推行的经理层成员任期制契约化管理。江南工业集团有限公司（以下简称江南集团）通过责任落实、量化标准、过程管控等方式，按任期、年度、月度进行考核，构建了"四级三维"考核体系，统筹企业经营的全过程和各业务域，注重量化考核指标，推进各业务域重点工作落实，确保各级目标实现，形成闭环，进而支撑企业战略目标实现。基于战略目标实现的体系化绩效考核体系能够有效提升国企职工工作的积极性、能动性和执行力，充分激发企业创新力和活力，有力支撑战略目标实现，推动企业高质量发展。

企业简介

江南工业集团有限公司成立于1952年，是国家"一五"期间建设的156个重点项目之一，目前已成为国防科技工业具有科研、生产双重资质的国家重点保军企业，国家级企业技术中心、国家高新技术企业、全国创新型企业。江南集团占地面积6.26平方公里，资产总额42亿元，拥有员工2500余人，其中各类专业技术人员1000余人，中国兵器工业集团科技带头人和关键技能带头人12人，享受国家特殊津贴人才7人，下设12个职能部门、2个研究所、5个分厂、5个中心、1个分公司、4个控（参）股子公司，在本部、长沙国家级高新技术开发区建立了制造基地和产品研发中心。

一、国有企业基于战略目标实现的体系化绩效考核体系构建的实施背景

随着市场经济体系的逐步完善，国有企业越来越深入地参与到市场竞争中，迫切需要有效的方法和手段不断激发企业活力，增强企业竞争能力。体系化绩效考核体系是提高工作效率、强化管理执行力、挖掘工作潜力的有效途径，对提高国有企业活力，推动企业高质量发展有着重要意义。

（一）是切实提升执行能力、快速满足市场需求的需要

当前，"用户至上"和"市场导向"已经成为企业经营管理共识，快速响应市场和用户需求涉及企业营销、信息沟通、设计制造、售后服务等企业经营全过程，对企业经营和工作执行力提出了更高的要求。执行力决定企业的竞争力和生产力，执行力的高低也决定企业目标能否实现，这就迫切需要企业打破传统思想、推进自我革新，通过构建行之有效的机制和方法，提高工作效率和工作质量。体系化绩效考核体系创造了一个有效的激励机制，能够发挥国企员工的工作能动性和积极性，时刻以工作效益最优化为目标开展工作，提高执行能力和企业内部治理的综合效益，

快速满足市场和用户需求，从而实现企业经营目标。

（二）是深化国有企业改革、激发企业发展活力的需要

健全市场化经营机制是国企改革三年行动的重点任务。近年来，国有企业大力推进经理层成员任期制契约化管理和职业经理人制度，积极统筹运用各类中长期激励政策，着力提高企业活力和效率。为适应新时期的市场化和深化改革需要，企业有必要运用多样的措施和手段健全各项考核制度，建立符合市场行业特点的激励约束机制，加大薪酬与业绩、薪酬与目标达成的挂钩力度。体系化绩效考核体系采用更加市场化的激励机制，将企业战略目标实现与经理层成员任期制契约化管理相结合，统筹企业经营的全过程和各业务域，注重量化考核指标，提高企业内部效益，激发员工干事创业热情，激发企业内生发展动力和活力，提升企业竞争能力。

（三）是助推战略目标实现、推动企业高质量发展的需要

推动国有企业实现高质量发展，是党和国家为国有企业在"新的赶考路上"指明的前进方向，是实现国家新"三步走"战略的有力支撑。国有企业要做世界一流企业的领跑者，唯有不断变革图新，推进质量变革、效率变革和动力变革。体系化绩效考核体系有助于企业实现战略目标，而企业战略目标是通过分解每名企业员工绩效目标实现的，通过将企业总体目标分解到各个部门员工，确保员工目标与企业目标的一致性，提高企业凝聚力和经营质量效益；同时通过体系化绩效考核的实施，使国有企业管理人员掌握企业战略目标实施情况，加强过程管控，提供决策依据，确保目标不偏离，有力助推企业高质量发展。

二、国有企业基于战略目标实现的体系化绩效考核体系构建的主要做法

（一）强化顶层设计，构建"四级三维"考核体系

1. 以战略目标为牵引，建立"四级"目标考核体系

江南集团以战略目标为牵引，按任期、年度、月度层层分解目标，逐级落实责任，建立起"战略目标、阶段目标、年度目标、过程目标"四级目标考核体系，并根据上级单位部署要求和企业发展实际，实现各级目标相互分解支撑、动态调整。

一是战略目标层面，科学谋划五年发展规划。聚焦强军报国，围绕核心使命，江南集团将新阶段发展定位确定为"智能化弹药领域排头兵"，着力提升科技创新能力、先进制造能力和现代企业治理能力；围绕发展定位，统筹制定了总体发展规划以及九个专业子规划，明确了各业务领域和产品领域的发展目标，形成在新形势背景下迎接新挑战、推行新举措、实现新转变、取得新突破的行动纲领。

二是阶段目标层面，一张蓝图绘到底。以五年总体发展规划目标为牵引，结合国有企业改革三年行动方案和三年任期考核目标，全面实行经理层成员任期制和契约化管理。将总体发展规划目标分解为可量化、可考核的阶段目标，纳入经理层成员任期考核责任书，根据考核指标完成情况对经理层成员实施奖惩、核定任期激励、决定是否续聘或解聘，不断增强战略定力，确保实现战略发展蓝图。

三是年度目标层面，明确责任落到底。按年度对阶段目标进行分解，并结合当年科研生产经营实际，按照业务分工和专业特点，对各部门个性化制定年度经营绩效考核责任书；推动构建以成本为中心的管控模式，严格成本费用支出，推行由利润中心向成本中心考核的转变。同时，坚持以问题为导向、以价值创造为目标，对解决科研生产突出问题和实现价值创造的单位和个人进行专项奖励，在年度考核中，根据各部门、各单位年度目标完成情况进行绩效兑现。

四是过程目标层面，强化执行抓到底。按照年度目标任务，制定重点工作任务安排，明确具

体举措、责任分工、时序进度、成果形式。定期召开重点工作推进会，总结上一阶段工作成效，协调工作中的难点、堵点，及时调整、布置下一阶段工作任务和目标。同时，考核领导小组严格按照时间节点对时序进度进行督办考核，在月度绩效考核中及时兑现，不断提升工作执行力。

2. 以闭环管理为抓手，建立"三维"递进考核模式

以目标分解为牵引，以责任落实为推动，以量化考核为载体，建立"目标分解""责任落实""量化考核"的"三维"闭环考核模式，根据考核结果对目标达成进行评估，调整工作计划，形成闭环管理。

一是目标分解体系谋划。在目标分解过程中，既贯彻落实上级精神，又结合企业科研生产经营实际，统筹考虑上一阶段、上一年度、上一过程的目标执行考核情况，系统评估工作开展的风险和影响，把握工作要求和重点，并充分征求各部门、各单位意见建议，谋划促进目标实现的过程控制举措、量化考核指标，做到层层有分解、层层有支撑。

二是责任落实注重跟进。江南集团将过程控制作为重点工作和关键环节，对"四级目标"相应分解出的工作任务进行拉条挂账，实行挂图作战、层层落实责任。通过定期例会机制，对分解布置的工作任务注重全流程跟进、加强全过程控制；各单位及时沟通反馈过程信息和进度节点，同向发力、同频共振，实现全局一盘棋。

三是工作成果严格考核。按照责任书中确定的工作成果形式，严格督办考核，对工作落实不到位的及时处罚，认真总结经验、举一反三、吸取教训；对成功做法进行表彰奖励、提炼推广。切实做到真管真抓、赏罚分明、及时奖惩，树立起奖优罚劣的正确导向和真抓实干的良好氛围。

（二）强化责任落实，实施体系化绩效考核评价

1. 加强组织领导，明确职责分工

一是成立经营绩效考核领导小组。成立以公司主要领导为组长、领导班子成员为组员的经营绩效考核领导小组，负责组织制定公司经营绩效考核管理制度文件、审定公司年度经营责任书考核内容、审批公司年度经营绩效考核结果和兑现方案；经营绩效考核领导小组下设办公室，主任由分管经营工作的副总经理担任，经营绩效考核办公室主要负责制定公司经营绩效考核管理制度文件、拟定年度生产/经营管理责任书、组织年度经营绩效考核工作。

二是成立月度经营绩效考核办公室。成立以总经理为主任的月度经营绩效考核办公室，负责制定月度经营绩效考核管理办法，明确公司办公室作为月度经营绩效考核工作的主责单位，负责发展规划、生产管理、人力资源、财务金融、安全环保、质量管理、工艺技术等业务域责任单位为成员单位。每月定期召开绩效考核会议，对年度重点工作和全业务域工作进展情况进行督办考核评价，并在当月月度工资绩效中兑现奖惩。

2. 加强体系策划，实施全域覆盖

一是战略引领，拟定年度经营绩效考核责任书。在制定阶段目标时，江南集团以战略目标为基础，分解落实并纳入任期责任书进行量化考核；在制定年度目标时，以任期责任书重点事项为主体，统筹考虑兵器集团重大战略部署，将其一并列入年度责任书内容并纳入考核范围，同时根据上级机关要求和公司实际经营情况动态调整。

二是体系策划，确定全年重点工作任务清单。江南集团细化分解年度责任书内容，形成年度重点工作事项（A、B类），明确重点工作维度、重点工作事项、具体工作举措、责任公司领导、责任单位、类别、完成时间、成果形式等八大要素，并按月开展节点督办，根据督办结果按月考核。月度经营绩效考核范围为公司年度重点工作任务、会议纪要、外来文件等事项督办，军品生

产、班组管理、安全环保、疫情防控、质量管理、工艺纪律检查、能力建设等全业务域，考核对象为所有二级单位。

三是制度先行，修订完善绩效考核办法。为体系化实施绩效考核，江南集团制定了《经营绩效考核管理办法》，修订了业务督办、发展规划等业务域月度绩效考核操作办法。月度绩效考核中，各业务域牵头单位独立开展本业务域月度工作完成情况考核，考核结果报公司月度经营绩效考核办公室汇总审核；月度经营绩效考核办公室每月定期组织召开考核工作会，审定上月各业务域考核结果及奖惩方案。

3. 加强规范管理，量化考核指标

为强化月度绩效考核工作的规范实施，《月度绩效考核管理办法》明确了月度绩效考核工作的考核范围、组织机构与职责、考核流程、奖惩等内容。各业务域月度绩效考核操作办法，统一了考核细则和奖惩标准，量化了考核指标，改善了之前各业务域考核各自为政、标准不一、考核不系统全面的情况，确保了考核工作的规范化、制度化和可操作性。

4. 加强过程管控，确保执行落地

江南集团持续夯实基础管理，强化过程管控，大力推行"严谨细致、雷厉风行、一抓到底"的工作作风，确保年度各项工作任务落实落地。一是重新定义考核对象，压实责任。明确考核对象为各单位领导班子成员，并按照党政同责的原则，将单位党支部书记纳入考核范围；同时，在办法中赋予各单位考核权限，要求各单位按照责任情况对直接责任人、间接责任人和负有管理责任的人员进行内部责任追究，层层压实责任。二是强化过程督察督办，确保执行。江南集团成立专门的督察考核室，由专人负责月度和年度绩效考核工作；在年度重点工作制定过程中，按照"可衡量、可考核、可评价"的原则，所有任务均明确了时间节点，长期任务须分解过程节点，未按期完成的工作，必须提出预计完成时间，持续进行督办考核；工作任务的调整须由公司领导签字确认，两次调整时间未完成的一律按照未完成扣罚，有力地推动工作任务的落实落地。

（三）强化结果运用，激发企业干事创业活力

江南集团以月度绩效考核工作为抓手，坚持以问题为导向、以价值创造为目标，形成奖优罚劣、赏罚分明的良好氛围，激发干部职工干事创业活力，助推企业高质量发展。

1. 坚持问题导向，鼓励管理创新

一是进一步树立鼓励创新的考核导向。江南集团持续夯实管理创新基础，树立鲜明的考核导向，以绩效考核推动管理创新工作蓬勃开展。组织修订经营绩效考核管理办法，明确管理改善专项工作的奖励标准和实施方案，分四类标准进行考核评价并严格落实奖惩。第一类为影响经营目标实现的关键、难点问题的解决，对完成单位每项奖励3万~5万元，未完成单位每项扣减相应年度绩效（外部条件变化影响除外）；第二类为管理达标、深化改革，包括理念、思路方面的改善，主要是针对兵器集团战略的贯彻落实和超出既定公司战略发展目标而做出的系统性改善，对完成单位每项奖励2万~3万元，未完成单位每项扣减相应年度绩效；第三类为管理创新，包括新建或重构单项管理制度，主要针对公司内外部环境变化而做出的某一方面的根本性改善，对完成单位每项奖励0.5万~2万元，未完成单位每项扣减相应年度绩效；第四类为管理改善，包括管理方式、方法和流程方面的改善，主要是针对经营管理中存在的问题而做出的完善、补充和细化，对完成单位每项奖励0.2万~5万元，未完成单位每项扣减相应年度绩效。对公司生产经营影响重大、完成难度很高、结果完成很好的特殊事项，由公司党委会集体决定后可另外再加大奖励。2018—2020年江南集团管理改善专项工作绩效考核奖励分别为153.79万元、197.68万元、210.76

万元。

二是进一步营造鼓励管理创新的工作氛围。为适应高质量发展的改革需要，江南集团通过产品结构调整、先进制造能力提升、共享型财务系统建立、阶梯式人才队伍建设等不断解决企业发展过程中的相关管理瓶颈，同时稳抓安全、保密、制度建设等基础管理，公司逐步迈入高质量发展轨道。自2017年起，江南集团在创新方面开展5次外部培训交流、11次内部培训，共计200余名业务骨干参培，组建了深入各领域基层的创新团队；近年，17项管理创新成果分别在中国国防企协、兵器工业集团、湖南省审定获奖并印发推广；对获奖成果，江南集团累计奖励181人次，奖励金额近15万元。

2. 坚持赏罚分明，及时兑现奖惩

江南集团始终坚持赏罚分明，大力营造旗帜鲜明的考核导向。通过月度考核及时兑现奖惩，仅2021年，累计有138次项工作内容月度考核存在奖罚，对相关责任人奖励20余万元，扣罚30余万元。对在生产经营各项工作中有突出贡献的单位和团体进行专项表彰，仅2021年，江南集团对年内在军品科研、安全隐患排查整治、项目竞标、产品交验、工艺攻关等方面成绩显著的5个团队进行表彰奖励，共计奖励300余万元。分析近5年工资收入发现，员工月度工资中考核奖惩占比从2017年的9%提高到2021年的32%，涨幅达256%，极大地调动了干部职工干事创业的积极性。近5年江南集团多项任务达到兵器集团领先水平，特别是2019年、2020年连续两年获得兵器集团经济效益突出贡献一等奖。

3. 坚持价值创造，引导降本增效

江南集团注重围绕降本节支和价值创造开展经营绩效考核，引导各单位积极开展降本增效等效益提升活动，持续提升企业经营管理能力。对于降本增效工作成效突出的单位，在季度经济活动分析会上给予表彰，按照价值创造多少和贡献大小给予相应比例奖励并及时兑现，充分激发各单位干事创业的动力和活力。

在经营绩效考核管理办法中，明确效益提升专项工作奖励标准与实施方案。能够计算直接经济效益的工作，奖励标准分为四档，第一档项目效益$Y<50$万元，则按照5%的比例计提奖励，计算方法为$Y\times5\%$；第二档项目效益50万元$<Y<500$万元，则按照1%的比例计提奖励，计算方法为$2.5+(Y-50)\times1\%$；第三档项目效益500万元$<Y<2000$万元，则按照0.2%的比例计提奖励，计算方法为$7+(Y-500)\times0.2\%$；第四档项目效益$Y>2000$万元，则按照0.1%的比例计提奖励，计算方法为$10+(Y-2000)\times0.1\%$。项目效益计算由项目承办单位提出，财务部门核实，纪委办、审计部审计确认后，发放至项目承办单位，由各单位制定分配办法，自主分配。2018—2020年江南集团效益提升专项工作绩效考核奖励分别为145.41万元、198.45万元、234.47万元。

三、国有企业基于战略目标实现的体系化绩效考核体系构建的实施效果

（一）经营质量效益持续提升

通过构建体系化绩效考核体系，江南集团近年来主营业务收入、利润总额、员工收入等各项指标持续增长。2021年经济指标显示，主营业务收入由2016年的15.93亿元增长到37.27亿元，改善度达133.99%；利润总额由2016年的8672.76万元增长到1.34亿元，改善度达54.99%；EVA值由2016年的7900万元增长到1.7亿元，改善度达115.19%；全员劳动生产率由2016年的12.18万元/人·年增长到29.34万元/人·年，改善度达140.89%。

（二）价值创造能力持续提升

通过实施体系化绩效考核，公司价值创造能力持续提升。以2021年为例，该年度完成降本增

效金额1962万元,获得军品生产线维持维护费、军贸贴息、科研奖补等专项资金1600余万元,委托理财增收2330万元;建立外协工序定价和竞价机制,规范外协工序价格管理,同比降低外包协作费用5%,降低采购成本1400余万元。

(三)执行能力持续提升

通过实施体系化绩效考核,各单位能够做到目标任务有策划、有检查、有协调、有考核、有反馈。月度绩效考核结果体现出各单位都在围绕目标实现主动作为,想办法、出实招、见实效。近年来,督办的重点工作完成率保持在98%以上,均完成绩效考核责任指标。

(四)核心竞争能力持续提升

通过构建体系化绩效考核体系,企业干事创业氛围初步形成,安全形势稳中向好,科研生产任务顺利推进,技术攻关多点突破,装备质量持续提升。2021年产品交验实现49连捷,强军兴军服务能力持续提升,企业经营发展逐步迈入良性发展轨道。

主 创 人:王 玮、肖静波
参与创造人:张瑞彤、蔡双蔚、匡朗瑚、陈 伟、龚 超、程锦荣、苏 丽、张 禧、周先华、夏乐意

绿色低碳发展与社会责任管理

水利水电工程全生命周期低碳减排目标下的设计管理

湖南省湘水集团有限公司

摘要： 基建领域的能耗和碳排放在全球碳排放总量中占比极大，且跨越项目前期、建设实施、运行管理和退役等生命周期的各个阶段，因而基建的节能减排工作极为必要但又复杂。作为基建的重要组成部分，水利水电工程是2030年前"碳达峰十大行动"之一的"能源绿色低碳转型行动"中提倡因地制宜开发的能源工程。开展工程全生命周期低碳减排管理，打造绿色低碳示范工程，是当前全球气候变暖、"双碳"战略大背景下的重要创新举措。本成果创新性地将全生命周期低碳减排理念融入水利水电工程的设计和建造过程中，在项目前期设计阶段系统性地谋划并实施低碳减排管理，并在湖南省犬木塘水库工程中全面实践。基于生命周期评价理论，对工程全生命周期碳排放进行定量核算；深入分析工程设计、建设以及运行阶段的碳排放特征，精确预判碳排放规律；在此基础上，研究制定以设计优化、科技创新、施工组织优化、精细化管理为主的六项减碳手段，形成工程全生命周期低碳减排方案并实施，推动工程走绿色低碳之路。本成果为行业绿色低碳转型发展提供了实践探索，相关经验和方法可在行业内推广，进一步助推行业高质量发展。

企业简介

湖南省湘水集团有限公司是经省人民政府批准成立的涉水功能类大型集团，主要承担省政府交办的重大水利、水运、水务项目的投资、设计、建设、运营和管理，负责"一湖四水"和长江相关岸线资源开发、利用和保护。截至2021年底，集团资产总额248亿元，净资产182亿元。承担国务院172项重大水利工程之一的犬木塘水库工程的建设，总投资102.43亿元。管理大中型水库11座，灌溉面积180万亩；建设航电枢纽2座，1000吨级及以上通航船闸6座，高等级航道1022公里；投资运营城陵矶等内河港泊位24个，设计吞吐能力2121万吨；拥有清洁能源装机66万千瓦，年均发电量24亿千瓦时；投资建设水厂11座，日供水35万吨。

一、水利水电工程全生命周期低碳减排目标下的设计管理的实施背景

（一）是贯彻落实"双碳"战略的必须之选

全球气候变暖是当今人类面临的重大挑战。2020年9月22日，习近平总书记在第七十五届联合国大会一般性辩论上宣布中国"碳达峰、碳中和"愿景目标是，我国二氧化碳排放量要在2030年前达到峰值，2060年实现碳中和。实现"碳达峰、碳中和"是完整、准确、全面贯彻新发展理念，实现中华民族永续发展的必然选择，也是我国对构建人类命运共同体做出的庄严承诺。2021年以来，我国陆续印发《中共中央、国务院关于完整准确全面贯彻新发展理念做好碳达峰碳中和工作的意见》《2030年前碳达峰行动方案》等政策文件，细化了碳达峰、碳中和目标指标，提出

了能源绿色低碳转型行动和节能降碳增效行动等"碳达峰十大行动"。基建领域的能耗和碳排放在全球总量中占据极大比重，推进水利水电工程等基建项目的低碳减排管理，是贯彻落实"双碳"战略的必须之选。

（二）是促进行业绿色发展的必由之路

水利水电工程具有多种功能，发挥着各方面效益。国务院《2030年前碳达峰行动方案》"碳达峰十大行动"中，将其纳入"能源绿色低碳转型行动"中提倡的因地制宜开发的能源类型。2021年12月，中央经济工作会议召开，在世纪疫情冲击和百年变局加速演进的形势下，会议明确提出要积极扩大有效投资，适度超前进行基础设施建设，实施好扩大内需战略，并将水利与新能源等作为新一轮扩大投资的几大重点领域。可以看出，无论从"双碳"战略实施，还是从推动高质量发展来分析，水利水电工程建设投资都将在近期迎来新一轮的增长。

水电虽然是目前广泛认为的清洁能源，但是工程建设过程中仍存在较高的碳排，从全生命周期的尺度上对其进行碳排放量评估，其总量仍不能小觑。如何推进水利水电工程全生命周期的节能减排，实现行业的绿色低碳发展，是水电行业必须认真思考的迫切课题。

（三）是创建精品示范工程的必要之策

本创新成果选取湖南省犬木塘水库工程为应用场景，该工程是国务院确定"十三五"开工建设的172项重大水利工程之一，也是缓解"衡邵干旱走廊"水资源短缺问题的骨干工程。犬木塘水库工程以灌溉为主，结合城乡供水，兼顾生态、航运、发电等综合效益，主要建设内容包含枢纽工程与灌区工程两部分。其中，枢纽工程主要建筑物包括拦河闸坝、电站厂房、船闸、鱼道等，水库总库容1.4亿立方米，电站装机34兆瓦，年发电量1.15亿千瓦时，静态投资25.65亿元。灌区工程设计灌溉面积113.16万亩，静态投资76.15亿元，能为90万城市人口提供供水保障，并有效解决灌区范围内70.2万人饮水提质增效问题。工程于2020年7月开工，总工期60个月。

作为新中国成立以来湖南省单体投资最大的水利水电工程，开展全生命周期低碳减排管理，将犬木塘水库工程打造成为绿色低碳工程，具有重要的示范意义。而抓住项目前期设计这个"牛鼻子"，系统性地谋划各阶段的减排工作，又是后续实现工程低碳设计、低碳建造、低碳运行管理的关键。

二、水利水电工程全生命周期低碳减排目标下的设计管理的主要做法

典型的水利水电工程的生命周期包括项目前期、建设实施、运行管理、退役等几个阶段。项目前期设计是建设项目实施的关键环节，对项目整体的质量、进度和成本影响巨大，因此对工程建设及运行阶段低碳减排目标的达成起关键性作用。本成果示范工程——犬木塘水库工程在前期设计阶段谋划低碳减排工作方案时，时间跨度上涵盖项目前期、建设实施、运行管理等阶段，组织架构上包括项目法人、设计单位、施工单位、监理单位、运营单位等各参与方。通过系统的规划，形成全生命周期时间跨度上的绿色管理体系。犬木塘水库工程全生命周期低碳减排目标下的设计管理的主要做法包括以下六个方面：

（一）以工程全生命周期低碳减排为目标做好顶层设计

犬木塘水库工程在立项之初，项目法人单位湘水集团下属湖南省水利发展投资有限公司（以下简称湖南省水利投）就围绕"节水优先、空间均衡、系统治理、两手发力"的治水方针和"山水林田湖草是一个生命共同体"的系统思维，提出打造衡邵干旱走廊乡村振兴关键工程、衡邵干旱走廊城乡发展水资源保障工程、湖南现代化灌区样板工程、湖南"节水优先"示范区（"三工程一示范区"）的建设目标，项目前期设计、建设实施与运行管理筹划等工作均按高标准、严要

求推进。随着"双碳"战略的提出，湖南省水利投又会同设计单位湖南省水利水电勘测设计规划研究总院有限公司（以下简称湖南省水电院）在上述工作基础上，在前期规划设计中融入全生命周期低碳减排理念，形成指导工程实施的全生命周期低碳减排整体解决方案，极大地丰富了工程的建设目标。

1. 实施目标

通过实施犬木塘水库工程全生命周期低碳减排方案，争取将犬木塘水库枢纽工程单位投资碳排放量（$t\,CO_2e$/万元投资。注：CO_2e 是指二氧化碳当量，是度量温室效应的基本单位）和电站碳排放系数（$g\,CO_2e$/kWh）两项指标控制在国内同类工程排放水平的先进平均数以下。

将犬木塘水库工程建设成为水利行业低碳示范工程，打造成"三工程一示范区"的目标，形成可推广的体系化低碳减排方案，推动水利水电工程建设和运行管理水平进一步提升。

2. 技术路线

通过系统性研究和国内外成果分析，形成技术路线。首先利用全生命周期评价理论对该工程进行全生命周期的碳排放定量核算和详尽分析，获取工程设计阶段、建设阶段以及运行维护阶段等各阶段的碳排放特征；然后，针对碳排特征和碳排贡献量，在各阶段提出设计优化、科技创新、施工组织优化、精细化管理等减碳措施并推进实施；最后探究各措施的减排效果和特点，形成标准减排实施方案。

3. 技术架构

在设计方案技术架构时，坚持系统思维，将工程建设和运行管理工作与减碳工作有机结合起来，将工程各阶段的减碳措施统筹协调起来，采用清单梳理的方式对工程前期、建设、运行阶段的碳排放项目进行分析，逐项细化减碳措施，形成解决方案技术架构，如图1所示。需要注意的是，由于水库大坝设计使用年限一般较长（50~100年），且目前国内外因退役拆除的大坝很少，本解决方案暂未考虑工程退役阶段的碳排放。

4. 犬木塘水库工程碳排放核算与分析

基于生命周期评价理论，综合过程分析法（PA-LCA法）和投入产出分析法（EIO-LCA法）两种常用的碳足迹分析方法，在已有的设计资料和数据资料基础上，对犬木塘水库枢纽工程建设、运行阶段的碳排放开展定量计算和分析，测算得到犬木塘水库枢纽工程全生命周期碳排放量为 $478234.6\,t\,CO_2e$。

以单位投资碳排放（$t\,CO_2e$/万元投资）为评价指标，犬木塘水库枢纽工程全生命周期的单位投资碳排放为 $1.864\,t\,CO_2e$/万元投资。收集整理其他类似水利水电工程的单位投资碳排放值，如表1所示，可知国内同类项目的单位投资碳排放量为 $1.009—6.638\,t\,CO_2e$/万元投资，犬木塘工程的单位投资碳排放量为 $1.864\,t\,CO_2e$/万元投资，在较低区间范围内。

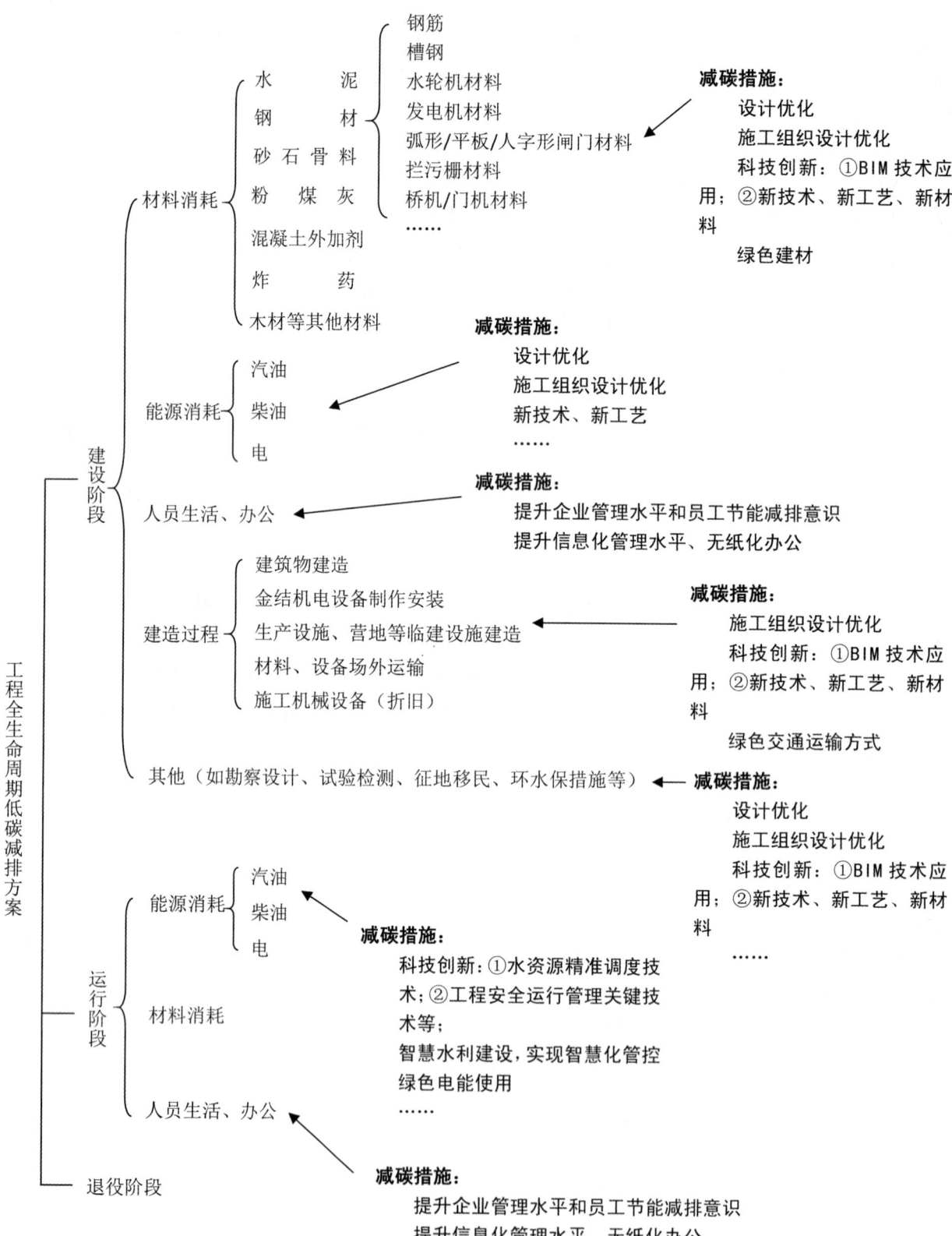

图1 工程全生命周期低碳减排方案技术架构

表1 典型水利水电工程单位投资碳排放统计

工程名称	年份	工程投资（亿元）	生命周期碳排放（tCO$_2$e）	单位投资碳排放（t CO$_2$e/万元投资）
小浪底	1994	186.92	4904290.0	2.624
溪洛渡	2004	449.93	24232193.3	5.386
锦屏一级	2005	182.90	9539000.0	5.215
向家坝	2006	344.94	18762773.8	5.439
糯扎渡	2006	610.00	6155700.0	1.009
猴子岩	2011	150.00	3734000.0	2.489
白鹤滩	2013	846.05	56163015.6	6.638
乌东德	2015	752.57	27536374.3	3.659
三插溪	1998	3.14	58600.0	1.866
犬木塘	2020	25.65	478234.6	1.864

通过文献调研方式，收集国内外20多座水电站的温室气体排放系数进行统计分析，得到典型水电站工程碳排放系数统计分布规律如图2所示，其中犬木塘水电站的碳排放系数为12.8g CO$_2$e/kWh，位于中位值附近。

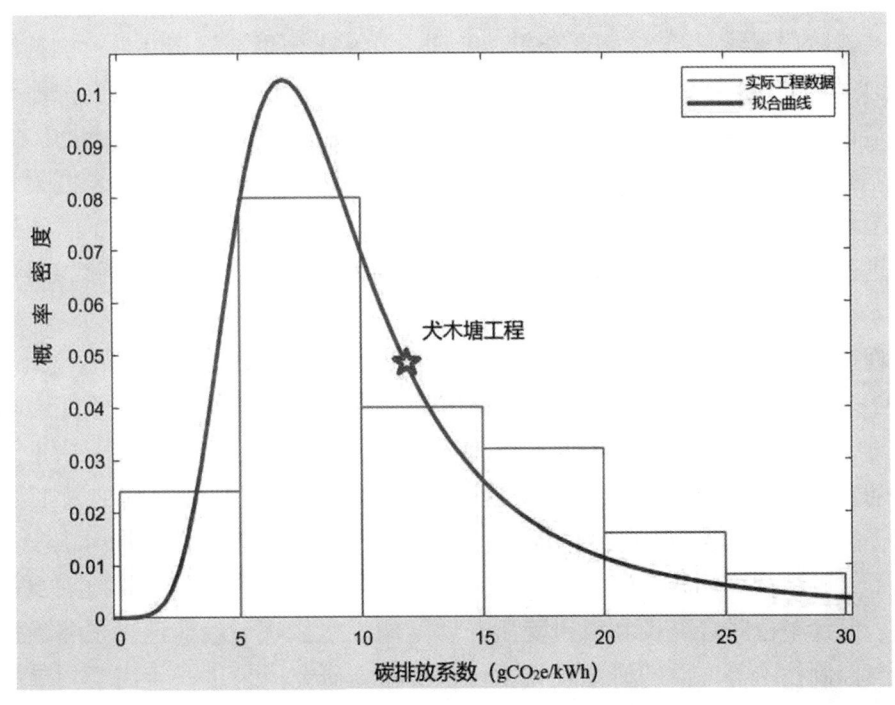

图2 典型水电站工程碳排放系数统计分布图

从上述核算结果可以看出，犬木塘水库工程单位投资碳排放（t CO$_2$e/万元投资）指标位于行业上游水平，电站碳排放系数（g CO$_2$e/kWh）指标位于中游水平，要将工程单位投资碳排放量和电站碳排放系数两项指标控制在国内同类工程排放水平的先进平均数以下，实现将工程打造成为行业低碳示范工程的目标,仍有必要在现有工作基础上进一步开展低碳减排工作。

(二)基于碳排放理论创新设计理念优化的设计方案

设计过程可对工程整体和细节进行最全面的掌握,因此是工程实施全生命周期低碳减排的关键环节。为此,在设计阶段应将减排要求融入设计内容中,实现基于碳排放理论的设计理念革新。基于此,项目法人单位湘水集团下属湖南省水利投会同设计单位湖南省水电院以降低工程造价、控制工程投资、降低碳排放量为目标,对设计方案开展了大量优化。

如初步设计阶段,设计单位在可研成果基础上,对枢纽工程坝轴线、渠首泵站泵址和灌区渠线布置方案进行了反复论证比选,最终确定的坝址方案较可研阶段的方案可减少河床疏挖33.4万立方米、土方及砂砾石开挖5.5万立方米,节约工程投资3893万元。采用美国卡耐基梅隆EIO-LCA模型对减少的投资进行碳排放估算,上述优化可减少碳排放约3800 t CO_2e,工程经济和生态效益明显。同时,进行设计创新技术的应用,进一步降本、减排、增效,目前已着手推进或完成以下几个方面的工作:

1. 开展全阶段BIM设计

通过开展BIM设计和碰撞分析,优化设计方案,提高设计质量。如利用BIM技术手段完成枢纽工程GIS楼改GIS平台方案的优化及可视化比选,解决初步设计阶段中电站出线架与景观门楼不协调的问题,同时亦使得厂区变压器进、出厂更加方便,便于安装及运行检修,初步估算节省约100万元投资。又如在电站厂房设计过程中广泛采用BIM技术,解决了灯泡贯流式电站机组管线多、空间小、布置复杂等难题,避免了错、漏、碰、缺等问题的出现,减少了因非设计原因导致的工程变更带来的不必要的浪费损耗。

2. 有效推进大祥支渠渠线等深度设计优化

大祥支渠初设阶段渠线总长22.103公里,有明渠6.952公里、隧洞9处、倒虹吸3处、渡槽16处,总投资4.449亿元。经分析,初设方案存在施工难度和安全风险偏大、占地范围和征拆矛盾偏多、工程造价偏高等问题。在施工图阶段,设计单位在对现场进行反复踏勘、对施工方法进行认真比较的基础上,提出对局部渠线进行调整、将隧洞钻爆法施工变更为岩石顶管法的优化方案,大大减少了建设用地和工程建设费用,同时减少了火工产品消耗,避免了爆破振动影响,加快了工程建设进度。在同等价格水平下测算,预计较初设批复方案可减少投资约6300万元。

3. 开展输水隧洞衬砌结构优化研究

犬木塘工程灌区渠系包括1条总干渠、5条干渠、11条骨干支渠,干、支渠总长223.3公里,其中隧洞长132公里,衬砌工程量大。由于输水隧洞受高外水压和复杂地质条件影响,采用常规的结构规范计算得到的配筋结果难以满足配筋布置要求,且设计偏保守,浪费严重。为此,湘水集团立项并启动实施了"明流输水隧洞混凝土衬砌结构优化研究"并将其纳入工程重点研究课题,通过开展一次支护和二次支护联合受力特性分析、无压输水隧洞衬砌外水压确定方法研究、复杂因素影响下衬砌结构配筋方法研究等工作,优化隧洞衬砌厚度和配筋,降低工程造价。同时,项目法人单位、设计单位联合高校和科研院所开展隧洞涌水机理、超前地质预测预报技术、开挖支护质量检测与控制技术等方面的研究攻关工作,将相关研究成果进一步用于指导施工,降低岩溶隧洞突泥突水风险,提高工程实体质量、降低工程造价,加快工程建设进度。

(三)以问题为导向系统谋划科研课题,强化科技赋能

难度大、问题多是水利工程项目的主要特点。在工程前期设计和开工阶段,有必要针对工程建设实施和运行管理过程中可能存在的难点、堵点问题进行认真分析研究,提早谋划科技创新课

题，通过新技术、新方法及时高效地破解工程技术难题，并进一步优化设计方案，进而降低工程造价和投资，支撑减排工作的推进。犬木塘水库工程在前期设计阶段，全面推行 BIM 协同设计，并在项目实施阶段全力推进 BIM 技术与智慧工地的应用；此外，工程还以问题为导向，系统谋划了"长藤结瓜灌溉水网系统水资源调配关键技术研究与应用"等多项研究课题，为今后的工程建设和运行管理提供科技赋能。

1. 工程全生命周期 BIM 应用的关键技术

结合犬木塘水库工程的功能特点，针对工程设计、建设和运行管理中存在的应用难点和技术难题，开展 BIM 在犬木塘水库工程全生命周期应用的关键技术研究，推进 BIM 技术在工程项目各阶段的应用：一是在前期工作中开展 BIM 协同设计，提高工程设计效率和设计质量，助力设计优。二是开展全专业、全要素的 BIM 协同应用，由设计扩展到工程建设与运行管理，由工程三维仿真模拟扩展到基于 BIM 技术的进度、质量、安全、投资、档案、决策管理等领域。开展 BIM 技术应用，对推动工程项目的设计、建造和运营全过程精细化管理，减少各类风险，促进工程与信息化深度融合，提升犬木塘水库工程管理现代化水平，具有重要作用。

截至目前，犬木塘水库工程已建成 BIM 可视化平台与建设管理平台并投入运行。其中，犬木塘水库工程 BIM 可视化平台于 2021 年 11 月上线，是我省水利行业首个上线的 BIM 三维可视化展示平台；BIM 建设管理平台于 2022 年 3 月上线，也是我省水利行业首个基于 BIM 的项目管理平台。两个平台的投入运行大大提升了工程的信息化管理水平，优化了资源配置，减少了资源消耗，降低了工程建设成本。例如，工程利用 BIM 模型开展设计技术交底后，施工单位普遍反映技术人员对工程结构、设计意图的理解更快更准确，规避了因看图错误造成的施工错误风险；又如，受疫情影响，项目所在地偶有管控要求，BIM 建设管理平台建成后很好地破解了因疫情带来的沟通交流不便，大大减少了点多、面广、线长特点的水利工程参建单位间的往返交通和纸张浪费。

2. 水资源精准调配的关键技术

犬木塘水库工程灌区属于"长藤结瓜"形式，水网系统水资源调配具有高度的复杂性和不确定性。考虑到本工程建成投入运行后，将采用泵站提水的灌溉方式，水资源的精准调配对于降低工程能耗及运行成本、节约水资源意义重大。为此，项目法人和设计单位提出"犬木塘水库工程长藤结瓜灌溉水网系统水资源调配关键技术研究与应用"的研究课题，目前该课题已按计划方案启动实施。

本课题主要研究内容包括：犬木塘水库及长藤结瓜水网系统来水预报技术研究、犬木塘水库及长藤结瓜灌区与城镇需水预测技术研究、犬木塘水库及长藤结瓜水网系统水资源精准调控技术研究、犬木塘灌区输水渠系仿真平台研发、犬木塘输水系统事故等非常规工况智能识别算法等。针对灌区多种水源地来水、灌区内经济发展需水的不确定性使供需矛盾较为突出，长藤结瓜水网优化调度研究对于多目标竞争机制等问题开展研究，提出短—中—长期多时间尺度嵌套的来水预报与需水预测技术，建立大系统分解协调与智能优化算法相结合的水资源多目标精准调控模型，对比分析单库联合调度及库渠联通调度的效益，为保障灌区用水，实现工程运行管理节水、节能、节约提供保障。

3. 灌区工程泵站的关键技术

犬木塘水库工程渠首提水泵站装机容量 3.48 万千瓦（6×5800 千瓦），设计流量 48 立方米/秒，设计静扬程 53.2 米，多年平均提水量 3.11 亿立方米，泵站的总装机规模和单机容量在湖南省均首屈一指。泵站机组的运行效率不仅关系生产成本和经济效益，也关系泵站的长期安全运行。

结合水泵厂家的设备设计制造工作，开展"犬木塘水库渠首泵站关键技术研究"。

本课题主要研究内容包括：渠首泵站水泵装置全流道CFD数值模拟和优化研究、渠首泵站流态三维CFD模拟优化研究、渠首泵站泵组过渡过程水锤和压力脉动及振动数值模拟研究等工作。通过对厂家提供的泵站装置及性能进行优化，对渠首泵站进行模拟分析，模拟不同工况下流速流态分布，开展水锤、压力脉动及振动数值分析，为泵站长期安全、稳定、高效运行提供支撑。

4. 复杂地质环境下输水工程安全运行管理的关键技术

犬木塘水库工程输水工程线路长、地质情况复杂，同类工程的运行管理经验表明，该类型工程在长期运行管理中将面临以下难题：（1）输水工程运营期的安全控制监测项目多，巡检探测工作难以开展，远距离数据传输及定位问题突出，如何及时掌握工程的安全工作性态困难较大；（2）复杂庞大的监测数据缺乏高效准确的处理方法，如何快速精准地反演分析工程结构的实时运行状况，并对其进行安全性评价难度较高；（3）输水工程线路长，地质环境往往比较复杂，运营期的突发灾害不确定性大，前兆特征不明显，且灾害发生后难以及时应对处理，如何进行风险的预测和预警以及灾害管控的快速反应十分重要。

基于上述分析，项目法人和设计单位提出"复杂地质环境输水工程安全运行管理关键技术研究"课题并立项组织实施。课题的主要研究内容包括：输水工程全线路安全监测及巡检关键技术研究、输水工程运行期的安全评价和预测预警技术研究、输水工程运行管理信息化与智能化模块研发等。该技术将显著提升工程建成运行后的自动化、智慧化管护水平，降低工程运行管理阶段的碳排放量。

5. 智慧鱼道的关键技术

鱼道是贯彻生态文明建设和绿色发展理念的重要体现。犬木塘水库工程鱼道全长628米，采用竖缝隔板式工程鱼道，设计流量2立方米/秒。实践经验表明，鱼道设计需要查明鱼道进口诱鱼水流条件、出口附近和鱼道内部流态及流速分布对鱼类洄游的影响，研究主要过坝鱼类的习性和溯游能力，否则将对鱼类生理机能产生不利影响，进而影响过鱼效果。

为此，课题组组织实施"犬木塘水库工程鱼道进出口布置型式及智慧鱼道关键技术研究"，课题主要研究内容包括：犬木塘枢纽鱼道进出口布置型式研究、鱼道上游闸门精细调控技术研究、鱼道智能监测技术研究、鱼道补水自动控制与智能调度方案研究、鱼道水量智能调度系统研发与验证等。通过充分的研究论证，优化鱼道设计方案，确保鱼道过鱼效果，提升了工程建设的技术可靠性和经济合理性。

（四）设计、施工等参建单位密切配合优化施工组织

通过对犬木塘水库工程碳排放量核算和分析发现，工程施工过程是能耗和碳排放的主要贡献者，施工阶段的节能减排对整个工程的低碳减排管理关系重大。设计单位及人员应特别重视与施工单位在施工组织设计优化方面的配合工作。

犬木塘水库工程的设计、施工等参建单位，在施工实施过程中根据工程特点和施工现场实际，不断优化调整施工组织设计，得到最优方案。如优化土石方平衡规划，加大开挖料的利用，枢纽工程主体工程和导流工程土石方开挖方量（含围堰拆除）总计364万立方米，通过土石方平衡规划，后续用于堤防填筑的利用料可达300万立方米，极大地减少了料场取料，同时减少了弃料规模，节约了渣场用地；又如在施工一期围堰时，施工单位根据河床基岩地质情况和填筑料的情况，及时调整了围堰防渗处理方案，将原设计高喷灌浆方案调整为黏土心墙方案，减少高喷灌浆17117米，此项施工组织优化节约费用约500万元，减少水泥用量约5000吨。这些材料的减少，极大地

消减了耗材中所携带的碳排放量，为犬木塘工程带来了极大的减排效益。

此外，工程在实施过程中，尽可能选用生态友好型设计方案。如鱼道采用双闸门方案实现水量的精细化控制，高效利用了水资源；库区护岸护坡在考虑抗冲刷因素的条件下，尽可能选用雷诺护垫、植草防护等形式，重视项目区域内的生态恢复，绿色覆盖率，从而创造了大量的碳汇量；积极采用新技术、新工艺、新材料，如谋划采用增材制造技术（3D打印）、试点采用绿色建材等。

（五）以深化国企改革为契机推进精细化管理

公司管理成本是工程全生命周期中的隐藏能耗和碳排，因此进一步降本增效可将低碳减排管理做细、做精，打造精细化低碳减排管理体系。近年来，湘水集团及下属湖南省水利投、湖南省水电院在省国资委的统一部署和指导下，全面推进深化国企改革三年行动工作，深入实施对标一流管理提升专项行动，提升管理意识，推进精细化管理，强化降本增效，将贯彻落实绿色发展理念贯穿公司改革发展各项工作中，实现管理环节的节能减排。

细化财务管理，完善预算管理体系，强化成本管控力度。近年来公司办公费、车辆费、机物料消耗费等费用逐年递减，领用物资的浪费和流失得到有效控制；梳理、优化原有工作流程，进一步完善公司OA办公系统，同时着手打通OA办公系统和BIM建设管理系统等业务系统，办公效率和无纸化水平进一步提高；开展全员竞聘上岗和市场化招聘，公司整体形成"能者上、庸者下"的良好氛围，人均劳效进一步提升。

上述精细化管理措施的推行，进一步降低了公司生产运行成本，同时提升了企业的运行效率和管理水平，员工进一步树牢节能减排的理念。

（六）以目标为导向构建完善有效的保障机制

一是完善制度保障。2021年以来湘水集团共制（修）订实施百余项管理制度，并统筹推动各分子公司分层分级构建中国特色现代企业制度体系。

二是保障科研经费投入。针对工程建设和运行管理过程中的难点、堵点问题，编制《犬木塘水库工程科技创新实施方案》并推动实施，经费预算4000余万元，借助科技的力量提升设计水平，助推工程减排工作。此外，工程投入3000余万元经费推进BIM设计和应用，提升工程建设管理水平，助力建设阶段的减排。

三是建设高水平攻关团队。对每个研究课题，设计单位与清华大学、武汉大学等高校和科研院所的研究人员共同组建创新攻关团队，以高水平的人员投入推进各项课题的研究实施，为减排工作目标的顺利实现提供人才保障。

四是建立考核激励机制。对涉及低碳减排的每项设计工作，均设置合理的目标，落实参与成员的责任，并完善考核激励措施，确保工作目标能够圆满实现。

三、水利水电工程全生命周期低碳减排目标下的设计管理的实施效果

示范工程犬木塘水库工程可研设计于2019年1月底开始，通过主动谋划、科学部署、压实任务，克服重重困难，仅用一年半即完成可研、初设两个阶段的勘测设计任务。工程于2020年7月开工建设，目前已开工两年有余，通过在勘测设计初期就将全生命周期低碳减排理念引入各阶段设计管理中，整体策划并实施低碳减排方案，本工程已经取得了良好成效。

（一）经济效益

初设阶段较可研阶段，通过对坝址、渠首泵站泵址、灌区渠线等进行设计优化，节约投资6000万元以上；施工图设计阶段，开展大祥支渠渠线调整、GIS楼优化、隧洞喷锚支护优化等措施，可节约投资8000万元以上。此外，通过优化施工组织，强化土石方平衡规划，提高开挖料的利用率,将减少外购料及弃渣场征地移民费0.3亿元左右。

(二)环境效益

采用美国卡耐基梅隆EIO-LCA模型对初设阶段和施工图阶段减少的投资进行碳排放估算,上述设计优化分别减少了碳排放约5900t CO_2e 和7900t CO_2e,减碳效益显著。此外,300万立方米开挖利用料粗略估计减少的碳排放也在1000t CO_2e 以上。

(三)社会效益

一是通过实施碳达峰、碳中和解决方案,工程有意识地加大了设计优化力度,减少了征地移民工作量,一定程度上也减少了工程外围环境问题矛盾。二是以解决工程技术难题为纽带,企业加大了与高校、科研院所的紧密联系,提升了企业的知名度,同时也为高校之间的学术交流提供了互动平台。三是各参建单位的员工普遍提升了节能减排意识,特别是设计企业员工增强了低碳环保理念,在今后的工程设计工作和生活中将自觉践行节能减排措施,对推动水利事业高质量发展,助力"碳达峰、碳中和"愿景目标达成具有重要意义。

主　创　人:易放辉、黄跃群
参与创造人:周文杰、杨家亮、周光跃、詹双桥、周冀杨、欧阳君、
　　　　　　曹思宇、周新章、谢辅义、彭映凡

大型钢铁企业绿色发展管理的探索与创新

湖南华菱湘潭钢铁有限公司

摘要： 面向国家碳达峰、碳中和战略需求，响应超低排放改造要求，湖南华菱湘潭钢铁有限公司（以下简称湘钢）聚焦聚力绿色转型升级，积极探索与创新绿色发展模式，助力企业可持续高质量发展。通过将绿色发展理念与企业发展宗旨相结合，顶层设计企业绿色发展规划和行动方案，开展厂区环境治理，落实超低排放改造，打造清洁工厂；依托智慧升级，推动智能制造提升能源利用效率，打造5G工厂；推动固废、余热余压等综合利用，构建循环经济体系，打造效益工厂；加强绿色创新，应用先进节能技术，优化能源结构，升级产品结构，打造低碳工厂，最终显著减少了企业重点污染物和二氧化碳排放，成为湖南省绿色工厂创建示范单位，提高了能源利用水平，加强了固体废弃物的高附加值利用，降低了能源成本，推动了企业可持续高质量发展。

企业简介

湖南华菱湘潭钢铁有限公司始建于1958年，是我国南方重要的精品钢材生产基地，拥有炼焦、烧结、炼铁、炼钢、轧材等全流程生产工艺装备，产品涵盖宽厚板、线材和棒材三大类400多个品种，具备年产钢1600万吨的综合生产能力，资产总额578亿元，是湖南省单体规模最大的国有企业，桥梁钢、海工钢市场占有率稳居国内第一。在全球钢铁企业中厚板品种能力排名中，湘钢位列A+，具备与日本制铁、韩国浦项等国际钢铁巨头同台竞争的实力，与卡特彼勒、现代重工等一大批世界500强企业建立了战略合作关系，参与了上海中心、港珠澳大桥、北京大兴国际机场、俄罗斯亚马尔等众多超级工程。2021年是湘钢发展史上具有里程碑意义的一年。面对国家"限电限产"、原燃料高位震荡、钢材市场急剧变化的外部形势，公司认真落实党的十九届五中、六中全会精神，践行湖南"三高四新"战略定位和使命服务，动员全员解放思想从头越，抢抓机遇登新高，打赢了生产经营和技改大修"两大战役"，效率效益再创历史新高，营业收入突破"千亿"大关，集团产业快速发展，诞生了首家上市企业。全年实现销售收入629.9亿元，比上年增长46.93%；利润48.1亿元，比上年增长39.37%；资产负债率44.5%。

一、大型钢铁企业绿色发展管理探索与创新的背景

（一）是贯彻国家碳达峰、碳中和战略的需要

2020年9月22日，习近平主席在第75届联合国大会一般性辩论上宣布，我国力争于2030年前实现碳达峰、2060年前实现碳中和。2021年10月31日，在十二国集团领导人第十六次峰会上，中方强调，将陆续发布重点领域和行业碳达峰实施方案和支撑措施，构建起碳达峰、碳中和"1+N"政策体系，从严控产能、减量置换、结构调整、能效提升、清洁生产等多方面对钢铁行业绿色低碳高质量发展提出了更严要求，也为行业低碳转型指明了方向。

2022年3月13日，湖南省委、省政府发布《关于完整准确全面贯彻新发展理念做好碳达峰碳中和工作的实施意见》，要求到2025年，全省绿色低碳循环发展的经济体系初步形成；到2030年，全省经济社会发展全面绿色转型取得显著成效；到2060年，全省绿色低碳循环发展的经济体系和清洁低碳安全高效的能源体系全面建立。

为实现碳达峰，中国钢铁工业协会已编制完成《钢铁行业碳达峰及降碳行动方案》和碳中和技术路线图，方案中设定的钢铁行业碳达峰目标为：2025年前实现碳排放达峰，到2030年，碳排放量较峰值直降30%，预计实现碳减排量4.2亿吨。2022年2月7日，工业和信息化部、国家发展和改革委员会、生态环境部联合发布《关于促进钢铁工业高质量发展的指导意见》，要求力争到2025年，钢铁工业基本形成布局结构合理、资源供应稳定、技术装备先进、质量品牌突出、智能化水平高、全球竞争力强、绿色低碳可持续的高质量发展格局，确保2030年前碳达峰。探索与创新企业绿色发展管理必须面向国家碳达峰、碳中和战略需求，积极响应并建立绿色低碳循环发展体系。

（二）是企业绿色转型升级的需要

湘钢是长株潭"两型"试验区内唯一一家大型钢铁企业，地理位置特殊，是典型的城市型钢铁企业，面临巨大的生存压力，生存下来需要聚焦聚力绿色转型升级。

钢铁行业是我国污染物排放重点防控行业，一直受到社会各界广泛关注。"十三五"初期的雾霾污染事件进一步加剧了公众对钢铁行业污染的担忧。自2012年钢铁行业系列排放标准出台后，标准一直不断趋向严格。2018年2月，全国环境保护工作会议提出制定实施打赢蓝天保卫战三年作战计划，启动钢铁行业超低排放改造；3月，两会政府工作报告明确要求钢铁行业启动超低排放。2019年4月，生态环境部等五部委联合正式发布《关于推进实施钢铁行业超低排放的意见》，要求钢铁项目分阶段分区域完成钢铁企业超低排放改造。湖南省积极响应出台《湖南省钢铁行业超低排改造实施方案》，全面提速本省主要钢铁企业超低排放改造进程，要求于2025年底前基本完成超低排放改造。湘潭市生态环境局更是对湘钢提出了提前完成超低排放改造的加严要求。根据湖南省环境监测中心站提供的监测统计结果，近年来湘潭市空气质量排名全省末尾，虽然湘钢环保提质改造投入巨大，并与环保等多部门协同努力，但仍排在第11位（共14个城市）。湘钢探索和创新企业绿色发展管理就是致力于提高管理水平，是湘钢实现绿色转型升级的必要条件。

（三）是企业可持续高质量发展的需要

进入21世纪20年代后，钢铁企业的经营目标已由单一的"效益优先"向"追求多标准、多维度的高质量发展"转变，粗放式的增量扩产已不再满足发展需要。产业布局合理、技术装备先进、质量品牌突出、智能化水平高、全球竞争力强、绿色低碳可持续的发展格局已成为湘钢新阶段高质量发展目标。因此需要开展智能制造行动计划，推进5G、工业互联网、人工智能、商用密码、数字孪生等技术在钢铁行业的应用，在工业互联网框架下实现全产业链优化，大力推进智慧物流，探索新一代信息技术在生产和营销各环节的应用，不断提高效率、降低成本。湘钢企业绿色发展管理的探索和创新旨在通过各种节能减排手段、资源循环利用项目和智能制造行动计划，助力企业的可持续高质量发展。

二、大型钢铁企业绿色发展管理探索与创新的主要做法

（一）聚焦低碳目标，引领绿色发展规划

1. 明确绿色发展管理的思路

紧紧围绕"双碳"目标和"能耗双控"指标两大任务，贯彻落实国家和省新发展理念，努力

构建绿色低碳循环发展的经济体系和清洁低碳安全高效的能源体系。在生态文明建设大背景下，面向"双碳"战略需求，湘钢不断探索将低碳、绿色理念融入企业发展宗旨和顶层设计，制定企业绿色发展规划和行动方案，通过厂区环境治理、超低排放改造、数字化升级、资源综合利用、技术改造等，研发和应用高效且具备减少能源消费成本或创造经济效益特点的技术和项目，持续优化用能及流程结构，强化节能及能效提升，打造循环经济产业链，推进数字化、智能化生产，创建绿色工厂，实现企业可持续高质量发展。

2. 明确绿色发展管理的目标

总体目标方面，紧扣建设生态文明的主题，通过开展环境诊断、节能规划，实施环保改造提升方案，落实超低排放改造，提高能源利用水平，降低能源成本，加强固体废弃物的高附加值利用，提升自身绿色发展水平并充分消纳周边固体废弃物，打造"清洁湘钢、低碳湘钢、效益湘钢、和谐湘钢"。细分目标方面，一是要降低成本。降低外购能源成本，充分利用余热余压发电，提高自发电量，提高能源利用水平，提升节能成效，降低吨钢能耗。二是要打造"绿色工厂"，实现"城企融合"。开展厂区环境治理，努力提升厂区环境质量，落实超低排放改造，显著减少重点污染物和二氧化碳排放。

3. 明确绿色发展管理的原则

一是坚持顶层设计。做好湘钢的顶层设计，将绿色发展融入企业理念，成立绿色发展组织机构，在各单位、部门原有职责上增加绿色管理职能，制定企业绿色发展规划和行动方案，促使各部门按照整体要求有序推动公司绿色发展行动方案的执行，保证落地实施。二是坚持目标导向，围绕节能、减排、降耗三个目标，有序开展技术升级改造，提升管理水平，充分利用余热余压和固废资源，构建循环体系，贯彻落实超低排放改造要求，打造绿色工厂。三是坚持创新驱动，充分发挥企业创新主体作用，强化科技创新和制度创新，突破绿色核心技术，加快绿色关键技术的推广应用，创造并引领需求，持续提升有效供给水平。

(二) 立足环境治理，创建绿色工厂

1. 开展厂区环境综合治理，提升厂区环境质量

习近平总书记在全国生态环境保护大会上指出，"绿色发展是构建高质量现代化经济体系的必然要求"。湘钢明确提出，城企融合、绿色发展是湘钢高质量发展的重要组成部分，也是湘钢"三大攻坚战"中的重要战役。湘钢上下牢固树立"厂区就是城区"理念，致力于建设"大美湘潭"和"打赢蓝天保卫战"，狠抓环境治理，改善厂容厂貌。以中央环保督察"回头看"和湖南省环保督察为契机，进一步强化生态环保意识和绿色发展理念，彻底解决一批环境保护突出问题，推动环保工作再上新台阶。

全面落实《湘潭市污染防治攻坚战三年行动计划》《关于推进实施钢铁行业超低排放的意见》的要求，全力推进《湘钢大气污染防治三年行动计划》，突出污染的源头削减、过程减量和末端有效治理，加快超低排环保改造项目建设，减少企业污染物排放总量。一是S-N协同治理（SO_2-NO_x协同治理）方面，重点建设焦化环保升级改造项目、烧结烟气脱硫脱硝改造、焦炉烟气脱硫脱硝工程等项目。二是烟粉尘排放整治方面，重点建设煤场全封闭工程、渣场封闭工程、烧结机电除尘器改造、炼铁电除尘器改造等项目，投资20亿元，重点推进新焦炉建设、烧结烟气脱硫脱硝、煤场渣场封闭等项目建设。三是狠抓异常排污情况的日常监测、监察，环保管理绩效和环保问题的曝光率、查处率、整改率与上年相比显著提高，日常督查中查处环境问题145项，中夜班督查查处问题124项，均督促完成整改；黑度监控冒尘次数与上年相比，从84次/月降至22次/

月，降幅达73%以上；厂房无组织冒尘问题得到了有效控制，多次达到月度厂房冒尘为零的环保目标，大大降低了湘钢潜在的环境风险；通过加强源头控制、过程管理，湘钢大气污染物排放总量持续减少，外排废水达标率显著提高。2021年，湘钢烟粉尘、二氧化硫、氮氧化物排放总量较2017年分别削减80%、70%、60%以上；废水排放量进一步减少，化学需氧量排放量减少82%以上，氨氮排放量减少82%以上，悬浮物减少81%以上，石油类减少26%以上，污染物排放指标基本达到超低排要求，污染负荷显著降低。四是推进"零污染"环保治理项目建设，按照《湘潭市蓝天保卫战实施方案》《湘钢大气污染防治三年行动计划》《环保目标责任状》等的部署和要求，结合湘钢现状，从治理龙头着手，启动了11个环保治理重点项目，建设完成的1#高炉区域噪声隔吸声设施1875平方米，降低噪声值13分贝；建设完成一烧料场防风抑尘网6000多平方米；完成皮带通廊封闭11条、转运站点封闭24个、成品仓3个，封闭面积达12000多平方米；配套安装原燃料场、钢渣场及焦炉等喷雾降尘设施65个、固定雾炮36台；完成原燃料场、固废堆场防尘网覆盖面积140000平方米。

厂容环境改善方面，重点实施厂区绿化建设、货运及小车停车场建设、厂区主干道沿线建筑物改造治理、建筑外墙美化、道路改造等项目，新建料场区域洗车台13套，新增厂区清扫、洒水、移动雾炮车32台，实施了对物流车辆进出料场的清洗和厂区道路清扫的全天候、全时段保洁及降尘保湿，基本实现厂区道路24小时湿润"见本色"；厂区降尘量与上年比，降幅为49%以上。湘钢大气污染物排放总量持续减少，污染负荷水平持续降低。

2. 以老厂区综合整治为切入点，建设"园林工厂、开放式工厂"

湘钢全面加快推进"城企融合、生态绿色钢厂"建设，在实现厂区无组织排放、扬尘治理等区域空气质量持续改善的同时，按照工业旅游示范和生态园林、花园式工厂要求，实施重点区域（特别是铁前区域）的环境综合整治，实现治理成果与区域整治形象的规范统一。全力推进厂区绿化、亮化、美化工程建设，把湘钢建设成为集清洁生产、观光旅游、科普教育、文化体验于一体的生态旅游式工厂。

湘钢制定了《湘钢花园式工厂建设标准》，投资4000多万元实施厂区绿化美化、植树造林，完成瑞通料场生态防护林、一烧料场生态防护林一期、雷公塘生态景观绿化一期、厂区内闲置空地（一、二期）等项目，厂区新增绿地面积近23万平方米，厂区可绿化面积绿地率达到45%。园林设计因地制宜，设置了10余处景观池塘，不仅美观，而且在雨季能作为厂区蓄雨水、抗涝的利器；景观布置就地取材，合理利用厂区改造后剩余的废枕木、废路沿石等材料，光铺路透水砖一项就节约100余万元。

(三) 依托智慧升级，打造5G工厂

"十三五"期间，湘钢沿着"数字化、网络化、智能化"的实施路径砥砺前行，两化融合水平稳步提高，自动化控制水平不断提升，"5G+"技术的应用逐步推广，机器人无人化应用场景有较大幅度增加，产品研发、生产制造、协同管控、产销服务等的全价值链体系日臻完善，钢铁智造初具规模。

2016年，是湘钢推进智能制造的起步之年。当年公司制定了《湘钢智能制造工作推进方案》，智能制造立项53个。2017年，湘钢确定自动化控制基础较好的生产线高一线和宽厚板一线建设智能制造示范车间。同时，大力推进机器人应用，提高工作效率和产品质量。2018年，智能制造共计立项78个，投资7899万元，年创效3666万元。同年，湘钢与华为公司、湖南移动公司携手合作，率先探索5G在钢铁工业领域的应用和发展。2019年，湘钢正式投用智慧天车，成为全国钢铁行业5G实景应用第一例。同时，智能加渣机器人和设备智慧点检系统相继投运。2021年，湘钢与华为公司和湖南移动联合，发布了钢铁行业第一个《信息技术+智能制造融合发展白皮书》，启动了"数智云能中心"项目，完成了五米板智慧库房、内燃机无人驾驶、废钢智能定级、棒材表面AI检测、无人机自动巡检等智能化场景应用。"华菱湘钢5G智慧工厂"项目成功入选工信部5G案例集，公司荣获湖南省第一批"5G+工业互联网"示范工厂称号。截至2021年12月，湘钢智能制造共计立项294个。通过持续推进智能制造，湘钢实现生产过程动态优化，制造和管理信息的全程可视化，物流、信息流和资金流的"三流"同步；企业在资源配置、工艺优化、过程控制、产业链管理、节能减排及安全生产等方面的智能化水平得到显著提升，从客户需求到产品服务实现全过程智能化管理。

产线装备方面全部实现自动化控制，已有11套二级工艺控制系统，产线数据实时采集率达95%以上。无人化应用方面，在环境恶劣、重复性和劳动强度大的生产制造场景已有28台机器人应用，主要应用于炼钢加渣、测温、取样、包装、检化验分析等领域。智慧工厂方面，在五米轧制线建设了9#大方坯连铸机、调质线、5#LF炉，实现了生产集控，完成了湘钢第一个5G网络全覆盖工厂，智慧工厂建设初见成效。新技术的推广使用为公司低碳、绿色发展赋予科技的力量并且打下扎实基础。设备能源集中操控中心的组建，实现了钢厂能源平衡和高效利用、极致提效。

（四）推动综合利用，构建循环经济体系

重点推广钢渣微粉生产应用以及含铁含锌尘泥的综合利用，提升资源化利用水平，推进钢铁与建材、化工、有色等产业的耦合发展，实现协同降碳。鼓励企业与水泥企业协同合作，延伸产业链，打造绿色低碳水泥及制品。鼓励开展高活性矿渣微粉、钢渣微粉技术研发与应用，提高水泥熟料替代率。推动钢铁与化工联产，依托企业副产——焦炉煤气、转炉煤气、高炉煤气富含的大量氢气和一氧化碳资源，生产高附加值化工产品；研究建立钢化联产"产学研用"创新平台，统筹有序推进钢铁与石化、化工行业协同发展，研发推广钢化联产先进技术。积极探索利用焦炉协同处理废塑料、利用转炉协同处理废油漆桶，实现社会资源节约和二氧化碳协同减排。

加大余热余压余能的回收利用，重点推动各类低温烟气、冲渣水和循环冷却水等低品位余热回收，实践低温余热有机朗肯循环（ORC）发电、低温余热多联供等先进技术。"十四五"期间湘钢实现煤气高效利用、低效发电机组升级改造、高炉热风炉技术改造、加热炉汽化冷却改造、转炉一次烟干法技术以及高炉冲渣水余热利用。

湘钢投资300万元，建成利用高炉冲渣水制热水的换热站，通过适当补热，每天可制成90°左右的热水1000吨，一部分满足本单位职工热水需求，剩余热水通过市场运作，全部销往钢厂周边市区，满足学校、宾馆、游泳馆、洗涤等单位和行业的热水需求，取缔了单位和行业的燃气锅炉，降低了城市的二氧化碳排放量。钢厂低品质热源开发，将可以为城市取暖和相关用热行业提供稳定的热源，这也为钢厂低品质热源高效利用提供了可选路径。

发挥钢铁生产流程能源加工转化功能，构建以钢铁生产为核心的能源产业链，与周边工业企业、居民及商业用户等实现煤气、蒸汽、氧气、氮气、氩气、水等互供，替代区域内能耗、污染物、碳排放较高的供应设施，实现区域能源、环境资源协同优化。利用钢厂污水处理系统处理能力和污水处理相关技术人才的优势，协同处理城市污水，既能解决城市污水处理能力不足的问题，又能减少钢厂吨钢耗新水。

（五）加强技术改造，推进低碳发展

1. 优化能源管理

湘钢坚持围绕高质量发展的根本要求，加快推进企业能源结构优化，逐步实现能源供应质量、能源利用效率的变革，切实扭转规模数量型、粗放浪费型的传统能源生产消费模式。一方面根据不同生产负荷情况，合理调整不同品种能源的使用比例以优化能源供应结构，降低能源浪费。公司通过能源管控系统，能根据煤气热值变化，合理调配高焦转煤气的配比，实现高热值煤气的最优利用；根据煤气管网压力变化趋势，实时调整煤气使用比例，实现了煤气"零放散"；建设了30万立煤气柜，不仅可以起到稳定煤气管网压力的作用，同时作为储能装置，用电谷时可增加储气位，尖峰期可降低储气位，用于煤气综合利用发电项目，一定程度降低了企业的用电成本。另一方面，为切实解决湘钢清洁能源的消纳问题，逐步推进化石能源高效利用工程，积极推进"互联网+"智慧能源、多能互补等项目建设。

湘钢制定了能源介质优质优价政策并持续深入执行，引导各生产工序立足自身现状，在保证能源介质供应质量的同时开展节能降耗攻关，深入挖潜，工作取得显著成效。一是建立了内部能源介质质量指标体系，核定内部焦炉煤气、高炉煤气、转炉煤气热值、氮气压力等基准指标，对未达到质量标准要求的介质按照单价下降10元/立方进行成本核算；二是建立了单位能耗计价体系，以每公斤标煤1.9976元计，对单位产品能耗节降或超出标准的，按此单价进行冲减或增加该单位能源成本；三是内部电费计价多元化，按用电单耗指标、总量指标、力率指标、需量指标以及分时计价等阶梯计价核算成本。湘钢参照市用电分时价格体系，建立并完善了内部分时电价机制，依据湘钢生产特点将尖峰段价格统一，不仅便于各工序进行连续控制，同时限制高电价时段（尖段、峰段）湘钢的总用电量，从结构上引导各工序有效降低电费成本。以高线厂为例，该厂主动与生产部沟通每日的计划排产，确保了三条生产线全部实现错峰生产。

结合公司能源使用的实际情况，打造公司能源技术服务工作平台，组建能源技术服务团队，将能源技术服务延伸到生产用户现场，打通能源管理"最后一公里"，为公司各用能单位安全使用能源介质、稳定使用能源介质和高效利用能源介质提供服务，更加贴近现场挖掘节能项目并推进实施和加快能源新技术的推广应用，能源技术服务团队每年为现场解决各类问题80多项。

以项目制为抓手，推动公司煤气高效利用和煤气回收极致提升。公司发电系统机组装机容量有比较大的富余空间，为了提高煤气发电量，公司成立了两个项目组，一个是轧制系统加热炉节降煤气攻关组，一个是炼钢厂极致提高转炉煤气回收量，通过对两个项目组进行相应的绩效引导，轧制系统煤气单耗平均降低3%，转炉煤气吨钢回收热量提高10%，煤气日均发电量提升70万度。

2. 应用先进节能技术

湘钢利用成熟的先进节能技术，对现有的耗能设备进行极致提效，减少能源消耗，加快推广绿色低碳技术工艺。如焦化工序烟道气余热回收、高效蒸馏、热泵等先进节能工艺技术；应用焦炉精准加热自动控制技术，实现焦炉加热燃烧过程温度优化控制，降低加热用煤气消耗；研究煤调湿技术应用力度，降低对生产工艺的影响。烧结工序重点推广厚料层烧结技术、烧结机综合密封技术、烧结烟气内循环技术。炼铁工序重点推广高炉富氧燃烧技术、热风炉燃烧控制技术、高炉炉顶均压煤气回收技术、高炉大比例球团矿冶炼技术等。炼钢工序重点推广转炉高废钢比冶炼技术、废钢预热技术、一次烟气干法除尘技术、铁水一罐到底技术、钢包烘烤节能技术。轧钢工序重点推广热装热送、热轧全线的温度精准控制等技术。石灰窑工序重点推广应用回转窑排烟风机变频调节控制、回转窑窑头尾双层双向片式密封装备等技术。开展压缩空气集中群控智慧节能、液压系统伺服控制节能、势能回收等先进技术的研究应用。逐步推动风机、水泵、变频器、变压器、离心机、冷干机等用能设备的能效提升等技术改造。打通、突破钢铁生产流程工序界面技术，推进冶金工艺紧凑化、连续化。

3. 工艺装备技术升级改造

巩固供给侧结构性改革成果，严格执行产能置换，着力推动焦化、烧结、炼铁、炼钢工艺装备大型化、智能化、绿色化。"十四五"期间，湘钢重点实施焦炉节能环保提质改造，淘汰4座4.3米焦炉，建设2座7米焦炉及配套节能环保设施；实施烧结机节能环保提质改造，淘汰105平方米、180平方米烧结机，建设450平方米烧结机及配套节能环保设施；实施2号高炉、4号高炉大修技术改造，提升高炉的智能化和绿色化。

目前钢铁行业低碳、绿色技术飞速发展，推进高效球团矿生产工艺、熔剂性球团生产、高炉大比例球团矿冶炼、高炉高效使用块矿、减少烧结矿用量等先进工艺技术研究，以及高炉低焦比、高喷煤比、减少焦炭用量高炉冶炼技术研究应用，有序引导电炉短流程发展，加强废钢资源回收利用，鼓励高炉—转炉长流程企业转型为电炉短流程企业；推广应用新型节能电炉冶炼、废钢预热等先进工艺技术，进一步降低原材料和能源消耗等一系列的低碳技术日趋成熟，将在行业内逐步推广。湘钢重点实施了废钢加热、低铁耗炼钢等成熟技术的普遍应用，吨钢铁耗即将破700公斤，大大降低了吨钢能耗强度，减少了吨钢碳排放强度。

4. 产品结构升级

加大新产品研发力度，持续推动产品结构不断升级，造船板将向高强度、高韧性、耐腐蚀性、高止裂性、大线能量焊接以及大厚度、大尺寸规格方向发展。此外，我国能源消费结构变革，将带动LNG船需求快速上涨；北极航道及北极资源开发将带动低温F级造船板需求上涨；现有船舶的LNG动力改造，将带动船用镍系低温钢需求上涨。目前，湘钢已基本实现造船板品种规格全覆盖，面对造船行业前景低迷的不利形势，一方面重点发展高锰钢、9Ni钢、高强度止裂钢、极地船舶用钢等具备潜力的产品，占据造船行业未来发展制高点，同时适时发展极限薄宽规格造船板、大线能量焊接用钢；另一方面提升服务水平，在配套焊接材料、焊接工艺、窄公差控制、交货期、定制配送等方面给予造船企业更大的支持，以提高客户黏性。随着海洋经济向深海的发展，海工平台用钢将向超高强度、高韧性、耐腐蚀、高尺寸精度、抗疲劳、抗层状撕裂、良好的焊接性能等方向发展。目前，湘钢海工平台用钢方面市场份额较高，并积极推动我国海工平台用钢由355MPa级别向420MPa级别升级。

研究吃透双碳背景下的绿色低碳化市场发展规律，创造并引领新需求，将企业的价值导向与市场规律有机结合，顺应目前我国以及全球低碳经济的大趋势。一是以创新驱动持续提升有效供给水平，创造并引领新需求，与用钢行业密切协同，大力发展具有轻量化、长寿命、耐腐蚀、耐磨等特点的绿色低碳产品，迎合绿色低碳消费市场规律并占领市场份额，引导建筑、机械、汽车、家电、造船等下游行业绿色低碳消费，鼓励政府工程优先选用绿色低碳钢铁产品，通过提高消费质量和档次，实现下游行业减量用钢，促进全社会低碳发展。二是重视技术创新和科技成果转化，增强企业核心竞争力（包括参与制定标准，申请专利，科技成果获省级以上奖励）。三是积极开展能力建设活动，做好参与全国碳市场的准备。联合生态环境部门和相关专业咨询机构、技术企业开展有关碳交易的活动巡讲、培训工作。建立企业碳资产管理体系，为即将纳入碳排放权交易市场做好准备，并积极利用碳交易市场推动技术创新升级。

（六）创新保障体系，形成长效机制

1. 成立绿色发展组织机构

湘钢成立以公司主要领导为组长的工作领导小组，总经理、书记任组长，副总经理任副组长，各部门一把手为主要成员。组织机构负责制定公司绿色发展战略、方针、规划、节能减排目标；

审议公司绿色发展中长期计划、年度计划和年度总结,决定主要节能措施;审定和部署绿色发展重大项目,解决重大问题;监督各单位持续改进绿色发展绩效;召开公司级绿色发展管理会议;协调处理与政府机关的绿色发展相关事务。

2. 各职能部室增加绿色职责

(1) 能源环保部,负责对企业碳资产的管理,生态绿色钢厂建设的推进工作,企业节能、减排低碳技术的推广和前沿技术的跟踪储备。

(2) 企业管理和战略规划部,负责企业绿色发展推进规划的制定和组织实施,组织企业绿色管理并将其纳入绩效考核范围。

(3) 设备工程部,负责企业绿色发展项目的实施。

(4) 生产管理部,负责企业绿色生产组织模式的制定和实施。

(5) 人力资源部,负责企业职工的培训和人力资源的储备。

(6) 技术质量部,负责生产工艺流程的优化,绿色技术的推广,产品全生命周期的设计、生产协调。

(7) 市场部,负责对采购、销售绿色发展战略执行以及流程运行的监管。

3. 制定绿色发展规划和行动方案

配合编制《华菱集团碳达峰、碳中和行动方案》,规划公司低碳、绿色发展的时间表。编制《华菱湘潭钢铁公司生态钢厂建设规划》,明确建设生态文明的总体思路,实现"四个湘钢"(即(1)紧扣建设生态文明的主题,通过开展环境诊断,实施环保改造提升方案,实现"清洁湘钢";(2)通过开展节能规划,提高湘钢能源利用水平,减少二氧化碳排放,实现"低碳湘钢";(3)通过开展节能规划,降低能源成本,同时加强资源综合利用,加强固体废弃物的高附加值利用,实现"效益湘钢";(4)通过提升湘钢自身绿色发展水平,以及充分发挥消纳周边固体废弃物的作用,与城市协调发展,实现"和谐湘钢")的建设目标。编制《华菱湘钢创建超低排示范企业规划》,明确超低排改造的时间表和提升方案。

三、大型钢铁企业绿色发展管理探索与创新的实施效果

(一) 管理效益显著

湘钢人均年劳动生产率由2015年的560吨钢提高到2021年的1547吨钢,增长176.3%,与上年比增长12.1%。吨钢能耗显著下降,由2015年的621.55千克标准煤减少至2021年的561.4千克标准煤,减少9.7%。自发电量不断上升,由2015年的31.15亿度提高到2021年的35.39亿度,增长13.6%。

(二) 经济效益突出

2021年,湘钢效率效益再创历史新高,钢产量达到1550万吨,营业收入突破"千亿"大关,全年实现销售收入1120亿元,利润68.2亿元。

(三) 社会效益良好

湘钢在经济效益大幅提升的同时,社会效益也十分显著。2021年上缴税金32.04亿元,行业盈利能力进入前10名。每年为周边乡村提供工程劳务量1.2亿元;湘钢品种结构齐全,"双高"产品占比进一步扩大,为社会创造新供给、满足新需求的能力显著提升,市场客户满意度比2018年提高7.8个百分点。同时,一大批新技术的应用和智能化项目的落地实施,为湘钢企业的形象和品牌推广发挥了积极的作用,为企业高质量发展、智慧工厂的实现打下坚实基础,通过5G技术有效联接和集成企业上下游企业链,构建生态共同体,强有力地提升了企业的社会影响力和社会

效益。

（四）生态效益明显

公司坚持"城企融合、绿色发展"的目标，全面深化开展"厂区就是城区"环保管理工作，推进"园林工厂、开放式工厂"的建设。2021年，湘钢重点污染物排放较上年均有下降，监控冒尘次数下降73%，厂区降尘量下降49%，湘钢空气质量检测点低于全市平均水平，污染负荷有效降低。烟粉尘排放量9648吨，较上年减排602吨；二氧化硫排放量6266吨，较上年减排534吨，氮氧化物排放量7452吨，较上年减排360吨，减排二氧化碳12.2万吨。湘钢成为湖南省绿色工厂创建示范单位，并列入国家第三批绿色工厂创建名单。2021年，湘钢成功创建国家AAA级旅游景区和湖南省工业旅游示范点，实现了"厂区"到"城区"再到"景区"的升级蜕变，成为钢铁行业第10家国家AAA级旅游景区企业。

（五）示范效应增强

湘钢以锐意进取、勇于改革的魄力和骄人的经营业绩，获得省委、省政府和社会各界朋友的充分肯定。先后获得"全国五一劳动奖状""中国优秀企业""全国质量工作先进单位""全国厂务公开先进单位""全国精神文明建设工作先进单位""全国绿化先进集体""全国减排先进单位""湖南省首届省长质量奖""全国先进基层党组织"等荣誉称号。领导班子被中共中央组织部、国务院国资委党委评为全国国有企业创建"四好"班子先进集体。2017年湘钢荣获"全球清洁能源管理中国组中国优秀能源管理大奖"，是全国钢铁行业中唯一一家获奖企业。2018年，湘钢荣获"第十一届全国设备管理优秀单位""全国产业计量标杆示范活动标杆单位""全国冶金计量标杆示范活动标杆单位"三项大奖，问鼎设备系统最高荣誉。2018年获评"湖南省节水型企业"。2019年获评"湖南省工业质量标杆企业"，其经验在全省工业企业中推广。这些成绩和荣誉奠定了湘钢在行业中的地位，树立了良好的企业形象。

主　创　人：喻维纲
参与创造人：吴　畏、刘桥云、熊　果、谢其湘、刘晓艳、曾　力、
　　　　　　熊　嘉、闻　冰、陈　翔、杜在会

电网企业老旧库区遗留问题化解体系构建

国网湖南省电力有限公司娄底供电分公司

摘要： 溪口库区是位于娄底市双峰县杏子铺镇电网企业的老旧库区，水府庙电站建成后，溪口库区人民做出重大贡献，移民1.7万余人。但由于历史条件限制，移民关切的一些优惠政策未落实到位，用电失序问题一直没有得到根治，给国网湖南省电力有限公司娄底供电分公司（以下简称娄底公司）造成的直接经济损失每年超过200万元。近几年来，娄底公司为解决库区用电遗留问题，系统谋划、整体推进、真心协调、真金投入，政企联动、聚力攻坚，攻克几十年没有解决的"沉疴"，让库区群众用上优质电，公平用电环境逐步形成，带动种植业、服务业等健康发展，有效推动乡村振兴。溪口库区核心淹没村双源村60%的劳动力吃上了"旅游饭"，走上了致富路。同时，企业效率效益得到提升，溪口库区2020年7月至2022年3月累计少损电量1515万千瓦时，挽回直接经济损失643.95万元，实现企业高质量、健康发展。

企业简介

国网湖南省电力有限公司娄底供电分公司属国家大型供电企业，始建于1978年，位于湖南省娄底市。公司在册职工1786人，固定资产原值93.27亿元。娄底公司担负着涟源市、冷水江市、新化县、双峰县及娄底市娄星区、经济开发区、万宝新区4县（市）3区0.81万平方公里、454万人口的供电任务。服务电力客户193.7万户，其中大工业客户0.1万户，工商业客户16.1万户，居民客户172.7万户，农业生产客户4.8万户。拥有35千伏及以上公用变电站101座，总容量661万千伏安；35千伏及以上输电线路245条，总长度3161公里；10千伏配网主干线660条，总长度14482公里；10千伏配电变压器19531台，总容量571千伏安。电网企业老旧库区遗留问题化解体系构建后，通过建立政企联动工作机制、主动担当化解库区用电遗留问题、创新常抓常行机制等措施，推动库区面貌实现了根本性改变，电改"点亮"了库区群众的新生活。

一、电网企业老旧库区遗留问题化解体系构建的实施背景

（一）是落实国家及地方政府政策文件要求的需要

根据国家关于印发《水库移民补偿经费管理办法》的文件要求，移民经费的使用贯彻开发性移民方针，使移民安置与库区建设、资源开发、水土保持、经济发展相结合，促进库区与安置区的发展。《娄底市人民政府办公室关于进一步加强电力建设整顿供用电秩序的意见》提出整顿供用电秩序。各级公安、电力行政执法部门及乡镇（街道办事处）要大力整治供用电秩序，严格执行国家电价政策，对各类"特殊电价"一律取消。对库区淹没区、库区移民、城乡低保户、农村五保户已按国家电价政策规定给予优惠减免的，按表计量，按价缴费，不得拒缴、少缴电费。

（二）是服务地方政府稳定发展，解决群众所急所盼问题的需要

水府庙水电站建于1958年，库区和移民安置区大都地处偏远山区，每年主汛期下游10多个

村将近 6000 亩稻田遭洪水淹没,溪口库区 21 个村承担了水府庙库区 50% 的移民安置任务,按人头计算现仅存 1~2 分/人的田地,库农失去了赖以生存的土地,而相应的库区优惠政策和移民补助经费却未落实到位。溪口库区有移民人口 1.7 万余人,淹地不淹房人口 3.4 万人,村级财政赤字严重。群众认为自己为水府庙电站和湿地公园建设做出了巨大牺牲与贡献,但没有得到很好的安置,利益没有得到充分保障,理应在电费缴纳和其他政策方面得到补偿。群众把用电秩序的整治与其他社会矛盾扭结在一起,以其他的矛盾抵制用电秩序整顿。双峰县供电公司(以下简称双峰公司)多次免费为库区进行线路及电表改造,也都遭到村民的抗拒,政府、企业、村民三方关系紧张。

(三)是杜绝国有资产流失,满足库区居民美好生活愿景的需要

双峰县作为农业大县,长期以来电网基础薄弱,供电"卡脖子"的情况突出。双峰公司抓住"十三五"规划期间加大电力基础设施建设的契机对溪口库区开展农网改造项目,截至 2016 年 12 月底共完成 11 个村的农网改造。2017 年部分影响村群众以洪灾为由要求享受同库同价(现影响村电价为 0.5 元/度阶梯电价,要求享受淹没村 0.35 元/度的电价),并以此为由抵制电网改造,导致 10 个村未完成农网改造。而已改村因电价优惠要求未得到实现,故效仿未改造村继续用"免费电",已改村的用电秩序将面临功亏一篑的局面。

用电秩序的长期混乱,给当地带来越来越多的不稳定因素。由于无效电量增长过快,使得供电设备始终无法满足过高负荷的要求,由于负荷过高烧损的变压器不在少数,短期恢复后,同样的现象又会重演。用电秩序的混乱也给群众的生产生活安全带来极大的隐患,群众私拉乱接,使得安装在配电间的保护器无法正常投运,而且绕表用电,客户端的末级保护也没有投入,近年来因用户违规用电造成多起火灾、触电事件,人民群众正常的用电安全得不到保证。因迟迟未进行改造,线路绝缘化水平低,电力设备老化严重,客户端"低电压"、频繁停电现象普遍。村民长期超负荷用"免费电",导致电力设施不堪重负、故障频发,库区用电质量难以保障,库区年累计损失电量高达 1300 万千瓦时。库区用电乱象如不及时彻底整治,将造成供电企业国有资产严重流失,严重影响当地经济建设和社会和谐发展。

二、电网企业老旧库区遗留问题化解体系构建的主要做法

(一)直面问题,制定系统化解方案

1. 梳理库区遗留问题

库区用电秩序整治牵涉到群众既得利益。当地政府为对下游水府庙库区进行旅游开发,对上游溪口库区拦库养鱼、网箱养鱼等现象进行了取缔,并严令禁止溪口库区群众从事畜牧养殖业和大规模开发,导致溪口库区社会发展与下游水府庙库区产生了巨大的差距。2017 年溪口库区又遭遇特大洪灾,当地政府承诺的旅游开发、基础设施建设、水毁工程重建等项目因财政紧张原因均未落实到位,进一步激发了群众的不满情绪和内在矛盾。群众普遍认为自己为水电站建设做出的贡献没有得到应有的回报,应该享受的政策没有兑现到位,理应在电费缴纳方面得到补偿。有群众在库区坐公交车不买票,被勒令补票后扬言:"今天让我买车票,明天我就不交电费,反正要把损失赚回来。"此种思想在库区普遍存在,拒缴电费和对电力整治的抵触情绪可见一斑,给娄底公司用电秩序整治带来了极大的阻力。

补偿电量未分配,浪费现象严重。历史上溪口库区曾多次发生洪水,为补偿群众损失,湖南省政府出台了《关于整顿水府庙库区用电秩序有关问题的会议纪要》(湘府阅〔2001〕121 号),纪要规定由省政府每年补助溪口库区 21 个村农排电费 70 万元(折合电量 210 万千瓦时),其中各

村排渍机埠 188 万千瓦时，八组一场居民生活用电 22 万千瓦时，并分配到各村和户，超出部分按价收费。由于补偿电量分配到户难度极大，电力部门一直未配合当地政府落实到位。村民因此拒缴电费，并在"免费"的抽水电表上大肆违规接线用于生活用电，形成吃大锅饭、攀比用电和超出电量无人负责的被动局面。

2. 制定系统化解方案

统一思想认识，提高政治站位。以解决问题、促进发展为原则，统一市县乡村各级组织领导思想，平衡协调库农利益、供电企业利益、政府维稳三方面，超前谋划，统一考虑一切有利因素和不利因素，兼顾国家、集体、个人三者利益，坚决克服本位主义、地方主义倾向，提高库区供电能力和供电质量，盘活库区经济社会发展。

勇于担当，狠抓落实。娄底公司抓住"十三五"规划电网升级改造契机，全面改善库区电网结构，确保脱贫攻坚项目落地，促成政府在推进农网改造前进行相关风险评估，采取"真心协调、真金投入、建立常抓常行机制"等一系列帮扶措施，缓解库区群众的对立情绪，循序渐进推进项目实施。统筹谋划，精心部署，根据了解的情况，各级政府与娄底公司系统谋划，理清思路，组建攻坚队伍，出台《溪口库区用电秩序联合整治工作方案》，确定"解心结、改电网、收电费、助发展"的稳妥整治步骤，明确先培训后宣传、先研判后施工、先规范后打击、先党员干部后一般群众、先重点后一般的"五先五后"工作法，做足准备工作。成立 5 个帮扶组，明确专业部门职责，由挂点领导负责与地方政府沟通协调，业务分管领导负责具体工作的牵头实施，举公司上下之力，以最快速度响应溪口库区用电秩序整治工作需求，从人力、资金、技术上提供全面保障。

(二) 真心协调，建立感情连线

1. 深入群众，四下基层细找症结

娄底公司深入基层，细找"症结"。四下基层，抽调市、县公司业务骨干分组走访入户，联动当地村委进村入户走访 6200 余户，向移民用户耐心地解读、宣传各项政策文件，通过与库区群众促膝谈心、召开座谈会等形式，深入了解群众所思、所盼、所急、所怨，共收集关于"电改"的意见建议 100 余条，征集库区发展建议 30 余个。针对"心结"开"心门"，分析历史症结和群众"心结"，突出重点难点对象，耐心细致地做好群众工作，向群众提供延伸服务，协助用户检查用电设备，分析用户用电设备电量、用电习惯，指导用户节约用电，有效降低月用电量，减少电费成本支出。在推开库区用电客户家门的同时，打开了用电客户的"心门"。从解决用电客户关注的用电优惠、移民补贴、就业难、基础设施薄弱、用电环境安全隐患多等问题入手，消解群众的抵触心理和内心"怨气"。

2. 广泛宣传，正面引导思想建设

娄底公司强化宣传发动，形成强大的宣传攻势，制作跨村级公路宣传横幅，悬挂在库区内主要路口，出动宣传车每日绕库区开展宣传，撰写通俗易懂有震撼力的宣传标语，精心选定刷写地点进行粉刷，定期发送用电整治宣传短消息至库区居民。广泛宣传库区移民、用电、产业发展等优惠政策，发放宣传单、一封信和挂历等 10000 余份。派驻 6 个工作组进驻整改村，协同村干部逐户上门开展政策宣讲及衔接沟通。在《娄底日报》、娄底公司内网、国网湖南电力微博及红网等多家媒体上开辟整治宣传专栏，定期刊载整治信息，联合《娄底日报》、新湖南等重要媒体正面报道娄底公司勇于担当、攻坚克难深入推进溪口库区用电秩序整治的先进事迹，正面引导和反面警示相结合，形成以"电改"破困局、开新局的共识。

(三) 真金投入，加速欠账清理

1. 以导入应急资源为突破口，推动库区民生资金落地

为保证前期整治工作的顺利推进，娄底公司以初步缓解库区社会矛盾为突破口，协同杏子铺镇党委、政府向双峰县委、县政府争取对库区的支持政策，争取群众反映强烈的公路和教育应急资金上千万元。在建党100周年、扎实开展乡村振兴工作之际，娄底公司结合"我为群众办实事"活动，向国网湖南省电力有限公司申请专项资金，将娄底公司驻村帮扶的杏子铺镇欧源村欧源学校的一间老教室修葺一新，改造成漂亮的"光明小屋"，购置了电脑、多媒体、音响设备以及办公桌椅等，并对学校大门、围墙、走廊等进行了翻修，铺设了"安全用电、节约用电"常识宣传栏、名言警句以及"国家电网、心系欧源"等标识，并捐赠图书1700余册，为孩子们学习阅读提供了极大便利，用实际行动为乡村振兴充电赋能。

2. 以红利政策落地为兜底，明确电量电费补助方式

娄底公司促成双峰县库区用电秩序整治工作领导小组、杏子铺镇政府专题研究双源村"八组一场"居民生活用电补助电量分解到户有关问题，严格按照双峰县人民政府县长办公会议纪要精神，结合实际，明确补助方式：从县政府每年补助库区21个村的农排电量电费中解决双源村"八组一场"居民生活用电每年33万千瓦时的补助。每年12月20日前由杏子铺镇政府将补助电量分解到户的清册加盖公章提供至双峰公司，如未如期提供，则按前一年的标准执行。双峰公司在每年年底前将第二年补助电量，按现物价部门规定电价折算电费转至政府指定收款单位账户，并由政府负责支付给补助农户。促成杏子铺镇政府将库区近3年居民用电补助电量电费按年度分解支付至对应的538个电力户头，并协助政府将补助电费收据逐户上门送达签字，协助政府引导库区群众安全、有序使用库区公用672块农用抽水表计农排灌溉，实现库区群众农排灌溉用电零成本，彻底消除库区用电秩序多年"整而难治"的重大隐患，推进了民风转变、民心凝聚，大家一心求发展、同进步。

3. 以资金投入保障为支撑，加速电网基础改造升级

娄底公司领导积极向国网湖南省电力有限公司争取库区改造资金投入1000多万元，集结全县施工力量，出动2400余人次完成新装变压器33台、移装9台、立杆1247基、低压线路绝缘化改造633.11公里，完成电表安装3515块，消灭库区所有过载台区，农网改造全面完成，提升了库区群众用电质量。

（四）政企联动，实现跨越乡村振兴

1. 创新协作思路，建立战略关系

为保证库区群众用电安全，顺利推进用电秩序整治工作，2019年娄底公司紧密依托各级政府，递交《加快库区用电秩序的整治，使群众用上安全电》等提案2份，促成双峰县政府多次进行现场调研与会商。8月，湖南省电力有限公司与娄底市政府就三年50亿电网建设投资和溪口库区整治工作签订战略合作协议。

2. 建立组织机构，明确职责分工

成立溪口库区用电秩序整治指挥部。为有序推进库区整治工作，提供坚强组织保障，娄底公司促成双峰县政府先后召开两次常务会议和整治工作相关国家公职人员专题会议，研究通过核心库区整治工作方案，将整治工作纳入政府主题教育"老大难"问题清单，由双峰县委班子对下阶段工作进行详细部署，成立溪口库区用电秩序整治指挥部（与电力建设指挥部合署办公），双峰县委书记、县长亲自督导，常务副县长任指挥长，娄底公司根据工作开展需要，向政府提出组建包括供电公司、政府办、纪委、公安、科工局等在内的多部门联合整治办公室，下设矛盾协调、

用电秩序整治、工程施工、驻村帮扶、纪检监察、执法打击6个工作组,促成杏子铺镇党委派驻6个工作组常驻溪口供电所,开展用电秩序整治工作。

娄底公司总经理亲自部署,用电秩序整治工作组全日制驻点溪口供电所协调、指导整治工作。双峰公司从县公司本部和各供电所抽调精兵强将12人,进驻溪口供电所协助开展反窃查违、指标分析和现场运维工作,从各供电所抽调20名善于登杆作业的行家里手组建2支党员突击队,援建库区整治户表安装工作。建立"每周一调度、重大事项专题调度"的联系机制,由工作组专人负责"日通报、周管控、月总结",各项工作围绕总体目标和阶段性目标全面推进。

坚持党建引领,充分发挥党员的先锋模范作用和党组织的战斗堡垒作用,成立溪口库区用电秩序整治攻坚临时党支部。用电秩序整治工作推开后,杏子镇党政负责人带队分别找涉改村党组织书记、当地有影响力的干部谈心谈话,组织召开涉改村支两委会、老干部座谈会,开诚布公地说明库区用电整改的利弊。在整治工作的关键时刻,党员干部争做表率,"我是共产党员,电表安装先从我家装起"成为共识。按照"居住相近,关系相近"原则,合理划分网格,并采取"成员包片、村民代表包组、党员包户"的方式,有效确保了电改的顺利推进。

3. 推进电网升级,改善用电环境

科学决策,分阶段统筹推进用电秩序整治与网改施工。娄底公司制定整治方案,领导小组科学决策,分阶段推进网改,按照"整治工作从易到难循序渐进、用电秩序整治与网改施工同步推进"的原则,外围村遵循从易到难稳妥推进的主导思想,核心区实施全线压上整体推进的工作思路。实施网改施工军事化管理,明确双峰公司领导班子"一人包一村",集结全县施工力量,倒排工期,政府各级人员全程驻守施工现场,各村施工前进行宣传入户、村委动员、钉子户警示"三到位",强化保障措施和震慑力量。前期整治"试水期",将之前已进行部分网改的影响村作为切入口整治"试水",之后同步推进至其附近的2个影响村,实现影响村网改全覆盖。中期整治"攻坚期",淹没村社情更复杂、矛盾更尖锐、阻工更频繁,库区整治进入深水区。娄底公司全面加强施工力量与保障力量,同步推进5个淹没村网改,在影响村的施工力量基础上进行翻倍,确保总体施工人数不少于170人,供电所配合人员不少于20人,政府驻村工作组人员、村干部与施工队同进同出,6名供电所员工在各网改现场巡逻值守,5名派出所干警作为应急响应随时待命,及时化解阻工矛盾,防止群体性事件发生。后期整治"破冰期",攻坚区调配双峰县施工力量重新组成三队,同步推进整治核心区域,一鼓作气,实现库区"装表计量"全覆盖、整治村台区线路全绝缘化。

"分兵作战""集中火力"分类整治私拉乱接等无序用电。前期环节"分兵作战",双峰县供电公司调配3支施工队分别进驻库区5个淹没村,村委全程配合同步施工,按实际需求新装抽水表计,逐户解除私拉乱接用电线路;"一对一"紧盯敏感人群,耐心劝解,做好预案,一旦发生阻工行为,迅速调集力量排除干扰;重点区域"集中火力",把临近湘乡、矛盾集中的溪口村野鸡脑作为扫尾工作最后一站,调集前期3支施工队集中攻坚,库区最后一处私拉乱接线路拆除完成,全面消除了因私拉乱接无序用电造成的各类用电安全隐患,给库区群众提供了一个安全、稳定、可靠、优质的用电环境。

形成"导线绝缘化,电表高高挂"的创新施工模式。根据库区常年来窃电次数频繁、手段成熟、安全事故频发等实际情况,为杜绝网改施工后挂钩窃电、户表窃电、私拉乱接等违规、不安全用电情况,娄底公司大胆决策创新施工模式"导线绝缘化,电表高高挂",将网改整治村进行台区全线路绝缘化改造,电表更换为智能表后高高悬挂在搭火电杆上。

4. 解决民生问题，助推产业发展

娄底公司协同双峰县委、县政府积极向省政府争取溪口库区移民政策和相关补贴的落实，促成《双峰县促进水府庙库区发展三年行动计划（2020—2022）》出台。在此次专项整治过程中，各级干部、公职人员、娄底公司工作人员弘扬"四下基层"好作风，以细致的群众工作赢得了库区群众的充分认可，干群、企民、工农关系明显好转。特别是随着一批优惠政策和项目的落地落实，库区群众人心思进，外出人员纷纷回乡，开办民宿，创办家禽、鱼、蔬菜瓜果等种养殖专业合作社。娄底公司落实农村低保户、五保户和易地扶贫搬迁户电量减免政策，确保应享尽享。全面推行低压办电"三零"服务（零上门、零审批、零投资），高压办电"三省"服务（省时、省力、省钱），精简库区群众办电环节，降低用电成本，开通绿色用电通道，全程提供优质服务。库区双峰县育辉贸易有限公司、双峰县领航竹业有限公司、双源村农家乐民宿、茶场游船等民营小资企业相继报装接入用电，满足了库区群众加快发展、提高生活水平的迫切愿望，遗留问题得到有效化解。

（五）杜绝形式主义，形成常抓常行机制

1. 创新法务咨询渠道，弘扬依法用电理念

依托内外部法治资源，在库区改造攻坚村建立定点法律援助站，充分发挥公司法务人员法治管理水平和社会律师专业能力，协同动员曾经在库区工作且熟悉情况的公职人员、企业职工等参与攻坚，全面提供政策法规宣讲、法律咨询、矛盾纠纷化解、合法权益维护等方面的法务服务，化解库区居民的抗拒情绪。重点环节"细致入微"，着力抓好线路改造和电表更换这一关键环节，因地因人因时施策，为了不影响村民生活用电，做饭时间不施工；因施工停电造成冰箱里食物变质，工作组全额赔偿。利用疫情期间"居家线上教学模式"的新形势，抓住青年学生居家学习的新机遇，采取以"少"带"老"的新举措，通过"法律明白人"以点带面，推动改造区"法律顾问+村社干部+法律明白人"的乡村法治宣传体系，稳步提升整体法治水平，宣传好声音、正能量，有效减少整治阻力。

2. 创新长效帮扶模式，激发内生动力能力

创新供电管理帮扶模式。发挥农电工作综合协调机制作用，协调解决溪口库区供电所建设管理问题。逐步实现基层"零报表"，基于"数据中台+报表工具"释放数据"倍增效应"，优化各类报表的管理模式，实现常规报表个性化定制、自动生成、线上查阅，消除各类报表手工统计和人工填报，实现基层"零报表"，解决基层重复性、机械性、周期性工作难题，真正为基层减负，为工作提质，为经营增效。

创新供电服务保障模式。做好现代种业提升工程、高标准农田建设、田间管理、粮食加工存储、农资生产及农技应用的供电服务，为适合电力排灌和信息化管理的高标准农田提供电力保障，主动服务库农生活生产。推动建立政企联动的农村安全用电共建共治共享机制，加强与村委会、村级政务中心协作，因地制宜推广"电力驿站""电力网格员""村网共建"等模式，将供电服务融入政府乡村治理和网格化管理体系，实现电网企业和村组管理优势互补，用时间的积累逐步消除库区居民与当地政府、供电企业之间的隔阂，实现当地经济跨越式发展。

3. 创新需求响应机制，提供优质用电服务

以"供好电、服好务"为目标，突出落实"设备主人制"和"网格经理制"，加强设备运维和属地服务。

推广线上用电报装。持续优化用电报装线上服务功能，推广高压用户客户经理预约上门服务，为用户提供用电报装、查询、交费等"一网通办"服务。全面推广用电报装全流程线上办理，实现"业务线上申请、信息线上流转、进度线上查询、服务线上评价"，提升用户办电体验。建立用电报装的专业技术服务团队，做到一个项目一支服务队伍，为用户提供办电业务咨询、技术支撑、业务帮办等服务，实现"一站式"办电。

公开办电服务信息。丰富线上线下信息公开渠道，通过营业厅、手机App、政务信息网站、95598网站等及时公开电价政策、服务承诺、办理时限及环节、收费项目及标准等信息，提高电费透明度和信息公开度。

持续深化可靠性管理。加强设备巡视和运行维护管理，开展配电网运行工况全过程监测和故障智能研判。严格实行停电时户数目标预算管控，落实"先算后报、先算后停"的管控原则，压降客户停电时间、频次。强化可靠性指标分析应用，实现可靠性指标分析指导电网发展、设备运维检修、综合治理的目标。利用好不停电作业手段，开展线路、设备的零星消缺和搭接火等检修。停电计划、故障停电、抢修进度和送电安排等信息通过即时通信软件、短信、移动客户端等渠道主动推送到用户，库区用户年平均停电时间压减至15个小时以内。

三、电网企业老旧库区遗留问题化解体系构建的实施效果

（一）激活内生动力，企业管理水平不断提升

2022年一季度溪口库区台区线损率降至3.5%，与2019年同期（整治前）相比下降75.6%。库区群众用电体验感逐步提升的同时，缴费积极性逐步由被动转变为主动，电费自然回收率由过去的41%提升至100%，电费实时缴纳用户数增加1428户。通过"营造赛马场、制造内部竞争心理"的管理模式，溪口供电所指标全省排名上升410名。以溪口供电所各项经营业绩指标的突飞猛进，调动全市各供电所、服务站、班组争先创优的主动性与创造性，促使企业精益管理水平不断进步、经营质量效益持续提升。

（二）杜绝国资流失，经济效益显著

溪口库区用电秩序整治网改施工全部完成后，10个改造村完成变压器新装33台、移装9台、立杆1247基、台区线路绝缘化改造633.11千米，完成户表安装及供用电合同签订3515户。溪口库区2020年7月至2022年3月累计少损电量1515万千瓦时，挽回直接经济损失643.95万元。

（三）赋能乡村振兴，社会效益明显

溪口黄桃喜获丰收，为梓园、双源、溪口等村的贫困群众增收50余万元。旅游产业发展项目多点开花，溪口库区核心淹没村——双源村以旅游业带动村民就业创业，60%劳动力吃上"旅游饭"，走上了致富路，2021年全村总收入750多万元。市级联村建绿各单位投入资金200余万元对库区大道进行了高标准绿化。建设打造成型4个美丽村庄、12个美丽屋场、100个美丽庭院。

库区整治工作获得多方肯定，《娄底日报》、新湖南等重要媒体进行报道，相继登上国家电网公司工作周报、国网湖南省电力有限公司工作月报、"大经营"建设提质增效暨经济活动分会、提质增效专项行动周刊。

主　创　人：聂　云、罗　凌
参与创造人：聂贤葛、陈湘涛、程　剑、梁志尧、贺康乐、马　洁、
　　　　　　彭晓凤、龚袭垄、贺伟琳、刘新秋

电网企业高质量健康管理体系构建与实施

国网湖南省电力有限公司

摘要： 国网湖南省电力有限公司深刻领悟"健康中国"战略的丰富内涵，积极践行《健康湖南"十四五"建设规划》，坚决贯彻落实国家电网公司党委决策部署，坚持以"保障公司和电网发展、服务职工健康生产和生活"为目标，以"分级分类、防治结合、注重实效"为原则，搭建"资源融合、数智赋能、文化先行、统一规范"的高质量健康管理体系，从顶层设计出发，确保多方资源汇聚融合、管理职责明确到位；构建健康管理平台，确保健康基础牢固扎实、管理措施落实落地；注重健康文化培育，确保健康宣教深入渗透、健康意识逐步提升；创建健康管理标准，确保潜在风险有效防范、考核评价科学规范；护航生产经营活动，确保健康保障均衡普惠、就医通道绿色顺畅。通过以上措施的实施，推动健康管理工作逐步向集约化、规范化、专业化迈进，形成统筹规范、分层分级、精益智能的健康管理模式，企业整体健康指标持续改善，员工健康活动参与度及健康促进意愿度大幅提升，逐步形成"自己是健康第一责任人"的企业健康理念和"创健康企业、享健康生活"的良好企业健康文化，为推动企业发展与健康管理深度融合、纵深发展提供了管理范本和应用样本。

企业简介

国网湖南省电力有限公司（以下简称国网湖南电力）是国家电网有限公司的全资子公司，属国有特大型能源供应企业，也是湖南省重点骨干电力企业，从事湖南电网的建设、运行、管理和经营，为湖南省经济社会发展和人民生活提供电力供应和服务。国网湖南电力现有全口径用工7.1万人，分布在湖南省14个市（州）、103个县（区）、783个乡镇供电所，人员数量大、分布范围广，依赖的社会医疗资源不平衡，省会与其他市（州）、市（州）与县乡之间存在较大差距，职工的医疗健康保障能力参差不齐。随着国网湖南电力历经多次改革调整，企业医疗健康保障工作逐渐弱化，相关专业人员转岗或流失，医疗产业基本划转或剥离，生产一线职工的医疗健康保障需求得不到及时响应和满足。直至2016年，国网湖南电力积极响应国家政策，依法成立健康管理中心及支撑平台企业，开展覆盖全员的健康管理工作，进一步完善健康管理体系，拓展健康管理业务，提升健康服务品质，开启创建"健康企业"道路，将员工的身心健康和幸福指数作为企业高质量发展的重要标志。

一、电网企业高质量健康管理体系构建与实施的背景

（一）是践行企业社会责任的必然要求

2016年，习近平总书记在全国卫生与健康大会上指出："要把人民健康放在优先发展的战略地位，以普及健康生活、优化健康服务、完善健康保障、建设健康环境、发展健康产业为重点，

加快推进健康中国建设,全方位、全周期保障人民健康。"中共中央、国务院印发《"健康中国2030"规划纲要》等健康指导文件,提出"健康是促进人类全面发展的必然要求,是经济社会发展的基础条件"。湖南省人民政府于2019年启动健康湖南行动,制定《健康湖南"十四五"专项规划》,以"预防为主、普及知识、全民参与"为原则,把健康融入所有政策。作为省级电网企业,国网湖南电力在做好生产经营发展的同时,积极维护职工生命安全和身体健康,但是目前健康供给与健康需求还不十分相称,高质量的健康服务结构性矛盾十分突出,制约了企业可持续发展进程,急需织密职工"健康管理网",撑起职业"健康防护伞",全力助推健康湖南、健康中国建设。

(二)是支撑企业战略落地的迫切需要

国家电网公司抓实维护员工身心健康这一关键,着力推动"健康后勤"建设,构建统一高效、响应迅速、科学精准、联防联控的后勤健康管理体系,服务职工健康生活,提升健康管理水平,保障企业和谐发展,为"全面建设具有中国特色国际领先的能源互联网企业"的战略目标的实现注入健康活力、打造坚实保障。国网湖南电力紧扣电力保供和能源转型,全面落实"三高四新"战略定位,全方位瞄准"四个一流"(电网一流、管理一流、服务一流、队伍一流)发展目标,进入跨越发展的关键时期。一方面,企业高质量发展对健康管理提升的需求更为迫切,高空、野外、密闭环境等极端作业环境,以及迎峰度夏、抗冰保网、抗洪抢险等重大活动电力保障,对职工健康提出更高要求。另一方面,由于电力企业人员数量大、分布范围散、组织层级多等特殊性,依赖的社会医疗资源分布不平衡,省会与其他市(州)、市(州)与县乡之间存在较大差距,职工的医疗健康保障能力参差不齐,生产一线职工的医疗健康保障需求得不到及时响应和满足,与电网企业的高质量发展不相适应。

(三)是构建和谐劳动关系的有效手段

近年来,电网企业职工疾病谱不断发生变化。国网湖南电力职工呼吸系统、心脑血管系统等疾病发病率分别为9.79%、26%,明显高于社会平均发病率,具有疾病行业典型性。鉴于疾病问题日益突出,国网湖南电力高度重视职工的健康保障,将其作为企业发展的重要抓手,取得了一定成效,但随着职工对健康管理认识的不断深入,对相应服务的期盼"水涨船高",需求也逐步向体系化、细节化、智能化转型。目前的健康管理工作尚存在不优、不全、不细、不到位等问题,具体表现为:一是缺乏统一的健康管理规划,没有专门的组织机构提供技术支撑,职责界面不够清晰,未设置专业岗位,人员流动性大,资源较为分散、缺乏统筹协调。二是缺乏丰富的健康服务内容,仅包含常规体检、日常门诊等基础性服务,举办的活动吸引力不强,并且健康服务未形成全过程闭环,个性化、针对性服务手段较为欠缺。三是缺乏固化的健康管理标准,对体检项目没有统一规范的标准,对体检机构没有评价考核体系,缺乏对特殊工种的适应性健康标准。四是缺乏积极的健康文化氛围,职工健康意识普遍较低,健康宣贯及培训相对滞后,健康管理教育的环境和条件还不成熟。鉴于以上问题,迫切需要开展全覆盖的职工健康管理工作,为职工提供更大的发展舞台和更充分的发展条件,构建和谐劳动关系,提升企业可持续发展能力。

二、电网企业高质量健康管理体系构建与实施的主要做法

(一)统筹内外资源,形成协同联动格局

1. 构建健康管理体系,集约化管理内部资源

国网湖南电力健全"省、市、县三级健康管理体系",依托健康管理中心的专业支撑,搭建"横向联动、纵向贯通、协同有力"的健康管理工作网络。省公司层面,成立健康管理中心,承担

公司系统34家所属单位的健康管理职责，明确健康管理、医疗帮扶、健康保障三大业务，建立包含临床医师、健康管理师、营养师、心理咨询师等在内的专业骨干团队，配置CT、超声、24小时动态心电图等医疗设施设备。统筹内外部医疗资源，与中南大学湘雅医院等知名医院签署体检业务战略合作协议，建立常态化协同机制，针对性地开展电网企业健康管理课题研究，着力提升公司健康管理水平。市、县公司层面，按照"谁主管，谁负责"原则，强化属地单位健康管理主责，市级单位设置健康管理专责，县级单位明确健康管理事务，将健康管理工作纳入各单位年度重点工作任务，出台健康管理责任履职清单，确保健康管理各项工作落实落地。

2. 开展"请进来、送出去"，深度链接外部资源，建立长期协同机制

定期邀约属地政府卫健部门对企业的公共卫生、职业健康管理工作进行专业指导；与中南大学湘雅医院等知名医院签署健康管理战略合作协议，依托医院的资源优势打通企业员工"就医通道"、开展健康巡诊到一线等系列活动。针对性地开展电网企业健康管理、健康中国企业落地、医疗资源下沉等课题研究。建立医疗合作专家库，分类分级吸纳涵盖湖南省卫生健康委、湖南省疾病预防控制中心、湖南省人民医院等10家政府职能部门和知名医院的百余名专家教授，组建外部医疗资源专家库，以培训、讲座、现场指导等多种形式为企业、职工开展业务指导和技术支持。优选骨干交流进修，优选青年骨干赴合作医院进行学习交流和专业进修，吸纳先进的健康管理理念，提升对常见病、多发病的诊疗能力和实际操作能力，强化突发卫生事件的应急处理能力。

（二）搭建智慧平台，提升健康管理质效

1. 打造健康管理中枢

建立健康信息资源库，打通全省49家专业体检机构数据壁垒，实现体检数据"一网通"。从全生命、全生活、全数据等维度出发，统计分析职工健康档案数据，利用大数据、人工智能等先进技术，优化技术实现途径，精准获取用户日常行为、健康体检、健康监测和就医救治等健康数据。绘制企业健康画像，按照"一人一档"建立个人健康画像，甄别重点岗位、重点人群和重点风险，生成职工患病比例、疾病种类分布、动态职工健康排名、企业健康指数分析等多维度统计分析报表，形成个人和企业健康画像，随时掌握职工健康信息和疾病风险，并可视化动态展示，实现"一图全面感知、一键可知全局、一体运行联动、一屏可视流程"。深度挖掘数据价值，按照统一规范的健康评估和风险预测标准，进行科学精准的健康干预，引导职工改善健康行为，养成健康生活习惯。建立健康管理平台，畅通系统内部平台管理通道，按照"分级管控、协同联动、远程指挥"的原则，搭建设计端、管理端、应用端扁平化三级数据结构，设置管理用户、个人客户登录权限，融合健康管理标准，匹配安全管控机制，实现数据资源的归集分析和智能应用。

2. 打造五大业务板块

打造健康咨询、健康宣教、健康预警、健康云诊所、职工健康App等五大业务板块。健康咨询为职工提供疾病预防、急诊处理、医院推荐、就医指导等线上功能，让职工足不出户获取健康资源；健康宣教通过定期推送健康政策、慢病常识、科学运动、日常保健等健康资讯，提升职工健康素养；健康预警通过对职工的历史健康数据进行监测和阈值分析，为有患病风险的职工提供智能预警服务；健康云诊所可直通省内知名专家提供远程辅助诊断、会诊等服务，拓展省内优质医疗资源服务范围；职工健康App通过移动互联网应用为职工提供健康数据查询、体检预约、用药提醒、膳食及运动指导等个性化健康服务。

3. 开拓线上督察督办方式

聚焦体检技术规范、检查设备情况、体检报告质量管理、体检客户满意度等关键环节，开拓

管理人员督察督办信息线上办理,及时督促体检中心按技术标准要求落实落地,全面提升体检质量。

(三) 实施健康行动,培育全员健康文化

1. 实施健康知识普及行动

开展普适性健康教育,树立"零级预防""防病胜于治病"理念,建立健康知识、预防技能信息发布制度,建设和规范内部广播电视、主业网络、专题专栏以及新媒体等宣传媒介,制定健康教育计划,开展"健康之声"线上宣教和线下主题健康讲座,全方位、立体式普及健康知识,培育健康文化。编印健康管理系列教案,邀请疾病防治、安全急救、心理健康、就医用药等相关专家编撰操作指导性强的健康管理教案。

2. 实施心理健康促进行动

开展心理健康测评,从心理健康、职业心理、个人成长、人际关系、家庭情感、趣味测试等类别出发构建职工心理测评量表,以心理健康"自评+普评"相结合的方式对心理问题进行筛查,帮助员工了解并适应自身生理和心理的变化。实施员工援助计划,针对调度控制、变电运维、应急保电值班等长期封闭人员,实施职工心理关爱项目,设立心理咨询热线、心理辅导专员和员工互助小组等,引导心理健康"绿色投资",指导基层单位根据实际情况和需要分别设立减压室、沙盘室,帮助员工调整心理状态,缓解压力;建立关爱小屋,为职工提供心理放松和自我调适服务,引导职工从"保身体健康"向"促身心健康"转变。

3. 实施合理膳食和全员健身行动

打造健康食堂,定期推出符合传统节日和二十四节气特点的养生膳食活动,开展健康烹饪模式与营养均衡配餐的示范推广,鼓励职工减盐、减油、减糖。实施营养干预,采取用餐提示、标明菜品热量、烹调方式营养化改造等形式,在潜移默化中传达健康饮食理念,达到科学饮食目的,减少指标异常因素。开发特色体育健身手段,根据电力职工的工作性质,创编工间操、保健操,依托职工文体活动中心,增设、完善乒乓球、瑜伽等健身活动场地。

(四) 建立标准体系,打造友好工作环境

1. 规范健康体检项目

综合分析公司重大疾病流行病学发病情况,针对近年来职工呼吸系统、心脑血管系统等疾病发病率攀升的现状,结合公司职工性别比例、年龄分布、体检意愿等因素,研究制定"1+3+X"个性化体检套餐。其中"1"为基础套餐,系中华医学会健康管理学分会制定的必检体检项目;"3"为公司多发的肺部结节、心脑血管疾病、女性两癌针对性筛查的专项体检套餐;"X"为电网企业不同工种推荐的肿瘤、消化道疾病筛查等12项体检自选套餐,满足企业和职工多层次、多样化的体检需求。

2. 制定评价考核办法

制订年度、月度工作计划,将职工健康管理工作任务细化分解到岗,明确市州公司、支撑单位、体检机构三类考核指标,对市州公司职工健康体检完成率、患重大疾病职工属地就医帮扶满意率进行考核。

3. 分级开展健康干预

常态化开展职工健康生活调研,收集职工个人生活习惯、疾病情况、家族病史等,结合年度体检结果,开展肿瘤、高血压、糖尿病等常见多发疾病的健康风险评估。对应疾病低危、中危、高危人群,依据慢病管理原则,实施红、橙、黄、蓝四级健康预警,发现职工患病早期风险。

4. 建立特殊工种健康标准

对照国家、党政机关有关职业卫生标准，综合分析国网湖南电力工作性质、职业禁忌、患病特质等，梳理制定高空、野外、密闭环境、带电作业、应急抢修驾驶以及保供电餐饮保障等6类特殊工种的健康标准，分类细化上岗和在岗健康指标要求。

（五）筑牢健康屏障，护航生产经营活动

1. 开展"送健康到一线"活动

首创"送健康到一线"活动，根据属地公司企业健康画像、疾病谱排序情况及职工健康需求，从专家库中择优匹配专家，定期组织到属地单位进行健康指导、健康巡诊、多学科坐诊等，扭转医疗资源分布不平衡的现状，推动医疗资源价值扩大化，集中解决偏远地区一线职工"看病难"问题。针对在长单位每周开展"健康服务日"主题活动，针对多发疾病开展名医健康义诊。利用"互联网+医疗"推出名医直播间，提供深度互动、云问诊、健康科普、季节高发病症预防等丰富多样的线上诊疗服务，搭建医患沟通桥梁。

2. 开辟就医"绿色通道"

按照"基层首诊、大病转诊"的原则，对患重大疾病需恶性肿瘤切除、冠状动脉搭桥、心脏瓣膜修复、肝肾器官移植等手术，以及因工负伤可能危及生命需要救治的职工开展医疗帮扶。集中优势医疗合作资源，积极畅通专家会诊、异地转诊通道，采取"目标任务责任制"，由健康管理专责联系患病职工或家属，了解职工相关病情、帮扶需求及就诊事项，跟进帮扶全过程，并定期随访。

3. 强化多专业健康保障

设立"健康服务窗口"。在各级调度设立健康服务窗口，配置专业医护人员，配备健康一体机和"小药箱"，为职工提供体征监测、档案查询、医疗急救等便捷健康服务，解决调控值班人员因长期封闭工作带来的精神压力大、颈肩疾病等健康问题。设立"健康服务站点"。针对换流站、变电站、集控站集中检修及输变电工程工作时间长、人员密、工作量大的特点，设立健康服务站。设立中西医结合服务诊室。日常采用门诊坐诊方式，注重与职工需求的主动对接，不断拓展医疗服务内容，开辟单间诊室提升体验感，提供肌肉注射、静脉输液、清创换药等西医辅助治疗服务，推出颈肩推拿、针灸、拔罐等中医特色理疗服务。设立"15分钟核酸检测圈"和"10分钟应急救援圈"，为有出差、出行等需求的职工提供更高效、更安全、更便捷的核酸检测服务。配置AED（自动体外除颤仪）等急救设备，配足配齐急救药品，邀请湖南省红十字会为健康管理团队开展应急救护能力培训，充实应急突发疾病保障后备力量，提高突发疾病的院前救护能力。

三、电网企业高质量健康管理体系构建与实施的效果

（一）健康管理水平持续提升，健康工作网底愈加稳固

通过构建基于保障电网企业高质量发展的健康管理体系，国网湖南电力形成统筹规范、分层分级、精益智能的健康管理模式，整体健康指标持续改善，实现健康管理"三化"（集约化、规范化、专业化）。健康管理基础日趋夯实。归集职工体检档案24万余份，建成详实的健康数据资源库，统筹内外部医疗资源满足职工多元化需求，编发《国网湖南电力职工健康管理办法》《国网湖南电力特殊工种职业病防治健康要求》《国网湖南电力职工"四色"健康预警指导意见》等十余项制度规范，形成统一规范的业务管理标准体系。健康管理职责界面清晰。所属单位均设置了健康管理机构和岗位，配齐了34家二级单位、103家三级单位的健康管理岗位人员，明确了健康管理职责及业务。积极改革，依法成立健康管理中心及支撑平台企业，开展健康体检等具体实

施工作。健康管理队伍日趋壮大。建立健康管理专业团队总计122人,其中健康管理师13人、心理咨询师3人、营养师8人、运动康复师5人,包含高级职称36人,配齐配足CT、超声、24小时动态心电图等医疗设施设备。

(二)健康文化氛围更加浓厚,职工慢病防控成效显著

逐步形成"自己是健康第一责任人"的理念。坚持以人为本、健康优先,将健康融入企业政策制定实施的全过程,在企业发展中体现健康优先、突出健康目标和保障健康需求,在全面宣教和有效干预中鼓励职工做到饮食有节、起居有常、动静有度,慢病发病率逐年降低。开展慢性疾病健康干预10万人次。截至2021年底,职工高血压、糖尿病、高血脂发病率分别为14.7%、12.1%、23%,分别低于全国平均水平10.5、0.5、18个百分点,慢性病控制成效显著。血压、血糖、血脂中高风险预警人数与2019年相比同比降低0.67%、2.27%、1.98%,实现了职工高血压、糖尿病、高血脂发病率连年降低且均优于全国平均水平。

(三)企业发展动力持续增强,社会经济发展责任彰显

近年来,国网湖南电力健康管理水平稳固提升,职工身心健康得到保障,职工全身心投入电力事业建设中。医疗站、移动体检车已在公司重要生产经营场所全面布局,高效优质的健康管理机理在各大电力工程建设中初见成效。2021年,"宁电入湘"工程取得实质性进展,投产后可为湖南省增加1/6用电量;南昌—长沙1000千伏特高压交流工程仅用10个月就竣工投产,将为湖南提供最大400万千瓦的电力支撑,有力保障湖南能源安全;长沙电网"630攻坚"工程进入冲刺阶段,电网结构极大优化,全市进入千万千瓦级城市电网新阶段,为健康中国在湖南落地提供借鉴。助力完成了中国共产党成立一百周年庆、北京冬残奥会及湖南省人大、政协两会等重大活动保供电任务,为全省7000万人民安全有序用电和疫后经济拔节而生作出应有贡献。

(四)健康管理品牌逐步形成,引领示范应用效应突出

项目以电力企业特殊定位和电力职工多样化需求为导向,开创了电网企业健康管理"湖南模式",为推动企业发展与健康管理深度融合、纵深发展提供了管理范本和应用样本,树立了以健康管理助推企业可持续发展的品牌形象,体现出较强的引领示范作用。项目形成一套完善的健康管理流程,含规范的管理体系、成熟的管理机制和显著的管理成效,其中许多举措是电力行业健康管理首创,在行业内有广泛的影响,多个兄弟公司前来参观学习考察,健康管理标准已纳入企业管理标准审核储备库,并且取得了较高的管理效益、经济效益和社会效益。具备了较强的应用推广前景。项目以健康管理体系为核心,切实为职工送健康,办实事,推动企业和职工协商共事、效益共创、利益共享,可普适于其他省份具有相同环境特征的地域或地区,具有向电网全系统企业、电力行业相关企业推广的价值。

主　创　人：许海清、丁介群
参与创造人：戴坚胜、唐　华、刘家钰、李　昂、龙　洋、邓　军、
　　　　　　唐纯辉、黄　燕、吴媛媛、江　彬

电力产业管理企业"光储充"一体贯通的管理创新

湖南电力产业管理公司（湘能集团）

摘要： 为顺应国家倡导绿色能源发展新趋势，落实地方政府关于完善充电基础设施建设、"光伏+储能"产业发展等要求，湖南电力产业管理公司以加快推进省管产业转型升级，助力建设以新能源为主体的新型电力系统为目标，围绕深化"光储充"（分布式光伏发电—储能系统—充放电）一体贯通管理的工作思路，通过"光储充"一体贯通整体规划、全过程"光储充"服务站点建设、全要素"光储充"服务运营安排、全环节"光储充"生态网路打造、全业务"光储充"产业发展保障等具体做法，不断探索、创新、完善"光储充"服务，由湖南电力产业管理公司指导，所属子公司星源电力建设集团有限公司投资建成湖南省首座集"光储充"于一体的"吉星南路充电服务站"（以下简称"的士之家"）。该项管理创新创造于2020年12月，集约发展"光储充"多能互补技术，推动新兴产业转型升级加快，理顺"光储充"一体贯通管理，在挖掘经济效益增长点、显著提升企业经营质效的同时，成功创建了良好产业典范，深化绿色能源发展布局，大力彰显企业社会效益。

企业简介

湖南电力产业管理公司（湘能集团）系国网湖南省电力有限公司省管产业管理平台（以下简称产业管理公司），全面承接湖南公司对省管产业单位的管理职责，按事业部模式运作。目前设置7个部门，各地市公司设置产业管理公司分部，与平台企业合署办公。公司现有省管产业单位61户。其中，具有电力设计甲级资质企业4户、电力设计乙级资质企业11户，电力施工总包二级资质企业7户，输变电专业承包一级资质1户、二级资质13户，工程监理综合资质1户。全口径用工34321人。2020年，公司省管产业单位实现营业收入178亿元，利润6.2亿元。

星源电力建设集团有限公司（以下简称星源电建集团公司）系产业管理公司所属全资子公司，始建于1994年，注册资金1亿元，具备电力工程施工总承包二级、输变电专业承包二级、工程勘测设计企业电力行业（送电工程、变电工程）设计乙级等资质。现有员工510人，2020年实现营业收入9.08亿元，同比增长1.46亿元，资产总额4.8亿元，获评省管产业专业对标标杆单位，经营服务质效指标排名全省第一。

一、电力产业管理企业"光储充"一体贯通的管理创新的实施背景

（一）顺应国家大力倡导绿色能源发展新趋势

2018年6月，国务院发布《打赢蓝天保卫战三年行动计划》，力争通过3年努力进一步明显降低细颗粒物浓度，明显减少重污染天数。在发展绿色交通体系方面，计划提出大力推广使用新能源车。其次，2020年11月国务院办公厅印发的《新能源汽车产业发展规划（2021—2035年）》

明确提出，鼓励建设"分布式光伏发电+储能系统+充放电"的"光储充"多功能综合一体站。随着国家政策的推进、新能源汽车产业链、储能产业链的进一步高效发展，"光储充"正在成为新能源汽车全生态布局的关键。据统计，此前至少已有六省市发布文件明确指出鼓励"光储充"一体化充电设施发展。因此，面对绿色能源发展新趋势下的环保需求，及当前能源供应缺油少气的缺口现状，推行"光储充"一体贯通，是顺应国家"双碳"目标、推动能源消费清洁低碳转型的必然举措。

（二）助力省市政府完善充电基础设施建设新需求

2022年2月，湖南省人民政府办公厅发布的《关于加快电动汽车充（换）电基础设施建设的实施意见》要求到2025年底前建设运营充电桩40万个，基本建成"车桩相随、开放通用、标准统一、智能高效"的充电设施体系。娄底市人民政府出台《关于娄底市充电基础设施建设有关工作的会议纪要》明确，2021—2023年娄底中心城区900余台出租车全面实施"油改电"，必须加快城市充电设施建设和布局；2021年9月，娄底市发改委明确全市到2025年底，充电设施保有量达9300个以上。与电动汽车的迅猛发展相比，全省充电基础设施整体进度滞后，"光储充"一体贯通的集中式服务充电站建设能大大满足社会化电动汽车的充电服务需求。

（三）落实"光伏+储能"产业发展新要求

"新能源+储能"正在成为能源行业变革的趋势。一方面，分布式并网光伏系统发电应用形式广泛，就地消纳、自发自用，供电传输距离短、损耗小，成本低、回报周期短、回报高。国家电网有限公司2021年明确提出要推动新能源发电由集中式开发为主向集中式与分布式并举开发转变。另一方面，光伏发电有负荷随机性的限制，《国家发展改革委关于进一步完善分时电价机制的通知》对峰谷电价价差及储能提出了相关要求，2021年以来，山西、宁夏等11个省市要求新能源配置储能。开展"光储充"一体贯通管理创新是在建设功能单一的充电桩基础上，增加了"分布式光伏+储能"配置，以打造能源领域新型融合基础设施，发挥分布式光伏发电的优势，解决发电的不稳定性，落实"光伏+储能"产业新要求。

二、电力产业管理企业"光储充"一体贯通的管理创新的主要做法

（一）"光储充"一体贯通的整体规划

电力产业管理企业"光储充"一体贯通的管理创新项目，以加快推进省管产业转型升级，助力建设以新能源为主体的新型电力系统为目标，以构建从选址、立项、设计、建设、运行、运营到管理一体贯通的体系为整体思路，依据国务院办公厅《新能源汽车产业发展规划（2021—2035年）》《国家发展改革委关于进一步完善分时电价机制的通知》《关于加快电动汽车充（换）电基础设施建设的实施意见》《关于娄底市充电基础设施建设有关工作的会议纪要》《国家电网有限公司构建以新能源为主体的新型电力系统行动方案（2021—2030年）》《国网湖南省电力公司关于新能源汽车充电基础建设的三年行动计划》《湖南电力产业管理有限公司关于规范省管产业单位投资全过程管理的通知》等国家、省市政府、国网公司、省公司文件，通过全过程"光储充"服务站点建设、全要素"光储充"服务运营安排、全环节"光储充"生态网路打造、全业务"光储充"产业发展保障等关键路径，以实现新兴产业转型升级加快，企业经营质效显著提升，"光储充"一体贯通管理理顺，顺利创建良好的产业典范，深化绿色能源发展布局，大力彰显企业社会效益。

（二）全过程"光储充"服务站点建设

针对此前充电站点建设流程不清晰、衔接不紧密、建设周期长等问题，全过程"光储充"服

务站点建设开展多方联动，集合并规范了工作流程，通过合理开展布点、组建项目团队、高效各方沟通、联合现场办公等方法，对项目前期调研、选址、申报审批、内外部合规性审查、场地搬迁平整、物资购置、场站施工、竣工投产等各个工作节点实施全过程管控，以快速高质建设"光储充"一体贯通的服务站。

1. 紧盯市场需求，合理开展站点布局

积极联系属地发改委开展充电市场需求调查。根据地方中心城区出租车"油改电"趋势，锁定当前服务主体主要是电动出租车以及网约车、其他社会新能源车辆。主动对接地方政府充电设施"十四五"专项规划，针对电动汽车发展规模及方向，在城区各区域提前布局了充电站建设需求，将本公司符合条件的自有场地纳入规划布局范围。

2. 组建项目团队，推动工程快速启动

组建多部门联合的项目建设团队，明确以属地产业公司新兴产业事业部为业主项目部，中标施工队组建施工项目部的组织架构，明晰职责。严格按照投资全过程管理的要求快速规范完成项目报审，协同省电动汽车公司属地事业部，在一周内组织完成可研编制及评审、投资内部决策审批，并完成项目报备。

3. 高效各方沟通，助力工程稳步推进

加强项目设计、施工招标管控，特别是做到"光储充"综合设计，一步到位，高质量开展物资采购。快速开展场地搬迁及场平，属地产业公司促请市公司积极向市发改委、城管办等职能部门汇报，明确场地搬迁、场平时间要求。严格管控施工队伍，由属地产业公司核心施工队伍承担建设主体，严防交叉作业风险，做好工程施工安全及质量管控。

4. 联合现场办公，实现问题日清日结

有序进行联合现场办公，安排专业保障体系、监督体系人员驻现场指导工作开展，监督现场安全举措的执行，确保现场作业安全高效。高效推进场站施工及矛盾协调，依托日早会、工作日报、工作微信群报告，积极协调解决物资采购、施工进场等各方面问题。明确工作进度要求，倒排工期，严格按照里程碑计划实施。

占地约2000平方米的"的士之家"集中式充电站，总工期43天内高效完成建设任务目标，完成4台630千伏安高压变压器、26台120千瓦直流一体机、300千瓦时储能设备、147千瓦的光伏发电系统、洗车机安装及土建工程建设。

（三）全要素"光储充"服务运营安排

前期，集中式充电服务中心受充电市场行情影响，存在功率利用率低、回报周期长、投资建设信心低迷等问题。全要素"光储充"服务运营面向客户，抓住充电体验、充电量、宣传引流等关键要素，不断制定并完善运营管理服务举措，多渠道挖掘盈利点，把提高场站盈利能力作为运营者解决的首要问题，在为客户提供多元化服务、全面优化充电体验的同时，有力地保障场站充电电量，大幅提升"光储充"一体贯通充电站知名度，切实提高运营效益。

1. 优化站内服务配置，提升充电服务体验

着重抓好各项基础设施建设，以提升充电服务体验。首先是提升充电服务接纳能力，站点可同时供应的车辆充电配置需远大于普通站点，让客户无需长时间排队等待充电。其次是提供多元服务，建设超级充电服务中心，场站内安排充电服务员、保洁员，及时处理场站的充电服务、卫生等问题；配置司乘人员服务中心，设置观影区、休息区、轻食区、开水区、阅读角、卫生间等功能区，供驾驶员休息使用；提供扫码洗车或充电送洗车券等增值服务，最大限度地提高运营效

益,缩短回报周期,促进良性发展。

2. 多措并举锁定客户,保障长期充电电量

积极与新能源销售商、网约车公司、出租车公司沟通,签订大客户优惠协议,增加存量客户粘连度;与属地4S店合作,赠送新能源车主"车电包",锁定新增用户。加强与政府相关职能部门的对接,积极申报政府补贴资金,减少投资建设成本。降低服务费标准,加大引流力度。湖南省发改委明确充电服务费价格为0.8元/千瓦时以内,娄底范围内服务费标准目前为0.5元/千瓦时,为进一步吸引客流,2021年"的士之家"充电站服务费为0.3元/千瓦时,并将优惠持续到年底。

3. 开展多渠道站点宣传,提升引流效率

通过抖音、微信、微信充电车友群等互联网新媒体平台,多渠道、多形式宣传"光储充"集中式充电场站,提升场站知晓度。如"的士之家"投产仪式在国家级、省级、市级主流媒体均有报道,投产仪式结束后,即与网约车、出租车公司达成了大客户协议意向签约。同时,将站点接入国网电动汽车车联网平台,客户可以通过国网"e充电"App进行站点查询和预约充电服务。此外,在百度地图、高德地图、腾讯地图等App上,对站点进行注册和推荐,扩大客户群体。开展站点活动宣传,通过节假日定期进行服务费打折、充值送礼等活动,挖掘新客户。

(四)全环节"光储充"生态网路打造

面对快速发展的绿色能源体系,普通充电体系已无法满足新形势下的新要求。一是单一火力发电电能来源的充电站与国家清洁能源发展还有差距,峰谷差价利用程度有限。二是当前充电桩(站)运维管理工作面临站点多、装机功率小、布局不合理等难点,增加了经济成本和道路交通安全风险。三是"光—储—充"三套系统运行具有一定的安全风险、检修作业风险。针对上述问题,本项目综合运用最新技术,最大限度地利用清洁能源供电;化解安全风险,实现多位一体的综合能源智慧管理;统筹利用资源,提升项目实施的经济性,构建起"光储充"绿色充电生态网络。

1. 削峰填谷,确保绿色能源高效利用

光伏、储能和充(放)电设施通过电气连接形成一个微电网,采取新能源(光伏、风电)发电进行储能存储,或夜间利用谷电储能蓄电,实现多种能源互补模式,待新能源车辆充电时再释放绿色电能。绿色能源循环供应技术不仅每年能为电动汽车提供清洁电能,还能实现电力供应削峰填谷等功能,可有效提高电网的运行效率,仅"的士之家"一个站点一年就可提供17万余千瓦时清洁电;配置的储能设备与光伏发电系统和充电负荷保持联动,确保绿色能源得到高效利用;依托充电需求与公共电网的智能互动,实现并网、离网两种不同运行模式,提高充电服务中心的供电可靠性。

2. 化解风险,实现站内设备科学运维

多能互补的超级充电服务中心属于集中式场站,有条件采取人员值班运维或加装远程监控等辅助设备进行远程调控的方式,可大大减轻管理人员的工作强度。同时,面对"光—储—充"三套系统配合的微电网运行,站内打造了"智慧能源管理系统",实现充电服务提醒、多能潮流分布展示,并逐步完善"光储充"能源调度、能耗统计分析等功能,以化解新技术应用的安全风险;协同省电动汽车公司和相关设备厂家,编制了设备运营及维护的工作操作手册,保障了系统运行的稳定性。

3. 整合资源,注重项目实施经济环保

"光储充"一体贯通充电站利用现有场站资源,着力提升接纳能力,大幅度降低投资成本;综

合运用最新技术，提高功率利用率，缩短回报周期，满足经济、绿色、节能等需求。打造回收动力电池梯次利用场景，大大降低了储能系统的成本，解决了电动汽车电池回收的问题，防止电池污染和资源浪费；通过技术手段提高光伏发电的自用率，科学设定储能设备充放电策略等，发挥光伏储能的最大经济价值；利用现有车棚顶安装光伏发电系统，既能产生发电的经济价值，又能满足传统雨棚的功能，同时还节约了土地资源成本。

（五）全业务"光储充"产业发展保障

本项目精准施策，从组织构架、发展模式、动态评估、过程监督、结果导向考核等多个方面入手，建立并完善全业务光储充产业保障体系，为项目实施落地做好全方位保驾护航。

1. 完善组织构架，层层压实责任

省公司层面，产业管理公司推动9家地市平台企业、4家直属单位的产业公司成立新兴业务事业部，指导属地产业公司拓展电动汽车等新兴业务，负责业务投资预算管控、可研评审、投资后评价等，会同省公司相关部门理顺管理和投资界，做好产业远景规划。地市公司层面，由总经理担任新兴产业领导小组组长，分管营销副总具体负责抓新兴产业工作。县公司层面，在产业分公司成立新兴业务事业部，具体承接新兴业务的落地实施。

2. 协同发展模式，建立"总—分—总"机制

以市场和客户需求为导向，按照"区域+专业+优质资源"的市场联动模式，统筹整合地市公司、属地产业公司人员、技术、客户、市场等方面的属地优势资源，建立"总—分—总"协同机制，构建"事业部前端集中拓展市场，新兴产业与省管产业中端专业分工承揽，省管产业后端实施全面支撑"的发展模式。

3. 实施精益管控，实行动态评估

建立动态评估机制，探索建立电力产业管理企业业务发展评价体系，及时把握政策动态，追踪行业发展变化、新兴产业发展方向，科学制定评价方法，定期开展实施质效评估。

建立动态调整机制，针对评估中发现的问题及不确定因素，按照规定程序及时调整业务布局，对于经营效益差、发展空间小、支撑能力弱的业务，按照市场化方式果断退出，提升适应性、科学性、精准性。

4. 建立例会制度，严格过程监督

建立"光储充"项目日早会、周例会的督办协调机制，其中，日早会对具体新兴项目建设进度进行管控，周例会组织各部门协调解决疑难棘手问题，确保项目建设推动有条不紊、优质高效开展。

5. 制定奖惩方案，优化结果导向

将"光储充"项目实施落地情况纳入新兴产业绩效考核方案及专项奖惩工作方案。专项奖惩方案以目标和结果为导向，定期一次性兑现专项奖励及扣罚。绩效考核方案以指标和市场为导向，突出效率效益因素，坚持多劳多得、科学评价、强化激励，分组织、部门主要负责人及部门分管领导、员工个人等三个层面，建立起工资收入与经营效益、业绩贡献和能力素质等要素紧密挂钩的薪酬分配模式，引导员工主动适应市场竞争、聚焦企业效益贡献。

三、电力产业管理企业"光储充"一体贯通的管理创新的实施效果

（一）新兴产业转型升级加快，显著提升企业经营质效

电力产业管理企业通过实施"光储充"一体贯通的管理创新，实现新能源发电、储能峰谷价差套利、充电桩充电、碳交易多点发力，有效挖掘新的效益增长点，推动电力产业单位业务布局

进一步优化，经营效益稳步提升，加快实现转型升级。2021年，湖南电力产业单位共计承揽合同金额240.2亿元，同比增长20.2%，其中新能源、电动汽车等新兴业务合同金额14.4亿元，占比6%，同比分别增长39.8%和0.83个百分点；营业收入首次突破200亿元，达到215.63亿元，同比增长24.28%，完成值和增幅在国网公司系统产业单位中均排名前列；总体业绩考核在国网公司专业考核中排名第一序列。同时，项目的实施健全了公司新兴产业制度体系，固化了工作流程界面及方式方法，培育并夯实了一支精通技术及管理的新兴产业人才队伍，强化核心能力建设，大力提升企业管理效益。

（二）"光储充"一体贯通理顺，成功创建良好产业典范

建设投运湖南省首个"光储充"多位一体的集中式电动汽车充电服务站——"的士之家"，充分响应国家关于绿色环保的呼吁，落实了省市政府完善充电基础设施建设的要求，满足了娄底市中心城区社会化电动汽车充电服务需求。"的士之家"建成后，在人民网、《湖南日报》、学习强国、电网头条、国网公司网站等内外部主流媒体上宣传10余次，湖南省政府政务要情（第182期）刊登了相关文章。省内多家单位组队前往该站点参观学习，省电动汽车公司与中国石油化工集团有限公司合作的娄底诚通加能服务站等项目，参照该站点的建设标准、技术路线进行立项，现在已建成投运。"的士之家"的建成投运及运营模式的固化为下阶段"光储充"集中式综合服务场站的建设树立了标准，打造了技术先进、系统完善、资源节约、环保创新的充电服务站建设示范。

（三）绿色能源发展布局深化，大力彰显企业社会效益

推进"光储充"一体贯通是产业管理公司经营理念、经营模式的一次重大变革，立足能源根本、数字赋能，开展能源转型新业务，通过持续改革，形成充满活力的管理和运行机制，最大限度地释放发展潜能，深化以新能源为主体的新型电力系统建设。"的士之家"自投运以来，累计服务电动汽车1.8万台次、充电电量47.5万千瓦时、日均充电量2260千瓦时，整站经营收入20万余元。其中，光伏发电共提供清洁电能6.8万千瓦时，相当于节约27472千克标准煤，同时减少污染排放18496千克碳粉尘、67796千克二氧化碳、2040千克二氧化硫、1020千克氮氧化物，配置的储能设备则确保绿色能源得到更加高效的利用。

主　创　人：聂　云、刘皎洁
参与创造人：沈志斌、杨立古、赵　峰、肖赛兰、聂贤葛、陈振强、
　　　　　　杨俊峰、谭一忠、杨妍璨、杨学伟

国有煤炭企业基于绿色发展理念的改革创新体系构建

湖南省煤业集团资兴实业有限公司

摘要： 湖南省煤业集团资兴实业有限公司（以下简称资兴实业）的前身为原煤炭工业部下放省属企业资兴矿务局，2002年改制为资兴矿业集团，2008年改制为湖南省煤业集团资兴实业有限公司。面对资兴实业的生存发展难题，领导层以绿色转型发展为主线，构建以绿色发展理念为核心的改革创新体系。从构建强有力的领导班子，形成担当作为的体系，到再造绿色发展的主营业务体系，从构建精简有效的管理机制，重构精细化管理的操作流程体系，到强化绿色发展的保障体系，环环相扣，层层递进，让国有老企业重新焕发生机，企业各项基础工作逐年好转，走出困境并快步走上强劲发展轨道。

企业简介

湖南省煤业集团资兴实业有限公司是一家集洗煤、炼焦、发电、转供电、建筑工程、房地产开发、矿山机械加工制造、医疗卫生、物业服务等产业于一体的结构多元化企业，也是湖南省煤矿企业中唯一拥有较为完整的煤、焦、电、化产业链的综合利用企业。资兴实业的主要产品有国家准一级冶金焦、电力、煤焦油、粗苯、炼焦精煤、动力煤、矿山机械系列产品等。

资兴实业拥有资兴实业焦电公司、发电公司等2个控股子公司，资兴实业丽景建筑公司、资兴实业丽景物业公司、资兴宏景房地产公司、格瑞特电子公司、资兴实业公司招待所等5个全资子公司，资兴实业机电装备分公司、医院等2个分公司，在册员工1000余人。

五年多来，资兴实业以国有煤炭企业基于绿色发展理念的改革创新体系构建为突破口，大胆改革创新，经济规模每年以"亿元"级稳步增长，经济效益一年迈上一个新台阶。2017年初崭露头角，扭亏为盈，实现营业收入5.12亿元，利润1057万元；2018年实现营业收入6.19亿元，利润958万元；2019年实现营业收入7.17亿元，利润938万元；2020年，克服新冠肺炎疫情影响，实现营业收入6.96亿元，利润3060万元；2021年，实现营业收入8.89亿元，利润7117万元，开启"十四五"新篇章。

一、国有煤炭企业基于绿色发展理念的改革创新体系构建的实施背景

（一）是时代发展、行业振兴的社会需要

国有企业是国民经济发展中的重要组成部分，是国家经济前行中的"航母"。煤炭企业是国家能源建设中的中流砥柱，是能源领域中的排头兵。改制后的资兴实业面临新的出路选择。原有的原煤生产矿井全部划归省煤业集团管辖，剩下的只有非煤单位和庞大的机关和生活后勤建制，企业无法适应时代与行业的要求。资兴实业迫切需要寻找新的出路。

（二）是企业生存与发展的需要

2016年之前，资兴实业经营环境恶化，主营产品业务量萎缩，经营亏损严重。资兴实业所属

骨干企业焦电公司属于传统产业，技术含量不高，竞争力不强，抗市场风险能力差。资兴实业承担供水、供电、医疗、社区管理、退休人员及离休老干管理等社会职能，2016年以前人均在岗工资长期维持在每年3万元上下，职工获得感低，工作积极性差，员工队伍不稳定，维稳压力大。企业濒临倒闭的边缘，构建改革创新体系关系矿区近万名职工家属的生活出路，关系矿区社会稳定，关系国有大量资产闲置等巨大问题。

二、国有煤炭企业着手绿色发展改革创新体系构建的主要做法

（一）形成敢于担当作为的管理体系

2017年4月，新的领导班子临危受命。面对当时企业的状况，领导班子首先形成鲜明共识：企业必须重新振兴，必须实现扭亏为盈，必须让国有企业重新焕发生机与活力。领导班子经过数月调研市场、研读政策、集体讨论，制定出一套详实方案后，开始大刀阔斧地实施。

1. 强化党建引领，提高政治站位

2016年以前，资兴实业党组织曾一度虚化、弱化、边缘化，企业经营管理在湖南省煤业集团公司、湖南省审计厅和省派监事会审计检查中暴露出17大类39个严重问题，急需整改。2017年新班子到任后，旗帜鲜明讲政治，全面加强党的领导，全力推进"打造责任、感情、利益共同体""建设和谐、廉洁、高效湘煤"新湘煤文化，统一价值追求，同心凝聚力量，坚定发展信心，重构政治生态，将党的建设与生产经营深度融合，形成改革发展的强大精神动力，为企业健康发展引领政治方向。

2. 深化开展党建融合，互融互促

新的领导班子大力推进党建融合，聚焦全年经营目标任务、安环投入、技改建设、精益生产、结构调整、降本增效等中心工作，深入开展"书记联项目""党员先锋行"活动，鼓励、支持基层党组织创新工作方式，充分发挥党组织凝聚力和党员先锋模范作用。让广大党员在各项急难险重任务面前亮身份、挑重担、作表率，破解生产运行、产品研发、市场拓展等方面难题，使党建工作成为企业价值链上的重要增值环节。

3. 加强党风廉政建设

资兴实业认真落实党委主体责任和纪委监督责任，推进班子成员履行"一岗双责"。坚持问题导向反"四风"，深入落实求真务实的工作作风，力戒形式主义、官僚主义。持续推进各级党组织开展巡察工作和专项治理整治，促进纪律监督与监察监督、巡察监督、审计监督有效结合，严肃问责追责，推动全面从严治党、从严治企向基层延伸，为实现生产经营目标营造风清气正的干事创业环境。

资兴实业党组织以"不忘初心、牢记使命"主题教育为主线，扎实推进支部"五化"建设，合格率达到100%；积极推进实施"书记联项目""党员先锋行"项目40多个，党组织的凝聚力、战斗力进一步增强，党员干部在生产经营、急难险重中发挥的先锋模范作用，得到身边职工群众由衷的点赞，成为引领企业高质量发展的"红色引擎"，汇聚成推动企业高质量发展的持续原动力。领导班子多次被湖南省煤业集团、郴州市国资委评为"优秀领导班子"，资兴实业多次被评为"党建工作先进单位"等。

（二）形成精简高效的管理机制

1. 全面推进中国特色现代企业制度建设

新的领导班子大刀阔斧，以敢于担当作为、雷厉风行的工作作风，构建高效的管理机制。通过推进党建入章，强化董事会建设，实行经理层契约化管理，深化混合所有制改革，建立健全党

委、董事会、经理层议事规则以及安全生产经营等8大类125项管理制度，汇编安全管理制度253个，岗位安全责任制498个，修订和完善了安全生产、经营管理、内控风险防控等方面的管理制度，公司治理得到进一步规范。党组织把方向、管大局、保落实作用得到有效发挥，为企业发展提供了前提和保障。与此同时，资兴实业及时进行了公司章程的修订，严格按照新的公司章程完善法人治理结构，推选了职工董事与职工监事。

2. 全面实施"压、减、去"工作

通过详细调研摸底，制定方案，在公司纳入改革的12个企业、16个项目中分步实施。截至2020年底，公司压层级6个，减法人4个，去"僵尸"9个，所有项目均圆满完成。通过实施"压减去"，不但为公司消除了亏损源，止住了出血点，而且积极争取政策支持，豁免了历年来未缴纳的土地使用税及滞纳金836万元。

从2017年开始，资兴实业着手"三供一业"移交工作，积极与政府部门沟通协调，主动与国网资兴市供电公司、资兴市自来水公司联系沟通，按照时间节点倒排计划，确保了供电、供水分离移交工作在2018年底前顺利完成。与此同时，按照湖南省煤业集团关于物业移交的管理办法，从2019年1月1日起，实现了资兴丽景物业公司接管物业，确保物业移交接得住、接得稳，按期完成湖南省煤业集团考核目标要求。到2021年底，"三供一业"及2690名退休人员等社会职能剥离移交全部完成，企业每年节省无效支出500多万元。

3. 全面推进三项制度改革

一是制定了三项制度改革任务考核办法，将考核内容及指标下达至所属各单位，覆盖目标指标考核、改革落实情况、考核奖罚兑现。二是严格管控机关服务人员，及时办理到点内退、退休人员手续，并做到干部能上能下、能进能出。三是结合生产需求严格控制在岗人员用工总量，全公司在册员工总数由2016年初的1270人降至目前的926人，实现"一人多岗""减人增效"的良好效果。每年都能全面完成集团公司下达的三项制度改革目标，特别是人工成本利润率大幅度增长，比目标任务增长7个百分点以上。通过优化内部薪酬分配考核机制，逐步形成了灵活的内部管理"三能"机制，为企业的可持续发展提供了强劲的动力。

4. 盘活闲置存量资产，为企业注入新活力。

2017年以来，通过实施"压减去"改革，资兴实业处置资产收入1.68亿元，盘活资产4600多万元。处置郴州同心桥仓储用房，实现交易金额1040万元；将燃气发电剩余指标有偿转让给华润公司，获利310万元；出售神杨公司土地，实现收入1500万元；郴州下湄桥土地收储，实现土地补偿收入1.16亿元。同时，广西防城土地确权取得实质性突破，国有土地作价入股工作走在集团公司最前列，国有企业闲置低效资产摸排工作全面完成。五年来，公司争取政策获得企业所得税减免、资源综合利用增值税返还、困难企业房土两税减免等各项税费减免金额7317万元，最大限度地维护了公司权益，为公司聚焦主业、轻装上阵、参与市场竞争打下了坚实牢固的经济基础。

(三) 再造绿色发展的主营业务体系

1. 精打细算，集中资金投入企业基础建设

自2017年起，先后投入近7000万元资金开展深度减排治理。首先从进行全封闭、扎牢"绿色屏障"着手，投资2000万元，对厂区所有物料堆场建设钢架棚，外围增设抑尘网进行全封闭，封闭面积达到60000多平方米。对烟囱废气系统进行改造，先后投资4500万元对焦炉烟气进行脱硫除尘改造，发电厂烟气采用国内先进的"SDS干法脱硫+布袋除尘+SCR脱硝"治理工艺，有效消除白色烟雾，实现颗粒物、二氧化硫、氮氧化物稳定达到超低排放要求。焦化废水经过强化预

处理、生化处理、脱总氮处理工艺后,全部回用于焦化循环补水,全公司实现废水零排放,企业实现绿色创新升级。

2. 加快企业产能升级

资兴实业焦电公司和煤矸石发电公司进行技术升级改造,形成煤—焦—电—气完整的循环经济产业链:焦电公司利用本地低质混煤和陕西榆林等外地特色煤种进行入洗,精煤用于炼焦,洗煤副产品中的煤、矸石、泥煤和炼焦产生的剩余焦炉煤气全部被发电公司综合利用发电;发电公司产生的过热蒸气导入焦电公司用于化工产品回收,实现了资源循环利用,每年创循环经济效益近3000万元。

3. 加大经济总量提速

在公司深度治理这个主战场取得决定性胜利的同时,2021年开始,公司适时提出企业厂区实施硬化、绿化、美化、亮化、净化的"五化"治理思路,加快从"黑笨粗"向"绿亮美"的转变。公司的深度治理和花园式工厂的打造,也为自身赢得了更大的发展空间。2020年和2021年疫情期间,在焦炭市场回暖之时,许多企业因为治理不到位而被限产、停产,但公司的洗煤炼焦保持了满负荷生产,每年为公司增加经济总量1.5亿元,增创效益1000万元以上;精煤外销后,原煤入洗量年年攀升,近五年年入洗原煤量均超过年生产设计能力,企业享受到绿色转型创新带来的生产红利。

4. 开展科技创新,促长经济效益

五年多来,资兴实业所属单位围绕安全生产、产品开发等方面的重点、难点问题,积极开展"小发明、小改革、小革新、小设计、小建议"的"五小"创新创效活动,收到良好效果,有力地推动了企业技术进步和经济发展。焦电公司于2017年完成重介质洗煤TBS系统改造,提高洗煤生产效率30%,洗精煤回收率提高1%以上,每年可创效500多万元;2018年完成弧形筛分级处理改造,提高中煤回收率2.5%左右,每年可创造经济效益近400万元。发电公司投入180万元完成锅炉冷渣水余热加热泥煤技术改造,泥煤配比量从原来的5%可以提高到10%以上,每年可降低燃料煤成本300万元。机电装备分公司通过开展新品种刮板输送机煤安增项技术论证,新品种刮板输送机上线后,每年可为机电装备分公司增加产品销售收入200多万元。

五年多来,公司始终坚持目标导向、问题导向,向管理要效益、向市场要效益,经济指标屡创新高。公司骨干企业焦电公司通过开拓市场、优化产品结构,变过去"一条腿走路"为现在的"两条腿走路"。公司的营收、利润成倍数增长。

(四)夯实精细化管理的操作流程体系

1. 严抓安环质量,确保安全生产

一是坚守安全底线思维。加强全员安全生产教育培训,确保员工具备必要的安全生产知识,重点培训员工熟练掌握本岗安全操作技能和事故应急处置措施,促进公司安全生产形势持续稳定。二是细化检查和管控工作,采取突击检查、交叉检查、日常巡查、视频监控、资料检查等多种检查形式,进行安全监管。三是继续开展安全生产标准化建设,以严格现场安全管理和岗位达标为重点,进一步规范安全生产行为。四是倡导安全文化,以"安全月""安全百日攻坚"活动为契机,开展"岗前确认"和安全讲评活动,做到人人讲安全、事事保安全。确保轻伤事故率控制在1‰以内,消灭重伤及以上人身事故,消灭直接经济损失30万元及以上的非伤亡事故,杜绝火灾爆炸、环境污染事故,年年实现安全年。五是消除重大安全隐患,打造本质安全型企业。依托集团培训中心,与相关行业培训单位建立良好的合作关系,做到"管理、装备、培训"并重,实现全员培训率100%、特种作业人员持证率100%。

2. 提高公司管控能力，坚持依法治企

通过推进企业治理体系和治理能力现代化，健全完善管理制度体系，实现管理制度规范化、流程控制标准化。对下属子、分公司的管控，遵循现代企业制度和现代产权制度规定，以产权为纽带，以整体利益最大化为目标，实行事权划分的管控模式。依法保障子企业法人财产权和经营自主权，充分发挥子公司的市场主体作用。与此同时，通过进一步强化服务意识，提高生产调度组织协调督导职能，落实重点工作督办制度。通过完善考核机制，坚持统筹兼顾，分类施策，不断完善考核指标体系和薪酬奖励分配细则，紧盯收入、利润、现金流三项指标，切实发挥统一调度考核的"指挥棒"作用，极大地提升了公司整体经营目标的统一性。

3. 强化经营管理，提高经济效益

一是严格把关预算管理。合理下达预算指标，使预算管理真正融入公司的日常管理，提高经营管理水平。二是从严管控降本降费。从生产流程到生产工艺实行精细化管理，将内部挖潜、降本增效落实到每个细节。三是强化目标成本管理，切实做好三级成本核算工作，加强生产线管理，抓好各生产单位生产现场及生产过程中的成本费用控制。四是严格控制三大费用使用情况，进一步增强预算的约束性和可考核性。五是进一步规范采购行为，控制采购价格，降低采购成本。六是严格考核各单位成本费用，各生产单位制造费用在年初财务预算的基础上下降5%，各职能部室可控费用下降10%。

（五）强化绿色发展的保障体系

1. 贯彻落实创新、协调、绿色、开放、共享的发展理念

一是大力推进供给侧结构性改革，以发展方式转变、发展动能转换和质量效益提升，聚焦主责主业，实行转型升级，持续推动安全、质量、效益三大变革，使传统原煤粗加工业拓展成为多领域发展。二是坚持安全绿色发展。牢固树立安全发展理念，大力弘扬"生命至上、安全第一"思想，深刻领会"安全是发展的前提，发展是安全的保障"的核心要义，打造本质安全型企业。结合国家碳达峰、碳中和目标，在保障煤炭基础能源供应的同时，积极拓展清洁能源、新能源、环保工程业务，优化能源结构，提高能源安全性、可持续性，促进业务结构优化、业务模式转型升级。三是坚持稳健经营。依托本地煤源优势，以炼焦、电力、煤炭物流为主线，大力发展煤、焦、电清洁能源循环经济产业链和能源供应及节能应用、建筑施工、物业等主营业务，进一步完善产业布局，优化资产结构，提升企业核心竞争力，做优做强做大煤焦电产业。

2. 以循环经济和低碳经济为发展要求，建立资源节约和环境友好型企业

一是实现万元产值能耗、万元产值二氧化碳排放量比"十三五"期间下降10%以上。牢固树立创新、协调、绿色、开放、共享的发展理念，围绕湖南省"三高四新"战略定位和使命任务，遵循湘煤集团以打造"湖南能源保障主平台"为战略定位，以"深化改革、调整结构、做优做强做大"的总体思路为指导原则，严格按照市场准入和国家产业发展相关要求，着力优化调整产业结构布局，以炼焦、电力、煤炭、机加工、转供电为主线，拓展多元化的发展思路，推动企业更高层面的可持续、高质量发展，打造"全新的、朝气蓬勃的、做优做强的"资兴实业公司。二是坚持市场化改革。坚持市场导向、效益优先的原则，按照国企改革三年行动方案统一部署，加快建立现代企业制度，以三项制度改革为核心，完善市场化运营机制，提高资源配置效率，释放企业发展活力。三是坚持创新引领。通过制度变革、结构优化，推动运营效率提升；通过科技创新、技术进步，推进经营模式升级；通过机械化、自动化、信息化、智能化升级改造，提升产业层级和管理水平，加速新旧动能转化。

三、国有煤炭企业着手绿色发展改革创新体系构建的实施效果

（一）管理水平显著提升

五年多来，在资兴实业新一届党委领导班子的坚强领导下，全体干部员工团结一心，砥砺奋进，经受住了市场低迷、经营困难等重大风险考验，通过全面加强党的建设，持续推进企业改革，主动迎接市场挑战。资兴实业人用自己的勤劳、智慧和汗水走出了困境，换来了新生，在逆境中求得生存，经济规模每年以"亿元"级稳步增长，安全生产、经营管理、改革发展、党建民生各项工作取得长足进步。

（二）经济效益成倍增长

绿色发展改革创新体系的构建使得资兴实业告别亏损，实现营收、利润、职工收入三大指标成倍增长。营业收入、利润分别从2017年的5.12亿元、1057万元增长到2021年的8.89亿元、7117万元。职工收入从2016年的3.39万元增长到2021年的6.18万元。如期完成棚户区建设任务，工程质量、新房价格和小区环境得到广大业主的认同和集团公司的肯定。一期3212户于2018年6月全部分房到户，入住率为95%以上；二期1674户于2020年12月全部分房到户。

（三）发展前景壮丽广阔

企业效益好转，职工有了尊严，企业讲话有底气，办事有了信心和实力。资兴实业依托国有煤炭企业着手绿色发展改革创新体系构建，认真贯彻落实湖南省委、省政府决策部署，牢固树立创新、协调、开放、绿色、共享的发展理念，遵循湖南省煤业集团公司打造原煤为主、有限多元、产业经营与资本运营融合的大型能源投资控股集团的战略定位，严格按照市场准入和国家产业发展相关要求，着力优化调整产业结构布局，以炼焦、电力生产、煤炭物流为主线，拓展多元化的发展思路。2022年着力完成120万吨选煤厂项目建设、100万吨大焦炉项目建设、生物质垃圾耦合发电项目建设、郴州煤炭分销基地项目建设，为多元化综合性企业探索出一条管理新路子，为同类型企业的现代化管理提供了借鉴参考。2022年6月，《中国煤炭报》等行业主流媒体以较大篇幅对资兴实业的成功做法进行报道，充分肯定企业在湖南煤炭行业排头兵的典范作用。

主　创　人：周向志、李由顺
参与创造人：龙建国、胡德良、罗四苗、刘　斌、朱　熹、张龙生

高端乳品企业"三优一体"社会责任体系的搭建与实施

澳优乳业(中国)有限公司

摘要：当前，我国正坚定不移地贯彻新发展理念，稳妥落实"双碳"目标，以人民为中心持续加强社会治理，着力构建新发展格局，加快实现高质量发展。在此时代背景下，企业深入践行社会责任势在必行，是不可推卸的历史责任。乳制品行业产业链长，是典型的一二三产业融合的重要行业。乳制品企业结合自身实践，切实履行社会责任是落实国家奶业振兴政策的题中应有之义。澳优乳业(中国)有限公司(以下简称澳优)以《澳优法则》为根基，在长期的工作实践中，构建形成"三优一体"(优秀的企业公民、优质的产品和服务、优雅的组织和个人)践行社会责任的体系，在服务国家战略、促进共同富裕、推动产业振兴、夯实民生保障、赋能绿色发展、保护消费者权益、关爱员工成长、推进社会公益事业等方面持续探索、不断精进，成果显著，取得了较好的经济效益、社会效益和管理效益，具有较强的示范性。

企业简介

澳优于2003年9月在湖南长沙成立，2009年10月在香港联交所主板上市，是首家在港上市的婴幼儿配方奶粉企业。公司在全球范围内从事高端乳品及营养食品的研发、生产和销售，目前在全球共有9座工厂，旗下产品销售至全球60多个国家和地区，是一家在全球拥有完整产业链条的国际化企业。澳优以"全球营养，呵护成长"为企业使命，以消费需求为中心，持续拓展产品矩阵，形成了覆盖婴配奶粉、保健食品、特医食品、个性化营养品及服务的生命全周期呵护体系，正朝着"成为全球最受信赖的配方奶粉和营养健康公司"的愿景稳步迈进。

一、高端乳品企业"三优一体"社会责任体系搭建与实施的背景

(一)是发挥行业优势，落实国家对乳制品行业要求的需要

在国家政策的引导下，在广大乳制品企业的共同努力下，在消费者的信赖和支持下，中国乳业实现了从量变到质变的突破，企业管理水平和产品质量有很大提升，消费结构整体上呈现多元化特征，乳企的国际化也在不断推进，并诞生了进入全球乳业前五强的企业。企业越大，责任越大。乳制品行业产业链较长，覆盖种草、养殖、加工、物流等，横跨一二三产业。在这个链条中，各方是共生的关系，大企业更要发挥领导者作用，统筹各方资源，推动企业守法合规经营，积极履行社会责任，参与社会公益和慈善事业。当前我国已转入高质量发展的新阶段，乳企履行社会责任是国家富强、人民幸福的要求。

(二)是顺应时代发展，全面履行社会责任的必然选择

企业社会责任分为必尽责任(如守法经营、主动纳税等)、应尽责任(如晋升公平、不扰乱周边社区正常生活等)和愿尽责任(如公益行动等)三个层次。在过去很长一段时间里，我国企

业履行社会责任，整体上较为务实，以满足合规性要求为主，在履行更高层面社会责任的方面，仍有较大发展空间。近年来，在乡村振兴、"双碳"政策等国家政策的指引下，在新冠肺炎疫情、洪水等突发公共卫生事件、自然灾害的影响下，企业履行社会责任的领域和方式出现了调整。一方面，企业开始更多地在环境、扶贫、员工、社区等领域回应社会关切；另一方面，面对经济下行压力，企业开始强化对供应方、客户等利益相关方的关系维护，以实现合作共赢。"三优一体"社会责任体系是企业在新时代全面履行社会责任的直接体现。

（三）是贯彻落实"澳优法则"，回馈社会的要求

从最早聚焦婴幼儿配方奶粉，到如今形成婴配奶粉、保健食品、特医食品、个性化营养品及服务的生命全周期呵护体系，并在全球拥有完整的产业链，澳优的发展离不开社会各界的支持与帮助。为全面落实"澳优法则"中"勇担社会责任"的要求，积极履行社会责任，澳优在食品安全、环境治理、节能减排、解决就业、乡村振兴等方面迅速行动、集结作战、果断作为，为经济社会发展、民生改善作出应有贡献。

二、高端乳品企业"三优一体"社会责任体系搭建与实施的主要做法

（一）强化与企业业务相关联的社会责任体系的顶层设计

"三优一体"即优秀的企业公民、优质的产品与服务、优雅的组织和个人。对外而言，产品要优、服务要优，这是企业对外的诚信；对股东而言，要有好的回报，具有可持续发展的能力；对社会而言，企业必须是一个有社会责任感、正义感、能产生价值贡献和促进社会发展的企业；对员工而言，企业必须让员工有自豪感、感受到人文关怀，帮助员工成长。

1. 总体思路

以"更优营养""更优生活""更优环境"为基石，以澳优基金会为平台，联动澳优集团及各业务单元，以"优秀的企业公民""优质的产品与服务""优雅的组织和个人"为行为准则，在保证统一出口的基础上，充分发挥业务单元的灵活性，对标"联合国可持续发展目标（UNSDG）"，全面履行社会责任，实现社会和企业的可持续发展。

2. 总体目标

以做"优秀的企业公民"为指引，切实履行企业公民责任，以符合商业伦理道德的行为积极回馈社会；以提供"优质的产品与服务"为目标，通过研发创新、供应链布局，持续满足消费者对美好生活的向往；以打造"优雅的组织和个人"为导向，通过组织建设、人文关怀、情感认同，持续提升员工的获得感、幸福感与满足感。

（二）将"三优一体"社会责任体系写进公司基本章程

澳优自成立之初，即有一个很明确的定位——澳优不一定能做成"最大"的公司，但一定要下决心做一家"最优"的企业。为此，澳优把"勇担社会责任"写进了公司发展的基本章程《澳优法则》中，将社会责任理念有效融入企业战略管理体系中，将履行社会责任提升到企业发展的战略高度。同时，努力形成履行社会责任的企业价值观和企业文化，从制度和文化上，使各级管理者和员工能主动、积极地参与到企业履行社会责任行为中来。

为保证"三优一体"社会责任体系得到有效的贯彻落实，澳优成立了专业的执行机构——企业事务中心社会责任部，设置专人专职，并由上市公司执行董事直接分管，明确企业社会责任管理的组织机构及工作职责，强化企业社会责任行为的全过程管理。同时，建立企业履行社会责任的支撑保障机制，确保企业社会责任项目的人、财、物等资源落实到位。建立跨部门、跨单位的企业社会责任协作机制，强化企业与利益相关者之间的沟通。

（三）大力培育"三优一体"的企业文化内容

目前，澳优在全球有 5000 多名员工，为保证所有人都能深刻认识、理解、践行公司"三优一体"社会责任体系，澳优将其融入企业核心价值观，作为企业文化建设的重要组成部分，并定期复盘。

澳优通过内部文化传播和战略推动平台"澳优大学堂"大力培育与履行企业责任相匹配的"三优一体"企业文化，形成了具有澳优特色的"优+"文化。"优+"文化采用"三优一体"的内涵模式，不仅是对澳优履行社会责任动机的阐释，更是澳优价值观的直接体现，充分融合了对企业、对组织的、对个人表现的追求和期望。

除了"优+"文化，澳优对中国优秀传统文化也十分推崇，将儒家文化的精华作为澳优管理文化的基石，打造了一支"思维优、行为雅、心怀仁"的团队，通过这种倡导和实践，澳优的员工能对企业目标和个人目标有更清楚的认识，坚持义利并举，把义利观中的"义"字放在第一位，在组织里形成一种追求卓越又轻松的文化。

（四）成立基金会，为履行"三优一体"社会责任体系搭建平台

为更加组织化、系统化、专业化地履行社会责任，结合澳优"适度中心化，运营区块化"的经营策略，澳优发起成立了专业基金会——澳优公益慈善基金会（简称澳优基金会）。在内部，以澳优基金会为平台，澳优旗下各品牌根据自身业务特点及阶段，相继发起"母爱800g""守护第一口奶""优爱行动""海普诺凯格桑花公益行"等多个公益活动，既保证了澳优践行社会责任的统一性，又充分发挥了各业务单位在履行社会责任时的灵活性。在外部，澳优以澳优基金会为链接，与湖南省慈善总会、湖南省妇女儿童基金会、湖南省红十字会等公益机构建立良好关系，通过不同类型、不同业务范围的公益组织，使澳优"三优一体"的社会责任体系得以更加科学化、专业化运作。

（五）打通践行"三优一体"社会责任体系的监督渠道

自 2016 年起，澳优已连续六年向社会发布《可持续发展报告》。报告围绕"更优营养""更优生活""更优环境"三大可持续发展基石，详细介绍了澳优在产业链共赢、质量与创新、社会责任、营养与健康、环境保护等关键议题上的表现，主动回应社会公众关切。相关利益方也可通过澳优的《可持续发展报告》了解、监督澳优履行社会责任的情况。

（六）极力打造"三优一体"社会责任体系的保障体系

1. 强化党组织对企业履行社会责任的引领作用

为加强党对澳优履行社会责任的引领作用，保证澳优"三优一体"社会责任体系的推行符合国家战略方针，澳优集团党委提高政治站位，统一思想，把上级部门对于企业履行社会责任的工作部署要求落到实处。

在各级党委的高度重视下，在公司决策层的鼎力支持下，在全体党员职工的大力配合下，澳优集团党委始终坚持党建工作思路，紧紧围绕企业发展的战略目标，切实发挥党组织的战斗堡垒作用，细化责任清单，层层压实责任，着力推进党建与履行社会责任同部署、同考核，将党建作为践行"三优一体"责任体系"红色引擎"，保证了澳优"三优一体"社会责任体系不偏航，切实回应时代所需、社会所盼、人民所想。

2. 建立"三优一体"责任体系工作委员会

目前，澳优已把贯彻落实"三优一体"责任体系全面融入企业治理，建立了从董事会、可持续发展委员会、可持续发展工作小组、地方团队（包括环境、健康与安全委员会等）在内的四层

治理体系，明确了各层级权责。定期召开会议，就国家大政方针、社会所需、人民所盼的事情展开专题讨论，以更高的站位将澳优履行社会责任的工作做实、做深、做透。

（七）创造性地丰富"三优一体"社会责任体系内容

企业履行社会责任不是简单的捐款捐物，而是要发挥自身优势，解决社会、环境等方面的问题。随着脱贫攻坚任务完成、"十四五"规划开启，我国已进入一个历史发展新起点，对企业履行社会责任也提出了更高要求。在此背景下，澳优以澳优基金会为平台，持续丰富社会责任内容，严格落实"双碳"目标，积极支援疫情防控，及时响应灾害救援，开展精准营养帮扶，投身教育助学、国家乡村振兴战略等伟大实践，不断提升品牌温度，逐渐从直接的"输血式"帮扶转向授人以渔的"造血式"帮扶。

1. 发挥企业优势，开展精准营养帮扶

澳优一直专注于营养健康领域，深刻地了解营养健康对于每个生命的重要性。为此，澳优已连续五年在西藏开展澳优基金会海普诺凯格桑花西藏母婴营养提升公益计划，通过孕婴知识科普、学术交流、村医专干专业技术培训、爱心义诊等途径，着力提高西藏母婴人群对生命早期营养的关注，提高西藏母婴人群健康素质。

为实现对西藏健康帮扶由"输血"向"造血"的转变，海普诺凯格桑花公益团队采取"专家主讲、学员互动、现场演练的形式，对当地医护人员、医疗专干进行现场培训，并编写了汉藏双语母婴知识科普手册。通过培训，当地村医和卫健专干掌握了基本医疗及公共卫生知识，能独立处理西藏母婴常见疾病，提升了服务水平和服务能力。目前，该项目已在拉萨、林芝、阿里、日喀则、山南等地开展。

2. 落实"双碳"目标，实现绿色兴企

澳优积极响应碳达峰、碳中和政策，将绿色发展理念融入企业生产、运营全过程，创新资源节约使用和循环利用技术，全面减少各类废弃物排放，提升清洁能源使用率。2021年，澳优通过购买碳信用额抵消澳优荷兰10%的直接温室气体排放；通过采购可再生能源抵偿澳优荷兰100%的耗电量；澳优澳洲工厂通过安装太阳能板系统使总用电量降低约9%。除了重视产品研发，澳优也持续聚焦包装包材的创新和优化，2021年正式启用更加绿色环保安全的无铬钝化马口铁奶粉罐，成为国内率先使用该技术的乳制品企业。

3. 以人民健康为中心，持续提供高品质产品

澳优以"全球营养，呵护成长"为企业使命，以消费需求为中心，全面落实"健康中国"战略，持续拓展产品矩阵，已形成覆盖婴配奶粉、保健食品、特医食品、个性化营养品及服务的生命全周期呵护体系，致力于让全球消费者的健康因澳优而更美好。旗下羊奶粉品牌佳贝艾特已销售至全球60多个国家和地区，旗下益生菌品牌锦旗生物申报的鼠李糖乳杆菌MP108获批婴幼儿菌株，成为中国自主研发的第一株可食用婴幼儿菌株。特医食品方面，澳优推出了湖南首款特殊医学用途婴儿无乳糖配方食品。

4. 推动全民运动，打造体育名片

澳优从事的是营养健康食品事业，与全民健身是相辅相成的。澳优长期关注并多次赞助各项体育盛事，从长沙马拉松赛、中国长沙国际名校赛艇挑战赛、长沙望城国际铁人三项赛到中国网球巡回赛，澳优为更多消费者传递健康理念，以实际行动推动全民健康事业的发展，把各项体育赛事打造成为幸福长沙、健康长沙、网红长沙最闪亮的一张名片。

（八）搭建澳优"三优一体"社会责任体系生态圈

1. 打造可持续供应链，与合作伙伴共赢

澳优始终将上游牧场、供应商，下游经销商、合作门店等伙伴视为践行"三优一体"责任体系的重要力量，坚持多方互利互信，致力于实现产业链的共赢，持续提高合作伙伴的认同感。例如，澳优每年都会投入大量物力、财力为渠道、门店赋能，通过商学院培训，从企业经营、团队管理、市场操作、产品推广等方面为渠道提供支持，加强渠道的服务水平和管理能力。

2. 打造澳优职工之家，与员工共赢

践行"三优一体"社会责任体系，打造"优雅的组织与个人"离不开广大员工的参与。澳优由工会牵头，采用课题研究形式，成立行动学习小组，提出澳优幸福感模型，从个人状况、家庭情况、工作情况、社会关系、公司情况等维度着手，对全体员工进行精准调研，聚焦核心诉求，制定可行方案并不断改善，持续改善员工工作生活环境，增强员工幸福感、获得感、满足感。

三、高端乳品企业"三优一体"社会责任体系搭建与实施的效果

（一）有效提升了企业经济效益

通过多途径、多渠道开展公益活动，持续加强科研，加快成果转化，不断推出满足消费者需求的营养健康产品，加强对合作伙伴市场销售技巧的培训，提升公司员工技能等方式，公司的管理效能显著提高，市场开拓水平持续提升，外界对澳优品牌的认可度不断加强，企业经济效益有效提升。2021年，澳优实现营业收入88.73亿元（其中，牛奶粉营收44.14亿元，羊奶粉营收33.48亿元），同比增长11.1%；经调整，归属公司权益持有人应占利润为12.63亿元，同比增长16.6%。

（二）品牌知名度、认可度持续提升

鉴于澳优在履行社会责任方面的突出成效，澳优被多次邀请参加各类外事活动以及行业论坛，分享澳优"三优一体"社会责任体系搭建与实施的经验。2018年4月，荷兰政府为澳优颁发投资荷兰杰出贡献中国企业奖，以表彰澳优在荷兰出色的投资成绩，对荷兰就业的带动，以及以企业为纽带在促进中荷两国贸易发展方面做出的表率作用。

中国品牌建设促进会、中国资产评估协会等机构联合发布的"2022中国品牌价值评价信息榜"显示，澳优以840的品牌强度，位列食品加工制造领域第三位。

（三）公益项目成效显著，帮扶对象幸福感明显提升

随着澳优公益项目的持续开展，其成果与影响也逐渐显现出来。2021年是海普诺凯格桑花公益项目进行的第五年，五年来公益项目成功举行爱心义诊近10场、爱心捐赠20次、学术交流19场，直接培训西藏村医、卫健专干800余人。截至2022年底，在垂直覆盖的2500余个藏区母婴家庭里，20%~30%的家庭均在家庭养育理念、婴幼儿喂养方式上有显著改善，更有部分家庭会带孩子定期体检，定期补充维生素D等常规营养物质。

（四）"三优一体"社会责任体系的示范效果得到肯定

澳优"三优一体"社会责任体系涵盖顶层设计、实施路径、精准施策、保障体系、监督管理体系以及外部协同的全流程，具有很强的借鉴性和实操性，各行各业不同规模的企业均可结合自身情况落地执行。该体系及依据该体系执行的一些项目也得到人民网、新华网、《中国妇女报》、《湖南日报》、湖南卫视等新闻媒体的重点报道。澳优也先后获得"中国红十字会新冠肺炎疫情防控工作特殊贡献奖""第四届湖南慈善奖最具爱心捐赠企业""2020中国企业ESG最佳公司治理案例""全国就业与社会保障先进民营企业""社会责任精准扶贫优秀案例"等多项荣誉。

展望未来，澳优将继续认真贯彻落实党中央决策部署，践行湖南"三高四新"战略定位和使命任务，立足新发展阶段，贯彻新发展理念，服务并融入新发展格局，怀着对美好营养追求的初心，肩负起时代赋予的责任，秉持长期主义发展企业，坚守对可持续发展的承诺，以创新求发展，奋力推进乳业强国，推动中国乳业品牌走向世界舞台中央。

主　创　人：吴少虹、罗胜新
参与创造人：张君义、蒋　伟、言希威、曹雅莉、朱建平、洋　林、
　　　　　　杜冰清、谭　威、张　俊、文　佳

市级供电企业新能源并网服务管理体系构建

国网湖南省电力有限公司永州供电分公司

摘要： 在碳达峰、碳中和背景下，以风电、光伏为主的新能源发展迎来新机遇。国网湖南省电力有限公司永州供电分公司作为大型国有能源骨干企业，为新能源发展提供保障服务是其义不容辞的责任。公司以满足地方新能源发展为目标，坚持规划统揽科学发展、源网协调安全发展、客户至上服务导向的原则，针对地区新能源并网管理存在的问题，以项目管理理论、流程管理理论为依据，创新政企合作模式，积极构建新能源并网服务管理体系，通过精准规划超前服务，确保新能源布点位置最佳、接入系统方案最佳、源网协调发展，高效联动一体贯通，全面提升新能源并网接入效率。配套投资快速响应，保障新能源并网刚性需求。消纳送出精准服务，解决新能源接入、消纳受限问题，保障新能源投资经济性最佳、发电效率最高。

企业简介

国网湖南省电力有限公司永州供电分公司（以下简称国网永州供电公司）系国网湖南省电力有限公司下属二级供电企业，下设16个职能部门、8个业务支撑机构、11个县（区）公司。公司担负着永州市9县2区227万用电客户的供电任务和220千伏及以下输变电工程项目的建设改造任务，有在职员工4216人；拥有35千伏及以上变电站164座，容量8689.4兆伏安，35千伏及以上输电线路325条，长度5457.1公里；固定资产原值130亿元。国网永州供电公司先后荣获"全国文明单位""全国五一劳动奖状""国家电网公司一流供电企业""国家电网公司先进集体"等荣誉称号。

一、市级供电企业新能源并网服务管理体系构建的实施背景

（一）是推动绿色低碳、能源转型发展的需要

能源领域是实现碳达峰、碳中和的主战场，电力是主力军，重点是做好增加清洁能源供应能力的"加法"和减少能源产业链碳排放的"减法"，推动形成绿色低碳的能源消费模式。《湖南省"十四五"可再生能源发展规划》提出，到2025年非水可再生能源装机规模达到2650万千瓦。永州地区存在总体能源资源不足、能源供应安全系数不高等问题，但境内风、光资源丰富，迫切需要大面积推广利用新能源。为实现绿色低碳能源转型发展的目标，加快推进新能源发展进程，电网企业必须转变观念，提升服务质量，建立完善的新能源并网服务管理体系，才能保障新能源的健康发展。

（二）是促进地方经济发展、产业结构调整的需要

受新能源上网补贴"退坡"影响，新能源开发企业迫切需要项目快速核准、快速建设、快速并网。永州地区总体一次能源相对匮乏，但新能源资源较为丰富。根据省发改委批复文件，"十四

五"全省风电建设装机规模2237.77万千瓦，永州装机规模574.5万千瓦，占全省的比重为25.67%。永州市政府工作报告提出，坚决落实习近平总书记来湘考察重要讲话精神，大力实施"三高四新"战略定位和使命任务，把发展新能源产业作为永州市产业结构调整的主攻方向，作为拉动地方经济发展的动力引擎。电网企业作为连接政府与新能源开发企业的纽带，急需构建新能源并网服务管理体系，深化优质服务，满足新能源及配套产业发展需求，带动地方经济发展和产业结构优化升级。

（三）是解决新能源消纳、实现源网协同发展的需要

近几年，永州电网负荷保持稳定增长，但增速远低于电源装机，能源生产和消费无法就地平衡，新能源发展面临诸多困难。一是负荷基数偏小，新能源消纳能力十分有限。2020年，全市统调最大负荷只有202万千瓦，全市电源装机容量达426.8万千瓦，新能源消纳存在瓶颈问题。二是源网协同发展不佳，新能源接入受限。局部电网220千伏主变容量偏小，新能源接入容量受限，比如永州南部蓝山、江永等县区220千伏主变容量不足，新能源发展空间受到限制。三是新能源并网服务流程不够健全。新能源并网涉及多个环节、多个部门，供电公司内部仍需加强专业统筹，优化工作流程，压缩工作环节，做好并网服务。为解决当前新能源消纳问题，促进源网协调发展，急需构建新能源并网服务管理体系，保障电网安全，保障新能源投资效益。

二、市级供电企业新能源并网服务管理体系构建的主要做法

（一）创新政企合作模式，构建新能源并网服务管理体系

1. 科学统筹谋划，明确服务新能源发展思路

国网永州供电公司以满足地方新能源发展为目标，坚持规划统揽科学发展、源网协调安全发展、客户至上服务导向的原则，针对地区新能源并网管理存在的问题，以项目管理理论、流程管理理论为依据，外部、内部双轮驱动，积极构建新能源并网服务管理体系。对外，政府、电网、新能源开发企业三者联动，建立新能源工作协调机制，组建新能源工作专班，保障新能源健康有序协调发展。对内，精准规划、超前服务，确保源网协调发展，提级服务，优化流程，高效联动一体贯通，全力提升新能源并网接入效率。配套项目快速立项，物资快速供应，保障新能源并网刚性需求。消纳送出精准服务，解决新能源接入、消纳受限问题，保障新能源投资经济性最佳、发电效率最高。

2. 健全组织体系，高效推动新能源并网工作

明确组织构架。成立永州市人民政府常务副市长为组长，发改委、工信局、自然资源和规划局、城管局、国网永州供电公司等市直单位和部门为成员的市政府新能源工作专班，组建国网永州供电公司新能源工作专班，明确各单位、各部门职责分工，加快新能源配套电网项目审批流程，减少不必要的环节和费用，建立政企合作新模式。

建立长效机制。建立重大问题协商机制，政府、电网、新能源开发企业三方联动，共同编制新能源开发建设方案。建立信息共享机制，三方共享新能源项目核准（备案）信息、电网运行数据、电网消纳能力等信息，实现电网发展与新能源开发全方位、全过程深度融合。建立新能源评价考核体系，每月市政府组织召开新能源工作会议，通力解决新能源发电项目前期手续办理滞后、电网送出线路工程建设阻工等问题。市政府督查室统一下发新能源发展问题清单，强化过程执行管控，强化问题闭环销号，强化问责考核。

3. 强化技术支撑，奋力打造新能源服务窗口

成立永州市政府能源规划研究中心，挂靠在国网永州供电公司经济技术研究所，研究团队共

10人。能源规划研究中心服务于政府、新能源客户、电网企业三方，统筹摸排永州市新能源资源，并划分出A、B、C档。定期向政府汇报新能源资源库及永州市各片区新能源可开放容量，为政府审批新能源项目提供科学合理的建议。为用户提供专业咨询，解答新能源选址及建设中遇到的问题，如项目前期考察、项目建设前期资料及批复文件、项目设计施工、项目验收与并网等。向电网公司提供电网规划建议，解决局部送出瓶颈问题，根据电网现状及新能源资源规划库，精确计算近远期潮流，消纳更多的新能源。

(二) 精准规划超前服务，促进新能源电网协调发展

1. 坚持规划引领，提升项目开发精确性

开展消纳规划研究，统揽新能源有序接入。新能源消纳专题规划是协调电网安全稳定运行与新能源可持续发展的关键。国网永州供电公司每年组织开展新能源消纳专题规划研究，根据电网现状、电源发展、负荷发展情况，计算各片区可开放容量，科学指导新能源发电项目选址、布局、接入系统、开发建设，保障新能源发电项目投资效益。

开展电网规划滚动修编，促进网源荷协调发展。根据市政府、市发改委提供的新能源核准（备案）项目基本信息、建设进度信息，结合新能源消纳专题规划研究成果，开展电网规划滚动修编，重点考虑新能源接入、消纳送出，形成新能源配套电网规划项目库，及时补强电网。

2. 延伸评审服务，强化技术服务全面性

强化接入系统方案技术把关。国网永州供电公司积极向设计单位提供规划数据、电网设备数据、电网运行数据资料，组织开展接入系统方案评审，对用户接入系统方案的可行性、送出方案的经济性把关，保障接入系统方案最佳，促进新能源项目与电网协调发展。

强化送出线路和升压站技术标准把关。重点优化升压站选址，优化送出线路路径和海拔选择，避免线路送出路径因海拔过高、线路结冰影响送出线路稳定运行及风电场发电效益。对于局部覆冰区，为业主重点把关升压站抗冰设计、抗冻设计，为用户提供合理的技术经济建议。升压站及送出线路可研阶段，提出专业建议，如送出线路涉及融冰、生态红线、耕地等问题，协助用户取得地理信息、气象数据，对升压站选址及覆冰提供专业建议。

3. 主动靠前服务，提高项目核准时效性

国网永州供电公司经济术研究所（永州市政府能源规划研究中心）为新能源客户提供专业技术咨询服务，优化新能源开发项目的选址、容量和布局，有效避开新能源消纳红色预警区域，助推项目获取省发改委的建设指标。加快接入系统评审意见和可研批复下达，提高新能源项目的时效性。配合市政府发改委编制分布式新能源项目备案操作规程及操作要点，发挥电网的桥梁作用，提升分布式新能源备案质量。

(三) 简化流程一体贯通，提升新能源并网接入效率

1. 提高服务标准，组建服务团队

国网永州供电公司从客户安全用电管理、客户商业及社会资信状况、客户节能及环保状况和客户社会影响力等四个方面进行评价打分，得分越高星级越高，服务标准越高，分为一星级客户、二星级客户、三星级客户。对于新能源客户，简化评定流程，提高服务标准。将风电、集中式光伏等新能源项目纳入三星级客户管理，由市公司客服中心主任担任客户服务队长；将布式光伏等新能源项目纳入二星级客户管理，由县区公司客服中心主任担任星级客户服务队长，组建星级客户服务团队。

2. 建立协同机制，推进专业联动

坚持"内转外不转"的原则，提升并网服务水平。从业扩报装申请、供电方案答复、设计方案审查、竣工验收、投产送电等全过程，建立星级客户服务团队与客户的"一对一"常态联络服务机制，由客户服务队长牵头协调供电公司内部所有环节、所有事项，有效解决新能源客户在不同阶段找人难、对接部门多的困难。建立"一事一措施"的问题销号机制，确保沟通高效；制定完善阳光业扩监控体系，全面加强新能源客户业扩报装全过程管控，压缩新能源客户供电方案答复、竣工验收等环节处理时限，将新能源客户的高压新装、增容业务压减为申请受理、供电方案答复、竣工验收及装表接电三个环节，全面推行"一证受理"；以新能源客户的计划用电时间为节点，加强关键环节工作督办，确保配套电网工程与新能源客户本体工程同步建设、同步竣工、同步投运。国网永州供电公司各专业高效协同，实现了新能源客户业扩报装至并网验收送电全过程一体贯通的优质服务。

3. 优化并网流程，实现"三个一次"

一次验收。针对新能源发电厂的升压站及送出线路并网验收环节，公司内部通过工作联系单的形式，督促营销、发展、运检、调控、通信、自动化等全专业参与验收，各专业明确责任人，一次性提出全部缺陷问题，同步明确整改要求，各专业跟踪闭环整改情况，确保一次验收到位，节约了并网验收时间。

一次停电。做优停电计划，供电公司、新能源客户双向协同，输电、变电、调控等专业协同，严格落实停电计划的刚性，共同审核把关停电方案，确保停电时间、停电范围精准，确保变电站侧、用户升压站、送出线路的专业工作协同到位，一次停电完成设备吊装、调试、系统搭接等全部工作，避免了重复停电，节约了并网时间。

一次并网。升压站及送出线路受电后，调控中心保护、通信、自动化等专业同步跟进发电机组调试安装进度，并提供远程技术指导，同步开展跟班验收工作，确保调试完成一项验收一项，调试完毕即验收完成，提交并网申请后一次完成并网。创新了发电机组并网同步跟班验收举措，相对以往集中验收、提出问题、闭环整改的常规并网流程程序，节约并网时间近20天。

（四）消纳送出精准服务，解决新能源并网受限问题

1. 统筹推进电网建设，提高新能源送出能力

提升变电容量。统筹资源，重点补强，优先在永州南部等新能源富集地区开展主电网建设，提升220千伏电网变电容量，解决新能源接入容量受限问题。2019—2021年，已相继完成塔峰、女书、硒城和瑶都4座220千伏变电站主变扩建，新增主变容量72万千伏安，大幅提升新能源接入容量。

加强主网架结构。加强永州南部220千伏线路建设，提升本地区新能源输送能力；加强与邻近周边地区的联络，提升新能源外部送出能力。2019—2021年，已相继建成投产宗元—紫霞500千伏线路，永州塔峰—郴州临武、永州塔峰—郴州马托等4回220千伏线路，500千伏送出能力提升近124万千瓦，区内220千伏断面送出能力提升近60万千瓦，显著提升了新能源送出能力。

2. 优化调度运行方式，强化新能源消纳水平

国网永州供电公司以提升新能源利用率为目标，制定电网运行方式控制策略单，增加就地消纳能力和外部送出能力。

调整负荷方式。在不影响设备安全运行及用户可靠供电情况下，在风电大发情况下，调度员实时监测，根据运行方案策略单，调整电网运行方式，增加下网负荷，提高新能源就地消纳水平，

比如将宁远县逍遥岩变电站的用电负荷经110千伏塔道线转由220千伏塔峰变供电，增加220千伏塔峰变电站的下网负荷，从而提高风电出力的就地消纳率，减轻塔峰变电站主变的上网压力，提高新能源的消纳水平。

优化开机方式。风电大发时段，调控中心人员根据运行方式策略单，合理安排水电站机组停机蓄水，减少风电、水电上网竞争压力，为风电腾出发电空间，增加风电的上网电量，提高新能源利用率，比如蓝山片区的高塘坪水电站等。

构建新能源稳控系统。在大规模新能源厂站上网的变电站，构建新能源稳控系统，通过接收、采集、计算、执行等功能策略，实现实时监测和自动控制上网负荷，确保在主变设备安全的情况下，最大限度地提高新能源的消纳能力及新能源发电量占比。永州电网220千伏塔峰变电站已建成新能源稳控系统，2021年塔峰片区新能源发电量较2020年增加8000万千瓦时，按新能源标杆电价0.45元/千瓦时计算，新能源发电收入增加3600万元。

3. 加快储能规划建设，缓解新能源上网压力

国网永州供电公司完成《永州市"十四五"能源规划报告》编制，并经市政府审核通过，优先明确发展电源的类型和方向，大力发展新能源及储能产业，促进更多的储能项目在永州地区、在新能源富集地区落点。"十四五"中期开发建设江华湾水源（140兆瓦）、双牌天子山（140兆瓦）抽水蓄能电站。近期在220千伏变电站及工业园区开发建设电化学储能站，快速缓解上网压力。已完成28座大型电化学储能站选址和现场查勘。已建成永州地区首个电化学储能站——蚂蟥塘储能站，项目建设规模为20兆瓦/40兆瓦时。自2021年6月并网以来，蚂蟥塘储能站采用"一充一放"模式，运行半年已增加江华地区新能源上网电量720万千瓦时，经省调许可，2022年执行"两充两放"模式，进一步提升新能源消纳能力，缓解了新能源上网和送出压力。

（五）配套投资快速响应，保障新能源并网刚性需求

1. 科学制定投资策略，保障新能源配套项目投资

根据电网现状、经营指标和发展需求，制定国网永州供电公司年度投资策略，围绕保安全、保发展、保政策三个方面，制定投资重点，重点保障大型风电场和集中式光伏电站等新能源送出项目的投资需求，保障重点区域投资。结合不同县区新能源资源分布情况、配网可开放容量，差异化制定各县区公司10千伏及以下电网投资策略，进行电网补强。对城区、县城区和农村地区，对工业园区、居民区等不同区域，分别明确投资重点，适度超前、高标准建设，重点保障10千伏目标网架线路工程项目投资，保障新能源快速发展区域电网项目投资，满足分布式新能源发展需求。

2. 刚性执行建设计划，确保配套项目建设进度

以客户为中心，加快配套项目前期依法合规文件获取和物资招标，为建设施工预留充足工期。以新能源客户用电时间为最终节点，倒排工期，以提前一个月开工、提前一个月投产为建设目标，精准编制配套项目建设里程碑计划。每个新能源项目明确一名业主项目经理，做实项目管理策划，统筹物资到货、停电计划等因素安排，加强施工进度管理，每周召开周例会，及时协调解决工程建设问题。对于协调范围广、协调难度大的问题，提交市政府处理，纳入市政府督查督办事项，强力推进工程进度，确保配套电网项目按期投产，保障新能源项目尽快并网发电，提升新能源项目投资效率效益。

3. 开辟项目绿色通道，满足新能源快速并网需求

立项权限下放。国网永州供电公司出台《关于进一步优化10千伏及以下电网基建项目投资管

理的通知》，进一步下放管理权限，单体工程投资小于100万元的10千伏及以下业扩配套项目由县区公司拟定接入系统方案，报市公司备案后，自主实施，当天完成配套项目立项、投资计划分解和ERP创建，大幅压减项目评审、批复、计划下达和ERP建项周期，较常规业扩配套项目缩短12天。

物资实物储备。国网永州供电公司在省内率先开展业扩配套项目物资实物储备，储备物资金额达800万元，并根据使用情况每月动态更新，变压器、环网柜、水泥电杆、架空线路等物资常态在库，根据立项批复情况，可随时调用储备物资，大幅提升了物资供应速度，较常规项目物资到货时间缩短近30天，快速立项、快速供货满足了分布式光伏快速接网需求。

三、市级供电企业新能源并网服务管理体系构建的实施效果

（一）新能源发展示范引领，装机和发电量快速提升

国网永州供电公司创新新能源并网服务管理体系，大幅提升了新能源消纳送出能力，极大地促进了永州地区新能源发展，新能源装机规模、发电量、平均利用小时数均排名全省第一。2021年底，永州地区风电装机容量188.97万千瓦，较2018年底增长171.7%；光伏装机容量50.59万千瓦，较2018年底增长138.5%。2021年，风力发电量40.69亿千瓦时，较2018年增长314.8%；光伏发电量4.61亿千瓦时，较2018年增长413.1%；两项之和占全省风电和光伏发电量的比重为24.15%。2021年，风电平均利用小时数为2281小时，较2018年提升4.2%，较全省平均值（2080小时）高9.66%；光伏平均利用小时数为1022小时，较2018年提升13.3%，较全省平均值（922小时）高10.85%。

（二）新能源产业发展壮大，经济带动作用明显

2018年，永州新能源新材料规模工业企业仅72家，工业总产值70.5亿元。2021年，永州地区已形成以协合新能源、中国华电等公司为龙头的风电集群，以湖南建工集团为龙头的光伏发电集群。永州地区生产总值达到2261.08亿元，同比增长7.5%；电力、热力生产和供应业规模工业增加值同比增长25.2%；新能源新材料规模工业企业达到137家，总产值207亿元，同比增长22.56%，相比2018年增长193.62%，新能源新材料产业成为永州市"五大产业"之首；风电为永州市贡献税收约2.07亿元。2021年，永州市风光火储氢一体化综合能源基地、风光气储综合能源基地、永州风电装备制造产业园及新能源基地三大项目完成签约，总投资达1148.8亿元，项目全面建成以后，年总产值将达到236.8亿元，年税收达到18.5亿元。

（三）服务质效快速提升，社会效益得到彰显

国网永州供电公司优化协同高效一体贯通，全过程深化了并网服务，提升了服务等级，优化了管理流程，缩短了办电时间。风电和集中式光伏发电项目并网验收环节压缩1个，并网时间缩短20天；分布式光伏配套接网项目立项和ERP建项周期缩短12天，配套接网工程物资供应时间缩短30天，大幅提升了新能源发电客户的电力获得感。完成720个贫困村电网改造升级，484个村级光伏扶贫电站并网，57个集中式易地扶贫搬迁接网配套，新田、江华2个新能源强县增产增收，顺利完成脱贫摘帽。2021年，永州分布式光伏装机容量达到23.18万千瓦，同比增长39.98%；全年发电量1.67亿千瓦时，同比增长36.86%；发放国家光伏补贴4180.91万元，增加了补贴收入，积极助力乡村振兴。永州地区承接产业转移新增就业人数累计超过100万人，其中新能源新材料产业新增就业人数约10万人，增加了就业岗位，盘活了人力资源，带动了居民增收。

（四）绿色低碳持续发展，生态环境有效改善

2019—2021年，永州新能源累计发电量达93.75亿千瓦时，占全省新能源累计发电量（417.4亿千瓦时）的比重达22.46%，排名全省第一，相当于节约火电燃煤271万吨标煤，减排烟尘2265吨、二氧化硫1.36万吨、二氧化碳444吨。清洁能源消费比重大幅提升，2021年永州非水电再生能源发电占比为36.0%，较2018年提升了20.1个百分点，较全省平均值（10.72%）高25.28个百分点，为湖南省实现"双碳"目标作出了积极贡献。

主　创　人：唐开毅、谢国恒
参与创造人：黄治国、肖耀新、龙爱国、陶利国、杜小芳、王　雄、
罗婉韵、周杰达、李慧姣、李志军

施工企业基于装配式建筑的绿色低碳管理

五矿二十三冶建设集团有限公司

摘要：改革开放40多年来，我国建筑业有力地支撑了国民经济持续健康发展，但"大量建设、大量消耗、大量排放"的建造模式，破坏了生态环境，消耗了大量资源和能源，也导致资源供给难以为继。党的十八大以来，五矿二十三冶建设集团有限公司全面贯彻落实党中央生态文明建设精神，推动企业平台建设，重塑机构职能，实施高品质建造，致力于装配式建筑发展，不断总结装配式建筑管理的先进经验和绿色施工管理的先进经验，探索出一套全过程绿色低碳管理工作机制。

企业简介

五矿二十三冶建设集团有限公司成立于1953年，是以各类工程总承包及施工总承包、投融资业务、房地产业务为主业的总承包特级企业，是中国五矿一类重要骨干子企业。公司注册资本22.92亿元，总资产规模逾200亿元。现有在职员工4700余人，其中专业技术人员3700余人，中级职称及以上人员2000余人，注册建造师1100余人。公司业务遍及全国20个省、自治区、直辖市和10余个国家，先后承建了一大批国家、地方和涉外重点建设项目，建造了一批精品工程，获评国优、部优、省优工程300余项和省部级工法427项，获得专利200余项，主编或参编国家标准6项、地方标准5项、行业标准1项。

一、施工企业基于装配式建筑的绿色低碳管理的实施背景

（一）实施绿色低碳管理是响应时代发展的强烈呼声

改革开放40多年来，我国建筑业持续快速发展，产业规模不断扩大，建造能力不断增强。2020年，我国全社会建筑业完成总产值26.4万亿元，同比增长6.2%，占国内生产总值的7.18%，有力地支撑了国民经济持续健康发展。但是，这种"大量建设、大量消耗、大量排放"的建造模式，不仅破坏了生态环境、消耗了大量资源和能源，而且导致资源供给难以为继。同时，随着我国社会主要矛盾转化为人民日益增长的美好生活需要和不平衡不充分的发展之间的矛盾，广大人民群众热切期盼提高生态环境和人居环境质量。

（二）实施绿色低碳管理是生态文明建设的必然要求

党的十八大、十九大以来，以习近平同志为核心的党中央高度重视生态文明建设，将其纳入"五位一体"总体布局，提出"创新、协调、绿色、开放、共享"的发展理念，加快建立绿色生产和消费的法律制度和政策导向，建立健全绿色低碳循环发展的经济体系，构建市场导向的绿色技术创新体系，推进资源全面节约和循环利用，倡导简约适度、绿色低碳的生活方式，为新时代特别是"十四五"规划时期建筑企业的发展提出了新的方向和要求。装配式建筑的绿色环保优势

明显,已成为我国实现"碳达峰、碳中和"目标的关键一环。

(三)实施绿色低碳管理是提高企业竞争力的重要途径

党的十八大以来,绿色低碳发展渐渐被提到企业战略发展的高度,传统的粗放型经营模式渐渐淡出企业发展舞台。为了更好地提高企业竞争力、占据市场份额,越来越多的企业通过制度创新,实现企业绿色低碳管理,树立良好的企业形象。伴随着全球化和世界经济一体化发展的加剧,企业要经受住绿色壁垒的考验,必须坚持走绿色低碳发展之路。

二、施工企业基于装配式建筑的绿色低碳管理的主要做法

公司以习近平新时代中国特色社会主义思想为统领,全面落实集团公司工作部署,深入推进"十四五"战略发展规划,紧扣效能提升工作主题,坚持稳中求进,推进平台建设,完善区域布局,重塑机构职能,实施高品质建造,抓好"三力"提升,将企业装配式建筑管理的先进经验和绿色施工管理的先进经验予以归纳总结,将各个岗位、各个环节上的单个、零散的优秀做法予以组织集成,减少无效管理,把复杂的问题简单化,将类似的工作标准化,形成全面、全过程的绿色低碳管理工作机制。其主要做法如下:

(一)抓好绿色低碳管理顶层设计

1. 成立"专业型"绿色低碳管理的装配式建筑公司

2018年,五矿二十三冶绿建工程公司成立。其核心定位围绕"装配式项目全生命周期管理服务"打造五矿二十三冶的装配式建筑产业链资源集成平台,负责装配式混凝土建筑安装、装配式钢结构建筑安装、装配式建筑设计研发和工程项目咨询等相关业务。以构建"装配式项目、全生命周期、管理服务"装配式建筑产业链资源集成平台为目标,致力于成为以装配式建筑施工、联盟平台服务、装配式建筑技术研发、工程项目咨询等为主营业务的装配式建筑项目一站式服务商。

2. 组建装配式建筑绿色低碳管理领导小组

由绿建工程公司总经理任领导小组组长,公司其他领导班子成员任副组长,下设领导小组办公室和专项工作组。领导小组负责研究、部署、协调推进绿色低碳工作过程中的重大战略、重要政策、重点问题、重大项目,督促有关部门履行相关工作职责。领导小组办公室按照领导小组要求统筹协调开展工作,负责细则实施的日常组织、协调、联系、督办、总结和信息收集反馈工作。各专项工作组按照领导小组要求,根据部门工作职责和任务分解制定行动计划及阶段性工作目标,并组织推进实施。

(二)制定绿色低碳管理实施方案

1. 明确重点工作目标

总体目标:根据《"十三五"装配式建筑行动方案》要求,明确将打造五矿二十三冶建筑绿色产业发展平台。以"装配式项目全生命周期服务"为抓手,着力构建装配式技术研发和设计能力,集成绿色建筑产业链资源,形成差异化竞争能力,成为集团全面牵引建筑产业化和绿色建筑业务的能力支撑发展平台。将装配式建筑打造为集团的核心业务,引领集团房建施工总承包模式向装配式工程总承包模式升级,夯实五矿二十三冶"建设工程系统解决方案服务商"的定位。

具体目标:一是能力建设。全面构建五矿二十三冶装配式建筑、绿色建筑的市场开发、技术研发、项目管理、资源整合等能力,为集团公司可持续发展发挥平台作用。二是业务引领。以质优价低、技术领先、资源快捷优势树立五矿二十三冶品牌形象,快速抢占市场,引领五矿二十三冶装配式建筑业务发展。三是资源整合。组建产业发展联盟,整合产业链上下游资源,形成低成本竞争优势,打通市场营销和资源整合渠道。四是标准制定。以服务客户为出发点,建立设计、

生产和施工、售后全过程的标准体系，参与地方和国家标准编制，为客户提供装配式建筑业务系统解决方案。五是服务协调。统筹协调五矿二十三冶装配式建筑业务，为各子分公司提供装配式建筑业务全产业链的咨询、服务和指导，协调各子分公司共同助推五矿二十三冶装配式建筑业务发展。六是前沿探索。在培育"装配式项目全生命周期管理服务"能力的同时，积极开展绿色建造和智能建造的研究探索，培育全方位绿色建筑业务。

2. 明确重点工作任务

构建紧密型股权合作。由五矿二十三冶控股，选择1~2家国内知名的研发设计类和生产类企业开展股权合作，补齐集团目前装配式业务发展短板，打造紧密型合作体。主营装配式混凝土建筑安装业务、装配式钢结构建筑安装业务、装配式建筑设计研发、工程项目咨询等。五矿二十三冶共享市场机会，参股企业共享研发设计能力和产品生产能力，共同打造核心竞争能力。

构建松散型战略合作。在股权合作的基础上，发展装配式建筑业务产业联盟，联盟成员共享后台资源、技术成果、市场资源、经营成果、区域和领域资源，形成产业集群效应，通过提供系统解决方案，降低客户的沟通成本，提升议价能力，从而推动五矿二十三冶建筑装配式建筑业务快速发展壮大，打造装配式建筑品牌。

3. 打造两大品牌业务

装配式混凝土生产系统。初期以装配式混凝土施工业务承接为主要方向，快速积累经验，形成技术、设计与全产业链资源整合能力，同时开展政策、技术研究，尝试进行产品配套及开发，逐步培养研发设计能力，实现设计、生产和施工一条龙发展模式。

装配式钢结构生产系统。采取两条腿走路，在实施装配式混凝土施工业务的同时，积极探索钢结构装配式建筑业务，培育市场。对集团所属江南钢构实施转型升级，将其改造为装配式钢结构生产系统。

4. 强化六项能力建设

研发设计能力。以绿建公司技术开发部为基础，组建装配式建筑技术研究中心，协同战略合作企业力量，解决现行的技术体系有碍项目进度、质量、成本的技术问题，培育研发技术人才队伍，积累研发经验。构建研发设计能力建设规划，逐步形成五矿二十三冶自有的装配式建筑业务、绿色建筑业务研发设计能力。

专业施工能力。采取合伙制模式，成立绿建公司装配劳务部，管理人员以公司骨干员工为主，依托公司平台，通过自主招聘或劳务派遣的形式组建劳务施工队伍。通过标准化培训，打造一支年轻化、标准化和专业化的高素质劳务团队。劳务资源在满足自身需求的同时可在整个五矿二十三冶内部共享，甚至对外承接业务。

装备能力。选择1~2家大型工程设备企业进行战略合作，以融资租赁或租赁的模式开展长期合作，根据装配式建筑业务需求，对操作人员实施订单式培训，借助五矿二十三冶信息化平台，提升机械设备智能化施工能力。

工程总承包能力。以五矿二十三冶投资带建安和五矿地产内部市场为切入点，增强对产业联盟上下游企业的吸引力，提高上游设计企业的配合度和自身设计团队的成长速度，增强对下游产品供应商的议价能力，积累工程总承包经验，快速实现五矿二十三冶由施工总承包向工程总承包的转型。

智慧建造能力。充分发挥五矿二十三冶的信息化优势，推进BIM技术与装配式建筑业务的深度融合，在培育形成设计能力的基础上，逐步推进BIM技术向装配式建筑业务的设计端延伸。加强与设备供应商的合作,提升智能化施工能力。强化智慧工地、远程视频、无线射频技术的综合运用,助推实现项目智能化、可视化、数据化管理,立足项目管理,探索智慧建造系统实施方案,从而提升装配式建筑业务的智慧建造能力。后期,借助设计能力和产业联盟的深度融合,逐步从设计端导入智慧建筑的理念,联合联盟各方,共同构建智慧建筑标准体系。

绿色建造能力。以在手项目为切入点,加大新材料、新技术和新工艺的推广和应用力度,提高文明施工水平,降低资源能源消耗,减少环境污染。随着EPC能力和设计能力的提升,从设计端开始导入绿色低碳环保理念,借助产业联盟平台,引导产品供应商积极开发绿色低碳环保产品,逐步推动五矿二十三冶装配式建筑业务从绿色建造向绿色建筑升级。

(三)助推绿色低碳管理方案落实

1. 以凝聚合力为目的,充分发挥党建引领保障作用

一是转化党建力量,推进深度融合。持续推进基层党建规范化、标准化和制度化建设,严格落实"三会一课"、主题党日、组织生活会等基层制度,积极打造标杆"五化"党支部;加大党务干部培养力度,不断丰富党建品牌活动载体,注重联系工作实际和成果转化,在"结合"和"融入"生产经营上做文章,进一步激发广大党员干部员工的内在活力,以党建凝聚人心,以实干推动企业绿色低碳发展。二是加强宣传引导,凝聚文化共识。强化企业文化与宣传管理,打造好公司微信公众号和抖音号;加大对集团各类新闻平台的投稿力度,持续推出一系列有思想、有温度、有品质、有共鸣的报道,切实讲好绿色低碳故事、传播绿色低碳声音、立好绿色低碳形象。三是打造绿色低碳幸福工程,汇聚发展合力。以公司战略部署为指引,深入打造"绿色低碳劳模创新工作室",疏通多维度职工人才服务渠道;广泛深入开展多形式的绿色低碳劳动竞赛和技能比武,打造建设高素质专业技术人才、管理人才的重要舞台。四是贴近基层,提升活力。深化"四送"工程进项目活动,将优质活动开展到项目上去;擦亮"绿色低碳"系列品牌活动,创新工作思路,丰富品牌活动载体,成为公司对外拓宽交流合作、对内营造昂扬向上文化氛围的重要平台,确保广大员工健康生活、快乐工作。

2. 以战略规划为导向,推进绿色产业发展平台建设

一是强化资源整合,不断丰富平台功能。加大与产业链上下游企业的交流力度,整合各地装配式建筑相关政策及企业信息,持续完善产业链信息资源库,为公司内部或集团各子分公司提供装配式产业链全生命周期咨询服务;持续与行业协会及产业联盟建立紧密联系,了解并跟进示范项目申报,打造装配式建筑与绿色建筑品牌,助推集团公司装配式建筑业务发展。二是突出绿色低碳专业特色,提升综合服务能力。制定信息化操作标准手册并指导实施,确保项目线上程序正常运转;强化项目设计服务前置,及时消除设计缺陷,最大限度避免后期设计变更,保障工程质量;持续加强设计管理团队培养力度,提高项目设计管理能力;加大承接公司内部装配式咨询及深化设计业务范围,有效解决因设计、施工等环节相互脱离所产生的弊端,并争取向集团各子分公司提供服务支持。三是完善绿色低碳技术体系,助推业务转型升级。汲取现行装配式技术体系优点,从施工更快、质量更优、建造成本更低等方面着手优化,健全设计、施工成套的装配式技术标准体系,推进装配式混凝土业务的持续稳健发展,形成较强的行业影响力;整合装配式钢结构公共建筑实施案例,积极了解行业发展动态及新技术应用,参编行业技术标准及图集,探索形成适用于公司钢结构业务发展需求的技术体系,突破装配式钢结构业务开拓现状。四是打造优质队伍,建好劳务资源平台。通过搭建配置完整的劳务现场管理班子,全面管理劳务施工,增强管理指令的时效性,实现劳务管理"交钥匙"模式;着力配合推进知行学院装配式建筑分院建设进

度，打造具有装配式建筑施工人员职业技能认定资格的省级职业培训平台，提高产业工人的技能水平，提升专业施工能力，力争自给自足；以成立劳务共享中心为契机，多渠道整合优秀劳务资源，创新班组管理、合作模式，实现班组分类考评，建立覆盖公司所有项目的劳务资源大数据平台。

3. 以系统建设为基础，筑牢项目绿色低碳安全防线

一是强化绿色低碳安全教育培训。全面普及"一会三卡"制度，开展"五分钟绿色低碳安全思考"活动，牢固树立项目管理人员绿色低碳安全意识，织牢绿色低碳安全风险防护网。二是健全绿色低碳安全工作机制。推进绿色低碳安全分级管控和隐患排查治理双重预防体系建设，梳理项目周、月危险源，强化危险源（点）管控；严格落实"行为安全指引手册""安全红线十二条"工作要求，持续实行项目分级管理，加大对落后项目的处罚跟进管理与力度。三是严格危大工程管理。建立危大工程系统管控制度，做到危大工程方案编审、动工、验收、过程监管、应急预案等全方位可依可行，确保安全生产可控，预防安全生产事故发生。四是巩固安全生产专项整治三年行动成效。深入分析安全生产共性问题，总结安全生产专项整治经验、做法和安全管理亮点，加快专项整治成果转换，形成制度体系后在全公司范围内推广学习，建立健全绿色低碳安全生产长效管理机制。

4. 以制度手册为标准，推进项目绿色低碳品质提升

项目策划全生命周期管理。以成立项目策划中心为契机，全面落实项目"六大策划"核心，推进项目在进度、成本、质量、安全等方面的新理念、新举措。精细化管理手册全面落地。持续落实项目精细化管理实施细则，组织分享项目优秀管理经验，以公司精细化管理手册、安全生产标准化图集为纲领，强化项目全体人员的绿色低碳标准意识；通过《精益求精项目管理专项奖励制度》，进一步激励项目抓好施工过程管控，做到"工完料尽场地清"。项目综合整治持续发力。依据《综合整治攻坚提升专项行动方案》，分"自查自改、集中攻坚、回头看、巩固提升"四个阶段，全面开展工程项目综合整治行动，不断探索并解决工程管理系统性通病问题，全面提升项目管控水平。实体质量管理常态化推进。编制"建造提质行动方案"，建立关键节点质量验收报备制度，创新形式开展技术、质量培训及比赛，提高管理人员的技能水平；强化"三检制及工序交接检"验收制度落地，针对质量通病防治措施制定强制管理规定动作，同时做好已完工项目的质量复盘，为新开项目提供借鉴；对于10万平方米以上项目，推行"分区管理、责任到人，相互竞争、相互协同"的管理模式，以管理创新助推项目品质提升。

5. 以绿色智造为依托，引领项目绿色低碳智慧建造

持续推进绿色施工管理制度落实，建立公司"快速绿色建造技术体系"，逐步推动绿色施工向绿色建造发展。大力推行施工现场水平运输电动化、垃圾处理分类化、生活区照明光伏化、环境控制智能化等具体举措，引导项目快速达成绿色施工技术标准。分阶段量化项目绿色施工考核指标，提高现场工程创优能力，稳步推进智慧建造应用，着重落实项目管理动作与智慧建造云平台各应用模块的融合创新，逐步建立智能化建造标准体系，尝试探索井道内专用施工升降机、无人驾驶升降机等相关智能设备的现场应用，推动项目生产由"制造"向"智造"转型。

6. 以科技创新为引领，推进项目绿色低碳效能提升

加大科研及人才投入，完善并发布公司科技创新激励办法，通过宣贯创新思维，普及创新工具，提升全员创新意识，让科技创新源于一线、用于一线；以业务为导向，以装配式建筑、绿色建造专业技术为核心，着力研究装配式建筑领域先进技术应用，逐步向标准制定领域拓展；探索

绿色建造关键技术，聚焦新材料新能源应用和新设备研究及引进，明确科研攻关方向；加大绿色低碳工法编制、专利发明、论文发表等科研活动参与力度，积极引导科研活动向高技术含量、高实用性方向发展，提高科研成果产出，加快实用价值较大的科研成果的落地和转化，以先进的绿色低碳技术助推项目现场降碳减污。

7. 以赋能发展为前提，加强项目绿色低碳人才培育

一是完善培养体系，加快人才成长。持续打造"青蓝计划""助跑计划""素质能力提升""绿色低碳课堂"等系列品牌活动，强化人才培养成效；完善取证工作管理机制，增强公司紧缺人才证件储备；制定绿色低碳专业技术等级评定实施细则，加大绿色低碳人才培养选拔力度，畅通员工晋升通道，助推员工职业发展。二是深化劳务实名制管理，规避用工风险。全面落实集团公司项目精细化管理要求，加强对项目劳务实名制管理的监督和指导，实现劳务实名制管理系统化、标准化、规范化；不断探索劳务实名制管理方法和手段，加大力度规避企业用工风险。

三、施工企业基于装配式建筑的绿色低碳管理的实施效果

业务优势日益明显。自2018年以来，绿建公司先后承建了五矿·万境潇湘、九江湖口第三小学、永州冷水滩学位建设等装配式建筑项目，累计建筑面积已超过100万平方米，其中已竣工项目总面积超30万平方米。其中永州冷水滩学位建设第二十中学项目、五矿·万境潇湘项目分别获得"2019湖南省装配式建筑示范项目""2022湖南省装配式建筑行业示范项目"称号。

专业发展日益精进。坚持专业、专注，用匠心打造标杆工程，全面推广绿色施工，积极推广BIM技术和智慧工地应用，在集团内部打造了多个"BIM技术应用示范项目"和"智慧工地应用示范项目"。以万境潇湘项目为试点，推进集团公司智慧建造平台模块全应用，成为全国第七届工程建设行业互联网大会观摩工地，近500名观摩代表近距离体验装配式建筑的"智造"效果。装配劳务事业部实行市场化运营，产业工人队伍建设初步成形，全年累计完成施工劳务产值近5000万元。

品牌建设卓有成效。坚持绿色低碳发展理念，先后成为湖南省装配式建筑产业基地和国家装配式建筑产业基地，多次顺利参展"筑博会"，并获评"优秀参展单位"。持续推进产业联盟，与筑友、三能等15家行业品牌企业签订战略合作协议，与中南大学等高等院校建立了校企合作关系，在互惠互利、合作共赢的基础上，实现资源共享、优势互补，共同推进装配式建筑绿色低碳发展。积极对接省行业协会，担任长沙装配式建筑产业技术创新战略联盟理事长单位，担任湖南省住宅产业化促进会、湖南省绿色建筑与钢结构行业协会副会长单位，获评"2018年度湖南省装配式建筑行业优秀企业""湖南省装配式建筑发展最具影响力单位"和"湖南省装配式建筑抗疫特别贡献单位"等荣誉称号，公司行业影响力、品牌影响力持续提升。

主　创　人：谢　宇
参与创造人：崔栋彧、张　伟、戴素亮、刘　文、林求昌、曹志良、
　　　　　　阳　辉、徐　磊、石　冰、陈衍苗

电力企业的媒介形象管理创新

国网湖南省电力有限公司

摘要： 国有企业媒介形象是国有企业通过媒介传播所衍生出来的公开形象。新闻媒体、自媒体及其他宣传平台基于不同价值、评价观念，以不同的议题为切入点，采用不同的报道方式，在媒体上塑造出关于国有企业的企业媒介形象，进而影响受众对企业的判断和社会认知。国网湖南电力有限公司在建成融媒体中心，全面理顺策采编发媒体流程，基本形成"作业流程媒体化、策划包装一体化、热点亮点常态化"工作机制的基础上，全方位运用媒体深度融合发展成果，整合全媒体时代传播要素资源，基于媒介经营管理学和传播学探索机制规划、形象研判、内容生产（选题策划、内容输出、生产规范）、舆情应对、队伍建设、技术赋能，形成"评估—决策—规划—运作—监测—修正—评估"的媒介形象管理闭环。

企业简介

国网湖南省电力有限公司（以下简称国网湖南电力）是国家电网有限公司的全资子公司，以建设和运营电网为核心业务，担负着保障湖南省电力可靠供应的重大责任。现设职能部门19个，下辖市（州）供电公司14家、县级供电公司98家，员工总数7.1万人（全口径）。供电范围覆盖全省14个市（州）117个县（市、区），营业区面积占全省总面积的96%，营业区人口占全省总人口的98%。

一、电力企业媒介形象管理创新的实施背景

（一）媒介形象构建是国有企业发展的重大课题

企业品牌是高质量发展的内在要求，也是"十四五"规划提出的加快建设世界一流企业的题中应有之义。在湖南，"三高四新"战略定位和使命任务对企业品牌建设及媒介形象管理提出了全新要求。好的宣传理念、企业媒介形象管理模式，有助于企业营造良好的发展氛围，有助于企业开展对象化、分众化、精准化宣传，做强做优宣传阐释工作，为服务企业发展，践行"三高四新"战略定位和使命任务，凝聚力量、凝聚人心。

（二）要素融合运用是媒介形象构建的必由路径

媒体深度融合发展是当前传播力、引导力、影响力提升的核心工作。中共中央办公厅、国务院办公厅印发的《关于加快推进媒体深度融合发展的意见》明确提出，要以先进技术引领驱动融合发展，用好5G、大数据、云计算、物联网、区块链、人工智能等信息技术革命成果，加强新技术在新闻传播领域的前瞻性研究和应用，推动关键核心技术自主创新。

新时代企业媒介形象管理的要素包括技术、人力、资金、渠道、市场、工具、原料、社会舆论等。国有企业只有用好媒体深度融合发展成果，推动各要素深度融合，才能推动企业融入新时

代传播格局，才能在媒体体制机制改革中，联动建设适应全媒体生产传播的一体化组织架构，构建新型采编流程，进一步打造全媒体传播格局。

（三）国网电力对媒介形象建设提出了现实要求

运用好媒体深度融合成果，构建高质量发展的媒介形象是"一体四翼"发展布局的有效要素。针对宣传工作层面，国家电网有限公司提出，要深入学习贯彻习近平总书记关于宣传思想工作的重要论述，增强"四个意识"、坚定"四个自信"、做到"两个维护"，围绕中心、服务大局，自觉承担起举旗帜、聚民心、育新人、兴文化、展形象的使命任务，凝聚起加快公司"一体四翼"创新发展的磅礴力量，为建设具有中国特色国际领先的能源互联网企业作出积极贡献。

在推动内容、技术、平台、队伍建设后，必须通过管理理念的再创新、管理方式的再优化、管理模式的再创造，才能真正适应新时代新闻舆论工作的要求，在网络主战场树立企业高质量发展新形象，真正提升企业发展软实力，助力加快建设国际一流现代能源互联网企业。

二、电力企业媒介形象管理创新的主要做法

（一）机制规划：创新构建媒介形象综合管理闭环

机制架构创新。建立基于建设、评估和修正体系的媒介形象管理机制。机制以"大智移云"环境下的技术评估和专业分析为轴心，以自有内容生产单元和媒资管理体系为抓手，以媒体深度融合发展成果的创新运用为修正工具，形成统筹分析研判、策略制定及选题策划、内容生产、队伍建设、技术赋能（渠道分发、系统评估）、舆情应对、形象修整、品牌服务等媒介形象构建核心要素。

双向融合创新。在媒体深度融合发展背景下，由媒体所构建的媒介形象不仅关系到企业整体品牌形象，也关系到企业发展的舆论环境。机制对媒介形象与品牌建设的融合互促关系进行了深度匹配，形成了"评估—决策—规划—运作—监测—修正—评估"的企业媒介形象管理闭环，有助于实现媒介形象与品牌建设的双向融合。

机制再造创新。融媒体中心注重打通网、报、台技术，重新梳理策、采、编、发生产流程。机制在融媒体中心建设基础上，按照媒介形象构建核心要素和双向融合创新管理关系，更加注重加强内容生产及宣传渠道、资源整合，便利舆情分析和品牌建设研判，以解决对应区域内的品牌建设问题，通过媒体手段提升区域竞争软实力，夯实企业品牌建设基础。

（二）形象研判：着力提升媒介形象评估的科学性

国网湖南电力在媒介形象评估方面，联合高校和具备全面传播数据处理能力的专业媒体机构，建立企业媒介形象研判机制。研判指标包括内容数量及稳定发布程度、媒体报道所占版面的显要程度、宣传内容的题材多元程度、主题报道的集中关注程度、信息正负反馈的修正程度等。

在形象评估上，集中调取全域监测数据，包括对各类媒体信息的监测搜集，对公司新媒体、内外网站信息的采集与监测。在技术研判上，实现按照属地、议题、分级等进行精细化展示，快速感知最新舆论态势，通过对访问量、发布数、发布时间等数据的统计、展示，分析网站的传播效果。

在形象研判体系下，公司呈现出国家政策的忠实践行者、民生服务的有为守护者、自觉担当的社会贡献者、绿色创新发展的积极探索者、锐意进取的改革先行者、主动作为的活力市场主体等多重评价在内的企业媒介形象。

（三）选题策划：分级策划实现内容选题策略创新

选题是媒介形象构建内容生产要素的出发点。当前电力企业选题策划中存在对既有陈旧选题

规划不求变、对网络舆论环境跟踪不主动、对国家政策解读不精准、对受众需求变化不敏感等问题，选题产出的机制体系没有得到有效明确。

选题构成上，构建以主流价值为导向的核心新闻选题，从契合国企形象的市场拓展、科技创新、区域贡献、社会责任等领域中选取有价值的主题，在引导社会舆论的同时，树立企业有为担当的形象骨架；增加更多具有真实性、创意性的新闻选题，围绕时政热点、民生热点、社会热点，收集更多真实的新闻信息，对已经发生的新闻事件进行直观报道，持续跟进新闻事件的后续发展，保证新闻选题的准确性、客观性。

开创多元议题，构建多元题材体系。一是科技创新类议题。科技创新是以改善人们生活为宗旨，通过生活化表达，让公众切身体会到国网科技创新所带来的利好。二是社会责任类议题。将电力保供、迎峰度夏、环保、捐赠爱心等议题设置作为重点，让受众成为对应内容的参与者、传播者和接力者，形成对品牌的强烈认同。

创新网络化新闻选题策划及传播方式。在互联网技术快速发展的环境下，依托移动传播平台和微信、抖音、今日头条等网络平台开展新闻策划，贴近普通民众的生活策划新闻主题，制作相关内容，并通过评论转发窗口，加强与受众的互动交流。

（四）内容输出：立足网络传播推动表达方式重构

当前，以互联网为标志的现代信息技术迅猛发展，但企业的内容输出方式却过于单一和陈旧，跟不上时代的步伐，让企业宣传工作过于形式化。同时，企业内容输出理念滞后导致企业无法积极强化与社会新闻媒体的有效连接，极大地制约了企业媒介形象优化。

对标引导力、影响力、传播力、公信力，国网湖南电力围绕选题变革、话语重塑、传播改革、关系升维、数据驱动，推动移动互联网传播语境下的创新表达。

话语重塑，探索现代话语传播体系。新媒体时代，国企掌握的媒体话语权正在消解。一是在微信等官方平台中，努力改写传统的国企话语体系。不断融入新媒体基因，注重学习网络话语体系，不断尝试大众喜闻乐见的话语风格。二是运用自有力量和技术平台组织好常态化、短平快的优质内容生产，有重点地向媒体提供鲜活的新闻点和典型素材，借助媒体力量发掘更有价值的新闻故事。

结合自身行业属性特点，加大与央媒、地方媒体、行业媒体的合作力度，建立数据库和媒介清单。收集各个媒体在相关事件传播中的数据，明晰不同媒体的传播范围、传播对象、传播效率、传播深度等差异性，采用受众群体分析、到达率分析、接触率和接触点分析等指标对全媒体传播矩阵的单个媒体进行分类，为最佳的媒体组合策略提供基础。

着力打造集传播力、引导力、影响力和公信力于一体的新媒体"3+N"（公司微信订阅号+公司微信服务号+公司官方微博号+其他媒体自营号）传播矩阵。公司微信订阅号传播内容主要聚焦贯彻落实上级精神，开展特色内容传播等方面，采用传统图文、精美长图、视频直播、短视频、H5等传播方式，确保推文内容政治站位高、概括性强、特色鲜明。公司微信服务号主要内容包括办电福利互动、电力常识科普等方面。策划制作的内容多为精致图文的形式，在高效引导受众快捷办理电网业务的同时，辅以生动的电力科普和极具吸引力的营销活动，提升了服务号的实用性和趣味性。公司官方微博号主要包括权威信息传播、电力基层动态等相关内容。通过筛选与转发各权威媒体发布的当前时事热点信息，将公司官方微博号打造成一个集重要信息传播、服务社会民生、展现电力特色于一体的新媒体传播平台。

（五）生产规范：制度建设确保媒介形象管理有序

自融媒体中心筹建以来，国网湖南电力内容生产管理制度不健全问题日益突出，意识形态管理、内容审核及发布、党员干部自有新媒体账号管理等缺乏有效的制度约束。

以制度建设推动机制落实。公司编发《意识形态管理学习手册》，修订《公司新闻突发事件处置应急预案》，编制省市公司两级《舆情处置流程图》，细化明确各层级责任人和应对方案。进一步强化省市县三级舆情监测、会商、应对机制，细化梳理出保电重要客户台账、重点维护对象名录，建立互联网群组、新媒体账号分级备案制，建档备案4466个10人以上群组，415个新媒体账号的开设、关停均履行了报批手续。

建立内容报送及审核规范。对基层人员开放端口报送新闻信息，构建新闻采编的全员共创共享机制，加强与宣传、网信等政府部门和各级媒体的沟通联系，特别是与宣传、网信部门搭建常态协同机制，重要信息发布由政府牵头、权威发声，形成媒体信息发布"朋友圈"。

（六）舆情应对：从回应机制到修正机制的有效整合

一直以来，国有企业舆情工作存在着舆情监测落后、收集不完整、研判不准确、引导不及时、处置不科学的现实问题。为此，国网湖南电力探索践行包括"灵敏的预警机制、高效的协调机制、科学的发布机制、联动的引导机制"在内的舆情应对"四大机制"。

紧急舆情应对方面，打造由监测、评估、预报三个子系统构成的预警系统。其中，监测是基础，评估是关键，预报是核心。除了融媒体中心大数据，由第三方公司定期出具舆情服务报表，定期邀请业界舆情专家进行舆情研判和应对专项辅导。舆情评估方面，建立包括公司主要负责人、第三方舆情机构、舆情专家在内的舆情研判机制，重大舆情事件通过舆情联席会议迅速研判舆情态势，制定应对策略。舆情预报方面，建立危机预警运作的系统和制度，除了自有的舆情预警系统，部分核心舆情源发点形成"前置八小时"舆情应对事件联动机制。舆情回应方面，坚持"快说事实，重说态度，多说举措，慎说原因"，即尽快向社会公开披露事件客观情况，着重突出公司有为担当、直面公众的即时形象，突出强调舆情态势下的实际举措，审慎发布事件原因，确保舆情回应迅速、高效、稳定，用态度让舆情止沸。舆论引导方面，建立媒体联动资源库，确保有效联动各大媒体，迅速修正网上舆论形象。形象修正上，联动媒体展开策略制定，结合包括形象修正策划、内容采集、融合生产、多元发布、全网推广、二次研判、策略调整在内的各个环节，展开包括对应主题策划报道、官方回应、主管部门协同支持等在内的手段，对主要措施特别是对应形象修正的专题和系列稿件展开建档、查询、更新、存档，支撑事件动态追踪和后续报道。

（七）队伍建设：推动团队合、队伍稳、人心顺、改革进

融媒体中心建成后，企业仍然存在传统思维模式束缚、人才队伍结构不合理、整体互联网传播素养不强等问题。国网湖南电力通过一系列举措，努力培养了一支政治立场坚定、网络素养较高的内容生产团队。

建强内容生产及运维队伍。发展网评员1358人、新闻发言人160人、专家团队23人，队伍员工占比位列国网系统第二。加强专业培训，提升新闻写作的理论和方法水平。技术平台统筹选题发布、文集建立、年度考核、数字化评估等队伍建设机制，通过专题培训、业务实战、进修学习、机关助勤、片区相互采写等方式，提高宣传思想工作队伍的理论水平和实践能力。

打好技术平台、激励机制和专业培训组合拳，宣传队伍建设持续升级；管理的触角延伸到人员、业务、流程各方面，厘清业务需求，利用大数据分析将工作评价体系量化、具体化，采编人员、通讯员、员工的工作效果与社会公众认可度关联，进一步提升管理质效。

建设专业高效的内容生产队伍考评体系。联合主流媒体，依据国际上衡量传播效果的科学方法，结合微博、微信等新媒体的传播特点，调整原有的侧重传统媒体宣传模式的"用稿量""稿件等级"等考评模式，创新利用"阅读量""阅读转化率""点赞量"等新型考评指标。将新媒体传播指标纳入业绩重点考核范围，激活宣传队伍工作热情，形成"整合传播、整合考评"的良性循环体系。

（八）技术赋能：实现新媒体技术支持的有效供给

媒资信息是媒介形象管理的细胞。人工管理媒资存在着无法全面、宏观审视管理的问题。国网湖南电力依托现有技术平台，在内容采集、生产、分发、传播、审核等各环节促进融媒体创新，全面加强媒体资源管理，为媒介形象构建提供技术支持。

推动智能内容生产。自动全网聚合相关稿件，智能抽取、生成摘要，助力写稿采写，推动人工智能、移动智创。依托自然语言处理、人脸识别、语音转化等技术，强化移动采编、智能记者创作等工具，提升新闻采写效率。创作同时兼具稿件自动校对纠错功能。

提升数据处理应用能力。通过数据中台将已知数据转化为内容生产资料，对内容进行结构化和标签化处理后导入智能媒资管理系统，对导入的媒资数据进行"个性化标签处理"，转化为易操作、易管理、易查询的标准化结构，利用自然语言处理、图片识别、语音识别等技术实现自动标引。

加强内容风控。支持对生产的稿件、图片、视频、新媒体作品等内容进行在线多级审核，实现业务流程可视化。对关键敏感词显著标示，对差错内容提示校正，支持对新媒体内容发布进行在线流程化管理，支持多级审核，实现审核流程可视化、可追踪。

建强内容分发渠道，提升形象修正整体效能。重点新闻稿件一键推送至中央、省内、行业12家主流媒体，实现形象修正的最快速和最大化。融合信息技术、人工智能、大数据应用等领域，结合国网公司泛在电力物联网理念，结合用户精准推送、数据监测分析等功能，优化企业媒介形象管理；强化内外部媒体互联互通和对接，实现宣传效果最大化、最优化。开拓省、市、县、所四级联播立体多端的终端视频信息传播，实现"千屏分发"。

（九）经费投入：年度评估机制助力经费投入优化

经费投入是媒介形象建设的核心保障。在厘清媒体投入不均衡、新媒体投入比重低、媒体投放范围有限等问题的基础上，多方面规划经费投入率，统一规划，高效率利用媒体经费。

根据所在区域实际情况，如各省市媒体发展情况、经济发展情况以及未来发展方向等，审核各媒体经费预算方案，在缩减传统媒体经费的基础之上，投入新媒体的大阵营，特别重视微信、微博等自媒体平台，利用新媒体进行宣传、舆论引导，最终实现传统媒体、新媒体的经费投入达到均衡。

三、电力企业媒介形象管理创新的实施效果

（一）企业正面媒介形象获得有力支撑

2021年，公司各部门联合发稿1.3万余篇，阅读访问量累计超过5300万。高效完成采访宣传任务197项，制作视频新闻270条次，时长742分钟，同比增加13%。公司官方微博入选全国国资委系统十大微博，"防山火"直播获评全国政务V影响力峰会"新媒体创新传播奖"，公司新媒体传播指数保持国网系统前五。

面向电网建设，分批次、抓节点组织媒体走进工程建设一线，在中央、省级主流媒体上推出相关重点报道205篇，成功推出周顺、赵邈、刘涛等先进典型。面向新兴产业，积极联系中央电

视台、中新网等20余家媒体刊发《用电力大数据为湖南民营制造业发展摹"画像"》《湖南首家乡镇新能源汽车4S店开业》等报道,展现公司新兴业务发展成效。

主题内容生产得到高位推荐,"东方红(电骡子)共产党员服务队"事迹入选中宣部报题,央视、《人民日报》、新华社等密集报道"电骡子"服务山区群众的感人事迹,180余家媒体转载。"百年辉煌"发展成就展迎来省委、省政府领导观展并得到充分肯定。省委、省政府主要领导多次来公司调研走访。

(二)形象构建各要素实现深度融合

媒介形象构建机制厘清了宣传思想工作的价值创造逻辑,实现了宣传思想工作创造价值的内、外部路径的优化和业务组成部分的融合。

更加有效地整合宣传资源、构建运转高效的工作格局,更加注重有效识别宣传思想工作的具体对象和目的,更加注重文化和价值观引领,实现内聚力量、外树品牌。有效依托国家战略、重点工程、典型人物、议题设置、全局力量,找准关键着力点。

更好地服务生产经营工作。机制帮助宣传部门有效把握企业生产经营中心工作,及时跟进,特别是对于业务部门需要职工群众或社会公众广泛知晓参与的事项,宣传部门有能力基于机制提出专业意见建议,更加有效地研判企业不同时期、不同阶段所面临的重点任务,实现贴近主业找价值、贴近市场找活力。

更为准确地把握变化的发展环境。机制实现了媒介形象管理趋势性因素的科学判断,有利于品牌建设工作迅速适应国企改革带来的体制机制新变化、新情况、新要求,有利于更好地适应不断变化的媒介环境,适时更新企业内部宣传、对外品牌建设的传播理念和思路,为企业后续高质量发展提供长远助力。

(三)有效避免重大网络舆情冲击

相继化解一些较大的舆情风险,特别是为避免供电形势紧张导致舆情,国网湖南电力促成省委宣传部组建电力舆情管控23人群组,在省、市、县三级组建"迎峰度夏电力保供宣传引导和舆情处置工作专班",组织省内主流媒体召开专题会议确定宣传基调,强化舆情源头疏导管控。

主 创 人:于 洋、谢家威
参与创造人:侯建明、张朝晖

安全管理与风险管控

市级烟草商业企业纵深防御的网络安全体系构建与应用

湖南省烟草公司郴州市公司

摘要： 湖南省烟草公司郴州市公司（以下简称郴州烟草）按照国家烟草专卖局、湖南省烟草专卖局关于加强网络安全建设的有关文件要求，基于高质量发展和数字化转型需要，根据公司网络结构特点、网络安全现状和业务需求，分析在网络架构、网络安全、网络管理等方面的不足，在此基础上设计符合行业特性的网络安全防护方案，从硬件设施、软件系统、安全管理等方面，对郴州烟草网络安全体系进行重构，建设一套切合实际、行之有效的纵深防御的网络安全体系，以提高企业网络安全防护能力和水平，达到对网络安全的长期有效管理，确保郴州烟草各项业务正常稳定运行。

企业简介

湖南省烟草公司郴州市公司成立于 1984 年 3 月，1996 年 5 月与湖南省郴州卷烟厂联合组建湘南烟草集团（公司），2002 年 2 月湘南烟草集团（公司）撤销，实行工商分设。公司现有正式员工 1500 余人，职能部门 20 余个，下辖桂阳县、嘉禾县、永兴县、安仁县、宜章县、临武县 6 个两烟区和资兴市、汝城县、桂东县 3 个卷烟纯销区县级局（分公司）。设有标准化烟草工作站 20 个、国家局现代烟草农业基地单元 16 个，其中国家局特色优质烟叶开发基地单元 10 个，卷烟物流配送中心 1 个，物流中转站 4 个，服务全市 1.5 万余户烟农、1.7 万余户卷烟零售户，年种植收购烟叶 100 万担左右，年销售卷烟 17 万余箱。先后被评为全国文明单位、全省烟叶工作优秀单位、全国烟叶生产基础设施建设先进单位、全省卷烟打假特殊贡献奖、省依法办事示范窗口单位等，成功创建烟草行业商业标准化示范企业。

一、市级烟草商业企业纵深防御的网络安全体系构建与应用的实施背景

（一）是响应国家政策新要求的需要

近几年来，国家先后出台《网络安全法》《数据安全法》《个人信息保护法》和《关键信息基础设施安全保护条例》，共同织起"三法一条例"网络安全保障网。"三法一条例"的出台落地，使得网络空间法制化有章可循。在新的网络安全要求和形势下，郴州烟草切实担负起网信工作的新使命，推进纵深防御的网络安全体系建设，为企业提供更加有力的信息化支撑和更加可靠的网络安全保障。

（二）是适应行业数字化转型的需要

面对数字化革命，烟草行业同样需要更好地适应数字化业务的开展，应对瞬息万变的竞争格局。数字化转型必然离不开云计算、大数据、物联网、人工智能等技术的应用，但这些技术的应用总会伴随技术风险，比如带来更多类型的外部网络出口，网络边界变得模糊；各级机构更依赖

互联网接入企业网络处理业务，互联网接入风险日趋严峻；企业广域网运用多种方式组网，业务访问关系更复杂，给网络安全防护带来更多的挑战。因此，烟草企业应当完善网络安全体系建设，通过采取强化网络边界防护、提高网络结构安全、加强网络纵深防御等措施，在保证网络技术安全管理中稳步推进数字化转型与业务发展。

（三）是保障企业高质量发展的需要

实现高质量发展是我国经济发展进入新时代的必然要求，而确保生产安全是实现高质量发展的基础。当前，郴州烟草网络安全防护仍面临着巨大的挑战，应用系统核心软硬件设备严重依赖国外厂商提供的软硬件产品；信息安全防护薄弱，信息安全保障能力不足；一线使用人员应用系统及网络安全方面的知识储备不足，网络安全意识淡薄；突发网络安全事件应急响应能力不能适应新形势的要求；网络新技术的飞速发展带来新的安全风险隐患。因此，构建纵深防御的网络安全体系，强化风险意识，全面提升网络安全防护水平，以有效应对当前国内外深刻变化的网络安全形势，对于保障企业高质量发展显得尤为重要。

二、市级烟草商业企业纵深防御的网络安全体系构建与应用的主要做法

（一）做好顶层规划设计，完善网络安全组织制度管理

1. 健全网络安全组织机构

公司成立以党组书记、局长（经理）为组长，副局长（副经理）为副组长，相关部门负责人及各县级局（分公司）局长（经理）为成员的网络安全工作领导小组，负责公司网络安全工作的统筹协调。领导小组下设办公室，与公司信息化工作专门机构——信息中心合署办公，负责组织的日常网络安全综合监管。按照"分级管理"和"一岗双责"的原则，建立"市公司—县公司—烟站（工作站）"三级管理体系。公司信息中心设立专职网络安全管理员，各层级设立兼职网络安全管理员，负责各自主管的业务范围内的日常网络安全管理。

2. 落实网络安全工作目标

总体网络安全方针：强化意识、规范行为、数据保密、信息完整、纵深防御。

总体网络安全目标：全年无重大网络安全责任事故发生。具体内容包括信息网络的硬件、软件及其系统中的数据受到保护；电子文件能够永久保存，不因偶然的或者恶意的原因而遭到破坏、更改、泄露；系统连续可靠正常地运行，信息服务不中断。

主要网络安全管理指标：一般性网络安全事件次数≤3；一般事故隐患年度网络安全教育培训率100%，合格率100%；网络安全隐患整改及时率100%；新、改、扩信息化项目建设"三同时"执行率100%等。所有指标按照"业务谁主管、安全谁负责"的原则纳入各县公司（各部门）月度和年度绩效考核。各层级由上至下层层签订网络安全责任书，把网络安全工作目标落实到各层级员工，确保网络安全目标传递到每一个工作岗位。

3. 完善网络安全制度体系

公司根据有关国家法律法规、行业标准规范和上级有关要求，修改和完善了网络安全管理与技术系列制度和标准，主要制度包括《网络安全和信息化工作管理办法》《个人信息安全管理办法》和《信息系统数据安全管理规定》等，主要标准包括《信息系统维护管理规范》《信息设备维护管理规范》《网络安全管理规范》《突发信息网络事件应急预案》及《工业控制系统实施、管理和评估指南》等。同时，根据公司年度工作计划，每年初下发网络安全工作要点，分解重点工作清单，将每项网络安全工作落实到各层级责任单位和责任人。

4. 加强网络安全责任考核

建立覆盖全业务的网络安全责任追究制度，开展月、季、年度定期考核。月度考核和年度考核由企管部门根据信息中心提出的日常网络安全要求和年度安全总要求分别进行考核；季度考核由信息中心每季度对市公司各部门和各县公司开展"四不两直"（即不发通知、不打招呼、不听汇报、不用陪同，直奔基层、直插现场）飞行检查，看现场、上设备、查记录，根据检查情况向网络安全工作领导小组汇报后下发网络与信息安全季度通报，实现奖优罚劣。

严格落实网络安全"两个责任"追究。一是严格落实主体主责，谁使用谁负责，凡是涉网络行为都要承担网络安全主体责任。二是严格落实主管主责，谁主管谁负责，做好主体责任和监管责任的部门、人员职责划分。三是严格规范"两个责任"追究，强化红线意识，严肃责任追究，实行网络安全的一票否决。

（二）推进安全文化建设，提升员工网络安全意识水平

要确保网络安全，首先在思想上就要时刻绷紧安全之弦，不断提升广大员工的网络安全意识，筑牢网络安全思想根基。

1. 培育全员网络安全意识

（1）培育信息技术人员主动出击、提前防范的意识。信息技术人员首先要提升自身的网络安全防范意识，不能只像普通员工一样，只考虑自己不发生信息安全事件就行，而要有主动出击作为思想。一是主动承担起企业网络安全防护工作，不要只是被动地接受领导或上级单位分配的任务。二是主动出击作为，对信息系统及基础设施进行隐患排查、查缺补漏。三是主动宣传、教育，为广大员工普及网络安全知识，提升企业全员网络安全意识，为企业网络安全提前做好防范工作。

（2）培育管理人员及时督察、亡羊补牢的意识。各级管理人员要切实履行网络安全督察职责。针对网络安全事件，事前注重日常事故隐患督察整改；事中做到及时补救事件造成的危害，将网络安全事件的损失和危害降到最小；事后善于总结，客观分析事件发生的原因，对人为的错误要及时纠正，对系统的漏洞要及时封堵，对设备的缺陷要及时消缺，对人员的责任要及时教育，不推卸责任，谨记亡羊补牢、为时不晚。

（3）培育普通员工不越雷池、不触红线的意识。普通员工虽然不能全面掌握网络安全技术，但必须具备较强的网络安全意识。一是将网络安全等同生产安全看待。二是牢记关于网络安全方面的规定和要求，如密码一定要用强的，一机一定不能两用，涉密信息一定不能上网，上网信息一定不能涉密。三是坚守网络安全红线，不抱侥幸心理，不越网络安全雷池半步。

（4）培育企业领导重视网络、重视安全的意识。企业领导对网络安全的认识深度指引企业对网络安全的重视程度，决定企业网络安全战略部署高度，是影响企业网络信息安全防范强度状况的主要因素。从企业事务管理基本通则中可知：高层领导重视，中层领导必重视；中层领导重视，员工意识必提升。

2. 认真开展网络安全教育培训

为提高公司员工网络安全意识和素养，公司通过现场教学、网络视频组织开展安全培训。对于网络安全专业人员，送到专业培训机构开展CISP（注册信息安全工程师）培训；对于专（兼）职网络安全管理员，聘请网络安全方面专家到公司实地教学培训；对于普通员工，通过视频会议、烟草网络学院开展教育教学。经统计，2021年累计培训相关人员3216人次。

3. 不断创新网络安全宣贯途径

一是开展形式多样的网络安全知识竞赛活动，如网络安全网上答题活动、现场知识竞赛活动，

通过活跃的竞赛气氛，激发员工学习网络安全知识的热情。二是通过不同媒介宣贯网络安全意识，如制作网络安全意识手册、画册、海报、展板、动画短片和鼠标垫等，把网络安全意识渗透到员工的日常工作生活中，打造全方位、立体化的网络安全意识宣贯方式。

4. 扎实举办网络安全应急演练

公司编制了《突发信息网络事件应急预案》，每年定期组织修订完善，并根据预案要求，按照年度应急演练计划，各单位结合自身实际开展应急预案培训、演练和评估等活动。2021年，合计演练12次，参与演练212人次。

（三）依托网络关键技术，强化网络安全纵深防御设计

通过应用多种网络关键技术，采用集约化模式构建多层次、协同联动的网络纵深防御体系，旨在极大地提高系统防护效果，降低网络管理的风险和复杂性。

1. 网络流量可视化

网络流量可视化是支撑网络纵深防御的重要基础。看得清流量，方能识得准威胁、培得全能力、配得严策略、挡得住风险。针对流量数据的时间、维度、结构等特征，可通过在网络各节点部署流量分析措施，实现全局网络流量数据的捕获、解密、处理和按需输出，有利于开展网络资产发现、网络安全威胁分析、网络行为审计、数据泄露检测等工作，挖掘隐藏在网络内部的有价值的信息。

2. 网络隔离细粒化

网络隔离细粒化是提升网络纵深防御的可靠引擎。通过全面梳理网络中的资产，根据资产暴露位置、业务功能、重要等级等属性进行网络安全域细粒划分，实现功能组、工作负载级的网络隔离。同时，在网络区域边界上实施严格的隔离防护措施，采用相应安全强度的分层防护，实现网络访问权限的最小化，以收缩网络攻击面，限制安全威胁的影响范围。

3. 场景覆盖全面化

场景覆盖全面化是强化网络纵深防御的关键技术。梳理网络边界的各种访问连接模式，在面向每种模式的不同场景时，针对性地进行网络安全能力设计。同时，整合相同或相似连接类型的网络边界，收敛应用服务及接口的协议类型，及时进行层面的端口调整合并，统筹部署网络安全防护能力，全面覆盖网络边界的主要安全防护需求。

4. 网络防御纵深化

网络防御纵深化是推动网络纵深防御的核心手段。根据网络的层次化体系结构，分层部署防护和检测措施，形成层次化的安全配置，以增加网络防御纵深，形成异构、协同联动的防护机制。在一层防护措施失效情况下，仍然有下一层的防护措施保障，充分保障关键资产的安全。同时，在每个层级上严格实施网络访问控制策略，以收缩网络攻击面，减少横向移动的范围。

5. 安全集群标准化

安全集群标准化是巩固网络纵深防御的内在保障。通过设计标准化、模块化的网络安全防护集群，将其部署于网络各节点，适配本节点的安全防护需求，以防御黑客或病毒对网络持续性、大面积的渗透和破坏。同时，安全防护集群可实现安全服务链灵活编排，支撑安全能力的弹性扩展，适应复杂网络组网环境，整体提升网络结构的安全等级。

6. 策略管理自动化

策略管理自动化是保障网络纵深防御的有效措施。在统一管理网络各节点的标准化安全防护集群基础上，通过接口的适配或改造，集中纳管已有的网络安全资源，实现网络安全防护策略的

全局控制。根据汇聚的安全告警、网络流量、安全情报等信息,进行关联分析、智能推理、研判和决策,在终端形成安全防护策略,完成自动装配和下发执行,实现全局协同防护和联动。

(四)着眼网络安全风险,抓好网络安全防护措施落地

基于上述关键技术,具体结合资产识别、网络安全架构设计、网络纵深防御构建等方法,重构郴州烟草网络纵深防御体系。

1. 资产识别

网络防护体系建设的一项重要的基础性工作就是详细、完整地识别组织内部的信息资产,并制定覆盖所有网络设备的网络安全策略,只有这样才能尽可能地封堵组织内部的安全漏洞,保护数据资产的安全性。资产识别包括资产属性识别和访问关系梳理。郴州烟草的信息资产主要包括支撑卷烟、烟叶、办公等各类业务的信息系统,及保证其运行所需的服务器、网络设备和电脑终端等;访问关系包括郴州烟草各类信息系统业务访问、运维管理访问、系统内交互、系统间交互等。

2. 网络安全架构设计

网络安全架构设计是以资产属性为基础开展的网络安全域划分,其设计思路在于以业务为中心、流程为驱动、风险为导向,将有相同或相似的安全需要、有着相同访问控制以及边界控制的组成要素划分到同一个集合,实现对系统的分域、分级的安全保护。一是网络安全域划分。根据郴州烟草网络现状等相关信息,针对不同业务组、业务服务模块、业务网元和网络架构之间的对应关系,通过数据流把它们串联起来,识别每个环节的风险,并配置相应的安全策略,最后结合安全域防护手段,形成最终的安全域划分。二是网络边界整合。其具体过程是通过识别梳理网络各处边界的连接模式,在保障业务正常访问的前提下,整合同类型网络边界,减少网络互联接口数量,形成统一的安全控制点,集中部署网络安全防护措施。

郴州烟草整体网络改造后,总体上划分为五个部分,分别是办公内网区、工控网区、DMZ区、互联网区以及视频网区。各网络区域承担的用途分别为:办公内网区包含内网核心网络区以及内网办公区两部分,内网核心网络区又包含服务器区和内网安全管理区,主要承担日常行政办公以及各类核心业务;工控网区与办公网区有业务交互,分为工控安全管理区、工控服务器安全区、生产区;DMZ区为互联网应用区,卷烟订货等相关系统业务部署在公有云上;视频网区用于公司各办公场所视频监控,与办公内网逻辑隔离;互联网区单独划分,用于员工日常查询网络资料、沟通交流使用。

3. 网络纵深防御构建

郴州烟草按照"以点及线,以线带面,以典型应用引领全面推广"的思路,通过典型实践效果推动全面落地,实现层层设防的防护体系建设,有效形成基于纵深防御理念的基础环境安全防护、终端安全防护和应用安全防护三方面的安全防护体系。

(1)基础环境安全防护体系。一是严防边界,难于突破。基于御敌于"国门"之外、避免本土作战的策略,在网络边界部署异构安全监控和防护设备,包括网络攻击阻断系统、入侵检测系统(IDS)、防病毒网关等。二是严守节点,阻断异常。对于DMZ区、骨干网、核心网、办公网等重要网络节点,根据实际业务需求严格收敛系统跨安全区域访问关系,控制路由可达路径,及时清理过期访问策略,实现网络通信可信可控。在骨干网部署IDS、全流量分析等检测设备,及时发现潜在的安全风险。三是严控核心,守住底线。业务核心区启用全面的安全管控机制,部署日志审计、堡垒机(运维审计)、防火墙、防病毒系统等,及时发现、主动防御业务核心区网络安全问

题隐患。

（2）终端安全防护体系。一是防范被入侵。郴州烟草在全市系统全面推广桌面管理系统和防病毒系统，全市所有终端安装全覆盖；通过下发准入控制、账号登录权限、强制安全软件安装、系统补丁推送、软件黑白名单、禁止非法外联等策略对终端实行较强的安全管控。二是防止被控制。部署上网行为管理系统，当终端感染木马、蠕虫等病毒时，可以阻止恶意程序非法外联，使终端无法被控制。三是防止被利用。严格控制办公终端访问业务应用，启用生产环境终端准入控制、账号授权，严格控制终端可达访问范围。

（3）应用安全防护体系。郴州烟草结合应用系统全生命周期特点，强调安全工作前置，在需求分析、系统设计、研发、测试、上线等各个环节落实安全管控措施，构建纵深防御的应用安全体系。一是应用系统架构需遵从统一的基础环境架构部署要求。互联网或者第三方专线 API 接口应用在网络 DMZ 区域或外联区域内部署前端系统，各前台应用的前端之间从网络层进行逻辑隔离，分离应用后台管理功能界面与前端用户访问界面，从架构层面有效屏蔽非法请求。二是应用系统部署需符合基础环境安全配置要求。互联网应用系统需要添加 Web 应用防火墙防护，主机需安装网页防篡改防护软件、主机安全防护软件、防病毒软件等，形成实时阻断、监控告警、流量分析等多层面多维度的应用安全防护机制。三是强化应用安全访问控制。通过建统一身份认证平台实现统一的认证和鉴权。增强移动 App 的安全加固和防护。严格管控应用系统之间的互访互联，避免非业务需求的不同系统之间的访问。四是加强应用日志安全分析。通过建设日志集中收集平台，对应用系统的日志进行集中分析和审计，及时甄别和处置系统存在的异常行为。

（五）坚持安全预防优先，着力提升网络安全防御能力

根据郴州烟草网络各节点的纵深防御安全能力要求，采用标准化、模块化的网络安全防护集群，提供流量清洗、网络访问控制、加解密、入侵防范、恶意代码防范、应用安全防护、安全代理、数据泄漏检测、全流量检测、攻击诱捕等安全能力。

1. 基于下一代防火墙、工业控制防火墙的边界安全防御

郴州烟草网络各出口边界、各个区域边界、工控网与办公网边界以及工控网络不同生产线的边界，需要通过下一代防火墙或工控防火墙来实现边界隔离，构建边界防护体系。下一代防火墙在高性能和先进架构的支撑下，集成防火墙、VPN、应用与身份识别、防病毒、入侵防御、虚拟系统、行为管理、应用层内容安全防护、威胁情报等综合安全防御功能，并支持与多系统进行协同防御，提供有效的应用层一体化安全边界防护。工控防火墙应具备识别工控协议的能力，实现指令级的控制；提供风险与网络攻击的可视化、策略联动实时风险减缓等功能，从而使安全防护成为闭环，保证郴州烟草的网络安全。

2. 基于一体化的终端安全防御

办公电脑终端和工业主机的防护是烟草工业控制系统安全的基础环节，烟草网络纵深防御体系基于"终端安全一体化"理念，建设集防病毒、终端安全管控、终端准入、终端审计等功能于一体的平台化管理系统。该系统结合云端统一的大数据和威胁情报，可有效发现、识别病毒、木马、APT 等各类威胁，并通过病毒查杀、补丁修复、终端管控、防黑加固等安全功能，为郴州烟草构建从终端、应用一直到网络的多层立体网络安全防护体系，同时完美兼容不同操作系统和计算平台，实现多系统统一管理平台、多功能统一管理平台。

3. 基于多产品间的协同联动的立体防御

郴州烟草办公网与工控网的威胁处置能力在信息安全建设中具有重要作用，为完善威胁分析

后续的处置闭环,烟草网络纵深防御体系具备响应处置能力,通过自动化编排响应模型,帮助企业收集监控到的各种信息,并进行事件的分析和告警分类,从而根据告警等信息对相应的设备构建完整的响应处置工作流,将多产品以及安全流程链接整合起来进行联动与处置,实现安全设备间的协同防御。

4. 基于态势感知的安全运营能力

为了实现由被动防御向主动防御的转变、静态防御向动态防御的转变、分散防御向协同防御的转变,郴州烟草基于工控网与办公网的数据基础,建立态势感知运营平台,逐步构建完全覆盖网络纵深的协同防御体系,为郴州烟草的安全管理者提供资产、威胁、脆弱性等相关管理,从全局视角提升对安全威胁的发现识别、理解分析和响应处置能力。同时,烟草网络纵深防御体系还具备对威胁的事前预警、事中发现和事后回溯的能力,对威胁进行整体生命周期管理,最终实现安全数据认知能力、分析能力、溯源调查能力以及安全运营能力的提升。

5. 安全服务

针对郴州烟草信息化建设及运维中存在的问题,如信息资产不清晰、设备规则库更新不及时、运维管理制度不完善、运维人员人手不够以及能力欠缺等,通过提升本单位人员综合能力与购买第三方外包安全服务相结合的方式逐步对相关问题进行整改,改善当前网络安全现状,具体措施如下:

第一,通过安全巡检服务对业务涉及的网络设备、安全设备、重要业务系统和重要终端等进行安全检查,检测完成后提供全面的巡检服务报告,给出存在的安全风险并提供相应的修复建议。第二,通过资产梳理服务对郴州烟草所有 IT 资产进行摸底调查,梳理可能遗漏的资产,并根据资产的性质进行分类;同时,对资产及信息系统进行人工收集和工具探测,利用技术手段尽可能地了解目标系统相关信息,并针对不同的资产采取不同的安全检查服务和加固策略。第三,通过应急响应服务明确应急处置流程,落实应急处置技术支撑队伍,定期开展安全应急演练,建立重大安全事件处置制度以形成应急响应流程,从而避免发生安全事件后因未积极采取有效的措施而导致影响范围、影响时长、影响程度等扩大。第四,通过渗透测试服务模拟恶意黑客的攻击方法,对郴州烟草的主要业务系统及数据进行安全评估,分析技术缺陷、弱点或漏洞,定期评估业务系统是否安全,并针对相应问题加强安全管理。

(六) 落实网络安全检查,推动网络安全工作持续改进

落细、落实、落全网络信息安全检查是发现安全隐患、堵塞安全漏洞、解决安全问题的重要方法和手段。主要抓住以下几个关键节点:

1. 落细网络安全日常检查

一是日常巡检做到"细密"。针对机房、网络和系统等日常巡检制定详细的巡检流程,作出细密的时间安排,及时、规范地进行全面、仔细的巡检。二是对口服务做到"细心"。实行信息技术员对口服务,每个信息技术人员对口企业领导、职能部门等。由对口信息技术员对负责对象开展网络安全检查,包括定期对终端设备开展维护保养,桌面维护,操作系统、应用系统及网络的优化设置;杀毒软件安装检测,登录密码、注册信息及安全设置检查以及游戏、炒股软件等与工作无关软件的卸载等。三是制度执行做到"细微"。严格不打折扣,不搞变通,不留死角,全方位执行公司有关管理制度,不定期对有关单位和部门是否严格执行操作流程,是否私自安装 USB 无线网卡上外网等进行检查,一经发现,依相关规定严肃问责。

2. 落实网络安全重点检查

一是抓实重点检查对象。要求根据网络信息安全建设标准和管理要求，突出重点对照检查。二是抓实重点检查整改。对薄弱环节和重点岗位部位、关键节点环节发现的问题及时查漏补缺，及时进行整改，对于到期和无法修复损坏的设备要及时更换。三是抓实重点检查总结。对于重点检查中发现的重大问题，务求全面深刻地总结剖析和及时整改督办，以达到举一反三、持续改进的成效。

3. 落全网络安全"三全"检查

网络安全"三全"检查，即对网络安全进行全面梳理、全面诊断、全面加固，是全面抓好网络信息安全的重要方法和手段。通过对网络信息安全事务的全面梳理、诊断自查、加固整改，掌握现状、找准问题、制订措施、有效改进，进一步夯实网络安全工作基础，提升网络安全保障能力，提高运维服务水平，确保信息系统安全稳定运行。

三、市级烟草商业企业纵深防御的网络安全体系构建与应用的实施效果

（一）网络安全体系基本建成，管理水平显著提升

郴州烟草通过全方位、纵深化开展网络安全体系建设，管理水平得到显著提升，主要管理效益体现在以下几个方面：

1. 了解安全态势

郴州烟草纵深防御体系利用告警、风险、漏洞、资产、系统维护和日志统计等信息，从不同的安全运营角度对网络安全态势进行呈现，提供资产风险态势、业务资产外连态势、全网漏洞态势、外部威胁态势、内网威胁态势和安全运营态势等不同安全场景的态势感知，帮助郴州烟草安全管理者快速、宏观、有效地了解企业的整体安全态势，为安全管理者提供风险评估和应急响应的决策支撑，同时有助于在安全运营工作中抓大放小，明确工作重点，以指导安全运营人员和IT人员的安全管理工作。

2. 定位生产故障

郴州烟草纵深防御体系将各种安全技术有机结合起来，为郴州烟草安全管理人员提供定位生产故障的信息依据。对可能发生的网络攻击给出预先的警告，结合攻击趋势预警可快速发现安全威胁，分析本地网络存在的非法信息流，定位发生网络攻击的安全漏洞，进而利用防火墙和网络监控系统来阻断网络攻击，保障企业生产安全。同时，构建纵深防御体系有助于支撑公司完善覆盖监测、预警、分析及应急处置全业务流程的网络安全运营体系，提高整体安全运营技术能力。

3. 洞察安全威胁

郴州烟草纵深防御体系通过检测引擎、威胁情报、场景化检测规则、机器学习和关联规则等多个维度进行威胁研判，可洞察安全威胁，并快速定位真正的威胁。同时，纵深防御体系优化了现有的传统威胁检测手段，利用调查分析、攻击链分析、时间线分析等工具，能够对日志、告警、资产、漏洞、情报等证据信息进行归纳整理，减少告警的误报和冗余情况，将威胁告警数量控制在人工可分析的数量级，有助于实现全面检测，及时发现高级威胁。

4. 促进企业管理

烟草网络纵深防御体系可大规模减少安全管理员的手工劳动，实现"人—人""机—人""机—机"的通知交互，可有效提高安全生产管理水平、工作效率和管理效率；具有贴合行业、防御为主、基因安全、实用性强的特点，有效保障了管理工作推进的统一性、一致性、有效性和规范性，提升了企业整体管理的科学性；能有效保障业务安全稳定运行，为组织发展战略落地提供

有效支撑，可在数字化转型的背景下帮助落实企业智能化管理目标，减少因数据破坏造成的经济损失，提升组织数字竞争力和拓展数字经济空间潜力。

（二）企业成本管理得到加强，经济效益明显增加

烟草网络纵深防御体系建设完成后，有效降低了企业成本，经济效益增加明显。

1. 信息系统运维成本显著降低

一是提高了设备自动化水平和人工使用效率，有利于降低各类应用系统运行和维护成本。信息化维护费用由2020年的393万元减至2021年的304万元，降幅为22.6%。二是从业务、管理、技术等各个层面加以控制，防范信息安全风险，可实现所有网络安全防护设备及系统的统一管理，减少后续系统集成费用，提高经费利用率。

2. 设备系统作业效率有效提升

通过运用烟草网络纵深防御体系综合数据加密、身份验证、防火墙、入侵检测、入侵防御等多项安全防范功能，可实时监测生产网络及设备运行情况，有效抵御病毒或黑客的侵扰，降低系统和设备故障率，节约人工运维成本。

（三）网络安全建设树立标杆，社会推广价值彰显

郴州烟草网络安全体系建设，覆盖了郴州烟草市本级及下辖的桂阳、嘉禾、永兴、安仁、宜章、临武、汝城、资兴、桂东9个县级公司及70余个烟草站点（含工作站）和场所，得到广泛深入应用，它是对关系经济发展、社会稳定的基础性社会资源的保护，具有重大行业创新示范效应和社会效益，并获得上级单位的高度认可，多家单位到郴州烟草学习借鉴。

烟草网络纵深防御体系构建是承担社会责任的表现，由于各种业务对基础行业相关信息系统的依赖程度不断增加，烟草网络纵深防御建设全方位的网络安全体系，为组织内部数据扣上"安全带"，可避免因数据泄露而影响社会稳定。烟草网络纵深防御体系让数据在社会治理过程中得到安全、持续、高效应用，支撑组织一系列的社会治理服务，可持续为社会带来价值。烟草网络纵深防御体系严格落实网络安全责任制，保护内部数据不被非法窃取或破坏，保障业务在多场景环境下的应用，提升了组织服务能力，增强了社会认可度。

主　创　人：高志强、谢平槐

参与创造人：阳关云、曾小晖、杨淑琼、张小军、贺　强、周寅晴、
　　　　　　王　玮、李邦志、邓　微、周　丽

市级烟草商业企业法律风险管理精准融入标准化管理的协同运行体系构建与实践

湖南省烟草公司株洲市公司

摘要： 湖南省烟草公司株洲市公司为深入贯彻落实全面依法治国、法治烟草建设和现代企业制度建设的要求，创新管理思维和方法，打破法律风险管理和标准化管理的固有体系和边界，研究构建了法律风险管理精准融入标准化管理的协同运行体系，形成了科学高效的管理模式。实现了法律风险管理精准融入标准化管理的体制机制协同、管理制度协同、业务落地协同和评价改进协同，建立了法律风险管理融入业务的路径和方法。优化了内部管理资源，提高了管理效率和管理水平，有力支撑了企业经济效益的持续增长。其相关经验和实践做法，具有良好的示范效应。

公司简介

湖南省烟草公司株洲市公司（以下简称株洲烟草）成立于1984年，是湖南省烟草公司的全资子公司。公司性质为全民所有制，属于商品流通行业，依法监管全市烟草市场，主要负责组织全市烟叶生产种植、收购、调拨和卷烟、雪茄烟的销售。2021年全市系统在岗职工430人，内设15个职能科室，下辖5个县级分公司，在网运行卷烟零售户约20000户。其中茶陵县为烟叶产区，共有烟农595户。2021年实现销售收入58.99亿元，增长3.96%；实现税利18.07亿元，增长4.95%，迭创历史新高；实现资金收益3039万元，增长24.6%，国有资产保值率达111.41%。

株洲烟草连续13年保持"全国文明单位"荣誉称号。近年来，先后获得"全省纳税50强企业""全省卷烟打假突出贡献奖""全市创建全国文明城市工作先进集体""全市社会管理综合治理先进单位""全市扶贫工作先进单位""全省烟草商业系统优秀市级烟草专卖局（公司）""烟草行业商业企业标准化示范单位""2016—2020烟草行业依法治理创建活动先进单位"等荣誉称号。

一、市级烟草商业企业法律风险管理精准融入标准化管理的协同运行体系构建与实践的背景

（一）是国家法治建设和现代企业制度建设的客观要求

烟草行业法律风险管理体系建设是法治建设的重要组成部分，是全面贯彻党中央依法治国精神的重大政治任务，也是企业自身生存和发展的根本保证。烟草企业需要始终坚持依法行政、依法经营、依法管理，更好地保障行业高质量发展。

党的十九届四中全会明确提出深化国有企业改革、完善中国特色现代企业制度的要求。法律风险管理是现代企业制度建设的重要内涵，烟草企业法律风险管理体系可以丰富现代企业制度内容，促进现代企业制度建设在法律领域的深入落实，为烟草企业适应外部环境变化、保证依法合规经营、维护合法权益提供有力保障。

(二) 是解决法律风险管理"三个难题"的实际需要

一是解决未能充分融入标准化管理体系的难题。株洲烟草于2015年开展了法律风险排查、分类定级、分层防控等法律风险管理体系建设工作。同时，株洲烟草是标准化示范企业，现行业务管理体系是一套完整的标准化管理体系，已建立和成熟运作多年。但由于法律风险管理体系与标准化管理体系两者在实际工作中相对独立，特别是法律风险管理未能充分融入标准化运行、业务标准实施中，易造成工作交叉重叠、资源浪费、管理效率低等问题。

二是解决未能形成动态循环长效机制的难题。法律风险管理体系是包括法律风险识别、评估、应对、监督、评价等方面的闭环管理机制，需要持续动态运行。但在实际工作中存在法律风险管理工作组织协调难度大、岗位负担重、专业技能要求高、流程机制不顺畅等问题，导致法律风险防控工作落实难，法律风险更新不及时，法律风险管理未能实现PDCA循环，难以适应环境变化的动态管理要求。

三是解决日常业务中法律风险重复多发的难题。法律风险管理理念尚未真正树牢，业务人员习惯"用老套路处理新问题"，导致日常经营中常常发生一些重复性的法律问题，如卷烟零售许可证办理不规范、执法人员现场检查或案件调查取证行为不规范等，这些问题涉及不同事件、不同人员、不同时点等，始终难以全面根治解决。

(三) 是适应诸多新形势变化对法律风险管理挑战的需要

近年来，卷烟市场供需之间产生了新的矛盾，卷烟货源分配、零售客户档位评价方面的法律风险凸显，需要强化卷烟营销反垄断法律风险防控；卷烟制假贩假和网络化问题仍然突出，需要强化专卖执法检查和取证过程的法律风险防控；电子烟、新型加热卷烟等新产品兴起，需要适应性调整市场监督和执法过程的法律风险防控，均对法律风险管理提出了更为严峻的挑战。

随着《烟草专卖法》《烟草专卖法实施条例》《反垄断法》《民法典》《行政许可法》《行政处罚法》《广告法》等相关法律法规的相继出台或修订，烟草商业企业相关市场营销、专卖许可和专卖执法等业务面临的法律风险发生了较大变化，国家烟草专卖局也针对卷烟营销、物资采购和烟草专卖行政许可等方面出台实施了一系列新的规定，均要求烟草商业企业严控法律风险。

2019年，国家烟草专卖局党组印发《关于建设现代化烟草经济体系推动烟草行业高质量发展的实施意见》，要求推进烟草企业的改革和发展，包括深化公司制改革、资源配制改革、行政审批制度改革、卷烟营销市场化改革等，涉及公司治理、行政管理、市场营销、专卖执法等诸多方面。株洲烟草需要加强法律风险管理，有效识别评估和应对法律风险，为企业改革和高质量发展提供有力的支撑和保障。

二、市级烟草商业企业法律风险管理精准融入标准化管理的协同运行体系构建与实践的主要做法

(一) 法律风险管理精准融入标准化管理的顶层设计

传统的法律风险管理已不能完全适应新的发展要求和管理需要，为深入贯彻法治国家建设和现代企业制度建设要求，解决法律风险管理的既有难题，适应新形势新变化的挑战，株洲烟草通过对相关理论与实践的深入研究，形成了法律风险管理精准融入标准化管理的协同运行的顶层设计。

1. 明确法律风险管理精准融入标准化管理的思路

为解决法律风险管理精准融入标准化管理的问题，株洲烟草应用解构方法分析研究法律风险管理体系与标准化管理体系框架以及法律风险管理融入业务路径。解构是把原有的体系结构分解为局部的基本原始单位，强调突破传统束缚和固有模式，使体系的各种组成因素充分暴露，发现组织或体系的不足，并通过局部的改造，寻求新的组合和创新功能，提高资源配置水平和体系价值。株洲烟草通过解构方法打破法律风险管理体系和标准化管理体系的固有架构，比较分析了两个体系协同运行的基础条件和精准融入的改进方法。同时进一步解构分析了业务运行体系，研究法律风险管理融入业务的主要路径和精准融入的方法。

表1 解构法律风险管理与标准化管理体系

构成	法律风险管理体系	标准化管理体系	解构分析
组织	法律风险管理领导小组	标准化领导小组	·业务部门承担主体责任
	法规部	标准化办公室	
	业务部门	业务部门	
运行	法律风险识别与评估	标准制（修）订	·法律风险管理缺少必要的宣贯培训、评价改进活动，风险应对不充分 ·宣贯培训、监督检查、评价改进可同步
	法律风险应对策略措施	宣贯培训	
	事件应急管理	—	
	监督检查	监督检查	
		评价改进	
文件	法律风险管理办法	标准化管理规范	·法律风险管理缺少对业务制度文件要求
	—	标准文件管理	

表2 解构法律风险管理体系融入业务路径

业务运行	融入路径	解构分析
政策相关	纲领或制度文件	·缺失总体纲领或原则
组织相关	领导层	·部门层责任不清晰，包括业务部门主体责任、法规部门监督检查责任、审计部门独立监督评价责任等 ·缺少具体岗位责任要求
	法规部	
	业务部门	
	审计监督部门	
	岗位	
流程相关	法律风险管理运行流程	·法律风险管理运行流程（包括审计监督）有待制度规范 ·日常业务流程操作性要求不明确
	日常业务流程	
	审计监督流程	
制度相关	法律风险管理办法	·业务管理制度对法律风险防控的具体要求不充分
	业务管理制度文件	
信息相关	业务表单	·业务表单不能充分反映法律风险防控要求 ·信息系统操作环节未充分反映法律风险防控要求
	信息系统	
文化相关	法治文化	·宣传培训不充分 ·缺少制度约束要求

通过以上理论方法和业务实践的深入研究，株洲烟草明确了法律风险管理精准融入标准化管理的总体思路，即"体系协同、业务融入"。

体系协同，即构建法律风险管理融入标准化管理的协同运行体系。以标准化管理体系为基础，创新管理思维和方法，突破两个独立体系的边界，抓住管理的共性、体系运行的关联性，在不改变管理实质的基础上，实现法律风险管理与标准化管理的协同运行和动态管理，提高资源利用和管理效率。

业务融入，即建立法律风险管理融入业务的路径和工具方法。在实现法律风险管理与标准化管理协同运行的基础上，以业务流程为基础，以岗位人员为重点，以制度规范为保证，以工具表单和信息系统为支撑，使法律风险管理要求与业务过程实质关联，重点强调"业务管理过程即法律风险防控过程"，从而实现两者的融合统一。

2. 明确法律风险管理精准融入标准化管理的目标

综合法律风险管理的实施背景要求和企业实际情况，株洲烟草进一步明确了法律风险管理精准融入标准化管理在"法治建设支撑、持续发展保障和业务融合落地"三个方面的主要目标。

一是深入贯彻落实国家法治建设和现代企业制度建设要求，为株洲烟草建成法治烟草企业、管理科学的现代企业提供有效支撑。

二是为株洲烟草适应新的市场经营环境变化、政策法规和监管形势变化，以及企业改革和高质量发展要求提供法治保障。

三是解决株洲烟草既有的实际问题，实现法律风险管理与标准化管理体系的协同运行，以及法律风险管理的业务融合落地。

3. 明确法律风险管理精准融入标准化管理的原则

为实现主要目标要求，株洲烟草构建和实施法律风险管理精准融入标准化管理的运行体系强调"战略引领、精准融入、多维保障"三个基本原则：

战略引领，即推进法律风险管理体系建设，将其纳入法治国家和法治烟草建设、企业高质量发展的战略范畴，引领法律风险的识别、评估、应对以及融入标准化管理等各项工作，促进战略目标的实现。

精准融入，即抓住法律风险管理与标准化管理的共性和关联性，在体制机制、管理制度、评价改进等方面实现精准融入，实现两者的协同运行、动态管理，并通过业务管理规范、流程操作、岗位责任、表单记录、信息系统等途径和方法精准融入法律风险防控要求，实现法律风险管理与业务的融合落地。

多维保障，即充分落实法律风险管理精准融入标准化管理的一系列支撑保障措施，包括组织保障、制度保障、文化保障、方法工具保障等，确保法律风险管理与标准化管理的协同运行体系得到有效实施，以及法律风险管理融入业务的实际落地。

(二) 法律风险管理精准融入标准化管理的体制机制协同

法律风险管理与标准化管理在体制机制上的不统一、不协调是制约两者协同运行的关键。株洲烟草通过对法律风险管理组织职责与标准化管理相关职责的强关联，优化设计法律风险管理常态运行机制，同步实施法律风险管理与标准化管理的培训宣贯等活动，实现了资源优化配置、职责统一协调，保障了法律风险管理精准融入标准化管理的协同运行。

1. 落实法律风险管理与标准化管理的组织体制协同

株洲烟草将法律风险管理领导职能融入标准化管理领导小组职责中，实现领导职责的统一，并在组织职责上重点落实法律风险管理的三个责任：一是明确业务部门是标准化管理和法律风险管理的实施责任主体。二是明确法规部门承担法律风险管理体系建设和实施监督的归口管理责任，并与标准化管理工作协同对接。三是明确标准化办公室牵头负责标准化管理与法律风险管理工作协同和同步实施的协同管理责任。

2. 建立法律风险识别、评估和应对的日常运行机制

株洲烟草重新优化设计了法律风险管理运行机制,包括法律风险的识别与评估、法律风险应对(事前、日常、事后)、宣贯培训等,实现法律风险管理的常态化运行。

首先,开展年度法律风险识别和评估,涵盖营销、专卖、采购、劳动用工等重点领域。通过法律风险的识别和评估,梳理了56个主要法律风险,包括5个重大法律风险、18个中等风险、33个一般风险。

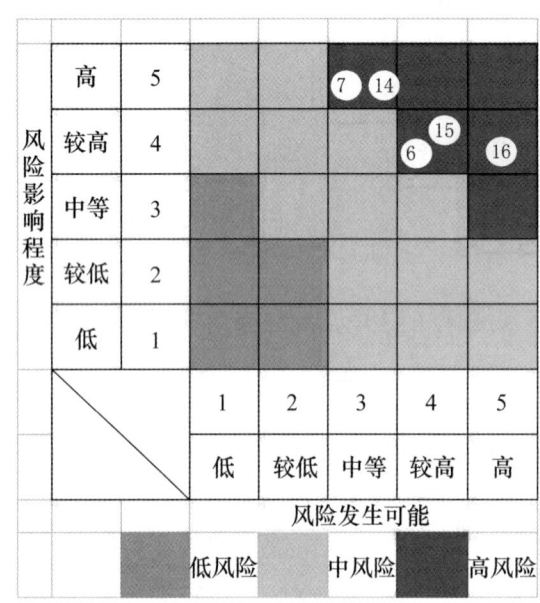

图 1　重大法律风险坐标图

其次,根据风险评估结果,针对不同的法律风险情形,分别落实相应的法律风险应对措施,主要包括:

一是年度重大法律风险防控。针对评估的年度重大法律风险,根据相应的法律风险特点制定专门的重大法律风险控制计划,明确具体的风险防控措施、责任部门和计划完成时间要求等。

二是日常法律风险常态管理。针对所有识别和评估的法律风险,在重大风险控制计划之外,修编相关业务规范标准文件,制定营销、专卖、采购和劳动用工等重点业务法律风险防控指引,完善业务表单,并针对营销客户经理、专卖办证员和稽查员等关键岗位,进一步制定岗位法律风险管理规范等。

三是专项法律风险调查和治理。针对上级安排的重要业务或特殊事项的法律风险问题,组织开展定期和不定期的专项风险调查与治理工作。例如,针对烟叶生产的劳务用工问题开展专项调查,评估相关法律风险,并研究以业务外包规范管理等形式解决相关的法律风险。

四是法律咨询、提示和事件处理。日常工作中,依据各部门提交的法律风险咨询申请,以"法律意见书"的形式提供相应的法律意见;针对重要的法规变化、其他企业相关案件发生等情形,法规部门以"法律风险提示函"的形式向相关部门提出风险提示和建议。同时,针对法律风险事件,业务部门按规定及时采取应急处理机制,如启动应急预案、向领导汇报和向法规部门咨询意见等。

3. 与标准化管理同步实施法律风险管理宣贯培训

株洲烟草将法律风险管理宣贯培训与标准化管理培训、业务培训同步纳入年度计划和考核，同步开展法律风险管理与标准化管理培训，以"归口负责、业务融合、分层分类"为原则，采取多种形式的宣贯培训，包括集中学习、业务培训、竞赛活动、室外宣传等，并开发了配套的法律风险防控动图、业务操作课件等，丰富了培训宣贯的工具。

（三）法律风险管理精准融入标准化管理的管理制度协同

株洲烟草完善和修订了法律风险管理制度、标准化管理制度，补充了标准化管理与法律风险管理的协同内容，同时完善了各类业务管理制度中的法律风险防控操作规定，使法律风险管理、标准化管理、业务管理制度相关规定协调统一，为法律风险管理精准融入标准化管理的协同运行提供了制度保障。

1. 制定法律风险管理制度并明确标准化管理协同要求

株洲烟草制定了《法律风险管理实施规范》，作为法律风险管理体系建立和实施的标准文件，规定了法律风险管理在组织职责、运行机制、监督评价和考核等方面的工作要求，明确了法律风险管理与标准化管理实现协同运行的相关内容。同时，编制了《法律风险管理指南》，作为《法律风险管理实施规范》的配套支撑文件，规范了法律风险管理运行以及与标准化管理协同的具体流程、方法和工具。

2. 补充标准化管理制度中的法律风险管理协调内容

在制定法律风险管理实施规范的同时，株洲烟草同步修编了《标准化管理规范》，以制度的形式明确了标准化管理办公室、法规部门、业务部门相关法律风险管理的组织职责协同要求，并在标准化管理的运行机制、监督评价和考核规定中融入了法律风险管理的协同工作规定，在制度层面实现标准化管理与法律风险管理的协调统一。

3. 完善业务管理制度相关法律风险防控的具体规定

株洲烟草根据法律风险识别和评估结果，制定了相应的法律风险防控措施，并据此修订相关业务管理制度，完善了制度中的法律风险防控具体规定，包括法律风险防控责任、业务流程法律风险防控的操作要求和相应的信息记录等，从而将法律风险管理要求具体融入业务管理制度中，在业务的制度设计层面保证了法律风险管理与业务管理的融合。

（四）法律风险管理精准融入标准化管理的业务落地协同

法律风险管理与业务的深度融合是法律风险管理精准融入标准化管理需要解决的根本问题。株洲烟草以营销、专卖、采购、劳动用工等重要业务为实例，全面落实"五个融入"，实现了法律风险管理精准融入标准化管理的业务落地协同。

1. 将法律风险防控要求全面融入业务管理规范

株洲烟草集中梳理外部法规和监管信息，重点关注相关法律法规对业务的规范性要求和禁止性规定，据此修编业务管理规范，在规范文件中补充或修订相关合规要求和具体的法律风险防控措施，作为业务活动规范要求的重要组成部分。目前，株洲烟草已在营销、专卖、采购以及劳动用工等业务领域重新修编了16个业务管理规范，作为业务活动融入法律风险防控的制度保障。

2. 制定流程风险防控指引等规范业务流程操作

为提升法律风险防控的有效性，针对营销、专卖、采购和劳动用工领域的重要业务场景和易发生法律风险的情形，株洲烟草制定了流程法律风险防控专项指引，作为业务管理规范在流程操作方面的补充性文件，规定了流程法律风险防控措施和表单记录等操作性要求。同时，对营销、专卖等部分复杂业务场景，以动图、图鉴等形式作为指引的补充和培训材料。

3. 修编和补充业务表单落实法律风险防控措施

业务表单是业务流程工作信息的记录，可以反映法律风险防控措施的执行情况，同时业务表单也是法律纠纷的重要证据材料。株洲烟草通过增加新表单、修订原表单等形式将法律风险防控措施反映在业务操作文档和记录中。针对营销、专卖、采购和劳动用工等业务，株洲烟草共补充或修订了9个业务表单，例如，为防控泄露客户信息违规风险，在新客户入网时与客户签署《客户信息使用告知书》，说明收集客户信息的有关内容、目的和使用的范围、方式等。

4. 以多种形式规范关键岗位法律风险防控责任

岗位是法律风险管理融入业务的重点，特别是对于法律风险相对集中、业务重要性高的关键岗位，需要明确关键岗位法律风险防控措施和责任要求，并落实到岗位责任书或岗位工作标准中，以此规范岗位日常工作。目前，株洲烟草已针对营销业务、专卖业务、采购业务以及劳动用工等业务领域的5个关键岗位，明确了关键岗位在业务过程中的法律风险防控要求、标准话术等。同时，根据《岗位法律风险防控操作规范》，每年至少开展一次岗位法律风险防控工作自查，针对发现的问题和不足制定整改措施。

5. 通过信息系统固化业务流程的法律风险防控要求

为固化业务过程的法律风险防控，株洲烟草正开展法律风险管理信息化研究，通过构建法律风险管理应用平台，包括法制宣传管理、法律咨询管理、纠纷案件管理、法律风险信息管理、风险控制计划管理、统计分析管理等功能模块，实现风险清单、控制措施、典型案例及相关业务数据、风险控制数据的统一管理，以及法律风险管理运行工作的自动化运行，并针对重要业务过程进行法律风险提示、预警等，借助信息化手段，落实法律风险管理体系建设成果。

三、市级烟草商业企业法律风险管理精准融入标准化管理的协同运行体系构建与实践的效果

株洲烟草以创新的管理思维和方法，打破传统障碍，自2021年构建和实施法律风险管理精准融入标准化管理的协同运行体系以来，取得了多个方面的积极效果。

（一）切实解决了株洲烟草的既有管理难题

通过构建和实施法律风险管理精准融入标准化管理的协同运行体系，切实解决了传统的法律风险管理未能充分融入标准化管理体系的难题，实现了法律风险管理的常态化运行、动态闭环，并使法律风险管理与业务过程实现全面融合落地。同时，通过具体的风险防控措施和规范标准，也解决了复杂业务过程中易重复发生的诸多现实法律问题。

（二）促进了管理效率和管理水平的大幅提高

通过构建和实施法律风险管理精准融入标准化管理的协同运行体系，法规部门、标准化管理部门实现协同增益，人员力量得到优化配置，业务部门的交叉、重复工作减少40%以上。业务人员的法律风险意识和防范能力得到明显提升，通过对营销、专卖、采购、劳动用工人员法律风险知识抽查测试，达标率超过90%以上。各项法律风险相关数据持续保优，其中行政复议被撤销、变更、确认违法率为零，行政诉讼败诉率为零，传统易产生法律纠纷的采购合同、劳动用工纠纷率也为零。

（三）支撑了企业主要经济效益指标的持续提升

通过构建和实施法律风险管理精准融入标准化管理的协同运行体系，为企业的经营发展保驾护航，对经济效益增长提供了有力支撑。其中，2021年主要经济效益指标持续上升，实现销售收入58.99亿元，增幅3.96%；实现税利18.07亿元，增长4.95%，再创历史新高；实现市场净化

率98%，查获假烟数量同比增长25.52%；实现资金收益3039万元，增长24.6%，国有资产保值率为111.41%。

（四）初步形成适应新时代要求的法治管理能力

通过构建和实施法律风险管理精准融入标准化管理的协同运行体系，株洲烟草的法治管理能力得到提高，适应新市场形势、新的法律与监管变化、新的改革和发展要求的能力进一步提升，有力地增强了株洲烟草的法律风险管理维护能力、重大决策支撑保障能力、长期发展的管理竞争能力。

（五）提供了具有推广价值的创新模式和示范效应

通过构建和实施法律风险管理精准融入标准化管理的协同运行体系，株洲烟草修编了《法律风险管理实施规范》，已作为市级标准正式发布实施，并作为湖南省烟草商业系统的省级标准处于发布审批过程。株洲烟草形成的创新管理模式和具体业务应用实践，为烟草企业及其他行业提供了可行的成功经验和实务方法，具有推广价值。

主　创　人：段学慧、杨鹏飞
参与创造人：朱炎炳、李　剑、何颖迪、吴亦伟、孙　晶、向　姿、孙晓奕

电力大数据远程监管高危企业安全生产

国网湖南省电力有限公司

摘要： 国网湖南省电力有限公司（以下简称国网湖南电力）充分发挥电力大数据资源优势，攻关研发"电力+企业安全生产监测"应用，通过能源大数据智慧平台为政府提供直接服务，与应急管理指挥中心联动，推动电力数据在煤矿、地下矿山、危化品、烟花爆竹等高危行业企业的安全生产风险监测和违法违规生产行为监管执法，致力于深入挖掘业务需求、融通双方数据要素、构建精准预警模型、创新灾害天气研判预警、嵌入业务流程发挥实效、多层级服务灵活支撑，合力构建政企联动、精准高效、实时远程的全新监管体系，有效提升执法的时效性与精准性，为省内"智慧应急"体系建设贡献力量。该应用自上线运行以来，已发现疑似违规生产企业40家，发出违规预警1679起，实现应急管理从现场筛查向远程监控的转变，并作为国网公司典型实践向全国推广。

企业简介

国网湖南电力是国家电网有限公司的全资子公司，以建设和运营电网为核心业务，担负着保障湖南省电力可靠供应的重大责任。国网湖南电力在国家电网公司党组和湖南省委、省政府的坚强领导下，始终坚持以改革为主轴，大力弘扬"严细实"作风，真抓实干、奋发进取，取得了优秀业绩，为建设富饶美丽幸福新湖南，为国家电网公司建设具有卓越竞争力的世界一流能源互联网企业，作出了积极贡献。近年来，公司在数字化建设领域着力攻坚，已具备较强的数据基础和完整的数字化建设能力。2018年以来，国网湖南电力认真贯彻党中央、国务院关于网络强国、数字中国战略部署，在省委、省政府的政策支持和指导帮助下，主动适应能源数字化转型趋势，深挖能源电力大数据资源"富矿"，先后与省发改委、工信厅、生态环境厅、应急管理厅等10余个厅局建立"电力大数据+"政企合作机制，开发了一批实用管用的能源电力大数据产品，推出了"电力助应急""电力看经济""电力促乡村振兴""电力助双碳"等一系列高价值数据应用产品，有力地支撑了省委、省政府的科学决策和社会治理。

一、电力大数据远程监管高危企业安生生产的实施背景

（一）国家对高危企业安全生产监管提出更高要求

自2002年实施《中华人民共和国安全生产法》以来，国家将高危行业的安全生产监管上升到了防止和减少生产安全事故、保障人民群众生命和财产安全、促进经济社会稳定发展的重要位置。国务院安全生产委员会在《"十四五"国家安全生产规划》中明确提出要夯实部门监管责任，创新监管执法机制，强化科技创新引领，推动安全信息化建设，对高危企业安全生产的信息化、数字化、智能化监管提出了更高要求。应急管理部官方数据显示，2021年全国安全生产事故起数和

死亡人数同比分别下降 11% 和 5.9%，全年全国各类生产安全事故共死亡 26307 人；工矿商贸企业就业人员 10 万人生产安全事故死亡人数 1.374 人，比上年上升 5.6%；煤矿百万吨死亡人数 0.045 人，下降 23.7%。在各地、各有关部门和单位的共同努力下，全国安全生产形势持续稳定向好，但一些地区和企业安全意识不强、责任落实不力、安全投入不足、监管执法不到位的情况依然存在，安全生产面临的形势依然严峻复杂。

(二) 应急管理现行监管模式与监管要求存在差距

2021 年，应急管理部领导在全国应急管理工作会议上明确提出"利用大数据分析关停企业用电和人员活动情况"的重要指示，要求着重在科技信息化手段运用上有新突破，提升执法的专业性和精准性。但现阶段的应急管理监管模式与现代化的高要求之间仍存在一定差距：一是源头风险管控难以到位，对高危行业企业生产行为的监管缺乏现场感知终端，海量部署终端难度大、投资高、维护困难，导致难以获取企业安全生产一手实时数据。二是安全检查查不出问题，针对不同行业缺乏分级分类精准化执法手段，在巡查执法方面缺乏科技信息化手段，安全生产执法数据库不够准确和完善，执法的专业性和精准性难以提升。三是现场筛查模式难以满足需求，应急管理具有高负荷、高压力、高风险的特点，大量高危行业企业需由一线人员不定期开展广撒网式筛查，耗时耗力的同时难以精准捕获违规现场，无法满足大量高危行业企业的监管需求。四是责任无法压实，职责交叉、联系紧密的领域和环节缺乏高效联动工作机制，由于无法落实重点监管全覆盖，导致事前事中容易出现监管盲区、事后甩锅推责。重重挑战导致应急管理面临提升风险监测预警能力、强化科学技术支撑、加快推进数字化赋能的急迫需求。

(三) 高危行业的安全生产形势依然存在较大挑战

高危行业企业的安全生产仍存在多方面的不足，在影响安全生产管理的同时降低了企业生产效能。一是各类生产异常行为无法实时掌握。疫情期间经过长时间封控，大型设备可能不能及时得到保养及维修，导致再次进行生产时出现故障的概率增加，部分高危企业对其生产设备缺乏精准实时感知，往往出现故障较长时间后才能发现，极易发生因生产线故障导致的安全事故。二是灾害天气无法事先知晓。各类高危行业易受到不同类型灾害天气影响，在高温、雷击、洪涝、覆冰、地质灾害等天气发生时需按法规要求停产，由于无法提前了解灾害天气影响范围及发展趋势，难以实现提前优化排产，影响企业整体生产效能。三是部分企业安全生产意识有所淡化。由于应急监管无法做到全面、精准监控生产行为，部分企业存在侥幸心理，认为安全生产工作增加企业成本，减少了收入和利润，不愿加大安全生产设施投入，甚至私自违规生产。

二、电力大数据远程监管高危企业安全生产的主要做法

(一) 整体思路

电力大数据远程监管高危企业安全生产工作的开展主要基于电力与企业生产行为强耦合的特性，充分发挥电力大数据高实时性、准确性、可靠性的特点，切实做到高危行业企业安全生产行为的可观、可测、可控，整体遵循"业务导向、数据融通、协同发力、保障安全"的原则开展应用研发。通过深入挖掘应急管理部门监管业务需求设计功能模块，贯通政企双方数据通道实现数据融通和服务提供，依托业务视角和企业用电特性构建高危企业违规异常行为监测模型，发挥公司防灾减灾领域优势，创新打造灾害感知预警服务，应用提供多层级、多终端的灵活服务模式，已与应急管理的监管业务流程深度耦合，双方形成良好的工作开展机制。该项工作获得应急管理部和省委、省政府的高度肯定，为全省应急管理现代化建设做出突出贡献。

（二）贯通政企数据共享通道，紧密贴合业务需求

精准、可靠、全面的数据是开展企业安全生产远程监测的基础，监管部门的业务视角是应用落地实用、发挥效能的基础。只有确保数据完全匹配、数据质量达标，才能满足远程监管的高效、精准要求；只有以业务需求为导向，才能确保应用得到使用者的认可。

1. 与各业务部门紧密对接监管需求和业务逻辑

每个高危行业的监管需求和业务逻辑均存在差异，在功能研发之前公司与各业务部门当面对接，由业务部门提出具体监管流程和逻辑。例如煤矿行业对企业的状态定义为停工停产、停产整改、技改煤矿和正常生产四类，停工停产煤矿仅保留基础安全保障用电，即矿井内的通风、排水、除尘等设备用电；停产整改煤矿在安保用电基础上存在整改过程中的工程设备用电；技改煤矿则在安保用电基础上存在部分正常生产线的生产用电和技改设备用电。不同规模的煤矿企业根据矿井大小、数目、产量等差异会在安保用电上存在明显差别，均需要结合业务视角开展监管。业务部门的业务逻辑为详细的功能设计提供指引，是业数融合的先决条件。

2. 按照功能研发需求及业务要求开展数据交互

根据功能研发需求，需获取应急管理厅的企业工商数据以便开展用户匹配；获取历史处罚数据以便开展历史用电曲线分析，实现基础安保用电、正常生产用电的基准线拟合；获取组织机构数据以便实现统一用户登录和差异化权限管控。通过政务专线实现以上三类数据获取，其中全省企业基本信息2307167条、个体工商户基本信息2192000条，按日增量更新，每月全量更新一次；行政处罚信息105556条、行政处罚告知书19681条，按日全量更新；应急管理组织机构数据共计3421条，按日全量更新。国网湖南电力向应急管理厅提供的监测企业用电档案数据和监测企业告警数据，均以数据API接口的形式提供，由应急管理相关部门按需调用。双方已形成敏捷响应、安全可信的数据交互机制，为应用的研发和持续使用奠定良好基础。

（三）研发电力大数据监测模型，建立全景监控机制

各高危行业的企业用电行为各不相同，不同行业、不同规模的企业在基础安保用电、正常生产用电及用电习惯方面均存在差异，各功能模块需要综合分析企业基本信息、业务规程要求、企业历史用电行为等信息，设计"一企一策"的研判模型。

1. 匹配政府企业名录与用电用户编号，开展基础数据治理

应急管理厅提供的试点监测企业名录仅包含企业名称、地址及法人信息，与电力户表信息存在差异，需通过模糊匹配、多字段匹配辅以人工核准等手段，实现湖南省国网供区内的企业完全匹配。通过程序化自动匹配，获取企业用电户号、企业类型、企业状态、供电电压等级、重要性等级、合同容量、变压器容量等信息，完成企业名录与内部电力数据的关联和打标签工作。

2. 针对停限产企业和正常运营企业，开展定制化监测

应急管理部门对停限产企业和正常运营企业的关注重点不同，通过深入研究高危行业应急管理相关安全规程、标准和导则，结合监管业务部门的专业意见，形成停限产企业和正常运营企业的不同监测类型。

停限产企业主要依据《煤矿重大事故隐患判定标准》《矿山安全条例》《烟花爆竹企业保障生产安全十条规定》《危险化学品安全管理条例》等规章文件要求，主要监测其是否存在违规偷产偷采行为。

正常运营企业主要依据《煤矿安全规程》《矿山安全法实施条例》《烟花爆竹安全管理条例》《化工和危险化学品生产经营单位重大生产安全事故隐患判定标准》等规章文件要求，主要监测

其是否存在超负荷生产、生产线骤停、长期自动停产、用电陡增等行为。

(四) 成立灾害预警重点实验室,助力企业排产提效

2005年,公司成立"电网输变电设备防灾减灾实验室",并于2015年由国家科技部授牌成为第三批企业国家重点实验室,主要从事电网冰冻、电气火灾、雷击、暴雨等灾害防治技术方面的研究,在防灾减灾和灾害感知预警领域具备深厚的技术积累和专业优势。

1. 由应急管理部授权成立电力大数据灾害监测预警重点实验室

为贯彻落实《应急管理部关于推进应急管理信息化建设的意见》(应急〔2021〕31号),根据《应急管理部办公厅关于开展"电力助应急"工作的通知》(应急厅函〔2021〕270号)的要求,应急管理部授权公司成立电力大数据灾害监测预警重点实验室,并挂牌于国网湖南电力。该实验室的主要研究方向是深入发掘电力气象灾害数据在灾害预测预警中的重要价值,为应急灾害预警提供电力大数据支撑。

2. 结合高危行业对灾害天气的敏感性设计企业优化排产建议

在灾害影响范围研判和演进趋势分析的基础上,根据不同行业对灾害天气的敏感性设计针对性的预警防控方案和优化排产建议。

(五) 与应急监管流程紧密耦合,反馈迭代形成闭环

应用只有嵌入业务流程才能确保为各级监管部门所用,只有构建完整的"预警—交办—核查—反馈—优化"的管理流程闭环,才能保证应用持续迭代更新,保持活力。

1. 形成常态化监测日报机制,预警结果现场核查

按照应急管理厅要求,从2022年开始,每日提供监测分析日报,包括内容覆盖前一日停限产企业违规生产情况和正常运营企业生产异常情况,监测日报由应急管理厅监管人员每日在各地市主要负责人群内发布,并定期通报各地市核查反馈情况,至今形成的线索共涉及40家停限产企业,均由地市一线人员完成现场核查反馈。

2. 形成灵活核查反馈机制,迭代优化提高监测准确性

地市核查线索一方面可通过应用核查反馈功能在线上直接反馈,另一方面形成的核查盖章文件通过数据通道传输至公司外网数据中台存档。核查反馈结果一是可以优化监测模型,二是可以核实企业状态,三是对于确实违规的用电行为可作为强有力的依据。核查结果充分验证了电力数据监测的准确性和实时性,能够与实际情况相匹配,获得应急管理厅各业务部门认可。

(六) 形成"三级三端"服务模式,支撑业务全面开展

产品的整体设计遵循湖南能源大数据智慧平台"三级三端"的基础架构。"三级"指产品功能在省级服务省应急管理厅的基础上实现地市、区县级下钻,为各级应急管理部门提供定制化页面和功能;"三端"指产品在PC端、移动端和大屏端同步展示。

1. 省、市、县三级差异化赋权

根据应急管理厅工作要求,对省、市、县三级应急管理机构对应账号差异化赋权,其中省级具备监管全省各级监测预警权限,并提供应用使用情况统计分析功能,市、县两级分别只展示分管区域内的预警信息和企业情况,从而确保高危行业企业监管信息传播面精准控制在规定范围内。

2. 与应急预警管控平台联动,通过短信精准下达预警指令

预警信息通过横向网络专线接入应急管理厅的应急预警管控平台,该平台为应急管理厅下发各类预警信息的专用平台,各项预警指令可通过短信精准垂直下达至各级人员手机,借助应急预警管控平台进一步提升各级应急管理人员对应用发出预警的重视程度,确保应用在一线的落地

实用。

（七）政企协同强化保障措施，确保应用的长久生命力

公司与应急管理厅紧密配合，在组织保障、人员保障、资金保障、基础设施保障、管理制度保障等方面共同发力，在保证应用持续稳定运行的同时，确保其在业务条线保持长久生命力。

1. 构建政企联动组织架构

国网湖南电力在获得湖南应急管理厅针对企业安全生产监管的授权后，迅速与应急管理监管部门联合成立攻关团队，下设领导组、专家团队和工作组，领导组由应急管理厅负责人、公司分管领导、科技数字化部（以下简称科数部）主要负责人、各业务部门领导组成，主要负责监督相关工作推进和多方资源沟通协调；专家团队覆盖6名应急管理厅各业务部门相关业务专家和20余名省公司、地市公司及二级单位的营销、生产专家，主要负责对企业安全生产监管项目的推进提供顶层设计思路和先进技术路线，并对相关工作提出指导意见；工作组集合信通公司、星通公司、能源大数据公司、防灾减灾中心的专业人才，形成以15名核心人员为基础，按需灵活扩充的团队，主要负责模型构建、应用开发和相关建设任务实施等。

2. 跨领域培养人才队伍

公司与应急管理厅共同推动应急管理、防灾减灾科技领域的创新和人才队伍培养。双方在深化应用安全生产监管平台各项功能的基础上，共同建设电力大数据灾害监测预警重点实验室（省部级），加强灾害监测、预测及防治相关理论研究和关键技术攻关，加快电力科技成果转化应用，提高防灾减灾支撑能力。建立双边应急管理人才交流培养协作机制，联合开展人才交流、培训、会议等形式的互动活动，共同培养能够应对新变化、掌握新技术、拓展新业务的复合型人才，为应急管理科技和信息化支撑提供持续智库保障。

三、电力大数据远程监管高危企业安全生产的实施效果

（一）管理效益

公司与省应急管理厅建立常态化联动工作机制，通过电力数据全感知、企业状态全呈现、核实反馈再优化的技术路线，实现电力数据与应急管理数据的融合，从电力角度为应急管理提供智能化、数字化助手，共筑安全生产的红线。该应用在省内应急管理一线投入使用，一是通过政务专网将应用嵌入应急管理电子政务门户，由省应急管理厅明确纳入业务监管流程。二是以监测日报的形式每日在负责人群中通报预警企业，同步通报核查反馈进展，切实让业务部门感受到开展远程监管的优势和及时核查反馈的紧迫感。三是预警信息通过应急预警管控平台下发短信形式直接送达相关责任人，让各级相关业务人员了解应用、熟悉应用、用好应用。四是通过应用功能实现企业信息调整、核查反馈上报等业务流程的线上化，同步提供统计分析功能，为应急监管提供更直接、更智能的手段。实现以电力大数据分析技术为全省应急管理赋能，为构建多领域、全流程、全方位的统一监管、专常兼备、反应灵敏、平战结合的应急管理体系作出能源领域的贡献。

（二）经济效益

以数字化手段支撑应急部门实现远程监管，一方面减少现场核查工作量，避免通过浏览海量视频数据判定是否有违规行为，减少设备终端的维护，节约人力和设备成本。对857家企业开展线上远程监管，可减少人员现场核查量80%，所有企业每月至少巡查1次，按680元/次的人力成本投入核算，每年可节约559万余元，推广至全省1万余家高危行业企业后，每年可节约6528万余元。另一方面丰富远程监管方式，以电力数据的高实时性、可靠性、精准性降低人为监管过程中的失误率以及现有设备采集数据的时延与误差，提高监管准确度，通过提前或实时发出预警，

降低省内事故风险率近60%。

在服务企业智能研判方面,通过整合电力数据与灾害预警数据,研发自然灾害预警模型,为企业推送异常生产提醒信息及灾害天气提前优化排产建议,一方面让企业根据异常提醒检查自身生产状况,提前规避生产线故障带来的生产风险,降低因故障导致的安全事故近70%。另一方面让企业根据灾害预警提前优化排产方案,根据灾害的影响范围、危害大小等综合情况,为企业提供生产建议,避免因突发灾害导致生产进度、质量受损。针对全省1万余家高危行业企业,每月平均向10%的企业发出优化排产建议,按每次建议提升企业1个月10%产额测算,每年可提升企业效益1.2亿元,获得高危行业企业的广泛认可。

(三)社会效益

国网湖南电力和能源大数据中心作为能源数据市场化先锋,认真贯彻落实习近平总书记重要指示精神和党中央、国务院决策部署,主动服务、主动作为,开发"电力助应急"大数据产品,深入挖掘电力大数据价值。电力是各行各业生产必备的基础能源,通过多年的信息基础设施建设,电力数据已具备高实时性、可靠性、准确性的天然禀赋。数据与企业生产的耦合性高,对每个企业历史数据和实时数据的用电行为分析可以较为精准地映射到企业生产行为中,对于强化安全生产管理、提升灾害分析研判和应急处置能力、服务保障民生等具有十分重要的意义。开展高危企业监测和自然灾害预警取得了积极成效,体现社会责任担当。坚持人民至上、生命至上,全力防控重大风险隐患,积极应对灾害事故,有力地保障了人民群众生命财产安全。

(四)示范效益

该应用于2020年5月28日召开线下发布会,会上邀请省发改委、应急管理厅、国网互联网部相关领导列席,各方对应用的功能和成效表示肯定。应用的发布和功能介绍在中央人民政府网站、《人民日报》、《湖南日报》、《三湘都市报》、红网、环球网等主流媒体上进行宣传,同步在学习强国湖南学习平台发表。该成果已多次向国网公司和应急管理部汇报,获得各方领导的高度肯定。2021年9月23日,国网公司与应急管理部签订战略合作协议,明确"电力大数据+企业安全生产监测"和在湘试点的电力大数据灾害监测预警将作为合作的主要内容在全国推广,协同推进应急管理部、国网公司、南方电网公司、煤监局联合发文,将成果的示范推广落到实处。

主 创 人:谢国胜、王向阳

参与创造人:唐敬军、吴 佼、毛 苗、唐 军、曾伟娴、李沛哲、易宇声、马 骏、刘小海、王海啸

综合贸易企业基于风险控制的流程再造

湖南华菱资源贸易有限公司

摘要：湖南华菱资源贸易有限公司以"十四五"规划发展战略为统领，坚持风控第一原则，以全面实施 ERP 升级和建设资金系统等信息项目为切入点，以信息技术推动流程重组和优化，以流程优化推动组织再造，以组织再造推动全面管理变革。在以"流程一贯化""部门综合化"为主要内容的管理变革中，重构和创新内部制度体系、责任体系及企业文化，进一步完善业务流程和管理制度，有效支撑公司经营目标实现和高质量发展，把公司打造成国内一流的资源产品综合服务商。

企业简介

湖南华菱资源贸易有限公司（以下简称"公司"）成立于1999年，属湖南钢铁集团的全资子公司，是湖南钢铁集团响应湖南省委、省政府进入"世界500强"号召，重点支持培养的综合贸易型企业。公司注册资金5亿元，旗下有华菱钢铁（新加坡）有限公司、海南华菱资源有限公司、湖南华晟能源投资发展有限公司等3个全资子公司，现有员工106人。公司围绕成为"国内一流的资源产品综合服务商"这一目标，坚持"风控第一"的发展理念，建立以"现货为基础，研究为驱动，交易为核心"的三位一体贸易体系，力争通过搭建数字创新的智能信息网、区块链新技术融合的产业金融网、仓储物流及加工配送服务的物联网，做产业链的组织者。

公司坚持国际、国内两个市场循环互融，钢铁产业链上下游两种资源互动，通过不断开拓资源渠道，发展外部市场业务，创新贸易模式，优化管理体系，始终保持高速度、高质量的发展态势。2021年，销售收入为329亿元，实现利润5470万元，纳税总额5659万元，外贸进出口额5.7亿美元，人民币融资规模达到60亿元，美元融资规模达到6.2亿美元。

一、综合贸易企业基于风险控制的流程再造的实施背景

（一）基于风险控制的流程再造是适应外部环境的需要

当前，我国经济发展面临"需求收缩、供给冲击、预期转弱"三重压力，大宗商品价格大起大落，钢铁企业受产能产量"双控"、能耗"双控""双碳"等政策影响，由增量增长转向存量竞争。在新冠肺炎疫情冲击下，外部环境更趋复杂和不确定，贸易企业面临的形势很严峻，经营的风险被放大，监管的政策会更严。公司必须在控制风险的基础上，进一步聚焦全方位、全要素、全过程的效率变革，增强对市场快速变化的反应和调整能力，争取在国内国际两个循环互动、两个市场互融、两种资源互用上有新作为。

（二）基于风险控制的流程再造是适应战略发展的需要

公司通过认真分析论证，认识到不能简单地走规模扩张之路，提出了稳量提质战略转型发展

思路,按照"稳字当头、稳中求进"的总基调,进行调整、巩固和提高,实现"专业化管理、精细化操作、平台化发展"经营目标,公司战略由高速增长向高质量发展转型。公司处于发展瓶颈期和转型关键期双期叠加阶段,必须推进管理变革,进一步提升管理能力,从而有效支撑公司战略目标实现。

(三)基于风险控制的流程再造是解决内部问题的需要

随着公司的快速发展,组织规模和员工人数在成倍增加,组织协同效率偏低,基础管理成为公司业务进一步发展的瓶颈。部分流程制度缺少公司角度站位,内容质量参差不齐,格式不一样,颗粒度也不一样,有的很粗管不到位,有的细到无法执行。公司开展流程重组和制度梳理与规范工作,就是要解决公司的现实问题,合理平衡风险控制与效率的矛盾,完善与清晰部门职责,实现流程到位、责任到位,做到少开会、少协调。

二、综合贸易企业基于风险控制的流程再造的主要做法

(一)科学制定流程再造的总体方案

开展基于风险控制的流程再造,实施"流程重组、制度重建、责任重构"基础管理变革,是公司破瓶颈、图转型、稳发展的迫切要求。

1. 明确指导思想与目标

以"十四五"规划发展战略为统领,借鉴流程管理理论,参照学习国内外先进企业的经验,坚持风控第一原则,以全面实施 ERP 升级和建设资金系统等信息项目为切入点,以信息技术推动流程重组和优化,以流程优化推动组织再造,以组织再造推动全面管理变革。在以"流程一贯化""部门综合化"为主要内容的管理变革中,重新构建和创新内部制度体系、责任体系及文化体系,进一步完善业务流程和管理制度,合理平衡流程控制与效率的矛盾,实现职能管理条理清晰、高效协同,职能部门能够有效支撑公司平台化发展,业务运行流程到位、责任到位,业务单元能够深入市场拓渠道,有效支撑公司经营目标实现和高质量发展,把公司打造成国内一流的资源产品综合服务商。

2. 明确组织机构与职责

公司成立基于风险控制的流程再造领导小组,由公司执行董事担任组长,公司总经理担任副组长,公司其他领导和专家顾问担任成员,领导小组负责流程再造项目的领导和决策。下设流程再造项目组,抽调各专业骨干人员组成,负责基于风险控制的流程再造组织工作,制定具体方案并推进实施。根据流程业务划分,公司成立八个项目推进小组,分别为战略与人事推进小组、行政综合(企业文化)推进小组、采销管理推进小组、风险管理(信息化)推进小组、仓储物流推进小组、期货管理推进小组、资金管理推进小组、财务管理(投资与产权)推进小组,每个推进小组明确一名公司领导联点。

3. 明确实施原则与路径

第一,坚持战略牵引原则。公司深入落实湖南钢铁集团战略要求,按照在集团进入世界 500 强过程中发挥增长支柱作用的战略定位,结合贸易行业特点,积极探索由传统贸易商向资源综合服务商转型道路,业务模式由赚取简单的贸易差价,不断衍生出"价格风险管理""期现结合""加工出口"等业务模式。第二,坚持风控第一原则。一是要稳控客商选择,做到"眼到、腿到、心到",即眼睛看清楚资质文件、财务报表,双腿勤快,心里想明白合作目的、业务流向、资金流向等。二是要稳控货权,防止丢货、弃货风险。在实际业务过程中要坚持"货在哪人在哪"的规定。三是要稳控资金,目标是资金出得去要收得回,业务绩效负责人要亲自跟踪业务资金。第三,

坚持问题导向原则。项目归根结底是要解决现实问题，助力企业发展。

实施路径分三个阶段：第一阶段是流程制度梳理阶段，主要包括确定流程总体框架，完成流程清单梳理、讨论、确定，通过访谈调研收集管理和业务问题，并与流程清单匹配。第二阶段是流程重组优化阶段，主要包括流程现状梳理，流程现状评审、诊断，流程优化设计、评审与确定。第三阶段是优化成果固化阶段，主要包括基于流程重组的组织再造、IT系统建设、制度完善发布和流程制度长效机制建立。

（二）优化核心业务流程，构建面向客户的流程管理体系

1. 以信息化项目为契机，开展业务流程重组

2021年，公司决定全面实施ERP升级，同时新建资金系统，解决流程效率问题，更好地面向客户、服务业务。利用新一代信息技术，推进管理变革与创新，使企业管理水平迈向更高层次。具体通过对现有流程的分析，开展业务流程重组，面向流程，强化内部管理，运用信息技术，实现对物流、资金流、信息流的集成控制，提高企业效益和市场竞争力。公司在完成现有业务流程描述的基础上，从组织体系、运营控制、财务管理、供应链管理、基础管理等方面进行诊断，对关键问题进行专题分析，设计和确认公司流程框架图，明确13个一级流程、189个目标流程。对管理规则进行设计，确定主要流程的岗位角色、活动内容及标准体系，形成职责明确、分工有序、责任清晰的业务运作体系。

2. 明确流程重组的原则

基于对流程运行中深层次问题的认识，公司把流程优化的目标确定为在控制风险的基础上构建快速响应市场的流程体系，逐步形成流程型跨职能管控模式。一是规定流程为标准化的工作路径，一切核心业务要按照流程的原则和规定进行处理。二是明确各个核心业务流程有一个牵头部门，流程每个环节有一个责任单位、责任人，实行流程服从，建立信息通畅、反应敏捷、决策科学的流程体系，满足内外部客户的需求。三是建立规范化、标准化、制度化的评价体系，按照"谁主管，谁负责"的原则，逐层分解流程管理的责任，并作为各级管理者业绩评价的重要依据。四是注重跨部门流程的统筹设计，建立横向交流机制，确保跨部门流程能顺利实施。五是进一步理顺流程各环节的关系。清晰定义公司层次、各部门层次在主要流程中所扮演的角色与职能，明确企业内部各相关部门之间的功能定位、权责界定与划分，明确管理人员在流程运行中的职、责、权。

3. 实施流程重组的重点

坚持问题导向、市场导向和目标导向原则，公司确定了业务流程重组的三大体系：

基于客商入围，完善风控管理体系。围绕客商准入，从市场考察、尽职调查到资格审核、评审评价等全流程明确活动标准，分级授权建立三级风控管理体系。根据风险分级的原则，将客户、供应商按风险大小，设置不同的准入、变更流程，既满足业务的时效性，又实现风险可控。在控制风险的基础上，准入考察管控更灵活，根据业务风险情况明确考察的时效要求，做到管理有"温度"，风险管控更贴合业务实际情况，优化系统管控手段，减少资料重复上传，提高准入操作效率。

基于快速响应市场，完善产销管理体系。按现货业务、国类联营业务、国际业务，理顺市场、客户、销售渠道管理与执行各环节的职责界面，做到信息传递及时准确，合同执行单证真实有效，客户对接及时顺畅，从而提高响应市场的速度。

基于快速服务经营，重建物流管理体系。将仓储流程与业务运行流程进行有机融合，改进物

流服务经营方式，增加物流外勤岗位，进一步贴近市场，编制仓储物流审核要点，提高物流全领域的运营效率。

通过分析、设计、评审，在144个流程需求和问题清单的基础上，总结立项77个流程重组与优化项目，其中15个长流程重组项目、62个快赢优化项目，通过项目落地持续改进公司管理体系。

(三) 再造与流程运行相匹配的组织体系，提高组织运行效率

组织变革最重要的就是建立与流程运行相匹配的权责体系，在具体划分与设立权力体系时，严格遵循以下原则：流程服从，责权利对等，横向分权、纵向集权，权力委让与让权不推责，授权与监督相结合。

以前，公司职能部门把流程割裂成一段段，从而产生一个个"部门墙"。很多工作本来有对应的职能部门，但由于部门职能没有细分，流程界面不清，常常出现扯皮、互相推诿甚至抱怨，无人负责，矛盾上交，造成公司领导忙于协调，部门领导缺乏创造性、责任感。为了从根本上改变这种情况，公司决定在流程优化的基础上实施组织变革，让流程冲破一道道"部门墙"。按照"细分职能、控制风险、提升效率"的工作思路，构建与流程运行相匹配的组织体系。

1. 成立风险管理部

剥离综合管理部的风险管理职能，成立风险管理部，负责公司全面风险管理，建立健全风险管理体系，包括客商和非主营业务的服务商管理、客商授信管理、业务模式管理、合同管理、内控管理、法律事务管理、信息化管理等工作。

2. 成立仓储物流部

剥离综合管理部的物流管理职能，成立仓储物流部，负责建立健全公司物流管控体系和物流网络布局规划，包括主营业务服务商、公司货权风险管控、出入库管理、在途货物跟踪管理、库存货物盘点、物流运输管理。

3. 成立运行管理部

将业务部门的合同执行管理功能分离出来，成立运行管理部，使管理监督与执行操作相分离，负责业务合同的运行管理工作，包括合同签订、出入库操作管理、收付款操作管理、采销结算管理、进出口关务管理、结售汇管理、业务过程风险管理、业务运行分析等。

4. 业务部门实行裂变

为实现战略目标，进一步拓展市场、控制风险，做实主营业务，公司将优秀部门裂变成多个部门。国际贸易事业部下设进口一部、进口二部、进口三部，原料事业部下设原料一部、原料二部、原料三部，金属事业部下设业务一部、业务二部、业务三部、出口业务部。三个事业部分别负责客商和服务商的开发与维护，定期开展市场研究，预测市场变化趋势，制定和实施营销方案和期货套保方案等，开展大宗商品相关贸易业务，完成销售、利润任务。

通过组织变革，实现职能管理条理清晰、高效协同，职能部门能够有效支撑公司平台化发展，业务运行流程到位、责任到位，业务单元能够深入市场拓渠道，有效支撑公司经营目标实现和高质量发展。

(四) 建立流程管理长效机制

根据公司流程管理的基础及特点，结合项目推进管理的经验，从流程组织与职责等方面进行流程管理长效机制的建设。

1. 强化组织支撑

一是建立流程运行全过程的管理机制。规定每个流程有一个牵头部门，负责对进入该流程的业务进行日常管理，包括流程的修订、修改和组织执行，并对该流程整体运行结果负总责，强调"流程唯一，责任唯一"。二是建立流程运行绩效的监督机制。设置流程综合管理部门，对流程运行绩效进行监控，对职能部门履职到位情况进行监督，保证流程运行效率。三是建立以流程归口管理的责任体系。强化对违反流程、绕流程办事的责任追究，强调"谁签字，谁负责"。根据流程管理模式的特点，修改处级领导干部责任事故处理规定，坚持权责对等、失职必究、有错必罚、实事求是、重证据、重调查研究的原则。

2. 建立流程监督机制

通过流程梳理，对优化后的核心业务流程，确定流程产品，制定流程质量指标，作为监控流程运行情况的重点关注指标，建立全公司核心业务监控体系。流程责任主体设计业务流程产品和流程质量指标，明确监控责任人，实施指标量化监控。针对流程运行质量、运行效率的衡量，每个流程确定1~3个反映流程运行质量的指标，作为评判流程运行质量的标准。为了加强对流程的监控管理，对流程质量指标进行日常监控，对于在监控中发现的问题，督促相关单位制定相应的解决方案，及时协调处理，不断提高流程运行质量。

3. 加快信息化建设

在设计和优化企业流程时，尽可能利用信息技术手段来固化流程优化效果，实现信息的一次处理与共享使用机制，减少信息传递的中间环节，以提高信息传播速度，从而提高流程的效率。2022年3月1日上线新ERP系统和资金系统后，信息化建设已覆盖公司生产经营各个方面，公司层面核心业务流程全部纳入信息系统，形成内部业务平台、资金平台、办公平台和外部网络平台等较为完善的企业管理信息系统，大幅提升公司运营效率，进一步降低公司成本。

（五）建立与流程相适应的保障体系

1. 建立科学的制度体系

公司对原有的制度体系进行全面梳理，由流程重组项目组组织梳理与核心业务流程对应的公司层面制度，由各部门负责组织梳理部门内部的制度，通过"废、改、并、立"重新形成规范的、与流程对应的制度体系，严格控制紧急情况下不走流程的"例外处理"现象发生。在建章立制方面进一步完善相关工作，有效支撑企业高效运作。组织制定、修订《组织机构职责管理办法》《领导办公会议事规则》《责任追究管理办法》《业务流程及规章制度办法》《员工薪酬管理办法》《员工测评管理办法》等规章制度。共清理出公司层面的制度75个，其中修订32个，整合11个，新建7个，作废6个。通过制度梳理，理顺了制度体系和管理职责，使制度与组织机构、流程完全匹配。

2. 建立严格的责任体系

首先，完善公司绩效管理体系。通过绩效管理将公司战略目标与商业计划进行自上而下的分解落实及自下而上的确认实施，建立与完善激励、约束机制，落实责任，防范经营风险，充分调动全体员工的积极性与创造性，促进企业增效，支撑企业长远发展。通过绩效指标的传递和牵引，确认个人、部门与公司目标的一致性，提高员工的工作效率、职业素质和自我管理能力，激发员工的积极性和创造性，实现公司、部门目标与个人发展目标的高度结合。其次，强化对失职违纪行为的责任追究。根据经营风险事件情形、直接经济损失以及造成的影响，对相关责任人以组织处理和扣减薪酬等方式进行追责，同时落实整改措施，堵塞管理漏洞，建立健全防范损失的长效机制。

3. 倡导奋斗者文化

以奋斗者为本，就是要引导员工通过努力奋斗，实现自我价值，培育企业长远发展的竞争力。以奋斗者为本，就要营造"向奋斗者致敬"的文化氛围，尊重奋斗者、培育奋斗者；要建立"让奋斗者得实惠"的激励机制，在选人、用人、分配方面向奋斗者倾斜，鼓励员工争当奋斗者，从而形成全员共同奋斗的良好局面，推动企业持续、健康、稳定发展。公司经历了三年振兴、三年高质量发展的关键几年，经历了员工从十几人到突破100人的发展历程，经历了从清欠为主要工作到成为湖南钢铁集团进入世界500强的重要支柱，公司上下始终发扬艰苦创业、敢为人先的奋斗精神，它已经成为公司企业文化的基因。近三年来，让奋斗者得实惠、强激励的价值导向进一步明确，想干事、敢担当、干成事的机制进一步完善，"以奋斗者为本"的核心价值观得到广泛的认同，成为激励全体员工团结奋斗的精神动力。

三、综合贸易企业基于风险控制的流程再造的实施成效

(一) 促进了企业管理方式的转型升级

一是全面提升企业风控能力。完善内部授权和分级管理体系，健全客商从准入、合作到退出全过程标准流程，强化实地考察与分级拜访机制，做好对客商的风险识别。二是职能细分管理更加精细化。公司成立风险管理部、仓储物流部、运行管理部等职能管理部门，职责划分更加清晰，专业化管理和服务水平得到提高，平台化运营能力进一步加强。业务部门实行裂变，市场细分更加精准，满足客户需求的能力进一步提升。三是信息化、智能化水平得到提升。全面升级公司ERP系统和新建资金系统后，企业运行效率提高25%，运营成本降低10%。四是人力资源管理效率大幅度提升，人工效能由2020年的2.06亿元/人·年，提升到2021年的3.16亿元/人·年，增幅约为53%。

(二) 促进了企业经济效益的大幅提升

公司持续提升平台化发展运营能力，深入推进黑色产业链资源渠道在国内国际的布局。铁矿石业务积极开拓国际非主流资源渠道，煤焦业务开发直供市场，钢材业务与萍钢、首钢、陕钢、建龙、日照钢厂及一些优质地方民营钢厂建立业务关系，出口业务开拓了FMG铁桥项目。公司上下游渠道进一步扩大，企业规模实现了跨越式发展，外部市场占比达到92%。2019—2021年，公司高速发展，快速成为国内贸易行业有较大影响力的优质公司。三年营业收入分别为125亿元、177亿元、329亿元，增长幅度分别为45%、42%、86%；三年利润总额分别为3398万元、4801万元、5470万元，增长幅度分别为21%、41%、14%。

(三) 促进了企业社会效益的显著提高

公司在经济效益大幅提升的同时，社会效益也十分显著。2021年纳税总额5659万元，较上年增加3072万元；人民币融资额达60亿元，较上年增加32亿元，增长114%。随着企业规模的快速增长，公司也为社会提供了大量的就业机会。在建立招聘、评价、使用等系统性全流程内部人才培养机制的同时，通过提高优秀人才工资待遇，不断引入各类人才，提升公司整体业务运营水平。2019—2021年，各年末在岗人数分别为75人、86人、104人，增长幅度为29%、15%、21%。人均工资增幅保持稳定增长，员工获得感、成就感和幸福感大幅提高。

(四) 促进了企业示范效应的持续扩展

行业影响力显著提升。2015年公司的销售收入仅为8亿元，2021年达到329亿元，增长4013%。在销售收入增长的同时，人工效能也实现了大幅提升，2021年人工效能超过3亿元/人·

年，远高于行业头部企业 1 亿元/人·年。近年来，公司发展取得了显著成效，引起了行业的极大关注，吸引不少企业前来考察交流。公司外贸业务发展迅速，成为长沙市名列前茅的外贸企业，吸引湖南省多个市州前来招商洽谈业务。

主 创 人：阳向宏、谭臻鑫
参与创造人：邱 武、张志勇、李健敏、卢锡良、吴建龙、吴 明、梁媛玲、陈 琳、唐珊娜、毛梦园

市级烟草商业企业"零事故"安全文化体系构建

湖南省烟草公司益阳市公司

摘要：生命高于一切，安全责任重于泰山。湖南省烟草公司益阳市公司（以下简称益阳烟草）始终坚持"文化引领"战略思想，大力推广和弘扬"零事故"安全文化理念，着重用"硬管理"托起"软文化"，突出柔性管理和安全延伸，在归纳、整合、提炼的基础上，构建起具有益阳烟草特色的血肉饱满、聚智凝心、氛围浓厚的市级烟草商业企业"零事故"安全文化体系。公司不断促进"零事故"安全文化与党建、"倾城"服务品牌、业务工作的"三融合"，打造组织促安、制度固安、技术助安、人才强安、环境兴安五大工程，让"零事故"安全文化有效落地。通过构建稳定的企业安全文化体系，益阳烟草有力引导广大干部职工实现对安全工作的思想认识、精神面貌和行为方式的根本性转变，提升了企业安全管理效能，形成示范引领效应。

企业简介

益阳市烟草专卖局（公司）成立于1984年11月，是中国烟草总公司湖南省公司的全资子公司，依法监管全市烟草市场，负责组织全市卷烟、雪茄烟批发销售。益阳烟草下辖南县、沅江、桃江和安化4家县级烟草专卖局（分公司），现有在岗职工436人，内设标准机构14个、全资子公司1个。2021年，实现税利16.67亿元，同比增长3.07%。近年来，益阳烟草始终坚持"零事故"的安全生产理念，着力推动安全生产工作稳定向好发展，努力建设成为创收增效能力强、核心竞争能力突出、富有社会责任感的现代流通企业。2021年获评"全省烟草商业系统安全工作先进单位"，连续8年获评"益阳市平安单位"，连续3年获得湖南省企业管理现代化创新成果奖项。

一、市级烟草商业企业"零事故"安全文化体系构建的实施背景

（一）是贯彻落实国家关于安全生产工作重要部署的需要

党的十八大以来，习近平总书记就强化安全责任落实、推动安全发展发表了一系列重要讲话，为新时代安全生产事业的发展指明了方向，提供了根本遵循。而安全的最大隐患源在人，安全的最终目的是为了人，必须抓住事故发生的本源——"人"和影响人意识的无形的东西——"文化"，真正构建一个行之有效的安全文化体系，把安全工作抓实抓好。

（二）是烟草企业推进安全生产标准化建设的需要

益阳烟草立足实际情况，牢牢树立安全工作"抓基层、打基础"的鲜明导向，不断探索创建"自上而下、自下而上"双向联动的市级烟草商业企业安全文化体系，寻求把"零事故"安全文化理念融入企业安全管理思想、安全管理模式和安全管理方法的有效途径，努力实现以文化驱动管理、以管理保障安全、以安全促进发展的良性发展模式，最终达到"零事故"的安全生产目标，从而有力地保障安全生产标准化工作的顺利开展。

（三）是着力解决企业安全管理现存问题的需要

益阳烟草的安全生产工作仍然存在一些不足，比如，部分员工对安全文化的认可度不够，认为企业文化的"虚"和安全管理的"实"没法融合；部分员工工作过程中精神状态不佳；还有部分员工对执行安全规章制度缺乏主动性、积极性等。通过深入研究这些现象，益阳烟草以"零事故"安全文化为引领，着力破解"人"这一安全管理难题，积极探索安全文化体系建设有效推行、转化落地的实践途径。

二、市级烟草商业企业"零事故"安全文化体系构建的主要做法

（一）完善顶层设计，凝心聚力推动安全文化体系建设

1. "零事故"安全文化体系建设的总体思路

通过吸收多年积淀下来的文化建设成果，在归纳、整合、提炼的基础上，形成具有益阳烟草特色的"零事故"安全文化体系。"零事故"是益阳烟草安全文化体系的核心和灵魂，在此基础上，由"零事故"衍生出安全文化"三项融合"（安全文化与党建融合、与益阳烟草"倾城"服务品牌融合、与业务工作融合）和"五大工程"（组织促安工程、制度固安工程、技术助安工程、人才强安工程、环境兴安工程）。组织、制度、技术、人才、环境五者相互联系、相互影响、相互渗透，共同构成益阳烟草安全文化体系的重要内容，有力地保障"零事故"的安全生产目标的实现。

2. "零事故"安全文化体系建设的基本原则

一是以人为本的原则。从关心人、爱护人、尊重人的角度出发，找准安全管理的切入点，通过安全文化的渗透和潜移默化的熏陶，改变人的思想，影响人的行为，为企业实现安全生产提供有力保证。

二是全员参与的原则。把安全责任层层传导至企业主要负责人、管理人员、全体员工，实现全员管控，把服从管理的"要我安全"转变成自主管理的"我要安全"，进而提升到"我会安全"的工作境界。

三是预防为主的原则。把安全生产工作的关口前移，通过预教、预测、预想、预查、预报、预警、预防等，在实践中努力把风险降到最低。

3. "零事故"安全文化体系建设的目标

益阳烟草通过广泛征求干部职工的意见、建议，结合自身安全文化的发展历程，总结提炼出一套以"零事故"为核心的安全文化体系，并得到全体干部职工的共同认可和长期坚持。其中，核心安全理念为"零事故"，安全愿景为"以人为本、安全发展"，安全使命为"生命高于一切、安全责任重于泰山"，安全目标为"五个零"，即安全管理"零容忍"、安全环境"零缺陷"、安全操作"零失误"、安全培训"零死角"、安全监管"零漏洞"，实现"全员、全过程、全方位、全流程"四全管理。

（二）强化组织保障，全力搭建安全管理平台

1. 党建引领，落实主体责任

益阳烟草充分发挥党建领航作用和党组织的政治核心作用，班子成员以身作则、率先垂范，各部门各司其职、各尽其责，形成"党政同责、一岗双责、齐抓共管"的安全工作格局，凝聚起强大的监管合力。将习近平总书记关于安全生产的重要论述纳入各支部学习的重要内容，积极开展各类"党建+安全"主题党日活动，进一步强化党建与安全的深度融合，发挥党员先锋模范作用和群众监督作用，筑牢安全责任观，实现党建工作和安全稳定双促进。

2. 总体规划，加强组织领导

按照企业安全管理总体设计及规划，成立以一把手为主任，各分管领导为副主任，各部门、各县（市）分公司主要负责人、安全工程师为成员的安全生产委员会（见图1）。2021年，党组会研究部署安全生产专项问题，召开安全生产委员会全体会议4次，召开全市系统安全生产工作会议等4次，及时传达落实国务院、湖南省公司以及益阳市政府安全生产工作会议精神，商议制订年度工作计划和安排，一级抓一级，层层抓落实，有力地加强安全管理基础工作。

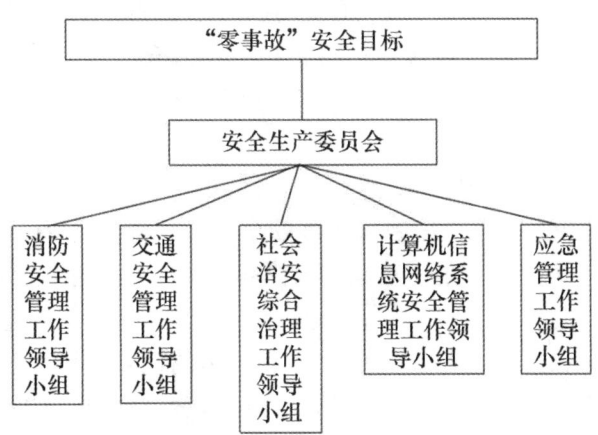

图1 益阳烟草安全文化体系建设组织架构

（三）优化运行机制，不断健全安全监管制度

1. "双驱动"策略，不断优化运行机制

一是自上而下层层落实安全责任，2021年，市公司本级共签订单位（部门）安全责任书19份、综治责任书15份、员工责任书171份，4个县级分公司也按要求签订全员责任书，构建起从上到下、层层负责、人人负责、一抓到底的安全责任体系。二是自下而上常态化反馈优化调整，不断完善安全生产信息沟通和反馈机制、安全奖励机制，鼓励干部职工参与安全事务，提高安全生产管理效能。

深入分拣配送、物流运输等作业现场，在全市系统内公开征集意见和建议12条，并在此基础上进一步修订完善安全标准化管理手册、设备安全操作规程、岗位安全规范等。同时，邀请行业内外专家开展评审活动，建立益阳烟草安全管理制度体系，为4个县级分公司开展安全管理工作提供指导和依据。

2. "拉网式"检查，强化隐患排查治理

全面开展危害因素辨识评价，针对各个风险点，制定隐患排查治理制度、标准和清单，明确排查方式、范围和频次等要求，实现隐患自查、自改、自报闭环管理。2021年6月，组织全市系统对危险源进行数据更新，共识别危险源145个，其中，一般风险（黄色）34个，低风险（蓝色）111个，无较大（橙色）及以上危险源。

建立企业、部门、员工三级安全检查制度，健全每季度突出一个重点、组织一次集中督查、进行一次情况通报、开展一次整改情况回头看的"四个一"督查机制，织密三级安全检查组织网络；统筹推进"安全生产专项整治三年行动计划"，对全市系统消防安全、交通安全、现场作业等专项进行全面"拉网式"检查，实行安全隐患"台账式"销号管理。坚持"回头看"，多杀"回马枪"，确保检查到位。

2021年，公司一把手亲自带队，开展安全检查8次，安全分管领导带领安全管理科针对市公

司本级和4个县级分公司各工作场所进行全面安全检查11次，不定期检查和日常抽查22次，并开展了全市系统维修改造项目专项检查、燃气安全风险隐患排查治理和违规使用易燃可燃夹芯板材建筑专项整治。全年共发出整改通知书43份，针对查出的各类安全隐患（问题）158条提出整改意见并督促问题单位（部门）在规定期限内整改落实到位，共投入隐患整改资金32.78万元。

3. "三六三"管理，全面加强安全监控

按照"七寸部位管理"思路，组织全体员工突出抓好关键环节、关键部位和关键时期，实行"三六三"关键管理，即紧盯电气线路环节、仓储分拣环节、物流配送环节3个关键环节管理，抓住车辆、设备机房、消防设施、燃气设施、信息机房、物流仓库6个关键部位管理，突出生产异常、极端天气、敏感时间段3个关键时期管理，建立起不同层面、交叉式、立体式的监管网络，确保安全生产全过程、全范围可控。

4. "四步走"指挥，严格执行绩效考核

完善《安全生产工作考核办法》，编制《年度安全生产目标任务清单》，将全年目标任务分解为责任落实、基础保障、预防控制、集中攻坚四大内容，共14项重点任务、49项保障措施。从安全目标和安全管理过程两个方面，通过周检查、月点评、季打分、年度兑现奖惩的"四步走"动态考核方式，综合运用局务会点评、隐患亮牌整改、警示约谈等多种手段，对违反制度程序规定的行为进行约束纠正，对有利于提升安全绩效的行为进行表彰激励，用绩效考核为安全文化体系构建托底。

（四）应用信息技术，持续改进安全管理流程

1. 以基础化管理为抓手，改造安全设备设施

益阳烟草不断加大安全资金投入力度，大力改善安全生产条件，全市系统全年安全投入计划104万元。面对部分县级分公司建筑年代久远、电气线路老化、设备设施陈旧的困境，投入大量资金，积极推广使用先进适用的技术设备设施；持续做好安全系统设施、特种设备的检测检验和维护保养，严格遵守公共场所及设施的安全管理要求，为安全工作提供可靠的硬件支撑；积极开展火灾防控以及电气火灾综合治理，加强卷烟仓库、人员密集场所、在建工程、租赁场所等重点场所的消防安全管理；严格规范食堂和锅炉燃气、发电柴油、大功率电气设备的使用，加强酒精、消毒液等疫情防控物资的管理，做到安全储存、正确使用。

2. 以信息化推进为抓手，提升智能化水平

益阳烟草积极应对行业数字化转型浪潮，构建数字、智慧、创新型安全管控新模式，安装了电气安全智能预警系统、消防报警系统、自动灭火系统、燃气报警系统、车载视频监控系统等一系列智能化系统，实现对重点部位的实时远程监管，加强对电气线路、消防火灾、燃气使用、卷烟运输等方面的隐患排查。积极推进智慧安防、智慧消防等信息平台的建设和应用，不断提升安全生产网络化、数字化、智能化水平。

3. 以科学化研究为抓手，推动安全管理升级

益阳烟草大力倡导实施安全科技攻关，营造全员创新氛围。依托QC课题、精益课题、学术论文等载体，开展技术创新、岗位创新、管理创新活动，鼓励员工攻坚克难，积极撰写安全类论文，探索安全信息化管理手段，主动研究解决安全工作重点、难点问题，普及推广先进经验和成果，并将其转化为企业治理效能，让技术创新与安全发展"同频共振"。

（五）加强教育培训，着力打造安全人才队伍

1. 立足全局，遴选人才

益阳烟草根据安全人才队伍发展现状，在"零事故"安全文化的指引下，制定了各层级安全

行为准则：决策层行为准则为"超前谋划、精心安排、周密部署"；管理层行为准则为"重方法、强执行、多沟通、勤总结"；员工层行为准则为"高效、严谨、细致、稳健"。

严格落实注册安全工程师评聘规定，鼓励员工参加各类安全资格考试，不断提高安全管理人员的综合素质和业务水平，培养积极向上、追求安全的良好学习氛围。目前，全市系统共有注册安全工程师3名。

2. 内外结合，发展人才

以科学培训为着力点，内部建立"传帮带"机制，配齐配强企业安全人才队伍，重点狠抓中国烟草网络学院学习平台的应用，利用安全管理"移动学习""在线考试"等学习功能模块，满足员工自主学习安全知识的需求，实现企业对员工安全知识学习的管理、跟踪和考核，分类采取反思式、检讨式、案例式精准培训，确保安全培训取得实效。

2021年，邀请专业家开展交通安全、消防安全专题讲座10场、实操演练5场，以消防、交通、电气、现场作业等典型事故案例剖析为重点，集中组织干部职工观看安全警示教育片5场，不断提高安全制度的知晓率、执行力。要求操作人员牢记安全规范守则，非操作人员熟知安全标准，促成"人人懂安全，人人在监督"的崭新格局。

3. 对标先进，使用人才

益阳烟草每年定期组织干部职工到先进单位学习安全管理经验，通过现场参观、学习比照、查找差距、座谈交流等方式，充分吸收先进单位的经验理念，改进自身存在的短板和不足。形成"零事故"安全操作"三字诀"：一要"勤"。各项安全工作的开展要有序，做到勤教育、勤检查、勤反思。二要"紧"。时刻保持高度警惕，摒弃浮躁、懒惰、三分钟热度，持之以恒地抓好安全这项持久性工作。三要"快"。隐患排查整改必须迅速、彻底，防止因为拖延衍生出不必要的事故，从源头上消灭安全隐患。

（六）营造浓厚氛围，努力改善安全文化环境

1. 打造"视觉+听觉"规范平台

从细节入手，让益阳烟草"零事故"安全文化理念"处处能看见、时时有提醒"。全市系统全年共开设安全科普专栏14个，设置咨询展台5个，举办安全展览展示，发放宣传品3000余份；对办公区域进行升级改造，融入"零事故""倾城"等企业文化元素；将安全职责、危险因素和应急防范知识编成八字顺口溜，制作成办公桌安全岗位操作卡，便于员工记忆；将安全文化理念固化于电脑桌面，将安全宣传标语滚动播放于益阳烟草内网首页，凝聚全员共识，共画安全"同心圆"；精心筛选20件典型事故案例编辑成册，以实例引导达到举一反三的目的，增强员工安全意识，牢记安全注意事项；每月召开党组会、科务会强调安全工作的重要性，每季度召开全体员工安全警示教育大会，重大节假日前通过手机短信统一发送节日祝福和安全温馨提示，全年共发送安全信息240条、推送安全资讯85条，在潜移默化中将"零事故"安全文化根植于每位员工的心中。

2. 打造"对内+对外"活动平台

2021年，以安全生产月、119消防宣传月、安全生产法宣传周为契机，深入开展安全"时间之问、责任之问、行动之问、效果之问"主题实践活动，拍摄岗位安全操作规范宣传片，重点宣传普及安全生产法律法规、行业安全生产标准规范和规章制度。桃江县分公司召开安全分析报告会；安化县分公司组织出租门店承租业主、外包方驾驶员开展安全培训；南县分公司开展"安全生产知识抢答赛""安全进小区"活动；沅江市分公司举办知识抢答赛，与消防大队联合举办"消防演练趣味竞赛"，承办全市系统"安全在我心中"主题演讲比赛暨2021年安全生产工作现

场会，营造了浓厚的企业安全文化氛围。

积极参加益阳市政府组织的"6·16"安全宣传咨询日活动，扩大安全文化的滋养群体，延伸安全生产的触角，创新开展安全宣传入微、消防演练入微、主题竞赛入微的"三微"活动，将安全教育范围扩展至员工家属、服务外包人员、相关方、附近社区居民及在网客户，让广大干部职工及其家属、人民群众深刻认识到安全的重要性，促进企业和外界的良性互动，营造氛围浓厚、效果显著的安全人文环境。

三、市级烟草商业企业"零事故"安全文化体系构建的实施效果

（一）理念入心，提升了企业的管理水平

益阳烟草通过广泛传播"零事故"的核心安全理念，促进广大干部职工实现对安全工作的思想认识、精神面貌和行为方式的根本性转变，引导员工充分发挥主观能动性，将安全理念融入管理、切入业务、植入行为，压实关键岗位关键责任，引导干部职工以实际行动促安全，确保安全可控、在控、能控，夯实了企业的安全管理基础，有效防范了各类生产安全责任事故的发生，安全生产继续保持平稳态势，未发生一起生产安全责任事故，通过"安全生产标准化二级企业"评审验收，达到二级企业安全管理水平。

（二）文化促行，带来了显著的经济效益

益阳烟草通过将安全文化体系建设工作与党建工作、业务工作同谋划、同部署、同推进，构建安全文化体系与各项工作的融合机制，不断提高安全文化的影响力和实效性，在安全文化的浸润中塑造出具有科学知识和正确思维方法的高素质的员工，引导每位员工承担自己的安全责任，从而减少甚至避免安全事故的发生，避免生产过程中因安全事故出现负经济效益。此外，益阳烟草积极营造健康的安全文化氛围，提高了员工的生产积极性和生产效率，增强了企业增收创税能力。2021年销售收入同比增长4.23%，实现税利同比增长3.07%，为国家和地方社会经济发展作出了新贡献。

（三）固化机制，取得了明显的社会效益

益阳烟草作为一家大型的国有企业，其安全状况直接关系自身的社会形象和政治责任。益阳烟草通过"零事故"安全文化体系的建设，整合优化安全管理资源，实现了安全基础、安全管理水平和安全文化氛围的进一步提升，内部安定团结，无违规违纪及违法犯罪案件，实现了企业的平安健康发展，并将"零事故"安全理念不断向外辐射，为构建和谐稳定的社会环境、公平正义的法制环境、优质高效的服务环境作出了贡献。

（四）突破重点，产生了良好的示范效应

益阳烟草将安全文化与"倾城"服务品牌融合，通过各项举措使其落地生效，明确卷烟配送安全运行条款，让零售客户舒心；加强卷烟仓储安全管理和质量控制，让消费者放心；严格职业健康安全标准，让员工开心；强化第三方安全管理和社会公益安全责任，让社会公众安心。在日复一日的坚持和经年累月的积累中，益阳烟草将"零事故"安全文化固化成标准体系，形成行为准则，得到省公司和市政府的充分肯定，2021年获评"全省烟草商业系统安全工作先进单位"，连续8年获评"益阳市平安单位"，形成示范引领效应。

主　创　人：章　梦
参与创造人：李晓洋、谷吉祥、杨亦武、陈　兵、伍世婷、叶　庆、
　　　　　　李　旭、赵　阳、雷思青、蔡　佳

现代电网建设工程全过程安全智慧管理

湖南省电力建设工程质量监督中心站
国网湖南省电力有限公司

摘要：国网湖南省电力有限公司以大数据、物联网、机器学习等先进数字化技术为支撑，搭建电网建设安全全过程智能管控平台，创新线上智慧管理模式；以源头管控、技术革新、新设备研发运用"三大手段"为抓手，强化电网建设工程全过程风险压降，打造施工安全新环境；以"抓"计划、"盯"现场、"管"人员、"督"方案为遵循，着力管住电网建设安全关键点；以强化内外部协同为手段，实现政企联动服务民生安全；以建立健全组织、机制、队伍"三个保障"为途径，夯实电网建设安全管理基础。该成果为从根本上提升电网工程建设安全管理水平提供了决策和管理支持，为实现"电力支撑湖南现代化基础设施体系建设"目标夯实了安全管理基础。目前该成果已在国网湖南电力电网建设工程安全管理工作中推广应用。

企业简介

国网湖南省电力有限公司（以下简称国网湖南电力）是国家电网有限公司的全资子公司，以建设和运营电网为核心业务，担负着保障湖南省电力可靠供应的重大责任。现设职能部门19个，下辖市（州）供电公司14家、县级供电公司98家，员工总数7.1万人（全口径）。供电范围覆盖全省14个市（州）117个县（市、区），营业区面积占全省总面积的96%，营业区人口占全省总人口的98%。2021年，完成售电量1737.32亿千瓦时，同比增长12.96%；资产总额突破1396.35亿元；资产负债率68.67%。营业收入1029亿元，同比增长16.93%；利润总额2.5亿元，同比增加15.96亿元。

一、现代电网建设工程全过程安全智慧管理的实施背景

（一）是贯彻"两个至上"理念，解决电网建设工程安全事故频发的必然要求

党的十八大以来，习近平总书记坚持"人民至上、生命至上"，强调安全是发展的前提，发展是安全的保障。在国务院发布的中央企业安全生产事故的通报中，电力行业事故占比37.5%，电网建设工程领域安全事故比例尤为突出。从近年来发生的电网建设工程人身伤亡事故案例来看，主要体现在两个方面的重要转变：一是随着建设环境、建设规模、建设进度要求等不断变化，事故成因逐步由单一的人员作业行为错误演变为从工程前期查勘、设计到现场组织调度到人员教育培训等全过程、全链条溯源，一个环节的安全管理失控即可能造成重大的安全事故。二是高度依赖施工队伍和个人经验的放养式安全管理方式已不能满足实际需要，仅靠各级督查力量组织开展的现场安全督查模式已无法实现电网建设工程的全覆盖。研究并应用以新兴数字化信息技术、智能感知、大数据分析等智慧科技为手段，以远程督查、智能统计分析、新技术压降风险等为途径，

— 505 —

以更统一、集约的管理机制为保障的现代电网建设工程全过程安全智慧管理新模式至关重要。

（二）是顺应数字化转型，实现电网建设工程优质高效的宏观趋势

随着大云物移智等现代信息技术和能源技术的深度融合，基于能源转型的智能电网数字化、智能化、共享化特征也进一步凸显。一方面，勘察设备的自动化、电网设计的立体化、施工机具的智慧化、物资供应的线上化、人员队伍的透明化促使电网建设工程的各个环节均具备数据共享、前后贯通、全过程智慧管理的基础，急需通过统一的管理平台、智能化的管理手段来优化资源配置、提升管理效能。另一方面，湖南以"三力"支撑经济社会发展的实施路径的确立，对电网建设提出了更快、更好、更优的切实要求，以数字化为手段、全过程优化的安全管理成为实现上述目标期望的唯一和必然途径，也是当前电网建设科学发展的宏观趋势。

（三）解决突出问题，强化电网建设工程安全管理的内在需求

根据湖南"十四五"电网规划，五年投资规模将达到1505.61亿元，将新增220~1000千伏变电站97座、数据中心站205座，新增线路长度7721公里，电网建设工作任务十分繁重。当前，电网建设工程安全保证体系、监督体系尚不完善，智能化、数字化手段的应用还处于零星点状发展阶段，尚未形成完善的系统、集成、全过程管理机制，迫切需要以数字化、信息化及智慧管理手段推进建设全过程安全管理穿透力变革，逐步改变电网建设工程安全管理薄弱现状，促进企业发展效率、效益及电网建设工程安全管理的全面提升。

二、现代电网建设工程全过程安全智慧管理的主要做法

（一）明目标、强保障，科学规划总体方向

为推动安全保证机制建设，提升安全智慧管理水平及效率，公司通过明确建设目标、建设组织保障体系、完善制度体系、建立专家人才培养机制等目标保障机制先行，为确保实现现代电网建设工程全过程安全智慧管理打下坚实基础。

1. 明确建设目标，确定总体工作思路

建设目标：聚焦"全过程"和"智慧"管理两条主线，通过推进优良的安全保证机制建设、优质的智慧管理平台建设、全面的安全风险管理流程构建、精细的关键关节管控手段、主动的服务民生措施执行，实现现代电网建设工程全过程安全智慧管理体系建设，全面降低电网建设工程安全隐患，解决业务痛点难点，驱动业务发展。

总体思路：以全过程安全建设智慧管理为主线，以全过程保障机制建设、智慧管理平台搭建、"降"+"识"+"控"安全风险环境构建、关键环节管控、协同机制响应为重点，通过安全管理制度建设、新设备研发及运用、建设安全专家库、构建培训开发等软硬件保障体系，提升安全管控水平和安全管控工作效率，通过对内专业高效协同，对外政企联动，提升服务民生能力，实现电网建设工程安全管理流程信息化、标准化、集成化管控，形成现代电网建设工程全过程安全智慧管理的总体思路。

2. 建设全过程安全管理组织保障

强化"全过程风险管控"，突出"关口前移，防范于未然"，紧盯风险作业现场，全面加强建设安全管理组织保障。

（1）健全组织体系。为确保保障管理力量贯穿到每个过程环节、每个施工现场，确保安全理念和方法深入基层，组建了由分管负责人牵头，实施部门归总，省公司、市公司、建设管理、监理、施工等共同参与的金字塔型基建安全全过程智慧管理组织体系，提升了管理效率。

（2）完善监督力量。针对安全监督管理工作的权威性不高和独立性不强等问题，依托支撑机

构专业团队作为第三方开展全过程智慧值班管控、远程视频抽查和现场稽查等工作,并建成省、市(州)公司层级的16个监控分中心,对照安全规程、严重违章清单严肃开展稽查工作,做到在建工程100%全覆盖。

(3)完善全过程安全考核体系。发挥考核的抓手作用、导向作用和激励作用。印发《安全履职"驾照式"处罚积分管理实施意见》,对各级管理人员全过程安全履职情况进行处罚积分管理,运用全过程智慧管理平台中的"积分管理"模块可实时对领导人员安全履职"驾照式"处罚进行积分考核,对照岗位安全责任清单,根据安全事件、安全违章等情形,进行周期累计处罚积分和惩处,相关结果纳入设计、施工的资信评价和后续招投标管理。

3. 完善优化安全全过程制度体系

完善优化建设工程全过程安全智慧管理制度标准,印发《数字化输变电工程全过程智慧安全管理提升方案》等制度规范,紧密结合施工作业实践,加强输变电工程到岗到位及新进班组管理,压实安全管理责任,规范施工作业层班组行为,制度化管控作业风险,全面提升电网建设工程安全智慧管控能力。

4. 建立全过程"专家人才库+培训开发"保障机制

为健全电网建设工程专家队伍,培养了一批作风扎实、专业过硬的安全带头人,建立了省级电网建设工程全过程安全管理专家库。全过程安全管理平台根据每位专家的个人履历,智能化地自动挑选匹配对应专家参与建设安全检查、制度修编、教育培训活动。开展"云培训"+"云考试",针对作业层班组人员流动大,培训开展难、考试成绩不真实、考试试卷保存难等问题,运用全过程智慧管理平台开展业务知识、工作技能和执业规矩教育及"云"考试,不断提升管理人员、施工作业人员的专业水平和综合素养。

(二)建平台、夯基础,打造全过程安全智慧数字化管理新模式

实现现代电网建设工程全过程智慧管理,搭建统一、优质、高效、集约的智慧管理平台是关键。平台以需求为导向,重在凸显管理提质,使之成为各级管理人员的参谋助手,有效提升安全管理能力及效率,为电网建设工程安全管理提供有力的技术支撑。

1. 需求导向,精准搭建全过程安全智慧管理平台

改变传统的数字化单一维度管理模式,打造基建业务全覆盖、流程全监控、全系统参与的全过程安全智慧管理链条,将"施工计划风险预警""作业票审批管理""施工进度跟踪""施工工艺及质量标准""分包管理"等基础工作管理需求与"施工方案审查""多维智能感知""智能安全风险告警"等现代管理方式相结合,积极建设现代电网建设工程全过程安全智慧管理平台。

2. 管理提质,高效推进全过程安全数字化管控

构建电网建设工程安全管理大数据思维,打造以安全管理为根本,智慧监控大屏建设为中心,移动App为媒介,工程进度为脉络,电网工程建设管理部门、参建单位、设计评审共同参与的全过程智慧数字化管理平台。突破传统模式下电网建设工程安全管理薄弱环节及壁垒,线上即可完成工作票审核签发,实现无纸化实时开票;扫描作业人员面部,即可实现自动签名;智能实现对关键人员资质、作业现场人员到岗到位情况的精准管控;精准定位工程作业位置信息,点对点精准开展"四不两直"督查,真实掌握现场作业安全管控情况,保障电网建设工程安全管理数据的准确性,形成规范的标准工作流、高效共享的数据流,适应新形势下电网建设工程安全管理和施工作业需求。

3. 智慧互动,全力打造全过程安全智能决策参谋助手

积极打造综合性数字化、互动化、智能化的系统平台,设置"决策支撑看板"模块,它具备领导驾驶舱全景展示功能,能将全省及各单位工程状态、人员管理、培训准入、违章量化考核、管理风险预警等进行直观、动态的"一屏全览",并可个性化自主定制。同时,平台实现多级互动、多维度统计分析、违章计分自动匹配等,从而实现业务流程的"可观""可动""可测",为各级管理人员提供智能决策参谋。

(三)强创新、管风险,打造全过程安全智慧管理施工安全新环境

强化对影响人身、设备安全、电网运行安全的重大安全风险管控是电网建设工程安全管理的重中之重,也是全过程风险管控的必然要求、必备手段。全过程安全智慧管理以平台为抓手,构建"降"+"识"+"控"全过程安全风险新流程,打造全过程安全智慧管理施工安全新环境。

1. 源头把控,全过程"降"风险

现有工程安全管理缺乏风险防控前瞻性,国网湖南电力打破传统安全管控体系,从设计源头进行风险压降把控,将项目安全管控体系起点提升至设计阶段,按照"能降尽降"原则发布《输变电工程三级及以上风险设计施工压降措施清单》,从识别、执行、管控三个环节全流程管控风险。设计、施工单位准确识别风险,摸清重大风险"底数",提出针对性预控措施,确保重大风险全流程受控。见图1。据统计,自实施管控以来,近15%的高风险作业得到有效压降,高风险作业时长压缩25%,全过程压降施工安全风险成效显著。

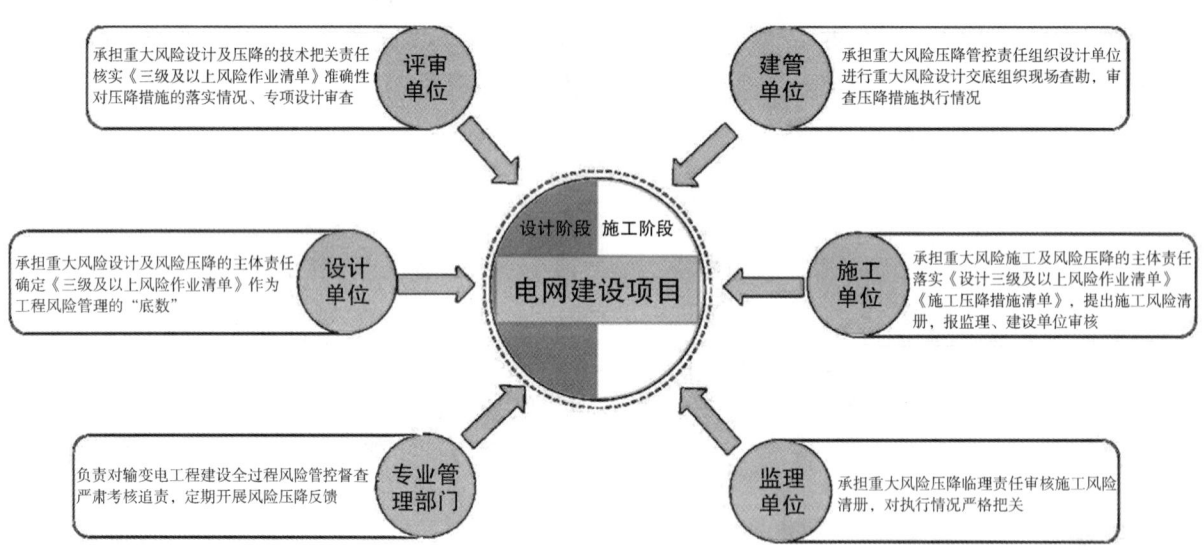

图1 现代电网建设工程全过程安全智慧管理风险压降管理框架图

2. 技术创新,智能感知"识"风险

传统的安全管理只能通过人的肉眼进行观察辨识,效率低,及时性不强,缺乏客观依据。现代电网建设工程全过程安全智慧管理平台通过运用现场布控球、移动终端、多层次传感器等现场高危监测感知终端及机器视觉技术,实现对位移沉降、拉力、风速、微气象等状态感知设备实时监测,利用绿色施工监测设备形成对于施工现场气象、扬尘、噪声的实时感知。同时,为充分挖掘数据之间的联系,实现远程监控从"远程天眼"向"智能慧眼"的进化,通过远程数据感知获取重要"信息",利用全过程安全智慧管理平台对大量数据样本进行训练学习,获取其中最有效的特征表示,代替传统人工进行智能识别和高级分析,实现"经验驱动"向"数据驱动"转变。

3. 新设备研发及运用"控"风险

湖南地区输电线路中山地及丘陵地形约占66%,传统人工施工作业劳动强度大、效率低,施工周期长、作业危险性高。国网湖南电力按基础开挖、材料运输、高空作业、跨越施工等不同风险作业特点,先后与三一集团、中联重科等7家机械装备制作商在21种机械设备方面开展合作。创新研发并推广多型号电建钻机、窄轨履带运输车、履带电建起重机、直线接续管压接平台、履带式吊车、座地抱杆组塔等装备,有效解决电网建设工程作业风险高、人身安全难以全面保障的难题,助力电网建设,安全风险大幅降低。

(四) 抓关键、盯重点,确保关键环节管控到位

1. 全过程安全智慧管理"抓"计划,关口前移重点施策

当前湖南电网已进入大发展、大建设时期,任务繁重,每年在建工程近千余项,日均作业信息近600余项,其中三级及以上作业风险300余项。国网湖南电力以全过程安全智慧管理平台为抓手,按"周计划、日管控"原则狠"抓"作业计划管理,对高风险作业执行情况紧密跟踪,并通过平台将风险管控关口前移,把作业计划发布作为平台作业票编制的前置条件,对未按要求发布作业信息的不得开展现场作业,从而有效提升作业信息发布的及时性和准确性。

2. 全过程安全智慧管理"盯"现场,六级管控严防死守

安全稽查中常发现施工方案执行刚性不强,现场保命措施落实不到位等现象,对此国网湖南电力运用全过程安全智慧管理平台紧"盯"作业现场,严查施工现场"三类人"安全履职,构建六级管控机制,各级平台均可根据现场把关要点准确管控检查关键点安全管控措施落实情况,并精准把关风险作业现场到岗到位,确保每个作业现场都有"明白人",及时协调处理现场安全生产实际问题,守住安全底线。

3. 全过程安全智慧管理"管"人员,强化作业层班组管理

工程建设常出现"灯下黑"作业行为,无法掌握班组及人员动向并动态跟踪。通过"班组日早会"、"项目日晚会"、新进班组"首票提级管控"、新进人员"首岗跟班培训"等方式,运用全过程安全智慧管理平台对作业层班组及人员准入,特别是对关键岗位人员及特种作业人员准入进行严格管控,实现对线上安全准入考试、资格确认、作业票开具等逻辑流程的把关,确保现场作业规范实施,对动向不明的"突然消失班组"进行预警摸排,大幅度提升了安全管理质效。

4. 全过程安全智慧管理"督"方案,精准消除过程安全隐患

为杜绝施工方案和现场实际"两张皮"现象,全过程基建安全智慧管理狠抓施工方案编审批管理,利用全过程基建安全智慧管理平台常态化开展基建工程施工方案线上"督"(审)查,防范施工过程中的安全隐患,实时反馈审核单位及专家对施工方案提出的意见及建议,切实提升施工方案编制的科学性、严谨性和适用性,并采取远程视频监控与专家现场挂牌督查相结合的方式,更好地服务基建工程安全管控。

(五) 勤互动、强协同,政企联动服务民生安全

1. 内外协同,有效降低"三跨"作业时长

电网建设涉及跨越铁路、高速、重要输电通道等"三跨"输电线路工程作业频繁,给电网建设工程安全管理带来了巨大挑战。为有效降低风险作业时长,畅通作业流程,公司对内定期开展建设、调度、营销、运检等多专业协同会商,科学安排施工作业时间,减少停电频次,保障电网供电可靠性;对外与铁路、高速管理局等单位建立紧密且常态化的协同会商机制,精简手续,制定紧急预案,开展相关专业培训。内外协同机制有效提升了施工效率,避免因电网建设对经济社

会发展产生不利影响。

2. 政企联动，服务保障民生安全

工程建设常给生态环境带来破坏性影响。国网湖南电力积极对接各级地方政府及职能部门，将城市发展与电网工程建设进行有效聚合，大幅度减少政府与用户投资成本，合力协调解决外线线路通道和管廊建设等一系列问题。强化对国家能源局湖南监管办公室的技术支撑，常态化开展电力建设、能源项目专项安全督查及安全隐患排查治理等工作，服务湖南能源安全管理。

三、现代电网建设工程全过程安全智慧管理的实施效果

（一）智慧转型，提升工作质效

在全省开展现代电网建设工程全过程安全智慧管理的创新实践以来，取得了良好的效果。一是建设安全管理流程及制度进一步优化，通过信息技术、智能物联感知技术、大数据分析技术手段促进管理革新和进步，目前全过程安全智慧管理平台日登录频次约9000次/日，工作票线上移动审批累计约19万次，2021年较2018年基建安全工作效率提升80%，减少重复性工作近15000人次，节约人力物力约2000万元/年。二是通过基建全过程安全智慧管理，有效保障疫情期间电网建设工程全过程安全稽查工作正常有序开展。2020—2021年，输变电工程开展安全稽查23000余次，近500项工程成功并网投运。三是高效利用现有专家库资源打造的全过程安全管理专家队伍在2021年共组织现场安全稽查监督2000余次，并开展建设安全培训13000人次，全面适应新型电力系统电网工程安全管理工作的新要求。

（二）创新赋能，收获管理效益

一是通过远程安全管控、线上审核把关，安全管理质效显著提升，人力成本大幅降低，管理时间成本收益明显，与同期历史数据对比，查找和纠正现场各类安全违章行为3000次/年，平均减少现场安全事故事件10起/年，违章次数正逐年降低，各级管理人员、施工作业人员安全意识、文明施工意识逐步提升。二是通过机械化施工、源头压降风险、提前审核方案等手段，2021年国网湖南电力输变电工程现场高风险作业减少50%，大大降低施工风险。三是通过自动统计分析和安全关键"一屏全览"功能，为各层级安全管理人员提供决策辅助1000次/年。自实行现代电网建设工程全过程安全智慧管理以来，经安全监督管理的酒湖特高压直流特高压等多项输电工程获国家优质工程金质奖。

（三）科学发展，践行社会责任

自现代电网建设工程全过程安全智慧管理新模式运行以来，国网湖南电力始终胸怀国之大者，以央企的责任与担当，强化流程管理，确保电网建设工程有序开展。2021年11月，省领导对此予以充分肯定，指出国网湖南电力充分发挥了"大国重器"和"顶梁柱"作用，表示应持续加强电网投入，加快重点工程和特高压骨干网架建设，积极推动"宁电入湘"等项目，不断增强能源供给能力。随着湖南"十四五"电网规划建设的稳步实施、本质安全的现代电网建设工程智慧管理的深入推进，变电容量、线路里程不断刷新，电网网架结构不断优化提升，线路过负荷导致的设备故障停电或临时限电风险有效降低，增强了对客户供电的持续性和可靠性，全省城网、农网供电可靠率均超过99.8%，缓解或解决配电网供电薄弱点"长期低电压"用户200万户的用电困难，赢得了客户的称赞，并被《湖南日报》、红网等省级媒体宣传报道，树立了良好的社会形象。电网建设的稳步推进，有效提升了电网新能源消纳能力，截至2021年底，湖南新能源消纳能力超过95%，完成新能源消纳累计容量600万千瓦，3年累计上网电量1200亿千瓦时，相当于节约火电燃煤5400万吨，减排烟尘4.5万吨、二氧化硫27万吨、氮氧化物21.75万吨、二氧化碳1.2亿

吨，极大改善了生态环境，促进了节能减排成效，产生的生态效益值近百亿元。每年大规模采购机械化施工装备，辐射带动相关产业社会投资近百亿元，助推湖南工程机械产业升级发展，示范效应显著。目前，现代电网建设工程全过程智慧管理建设成果已被国家电网有限公司总部采纳，并在全国各省电力公司推广。

主 创 人：张恒武、彭凌烟

参与创造人：谢宇翔、师　罂、刘永峰、张　宏、姜凯华、谌　阳、刘　磊、吴国强

大型电网企业聚焦新能源网络安全的大纵深防御体系构建

国网湖南省电力有限公司湘西供电分公司

摘要： 国网湖南省电力有限公司湘西供电分公司作为国家重要能源企业，积极主动履行社会责任，以网络安全战时思维为指导思想，以"提高新能源电站网络安全防护能力，保民生、保公用、保重点用电"为安全目标，在做好电网系统本体防御的同时，聚焦新能源电站网络安全，创新提出"大纵深防御体系"构想，通过提升机制纵深、空间纵深和手段纵深三大措施，建立政企协同的联合指挥和协作体系，整体提升网络安全风险动态智能感知和精准处置能力，管理团队取得多项国家级、国网公司级、省级成果，为社会提供高质量供电服务作出了贡献。

企业简介

国网湖南省电力有限公司湘西供电分公司成立于1994年，是隶属于国网湖南省电力有限公司的中型供电企业，现设15个职能部门，有10个业务支撑和实施机构，6家县公司和3个省管产业单位，经营面积1.44万平方公里，供电人口251万。2021年，完成售电量46.88亿千瓦时，同比增长9.17%；售电均价553.96元/千千瓦时；营业总收入净额25.99亿元，完成率104.15%；内部模拟利润-3.77亿元，较年度考核目标减亏0.17亿元；电费回收率100%；综合线损率7.7%，同比下降0.1个百分点；完成固定资产投资16.41亿元。近年来，在国网湖南省电力有限公司党委和湘西州委、州政府的坚强领导下，公司始终坚持发展第一要务，科学发展电网，追求做大做强国有资本，不断优化服务质效，主动承担社会责任，为支撑湘西"三区两地""五个湘西"建设作出突出贡献。

一、大型电网企业聚焦新能源网络安全大纵深防御体系构建的实施背景

（一）是适应国际网络安全战争形势发展的需要

2022年，全球网络空间局部冲突不断升级，网络安全上升至国家间网络安全战争状态。2022年6月22日，西北工业大学遭受境外网络攻击。根据埃森哲公司发布的报告，2021年上半年全球网络入侵活动量同比增长125%。

中国早已将网络安全上升至国家战略高度。2014年成立中央网络安全和信息化领导小组，国家主席习近平亲任小组组长，强调"没有网络安全就没有国家安全"。党的十八大以来，党中央、国务院高度重视网络安全工作，《国家网络空间安全战略》《中华人民共和国网络安全法》等相继出台，为我国网络安全的发展提出战略指引，为网络治理提供了法律准绳。2018年9月13日，国家能源局发布了《关于加强电力行业网络安全工作的指导意见》，要求从行业全局统筹指导网络安全工作，强化网络安全综合治理格局，健全网络安全管理体系，构建更加独立自主的电力行业

网络安全环境。

(二) 是符合国家新能源行业网络安全发展的需要

在国家节能减排、"双碳"目标的需求下,国家发布多项政策鼓励新能源发展。截至2021年,电网企业220千伏及以下电压等级并网的电源规模865.703兆瓦,其中水电占比73.77%,火电占比7.23%,风电占比11.55%,光伏占比7.23%,新能源共计占比18.78%。按照《湖南省湘西州"十四五"风光新能源开发建设方案》规划,"十四五"末,湘西拟新建风电项目14项,装机121.85千瓦,集中式光伏10项,分布式光伏3项。大量新能源电站的投运增加了网络安全风险。电网企业关注行业总体安全,以更全面的视角聚焦新能源行业安全,将网安防线前移至新能源电站。

(三) 是解决新能源电站网络安全隐患的需要

与传统的能源电站不同,新能源电站在地理位置上分布广、投入少,各类网络安全隐患日益突出,主要体现在:

1. 网安管理存在薄弱环节

以往的指挥组织机构、网络安全防护工作仅限于电网企业自身内部运行,电网企业省、市、县三级单位与公安部门各级机构、新能源电站各自为政,尚未形成联动协同作战机制,难以实现"统一监控、统一预警、统一调度"的快速响应分析和协同处置能力。

2. 电站系统存在安全漏洞

新能源电站的发电终端数量较多且户外分散分布(如风机、光伏数据采集控制器等),由于新能源电站工控系统本体及网络接入,导致电力核心网络向偏远地区延伸。因电站设备管理不规范、人员安全意识薄弱等问题,大量设备运行在网络安全边界,极易被敌对势力作为跳板攻克整个电力网络。

3. 监测反制缺乏有效手段

目前网络安全管控平台虽然能接收各类风险,但无智能识别功能,无有效手段和标准从各类告警中辨别出潜在的威胁,出现异常事件反应不及时。无威胁级别划分和异常事件特征库及针对性的反制措施,发生攻击事件时无法快速有效调动形成反制力量。

二、大型电网企业聚焦新能源网络安全大纵深防御体系构建的主要做法

电网企业以网络安全战时思维为指导思想,以"提高新能源电站网络安全防护能力,保民生、保公用、保重点用电"为安全目标,聚焦新能源电站网络攻防战期间安全防护,落实国家能源局《关于加强电力行业网络安全工作的指导意见》等文件精神,针对新能源风、光电站网络安全工作中对纵深性、均衡性、抗易损性的多种要求,创新提出了"大纵深防御体系"网络安全模型,即从机制纵深、空间纵深、手段纵深三个方面提升新能源电站网络安全防御能力。

(一) 提升机制纵深,构建规范融合贯通的网络安全组织管理体系

1. 搭建分层分级的责任组织体系

地市电网企业层面成立由总经理为组长,全体领导班子成员为副组长,科数部、调控中心、信通公司、检修公司、新能源电站负责人为组员的网络安全防护指挥组。建立以科数部为主体,支撑机构、一线班组为核心,技术骨干为关键的五层网络安全防护专项组,分别为监控分析组、应急处置组、现场处置组、社工防护组和工作联络组。通过多业务集中融合、多专业联合值班,确保在人力资源配置上发挥管理职能,起到承上启下作用。

监测分析组:由调控中心、信通公司调控中心负责落实,根据安全管控"可视化"和省公司

信通调度联动"一体化"的原则,开展电网企业信通、调度专业的安全监测和联动防控,提供应急处置建议并通知应急处置组进行处置。

应急处置组:由调控中心、信通公司负责落实,对电网企业新能源电站网络安全协同作战体系进行全面排查、滚动加固和应急处置。根据监测分析组提供的信息、上级下达的预警或通知单,如遇重大紧急事件,在得到指挥组批准后进行应急处置。

现场处置组:由调控中心、信通公司负责落实,新能源电站配合,负责收集、处置设备的现场防护、现场取证、现场恢复抢通工作。信通专业保障应急视频会议系统、电话会议终端、固定电话等各种通信方式。

社工防护组:由各专业、部室、各县公司落实,负责监测、收集、组织处置针对新能源电站的社会工程学攻击事件,及时上报本单位工作联络组,常态开展社工防护相关宣传,组织安全防护措施落实情况检查与通报。

工作联络组:由科数部具体负责,组织协调电网企业各专业组工作,管控重点工作任务执行进度,汇总收集调控专业组信息,及时与本地公安机关等单位的沟通,及时下发预警通知、问题通报,并对接省公司工作联络组。

2. 形成政企联动的外部防控联动体系

组建网络安全政企联动指挥机构,总经理担任组长,市、县公司网络安全专业人员和新能源电站按照分工承担相应的工作任务。邀请市公安局专业技术人员成立技术组为网络安防专业提供技术支持,遇到突发事件与省公司、市公安局、新能源电站安防管理部门联动。

在省公司与地市公司网络安全联动管理体系的基础上,成立由总经理为组长的联动机构,以市县公安局、市县电网企业和新能源电站共同组成"横向各专业、纵向各层级"网络安全政企联动机制,充分发挥公安、电力和电站的专业管理和协同作用,大大提升安全事件处置效率。

3. 规范新能源电站建立运行管理体系

为了解决新能源电站管理不规范、管理制度不完善的问题,电网企业参考公安部等级保护2.0及公司内部下发的《并网新能源电站电力监控系统涉网安全防护方案》等网络安全相关文件要求,结合新能源电站电力监控系统现状,编制并发布了包括《新能源电站外来人员访问管理规定》《新能源电站信息安全培训管理规范》《新能源电站机房管理规定》《新能源电站设备及系统安全维护管理规范》《新能源电站存储介质管理规范》《新能源电站恶意代码防护管理规范》《新能源电站电力监控系统网络安全防护验收细则》等在内的十余项管理规定,为电站的运行管理及电网企业相关业务的开展提供了切实的参考和依据。

(二)提升空间纵深,构建边界清晰综合布防的网络结构

1. 组建四支队伍,提升对抗能力

根据电网企业和新能源电站的管理职责,成立四支网络安全监控值班队伍,分别负责核心区、内网区、外网区、社会区四个区域的7×24小时值班监控工作,监控各类告警信息,处置安全风险。其中新能源电站主要负责社会层和电站层的监控,主要为电站机房和各风机塔的专职安保人员巡逻及摄像头监控,防止可疑人员在生产区域逗留,避免社会工程学的攻击。县公司为应急支援组,负责7×24小时人员支撑,出现入侵事件时可灵活调动。信通公司负责监控和应对互联网的渗透入侵事件,找出系统中的薄弱点并进行修复。调控负责监控和应对生产网络的渗透入侵事件,极端情况下可履行防线调整职责,收缩生产网络,减少被攻击面。

2. 竖起五道城墙，稳固边界防御

在各区域边界部署由逻辑隔离装置、防火墙、纵向加密等装置组成的五道"网络城墙"，将整个网络划分为生产控制一区、生产控制二区、生产控制三区、信息内网、信息外网和互联网六个区域，形成"安全分区、网络专用、横向隔离、纵向认证"的栅格状防御体系。互联网出口全省归集统一，集中最强力量防护来自互联网的外部攻击；管理信息大区强逻辑隔离，信息系统及数据分级保护，各类终端严格准入及管控；生产控制大区正反向双向隔离、纵向加密认证、厂站终端实时监测，公司自研独有的正反向隔离设备、强逻辑隔离装置、安全接入平台等安防装备构筑起坚固的纵深"网络城墙"，有效防范基于通用安全设备的零日漏洞攻击。

3. 依托六大系统，精准阻断风险

应用自研的六个系统整合组成全场景网络安全态势感知平台，实现对网络安全态势与攻击的"全场景覆盖、全方位感知、智能化分析、自动化处置"，完善一体化联合作战指挥体系。六大系统为网安监测系统、恶意代码系统、运维审计系统、访问控制系统、入侵检测系统、可信计算系统。网络安全态势感知平台融合流量、日志、资产、脆弱性和威胁情报等安全数据，将安全大数据和本地资产整合成安全事件。利用全流量分析技术、反病毒沙箱技术等，全面提升恶意代码检测、异常流量分析等高级威胁发现能力。通过各系统数据采集与数据预处理，从大量的安全事件中发掘出隐藏其中的网络攻击行为。依托全场景态势感知平台的联动处置模块，构建主机、网络、应用三层联动防御机制，将攻击行为自动精准定位，并联动到防火墙、EDR等设备进行自动处置，形成省、市、县三级纵向应急联动处置机制。

4. 创新七项措施，切实助企纾困

根据《电力行业网络与信息安全管理办法》要求，供电企业提炼总结出七项措施，帮助新能源电站解决网络安全专业技术水平不足的困难，有效消除设备隐患，合理减少投资。七项措施分别为：新站设计审查、实施过程监督、严格验收投运、周期安全测评、专项隐患排查、按需改造提升、退役设备销毁。在初步设计阶段，电网企业派出专家详细审核设计方案中的施工图纸、网络拓扑图、设备清单等关键信息，确保方案设计合理、组网方式正确、设备满足需求。在建设实施阶段，分阶段派出专家在建设现场实施技术监督管理，培训管理人员，指导施工工艺。验收阶段，安排不少于三名专家组成的验收小组开展网络安全验收，利用漏洞扫描装置对全站设备进行全方位扫描，出具报告，验收合格后方可投运。按照等保2.0要求督促电站每两年开展一次网络安全等级保护测评，建立专项隐患制度，开展专项隐患排查，督导消除隐患。当电站设备老旧不能满足最新要求时，由电网企业专家组给出技术改造建议，监督退役设备销毁工作，设备退役前一律销毁各种涉密信息后方可报废。

（三）提升手段纵深，构建新能源电站风险感知和处置机制

为确保网络安全战时做好政府职能部门、重点用户的保供电工作，电网企业定期每月开展事故预想，研究分析新能源电站可能遇到的各类网络安全风险，制定相应的防御措施，确保新能源电站的安全稳定运行。

1. 划分威胁级别，掌握异常事件特征

按照威胁程度不同划分为四类威胁，并发布典型事件案例，制定反制措施，确保快速合理处置威胁事件。见表1。

表 1 网络安全威胁及分级表

威胁级别	威胁描述	典型事件	反制措施
Ⅰ类威胁	发生攻击行为，但未对电站系统、设备等造成影响	电站发生身份仿冒、电话伪装等攻击事件，但未成功接触站内系统、设备	立刻就近调动县公安局、电站等力量，控制可疑人员
Ⅱ类威胁	发生针对性漏洞攻击行为，漏洞未利用成功，未对网络、系统、设备等造成影响	电站发现漏洞扫描行为，工作站出现病毒，木马程序未被利用	远程关闭该设备站内网口接口，并安排现场排查
Ⅲ类威胁	攻击者对公司系统、主机、终端攻击成功，获取系统或设备权限	电站发生服务器主机管理员权限、数据库权限、网络设备权限等被获取，发生恶意控制等攻击行为	远程关闭该新能源电站至电网企业的网络，隔离风险电站
Ⅳ类威胁	通过协同分析已定性为重大安全事件，有可能演变成重大或特别重大的网络与信息安全事件	电站发生恶意程序边界被突破、获取其他场站管理权限、获取主站管理权限	断开网络汇聚和核心节点，将网络隔离为不同分区，逐个排查风险后再逐步接入备用系统

2. 制定恢复策略，实现安全能力落地

制定七步式恢复策略，通过"断开网络、关闭自控、封存设备、攻击溯源、排除威胁、修复漏洞、检测入网"七个步骤，快速处置攻击事件。当发生外部入侵时，断开被攻击设备网络，防止病毒、木马程序发出破坏性控制指令，将场站内电网设备转为人工控制模式。封存现场主机、网络设备，组织攻击溯源工作，由公司网安专家、公安局网安专家组成的联合调查小组对设备病毒、木马等恶意程序进行采样分析，摸清攻击路径及攻击目的，开展漏洞修复，编制可靠的处置技术手册，开展管辖范围内所有新能源电站漏洞修复和自查。处置完成之后，联合公安局专家和有资质的检测企业对系统进行检测，检测验收合格后重新入网运行。

3. 开展培训指导，打造防御尖兵队伍

电网企业着力打造网安防御尖兵队伍。通过对新能源电站开展《网络安全法》《电力法》等国家法律法规培训，将网络安全放在与安全生产和经营管理同等重要的高度，营造"大保卫、大安全、大参与"的网络安全氛围。建立起一把手负总责、网络安全专责具体抓落实、全员参与的工作格局。常态化开展形式多样的培训工作，建立"理论—实践—考评"场站人员的培训机制，通过"线上+线下"培训方式，疫情期间采取"微课堂"形式，实现场站人员培训的"质""效"双提升。结合"国家网络安全宣传周"主题活动开展网络安全宣传，在新能源主控室、值班室醒目位置张贴《电力监控系统作业"十禁止"》《新能源电站工作报备流程》，随时提醒作业人员各类工作注意事项、安全风险及报备流程。

4. 模拟战时状态，提升应急实战能力

为持续提升新能源电站网络安全战时应急实战能力，排查电网企业及新能源电站系统安全隐患，保障网络稳定运行，电网企业组织了形式多样的演练活动，以练促防。常态化开展社会工程学入侵专项演练，通过仿冒电网企业人员、厂家人员访问新能源电站，尝试进入生产场地。通过电话伪装套取信息、投放钓鱼优盘等社工方式检验新能源电站的入侵防护程度以及工作人员防范社工入侵意识。结合国家每年组织的护网行动，模拟战时状态，组织专业人员，将参演人员分为攻击红队、防御蓝队，开展纵深式的模拟实战攻防演练，找出防御方的弱点并进行整改。从而有效磨合检验了演习作战指挥体系的运转，锻炼了极端情况下防御队伍的实战能力。

三、大型电网企业聚焦新能源网络安全大纵深防御体系构建的实施效果

（一）管理水平全面提升

该管理措施实施以后，电网企业、公安部门和新能源电站之间建立了联合指挥和协作组织体系，由以前的电网企业孤军奋战转变为多部门集团作战。网络安全风险动态智能感知和精准处置能力获得了整体提升，各类告警数量由系统建设初期的日均6000余条降低到日均80条左右，降低了97%。共计发现并纠正新能源电站网络安全防护方案错误内容16项，排除整改网络跨接风险4项，网络结构完善优化14项、排除漏洞45个，整改不安全策略52项，关闭非必要服务器31个，关闭高风险端口87个，封堵各类端口784个，整改跨区连接风险1项。

在人员方面，打造了一支网络安全防御尖兵队伍，培养出电网企业网络安全专业二级领军专家1名，一级高级专家2名，二级高级专家1名，工匠1名，网络安全值班员18名，电站网安专责11名。

在国家组织的护网行动期间，处置新能源电站非法外联事件2起，社会工程学攻击2次，未发生因网络攻击造成的任何影响电力生产和应用的事件。同时获得国家信息安全漏洞库认证高危漏洞2个，获国网公司认定重大安全隐患7项；发布国网公司典型经验3篇；课题《电力监控系统网络安全管控平台动态感知能力提升》获湖南省质量协会2022年第43次QC小组成果二等奖；论文《电网企业蠕虫式勒索病毒防护技术研究与实践》获湖南省中国电机工程学会2021年湖南省电力技术高峰论坛三等奖；拍摄的网络安全宣传视频《猜猜我是谁》获中国电机工程学会2019—2020年度电力优秀作品第四名；拍摄的网络安全宣传视频《边缘》在电力行业顶级媒体电网头条发布。

（二）经济效益取得成效

截至2021年，电网企业220千伏及以下电压等级并网的电源规模865.703兆瓦，安全接入电力网络新能源风电场2座，新能源发电占比提升至18.78%，全年共计发电17191.66万千瓦时，按0.55元/千瓦时估算，新能源电站收益约9455.41万元。"十四五"末，湘西地区各类新能源电站预计达到27座，新能源发电占比约提升到40%。对于普通规模的单个新能源电站来说，一旦发生入侵导致发电业务中断，后续调查处理将持续数月，每月将造成电量损失800万千瓦时，按0.55元/千瓦时估算，直接经济损失约440万元/月。电网企业的专家组通过设计审查，为新能源电站节省投资80余万元。自创新项目实施以来，新能源电站未发生因网络安全问题停电整改事件，为新能源电站功率预测、自动功率调整、自动调压调频等自动化控制系统安全稳定运行夯实了基础，减少了"弃风弃光"，有效提升了新能源电站经济效益。

（三）社会效益显著提升

创新项目的实施，显著提高了供电企业与新能源电站网络安全防护水平，有助于及时消除网络安全运行隐患，有效地杜绝了网络安全事件的发生，最大限度地避免了因网络安全原因导致的电网事故的发生，为企业数字化建设提供了良好的运行环境。同时，有利于电网公司开展削峰填谷，提升电网经济运行水平，减少碳排放，为社会提供高质量的供电服务，促进国家"双碳"目标达成。

2020年9月，电网企业作为目标单位参加公安部组织的"护网—2020"国家网络安全专项演

习，在护网演习指挥部总体指挥下，各单位密切协同，组织各小组精准布控、联合作战，众志成城、坚守阵地，连续 7 天 24 小时联合作战，企业网络安全防护体系和目标系统未被入侵，以零失分、加分 3540 分的优异成绩，经受住网络安全国家级大考，圆满完成专项演习任务，助力电网企业取得全国演习防守方第一的成绩，彰显了电网企业的社会责任与担当。

主　创　人：张炳烽、罗伟强
参与创造人：王孟定、田　楠、向　兰、侯丽娟、黄　健、龙　颖、刘吉涛、陈峙月、朱艳芳、李晓鹏

地市级烟草企业互联网涉烟大数据智能研判与监管

湖南省烟草公司岳阳市公司

摘要：《中华人民共和国烟草专卖法》作为我国烟草史上第一部法典，在总则中开篇明义地指出了制定的目的：维护消费者利益，保证国家财政收入。国家烟草专卖局、公安部在联合印发的《2022年打击涉烟违法犯罪工作要点》中也强调：要深入开展"打团伙、破网络、抓主犯、断链条"工作，为维护良好的市场经济秩序、保障国家经济增长和促进财税增收作出新贡献。但是，随着信息化、智能化的快速发展，互联网已成为假冒烟草制品交易的重要阵地。湖南省烟草公司岳阳市公司为提高辖区卷烟市场监管的效率，巩固烟草专卖成果，切实维护国家利益和消费者利益，以大数据为依托，通过建立多维度研判体系、打通协同管理渠道、创新基础工作平台、构建全方位保障措施等举措，达到对互联网涉烟信息的智能研判，从而提高对涉烟违法行为和卷烟市场的监管能力与水平。

企业简介

岳阳市烟草专卖局（公司）（以下简称岳阳烟草）组建于1984年12月，负责全市烟草专卖管理和全市烟草系统人财物、产供销、内外贸的统一管理和经营，服务全市2.9余万卷烟零售经营户。下辖临湘市、汨罗市、岳阳县、华容县、湘阴县、平江县6个县级局（分公司）和14个内设科室。连续3年被省政府评为"全省纳税50强企业"，连续5年被评为全省烟草商业系统目标管理一等奖，连续10年被省公安厅、省局授予"卷烟打假特别贡献奖"，连续两届被市委、市政府授予"岳阳慈善奖"，被省税务局评为"纳税信用A级单位"，被授予2009—2012年度全省社会管理综合治理先进集体。先后获评"全国工人先锋号""省巾帼文明岗""全国三八红旗集体""全国文明单位""地市级局（公司）标兵单位""行业六五普法先进单位"等。

一、地市级烟草企业互联网涉烟大数据智能研判与监管的实施背景

（一）是满足地市级烟草企业涉烟管理更高要求的需要

随着互联网的快速发展和应用，互联网在给烟草企业的经营带来便利的同时，也为涉烟违法犯罪提供了新的生长土壤。地市级烟草企业作为全国烟草行业的重要组成部分，承担着维护辖区卷烟市场秩序和打击涉烟违法犯罪活动的重要责任。面对互联网给涉烟管理带来的新挑战，如何提高自己的应对能力和水平、不断适应新的环境，是地市级烟草企业重要的管理课题。2022年3月25日，国家烟草专卖局领导在全国烟草专卖管理工作会议上强调：要适应专卖管理面临的形势变化，创新推进零售市场监管，加快推进市场监管数字化转型，稳妥开展信用监管，创新监管方式方法。

（二）是解决地市级烟草企业涉烟管理难点的需要

由于互联网信息伪装程度高、隐匿性强，烟草企业缺乏获取真实有效线索信息的方法。同时，

传统的涉烟监管手段体现出监管效率低、监管面窄、监管深度不够的弊端，已经不能适应新形势下的监管需求。如何及时发现互联网涉烟信息、准确分析判断情报真实性、精准监管涉烟违法行为和主体，已成为地市级烟草企业的难点和堵点。怎样有效解决这一问题，不断提高卷烟零售户、消费者的幸福感和获得感，是目前地市级烟草企业在卷烟市场管理工作中的一项十分重要的内容。

二、地市级烟草企业互联网涉烟大数据智能研判与监管的主要做法

涉烟违法行为的管理，不仅包括对于涉烟违法行为的查处、涉案物品的管理、违法违规人员的处理，更涵盖了前期涉烟信息的研判、涉烟线索的调查、涉烟行为的监管等全流程的管理。岳阳烟草为提高前期对互联网涉烟情报信息的研判能力，及时将涉烟违法行为阻止在萌芽阶段，避免造成较大损失，通过建立多维度线索研判体系、打通协同管理渠道、创新基础工作平台、构建全方位保障措施等举措，实现对互联网涉烟信息进行智能研判和监管，提高工作效率，提升工作效能。

（一）创新研判模式，建立多维度线索研判体系

1. 建立多形式互联网涉烟线索模糊查询

（1）字形拆解和近义、近音字查寻。字形拆解即是将关键字按照组成部分进行拆分，如："烟"可拆分为"火"和"因"。通过对关键字各部分同时进行查询，就可实现查询故意将关键字进行拆解而消费者仍通过组合识别具体内容的涉烟信息。近义、近音字查询则是对关键字词的近义词或近音词进行查询（包含对关键字词对应的英文单词的查询，如烟的英文单词为"smoke"），通过对关键字词的近义词或近音字词的查询，就可查询以音或义代替关键字的信息。同时，两种模糊查询方式既可单独使用也可合并使用，以进一步提高对信息的甄别和搜索能力。

（2）图片查询。图片查询即通过相似图片，利用比对图片中主体的属性搜寻目标信息线索，如用"芙蓉王（硬）"的图片在指定互联网区域内搜索发布有"芙蓉王（硬）"或相似卷烟照片或图片的信息。通过该种方法即可对发布在互联网上的含有一张或几张照片的涉烟违法信息进行搜索和筛选，进而发现那些"以图传意"，甚至不添加任何文字信息的涉烟线索。

2. 构建多角度物流寄递涉烟信息搜索方法

由于物流寄递具有低成本、快速、分散等特点，在互联网强大功能的加持之下，已逐渐成为涉烟违法行为的高危环节。而物流寄递与互联网之间的紧密关系，也为通过互联网对物流寄递环节进行监管提供了可能。岳阳烟草以物流寄递面单信息为基础，以邮管部门寄递数据为支撑，通过将疑似目标信息与邮管部门数据进行碰撞，搜索出可疑快递信息并即时进行监管，提高了对物流寄递这一卷烟市场监管薄弱环节的监管能力。

在日常工作过程中，通过传统线索来源渠道，岳阳烟草已查获并累积有一定数量的涉烟快递面单信息。通过将收件人信息、发件人信息、揽件员信息、揽件网点等包裹信息以及其他疑似人员信息组成本地涉烟物流寄递行为"高危库"，利用大数据与人工智能将"高危库"内信息与邮管部门寄递信息库内信息进行碰撞，从高危点部、高危揽件员、高危发货人、高危收件人、高危行为分析等五个角度，比对筛选出可疑快递信息，并从重量、类型、数量、历史查获行为等方面判断目标信息的可疑程度，进而提高线索研判成功率，极大提升了岳阳烟草在物流寄递环节的监管效率。

3. 搭建多因素信息跨维度关联方式

由于涉烟案件的侦办往往只停留在针对单一案件或者主体上，缺少对案件及所涉及线索的深挖，大部分涉烟案件查办无法与行业"打团伙、破网络、抓主犯、断链条"的任务要求相契合，这不仅不能适应新形势下卷烟市场监管要求，还严重降低了对违法人员的震慑力。岳阳烟草利用案件中"人"这一关键基础元素，建立基于物流、信息流、资金流等因素，将人员关系进行可视

化组网，从而达到对单一案件或主体背后隐藏线索的挖掘，进而发现涉烟违法犯罪的网络并开展针对性监管。

在当今互联网高度发达的时代，无论是谁都会在互联网上留下自己的痕迹，其中寄递行为的物流、交流通信的信息流以及资金往来的资金流与人的社会关系网高度重叠，通过显示物流、信息流、资金流即可极大程度上反映一个人的社会关系。岳阳烟草依托大数据功能，从日常汇集的大量的、多维度的数据中整理出统一的含有人、事、时间和地点等信息的网状矢量关系图，并且可以设置筛选条件，对数据进行自定义筛查。同时，可以根据需要设置显示层级，进行多层级、大深度的展示，让网图可视化更充分。

（二）优化工作流程，打通协同管理渠道

在对研判分析的线索进行实际调查核实后，岳阳烟草发现不仅上级无法及时掌握调查情况，同级间信息共享的渠道也不十分畅通。针对该现象，岳阳烟草经过走访调研，发现省内地市级烟草企业在日常涉烟管理过程中，对于涉烟线索信息的流转大都习惯性地沿用传统人工研判及传达的方式。这不仅严重影响了工作效率，也由于缺少对信息的反馈和统计分析，导致信息的价值未得到充分挖掘使用，降低了涉烟行为监管效果。而同层级间由于缺少信息流通传递的渠道和机制，信息共享、线索组网、串并案调查等存在一定的困难。岳阳烟草通过优化运转流程，建立从线索派发到统计分析再到线索派发的闭环情报信息自动流转流程，打通各层级间纵向上传下达协同机制、同层级间线索任务横向协同机制，解决涉烟监管缺乏有效情报运转机制的问题。

1. 建立闭环流转，实现数据反哺

首先，根据历史涉烟违法案件信息、日常市场检查和投诉举报获得线索及互联网研判获得信息组成岳阳地区涉烟行为"高危库"，并按照湖南省烟草专卖局制定的"本地违法大户、被大户控制的小户、与区域外违法大户关联的本地零售户等"的分类标准建立岳阳违法零售户重点监管"黑灰黄"名单。通过将疑似线索与"高危库"和"黑灰黄"名单进行数据碰撞比对，确定情报可靠程度，明确目标指向。其次，将研判分析后的线索形成调查任务，根据具体目标及区域范围并按照结构层级下发给具体的执行对象（如支队、大队、中队、稽查员等）开展调查核实工作。再次，执行对象根据任务指引进行现场调查和案件侦查，并通过移动平台实时反馈查处情况，上级层级可及时调取、掌握具体情况。最后，根据现场反馈的信息，通过智能化手段按照案件信息、违法行为、违法主体、卷烟性质等内容进行统计分析，并将分析结果添加进涉烟行为"高危库"和重点监管"黑灰黄"名单，使"高危库"和"黑灰黄"名单实现自我更新，为后续的线索研判和监管提供支持。

2. 搭建横纵双向协同机制，提升协同管理效率

（1）设置支队—大队—中队—稽查员的数据层级结构。根据互联网涉烟大数据研判或人网提供的线索信息，由研判中心根据准确程度、地域范围、价值大小等进行分派，线索按层级架构进行纵向流转。线索查缉结束后，结果自动回传反馈至上级层级，从而形成包括数据采集协同、管理协同、任务协同的纵向协同机制，提高任务流转的及时性和指向性。

（2）支队统筹协调，打通大队、中队间横向共享体系。研判中心可对稽查人员调查监管的信息进行统计分析，支队依据各大队或中队反馈信息进行数据关联及任务派发，并可根据实际情况与其他大队或中队共享监管的信息，也可向指定大队或中队传递数据信息，进而实现数据共享、线索共享、串并案协作等。

（三）搭建工作平台，补齐涉烟监管基础工作短板

涉烟监管既包括前期线索的研判、分析和派发，也包括后期线索的调查、核实与案件的查缉。线索在通过稽查人员调查核实之后，稽查人员往往需要将涉案物品、涉案人员等带回办公场所才能进行后续的调查工作。但《中华人民共和国烟草专卖法》《烟草专卖行政处罚程序规定》等法律法规对检查勘验笔录的制作、物证提取等都有明确规定，若将涉案物品、人员带回再进行调查不仅会延长调查侦办时间、降低工作效率，更存在法律风险。岳阳烟草从市场监督、公安等部门移动执法终端中获取灵感，通过结合涉烟监管过程中前期的互联网涉烟情报信息的智能研判，打造具有自身特色的移动工作平台，缩短一线稽查人员查缉时间，提高工作效率。

（1）web端后台管理部分负责基础数据采集、基础功能维护、管理统计分析功能。具体分为如下四个方面：一是用户组织管理。平台按照职能对层级进行划分，包含三层的组织结构和四类用户群体（支队、大队、中队和一线稽查员用户）。二是任务管理。任务分为三种类型，即零售户任务、寄递任务、无证户任务，用户可添加、修改、删除、处理任务。三是数据维护。系统提供了人员信息和卷烟信息两类数据的维护功能，用户可手动添加、修改、删除人员和卷烟信息。四是管理统计分析功能。系统可对任务查获情况和涉案人员、站点信息等数据进行统计和汇总分析，包括任务状态统计、涉烟数据月报、涉烟数据年报、单位统计、涉烟人员统计、涉烟站点统计、涉烟站点分析、汇总分析。

（2）App端应用主要服务于基层一线稽查人员，主要日常业务应用场景均在App端操作和实现。在App端一线稽查人员可通过App接收任务并根据现场侦办情况及具体案情及时进行信息的录入，形成相应的法律文书，从而最大限度地节约工作时间、提高工作效率并避免法律风险产生，体现了大数据智能应用的价值。

（四）完善制度要求，构建全方位保障体系

1. 细化设备管理要求

将互联网涉烟大数据智能研判与监管相关设备的管理要求按照使用环境、维修保养、使用人员等方面逐一细化分解，明确设备使用方式方法，并对设备的检查工作作出具体要求，实现设备管理职责与使用精细化，确保平台设备得到正确、高效的使用。

（1）注重设备使用环境。设备使用要远离热源和强磁场，避免高温影响或磁场扰乱设备的正常使用，同时要保证环境的清洁，减少灰尘对设备产生的影响。

（2）做好日常维护保养。本着"谁使用、谁维护"的原则，定期对平台设备开展日常维修保养，并建立设备维保台账，及时、准确地记录维保时间和内容、故障情况、解决方式、处理结果等信息。

（3）明确人员职责。设备统属企业固定资产，其中移动端设备按照"谁使用、谁负责"的原则，使用人员必须按要求、按流程使用设备；后台设备设置专人负责，监督、检查后台设备的使用情况。造成损坏的，追究相应人员责任。

2. 明确安全保障责任

"互联网涉烟大数据智能研判与监管"项目的工作场所进入及使用实行严格准许制，并明确相关人员的安全管理责任，提高相关人员对设备、数据安全保障的积极性和主动性，确保平台及相关信息的安全。

（1）严格实行准入制度。规定部门主要负责人为第一责任人，未经部门主要负责人批准，无关人员不得进入项目工作场所；经批准同意进入的人员需按要求进行登记。

(2) 严格限制后台操作人员范围。除规定的研判人员，其余人员一律不得进行后台操作，如确有需要后台进行辅助的，经负责人批准，可由研判人员代为操作。

(3) 明确安全管理责任。部门主要负责人为第一责任人，负全面安全管理责任。研判人员对场所内硬件设备、软件设施、信息数据等的安全负直接责任，研判人员要按规定实施操作、定期开展安全检查并及时处理安全隐患。如因疏忽或人为因素出现安全事故，将根据情节轻重追究相关责任人员的事故责任。

3. 制定工作保密准则

(1) 工作人员保密原则。一是不得接插外来设备，严防网络病毒攻击。二是不得以任何方式讨论、传播涉密信息，严防信息泄露。三是不得窥探、过问与本人职责无关的情报信息。

(2) 涉密信息及文件管理。一是涉密信息及文件必须由专用设备储存或存放，并由专人管理，不得私自转移、存放和销毁涉密信息与文件，确因需要外带的，需经主要负责人批准并严格做好安全保密措施。二是定期更换安全密码，不得将密码泄露给其他人员。三是定期对信息进行备份保存工作，避免因故障导致信息的遗失或损坏，影响正常工作。

(3) 涉密设备使用及管理。一是指定专人使用，严格遵照使用要求进行操作。二是只能安装公用或办公专用程序与软件，不得安装与工作无关的其他程序软件。三是定期对设备进行查杀毒工作，定期进行杀毒软件升级。

4. 强化人员供给保障

一是配齐专业人员。选择政治素养高、业务能力强、专业技能突出的人员负责"互联网大数据智能研判与监管"项目，并按照岗位 AB 岗的要求适当开展岗位轮换和培训，提高人员岗位适应性。

二是组织安全培训。组织开展安全保障、设备管理、保密工作等方面的培训，强化人员的安全意识、责任意识、保密意识。

三是加强人员安全保障。做好后勤、服务、保障措施，尤其注意一线人员疫情防护工作，确保人员人身安全、财产安全。

三、地市级烟草企业互联网涉烟大数据智能研判与监管的实施效果

(一) 社会效益日益突出

自项目成立以来，岳阳烟草成功破获岳阳本地涉烟网络案件45起，协助省内外兄弟单位侦破涉烟网络案件37起，并建立涉烟违法行为相关人员"黑灰黄"名单3540个，协助行业内兄弟单位、行业外单位筛选案件线索、分析案件情报127次，大大提高了对涉烟违法行为，尤其是互联网涉烟违法行为的监管力度。通过对涉烟违法行为的精准监管和有效打击，辖区零售户卷烟毛利率逐年提升，卷烟盈利效益明显。同时，带动了零售户合法经营、规范经营，2022年1—8月，岳阳烟草通过12345、12313等热线电话收到消费者关于假烟投诉举报50余起，但经专卖人员现场调查核实后均未发现假冒卷烟。零售户、消费者满意度均达到较高水平，2022年上半年，在全省零售户满意度调查中，岳阳地区得分95.94分，全省排名第五，在所有关于假冒卷烟投诉单中，消费者的回访结果均为"满意"。2022年3月，岳阳烟草联合岳阳邮管部门对涉嫌邮寄非法卷烟的京东某快递网点作出罚款10万元的行政处罚，该案系全省首例针对物流寄递企业的行政处罚案件，在全省范围内产生重大影响，对违法分子和不法物流寄递企业形成了强大震慑。

(二) 经济效益显著

通过项目的实施，岳阳烟草累计向全省推送疑似涉烟寄递线索3万余条，开包查获涉烟率超

过85%，累计查获寄递违法卷烟1492.77万支，涉案案值1760.31万元，节省举报费用700余万元。同时，查获一批重大涉烟违法案件，挽回了国家的经济损失。仅"2020.06.15生产销售假冒伪劣产品案"，岳阳烟草联合岳阳公安就捣毁一个假烟生产打码包装窝点、一个囤放假烟仓库和一个生产加工窝点，逮捕8人，确认涉案金额累计1000余万元，避免近600万元的财政税收损失，被公安部、国家烟草专卖局贺信表彰。

（三）管理水平提高明显

通过"互联网涉烟大数据智能研判与监管"项目，岳阳烟草形成了线上分析—线下查处—结果反馈—线上分析的闭环且数据不断自我更新的查办模式，在互联网涉烟违法行为监管水平上的改善效果明显。一是优化了现场办案流程，提升了工作效率。以往专卖执法人员在查获案件后往往需要将当事人、涉案物品带回办公地点再开展后续调查、制作法律文书或进行抽样检测等工作，平均办理周期为3至5天。"互联网涉烟大数据智能研判与监管"项目优化了执法人员现场执法办案的流程，让执法人员能够在现场根据实际查获情况开展取证调查和制作法律文书工作，将办理周期缩短至1至2天，大大提高了工作效率，规范了执法行为和执法流程。二是丰富了涉烟线索的研判手段，提高了线索研判准确度。过去，岳阳烟草的涉烟情报线索主要来源于举报投诉、市场检查、上级交办、其他部门转交等，在获取线索之后往往需要花费大量时间和人力，利用暗访、蹲点等方式核实线索的准确性和真实性，而且由于违法分子反侦察手段日益增强，对涉烟信息的核实也更加困难。通过本项目的实施，岳阳烟草突破传统涉烟线索来源的局限性，利用互联网大数据技术，制作了本地涉烟行为"高危库"，在比对历史数据后，可以准确判断涉烟情报信息的真实程度，快速确定目标对象。三是提高了涉烟行为监管的针对性和有效性。岳阳烟草通过"互联网涉烟大数据智能研判与监管"项目的实施，弥补了自身对于互联网涉烟信息研判和监管的漏洞，尤其是弥补了对于物流寄递环节涉烟监管的不足。2021年及2022年上半年，全市共查获物流寄递环节涉烟案件483起，查获卷烟383.34万支，涉案金额792.91万元。

（四）示范领跑作用凸显

2021年，岳阳烟草"互联网涉烟大数据智能研判与监管"项目获得"湖南省烟草专卖局（公司）科学进步三等奖"，并取得国家专利证书。湖南省烟草专卖局（公司）将岳阳烟草的"互联网涉烟大数据智能研判与监管"项目在全省行业进行推广，株洲、益阳等单位使用之后取得良好的效果，并反馈了使用情况。岳阳烟草先后接待国家烟草专卖局、湖南省烟草专卖局、湖北省烟草专卖局、江西九江市烟草专卖局、江苏南通市烟草专卖局等上级单位、行业内兄弟单位及湖南省市场监督管理局、湖南省邮政管理局、岳阳市公安局、湖北省咸宁公安局等其他单位前来参观、交流、学习。在2021年全省烟草系统企业管理会上，岳阳烟草向参会的湖南省烟草局及各市州烟草局相关领导介绍项目情况及取得的成果，得到省局领导和各市州兄弟单位的高度认可。在2022年全省打击涉烟违法犯罪活动工作推进会上，岳阳烟草利用"互联网涉烟大数据智能研判与监管"侦办的"2020.06.15生产销售假冒伪劣产品案"被省公安厅、省烟草专卖局确定为典型案例，并入选"全省打击涉烟违法犯罪典型案例集"，向全省兄弟单位介绍工作经验，充分发挥了"互联网涉烟大数据智能研判与监管"项目的示范效应。

主 创 人：潘新安、毛岳胜
参与创造人：潘剑雄、李志勇、李　煜、易贤荣、刘海恩、余　鹏、
　　　　　　王　霄、金若尘

大型建筑企业基于"安施达"平台的安全管理创新

中湘智能建造有限公司

摘要： 中湘智能建造有限公司以《中华人民共和国安全生产法》和《湖南省安全生产管理条例》为指导，通过建立元数据标准、构建主数据管理平台等方式完成"安施达"安全生产管理平台的构建。推出一系列安全管理创新措施：自动生成安全生产管理项和全面的安全控制点，自动归集安全动态和安全日志，自动建立完善的风险分级管控与隐患排查治理双重预防机制，推进施工现场的全员安全生产责任制，构建标准化、规范化的管理模式。提高项目精细管理水平，扩大项目安全管理效益，增强企业精确管理能力，提升企业经济效益。

企业简介

中湘智能建造有限公司（以下简称中湘智建）的前身是湖南建投集团BIM中心，2021年由湖南建投集团的职能部门转制为科技型企业，是湖南建投集团面向智能建造和新型建筑工业化协同发展的改革成果。以行业顶级专家为科研带头人，以建筑师、建造师等土建专业人才为骨干，构筑起一支以信息技术为支撑、包含一大批中青年科技人才在内的优秀人才队伍。中湘智建以推进行业技术进步、引领建筑业产业革新为己任，面向全国的建设事业，以建筑业为主要研究对象，业务工作涵盖建筑地基基础及岩土工程、建筑软件与智能建造技术开发、建筑产业互联网、建筑设计与工程顾问咨询、模块化与集成化建筑等领域。目前，中湘智建下辖易匠通（韶山）信息科技有限公司、湖南省智慧建造工程研究中心有限公司、湖南建投岩土科技有限公司、金鳞甲模块化建筑制造有限公司等一批科技产业化公司，年科技产业规模达到2亿元以上。

一、大型建筑企业基于"安施达"平台的安全管理创新的实施背景

（一）是顺应国家新时代高水平项目安全管理能力建设的需要

加强项目安全管理能力是新时代国家高质量发展的需要。在项目具体实施的各个阶段中，充斥着威胁生产人员安全、严重影响工程项目进度和安全的风险项目。为了保护施工生产人员生命财产安全，保证项目生产资源不被浪费，保障项目顺利进行，企业迫切需要提升项目安全管理能力。这有利于更好地认清发展阶段、找准发展定位、创新推进模式，更好更快地推进国家高质量发展。

同时，国家也越来越重视信息化在新发展格局中的作用。互联网、物联网、人工智能、云计算等新一代信息技术井喷式的突破发展，给建筑业带来了无限可能，如工地环境监测、特种设备运行监测、人脸识别打卡、安全帽识别等。因此，结合工程项目人、机、料、法、环关键要素，融合信息技术，构建智能化的安全生产管理模式势在必行。

（二）是提高行业安全管理人员水平，规范安全生产管理行为的需要

长期以来，国家施工项目管理一直更多地采用传统粗放的方式对项目安全问题进行管理，不

仅效率低下，而且资源浪费大、时间成本高，资料收集、管理难度较大。同时在传统的项目管理模式中，总是存在着安全管理人员水平参差不齐、安全管理文件宣贯不到位、项目管理结果难以把控的问题。

随着工程建设规模不断扩大、进度不断加快，如何保证工程施工质量，确保施工人员安全，提高工程建设效率，降低工程建设成本，直接关系着工程建设领域的发展命脉。因此，提升管理人员的管理水平、协调能力，强化关键岗位人员对危险源的识别、检查、处置和反馈能力，形成闭环管理，加强建筑劳务工人职业技能培养、诚信考评、规范作业管理，显得尤为重要。

（三）是迎合企业高速发展，增强自身核心竞争力的需要

在"互联网+大数据"时代，一个共识已经形成：在精益管理的理念下，充分开展互联网技术与大数据的开发利用是大型建筑企业提升信息化系统管理效率，乃至企业核心竞争力的主要途径。面对大型建筑企业普遍多层级的企业结构、众多的内外关联方、庞大的业务信息量以及错综复杂的信息源，依靠传统的信息记录介质、落后的信息采集方式以及"孤立"的信息系统，远远不能满足提升工程项目层和企业层管理效率的需求。

随着信息化、数字化时代的到来，数据成为企业最关键的资产。企业产生的数据量惊人，数据治理成为管理的核心。管理变革对企业内部可以提高效率，对外可以提升客户体验。提高效率就意味着降低成本，可以使企业在当前激烈的竞争中处于有利的地位。

二、大型建筑企业基于"安施达"平台的安全管理创新的主要做法

"安施达"安全生产管理平台是基于湖南省住建部编发的《质量安全手册》以及湖南建投集团《安全生产管理体系》研发的，针对施工企业的项目安全生产综合性管理平台。平台旨在通过信息化手段融合"六体系、三机制、一规程"要求，建立覆盖企业、分子公司、项目三个层级的安全生产管理体系，落实各级安全生产管理主体责任，全面提升安全生产管理信息化水平，以系统化的方法和思维，打造满足不同安全生产管理场景需求的组件化平台工具，为企业、分子公司、项目提供高效、智能的数字化管理解决方案。

（一）落实企业各层级安全生产责任，构建安全生产管理体系

中湘智建利用互联网技术搭建企业级管理平台，通过企业大屏掌握所有在建项目的安全隐患分布，了解安全事故多发时段，预知安全隐患风险事项，完善安全风险分级管控和隐患排查治理双重预防机制，在企业层面为项目进行保驾护航。同时企业也可通过导航栏访问项目级安全管控界面，对具体项目的安全管理行为进行有效监督和指引，真正做到精细化安全管理。

项目层面的安全管理需要做到的是落到实处，项目经理部承担安全生产主体责任，成立由项目经理担任组长的安全生产领导小组，全面负责并领导本项目的安全生产工作。项目管理人员根据项目特点，对各大危险项目尤其是具有严重影响安全生产和作业人员生命健康安全的项目做出应对。这其中包括构建项目安全管理体系，针对不同分部分项编制专门的安全生产施工方案。"安施达"安全生产管理平台根据相关规定和劳务实名制等技术，通过智能设置项目安全管理体系保障责任安排到位，通过追踪安全员移动轨迹保证责任履行到位。

（二）依托"安施达"平台实现安全生产协同管理

通过建立功能完善的安全管理系统，为现场开展安全管理工作提供基础平台，为对接上级主管部门信息化系统提供标准端口，确保数据无缝对接。

日常隐患排查管理：企业风险分级管控；企业隐患排查；企业重大隐患排查情况实时报送；监督管理；企业"双防"落实综合评价、各级职能部门监督履职评价；安全教育在线培训。

专项调度管理；项目信息管理；专项内容定制与推送；线上审查；差异监管考评初审；考评终审、申诉；督办调度；通知简报；视频监控；环境监测；关键岗位人员考勤；工程导航。

项目概况一张图：基于GIS+AI的电子沙盘，实现项目信息的动态、可修改、可交互，实现项目现场工作场景的实时数据监控，实时查看各项参数；通过摄像头内置AI算法，实时发现违规行为；通过颜色标识查看各道工序的完成情况；打造大数据指挥调度驾驶舱，基于汇报场景进行可视化数字化展示，根据不同管理者的差异化管理诉求灵活设置多种主题，将相关业务数据指标纳入大屏展示，同时显示屏可服务于整个业务管理，能输出展示不同维度的数据模型。

实况在线：通过集成固定摄像头、无人机、执法记录仪等多种影像采集设备，可以实现针对基建工程固定厂站、流动作业面、跨沟跨河等危险作业面的全天候、无死角实时监控，也可通过手机端进行实时监控，高度还原现场施工场景。

1. 自动生成的安全生产管理项

"安施达"安全生产管理平台将施工标准规范中的隐形数据加以梳理归纳，构建了一套建筑行业施工标准规范数据库，将经验数据转换为知识算法，自动生成安全生产管理项，预防因人的失误而造成安全问题疏漏，极大地提升了安全工作准确度，更有效地保障了项目的安全推进。

2. 全面的安全控制点

"安施达"安全生产管理平台吸收湖南建投集团从事建筑行业所累积的安全管控经验，将安全生产管理总结划分为6个关键事项和270余项关键控制点，并为项目管理人员提供了简洁、快捷的控制点设置和查询方式，相较于传统的阅读资料方式，大大提升了安全管理效率。

3. 可拓展的知识库

使用者可以自由查询数据库信息，根据自身企业管理规范自定义配置管理后台。不同的项目其施工场所地理条件、各地安全管理文件以及施工项目特点均有所不同，而同一施工项目在不同阶段所管控的危险源清单也有所不同。基于此，"安施达"安全生产管理平台给予项目管理人员更改和拓展当前控制任务的权限。项目管理人员可以通过改变项目来适配当前项目需求，也可增加项目发挥自身项目管理的主观能动性，从而实现管理的灵活化、智能化。

4. 自动归集的动态和安全日志

"安施达"安全生产管理平台可以根据气象、巡检、违章作业、方案、交底等管理数据，自动归集生成每日安全记录，从而避免了繁琐的安全日志填报。同时，由于所生成的安全生产记录会储存到后端的数据库当中，并根据时间对安全行为记录进行排列，这也避免了由于人员疏忽或是纸质资料损毁造成的安全责任无迹可查、无责可追的风险。

5. 建立健全双重预防机制

"安施达"安全生产管理平台从人的不安全行为、物的不安全状态、环境的不安全隐患，对施工现场危险源进行归纳，以LECD法和LSR法对风险等级进行动态与静态分析，结合项目施工实际情况，自动生成隐患排查清单与排查计划，并通过施工区域设置、风险责任人设置落实风险责任，生成日常安全员巡查、施工员检查、技术负责人核查、项目负责人定期带队排查等任务，通过完成相关任务进行风险分级管控与隐患排查治理双重预防机制的完善。

6. 多样的数据获取方式

"安施达"安全生产管理平台搭配手机端和大屏端，手机端以微信小程序的方式存在，其轻量化、便捷性、易用性的特点使其可以覆盖公司绝大多数项目，项目管理者只需使用微信小程序简单设置后，便能获得自己每日所关心的关键数据。而大屏端则以其可视化、条理化、指标化的特点将关键考核数据实时呈现出来,给予管理者更加清晰直观的认识,便于管理者掌握最新信息,作出正确的决策。

(三)利用互联网思维,实现安全管理新模式

"安施达"安全生产管理平台按照"信息技术+工程技术+创新管理+专业服务"的基本思路,面向工程建设项目工地,构建目标明确、职责清晰、纵向到底、横向到边的安全隐患排查体系,由过去运动式、粗放型、片面化的检查、抽查转向依托"互联网+大数据"的精细化、全覆盖、不间断排查,实现企业安全风险自辨自控、隐患自查自纠,安全管理智能部门依据大数据实施针对性考核、差异化监管,充分调动企业各级各类人员的积极性,发挥好各级各类人员的作用,有利于探索工程建设安全预控管理的新模式,最终为破解工程建设安全管理难题,加快构建工程建设安全管理体系(安全管理体系主要包括风险管理、人员不安全行为管理与控制、组织保障管理、安全文化、安全管理评价和安全管理信息系统,其中最为核心的风险管理包括危险源辨识、风险评估、提取管理对象、制定管理标准与措施、风险预控、危险源监测、风险预警、风险控制),提供技术支撑和创新保障。

(四)收集多源数据,实现多源异构数据的集成和分发

在"安施达"安全生产管理平台的数据管理中,针对数据规范化问题,平台通过筛选关键指标数据,实现不同结构的数据之间的数据信息资源、硬件设备资源的合并和共享,以分散的局部的数据为基础,通过各种工具和处理逻辑建立全局的统一的数据和视图,同时引入主数据管理,通过主数据总线,将各异构数据源进行集成,再将主数据传输至数据交换中间件,最后由数据交换中间件将集成后的具有统一标准、格式的数据分发到各异构模块。该全局模式下的数据源可适用于各大管理平台工具,为打破各模块之间数据壁垒提供数据基础。

(五)结合关键指标,构建项目安全评分体系

1. 指标数据凝练,考核结果直观

"安施达"安全生产管理平台依托劳务实名制、环境监测、塔吊升降机监测、视频监控和智能安全帽等物联网设备来收集施工作业中产生的动态资料,并集中处理。以模型为核心,从海量数据中自动分析和萃取有用信息,联通散布各地的大小项目,消除因地理分布、业务隔阂而产生的"组织墙"以及信息不对称,确保项目与企业双向信息交流的即时准确,为集团统筹决策提供精确的数据支撑。实现公司和项目现场的信息共享、管理联动,建立跨业务、跨层级的指挥系统,实现技术、知识、信息共享,实现项目施工管理指标量化与智能比对,提高沟通效率和管理效益。

2. 爆灯预警反馈,执行落实到位

通过算法将施工安全管理的主要因素(如安全行为、资料管理等)进行量化,并根据公司管理层需求建立衡量规则。在实际生产中,平台根据项目一线人员上传的实际数据进行计算、判别,自动生成即时、量化的施工管理指数,指标化反映工程进展,以便管理者开展更为有据可依、有的放矢的管理决策工作。平台可对施工管理指数进行自动化计算和智能比对,通过设置指标警戒阈值,对于不达标情况进行全平台"爆灯"公示,并推送至相关管理者,以及时采取纠偏措施,提高管理者对于项目的整体把控能力。

(六)监管分离,改变监管导向,回归督查本位

通过出台企业安全管理规定、考评实施细则、履职评价标准,多场次、多层级的交底宣贯等手段,统一"开工即有风险"的科学认知、"现场自查自报是隐患、企业抽查发现是事故"的安全管理导向,打消现场施工方顾虑,使现场主动"晒问题"。

职能管理部门工作重心由检查现场风险隐患向检查项目现场安全履职情况转移，不受项目地域范围限制，职能管理部门可以通过量化履职指标远程实时掌控现场履职状态，依据履职评价模型实现每月动态排名，启动"红橙黄"监督管理机制。

三、大型建筑企业基于"安施达"平台的安全管理创新的实施效果

（一）提高项目精细管理水平，扩大项目安全管理效益

通过多家公司不同类别的项目试点，从目前的情况来看，该平台的使用大大提高了项目精细化管理水平。

一是减少了人工成本，提高了工效。比如将平台记录的实际人员出勤率情况，与施工组织计划中约定的劳动力进行对比，可形成项目人工成本占比数据资料；在项目管理过程中，所有项目现场的管理人员都可通过平台移动端对工地的质量安全情况进行反馈，及时解决问题，提高整体效率。通过对象山国际项目的阶段性统计分析得出，节约劳动使用率5%，功效提高10%。

二是减少了管理环节，管理流程更清晰。能够快捷实现项目—企业端的连续管理和资料规整，便于集中查阅、管理和过程跟踪。对安全管理资料集成，可实时跟踪项目安全状况。对比安全生产管理信息，可及时发现施工生产中的异常状态。另外，项目一线的生产者可以通过平台制作相关文件及报表，公司相关管理人员利用平台直接审核，可缩短审核周期，并通过平台实现管理的数字化留痕，形成更为完善、有效的责任追溯机制。

（二）增强企业精确管理能力，提升企业经济效益

中湘智建自建立之初就以推广新兴技术，优化管理，解决建筑业发展带来的各类管理难题为目标，以追求施工项目管理的信息化、数字化、移动化、精细化来助推建筑业高质量发展。"安施达"安全生产管理平台已经上线"互联网+智慧工地"平台，成为6大基础模块之一，已在134处项目中进行部署，涉及房建、道路、隧道、机场等不同类型工程，如黄花机场T3航站楼、建工象山国际等项目，累计排查危险隐患1200余项，大大提升建筑工地的安全，为施工建设保驾护航。

（三）引领社会数字管理潮流，构建智能建造新模式

打造"安施达"安全生产管理平台，是安全管理在数字化转型路上的一次探索，是提升工程建设主业的数字化水平的必由之路。将5G、物联网、大数据等数字技术与工程建设深度融合，构建大数据创新平台，实现从项目规划、勘察设计、建筑施工到运维管理全生命周期的数字化转型，全面提升建筑智能化水平，向智能化安全管理模式演进。

实现建筑产业模式的根本性转化，使传统的产业模式逐渐转换为以信息为主体的现代化产业模式，生产效率也将大大提高，产业结构得到优化，将先进的信息技术嵌入施工过程中形成完整的智能系统，从而实现建设全过程的智慧化。

（四）规范项目安全生产行为，营造绿色生态氛围

从项目生产层面来说，"安施达"安全生产管理平台囊括对噪音、扬尘控制和其他促进绿色节能的安全行为管理要求。这样既保护了环境，又避免了因扰民投诉而停工整改造成的人工窝工、设备停滞等方面的经济损失。经过对起重设备的监测、声光报警等，避免了群塔碰撞而产生的人员伤亡与经济损失；经过人货电梯的智能优化，实行就近原则呼叫，避免远程电梯的运输带来时间的浪费及运行用电费用的增加。

从公司层面来说，可以改变信息创建过程和信息管理与共享过程，使不同信息化组件平台所产生的数据得以互用和共享，增加信息传播速率，减少资源浪费。提升企业管理水平和效益。运用塔吊、升降机监测模块全程记录塔吊及人货电梯等设备的使用情况，并对数据实行自动采集，

形成数据库。管理人员通过统计分析已采集的塔吊使用频次、吊装重量及人货电梯运行频次等数据，明确塔吊、人货电梯使用停滞时间及高低峰情况，优化机械设备使用方案，提升设备使用效率，避免资源浪费。

主　创　人：石　拓
参与创造人：易绍兴、聂　雷、朱建雄、罗　吕、余子洋、曾　珣、莫伟明、陈　戈、周　建、姚金雄

军工制造型企业信创产业高质量发展管理体系的构建

湖南航天经济发展有限公司

摘要： 目前，我国基础通信网络设施、党政军机关和关系国计民生命脉的重点领域等重要信息系统大多基于国外的关键基础软硬件，被入侵、被渗透、被控制的安全风险严峻，国家安全受到严重威胁。因此，为加快推进信息系统关键软硬件国产化替代、努力把我国建设成为网络强国，湖南航天经济发展有限公司积极履行军工央企使命与担当，将信创产业（即信息技术应用与创新产业，旨在实现信息技术领域的自主可控，保障国家信息安全，提升产业链自主可控能力，降低对外环境依赖）列为"十四五"期间的重点支柱产业，构建军工制造型企业信创产业高质量发展管理体系。军工制造型企业信创产业高质量发展管理体系的构建，主要是通过"同属地政府深度绑定，以产能换市场"，构建"两上两下，'渠道—网络—终端'的营销体系"，探索出"'民转军，军促民'的JMRH发展路径"，实现"'贸工技→技工贸'的转型升级"，从而提升公司发展质量，确保属地机关网络安全，实现党政军机关及重点行业领域信息系统关键软硬件国产化替代。

企业简介

湖南航天经济发展有限公司（以下简称航发公司或公司），是湖南航天管理局（以下简称湖南航天）下属全资子公司，中国航天科工集团有限公司（以下简称集团公司）在湘三级机构。航发公司始建于1993年，主要从事国产计算机及外设产品、服务器研发制造，高性能控制类集成电路设计及测试，智能装备研发制造，信息技术服务。2021年，营业收入2.65亿元，资产总额1.35亿元，职工194人。具有完善的质量、环境、职业健康安全管理体系，军工二级保密资格，涉密信息系统集成资质，是湖南省信息技术装备研制骨干企业。

一、军工制造型企业信创产业高质量发展管理体系构建的实施背景

（一）是建设网络安全强国的迫切需求

信创产业是国家的战略产业，也是当今形势下国内经济发展的新动能。党的十八大以来，习近平总书记深刻把握信息化发展大势，高度关注网络安全挑战，多次在不同场合就网络安全发表重要论述，把我党对网络安全的认识提升到新的高度。因此，从国际国内大势出发，总体布局，统筹各方，创新发展，加快推进信息系统关键软硬件国产化替代、努力把我国建设成为网络强国的需求十分迫切，目标也十分坚定。

（二）是推动属地战略落地的必要途径

2021年11月，湖南省第十二次党代会将"三高四新"战略明确为湖南未来发展战略。"三高四新"战略定位赋予了以信创产业为代表的战略性新兴产业新的发展使命，通过完善创新体系，突破战略性新兴产业发展的关键核心技术，为打造具有核心竞争力的科技创新高地夯实支撑；通

过体制机制改革,积极释放新业态新模式新活力,推进全方位多元化的创新合作,为打造内陆地区改革开放高地提供湖南范式。航发公司作为军工央企,将信创产业确定为公司经营发展的主业,从引进技术体系、强化产业基础、加强保障能力等方面着手,促进信创产业在本地落地生根,带动传统IT信息产业转型,构建区域级产业聚集集群,有力推动湖南省战略性新兴产业发展,推动"三个高地"的打造,推动"四新"使命的践行。

（三）是助力公司转型升级的有效推手

随着国家政策和集团公司战略的调整,航发公司原主业房产开发、建筑业务剥离,现有后勤保障、医疗器械销售等业务受内外部因素影响,竞争压力大,创新发展空间小,规模难以支撑公司运行,通过拓展新产业实现公司高质量发展迫在眉睫。2020年初,公司开始在信创领域探索。在集团公司产业协同政策指导下,6月,湖南航天同二院706所达成合作意向,由航发公司负责信创产品"天玥""天熠"系列计算机在湖南省的生产线建设及周边市场推广,航发公司进入信创市场。通过近两年的运营,"天熠"系列计算机湖南省市场占有率达20%（2021年8月开始市场营销）；公司逐步建立自有研发团队,开展高端MCU（微处理器）芯片设计研发及"天得"系列自有品牌信创计算机外设产品研制。目前,公司基本实现创新型高新技术企业的建设目标。

二、军工制造型企业信创产业高质量发展管理体系构建的主要做法

军工制造型企业信创产业高质量发展管理体系构建的主要内涵为：以产业发展规律为遵循,以重大发展需求为牵引,着力加强产业链协同,着力推进产业结构优化,着力培优育强创新能力,着力营造良好生态,着力壮大新业态新模式,着力构建"创效→反哺→产业→创效→探索"的做大做强做优良性产业化发展路径,建成世界一流的信息技术装备公司。即以信创计算机及周边产品产销为契机,获得原始积累,满足公司当下生存需求,实现"创效"。开展自有品牌产品研制,获得新产品,创造新的增长点；引进行业高端人才,组建自有研发团队,开展高端产品设计研发,实现关键领域重要信息系统国产化替代,构建完整的信创产业链,建成战略性新兴产业创新发展的示范企业。面向"网络化、智能化、融合化"发展趋势,加快关键核心技术突破、重点领域创新,推进产业基础高级化、产业链现代化,全面实现以操作系统、芯片、数据库、应用软件等为核心的国产自主安全平台建设,催生新模式、新业态,做大做强做优企业。

（一）强化顶层设计,明确战略目标

1. 顶层设计,战略谋划确立目标

航发公司全面落实集团公司"一个目标三步走"的战略目标,分三步建成世界一流的信息技术装备公司。

第一步：到2025年,建成国内一流的信息技术装备公司,主要技术指标达到国内一流水平。

第二步：到2035年,基本建成世界一流的信息技术装备公司,部分关键技术、指标达到世界一流水平。

第三步：到21世纪中叶,全面建成世界一流的信息技术装备公司,主要技术指标达到世界一流水平。

2. 深化改革,创新创业确定主业

航发公司在"双百行动"综合改革的基础上,进一步深入推进国企改革三年行动,围绕"五突破一加强"目标任务,全面落实"两个一以贯之"。航发公司充分发挥党委"把方向、管大局、促落实"的领导作用,严格落实"第一责任人"职责,健全改革工作组织管理体系和全面深化改革工作领导小组工作机制,明确改革职责分工,定期召开专题会议,研究解决"转型升级""二

次创业"等改革发展过程中的难点、痛点、堵点。以产业发展规律为遵循,以重大发展需求为牵引,以推动企业高质量发展为目标,探索求新,综合施策,破解难题,先后同国防科技大学、西安电子科技大学、中科院、华为、长城、二院706所、天津光电等单位就信创产业发展进行深入研讨,明确了"'一核心,两产业',N条路径同步走"的信创产业发展路径。一核心,即专用控制芯片;两产业,即信创计算机、信创计算机外设产品;N条路径,即信息技术服务、智能装备研制等军民融合产业。

(二)强化央地协同,构建产业生态

1. 属地捆绑,本土建设互利共赢

2020年,在湖南省工信厅"以市场换产业"的理念指导下,公司建设完成年产10万台产能的信创产业计算机组装柔性生产线,同年投产使用。产线的投产使用,标志着公司正式成为被湖南省党政机关认可的本土信创计算机、服务器生产制造商,"天熠"品牌信创计算机正式成为被湖南省党政机关认可的本土信创计算机,公司具备开展湖南省党政机关及重点行业领域计算机国产化替代建设项目实施资质。2021年,湖南省直机关、常德市委、益阳市委、邵阳市委等党政机关计算机国产化替代工作先后完成。其中,航发公司建设完成的常德市纪委计算机国产化替代项目是第一个接入湖南省纪委数据平台的项目,成功打造了湖南省党政机关计算机国产化替代项目试点工程,推动了湖南省党政机关计算机国产化替代项目整体实施,确保了湖南省重点党政机关网络信息安全。

2. 央地协同,融合发展搭建生态

航发公司始终以湖南省"三高四新"战略定位和使命任务为牵引,不断深化央地协同,在推动湖南省战略新兴产业发展上闯新路子,在支撑建设现代化新湖南的新征程中彰显新担当。航发公司协同二院706所建设完成年产10万台产能的信创产业计算机组装生产线,同时,协同湖南航信等兄弟单位推进湖南省信创产品市场开发。2021年8月,各市州项目陆续启动,不到半年航发公司共签订销售合同5155万元,当年公司湖南省的市场占有率已达20%。其中,湖南省直机关计算机国产化替代项目由航发公司独立完成,含技术方案制定、软件集成、系统适配、安装售后等,提升了公司在软硬件适配、安装调试、售后保障等全过程的管理及实施能力和水平。

2021年初,公司董事长崔海受邀出席国家网络安全产业园区(长沙)信创产业协同适配中心(以下简称中心)启动仪式,并做精彩发言。公司同中心保持密切友好关系,积极推动中心在核心技术攻关、软硬件适配认证等方面工作。同时,公司充分利用集团公司军工央企的身份优势及湖南航天在湖南省的龙头牵引地位,积极推动同属地重点央企的密切协同,先后同湖南联通、湖南电信、湖南移动等重点集成单位达成战略合作意向,联合推动湖南省党政机关及重点行业领域计算机国产化替代建设,同时向智慧城市、智慧交通、大数据平台建设领域延伸,确保市场良性竞争,搭建属地信创产业优质新生态。

(三)强化市场推广,构建营销体系

军工制造型企业信创产业高质量发展管理体系构建始终坚持"销售为龙头"的经营理念,开展"两上两下"市场推广,构建"渠道—网络—终端"的营销体系。

1."两上"营销,拓展渠道提升地位

2020年10月15日,航发公司领导同湖南省政府领导就进一步加强航天装备、新材料、信息技术等战略合作开展座谈,并达成共识;10月16日,同湖南省委领导座谈,重点介绍了航天科工防务装备、信息技术、装备制造等产业在湖南省的发展情况,双方就航天防务装备、信息技术、装备制造等产业推动湖南省"三高四新"战略达成一致。在湖南航天层面，先后同怀化市政府、常德市政府、株洲市政府、湖南联通、湖南移动、湖南电信等政府机关及大型国有企业签署战略合作协议，推动信创、新材料等产业的合作发展。

为了进一步创造同政府客户良好的交易环境，降低交易成本，推广公司信创计算机及周边产品，航发公司积极推动入驻湖南省政府采购电子卖场（政采云平台），开展信创产品线上销售。政采云平台是为适应政府采购改革目标、破解政府采购管理难题而建立的，是政府单位小批量采购指定平台，采购种类涵盖办公用品及设备、计算机设备等各方面。公司的成功入驻实现了线上线下联动的销售模式，不断提升了信创计算机及周边产品的市场占有率，为后续产品市场开拓提供了宝贵经验。

2. "两下"营销，编制网络覆盖终端

"两下"营销方面，公司织就"中心+代理"的终端全覆盖销售网络，即在湖南省14个地级行政区设立二级营销售后服务中心，在122个县级行政区签署近500余家具备资质、能力的优质驻地代理商，充分发挥产品省内本土化价格体系优势，织就信创计算机营销网络，实现终端全覆盖，结合"两上"营销，搭建"渠道—网络—终端"营销体系。公司将逐步推进政法、金融、医疗、教育等重点行业领域国产化替代，预计"十四五"末在湖南省信创市场占有率可达80%。

（四）强化轻资微投，构建产业化模式

1. 探索创新，精准预判引人引智

在军工制造型企业信创产业高质量发展管理体系构建过程中，公司充分考虑行业实际，构建多种形式的引人育人机制。其中以项目合作制模式先后引进行业领军人才、具有多年军品研发经验、清华大学微电子博士1人，中科院自动化研究所计算机外设产品控制系统芯片研发团队1个，致力于高端MCU芯片研制，并不断推动集成电路、电子元器件等设计研发，丰富信创产业产品体系，加快信创产业化建设。该团队于2021年9月揭榜工信部计算机外接设备关键技术和产品公关任务，开展600MHz打印机主控芯片（MCU）的研制。该主控芯片主频400MHz～600MHz，以M7框架自主设计的内部架构，可实现64位RISC-V高性能处理器内核，并且支持多主多从并发传输，在国内同等档位同等性能的产品中属首创。该芯片的成功研制，将填补国内高端微控制处理器和打印机芯片的空白，实现国产替代，打破国外市场垄断。

2. 轻资微投，自我提升结构优化

在军工制造型企业信创产业高质量发展管理体系构建过程中，公司始终坚持轻资微投的总原则，坚持人员结构优化、资产结构优化、产业结构优化的总方针。在人力资源投入方面，充分发挥"关键少数""头雁"的引领作用，以"头雁"带"强雁"，以"强雁"孵"雏雁"，充分调动公司现有人力资源，减少高端技术人才费用支出。在资产结构优化方面，更加注重知识产权、品牌商标等无形资产的管理，先后获取总线矩阵端口功能可配置的微控制器及其内部数据传输方法、微控制器用直接设备互连的DMA控制器及互联控制方法、一种片内高带宽总线的片间串行桥接方法等3项发明专利；摄像头自动白平衡自适应二值化编码压缩软件等10余项软件著作权；航天"天得""天德"等4个商标品牌。在产业结构优化方面，退出不具备行业竞争力、存在潜在经营风险的业务，重组湖南航天后勤保障中心，产业结构进一步优化，"'一核心，两产业'，N条路径同步走"的产业化建设模式成功搭建。

（五）强化科技立企，构建转型模式

1. 锁定产业，技术自有打造品牌

我国基础通信网络设施、党政军机关和关系国计民生命脉重点领域的重要信息系统大多基于国外的关键基础软硬件，面临被入侵、被渗透、被控制的安全风险，国家安全受到严重威胁。特别是近两年，一方面中美贸易战过程中，中国集成电路企业接二连三受到制裁，给中国集成电路行业带来沉重打击；另一方面，新冠肺炎疫情的全球肆虐导致许多企业停工，集成电路行业受上游供应不足和下游需求下降的双重影响，增长速度放缓。根据国家半导体企业联盟公布的数据，2021年中国半导体产品总进口额超过3000亿美元，超过石油产品进口额。其中MCU类芯片进口额为136.3亿美元，主要用于物联网、消费电子、汽车电子和工业控制领域，占比分别为26%、19%、16%、12%，其他为27%。同时，高附加值的中高端（16位、32位）MCU产品进口率超过85%，进口替代市场巨大。

航发公司践行"国家利益高于一切"的军工央企核心价值观，始终坚持强军首责，精准预判，当即决策，组建信创计算机外设产品研发项目小组，致力于自有品牌信创计算机外设产品研制工作，打破国外关键技术的封锁，实现完全自主可控，构建安全可控的信息技术体系，落实网络信息领域核心技术设备攻坚战略。申请注册航天"天得"品牌，入选湖南省政府本土"两型"产品清单，获得价格竞争优势。由于客户群体与信创计算机产品基本相同，公司充分利用信创计算机销售的成熟经验，共享销售渠道及销售模式，确保党政军机关及关键重点领域的信息技术安全。

2. 科技立企，技术延伸丰富产品

在军工制造型企业信创产业高质量发展管理体系构建过程中，公司不断在技术创新、产品延伸升级上深耕细作。一方面，在研制600MHz打印机主控芯片的控制系统总体设计方案时，除考虑计算机外设产品要求，还将兼顾航天防务装备控制系统的需求，可形成工艺成熟、性能可靠、兼容性强及性价比高的平台型产品，参与集团公司内部各单位军品科研项目，进一步提升航天防务装备研制能力。另一方面，先后开展单兵便携式无人车用全自主驾驶系统、地面无人系统、增强型安全智能底盘控制器等军民用产品研制。目前，公司在研的增强型安全智能底盘控制器在长沙某单位新研制的光伏清洗无人车适配应用测试中，遥控行驶良好。该底盘控制器可用于轮式2×2、4×4、6×6底盘及履带式底盘，控制2路、4路、6路电机，集成电子差速控制，实现底盘的行驶、转向控制。在民用市场领域，可以应用于安防巡逻、医疗、工业生产的物料配送等；在军用市场领域，可以应用于后勤保障车等。单兵便携式无人车用全自主驾驶系统具备全自主无人驾驶能力，可执行定线循迹、巡逻警戒、跟人或者跟车的伴随保障，能实现远程任务接收、全局路径规划，具有自主避障、目标检测与识别、危险行为识别与智能处置等能力。适用于无人机、便携式医疗设备、小型商业机器人、智能摄像头、高分辨率传感器、自动光学检测和其他IoT嵌入式系统等高性能AI系统。公司产品系列不断丰富，转型发展模式更加清晰，产业发展路径更加明确。

三、军工制造型企业信创产业高质量发展管理体系构建的实施效果

（一）社会效益突显

1. 项目稳步推进，确保属地机关网络安全

在军工制造型企业信创产业高质量发展管理体系构建过程中，确保公司实施完成湖南省直机关、常德市委、常德市纪委、邵阳市委等党政机关计算机国产化替代项目。其中，常德市纪委计算机国产化代替项目是湖南省内第一个完成涉密计算机国产化替代并接入湖南省纪委数据平台的，加快了湖南省党政机关涉密计算机国产化替代任务的推动进程，确保了湖南省党政机关重要信息系统安全。

2. 彰显企业担当，树立信创行业典型示范

在军工制造型企业信创产业高质量发展管理体系构建过程中，航发公司充分发挥军工央企及自身资源禀赋，利用国家全力推进网络强国建设战略发展机遇，推动信创产业取得重要突破，对于传统军工制造型企业产业转型、探索高质量发展提供了借鉴和典型示范。

（二）经济效益显著

军工制造型企业信创产业高质量发展管理体系构建为公司带来了显著的经济效益，提升了公司的经营发展质量。2021年，实现营业收入26000万元，其中信创产品实现营业收入2629万元，占比约10%；2022年1—4月，公司共实现营业收入4582万元，信创产品实现营业收入3353万元，占比73%。2021年，净利润同比增长344.2%，产品毛利率提高4.78个百分点，公司经营发展质量显著提升。

（三）管理效益明显

1. 聚焦主责主业，实现航发公司转型升级

近年来，公司先后经历产业退出、吸收合并等重大政策及经营调整，产业发展方向不明确，产业发展战略不聚焦，"科技强军，航天报国"的企业使命不凸显。2020年，公司进入信创市场，开展信创产品"天玥""天熠"系列计算机在湖南省的生产线建设及周边市场的推广工作。通过近两年的运营，"天熠"系列计算机在湖南省的市场占有率达20%；建立了自有研发团队，开展高端MCU芯片设计研发，2021年底成功完成第一颗试验片流片工作；"天得"系列自有品牌信创计算机外设产品已实现小批量销售。目前，公司已基本完成创新型高新技术企业建设，实现转型升级。

2. 科技自立自强，培育信创产业研发力量

公司自有技术研发能力不断增强，在MCU芯片研发设计方面，已掌握黑白及红黑打印机的主控芯片及控制系统、高速接口芯片、电源管理芯片、锁相环、ADC模块及多款DSP数字信号处理芯片的研发能力；在信创计算机外设产品研制方面，已完全掌握两款打印机的研制技术，创新研发成果得到市场化推广，已实现技术研发自立自强。

3. 能力条件提升，提高企业综合竞争实力

航发公司具备了较完善的质量、环境、职业健康安全管理体系，具有军工二级保密资格、涉密信息系统集成资质。2022年，先后入选湖南省（暨长沙市）先进计算及信息安全产业技术创新战略联盟单位、中国电子工业标准化技术协会信息技术应用创新工作委员会会员单位，企业综合竞争力显著提高。

主　创　人：金前文、廖孟安
参与创造人：郑席强、刘根贤、陈建军、易雄威、伍菲菲、赵甜甜、吕长征

生产运营与基础管理

航空制造企业基于生产价值链效能提升的"改善周"探索与实施

中国航发南方工业有限公司

摘要： 为贯彻国家航空发动机战略发展要求和精益数字化转型实施蓝图规划，中国航发南方工业有限公司以"精益创造价值"理念为指引，按照"总体策划、分步实施，循序渐进、持续改善"的思路，运用科学管理方法和工具，推进生产制造全流程的精益转型。通过设计精益管理"改善周"实施方案、规划精益管理"改善周"推进路径、强化精益管理"改善周"保障机制及营造精益管理"改善周"长效氛围等方法，聚焦航空发动机生产制造的全流程，通过自上而下的结构化设计，在自下而上的实践中探索，全方位、全过程、全人员地开展精益改善工作，利用"改善周"方法汇集专业团队和有效工具，在短周期内不断改进生产管理中面临的突出问题和缺陷，提高产品质量和生产效率，同时激发员工的积极性，形成人人参与改善、人人以改善为荣的氛围，实现企业管理水平全面提升，产品质量和生产能力提质提效。

企业简介

中国航发南方工业有限公司（以下简称中国航发南方）成立于1951年，是国家"一五"期间156个重点建设项目之一、国家首批试点的57家企业集团之一和新中国早期六大航空企业之一，主要从事军民用航空发动机、辅助动力、燃气轮机、光机电产品的研制、生产、维修和服务。1954年8月，公司试制成功中国第一台航空发动机，毛泽东为此亲笔签署嘉勉信。此后，公司相继成功研制出我国第一枚空空导弹、第一台重型摩托车发动机、第一台地面燃气轮机、第一台涡桨发动机等产品，创造了10多个国内第一的辉煌业绩。经过70余年的发展，公司研制的活塞、涡喷、涡桨、涡轴、涡扇和辅助动力装置产品，广泛配装于各类军民用飞机、直升机、中小型发电机组等，为我国国防武器装备建设和国民经济发展作出了突出贡献。

一、航空制造企业基于生产价值链效能提升的"改善周"探索与实施的背景

（一）是落实"制造强国"战略的必然需要

新科技革命带动了全球产业链升级，为实现由"制造大国"向"制造强国"转型升级，《中国制造2025》规划明确提出了"迈向高端制造"的目标。军工行业作为我国高端制造业的领跑者，必须适应这种变化，立足制造产业现状，不断追求"高技术、高附加值、低污染和低排放"的生产制造过程。在这种情势下，必须以精益的思想对传统的生产制造全流程予以改善和提升。

（二）是实现航空发动机制造行业转型升级的内在需求

根据国家航空发动机战略发展要求，整个发动机制造行业正处于快速转型发展时期。而民用航空市场的开放，对传统的航空发动机制造行业带来了新的冲击和竞争。为提升企业应对市场变

化的竞争能力，必须不断创新思路，探索出一套适合自身特色的精益管理提升模式。通过不断提升生产效率，提高组织效率，实现资源的合理配置和协调发展，以更少的资源利用创造更多的社会价值，力求形成一个反复循环、螺旋上升的管理升级系统，从根本上提升企业精益管理水平。

（三）是迈向精益航空发动机制造企业之路的必经之路

自20世纪90年代末，中国航发南方就开始引进国内外先进的管理思想和理念，这些管理思想理念和工具方法在公司顺利生长发芽却没有达到预期目的，因为遇到了"水土不服"的情况。为了进一步推广精益思想、实施精益改善，公司必须总结、优化出一套"本土化"、可推广的精益改善模式。首先从打造精益现场入手，立足自我创新和自我改善，不断寻求新的转变和突破，促进制造生产能力向高端发展，形成精益制造的生产模式，完成向精益企业的转型升级。

（四）是完成企业科研生产任务的迫切要求

近年来，中国航发南方科研生产任务呈爆发式增长态势，航机生产总量近三年连续以30%以上的速度上涨。公司核定的生产纲领与用户需求之间存在较大的能力缺口，生产制造全流程的精益化成为迫在眉睫的任务。企业多年来实施精益改善，仅有的几个"高地"不足以带动企业的整体精益水平上新台阶。其推广和传播范围多处于管理层和部分技术及专业管理人员中，管理工具的运用在落实到基层和现场操作人员时依然与预计的存在一定的差距，基层员工对于改善和运用各种管理思想、工具既缺乏认识，又缺乏专业的指导。各级领导对于精益改善的认识、重视程度不一；员工自觉性、主动性不强；精益改善的全局性、系统性、前瞻性不足，缺乏常态意识，结合工作实际意愿不强；改善项目的水平参差不齐、评价标准不一。企业科研生产任务的完成迫切要求生产价值链的精益改善。

二、航空制造企业基于生产制造全流程的精益管理"改善周"探索与实施的主要做法

（一）顶层策划，设计精益管理"改善周"实施方案

为了实现生产制造全流程的快速精益改善，企业借鉴美国企业的"改善周"模式，利用五天的时间实施快速的突破性改善以达成改善的目标。这种关注于快速的效果的美式精益改善在精益导入的初期能快速建立样本、树立起改善的信心。结合企业多年精益改善的经验，转化成为一种有逻辑关系的系统流程和标准，形成一种更适合企业现状的改善模式。

1. 厘清精益管理"改善周"的实施目标与路径

精益管理"改善周"推行的总体思路是：从企业的生产制造全流程入手，按照"总体策划、分步实施，循序渐进、持续改善"的工作思路，开展生产中心的提质提效、流程梳理与优化、人才队伍培养、工作团队建设等基础性工作。利用生产中心的"改善周"活动所产生的"点动"效应，促进整个生产制造全流程的效能提升，最终达到企业各个相关业务层面效能全面提升并建成精益型企业的目标。

针对企业现状，区别于一般精益改善目标来自现场的常态，企业"改善周"的改善目标更多的是来自企业的生产制造任务和企业整体发展目标的分解。这样，目标的确立更具有全局性和系统性。

实施的路径：按照生产制造全流程规划，提出系统的、明确的、可量化的改善目标，并逐层分解，查找出根源性问题，利用精益工具、方法，在生产现场有计划有步骤地实施改善。

2. 建立精益管理"改善周"的团队和工作机制

（1）建立专家团队。目前，企业管理专职专家很少，大多为业务部门的主管领导或处室领导，由于忙于日常工作，很难有时间亲自指导工作。而普通员工作为专家的号召力和影响力不足以促

使相关工作落到实处。为此，企业成立了以全国劳动模范、中国共产党第十九次全国代表大会代表、精益管理专家袁健松为带头人的专家团队。"改善周"团队成员主要分为两类：一是企业专家及相关部门、单位的人员，二是改善单位的人员。这样的人员构成，一是能够充分向专家"借智"，更好地进行改善；二是便于了解上下游流程的运作及其影响；三是便于快速实施改善创意；四是便于进行流程优化，创造新标准；五是能够提升改善单位人员的相关知识和改善能力。

（2）规范三个步骤。区别于传统"改善周"第一天启动培训，第二天进行观察，第三天识别与实施改善，第四天进行验证，第五天进行持续优化和标准作业的固化模式，企业的精益"改善周"明确了三个重点步骤：一是聚焦问题，二是价值创造，三是持续改进。聚焦问题：从目标确定、目标管理、目标监控3个环节着手，针对绩效目标，关注结果，从绩效偏差入手，聚焦问题，管理绩效。价值创造：从流程分析、问题解决、措施固化三个环节着手，针对问题清单，紧盯流程，以创造价值为目的，优化流程，改进绩效。持续改进：从建立标准、推广应用、持续改进三个环节着手，针对应用实践，塑造团队，以完成目标为己任，群策群力，提升绩效。确保在一周内完成三大部分一次PDCA循环，具体的日程则由团队结合实际情况确定。

（3）完善相关机制。为确保"改善周"顺利实施并取得实效，公司建立了相应的保障机制，主要包括：

组织保障。公司设立专门团队推进相关工作，团队在总经理的统筹下组建，并要求各单位负责人高度重视，亲自参与，提供资源支持与保障。

资源保障。为确保工作的顺利实施，团队充分利用现有资源，并由公司及各单位配置一定的人力资源、硬件设施、资金费用，有力、有序、有效地推进相关工作。

反馈与激励措施。改善团队每周向总经理及业务主管领导进行一次专题报告。针对改善开展情况、改善进展情况、取得成效及下一步计划进行汇报，每周不断迭代更新，确保将改善情况及时有效地反馈给企业领导。企业对改善实施有效的单位予以奖励，对于取得显著效果的单位于年度末申请专项奖励。

（二）分步实施，规划精益管理"改善周"推进路径

1. 设计改善路径

对生产制造全流程进行全面分析，结合航空发动机制造总工艺流程，依据制造工艺特点对生产中心进行归集和分类，在加工制造环节中具有代表性、典型性及必须性的单位进行试点改善。

以"自上而下的策划，从下而上的实践"为实施路径。"改善周"的推进以生产中心为试点，深入生产现场推广先进管理思想与工具，改善生产中的各类问题。着眼流程、质量与基础管理水平提高，稳步推进改善工作，从局部和整体加快生产制造主流程效能提升。利用精益管理方法，优化生产流程及资源配置，提高生产效率，缩短生产周期，提升质量水平，降低生产成本。

同时，以生产制造全流程为突破点，拉动研发、采购、物流、营销、服务等各支撑环节的系统改善，实现企业整体的精益化管理。

2. 确立改善问题

通过对生产制造主流程的分析发现，加工制造流程因其涉及的生产中心较多，流程环节长，时间的不稳定风险性高，改善难度较大。其中涉及的各个生产中心，其加工制造特点不同，管理水平不均衡，对改善的认知和掌握的信息也是参差不齐。只有对试点单位进行点对点的再分析，查找其现状与公司生产缺口间的差距，才能发现改善单位目前最紧迫的需要改善的根源性问题。

3. 选定改善工具

精益管理工作的开展要选择合适的管理工具,特别是模块化、组合化的工具包的综合运用非常关键。通过工具的应用实践,可使公司各项工作流程化、标准化。将推进精益管理的工具分为基础层面工具包和行动层面工具包,具体指导精益管理推进人员、管理者、精益专家用于管理改进改善。将行动层面工具分为发现问题分析类工具、风险预防类工具、过程控制类工具等三个工具包。管理工具根据具体实践不断补充与完善。见表1。

表1 精益改善工具

类别		工具名称
基础层面工具		5S管理、全面生产维护(TPM)、戴明环(PDCA)、改善原则(Kaizen Principles)、设备综合效率(OEE)、零件家族化成组化、工艺结构化、T卡、X级图
行动层面工具	问题分析类工具	8D问题解决方法、故障树分析(FTA)、根因分析(RCCA)、鱼骨图、5WHY
	风险预防类工具	成功树、失效模式和影响分析(DFMEA)、过程失效模式和影响分析(PFMEA)、防错、流程管理(PM)、要素风控轮
	过程控制类工具	统计过程控制(SPC)、测量系统分析(MSA)、首件包、生产件批准程序(PPAP)、技术成熟度评价(PRI)、标准作业(SW)、kamishi板(芝纸居)

4. 实施精益改善

(1) 毛坯铸造环节

针对毛坯铸造手工操作多、工艺流程长、控制要点多、质量波动大等现状,确定改善重点。改善一是通过对工艺流程的梳理,将改进范围锁定在产生夹杂缺陷的蜡模、制壳、浇注三大主工序;二是利用鱼骨图对产生夹杂报废的可能原因进行梳理,识别出近40项与夹杂报废相关的影响因素;三是通过组织技术、质量、生产现场的资深员工、专家共同对所有因素进行头脑风暴,利用C&E因果矩阵进行分析,将可能的主要原因减少至24项,通过柏拉图进行累计排序;四是对C&E结果中夹杂缺陷影响前80%的因素做失效模式FMEA分析,从严重程度、频次、可探测度三个维度对影响因素进行分析,筛选出18项重要影响因素,通过综合评分计算得出每项因素对最终夹杂的影响程度,同时得到行动计划的优先级排序,编制瓶颈图号及工序通用标准作业指导书编制计划,并按计划完成下发至现场。最终建立操作者标准作业指导书文件体系,制定管理流程、规范,明确目的、原则、意义、工作流程、职责分工、组织运行模式等内容。细化文件编制规则,以预防为主的事前质量控制为导向设计文件形式。组织信息化技术团队对现场管理效率低下的环节进行调研,就影响效率最大的问题采用信息化的手段紧急释放管理资源。

改善后零件合格率提升1倍以上,日常监控参数数量从1项提升至5项,生产任务分工耗时从3天缩短至4小时以内。

(2) 机械加工环节

以现场管控透明化为指导思想,组合运用5S管理、可视化管理、T卡、SQCDP(安全、质量、成本、交付、人员)等多种精益管理方法、流程和工具,制定一系列针对生产现场的工作标准和流程,使生产现场可视化和现场作业规范化与标准化,能够准确、及时显现制造过程中的各类问题,并按照运营流程分级、分类得到处理和归零,使生产制造过程运营管理透明化、可视化,运营流程管控有效。结合机械加工生产的特点,通过将管理者标准作业与分层例会、管控模式相结合，搭建起生产现场快速反应机制，使各级管理员在工作中逐步改变传统的信息传递方式，从只关注结果逐步转变为关注过程、关注员工行为。做到预防管理，养成用数据说话的习惯。提升员工积极性，驱动持续改善。将机械加工环节生产中心的管理运营体系分为目标、策划、督导、改进四大部分。推行作业级 SQCDP 系统，使现场问题显性化。生产运营的绩效是企业创造价值的核心指标，所有指标的最终来源都是现场，只有通过对现场 SQCDP 指标的有效监控，才能实现对企业价值核心指标的有力管控支撑。

从 SQCDP 五个维度对整个机械加工流程进行全面、科学和通用的指标设计，对绩效实现真正的落地和实时控制。以完成年度生产任务为目标，通过统一的策划进一步平衡图号与风险后下达生产计划，制定对应的管控计划、管控方式、管控点和管控纪律，用以督导各生产线按时按量地完成生产计划，并将生产过程中产生的风险点、难点作为项目立项，进一步改进改善。让一些从企业层面不可控的环节，在现场得到有效控制，实现管理的扁平化，实现过程中的各项指标控制，不断细化生产管控，实现生产运营绩效的水平提升。

（3）装配环节

运用"奶酪理论"构建组织行为、不安全行为、不安全行为前兆、不安全行为监督等防御屏障。通过对程序文件、指导手册等的归纳，收集了 84 条质量行为要素，将要素按 SQCDP 分类为 6 张 kamishi 板，每天由专人抽取一张巡检一次。选择卡片（随机抽取，或者参照定义标注选取）。沿着标准的检查路线进行检查。依据卡上的指引进行操作（如检查一个标准的作业组合）。如果检查达标，绿色一面朝外，否则红色一面朝外。对发现的问题进行记录并尝试分析原因，拟定对策。进入问题解决流程，跟踪直至问题被解决。

制定质量风险控制点标准作业 86 份，其中 48 份防错指导卡，38 份风险预防控制表单。全面杜绝由员工不安全行为产生质量问题的可能，现场低层次问题大幅下降。通过日常质量巡检，发现和解决现场操作符合性、质量记录、工具工装、工艺资料、多余物控制、产品防护等问题 156 起，员工自我监督和改进问题 124 起。

（4）热处理环节

运用"管道理论"，将通过热处理进行加工的产品视为"水流"，将设备的最大负载量作为"管径"。从完成企业生产任务的大局出发，向定量资源要稳定，向变量资源要保险：选取典型设备近三年转工情况进行分析。预测当年可能出现产品数量波峰集中的时间段。由于热处理环节现场的操作多为集体作业，所以将关注的重点集中在关重和瓶颈设备的负载能力上，绘制了针对关重设备的"安全、预案、质量、设备、工装"等 6 大要素风控轮。通过评分，找出其重点风险因素——预案。运用项目 X 级图进一步制定预案改进的实施方案。同时，将该项目做法推广至其他设备。

（5）试车环节

结合企业年度产量，测算出"需求节拍"，通过查找需求与实际的差距，确立改进的指标。将员工能力的测算细化到市场全流程的每个工步，使员工能力具体化、数据化，通过可靠的对比分析出员工的能力短板，为员工个人能力建设提供方向，也为合理排班提供依据。通过面条图分析员工装车流程的路径，通过合并和优化，减少形迹 9 条，缩短路线共计 500 多米。对同一工序的前后左右工位的具体操作进行"削峰填谷"，大大缩短了每个工序的平均时间，将装车全流程缩短 78 分钟。

梳理试车设备维修全流程，对近三年的故障问题进行分类归纳，通过对故障表现的判断形成初步判断的"故障树"。将故障问题、解决方案、工具工装等统一起来建立"故障库",通过在流程中加入"故障描述诊断"触发"故障库",重现同类故障问题的解决方案、工具工装等,极大地减少了人员往返准备工具和判断的时间,进一步提升了设备故障修理效率。

(6) 外部供应商

运用流程对标、工具对标、工艺对标三大举措,收集整理出229份制度、规则、技术规范、质量要求等方面的资料文件,分析总结出转包与军品生产组织模式的最大区别在于新品试制过程,查找出管理借鉴的重点过程。并将从订单到产品实现的各类资料进行汇总,做好知识管理的相关工作,为其他生产环节进行借鉴提供了资料积累。借鉴转包新品试制过程的控制工具PRI,试用于典型军品焊接家族类零部件,取得了良好效果,一次交检合格率从5%提高到100%,实现准时交付率100%。该工具已推广至其他13个零部件,相关类型零部件均实现了100%满足客户需求节点要求,真正实现各典型家族零件技术标准化、质量稳定化、产出准时化,同时成本显著降低。实现了转包生产和军品生产融合的管理模式,从生产组织、技术管理、质量评价等方面实现军民无缝融合,已经建立起转包与军品零部件家族化生产,转包产品准时交付率达96%,军品产品提前1个月完成配套计划,准时配套率超过98%,总废品率为0.55%。

(三) 循序渐进,强化精益管理"改善周"保障机制

1. 建设人才队伍

2020年,公司正式下发《南方公司精益管理专业人才管理办法》,从制度层面明确了加强精益管理专业人才队伍建设,规范精益管理专业人才队伍管理,不断提升企业骨干人才的精益管理专业化水平的举措。对精益人才的选拔、培育、使用和激励实行全生命周期管理。有效发挥人才队伍作用,形成"领导主推,专家主研,全员参与"的改善氛围。一是培养精益专家团队。推进精益改善首先需要培养一批精益专家,形成师资力量。挑选部分有意愿、有激情、乐于参与实践、参加过精益管理工具培训、有一定的实践经验并取得实效的员工组成专家团队。按分工要求分阶段、分层次开展培训,同时针对改善实践进行指导、检查和评价。二是对各级领导和专干的培训。收集相关单位信息,根据单位的特点制定有针对性的培训计划。三是开展全员培训。精益改善的关键在于全员参与。为培养全员的精益意识,根据员工的岗位特性制订培训计划,对全员开展精益改善培训。

2. 确立评价标准

为促进精益管理工作的顺利推进,量化精益活动效果,引导精益推进方向,建立了精益管理活动评价标准、精益项目评价标准评价表等,使企业精益管理评价工作常态化、规范化。横向设置两级评价指标,一级指标从执行性、效益性、实践和创新性及完整性四个宏观层面进行把控,二级指标细化为目标完成情况、项目计划进度、直接效益、间接效益、推广价值和支撑材料。纵向将所运用的范围进行区分,使评价完全细化和量化。

3. 建立奖励机制

企业建立多渠道奖励机制,激发员工参与精益管理的主动性。奖励分为物质奖励与精神奖励两类。物质奖励以奖金为主,设立500万元的专项奖励基金,组织年度和季度精益管理项目评审,由专家评审后确定奖项级别,并给予一定的物质奖励;同时,企业每年对于积极推进精益的单位和个人也给予奖励。精神奖励以荣誉称号为主,并与职工晋升挂钩,具体内容在企业相关制度中体现。

(四) 持续改善,营造精益管理"改善周"长效氛围

1. 打造精益文化

把精益思想贯穿于改善活动全过程,强化员工对精益知识的理解和工具的运用。每季度组织

一次"精益大舞台"活动，交流部分优秀单位的精益管理经验及展示现场改善的效果，以达到共同进步的目的。表彰优秀个人或团队，激发员工参与精益改善活动的热情。开展"精益沙龙"活动，每年从申报的精益"改善周"项目中挑选2~3个优秀项目和1~2个精益工程师答辩优秀项目进行展示，以达到相互借鉴、相互促进、共同提高的目的。通过报纸、微信平台宣传管理思想和改善成果，将"改善周"模式和改善的思想逐步融入员工的内心，改变员工的行为习惯。

2. 形成改善氛围

通过"改善周"的实施，使现场员工认识、了解和使用管理工具，对管理改善融会贯通，感知改善精髓。以试点突破提升改善氛围，创建可复制推广的成功模式。在实施项目改进的过程中，组员们完成"看着做、跟着做、自己做"的转变，精益知识经反复实践、强化后转变为改善能力的提升。"改善周"充分调动了全员参与改善的积极性，推动形成"面向全员，立足岗位，依靠员工解决问题，依靠员工改善管理"的良好局面。

三、航空制造企业基于生产价值链效能提升的"改善周"探索与实施的效果

（一）经济效益稳步提升，生产效能持续提高

通过"改善周"的实施与改进，一方面，军品产能得到了明显提升。另一方面，通过改善，各中心能够更均衡地进行生产，强化过程质量的控制，明显缩短了产品的生产周期。履行强军首责，科研生产任务全面完成，航机生产交付再创历史新高，任务量同比增长27%，准时交付率从85%提升至95%。2021年实现营业收入78.18亿元，同比增长11.15%，创历史新高，净利润同比增长10.77%。经济总量平稳增长，经济效益稳步提升。

（二）精益生产形成常态，管理水平不断提升

"改善周"的实施助推了质量运行体系的优化。质量体系通过AS9100D及适航认证。质量现场管控能力持续强化，一次交检合格率为99.91%，不合格品审理件数同比下降50.9%。

全面完成新一代发动机的精益转型试点工作。建立了三类四层的"331"计划与能力平衡管控模式，开发流程管控平台，建设完成机匣、盘、叶轮等30个典型零件精益单元，生产周期平均缩短20%。

（三）精益思想得到普及，精益改善形成文化

精益的思想逐步融入员工的内心。各中心逐步走出原有的"借、等、靠"的改善模式，完成"看着做、跟着做、自己做"的转变，推动形成"面向全员，立足岗位，依靠员工解决问题，依靠员工改善管理"的良好局面。职工队伍整体改善意识提升，改善热情上涨，有利于推动科研生产逐步平稳运行，"价值"核心意识深入生产现场。

（四）品牌形象更加稳固，社会效益成绩斐然

企业圆满完成中国人民解放军建军90周年阅兵、中华人民共和国成立70周年阅兵、中国共产党成立100周年阅兵等重点保障任务，被阅兵联合指挥部授予"装备服务优质单位"，获评集团"国庆阅兵保障任务"先进单位，得到用户和军方的认可。连续7年入选湖南省企业100强。

主 创 人：王南海、戴琳琳
参与创造人：邓文珺、杨志利、袁健松、欧阳波、王国奇、吴昌生、
蒋绍堂、罗逸峰、何昀、谢锦

冶炼企业全过程成本精细化管理

株洲冶炼集团股份有限公司

摘要： 株洲冶炼集团股份有限公司（以下简称株冶）是中国五矿旗下有色冶炼行业的龙头企业，整体搬迁前曾面临较大困难。基于绿色转型升级和高质量发展战略，株冶借助搬迁机会推行技术革新、智能制造和机制创新，搬迁后成本控制能力大幅提升。株冶作为中国五矿"对标世界一流"的重点企业，为持续提升成本竞争力，创新实施全过程成本精细化管理。以一切成本皆可降的理念为引领，凝聚成本精细化管控的全员战略共识，构建"123"的成本精细化管控机制；运用"一底线、二空间、三对标"的方法确定成本目标；实行成本"三化"管理，力推全过程管控方法与措施落地；以挖潜、创新、升级为路径，破解全流程降本关键难题；健全多维度协同源头降本机制；通过成本考核刚性化兑现激发持续改进活力，完整构建战略驱动、目标引领、机制落地、重点突出、效果可控、持续改进的成本管理闭环系统。全员成本意识及成本精细化管理整体水平明显提高，企业效益增进显著，迈入高质量发展轨道，成为国内有色冶炼加工行业成本精细化标杆、绿色冶炼的典范，在促进冶炼加工行业实现国家"双碳"战略目标中发挥了引领作用。

企业简介

株洲冶炼集团股份有限公司位于湖南省株洲市，始建于1956年，是国家"一五"期间建设的重点企业，国家主要的锌生产基地、锌冶炼行业的标杆企业，国家第一批循环经济建设试点企业和长株潭两型社会试点企业。株冶"火炬"牌商标为国家驰名商标，"火炬"牌锌锭在伦敦金属交易所和上海期货交易所认证注册。公司多次荣获"全国用户满意企业"称号。拥有国家级工程技术研究中心、国家认可实验室、博士后科研工作站等科研机构，靠自主研发形成一批国际领先、拥有知识产权的核心技术。株冶于2004年在上交所上市，系央企中国五矿重要骨干企业，共有8个国有或国有控股子公司、1家混合所有制公司。2011年以来，随着国家有关湘江治理保护方案的实施以及株洲市清水塘被列入国家老工业区搬迁改造试点，株冶清水塘冶炼产能整体搬迁转移至衡阳市水口山。新基地于2017年11月29日开工，2018年12月一次点火投料成功，实现一年建成投产、投产半年即达产、达产即盈利的全新速度，创造了有色行业项目建设速度和达产达标速度两项新纪录，并同步实现老基地的整体关停。株冶目前主要产品产能为锌及锌基合金68万吨、综合回收硫酸60万吨、铟60吨。2021年，株冶实现营业收入164亿元，利润总额3.32亿元，利润创十余年以来新高。

一、冶炼企业全过程成本精细化管理的实施背景

（一）是对标世界一流企业、提升管理水平的需要

2020年6月，为加快培育具有全球竞争力的世界一流企业，国务院国资委决定在中央企业和

地方国有重点企业中开展对标世界一流管理提升行动，推动国有资本和国有企业做强做优做大。2020年8月中国五矿将株冶列入"对标世界一流管理提升行动"重点企业名单。冶炼加工行业具有资产重、能耗高和毛利低等共同特性，属于典型的红海市场，其盈利来源主要为市场加工费与加工成本的差值。株冶是纯冶炼加工企业，市场和资源"两头在外"，与同行业的中金岭南、驰宏锌锗等相比，一是缺乏矿产资源，原料完全外购；二是产品主要面向大型钢铁公司，缺乏话语权。所以有效控制加工成本成为效益的核心关键变量，对标世界一流要抓住成本控制这个企业管理的"牛鼻子"，成本精细化管理更是必经之路。

（二）是打造国际竞争力、勇当行业标杆的需要

我国有色金属市场国际化程度高，有色金属的金融属性不断强化，在全球政治经济不确定性因素增加的背景下，有色金属等大宗商品市场价格波动加剧，如果成本管控水平不足，企业经营风险将日益突出。2020年以来，全球疫情蔓延，大宗商品价格波动、煤焦等燃料价格猛涨、原料价格上涨等导致传统制造业面临压力加大。同时，全球锌冶炼产能持续增长，而精矿供应产能受国内外疫情及地缘政治影响，锌精矿供应更趋紧张，加工费同比大幅下降，呈现低位运行态势，市场竞争日趋激烈。如何应对市场加工费变化，实现目标效益和可持续发展，是株冶必须解决的难题。只有将纯冶炼加工成本保持在市场加工费以下，并不断进行优化，提升成本核心竞争力，才能保持全球范围内的行业竞争优势。

（三）是摆脱困境、实现高质量发展的需要

株冶搬迁以前面临较大困难，存货周转率低、劳动生产率低，用电成本和产业链无优势，人工成本远高于行业先进水平，一直在亏损边缘挣扎。由于出血多、造血少，资产负债率逐年升高，股票一度"ST"。搬迁项目建设又投入大量资金，负债进一步增加；同时，清水塘老基地产能退出、资产报废，计提大额资产减值准备，资产负债率等经营指标一度下滑，濒临资不抵债的困境。搬迁改造后，株冶实现涅槃重生，但主要得益于工艺技术升级和智能制造的红利，仍存在全员成本管理意识淡薄、成本管控范畴狭窄、成本管理方法落后、成本整体控制水平差等问题。如何持续改善资产结构、增加自身造血功能、提升持续盈利能力，成为公司最紧迫的难题。为实现公司确立的"绿色、智能、高效的'双一流'锌行业标杆"目标，达成智能制造、成本领先、品牌建设等战略方向，成本管控机制和体系亟需系统性重新构建，成本管理精细化体系应运而生。

二、冶炼企业全过程成本精细化管理的主要做法

株冶坚持成本领先战略，以提升核心竞争力为目标，开展成本精细化管理的探索和实践，不断试错，持续调优，迄今为止，已系统构建行之有效的全过程成本精细化管理体系，实施从建设体系到设定目标、管控过程、破解难题、强化协同、激发活力的一系列措施。

（一）构建完全加工成本范畴的成本管控体系

1. 凝聚成本精细化管控的战略共识

在上级公司层面，核心领导通过多种方式强调成本理念，即要把降成本作为竞争力提升的永恒主题；要坚持成本领先，提高成本竞争力；要以一切成本皆可降的理念推进成本管理；建立一流企业的核心是实施精细化管理，精细化管理的核心就是不断降低成本；对于传统的基础原材料企业来讲，成本竞争力就是核心竞争力。

在株冶层面，广大干部员工亲身经历摆脱困境的艰难过程，更加坚定地认可成本领先竞争战略，也更坚定地支持通过成本精细化管理提升核心竞争力的变革路线。全员力图构建"纵向到底，横向到边"的全面成本管理体系，将一切影响产出、抵减收入、提高成本、加大投入的管理事项，

全部纳入全面成本管控范畴，实现生产成本要素"全覆盖、无死角"管控，不断提升"通过精细化管控攻坚克难，实现全过程有效降本"的全员战略共识。

2. 营造全员成本精细化管理攻坚氛围

完全加工成本目标确定后，由公司预算部门牵头，以标准化的表格层层分解到每个岗位，确保从公司管理层到各操作岗位，人人头上有指标，成本目标与员工的联系更紧密。运用公司电子报、微信公众号等对成本理念、成本节约案例以及成本精细化工作进行宣传，将成本管理意识具体化、可视化，营造人人讲成本、人人降成本的氛围，成本意识逐渐深入人心。制定《成本精细管理培训年度计划》，辅助每个生产厂培养成本管理员，成本管理员再对班组长进行培训，班组长把最基础的管理要求落实到基层员工，使每个员工都具备成本管理责任意识、能动性和实施工具，整体充满成本攻坚的目标感和紧迫感。

3. 成立精细化管理两级组织机构

成立成本精细管理推进领导小组，董事长任组长，总经理任副组长。领导小组下设成本精细管理推进工作组，常设机构在财务部门，包括6部、6厂、2中心共14个二级单位，负责推进成本精细管理各项工作。同时建立"部门→生产厂→班组"的三级成本管控机制。部门负责目标设定、指标分解，专业管控及检查、督导；生产厂负责指标再分解、措施制定，抓管控及分析总结；班组负责数据统计、指令执行和落地。严格做到成本分解到基层、落实在基层。

4. 建立成本精细化管理制度规范

制定《成本精细管理办法》《成本精细化实施方案》《全成本管控方案》等管理制度，并已持续迭代版本。规定成本精细工作目标和原则、组织架构和职责、工作机制、工作任务分解、工作推进计划、专项攻关工作计划、具体操作流程及绩效考核评价等管理内容，指挥、引导各部门和生产厂在该办法框架下共同开展成本精细管理。

（二）设定基于常态化对标体系的成本管控目标

1. 拓宽成本管控范畴到完全加工成本

株冶搬迁转移后，大力推行精细化管理，拓宽成本管控范畴，将制造企业传统的车间加工成本管控，扩大到对除原料采购成本外生产经营过程中发生的所有成本费用加上副产品回收抵减的完全加工成本全要素管控，即锌完全加工成本=（期间费用+车间加工成本+回收率损失+综合回收抵减）/产量。

2. 确立"一底线、两空间、三对标"的目标体系

"一底线"指的是行业死亡线，"两空间"指的是行业存活空间和发展空间。株冶根据锌产品市场价格处于低谷期的极端情况下的经营业绩表现，把企业的发展状态分为三个阶段，由低到高依次为生存底线、基本生存空间、发展空间，通过九宫格的方法测算出对应的产品完全加工成本。见表1。

表1 完全加工成本测算的"一底线、两空间"九宫格示意表

项目	生存底线 （净经营现金流为正）	基本生存空间 （保证维护性资本支出）	发展空间 （保证未来投资支出）
计算公式	净利润+折旧摊销-营运资金≥0	净利润+折旧摊销-营运资金≥未来三年维护性资本支出/3	净利润+折旧摊销-营运资金≥未来三年总资本支出/3
净利润要求	净利润≥××亿元	净利润≥××亿元	净利润≥××亿元
完全加工成本	××元/吨	××元/吨	××元/吨

说明：死亡线是净经营现金流为零，在市场价格低谷的极端情况下，能够维持经营现金流不为负，资金链不断裂。

存活线是净经营性现金流等于维护性资本支出，在市场价格低谷的极端情况下能够维持简单再生产支出。死亡线到存活线即存活空间。

发展线是能保证正常发展投资支出。在市场价格低谷的极端情况下，能够保证正常生产经营，具有正常投资发展的能力。存活线到发展线即发展空间。

"三对标"指的是对标项目可研设计水平、对标行业最好水平、对标自身历史最好水平。"三对标"是基于满足公司基本发展的目标的前提下，以对标项目可研设计的完全加工成本为基础，横向对标行业先进，选取同行业20家左右具有典型代表性的企业，计算75%、85%、95%"分位值"，设定为参考系，结合株冶当前完全加工成本和未来三年目标值的挑战性和可实现性合理确定完全加工成本基本目标。纵向对标历史最优，是在完全加工成本指标行业最优的情况下，梳理近三年企业实际最优的成本分项或技术经济指标作为参考，设定为奋斗目标。

3. 建立成本目标精细化分解机制

从成本全要素和管理全流程方面科学制定成本目标，明确中长期目标、年度目标、职能环节目标、要素目标、岗位目标确定机制。首先是确定完全成本中长期总目标，并结合年度经营目标要求对年度成本目标进行滚动刷新；其次是制定采购、生产、销售等各环节的分目标；最后，对成本全要素制定分目标，目标再分解到工序班组、岗位指标，实现成本全要素有控制标准、全流程有控制单位。

总体来说，基于"标杆管理"工具，株冶通过自建对标测算模型、与咨询机构合作等方式，优中选优确定完全加工成本目标，并动态调整，保持目标持续的先进性和挑战性，不断强化常态化对标管理机制。

(三) 推行"成本三化"，保障过程受控

为推进"全员头上有指标，节约成本人人有责"的精细化管理落地，株冶推行"管控数字化、操作标准化、费控专业化"三项重要变革，将部门管理落实贯穿到班组一线，同时督促生产厂自主管控到一线，达到"职能部门监管+督导人员推进+生产厂自主"三方面协同管控的效果。

1. 操作标准化，确保精细落地

打造"43253"成本管理标准化操作工具。"4"是指四张表：成本指标定额表、管理任务分解表、成本标准化操作表和绩效考核评价表。"3"是指三报告：成本日报、成本周报和成本月报。"2"是指二清单：浪费行为清单和节约经验清单。"5"是指五分析：成本数据异常要分析、市场变化影响要分析、生产调整要分析、措施执行情况要分析、绩效兑现要分析。最后一个"3"是指三反馈：耗用异常必反馈、浪费行为必反馈、发现问题必反馈。

对成本管理标准化操作工具的使用采取"督导员"方式进行推进。先选定一家员工成本意识强、基础较好的生产厂作为标杆单位，由公司成本精细化工作组委派技术及管理专家，下沉到一线辅导生产厂对公司成本指标的承接、分解，全面识别成本管控点，针对性地建立分层分级的成本标准化操作手册。同时，"督导员"对生产厂成本标准化工作的建立和执行情况进行督导。分厂掌握如何对成本指标进行有效分解、管理，班组熟悉检查、督导方法，员工能按标准操作到位。再以点带面，通过生产厂成功经验分享加"督导员"向其他生产单位快速推广。

2. 管控数字化，保障精准高效

搭建MES、ERP、EAS、LIMS等多信息化系统，统一数据接口标准。以ERP、MES为核心，将人财物、实时生产技术指标有机结合，集成采购、生产、销售全流程信息，实现生产全流程分析管理；MES日报管理系统实现成本日归集、反映和异常情况预警。管理层、部门、生产厂、班组、员工等不同层面可获取各自岗位需要的数据，满足管理需求。

班组和基层员工通过每日采集岗位原辅材料消耗，统计每日能源消耗，能清晰直观地感受到岗位工作在成本体系中的重要作用和操作给成本带来的影响。生产厂和生产管理部门每日都能对成本异常进行分析并制定措施，优化生产组织，及时消除隐患影响，使成本控制更趋稳定。财务部门的成本管理从以前的月归集转变为数字化的日、周、月统计和分析，对各单位成本控制情况及时进行评价和督导。管理层在移动终端可随时查看生产、成本各种信息，能快速有效地掌握生产及成本情况，可及时有效地进行督导和决策。

3. 费控专业化，创新预算管理

公司专项费用是指维修费用、安全生产费用、内部运输费用、临时用工费用等由使用单位发起，专业管理部门负责审批和结算的费用。因该类费用发生源头和审批责任分立，为强化专项费用的管控，采取专业管理加属地管理的双管控模式。专业部门制定专业费用管控办法、确立费用预算目标并分解，对费用进行事前审批、事中控制和事后总结、考核评价，抓费用总预算控制和月度计划管理，承担管控责任。各生产厂负责费用属地管理，包括费用使用的报批报审、费用发生的合理性判断、费用使用台账的建立、费用预算的控制等工作。通过双管控模式，专业管理部门和费用使用单位的管控意识和能力明显提升，费用预算更加精准、使用更加合理、目标完成度更高。

（四）创新性破解成本精细化管控关键难题

1. 创新采购模式，持续降本增效

株冶锌冶炼完全加工成本构成中，燃料辅材备件成本占车间加工成本的30%左右，因此创新采购模式、提高采购燃料辅材备件的性价比，是压降该部分成本的有效推手。

一方面，建立采购电商平台，物资的采购计划申请、采购招标、合同签订等全流程在电商采购平台上进行，采购上线率达到100%，在发现市场价格的能力提升的同时，优化采购验收入库流程，验收实现电子开单，货物进厂即完成初步验收，采购效率获得提升。

另一方面，构建供应商电子管理系统，供应商采取线上注册、专业部门评价准入的机制，排除不合格供应商，鼓励营销部门开发新供应商，保持平台供应商的充分竞争，对燃料辅材备件供应情况进行综合评判，实时分析反馈，与供应商一起解决问题。同时积极发展战略合作伙伴，实现供应链端的采购成本压降。

再一方面，强化大宗辅材的市场分析，当价格波动超过10%时，采取经营周分析或日碰头方式。在精准采购节奏保生产供应的同时创造最大效益，及时关注市场行情变化，建立大宗辅材市场分析报表，做好分析预判。

通过创新采购模式，加大辅材直接供应商的比例，2021年主要化工辅材（辅材成本占比51%）采购价同比下降5.2%。

2. 攻克生产难题，挖掘压降潜力

由生产部门牵头对影响成本的重点难点问题进行研究分析，选取提升规模降本、改善回收率、能源消耗压降等10个重难点项目，制定推进计划表、配套措施，采取挂牌的方式，由10个中层或骨干管理人员摘牌签订"军令状"，突破"成本无法再降低"的传统思维定式的束缚，通过专家集中会诊、成立突击队等方式，发扬"干毛巾也能再拧出水"的精神，集中公司人、财、物等优势资源攻坚克难，全面实现既定目标。

3. 精细管控存货，提周转控占用

不合理库存占用不但增加资金占用，而且增加财务成本，同时存在跌价风险。株冶建立存货周转率测算模型，通过对标可研设计水平、自身历史最好水平、行业最好水平等多个维度，初步形成可视化"体检单"，参考"体检单"，对异常指标进行深入分析，挖掘指标背后的经营、管理问题，形成"诊断书"，对症下药"抓药方"，提出全面、扎实、明确的周转率提升方向。

原料库存控制：明确原料的最低安全库存目标，对原料供应过程实行精细管控，在合同签订、付款、发货、到货、检验化验、卸车等时间建立日跟踪台账，每车矿都有人跟进，到货量按预期执行，确保安全库存目标落地，降低原料采购流程上的占用成本。

在制品库存控制：根据工序作业时间分析，核定每个工序的周转天数，确定各流程在制品月末数，再通过周盘点对数据进行监控、核实，对异常占用情况及时对症下药，加速周转。

产品库存控制：一是从生产组织上控制。减少不合格产品的占用，当班产生的不合格品，下班必须处置完毕；下达产品溢量指标，精准匹配订单和产量；制定产品库龄指标，平衡回炉成本和资金占用成本，超过库龄的产品立即回炉处置。二是从销售节奏上控制。打破备货惯例思维，结合生产节奏优化合同，缩减客户订单与提货时间差，优化流程加快发货速度，快速降低产品库存。

辅材备件库存控制：根据历史最好水平，结合实际生产，设定月末金额上限，并对辅材和备件的库龄设置目标，每月进行库龄分析，对超库龄30天、60天、90天等不同情况，通过削减采购计划、以旧换新、加快处置等方式加速处理，严控辅材备件库存的占用。

公司实施存货精细管控后，非常规占用逐步下降，存货占用量及结构逐年优化，存货周转天数由2020年的37天提升到2021年的31天，提升16%，处于行业前列。

4. 严控设备风险，全力保障效率

对冶炼加工企业而言，"生产是战场，设备是刀枪"。设备的长周期稳定运行是生产稳定运行的必要条件。设备管理严格执行设备卫生交接班制度，每台设备维护责任细化到班组、到个人，设备维护到位，以红旗机房红旗设备为样板，提升现场设备管理水平。重视周、月计划检修，将"消缺"这种重要不紧急的事情全部列入计划性检修，不遗漏、不放过，缩减突发性抢修频次，用好计划检修费用，减少非计划性检修成本支出。鼓励修旧利废及备件国产化，每月从设备业务线奖励中拿出一部分作为修旧利废专项奖励，鼓励生产厂变废为宝、修旧利废。对故障率高的设备进行攻关，对进口设备备件进行国产化攻关，对专用备件非标备件进行攻关，自主小改小革，提高备件的标准化水平，解决采购价格高的问题。通过剥锌机、码锭机等自动化设备的改进攻关，减少人员配置，降低人工成本。对设备损坏风险度进行评价排序，积极投保机器损失险。

（五）多维度协同，为源头降本提供支撑

1. 调优结构，提升劳动生产率

优化组织和配置人力资源。制定三年"百人强企计划"，按照整体发展需要，通过引进加培养的模式，优化人力资源配置。同时，加大员工内部流动，进一步明晰岗位设置、岗位职责，科学合理地确定员工数量，达到人、岗、事匹配，做到人尽其才、才尽其用。另外，根据员工的专长和特点在公司内部进行二次分配，通过双向选择，实现人力资源优化配置。

提高员工熟练程度。加大员工教育培训和技能训练，突出技术培训这一重点，结合生产实际情况，做好员工操作技能的培训、抽考、名师带徒、岗位练兵比武等技能培养工作，发挥公司内部培训讲师、技术及技能骨干的作用，以岗位和现场培训为主，采取线上与线下、集中学习和考试、经验交流等形式提高培训效果，优化提升岗位员工的操作技能和熟练程度。

强化薪酬激励工作。用好激励指挥棒，设计管理专家、技术专家、操作能手三条人才晋升通道，设置六个专家等级，并建立与多条晋升通道配套的"岗薪制+薪点制"相结合的宽带薪酬体系，其中最高等级专家薪酬可以达到公司领导薪酬水平。打通中层干部与技术专家、管理专家的横向通道，允许中层干部横向转岗为技术专家或管理专家，薪酬及福利待遇不变。对985、211院校本科以上学历大学生实行补贴保护政策，充分调动各类人才的积极性和创造性。结合公司《员工职业发展通道管理办法》《人员退出管理办法》《管理人员失职行为责任追究办法》，有针对性地进行员工绩效考核评价，对业绩不良者进行绩效改进与岗位轮换，对多次考核业绩不达标者，设定淘汰机制。

2. 多方联动，综合提升降成本

不同的锌原料含量结构会产生不同的车间加工成本和综合回收对成本的抵减。为使完全加工成本最小化，株冶建立原料采购全效益测算模型，结合对市场价格的研判，精准平衡每单锌原料合同的采购价差、品位、富含、杂质等，综合评价对完全加工成本的贡献度，选择最优采购方案。近年，株冶捕捉到金属银市场价格上涨和银加工利润上涨的契机，经模型测算，综合回收效益能够弥补由此带来的车间加工成本增加，立即加大含银原料的采购；同时考虑到原料采购中铅不计价的情况，通过对富含铅原料和铅对加工成本的影响平衡测算，优化工艺，将高铅矿的处理能力提升30%。通过上述模型测算的应用，铅、银综合回收效益较预算提升40%以上，公司获得超额的综合回收抵减，完全加工成本实现历史性突破。

3. 科技助力，运营管理创佳绩

科技是第一生产力，科技创新是突破成本压降瓶颈的关键手段。株冶加大科技方面的投入力度，搬迁转移以来科技投入年均增加20%以上。制定《科技成果评价管理办法》，推广实施内部科研项目半月推进机制、外部科研项目月推进机制。重视科研平台、博士后工作站的建设和运维，与中南大学、湖南工业大学等高校共建实验室。编制科技攻关年度预算，安排8个成本攻关专项课题，由技术专家牵头进行研究，定创效目标、做实验、抓实施。科研项目联合科研攻关形成研发—应用—推广全链条模式，科研重点放在生产技术指标提升和综合能源节约上，年实现创效3000万元以上。

（六）刚性兑现，激发持续改进活力

从激活成本核算的最小单元入手，不断细化成本管理，在总结以往成本与薪酬关系的基础上，建立成本兑现刚性化体系。配套相应的绩效考核管理办法、成本精细管理劳动竞赛办法，对各责任区域、责任班组的成本目标实行"谁负责，谁控制；谁节约，谁受奖；谁超支，谁受罚"原则，层层传递压力，形成千斤重担众人挑、人人身上有指标的局面。具体做法如下：

1. 依据成本关联度设置绩效权重

成本绩效挂靠权重根据部门、生产厂的任务属性与公司成本目标的关联程度，按10%~50%不等进行设置。管理部门挂靠完全加工成本，绩效与公司全成本互动，且与成本关联度大的比如财务部、生产部等部门权重相对更大，按20%~40%设定。党群部门、办公室等与成本关联度偏小的部门，权重一般按10%设定。

2. 依据职能量身定制绩效挂靠方式

绩效挂靠根据部门或单位的职能职责量身定做。生产部门挂靠产量及技术经济指标，推动生产组织协调作用的发挥；经营部门负责挂靠库存成本、采购成本、销售成本；财务部门挂靠期间费用和财务费用指标，紧盯预算，对合理性进行控制；人力资源部门挂靠人工成本、劳动生产率指标，优化用工控成本。专项费用、部分技术经济等关键指标，不但挂靠对应的管理部门，也挂靠使用单位，管理部门与使用单位责任清晰、目标量化。

3. 为专项活动配套约束与激励

对二级单位的成本精细管理工作开展情况分部门、业务中心、生产厂三个片区实行月度打分、季度评比，设置"猎豹奖"和"蜗牛奖"，"猎豹奖"单位获得专项奖励，"蜗牛奖"单位员工绩效整体下浮10%。各部门和生产厂建立员工成本管控考核评分，与绩效工资、年终奖金和职位晋升等挂钩，促使每个员工都有动力将成本管控贯彻执行到位。结合公司的生产运动会制定成本精细化管理劳动竞赛办法，以运营班组为单位，每月对关键成本消耗指标开展精细化成本管理劳动竞赛，全面激发员工活力，提升班组成本管理意识。

4. 定量评价，奖罚结合，刚性兑现

成本费用指标的绩效兑现采取与目标比较每减（增）百分比奖（扣）挂靠绩效百分比的方式计算，扣完所有挂靠绩效为止，奖励额度按1~2倍封顶。影响成本的关键技术经济指标也采取此挂靠方式，直接鼓励成本主体提高指标，降低成本。兑现程序，由公司考评委员会每月对各部门、生产厂的指标完成情况进行统计分析，测算绩效并经决策后兑现发放。

三、冶炼企业全过程成本精细化管理的实施效果

（一）精细化管理水平提升

通过成本精细化管理体系的构建和实施，株冶经济技术指标全面实现可研目标，关键技术指标如锌、银、铜回收率达到行业领先水平，特高级锌（99.995%）的产出率达100%，99.996%的高纯锌产出率超过40%，产品质量达到国内乃至世界领先水平。2021年，株冶入选工信部重点用能行业能效"领跑者"，优于标准先进值15%，达到国际先进水平。行业成本排名由2019年的75分位，2021年上升到95分位以上，核心竞争力处于行业一流水平。

（二）经济效益明显

成本精细化管理推进以来，株冶完全加工成本逐年降低，盈利能力持续提升。2020年完全加工成本比转移前最好水平下降30.64%，同比2019年下降7.5%，2021年消化电、煤等生产要素价格上涨因素后，比2020年下降6.8%，连续两年成本降低比率稳定在5%以上。利润总额达到3.32亿元，营业毛利为4.69%，经营性现金净流入6.14亿元，创十余年来最好业绩。流动资产周转率、总资产周转率处于行业前列，运营效率大幅提升。资产负债率降幅达11%，偿债能力明显增加。

（三）成本管理意识提高

株冶成本精细化管理体系从无到有、从有到体系化，不但是理论的创立与实践，更是全员成本意识提升的过程。各层级组织及员工在成本精细化管理实施过程中，成本管理理念进一步深入人心，企业文化的引领作用明显增强，战略部署及精细化实施效果显著，机制建设及协同落地能力有效加强，全过程成本管控力度凸显，管理工作实现系统化、清单化，管理效率提升明显，实现了将少数人的"要我成本管理"变成多数人的"我要成本管理"的目标。

（四）树立行业成本标杆

2021年，一项管理成果荣获全国企业管理现代化创新成果二等奖。2021年以来，新华社、中央电视台《焦点访谈》栏目连续5篇报道，央视影音频道《品质》栏目做了2期专题节目，充分

肯定株冶为"央企绿色转型的典范"。2022年元月，株冶成本精细化管理做法在中国五矿进行经验分享。2022年3月中国五矿改革园地（微信号）、2022年4月《中国五矿报》对株冶的绿色转型升级进行宣传报道。2022年6月全国节能宣传周对部分行业重点企业的节能降耗进行典型报道，株冶成功入选。株冶在集团、社会乃至国际上的竞争力和影响力全面提升，起到引领作用。

主　创　人：刘朗明、何献忠
参与创造人：陈湘军、谭轶中、王浩宇、龙　双、潘　帅、翟周违、
　　　　　　周正华、冯　平、熊卫江、陈新峰

大型制造企业基于数据中台的存货管控体系建设

三一集团有限公司

摘要：制造业企业的存货管控涵盖采购、生产、销售、研发等环节，涉及公司运营全流程。三一集团有限公司（以下简称三一集团）涉足行业多、实施范围广（国内、国际31个事业部、310个法人主体），且在经营过程中缺乏有效的库存计划、统一的管控机制、统一的数据标准、管理系统分散、部门联动困难和管控无方法等，导致效率低下、库存短缺和积压并存。集团智慧存货管控平台利用数据中台，基于大数据与可视化技术，集成计划、生产、销售、库存等业务数据，搭建包括存货监控大屏、指标预警、专题分析、行动管理、风险报告在内的综合管控平台，通过流程优化、资源整合、智能决策、风险预警、组织保障，开展存货精细化分析、异常定位与预警，总结存货特点，揭露存货问题，剖析原因，树立追本溯源、开放探索的深层次存货管控方法与思路，推动各业务环节运行模式的改进，实现管理价值提升和数据资产变现。三一集团智慧存货管控平台月均识别并预警异常存货55亿元，在线督办待处理存货27亿元，全年节约资金占用费约2.3亿元。

企业简介

三一集团有限公司创建于1989年，是中国最大的工程机械制造厂商。旗下拥有3家上市公司，分别是在上交所上市的三一重工（600031.SH）、三一重能（688349.SH）和在港交所上市的三一国际（00631.HK）。自创立之初，三一集团便立下以"品质改变世界"的使命，致力于"创建一流企业，造就一流人才，做出一流贡献"，为中华民族贡献一个世界级品牌。

三一集团的主营业务是装备制造业，覆盖混凝土机械、挖掘机械、起重机械、桩工机械、路面机械等全系列产品，其中混凝土机械连续多年稳居全球第一品牌，挖掘机市场占有率连续11年为国内首位。在立足装备制造主营业务基础上，三一集团正大力发展重卡、新能源、金融保险、住宅产业化、工业互联网、军工、消防、环保等新业务。

2021年，公司坚持数字化战略，积极推进数字化、智能化转型，全年推进22家灯塔工厂建设，累计建成达产14家，产能提升70%、制造周期缩短50%，工艺整体自动化率大幅提升。同时，公司坚定地推进国际化战略，贯彻"以我为主、本土经营、服务先行"的经营策略，实现国际销售收入248.46亿元，同比增长76.16%，国际收入占营业收入比重同比上升9.2个百分点。

一、基于数据中台的存货管控体系建设的实施背景

（一）是以数字化手段高效整合供应链，应对高质量发展战略的需要

党的十九大指出，中国经济由高速增长阶段转向高质量发展阶段，必须坚持质量第一、效益优先。要实现经济高质量发展，就要以客户需求为导向，以数据为核心要素，运用现代信息技术

和现代组织方式将上下游企业的相关资源高效整合、优化协同，实现产品设计、采购、生产、销售、服务等全过程高效协同的组织形态。

国务院2021年12月印发《"十四五"数字经济发展规划》，要求企业"全面系统推动企业研发设计、生产加工、经营管理、销售服务等业务数字化转型。支持有条件的大型企业打造一体化数字平台，全面整合企业内部信息系统，强化全流程数据贯通，加快全价值链业务协同，形成数据驱动的智能决策能力，提升企业整体运行效率和产业链上下游协同效率"。同月，工业和信息化部等八部门印发的《"十四五"智能制造发展规划》提及"支持智能制造应用水平高、核心竞争优势突出、资源配置能力强的龙头企业建设供应链协同平台，打造数据互联互通、信息可信交互、生产深度协同、资源柔性配置的供应链""引导龙头企业建设协同平台，带动上下游企业同步实施智能制造，打造智慧供应链""面向产业链供应链，开发跨企业多源信息交互和全链条协同优化技术"。2022年1月，工业和信息化部办公厅印发《制造业质量管理数字化实施指南（试行）》，要求企业开展基于大数据的全过程、全生命周期、全价值链质量分析、控制与改进，推进数据模型驱动的产业链供应链质量协同。通过建立与数字化制造相适应的仓储物流系统，在采购、生产、仓储、物流、交付及售后服务全过程提高物料数字化追溯管理水平。与重要供应商建立协同的数字化管理系统，共享采购产品质量、批次、交期等信息，联合上下游企业共建供应链管理系统及平台，打通供应链上下游企业间的质量信息传递渠道。

（二）是构建供应链统一信息平台，促进企业降本增效，实现管理模式创新的需要

工程机械行业供应链体系复杂，市场波动大、季节性强，品类多、批量小，缺乏权威的市场预测信息。同时，由于企业间信息不对称，生产商无法掌握下游的真实需求和上游的供货能力，全产业链无法实现存货互通有无与转运调拨，只能被动地维持高额库存，导致企业资金压力增大，流动性风险增高，影响整个供应链的稳定。

三一集团虽已陆续引入ERP（企业资源计划）、CRM（客户关系管理）、APS（高级排产系统）、HRM（人力资源管理）、BW（SAP业务信息仓库）等信息系统用于企业管理，希望通过现代化的管理工具与手段降低库存水平，提高库存周转率，但数据被封存在各系统中，部门之间数据无法共通，业务平台、软件系统间形成严重的数据壁垒，且组织间各自为政，让完整的业务链"孤岛林立"，制约了组织效率和决策支持。

基于上述业务痛点，三一集团一方面通过运用云计算、区块链、大数据等前沿技术建成存货信息共享平台，以存货为抓手，引入数字化技术，融合全链条、全流程存货数据，建立一体化供应链服务体系，将传统的库存分散管理转向信息集中管理。另一方面，以降本增效为中心，实施价值导向的内部管理变革，将客户需求贯穿整个供应链的存货运营，通过优化决策路径，促成即时存货信息反馈，高效协同供应商与资源配置，形成企业端到端存货管控，促进集团内外供应链协同发展。

二、基于数据中台的存货管控体系建设的主要做法

（一）整体思路与指导原则

1. 构建存货管控体系的目标

制造业企业储备存货的目的包括防止停工待料、提高产品交付效率、适应市场变化减少缺货损失以及维持均衡生产，但存货储备同样也要占用周转资金，同时带来存货呆滞积压的风险。因此要建设一个科学的存货管控体系，在保证及时交货的前提下，实现存货储备最小化，提高存货周转率，从而提高现金周转效率。

2. 存货管控国内外的主要成功做法

从存货的分类及管理流程来看，国内外在存货管控方面比较成功的做法有：

（1）原材料：提高供方库存比例，引入第三方物流，推行主机上线结算甚至是下线结算，实现原材料"零库存"；降低采购批量，提高到货准确性和采购批量合格率；与供应商形成联盟，共享订单与库存，按工厂生产所需自动配送。

（2）在制品：改进生产工艺，提升自动化程度，压缩生产周期；提高生产计划准确性，避免临时加单、插单造成现场生产混乱，导致停料待工；按需配送物料，降低线边库存。

（3）产成品：充分利用代理商与客户管理系统，提升外部销售预测的准确性，避免市场需求量小的机型过量生产；非常规机型按订单生产，避免提前备货。

（4）内部管理：推进基于模块化的零部件通用性设计方法，提高零部件通用性；提高生产作业标准化程度，通过培训提高工人岗位技能；提高产品BOM（物料清单）准确性，防止缺料与怠工。

3. 基于数据中台的存货管控体系建设的实现路径

（1）以库存为切入点，智能监控供应链的运营及潜在风险

①存货数据可视化：从单位、产品、分类、库位、库龄等维度对存货数量、金额进行实时查询与呈现。

②产销存计划一体化：将销售计划与CRM漏斗模型进行匹配，实现生产计划与采购计划在线联动，对计划的准确性进行提示和预警。

③建立库存水位预警机制：对各类存货库存进行实时监控，实时提示超采、超储、超生产周期订单、积压存货、不良存货、超龄存货、呆滞存货等，并建立在线监控模型，自动预警，督办处理。

（2）以业务场景框架为导向，延展精细化管控，挖掘库存管理潜力

从库存基本面出发，围绕需求线、供给线、制造线三条主线，延展存货管控关键分析监控点，结合算法模型挖掘管理潜力。

（3）供应链内外协同，优化存货结构和成本，实现整体价值最大化

供应链协同从狭义的内部组织协同扩张到内外部全面协同。组织内的协同将集团内各个相关部门在集团共同存货目标的指引下相互协作，减少沟通障碍，打破部门墙，实现跨部门、跨体系的协同，包括需求、设计、研发、计划、采购、库存、生产、仓储、物流、销售、售后等部门间、子公司间的协同。组织间的协同将供应链上下游的重要信息在企业间在线共享，如GSP系统包括需求量、订单情况、库存情况、生产能力、销售预测等，上下游企业可根据以上重点信息规划自身生产、采购、销售、库存等，避免各自为政。供应链协同可以有效推进全链条不断降低成本、提升效能，实现上下游共享共担，最终以最小的代价创造最大的价值。

（二）流程优化，实现存货全流程管理

为改变事后管控存货的现状，三一集团首先对存货产生的全业务流程进行整合优化，利用数据中台将计划、生产、采购、销售等各业务活动环节打通，确保流程标准、在线、自动，实现"用数据说话、用数据管理、用数据研判、用数据决策"，完成全链条闭环管理，助力存货信息的互通有无，有效降低企业资金压力。

1. 流程标准化

三一集团存货管控流程涉及计划、制造、物流、工艺、质量、研发、营销，共104个流程。

基于EPM流程管理平台，对所有流程的角色与职责、流程图、关键控制点、关键绩效指标等要素进行了统一规范，目前已实现所有104个流程的标准化。

2. 流程在线化

通过实施存货管控流程在线化，重点将业务处理和结果记录实现在线化。如国际材料采购跨系统在线集成，打通GSP（全球供应商门户）、关务、SAP（企业管理解决方案）、AP（应付账管理系统）系统的对接，实现订单下达—报关—入库—报账全流程在线；利用APS系统，将生产计划手工编排转变为在线排产，改变原先手工线下传递计划的局面。目前存货管控业务流程在线化率已接近70%。

3. 流程自动化

探索存货管控流程的自动化，通过对27个三高（高风险、高价值、高痛点）流程的在线监控，应用大数据或人工智能，实现了5个典型场景智能化应用突破。同时，三一集团采用定期优化、标杆击穿相结合的方式对流程进行持续优化。通过流程评估、设计思维（Design Thinking）、ESEIA（清除、简化、增加、整合、自动化）法对流程进行优化，实现流程从有到优；聚焦标杆流程，设计业务方案和软件方案，最终实现软件化。

（三）资源整合，发挥数据资产价值

全球制造业正在经历新一轮数字化、智能化的转型升级，由于存在数据意识薄弱、数据口径不统一、数据质量欠佳、人才储备不足等问题，难以发挥数据的价值。三一集团在基础数据管理、数据平台搭建、数据分析人才储备上持续加大投入，提前开展跨行业、跨平台的外部数据资源整合，有效盘活数据资产。

1. 数据整合

通过系统纵向集成，整合业务流程，解决公司内部信息孤岛问题，实现信息网络与物理设备直接联通。业务横向集成，整合业务合作伙伴企业与企业之间、企业与用户之间的主体网络，实现各企业间的无缝合作，提供实时产品与服务。价值链端到端集成，将所有该链接的端集成互联，对价值链上的不同资源进行整合，在为客户提供产品和服务的同时，重构产业链各环节的价值体系，实现生态圈的全局库存管理和信息共享。

2. 数据治理

针对存货数据分散、异构、孤立、离散等现状，三一集团采用分布式治理模式，通过建立数据标准中心，规范不同系统的业务流程、指标与术语定义，实现元数据、主数据标准化，统一数据来源。目前，存货主数据、管理数据（128个指标、9个模型）已实现100%接入中台数据湖，集团各事业部及职能部门可共享使用全部数据及模型。主数据及业务数据的统一与共享，既加强了集团各系统存货数据的精细程度，也打破了原有的系统数据传递壁垒，使得数据跨部门互传更为便捷，提高了各系统的自动化和智能化程度。

（四）智能决策，使决策敏捷高效

传统决策依赖的手工统计数据，不仅产生大量的低效不增值活动，也会导致传递效率低、反应不及时。三一集团利用大数据技术结合业务场景，通过智能决策模型对业务赋能，如辅助管理决策、运营分析与优化、智能营销、生产流程优化等，使智能决策更透明、更优化、更敏捷。

1. 数据敏捷分析

传统手工计算指标、出具报表、编制报告等工作占据了业务人员大量的时间和精力，而商业智能（BI）工具的部署可使业务人员从这些繁琐的工作中解脱出来，将重心投入存货自助分析中。

利用存货数据模型生成高颗粒度明细后，员工可利用 BI 工具实时获取数据，实现自定义多维度分析、精细化管控及异常存货的跟踪及处理。

2. 算法模型应用

三一集团利用数据中台的数据融合、计算和共享能力，结合人工智能算法、BI 等工具，立足实际业务场景，自主研发出库存水位模型（监控物料超储情况）、库龄分布数据模型（监控呆滞、即将呆滞、长库龄存货情况）、缺件和缺料算法（监控存货不匹配）、主机可供销售分析模型（监控主机库存结构合理性）、发出在途库龄分布模型（监控在途是否异常）、存货未来趋势预测模型等，解决存货"是否正常"的问题。

（1）主机可供销售分析模型

将利用某物料编码主机库存、近 12 个月的销售成本、近 12 个月累计周转率、平均库龄、平均销售周期、未来 6 个月的平均销量等信息输入分析模型，得出产品的可供销售天数。该模型可直观地反映某公司主机库存结构的合理性、库存周转一次的时间、当前库存可以满足未来多长时间的销售需求信息等。通过分析可供销售天数和库龄水平等核心指标，及时调整库存策略：

①可供销售天数高，库龄高，主机产品有极大风险呆滞；

②可供销售天数低，库龄高，下钻到主机物料层面，部分主机滞销；

③可供销售天数高，库龄低，需评估 MTO（按订单生产）和未来需求预测量匹配情况；

④可供销售天数低，库龄低，库存异常风险低。

（2）库存水位测算模型

实际生产过程中，因供应及需求波动的不确定性导致缺货或超储的现象时有发生。库存水位测算模型结合销售计划和预测的销售需求端偏差、标准生产周期和实际生产周期的生产制造端偏差、标准采购周期和实际采购周期的采购供应端偏差以及历史和未来近三个月的需求，推算各主机、原材料、在制品的安全库存、合理库存、最高库存，供业务人员参考。

（3）面向生产智能排产场景

利用 APS 进行产销存计划制订、滚动排产、执行监控等，评估、追溯产销存计划执行情况及对存货的影响。相比传统排产模式，存货管控平台的产销协同智能决策模型在生产计划与排产排程间，加入采购计划、物料齐套、安全库存等计算模块，指导长周期件采购备货、监控需求波动，同时优化主机、结构件排产功能，实现有限产能及物料齐套性排产，主机、结构件计划联动排产以及主机到产业链计划协同，保障上下游计划的一致性和计划的可执行性，提升企业敏捷响应能力。

（五）打造智能监控机制，防范存货风险

利用数据中台中整合的各项数据，结合业务人员管理经验，打造出一套具有三一特色的业务监控模型，利用数据模型的自动运行，实现存货全品类、全时段的监控，将存货积压风险降至最低。

1. 采购执行监测

针对不同物资的采购周期、采购特性、价格特性、仓库管理特性、生产使用特性等，可建立三一集团特定的采购策略，通过对历史数据的统计分析，结合相关采购策略，及时调整模型参数，如采购提前期、到货质检天数、供应商平均延期交货天数等，建立监控模型，评估超采、超储、缺货、缺件等异常状态，对不合理库存自动预警。此外，结合生产 BOM，针对需求波动较大的小机型的专用材料，直接对比备料计划和到货计划差异；针对多机型共用的通用材料，对比总需求与采购计划差异，实现采购执行监测。

2. 在制品库存监测

通过重点关注工序耗用工时、生产订单超期等指标，实现对生产订单全方位的监控，利用存储在数据中台中的需求计划、生产齐套、生产周期、采购周期等生产需求、工艺参数等数据，开展缺料等生产异常原因穿透分析，建立风险预警及升级机制，保证生产稳定性。

3. 成品库存预警

实时监控各公司产成品的库存量、销售量以及库龄等指标，利用数据模型对各类产品进行分类。新品、畅销类产品，及时通知相关人员做好采购、生产计划衔接；平销、滞销类产品，及时从产品结构、库龄等维度开展穿透分析，分析产品滞销原因，并针对不同库龄阶段的存货制定处理策略。

（六）建立矩阵式存货管控组织架构，内部管理实现升级

合理有效的管控机制，有利于保障存货控制有序化、规范化，防止管理的任意性，降低企业运营成本。

1. 建立矩阵式存货管控组织结构

三一集团在职能总部层面横向设立了商务总部、智能制造总部、营销赋能总部、国际经营总部、财务总部，分别负责原材料、在制品、产成品、国际存货及总存货管控，在事业部设立首席存货官、事业部存货管控专员、部门存货第一责任人、部门存货管控专员，纵向建立"事业部—子公司—工作中心"三级存货管理架构，搭建起横向纵向联合的矩阵式存货管理体系。

2. 完善内部管理制度

三一集团在优化存货控制业务流程的基础上，形成制度发布执行，通过制度保障推动存货管控水平不断提升，如存货考核激励制度、存货问责管理制度、积压物资处置管理制度、问题成品管理制度、研发存货管理制度、超期在制订单管理制度等。

3. 健全异常存货处理机制

针对异常存货，推动相关部门建立早会、日报、周会、月度例会等多级跟踪处理机制，随时协调异常。如不良成品存货处理机制如下：

（1）适时调整责任主体。如泵车、拖泵、车载泵返修由泵送制造划转至再制造，专业化返修能力大幅提升，返修产品质量得到保障，返修整改周期进一步压缩。

（2）简化流程控制责任主体。原泵送类不良成品责任主体涉及物流、质保、研究院、营销、服务五大部门，当前变更为两大责任主体，即再制造和营销公司，责任更加明晰，踢皮球现象明显减少。

（3）信息公开化在不良成品产生的第一时间就将产生原因、产品当前状态、未来销售处理方式等信息传递到两大责任主体的所有关键流程部门，让处理产品的各流程负责人均掌握全面信息。

三、基于数据中台的存货管控体系建设的实施效果

（一）构建企业数智力，推动存货管控水平有效提升

在优化业务流程的基础上，通过对信息系统数据的抽取、清洗、整合，实现跨信息系统的数据提取、分层钻取和实时监控，统一全集团的存货数据源，达成存货"看得见、看得准、看得全"的目标。

同时，成功开发94个存货管控界面、128个指标，构建贯通存货的过程管控、结果实时共享的大数据管理平台，将分散、异构、孤立、离散的存货数据贯通整合为有机关联的结构化模型，

实现数据实时获取、存货问题实时追溯、线上闭环管理，将管理模式从事后追责转变为事前预警、事中干预。

基于存货管控效率的提升，2021年末存货总额185亿元（同比下降32亿元），低于友商（272亿元，同比上升42亿元）；累计存货周转率4.05次/年，优于友商（3.31次/年），全年节约资金占用费约2.3亿元。

（二）提升内部运营效率，节约内部管理成本

基于智能的存货管控平台，提升内部运营效率，减少存货管控人员手工开展存货数据整理、加工、分析、考核的低价值活动，节约费用436万元/年。

系统全面采用自研，在提升公司软件自研开发能力的同时，也节约外包成本604万元，节约76%。

同时，通过异常存货预警、缺货缺料预警等算法模型，2021年存货管控平台月均识别、提示和预警异常存货55亿元，在线督办待处理存货27亿元。在库存资源的有效控制下，实现营收同比增长24%。

（三）试点先行，整体推广，彰显行业示范性

本成果最初在集团内一个事业部试点，基于良好的管控效果和口碑，作为精品数据应用于2021年在三一集团全面推广，覆盖率100%，月均访问量达1.5万次，同时获得用户的一致好评，其中年度满意度调查中"超预期"评价占比63%。多次作为数字化转型典型优秀案例与外部单位交流经验。

主　创　人：刘　华、黄建峰
参与创造人：李小玉、吕青海、沈军武、屈　航、吴中荣、白晓斌、朱泽锋、熊志甫、汤宇威、张华松

市级电网企业新一代集控系统的变电设备运行管理提升实践

国网湖南省电力有限公司湘潭供电分公司

摘要： 国家电网公司 2020 年提出建设"具有中国特色国际领先的能源互联网企业"的战略目标，国网湖南省电力有限公司践行国网战略，确立了"坚持一个引领，遵循价值与创新两个驱动，推动设备、管理、保障三个升级，实施六项行动"的实施方案。湖南省公司设备部规划通过五年时间构建湖南公司现代设备管理体系，其中，为解决监控幅度过大导致监控信息利用程度不高，变电运维人员未深度参与设备全寿命周期管理工作的问题，迫切需要提高设备监控强度和管理细度。国网湖南省电力有限公司湘潭供电分公司明确总体工作思路，开展智慧变电站改造及新一代集控系统建设，同时推进组织体系变革，开展变电站智能运维，建立健全保障机制，全面开启"无人值守+集中监控"的变电运维新模式。

企业简介

国网湖南省电力有限公司湘潭供电分公司（以下简称湘潭供电公司）成立于 1978 年，是大 II 型全国一流供电企业，电网覆盖面积 5015 平方公里，用电客户 141.23 万户。公司以 500 千伏鹤岭变电站和南岸变电站为核心电源点，拥有 220 千伏变电站 10 座/300 万千伏安、110 千伏变电站 38 座/248.145 万千伏安；拥有 35 千伏及以上输电线路 163 条/2133.4 公里；拥有 10 千伏配电线路 594 条/9533 公里，配变 413.9195 万千伏安。湘潭供电公司现有全民职工 1316 人，集体员工 121 人，供电服务职工 1122 人。设 15 个职能部门，1 个事业部，11 个业务支撑机构，3 家县公司、1 家省管企业单位和 1 家农服公司。先后获得"全国文明单位""全国五一劳动奖状""全国模范员工之家""全国电力行业优秀企业""国家电网公司文明单位""国家电网公司先进集体"等荣誉称号，涌现出"全国五一劳动奖章"获得者王郁之，"全国劳动模范"方鹏、张华山等先进典型。

一、市级电网企业新一代集控系统的变电设备运行管理提升实践的背景

（一）是落实公司发展战略、构建现代设备管理体系的需要

为深入贯彻习近平总书记"四个革命、一个合作"能源安全新战略，助推"具有中国特色国际领先的能源互联网企业"战略目标落地，自 2020 年起，国网公司先后出台《推进变电运维模式优化及集控站试点建设工作意见》《国家电网有限公司关于加强设备运检全业务核心班组建设的指导意见》《国网设备部关于加快推进变电运维"两个替代"建设应用的通知》，将设备作为大电网安全的第一道防线，试点推进现代设备管理体系建设。湘潭供电公司迫切需要主动融入国网公司、省公司工作大局，落实国网公司试点工作部署、贯彻省公司"四个一流、跨越赶超"战略目标，纵深推进现代设备管理体系建设，构建汇集主辅设备监控信息的新一代集控系统，为变电设

备运行管理转型提供系统平台，打造与世界一流能源互联网企业相适应的现代变电设备运行智能管控体系。

（二）是贯彻数字化转型、保障电网设备安全稳定运行的需要

碳达峰、碳中和的国家战略目标对充分发挥电力在各种能源转换中的核心枢纽作用提出了更高要求，基于数字化转型的新型电力系统建设成为实现"双碳"目标的重要战略方向。新型电力系统的发展以新能源为主体，随着发展的不断深入，将面临诸多挑战，如电力电子化程度的快速上升，会引发系统宽频震荡、谐波、谐振等事故风险。变电站作为新型电力系统的关键环节，担负着维持电网稳定的关键作用。国网系统内数字化、智慧化变电站的全面推进，为变电站设备状态监测提供了海量数据及时空数据，湘潭供电公司亟待抓住这一机遇，开展基于新一代集控系统的变电设备运行管理提升工作，实现设备管理关键指标国网领先，保障设备安全稳定运行。

（三）是解决当前运检管理问题、提升设备管理能力的需要

随着公司电网快速发展、设备规模大幅增长、技术不断升级，电网设备安全运行风险和压力与日俱增，现有的变电运维管理模式难以适应公司发展战略和电网安全运行需求。监控幅度过大导致监控信息利用程度不高，湘潭供电公司集控站平均监控变电站数量达80座，部分地区超过200座，现有变电站消防、安防、动力环境等辅助设备信息未能全部有效利用，变电运维人员未深度参与设备全寿命周期管理工作。由于原来的管理体系使变电运维人员不承担设备监控职责，对设备关注度下降，设备主人意识淡化、能力弱化问题凸显，设备主人作用未能得到充分发挥。因此，湘潭供电公司亟待优化变电运维模式，推进新一代集控系统建设，为保障电网安全运行筑牢基础。

二、市级电网企业新一代集控系统的变电设备运行管理提升实践的主要做法

（一）明确总体工作思路，确定目标及原则

为高效开展工作，湘潭供电公司坚持目标导向，统筹规划，加强顶层设计，从源头上提升变电设备运行管理能力，保障电网安全稳定运行。

1. 强化顶层设计，制定总体思路

湘潭供电公司坚持问题导向、统筹推进，遵循价值与创新两个驱动，制定"11333"总体思路，即围绕"一个核心"，坚持"一条主线"，开展"三项行动"，打造三个模式，实现"三提升"，推动设备、管理、保障升级，有力地支撑公司和电网高质量发展。以本质安全为核心，以保障电网安全稳定运行为主线，提升变电设备运行管理水平，优化内部组织形态、开展组织体系变革行动，建设新一代集控系统、开展智慧变电站改造行动，转变变电、输电、运检等管理模式、开展管理模式变革行动，全面打造"无人值班+集中监控""立体巡检+集中监控""远程辅助+运检抢一体"设备管理新模式，实现专业管理能力提升、设备质量管控能力提升、设备运维智能化水平提升。

2. 坚持目标引领，明确建设目标

湘潭供电公司积极响应国网公司"建设具有中国特色国际领先的能源互联网企业"战略目标，依托"数字韶山"建设经验，以"智慧化、实时化、精益化"为导向，充分考虑专业数据横向交互和综合研判，打破"信息孤岛"效应，进一步优化变电设备运行管理体系，顺应泛在电力物联网发展趋势，充分应用"大云物移智链"等新一代数据信息科技，打造新一代集控系统，使单一繁琐的现场工作实现远程化、数字化、实时化管理，减员减负，盘活生产体系人力资源，不断夯实电网安全基础，提升专业管理精益化水平，打造现代变电设备运行管理体系"湘潭品牌"。

3. 制定基本原则，高效指导工作

电网设备可靠运行是保障电力供应、提升服务品质的先决条件，湘潭供电公司结合地区发展

实际，制定三大基本原则指导工作开展。

坚持战略引领原则。以"四个革命、一个合作"能源安全新战略和"双碳"部署为引领，以国网公司"具有中国特色国际领先的能源互联网企业"战略目标和公司十大战略落地行动方案的总体部署和工作要求，组织变电设备运行管理提升工作。

坚持问题导向原则。强化问题意识，结合湘潭供电公司变电设备运行管理现状，聚焦变电设备运行管理的组织体系、具体环节、管理模式等关键要素，找准管理提升的开展重点，统筹推进，精准施策，持续优化变电设备运行管理能力、水平。

坚持创新赋能原则。利用新技术、新方法驱动赋能变电设备运行管理提升，从根本上推动管理模式变革、管理手段完善、管理设备优化，持续提升变电设备运行管理能力。

（二）开展智慧变电站改造，强化智能管控支撑

为提升变电站智能化水平，湘潭供电公司综合考虑变电站规模、改造可行性、设备类型、负荷运行情况、人员情况及经济承载力等，2020—2022年全面开展变电站智能感知终端部署，大力建设新一代集控系统。

1. 部署智能感知终端，提升状态全景感知能力

针对以往人工巡视、现场操作、手工抄录、经验判断等传统运检模式，湘潭供电公司将"大云物移智链"等新技术应用融入变电设备运行管理，以"保核心主设备、保重要变电站"为技术主线，全力推进变电站智慧化建设。变电站层级主要部署智能感知终端，接入辅助设备监控子站、一键顺控子站、智能巡检子站等三大子站，实现变电站站端主辅设备全面监控、倒闸操作一键顺控、机器自动巡检、主辅智能联动等功能，全面替代人工现场抄表、现场巡视，实时智能感知主变、主开关柜、GIS及主保护等核心一二次设备主要电气状态量。地市公司层级主要部署主设备集中监视主站、辅助设备集中监控主站（新一代系统）、变电信息综合处理边缘物联代理（远程智能巡视系统），并更新了系统一键顺控模块，满足了地市公司对变电站远方一键顺控操作的需求。此外，地市公司可对智能感知终端进行远程设置，实现了变电站主辅设备全面监控、边缘计算。两级智慧变电站建成后，倒闸操作及巡视效率较传统模式均有质的飞跃。

2. 建设新一代集控系统，支撑变电站智能管控

明确集控系统构建框架。按照"功能上突出目的性、技术上体现兼容性"的设计要求，湘潭供电公司充分利用已有各类信息化、自动化资源，优化新一代集控系统顶层设计。明确系统定位。打造汇集主辅设备监控信息，具备远方顺控、保护定值核对、信号自动验收、画面远程调阅等实用性功能，具备智能告警、监控助手等高级功能的新一代集控系统。明确系统架构。基于一体化基础平台提供的服务总线、消息总线等公共服务，实现应用功能与信息交互，与调度主站间交互调度指令、操作信息、控制策略等数据；与省级中台间交互电网模型、设备台账等信息；支撑统一视频平台完成变电站设备视频调阅。明确硬件架构。为了提高系统的安全性，系统硬件配置分为数据库服务器、数据采集及应用服务器、人机工作站、交换机、防火墙、安全隔离装置等设备，主要设备均采用冗余配置。明确软件功能建构。基础应用功能采取颗粒化、模块化、服务化设计，总体分为运行监视、操作控制、监控业务管理、系统维护等四类应用。

深化新一代集控系统功能应用。湘潭供电公司全面梳理D5000系统应用特点，收集班组需求，有效整合主辅设备监控信息。设备监控方面更加精细，新一代集控系统通过智慧化改造新增了8类辅助设备信号；能够实现海量信息有效抓捕，杜绝关键信号漏监、误监，在信息研判方面更加精准；具备远程智能巡视功能，有效替代人工例行巡视、熄灯巡视、特殊巡视，在巡视方面实现

人机协同；支持操作一键顺控，实现"逐项操作"到"一键顺控"的转变，杜绝误操作风险；推进新一代集控系统运维班组延伸工作，为运维人员提供更为全面、更为及时、颗粒度更细的设备运行状态信息，助力设备主人制落地。

（三）推进组织体系变革，破除机制管理障碍

湘潭供电公司本着专业独立与协同的原则，结合现代设备管理体系建设，推进组织体系变革，全方位提升运检管理效率效益。

1. 优化调整管理职责，建立高效变电设备运行模式

公司适应设备管理要求，已将设备监控职责从调控专业交至运检专业，优化调整继电保护、自动化专业管理职责划分，建立更加协同、高效的变电设备运行管理模式。

2. 成立变电检修公司，强化专业管理力度

公司在确保安全生产、优质服务和队伍稳定的前提下，本着专业独立与协同的原则，利用机构改革，改变检修公司统一管理三大专业、配电专业归口管理部门分散、县公司配电建设管理体系不健全的模式，将变电专业从检修公司独立出来，成立变电检修公司，作为公司二级业务机构管理，进一步拓展升级运检业务并优化队伍管理。

3. 内部班组优化调整，明确工作职责分工

利用公司监控业务移交契机，新成立一个集控站。集控站由原地区监控班成建制划分至变电检修公司，人员由原监控班组6人与运维检修转岗人员4人组成，综合素质得到显著提高。集控站基于智慧化变电站、新一代系统及远程智能巡视系统建设，新增远方顺控、远程智能巡视、辅助设备监控等职责，设备监控范围更广、设备信息掌握更全。

（四）深化管理模式变革，开展变电站智能运维

为改变操作、巡检、运维等传统管理模式，湘潭供电公司开展一键顺控倒闸操作，从输电、配电、运检等专业探索"立体巡检+集中监控""无人值守+集中监控"新模式。

1. 转变操作方式，推进倒闸操作一键顺控

公司传统的变电站倒闸操作模式由于设备、技术、管理等方面的限制，普遍采用就地一人操作一人监护的方式进行，受过重的劳动量、过长的操作时间、较高的操作风险以及操作过程中大量人为因素影响，现场管控风险压力大，为电网安全运行带来了潜在的不确定因素。针对这一问题，湘潭供电公司按照IEC61850标准，采用程序化设计，转变操作模式，探索变电站设备的一键顺控功能，杜绝操作过程中人为因素导致的操作流程错误，降低操作风险，节省劳动量与操作时间。按照"优先远方，保证站端"的原则逐步推广一键顺控操作应用，完成新一代系统验收的站优先采用集控站远方顺控，其余站采用变电站站端顺控，具备条件的变电站新建投产选择在集控站实施。目前，公司已完成33座变电站的顺控改造，占比90%。

2. 转变巡检方式，开展"立体巡检+集中监控"

针对变电专业巡视时间过长、人力耗费较大的问题，湘潭供电公司探索集控站远程巡视，依托智慧变电站及变电集控站建设，开展人力例行巡视替代，提高设备监控强度、巡检管理细度。结合实际，巡检周期灵活。针对所辖变电站，由集控站根据设备实际使用状况，会同变电运维专业（设备主人）确定变电站例行巡视周期，根据设备运行状况，适当调整例行巡视周期。针对存在电网风险预警、重大检修方式变化、重要保电要求的变电站，进一步提高远程巡视频次，按标准周期0.5倍执行。巡检重点明确，集中监控。在远程巡视中划定重点内容着重检查，包括变压器、互感器、并抗、集合式电容器等充油设备是否存在渗漏油，设备是否存在发热、异常振动声

响、局放超标等异常缺陷，变电站各设备区是否存在异物，变电站围墙、大门、门窗等是否存在安全隐患。

3. 转变运维方式，探索"无人值守+集中监控"

针对变电专业耗费大量时间及人力开展设备运维的传统模式，湘潭供电公司依托变电站智慧化改造以及变电集控站建设，实现"无人值守+集中监控"的变电运维管理。通过新一代集控系统实时处理装置动作事件、异常告警信息、自检告警信息、运行定值、实时采样值、开关量状态、软压板状态、通讯工况等信息，完成对继电保护设备的实时在线监视。结合保信子站及压板在线监测系统建设，可使运检人员通过集控站查询继电保护设备的实时运行定值、多组备用定值、继电保护设备的运行定值区等数据信息，实现保护定值及压板状态的远程校核，通过资源整合，最终实现保护定值及压板信息核对的"去人工化"。

4. 转变事故处置方式，实现"远程辅助+运检抢"一体

此前，调度监控模式只能监视到主设备信息，对于辅助设备、保护设备等的监控不够全面，事故发生时只能通过保护告警、工业视频等判断事故严重程度。因此，湘潭供电公司通过深化配网大数据的应用，转变事故处置模式。以新一代系统远方顺控、保护定值及压板在线核对、主辅设备信息为基础，结合远程智能巡视系统，为监控人员展示更加全面的设备运行状态。事故发生后，由集控站作为事故处置枢纽，直接为运维检修人员提供远程辅助判断，利用远方顺控功能快速隔离故障，利用辅控和视频巡视提前了解站端通风、照明情况，缩短了信息传输链条，提升了事故处置效率，保障了运检人员的作业安全。

（五）建立健全保障机制，提升智能化管理能力

为专业解决班组核心能力不强、精益管控水平不高的问题，湘潭供电公司通过建章立制、培训宣贯、强化激励等方式，固化变电设备运行管理，提升工作成效。

1. 建章立制，推进变电设备运行管理规范化

湘潭供电公司为推动各部门资源和力量的高效融合，确保业务转型后的班组安全平稳运行，制定了《现代设备管理体系生产机构优化实施方案》，全面启动"无人值班+集中监控""立体巡检+集中监控"新模式。针对变电集控站、"全科医生"班组、输电监控班、全能运检班等4个班组，出台《国网湘潭供电公司设备监控运行管理规定》《国网湘潭供电公司全科医生班组管理规定》等管理办法、运行及信息管理规定12项，明确岗位职责、监控范围、设备设施维护分工、人才培养计划等内容，确保工作有章可循、有据可依。

2. 强化培训，培养多技能"全科"人才

加强制度宣贯、主动创新研究变电设备运行管理体系，充分认识变电设备运行管理提升的必要性、重要性和紧迫性。引导输电、配电、运检等专业班组积极投身到工作中。注重提炼总结，及时推广试点典型经验，促进基于新一代集控系统的变电设备运行管理在更大范围内取得成效。开展全员技能提升行动，进一步激发基层干事创业活力，加大"电力+数字化""电气+材料""设备+资产"等复合型人才培养力度，打造高素质员工队伍。搭建一线班组人员设备管理提升平台，开展专业轮岗实习、监控运维双向轮岗学习，以满足集控站、变电站等人员配置需求。根据实习人员培训情况，取得上岗资格，为工作有序开展做好准备。

3. 强化激励，推行"工分制+积分制"绩效管理

为促进人员技能提升、业务快速融合，公司健全人才激励机制。修订湘潭供电公司运检绩效管理方案，推行"工分制+积分制"业绩绩效管理模式，建立班组职工与管理人员履职清单，定

期进行分析评价并予以打分，评价结果作为月度绩效考核、年度绩效评级、人才选拔、岗位晋升的重要依据。根据技能水平为员工设立"初级、中级、高级"评级并进行积分累计。采用岗级及薪点提升方式，促进人员"一岗多能"，激发员工干事热情，促进内生动力，加速员工成长成才。

三、市级电网企业新一代集控系统的变电设备运行管理提升实践的效果

（一）管理效率明显提升

基于新一代集控系统的变电设备运行以来，110千伏智慧变电站主变将传统人工巡视45次/年优化为"机器24小时全时段监护+2次专业巡检"，大幅减少运维人员简单重复劳动，显著降低人身安全风险；检修由原来的2个小时缩短至5分钟，提高了设备监控强度、运维管理细度，提升了运维监控人员的状态感知、缺陷发现、主动预警、风险管控和应急处置能力，变电设备运行管理效率提升近200%。同时，集控站及运检人员深度参与新一代系统建设，进一步发挥生产运行核心班组作用，截至2022年上半年已完成15座变电站主设备信息接入、33座辅设备信息接入、人员技能得到显著提高。

（二）助力公司降本增效

通过深入推进"无人值守+集中监控"新模式，大幅释放改革红利，通过远方智能巡视代替人工例行巡视、远方顺控操作代替现场操作等措施，预计全年减少变电设备运维成本1360万元。建成市县城区变电站"一小时故障抢修响应圈"，城区抢修效率提升30%以上，少损电量1671万千瓦时，实现了"抢修快、多供电"。缺陷发现效率大幅提升，提升了变电设备缺陷管理精益化水平，大大减少了重复停电的次数，变电站平均故障修复时长同比缩短31.54%。

（三）安全基础不断夯实

基于新一代集控系统的变电设备运行以来，设备监控实现了零漏监、零延迟处置、零误操作。2021年，湘潭供电公司成功完成110千伏永红、洛口、通江变投运工作，110千伏永红变也是华中地区首次运用新一代系统远方顺控功能投产变电站，相比传统的现场操作方式，变电站平均投运时间缩短了近3小时。2022年，集控站已实现变电站远程智能巡视，开展远程智能巡视106次，发现设备问题33处并及时跟踪处置闭环，远程巡视相比人工巡视效率提升近80%，根据2022年上半年统计结果，相比传统方式，异常故障处置效率提升近50%。特别是在10千伏设备发生故障后，视频巡视与辅控消防监视能够快速发现站内运行环境是否安全，并从根本上杜绝误操作事件，保障电网安全可靠运行。

（四）具备市级企业示范提升效益

通过聚焦变电运维倒闸操作远方顺控替代、运维巡视远程智能巡视替代"两个替代"内容，全面开展基于新一代系统的变电设备运行管理提升与实践，优化了操作、巡检、运维等传统管理方式，深化了管理变革，实现了基于新一代集控系统的变电设备运行管理提升，为保障电网安全运行筑牢基础，对实现专业管理能力提升、设备质量管控能力提升、设备运维智能化水平提升具有积极意义，在各地市供电企业（含县级公司和相关机构）中具有借鉴和推广意义。

主 创 人：言艳辉、杨宵
参与创造人：王建雄、彭奕、李朝昀、韩忠晖、董自丹、王畅、
　　　　　　周毅、禹稷、李楠、何前军

大型钢铁企业"零缺陷"特钢产品质量管理

湖南华菱湘潭钢铁有限公司

摘要：在国家推进供给侧结构性改革和高质量发展战略指引下，湖南华菱湘潭钢铁有限公司为深入打造"双一流"产品，充分分析内部质量管理的痛点、难点，提出了以"质量零缺陷"为指导原则、"六化型"为标准的特钢产品质量管理要求。通过构建以"六化型"为基础的特钢产品质量管理标准，应用先进质量管理工具和方法推进问题分析和管理能力的提升，依托 IPD 集成产品研发体系支撑新的生产体系平衡，通过创新人才培养机制提高特钢质量管理软实力。通过"数字化、信息化、智能化"的设备升级提供智能化装备保障等措施，形成以"六化型"标准为基础的特钢质量管理理念，营造了良好的"人人重视高质量、人人创造高质量、人人享受高质量"的全员质量管理氛围，并达到特钢产品质量稳定、品质品牌提升、顾客持续满意的管理目的。

企业简介

湖南华菱湘潭钢铁有限公司（以下简称湘钢）始建于1958年，是中国南方千万吨级的精品钢材生产基地，是全球最大的宽厚板制造企业。公司具备年产钢1200万吨生产规模，拥有炼焦、烧结、炼铁、炼钢、轧材等全流程的技术装备，主体装备、生产工艺行业领先。产品涵盖宽厚板、线材和棒材三大类400多个品种，其中，33种产品获得国家和部、省级优质产品称号，12种产品获得国家冶金产品实物质量金杯奖。海洋工程结构用钢板获中国钢铁协会冶金产品实物质量"金杯特优产品"称号，是国内第一家获得该荣誉的钢企；高强度结构钢板、管线钢、锅炉和压力容器用钢板、高铝渗氮钢4类产品获冶金产品实物质量"金杯优质产品"。线棒材产品已进入中国中车、卡特彼勒、沃尔沃、贺尔碧格、丰田、本田、广汽三菱、山特维克等国内外知名企业。湘钢先后获得"中国优秀企业"、"全国质量工作先进单位"、首届"湖南省省长质量奖"。2021年，实现销售收入629.9亿元，利润48.1亿元，进入世界500强。

一、大型钢铁企业"零缺陷"特钢产品质量管理的实施背景

（一）是贯彻国家战略、实现高质量发展的需要

中国经济由高速增长阶段转向高质量发展阶段，以习近平同志为核心的党中央综合分析世界经济发展周期和我国发展阶段性特征后，作出推进供给侧结构性改革和高质量发展的重大战略部署。

2021年是"十四五"规划的开局之年。"十四五"规划要求我们引进和培养"高精尖缺"人才、发展全要素生产率高、劳动生产率高、资源生产率高、环境效率高的"高精尖"产业，并通过"两上"（上云、上平台）、"三化"（数字化、网络化、智能化）、"四新"（新产品、新装备、新技术、新材料）进行高质量发展。在行业环境快速变化、新冠肺炎疫情全球蔓延、国内大循环

为主体的大背景下，钢铁企业纷纷调整战略，着手优化工艺、调整结构、增加高附加值产品比例，客观上形成钢铁企业战略趋同、产品同质化竞争格局。湘钢通过认真分析论证，认识到发展不能再简单地走规模扩张之路，必须进一步聚焦全方位、全要素、全过程的效率变革，在品种、质量、服务、市场反应速度上大做文章，优化产品结构，发展"高精专特"产品，提升产品质量档次，提高产品差异化竞争力。

（二）是贯彻企业"双一流"产品战略的需要

湘钢提出"双一流"产品战略，即宽厚板世界一流，线棒材国内一流，线材产品重点向乘用车市场、高端精密机械、铁路、高铁、重载设备用滚珠等行业发展。力争用三年时间，在冷镦钢、弹簧钢、轴承钢、帘线钢等品种上达到国内一流水平。棒材聚焦公司发展成为中南地区最重要的汽车用钢生产基地的目标，利用五米大方坯铸机及新棒线装备优势，重点向汽车、轨道交通、工程机械等行业领域转型，打造非调质钢、轴承钢、高精度尺寸用钢等拳头产品，力争用三年时间，超赶石钢，紧追兴澄特钢，达到国内一流线棒材生产水平。要落实"双一流"战略，特钢转型是出发点，产品质量是保障，但是当前特钢质量管理具体要求不够精细，广大职工并不准确知晓特钢的内涵，因此需要构建"零缺陷"特钢产品质量管理体系。

（三）是解决特钢转型过程中质量管理痛点、难点的需要

一方面，湘钢本部构建了1200万吨钢生产平衡体系，铁钢材之间的生产衔接更加刚性，供产销运系统联动要求更高，出现质量问题将会严重影响新的平衡体系。另一方面，湘钢客户群体仍以流通为主，直供终端比例较低，核心领域用钢涉足不深，部分汽车、工程机械终端客户对湘钢产品认可度不高。另外，内外部质量损失、产品质量异议等指标较行业先进水平仍有一定差距。因此，亟待构建"零缺陷"特钢产品质量管理体系，解决精益生产体系中的平衡问题、产品竞争力问题和质量指标差距问题。

二、大型钢铁企业"零缺陷"特钢产品质量管理的主要做法

（一）构建以"六化型"为基础的特钢产品质量管理标准

特钢产品质量最基本的要求就是稳定、波动小，湘钢通过不断探索和实践，提出"六化型"的产品质量管理标准，需要产品同时满足成分精确化、成分均匀化、高纯净度化、表面质量零缺陷化、尺寸高精度化和组织均匀化六个方面的要求。

1. 明确"六化型"特钢产品质量管理推进的重点

"六化型"特钢产品质量管理要求，是以"质量零缺陷"为指导原则，以"六化型"作为高质量产品开发目标。为使目标落地，推进的重点如下：一是推进全员质量管理。引导职工第一次就把事情做到最好，不让缺陷发生或流至下道工序，营造良好的"人人重视高质量、人人创造高质量、人人享受高质量"的全员质量管理氛围。二是推进技术和工艺进步。把高技术人才作为推进湘钢高质量发展的第一资源，以IPD集成产品研发为产品研发模式，以达到产品质量稳定、品牌提升、顾客持续满意的管理目的。

2. 打造"六化型"特钢产品质量管理要求的文化氛围

文化是行动的基石，湘钢全面深入培育特钢文化，为公司推进线棒向特钢迈进提供重要的前提和保障。特钢产品质量要求高，市场风险大，关乎国家和人民的生命财产安全，质量问题必须是"零容忍"。特钢，是指有特殊用途的钢，与普通钢材相比，工艺技术要求、质量标准都大大提高。生产普通钢，质量是满足标准和技术协议；生产特钢，质量必须是满足客户的需求。因此，公司通过宣传、培训、咨询指导、走访交流、学习对标等手段，在全员范围内打造了"六化型"

特钢产品质量管理要求的文化氛围，使职工思想观念发生根本转变，树牢"特钢"思想，以敬畏之心充分认识特钢的特殊之处。围绕"六化型"质量主题在全公司上下开展"我与质量"大反思、大整改、质量征文、演讲赛等头脑风暴活动，拧紧"质量弦"，增强品牌意识。扎实深入地开展质量劳动竞赛，在竞赛现场设立"竞赛指标分解榜""竞赛达标排行榜""竞赛明星展示榜""竞赛奖励公示榜"等，以质量"软实力"促进质量"硬实力"的提升。引导职工树立"把本职工作做到极致就是品牌"的理念，大力营造"品牌在身边、品牌在岗位、品牌在日常"的特钢文化氛围。

3. 筑牢"六化型"作为特钢产品质量管理要求的思想

下大决心抓标准落实与行为改进，引导职工将"六化型"特钢文化"内化于心、外化于行"，促进生产研发、市场运营能力实现质的跃升；强化激励机制，提高销研产团队的积极性和创造力，加强以专业带头人为代表的人才队伍建设，为加快"双一流"建设、线棒材迈向特钢提供有力支撑；精心制作特钢宣传视频，设计特钢产品宣传册，以特钢产品介绍、终端产品展示、湘钢特钢文化、职工语录等为主要内容，全方位展示特钢形象，提升特钢品牌价值和行业影响力；增强责任意识，充分认清迈向特钢需要依靠销、研、产系统联动，特钢生产收益大风险也大的特点，彻底转变"差不多就行"的敷衍态度，勇挑品种研发、市场拓展的重担，在抓质量时不讲情面、不搞"下不为例"，营造不折不扣执行标准、把工作做到极致的特钢思想。

（二）应用先进质量管理工具和方法推进问题分析和管理能力的提升

"零缺陷"特钢产品质量管理，要求做到内部缺陷率最低、客户投诉率为零。在本项目实施前，湘钢特钢产品受制于质量管理要求不具体、管理工具运用不到位，合格率一直只有98.5%左右。随着"六化型"产品质量管理要求的提出，先进的质量管理工具和方法也全面地应用起来。

1. 计算机材料成分模型工具的应用

随着计算机技术的高速发展以及材料热力学、动力学数据的不断丰富，计算机对制造业进行工艺和材料分析的作用越来越大。湘钢将相关热力学、动力学软件应用到新钢种的研制开发中，并开启了材料基因组计划，在计算机上实现大量新材料的成分、工艺及性能的计算和优选，显著降低了开发研究的成本并大幅缩短研发周期。

2. 炼钢、轧钢等热力学分析软件的应用

湘钢通过与钢铁研究总院、北京科技大学等高校和研究机构合作，充分利用Thermo-Calc、FactSage、JMatPro等热力学软件对特钢的产品特性、冶炼及轧制过程控制关键参数进行模拟计算，获得包括精炼渣系控制、连续冷却转变曲线（即C曲线）、产品金相组织、力学性能等在内的产品关键特性，为线棒材特钢新产品的设计和生产提供理论支撑，提高一次成功率，缩短特钢产品开发到稳定生产的周期。

3. 汽车用钢五大核心工具的应用

将汽车用钢五大核心工具——产品质量先期策划（APQP）、失效模式和效果分析（FMEA）、统计过程控制（SPC）、测量系统分析（MSA）、生产件批准程序（PPAP）充分应用到特钢质量管理上来，采取事前预防、事中控制，防止或减少不合格品的产生。

4. 多体系融合的质量管理体系方法的应用

湘钢强调用体系思维管理企业，不断导入先进管理体系和方法，推进管理能力的提升。目前湘钢已建立信息化和工业化融合管理体系、能源管理体系、质量管理体系、环境管理体系、汽车用钢体系IATF16949、测量管理体系、职业健康安全管理体系、国家军用标准质量管理体系、

APIQ1等九大管理体系，管理体系建设取得重大进展。在进行各体系监督审核过程中，湘钢创新性地采取多体系融合的方式，不断提高公司贯标体系的适宜性、充分性、有效性。特钢产品很大部分是汽车用钢，汽车用钢质量管理体系同时也关联了安全、环境、测量、能源等体系的一些要求，因此，在对特钢产品的产品审核和过程审核过程中，均采取多体系融合的审核方式，取得了良好的效果。

湘钢通过不断导入先进管理工具和方法，推进质量问题分析和质量管理能力的提升，对问题进行了有效的整改和预防，关键工序过程能力指数$CpK \geqslant 1.3$的比例逐年提高，特钢产品合格率提升到99.5%以上。

（三）依托IPD集成产品研发体系支撑新的生产体系平衡

特钢市场入门门槛高，技术难度大，质量要求高，而且品种数量多，单个订单小，对销、研、产联动提出了更高要求。

IPD经理负责制是最核心、最基本的要素。即与产品研发有关的具体业务由IPD经理全权负责（包括市场开发、订单争取、研发组织协调、生产跟踪、产品交付、客户服务等）。IPD经理负责制使项目组责权利更加统一，有利于项目组从事务性工作中解放出来，集中精力"冲锋陷阵"。这种模式强有力地支撑了公司1200万吨钢新的平衡体系，使特钢产品研发与高效率生产两不误。

通过搭建跨部门的产品开发团队（PDT），实现有效的沟通、协调及决策，为新产品研发和市场推广打通销售、研发、生产几个环节中的壁垒；通过严密的计划、准确的接口设计，把原来的许多后续活动提前进行，同时，根据各产品间的共同点构建公共模块（CBB），提高产品开发的效率，缩短产品开发周期。2021年，在开发汽车发动机曲轴用非调质钢V2908时，IPD团队发挥了至关重要的作用，从前期客户走访、现场认证审核、准入、试制、认证通过，到批量供货，各司其职，齐头并进，将以前乘用车产品开发周期3年缩短到1.5年。

（四）通过创新人才培养机制，提高特钢质量管理软实力

制造高品质、零缺陷特钢，装备保障是一方面，关键还是人。湘钢大力倡导"三个第一"的人才观念，即人才资源是推进湘钢高质量发展的第一资源、人才培养是打造"百年湘钢"的第一支撑、党政"一把手"是人才培养第一责任人。

1. 坚持深入解放思想，打造高素质管理人才

以中高层管理人才、复合型营销人才梯队培养为重点，充分利用浙大培训班、华为培训班、科干素质提升培训班等多种平台，开拓管理人员的国际化思维和视野，打造具有卓越领导力的现代经营管理人才队伍。

2. 坚持加大人才引进力度，多途径培养人才

牢固确立人才引领发展的战略地位，着眼全局部署"人才强企"工作，进一步加大高端创新型和复合型人才引进力度。聘请了行业知名的李红星专家团队，通过其在国内一流特钢企业的工作经验及行业影响力，在市场客户开拓方面提供强有力的支撑，在新产品研发设计及工艺制定上给予关键性指导，促进品种研发的快速实现。

3. 坚持激励创新创造机制，持续培养高科技人才

开展"走近院士""走近专家"等活动，邀请两院院士、行业专家和战略用户单位高级技术专家来公司交流；每年选派5~10人驻海外进行技术跟踪、用户服务、学术交流、研修培训，开拓国际化视野；每两年举办一次"科技周"活动，评选"技术创新项目""科技之星"等为公司技术进步作出重大贡献的团体和个人。

4. 坚持弘扬工匠精神，大力培养高技能人才

依托省市平台，在公司新建 2~3 个技能大师工作室，用于技能人才建设和培养。在中国共产党成立 100 周年之际，湘钢员工艾爱国荣获"七一勋章""全国道德模范""大国工匠"等荣誉称号。

人才团队的建设，使湘钢特钢产品快速进入汽车用弹簧钢、齿轮钢、轴承钢、非调钢等市场，并成功开发了 60 多家新客户；为"把公司打造成为中南地区最大汽车产品生产制造企业之一"的目标提供了强有力的保障，品牌效应日益增强。

（五）通过"数字化、信息化、智能化"的设备升级提供智能化装备保障

湘钢紧跟钢铁产业智能制造发展方向，推进 5G、人工智能、工业互联网等新一代信息技术与生产现场深度融合，加快推动公司向"数字化、信息化、智能化"方向转型升级。启动"ERP 数据中心、生产指挥中心、设备能源中心"三大数据中心和"基础办公支撑平台、智能生产运营平台、智慧生活服务平台"三大基础工程建设，继续推广"AI+机器人"运用，为打造智慧产线、推进全流程智能化改造奠定基础。

对影响产品质量和工艺控制稳定性的关键环节，采用自动化技术和装备升级置换，逐步实现工厂操作集中化、设备运行自动化、高危岗位无人化。重点打造"智能库房管理""五米板厂全自动轧钢"等示范应用场景，建设高线厂电气集控中心、五米板厂智慧中心、宽厚板厂炼钢集控中心、炼钢厂炼钢集控中心、炼钢厂连铸集控中心，以数字化方式嵌入企业全流程生产和设备运行系统，建设钢铁行业"灯塔工厂"。"湘钢 5G 智慧工厂"项目成功入选工信部 5G 案例集，公司荣获湖南省第一批"5G+工业互联网"示范工厂称号。

为保证产品质量长周期稳定，湘钢建设了线棒 MES、ERP、LIMS（实验室管理系统）、产销、原燃料管理等信息系统及生产过程自动化系统。同时，通过对关键设备进行智能化改造提升，实现了原燃辅料进厂—生产制造—产品检化验—发运全过程的质量跟踪管理。

按照"数据录入真实准确、管理流程简洁高效"要求，通过利用先进的信息技术，构建企业信息化和数字化管控平台，对 ERP 系统、MES 系统进行升级改造，开发了适宜企业销售、生产、物流、质量及经营管理的软件系统，完善信息上传和报表生成功能，提高大数据分析能力。升级改造后 ERP 系统运行稳定，数据集成、系统重构、流程优化等功能有效发挥，为公司经营决策、运营管理、制造执行提供了有效的数据分析、预测平台。通过线棒 MES 系统改造，实现了按订单组织生产的新模式，同时，实现了对客户个性化需求全程跟踪，为提高线棒材质量提供了有力支撑。

开发"合金加入自动计算模型"、定尺优化自学习系统、加热炉智能烧炉模型、全流程轧钢温度精准控制评价模型；配置转炉下渣自动检测设备、大包加盖设备、两段电磁搅拌设备、动态轻重压下设备、定尺激光测量设备、KOCKS 三辊轧机等先进技术设备，配置热眼（Hot Eye，在线表面检测仪）、自动联合探伤设备等表面、内部质量自动检测设备，配置扫描电子显微镜、钢铁夹杂物自动分析仪、超声波水浸探伤仪、金属原位分析仪、全自动拉伸试验机及能进行全自动夹取样、铣样、送样、分析、结果上传的 SMS 2500 一体化样品控制管理系统等自动分析检测设备。

通过大量采用智能制造技术和信息技术，湘钢实现生产过程的自动化和智能化，减少人为干扰因素，提升了产品质量，降低了工序成本，有效地保证制造过程质量的稳定性，为保证湘钢产品质量长期稳定、实现精益生产提供了强有力的装备保障。

（六）构建原辅料、辅助工序"零缺陷"质量管理体系

1. 原辅料的精细管理

原辅材料是炼钢的基础，原辅材料的质量和供应条件对生产的各项技术经济指标产生重要影响。特别是"零缺陷"特钢产品，不仅对原辅材料的杂质及有害残余元素含量有明确的要求，对产品不需要的合金元素也必须加以限制，有些原辅材料（如铁水、废钢等）还需要有较好的工艺适应性，以满足不同操作工艺的要求，同时还要确保所使用的原辅材料，具有较好的经济性。因此，既要保证原辅材料质量和相对稳定的成分，又要充分利用现有资源。

湘钢针对"零缺陷"特钢产品质量要求，对原辅材料制定了不同的管理措施。如：对铁水、废钢、合金、石灰等造渣料、结晶器保护渣等原辅料，根据合金元素及有害元素含量进行分级、分类管理，分区域堆放；对废钢、合金、结晶器保护渣等，烘烤干燥后使用；对不同种类的合金，根据每批次进料的有害元素检测情况进行分类管理；生产时根据不同钢种产品质量和有害元素的要求进行选用等。

2. 理化检测的精准精确管理

钢铁产品涉及的检化验任务主要包括冶金用原燃辅料和铁合金、钢铁产品成分分析和钢材产品的力学性能、工艺性能及金相等方面的检验，这些检验任务还包含取样、制样、试样流转、检测及数据传输，每个环节出现问题都会对最终的检测结果造成影响，因此需要对各方面进行规范。包括：制定线棒材取制样及热处理标准；对各类样品取样、制样、加工方法及尺寸精度要求、热处理温度及时间等进行细化；定期开展检化验设备校准及测量系统分析（MSA），对不稳定的测量过程进行整改；开展理化检测及时率攻关。项目实施后，检测及时率整体大幅提高，在线检测220秒内发送数据比例稳定在65%以上，综合检测及时率达到94%以上。配合公司新材料使用、品种研发、配煤配矿、固废利用等工作，完成高标轴承钢用硅铁中低钛含量测定、钢中低氧分析技术、高纯石墨碳材和低氮类石墨增碳剂中氮元素分析检测方法、烧结脱硫浆液化学成分检测方法等分析技术的开发并编制相关企业标准。

三、大型钢铁企业"零缺陷"特钢产品质量管理的实施效果

（一）管理效益显著

通过该项目的实施，湘钢特钢产品的质量更加稳定，"六化型"特钢产品种类和数量都大幅度增加，产品的各项质量指标大幅提升，品质品牌影响力大幅提升。

1. 劳动生产率大幅提升

2021年，湘钢劳动生产率为1547吨钢/人·年，较2020年提升12.3%。

2. 新产品开发速度加快

目前已开发包括汽车曲轴用钢、连杆用钢、高端齿轮钢、弹簧扁钢、非调质钢、风电用钢、锅炉吊杆用钢、挖机销轴用钢、履带用钢、液压接头用钢、电磁纯铁超低碳钢、精密导轨滑块用钢、耐候焊丝用钢等60多个新品种。

3. 技术标准和操作更加规范

编制、修订了《连续铸钢方坯和矩型坯》《汽车用Q系列冷镦钢用热轧盘条》《免酸洗用高碳钢优质热轧盘条》等10个企业标准。

（二）经济效益突出

2021年，特钢产品销量146.99万吨，较项目实施前增加了47.39万吨，增幅为47.58%；吨钢创效增加131.68元/吨，增幅为29.39%；吨钢内部损失降低10.11元/吨，降幅为55.98%；吨

钢外部损失降低 1.23 元/吨，降幅为 37.39%，内外部质量损失均达到同行先进水平。特钢产品创效 21023 万元，较 2020 年提高 45%。

产品通过了卡特彼勒、惠州日铁、贺尔碧格、贵阳中车、六合天伦、苏强格、湖北恒隆、广东四会连杆、广州小出钢管、北京新光凯乐、东风、长安、吉利、通用、广汽华德、哈锅、东锅等 40 余家高端客户或汽车主机厂的二方审核和产品认证，棒材产品直供比例从 20% 提高至 35%，市场竞争力大幅增强。

（三）社会效益良好

湘钢员工人均年收入从 13 万元提升到 15.4 万元，涨幅 18.5%。湘钢万吨产值能耗从 1.273 吨标煤降到 0.982 吨标煤。湘钢资产负债率从 47.43% 降低到 44.5%。湘钢所在的湖南华菱钢铁集团进入世界企业 500 强。顾客满意度综合评分为 91 分（满分 100 分），较 2020 年提升 4 分。

（四）示范效益增强

公司特钢产品获得相关发明专利 4 项、实用新型专利 12 项。"零缺陷"特钢产品是对钢铁产品高质量要求的细化，现已成为各优特钢生产企业提高其产品品质的方向。本管理创新项目的做法，已在集团内子公司推广。

主　创　人：杨建华、刘吉文
参与创造人：周文浩、罗　登、陈利锋、张成元、李红星、郑　键、
　　　　　　赵　鹏、张群琥、杨瑞文、杨文志

高端装备制造企业基于多元产业发展的供应链管理创新与实践

株洲中车时代电气股份有限公司

摘要：当今，全球经济格局渐入深度调整期，制造业的物料成本从2020年开始持续上涨，供应交付期却不断延长，"缺芯"导致制造业的物料成本进一步上涨；同时，交付期不稳定，对整个供应链的稳定性造成了极大的影响。与此同时，市场竞争不断趋向内卷化和微利化，对株洲中车时代电气股份有限公司多元化产业发展的战略提出了新的挑战，对供应链的管理和创新提出了新的要求。在此背景下，株洲中车时代电气股份有限公司以高质量发展为指引，牢记同心多元的初心使命，面对激烈的竞争格局，快速适应新形势、新常态，紧抓"双碳"战略机遇，克服疫情起伏、缺芯断料、原材料价格飞涨等不利影响，推进基于多元化产业发展的供应链管理创新与实践。通过配置"资金、信息、实物"供应三坐标，推进信息流、资金流、实物流的整合畅通，夯实敏捷柔性保障体系；通过构筑"基础、能力、安全"品类三台阶，推动形成优质可靠的资源布局，打造自主安全供应链；通过共创"架构、机制、流程"管理三融合，增强公司综合竞争优势，赋能同心多元产业发展。

企业简介

株洲中车时代电气股份有限公司（以下简称时代电气）是中国中车旗下股份制企业，成立于2005年9月，总部位于湖南省株洲市。2006年在香港联合交易所成功上市，2015年荣获第二届"中国质量奖"，2021年9月在科创板上市，2021年营业收入151.2亿元。

时代电气主营业务为研发、制造轨道交通牵引变流装置、城市智能交通、半导体功率器件、工业变流、光伏发电、海洋装备等产品，其主导产品轨道交通牵引传动和控制系统，是中国高铁"金名片"的核心动力支撑。时代电气在轨道交通电气系统市场长期处于国内第一、国际领先的地位。

时代电气秉承"双高双效"高速牵引管理模式，坚持同心多元化发展战略，围绕技术与市场，形成了"基础器件+装置与系统+整机与工程"的完整产业链结构，产业涉及高铁、机车、城轨、轨道工程机械、通信信号、高压大功率芯片、传感器、海工装备、新能源汽车、环保、通用变频器等多个领域，业务遍及全球20多个国家和地区。作为中国电气化铁路装备事业的开拓者和领先者，公司主导制定了多项国际标准，累计获得中国专利金奖、国家科技进步二等奖等各类科技奖励百余项，拥有多个"国字号"技术创新和工程研究中心，锤炼了一支以院士为核心的高端技术人才队伍。

一、高端装备制造企业基于多元产业发展的供应链管理创新与实践的实施背景

（一）是夯实敏捷柔性保障体系的迫切需要

近年来，国际政治形势动荡，世界经济持续低迷，经济全球化遭遇逆流。新冠肺炎疫情的持续更是加剧世界经济复苏的不稳定、不确定性，全球供应链循环严重受阻。全球供应链分工发生变化，进而加剧国内市场的激烈竞争，上游原材料因地域的疫情管控要求，产能不足，部分地区甚至暂时关闭工厂。在需求不变的情况下，供应的减少导致价格大幅上涨，大宗原材料的涨价传导到后端，造成整个工业领域的采购成本上涨。与此同时，出现了断航停运、供应商停产断线、客户方撤单减单等突发状况。国内供应商复工慢，国外供应商减产，物流受阻，信息不畅等。国内立足新发展阶段、贯彻新发展理念、构建新发展格局对供应链的敏捷性、高效性以及绿色发展提出了更高的要求，基于多元化产业发展的供应链管理创新与实践是夯实敏捷柔性保障体系的迫切需要。

（二）是打造自主安全供应链的必然要求

全球化和国际产业布局正处于深刻变革周期，国际市场拓展受阻、部分关键零部件"卡脖子"。进入新发展阶段，必然要求构建新发展格局，而供应链的安全稳定则是构建新发展格局的基础。随着《中国制造2025》规划的推出，高端装备制造业更是迎来了历史发展的新机遇，使得"中国装备，装备中国"和"中国制造，中国创造"的理想向着彻底实现的道路迈出了坚实的步伐。时代电气既要坚持海外市场攻坚不放松，又要牢牢抓住国内补链、扩链、强链的历史机遇，发挥先手优势，勇立国产化、自主化的创新链和产业链潮头。基于多元化产业发展的供应链管理创新与实践是打造自主安全供应链的必然要求。

（三）是赋能公司多元化产业发展的必然选择

时代电气多年来紧跟国家"双碳""交通强国""海洋强国"等重大战略进行多元化产业布局。当前，行业格局深刻改变，市场竞争不断趋向内卷化和微利化，全球轨道交通装备行业重组整合频繁，国内轨道交通装备市场取消外资准入限制，干线铁路、城际铁路、市域（郊）铁路、城市轨道交通投资主体和运营主体日益多元化，轨道交通行业新业态竞争态势逐渐凸显。我国传统优势的轨道交通领域正面临着市场份额、价格体系、竞合关系等多方面的严峻挑战。新能源发电（变流器）、乘用车电驱新兴市场更加开放，竞争也更加白热化。受疫情及国际贸易摩擦影响，原材料价格不断上涨，产品的市场售价却不断下跌，只有稳定盈利，才能可持续性地健康发展，才能在激烈的市场竞争中跻身行业头部。盈利能力的根本在于增效挖潜，供应链管理创新与实践是赋能公司多元化产业发展的必然选择。

二、高端装备制造企业基于多元产业发展的供应链管理创新与实践的主要做法

（一）突出目标引领，科学规划顶层设计

时代电气以高质量发展为指引，牢记同心多元的初心使命，面对激烈的竞争格局，快速适应新形势、新常态，紧抓"双碳"战略机遇，克服疫情起伏、缺芯断料、原材料价格飞涨等不利影响，紧紧围绕供应链存在的突出风险，以实现敏捷柔性保障、打造自主安全供应、形成优质可靠资源和增强公司综合竞争优势为目标，推进基于多元化产业发展的供应链管理创新与实践。

具体目标包含：财务，采购成本持续削减，采购逐年降本比例不低于1.5%，国产化替代覆盖金额提升不低于30%；运营，保障供应速度，提升面对客户积极响应的能力，订单答复兑现率提升10%以上；质量，强化过程管控，提升实物质量管控水平，瓶颈物料质量问题下降10%。

(二)配置供应"三坐标",夯实敏捷柔性保障体系

供应链中各环节的企业都涉及到信息流、物流和资金流的交互,精准地传递信息、高效地控制物流、按照约定顺利地实现资金流的交割,可以提升供应链的运转效率,保证生产的持续性。2020年以来,受各地疫情、"缺芯"、大宗原料价格上涨等因素影响,供方生产停工,进口物料报关受阻,物流运输中断,产品物料交付面临重重困难,公司供应链风险因素增多。时代电气采购订单答复兑现率仅为65%。为保证公司的订单交付,集采中心围绕三个坐标开展了精细化的管控机制和措施,切实保证物料的供应。

1. 打造精准信息坐标,提前规避供应风险

通过成立专业集中计划团队,精准识别物料未来供应风险。联合保供团队以重点项目和紧急需求物料为主要工作对象,成立集中计划团队,需求预测要逐步由需求部门负责转移到集中计划团队负责,设置独立负责需求预测和编制需求计划的团队。集中计划团队主动对接营销,在ERP(企业资源管理)系统实时更新最新的客户订单,分析历史物料用量,细化不同品类物料的下单原则,从顶层设计上建立供应链风险管理的应急机制。利用计划岗位的专业优势,通过精准的预测信息,策划不同物料的供应方案。

通过应用信息系统,提高信息交互及更新频次,用信息替代实物,减少库存风险。通过SCM(供应链管理)实现从时代电气到所有供应商的端到端的数据集中与透明,对供应端资源管理、新物料开发、寻源定价交付协同、财务结算等业务环节实现精细管控,并通过EDI(电子数据交换)、VMI(供应商管理库存)业务模式的有效支撑,达成战略采购目标。通过建立采购订单协同功能,在采购订单下达后,实时将订单信息传递给供应商,供应商依据最新的交货日期在系统中进行反馈,便于及时调整生产排程,大大减少了沟通成本。推进VMI,筛选关键物料,开展供应商高层谈判,完成71家供方协议签订,协议金额约6.9亿元。筛选金额大、体积大的物料,推进JIT(实时生产系统),通过多部门的生产现场沟通,物料金额覆盖率约66.34%。

2. 构建畅通物流坐标,实现实物高效运输

通过引入JIT、循环送货、直发等模式,完善物流系统,实现物料的敏捷供应,打造稳定共赢的精益供应链体系。对供应商的地址和交付能力进行评估,在信息系统中设定每颗物料的交付窗口期,有效地控制交货节奏,降低企业的库存;针对时代电气周边的供应商和直发现场的物料,通过交付协同功能实现未来2~14天的精准交付,供应商完成交货后,在线生成对账单,开具系统发票,无需手动录入及对账,采购各单据实现数据一致且可追溯。通过分析供应商送货路径、送货金额和频次,采取循环取货的模式,非直送件循环送货金额达62%。

3. 优化资金坐标,提升资金流转效率

从2019年开始,在SCM系统中嵌入线上发票协同功能,实现与供应商发票的线上交互,供应商可以实时查看订单的入库状态,入库后可自行按照要求开具发票,实现自动化挂发票,自动按照账期实现付款。改善原来供应商开票信息不对等、挂票滞后等痛点,大幅缩短供应商从发货到收到货款的时间,减少供方的资金压力,让利于供方,供方同时也给部分物料做了降价,将原来损耗的资金时间成本转化为实际的效益。

(三)构筑品类"三台阶",打造自主安全供应链

打造自主安全的供应链,需要增强对供应商的掌控能力,而掌握和供应商博弈时的主动权,则取决于内部供应格局的构建。通过品类专业管理可以搭建有效竞争的供应格局,时代电气围绕建链、强链、稳链逐步提升供应链的自主可控能力。

1. 优化建链，夯实供应链基础台阶

联合研发，成立"3+X"工作组，实现关键物料的多家供应。成立包含研发、采购、质量、计划的专项工作小组，针对公司现有平台项目占前80%金额的关键物料，逐一制订多家供应计划，通过双周例会进行对标，最终达成每颗物料都具备3家以上的供方，减少关键物料的供应风险，形成多家供方直接竞争局面，降低物料成本。

在新物料开发环节，从原来由应用技术人员选型的方式，改为技术、质量和商务人员三方共同打分认证的方式。在物料选用时，如物料采购周期长、价格高或者供应不稳定，会在商务环节禁选该物料。

2. 融合强链，深耕供应链能力台阶

以品类管理为核心，通过"品类铁三角"工作机制，实现品类价值最大化。品类铁三角以品类经理为牵头人，包含技术、质量和商务人员，以品类策略为牵引，开展供应市场研究、需求分析、支出分析等工作，充分评估采购机遇与风险，发掘出"采购价值"实现机会点，制定针对性的品类策略及付诸实施。同时，品类团队会共同制定具体品类的KPI指标（包含QCDS，即质量、成本、交付、服务），细化年度目标值，通过品类月报实现关键指标监控，通过双周层级会议解决执行中的具体问题，最终实现原材料的稳定供应和成本逐年下降。

绘制物料供应资源地图，确保公司的供应资源充分、可靠。针对不同品类，如传感器，品类经理会首先收集市场上现有的传感器供应商（资源长名单），初步筛选与公司需求匹配的资源，再组织物料技术、应用技术、质量工程师和采购经理去实地考察供方，共同确定是否考虑准入该供方（资源短名单）。在公司现有资源的应用中，每年对资源进行评价，确定供应商的优选、慎选、禁选和逐步退出的定位，对供应商的定位会在公司层面发布，以指导技术人员的选型。

3. 合作稳链，稳固供应链安全台阶

维护与战略供方合作关系，保证关键物料以合理价格持续稳定供应。在公司内部，合作金额高（一般超过5000万元/年）、物料替代难度大、技术领先的供应商被定义为战略供方。通过在公司层面明确战略供方的定位，年度进行高层领导互访，在特定领域保证战略供方的金额占比。如A品类，会明确战略供方B所供应的物料的份额，并传递给战略供方时代电气的合作意愿和决心，来获取战略供方在新技术、交付和价格方面的支持，从而在市场供应紧张和涨价的时候，增加公司在供应保障和成本方面的竞争力。

建立战略储备机制，与供应商协同建立风险共担机制、信息共享机制。对目前短期内不能国产化的物料，时代电气从2018年开始，进行了多次战略备料采购，即在未来需求不完全明确的情况下，提前采购部分进口物料，以规避供应风险。对已经应用国产化的物料中，部分关键原材料还是依赖进口品牌。针对这部分物料，除了时代电气自身会提前下单，也会要求供应商针对这部分物料提前备货和配合公司做关键原材料的国产化资源的引入，以确保供应的稳定性，同时促进降本。

提升子公司器件供应能力，力保新兴产业突破。时代电气目前有两家内部全资器件级供应商，即供应传感器的宁波时代和供应IGBT模块的时代半导体。如针对宁波时代，在保证内部配套率的情况下，要求其在质量和新品方面对标行业国际龙头企业，通过对标牵引在技术、质量方面持续进步。同时，内部的批量应用可以形成产品改进的良性循环。2022年，宁波时代进入新能源供电主流企业，年销售额超过1亿元，同时宁波时代与新能源头部客户的合作经验和产品可以反哺公司的新能源研发能力，在保证供应平稳的同时有效降低采购成本。

(四)共创管理"三融合",赋能同心多元产业发展

随着时代电气转型进入新能源领域,确保盈利能力提升是时代电气发展最核心的需求,进一步提升盈利能力就需要从横向和纵向双重发力,打好提质增效的"组合拳"。横向是统一采购治理结构,将好的采购实践和经验方法进行推广和平移,提升整体效能;纵向是通过调整供需转换机制、运用IPD(集成产品开发)等先进的管理方法和工作,联合成本设计,优化产品结构,提升产品竞争力,从全价值链充分挖潜增效空间。

1. 架构融合,统一采购治理要求

集中采购管理,覆盖到所有产品线。在公司层面,成立采购委员会,对总部集采及分子公司采购根据"六统一"(品类策略、质量体系、信息系统、供应商管理、流程制度、人员培训)的思路开展,通过每月的采购委员会例会对标分析指标差异,沟通解决采购中的共性问题,通过采购总监班学习分享经验。

2. 机制融合,协同内外供需匹配

在新产品开发IPD流程中设置关键角色——采购代表。协助项目组技术人员确定关键器件、关键供应商,并签署相应的早期供货协议。制定采购策略并通过组织新物料的选型,设计BOM(物料清单)评审、可采购性评审、落地采购策略。负责分析并输出采购性需求,参与可采购性设计并对其进行验证。对产品开发过程交付件进行评审,识别并跟踪可采购性风险,提升产品可采购性。推动开发中主动板级、器件级、系统级替代工作,监控所辖领域批量采购活动,持续优化采购策略。

3. 流程融合,采购介入产品成本设计

以项目为载体,开展新产品开发,在产品开发初期根据预估的市场售价倒推产品的物料成本,再将总体物料成本细分到某品类的物料成本。如:某产品设计的物料总成本为100万元,共有300个型号的物料,涉及20个品类,通过细分品类1+品类2……+品类20=100万元。在执行过程中技术人员输入物料的寻源参数,不明确品牌,由品类经理推荐具体的品牌和型号,以成本达标、质量可靠为牵引,达成项目组要求,确保公司拥有持续可控的盈利能力。

(五)完善多维保障体系,夯实供应链管理基础

组织保障,统一认识。为切实提高采购管理水平,时代电气成立采购委员会和招标委员会,负责采购业务的监督和管理。集采中心负责公司采购职能统筹管理,各分子公司成立镜像组织架构,在公司层面形成一致的组织管理体系。

机制保障,优化基础管理。为确保采购管理体系建设管理的一致性,通过采购委员会年度会议、月度会议、重大事项沟通会、专项会议、阶段高管汇报决策等方式对项目进行推进和管理。

人才保障,充分发挥人力资源效能。为解决队伍管理和人才建设的问题,成立以公司总经理为总负责人,各分子公司、业务单元一把手为分领域负责人,各采购业务骨干为执行人的专项团队。通过设计内部技能五级升迁、赋能培养、引进外部人才等方式,为采购管理体系的建设提供人力资源保障。

三、高端装备制造企业基于多元产业发展的供应链管理创新与实践的实施效果

(一)管理水平跨越发展

在中美贸易摩擦叠加新冠肺炎疫情的严峻的供应形势下,公司稳定了供应局面,供应配套率提升17%,需求满足率提升15%。构建资源优选库,试点品类中新增物料数量较实施前降低20%。实施全过程质量管控,瓶颈物料的关键质量问题逐年下降15%。

（二）经济效益持续提升

3年中累计实现采购成本降低3.5亿元，每年降本比例1.5%~2%，降本比例提升87%。针对集采品类涉及的66个品牌开展寻源评估，减少了供应链的长尾效应，累计实现集采降本3461万元。通过人力资源的整合，实现减员增效，人员缩减16%，节省人力成本40万元/年，人均采购额增长21%。

（三）社会效益显著增强

建立开放共享的供应链生态，推进上下游产业联动升级，推进新工艺、新技术的合作开发，联动推进株洲地区供应商效率提升，部分产品产能提升约24%。削减成本，构筑生态供应链。打破垄断局面，某断路器全部物料完成国产化替代，替代采购金额从0提升到30%；某接触器替代金额从0提升到70%；某关键器件轨交物料完成国产化替代，替代采购金额从25%提升到80%。

（四）示范效应充分彰显

积极运用轨道交通领域的领先地位，带动株洲周边外协、散热器等厂家的技术、生产及运营能力提升，带动产业链发展，形成6个亿以上的产业规模及轨道交通产业链。目前，株洲已形成轨道交通吊挂焊接屏柜的专业产业集群，供应范围辐射到全国甚至全球的轨道交通客户。

时代电气在中车集团推动战略备料，并在供应链大会上分享品类管理的经验，多家兄弟单位前来交流学习。与此同时，公司不断提炼采购行业经验，参与行业交流，在全国行业协会案例大赛上斩获二等奖，所提交的两篇案例在中车集团采购案例大赛上获得金奖，中国中车的品牌影响力得到彰显。

主　创　人：李　欣、李强辉
参与创造人：杨训豹、刘　颖、丁　鑫、董延召、张　明、马　斌、汪　峰、廖俊傑、葛　焱、乔　霖

服务"四个一流"战略目标的省级电网企业专业管理穿透力建设

国网湖南省电力有限公司

摘要： 管理穿透力是指通过管理者的部署，下属主动完成工作的能力，实际上就是管理者对下属的真实领导力。为落实国资委推动中央企业加强合规管理的要求，为湖南省经济发展提供稳定的电力支撑，解决工作流程制度不全、制度执行不严、业务管控缺位、履职尽责不力等问题，国网湖南省电力有限公司聚焦突出问题和薄弱环节，以"四个一流"战略目标实现为主线，通过开展公司级、部门级理念宣贯，制定覆盖全专业各层级履职"两类清单"和指标任务分解图谱，建立动态优化机制，结合新增重点工作不断补充完善，实现全过程闭环管控，推进管理理念穿透、专业管理穿透、基层执行穿透，确保专业管理各项工作任务落实到位。通过管理穿透力建设，有效规范了专业管理，防范了经营管理风险，促进了公司的稳定健康发展，为湖南经济发展提供了有力的电力支撑，为优化营商环境、乡村振兴贡献了央企力量。

企业简介

国网湖南省电力有限公司（以下简称湖南公司）是国家电网有限公司的全资子公司，以建设和运营电网为核心业务，担负着保障湖南省电力可靠供应的重大责任。现设职能部门19个，下辖市（州）供电公司14家、县级供电公司98家，员工总数7.1万人（全口径）。供电范围覆盖全省14个市（州）117个县（市、区），营业区面积占全省总面积的96%，营业区人口占全省总人口的98%。2021年，完成售电量1737.32亿千瓦时，同比增长12.96%；资产总额突破1396.35亿元；资产负债率68.67%。营业收入1029亿元，同比增长16.93%；利润总额2.5亿元，同比增加15.96亿元。

一、服务"四个一流"战略目标的省级电网企业专业管理穿透力建设的实施背景

（一）是落实国资委要求、提升央企依法合规经营管理水平的需要

2021年，国务院国资委召开中央企业"合规管理强化年"工作部署会，提出力争在2022年推动中央企业合规管理工作再上新台阶，并且强调"中央企业必须把强化合规放到贯彻习近平法治思想的高度来认识，放到落实全面依法治国战略的全局来部署"。2022年，国务院国有资产监督管理委员会发布《中央企业合规管理办法（公开征求意见稿）》，进一步推动中央企业切实加强合规管理，不断提升依法合规经营管理水平。国网湖南电力公司作为关系全省能源安全和国计民生的国有特大型骨干企业，迫切需要积极响应国资委号召，以专业管理穿透力建设为抓手，加快提升合规管理能力，为建设具有中国特色国际领先能源互联网企业提供有力的支撑保障。

（二）是提升供电服务质效、支撑湖南省经济稳步发展的需要

湖南省大力践行"三高四新"战略定位和使命任务，同时叠加长江经济带发展、中部地区崛

起、粤港澳产业转移等战略机遇,经济社会仍将快速发展,能源需求将在较长时期内维持中高速增长。预计"十四五"期间全社会用电量年均增速将超过7%,全社会用电负荷超过5400万千瓦。湖南省经济的快速发展、人民生活水平的日益提高,对传统电力和能源行业供电服务水平提出了更高的标准。为贯彻上级政策部署、顺应外部市场的发展变化,湖南公司亟待开展专业管理穿透力建设,高度重视供电服务质效的提升,通过标准化管理的实现,切实提升供电服务质效,为湖南经济社会发展提供有力支持,彰显"大国重器"的责任担当。

(三)是服务"四个一流"战略目标、推进公司高质量发展的需要

为落实"四个一流"战略目标,实现跨越赶超,湖南公司从2018年开始,先后部署了多轮次管理穿透力督导检查,发现在当前各层级管理穿透力工作推进中还存在突出问题,呈现出"事情小、地方散、数量多、层级低"等特点。制度执行不严不实,部分单位分管负责人履职不到位、过程管控不严,部分中间管理层、执行操作层往往选择性执行、不执行或者打折执行上级的部署;责任传导层层衰减,部分单位专业管理主责虚化、弱化,政策制度理解不深入,系统应用掌握不熟练,指标导向贯彻不清晰;专业管理简单粗放,缺乏对实际发展需求的统筹考虑,缺乏有效的动态协调机制。因此,湖南公司亟待加强管理穿透力建设,防范管理最末端执行"走样变形",为奋力建成"四个一流"公司、推进高质量发展保驾护航。

二、服务"四个一流"战略目标的省级电网企业专业管理穿透力建设的主要做法

(一)系统化顶层设计,明确专业管理穿透力提升思路

为提升公司各专业管理水平,湖南公司充分调研论证、广泛征求意见、尊重基层规律,主动谋划,开展顶层设计,从源头上提升穿透性,提升工作的针对性、可操作性。

1. 坚持高点定位,确定工作思路

湖南公司聚焦突出问题和薄弱环节,以"四个一流"战略目标实现为主线,围绕"管理理念穿透、专业管理穿透、基层执行穿透",通过开展公司级、部门级宣贯培训,形成立体网状理念穿透,聚焦管理领导、基层员工两个层面,通过制定覆盖全专业各层级履职"两类清单"和强化指标牵引作用,提升专业管理穿透和基层执行穿透,并结合新增重点工作不断补充完善,实现全过程闭环管控,确保完成质量和时效,确保各项工作任务落实到位。

2. 强化目标引领,明确建设目标

湖南公司以强化基层单位管控及专业管理为重点,以强化专业管理穿透力为目标,从管理理念穿透、专业管理穿透、基层执行穿透三个维度,推动形成整体联动工作状态,使专业管理工作决策部署及时一贯到底,得到有效落实。

管理理念穿透:在管理思维方式上,纵向从高层较为"宏观"的管理逐层穿透到"微观"管理,横向从流程的"后端"追溯穿透到"前端",跨越多个执行部门(单位),真正贯穿"端到端",贯穿上层到下层,整体实现多层级的立体网状思维。

专业管理穿透:在专业管理上,对于企业重要的文件、制度规范,特别是风险防范、新业务发展和主要经营活动规范,通过履职清单,层层分解,确保各级专业管理人员落实执行到位。

基层执行穿透:管理穿透力关键看专业重点工作是否能够在基层一线落地执行,通过自上而下地分解专业工作,以指标为抓手层层分解,通过将指标与个人绩效挂钩,切实提升基层执行穿透。

3. 制定基本原则,高效指导工作

湖南公司明确"目标导向、问题导向、重点突出与效益导向"的四项基本原则,确保各部门、各单位在思想认识上与公司整体高度一致,在管理行动上尽职履责,突出专业作为。

坚持目标导向，正视现实、自我加压，树立前景目标，持续夯实管理基础、强化管理手段，推动供电企业管理理念升级、管理成效升级。

坚持问题导向，紧盯制约供电企业发展的主要矛盾和突出问题，围绕各级专业管理履职不到位等情形，积极应对、趋利避害，坚持用科学的方法发现问题、研究问题、解决问题。

坚持重点突出，通过多层次、多维度的工作联动管理体系将管理穿透力工作要求全面融入生产经营管理活动，对重点领域、关键节点开展动态督导，加快提升管理穿透力工作精益化水平。

坚持效益导向，立足于供电企业的核心利益，先谋快动、苦练内功，层层分解指标抢抓落实，促进企业瘦身健体、提质增效，确保国有资产保值增值。

（二）多措并举开展两级宣贯培训，推进管理理念穿透

针对当前专业管理压力传导层层衰减现状，湖南公司聚焦专业工作重点，组织开展公司、专业部门两级培训宣贯工作，开辟专业管理协同工作专栏，采用信息化宣传手段，在全公司范围内营造专业管理穿透氛围，在更广范围内凝聚共识。

1. 制定两级宣贯培训方案，促进专业重点工作基层落地

湖南公司由人资部牵头，领导小组统筹协调，制定分层分级宣贯培训方案，通过主题宣讲、集中培训、现场指导、对外交流等形式，全方位开展管理穿透理念、专业管理重点工作培训宣贯工作。针对各级领导人，通过培训解决"管理穿透力""是什么、怎么抓、有什么方法"的问题，自上而下做好理念传导。公司层面的集中培训共计15次，各部门派出各专业业务骨干参加培训，参培人员2574人，印发学习手册共计1500册。各级人员充分认识强化管理穿透力工作的重要意义，营造浓厚氛围，凝聚广泛共识，形成合力。针对专业部门，省公司各专业部门围绕公司"四个一流"战略目标、"六大攻坚工程"，细化分解落实重点工作，通过召开专业会议、交流会议等形式，加强专业工作培训指导，对于布置的重点工作、出台的文件制度，做到宣贯、培训、示范、落实"四到位"，确保重点工作落实到位。

2. 线上线下双管齐下，营造公司专业管理穿透氛围

为解决当前专业管理穿透理念不强等问题，湖南公司在公司网站开辟专题板块，采用微信、"i国网"等多种信息手段，全方位、多角度地宣传报告公司专业管理穿透进展情况。发挥多媒体优势，协同宣传部聚焦岳阳公司管理穿透力建设经验，拍摄推广"电网观察——岳阳篇"专题片，录制"管理者谈管理穿透"视频，在各单位大厅、食堂等场所滚动播放，在公司上下营造抓管理、抓落实、抓成效的浓厚氛围。

针对各基层单位对专业管理工作重点不明确的问题，湖南公司通过收集专题报告、开辟内网专栏等方式，制作易拉宝、宣传册等宣贯材料，全面宣传报道专业管理重点工作，强化湖南公司决策部署和工作要求在管理最末端穿透有力、执行有效，推动员工对专业管理工作由不了解到了解、由被动接受到主动应用的转变，全面提升公司经营管理质效。

（三）制定覆盖全专业各层级的履职清单，实现专业管理穿透

为解决专业管理主体责任缺位失位问题，湖南公司全面梳理全专业各层级管理核心要点、核心流程，形成重点任务清单、专业红线负面清单两类清单，细化工作责任分工，实行常态化的"督导+自查"，强化履职考核，推进责任落实工作。

1. 聚焦重点、紧盯关键，系统梳理"两类清单"

湖南公司在不同层级的实际工作中对工作责任进一步细化和分解落实，将任务"清单化""条目化"，明晰各专业、各岗位职责，确保履责有标准、有重点、有底线。聚焦重点工作，把专

业作为管理穿透力的基础单元,编制并下发市州、区县公司两层级"重点工作任务清单",将重点工作以清单形式明确,确保各级专业管理人员掌握本专业管理的职责和责任。紧盯关键少数,以业务、职能的最小颗粒单元作为基础单元,制定专业红线负面清单,深入分析问题产生的原因,明确整改要求,制定整改措施,形成"问题名称—问题来源—主要原因—整改要求—整改措施"闭环。

2. 定期督导、常态自查,推进专业管理问题整改

针对市、县、所三级专业管理层层衰减的问题,探索"督察+自查"多措并举的督察督办方式,开展常态化的督察考核,着重加强对末端的管理再穿透,加强执行能力,推动各项工作取得实效。

加强督导工作,制定"强化管理穿透力"工作专项督导机制及检查、评价、指导的常态督查机制,防控各类隐患风险。专业部门对二级单位分管领导"强化管理穿透力"专项工作、"两类清单"、领导人员管理穿透力履职手册等落实情况进行检查;二级单位分管负责人定期组织对所属三级单位专业工作开展抽查,编制抽查事项清单;各级组织部门加强对领导人员履职情况的监督检查。按月对专项检查情况和各级领导人员履职情况进行通报,对完成情况较差、进度滞后的工作要进行批评纠正,提出改进提升措施。在全公司范围内,共对40家单位开展领导人员履职尽责专项督办,下发督查通报10期、监督建议书7份;开展提醒谈话31人次,诫勉谈话7人次,警示谈话2人次,通报批评11人次,1名本部专责调整出本部;排查整改各类管理问题超过1000个。

应用"两类清单",自查专业问题。市州、区县公司建立管理穿透力检查对照表,常态化开展清单内容定期梳理,对本单位重点工作、重大项目以及存在重大风险隐患的事项的真实性、合理性、合规性开展全面排查;利用负面清单,常态化排查经营风险点,严格风险防控把关,增强专业管理落实力、执行力和穿透力。以长沙公司为例,针对深化供电服务指挥体系改革、探索推广机械化作业、积极培育核心分包队伍、积极开展数据治理及大数据应用等10个专题,已对8家单位开展领导人员专业自查,下发督查通报4期、监督建议书5份,推动整改管理问题19个,提升了专业管理穿透力。

3. 分层考核、深化应用,促进领导人员履职尽责

坚持考用结合,将考核结果记入领导人员履职尽责档案、正面业绩清单(负面问题清单),鼓励先进、鞭策落后,推动能上能下,严厉治庸治懒,促进担当作为。实施"红黄牌"预警管理,开展"月度+年度"评价。每月(或季)由省公司各部门对市县公司"两类清单"展开评价,对各类问题逐步采取预防提示、书面提醒、预警谈话、警示谈话、"红黄牌"预警直至组织处理。年底由省公司各部门对各单位"两类清单"年度落实情况进行综合分析研判,将清单作为扣分项纳入考核体系,年末对履职不力的分管领导实行末位淘汰,以专业红线负面清单划出一票否决、就地免职的红线。强化结果应用,支撑公司选人用人。将年度评价结果纳入领导人员履职尽责档案,建立领导班子成员"精准画像",并作为人才选拔、挂岗锻炼等的关键条件,对工作中作出突出贡献或专业管控到位、检查评价优秀的领导人员,优先纳入领导人员储备库或提拔重用。

(四)自上而下绘制业务指标任务图谱,提升基层执行穿透

为解决专业重点工作在基层分解不精细、基层员工执行力度不强等问题,湖南公司以指标为抓手,通过将专业重点工作与业务指标进行勾稽,建立覆盖全专业各层级的指标任务分解图谱,推进公司各级推进专业工作自上而下落实。

1. 层层分解公司指标,确保压力传导到位

湖南公司对国家电网、本公司战略目标进行分解,提出下一年度核心战略目标,各专业部门对核心战略指标细化后分解出二级专业指标,确定目标值并通过专业工作会予以发布,通过构建

决策部署与绩效产出的价值关系链条，确保目标落地、管理闭环。湖南公司各专业部门结合专业管理实际，对企业负责人业绩考核、同业对标指标进行细化分解，共形成重点指标150项（其中，企业负责人业绩考核指标分解39项，同业对标指标分解111项）。见图1。

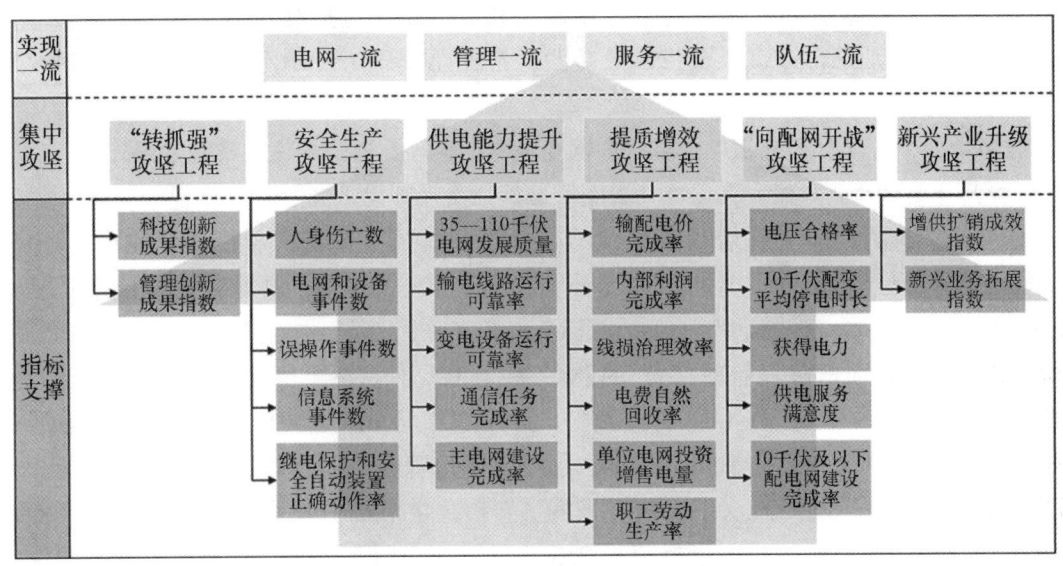

图1 指标分解图谱

2. 全要素多维度管控，强化目标任务实施

按照"全面覆盖、突出重点、动态调整、统一管控"的原则，将公司层面各类指标纳入统一的目标任务清单"一张表"进行分层督办管控，确保全面实现年度各项目标任务。根据工作任务重要程度不同，分层采取不同的手段进行督办管控。以主营业务为重点，通过计划预算、重点工作开展过程进度监测，推动运营目标实现。以关键流程为重点，开展跨专业、跨部门的业务协同监测，促进运营效率提高。以核心指标为重点，开展EVA（经济增加值）等核心业绩指标、同业对标指标的综合绩效监测，促进经营效益提升。以趋势研判为重点，基于公司运营产生的海量数据开展数据挖掘分析，支撑公司决策。

3. 完善考核评估激励，实现任务精准落地

重点考核全员年度绩效合约。年初，湖南公司各级单位组织本部全员与各级绩效经理人签订年度绩效合约。首先由部门负责人与其绩效经理人签订年度绩效合约，将公司关键绩效指标和重点工作任务分解到各部门，再由部门负责人与部门员工分层次签订年度绩效合约，将部门承担的公司关键绩效指标和重点工作任务分解到每一名员工，考核员工对重点工作任务的落实。考核结果与员工绩效薪金、人才选拔、职位晋升、评优评先紧密挂钩，激发员工内生动力。

（五）建立动态优化机制，促进循环改进、不断提升

湖南公司应用PDCA理念，每年度对"两类清单"进行动态更新调整，每季度滚动分析指标任务完成情况，分析梳理存在的不足，并在季度会上安排部署，促进专业管理水平不断循环提升。

1. "两类清单"定期更新，确保专业管理规范

为突出专业作为，确保各级管理人员尽职履责，湖南公司每年根据公司"两会"统一工作部署，组织各专业根据公司及各专业年度重点工作、专业工作风险防范、新业务发展和主要经营活动规范，开展强化管理穿透力"两类清单"修订，对各专业分管负责人重点工作任务进行调整，对专业"负面清单"进行更新，确保各专业管理人员工作方向与公司专业工作重点保持一致、专

业管理规范。

2. 动态开展指标跟踪，专业部门协同开展改进

常态化进行专业管理目标进展"回头看"，评价实现目标的各种资源使用情况，评价目标实现是否还存在弹性空间，评价所实现的目标在推动和促进企业可持续发展中作用的发挥情况。通过对绩效与目标的差别进行评审，查找绩效差距，定期总结思考，制定提升对策，实现从目标评价到目标更新的过程，并将已完成的目标成果作为新的目标管理的开始。

三、服务"四个一流"战略目标的省级电网企业专业管理穿透力建设的实施效果

（一）提高专业管理穿透能力，支撑"四个一流"目标，带动公司管理水平提升

自专业管理穿透力建设工作启动以来，湖南公司及其市县公司、单位迅速响应，积极落实，专业管理水平大幅提升。推进了电网水平提升。2021年较2020年，电能占终端能源消费比重由17.1%提升至17.9%，综合线损率（负向指标）由7.76%下降至7.71%，下降0.05个百分点，330千伏及以上变电设备故障停运率（负向指标）由0.07次/百台下降至0.028次/百台。电网N-1通过率方面，110~35千伏N-1通过率由89.84%提升至100%，10千伏线路N-1通过率由61.46%提升至100%。推进了管理水平提升。合规与风险管控水平方面，湖南公司近年来基本排名国网系统前十，达到国网一流水平；物资采购A、B级供应商占比高于99%。推进了服务水平提升。城市用户平均停电时间当前指标值为2.8小时，客户服务满意率由99.2%提升至99.48%。推进了队伍水平提升。职工劳动生产率由53.87万元/人·年提升至63.567万元/人·年。

（二）有效防范专业管理风险，促进公司开源节流，实现公司提质增效

通过专业管理穿透，有效防范经营管理风险。三类项目清理收回资金20亿元，强化审计成果应用，核减问题投资8.29亿元。促进公司开源节流，实现扭亏为盈的既定目标。2021年，公司完成售电量1737.32亿千瓦时，同比增长12.96%；营业收入1029亿元，增长16.93%；资产总额1396.35亿元，增长10.99%。大力开展高损台区整治，少损电量4.53亿千瓦时，"量价费损"收益大幅提升，合计增收33.64亿元，提速再电气化步伐，实现重点领域替代电量22.7亿千瓦时。

（三）全面提升供电服务质量，支撑湖南经济发展，彰显责任央企担当

电网规划管理穿透，促成政企合作，打造服务地方电网建设新格局。推动"宁电入湘"纳入国家"十四五"电力规划，一批新能源送出工程被增补进国家规划，公司电网规划成果全部纳入湖南省规划。促成公司领导与省长开展战略会谈，取得一系列突破性成果，强化与政府的战略合作。公司与各市州精诚对接，争取到更多实质性政策支持，"政企合作、共建电网"新机制更加巩固，湖南公司与地方关系更为融洽。供电服务管理穿透，供电保障平稳有序，供电服务质量明显提升，湖南公司成功应对夏、冬两季负荷屡创新高和秋季长晴高温挑战，圆满完成防汛工作任务，客户用电体验显著改善，公司95598投诉量同比下降77.9%。助力营商环境优化，服务乡村振兴，彰显责任央企形象，通过推进"阳光业扩"和"三零""三省"服务，累计减免办电成本12.7亿元，让企业客户享受到"真金白银"的实惠，湖南"获得电力"指标在全国排名前列，长沙市被评为进步最快城市。完成农网巩固提升工程投资52.85亿元，建成乡村电气化项目435个，有效助推农村产业发展，湖南公司获评全国脱贫攻坚先进集体。

主 创 人：沈志斌、任 浪
参与创造人：岳光辉、杨 明、唐剑东、叶伏虎、李 彬、黄 颖
祁 云、张 斌、刘 磊

创新全员经营管理体系，
助力国有大型制造企业管理升级

北京汽车股份有限公司株洲分公司

摘要： 面对复杂多变的市场环境和竞争激烈的行业形势，北京汽车股份有公司株洲分公司以成本文化为基础，在探索"经营文化"落地和"经营体管理"创新的进程中，重点聚焦经营思维、经营模式、经营能力和经营资源四个方面寻求突破和提升，构建了"全员经营·价值共创"的管理创新体系，将"全员经营"落实到产品、生产、质量、成本、安全等各个环节，在疫情反复、缺芯限电等困难环境下，挖掘动员一切智慧和力量主动作为，助力公司高质量内涵式发展，持续创造管理价值、经济价值、社会价值，实现企业和员工的成长和共赢。

企业简介

北京汽车集团有限公司是中国汽车骨干企业，位列中国汽车集团第四位，2021年《财富》世界500强排名第124位。北京汽车股份有限公司是北汽集团乘用车资源聚合和业务发展的核心平台，于2014年12月19日在港交所上市（HK.1958）。北京汽车股份有限公司株洲分公司（以下简称株洲分公司）2009年落户株洲，规划产能50万台，已建成产能35万台，是北京汽车自主品牌第一个外埠乘用车基地，也是亚洲最大的新能源车与燃油车共线制造基地。

一、创新全员经营管理体系的实施背景

（一）是贴合国家发展战略和政策变化的需要

企业的高质量发展必须实现生产、消费各个领域的相互协调，资源分配和再利用各环节的有机衔接，供给与需求在结构上的合理适配。这从根本上要求企业坚持经济效益为核心，统筹企业运营规划和资源配置，不断完善生产运营模式，以最优的经营成本获取最大的经济效益。

（二）是应对外部市场及行业竞争环境的需要

从2017年开始，国内整体经济增速放缓，市场进入了"零增长"甚至"负增长"的态势，2020年以来，面对疫情反复、缺芯限电、原材料上涨的连续冲击，汽车淘汰赛趋于白热化，自主头部车企竞争激烈，造车新势力强势来袭，汽车产业两极分化及新能源趋势愈发显著。自北京汽车H股在港交所成功上市后，股东对株洲分公司整体盈利水平的要求也有所提升。

（三）是满足内部精益运营的需要

株洲分公司二工厂建成投产后，株洲基地年产能从20万台提升至35万台。然而受外部市场环境影响，株洲分公司产量遭遇断崖式下滑，产能和产量的"一升一降"，导致株洲分公司成本压力剧增。加上疫情、缺芯及原材料上涨等因素影响，聚焦精益运营的业务模式变革升级已势在必行。

综上所述，创新构建全员经营管理体系，是株洲分公司实现"向经营者转型"的关键举措，也是"潇湘铁军"面对行业发展新常态，助力大型制造企业提质增效的创新探索。

二、创新全员经营管理体系的主要做法

（一）全员经营整体思路

1. 市场化的运作机制

强化公司内部的市场化运作，搭建公司内部经营体，明确各经营体之间的责、权、利，形成符合市场化运作规则的经营体运行管理机制。

2. 高效化的资源配置

从企业资源管理的角度出发，倡导建立资源优化配置和高效使用的重要理念，并在此基础上依据实际业绩实现对各类经营体的评价、核算及激励。

3. 精细化的成本管控

始终坚持精益成本控制思路，从高效、精益的提质增效管理体系逐步发展到贯穿各个经营层级的收益指标管理体系，形成人人扛指标、事事讲成本的良好氛围。

4. 强关联的收入分配

在收入分配上，树立收入与绩效强相关的观念，建立经营者收入与绩效直接挂钩的分配激励机制，发挥绩效评价体系在全员经营管理模式落地中的全面评价和对标引领作用，实现收入能增能减，激励与约束相统一。

5. 引领性的文化建设

强化文化引领和导向的重要作用，树立全员参与企业经营的主人翁意识，让文化成为企业全员经营模式深化应用的积淀和底蕴，成为企业实现生产力转化的重要力量和源泉。

（二）全员经营体系筹划

1. 搭建全员经营管理架构

株洲分公司建立了规范化的组织结构和管理体系，从总经理到各中层干部再到全体员工，均全面参与到全员经营工作中。株洲分公司全员经营组织架构形成了领导小组、推进小组、实施小组三大垂直管理体系，其中横向涵盖9个部门，纵向深入所有业务/班组的三级扁平化组织架构，而财务管理部则作为株洲分公司全员经营工作的牵头部门，策划推动全员经营工作开展。

2. 建立全员经营制度规划

为推进全员经营管理创新体系逐步成熟，株洲分公司财务管理部先后制定并发布了一系列相关制度。2015年底发布《株洲分公司成本文化1.0》，2017年发布《株洲分公司全员经营推进策略》，2018年制定《株洲分公司全员经营承包责任管理办法》，2019年发布《株洲分公司全员经营文化2.0》，2020年制定《株洲分公司全员经营实施细则》，2021年发布《株洲分公司经营体实施方案》《株洲分公司全员经营文化3.0》。

3. 构建全员经营管理体系

株洲分公司的全员经营管理体系主要围绕两大子模块策划实施：全员经营文化体系和经营体管理体系。

全员经营文化体系聚焦全面树立经营者思维，以市场化意识驱动价值创造，通过打造培训、宣传、活动三位一体的全员经营文化宣传阵地，形成以看、听、说为载体的你争我赶的浓厚文化氛围，推进全体员工将一切工作的重点聚焦价值产出，将经营者意识彻底转化为高效行动。

经营体管理体系是以年度经营计划为依据，划小经营体，构建市场化的三级经营体组织架构，

以部门—业务—班组为单位，将指标分解到三级班组经营体，明确管理职责，同时将生产资源进行货币量化，权责利对等，建立经营体收益核算机制和标准化评价体系，推进全员经营管理体系覆盖到生产、管理等各环节。

（三）全员经营实施步骤

株洲分公司的全员经营管理创新体系建设主要分为两个阶段、七个步骤。

从2017年开始，株洲分公司开始第一阶段的组织策划，通过理念导入、深化落地、精益推广、成果拓展四步规划，系统策划实施了全员经营项目，形成具有"潇湘铁军"特色的经营品牌。

2021年，在总结全员经营第一阶段优秀经验和成果基础上，株洲分公司制定了《全员经营总结复盘及未来三年规划方案》，统筹部署第二阶段全员经营战略目标及规划。这是株洲分公司进一步扩展管理会计职能思维尺度和效应，在应对内外部不利形势下，通过全员经营管理创新体系的深度应用，实现成本最优、效益最大的又一次创新探索和实践。

1. 第一阶段：2017—2020年

第一个阶段分为四个步骤：第一步是全员经营理念的导入和培育，让全体员工了解全员经营的重要性和必要性；第二步是全员经营的深化落地，搭建经营承包责任制和项目管理制的责任经营体系；第三步是精益推广，全面推行模拟市场化的经营机制；第四步是成果拓展，聚焦"创收+降本"，实现经营效益最大化。

（1）全员经营理念导入——以文化赋能，培育"全员经营驱动力"

株洲分公司财务管理部创新提出"以成本文化助推经营"的实践方针，发布《株洲分公司成本文化》。有了成本文化这块奠基石，株洲分公司在经济下行、产能不饱和的困境下，秉承成本文化的影响力和深厚积淀，开始组织实施全员经营项目。

①明确"全员经营"理念和目标。株洲分公司向全体员工发布《全员经营推进策略》，明确"全员经营"第一阶段的战略目标和实施内容。

②在干部层面统一全员经营思想。通过开展两次中高层领导干部"全员经营"专题讨论会，在全员经营工作开展思路和推进模式上形成诸多创新、可行的方法，在干部层面统一对全员经营理念的认识。

（2）全员经营深化落地——主动担当，凝聚"潇湘铁军"攻坚合力

①进一步扩大文化影响力。在对内推广方面，通过组织全员经营征文、演讲、漫画、宣传口号征集、知识竞赛等活动，建立从上到下全覆盖的经营文化宣传阵地；在对外宣传方面，完成财政部《新理财》杂志对株洲分公司全员经营文化的专访活动，并在《新理财》上发布16个版面的专刊报道，全面提升株洲分公司全员经营品牌在行业内的知名度和影响力。

②推行"重点经营项目承包+自主经营项目承包"的责任经营模式。株洲分公司总经理与经营班子成员、各部长分别签订了人力资源配置最优化、物流成本、管理成本最优化等8个重点经营承包项目，尝试实施承包到户（单位）、承包到人的管理模式。以鼓励全体员工主动承担经营责任的管理模式，下发全员自主承包经营提报的通知，鼓励全员主动承担经营责任，从生产经营的各个维度深挖改善空间，有针对性地从产品、质量、成本、效益、创新、品牌等多方面提报自主经营项目。

③搭建全员经营承包项目管控体系及标准化评价体系。株洲分公司创新搭建分层级全员经营指标管理体系，建立月度管控、季度评审项目管控机制。成立专家评审小组，每季度对经营承包项目进行评审，在全员经营工作年中总结大会上对优秀经营项目、经营单位等进行激励表彰，有

效激发了员工的经营热情和活力。

（3）全员经营精益推广——全员参与，展现"经营体管理效力"

①升级文化影响力，形成"潇湘铁军"特色的全员经营品牌。株洲分公司精准提炼全员经营文化内涵，发布《株洲分公司全员经营文化手册》，形成株洲特色的全员经营文化理念体系，并组织全员经营文化、经营思维拓展等培训，通过集团公司、股份公司、媒体等内外部宣传平台，持续提升全员经营文化品牌影响力。

②升级全员经营承包模式，实现从精益生产向精益经营转型。株洲分公司通过升级全员经营承包模式，划小经营承包体，将生产资源进行货币量化，建立市场化机制的全员经营承包模式。以部门为单位划分11个一级经营承包体，以业务为单位划分36个二级经营承包体，以班组为单位划分50个三级承包经营体，以经营单元的价值协同和内外部的资源协同，发挥模拟市场机制的强激励、灵活应变的功效，根据各经营体承包内容分别设定"责任利润"指标，明确各经营体之间的经营责任，将各项成本费用按成本习性划分为变动、固定、定额、专项等，建立内外部有偿服务、索赔及结算机制。

③业务主动经营积极性全面提升，最大化地发挥全员参与提质增效的经营规模效应。株洲分公司建立月度效益分析例会机制，及时追根溯源、提示风险。各经营体内部模拟市场化运作，精细化资源分配，垂直划分部门、业务、生产线及班组四级经营体，持续挖掘日常容易被忽视的资源成本，将独立核算、自负盈亏的经营思维贯彻到底，同时把班组的经营成果、经营激励上墙展示，实行月度评价、对比收益，对异常问题进行常态化纠偏。

④建立业财深度融合的财务助理模式，促进全员经营成效最大化。株洲分公司首创以业务财务为基点，变革财务作业的全新生态，给各业务部门部长配备财务助理，将财务部骨干力量融合到业务前端，协助各部门长指导业务部门全员经营和其他财务工作的开展。

（4）全员经营成果拓展——精益经营，拓展"株洲经营体逆势应变力"

①打造三级经营文化纵队，持续扩大文化传播力和影响力。株洲分公司通过"看、听、说"的文化传播方式，推动部门—业务—班组三级经营体自主开展知识竞赛、专题培训、案例分享等多元化的文化活动，依托全员经营季刊、《北京汽车报》、优秀案例集等内外宣传载体，营造"评、比、超"的全员经营文化生态。

②聚焦"创收+降本"的经营体管理模式，充分挖潜和利用一切资源为公司创造收益。株洲分公司内部通过划分重点项目经营体、内部经营体、自主降本经营体三大板块，引导各经营体主动拓展经营思维，挖掘创收渠道。在开源创收方面，充分把握政策红利，主动与政府部门沟通，争取最大化的政策支持；积极开展人力资源共享、资产共享、技术共享等，承接物流服务、售后服务、外部维修、加工等业务。在极致降本方面，开展CNG车型套色降本、危险处置降本等创新项目。

2. 第二阶段：2021—2023年

第二个阶段分为三个步骤：第一步是效益提升，推进株洲分公司精益生产运营能力、极致成本管控能力、经营收益创造能力实现提升；第二步是效益提质，持续提升经营体管理能力和应变能力，系统推进效益体系管理能力进阶；第三步是品牌提升，推进株洲分公司全员经营工作成为汽车行业的全员经营品牌。

（1）全员经营效益提升——创收增益，持续扩大价值创造力

2021年，株洲分公司策划了全员经营未来三年规划，以全员经营文化和经营体管理体系建设

为中心,通过进一步实施市场化运营机制,强化财务BP(业务伙伴)的引领推动作用,持续推进全员经营管理创新体系的深耕和完善。

①升级全员经营文化体系,持续提升文化软实力。株洲分公司通过发布《全员经营文化手册3.0》,凝练文化核心内涵,升级全员经营文化3.0体系。通过深化三级经营文化纵队建设,分层分类开展贯穿全年的文化建设活动,组织模拟场景化的经营沙盘演练、行业经营案例、全员经营文化3.0等经营能力提升培训,强化全员经营意识、成本意识、市场意识、危机意识;依托"京彩1958""潇湘铁军"及全员经营微信平台等内外部宣传媒介,多维度刊登经营体动态新闻、优秀征文等,实现全员经营意识的全员渗透、全员经营活动的全员参与,进一步提升文化软实力。

②扩大市场化运营,持续提升经营体价值创造力。株洲分公司以市场为导向,完善三级经营体管理体系,设定确保、挑战两级经营指标,创新实施发动机、冲压业务独立经营体,通过设定产值、利润目标,权责利对等,进一步盘活资源,激发经营体潜力,充分利用属地平台和资源优势,引导全员集中优势资源拓展创收渠道,获取高收益创收。通过主动承接株齿分动箱壳体加工、长沙熙迈缸体加工、激光切割、三一侧围外板等加工业务,株洲分公司全年实现创收532万元;同时针对业务痛点、瓶颈问题,全员开展自主降本,累计实施项目1500项,累计收益6190万元。

③经营者思维逆势应变,最大化激发潇湘铁军凝聚力。在资源紧缺的情况下,株洲分公司充分运用经营者思维,根据订单需求的紧急程度,制定生产顺序的优先级,以最低成本灵活制订生产计划,利用生产间隙,通过延班、周末无休,跨基地拉动资源组织库存车整备,完成整备2.8万台。针对全球芯片及"三电"供应短缺紧张局面,成立出租车联合保供应急小组,专项调度、主动出击,24小时跟踪专用件及"三电"供货情况,按时按质按量完成4700台换电出租车的生产。

④财务BP价值引领,业财融合促进管理提升。株洲分公司聚焦业财思维转变和能力提升,推进财务助理向财务BP的创新转型,改变原定的财务定位的职能,由协同配合向主动引领转变。财务BP以业财联动推进重点项目攻关为抓手,开展创收项目经济性测算、套色车成本分析改进、VOC成本压降等项目,主动融入业务前端;财务BP指导业务开展指标分析、成本再评估分析等,组织经营体管理、成本、资产、风险等24次专项培训;业务也主动融入,通过建立月度例会机制,开展对标交流,实现业财融合、价值共创的新格局。

(2)全员经营未来展望——打造标杆,持续扩大全员经营品牌力

未来两年,株洲分公司将通过经营文化的落地扎根,形成深厚持久、入脑入心的文化力;通过经营业务的拓展升级,以株洲基地整车制造单元为中心,拉动上下游相关单位,进一步深挖产业链的经营效益;通过"经营体"管理升级,全面激活内部效益提升的无限潜能;通过全员经营大数据平台的升级,实现经营信息全数字化、全透明化、全流程化、全员化。

三、创新全员经营管理体系的实施效果

通过创新全员经营管理体系,经过数年的探索和实施,株洲分公司在管理效益、经济效益、社会效益三个维度取得了一定效果。

(一)管理价值

1. 经营文化赋能

株洲分公司真正形成自上而下对全员经营文化的价值认同和实践落地,主要是因为持续强化了对全员经营文化落地环境及氛围的培育,能够较好地实现"生产文化两手抓、两手硬"的生动局面,每个员工都会在工作中自觉自发地融入经营者思维,"全员经营"理念落实到各个环节。

2. 经营体系进阶

通过推行全员经营管理模式，梳理经营中存在的痛点和难点，根据自身经验主动提出解决办法和建议，株洲分公司的所有员工都以主人翁的心态把企业当家一样经营，各经营体通过搭建全员经营指标分级管理体系，将全员经营工作成效与车间绩效、班组绩效、个人绩效挂钩，全面提升各经营体的管理水平，员工也将实现从直接生产者向企业经营者的转型。

（二）经济价值

1. 经营成本优化

通过推行"划小单位、自主经营、独立核算"的市场化经营模式，按业务板块划分经营业务单元，以业务或部门为经营承包体，制定与生产经营挂钩的内部核算机制，各经营承包体通过一键到底的精益化管理提升和业务模式创新，单台制造成本也将实现逐步降低，全体员工能够立足本岗位追求极致成本，持续为企业创造价值，株洲分公司的经营成本必然得到持续优化。

2. 企业效益提升

随着经营理念与思维的形成与贯彻、经营承包模式的创新探索与分步实施，株洲分公司的全员经营管理模式已经为企业带来经营收益的全面提升，各部门的全员经营项目提报的数量、质量、收益、创新等均有大幅提高。

从历史数据可以看出，2016年株洲分公司提报降本增效项目71个，收益2510万元。在推行全员经营后，2017年各部门提报216个全员经营项目，收益3422万元；2018年提报503个项目，收益9285万元；2019年提报704个项目，收益1.1亿元；2020年提报1829个项目，收益7518万元；2021年提报1500个项目，收益6190万元。员工参与率从42%提升至97%。

3. 员工收入增加

依据全员经营管理办法及全员经营项目评价激励体系，株洲分公司员工只要达成约定的经营体目标，企业就可以按照全员经营管理办法中约定的激励比例对经营体承包单位及个人进行奖励，实现多劳多得，这样就在全员经营成果激励方面真正实现了企业与员工的共享，并最终转化为员工绩效的评定，体现为员工收入的直接增加。

（三）社会价值

1. 打造行业典范

经工信部工业文化发展中心、北汽集团共同研究决定，授予株洲分公司"管理会计研究中心株洲示范基地"，株洲分公司"全员经营助力大型制造企业提质增效"案例也被评为"中国管理会计最佳实践奖"，并入选工信部《管理会计案例集》。株洲分公司通过总结提炼及推广先进的经营管理经验，树立起全员经营管理品牌，在行业内外发挥强大的正面影响力，为更多同类别企业提供经营管理的优秀样本和可借鉴性意见。

2. 壮大产业集群

伴随着全员经营管理模式的深入推进，株洲分公司的质量、成本和效率不断提升，必然转化为主机厂产销量的持续提升，进而带动株洲汽车产业园区企业主动对接国家战略，主动对标世界级标准、最高水平，最终形成具备区域产业集群特色的核心竞争力。

3. 培养复合型人才

在全员经营管理模式的推进过程中，株洲分公司紧密结合区域就业形势的改善和高素质人才的培养工作，通过拓宽人才需求、加强人才培养、优化人才结构，为制造行业培养了更多全面发展的复合型经营人才，为改善区域就业环境和优化人才体系贡献了一定的力量和较为成熟的经验。

(四)经验分享

1. 提升全员经营品牌效益

株洲分公司构建"全员经营·价值共创"的经营体系,由员工主导担当,成功实施双工厂柔性化人力资源共享、承接物流、外部维修及加工等创收业务,自主开发首创国内机器人暖机技术等3000多个全员经营项目,将"全员经营"落实到产品、生产、质量、成本、安全等各个环节。

2. 打造全员经营品牌标杆

从2017年到2020年,株洲分公司连续4年获得北汽股份"成本文化奖";组织策划全员经营部署大会及现场观摩、承办北汽集团2019年度财经峰会等活动,株洲分公司获北汽股份授予的"全员经营示范基地"和工信部授予的"管理会计株洲示范基地"等荣誉,全面提升了株洲分公司全员经营品牌的行业知名度和影响力,形成了自主品牌全员经营品牌标杆。

主 创 人:吴 飞、周 慧
参与创造人:杨 明、朱贵敏、刘国力、罗辉军、吴双甜、曾 鹏

军工企业基于价值创造的采购管理体系构建

江南工业集团有限公司

摘要： 江南工业集团有限公司立足军工企业特性，深入开展采购管理创新，对标世界一流企业和高质量发展要求，紧密结合企业生产经营实际需求，顶层设计、集中管控、体系推进、分类管理、突破难点，逐步构建了一个以价值创造为导向，以精准保供和提质增效为目标，以管理体系优化为主线，以物料计划平衡为牵引，以信息系统平台为依托，以高效采购队伍为支撑，以优质供应商库为前端，以集中采购策略为路径，以库存优化管理为终端的全流程、全要素、全员参与的现代化采购管理体系，明确价值创新路径，精准满足企业生产需求，加快资金周转速度，带动企业总成本降低。

企业简介

江南工业集团有限公司（以下简称江南集团）成立于1952年，目前已发展成为国防科技工业具有科研、生产双重资质的国家重点保军企业，国家级企业技术中心、国家高新技术企业、全国创新型企业。公司占地面积6.26平方公里，资产总额42亿元，拥有员工2600余人，在本部、长沙国家级高新技术开发区建立了产品研发中心和制造基地。

一、军工企业基于价值创造的采购管理体系构建的实施背景

随着市场经济发展和社会分工协作不断加深，采购管理水平已经成为现代企业竞争力的显著标志。江南集团作为总装生产厂，供应链对于企业经营效益的影响越来越显著，尤其是要通过强化控制采购过程的信息流、物流、资金流，以需求计划为起点，系统策划，形成体系化合力，确保供应链顺畅，为企业高质量发展奠定坚实基础。

（一）是适应经济发展新常态，做强做优做大国有企业的有力举措

习近平总书记强调，国有企业是中国特色社会主义的重要物质基础和政治基础，是党执政兴国的重要支柱和依靠力量，必须做强做优做大。当前，供应链已经成为企业核心竞争力的重要内容，企业间的竞争，更多的体现在供应链之间的竞争。作为制造行业大型国有企业，构建基于价值创造的采购管理体系，成为江南集团讲政治负责任，以管理创新驱动企业发展，贯彻落实党中央决策部署，持续做强做优做大国有企业的有力举措。

（二）是履行好强军首责，为国防和军队现代化建设作贡献的重要体现

近年来，武器装备升级换代加速推进的新形势，建设现代化国防和军队的新要求，为江南集团的创新发展带来了前景广阔的发展空间。但是作为总装企业，原材料、半成品及配套件的采购既占据了总成本的半数以上，也占用着企业大部分的流动资金。作为军工企业，江南集团逐步推进采购管理改革，构建基于价值创造的采购管理体系，保障生产制造急需，也是题中应有之义。

（三）是解决传统管控模式问题，推动高质量发展的必然选择

改革开放以来，随着市场经济的不断完善，军工行业生产采购格局发生了改变，采购职能逐

渐成为企业战略管理的一个关键环节，由传统的服务角色发展成为企业之间信息交换的管理者和整个供应链的选择者与维护者。江南集团要想适应这一发展形势，就必须优化资源配置，以价值创造为牵引，持续健全完善采购管理体系。

二、军工企业基于价值创造的采购管理体系构建的主要做法

（一）以管理体系优化为主线，强化采购顶层设计

1. 构建网格化采购组织体系

江南集团围绕价值创造需求，顺应集中采购发展方向，逐步建成"纵向集中与横向分离的采购管理组织体系"，形成分工合理、制衡有度、监督到位、层次清晰、责任明确的网格化采购组织体系。一是采购管理纵向集中：采购权限向上集中，由企业职能部门生产管理部、采购仓储配送中心、财务金融部、审计部等单位分别归口负责采购管理、采购执行、采购考核、采购监督审计等职能，分厂等二级单位按照生产经营需要分类分项逐级提出采购需求，无直接采购权限。二是采购管理横向分离：采购管理权限和职责按照各职能部门业务分工进行分离，并建立采购计划、采购执行、采购考核三大职能板块，作为采购管理业务域的核心业务单元，分别由不同的业务部门负责，实现职能分离，相互监督，专业化程度更高，业务流程衔接更加紧密。占比重最大的物料、配套件等物资采购，由公司采购仓储配送中心集中统一采购、存储、配送；对于生产外包、设备采购以及中介服务等专业化程度较高、与业务关联度更强的采购内容，授权负责生产组织的生产管理部、负责生产线建设的发展规划部等相关业务部门直接负责采购管理，构建了专业化采购通道，使采购更加便捷高效地推动经营业务开展，最大限度地兼顾价值创造与管理效率。

同时，江南集团建立了应急绿色通道采购机制，在遇到重大突发情况时启动，由应急指挥部统一安排相应物资采购，简化采购流程。

2. 完善体系化采购制度体系

江南集团对采购管理涉及的全部业务流程进行了统一梳理、整合、优化，采购制度流程集中统一化，尤其是将分散在各业务单位、各业务域的管理制度进行升级整合，如将原来分散在多个管理制度中甚至二级管理规范中的设备采购、售后、维修等流程集中统一到《设备采购管理办法》，形成由采购需求直至物资出库领用相互衔接和制约的流程体系，明确了物资采购组织机构、采购审批权限、采购人员职责、采购内容、采购方式、采购验证、报销结算、供方考评、仓储领用等环节的全要素控制要求。一是基础性采购管理制度方面，重点在规范性上发力。制定了《江南集团采购管理办法》，对采购管理工作进行总体规范，划分了采购职责；制定了《江南集团比质比价管理办法》，成立江南集团比质比价管理领导小组，对全公司比质比价工作进行统一管理。二是在操作性采购管理制度方面，重点在操作性上着力。制定了《江南集团生产外包管理办法（试行）》《江南集团设备采购管理办法》等生产经营采购类管理制度，制定了《江南集团采购管理统计报表制度》等具体业务规范，制定了《江南集团废旧物资回收处理规定》等资产回收处置制度，制定《江南集团审计中介服务采购管理办法》等专项服务类采购管理制度。

3. 建立高效化的采购执行体系

江南集团着力加强采购需求预测，从生产分厂等二级单位开始全方位、多渠道收集各类采购需求信息，由相应业务归口部门对需求的合理性、预算的准确性开展有效评估，结合订货任务、财务预算、库存水平，分类科学编制采购计划，并统筹考虑质量、效率、成本、客户需求等各项因素，确定合理的采购方式；按照业务分管领域实施采购，考核推进采购计划执行情况，研究评估采购执行效果。采购活动完成后，物资类采购统一由采购仓储配送中心清验入库、仓储保管、

配送发放。由生产管理部门对采购计划执行情况进行考核,由财务部门对采购提质增效情况进行考核,将考核结果汇总至企业经营绩效考核领导小组,严格落实奖惩。以采购管理风险排查和分析为基础,建立全采购范围覆盖、全采购流程管控的采购风险控制体系,形成以审计部、改革与资产管理部为主体,各部门按对应职能实施联合监管的采购风险管控机制,纳入企业内部控制体系管理。

(二) 以优质供应商库为前端,夯实价值创造基础

企业要想在激烈的市场竞争中保持并不断提升自身的核心竞争力,仅仅依托自身的资源难以满足市场多样化的需求。因而,必须与供应链上的其他企业相互关联、相互作用,将企业间的一般合作关系逐渐发展为供应链环境下的企业合作伙伴关系。江南集团以供应商管理为采购价值创造的前端,优化完善供应商的开发、考核、淘汰、战略合作机制,选取优质供应商,进行分级管控,形成优质供应商库,为实施采购创效和库存结构优化等采购价值创造活动奠定了坚实基础。

1. 严格准入管理,形成优质供应商源头

江南集团从供应能力、产品性能、企业信誉等多角度、全方位进行考核,设置了严格准入条件、审核红线以及考察标准,构建了准入申请、资格预审、现场考察、样件考核、综合评定、结果反馈的闭环管控流程;积极主动寻求与高端潜在供应商的交流,开发新供应商,不断扩展提质增效空间。

2. 实行分级管理,分类构建优质供方库

按采购内容的重要程度,对物资进行A、B、C、D分类管理,据此对供应商实行Ⅰ级、Ⅱ级、Ⅲ级、Ⅳ级分级管理,并在供应商准入时设置不同层级的考察及审批标准。通过对各采购职能及采购内容的整合,公司建立了工程建设、技术开发、物资采购、生产外包、试验检测、运输劳务等10大类可完全满足公司生产经营的供应商库,并通过评价体系、现场审核等动态调整机制,不断优化供应商品质和数量。

A类为关键物资或服务,即构成产品的主要部分或关重部分;会严重影响最终使用性能、使用安全、服务成效、公司声誉或形象。提供A类物资或服务的供应商纳入Ⅰ级合格供应商管理。

B类为重要物资或服务,即构成产品的次要部分或非关键部分;会较大影响最终使用性能、使用安全、服务成效、公司声誉或形象。提供B类物资或服务的供应商纳入Ⅱ级合格供应商管理。

C类为一般物资或服务,即虽不构成产品的一部分,但对产品质量有影响;较小影响最终使用性能、使用安全、服务成效、公司声誉或形象。提供C类物资或服务的供应商纳入Ⅲ级合格供应商管理。

D类:除A、B、C类以外的物资或服务。提供D类物资或服务的供应商纳入Ⅳ级合格供应商管理。

不易进行分类时,采取就高原则,实行提级管理。

3. 实施动态管理,持续优化供应商结构

一是量化考核,选取优质供应商。江南集团对供应商提供物资或服务的交付、质量、服务、价格等情况进行跟踪管理和量化考核,考核评价涵盖供应商整体实力、合同履约情况、奖惩情况三大方面,考核评价得分=整体实力评分×30%+合同履约情况评分×70%±奖惩情况评分;制定了《供应商嘉奖及扣罚标准》,记录嘉奖或扣罚分值,形成供应商问题跟踪记录表。根据年度考评结果,将供应商划分为优秀供应商、合格供应商和不合格供应商(<60分),并设定优秀供应商数量限额,不超过同一品类供应商总数的1/3。同时,加强外购物资质量损失追赔管理,对于造成质

量损失的,要追赔索赔。2020年追赔减损223.73万元,2021年追赔减损143万元。二是划定红线,淘汰不合格供应商。江南集团设定供应商行为红线和禁止项,对出现相应情形的供应商分别进行约谈警示、暂停资格、退出目录等惩罚。2020年取消45个不符合要求的供应商,对19个有问题的供方制定了风险管控措施,对2个有质量问题的供方发出了亮牌警示函。

(三) 以集中采购策略为路径,实现采购提质增效

在深入分析采购对象构成的基础上,江南集团确定了以集中采购为基础的采购策略,并据此推动实施提质增效。

1. 实行两级集中采购,增强总体议价能力

江南集团采购的物资或服务实行集团公司级和公司级两级集中采购。集团公司级集中采购即为中国兵器工业集团集中采购,主要包括大宗物资原材料(13个品种)、军用电子元器件类(11个品种)、能源化工(5个品种)、服务采购(11个品种)以及工业辅料(非涉密)、办公生活类等;采购平台为中国兵器采购电子商务平台、中国兵器采购电子商务平台网上超市;主要组织方式包括"统谈统签""统谈分签"等。公司级集中采购即为江南集团集中采购,集采品种为中国兵器工业集团集中采购外的部分。2021年,江南集团深入分析钢、铝、铜材价格走势,在价格低点进行提前采购,全年节约采购支出398万元。

2. 实行四类比价策略,确保优质低价采购

江南集团通过严格规范供应商准入和选择,严防串通报价,严格规范小额采购,严查内部拆零采购行为等举措,保证采购项目的性价比最优,做到优质优价、同质低价,并据此逐步建立了多样化比质比价采购模式。主要采购策略包括邀标比价、询价比价、核价、谈价四类。2019—2021年,公司通过比质比价分别降低成本243万元、710万元、1396万元,共计2349万元,年平均增长约140%。

3. 破解单一来源瓶颈,降低采购管理风险

由于军工企业采购产品的特殊性,如规格复杂、稀缺、经济需要等,单一采购来源配套产品占比较大,这也是采购领域的重要风险管控事项。江南集团积极与单一采购来源供应商建立战略合作关系,构建共赢共享的利益共同体,建立长期订货机制,推动采购价格降低和稳定有序供货,从而提升产品竞争力,提高产品市场占有率。同时,推进配套供应扩点,供应"双流水",实现竞争性采购。引入"双流水"后,某产品陀螺仪打通了生产瓶颈,在产品任务激增的情况下,生产仍然得到保障;谐波减速器、包装箱价格逐年下降,最高达10%。经过合作深化谈判,缓冲套的价格直降10%。

(四) 以库存优化管理为终端,发挥存量资源效益

库存是企业存储资源的总和,包含原材料、半成品、成品等,用以维护企业生产经营正常秩序,保障供需平衡。它既是采购管理的末端环节,也是生产流程的前端环节,是采购管理链条与生产管理链条的关节衔接。江南集团根据库存优化管理要求,作为采购管理链条价值创造的最终把关,以库存数据考核检验采购提质增效情况,平衡生产需求与采购计划,推进库存优化管理,通过盘活存量、遏止增量,实现库存价值的最大化。

1. 推进物料平衡,控制库存合理范围

江南集团定期召开物料平衡计划会,组织生产、采购、仓储等相关单位,分析物料需求和库存,确定采购计划,根据企业当期生产经营需求和库存情况,确定最优采购量、生产量、库存量;以库存数据作为考核采购质量和效能的重要指标,推动降低库存周转天数,减少资金占用,杜绝

库存积压浪费。

2. 推动盘活存量，改善优化库存结构

江南集团围绕原有低效无效库存循环再利用，依托信息系统平台，对库存进行分类评判，分为以下四类：一是满足当前生产需求的高价值库存；二是市场价格低位或供应紧张前提前备货的中价值库存；三是因生产调整等原因而需要较长周期后投料的低效库存；四是过期或无法使用的无效库存。针对低效、无效库存，江南集团分类制定盘活存货方案，将库存盘活作为提质增效责任分解落实到相关单位；定期开展库房开放日活动，直接连线生产单位需求，变废为宝；推进废旧物资价值再创造，构建多方协同的公开化处置管理机制，将集团公司采购电子商务平台作为废旧物资网上处置的唯一平台，网上处置率达100%，实现库存结构的持续改善。通过降低无效库存、尾料利用、包装箱利用等措施，盘活历史库存，2019—2021年共计创造价值1448万元，废旧物资价值再创造共计2709万元。

（五）以信息管理系统为依托，强化管理过程控制

江南集团整合内部资源，对接集团公司采购电子商务平台，建成一体化的物资综合管理信息系统，构建了10个管理子系统、27个管理流程、186个功能模块，覆盖了采购管理全流程、全要素，涵盖了绝大部分采购管理相关岗位，确保了采购过程的阳光化、公开化和信息化，为采购管理价值创造提供了技术条件保障。

1. 汇聚信息资源，实现采供高效协同

整个系统按照业务功能分为"物料计划管理""采购合同管理""供应商管理""比质比价管理""采购供应管理""物料验收管理""下料配送管理""库存管理""二级库存管理"及"货款承付管理"等10个子系统，涵盖了计划需求、采购供应、进厂验收、库存管理、分厂领用消耗、供应商管理及货款承付等采购管理全流程，实现了物资数据的统一管理，使得采购业务数出一源、业务协同、流程贯通，各环节操作动作自动记录、可追溯，实现了信息全流程快速共享。

2. 价格智能对比，实现采购管理升级

江南集团物资综合管理信息系统设置供应商管理和比质比价管理两个子系统，对供应商历史报价、采购执行价格进行归集，为比质比价管理人员提供了完善的价格信息数据支持。比质比价工作人员可以通过信息系统开展价格趋势分析，参照系统价格信息库中的价格和市场价格来审定最终的订货价格。

（六）以专业高效队伍为支撑，激发创效内生动力

江南集团坚持强化考核导向，在采购管理业务人员中培育、宣贯价值创造理念和意识，增强管理队伍开展提质增效、落实精准保供的积极性、主动性和创造性。

1. 压实提质增效责任，培育价值创造意识

江南集团将提质增效任务指标化、数据化，分解落实到采购执行、仓储管理等采购流程各环节，建立采购团队全员参与的提质增效项目组，签订提质增效考核责任书，分类实施提质增效项目。与供应和采购岗位人员签订岗位责任书，推行全过程、全方位的监督和考核，严格兑现奖惩。同时，持续推进廉洁风险管控，改善和优化采购风险的业务流程和关键节点，有效规范管理、堵塞漏洞。

2. 推进专业水平提升，增强价值创造能力

江南集团以"建设学习型采购队伍"为载体，通过参观考察、专题调研、知识竞赛、问题研讨等多种形式，促进采购管理人员及时掌握新知识，开阔新视野，着重加强谈判技巧、采购文件

制作、原材料市场动态分析、供应商管理等专业技能培养;对国家、地方政府和企业采购相关法律、法规进行系统化梳理和分门归类,汇编成册后发放给采购工作人员,提高员工法律知识素养。

三、军工企业基于价值创造的采购管理体系构建的实施效果

通过建立并实施基于价值创造的采购管理体系,江南集团在管理上加强了对采购活动的整体规划和深度分析,提高了采购环节在生产制造中的重要性,在提高采购效率、杜绝资源浪费、降低采购成本的同时,推动企业效益大幅提升,装备保障按期交付,生产任务连年增长。主要成果如下:

(一)助推企业履行强军首责,圆满完成装备生产任务

通过基于价值创造的采购管理体系的构建与实施,江南集团物资与配套件供应水平持续上升,有力地保障了装备生产交付,2019—2021年企业装备合同履约率基本达到100%,企业主营业务收入达到40亿元,年平均增长率达到17.93%,交付数量逐年增长,为部队提供了大量技术先进、性能可靠的武器装备,切实履行好了军工企业强军兴军的政治责任。2019年、2020年连续两年获得陆航机关书面表彰和中国兵器工业集团经济效益突出贡献奖一等奖。

(二)为企业打造"第三利润源",有力地提升整体经营效益

江南集团通过基于价值创造的采购管理体系的构建与实施,实现了采购成本的大幅降低,并开拓增收源头。2019—2021年,分别实现采购管理提质增效946万元、1689万元、3871万元,累计实现采购管理降本增效6506万元,成为江南集团"第三利润源",为江南集团创造高水平盈利提供了有力支撑,推动企业利润逐年大幅增长,年均增长率达到38.45%。

(三)助推采购管理体系优化,实现供应链管控转型升级

江南集团通过对采购管控体系的优化升级和创新发展,实现了采购组织更加完善、制度更加健全、标准更加规范、方法更加先进的全链条现代经营管控转型,持续推进管理体系优化升级,集中采购率为100为%,公开采购率为99.75%,上网采购率为97.24%,废旧物资网上处置率为100%,实现了采购管理的阳光化、信息化、规范化、流程化。江南集团集中采购率位于中国兵器工业集团前列,高于平均水平,采购风险控制成效处于同行业先进水平。

主 创 人:汤京军、何 娟
参与创造人:欧阳小泉、高友明、陈 劲、刘永科、张 华、李小刚、
陈艳露、袁 喜、易 明、刘建湘

地市级烟草商业企业基于卓越绩效的自我诊断管理体系构建与应用

湖南省烟草公司岳阳市公司

摘要： 为推进企业治理体系和治理能力建设，贯彻落实中国烟草总公司"全面系统地开展管理诊断"的部署要求，湖南省烟草公司岳阳市公司（以下简称岳阳烟草）结合市级烟草商业企业专业人员不充足、诊断定位不精准、诊断工具不会用、诊断成效不明显等问题，创新诊断管理方法，由过去以专家诊断为主，变革为专业团队设计诊断架构、标准和流程，各业务岗位自我诊断，并进行自我改进的自我诊断管理体系。自我诊断管理体系借鉴卓越绩效管理模式，采用卓越绩效七个评价维度搭建"1+N"诊断框架，开发 ADLI、LeTCI 专用诊断工具，依据过程方法和 PDCA 原理建立诊断流程，通过正向激励和建立"三全"改善机制构建改进闭环，切实消除管理短板和薄弱环节，形成"一表、一卡、一报告"最终诊断成果。经过一年的实践，累计完成诊断内容 630 项，发现改进机会 371 个，制订改进计划 54 项，形成改善报告 58 项，并起草完成了《企业自我诊断要求》标准，形成了可复制的模板。岳阳烟草自我诊断管理体系得到了烟草行业内各单位的一致好评，为行业地市级烟草商业企业组织开展自我诊断活动提供了借鉴。

企业简介

岳阳市烟草专卖局（公司）（以下简称岳阳烟草）组建于 1984 年 12 月，负责全市烟草专卖管理和全市烟草系统人财物、产供销、内外贸的统一管理和经营，服务全市 2.9 万余卷烟零售经营户。下辖临湘市、汨罗市、岳阳县、华容县、湘阴县、平江县 6 个县级局（分公司）和 14 个内设科室。连续 3 年被省政府评为"全省纳税 50 强企业"，连续 5 年被评为全省烟草商业系统目标管理一等奖，连续 10 年被省公安厅、省烟草专卖局授予"卷烟打假特别贡献奖"，连续两届被岳阳市委、市政府授予"岳阳慈善奖"，被省税务局评为"纳税信用 A 级单位"。先后荣获"全国工人先锋号""省巾帼文明岗""全国三八红旗集体"等荣誉被中央文明委授予"全国文明单位"称号，被国家烟草专卖局授予"地市级局（公司）标兵单位"，被评为行业"六五"普法先进单位。

一、地市级烟草商业企业基于卓越绩效的自我诊断管理体系构建与应用的实施背景

（一）是推进国有企业治理体系和治理能力建设的需要

党的十九届四中全会明确提出，到 2035 年，各方面制度更加完善，基本实现国家治理体系和治理能力现代化。发展混合所有制经济，大力推进国资国企治理体系和治理能力现代化，是坚持和完善中国特色社会主义制度、推进国家治理体系和治理能力现代化的必然要求。推进国有企业治理体系和治理能力现代化，其目的就是以卓越的过程取得卓越的结果，与卓越绩效管理理念和方法一致。当前，以卓越绩效为抓手树立行业标杆，学习传承成功企业优秀基因，探寻最佳管理

实践路径，能够为国有企业解决创新能力不足、管理粗放、关键核心技术"卡脖子"等问题，为国有企业治理体系和治理能力建设提供支撑。

（二）是提升烟草企业核心竞争力的需要

2017年以来，烟草行业把管理诊断作为提升核心竞争力的重要手段，作为推动企业高质量发展的重要抓手，要求全面系统地开展管理诊断，找准制约高质量发展的管理症结，突出行业高质量发展要求，结合基层企业管理实际，靶向施策，精准发力，坚持问题导向，全方位、多渠道调查了解真实情况，采取管用见效的措施，切实消除管理短板和薄弱环节。管理诊断的实施要与提升核心竞争力目标任务落地执行相结合，与贯标工作结合起来，从制度、流程、标准等方面查找管理短板和瓶颈问题。

（三）是管理诊断在烟草行业内普遍推广的需要

目前，由于受资源等各种因素影响，烟草行业尚未形成可复制、可推广的管理诊断模式，主要存在以下问题：一是诊断组织开展方式面临挑战。管理诊断团队要对业务非常熟悉，同时具备管理的思维方法，基层单位缺乏相应的队伍，管理诊断团队能力的不足造成避重就轻、避实就虚的"伪诊断"。二是诊断缺少明确的框架。在谋划全面管理诊断工作时定位不准，要诊断什么不清楚、要达到什么目的不明确，存在诊断内容遗漏问题。三是诊断方法工具需要提升。传统诊断多依靠诊断专家的经验判断，缺乏过程分析、数据挖掘的方式方法，导致诊断质量和水平层次不齐。四是管理诊断成效需要提高。由于管理层的个人利益没有和企业利益挂钩，基层单位主观上不接受被列为管理诊断的对象，各层管理人员缺乏对诊断的热情和动力，存在纸上改善现象。卓越绩效是对企业管理系统的评价方法，具备完善的企业评价框架和准则，通过对标比较和定量评分，能够为企业管理提升提供解决方向，因此有必要将卓越绩效引入管理诊断，建立自我诊断管理体系。

二、地市级烟草商业企业基于卓越绩效的自我诊断管理体系构建与应用的主要做法

（一）借鉴卓越绩效管理理念，构建自我诊断管理体系

管理诊断是运用科学方法，找出企业经营管理中存在的问题及其原因，并提出切实可行的改善方案的经济管理活动。一般的管理诊断往往需要专业的人员、专业的工具和方法，但实际实施中由于地市级烟草商业企业缺乏专业人才队伍、缺乏科学有效的工具，管理诊断工作一直流于形式，没有取得实质性效果。为切实解决这个现实问题，岳阳烟草在行业内率先提出结合实际，开展自我诊断的管理构想，并研究确定借鉴卓越绩效管理理念，构建自我诊断管理体系。

1. 总体思路

从企业的管理现状和实际需求出发，聚焦烟草商业企业关键结果和关键环节，搭建诊断框架、开发诊断工具、优化诊断程序、建立改进闭环，构建地市级烟草商业企业适用的自我诊断管理体系。集中岳阳烟草管理及业务领域优秀人力资源，充分利用专业优势和资源优势，由各部门、各岗位相关人员按规定工具和流程对自身生产经营及管理现状进行诊断，找出短板，并制定有效改进措施。

2. 总体目标

一是基础管理明显加强。进一步健全各项管理制度，优化管理流程。二是管理成熟度明显提高。管理体系进一步精简高效，精益思想与管理活动深度融合。三是企业综合绩效明显改善。企业成本费用、管理漏洞、重大风险得到有效控制，运营指标明显提升。四是诊断模式更加完善。形成科学的诊断标准、高效的诊断方法、典型的诊断案例，为全省烟草商业系统提供诊断的样板。

3. 构建原则

一是坚持系统思维。既注重流程标准工具层面的日常性、基础性管理现状，又注重体制机制

层面的系统性、根本性管理问题。二是坚持问题导向。诊断要以解决基层单位的实际需求和问题为出发点，找准各业务领域、各流程薄弱环节。三是坚持结果导向。提高各项绩效指标横向与纵向的可比性，实现管理升级。四是坚持闭环管理。实施问题诊断销号制度，解决一项注销一项，确保问题全部得到解决、诊断取得实效。

（二）参考卓越绩效七个评价维度，搭建自我诊断管理体系框架

明确诊断的对象和内容，规范诊断活动开展范围，同时确保诊断框架能够进行调整，以适应不同企业、不同业务、不同层级的要求。

1. 制定"1+N"诊断内容

参考卓越绩效七个维度的评价维度，从关键结果、业务过程两个方面设计诊断内容。"1"是结果诊断，按照全省烟草系统"1+6"高质量发展政策体系和高质量发展评价指标体系，从综合质效和新发展理念两个方面，对生产效率、经济效益、品牌市场、创新发展、协调发展、绿色发展、共享发展等7大类39项指标等进行诊断。"N"是业务诊断，按照《GB/T 19580 卓越绩效评价准则》《YC/T 479-2013 烟草商业企业标准体系构成与要求》《YC/T 503-2014 烟草商业企业标准化建设指南》，对照卓越绩效评价的领导、战略、顾客与市场、资源、过程管理、测量分析与改进等条款要求，设计经营决策、卷烟营销、财务管理、物流配送、专卖管理、安全管理、人事管理、企业管理等N个领域诊断内容。如卷烟营销自我诊断覆盖市场营销、品牌营销、客户服务、营销综合管理四个模块，包括工商交易、需求预测、品牌推广与维护等九项内容；专卖管理自我诊断覆盖证件管理、市场监管、专卖综合管理三个模块，包括许可证办理、许可证后续监管、准运证管理、市场检查等十项内容。

2. 设计"一表、一卡、一报告"诊断方法

按照"一表、一卡、一报告"策划诊断实施方法。"一表"即诊断实施计划表，由诊断领导小组组织专门人员，充分结合行业高质量发展和企业运行管理的要求，形成具体诊断实施表，自我诊断部门或单位按照制定的诊断实施表进行细项诊断。"一卡"即诊断改善卡，部门运用诊断改善卡，对诊断问题进行分析，制定并跟进改进计划，通过对诊断问题的跟踪，推进问题改善实施。"一报告"即诊断改善报告。各单位或部门在改进活动完成后，形成诊断改善报告，记录改进目的、改进措施、改进情况，确保问题得到解决，实现诊断、改进、固化的闭环管理。

3. 优化自我诊断实施要点

设计自我诊断实施表，固化诊断内容、诊断依据、诊断说明、诊断结论等要求。通过诊断内容规范各业务领域、各层级需要开展的诊断事项。通过诊断依据记录需查阅的工作方案、工作现场、痕迹记录、制度标准、工作标准或数据平台依据等，确保诊断结论的客观依据。通过诊断说明对诊断事项的基本情况进行详细描述，为诊断结论提供依据。通过诊断结论进行判定，识别改进空间、亮点经验。

（三）依托ADLI、LeTCI方法，开发自我诊断工具

岳阳烟草开发适用的诊断工具，为诊断过程提供支撑，解决了诊断工具不统一、评判标准不一致、实施诊断难度大等问题。

1. 开发ADLI、LeTCI自我诊断工具

借鉴卓越绩效模式，开发基于ADLI、LeTCI的自我诊断工具，将卓越绩效评价方法运用于自我诊断。运用LeTCI方法对高质量发展指标的指标水平、改进趋势、对标结果、指标相互影响进行诊断，发现存在优势和改进机会。运用ADLI方法对业务过程进行诊断，分析业务过程的适用

性、有效性、系统性，分析业务过程在不同环节、不同层级的应用情况，分析业务过程的评价与改进、创新及成果转化情况，分析该业务过程与企业其他相关业务的接口是否协调一致。

2. 制定诊断结论判断标准

为解决诊断结论不一致问题，岳阳烟草通过分析诊断结果不同表现，制定诊断结果判断标准，明确存在指标快速提升、排名领先、显著优秀等属于存在优势，明确业务过程中的优秀经验、创新改进等属于存在优势，明确指标存在明显短板、下降等属于改进机会，明确业务过程中存在措施缺失或有短板、执行不到位、未进行评价改进等属于改进机会。

（四）依据PDCA原理，设计自我诊断程序

根据过程方法和PDCA原理，建立自我诊断程序，组建自我诊断队伍，并组织实施诊断。

1. 诊断策划阶段

一是组建自我诊断团队。遴选岳阳烟草具有成熟经验和较高水平的业务骨干，成立营销、专卖、物流、财务、人事、信息、企管、基层单位等七个内部诊断工作组。二是制定自我诊断方案。根据诊断对象的实际情况，以"1+N"诊断内容为基础，结合诊断团队的工作经验和实际业务需求，制订自我诊断方案。三是制订自我诊断计划。诊断组系统策划，制订自我诊断计划，明确时间节点、诊断对象和参与诊断人员，并组织诊断人员进行诊断技巧培训，提升诊断技能水平。四是组织自我诊断宣传培训。通过各种形式对诊断活动进行动员部署，使广大员工充分理解、认同和参与，树立"找问题，出思路，找出路"的工作理念，正视当前经营管理中存在的问题和薄弱环节，"不回避、不掩饰、不遗漏"，营造全员诊断促提升的浓厚氛围。

2. 自我诊断阶段

一是各专项诊断小组召开诊断准备会议。召开诊断准备会议，说明诊断目的、依据、方法，提出要求。二是开展现场诊断。各专项诊断小组结合当前行业重点工作，对战略管理、核心业务、基础管理等管理、业务流程进行识别、梳理及流程结构分析，对照上级政策和要求找问题；通过专题会议、制度梳理、调研访谈、员工提案等多种方式发动基层员工找问题；从经营管理业务中最基本的记录、数据、标准、制度、现场管理、日常管理等方面入手找问题；对标行业先进单位、先进指标、总公司分批推出的管理典型找问题；结合巡视整改、企业内外部专项检查、专业审计等工作找问题，并运用LeTCI和ADLI方法对诊断业务进行详细描述，完成自我诊断表。三是起草诊断报告。诊断组与各单位和部门负责人充分沟通，就诊断中发现的问题及解决方案达成共识，切实提升解决方案的可操作性，并正式形成诊断报告。四是召开自我诊断末次会议。在自我诊断完成后汇总形成诊断报告，召开自我诊断末次会议，与相关部门进行沟通，会审诊断结论并确定改进机会。

3. 改进实施阶段

自我诊断的单位和部门深入剖析管理诊断报告，进行管理提升动员，确保全员达成改善共识。制定系统性、针对性的改进提升方案，包括具体措施、进度计划、目标效果、责任人等，做到目标清晰、分工明确、进度合理、责任到人。注重抓住关键、集中力量、聚焦资源落实改进措施，及时跟踪、检查整改进程，并将有效措施加以固化。

4. 检查验收阶段

自我诊断单位和部门改进措施实施完毕后，将改进结果上报诊断工作组。诊断工作组汇总审核各直属单位改进结果，对措施不到位、改善效果不明显的发回重新整改；指定检查验收时间，对改进情况进行现场核实和确认，并对内部诊断落实情况进行检查督导。

5. 总结提高阶段

诊断领导小组组织对管理诊断实施情况进行总结，提炼管理诊断工作成果，将管理诊断好的做法和取得的经验通过企业标准进行固化。岳阳烟草对全系统管理诊断实施情况进行总结评价，形成优秀管理诊断案例，在全系统范围内共享。

（五）通过激励和改善，建立自我诊断改进闭环

建立激励机制和"三全"改善机制，对诊断、分析和改进实施全过程管理和跟踪服务，确保诊断问题得到解决。

1. 建立正向激励机制

建立创新容错纠错机制，设立诊断改善专项基金，将诊断改善任务与职称评定、专业技能评聘挂钩，鼓励专业人才开展改善活动；推进"揭榜挂帅"机制，提出刚性改进目标需求，进行改善立项评估，设立配套启动经费，鼓励部门和员工认领问题、改进问题。岳阳烟草年终开展诊断优秀改善案例评审，对于取得明显改进成果的给予专项奖励。通过诊断改善活动的开展，重点培育品牌订足率、二类烟销量占比、真烟异常流动的"流销比"、卷烟分拣补货时长、卷烟物流配送成本等关键指标得到明显改善。

2. 建立"三全"改善机制

在推动全面改善方面，领导干部带头主导管理改善，专业技术人员主力推动技术改善，一线员工全面参与服务改善。在推进全员改善方面，针对诊断实施难跟踪、难评价问题，简化改善手续，降低创新门槛，推进应用 A3 报告、日常改善为载体的简易改善活动，营造全员创新氛围。在推动全过程改善方面，建立"工匠平台+服务转型+成果转化+人才支撑"全过程改善服务链。

3. 建立常态化联系制度

建立接受诊断的基层单位与诊断组常态化联系制度，指派诊断专员对诊断对象改进提升给予辅导支持，坚持跟进指导，关注问题整改情况。对基层单位整改方案落实过程中遇到的问题，及时组织相关内、外部专家予以支持和协助，必要时赴被诊断单位进行现场回访和指导，督促基层单位抓住契机，正视问题，提高问题整改效率，切实做到对存在的问题不回避、不掩饰、不迁就。

（六）健全自我诊断的保障机制

岳阳烟草结合诊断常态化运行的要求，强化制度建设、人才保障等措施，确保诊断的理念和方法长期有效。

1. 健全自我诊断工作机制

一是建立例会评审制。实行例会评审制，定期召开会议，总结、通报上一阶段工作任务完成情况，研究解决存在的问题和困难，协调配置相应资源，安排部署下一阶段工作任务、目标等。二是建立协作诊断制。各相关单位站在企业发展和整体系统改善的高度，破除本位主义，加强相互之间的协调与配合，注重分工协作诊断，明确各成员的责任和所诊断的任务，做到"事事有诊断、人人有诊断"，并指定专人负责相关数据、记录、诊断分析报告及资料的报送和分类整理归档等工作。三是建立课题改进制。针对复杂程度高、改进难度大、涉及范围广的问题，抽调专人成立小组甚至跨部门的小组通过课题制方式进行专项诊断改善。通过组建专门的课题团队，打破职能模式和地域空间障碍，形成跨部门、跨层级的改进团队，努力解决企业内部系统性的瓶颈问题。

2. 加强资源保障

各单位、各部门成立诊断组织机构，组建并推荐内部诊断专家，以内部资源为主，适当借助外脑，系统策划，统筹推进，切实抓好自我诊断和系统改进提升工作。各单位、各部门负责人亲

自参与重要节点的诊断分析。

3. 培养诊断师队伍

组织管理诊断工作精神、工作要求、评价内容及方法等相关知识和技能的宣传、教育、培训，转变员工的思想观念，调动员工的积极性和能动性，不断提高员工实施管理改进提升的能力水平。设计开发诊断培训系列课程，组织开展诊断条款、内容、标准培训，提升诊断人员诊断理念、方法、工具的应用水平，提高诊断活动的有效性。

4. 固化诊断标准

组建成立标准起草工作组，收集有关资料，进行专题调查研究和必要的验证，拟定标准内容的构成和起草依据，按照标准编写要求，编制形成《企业自我诊断要求》，规范诊断的组织环境、领导力、策划、支撑、实施、评价、改进等过程。

三、地市级烟草商业企业基于卓越绩效的自我诊断管理体系构建与应用的实施成效

（一）管理水平明显提升

通过自我诊断实施，共计诊断630项内容，发现改进机会371个、存在优势206个，制订改进计划54个，形成改善报告58个。围绕制约企业发展的管理症结，靶向施策，精准发力，形成了如高质量发展行动闭环、"332"基层治理格局、"2533"绩效管理平台、"青年成长营"品牌、管理体系一体运行、"4+0"法治烟草建设、投资项目"345"全过程管控机制、对标管理"20字"路径、数字化转型"1254"架构、专卖涉烟案件数据研判、智慧物流监管等11项符合上级精神、具有岳阳烟草特色的工作思路和举措，为"十四五"时期全市系统高质量发展奠定了坚实的基础。

（二）经济效益显著提高

通过基于卓越绩效的自我诊断管理体系构建与应用，岳阳烟草2021年企业关键业绩指标有明显改进和提升，其中全年成本费用利润率高于全省烟草系统平均水平0.57个百分点，全年销售（营业）收入、企业利润总额稳步增长。2021年，湖南省烟草商业系统27个对标指标中，岳阳烟草有18个指标优于全省系统平均水平，有15个指标同比提升，提升率为55.5%。

（三）员工自我改善能力明显提高

坚持问题导向、政策牵引、全员参与，通过自我管理诊断的实施，企业管理队伍得到锻炼，发现、锻炼、培养了一批企业管理人才，形成了一批创新改善成果。目前，岳阳烟草中国质协QC小组活动初、中级诊断师资格人数分别达到23人、8人。2021年，共完成科技创新、QC及精益课题23个，取得成果18项、知识产权2项，1个科技创新项目通过省部级成果评价，1个精益课题被评为全省系统"精益十佳"课题。

（四）自我诊断标准与方法得到推广

岳阳烟草建立了《企业自我诊断要求》，将诊断规范化、标准化、常态化，形成了可复制的模板。成果在2021年湖南省烟草系统企业管理现场会上推广后，得到了湖南省烟草公司和全省其他13个地市级烟草商业企业的一致好评，目前已有11家行业内单位前来参观交流学习。成果被烟草行业媒体作了专题报道，汇编形成的《岳阳烟草自我诊断实践集》《岳阳烟草自我诊断改善成果集》得到业内同行的高度认可，为烟草行业地市级烟草商业企业组织开展诊断活动提供了范例。

主　创　人：邓　杰、刘湘江
参与创造人：张　斌、李　浩、刘　魁、李　悦、江　波、徐正平

基于全流程管控的房地产企业精细管理

中建信和地产中南区域公司

摘要： 中建五局信和地产中南区域公司聚焦行业竞争和自身发展的双重压力，从房地产企业全流程的角度，以投拓拿地、运营品质、市场营销、成本管控、考核激励、人才培养这六个方面的精细管理为抓手，解决了当下企业存在的市场能力不足、发展品质不佳、成本管控不细、团队效能不强的问题，最终实现管理效益显著增长、经济效益稳步提升、社会影响不断扩大的良好态势，为新形势下国有企业聚焦高质量发展提供了参考与借鉴。

企业简介

中建信和地产中南区域公司（以下简称中南公司）成立于2018年3月，现有管理人员316人，是中建五局旗下房地产业务唯一运营平台中建信和地产最大的区域公司。中南公司以长沙为主战场，辐射株洲、湘潭、常德等8个湖南地级市，所辖项目31个、在建项目22个。成立至今，中南公司累计销售额超过300亿元，为2万多个客户实现安居梦。重点打造了中建·江山壹号长沙豪宅项目标杆、中建·生态智慧城片区开发项目标杆、中建·钰和城湖南省棚改项目等重点工程。项目先后获评世界级奖项"全球人居环境示范区"、国家级奖项"广厦奖"等40余个行业大奖。中南公司连续三年获评中建五局"十大明星分公司"和湖南省"模范职工小家""五四红旗团总支"等50余项市级以上荣誉，培育出舒跃辉、梅轶群等一批长沙市"青年岗位能手"、中建五局劳动模范等。

一、基于全流程管控的房地产企业精细管理的实施背景

（一）是践行国家战略，彰显央企担当的必然要求

党的十八大以来，习近平总书记赴地方考察时，多次走进企业一线，勉励广大企业坚定不移推动高质量发展。"我国经济由高速增长转向高质量发展，这是必须迈过的坎，每个产业、每个企业都要朝着这个方向坚定往前走"。2016年底，中央经济工作会议首次提出"房子是用来住的，不是用来炒的"后，"房住不炒、因城施策"开始成为中国房地产调控的一个主基调。与此同时，住建部在2022年初提出，要以"保交楼、保民生、保稳定"为首要目标，促进房地产行业良性循环和健康发展。中南公司作为责任央企，理应坚定不移地贯彻落实国家政策，转变发展方式、优化经济结构、转换增长动力，提高企业经营管理水平，坚定不移把国有企业做强、做优、做大。

（二）是适应行业变化，抢夺生存空间的迫切需求

后疫情时代，房地产行业面临前所未有的挑战。从行业来看，随着城市、楼市分化加剧，全国百城商品住宅成交在城市间继续拉开差距，多家千亿企业呈现负增长，部分民营房地产频频"爆雷"，行业波动仍在继续。从地方来看，长沙作为全国楼市中的优等生，即便在2022年租赁存

量房新政、降息降准政策的多重刺激下，市场所呈现出的数据也不容乐观。尤其是在地级市，市场饱和、存量过多、购买力下降已是常态，房地产的"黄金时代"已成过去。面对生存困境，中建东孚、万科地产等多家头部房企聚焦内控管理，开展自身建设。行业达成普遍共识，实施高品质管理、优成本竞争，才是企业生存之道。

（三）是实现管理升级，寻求长远发展的内在诉求

中南公司是中建信和地产最大的区域公司，贡献了公司50%以上的业绩成果和管理经验。但立足当下，中南公司也面临着四个"亟待提升"：一是市场能力亟待提升，营销能力与行业增速、投拓质量与发展需求的矛盾突出；二是发展品质亟待提升，开发品质、产品品质、服务品质无法满足高质量发展要求；三是成本管控亟待提升，行业利润逐步收紧，融资成本、运营成本增加，现有的大成本管控水平与行业的微利趋势相背离；四是团队效能亟待提升，人才培育跟不上业务发展，人均效能距离行业标杆有一定差距。面对上述问题，中南公司坚定了精细管理的工作主题，全面走好高质量发展之路。

二、基于全流程管控的房地产企业精细管理的主要做法

（一）以精细管理为目标，做好顶层设计

房地产全流程的精细化管理，是针对项目的全生命周期管理，即从前端的投拓拿地到中端的运营管控再到后期的房屋交付进行探索，聚焦"精细管理"这个企业运营的中心主题，以强化管理为手段，以考核评价为核心，最终明确投拓拿地、运营品质、营销市场、成本管控、考核激励、人才培养这六个方面的精细管理为实施路径。其中，抓好投拓和营销"两个市场"，是在源头上把好关；做好成本和品质的管控，是在过程中抓实管理；加强考核激励和人才培养，则是贯穿在全流程中，用"人"的要素，统筹全局，提升企业核心竞争力，培育市场竞争新优势。

1. 全流程管控房地产企业精细管理的实施原则

一是坚持效益优先。首先，聚焦经济效益，明确公司整体和各项目的经济指标，签订目标责任状，确保各项关键指标的达成。其次，聚焦管理效益，开展专项行动，梳理各部门的卡点，出台系列制度，解决流程冗长、权责不匹配等问题。二是坚持问题导向。中南公司通过开展"扫雷行动"解决了一些历史遗留问题。但在项目风险、品质管理方面仍旧存在一些薄弱环节。中南公司坚持以问题为导向，通过细化管理单元，探索出房地产行业全流程的精细管理模式。三是坚持抓关键要素。在房地产全流程管理中，环节众多，精细管理虽是细化管理颗粒，但绝非面面俱到。中南公司紧盯全流程管理中的六大关键要素进行策划，让核心问题得到解决，提升抵御市场风险的能力。

2. 全流程管控房地产企业精细管理的建设目标

中南公司在全流程的精细管理目标制定过程中，采取总分的模式。总体目标为：争当行业内的效益先锋、管理先锋、市场先锋。分项目标又分为三年发展目标和年度子项目标。三年发展目标即2021年至2023年，投资额、销售额、回款额、营业收入等关键指标每年至少以10%的速度增长。为有效承接总目标，中南公司聚焦各业务线条制定2022年的分项目标，在整个目标制定过程中，整体目标和分项目标相互促进、相辅相成。

（二）以投拓拿地为抓手，提升发展规模

1. 拓展方式多渠道拿地

一是加强平台合作，底价拿项目。中南公司建立战略客户资源数据库，明确《战略客户关系管理办法》，通过分层、分级、分类管理，深度挖掘平台公司等客户资源，获取优质土地信息，争

取合作机会,实现长期、稳定、共赢的目标。二是加强产业联动,托底拿项目。加强与中建集团和中建五局等兄弟单位联动,积极拓展康养、商业、文旅、教育、金融等产业资源,策划保牌项目。三是把握政策机遇,并购拿项目。深入研究政策,抓住收并购市场机遇,积极摸排目标项目,充分利用政策优势,在做好风险防范的同时寻求项目突破。

2. 建立"六好"拿地标准

为确保产品的快速去化,在项目"造血"阶段,中南公司便聚焦城市居民追求更优居住环境和改善需求的明显趋势,建立"六好"拿地标准,选择优质地块,打造"明星"产品。"六好"即以交通便利好、配套齐全好为目标核心区域;以资金流速好、经济效益好为项目筛选的基本原则;以纯住宅配比好、改善型品质好为定位目标。因执行此标准,中南公司2022年一季度成功获取长沙洋湖热门地块。在投拓前端匹配城市美好人居的向往,也有助于企业优化库存结构,加速去化,保证资金运转。

3. 用好工具做精研判

中南公司以《经济测算九联表》为工具,对项目进行精准研判。《经济测算九联表》包含基础指标表、开发计划表、成本测算表、销售收入表、成本利润表、资金筹措表、还本付息表、资金来源与运用表、自有资金内部收益率表共计9个分项表格,每个表格数据通过函数工具环环相扣。通过对《经济测算九联表》的运用,在投拓前端便可以模拟项目开发全流程的投入与产出,动态预估不同开发周期的收益,最终推算出正确的开发节奏,实现地块的最佳经济效益。

(三)以项目品质为抓手,提升行业口碑

1. 源头提升开发设计品质

中南公司在产品的开发设计阶段,聚焦户型设计、园林景观和社区空间三个方面,以客户的活动轨迹为参照,从产品本身的舒适度出发延伸到周边的业态环境,从内到外提升设计品质。在户型设计方面,与时俱进主推"大横厅""大平层""大阳台"等当下最受欢迎的产品,营造适享、适娱、适储的"适居"生活。在园林设计方面,以"和气睦邻"哲学思想融入景观中,形成景观结构。在社区空间方面,利用架空层打造小区U-Link社区空间,打造颐心学堂、优读小站等五个模块,全方位提升客户的居住体验。

2. 过程提升建造品质

中南公司通过内抓管理标准、外抓供方考核,打造精品工程。对内抓管理标准。加强对总包和精装管控,做好内部规范动作。确保"样板引路""工序交接""隐蔽验收"等制度的严肃性和全面性,做好关键分项工程留痕管理,明确界面划分和移交标准,全面提升实体品质。对外抓供方考核。以"第三方检测"为抓手,建好"问题库",做好过程"问诊"和结果应用。降低履约不力或品质不达标供方的支付比例,公司排名后三的项目坚决执行总包项目经理淘汰机制,建让业主最放心的房子。

3. 售后提升服务品质

一是优化看房服务,对标一线房产服务品牌,深入研究客户需求,举办"工地开放日""工地观摩日"等活动,组织客户提前参观展示区和清水样板间,提升客户过程体验感。二是优化后期服务,提前做细分户验收,做好问题销项,提前防控交房风险。完善投诉管理机制,提升客户投诉和维保回复的及时性和整改的有效性,建立"错题库",为后续项目建设积累经验,确保全年销售服务满意度不低于92分。

（四）以市场营销为抓手，提升市场占比

1. "线上线下"精准营销

引入"直播卖房""VR线上看房"等新兴营销模式，同时利用"返乡""司庆"等各项节点，打造有品牌标签性的营销活动。通过官方微信推送、抖音在线直播、品牌短视频拍摄，精准定位需求客户群体，频繁输出项目品质形象，提升客户认可度。

2. 动态货值精准管控

建立明源线上数据库系统，细化货值铺排，平衡量价关系，以单价保货值，以流速保现金流，提升去化速度和溢价能力。做好动态管控，每月做好动态货值对标分析，平衡车位、商业和住宅的去化速度，实施灵活销售策略，提升强销期车位、商业去化速度，提升整体货值。

3. 存量产品精准去化

成立存量去化专项小组，整合自有渠道、自销、分销、二手门店、工程款抵房等多渠道资源，开展低效无效资产清理专项行动，细化存量去化专项小组的专项方案，明确各岗位职能，成立大客户和工程款抵房专项小组，开展"日通报、周盘点、月总结"的比拼和晾晒，建立末位淘汰机制，以业绩论英雄，实现部分老项目的清盘拔点。

（五）以成本管控为抓手，提升经营利润

1. 分解指标，责任到岗

中南公司制定全员大成本管控方案，结合"成本管理方圆图"，将在建项目四大成本（前期费用、建安费用、期间费用、税费）分解夯实至各项目、各线条，明确对应的利润指标。同时建立"领导-项目-线条"的三维立体成本考核机制，提升全员大成本意识。如新开项目责任指标审定后，一个月内分解细化项目及各线条的责任指标，将成本、利润的变化与考核业绩联动挂钩，做到人人有指标、人人扛指标。

2. 层层把控，强化预控

中南公司从设计和过程管控两个阶段层层把控成本。在设计阶段优化精控成本：加强前期对总图竖向设计、地下室抗浮、基础形式等关键项的多方案技术经济比选，通过设计优化控成本。探索装配式技术优化，快速建造技术和BIM技术的应用，设计前端与施工深度融合，减少多余工序，降低成本。在过程管控阶段严管成本：制定成本管控负面清单、降本创效必须执行项、降本创效争取执行项，严控成本。在对标后通过招标定价、预算对审锁定成本，在实施过程中项目如需对原动态成本进行调整，要分权限、分层级报批。

3. 分析对标，做好预警

中南公司建立动态成本分析表，明确各项费用的目标控制值、已发生的费用额度、尚需发生的额度，形成项目动态成本，并以季度为单位，及时比晒各项目节点及成本节超情况。通过召开运营资金成本分析会，做好事前计划和决策、事中实施和改进、事后总结和复盘，提升全成本协同管控效率。

（六）以考核激励为抓手，提升人均效能

1. 明晰责权

编制全员《岗位说明书》，进一步厘清公司机关与项目的管理边界，压实项目总的管理职责。按照项目的全生命周期和当年度的管理目标签订《项目总经理责任状》。针对投拓、运营、成本等制定《部门工作清单》，明确各线条责任并形成管理闭环。针对实施策划、结算签证、联合审图、单位招标和后评价等出台管理办法，明确责任界面和成果提交，在制度上规避相互推脱、不作为的现象。

2. 精准考核

一般员工层面，建立"定量+定性"考核机制，其中定量指标得分占30%，定性指标得分占70%。定量主要从个人KPI完成情况进行评价，定性评价则从政治品德、工作能力、团队建设等方面进行考评。关键岗位层面，实施双重考核，如项目经理的考核，一方面是从人力资源绩效角度对其进行评价，另一方面则是聚焦生产经营中的业绩指标的完成情况进行考评。领导班子层面，制定《领导班子年度目标责任书》，将考核指标细分为经营指标、管理目标、成本指标、重难点工作四个维度，不仅生产经营业绩挂钩，而且将企业运营过程中的管理难题进行分解，以实现"人人有事干、事事有考核"的管理模式。

3. 严格兑现

强化以业绩论英雄、以效益定奖罚的结果导向，针对结算签证、验收移交、重难点工作建立月度通报机制，开展"一季度一考核"，严格奖罚兑现，对于连续三个季度排名靠后的项目总、机关部门负责人进行末位约谈和末位淘汰。以差异促公平，对不同区域、不同开发难度的项目，实施差异化考核系数，以保障积极性，提高人力资源效能。

（七）以人才培养为抓手，提升团队狼性

1. 搭建培养体系，畅通发展渠道

中南公司制定人才培养"奔跑计划"，明确起跑、引路、提速、接力、冲刺、领军六大子计划的培养目标，畅通多序列发展通道。起跑计划：针对校招新员工，分入职融入、专业提升、成长成才三个培养阶段。引路计划、接力计划、冲刺计划：分别针对青苗人才、后备部门经理和后备项目经理三类人才，搭建以教育培训、导师带徒、个人提高为核心环节的后备人才培养体系。领军计划：针对走专业技术通道的业务人才，主要从精进本专业知识及业务等方面进行培养和使用，发挥好专业人才在生产经营中的排头兵作用，切实带动公司员工整体素质和专业能力的提升。

2. 开展层层竞聘，严控人员总量

中南公司明确人才进退机制、评价标准，为选人、用人、清人做好制度保障。在实施过程中，通过开展全员竞聘，倒逼项目"人岗匹配、不养闲人、精干高效"。用好两转两淘、合同到期、绩效考核等手段，淘汰不作为人员，严控人员总量。严格做好项目总、项目工程总监、营销总监等核心干部的考核兑现，能上能下，激发活力。

3. 建立轮岗机制，加强人才培养

打好"培训+培养"的组合拳，建立多岗位轮岗学习机制，探索阶段性轮岗、兼职性轮岗等模式，培养跨岗位复合型人才。加强课程开发，开展内部讲课大赛及认证工作，建立起内部讲师库及课程库，尤其做好以问题为导向的课程开发；持续对项目总、后备、领军人才开展培训，有的放矢，提升成才率和出库率。

三、基于全流程管控的房地产企业精细管理的实施效果

（一）管理效益显著提升

中南公司作为立足于长沙本土的央企房企，自成立以来累计上缴财政税收32亿余元，提供了1000余个就业岗位。完成16个项目、30个批次、超过300万平方米的交楼入伙，集中交房率高达97%，助力2万户家庭的安居乐业。实现了项目开发拿地后平均1个月内开工、7个月开盘、2年6个月交房的标准周期，工作效率不断提升。中建·嘉和城、中建·亮月湖两个项目在长沙市率先实现"交房即交证"，成为行业"交房交证"工作标杆。同时，聚焦内控管理，全面清理

"僵尸"流程 100 余条，公司整体工作效率提升 20%以上。

（二）经济效益稳步提升

短短 3 年时间，中南公司销售规模实现从 40 亿元到 80 亿元的提升，贡献了中建信和地产 50%以上的业绩指标，助推信和地产 2019 年实现销售额、投资额、回款额、营业收入"四个过百亿"的历史性突破。2021 年，中南公司聚焦省会长沙再发力，连续摘牌天心区省府板块、岳麓区市府板块和洋湖纯住宅地块，新增超过 60 万平方米的优质土地，为公司发展蓄满粮仓。中建·钰和城项目连续两年获评天心区成交套数、成交金额、成交面积"三冠王"，晋级为长沙"网红"楼盘。

（三）社会影响不断扩大

中南公司成立至今，积极联动属地政府开展乡村振兴、关爱留守儿童等公益活动 80 余次，在 2020 年新冠肺炎疫情大暴发期间，迅速组建 39 人组成的青年突击队，援建武汉，彰显央企担当。中南公司先后获评国家级奖项 12 项、省部级奖项 30 余项、地市级奖项 50 余项、局和公司内部奖项 100 余项。其中，中建·江山壹号、中建·梅溪湖中心、中建广场均获评房地产行业最高综合性大奖"广厦奖"，中建·生态智慧城与壹号府分别摘得"全球人居环境规划设计奖""全球人居环境示范住区奖"，中建·江湾壹号获评"中国建筑卓越项目奖"，中南公司的市场地位与社会影响力显著提升。

主　创　人：张金玉、舒跃辉
参与创造人：刘　旷、王　琳、胡　英、邱山林、赵丹丹、杨　睿、彭　玲

风力发电装备"三次物流"精益管理实践

中车株洲电力机车研究所有限公司

摘要： 2021年是实现"双碳"战略目标伟大征程的元年，风电行业迎来新的大发展期。为了加速拥抱"风电平价上网时代"以及满足公司整体发展战略、实现公司快速与稳健发展的需要，同时为了满足提升内外部物流服务水平的客观要求，中车株洲电力机车研究所有限公司风电事业部开展了以风力发电装备的入厂、装配及成品三大环节分类的"三次物流"精益管理实践项目，通过对一次物流环节采用"推拉结合"物料的供给、二次物流通过配送物流器具实行裸件配送及自主开发单台套配送管理系统、三次物流通过建设配套成品重型堆场及打造透明化、可视化运输管理平台等方式有效提升物流响应速度与服务能力。并结合风电装备超长、超大的实际特点，引入第三方仓库，提高重钢厂房面积的利用价值，应用新型可移动重型搬运设备实现短驳转运，有效降低风力发电装备的转运成本。

企业简介

中车株洲电力机车研究所有限公司（以下简称中车株洲所）始创于1959年，前身是铁道部株洲电力机车研究所，现为中国中车股份有限公司一级全资子公司。中车株洲所下属十大主体，拥有2家上市公司、11个国家级科研创新平台、3个企业博士后科研工作站、5个海外技术研发中心、十一家境外分（子）公司。拥有近7000名研发人员，1名中国工程院院士、240余名博士、3000余名硕士。中车株洲所坚持创新驱动发展，积极贯彻"科技强国""交通强国""3060碳达峰碳中和""海洋强国"等国家战略，立足交通和能源领域，积淀了"器件、材料、算法"三大内核技术，打造了轨道交通、新材料、新能源、电力电子器件、汽车电驱、海工装备、工业电气、智轨快运系统等八大产业板块。通过不断改革创新，企业发展活力、动力不断增强，近两年公司年均营收400亿元，利税贡献近50亿元。

中车株洲所于2006年成立风电事业部（以下简称株洲所风电），主要从事风电整机研制与销售、智能运维，风电场、光伏电站等新能源项目的开发、建设、运营、转让，以及清洁能源综合系统解决方案的研究与应用，目前具备2.XMW~7.XMW陆上风机以及8.XMW~12.XMW海上风机的研发与生产能力。株洲所风电面向风电产品全生命周期已构筑了六大技术平台（系统方案解决平台、智能风机平台、电网友好型技术平台、数字化平台、测试验证平台、智能运维服务平台）和六大保障体系（产业链保障体系、高端装备制造体系、端到端产品质量体系、产品可靠性试验验证体系、项目管理标准化体系、人才支撑体系），为构建风电平价时代最优LCOE（发电成本）提供了中车方案。2020、2021两年，中车株洲所风电整机业务累计总产值突破200亿元，创造了显著的经济、社会效益。

一、风力发电装备"三次物流"精益管理实践的实施背景

（一）是加速拥抱"风电平价上网时代"的需要

2020年9月，习近平主席在第七十五届联合国大会一般性辩论上郑重宣告，中国"二氧化碳排放力争于2030年前达到峰值，努力争取2060年前实现碳中和"。伴随碳达峰与碳中和目标的提出，风电产业迎来了历史性发展机遇期，在"十四五"期间，将实现新增2.5亿千瓦以上的风电开发规模，年均新增装机容量不低于5000万千瓦。碳达峰与碳中和在给风电整机制造企业带来发展机遇的同时也提出了更高的发展要求——实现真正意义上的风电平价上网。随着陆上风电补贴的取消，当前风电整机制造企业面临的最棘手的问题就是如何实现扭亏为盈，除快速迭代开发大兆瓦机型降低度电成本外，在企业第一、第二利润源潜力越来越小，利润开拓越来越困难的情况下，从物流这一企业的第三利润源入手进行管理优化成为企业降本增效的一个重要手段。有效的物流管理可以实现在正确的时间将正确数量的物料或产品配送至正确的地点，通过消除物流过程中的库存浪费、搬运浪费以及等待浪费从而实现制造成本的降低。

（二）是满足公司整体发展战略、实现公司快速与稳健发展的需要

随着风机产品型谱的不断丰富以及市场开拓力度的不断增强，株洲所风电的市场项目订单量有了较大幅度的增加，根据株洲所风电"十四五"规划，仅2021年的营收目标就达到了70亿元，且未来五年将持续保持增长。为满足"十四五"期间的发展战略需要，亟需进一步提升风机产品的产能，而产能的大幅提升会导致更大的库存空间占用以及更高的库存资金占用。此外，随着风电机组朝大型化与定制化的方向快速迭代，零部件尺寸和重量越来越大，品种越来越多，零部件存储空间占用和库存金额占用均有大幅增长的需求。原有的粗放式物流管理方式越来越难以遏制零部件库存空间占用、库存金额占用以及搬运强度的快速增长，实施物流精细化与精益化管理优化项目成为株洲所风电快速与稳健发展的必然需求。

（三）是提升内外部物流服务水平的客观要求

物流响应速度是衡量物流服务水平的重要指标，是企业能否及时满足内外部客户需求的重要表现。在外部客户方面，随着风电市场竞争白热化程度的不断加剧，风电场在快速、透明地交付风电主机以满足现场吊安装进度等方面的要求在不断提升。在内部客户方面，生产现场期望线边空间占用越来越小，在装配所需物料时物流能将正确的物料及时配送至生产现场。为更好地服务于内外部客户，株洲所风电必须不断提升物流响应速度与物流服务质量。

二、风力发电装备"三次物流"精益管理实践的主要做法

株洲所风电从更好地满足内外部客户需求出发，以消除物流过程中的浪费为宗旨，以向第三利润源泉要效益为目标开展了"三次物流"精益管理实践。"三次物流"的具体概念如下：一次物流，又称为入厂物流或采购物流，是连接一级供应商与装配企业之间物料供应的重要活动，是企业生产连续稳定运行的重要保证；二次物流，又称为厂内物流或生产物流，包含物料的入库、保管、分拣及配送等活动；三次物流，又称为成品物流或厂外物流，在风电行业是指机舱或轮毂等半成品（成品为在风电场组装的风电机组）在入库后的物流操作活动的总称。"三次物流"精益管理实践的主要做法如下：

（一）一次物流环节采用"推拉结合"实现物料的有效供给

1. 重大件空仓拉动补料

风力发电装备零部件中的重大件（重量在5吨以上，占地面积达2平方米以上）因需使用天车、起重机搬运，存在搬运不便问题，为了降低重大件二次搬运的物流强度，其库位一般设置在

工位旁边，即线边库存储。此外，因重大件的价值特别高（单价 6 万元以上），若保留过多的库存会带来库存资金占用极高的问题，为了严格控制重大件的库存，同时降低线边库面积，通过综合考量工厂的产能及生产/仓储面积，株洲所风电在工艺布局中明确了重大件的线边库位置及最大存储数量。为了减少二次搬运次数，重大件的补料由供应商直送线边库，物料被消耗形成空仓后通过 SRM 系统向供应商发送补料指令，即形成"空仓拉动"。

因重大件采用"线边存储、线边消耗"的模式导致仓库无法及时获取物料的消耗信息，故重大件实行"空仓拉动"的难点在于如何快速地确定物料消耗的品类和数量。为了解决此难点问题，株洲所风电基于 MES 系统自主开发了"线边库物料反冲过账"功能，用于实时获取物料的消耗情况。重大件均为序列号追溯件，在物料消耗前均需在 MES 中进行扫码确认，株洲所风电在 MES 中编写了定时任务程序定时调用 SAP 过账接口进行序列号追溯件的反冲过账，在物料实际消耗完成后物控员可通过查询"线边库自动过账信息"界面实时核查重大件的消耗信息，并及时通过 SRM 系统向供应商下达重大件的补货计划，实现"空仓拉动"信息的及时传递。

此外，重大件中存在部分物料供给严重不足的情况，此类物料在工艺布局图中设定的最大线边库存数量基础上额外在园区堆场/外租仓库设定了扩展库位用作战略库存的存储库位，此类重大件的"空仓拉动"信息从线边库向扩展库及供应商逐级传递。

2. 中小件按项目需求计划补料

中小件物料按"2+1 滚动排产计划"进行备料，即按项目需求备 2 至 3 个月物料库存，供应商按计划进行送货。此类物料一般设置有最大库存限额，当物料数量不小于最大库存数量时，短期类不再进行补料。部分供给存在不足的中小件物料称为战略中小件，因其体积较小可预留足够库位进行战略库存的存储，在不超出全年项目需求的前提下采用了"应收尽收"的库存策略。

3. 低值易耗件"低水位"补料

低质易耗件因普遍价值低且体积小，一般设置有安全库存数量，若物料被消耗至低于安全库存这一"低水位"库存水平后自动触发新的采购需求，且一般按经济批量进行采购与物料补给。

（二）二次物流环节通过裸件成套配送满足生产配套需求

1. 单台套配送物流器具设计

风力发电装备的生产为多品种小批量形式，单台套配送方式是支持多品种小批量生产的核心物流模式之一。为配合单台套配送方式的开展，株洲所风电设计了一系列单台套配送物流容器。根据物料体积及重量等信息，在工序组件分配的基础上按物料包进行物料的二次划分，综合考量物料包内物料的装配顺序、外形尺寸及是否需要缓冲防护等因素后设计物料的成套包装器具，实现物料的成套分拣与单台套配送上线。

2. 实行裸件配送

采用专用成套物流器具配送的物料在仓库进行翻包装处理，翻包装过程中均拆除了物料的自带包装，所有物料均不带包装上线，即实现物料的裸件上线（物料通过物流器具的定位缓冲件进行防护）。实行物料裸件上线后，生产装配工人无需再在装配前进行拆包装作业，消除了装配过程中拆包装这一不增值作业，使生产装配工人更专注于创造价值。

3. 推行"一次取料"

为进一步消除生产装配工人在装配过程中多余的动作浪费，部分物料在设计物流器具时还考虑了"一次取料"的实现。所谓"一次取料"就是生产装配工人直接拿起/吊起物料后无需进行翻转或旋转等多余操作即可将物料装配到产品上。一个典型案例就是轮毂控制柜的"一次取料"

改善。在改善前轮毂控制柜采用木箱包装，荷姿为"卧式"，装配时需使用行车的副钩翻转轮毂控制柜后再将其落入行车主钩所携带吊具中方可进行装配。改善后轮毂控制柜采用专用储运一体化物流器具包装，荷姿为"立式"，物流器具将轮毂控制柜抬高了一定高度，以便吊具从器具底架的开槽部分伸入进行轮毂控制柜的直接吊取，彻底消除了轮毂控制柜装配过程中的多余动作，实现了装配效率的显著提升。

4. 引入物料缓冲区

为了优化工位与仓库间的信息传递方式，株洲所风电在两者之间增加了物料缓冲区这一中间层功能区，有效地将以前的工位与仓库之间"多对多"的要料信息传递路径转换为两者与缓冲区之间"一对多"或"多对一"的要料信息传递路径，要料信息传递路径更清晰可控。缓冲区此时的功能类似于房产中介，可有效管理二次物流环节的信息集散与传递。此外，物料缓冲区的引入还可方便物控员进行物料的齐套性检查，确认是否可齐料开工。

5. 自主开发单台套配送管理系统

为配合单台套裸件配送物流模式的开展，株洲所风电利用自主掌握的 MES 开发能力对 MES 系统物流模块进行了功能重构开发，开发了"按物料包进行物料二次分配""单台套拣配的物料单据流管理""物料呼叫"等单台套物料配送管理功能。

MES 系统物流模块重构后的功能封装了整套的单台套物料拣配管理思想。缓冲区管理员可提前在系统中按工艺文件规定的物料包装方式进行 MBOM（网络制造物料清单）物料的二次分配，在生产计划员冻结并下发订单后可在系统内将订单物料需求快速转换为多张成套拣配单据并下发至相应仓库，库管员只需按拣配单进行拣配、配送作业即可实现单台套物料配送管理需求。物料单据上单据编号的二维码可大幅简化物流流转及消耗全过程中的各类单据编号的输入操作。除物料的正常流转流程外，系统还封装了以下异常管理模式：（1）当因产品配置变更导致订单 BOM（物料清单）与产品 MBOM 不一致时，可对订单新增的未分配物料包的订单物料进行二次分配；（2）拣配过程若发现缺料，缺料物料可生成缺料单，缺料单可辅助物控员/库管员进行需求提报、发货催促及物料齐套性核查等管理，当实物补充后可转换为补料单，补料单采用与拣配单一致的流转方式在仓库与工位间流转直至其对应的物料被消耗完毕后关闭单据；（3）当订单 BOM 发生变更时，可有效进行变更管理——新增物料追加生成新的拣配单，被删除物料在未拣配完成前直接从对应拣配单移除，被删除物料在未发料至生成工位前可转储至转储单，被删除物料在发料后直接生成退料单辅助进行生产退料管理，转储单和退料单中的物料均可冲抵进新的拣配单，冲抵完成后转储/退料单会自动关闭，被冲抵的拣配单则会扣除相应物料的拣配需求数量；（4）当发生订单中断执行情况时，暂停执行的订单下的所有物料均可通过转储单冲抵进新订单进行装配，无需进行退库处理。物料呼叫功能可满足生产现场按物料包实时要料的需求，物流配送人员可实时获取物料呼叫信息，包含物料包名称、订单、工序、物料需求时间及物流需求工位。物料呼叫功能确保了物料及时地从缓冲区补充到所需工位。

单台套配送管理系统的自主开发构建了二次物流环节物流管理优化的信息系统支撑，保证了二次物流环节物流实际作业与信息流的一致性。

（三）三次物流环节以力保发货为目标提升产品交付服务水平

1. 建设配套成品重型堆场

株洲所风电一直以来都将满足客户需求作为生产运营的第一要务。为确保按项目需求及时发货，株洲所风电在每个工厂均配套建设有一定存储能力的成品重型堆场，用于调节并应对客户发货需求时间的波动,确保在客户的发货需求确定后可以第一时间将产品发运至相应风电场,以满足客户对发货及时性的需求。

2. 配置强大的大件运输道路踏勘技术团队

风力发电装备因存在超长、超宽、超高及超重等问题,在货物发运前需要进行道路踏勘以确认是否满足运输条件,并提出相应的桥梁加固与道路改造建议。为确保风力发电装备的顺利发运,株洲所风电配置有强大的大件运输道路踏勘技术团队,团队成员均具有丰富的道路踏勘经验,可出具专业的道路踏勘报告并提出可行的道路改造建议,在满足安全运输的前提下力争为业主节省道路改造费用。

3. 打造透明化、可视化运输管理平台

风力发电装备一般为超限货物,而超限货物的运输受道路通行能力、道路交通管控及天气等情况的影响,大部分存在运输周期长及突发情况多等问题。为确保产品能按时发往目标风电场,株洲所风电打造了一套透明化、可视化的大件设备运输管理系统(TMS)。TMS系统对从运输司机到达工厂开始至货物到达风电场完成签收结束的整个过程进行透明化、可视化的追踪管控,对运输车辆及司机信息、装车过程、装车完成后产品的状态、运输过程中车辆及产品的状态、车辆行驶轨迹、车辆当前所在位置及货物签收情况等成品发运全过程均进行追踪管理。针对运输途中出现的异常情况(如车辆停滞不前、货物出现损坏等异常情况),TMS系统也可设定相应的报警机制,确保运输管理部门及时掌握运输过程中的异常情况并启动相应的应急处理机制,确保产品及时发往客户现场。

(四)引入第三方仓库,剥离非核心仓储业务,专注物流配套管理

在进行"三次物流"精益管理实践的过程中,株洲所风电还引入了第三方仓库。引入第三方仓库的主要目的是剥离非核心的仓储管理业务,将其外包给专业的第三方仓库。随着业务的快速发展,近年来株洲所风电一直面临着招工难等问题,在用工问题难以解决的前提下,将非核心的仓储管理业务外包给更专业的第三方仓库进行运营管理,管理总成本更低。从繁重的仓储管理业务中释放出来的人力资源可更加专注做物流的配套管理,发挥其更大的价值。此外,一直以来,株洲所风电的仓库与生产厂房共建筑,即仓库占用着大量的重钢厂房面积,引入第三方仓库后此部分面积直接释放出来用作生产装配工位,极大提高了重钢厂房的高价值利用面积占比。

(五)应用新型可移动重型搬运设备,降低风力发电装备的转运成本

为确保成品安全、高效地转运至堆场,株洲所风电创新性地应用了新型可移动重型搬运装备。机舱成品应用重载AGV实现了生产线与成品堆场间的短驳搬运。轮毂成品的搬运则使用了港口常用的正面吊,通过与徐工集团合作,株洲所风电开发了目前国内最大吨位的风力发电装备专用正面吊(70吨),正面吊吊具专门针对风机轮毂总成进行设计,能满足快速搬运轮毂成品的要求且具备防摇摆功能(避免整车行驶和刹车时轮毂成品的大幅晃动)。

重载AGV、轮毂专用正面吊与汽车吊的最大区别在于投入和使用成本更低且移动灵活性更高,可有效满足风电行业候鸟式生产(在某个生产基地完成附近区域风场的生产订单后迁移至其他基地进行生产作业)特点对设备可移动调配的需求。

三、风力发电装备"三次物流"精益管理实践的效果

(一)创造了显著的经济效益

在一次物流环节,通过减少重大件的二次搬运,2021年总计节省物流搬运费用约31万元;在二次物流环节,通过储运一体化循环包装替代木制包装,实现包装成本降低约3万元/年;在三次

物流环节，生产与发货的协同管控机制将成品的二次转运次数降低了65%，2021年累计降本108.09万元。

（二）物流管理水平大幅提升

经过"三次物流"精益管理实践，株洲所风电的物流管理逐渐由原来的粗放式管理变革为精益化管理方式，项目实施过程中完成了四项配套管理制度的建设，输出管理文件十余份，初步建成了标准化精益物流管理体系。

（三）配合产线完成年度产能提升目标

"三次物流"精益管理实践配合精益生产线的建设实现了风力发电装备产能的大幅提升。通过与精益生产线建设项目的同步开展，株洲所风电将风力发电装备的月产能由90台提升至140台，产能提升率高达55.6%，全面达成了株洲所风电2021年年度产能提升目标。

（四）提升了客户满意度

通过整体提升产品交付能力以及在"三次物流"环节以力保发货为目标提升产品交付服务水平所开展的一系列管理优化工作，株洲所风电的品牌影响力进一步提升，客户满意度明显提高。

主　创　人：朱建成、陈长春
参与创造人：徐　嵌、阳桂根、周意普、杨兆忠、张东方、谭　凯、
　　　　　　彭林影、姚　胜、宋　科、杨督华

高端制造企业多体系协同融合的全业务流程优化

中国航发中传机械有限公司

摘要： 中国航发中传机械有限公司（以下简称中传公司）深入落实对标世界一流管理提升行动的统一部署和建设中国航发运营管理体系主线任务要求，以"十四五"发展规划为指引，以搭建流程体系，实现科学管理为目标，重构企业流程体系，优化全业务流程，拉通运营主价值链流程，提升科研生产交付效率；以流程体系为平台，推进与机构及职责、岗位及资质、绩效指标的支撑匹配，以流程文件为载体，融合质量、风险、内控、合规等多种管理体系的要求，实现多体系协同融合，保障企业合规经营和高质量发展；建立流程优化的循环管理机制，对流程文件符合性进行评估改进，提升流程运行质量，实现流程体系科学化、规范化、动态化管理。在多体系协同融合的全业务流程优化持续深入推进下，中传公司管理体系顶层架构愈加清晰，决策依据更加科学精准，有力支撑公司经营管理能力和业绩水平再上台阶。

公司简介

中国航发中传机械有限公司位于湖南省长沙市，隶属于中国航空发动机集团有限公司（以下简称中国航发），是国有全资企业，是我国航空发动机齿轮和直升机中、尾减速器专业化制造基地。现有员工1497人，其中具有中高级职称的各类专业人才500余名。自1965年建厂以来，中传公司始终坚持国家利益至上，在国家军工工业、民用工业史册上创造了多个第一：第一台涡桨发动机齿轮、第一台航机陆用燃气机齿轮、第一台军用气垫船左右风扇变速箱和第一台直升机中、尾减速器，打造了多项军工民用的国家和省部级优秀产品，为中国航空事业发展作出了重要贡献。

一、高端制造企业多体系协同融合的全业务流程优化的实施背景

（一）是贯彻对标世界一流管理提升行动的重要举措

党的十九届四中全会作出了推进国家治理体系和治理能力现代化的重大战略部署，国务院国资委大力开展对标世界一流管理提升行动。中传公司深入落实国务院国资委和中国航发关于开展对标世界一流管理提升行动的统一部署，大力推进管理体系的流程优化，解决流程架构不清晰、不系统，流程要素不全面、不具体，多类管理体系相互交叉及冲突等突出问题。

（二）是落实中国航发运营管理体系建设主线任务的要求

近年来，中国航发全面深入推进运营管理体系建设，将运营管理体系建设作为"建成一流航空发动机集团"的关键路径，形成集团总部到直属单位上下一体的统一行动。运营管理体系结构包括流程、技术、组织、数字化平台等内容，流程是运营管理体系建设的主线。中传公司在"十四五"发展规划中明确"深入推进运营管理体系建设，探索体系最佳实践，完善业务流程基础保障机制，稳步推进全业务域流程科学管理"的发展思路，通过优化流程，集成搭载多种管理体系

的要素要求，将运营管理体系与其他体系在流程上实现协同融合，推动管理体系的转型升级。

(三) 是提升中传公司经营管理能力的保障

"十三五"期间，中传公司经营管理面临诸多问题，内外部形势严峻，质量问题多发、交付困难、管理薄弱、思想老旧、人才匮乏等问题影响着企业的生存发展。通过落实中国航发运营管理体系建设要求，推进体系方法工具应用，开展制造领域主价值链流程的管理优化，中传公司经营管理能力得到明显提升，但流程架构不健全、流程运行不通畅、责任意识不强、基础管理薄弱等问题依然制约着中传公司的高质量发展。在对标世界一流企业、行业先进企业的基础上，中传公司借鉴先进的流程管理经验，重构企业流程架构，优化全业务流程，将多种管理体系的要素要求和工具方法融入流程，搭建信息化、智能化管控平台，全面提升经营管理能力，保障企业高质量发展。

二、高端制造企业多体系协同融合的全业务流程优化的主要做法

(一) 统筹规划，明确总体思路

1. 明确目标和方向

按照"十四五"发展规划要求，中传公司明确了"搭建全业务域流程体系，实现流程科学管理"的目标，以中国航发运营管理体系业务流程框架为蓝本，构建包含战略类、运营类、管理支持类等全业务域的流程体系，完善业务流程的关键绩效指标（KPI）、流程角色、工具方法、作业表单等基础要素，融入质量、风险、内控、合规等其他体系建设要求，统一流程管理语言，建立科学化、规范化、动态化的流程管理机制，通过基于流程的多体系协同融合，实现业务科学高效管理，整体提升运营管理效率。

2. 明确思路和方法

基于流程体系建设的目标和多体系协同融合的方向，中传公司明确总体思路和方法，通过重构流程体系，推进流程体系与机构及职责、岗位及资质、绩效指标的支撑匹配；通过优化全业务流程，以流程文件为载体，融合质量、风险、内控、合规等多种管理体系的要求，实现流程运行的合规高效；通过建立流程优化的循环管理机制，形成科学化、规范化、动态化管理，定期评估流程文件符合性，保障体系融合深度和执行效率，借助信息化手段固化流程，推进数字化转型，支撑企业高质量发展。

3. 明确组织管理模式

成立由公司主要领导牵头任组长，管理体系建设归口部门策划实施，各业务部门共同执行的项目团队，以项目管理模式对实施全过程进行管控。一方面，设立总体项目，按年度划分阶段，分期立项和验收，当年目标实现方可转入下一阶段，总体项目与发展规划形成直接支撑关系；另一方面，在总体项目下平行设置其他公司级领导牵头的子项目，支撑总体项目目标，推进多体系融合。同时邀请内外部专家开展针对性培训，强化过程指导，提升全员认同感，保障工作质量。

(二) 突出核心，重构流程体系

1. 梳理全业务流程

依据中国航发运营管理体系第一层流程类的基本框架，中传公司以运营类五个流程类为重心，覆盖战略类、管理支持类流程，组织开展全业务流程梳理，一方面将职责文件规定的业务流程显现化，按照流程类、流程组、流程及子流程的四级上下承接逻辑关系排列，明确各部门业务之间的管理边界；另一方面结合中国航发及自身的体系建设实践，优化运营类流程，采取取消、合并、重组、简化流程的方式，提升运行的效率性要求，在全业务流程梳理结束后，形成各部门的流程

"键盘图"。

2. 重构流程体系

中传公司流程体系评审团队包含内外部流程专家，对各部门的流程"键盘图"进行审核，分为初审、会审两阶段。初审重点审核流程的规范性、业务覆盖的全面性、关键流程清单的适宜性，并反馈意见、予以完善。初审通过后，体系建设部门对各部门的流程"键盘图"进行分类分层整合，对照流程体系十五类的框架结构，逐层自上而下排列组合，保证上下承接关系，并穷尽覆盖到全部业务。会审由评审团队对流程体系的架构全貌进行审核，并提前征求评审团队成员意见，重点审核各流程类的层级结构及逻辑关系，保证业务全面覆盖，流程体系与行业发展未来要求相匹配。

中传公司流程体系最终由公司级领导集中审议决策后发布，包含15个流程类、68个流程组、753个流程/子流程，流程体系明确了业务模式特点、业务范围与边界、各流程的位置，流程体系匹配业务战略并支撑战略目标的达成。

3. 拉通运营类主价值链

聚焦科研生产业务高质量、高效率管理和客户满意，以运营管理体系四个子体系流程为重点，即产品研发、生产制造、供应链管理、服务保障流程类，拉通从客户订单下达到产品交付客户以及服务保障的主价值链流程，保证前后流程之间存在明确的输入、输出转接关系，全貌展示中传公司主要运营活动。

在拉通运营类主价值链流程时，引入行业内体系建设最佳实践，提升流程优化的科学性。一方面重组主价值链的短板环节，明确流程衔接关系，如产品研发类的新产品导入、工艺研发流程，生产制造类的生产计划、生产准备流程，供应链管理类的供应商管理流程，服务保障类的用品培训、维修流程等；另一方面再造主价值链的缺陷环节，保证流程全线贯通，如生产计划面向制造的工序排产计划，供应链管理面向质量的首件包管理等。

（三）提取要素，以流程为载体开展体系融合

1. 识别各体系管理要素

通过分析各专业管理体系的建设要求和运行载体，中传公司确定以流程为平台的集成建设方式，将各体系管理要素嵌入流程要求中，实现流程与各体系管理要求的融合。

首先，中传公司各体系主管部门开展体系要素识别和分解，包括质量管理、风险内控、法治建设、安全保密、企业文化等体系，采取先运营类流程后战略类及管理支撑类流程的顺序，分阶段明确各体系管理要素与流程的对应关系，进而对要素进行解读，转换成可以清晰理解和执行的通用语言，每一条要求可对应多条要素条款。其次，对解读的体系要素进行结构化关联，每条要素对应到具体的流程类下面的流程/子流程，保证要素延伸全面覆盖。最后，对流程/子流程对应的文件进行审查，确认体系要素嵌入流程，并结合实际执行不断改进提升。

2. 确定体系融合载体

中传公司各专业管理体系的归口部门均对接不同的文件外源输入要求，在文件体系的不同板块进行落实，管理多头，标准不一，导致管理"两张皮"，业务执行推诿等问题层出不穷。各管理体系的共性要求都是以业务流程为运行载体，构建基于流程的统一运营管理文件体系，可有效促进业务流程的执行标准唯一性。

中传公司基于现行的文件体系以规章制度为主体的现实情况，将制度体系作为各体系融合的载体。一是统一文件内容的侧重点，突出流程的执行标准描述；二是统一文件的体例规范，将各

类文件的类同部分进行一致性要求;三是统一发布的信息化平台,匹配流程层级结构形成文件发布和展示的平台。

3. 部署规范性审查

以体系要素融入流程的规范性、有效性为基本要求,中传公司对流程文件的编制、评审、审查、发布等环节进行全要素管理,各体系主管部门设置专人对文件进行审查,对重要文件及时组织专家评审,保障体系要素解读与实际流程运行相一致,并检查体系要素被正确解读和全面落实。中传公司在现行流程文件发布信息化流程中,实现质量、运营管理体系、风险内控、法律合规、企业文化、保密等审查全面覆盖,有效保证了体系要素融合的合法合规性。

4. 以点带面加快融合

以贯彻中国航发运营管理体系建设为重点,以运营类主价值链流程为主体,中传公司以点带面开展多体系的融合应用。一是组织编制运营流程文件,将流程的系列活动显性化,将各体系要素嵌入到流程活动描述之中,并明确对应的工具和方法;二是开展运营流程文件的演练优化,通过流程活动的各岗位角色模拟运行,综合评定流程落实各项要素要求的效果,进行针对性改进提升;三是定期验证流程文件的执行情况,采取抽查方式收集运行问题,并划分问题类型和紧急程度,对流程进行优化;四是开展体系评价,对各管理体系基于运营流程的运行效果进行量化打分,识别体系融合的偏差,组织进行专项整改,不断优化完善业务流程,保障体系融合在生产现场有效执行落地。

5. 信息化固化流程

依托全业务流程优化和运营类主价值链流程的拉通,以流程体系为指引,中传公司全面部署流程信息化建设,以主价值链流程全线连通为重点,实现从客户订单到交付的信息化全链条管控。依靠生产制造 MES+系统,将生产制造流程在信息化平台上固化,实现生产计划管理全流程覆盖和运行,自上而下适时监控生产计划、采购计划、外协计划、排产计划的执行情况;供应链管理信息化系统实现上线运行,对采购执行、供应商管理进行全过程管控,验证生产制造及供应链管理体系运营文件的有效性,在响应客户需求上进一步保证准时交付目标。

(四) 管控结合,以体系协同推进流程落地

1. 优化组织及职责体系

中传公司依据流程体系架构(V2021版),组织各部门对现行职责文件进行匹配优化完善,保证流程架构的流程层级与职责文件具体条款一一对应。对于缺漏项和争议项,组织相关部门单独研讨,必要时提交业务主管的公司领导裁决,保证现行职责文件无漏项、流程体系与职责体系相匹配,促进业务流程与职责接口的统一。2021年相继调整17个部门职责,共新增流程相关职责120项,补充缺失职责5项,删除职责5项,合并职责6项。同时,在维持部门总数不变的基础上,通过合并重组成立质量管理部、检测中心、审计与法律事务部等三个部门,保障内部机构与流程体系相适应,管理效率不断增强。

2. 定义流程岗位及资质

根据流程体系与组织及职责体系的对应关系,将流程层级与组织岗位层级相匹配,赋予岗位对应流程的管理权限,行使流程运行控制与持续优化的职责。第一层流程类对应主管业务公司级领导,第二层流程组对应主管业务部门领导,第三/四层对应业务部门基层管理岗位,通过匹配对应关系的确立,识别出具体岗位主管和参与的流程清单,进一步梳理各岗位应当具备的管理能力,判断该岗位对相关业务流程、工具方法、知识储备的熟练程度,开展针对性培训,促进各岗位管

理能力提升。

3. 监控流程关键指标

中传公司组织对流程体系各流程绩效指标进行全面梳理，形成公司级指标库，包含经营财务指标、质量指标、科研生产指标、基础管理指标等，同时加入衡量流程效率和质量的过程性指标，通过对比分析当年的经营业绩预测情况确定流程体系的关键绩效指标，关键绩效指标既承接上级的考核要求又包含经营发展的目标方向。同时，建立信息化监控平台，展示关键绩效指标的实时数据，管控指标发展趋势，一方面为各层级管理者提供决策参考，督促分析异常指标对应流程的运行不通畅原因，制定措施加以纠正，形成管理闭环，另一方面纳入月度组织绩效考核，压实传递责任，促进指标主管部门运用创新工具方法提升指标目标，保障经营管理目标实现。

（五）强化保障，形成评估提升模式

1. 建立流程优化的循环管理机制

以中长期发展规划为引领，中传公司建立流程优化的循环管理机制，每五年匹配发展规划开展一轮流程体系全面优化重构，每年依据年度发展目标完成一轮流程体系局部优化迭代，保证流程体系与发展战略相统一。流程优化管理机制包括流程体系、文件体系、职责体系、主价值链流程的优化，流程审计及评估等循环管理过程，横向保证各专业体系相互融合取得实效，纵向保障职责岗位指标的协同匹配，并从指标达成情况、生产交付进度、客户满意度等方面评价流程执行效果，由体系建设部门收集问题，开展专项改进提升，形成闭环管理。中传公司流程优化的循环管理机制是持续不断迭代完善的运行模式，随着经营管理能力的提升而持续健全。

2. 定期开展体系协同融合评估

以多体系基于流程协同融合的实效为着力点，中传公司每两年策划开展一次覆盖全范围流程文件的"四性"要求评估，即全面性、合法合规性、执行性和适宜性。全面性侧重于体系协同效果，衡量组织职责、岗位要求、指标设置的合理性；合法合规性侧重于风险内控、法律合规等体系融合满足程度；执行性侧重于质量要素、运营管理体系建设成果、工具方法等融入流程活动的实际作用；适宜性侧重于内外部要求的贯彻履行情况，评估后形成结果报告，经评估团队与各主管部门会商达成一致后下发，责任部门开展问题分析，并结合行业最佳实践进行改进提升。

3. 多措并举营造改进提升氛围

中传公司部署策划年度重点工作和重大改善课题时，注重从基础管理上整体提升流程运行质量和运转效率。一方面设置具有一定挑战性的目标，要求对惯性工作方式进行优化提升，另一方面明确成果固化形式，必须在流程文件中落实验证，从总体策划过程对流程优化提出要求。在日常管理中，倡导流程语言，杜绝有章不循、无章可循，取消不必要的评审、审核环节，重新制定无标准格式的报告或表单，让管理过程可追溯、便于执行。在人才培养上，参考流程岗位要求精准实施，要求员工既提升业务能力，又锻炼流程思维，鼓励向更高一层岗位自主定向提升能力。在激励措施上，崇尚改善项目的团队式合作，取得成功的改善项目与各类评优评选、职务晋升、职级评定相挂钩，激发员工实施改善的积极性。

三、高端制造企业多体系协同融合的全业务流程优化的实施效果

（一）体系管理能力不断增强

流程体系优化有力支撑中传公司管理体系适应未来发展要求。在多体系协同融合的牵引下，中传公司管理体系的顶层架构愈加清晰，决策依据更加科学、精准，风险防范能力显著增强，运营管理体系建设高效持续深入推进，各项运营管理工作不断规范，经营绩效评价在中国航发内稳

步提升,2022年基本实现"十四五"规划阶段性目标,进入集团内一流绩效企业行列,信息化建设及数据治理水平不断提升,各类科研生产信息化平台实现运行,有力保障科研生产效率的提升。

(二)基础管理能力显著提升

基于多体系协同融合开展流程优化,促进业务管理工作由"职能型"向"流程型"转变,形成各司其职、按流程履职的工作导向,各部门主动强化业务职责与流程的接口关系,及时修订完善流程文件。近三年年均编修文件160项,其中修订占比70%以上,文件体系的全面性、合法合规性、执行性、适宜性不断加强,有力保证了业务合规合法,将外部要求特别是客户要求落实在流程文件之中,运营类流程运行质量和效率不断提高。

(三)科研生产效率快速提升

面向运营类主价值链流程,拉通客户需求到交付的科研生产核心业务,有力满足了部队用户、主机厂所的产品要求。2021年,科研部件交付同比增长121%,科研齿轮交付同比增长10%,全年承担科研新机研制任务计划完成率100%,全年交付直升机中、尾减速器同比增长37.4%,小部件同比增长1.9%,发动机齿轮配套同比增长23%。生产均衡度大幅提升,圆满完成均衡生产指标。

主 创 人:唐喜军、雷 兵
参与创造人:丰 欣、汤亚林、田桂芬、涂红辉、陈杨梅、程 浩、
邓明明、黄 亲、赵仲秋、汪宏亮

打叶复烤企业基于"MES+"的智能生产管理体系构建与应用

湖南烟叶复烤有限公司

摘要： 湖南烟叶复烤有限公司（以下简称湖南复烤）是中南地区最大的烟叶复烤企业，作为传统的劳动密集型加工厂，存在复烤行业普遍的数字化、信息化转型起步晚，信息化程度不高，管理较为粗犷的问题。湖南复烤近年来以行业智能制造战略目标为引领，加快推进数字化转型工作。明确智能打叶复烤生产管理体系构架的原则、目标和思路，建设湖南复烤MES系统管理平台（制造执行系统），通过整合内部管理系统，对接外部信息系统，完成基于"MES+"的智能生产管理体系构建；全面优化生产加工计划、原烟仓储物流、生产标准规范、复烤加工过程和生产保障体系等业务流程，打破生产管理环节的数据壁垒，使企业信息流通更加迅捷，管理更加规范、高效；通过新建数据管理中心，整合生产运营全流程数据并开展智能分析和数据挖掘，为企业的精细化管理和智能化决策提供支持；通过开展生产自动控制研究，实现打叶复烤关键环节的自动化闭环控制，为湖南复烤生产管理向数字化、智能化迈进打好基础，持续增强企业核心竞争能力。本项目开展以来，湖南复烤管理效益、经济效益、社会效益明显提升，为国内打叶复烤企业的信息化改造和数字化工厂建设起到了良好的示范效应。

企业简介

湖南烟叶复烤有限公司于2011年8月经国家烟草专卖局、中国烟草总公司批准成立，同年10月正式运作。公司实行"董事会授权下的总经理负责制"，现有股东19家，注册资本22.88亿元，由中国烟草总公司湖南省公司控股管理。经营模式为"一个法人、两点生产加工"，公司在册员工624人，其中在岗员工426人，离退休人员198人，下辖郴州、永州两家复烤厂，先后于2015年和2017年完成易地技改，共拥有3条打叶复烤生产线，年设计加工能力180万担。全线应用了20余项新技术、新工艺，技术装备达到了国内一流、国际先进水平。2016年至2020年，累计完成加工投料43.75万吨，客户遍布全国24家省级卷烟工业企业。2020年结算原烟9.1万吨，实现营业收入4.2亿元，利税8641万元，其中利润3874万元，税金5907万元。公司先后通过质量、环境、职业健康安全管理体系认证、CNAS实验室认可、美国菲莫国际烟草公司SPP体系认证和打叶复烤加工过程（IPV）标准认证、国家AAAA级标准化良好行为企业认证。郴州复烤厂A线被国家局确定为全国烟草行业8条打叶复烤示范线之一。湖南复烤先后荣获"全国工人先锋号""全省优秀打叶复烤企业""省级文明单位""市级文明单位""市基层党的建设示范点"等各级荣誉称号30余项。

一、打叶复烤企业基于"MES+"的智能生产管理体系构建与应用的实施背景

(一) 是贯彻落实行业智能制造战略的需要

2015年,《中国制造2025》发布,明确提出"中国制造2025"的核心是实现制造业的数字化、智能化转型升级。2021年12月,工业和信息化部印发的《"十四五"智能制造发展规划》再次强调指出:建设智能制造示范工厂,推动制造业数字化转型。聚焦企业资源开发工业软件,实施工业软件突破提升行动,其中就涉及MES系统这一重要的生产制造类软件。

当前,复烤企业正处在数字化和智能化发展升级的重要转折期。对于湖南复烤这类集团化生产的复烤企业,已经具有建设数字化工厂的强烈意愿,然而生产车间信息化程度低,生产过程无法可视、不可追溯等问题阻碍了数字化工厂的落地实践。因此,打叶复烤企业智能生产管理体系构建,为复烤企业贯彻行业智能制造战略提供了全面的解决方案。

(二) 是复烤行业传统生产方式转型升级的需要

随着烟草行业的飞速发展,复烤行业已经从主要依靠行政、经济手段促进合作生产,向尊重市场主体意愿、激发企业内生动力转变;从主要追求增加合作数量、扩大合作生产规模向追求提升整体发展质量、增强整体竞争实力转变;从一般意义的来料加工方式向实现品牌做大做精、推进企业深层合作转变。行业的发展敦促复烤企业必须谋求变革,必须开展生产方式的转型升级。

为了满足卷烟企业对烟叶原料品质升级的需求,复烤加工要求更注重精细、均质与轻处理化特点,更注重降低生产过程中烟叶造碎及损耗。而打叶复烤企业开展智能生产管理体系构建,可大大提升生产智能化精细化加工水平,满足客户需求。因此,开展智能生产管理体系构建是复烤行业传统生产方式转型升级的必经之路。

(三) 是企业提升核心竞争力和塑造品牌的需要

对于复烤企业而言,提升核心竞争力的关键在于提供优质高效的加工服务,然而我国大部分复烤企业的质量管理仍然停留在以事后检验和把关为主的阶段,烟叶生产质量信息的收集、传递及存储依靠报表、单据、报告等文字资料,信息化程度低,不能实时地按生产质量标准进行判定、反馈和处理,严重影响烟叶加工过程管控效果。

湖南复烤必须通过对企业产线进行整合式的管理,借助信息化手段,来有效实现生产管理的即时化、精细化,大大提升企业经营和烟叶加工质量管理水平,提升企业核心竞争力。因此,开展智能生产管理体系构建,是为湖南复烤在国内复烤企业中树立标杆、塑造湖南复烤品牌的重要途径。

二、打叶复烤企业基于"MES+"的智能生产管理体系构建与应用的主要做法

(一) 制定智能打叶复烤生产管理体系总体规划

1. 明确智能打叶复烤生产管理体系构建的原则

坚持四大原则。一是坚持顶层设计原则:一方面要以湖南复烤公司本级为管理中心,统筹构建所属郴州、永州两家复烤厂生产管理体系,全面覆盖所有业务流程;另一方面要高效对接行业上下游单位,包括原料供应方和成品使用方,进一步完善生产管理体系,拓展应用范围(本项目的"MES+"即是在MES系统管理平台基础上予以拓展,将打叶复烤生产管理体系构建范围上下延伸)。二是坚持标准化管理原则:围绕企业"十四五"战略规划和发展实际,将企业生产经营活动和管理决策制定等内容标准化、规范化,不断提升企业经营管理水平。三是坚持凸显核心竞争力原则:要立足企业实际,将湖南复烤客户面广、个性化需求满足度高、生产加工保障能力强等特点融入体系构建过程中,为企业长远发展奠定基础。四是坚持统筹安排、分步推进原则:将

体系整体建设化繁为简,明确各子系统建设内容和各阶段任务完成时间,在使用过程中不断整合完善,按计划推动管理体系构建。

2. 明确智能打叶复烤生产管理体系构建的目标

总体目标是通过构建智能打叶复烤生产管理体系,完成湖南复烤公司及所属两厂的信息化改造,打造打叶复烤企业管理标杆。细分目标方面,一是提升管理效率,打破生产管理环节数据壁垒,使企业信息流通更加简洁高效;二是全面降低管理成本和生产成本,及时准确发现并解决管理症结和能耗大户等问题,助力企业降本增效;三是全面提升生产经营管理水平,提高生产环节的智能化自动化程度,优化业务流程,使决策制定更加科学合理。

3. 明确智能打叶复烤生产管理体系构建的思路

智能打叶复烤生产管理系统围绕"一个平台、两级部署、多级应用、全面协同"的思路展开。一个平台:按照统一标准规范、技术架构、业务流程、数据归口的思路构建湖南复烤 MES 系统管理平台,支撑公司多点生产运营统一指挥调度;两级部署:结合湖南复烤多点应用需求,在公司本部和公司所属复烤厂分别部署本系统;多级应用:结合湖南复烤生产经营管理架构,建立面向公司、工厂、现场以及工业客户的多层应用;全面协同:与烟草行业、湖南省烟叶公司以及工业客户信息系统协同,消除内部"信息孤岛",满足公司智能生产管理要求。

(二)搭建智能打叶复烤生产管理平台

为解决湖南复烤企业管理信息化程度低,生产加工各环节存在数据壁垒等问题,根据企业实际情况,在充分满足公司统一生产运营管理要求的前提下,搭建湖南复烤 MES 系统管理平台。

1. 全面整合企业内部管理系统,丰富 MES 内涵

通过公司搭建服务中心,工厂部署应用前端业务环境模式搭建系统业务架构,对企业原有的仓储物流、生产控制、质量反馈和能源管理等信息系统进行全面整合,满足上下贯通、左右协同、内外互通的业务集成要求。规划包括计划管理、原烟收储、精选管理、生产加工、成品仓储、辅料管理、产线组态、业务报表和数据服务共九大业务,集成 25 个数据接口和 189 个设备点位,完成 81 个功能模块开发。

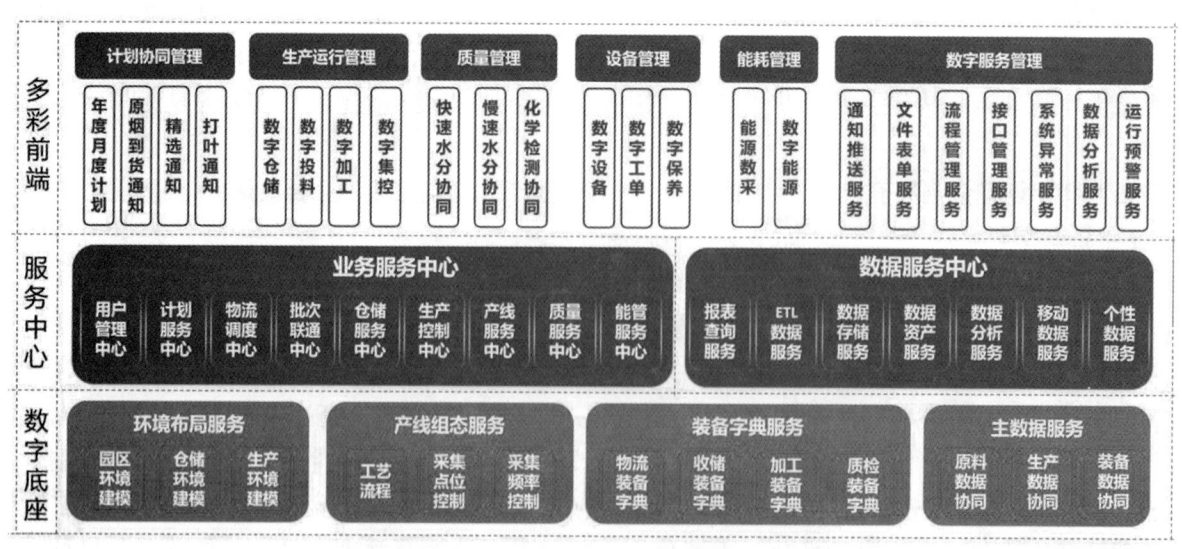

图 1　湖南复烤 MES 系统管理平台业务架构

2021 年湖南复烤 MES 系统管理平台上线,试运行以来,各项业务运转顺畅,信息流通更加迅

捷高效，为湖南复烤企业管理向数字化、智能化迈进打好了基础。

2. 协同对接企业外部信息系统，拓展"+"的意义

湖南复烤 MES 系统管理平台与外部上下游单位信息系统进行协同对接，积极融入烟草产业链，实现信息数据共建、共享、共用。一是与湖南省烟草公司烟叶管理信息系统集成，满足湖南复烤与市州公司业务的衔接要求，完成了原烟质量数据库的建立和共享，为产区公司烟叶生产提供了详实的基础数据支持。二是与工业企业远程监打系统对接，满足双方系统数据交互要求，可实时传输车间现场视频监控信号以及产品加工质量信息，现已开通浙江中烟、上海烟草集团等工业企业的监打功能模块，得到客户的好评。三是与中国烟叶总公司全国烟草生产经营管理一体化平台对接，严格遵循烟草行业系统集成规范，满足烟叶数据上报行业系统的要求，为未来行业大数据深度挖掘和应用奠定坚实基础。

（三）优化打叶复烤生产加工业务流程

为解决湖南复烤业务流程繁琐、以纸质形式传递信息等传统方式导致工作效率不高、生产加工过程标准化程度不高等弊端，借助湖南复烤 MES 系统管理平台，开展打叶复烤生产加工业务流程优化。

1. 合理的生产加工计划管理

对生产计划实行分级管理，包括对公司年度计划管理、公司加工协议管理、工厂月度生产计划管理、工厂批次生产计划管理等；实现公司计划与工厂计划联动，对生产计划进行滚动管理；对选叶加工和复烤加工计划实行精准管理；支持对各个层级粒度生产计划的实时跟踪预警。

2. 高效的原烟仓储物流管理

对公司下属两个复烤厂的仓储资源实行集中管理，满足原烟收储、分选备料、复烤加工业务的协同管理，建立敏捷而高效的生产供应体系，有效提高仓储物流作业效率，提升仓储资源利用能力。实现与湖南省烟草公司烟叶管理信息系统集成，仓储货位提前安排，原烟到车卸货科学调度；整合现有各类库存资源，实现库存集中可视化管理与跟踪；支持原烟入库、在库和出库的全程质量管理，为均质化生产提供数据依据。

3. 精准的生产标准规范管理

对各项业务工作标准规范进行集中统一管理，包括工艺参数标准管理、质量检验规程管理、质量考核标准管理、复烤加工配方管理等。完善公司标准、工厂内控标准管理，对标准规范进行全生命周期管理及配方打叶方案生成与管理，为复烤企业生产加工标准化提供科学、高效、规范的管理手段。

4. 科学的复烤加工过程管理

平台负责将工厂生产计划、工艺参数标准、工艺配方、生产通知等下发到作业现场和复烤中控系统，指导现场作业，同时能够与底层自动化系统集成，实时获取生产过程数据，实现对生产现场作业实况图形化监视。可实时接收管理层下达的各项生产作业指令，在生产执行过程中记录并反馈现场情况，班次生产结束完成交接班管理。

5. 完善的生产保障体系管理

一是在生产加工质量管控方面，对在制品及成品的质量实行全面管理，依据质量检验规程和质量考核标准要求，进行规范化管理和量化考核，通过对质量数据的深度利用，支撑质量追溯，洞察质量问题，持续改善产品质量。二是在设备管理方面，对设备基础档案、设备运行、设备维护（润滑、保养、点检）、设备维修（日常维修、项目维修、大中修）等业务进行全面管理，支

撑湖南复烤建立科学的设备绩效评价管理体系，有效提升设备保障能力和运行效率。

（四）建设数字化智能化打叶复烤工厂

为解决湖南复烤所属复烤厂智能化程度不高的问题，依托湖南复烤MES系统管理平台，开展智能打叶复烤工厂建设，实现打叶复烤生产管理向数字化、智能化转变。

1. 生产运营一体化

通过新建数据管理中心，整合工厂生产环节原有的中央控制系统，打破湖南复烤生产运营全流程数据壁垒，能够统筹公司所属复烤厂生产运营的统一指挥调度工作，实时监控加工进度和年度生产业务完成情况，大大提升企业信息化程度。

2. 供应协同敏捷化

彻底打通市州公司发货通知、复烤厂原烟收储、生产加工、成品储运等各个仓储物流供应环节，对湖南复烤整体仓储资源实现集中管理和科学调度，提升仓储作业效率，提高仓储周转能力，为敏捷生产供应提供良好保障。

3. 生产过程透明化

集成复烤厂技改后自控系统、质量检测系统等，实现对生产过程实时信息自动化采集、处理与反馈，为公司工厂管理人员提供车间现场作业实况，及时发现生产异常，迅速做出生产调整决策。且对接了客户远程监打系统，能够实时传输生产现场视频监控信号和产品质量信息，生产过程始终透明受控。

4. 生产管理精细化

以湖南复烤精益管理目标为导向，以公司精益生产管理制度和流程为基础，以本系统为抓手，深入推进湖南复烤精益生产管理，持续提升生产设备保障能力，提升生产作业效率，减少损耗，降低成本，促进湖南复烤降本增效。

5. 产品质量均质化

严格遵循湖南复烤均质化管理要求，实行工艺标准规范管理、原料均质管理、生产加工过程均质管理，全面建设湖南复烤均质化管理、跟踪、分析与改进体系，实现从原料到成品的批次质量跟踪与追溯及产品质量控制与改进的闭环管理。

6. 领导决策智能化

能够永久保存生产运营业务数据与实时数据，为数据挖掘提供良好基础。结合生产运营业务构建分析模型，为仓储物流调度、工艺质量预测、设备预防维修、物资库存优化等业务提供多维度智能分析，为领导决策提供有力支持。

（五）完善智能工厂的自动化生产应用

为解决打叶复烤行业关键生产环节自动化生产程度不高，产品质量受岗位操作人员技能水平影响较大的问题，依托湖南复烤MES系统管理平台，开展了打叶复烤加工自动控制研究项目，已实现部分生产环节的自动化闭环控制。

1. 打叶质量在线检测和控制技术

目前，国内复烤企业中对打叶指标普遍采用离线检测，存在检测周期长，工人劳动强度大，结果精度不高，以及结果反馈滞后等问题，且检测结果仅反映打叶风分机组整体运行状态，很难对各单机设备的运行参数进行分析判断，并有针对性地快速进行调整。因此，打叶段智能化自动化检测和控制技术尤为必要。

对此，湖南复烤创新研发了打叶风分机组智能控制系统，采用在线光电检测代替取样离线检测打叶指标，并对打叶各机组运行参数进行分析。经测试，叶中含梗率检测重复误差约为3.6%，叶片结构指标与实验室检测相对误差≤5%，准确率较高。

2. 复烤先进控制系统研究应用

现阶段我国绝大部分打叶复烤企业烤片机出口水分为人工调节，控制精准与否严重依赖岗位人员的操作水平及熟练程度，且质量判定依靠事后检测，无预警机制。这种复烤加工方式容易造成质量波动和合格率的不可控。

湖南复烤历时多年，在复烤段研发使用先进控制系统（简称APC），在现有设备基础上，通过应用多变量多策略复合控制技术，建立复烤机的动态控制模型，实现复烤机冷房水分和出口水分自动控制。系统投用后，复烤机出口水分标准偏差降低了33.4%，装箱水分标准偏差降低了26.28%，不仅提高了复烤自动化控制水平，也满足了客户对成品片烟水分均匀、稳定的质量要求。

（六）建立科学有效的保障体系

1. 完善的组织保障

湖南复烤成立了智能生产管理领导小组，总经理任领导小组组长，公司信息中心专人负责开展MES系统管理项目建设，对智能生产工作总方案、责任部门、工作内容、目标节点等进行了统筹规划。2020年启动了湖南复烤MES系统管理平台建设，公司上下统一思想，各部门积极认领工作任务，并制定了分项工作计划和实施方案，定期开展总结汇报，并安排部署下阶段工作，为湖南复烤MES系统管理平台建设的顺利推进实施提供了完善的组织保障。

2. 全面的机制保障

2020年9月，中国烟叶公司下发了《关于推进2020年重点品牌原料示范性区域加工中心建设的通知》（中烟叶复〔2020〕64号）和《重点品牌原料区域加工中心建设实施细则》（中烟叶复〔2020〕67号），对打叶复烤企业的智能化加工提出了明确要求：促进数据应用共享，构建加工数据采集系统，建立加工信息共享平台，构建从投料原烟、生产加工到产出成品的完整链条，为正向的加工状态监测和反向的质量诊断分析提供有力的数据支持。2021年，湖南复烤立足企业实际和行业要求，制定发布了"十四五"规划和企业核心竞争力方案，以MES系统管理平台建设为主线，对湖南复烤的智能打叶复烤体系建设工作进行了具体规划。

3. 充足的资金保障

为保证湖南复烤MES系统管理平台的顺利建设和推广应用，自2019年以来，湖南复烤投入超过650万元，目前已完成公司本级和所属复烤厂的信息化改造，完成与原有系统平台的集成。同时，每年还陆续投入大量资金用于湖南复烤MES系统管理平台的维护、后续功能完善优化，并且随着打叶复烤加工工艺的发展，不断新增相关设计开发。

三、打叶复烤企业基于"MES+"的智能生产管理体系构建与应用的实施效果

（一）管理效益提升

湖南复烤MES系统管理平台正式投入使用后，完成了涵盖系统管理、基础设置、计划管理、原烟管理、精选管理、生产加工、成品仓储、辅料管理、设备管理、业务报表、决策看板等11个功能模块共120余个具体功能点的应用，生产各环节数据有效流转，业务流程得到进一步简化和规范，企业工作效率大大提升。2021年（烤季）湖南复烤共完成加工烟叶193.84万担，同比提高3.04%；产出片烟125.46万担，同比提高2.44%；产品质量达标率100%。湖南复烤所属郴州、永州复烤厂2021年度设备故障率均控制在2.0%以内，达到行业先进指标。企业的信息化、标准

化、规范化管理水平显著提升。

（二）经济效益提高

通过打叶复烤智能生产管理体系的构建与应用，湖南复烤管理成本和生产成本全面降低，能及时准确发现并解决管理症结和能耗大户等问题，助力企业降本增效。湖南复烤2021年（烤季）共完成生产加工193.84万担，实现营业收入45580.81万元，同比增加2476.91万元，增幅5.74%。湖南复烤两个加工点加工成本均实现下降，吨片烟加工成本费用5492.74元，同比减少15.35%，生产能耗为133.61千克标准煤/吨片烟，同比下降8%。湖南复烤MES系统管理平台的应用，切实提升了企业成本控制能力和价值创造能力。

（三）社会效益显著

湖南复烤依托数字化工厂成功探索了以模块为核心的工艺策划新模式，彰显南岭丘陵生态区焦甜醇甜香型烟叶特色的复烤加工技术体系进一步丰富完善。项目开展以来，湖南复烤共完成9.92万担竖配方加工任务，走在了全国复烤企业的前列。目前已完成8个行业重点品牌原料区域加工中心挂牌，企业价值不断增长。客户对服务意识、服务能力、管理能力、服务效率、产品加工质量五大类的满意度评价均有较大提升，2021年客户满意度达到98.72%，较上年同比提升0.88个百分点，客户满意度呈向好趋势，进一步提高了品牌影响力，社会效益显著。

（四）示范效益增强

湖南复烤通过本项目的开展，已获得11篇论文成果、13个专利授权、2项软件著作权，全省系统QC发布一等奖1项、二等奖2项，"精益十佳"课题1个，1名同志获全省系统创新争先荣誉称号，1项创新成果参与全省系统第二届科技创新论坛成果交流。多项创新研究成果得到推广应用，其中智能打叶在线检测控制系统、复烤先进控制系统在全国20多家打叶复烤企业进行了推广。湖南复烤构建的打叶复烤智能生产管理体系为国内打叶复烤企业的信息化升级改造和数字化工厂建设起到了良好的示范效应。

主 创 人：邝文宣、胡 孟
参与创造人：林 朗、谭 景、郑宇睿、谢博文、吴秋果、资 捷、
尹 凡、高柏梁、陈壮宇、常一君

大型发电企业电动机全生命周期动态管理实践

湖南华电长沙发电有限公司

摘要：十八大以来，从国家、华电集团及长沙公司三个层面均对安全生产工作提出了更高要求，设备质量管理急需进一步完善提高。针对大型发电企业电动机故障多发易发且造成事故损失大、严重影响安全生产的现状，湖南华电长沙发电有限公司（以下简称长沙公司）利用状态检测新技术，开展生产运检领域的电动机运维、状态检测、数据分析、故障诊断、趋势预知等方面的应用，经过三年多的实践摸索，通过技术攻关解决了多项诊断难题，形成了一套多技术协同的电动机状态在线诊断技术——"1+4"诊断法，实现了电动机实时状态及多类故障的精准诊断，有效保障了电动机可靠稳定运行。长沙公司以技术创新为基础，以管理模式创新为抓手，多举措并行，形成了一项基于精密诊断技术的电动机全生命周期动态管理体系。其通过创新电动机状态评价方法及建立电动机状态定量评价标准，构建电动机"三维一体"诊断网络及"四位一体"立体管理模式，探索电动机状态检修实现路径，制定电动机性能提升机制，结合培训、技术创新等有力举措，精益推动设备管理细化、深化。运用"新技术+精管理"双重赋能，真正实现电动机全生命周期动态管理，全面提升电动机质量管理水平。

企业简介

湖南华电长沙发电有限公司成立于 2003 年 10 月，位于长沙市望城区铜官镇。公司规划装机容量 2×600MW×2 台燃气机组，一期建设 2×600MW 机组，是国内首批、华电首座同步建设脱硫脱硝燃煤发电机组，总投资 50.9 亿元，于 2005 年 12 月 16 日开工，两台机组分别于 2007 年 10 月 23 日和 12 月 25 日投产。因长沙公司地处负荷中心和电网受端，它的建成结束了省会长沙没有稳定电源的历史，对改善湖南电网结构，保证全省电力负荷中心电力供应，促进湖南特别是长株潭地区经济社会发展具有十分重要的意义。公司致力于"奉献清洁能源，服务两型社会"，环保投资占工程总投资的 21.6%，已于 2016 年 2 月全面完成超低排放认证，成为湖南省首座全部机组均通过改造实现超低排放目标的在运燃煤电厂。近年来，公司高度重视、大力推进创新发展和科技兴企，公司发电边际贡献、煤价成本控制、机组利用小时、安全生产、单位容量盈利能力等在区域同行中保持领先，利润自 2012 年以来连续保持在 1 亿元以上，逐步成长为湖南火电行业的标杆。

一、大型发电企业电动机全生命周期动态管理实践的背景

（一）是保障国家电力安全生产工作根本要求的需要

党的十八大以来，党中央、国务院对安全生产工作空前重视，习近平总书记多次强调，坚守发展决不能以牺牲安全为代价这条红线。特别是党的十九大报告中，习近平总书记针对新时代安全生产工作面临的新形势、新任务、新挑战和新机遇，提出树立安全发展理念，弘扬生命至上、

安全第一的思想，健全公共安全体系，完善安全生产责任制，坚决遏制重特大安全事故，提升防灾减灾能力。这是当前和今后一个时期安全生产领域的根本任务。

"经济发展，电力先行。"要保障电力安全发展，必须确保电力设备设施的安全运行和可靠性，努力化解各类安全风险，克服电力设施运维难题，全力保障电力系统安全稳定运行。电动机是发电企业应用最广泛的旋转机械之一，是发电企业绝大部分旋转设备的动力源，对发电机组的安全稳定生产起着至关重要的作用。

（二）是适应中国华电集团公司实现"世界一流"目标的重要举措

中国华电集团公司党组始终对安全生产工作高度重视，将安全工作纳入企业生产、经营和改革发展全局，同步部署、推进、检查和考核。集团充分认识和把握做好当前安全生产工作的极端重要性，树牢安全发展理念，牢牢守住安全生产"生命线"。公司系统清醒认识到当前事故多发的严峻形势，清醒认识到新凸显的风险隐患，清醒认识到安全生产工作不到位的问题短板，真正警觉和行动起来补齐短板，真正把安全发展理念落实到实处，真正把"生命至上"要求体现在保证员工安全、杜绝事故上，切实提升安全保障和基础能力。

发电企业生产工作中电动机质量管理存在短板，特别是投产时间较长的企业，电动机故障频发易发，给发电机组的安全稳定运行带来威胁，且受限于传统状态检测技术的局限，严重制约发电企业高质量发展，甚至因电动机故障引发事故使发电企业生产经营处于被动局面。以实际行动和实际效果有效提升发电企业电动机全生命周期科学管理，既是提升企业整体安全生产的重要举措，也是扎实稳步推进华电集团建设世界一流能源发电集团的愿景实现的重要举措。

（三）是提高长沙公司电动机管理水平的迫切需要

长沙公司两台机组（600MW×2）已投产15年，电动机进入故障多发期，但班组传统方法极易出现漏判错判，电动机管理水平较低，制约着机组安全稳定运行。企业迫切需要随时掌握电动机的技术状态，特别是对电动机各部件健康状态的准确掌握，以保证其发挥应有的功能和效能，进而保障机组安全稳定供电。

通过调查发现，大型发电企业特别是投产运行较久的企业，电动机故障时有发生，甚至因电动机状态恶化导致事故发生，制约机组出力甚至发生机组非计划停运事故，危害大、损失重，且故障率呈逐年上升趋势，使企业在生产经营中处于极其被动地位。

如何准确快速地掌握电动机运行状态，有针对性地开展运维工作，是企业亟待解决且必须解决的问题。生产企业迫切需要一种科学高效的电动机全生命周期管理办法，实现对电动机全生命周期动态管理，快速发现并排除电动机故障，提高电动机运行可靠性，避免过修欠修，切实降低维修费用及杜绝事故发生。

二、大型发电企业电动机全生命周期动态管理实践的主要做法

（一）明确思路、目标、实现路径

确定以实现电动机全生命周期动态管理、大幅提升电动机运行可靠性为创新目标，明确工作思路为：技术攻关破解诊断难题，管理创新提质增效。利用企业现有技术力量，成立技术攻关小组，围绕电动机诊断技术难点，以寻求匹配高效的状态在线无损检测技术为技术攻关任务，重点解决多项电动机部件健康状态诊断技术难题。并通过实践完善多项诊断技术，建立一套标准的行之有效的诊断技术体系。同时在管理方法上进行探索实践，以配套制度更好地保障技术创新持续落地生效，多方式并行，精细推动电动机管理工作深化、细化。最后进行成果总结提炼，做好企业内部培训及对外推广工作。

(二)成立攻关小组破解难题,创新电动机诊断模式

长沙公司以问题为导向,就电动机转子断条故障,不平衡、不对中、机械松动等轴系振动类故障,以及轴承故障及轴承润滑不良等多个故障诊断难题成立攻关小组。

攻关小组在进行专项技术难题攻关时,秉承"客观、科学、准确、高效"原则,以目标为导向,寻求破解技术难题的理论基础及现实路径,并运用PDCA循环工作法,在生产现场通过"实践—提升—再实践"的不断摸索,成功融合多种技术手段,形成了一套多技术协同诊断体系。历时三年多,连续攻克电动机转子断条故障、机械松动、轴承故障等多类振动故障,滚动轴承润滑不良问题等多个在线诊断技术难题,形成高效准确的"靶向"诊断技术,极大提升了电动机安全性稳定性,创新形成了基于精密诊断的集设计诊断、分类诊断、综合诊断、持续改善于一体的设备诊断新模式。

(三)建立一套电动机状态在线无损诊断体系

通过总结三年间开展电动机故障诊断工作的经验,长沙公司建立了一套行之有效的电动机故障在线无损诊断体系——"1+4"诊断法。

1. 振动频谱分析技术为主

通过采用先进振动频谱分析技术,获得较传统方法更细致、更精准、更科学的诊断结论。以采集的运行电动机振动频谱数据为基础,开展相应的振动频谱分析,达到准确识别电动机不平衡、不对中、机械松动、轴承磨损、动静碰磨、共振等故障。优化电动机振动模型,合理设置采集设定,使得检测速度大幅提升,为企业应用该技术提供保障和可行性支撑。同时,通过综合ISO标准与国标规定,结合电动机厂家规范,制定电动机故障振动评定量化标准,更好地指导生产运维工作。

2. 四项诊断技术为辅

采用红外热成像技术,实现对电动机轴承异常发热、引线接触不良、冷却系统异常等问题的快速准确诊断,实现大范围设备快速排查及故障点定位;引入超声检测技术,并结合振动频谱诊断技术形成"声振联合"诊断法,实现对电动机滚动轴承早期劣化故障及动静碰磨故障的有效诊断,并辅助诊断电动机内部局放、引线接触不良等故障;利用电流频谱分析技术,解决鼠笼式电动机转子断条故障在线诊断及故障定级的技术难题;采用电动机油液分析技术,辅助诊断电动机滑动轴承磨损、润滑不良等故障,并结合振动、红外等技术锁定故障类型及程度。

(四)创建检测技术矩阵,全方位监测实时状态

按电动机的工作原理和物化特性,创建与之匹配的诊断技术检测手段——技术矩阵表。对每台电动机都明确测试技术,并根据设备运行状态设定"1+4"诊断法测试周期,为电动机检测大数据库积累丰富数据,便于历史数据追溯,为开展故障劣化趋势分析和预知性检修提供技术保障。

表1 长沙电厂部分电动机技术矩阵表

设备名称 (电动机)	振动分析 诊断技术	电流频谱分析 诊断技术	红外分析 诊断技术	油液分析 诊断技术	超声分析 诊断技术
测试周期	每周一次	每季度一次	每季度一次	每季度一次	每月一次
汽泵前置泵	▲	▲	▲		▲
凝结水泵	▲	▲	▲		▲

续表

设备名称（电动机）	振动分析诊断技术	电流频谱分析诊断技术	红外分析诊断技术	油液分析诊断技术	超声分析诊断技术
真空泵	▲		▲		▲
循环水泵	▲	▲	▲		▲
磨煤机	▲	▲	▲		▲
送风机	▲	▲	▲		▲
一次风机	▲	▲	▲	▲	▲
引风机	▲	▲	▲	▲	▲
浆液循环泵	▲	▲	▲		▲
氧化风机	▲	▲	▲	▲	▲
仪用/除灰空压机	▲	▲	▲	▲	▲

（五）构建配套工程，筑牢管理基础

以技术创新为基础，以配套制度、机制为保障，切实使技术创新落地生效，实现电动机质量管理水平提升。

1. 建立一系列配套制度

建立一系列配套制度，如《电动机状态定期检测制度》《电动机故障趋势跟踪制度》《电动机精密诊断标准流程》《电动机状态评估标准》《电动机诊断报告编写规范》等，严格规定精密诊断周期、所用技术及其工作流程、评估标准等，并结合企业技术监督、缺陷治理相关要求，加强与各生产部门专业相结合，使精密诊断技术从单一技术工具成为企业电动机质量管理的重要一环，更高效地发挥其效用。

2. 建立诊断标准，参与行业标准制定

通过实际工作中总结振动及超声技术应用情况，建立公司级振动、超声、红外（电动机附属设备）、电流诊断标准，引用化学现行油液国标，真正做到故障程度量化分析，为后续更简便快捷地开展诊断工作做好标准支撑。基于对现场运行电动机各项数据的分析，依据建立标准，将电动机运行状态划分为优良、正常、轻微、严重、危急五个等级，更好地指导运维工作。同时，基于在设备故障诊断上对振动及超声技术的熟练掌握，课题主创人参与振动、超声两项技术导则编制，两项导则已于2021年3月1日正式施行。

创新引入新参考量参与故障等级量化评价，以数据增量及劣化率（月劣化率及年劣化率）的评价方法创新来进一步提升电动机故障诊断准确率，在振动及超声频谱分析中以特征频率峰值的增量变化来表征电动机状态劣化趋势及程度，也以其结合幅值大小及特征频率峰值大小来判别电动机有无故障；以劣化率来量化评价故障电动机一阶段内的劣化速度，更好地指导针对性检修工作的开展，为电动机性能最大化提供量化评价支撑。

3. 制定性能改善提升机制

在状态在线无损诊断技术体系的基础上，通过"精密诊断、设备改善、可靠度提升"等步骤，在企业建立电动机性能持续改善提升机制。该机制包括：对电动机进行全方位精密诊断，发现问题并找出根源性原因；针对故障的根源性原因提出改善建议并指导改善；建立完善科学的状态诊断技术，引入科研机构专家对疑难故障进行诊断；采取标准化的预知保养方法，提高电动机运行可靠性。该机制能够有效协助企业掌握电动机的运行状态，预测劣化趋势，并通过对电动机故障的及时发现和处理，达到减少机组紧急抢修工作，延长机组检修周期，全面提高电动机可靠性，大幅降低电动机运行维护费用和检修时间的目的。

4. 建立企业诊断大数据库及典型案例库

通过持续积累采集的电动机数据形成电动机诊断大数据库，更科学地进行劣化趋势预测及同类型故障的分析比对。完成测试工作后，精密诊断员及时分析并提交分析报告，如设备严重异常，需及时向生产部门及分管领导预警，并在分析报告中给出改善意见。

对成功发现并处理的电动机故障，精密诊断员及时编写电动机典型故障案例，包含修前测试数据、诊断分析、解体验证或改善记录、修后测试数据等四个要素，建立企业电动机典型故障案例库，为技术人员技能提升及相应故障排查提供借鉴参考。

（六）构建"三维一体"诊断网络、"四位一体"管理模式

在企业原有巡检制度基础上，运行、维护班组日常巡查，专业点检员定期点检，以及状态精密诊断工作三者构成"三维一体"的电动机诊断网络，实行以"精细操控的运行管理，精准诊断的状态管理，精良工艺的检修管理，精确护理的保养管理"有机组合构成"四位一体"的电动机管理模式，为电动机全生命周期动态管理搭建了实现路径。

（七）多举措并行，固化成果效用

样板开路，以点带面。通过准确的电动机诊断案例，以点带面推动电动机全生命周期动态管理工作施行。近两年，成功案例涉及电动机多类故障，如凝结水泵变频电动机低频振动、凝结水泵电动机滚动轴承严重磨损、循环水泵及浆液循环泵电动机转子严重断条、一次风机及浆液循环泵电机基础刚度不足、大量电动机运行润滑不良等共计60余台次，为针对性检修维护工作的高效开展提供了技术支持。

以知促行，以行促知。加强精密诊断人员技术的理论及实操培训，理论和实践两手抓、两结合。每季度开展一次专业技术讲课，同时结合机组大小修现场开展实操培训及诊断结论电动机解体验证。共为企业培养1名专职精密诊断专家，7名兼职精密诊断人员，其中1人入选华电集团精密诊断专家库，1人通过ISO国际振动分析师（二级）认证。

立足现场，勇于创新。扎实开展现场诊断工作，加强对已有故障征兆电动机的趋势跟踪，力求运行电动机健康可控在控，科学客观反馈电动机运行真实状态，切实快速解决现场问题。同时结合技术攻关工作，勇于创新，多项成果屡获集团及集团以上大奖。《电动机转子断条诊断创新与应用》获华电集团职工创新创效一等奖，全国能源化学地质系统优秀职工技术创新成果三等奖；《旋转设备机械松动故障快速诊断技术创新与应用》获全国能源化学地质系统优秀职工技术创新成果一等奖；《旋转设备滚动轴承状态管理创新与应用》获中国电力企业职工创新三等奖。

三、大型发电企业电动机全生命周期动态管理实践的效果

（一）电动机管理更加标准化、精细化

技术和管理双创新，使电动机全生命周期动态管理技术基础科学准确，制度基础完备全面，给机组的电动机运行可靠性提供了一把"保护伞"，使公司对电动机的质量管理更加标准化、规范化。将质量控制关口深入电动机内部部件，基于高准确率的电动机状态在线诊断工作及相配套制度的坚决执行，使电动机全生命周期状态可控在控，为电动机故障的精准化检修决策提供了科

学依据，进一步规范了电动机维护管理工作，有效防止了电动机过修、欠修，丰富、深化了原有的电动机质量管理体系。

（二）现场实施效果显著

2020—2021年，长沙公司成功诊断10起重要电动机严重故障，诊断准确率接近100%，同时发现电动机轴承润滑问题30余台次及一般电动机故障20余台次，生产现场实施效果显著，电机性能及可靠性得到大幅提升。

准确的状态诊断，为开展针对性检修提供了科学决策依据，最大限度保证了设备的工作性能，避免了事故发生。截至2021年底，长沙公司双机71台6千伏电动机及26台380伏电动机已纳入状态精密诊断范围。

（三）经济效益突出

根据长沙公司标准运行方式及长久运行经验，结合实时负荷及运行经济性等各种影响因素，不考虑设备部件损坏的耗材费用及检修费用，单以故障电动机事故影响机组负荷进行费用折算（2020年、2021年长沙公司平均上网电价分别为0.400元/千瓦时、0.416元/千瓦时），共计节支397.2万元。

（四）项目创新成果丰硕

项目开展三年以来，"高压异步电动机转子断条诊断创新与应用""旋转设备机械松动故障快速诊断技术创新与应用""旋转设备滚动轴承状态管理创新与应用"等技术攻关成果累计获得中国华电集团及以上级别职工技术创新奖8项；主创人参与编写《火电设备振动检测诊断技术导则》（T/CEEMA 028—2021）、《火电设备超声检测诊断技术导则》（T/CEEMA 029—2021）两项导则。"长沙公司高压异步电动机转子断条1314诊断法"入选中国华电集团第二届先进工作法，相关成果收入《众创华电》一书；《基于精密诊断的高压异步电动机状态管理探索与实践》获中国电力企业联合会创新实践论文特等奖。

（五）项目得到广泛推广应用

通过实践，依托精密诊断形成的电动机"1+4"在线故障诊断技术具有明显的安全、快速、准确、节约四大优点，在其基础上形成的大型发电企业电动机全生命周期动态管理体系在生产现场应用上得到了良好检验，大幅提高了运行电动机的可靠性，诊断技术先进，分析方法创新，管理措施全面，示范效应突出，具有极高的推广价值。

该项目已在中国华电集团在湘发电企业推广，并在华电集团内进行技术交流，得到高度认可。成果不仅适合华电集团70余家发电企业，对广泛使用电动机的其他发电集团及企业也有借鉴意义。同时，长沙公司利用相关技术成功协助华电集团内常德、新乡电厂等多个企业成功开展远程故障诊断，并将成果主要内容在华电福建可门公司海外项目部进行技能培训推广，得到了兄弟公司的认可和好评。

主　创　人：张辉林
参与创造人：周　俊、蒋辉宏、许　浩、文亚希、李　亮、莫　彬、
　　　　　　袁定龙、张宇雄

军工企业精准计量管理体系的构建

江麓机电集团有限公司

摘要：为严格落实《计量条例》，适应武器装备高质量发展和现代化建设的紧迫形势，提升竞争力，实现企业精细化管理，江麓机电集团有限公司（以下简称江麓集团）以履行强军首责，实现高质量发展为核心，围绕"一前、二化、三精"的指导思想，即提前介入，数据一源化和服务共享化，分类精准、追溯精确及技术精湛，以制度和信息化为依托，实现军工企业精准计量管理体系构建的目标。按照"统一领导，分层组织，系统部署，统一标准"的原则强化组织管理，明确工作目标，以实际调研为输入，按照"目标能落地，计划有节点"的要求，分解目标，制订计划；以生产活动对量具检测数据结果的需求程度来实现分类精准，以"异常不停，合格为止"的原则实现追溯精确；以统一高效为原则，在"制度流程化，流程表单化"的指导思想下，结合"横向关联"的要求，完善了管理制度；按照"表单信息化"的原则和好用易用的思路，构建管理系统；以高效服务为宗旨，实现量具质量预警和比质比价采购；通过"日季年比学"模式和计件薪酬制，激发员工潜能，提升绩效；按照"能用尽用，能改则改"的原则，实现技术精湛；建立三级监督加评比考评模式，保证监督精严。项目实施后，江麓集团管理效益显著增长，校准效率显著提升，对装备的保障能力有了明显提升，体系模式赢得广泛认可。

企业简介

江麓机电集团有限公司建于1958年，是我国军用特种车辆、军用特种车辆中轻型综合传动装置、数字化电气电控装置的研制生产基地。江麓集团研产的多型装备作为独立整车方阵先后参加了国庆50周年、60周年，抗战胜利70周年和建军90周年阅兵盛典，以及"和平使命"中俄联演、"蓝色突击"中泰联演、国际军事比赛、装甲与反装甲日等重大活动。江麓集团现有员工近3000人，年营业收入30多亿元，为"湖南省企业100强"和"湖南省制造业企业100强"。

一、军工企业精准计量管理体系构建的实施背景

（一）是落实《计量条例》的客观需要

2020年底国家军委发布的《军队计量条例》深入贯彻习近平强军思想和新时代军事战略方针，进一步规范军队计量保障组织实施方式方法，明确监督管理要求，层次各领域的监督管理模式，提高部队备战打仗的计量保障能力。作为军事装备的提供方，江麓集团需要紧跟客户需求，严格落实《军队计量条例》相关内容，将其融入江麓集团的计量管理体系，是十分必要的。

（二）是应对装备高质量发展和现代化建设的必然选择

随着现代战争的多样化和我国国防技术的升级换代，武器装备的种类和数量不断增多，各项指标逐渐提升，向着"远射程""高精度"的要求不断发展。对武器装备进行性能测试的专用设

备也普遍存在量值传递参数多、量程宽、精度高，作为检测专用设备性能指标的计量活动也被赋予了更高要求。计量管理涉及专业面宽，领域多，协作面广，为适应不断变化的紧迫形势，企业必须先行改革，使计量管理不断朝着精准方向发展。

（三）是提升竞争力、实现精细化管理的内在需求

随着江麓集团规模的不断扩大和对人员数量的控制，旧的计量管理模式的弊端逐渐显现。随着装备种类和数量增多，各种非标专用测试设备及新型号的仪器仪表（以下统称量具）大量出现，在国家标准和企业计量能力没有及时跟上的情况下，存在一定的质量隐患，易使武器装备的使用方形成不好的评价，进而影响企业发展。因原有计量人员大量退休且又不增加新员工，以现在不到以前1/4的员工人数，按旧有的模式管理和作业，计量日常工作越来越困难。如纸质记录的填写和传递工作量大，效率低，还不易保存；纸质台账人工更新和查询容易遗漏；计量单位使用不统一，员工处理数据时，需要自行转换，容易出错；计量人员发现量具不合格时因没有精准的追溯流程和措施，造成部分不合格产品没被追溯出来而流转到后续的装配或试验过程，造成较大的经济损失；量具分类不精准，边界模糊，部分量具长期管理过严或过松。这些现状都对计量精准管理提出了迫切需求。

二、军工企业精准计量管理体系构建的主要做法

（一）以构建精准计量管理体系为目标，明确总体思路

1. 融入军工要求，明确指导思想

江麓集团结合 CNAS 和 DILAC 实验室体系的相关标准，融入军工企业对计量管理零超期、量值传递1/4等高要求，借助质量管理体系的成熟模式，明确了"一前、二化、三精"的指导思想。"一前"，即提前介入，把计量管理向前推移，从设备引进和新产品的研发等环节开始计量管理，助力企业高质量发展。"二化"，即数据一源化，服务共享化。数据一源化，即数据来源于计量部门，其他部门的数据经计量部门识别后导入。服务共享化，即计量部门制定统一的数据标准，提供数据服务给企业其他部门直接使用。"三精"，即分类精准，追溯精确，技术精湛。分类精准，即以数据需求为标准，准确识别，精准分类；追溯精确，即以对量具不合格重复发生重点追、关键数据测量用的量具追到底的思路，针对不同情况制定不同的追溯方式；技术精湛，即计量技术能力范围广，技术能力强，达到了一定高度。

2. 开展多方调研，深挖企业需求

为摸清江麓集团各使用单位在计量管理方面的现状与需求，计量部门一方面深入各使用单位，与量具管理员、设备管理员、分管领导等相关人员进行沟通交流，并现场查看，翻看台账、二级监督等记录，掌握不同单位、不同工种的管理现状和对计量数据的需求；另一方面与设备管理单位、采购单位和安全环保单位长期沟通，及时了解江麓集团在高质量发展过程中对计量管理所提出的要求和服务。通过不断的调研总结，发现现行的计量管理体系存在以下问题：一是量具分类不精确。江麓集团成立以来量具均以使用状态进行分类，把企业计量标准、精密测量设备及安全环保设备定为 A 类管理，用于关键过程测量和定量测试的量具定为 B 类管理，其他量具定为 C 类管理。这种分类方法存在边界模糊不清。同类设备多场景使用不能科学加以区分，不仅增加管理成本，也造成管理遗漏，由于测试结果不准往往引发大批量的质量问题。二是追溯不彻底。当计量人员检定校准量具或使用单位使用人员在使用过程中发现量具示值不准后，计量管理人员按要求执行追溯流程时，因需要追溯到量具的最后一次检定校准合格日期，需要追溯的日期跨度太长，被测产品数量庞大，难以执行到位，使用单位量具管理员和相关检验员基本应付了事。三是管理

不精细。原有的计量管理制度和文件主要规定各单位的计量职责和应做的工作，对各项计量工作该如何开展没有更详细的规定，造成计量管理人员在工作时按自己的理解执行，记录和报表格式多样，内容不全面，难以在一个标准下分析各单位的计量管理情况。

（二）强化组织管理，制订工作计划

1. 加强组织管理，提供坚实保障

按照"统一领导，分层组织，系统部署，统一标准"的原则，在领导层面，成立由江麓集团主管计量工作的副总经理任组长、总质量师任副组长的领导小组，负责构建管理体系战略的制定和全局性把握。在业务层面，成立计量部门主管领导为组长、各相关单位计量分管领导为组员的保障组，负责对领导小组制定的战略体系进行分解，落实到各执行小组；协调管理体系构建过程的各项保障工作；监督管理体系构建过程的实施情况并及时纠正发现的问题。在执行层面，在保障组的指导下，打破角色固化，组建柔性团队，根据战略任务分解情况，以需求为核心，任命相关专业人员为组长，成立负责制度建设的体系组、负责计量信息化建设的信息化组、负责数据应用分析的应用组、负责人员管理优化的人事组、负责计量技术攻关的技术组等，各小组除小组专业工作外，还需及时向保障组汇报项目进度和困难，并在江麓集团内进行日常宣传等工作。

2. 制订健全计划，夯实过程管控

根据构建精准计量管理体系的目标，参照 CNAS 和 DILAC 实验室体系标准，在质量管理体系结构模式下，按照"目标能落地，计划有节点"的要求，将目标逐层分解，转化为执行层各专业组的工作目标，确保总目标一致、权责分明，并能相互配合。保障组承上启下，保障和监督各项工作顺利开展和高效执行。

（三）精准分类、追溯，完善管理制度

体系组以"三精"为指导思想，以履行强军首责、实现高质量发展为核心，参考原有的分类模式，按照"结果导向"原则，以过程对量具检测数据结果的需求程度来实现分类精准；以"异常不停，合格为止"的原则实现追溯精确；以统一高效为原则，在"制度流程化，流程表单化"的指导思想下，结合"横向关联"的要求，制定完善的计量管理制度。

1. 分类精准

根据构建精准计量管理体系的总目标，以计量和质量管理人员为主的体系组对现有量具的分类情况进行分析后，按生产活动对量具检测数据结果的需求程度进行分类。

A 类量具，对数据的需求较高，数据需要带入相关活动使用。如量具在不同测量点的误差会带入被测量具的数据结果里，来判定被测量具在不同点的符合情况；或用量具检测得到的关键数据需要在下一阶段使用，且该数据对其他产品的结果影响较大，如动平衡试验以及安全环保过程中，量具数据对结果的判定涉及产品性能、安全隐患或环保排放达标情况。

B 类量具，对数据有一定的需求，但需求不高，在检测或测试中，虽然数据被记录下来，但数据仅用来作定性判定。如用游标卡尺测量产品后，仅需对产品做出合格与否的判定，只有产品在不合格时才需要记录下来的数据作为产品后续处理的依据。

C 类量具，分两种情况：（1）对数据完全不需要，数据是否准确对生产、装配或试验等经营活动不影响，仅需要经营活动中量具检测处有压力、流量、温度等物理量即可。（2）一次性使用的量具，采用同批次抽检的模式管理，江麓集团参考 GBT2828《计数抽样检验程序》的内容，制定了不同量具在不同使用要求下不同抽样数的抽样方案。

2. 追溯精确

为落实军工企业对计量精准管理的高要求，体系组在满足 GJB9001C-2017《质量管理体系要求》中测量溯源的前提下，以"异常不停，合格为止"的原则，制定了追溯精确的溯源模式。当出现量具示值超差或其他不合格时，由计量人员发起，使用人员提供不合格量具所检产品情况，检验人员用经计量人员确认合格的其他量具从不合格量具所检最近日期批次产品开始按江麓集团的产品检验模式进行复检，记录数据并与使用人员自检结果作比较。比较结果在其他合格量具本身规定的误差外时，可判定使用了不合格量具进行的测量，需继续往前一个日期用同样模式排查；当比较结果在其他合格量具本身规定的误差之内时，可判定是使用了合格的量具进行的测量，追溯可停止。在实际工作中，使用人员将测量数据同以往的测量结果进行对比，当普遍存在异常时，就把量具送检，所以一般就追溯一批产品，少量追溯两批产品，基本没有对多批产品进行追溯的情况。

3. 制度完善

分类精准和追溯精确两个核心制度确立后，在构建精准计量管理体系的总目标下，围绕"一前、二化、三精"的指导思想，以统一高效为原则，以现有制度为蓝本，加入军工计量的相关要求。体系组参考 CNAS 和 DILAC 实验室体系标准要求，制定了从立项、设计、研发、工艺确定等过程的计量管理要求，规范了不同过程计量保证大纲所需要的内容；按照"保证重点，兼顾普通，区别管理，全面监督"的原则，除一般的计量管理要求外，规定 A 类量具定期全部进行期间核查。从业务流程设计出发，大中小各型设备的计划、采购、验收环节都纳入计量管理，实现量具的全过程管理。针对江麓集团越来越多的非标设备，按照"联合制定，部门协同"的原则，明确设备设计方或引进方规定参数，计量部门按要求制定相关参数的计量方法，联合编制企业标准，实现专业人员做专业的事，产生"1+1>2"的效果。

同时，体系组根据新制度，在"制度流程化，流程表单化"的指导思想下，结合"横向关联"要求，引入江麓集团设备管理部门和采购部门的表单数据项，把制度中需要多部门执行的业务工作明确成一张表单、一个模板，把制度中大量文字转换为不同表单或模板，实现各部门间的表单数据的联动以及工作业务清晰化和模块化。

（四）分析指标体系，构建管理系统

1. 分析指标体系，构建数据模型

在"一前、二化、三精"的指导思想下，按照"表单信息化"的原则，信息化组联合体系组和技术组，对计量管理及计量作业用的数据表单、模板进行分析建模。

量具分类表单，根据分类标准，采用"是否"的问答模式，引导填写人员准确分类。量具台账信息表单，按照"一张表"的思路，引入量具共性指标项，而特色项分解列入共性指标项，实现量具一张表统揽所有信息项。作业记录表单，按照"归一化"思路，把不同量具的不同指标全部归为要求项，实现一张表容含一切数。对量具分类、量具台账信息和作业记录等表单的数据进行连接查询处理，构建出量具未送检率、作业合格率、报废率等分析指标及超期情况汇总、送检计划、计量检定人员统计、计量收费单等统计表单，并分别按月、季、年及不定时间段实现。

2. 结合使用需求，构建管理系统

精准的数据是实现精准管理的前提，建模后，信息化组按照"数据一源化"思想，采用多维共享的模式，实现一套数据，多处使用。采用关键词联想等算法，把需要纳入计量管理的量具在设备采购单位录入采购系统后进行分流，结合人工确认模式直接引用。把计量对量具的管理状态数据接入设备管理部门的管理系统，直接生成状态信息，并对各使用单位开通权限，直接生成各单位的量具管理界面，从而逐步实现计量管理系统的构建，形成内部数据的统一，确保"数据一个源"。

按照好用易用的思路，结合员工的使用习惯，同时采用分级筛选和结果定位两种筛查方式，解决量具数量多、种类杂、难以查找的问题；根据使用频率，固定计量单位，把复杂运算转化为减法运算，实现结果自动计算，确保计算过程准确。把前面的数据模型开发在信息系统内，通过系统后台处理，实现管理系统好录、易查、自动算、台账、记录信息化，证书报告自动出，充分发挥系统的处理功能，提高工作效率。

(五) 挖掘数据场景，深化系统应用

在"服务共享化"思想指导下，以高效服务为宗旨，应用组深挖量具的多周期数据，建立量具质量诊断模型。通过结果数据变化与预定值的比较，可准确预测量具的可使用期限，有效控制量具在其技术状态失效前停用，指导使用单位提前维修、报废或列入采购计划。

不同量具制造厂家的量具合格情况能有效反映厂家的量具品质。应用组通过建立量具品质分析模型，对同类量具进行年限量化处理，如一种量具使用2年，算2台设备，按制造厂家分别统计，比质比价选出最优的几家，指导采购部门进行量具采购。

(六) 加强保障能力，保证监督精严

1. 创新培训模式，改进薪酬结构

江麓集团为持续不断提高计量人员的工作绩效，确保集团整体战略目标的实现，借鉴生产制造的绩效管理模式，有针对性地确立了实行绩效管理的目标，通过创新培养员工的技术能力和创新绩效管理，实现全面、科学、公正、准确地评价工作业绩，充分发挥员工的主观能动性，激发潜能，提升绩效。在员工培养方面，确立"日季年比学"模式，即每日班前会轮流由一名员工领学，交流学习体会，把对计量标准的实验室比对和员工的能力确认相结合，不同计量项目制定统一量化标准，相同计量项目的员工每季度进行项目比对，每年统考，季比成绩按排名给予一次性嘉奖，年考成绩排名作为下一年度绩效提升的主要指标之一。同时采用"师带徒"模式，一对多培养，师傅享受徒弟一年的件酬分成。在工作业绩评价方面，参考国内其他计量技术机构的薪酬模式，按照比例抽成的模式，制定科学、合理的单价，采用计件薪酬。

2. 健全投入机制，实现技术精湛

在"一前、二化、三精"指导思想下，按照"能用尽用，能改则改"的原则，技术组通过旧物利用、部件改造、能力扩展的模式，把仅用于检测油管的关节臂开发出来检测车体、铸造箱体等产品；通过设计制作专用定位工装，把专门校准百分表、内径表的表类检定仪扩展用于检测某一类位移传感器；通过设计改造，把已报废的表类检定仪改造为高度尺研磨装置；配置低值的大电流电阻箱，结合现有的数字钳形表、高精度数字表，用于电焊机现场校准；根据"单参数计量"的原则，按照管理体系中的表单模板，实现非标专用测试设备的计量校准。针对现有条件确实无法解决的技术难题，技术组通过江麓集团各种项目建设，引进了三维扫描仪、闪测仪等检测设备，并以计件薪酬为指引，促使员工主动学习新设备的测量技术。

3. 强化多级管理，保证监督精严

体系建设以实现江麓集团高质量发展为导向，建立三级监督模式，即江麓集团质量管理部门、监督计量部门、计量部门每月监督使用单位、使用单位每月自查；自查也分两级执行，分厂查车间，车间查班组。计量部门的监督按季度编制各项指标分析报告，对各单位进行评比考评。

三、军工企业精准计量管理体系构建的实施效果

(一) 管理水平明显提升,校准效率显著提高

精准计量管理体系的实施,打通了使用单位和管理单位的数据孤岛,一源多用,实现服务共享化,减少了各单位大量的报表数,避免了数据不一致的情况出现。经过精准分类,A类管理数量由以前的近2000缩减为不到400,分类管理要求的明确,使管理更精准。信息化的实施,使以前每种量具都需要设计和印制的作业记录表单全部取消,计量人员只需要在管理系统内填写一次记录,即可实现台账、记录和证书的填写,提高了工作效率,也减少了纸张等办公用品的消耗。

(二) 对装备的保障能力明显增强

企业内部层面,精确的追溯和量具状态的提前预测,因量具的失控而导致的批量产品质量问题得到解决。通过对人员实行计件薪酬和"日季年比学"模式,员工能力大幅度提升,收入逐月上涨,不断出现"多专多能"人员。通过旧物利用、部件改造、能力扩展,以及编制企业文件114份、计量管理制度和管理文件9套份,计量能力由以前的不到50项扩展为80多项,装备保障能力有了明显提升。

(三) 体系模式赢得广泛认可

在江麓集团内部,计量部门申报的精益项目,多次获得较好名次。各单位在计量管理工作方面的报表大幅度减少,各种计量管理相关业务数据可直接通过管理系统查询,数据来源可靠、准确,报告质量明显提升。在湖南省国防科技工业局对军工计量技术机构的审查中,江麓集团多次名列前茅。在军方、装备发展部对江麓集团的装备质量资格审查、安全检查等多项现场检查中,没有因计量管理出现问题。在某次装备质量检查工作中,计量专家对江麓集团非标专用测试的计量管理和校准模式给予了充分肯定和认可,认为可以推广应用。

主 创 人:张文辉、谢朝刚

参与创造人:张　超、张雄鹰、徐文峰、刘春武、危　鑫、李红杰、李　雪、肖菊芳、段　丽、黄　灿

品牌建设与乡村振兴

基础电信企业助力乡村振兴的数字化服务体系建设

中国联合网络通信有限公司湖南省分公司

摘要：数字乡村是国家乡村振兴战略的重要方向，基础电信企业也是数字乡村建设的主力军，中国联合网络通信有限公司湖南省分公司（以下简称湖南联通）基于乡村治理、产业、服务数字化的需要，积极发挥基础电信企业网络、科技创新、生态资源优势，创新发展模式，布局助力乡村振兴的数字化服务体系建设。湖南联通明确建设思路，整合各类资源，加强农村基础网络建设，打造数字乡村服务云平台，同步打破传统思维，沉淀三类服务体系推广模式，完善内部服务流程和培训考核机制，向广大乡镇村委和农民提供聚焦产业、治理和民生数字化服务。首先从农业管理、乡村旅游和农产品销售三个方面推出产业数字化服务，其次从解决乡村管理短板角度，创新乡村治理服务，推进乡村数字化治理，最后满足村民多元化需求，丰富民生服务，让广大村民也享受到数字化红利。目前，湖南联通为全省14个市州7477个乡村提供了高效便捷的数字化及通信服务，为推进乡村全面振兴贡献了联通力量，得到社会各界的肯定，同时也带动了企业通信用户与收入双增长。

企业简介

中国联合网络通信有限公司湖南省分公司成立于1997年8月，隶属于中国联合网络通信有限公司，下设14个市级分公司、122个县级分公司，固定资产投资规模250亿元，年收入超过100亿元，共有职工1万余人。湖南联通经营业绩连续多年保持联通集团前列，并屡获"全国通信行业用户满意企业""全国青年文明号""信用等级AAA企业""消费者满意单位"等数百项荣誉，是湖南地区实力雄厚、品牌强劲的全业务电信运营商。湖南联通积极响应中央提出的"创新、协调、绿色、开放、共享"发展理念，坚决履行央企使命构建精品网络，着力推动网络强国、数字中国、智慧社会、乡村振兴、碳达峰碳中和等国家重大战略落实。

一、基础电信企业助力乡村振兴的数字化服务体系建设的实施背景

（一）是有效落实国家以数字化赋能乡村振兴战略的需要

数字乡村既是乡村振兴的战略方向，也是建设数字中国的重要内容。党的十九大报告提出实施乡村振兴战略，并明确"产业兴旺、生态宜居、乡风文明、治理有效、生活富裕"乡村振兴发展总体要求。国家"十四五"规划提出加快数字乡村建设，推动乡村管理服务数字化；中央网信办发布的《数字乡村发展行动计划（2022—2025年）》部署了智慧农业创新发展行动和数字治理能力提升行动等8个重点行动；《数字乡村标准建设体系指南》提出到2025年初步建成数字乡村标准体系。同时，湖南省委、省政府印发的《湖南省数字乡村发展行动方案（2020—2022年）》提出惠农服务体系日益完善，乡村治理能力明显提高的目标，湖南"十四五"规划也明确着力建

设乡村振兴的现代化新湖南。在国家政策指引和行动指南要求下，湖南联通主动作为，承担央企责任，积极落实数字化赋能乡村振兴，搭建数字乡村服务云平台，构建数字化服务体系。

（二）是乡村治理数字化、产业数字化和服务数字化的需要

根据湖南省统计局数据显示，湖南省有1525个乡镇、2.71万个行政村，农业产值3532亿元，是典型的农业大省。在国家乡村振兴大背景下，政府不断加大资源投入，2021年乡村振兴省级财政补助资金（原专项扶贫资金）达1.2亿元，较2020年增加0.8亿元，农村数字化、产业化市场空间巨大。当前，湖南省各地数字乡村建设模式仍在摸索之中，发展中遇到的问题也亟需解决。在乡村治理层面，湖南广大农村普遍存在乡村治理数字化水平低、基层治理场景复杂、疫情防控压力大、治理反馈机制不健全等问题；在乡村产业层面，5G、云计算、大数据和物联网等新技术在农业生产、加工和销售中融合程度低，且农业信息化投入成本高，单个数字化场景需求形成一个个孤立的信息系统；在乡村服务层面，政府与农村农民之间信息的传播层级多、链条长、时效慢，广大农民难以享受到便利、快捷、全面的公共服务，综合服务体系亟待加强。湖南联通多年来深入农村市场，通过深度调研，自主研发数字乡村服务云平台并构建整体服务体系，为乡村治理、乡村产业和服务注入"智慧基因"。

（三）是基础电信企业发挥自身优势创新企业发展模式的需要

传统通信业务市场趋于饱和，用户红利逐渐消退，传统业务、传统手段很难驱动通信市场的快速增长，在联通集团公司战略规划体系指引下，湖南联通努力从市场驱动向为市场和创新双轮驱动转变，创新企业发展模式。针对农村市场，企业虽配备省—市—县—乡镇—村五级农村市场生产组织体系，但农村网络覆盖和网络质量有待提高。同时，由于缺乏统一的数字化平台规模化快速切入农村市场，且单一的"谁建设谁买单"业务推广模式无法助力企业乡村数字化服务"遍地开花"，农村市场业务增长遇到瓶颈。在此背景下，湖南联通结合基础电信企业网络优势、组织架构优势、科技创新和生态资源整合优势，制定"云+网+应用"融合服务方案，结合乡村振兴发展要求，加大农村网络建设资源投入，并打造数字乡村服务云平台，创新运营模式，实现服务体系全流程管理，构建了企业高质量数字化管理和服务体系。

二、基础电信企业助力乡村振兴的数字化服务体系建设的主要做法

（一）明确总体建设思路，整合资源，保障服务体系构建工作有序开展

1. 明确数字化服务体系构建的总体思路

湖南联通依托数字乡村服务云平台，以"数字技术赋能乡村基础设施建设、乡村治理模式创新、乡村产业升级和乡村服务完善"为总体建设思路，构建助力乡村振兴的数字化服务体系。建设内容包含标准规范体系、运营服务体系、生态合作体系、平台建设体系和信息安全体系，重点夯实数字化平台底层技术，沉淀数据中台、视频能力中台、AI能力中台等中枢能力，通过集中化中台支撑，实现数字乡村末端应用差异化，快速迭代产品研发，引导生态各方协同推进，建立统一、融合、开放的助力乡村振兴的数字化服务体系。

同时，湖南联通坚持统筹规划与基层创新衔接发展，一方面，坚持"自上而下"的统筹规划和"自下而上"的基层创新推广双向互促，在数字化服务体系思路上充分考虑各地资源禀赋、产业特色、群众素质等各方面差异，依托驻镇帮镇扶村触点资源，把握当地实际情况与多层次需求，制定接地气、切实际、有力道的乡村数字化服务方案，通过以评促改、同台竞演等方式鼓励基层创新，开展数字乡村场景需求挖掘，打造建设样板再进行复制推广。

2. 明确数字化服务体系构建的三大原则

湖南联通依托数字乡村服务云平台提供各类智慧化应用，实现提升乡村数字化治理、升级乡村产业数字化和为广大乡镇村委、农民提供优质数字化服务体验。数字化服务体系构建遵循三大原则：一是坚持数字乡村建设参与方多方共赢的原则，以平台为中心，建立数字乡村生态圈，整合内容服务提供商、金融保险服务提供商、智能硬件提供商等资源，实现平台各生态伙伴的合作共赢，做优做强数字乡村服务云平台服务体系能力；二是坚持共性与个性并存的原则，通过全省数字乡村14个市州122个乡村的实地调研，整理共性需求，打造标准化数字乡村服务云平台，形成易复制、可推广、交付快的标准化服务产品，同时根据乡村个性化需求，因地制宜开发满足各乡镇、村需求的特色应用，实现"一村一品，千村千面"；三是坚持可持续性发展原则，湖南联通不断丰富服务内容，完善管理制度，提升服务水平，以平台为核心完善生态运营体系，实现平台的可复制推广和自我生长，使得数字乡村服务云平台在广大农村市场落地生根，助推惠农服务和乡村治理体系日趋完善，增强乡村振兴的内生动力。

3. 明确数字化服务体系构建的整体目标

依托数字乡村服务云平台，湖南联通制定"云+网+应用"融合服务方案，明确服务体系构建的整体目标为通过基础网络建设实现乡村宽带网的普及以及数字乡村服务的推广，不断丰富县、乡镇、村不同场景下惠民服务、生态宜居、乡村治理、智慧防疫等数字化服务。目前，数字乡村服务云平台在湖南省已经完成7477个乡村的部署开通，平台总入驻用户已达300万，平台注册用户数超过35万。到2022年底，全省计划完成数字乡村服务云平台覆盖全省14个市州10000个乡村，平台总入驻用户超过500万，平台注册用户数超过50万，同时基本实现行政村光纤网络和4G/5G普遍覆盖，农村互联网普及率明显提升。

4. 组建职责清晰的数字乡村工作组织

湖南联通优化数字乡村统筹运营组织体系，成立数字乡村BU组织架构，组建数字乡村省—市—县—乡—村五级数字乡村工作团队，包括技术开发团队、业务推广团队和售后维保团队，各个团队职责划分明确，确保服务体系构建目标与工作任务高度一致，责任匹配到位，通过部门联动、能力整合，共同推动了助力乡村振兴的数字化服务体系构建的高效落地。

第一，技术开发团队由省级公司和14个市级分公司共计115人组成。省级公司抽调中国联通中南研究院（湖南数科）、数字化部、市场部、公众客户销售中心40余名经验丰富的青年骨干员工，负责统筹、行业市场洞察、策划、技术开发和项目支撑，团队成员平均年龄30岁，研究生以上学历占比超过80%。14个市级分公司均配备5~6名专岗，负责技术支撑、业务培训和项目实施，实现上下有效联动，项目快速推进。

第二，业务推广团队由市、县、乡镇共计2000名驻地网专员组成。湖南联通通过"重点乡镇+属地化自有"和"普通乡镇+大商"模式，有效扩充乡镇地区服务体系推广力量。以乡镇网格为单位，依托社会渠道构建前厅后所的办公场地，根据人员地域属性，所有人员100%进入网格管理，由网格CEO统筹安排做好培训与推广计划，由地市分公司组建并进行闭环管理。

第三，售后维护团队由各市级分公司1400名农村智慧家庭工程师团队组成。每个项目均明确交付责任人，负责平台配套硬件的安装和平台及应用的售后维保。售后维护团队的组建确保了数字化服务体系工作的有序开展。

5. 制定健全的财务保障措施

湖南联通针对助力乡村振兴的数字化服务体系构建制定了多项财务保障措施，持续投入保障体系稳健运行。一是在网络建设方面，投入数十亿元进行农村网络建设，实现农村网络无缝覆盖。二是在平台建设方面，单列资金负责数字乡村服务云平台建设、功能迭代和升级，确保平台长期有效运营。三是平台使用方面，湖南联通为乡镇村委方提供便捷、高效的数字乡村服务云平台基础服务，帮助乡镇村委快速建立数字化管理基础能力，迈出管理转型的第一步。四是硬件投入方面，湖南联通整合数字乡村生态合作伙伴，结合通信产品服务，为乡镇村委与村民提供硬件服务，减轻乡镇村委在平台建设和村民享受数字化服务能力投入方面的资金压力。

（二）加强农村基础网络和服务云平台建设，夯实数字化服务体系技术基础

乡村数字化服务的推广，承载于千兆光网和5G网络等基础网络建设的普及。湖南联通在全省农村基础网络建设方面，发挥信息通信的扩散效应，加速农村千兆网络建设，依托安全可信、云网一体、专属定制、多云协同的联通云，打造了强大的云网资源底座。同时，通过云网边深度融合，打造了数字乡村服务云平台，为乡村振兴插上数字化翅膀，夯实数字化服务体系技术基础。

1. 千兆网络新基建，无缝覆盖新农村

在千兆网络新基建层面，湖南联通深入推进农村地区新一代信息基础设施建设，打造集约高效、绿色智能、安全适用的数字乡村基础设施，修好农村信息高速公路，深入开展电信普遍服务，打通农村区域"最后一公里"。积极推进900兆低频网投资建设的"万站超越"工程，同时借助L900基站建设进行固网资源覆盖，随着全省信息基础设施建设加快推进，行政村光纤网络和4G/5G普遍覆盖基本实现，农村互联网普及率明显提升。

2. 云网资源强基座，数智赋能新农村

在平台云网资源保障层面，基于云网融合、安全可控的数字基础设施，湖南联通已在长沙、株洲、湘潭、岳阳、邵阳等地建成云数据中心，具备两地三中心能力。数字乡村服务云平台基础资源由湖南联通长沙云数据中心提供。该中心占地面积145亩，总投资50亿元，总建筑面积13万平方米，总计机架12000架，总带宽出口5T，是中国联通在中南地区规划最大的云数据中心，为数字乡村服务云平台平稳运行提供了强大的云网资源基座。

3. 数字乡村服务云平台活应用，科技赋能新农村

湖南联通以乡村场景需求为研究方向，以问题导向为根本，立足实际情况，聚焦乡镇村委和村民的具体困难，践行科技创新发展理念，基于5G、大数据、人工智能、物联网等先进技术，充分发挥自主研发技术优势和自有产品优势，打造服务产业升级、乡村治理、惠农服务数字化应用，提供数字乡村服务云平台，为乡镇村委和民提供一个智慧、安全、便捷、个性化的数字化、智能化服务环境。平台基于容器+微服务的云原生开发架构，所有应用基于云端IDE、本地IDE+插件的方式进行DevOps的开发，具有应用上线迭代快、运行稳定、易伸缩扩容等优点，通过向客户提供"平台SAAS化部署+边缘计算+智能硬件终端"的综合解决方案，通过打造数字乡村公众号平台（2C）、IPTV数字乡村平台（2H）和数字乡村驾驶舱平台（2B），有效降低了因数字乡村服务云平台部署系统带来的复杂度和维护难度，使数字乡村服务云平台变得平价、门槛低、易复制推广，村委村民即装即用、数据安全可信。

（三）建立多种运营模式，确保乡村数字化服务体系高效落地

在乡村数字化服务体系试点过程中，湖南联通创新推广模式，转变固有的"谁建设谁买单"思路，针对不同行政村发展现状，建立通信合作社社会运营、业务置换、ICT（通信与信息技术的融合）项目制三种运营模式，实现乡镇村委、农民和公司三方共赢，确保乡村数字化服务体系全面推广和高效落地。

1. 建立通信合作社社会运营模式，壮大农村集体经济

针对经济困难、需要帮扶的乡镇村，采用通信合作社社会运营模式。湖南联通各分公司与县、乡镇政府开展合作，联合行政村设立集体经济通信合作社，通信合作社参与方联合进行联通通信业务代理和宽带联合投资建设，共同推进通信基础设施建设、数字乡村运营、智慧农业推广和智慧家庭惠民等系列工作，助力农村振兴。此模式可让村集体获得通信优惠和年终分红。目前，已有2275个村实施此模式，拉动集体经济收入超过1亿元。

2. 设置业务置换运营模式，为用户提供专属通信服务

针对有小规模资金预算且有数字化管理需求的乡镇、村，采用业务置换模式。湖南联通投资建设基础网络与数字乡村服务云平台，村委负责该区域的宽带覆盖，并承担部分智能终端设备的投资，湖南联通无偿提供数字乡村服务云平台，农民可无偿获得终端设备，包含光猫、机顶盒、路由器、摄像头设备等。此模式可快速推进农村宽带覆盖，打通农村末端"信息孤岛"，为落实乡村数字化服务奠定坚实基础。目前，已有3258个村实施该模式，覆盖服务人口超过60万。

3. 建立ICT项目制运营模式，提供定制化服务

针对有定制化需求且又有资金预算的乡镇村，采用ICT项目制模式。政府出资建设和运营，湖南联通根据项目需求提供场景化解决方案，满足政府复杂业务需求。如湖南联通承建的湘潭市姜畲镇数字乡村一期项目，总建设金额380万元，基于联通基础信息化设施，打造姜畲镇数字乡村服务云平台，在平台上可完成镇务信息、智慧乡镇、千分制管理、一网通办、综合治理、雪亮工程、智慧党建、数据驾驶舱等能力打造。目前，数字乡村ICT项目模式给企业累计创收超过2000万元，给区县和乡镇村委提供了众多数字乡村场景个性化解决方案。

（四）聚焦乡村产业、治理、民生，实现全方位数字化乡村服务

湖南联通通过互联网、大数据、云计算、人工智能、区块链等技术加速创新，日益融入数字乡村发展各领域全过程，推动各类资源要素快捷流动、各类市场主体加速融合，引领重构乡村产业服务、治理服务、民生服务，探索全方位数字化乡村服务，促进农村数字经济和实体经济融合发展，持续释放数字化在数字乡村产业、治理、民生等领域的叠加倍增效应，构建助力乡村振兴的数字化服务体系。

1. 推出产业数字化服务，助推乡村产业向智能化、现代化转型

湖南省农林渔牧业持续高速发展，产值规模居全国第七，增速全国领先，形成了以"四带八片"为代表的产业发展格局。湖南联通聚焦本省农村产业重点领域，充分发挥信息化服务优势，立足本地特色资源，创建培育三农数字经济新业态，以实际行动为乡村产业兴旺注入"智慧基因"。

在农业发展方面，湖南联通通过数字乡村服务云平台实现了各个乡村经营主体数据的有效连接。在永州接入的农产品质量安全溯源系统，提高了农产品质量安全监管；在岳阳湘阴县樟树镇部署的智慧大棚应用，帮助农户实时了解樟树港辣椒种植的温度、湿度和土壤墒情数据；在郴州资兴市高桥村推出的智慧鱼塘应用，大大提高了鱼塘作业的工作效率，减少了人力资本的投入。

在乡村旅游方面，湖南联通为湖南多个景区提供了智慧旅游服务。在永州双牌县霞灯村搭建的"一码游"服务平台，实现了旅游资源整合、全景体验、主题活动展示、票务预定等功能，增加了当地特色景点阳明山、百年银杏林特色景点的游客量，推进了休闲农业与乡村旅游融合发展，使霞灯村旅游产业收入成倍增长。通过旅游充分挖掘乡村多元价值，连片规划，引入社会资本，因地制宜发展乡村休闲、生态旅游、绿色康养、文化创意等兴业富民多元业态。

在乡村农产品销售方面，湖南联通以农产品直通车的模式，对接智慧社区平台进行引流。怀化麻阳兰村乡是湖南联通的定点帮扶村，通过湖南联通数字乡村服务云平台，打通了冰糖橙销售的直播渠道和线上商城，大大促进了冰糖橙的销售。

2. 创新乡村治理服务，补足治理短板，实现乡村管理更高效

为解决湖南广大乡村治理层面普遍存在的乡村治理数字化水平低、基层治理场景复杂、疫情防控压力大、治理反馈机制不健全等问题，湖南联通打造云监控、云广播、云疫情防控、智慧党建、三务公开等核心功能应用，加快数字技术与乡村治理深度融合，创新治理新模式，高质量推进乡村数字化、智慧化管理，有效提升乡镇、村委的工作效率，以数字化治理赋能乡村振兴。张家界桑植道人山村家家户户安装了联通云监控和云广播，大大减少了村委干部走村串户的工作量；郴州高亭司镇大元村大大小小的河道和水库都安装了防溺水系统，通过平台实时监控和报警信息推送，使当地中小学生暑假溺水事故发生率下降到零；益阳桃江王母村部署的疫情防控应用，以数字化方式排查打工返乡村民的健康信息，大大提高了乡镇村委疫情防控的效率和应急处理能力。

3. 丰富民生服务，满足多元化需求，提升农民生活质量

为解决农民就医难、教育难、养老难以及乡村精神娱乐活动匮乏等问题，湖南联通打造了便民服务、乡村书屋、远程问诊、乡村娱乐、在线教育等应用，致力于村务服务智能化，推动公共服务品质最优化，提升农民获得感和幸福感。湖南联通为株洲石峰区上线了乡村书屋，构建政务、农业知识库，提供图书、听书、农技视频教学等内容，丰富农民的文化生活；在邵阳新宁县车头村，通过部署远程医疗问诊应用，搭建当地市级医院、县级医院的专家线上看诊平台，作为乡村医疗资源的补充，打破了区域医疗资源不平衡的格局，辅以居家养老、慢病管理内容，助力智慧医疗。同时，湖南联通在服务村民生活方面，结合农村用户需求，推出权益类、智慧家庭类、消费物联网类、安防平台类等农村市场专属通信产品，在村民娱乐模块嵌入沃视频、沃学习、沃畅游、视频彩铃等应用，让信息通信服务走进农村。

（五）完善服务流程和培训考核机制，推动数字化服务体系动态提升

1. 实施数字乡村服务体系全流程管理

针对数字乡村服务体系的业务流程全过程，湖南联通梳理了SOP标准服务流程（图1），通过全流程服务贯穿，让数字乡村服务体系业务流程中每个客户经理、技术支撑经理、平台部署工程师、培训讲师清楚知晓平台服务的关键步骤及动作，提高数字乡村服务云平台活跃度和用户依赖度，达到促活的目的，为用户的转化和业务的渗透率提升提供保障。

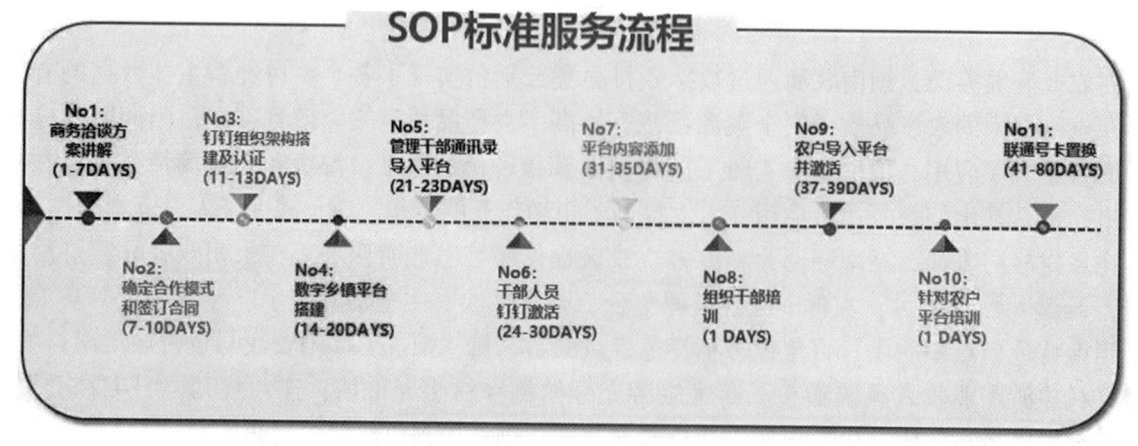

图1 数字乡村服务体系标准服务流程

2. 实现业务流程标准化规范化

湖南联通为实现数字乡村业务流程管理标准化、规范化，提升支撑效率，建立了便捷的数字乡村服务业务流程管理体系。第一，数字乡村 BU 牵头编制了《数字乡村业务商机全流程手册》，对项目的需求、方案、签约、交付、售后等环节作了规范化要求，实现了售前、售中和售后全流程管控。第二，数字乡村 BU 组织编写了《数字乡村服务云平台产品介绍手册》《平台操作手册》《数字乡村业务案例集》《产品说明及销售指导（一指禅）》和产品宣传海报等标准化推广工具包，方便平台技术支撑人员、平台推广人员、平台部署人员、平台维保人员等不同角色按照文档规范作业。第三，为保障网络与信息安全，维护社会公共利益、用户合法权益和企业自身利益、防范网络信息安全风险，湖南联通制定了《中国联通湖南省分公司数据安全管理办法》和《系统运维操作手册》，同时对数字乡村服务云平台实行深度的联通云安全防护，旗下的安全防护系列产品已通过国家三级等保认证，全面监控平台在运作过程中各方面的数据安全状态，并支持实时告警信息，切实保护乡村干部和群众的信息隐私和数据安全。

3. 持续改进服务，完善售后服务

为确保助力乡村振兴的数字化服务体系构建工作的可持续性发展，湖南联通建立了完善的售后服务体系。第一，快速响应用户需求。在提供标准化服务的基础上，技术支撑团队第一时间响应乡镇、村委提出的个性化需求，组建技术团队进行需求分析和任务分解，确保快速、高效满足用户需求。第二，高效处理用户故障。专职售后服务团队为用户提供 7×24 小时服务，快速定位故障，并匹配对应技术团队支撑。第三，快速迭代服务体系能力。数字乡村 BU 统筹开展持续性行业洞察、竞品分析、市场调研等工作，不断迭代平台能力，更新推广模式，提炼服务优势，打造具备核心竞争力的服务体系。

4. 明确团队培训和考核机制，激发团队活力

在团队培训方面，为确保数字乡村工作队伍快速高效推进乡村数字化服务体系构建，湖南联通从课程设计、讲师管理、讲师效果评估三个维度构建数字乡村培训体系。培训内容涵盖乡村振兴政策解读、平台能力、平台操作、业务受理、业务推广等多个方面，全省采取统一培训和逐级培训模式，以点带面，确保数字乡村工作队伍快速熟悉并掌握各自工作技能。自乡村数字化服务体系推广以来，全省 14 个市州组织的培训超过千场。

在考核机制建设方面，面向湖南联通 14 个市州各个区县乡镇基层单元，数字乡村服务云平台建设分别从平台登录量、客户满意度、业务渗透率三个维度进行量化考核。平台登录量考核指从数字乡村服务平台推广数量、登录量、活跃率三个指标进行量化考核；客户满意度考核指从平台部署后整体运营情况及客户反馈指标，如用户投诉率、平台和设备故障处理及时率等指标进行量化考核；业务渗透率考核主要从通信业务的发展角度进行考核，如宽带普及率、发展数、网络覆盖率等。以上指标是考核数字乡村服务云平台建设成效和决定当地高层管理者、实施团队薪酬的重要依据。

三、基础电信企业助力乡村振兴的数字化服务体系建设的效果

（一）为全省乡镇村委和村民提供了高效便捷的服务

湖南联通加大乡村信息基础设施建设力度，积极推进电信普遍服务，持续提升农村通信网络质量和覆盖水平，筑牢乡村数字化服务体系构建基础，助力缩小数字鸿沟。目前，5G 基站规模已突破 3 万站，乡镇及以上场景实现连续覆盖，覆盖效果行业领先，4G 农村覆盖率突破 98.1%，人口覆盖率突破 97.5%，较 2019 年分别提升了 8.09 个百分点和 6.2 个百分点。在较好的网络资源基

础上，湖南联通在全省累计建设数字乡村服务云平台7477个，平台覆盖率32%，覆盖人数超过100万，平台活跃率为33%，赢得了用户的良好口碑，推广成效显著，形成了通信运营商在数字乡村领域独特的竞争优势，用户数和覆盖小区数均处于中国通信行业的领先地位。安防监控、云喇叭、疫情防控、信息采集作为几大刚需场景，已成为数字乡村服务云平台的核心应用，其中安防监控摄像头部署超过40万个，为农村社会治安管理、河湖防溺水提醒发挥了重要作用；部署云喇叭近3万路，帮助村委高效传达通知信息；疫情防控平台服务人数超过100万人，助力农村数字化防疫；防疫政策宣传、惠农补贴等通知公告发布数超过5000条，信息采集数量超过2000条，服务人数超过30万，真正做到让干部少走路、数据多跑腿。湖南联通通过"云+网+应用"融合数字乡村服务方案，提升了乡镇、村级政务服务水平，打通了便民服务"最后一公里"。

（二）推进了企业农村市场发展，促进了企业的数字化转型

以往在农村市场，通信运营商主要推广移网和宽带业务，如今依托"云+网+应用"融合数字乡村服务方案，不断扩充了联通在农村市场的服务内涵。数字乡村服务云平台标准功能在各乡村逐渐稳定运行后，针对乡村安防、乡村治理、智慧农业、便民惠民、乡村旅游等不同场景需求均可提供标准化+个性化的服务方案，不断拓展综合服务能力，在农村市场实现传统通信业务收入和创新业务收入双增长，促进企业数字化转型。一方面，带动了传统通信业务发展。数字乡村服务云平台推广以来，累计带动移动网络发展68万户，宽带发展15万户，自农村通信合作社模式推出后，累计签约村组1123个，带动宽带空白村组覆盖461村，累计发展宽带25604户。2022年8月，湖南联通农村市场月度出账收入达1.66亿元，同比提升8.34%，拓展数字乡村使联通用户份额提升3.2%。另一方面，带动了创新业务发展。为乡镇村委提供个性化的综合服务方案，服务收入超过2000万元，打造了湘潭姜畲镇数字乡村、郴州安仁县数字乡村、益阳赫山区新市渡镇建新村数字乡村等标杆示范项目。

（三）服务于乡村振兴工作推进，得到了社会各界的肯定

一是数字乡村服务云平台得到了各级领导的高度评价和主流媒体报道。2022年8月，国家乡村振兴局、湖南省乡村振兴局、益阳市委市政府及湖南各市州、区县乡村振兴局总计459名领导一行前往益阳市赫山区新市渡镇建新村，现场参观调研联通数字乡村标杆村，对平台能力表示认可。同时，数字乡村服务云平台自推广以来，获得红网、地市乡村振兴局、人民邮电报、新浪财经头条、搜狐网、红网等60家主流媒体报道，已成为行业领先的示范性平台。

二是为发展壮大农村新型集体经济、助力乡村振兴贡献了力量。湖南联通已与全省14个市州300多个乡镇达成战略合作协议，建成1200个集体经济合作村，助力农村创造集体经济效益累计6000万元（按5万元/村的集体经济收入计算）。湖南联通推进数字乡村建设与村集体经济模式的深度融合发展，拓展了乡村集体经济发展的新空间，也为践行国家乡村振兴战略贡献了不可或缺的力量。

三是为农村产业链不同主体创造了价值，促进农民增收。湖南联通依托自身具备的网络、资源和技术优势，积极推动数字化技术赋能农村数字经济和乡村产业振兴，把数字红利真切地带给更多农民。

主　创　人：欧阳恩山

参与创造人：雷　鸣、何凌轩、朱　宏、王海荣、李　佳、胡太白、余　侬、杨　鹏、郑　荣、曾小梅

助力乡村振兴的"村电共治"体系建设

国网湖南省电力有限公司株洲供电分公司

摘要： 2021年是"十四五"的开局之年，也是巩固拓展脱贫攻坚成果同乡村振兴有效衔接的起步之年。为巩固拓展脱贫攻坚成果、推进乡村振兴，加快新型电力系统建设，国网湖南省电力有限公司株洲供电分公司应用协同治理理论，坚持以"市委统筹、区县领导、乡镇主导、村组主责、供电支撑"为核心，着力构建"市县乡村"服务网络，持续强化"问题+需求"发展导向，优化"线上线下"用电服务，推动电力工作纳入村务常态化管理，推动村务便民服务工作嵌入村务常态化管理，加快打造"对接融合、管理融合、业务融合、内部融合"的村电服务新模式，有效提升了供电公司管理水平，降低了投资成本，为农村客户提供了便捷多元服务渠道，为推动农村能源低碳转型、加快乡村振兴、提效基层治理贡献力量。

企业简介

国网湖南省电力有限公司株洲供电分公司（以下简称株洲供电公司）是国网湖南省电力有限公司下属的供电分公司，担负着株洲市5区4县（市）的供电保障任务，供电区域面积11262平方公里，服务客户数193.25万户，其中10千伏及以上专变客户7695户。下设渌口区、醴陵市、攸县、茶陵县、炎陵县5个县级供电企业，以及天元区供电支公司、城东供电支公司2个城区供电机构。主办省管产业单位1个。电网单日最大负荷245.6万千瓦，日最大用电量4815.56万千瓦时。近年来，株洲供电公司先后获评全国文明单位、全国五一劳动奖状、国家电网公司先进集体、湖南省文明标兵单位、湖南省光伏扶贫先进单位等荣誉。自2021年全面启动实施"村电共治·便民服务"工程以来，多次得到株洲市、委市政府主要领导的批示肯定，为全国供电企业支持乡村振兴探索出一条新路径，具有良好的示范推广应用价值。

一、助力乡村振兴的"村电共治"体系建设的实施背景

（一）是助力乡村全面振兴的需要

乡村振兴、电力先行。在农村实现整体脱贫奔向乡村振兴的康庄大道上，电力作为与"三农"密切相关的重要支撑，还存在电网规划设计不精准，规划与农村区域发展不协调，电力设施保护和安全隐患管控力不从心，供电服务存在短板等问题，而农业生产生活的需要特别是乡村产业的发展等对电力的依存度越来越高。中共中央、国务院《关于实现巩固拓展脱贫攻坚成果同乡村振兴有效衔接的意见》明确提出，要继续加大对脱贫地区基础设施建设的支持力度，重点建设一批高速公路、客货共线铁路、水利、电力、机场、通信网络等区域性和跨区域的重大基础设施工程。实施"村电共治·便民服务"工程，对于满足"三农"用电需求、优化电网建设、助力乡村振兴、建设美丽乡村有着重要意义，更是坚定不移地服务国家工作战略大局、加快建设现代农业、

发展乡村产业的需要。

（二）是提升乡村治理能力的需要

一直以来，用电管理是村级组织的短板，村级组织普遍缺少电力服务功能，线路老化、裸露，线路距离房屋安全距离不够，线路穿越树木等供电安全隐患在一定程度上依然存在，给老百姓的生命和财产安全带来风险。同时，农村电网改造的投入统筹不足，农村电网建设改造投资能力不强，电力普遍服务任务重、成本高，部分农村地区存在季节性供电"卡脖子"、重过载、供电质量偏低等系列问题，电网调度自动化和管理现代化水平较城市电网偏低。实施"村电共治·便民服务"工程，将电力工作纳入村务常态化管理、将村务便民服务工作嵌入电力常态化管理，实现村务资源、电网资源整合与互补，提升供电服务的深度与广度，快速响应和处置办理用电业务、隐患处理、故障停电等百姓诉求，打通农村电力服务"最后一米"，更好地满足百姓生产生活的用电需求。"村电共治·便民服务"工程是加快实施村级综合服务设施提升工程，提升基层治理能力，完善村级组织服务功能，解决保障农村电力供应、便民服务、设备运维、安全用电等方面问题的必然选择，更是推动乡村治理能力和治理体系现代化的需要。

（三）是优化农村发展环境的需要

随着经济发展、社会进步和能源转型，电力的应用领域不断拓展，农村地区局部配网重过载、低电压等问题越发凸显，快速解决和应对的体制机制仍不健全，服务资源匹配度不足导致服务效能层层衰减。位于株洲南部的醴陵市、攸县、茶陵县、炎陵县等拥有近80万基数庞大的电力用户群体，面积占据株洲市域的80%以上，电力用户占比株洲全市的78%。与城区供电服务系统相比，农村供电服务普遍存在投入不足、覆盖面窄、资源配置不均衡等问题，难以及时满足各类用电需求。同时，农村供电所管辖多个乡镇，服务地域广、范围大，且人力、精力有限，仅依靠供电所现有的客户经理深入每家每户开展各类服务和协同的工作模式难以长期维系，导致用电类投诉不断增加，用电安全隐患排查不及时，农村的用电环境急需改善。在株洲市大力推动现代化新株洲智慧绿色能源互联网建设往村覆盖、往户延伸的大好形势下，以砍青扫障、隐患排查等供电公司"治理类"业务和百姓办电、抗旱保电等村务"需求类"业务为双源头，将其纳入村电双方闭环管理，通过"双源头驱动"制度实现村电双向融合，探索形成政企民三方共建共治共享的新模式。

二、助力乡村振兴的"村电共治"体系建设的主要做法

（一）坚持高点规划，强化"村电共治"顶层设计

1. 明确"共治"工作思路

株洲供电公司保持高标站位，附身深耕一线，牢记"人民电业为人民"企业宗旨，按照治理能力和治理体系现代化建设要求，充分应用协同治理理论，突出政企协同，坚持以"市委统筹、区县领导、乡镇主导、村组主责、供电支撑"为核心，着力构建"市县乡村"四级联动服务网络，优化"线上线下"用电服务，持续强化"问题+需求"发展导向，推进"办电便民、供电可靠、保电护网、管电除患、科学用电"五大专项服务行动，推动电力工作纳入村务常态化管理，推动村务便民服务工作嵌入村务常态化管理，以电力"治理类"和村务"需求类"两类业务为源头驱动"村电共治"体系运转，加快打造"对接融合、管理融合、业务融合、内部融合"的村电服务新模式，全面提升基层治理效能，为加快乡村振兴贡献国网力量。

2. 瞄准"四心"建设目标

贯彻以人民为中心的发展理念，充分考虑农村用户的用电感受和诉求，明确了以"四心"为引领的建设目标。一是供电更用心。将电网建设纳入村级规划，科学规划建设农村配电网络，稳

步推进农村电网改造升级，逐步消除城乡电力设施差异，补齐农村电网短板。二是办电更省心。以客户需求为导向，将办电业务嵌入村级组织和服务体系，致力从"办电更近"与"响应更快"两方面提升民生品质。三是用电更安心。协同村级组织开展农村电力安全隐患治理，营造更放心安全的用电环境，守牢安全底线。四是服务更贴心。以客户为中心建立高效组织体系和服务网络，推动服务方式和服务流程由"被动服务"向"主动服务"转变，提升群众"获得电力"满意度。

3. 贯彻"四个坚持"工作原则

紧扣农村电网实际，聚焦农村用电需求，明确了"村电共治·便民服务"工程建设的四个基本原则：一是坚持以人民为中心。聚焦民生福祉，站在电力用户的角度思考"客户需要什么"的问题，致力为用户提供更加便捷高效的电力服务。二是坚持问题导向。针对农村电网建设和用户办电、用电中存在的堵点难点问题，采取有效措施，更好地满足乡村产业发展和居民生产生活用电需求。三是坚持因地制宜。统筹考虑不同地区的差异化需求，找准政企合作的契合点，持续优化供电服务体系，推进供电服务模式创新。四是坚持效果导向。立足实用实效，及时跟踪用户需求变化等情况进行调整和优化，推动企业效率效益与服务水平的双提升。

(二) 推进政企协同，构建"市县乡村"工作网络

1. 高位推动，市委、市政府大力支持

与株洲市政府签订战略合作协议，将"村电共治·便民服务"工程纳入2022年株洲市委一号文，株洲市"两办"联合印发《关于开展"村电共治·便民服务"工程助力乡村振兴的实施意见》，由株洲市委副书记抓推动，定期召开推进会和点评会，各县（市、区）和乡镇党委各司其职抓组织，村支两委抓落地，村支书或者委员担任联络员，将"村电共治·便民服务"工程作为一项服务民生的政治任务，形成强大的政治执行力。同时，成立以市政府分管领导担任组长，市直相关部门、各县市区政府等相关负责人为成员的领导小组和工作专班，明确由市乡村振兴局负责将"村电共治"工作纳入对各县市区的乡村振兴、"平安乡村"建设实绩考核范围，实现政企在农村地区供电服务上的服务机制共建、服务网络共筑、服务平台共搭、考评体系共创。

2. 政企联动，供电公司科学调配

株洲供电公司成立以党政负责人为双组长的执行小组，建立各专业部门、县（市、区）供电公司主要负责人总负责，分管领导主抓落实的推进机制，将电网规划、电网建设、电网运维、营销服务等核心业务单元和信息通信、人力资源、财务投资、物资供应等支撑业务单元全链条分解，确保责任、措施、人员"三到位"，为确保"村电共治·便民服务"工程建设顺利推进提供坚强的组织保障。

3. 多方互动，市县乡村协同推进

按照分层管理、分级负责的思路，株洲供电公司推动下属县（市、区）供电公司、供电所分别与株洲104个乡镇、1388个村（社区）签订合作协议，构建市级政府专班与市供电公司、县（市、区）政府专班与县（市、区）供电公司、乡镇与属地供电所、村（社区）电力联络员与供电所台区经理的"市县乡村"四级联动服务网络，明确各级工作职责，定期召开调度会、协调会，研判居民用电形势，汇总用电需求，协同解决电力设施隐患排查、电网建设矛盾等问题。其中，供电所负责对接村（社区）并建立工作群，常态对接村组电力联络员，汇总各类百姓需求、交办电力事项，调度班组、人员开展具体工作，并督办进度和闭环管理。村委负责将电力工作纳入村委周例会和周计划，电力联络员常态对接供电所台区经理，村委参与编制农村电网规划，协助供电所收集百姓反映的办电申请和用电需求，配合收集百姓反映的电力隐患信息并协助开展隐患治

理，及时将电力信息传递给百姓。

（三）突出便民服务，健全"四个融合"推进机制

1. 推动村电对接融合

将村电事务纳入乡镇、村（社区）日常工作范畴，各县（市、区）供电公司主动对接当地乡镇政府，各供电所对接村（社区），建立联动机制。明确各乡镇、村（社区）和公司内部的联络员，互通情况和信息，协商具体事项，做到每周常态对接，每月定期会商，研究解决工作中的困难和问题，确保各项工作不折不扣地见效。

2. 推动村电管理融合

促成乡镇政府成立"村电共治"工作专班，充分发挥组织协调、督查督办等职能，将"村电共治·便民服务"工程开展情况纳入乡村综合治理考评。充分了解村级组织机构设置和职责界面，把建立健全村电管理体系、运转机制作为核心衡量标准，把电力设施维护及抢修联动、电网建设规划及环境维护、客户走访及便民服务、科学用电推广宣传等作为主要内容，严格实施考核奖惩，推动工作实效提升。

3. 推动村电业务融合

积极推进村（社区）综合服务中心与属地供电所联动服务，全面规范"治理类"业务纳入村务常态化管理流程，规范"需求类"事项纳入供电公司内部闭环管理流程。同时，拓展"村电共治"微信公众号线上服务平台，及时分流处置、限时办结，将各类事项矛盾解决在村（社区）。

4. 推动村电内部融合

认真分析"村电共治·便民服务"工程落地过程中给村电内部治理带来的变化，推动工作开展与变化要求更加适应。健全株洲供电公司内部协同机制，根据工作职责列出任务清单，推动内部业务流程重塑再造。市级"村电共治"工作专班每月向各县（市、区）工作专班下达重点工作任务，确保各项工作在统一指挥、统筹协调下有序推进。

（四）创新治理模式，强化"问题+需求"发展导向

1. 突出问题导向，推动村电同治

一是广泛收集问题。以问题为导向分析农村电网现状，通过精益化巡检、大数据检测、用户诉求收集等途径，收集反映的低电压及频繁停电等问题，全面掌握农村电网的隐患点、重过载、低电压等情况，建立用电问题数据库。二是村电协同整改。制定解决方案或整改策略，由村（社区）组织确定配电变压器、杆位等的安装位置，组织村组及村民签订选址同意书，按照程序立项审批和整改，定期向村（社区）反馈工作进展，征求意见建议，着力解决农村电网供电能力、电能质量等突出问题。三是优化网架结构。开展电网诊断分析，按照城郊村、中心村、基层村、自然村差异化原则确定电网建设规划，推动村级规划与电网建设规划相协调，优化配电网网架结构，满足负荷增长需求，提升供电可靠性。以渌口区大乡村为例，2021年该村启动蛇头工业园建设，属地的南阳桥供电所主动介入，将供电服务融入大乡村发展规划，配合政府实施道路扩建、三线整治、电网网架升级等基础设施建设，积极完善配电网架，实现了供电服务与村级发展的无缝衔接。

2. 突出需求牵引，强化用电支撑

一是数字平台精准预测。加强与政府部门合作，建成株洲市智慧能源大数据中心，对各乡镇用电热力图、社会用电量数据、发电量数据及终端能源占比等进行综合分析，制定适合农村的"电力大数据+"数字化产品，精准研判未来电力需求，为超前开展电网规划提供数据支撑。二是实地调研满足需求。每月联合乡镇对村集体经济进行摸排梳理，了解农村产业中长期发展规划，

适度超前部署电网建设，与乡村产业发展实现有机衔接。例如，为支持古岳峰镇腰塘村的巨菌草产业链发展，属地的王十万供电所在腰塘村新建4基电杆，新架200多米架空线路，投运后巨菌草抽水灌溉问题得到有效解决，巨菌草较原先扩产200余亩。三是加快电能替代步伐。瞄准农村碳排放重点领域，大力推动乡村产业电气化，推动农村发展能源低碳绿色转型。推广电制茶、电制烟、电烤油等电能替代技术，促进生产设备电气化和生产过程自动化，促进乡村能源变革和消费升级。四是助力农村绿色出行。支持新能源汽车下乡，加大农村地区的充换电基础设施建设力度，重点向乡镇和乡村旅游景区倾斜，在乡镇中心区域的村社综合服务中心、交通枢纽等新建公用充电桩，建成了覆盖县乡村的三级充电网络。如在炎陵神农谷等旅游景区，依托旅游环线建设充电桩30个，打造了"绿色出行、充电无忧"的充电网络，极大方便了村民和游客低碳出行。

3. 突出环境优化，加快电网建设

构建分级联动机制，建立双向沟通渠道，加快推进农村电网建设，共同营造良好的电网建设环境。电网建设项目立项后，村（社区）通过"幸福株洲"微信群、村村响等平台开展宣传和引导，主动上门做好群众思想工作，争取沿线百姓的理解和支持。工程设计终勘时，村（社区）电力联络员全程参与，发挥属地协调优势，为工程设计提供路径参考，并主动避开民风民俗、重点保护建筑，认真听取群众诉求，解读国家相关法律法规及相关补偿标准，为工程顺利施工打下基础。电网建设施工前，由供电所组织施工方、村（社区）监督施工人员按照确定的设施位置开展施工，对突发的阻工行为，供电所及时联系村（社区）到现场协调，组织实施保护性施工。电网建设推进中，供电所每季度完成一轮电力通道巡视，建立并更新树竹隐患台账，定期交办树线矛盾突出点位整治清单至村（社区），由村（社区）开展砍青阻工点位协调，保障电力建设稳步推进。同时，发挥"村电共治"工作专班作用，根据工程的电压等级高低和重要程度，实行分层分级报告制和责任制，通过乡镇、县（市、区）协调会将事件矛盾化解在萌芽状态。

（五）提高获得体验，优化"线上线下"用电服务

株洲供电公司从方便百姓办电、咨询着手，搭建"线上+线下"用电服务网络，开展"办电便民"服务专项行动，方便居民办电用电，着力提高用户的获得体验。

1. 线上服务指尖办

发挥互联网平台作用，打造电力与政务服务的全程网办服务链条。一是推广"网上国网"App、"国网湖南电力"微信公众号等办电服务渠道，指导居民线上缴费、线上办电，提高办电效率。二是开发应用专门面向株洲电力用户的"村电共治"线上服务平台，与"智慧株洲·诸事达"平台紧密连接，企业和居民用户均可通过手机终端享受线上交费、办电、报修、留言等实时交互服务，有效解决跨区域、远距离、多头跑问题。三是调集和吸纳社会电工资源，搭建"U电工"服务平台，提供优质延伸服务，涵盖呼叫电工、电气体检、商业保电、光伏到家、充电桩安装、电工证办理、电工培训等多项业务，高效解决用户故障报修流程烦琐、客户产权故障处理不便等问题。

2. 线下服务村里办

充分撬动乡镇资源，率先在全省打破"N个镇+1个供电所"服务模式，在株洲1388个村（社区）综合服务中心设立电力便民服务站，将供电服务下沉到村级一线服务窗口，将电力服务纳入村级组织日常服务内容统一管理。在具体操作上，由村（社区）提供办公场所，委派1名干部作为电力联络员，供电公司负责业务培训和服务点配置投入，统一建设标准和服务功能，公示电力服务事项清单。在服务事项上，电力便民服务站"一站式"承办与企业、群众关系密切的电

费缴纳、业扩报装、故障报修等服务，电力联络员及时将电力惠民惠企政策传递给乡村企业和群众，收集诉求反馈到供电公司。在服务效果上，实现了在村（社区）一级的"无差别"服务，大幅缩短供电服务窗口覆盖半径，为广大电力用户提供更便捷的电力服务。

3. 特色服务上门办

服务乡村产业方面，建立乡村产业绿色通道，村（社区）电力联络员每月收集一次乡村产业用电需求清单。供电所根据清单快速响应产业用电需求，按照"三省""三零"服务要求，提前申报业扩配套项目，为分布式光伏、充电桩、电能替代等绿色赋能项目开辟办电"绿色通道"，简化现场勘查等办电环节，最大限度缩短接电时间，提高业扩报装效率。服务特殊群体方面，在供电营业厅增设特殊窗口，并增配安全轮椅、放大镜、老花镜等设施，安排专人全程服务，专门为老年人、行动不便人士等提供服务，有效解决老年客户等弱势群体用电的"数字鸿沟"问题。供电所台区经理实名实岗入驻属地"幸福株洲"村（社区）微信群，摸查贫困户、空巢老人、留守儿童、残疾人等特殊人群并建立台账，制定"一对一"上门走访及服务计划，每月落实专人上门"一对一"预约服务。

（五）强化多维保障，确保"村电共治"高效运转

株洲供电公司从加强业务培训、营造深厚氛围、强化督查考核等方面着手，建立多维保障体系，确保"村电共治·便民服务"工程高效运转并取得实效。

1. 培训双推动，加强队伍建设

市级"村电共治"工作专班制定对各县（市、区）"村电共治"工作专班的培训方案，推动各县（市、区）结合自身实际加强对村级电力联络员的培训，包括安全工作、代帮办电、"治理类"业务工作要求等，促进各级责任人知责明责履责，保障工作顺利开展。进一步完善绩效管理和规章制度，充分调动村（社区）人员积极性，建立一支高素质的电力联络员队伍，激发村级组织的工作活力。

2. 宣传双发动，营造良好氛围

树立正确的舆论导向，依托省市主流媒体，开辟宣传专栏专题，大力宣传推介"村电共治·便民服务"工程建设的进展和成效，推广"村电共治·便民服务"工程的经验做法，为"村电共治·便民服务"工程建设营造浓厚氛围，打造湖南"村电共治"品牌。充分利用各类媒体平台，深入挖掘在"村电共治"工作中涌现出来的典型人物、优秀事迹，推广经验和做法。

3. 横向双联动，内外协同监督

株洲供电公司与市乡村振兴局协同对各地各部门工作落实情况定期开展专项监督与现场检查，建立闭环管理机制，动态跟踪"村电共治"工作实效。株洲供电公司内部增强供电服务指挥中心的服务质量监督职能，突出对工单办理、工单闭环等业务的监督考核，及时发布服务风险预警。同时将台区设备故障、线路频繁停电等信息纳入监督范围，对办电时限、客户服务满意度等重点指标开展常态化监督检查。

4. 考核双触动，提升工作质效

将"村电共治·便民服务"工程建设纳入株洲市乡村振兴实绩考核范围，制定机制建设、便民服务点管理、农村电网巩固提升3个关键考核内容。株洲供电公司制定"村电共治·便民服务"工程工作评价标准，每月组织县（市、区）供电公司开展自评，每季度由市专业管理部门进行验收，每半年开展"亮晒比"活动，年度开展"村电共治"先进集体、"十佳示范电力便民服务点"、"优秀电力联络员"等评先评优，评价结果应用于年度专项绩效激励。强化工作问责，对服

务体系搭建、服务资源配置、服务流程规划开展实时常态检查，通过供电服务指标分析、客户满意度回访、外部监督评价，找准短板，进一步优化机制体制，改进提升服务质效。

三、助力乡村振兴的"村电共治"体系建设的效果

（一）流程优化再造，管理效应凸显

"村电共治·便民服务"工程实施以来，株洲供电公司累计优化业务流程25项，完善制度标准32项，整合服务渠道4个，促进了企业核心竞争力和效率效益的提升，推进了供电服务向互联互动、精益精细、主动服务转变。截至2022年9月，株洲农村地区户均配变容量提升至2.57千伏安，治理低电压配变台区3500余个，配网低电压率下降43.88%，供电可靠性指标在湖南省领先。相关典型做法被国家发改委《改革内参》、国家电网公司《工作动态》等相继刊发推广，"村电共治·便民服务"国网品牌影响力持续增强。

（二）服务品牌提升，经济效应彰显

一是办电服务更快。全市乡村平均供电服务半径由原先25公里缩短至1.5公里，大幅提升了办电便捷度。上线升级"村电共治"服务平台，与"智慧株洲·诸事达"平台贯通，服务客户超过100万户，有效解决跨区域、远距离、多头跑问题，提升服务诉求处理质效，业务处理满意率达99.93%，诉求一次解决率达99.5%，株洲供电公司成为全省唯一一家95598供电服务热线话务量下降的单位，百姓办电不出村正成为常态。二是投资效益更好。株洲供电公司改变原先的粗放投资方式，精准实施农网巩固提升工程，先后完成了小城镇中心村电网建设、村村通动力电和机井通电、易地扶贫搬迁安置点电力配套、局部低电压地区电网改造等工程，农村电网得到极大改善，用电量持续稳步增长，脱贫攻坚成果得到巩固提升。三是项目实施更畅。2021年以来，株洲供电公司推进完成小城镇中心村电网、村村通动力电等电力配套设施建设，配网项目开工建设2000余个，项目阻工数量同比下降30%，项目按期竣工率提升18.5个百分点，电网建设更加顺畅高效。

（三）乡村和谐发展，社会效应良好

一是经济发展环境更优。2021年以来，株洲供电公司累计为全市60余个电茶、电烟、电榨油等电能替代项目开辟"绿色通道"，乡村生态、绿色、低碳农业的发展步伐不断加快。完成全市新装及增容农户1万余户，累计服务农产品加工等小微企业和乡村产业项目5400余个，节约客户办电成本1.01亿元，办电成本平均下降28%，为株洲农业农村现代化建设发挥了重要作用。二是节能减排效果更佳。株洲供电公司将电网隐患治理与农村人居环境整治相结合，大力推进电能替代，赋能数字乡村建设，提升了乡村电气化和用能智慧化水平，电能在农村能源消费中占比大幅提高，为推动农村能源结构低碳转型，加快形成绿色生产生活方式发挥了积极作用。2021年以来，电能替代电量累计突破22.67亿千瓦时，位居湖南省前列，减少散烧煤消耗124.69万吨，减少二氧化碳排放226.7万吨。三是安全发展防线更牢。建立220千伏输电线路沿线248个村455个点位防山火联动体系，村委会发动群众配合公司开展砍青扫障、山火防治等专项行动1700余人次。农村住宅、村道、新挖鱼塘等项目开工前，村委会主动征求电力安全距离等意见，共治理电力设施安全隐患点200余处，有效保障了农村地区人民生命财产安全，电网企业的社会责任和形象得到充分彰显。

主　创　人：姚震宇、陈小武
参与创造人：张学敏、夏文静、杨可人、阳　斌、范学海、周　俊、
　　　　　　方　斌、姚力立、周彦尧、张　立

园林施工企业"绿叶红心"基层党组织品牌的创建与培育

中建五局园林有限公司

摘要： 加强党建品牌建设，提升国有企业党建工作质量，是高质量发展战略目标下，党中央对国有企业党建工作提出的新目标、新要求。中建五局园林有限公司作为国有企业，充分发挥企业特点，借鉴大树健康生长原理，创造性地提出"育树工作法"，即从"制度建设之根""领导班子之干""党员队伍之枝""作用发挥之冠"等方面创建和培育"绿叶红心"基层党组织党建品牌，着力解决园林施工企业党建工作缺少统筹规划、党组织班子责任意识不强、党员典型选树不突出、党组织作用发挥不明显等问题。通过在创建思路上结合行业特点的创新，在品牌名称上结合园林企业特点的创新以及在培育方法上充分运用现代化管理方式的创新，创建和培育"绿化红心"党建品牌，为企业发展起到整合资源、凝聚人心、汇聚力量、服务生产、推动科学发展的作用，实现了党建工作出品牌带动工程建设出品牌、项目建设出口碑的目标。公司打造党建品牌的建设与实践，为新形势下园林施工企业打造独具特色的党建品牌提供了借鉴参考。

企业简介

中建五局园林有限公司（以下简称园林公司）成立于2012年12月，是世界500强第9位中国建筑旗下中建五局下属子公司，公司以高新技术为引擎，致力于打造集绿色生态治理、景观设计施工、苗圃苗木经营、园林运维服务为一体的全产业链生态建设运营商。中建五局园林有限公司党组织成立于2015年4月，目前公司党总支下辖5个党支部，党员56名。自成立以来，公司的"绿叶红心"党建工作得到了各级领导的支持和认可，先后获评"湖南省直先进基层党组织"、"湖南省直示范党支部"、中建集团"先进基层党组织"等各类党建荣誉30余项。中建五局园林有限公司是湖南省园林绿化行业第一批国家高新技术企业、长沙市园林绿化协会副会长单位、湖南省园林绿化协会执行会长单位、湖南省AAA级信用企业、湖南省纳税A级信用单位，先后荣获全国生态园林百强企业、全国"十佳园林科技创新企业"、"园冶杯"优秀工程承包商等荣誉称号。

一、园林施工企业"绿叶红心"基层党组织品牌创建与培育的实施背景

（一）加强党建品牌建设是新时代背景下提升国有企业党建工作质量的客观要求

习近平总书记在全国国有企业党的建设工作会议上指出，"坚持党的领导，加强党的建设，是我国国有企业的光荣传统，是国有企业的'根'和'魂'"。这对我们在高质量发展的时代背景下提升国企党建工作质量，推动企业高质量发展提出了新的要求。近年来，各级地方政府、各大国有企业也积极落实总书记讲话精神，围绕如何加强国有企业党建工作质量进行了探索研究。

2020年，湖南省国资委组织省内主要国有企业围绕"党建引领，守正创新"主题召开座谈交流会，探讨省属国有企业如何加强党的建设与品牌传播，推动国有企业高质量发展问题。中国建筑、中交集团等大型国有企业响应党中央关于提升党建工作质量的工作要求，分别推出"建证"党建品牌、"中交蓝·党旗红"党建品牌，以党建品牌建设，提升党建工作质量。

(二) 加强党建品牌建设是解决行业发展痛点的重要举措

近年来，园林施工行业在国家绿色生态环保战略的支持下得到了快速发展，水环境治理、河道治理、生态林修复等更是成为园林行业目前发展的重点。然而，园林施工行业在快速发展中也面临着一些痛点、难点问题，集中体现在大多数园林企业目前业务范围较窄，企业规模较小，企业党建工作质量不高，党组织"把方向、管大局、促落实"的作用发挥不明显等，这些都严重制约了园林企业不断做强做大的发展进程。因此，以加强园林施工企业党的建设为指引，通过加强企业的党建品牌建设，增强党建工作的引领力、增进党建与生产的融合度，成为破解园林施工行业发展痛、难点的重要举措。

(三) 加强党建品牌建设是凝聚企业人心、推动公司快速发展的现实需要

园林公司作为一家成立仅十年的国有企业，党建工作起步较晚，虽然能够满足标准化、规范化的要求，但是质量不高，存在四个方面的主要问题：一是在制度层面，党建品牌建设缺少制度规范，具体表现在公司党建工作缺乏自上而下的整体思路，对党建品牌打造缺少具体计划和目标。二是在领导班子层面，存在班子党建工作经验缺乏、专业能力有待提升的问题，具体体现在委员对自身党建责任的目标任务了解不清楚，深入一线指导党建工作开展的意识不强。三是在党员培养方面，存在党员责任意识不强，党员典型不够突出的问题，具体体现在开展党员教育管理的创新性不够，在典型党员的打造和培育上力度不够。四是在作用发挥方面，存在党建引领作用发挥不明显的问题，具体表现在党建、群团创新工作缺少行业特点，没有记忆点，公司党建工作缺乏影响力。因此，加强企业的党建品牌建设，能够较好地起到整合资源、凝聚人心、服务生产、推动科学发展的作用，是公司实现党建强企、党建兴企目标的现实需求。

二、园林施工企业"绿叶红心"基层党组织品牌创建与培育的主要做法

(一) 明确"绿叶红心"基层党建品牌创建与培育的思路

在创建和培育公司党建品牌之初，公司党总支坚持以国家、行业协会及上级党组织对公司党建工作的基本要求为遵循，借鉴国内大型国企单位在创建培育党建品牌过程中的方法举措，对"绿叶红心"党建品牌创建和培育的策略方案、培育路径以及原则目标等整体思路进行明确。

1. 明确"绿叶红心"党建品牌的主题

把握"绿叶红心"党建品牌的内涵。"绿叶"指秉承"专注绿色生态建设，打造匠心精品园林"企业使命，坚持"绿色发展"。"红心"指在推进企业的高质量发展中坚持传承"红色基因"。其内涵是：以保持党的先进性为核心，以服务企业发展为重点，以加强基层组织建设为保障，致力于打造一个具有较强号召力、凝聚力和影响力，具有较高认同感和时代特点的党建文化品牌，以党建品牌建设带动引领企业品牌打造，为公司的高质量发展形成良好品牌带动效益。

2. 明确"绿叶红心"党建品牌创建与培育的原则

一是坚持依党章、立规矩的原则。党建品牌打造要始终坚持以党章为根本遵循。二是坚持抓中心、重实效的原则。党建品牌打造要围绕企业中心工作，聚焦企业发展的重难点问题。三是坚持抓亮点、重特色的原则。党建品牌打造要注重在工作亮点上寻找切入点。四是坚持抓基层、重服务的原则。党建品牌打造要更加重视、尊重基层党员主体地位，激发党员内在活力，服务项目

一线职工群众。

3. 明确"绿叶红心"党建品牌创建与培育的目标

园林公司从宏观和微观两个维度，将品牌目标分为恒定目标和动态目标两方面。恒定目标是通过"绿叶红心"党建品牌的打造，实现高质量的党建引领企业的高质量发展，为公司高质量完成"十四五"各项工作目标提供坚实的政治基础和组织保障。动态目标是根据公司和各基层党支部在不同时期具有不同的阶段性需求，制定举措、开展行动、推动发展，致力于打造一个具有较强号召力、凝聚力和影响力，具有较高认同感和时代特点的党建文化品牌。

4. 明确"绿叶红心"党建品牌创建与培育的方法

基层党建品牌创建要与企业文化紧密结合，要具有鲜明企业特点。因此，园林公司选择以"育树工作法"作为"绿叶红心"党建品牌创建培育的方法，即根据苗木培育和大树健康生长的原理，"根""干""枝""冠"四大方面相互作用，创造性地提出"育树工作法"的党建品牌培育思路，促进党建品牌之树全方位生长。

图 1 "育树工作法"

（二）壮制度建设之"根"，让品牌建设根深本固

制度是组织运转的基本遵循，园林公司党总支为解决党建品牌建设与实践过程中缺少制度指引、缺乏政策支持等问题，坚持以制度建设为"根"，通过将党建品牌建设的各项工作指引、要求融入公司管理体系，强化各项工作的执行落地。

1. 构建党建品牌创建与培育的保障机制

一是做好人员保障。公司党总支在基层党组织的设立过程中，按照组织同步建立、干部同步配备的工作原则，由公司总经理担任党总支书记、公司领导班子担任总支委员、各项目经理担任基层党支部书记，做到"一肩挑"书记配置率100%。同时，通过开展常态化支部书记专题培训班、党务干部"超英杯"技能比武培训等，不断提升党务干部的业务能力和专业素养。二是提供经费保障。园林公司强化党建经费预算管理，根据"一支部一特色"的党建品牌打造要求，每年划拨固定比例的党建经费作为支持各级党组织党建品牌建设的专项费用。三是提供物资保障。为方便公司党建活动开展，公司党总支专门搭建了"党员学习室""党员活动室"，并在苗圃基地创建了党员学习教育基地，每年在基地组织开展植树节志愿服务、党建共建、新员工入职廉洁教育等特色活动。

2. 构建党建品牌创建与培育的常态化工作机制

为创建培育公司"绿叶红心"党建工作品牌，党总支专门制定了"绿叶红心"品牌提升专项行动方案。在党总支层面，每年从认知度、知名度、美誉度三个维度制定品牌成长年度计划、年度行动举措及责任分工。在支部层面，通过打造"三个计划"，即以晒业绩为主题的"追星"计划，以打造名人、名品、名企为主题的"三名"计划，以及以提升舆情危机防控及应对能力为主题的"扫雷"计划等，让各支部的党建品牌打造有目标、有抓手。此外，园林公司还先后制定了《区域品牌提升行动的方案》《党建品牌培育三年行动方案》《党建品牌三年创奖滚动计划》等，构建持续推进党建品牌建设的常态化工作机制。

3. 构建党建品牌创建与培育的考核激励机制

在考核方面，通过制定《党建责任制考核实施细则》强化品牌建设的责任落实。为提升各支部、各位党员开展党建品牌建设的主动性和积极性,党总支制定党建品牌创建"三年滚动计划"奖励机制,引导公司各项目、各党支部结合自身实际,对党建类的先进集体、先进个人以及党建成果的创奖工作进行统筹计划,以确保创奖目标达成。对创奖成功的集体和个人,拨出专款进行精神和物资奖励。

4. 构建党建品牌创建与培育的责任落实机制

党总支建立《中建五局园林公司党建工作责任制考核评价实施细则(试行)》,年初分解党建工作目标,并与总支委员、支部书记签订《党建工作目标责任书》,做到"一级抓一级,层层抓落实",进一步强化党建主体责任意识,牢固树立"抓好党建是本职、不抓党建是失职、抓不好党建是不称职"的理念。同时将党建工作责任制考核纳入公司绩效管理体系,每位党纪群团委员履职情况占个人绩效定量考核总分的5%,通过半年一考核一兑现,做到党建责任制考核结果与委员绩效工资、奖金直接挂钩,有效落实党建品牌建设责任。

(三)树领导班子之"干",让品牌建设坚强有力

领导班子是广大党员和群众的带头人,是各项工作开展的"领头羊",为解决在党建品牌建设与实践过程中领导班子专业能力不足、品牌建设经验缺乏、对偏远散项目关心帮扶不到位等问题,园林公司党总支以领导班子为"干",通过优选拔、强落实、促提升,持续打造坚强有力的干部队伍。

1. 以"一高二精三过硬"优化干部选拔

党总支立足公司大局、结合业务实际,在党总支委员和支部书记选拔过程中,以"一高二精三过硬"为原则,充分开展工作业绩考核、廉洁从业情况考察和职工群众座谈等,选拔出党性强、素质高、作风好的行政班子、项目经理等,充实党总支班子和支部书记队伍,保障党建品牌创建与培育"领头羊"的能力素质。目前,公司党总支委员均由领导班子担任,各支部书记、各项目负责人"一肩挑"比例达到100%,党总支委员、支部书记年度履职考核合格率为100%。

2. 以"三联三促"强化责任落实

为进一步发挥党员领导干部示范带头作用,切实履行"一岗双责",党总支创造性地开展领导班子"三联三促"活动,即联系党建促管理提升、联系区域管理促经营提升、联系群团促战斗能力提升,强化领导干部责任落实,引导领导班子深入项目一线,帮扶偏远散项目解决生产经营难题,为企业发展凝聚发展合力。"三联三促"活动在夯实领导班子责任的同时,也确保了党建品牌建设能够出成果、出效益、出口碑。

3. 以"三送一助力"促进工作提升

为持续深化党史学习成果,切实解决企业发展和党建品牌打造过程中的重难点问题,党总支组织开展"三送一助力"专项行动,即开展"送健康""送文化""送关怀",助力生产经营活动,把企业的关怀送到偏远散项目员工手中,帮助他们解决工作、生活中的实际困难,为企业发展聚人心、添助力。

(四)强党员队伍之"枝",让品牌建设枝繁叶茂

党员是党的肌体细胞,只有细胞健康,整个肌体才会健康。为解决党建品牌建设与实践过程中党员争先意识不强、党员典型打造效果不佳的问题,园林公司党总支通过党员教育常态化、党员管理标准化和党员培育品牌化来促进党员队伍之"枝"枝繁叶茂。

1. 开展党员"3+1"践诺,确保党员教育常态化

持续开展"3+1践诺"活动,即每名党员完成4条承诺,包括政治承诺1条、岗位承诺1条、

服务承诺1条和个性承诺1条,持之以恒加强党员的思想淬炼、政治历练、实践锻炼和专业训练,不断提高解决实际问题的能力。通过科学定诺、公开承诺、履职践诺和民主评诺,组织党员立足本职、担当尽责、创新提质,提高打硬仗、解难题、防风险的能力,让党员做到关键时刻冲得上去、危难关头豁得出来、重大斗争中经得住考验。

2. 严格实施积分管理制度,确保党员管理标准化

园林公司党总支运用红色"小积分"管好党员"大队伍"。通过实施党员"先锋"计划,发布《党员积分制管理实施细则》,加强党员教育管理。通过实施"工作创新加分、工作失误减分、关键工作'一票否决'"的动态积分管理,建立党员科学管理的标准化、长效化机制。通过简化考核维度,让管理由"粗"转"精";通过细化分值设定,让管理由"虚"转"实";通过量化过程管控,让管理由"静"化"动";通过深化结果运用,让管理由"浅"入"深";通过强化示范引领,让管理由"软"变"硬"。

3. 打造"建证匠心·红色先锋",确保典型培育品牌化

"匠心"代表园林公司党员干部精益求精的职业追求,也代表中国建筑品质保障、价值创造的核心价值观。园林公司党总支每年都会以"建证匠心"为主题,选拔、打造一批立足岗位担重任、攻坚克难勇向前的先锋党员典型,并以"建证匠心·红色先锋"为先进党员统一命名,旨在引导和激励公司党员以红色初心淬炼发展匠心,提升专业素养,勇于创新创造。

(五)展作用发挥之"冠",让党建品牌绿荫如盖

为解决公司党建品牌建设与实践过程中党建引领作用发挥不明显的问题,园林公司党总支通过"三个强化",使作用发挥之"冠"绿荫如盖。

1. 强化党建对生产经营的引领作用

党总支通过"一月一主题""一季一争锋"两个活动载体加强对企业经营的引领作用。一是开展"一月一主题"活动。以问题为导向,在每年年初聚焦公司全年生产经营方面的重难点工作,结合公司全年党建工作的计划安排,将工作任务分解到月,每月明确一个活动主题,开展特色党日活动。比如,将1月确定为"创先争优活动月",对内举办"弘扬先进,树立典型"创先争优表彰会,对外召开"携手前行,阳光共赢"供方答谢会;2月根据目标任务,确定为"形势分析月",制订年度工作计划;6月为"安全生产联席月",与业主方、总承包方、分包方等项目建设单位开展"安全生产联席月"联合党日活动。同时,也将党日活动与关爱青年成长、关注员工家庭、解决员工实际困难的工作相结合,为企业发展创造内生动力。如5月党日活动主题为"服务青年交流月",关注青年员工成长成才;9月开展"家属关爱月"活动,加强企业与员工家属的沟通交流。二是每季度开展"一季一争锋"评比活动。从工作业绩、学习成效、组织生活、作用发挥等维度评选"绿叶红心"党员先锋,从岗位业绩、活动参与、亮点工作等维度评选"绿叶红心"岗位能手,从工作计划完成率、督办事项及时率、宣传指标完成率、特色亮点工作等维度评选"绿叶红心"先进集体,从纪检工作履职情况评选"绿叶红心"纪检明星。

2. 强化党建对群团工作的带动作用

党总支通过三大品牌工作——"绿叶人才计划""绿风廉洁工程""绿荫美好行动",以党建带队伍建设,以党建带纪检工作,以党建带群团建设,牢固树立党总支的政治引领地位。

(1)实施"绿叶人才计划",带动人才工作开展。深入践行党管人才的原则,注重为员工创机会、搭平台、压担子。结合施工企业特色,提出了以党员带头成长、党员帮扶成长、党员关心成长为人才培养的三个"支点"。推进紧缺人才集聚计划,从政策和待遇两个方面畅通急需紧缺

人才引进的"绿色通道";建立青苗与后备人才库,构建专业公司人才队伍;执行轮岗制度,打造集设计施工与项目运营管理为一体的复合型人才;依托幼苗成才班、骨干锤炼班、中层干部培训班,分层级开展常规类、专业类、精英类培训,搭建公司人才梯队。同时,创新实施思想引导、典型倡导和成长主导的"三导工程",以团组织辅助青年员工成长成才。

（2）开展"绿荫美好行动",带动工会工作开展。党总支把工会工作列入支部重要议事日程,并大力支持、引领工会工作。从组织关爱、职业辅导、劳动竞赛、体检休假、心理疏导以及团队建设六个方面落实信和地产党委幸福"6+1"工程,不断提升员工幸福感;从优秀员工家属同体检、全体员工家属同座谈、全体青少年儿童同成长三个方面不断加强对员工家属的关爱,共绘幸福园林"同心园";持续开展社区服务、公益课堂、扶贫帮困等"绿荫公益行动",履行央企担当,传递积极能量。

（3）打造"绿风廉洁工程",带动纪检工作开展。党总支将党建工作放在党风廉政建设和反腐败工作全局中同部署、同推进。以"常吹绿色廉洁清风,长筑拒腐防变底线"为宗旨,扎实推进"绿风廉洁工程",即以劲风夯责任,理清纪检监督"责任田";以疾风强监督,筑牢基层腐败"防火墙";以清风送暖意,长鸣廉洁教育"警示钟";以烈风正风气,用好履职考核"指挥棒"。同时,结合园林公司特色,在苗圃基地共育"1+N结对廉洁林",即纪检监督小组成员与部门（项目）经理结对,定期开展季度抽查与谈心谈话;部门（项目）经理与本部门（项目）员工结对,相互提醒、互帮互助。不断从大处着眼、小处着手,持续夯实党风廉政建设,塑造风清气正园林。园林公司自2012年成立至今,未出现员工违规违纪案件。

3. 强化党员的先锋模范引领作用

党总支以"创岗建区"活动为载体,把企业生产经营的重难点作为攻关任务,通过党员攻坚克难来影响和带动群众。一是党总支委员带头攻坚克难。如由党总支委员陈检牵头成立的"高新技术三创工作室"自2018年以来,获评省级工法1项,完成发明专利2项,实用新型专利4项、外观专利4项,开展校企合作、政企合作,完成科研立项30余项。"陈检工作室"成功获评中建五局示范性"劳模和创新工作室"。二是党支部书记挂帅"党员突击队"。如"圭塘河项目党员突击队""候鸟小镇项目党员突击队"等,因高品质按时交付各项目得到了业主的一致好评。三是普通党员夯实责任争当表率。通过开展党员"3+1"践诺活动引导党员强化责任意识,争做职工群众表率。如"苗圃爸爸"张喆躲,作为一线党员,默默耕耘10年,把公司苗圃基地打造成长沙市"十佳苗圃基地";退伍军人党员杨开城,十多年来默默坚持投身公益事业,参加长沙市蓝天救援队,累计服务时长1000余小时,累计帮扶贫困儿童50多人,获评湖南省"优秀红十字志愿者"。

三、园林施工企业"绿叶红心"基层党组织品牌创建与培育的实施效果

（一）党建工作出品牌

近四年来,园林公司的党建品牌打造工作得到了各级领导的支持和认可,党总支先后荣获"湖南省直先进基层党组织"、"湖南省直示范党支部"、中国建筑"先进基层党组织"等基层党建荣誉30余项。党建品牌建设交流文章被省直机关刊物《党旗飘扬》推介,《"绿叶红心"党支部创新"育树工作法"提升组织力》作为优秀案例,入选由人民日报出版社出版的案例集《打造过硬党组织筑牢新时代基层战斗堡垒》。2021年,"绿叶红心"党建特色案例先后获评中国施工企业协会优秀案例和中建集团典型案例。该党建品牌成果还获评中国文化管理协会"新时代企业党建实践创新优秀成果"。近三年来,园林公司共有85人荣获司局级以上先进个人称号,其中党员占

比75.58%，党员队伍的引领作用不断凸显。

（二）工程建设出精品

园林公司秉承"专注绿色生态建设，打造匠心精品园林"的发展理念，在解决绿色生态难题、推动城市可持续发展的同时树立良好企业品牌，先后荣获湖南省园林协会优秀会员单位"园冶杯"优秀工程承包商、全国生态园林百强企业等荣誉称号。2018年以来，园林公司累计获得省市级施工类奖项30项，其中湖南省"芙蓉奖"1项，"湖南省优质工程"2项，"湖南省园林绿化优质工程"9项，累计在"园冶杯"国际竞赛中夺得2块金牌、3块银牌和1块铜牌。

（三）生产经营出效益

园林公司在践行绿色生态发展理念的工作中，实现了企业的跨越式发展。"十三五"期间，公司位居全国生态园林企业19强，四大主要指标相较2015年逐年翻番，合同额、施工产值、营业收入、利润总额分别是2015年的8.6倍、5.8倍、4.7倍、5.2倍。2021年全年合同额、施工产值、利润总额分别是2015年的20.5倍、19.7倍、10.4倍。公司五年内三次获评中建五局"最具成长性单位"。此外，公司重视以高新技术推动企业高质量发展，自2018年以来，获评省级工法1项，完成发明专利2项、实用新型专利4项、外观专利4项，完成科研立项30余项。

（四）高效管理出硕果

一是不断强化提升创效能力，通过设计、工程、技术、现场等多维度创效，2020年创效金额1150.35万元，2021年创效金额3079.3万元，创效金额在年度产值中的占比均超过2%。通过创新招标模式，劳务和材料采购的成本明显降低。二是通过开展"厉行节约，勤俭办企"专项行动，重点整治行政办公、公务出差方面的不必要支出，降低企业管理成本。三是不断提升人才培养质量。近年来，公司人员总量呈跨越式增长，社招校招人才引进的入口上，研究生占比增长3倍，211高校及以上毕业生占比增长5倍，二级建造师及以上证书的持证员工占比增长7倍。2021年，骨干专业人才数量达历史新高，主营业务领域专业人才增长40%。此外，公司建立了后备项目经理和青苗人才库，青年技术骨干入库率达70%，青苗人才成才率达85%，为公司高质量发展提供人才基础。

（五）绿色发展出口碑

园林公司积极响应国家生态环保战略，践行绿色生态发展理念。公司第一个湿地公园类EPC项目——吴城候鸟小镇二期项目（鄱阳湖生态湿地保护公园），是2021年第二届国际观鸟节举办地，是世界最大的观鸟基地之一，项目建设情况先后获人民日报海外版等媒体宣传。近年来，公司承担的雄安"千年秀林"项目、西安"幸福林带"项目、襄阳"一江两河"项目等一大批关系生态保护和国计民生的省市级重点项目，累计得到各级媒体报道200余次。

主 创 人：童孝义、鲁 新
参与创造人：李新国、陈 检、贺扬明、张子贞、皮明鹏、赵丹丹、
　　　　　　杨 睿、王耿翔

市级供电企业助力乡村振兴管理体系建设

国网湖南省电力有限公司怀化供电分公司

摘要： 国网湖南省电力有限公司怀化供电分公司（以下简称国网怀化公司）紧紧围绕"产业兴旺、生态宜居、乡风文明、治理有效、生活富裕"乡村振兴二十字要求，坚持问题、过程和目标导向，不断优化和创新管理体系建设，通过政企要素协同、产业精准发力、村企优势互补等管理手段，构建了乡村以劳务产业为龙头，农产品、旅游、光伏等其他产业共同发展的良好格局，有效拓展了乡村劳动就业空间，成功推进企业帮扶从"静止输血"向"动态造血"转变，实现了多方互利共赢。截至2022年8月，国网怀化公司累计帮助19个村、7088户、24672人实现稳定脱贫，村企合资发展劳务经济的相关做法获得全国人大和国务院国资委的高度肯定。2021年，国网怀化公司和所属溆浦县供电公司获评湖南省脱贫攻坚先进单位。2022年，国网怀化公司获评怀化市乡村振兴先进单位。

企业简介

国网怀化公司于1981年以湘中供电局沅陵供电所为基础组建而成。经历2011年怀化电力体制改革"两网合一"后，现辖18个职能部门、9个业务支撑机构、14个县（区）公司，全口径用工总量7429人。拥有35千伏及以上变电站162座、总容量795万千伏安，35千伏及以上线路353条、总长7070公里，担负怀化市450余万城乡居民的供电服务，供电面积达2.76万平方公里。2021年售电量达110.26亿千瓦时，营业收入60.41亿元。

一、市级供电企业助力乡村振兴管理体系建设的实施背景

（一）是助力国家乡村振兴战略的需要

乡村振兴战略是党中央作出的重大战略部署，习近平总书记强调，要坚决守住脱贫攻坚成果，做好巩固拓展脱贫攻坚成果同乡村振兴有效衔接，工作不留空档，政策不留空白。《国家乡村振兴战略规划（2018—2022年）》《中央中共国务院关于全面推进乡村振兴加快农业农村现代化的意见》等文件指出，中央企业作为国民经济的中坚骨干、保障和改善民生的重要力量，必须坚持以习近平新时代中国特色社会主义思想为指导，充分发挥"国家队"和主力军作用，按照"产业兴旺、生态宜居、乡风文明、治理有效、生活富裕"的总要求，发挥理念、资金、市场、技术、人才等优势，围绕产业、就业、智力、消费帮扶等领域，持续创新帮扶举措，提高帮扶实效，助力推进乡村产业、人才、文化、生态、组织等全面振兴。

（二）是服务地方经济社会发展的需要

怀化市属于湖南西部典型的后发展山区农业大市，基础设施条件落后，经济发展滞后，巩固脱贫攻坚成果、推进乡村振兴的任务尤为艰巨。党的十九大以来，湖南省以及怀化市党委政府始

终将巩固脱贫攻坚成果、推进乡村振兴工作摆在突出位置，密集作出部署安排，整合一切可以整合的资源抓乡村振兴。湖南省政府强调，要坚决防止发生规模性返贫，扎实有序推进乡村建设、乡村治理等重点工作，重点强化产业帮扶举措，因地制宜发展劳动密集型产业，支持脱贫人口就业较多的龙头企业、合作社发展，促进乡村产业提档升级。怀化市党委政府专门印发《关于做好"三农"工作扎实推进乡村振兴的实施意见》，指出要坚持农业基础地位，突出抓好乡村产业发展、农村人居环境整治提升，建立健全防止返贫长效机制，努力打造乡村振兴怀化样板。希望国家电网公司等国有企业牢牢把握与怀化经济社会同发展的角色定位，整合自身行业优势，发挥市场主体、民生保障和产业引领作用，多层次、多方式参与乡村振兴建设。

（三）是提升国企乡村帮扶质效的需要

长期以来，国家电网公司高度重视乡村振兴工作，出台了《关于巩固拓展脱贫攻坚成果助力乡村振兴的意见》《巩固拓展脱贫攻坚成果助力乡村振兴工作要点》等一系列文件，要求各省、市单位全面服务乡村"五个振兴"，进一步增强农村地区供电保障能力，优化农村供电服务，促进乡村地区能源绿色转型发展，扎实做好定点、驻村帮扶和对口支援工作，探索中央企业支持乡村振兴新路径。各市级供电企业严格执行国家电网公司部署，在乡村振兴工作中取得了一定成绩，积累了一些经验和方法，但是同样存在不少突出问题，严重影响了工作质效。一是工作活力不足。二是未建立长效帮扶机制。长期采取捐款捐物等"静止输血"方式，没有帮助乡村形成自我"造血"功能，在推动乡村产业发展和居民就业上发力不够、办法不多。三是未做到精准发力。四是未充分激发乡村多元化价值。新时代需要快速解决工作中遇到的问题和困难，提升乡村振兴工作质效。

二、市级供电企业助力乡村振兴管理体系建设的主要做法

（一）助力乡村振兴管理体系设计

1. 工作目标

要求实现"六个一"的目标：通过政企要素协同、产业精准发力、各方优势互补等措施，构建乡村以劳务产业为龙头，其他产业共同发展的良好格局；推动企业帮扶从"静止输血"向"动态造血"转变；建立一套服务乡村振兴的长效管理体系；走出一条"产业兴村、就业致富、村企互惠、共同发展"的乡村帮扶路；确保不发生一起脱贫返贫事件；在乡村发展、乡村建设、乡村治理等方面形成一批可复制、可推广的市级供电企业工作样本。

2. 实施原则

（1）坚持义利兼顾，合作共赢原则。

（2）坚持乡村主体，持续有效原则。

（3）坚持产业带动，多面聚焦原则。

3. 总体思路

紧盯"产业兴旺、生态宜居、乡风文明、治理有效、生活富裕"乡村振兴二十字要求，将发展乡村产业，打造乡村自我"造血"功能，助力村集体和村民增收致富，作为帮扶工作的核心任务。充分利用政府与企业在政策、资金、技术、人才、信息等方面的优势，为乡村产业、生态、文化、人才、组织等"五大振兴"提供发展平台和良好环境。深入挖掘乡村资源禀赋，因地制宜精准发展乡村劳务、农产品、旅游、光伏等产业，培育乡村效益增长点。积极发挥企业、乡村、高校等各方互补优势，拓展乡村就业岗位，带动乡村学子和剩余劳动力充分就业。同时，在加强乡村振兴管理机制建设、提升供电服务保障水平、推进乡村环境改善、强化党建文化引领等方面

综合发力，全力提升助力乡村振兴工作质效，推动脱贫攻坚与乡村振兴有效衔接。

(二) 以政企联动为基础，打造乡村劳务龙头产业

1. 因势利导，建立政企战略合作关系

"十四五"期间，国网怀化公司向上级争取了120亿元资金用于地方电网发展。随着大量电网项目建设铺开，现有施工力量不能满足电网发展建设需求，存在巨大的劳动用工缺口，而怀化乡村地区拥有大量剩余劳动力，存在就近就业需求。同时，电网项目的推进需要政府和乡村进行大量属地协调，而政府与乡村需要供电企业积极投身乡村振兴。为解决上述问题，国网怀化公司以"政企联动、多方共赢、共同发展"为原则，与各县（区）政府签订政企战略合作协议，建立政企战略合作机制，在乡村振兴、新能源发展、电网项目建设等方面加强沟通合作。

由政府方面承诺，优化返乡下乡创业环境，落实税费减免、场地安排、创业担保贷款及贴息、一次性创业补贴和创业培训等扶持政策，建立创业融资、创业奖补和用地保障等领域的激励措施。强化重点电网项目建设保障，将包括乡村电网建设在内的电网重点项目纳入政府民生工程和重点项目范围，加强电网项目前期协调及重点工程统筹调度。国网怀化公司承诺，充分利用行业优势，加大资金、人才、技术等各方面资源投入，全面提升地方电网发展质量和服务水平，全力服务地方乡村振兴工作。

2. 创新平台，建立村企劳务合资公司

国网怀化公司联合地方党委政府探索"企业+村集体+村民"创业方式，与帮扶村共同出资成立村企劳务合资公司。就近招录原建档立卡贫困人口以及符合条件的富余劳动人口，参与电网项目建设，从事砍青扫障、抬杆打洞等劳务服务，实现村民"亦工亦农"。2020年，国网怀化公司与麻阳县楠木桥村、长坡山村合资成立首家村企劳务合资公司——麻阳农兴联创公司，主要从事电力安装业务，初期注册资本为1000万元，国网怀化公司、楠木桥村、长坡山村三方分别占比37%、38%、25%。国网怀化公司将所有招录人员按照"两个一批"方式安排上岗，服务地方电网发展建设，其中，专业施工队伍安排一批，辅助用工安排一批。招录的正式员工均签订劳动合同，按规定缴纳养老保险等社保费用。

3. 发挥优势，壮大劳务合资公司

发挥人才优势，规范公司经营。派驻专业人员开展驻企帮扶，按照股份制企业管理模式，制定村企劳务合资公司经营方针，订立绩效薪酬、劳动纪律、用工管理等工作制度，从发展规划、日常管理、人员培训等方面加强公司管理，帮助获取安全生产许可、承装（修、试）电力设施许可、电力工程施工总承包叁级、建筑机电安装工程专业承包叁级、特种工程专业承包等资质证书，使之具备基本从业资格。

发挥技术优势，加强队伍建设。制订员工培训计划，依托国网怀化公司内部师资力量，分类分批开展专业知识技能培训，打造合格的"本土化"管理团队，确保村企劳务合资公司正常运转。

(三) 以精准发力为导向，助力乡村产业健康发展

1. 打通渠道，推动乡村农产品产业发展

怀化境内农产品种类极为丰富，农产品产业已成为各乡村的重点产业，但是因市场行情等因素影响，经常存在滞销风险。为助力帮扶村农产品产业发展，保障优质农产品有稳定的销售渠道，国网怀化公司一是建立农产品"线上+线下"消费帮扶机制。将帮扶村的大米、菜油等农产品纳入职工食堂、工会慰问品重点采购范畴，按月度、按单位、按部门制订采购计划。设置各级职工食堂"消费帮扶"专柜，方便干部职工日常采购。定期组织员工进入帮扶村开展活动，引导现场

采购农产品。探索"集体+电商"模式，推介帮扶村农产品进入各种线上平台，推广"单位团购+个人认购+线上直播"消费帮扶方式，拓展农产品销售市场。二是采取项目捐赠方式发展特色农产品产业。将帮扶村金银花产业园、稻田养鱼等农业项目纳入企业对外捐赠项目范畴，帮助改进生产技术和设施，拓展产品销售渠道，做好产销对接。依托梯田种植、中药材种植等专业合作社，帮助建立"支部+合作社+农户"的合作经营模式，建设农产品供应链，注册农产品品牌，依靠供应后盾单位发展形成规模优势进入市场竞争，形成可持续发展的农产品产业。三是为乡村农产品产业提供精准能效分析，提出用能改进建议，降低企业用能成本，提升市场竞争优势。

2. 聚合资源，服务乡村旅游产业发展

（1）在旅游产业开发阶段，以提升景区供电可靠性和观赏性为原则，按照"流程最简、方案最优、时间最短、费用最省"的标准，加强旅游观光索道电源、核心景区杆线入地、线路防雷改造等电力设施项目建设。升级工程标准和技术工艺，由专人负责安全、质量、进度的全过程管控，有效缩短乡村旅游项目建设周期。针对景区节能、低碳需求，由所属综合能源公司主动服务，准确掌握景区规划发展、用能需求、能耗管理、能效水平等情况，结合项目需求，对电、冷、热等综合能源进行系统优化设计，推进景区全电气化建设，实现绿色能源供应，提升乡村旅游品质。

（2）在旅游产业运营阶段，将具有优质旅游资源的乡村申报纳入企业职工疗养基地，由村集体与旅游公司合作开发职工疗养项目，促进村集体增收。定期组织员工入村开展党（团）建、工会活动，在休息日、节假日入村开展旅游活动。建立景区日常和高峰时段两类服务机制，日常对景区周边的民宿、农家乐等配套服务场所进行常态安全用电检查，发现故障及时指导消缺，采取发放"爱心服务卡"等形式跟踪解决用电难题。在十一等旅游高峰时段，实行供电所24小时值班制度，强化应急抢修队伍、应急装备、应急物资等要素配置，提升突发事件处置质效。

3. 专业帮扶，助力乡村光伏产业发展

（1）在光伏项目开发过程中，加强与地方政府沟通对接，开辟绿色通道，优化光伏业务流程，全程跟踪服务，从业务受理、现场勘察到装表接电、并电入网实施全过程节点化服务，让光伏项目并网更精准、更高效。同时推行"线上+线下"多元化服务，在偏远山区勘察时，现场收取办理业务所需资料，减少跑腿次数，提高并网效率。为确保光伏电量全额消纳，建立发展、运检、营销等部门"集中会诊"机制，每村召开一次论证会，详细了解乡村光伏项目建设情况，为每村编制项目配套接入系统方案。针对接入受限的村庄，制定"负面清单"，建立限期整改机制，明确五个工作日接入期限，加快配套变压器改造进度，及时消除光伏并网接入障碍。

（2）在光伏产业运营过程中，利用信息手段实时监控光伏电站发电异常，要求属地供电所对电网侧设备开展常态巡视运维，每月对光伏扶贫项目表计、采集设备进行维护检查，确保自动抄录的电量准确无误、电费发放及时到位。安排专门人员帮助指导乡村做好光伏扶贫电站日常运维，确保设备异常缺陷及时处置。实施服务内容清单式管理，定期梳理光伏结算流程，建立"月结月付"机制，做到按月结算、月结月清，确保各村光伏款到账更及时、更准确，同时指导村集体做好发电收益分配。截至2021年底，怀化全市发电并网运行的光伏扶贫项目达361个，发电容量7.88万千瓦，全额消纳上网电量5581.69万千瓦时，结算上网电费2511.4万元，转付财政补贴2089.88万元，光伏扶贫结算及时率100%。

(四) 以优势互补为手段，拓展乡村劳动就业空间

1. 做大劳务公司，稳定乡村中青年就业

为消纳更多乡村劳动力，国网怀化公司发挥供电企业行业优势，帮助村企劳务合资公司在市场化业扩项目、市政工程、对外技术入股合作、农村乡村振兴工程等方面拓展业务。一是推动劳务合资公司入围农网改造、城网改造工程框架服务单位；二是对外投资入股，入围供电企业水泥电杆制品供货等框架单位，承担配电网工程项目部分非预力电杆供货；三是纳入供电企业核心分包队伍，承接35千伏及以下电网建设项目及市场侧10千伏配电网建设工程项目劳务/专业分包；四是配合属地单位开展配电网计划检修、应急抢修等急难险重任务，提供零星用工保障。对未加入劳务合资公司的其他闲置劳动力，推广以工代赈方式，在护线巡线、捐赠项目实施等方面优先聘用，同时鼓励其他电网施工单位积极聘用。

2. 开展定向委培，帮助乡村学子返乡就业

为加强乡村人才队伍建设，吸引更多乡村学子返乡就业，国网怀化公司建立校企人才定向委培共建机制，依托长沙电力职业技术学院等高校，面向乡村原建档立卡贫困家庭高考生开展定向招录。利用自身资金、技术、知识、设施设备、场地和人才等资源，与高校开展产教融合、校企合作，创新项目式、情境式和模块化教学方式，实现学生专业技能与岗位需求全面对接。定向生毕业后安排至生源地乡镇供电所就业，实现精准、高效、对位就业，为乡村振兴与供电企业基层发展提供坚强人才保障，同时缓解留守儿童教育、居家老人养老等民生问题，改善乡村"空心化"现象。

3. 用活公益岗位，力争乡村家家有就业

提前摸清乡村人员就业意愿、就业状况、就业地点、劳动能力、技能水平等底数实情，结合公司工作需求和乡村人员实际，在光伏扶贫电站日常维护、供电设备设施管护、保洁卫生和炊事等方面科学设置公益岗位。建立安置对象排序机制，优先安置"无法离乡、无业可扶、无力自主稳定脱贫"且有就业意愿和岗位胜任能力的原建档立卡贫困劳动力，确保乡村群众人人都有就业机会。根据"谁用人、谁管理、谁考勤"的原则，制定公益性岗管理办法，建立聘用人员用工台账，杜绝虚设岗位直接领钱现象，确保工作人员切实发挥效力，实现企业和个人互利共赢。

(五) 以全方位保障为支撑，提升乡村振兴工作质效

1. 强化管理机制建设

(1) 建立"双组长"领导机制。成立以党政主要负责人担任组长的乡村振兴工作领导小组，负责贯彻落实上级关于乡村振兴工作的重大决策部署，定期研究本单位助力乡村振兴战略实施的重大事项，制定支持政策和帮扶措施。成立电网建设、项目服务、驻村（企）帮扶、消费帮扶、督查审计等工作小组，统筹推进各类帮扶工作。

(2) 建立定期汇报机制。成立乡村振兴工作办公室，每季度向乡村振兴工作领导小组专题汇报服务乡村振兴工作的具体措施、工作成效、特色亮点和典型经验；年中、年底，向各级党委政府、乡村振兴局或主管部门专题汇报，反映工作中需协调解决的事项并争取相关政策支持。

(3) 建立监督问责机制。每年至少开展一次乡村振兴工作内部督查，将落实上级决策部署、服务乡村振兴工作推进和落实情况以及人员履职、作风建设等情况作为监督重点，对不能胜任工作的干部员工及时调整撤换，对工作推进不力、弄虚作假的坚决问责，对涉嫌违纪问题的严肃处理。

(4) 建立工作激励机制。通过乡村振兴工作考察识别干部，对驻村、驻企期间表现优秀、作

出突出贡献、群众公认的工作人员，在评先评优、选拔重用、职级晋升等方面予以倾斜，树立鲜明价值导向。

2. 加强供电服务保障

（1）强化电网改造升级。结合农业生产和农村消费需求，立足村组实际，由基层供电所收集镇政府及村组的意见建议，综合制定乡村电网规划。支村两委参与电力规划编制，将电力规划成果纳入村组规划，配合供电所收集本村产业发展和居民用电需求，共同商定配电变压器、电力通道等设施位置和用地，保障电力规划精准落地。按照"统一规划、统一标准、安全可靠、坚固耐用"原则，加大配电网项目投资建设力度，重点解决"卡脖子"、线路高跳、重过载、低电压等乡村供电突出问题，提升乡村电网"供电可靠率""综合电压合格率"两项供电质量关键指标。

（2）完善供电服务网络。推动村组与供电所建立两级联动服务网络，其中村组与供电所的一级联动服务网络，负责组织开展共同保护电力设施、整治电力安全隐患、协调电网建设矛盾等事项，定期召开碰头会收集、汇总、调度"乡电共治"相关事项，联动处置涉电安全、负面舆情等应急事件。村组电力联络员与供电所台区经理的二级联动服务网络，负责收集辖区内用电需求，排查电力设施安全隐患，宣传安全用电、节约用电，解答用电政策，解决用电诉求。

（3）提升供电服务水平。出台优惠政策支持乡村产业发展，主动延伸乡村重点项目电网投资界面，对于乡村160千瓦及以下小微企业、8千瓦及以下居民客户用电报装实行低压"三零"（零投资、零上门、零审批）服务。在属地供电所设立便民服务点，推行"基本业务线上办、重点业务代理办、重点群体上门办、故障业务快速办"。其中，"基本业务上门办"：由便民服务点向企业、居民推广"网上国网"App、"国网湖南电力"微信公众号等线上办电服务渠道，指导企业和居民线上缴费、线上办电。"重点业务代理办"：便民服务点为居民代理登记用电新装、更名、光伏并网等用电业务申请，代理收取申请资料，登记当天联系台区经理办理后续业务。"重点群体上门办"：对贫困户、留守儿童、残疾人等特殊人群开展业务上门服务，对其户内电气设备进行安全用电检查，提供用电设备维修、用电政策解读等服务。"故障业务快速办"：便民服务点通过信息平台、"村村响广播"等方式，及时向村民发布电网停电信息。对村组反馈的电力设备故障信息，供电所快速响应并立即组织台区经理开展抢修消缺和高效复电。

3. 服务生态环境改善

（1）推动乡村电能替代。坚持"政府主导、企业支撑、多方参与"原则，推进乡村电气化建设，在农业生产、乡村产业和农村生活等方面大力提高电能消费比例，构建清洁低碳、电能为主、多能融合的现代乡村能源体系。推动充电业务运营商、新能源汽车企业在村镇中心位置、易地搬迁集中安置区、旅游景区等区域建设充换电站，推广新能源汽车在乡村旅游景区的应用。对农产品加工等乡村企业，推动以电代煤、以电代油，引导实施电气化改造。所属综合能源公司和属地供电所负责推介新型用电产品，推行电动农具、全电厨房、全电民宿，推广电气化育苗、大棚种植、畜牧水产电气化养殖、电烘干等技术应用，推进乡村生产、生活领域深度电气化。

（2）改善乡村电力等基础设施。在乡村电力设施优化升级上，联合政府部门、三大运营商以及村支两委，按照"五年不换线、十年不换变、天上不见线、集中下户线、雷打不停电"的标准，在乡村集镇实施"一线一示范"配网工程建设。协调政府部门下达工程建设任务，属地县、乡政府及村支两委共同参与线路廊道选取、主设备位置确定、阻工协调等工作，通过工程建设以点带面优化乡村电力设施布局，改变电力线路、通信线、广播电视线"蜘蛛网"现象。在改善乡村其他基础设施条件上，加大资金投入，组织实施乡村道路畅通、农村供水保障、乡村清洁能源建设、数字化建设、村级综合服务设施提升等五大工程，帮助乡村完善道路、饮水、水利、网络、危房改造等基础设施建设，推进乡村生态农业发展。

4. 注重党建文化建设

（1）协助乡村加强党的建设。通过驻村工作队，协助村支两委选优配强干部队伍，形成乡村振兴当担作为工作体系。通过建好管好用好村级活动场所，提升党支部标准化、规范化建设水平。按照"就近就便、双向选择"原则，协助村支两委发动所有党员参与联户工作，规定联户党员每两个月对已消除风险的监测户进行一次走访，对稳定脱贫户每季度进行一次走访。

（2）创新乡村精神文明建设载体。利用村委会闲置办公场地或屋舍等建设"电力爱心超市"，由供电企业或其他单位捐赠物品，通过"村民参与活动得积分、积分兑换超市物品"的形式，引导村民助人为乐、向善向好，积极投身乡村振兴。

（3）服务乡村民生实事。以共产党员服务队为主体，入乡开展党的理论、政策宣讲、普法宣传、科技下乡等活动，采取入户走访、线上联络、蹲点调研及调查问卷等形式，主动掌握和对接困难群体需要，有针对性地做好帮扶指导。对于难以解决的问题，梳理形成"民情台账"，通过定期召开集中民情化解会，会商解决难点问题。

（4）打造公益活动品牌。探索解决乡村留守儿童问题，以青年员工为骨干，创立爱心公益品牌"爸爸妈妈团"，构建包括"编外教师团""阳光驿站图书馆""碗回健康计划""健康体检计划""暖脚计划""营养早午餐计划""童趣运动会""关爱周计划""助学金捐赠"等活动在内的成熟帮扶体系，为乡村留守儿童创造良好的学习成长环境。

三、市级供电企业助力乡村振兴管理体系建设的实施效果

（一）管理效益逐步凸显

截至2022年8月，国网怀化公司19个帮扶村（其中主导村10个、后盾村9个）个个都有"造血"产业，累计帮助7088户24672人实现稳定脱贫。打造的村企劳务合资公司为解决电力项目用工矛盾提供了有效途径，帮助完成近2000万元的项目投资建设。

（二）经济效益不断提高

所辖乡村供电区域售电量大幅增加，从2016年底的17.61亿千瓦时增长至2022年初的34.63亿千瓦时，年均增长约25%。2021年，带动帮扶村集体实现平均收益37.72万元，同比增长近1.8倍，推动帮扶村居民可支配收入增长超过10%。其中村企劳务合资公司帮助村集体实现平均收益15万元，发放工资200万元，劳务费340万元，实现固定用工人均6000元/月收入。

（三）社会效益显著提升

2021年，村企劳务合资公司实现平均营收572万元，缴交纳税金18.6万元，成为地方纳税大户。近30余名村企劳务合资公司员工取得政府颁发的高压电工和高空作业等电力从业资格证书，达到了既富"口袋"又富"脑袋"的效果。通过加大乡村电网资金投入，怀化农网户均配变容量从"十三五"初的0.91千伏安提升到2021年底的2.05千伏安，乡村供电可靠率达到99.9437%，综合电压合格率达到99.859%，有效提升了乡村电网质量。

（四）示范效益持续彰显

通过本项目的实施，国网怀化公司打造了一张市级供电企业助力乡村振兴的特色品牌，为各级各类企业开展产业兴村、助力乡村振兴提供了国家电网经验，2023年将在湘西、张家界等地推广。相关工作得了各级政府、上级组织以及社会各界的普遍认可，其中利用自身行业优势发展乡村劳务经济的做法更是获得了全国人大和国务院国资委相关领导的高度肯定。项目推进过程中，国网怀化公司累计开展志愿者帮扶 1000 余人次，为农户解决难题 116 个，消费帮扶超过 1000 万元，涌现出了许多先进典型和生动事迹，在学习强国、今日头条等重要媒体上被广泛报道。2021 年，国网怀化公司和所属溆浦县供电公司获评湖南省脱贫攻坚先进单位。2022 年，国网怀化公司获评怀化市乡村振兴先进单位。

主　创　人：李文利、崔先迤
参与创造人：陈　舸、李　波、袁晓峰、唐　平、杨志涛、崔仁辉、蒋国斌、丁仁高、覃献国、龙　华

地市级烟草商业企业共建共赢的农网流通品牌功能化建设

湖南省烟草公司长沙市公司

摘要： 为积极响应乡村振兴号召，落实烟草行业农网建设的工作精神，持续优化农村零售生态和消费环境，湖南省烟草公司长沙市公司（以下简称长沙烟草）创造性地开展共建共赢的农网流通品牌功能化建设。该举措针对农村地区流通品牌建设功能定位单一、建设模式单一的问题以及烟草商业企业渠道整合能力不强的短板，以湖南烟草商业企业自有流通品牌"湘村636"为抓手，丰富终端一体化综合服务、农产品产销输送、基层党建阵地、文明实践四大流通品牌功能化新定位，以渠道联合管理为核心，以集约高效、利益共享为目标，联合零售客户、邮政、邮储、政府职能部门多方共建主体，明确职责职能，完善战略协同、组织协同、响应协同的共建模式，实现烟草商业企业渠道掌控力提升、邮政邮储网点进乡村、零售客户增盈利、农副产品增销售、农村消费提质量、农村居民增便利的多方共赢。以紫荆科创中心为核心搭建知识共享体系，依托智能终端系统，强化信息化、数据化支持，形成要素赋能、多元支撑的流通品牌建设新路径，从而更大程度发挥烟草流通品牌助农惠农实效。

企业简介

长沙烟草成立于1984年，是中国烟草总公司湖南省烟草公司的全资子公司，与长沙市烟草专卖局一套机构、两块牌子。公司性质为全民所有制，属于商品流通行业，依法监管全市烟草市场，主要负责组织全市烟叶生产种植、收购、调拨和卷烟、雪茄烟的销售。2022年，全市系统有在岗职工739人，其中营销线共有工作人员152人（不含分管领导），下辖9个县（市、区）局（分公司），18个职能部门，现有在网运行卷烟零售客户39857户。

长沙是烟草行业全国36个卷烟网建重点城市和国家烟草专卖局卷烟营销市场化取向改革试点城市之一。近年来，长沙烟草贯彻新发展理念，落实高质量发展体系各项举措，全面深化供给侧结构性改革，聚焦基层基础提质，保持稳中有进、稳中向优的发展态势。先后荣获行业普法、物流工作等先进单位，卷烟营销工作连续多年在湖南烟草网建考核排名第一，卷烟人均销售收入、卷烟人均劳动生产率、单箱配送费用等指标在全国重点城市公司排名第一，多次被湖南省政府授予烟叶生产先进单位、卷烟打假工作特殊贡献奖、纳税50强企业，连续多年被湖南省烟草专卖局评为工作目标考核一等奖，连续十年获全省烟草系统QC成果一等奖。

一、地市级烟草商业企业共建共赢的农网流通品牌功能化建设的背景

（一）是融入发展大局，践行责任烟草的必然选择

脱贫攻坚战取得全面胜利后，我国"三农"工作的重心转向全面推进乡村振兴，国有企业纷

纷践行社会责任，积极参与乡村振兴建设。近年来，长沙烟草利用行业产业优势，以提升农网终端建设为抓手，优化农村消费环境，提升零售客户经营水平，取得了一定的效果，但仍然面临与乡村振兴融入不够和跨行业渠道融合不够的痛点。

（二）是激发农村潜能，增强发展后劲的重要举措

长沙作为中部省份的省会城市，在激发农村潜能、推进农网现代流通体系建设上具备天然的区位优势。一方面，长沙城乡差距较小，城乡居民收入倍差仅1.67，在全国14座"双万"城市中排名第一，农村市场消费潜力巨大。另一方面，随着"兴产业""优环境"等政策的提出，长沙高素质、高学历返乡青年激增，人才潜力巨大。但充分发挥长沙区位优势，将发展潜力转化为消费动能，还有三个问题亟待解决：一是农村消费升级需求还未更好满足；二是农村消费环境还需全面优化；三是返乡创业人才优势有待深度激活。

（三）是加强渠道掌控，落实行业农网建设的重要举措

纵观行业发展史，农村网建一直是重要内容。农网不仅是服务广大农村消费者的前沿阵地，更是烟草全产业链供应链不可或缺的一环。因此，在推进行业现代流通体系建设的过程中，必须遵循网建发展规律，坚持城乡网络一体化均衡发展，增强渠道掌控力。随着长沙农村现代零售终端建设的不断深入，部分农村客户的店铺形象和经营能力已有明显提升，但仍有部分问题亟待解决：一是城乡发展不同步，农网终端渠道抗风险能力较弱；二是城乡发展不均衡，缺乏因地制宜的农网流通品牌建设模式。

二、地市级烟草商业企业共建共赢的农网流通品牌功能化建设的主要做法

（一）突出顶层设计，强化责任担当，规划好农网流通品牌功能化建设的"新蓝图"

1. 地市级烟草商业企业共建共赢的农网流通品牌功能化建设的目标

在外部环境上，以"湘村636"农网流通品牌为载体，促进现代流通体系、金融服务、快递服务向农村地区延伸发展，畅通城乡经济循环；主动吸纳返乡创业群体，创造更多就业机会；助力美丽乡村建设，提升农村消费者消费环境与消费品质。

在内部环境上，通过农网流通品牌建设，打通服务农村消费者"最后一公里"，助力消费升级；增强农网渠道掌控力，完善"一体两翼"的湖南烟草流通品牌整体布局，探索烟草商业企业从"卷烟经营商"向"平台运营商"的转型。

2. 地市级烟草商业企业共建共赢的农网流通品牌功能化建设的基本思路

以助力乡村振兴为出发点，以综合便民服务为落脚点，以集约高效、利益共享的渠道融合为支撑点，丰富终端一体化综合服务、农产品产销输送、基层党建阵地、文明实践四位一体的"湘村636"农网流通品牌功能定位，并以开放共享、合作共赢的思路，推动实体门店与电商平台、邮政、邮储等多渠道深度整合，探索共建共赢的农网流通品牌建设模式，实现多方优势互补、资源共享，更大程度发挥烟草流通品牌助农惠农实效。

（二）突出整合转型，强化功能升级，锚定好农网流通品牌功能化建设的"新定位"

1. 打造综合服务新窗口，构建"一体化"服务平台

以"湘村636"门店为载体，打造家门口的一体化综合服务新窗口。一是整合基层金融服务。聚合邮储银行的金融资源，将"湘村636"建设为"助农取款点"，为农网消费者提供日常金融服务。二是整合邮政多元服务。发挥邮政多元化业务优势，在"湘村636"设立便捷快递取货点，同时提供快递代收代寄、发票代开、报刊订购等多元邮政服务。三是整合便民共享服务。建设便民驿站，配备雨伞、充电器、血压仪、茶水等共享设施，供户外劳动者、志愿者、过路人群免费

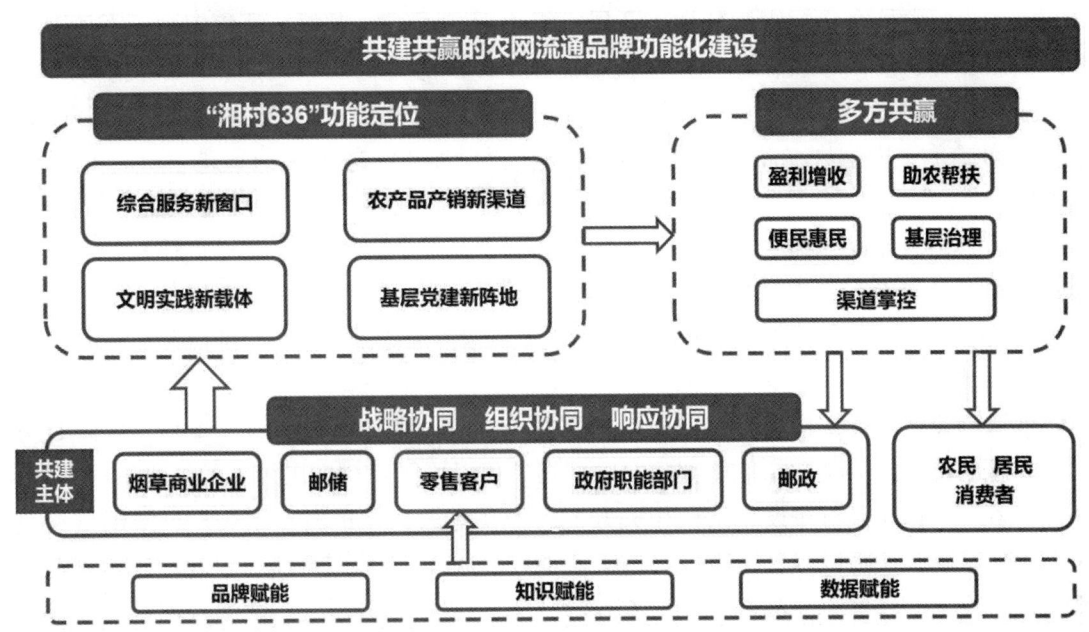

图1 地市级烟草商业企业共建共赢的农网流通品牌功能化建设

使用。四是整合打通社区服务。在"湘村636"门店设置社会服务保障一体机和掌上一体机,方便周边群众就近办理社区业务。五是整合居民文娱服务。运用门店影音设备,设置室内迷你影吧、户外广场舞专区,丰富农村居民文娱生活。

2. 打造产品产销新渠道,构建"一站式"分销平台

探索线上线下双平台助农模式,开拓特色农产品产、销、输、送一体化的新渠道。一是发挥线下加盟门店广告效应。在旅游景区、交通干线、美丽屋场周边打造一批形象靓丽的示范加盟门店,由当地乡村振兴局统一规划,结合产品特色和当地文化设计陈列造型,展示当地特色助农产品,打造"一村一品"特色农博会。二是发展线上微店引流效应。借助邮政邮乐网电子商务平台,指导"湘村636"免费开设线上微店,传授直播带货基本操作和销售技巧,打造"乡村振兴直播间"。三是整合优化邮政配送出村路径。所有农产品由邮政进行集中配送,节省运输成本,打通物流配送的最后一公里。

3. 打造文明实践新载体,构建"一网通"信息平台

以"湘村636"为核心,将文明实践融入到日常经营中,逐步改善乡村营商环境。一是做诚信经营的示范者。鼓励"湘村636"店主积极竞选诚信互助小组组长,自觉抵制假冒伪劣商品,以点带面,引领周边零售客户共同打造诚信守法的营运环境。二是做"信用长沙"的践行者。积极开展"政府主导、烟草主建、客户主动"的卷烟零售客户信用体系建设,建立动态评价机制,"湘村636"带头签署信用承诺,自觉公示信用等级,接受群众信用监督。三是做文明乡风的守护者。在"湘村636"门店设立"雷锋哨"的二维码铭牌,消费者扫码不仅可以查询零售户诚信资质、提出反馈建议、连线鉴别真假烟,还可以直接进行违法违规线索举报,发动零售客户与消费者共同守护诚信市场。

4. 打造基层党建新阵地,构建"一揽子"共建平台

结合农网零售终端特点,推动党建与"湘村636"农网流通品牌建设的深度融合,在农村绽放党建"一抹红"。一是在全省首创零售客户功能性党支部。在不接转党组织关系的前提下,就近

以"湘村636"的党员客户门店为阵地，开展组织生活，团结凝聚党员零售客户，探索基层流动党员管理的新路径，解决了农村零售客户流动性党员多的难题。二是共建新时代文明实践站。烟草商业企业、乡镇村委、零售客户在"湘村636"共建新时代文明实践站，以爱心商盟驿站和636志愿服务队为抓手，构建"政府领导、烟草协助、商户加入、居民参与"的"半小时公益服务圈"。发挥烟草工商零销产业链的价值优势，营造了可循环、可持续、可复制的志愿服务生态系统。定期开展募捐、环保、结对帮扶等志愿服务，为孤寡老人、留守儿童提供便利，以非正式组织的形式弘扬卷烟零售客户的社会责任感。

（三）突出渠道融合，强化渠道控制，打造好共建共赢的流通品牌建设"新模式"

1. 多方共建，明确主体责任

明确烟草商业企业、零售客户、政府职能部门、邮政、邮储等五方共建主体，实现从分散发力到联合共赢的转变。一是政府职能部门指导背书。积极协同乡村振兴局以及各级政府职能部门，参与"湘村636"的选点与建设，出台相关方案，为乡村振兴示范村、脱贫户、防返贫监测户与返乡大学生提供配套扶持政策，支持优先加盟"湘村636"。二是烟草商业企业输出流通品牌。长沙烟草试点建设全省自有流通品牌"湘村636"，采取免费授权的形式，面向农网卷烟零售客户开放加盟，构建"国企信誉品牌+民营小店灵活经营机制"新商业模式。三是零售客户提供门店经营保障。零售客户作为"湘村636"的主要经营者，按照相关加盟要求，提供店面经营的场地、人员以及店面改造的资金，进行门店改造升级。四是邮储提供金融支持。为"湘村636"提供低息贷款，解决农村客户资金周转难题，帮助门店丰富储蓄存款、信贷资金等金融服务功能。五是邮政提供寄递支持。赋予"湘村636"寄递代投代收、电商代购、报刊发行等增收服务模块，打通进村邮件"最后一公里"。成功办理相关业务，还能予以结算奖励，丰富农村客户的收入来源。

2. 多维协同，提升共建效率

从战略协同、资源协同、响应协同着手，整合多方力量，形成开放、同步、敏捷、协同、融合的共建机制。一是战略协同，提升价值主张的一致性。通过联合发文、建章立制，优化合作生态，统一多方价值理念。联合长沙市乡村振兴局下发《协同推进"湘村636"建设助力乡村振兴工作的通知》，与邮政、邮储等第三方合作企业签订《普惠城乡民众助力乡村振兴战略合作协议》，对多方共建共赢的建设模式进行了全面规划与指导。二是组织协同，激发共建主动性。共建多方共同组织参与"湘村636"建设各项活动，提升各方的共建参与感与"湘村636"品牌认同感，凝聚思想合力，进一步激发各方共建共享的积极性和主动性。三是响应协同，提升共建模式的敏捷性。构建多层次交流机制，提升共建各方在农网流通品牌建设上的响应速度与准度。建立高层对接机制，定期互访，总结交流合作成果，协调解决重大问题；指定沟通联络部门，全面协调共建工作的开展落实；指定专人负责，保障支撑服务，形成自上而下的战略同步、自下而上的执行汇报，形成对接闭环。

3. 多重共赢，促进良性循环

跳出烟草看终端，对标城网看农网，通过"湘村636"农网流通品牌建设，持续拓展农村现代商业体系建设"朋友圈"，形成多重共赢的良性循环。一是持续输出国企软实力。烟草商业企业、邮政邮储同属国有企业，服务农村消费，助力乡村振兴是国企履行政治责任、创新转型发展、服务保障民生的主责主业，各方以"湘村636"建设为抓手，促进城乡网建一体发展，金融下乡、邮政下乡持续推进，间接彰显国企的责任与担当。二是持续提升多方硬指标。零售客户通过流通品牌功能化建设，提升了店面形象，形成了数字化的管理方式，减少了"抹零头""人情价"，增加了整店利润，丰富终端服务功能，把消费留在农村，让利润回归农网。烟草商业企业通过输出流通品牌，提升农网掌控力，以"湘村636"为平台，助力打造中高品牌培育阵地，激发农村地区消费潜力。邮政邮储通过拓宽农网渠道，增强品牌影响力，提供多样化的、成规模的服务，增加经营收入，节省服务成本。三是持续增强消费获得感。坚持"环境也是生产力、陈列就是盈利点"理念，把靓丽店招、干净店面、合理布局、整齐陈列、现代气息作为"湘村636"建设中硬件提升的重点，打造消费者放心店，有效改善消费场景，满足农村消费便利化、精细化、品质化的升级需求，提升消费者获得感、安全感。

（四）突出共享赋能，强化要素流转，开拓好共建共赢的流通品牌建设"新路径"

1. 品牌赋能，为返乡青年助力

持续扩大"湘村636"农网流通品牌的影响力，鼓励其发展农村"小店经济"。因地制宜，分层分类打造农网加盟终端，打造一批位置优、形象好的新零售示范加盟店，引导以返乡青年为代表的乡村就业新主体参与建设，适当放宽加盟门槛，为农村零售市场注入创新思维。按照"输出品牌、输出管理、输出模式、输出文化"的建设思路制定"湘村636" VI形象、加盟管理办法、运营管理规范等一揽子建设方案，明确建设标准、运行规范。以"湘村636"为支撑，有计划地开展农村消费者喜闻乐见、"农"味突出的品牌培育活动，提升卷烟消费水平。

2. 知识赋能，为农网建设蓄力

行业首创农网职业化客户培养模式，为返乡青年创业创新提供学习交流平台，打造深度沉浸式客户特训营，提升零售客户的职业素养、职业技能、职业规范。首先是"让合适的人听合适的课"。根据农网零售户年龄、学历、从业经历等不同特点，结合农村零售业发展现状，准备多个符合零售客户自身需求的课题方向，为农网零售客户的实际经营赋能。其次是"让合适的人讲合适的课"。选择有农村创新创业经验的卷烟零售户现身说法，通过身边人讲身边事，引起共鸣。第三是让"学习成果全员共享"。加强成果转化，为农网零售客户应对经营难题提供理论支撑。建立项目+人才机制，选择具备农网服务实践经验的专业人才组成课题攻关小组，不定期针对农网消费热点、工作难点进行梳理，由高校提供理论研究支撑，对农网消费市场卷烟品牌的市场定位和卖点传播进行深度协同与二次创造，加强符合农村消费者偏好的适销品牌培育，探索农网消费市场新增长点。重点培养农网职业化内训师，以点带面，发挥辐射效应，加快带动其他农网零售客户升级经营理念，激发农网终端在品牌培育、形象展示、信息采集上的创新动能，充分挖掘长沙地区农村人力资源优势，落实省委、省政府人才强农行动。

3. 数据赋能，为数字转型聚力

落实共建、共管、共享思路，强化智能终端系统推广，推进数智终端建设。围绕智能终端系统设计专题培训课程，帮助农网客户优化商品品类、调整促销策略，切实提升经营水平及盈利水平。通过智能终端系统采集农村地区消费偏好、消费习惯数据，结合地理位置、人口结构等外部信息，为农网零售客户提供消费者画像。建立"热销排行榜"，指导客户科学选品，引导、满足消费者差异化、多样化、品质化需求，解决农村消费者"难买"的问题。与科研机构合作开发卷烟背柜陈列推荐系统，结合销售情况进行量化分析，推荐卷烟最佳陈列位置，引导客户结合推荐结果改变陈列，提升商品动销，增加盈利。

（五）突出机制保障，强化系统协作，夯实好农网流通品牌建设运行的"新基座"

1. 坚持战略合作，强化组织保障

长沙烟草联合长沙市乡村振兴局成立"湘村636"建设领导小组，负责全面组织、领导、协调、推进"湘村636"建设的各项工作。长沙烟草与邮政、邮储建立战略合作关系,三方签署框架协议,明确基于共同社会责任与一致目标,聚合优势资源,在长沙市区域内联合打造500个集烟草销售、金融服务、邮政普惠为一体的"湘村636"综合便民服务站。

2. 坚持专人专事,强化人员保障

长沙烟草营销中心设置加盟终端专员,对"湘村636"年度建设目标进行整体规划。区县局设置终端经理,帮助加盟客户因地制宜进行门店升级,提升店面形象,指导客户应用数智工具提高门店管理效率,协助客户开展品牌活动,提高单店盈利能力和竞争力。长沙烟草与湖南工商大学共建的紫荆科创中心为农网终端建设提供专业化的培训团队,搭建持续学习交流平台;以项目形式探索农网终端痛点问题的解决方案,明确单个项目对接人、对接方式、对接频率,定期沟通项目进程,确保项目执行进度。

3. 坚持长效机制,强化制度保障

长沙烟草建立长效工作机制,深入推进农网流通品牌建设。一方面,长沙烟草与乡村振兴局联合发文,对农网流通品牌建设目标、建设标准、政策支持、准入及退出流程、日常管理等作出了规范,明确提出将"湘村636"加盟店打造成"乡村多品类经营的综合便民服务店",并深度参与农网建设地方标准的修订。另一方面,强化农网流通品牌建设情况考核,将农网终端建设数量纳入年度工作目标,按计划有序推进,出台农网终端建设方案,对农网加盟终端进行分层管理、分类考核,科学评估农网流通品牌建设成果。以全国一体化营销管理平台上线为契机,将农网加盟终端的建设、考核、运营、退出全流程固化在系统中,实现农网加盟终端全生命周期数字化管理,进一步完善农网加盟终端制度建设。

三、地市级烟草商业企业基于共建共赢的农网流通品牌功能化建设的效果

(一)共建共赢,管理效益明显提升

1. 流通品牌建设经验得到较快推广

长沙烟草作为"湘村636"建设的全省试点单位,VI标识、指导手册、建设标准等一揽子建设模式在全省13个市州全面推广。"湘村636"建设运营主要团队获评长沙市"青年文明号"。与拉萨烟草对标共建,输出农网流通品牌建设经验,协同拉萨市局建设自有流通品牌"雪域阳光",获国家烟草专卖局领导高度肯定,并作为典型经验在烟草行业推广。

2. 渠道跨界融合能力得到持续提升

共建共赢的农网流通品牌建设模式,帮助长沙烟草形成了"集约高效""利益共享"的渠道跨行业联合模式。以"湘村636"为载体,广泛开展渠道联合,推动实体门店、电商平台、邮政、金融等多渠道深度融合,汇聚各级政府职能部门及邮政邮储等第三方企业在内的多方合作伙伴的渠道能力,实现了合作生态的"外联内生",拓宽了共建面、提升了共享度。

3. 农村基层自治模式得到不断完善

以"湘村636"建设为契机,筑牢基层党建阵地,全省首创零售客户功能性党组织,解决基层社区、村委流动党员管理难题;与地方职能部门联合打造爱心商盟驿站和636志愿服务队,探索零售客户非正式自治组织,形成"半小时公益服务圈",爱心帮扶留守老人、残障人士等弱势群体,构建农网社会化治理新模式,助力乡村组织振兴。

4. 新乡贤示范性作用得到有效发挥

紫荆科创中心首创职业化客户培养模式,累计培养农网职业化客户1325名,内训师12人,有力提升了农村零售客户的管理水平、经验理念。农村职业化客户逐步发展成为示范引领带动一

方的新乡贤群体，在诚信经营、志愿活动、基层自治组织建设上，发挥核心作用。

(二) 开源节流，经济效益明显提升

1. 农网客户经营收入稳步提升

加盟"湘村636"后，零售客户卷烟盈利水平持续提升，2021年12月卷烟零售客户综合毛利率达到14.22%，为历史最佳水平，零售客户户均年增收1.25万元。门店卷烟消费结构明显提升，单店平均客单价提升近40%。门店新增金融服务、寄递代投代收、电商代购、报刊发行等经营模块，每年为加盟客户户均增收近3万元。协同银行提供低息贷款2.8亿元，解决了农网经营主体融资难问题。

2. 农副产品销售收入持续增加

引导"湘村636"店内增加特色农产品销售专区，支持"湘村636"加盟终端发展电子商务，拓宽了当地特色农副产品的销售渠道，帮助优质农产品出村。疫情期间，浏阳普迹镇天成便利店利用邮政中转渠道，累计帮助当地农民销售22吨蔬菜；宁乡巷子口李氏家便利店利用电商平台直播带货，销售黄桃、葡萄13万元，销售千岛湖刁子鱼、浏阳火焙鱼、金井茶叶等农副产品超过150万元。

3. 农村卷烟消费结构持续提升

以"湘村636"建设为抓手，改善农村购物环境，提升品牌推荐、开口营销能力，优化消费体验，打破以省内烟、低价烟为主的消费格局，激发农村消费潜力，留住农村中高端消费。今年以来，农村省外烟占比同比提高1.33个百分点，同比提升幅度高于城网；中高端卷烟销量持续增长，卷烟单箱均价同比提升2434元，比城网高出1284元。

4. 金融快递服务营收显著增长

通过便民服务网点将金融、物流服务输送到村民家门口，营收显著增长。邮储银行在长沙农村地区累计获取零售客户3000余户，完成烟商贷放款2.8亿元，办理信用卡近1900户，积累农村地区卷烟零售客户管理资产余额2400万元。邮政公司进一步完善市、县、村三级物流体系，物流业务向空白村拓展，自"湘村636"建设以来，累计增加快递业务5万单，创造经济收益60万元。

(三) 拓展功能，社会效益明显提升

1. 助力"六稳""六保"，稳定小微主体经营

受新冠肺炎疫情影响，卷烟产品在实体经济中压舱石角色进一步凸显，长沙烟草发挥烟草产业优势，不断完善强农、惠农、富农措施，创造并稳定了10万人"家门口的就业"，一本烟草证养活一家人，助力"六稳""六保"。

2. 聚焦便民利民，争当公益服务表率

在社会责任践行上，长沙烟草、"湘村636"店主、邮政邮储、社区村委携手，在"湘村636"打造紫荆书屋20余个，捐赠图书超过2万册；建设便民驿站179个，配有医药箱132个，共享雨伞2000把；开展各种类型志愿活动百余次。

3. 倡导信用建设，改善农村消费体验

长沙烟草搭建卷烟零售客户信用体系，出台《信用体系建设实施办法》《信用积分指标体系规则》，大力倡导"守信得益，失信受限"的信用文化，融入信用长沙建设，推进"放心消费环境建设"，为消费者提供更舒适、更安心的购物环境。

（四）亮化形象，生态效益明显提升

1. 提升农网终端形象，助力美丽乡村建设

长沙烟草联合金融机构，帮助、带动零售客户进行自主投入，通过立店招、换烟柜、洁店面、重布局、优陈列、标价签、接数据等具体举措，改造经济实用又美观大方的"湘村636"门店近500家，优化农村商业基础设施，推进农村人居环境整治行动，切实改善村容村貌，助力美丽乡村建设。

2. 推动快递包装回收，探索物流绿色转型

邮政公司依托零售终端网点，搭建快递包装回收体系，优化公共包装废弃物回收与处理流程，日均推广可循环快递箱、共享循环箱600个。合理规划运输线路安排，充分利用运输车辆返程时的空置存储空间，统筹"湘村636"线上农产品的销售运输，降低空车率30%。

主 创 人：贺 东、杨楸姗

参与创造人：梅 李、荣方勇、邓文潇、李梦馨、罗容弈、柳 康、李 可

市级烟草企业融入乡村振兴的农村营销网络构建

湖南省烟草公司娄底市公司

摘要：湖南省烟草公司娄底市公司坚持"党建领网建、党务导业务、党员带全员"，充分发挥"撑艰"党建品牌引领作用，统筹城乡营销网络一体化均衡发展，加大投入建设农村营销网络。提出"1136"总体工作思路，通过强化组织管理创新、农村职业化零售人才培训创新、文明吸烟环境创新管理等措施，创新构建融入乡村振兴的新型农村营销网络，推动乡村产业振兴、人才振兴、文化振兴、生态振兴、组织振兴协同发展，推动发展红利更多惠及乡村，优化乡村零售生态和消费环境，充分彰显国企担当和社会责任，在市级烟草企业融入乡村振兴的农村营销网络构建上作出成功示范。

企业简介

湖南省烟草公司娄底市公司（以下简称娄底烟草）成立于1984年，是湖南省烟草公司的全资子公司。企业性质为国有独资企业。全市现有在岗职工365人，内设14个职能科室，下辖4个县级分公司，属卷烟纯销区，管辖零售户17000余户，其中农村零售户占49.77%，排全省第二（全省平均占比为40.48%）。2021年销售卷烟14.92万箱，实现税利13.58亿元。2019、2020连续两年营销工作获全省系统先进，1个基层党支部获全省系统"示范党支部"和娄底市"先进基层党组织"，连续3年获市联村建绿先进单位，2021年乡村振兴驻村工作队获娄底市"乡村振兴优秀工作队"。

一、市级烟草企业融入乡村振兴的农村营销网络构建的实施背景

（一）是主动融入国家战略大局的使命需要

农村营销网络是烟草行业延伸到广袤乡村最敏锐的触角，是行业与乡村市场联系最紧密的纽带。因此，加强农村营销网络构建是烟草行业巩固拓展脱贫攻坚成果的有力抓手和助力乡村振兴的有力举措。目前，娄底烟草覆盖了8400余户农村零售户，分布在1708个行政村，直接服务200.02万农村消费者，广大的乡村市场一直是娄底烟草牢记于心、落实于行的奋斗阵地。娄底烟草积极融入乡村振兴战略大局，为更好地提升农村零售户的获得感和幸福感，更好地促进农村零售户的收入增长，更好地建设乡村消费环境而不懈努力。

（二）是积极履行烟草社会责任的担当需要

责任烟草、诚信烟草、和谐烟草是烟草行业的行业愿景，排在首位的责任烟草，是烟草行业文化的本质特征。每一个烟草零售许可证背后是一份生计和收入，每一个零售户的背后是一个家庭的希望。娄底烟草一方面不间断地面向社会开展支援扶贫、捐款助学、慈善护弱等活动，勇担社会责任，树立良好的社会形象，另一方面关注零售户成长，帮助落后区域的零售户快速成长，

尤其是信息相对闭塞、新事物接受较缓、发展较慢的农村零售户，彰显国企担当。

（三）是卷烟营销高质量发展的建设需要

农村营销网络不仅是服务广大农村消费者的前沿阵地，更是烟草全产业链不可或缺的一环。烟草行业高质量发展一定是包含农村的全面发展，是城乡网建更均衡的协调发展，是乡村市场充分开发的可持续发展。因此，娄底烟草把农村营销网络构建放在营销大市场、流通全体系中去定位和考量，切实增强农村营销网络渠道掌控力和核心竞争力。

二、市级烟草企业融入乡村振兴的农村营销网络构建的主要做法

娄底烟草积极响应乡村振兴战略的五个具体路径，即推动产业振兴、人才振兴、文化振兴、生态振兴和组织振兴，全面梳理营销工作内容及流程，改变传统的重城区、轻乡村的营销工作思路，率先在乡镇一线建站设所，把组织管理创新、农村终端建设等企业职责与脱贫攻坚、乡村振兴相结合，构建市级烟草企业融入乡村振兴的新型农村营销网络，讲好乡村振兴背景下的娄烟故事。

（一）创新顶层设计，绘就融入乡村振兴的农村营销网络"新蓝图"

1. 落实部署，创新思路，做好顶层设计

娄底烟草挖掘农村零售户优势并与营销工作有机结合，确定市级烟草企业融入乡村振兴的农村营销网络构建"1136"总体工作思路，即"一个引领、一个驱动、三全目标、六化路径"。

"一个引领"：以娄底烟草"撑艰"党建品牌为引领，把农村营销网络构建作为国有企业履行责任、创新转型发展、服务保障民生的主责主业。

"一个驱动"：以"四海一家、惠人达己、相互欣赏、彼此成就"的企业文化为内驱力，推动娄底烟草主动融入乡村振兴发展大局。

"三全目标"：以乡村信息全掌握、乡村监管全覆盖、乡村服务全方位为目标，持续提高乡村终端经营能力和盈利水平。融入乡村振兴的农网建设具体目标有：2022年实现"湘村636"加盟终端建设150家、农村党员服务站建设50家，开展乡村品牌培育2000场，农村零售户综合毛利率达到12%，打造"4Y+T"即烟草、银行、邮储、油业加通信的乡村振兴综合体100个。

"六化路径"：坚持党建引领具体化、管服职责清晰化、网格建设标准化、工作运行规范化、共享协同机制化、数据支撑系统化。

2. 因地制宜，确立原则，定好主体基调

一是坚持城乡融合发展的原则。站在农村营销网络长远发展的角度进行谋划，站在提升乡村市场整体形象、农村零售户经营能力的角度开展工作。

二是遵循多元价值开发的原则。结合农村零售户改造意愿，因户制宜适当开展改造升级，挖掘乡土特色，最大化利用现有资源，助力农村营销网络提质升级。

三是遵循多方合作共赢的原则。商业企业统筹、农村零售户参与、工业企业协同，共同打造"4Y+T"乡村振兴综合体，筑造"工商零"三方共享利益、共同面向农村消费者的营销阵地。

3. 协同推进，合力攻坚，构建"幸福湘村"

准备动员阶段：2020年1至2月，抽调全市精干力量组成"乡村振兴+烟草"课题组，明确农村营销网络构建提质升级的工作方向、思路和举措。

组织实施阶段：2020年3月至2021年3月，与乡村振兴局、银行等不同的职能部门和单位对接，以烟草为牵头主体，明确各方责任，多层次推进农村"小店经济"发展，全方位打造"4Y+T"乡村生活综合服务体，塑造"湘村小店"新面貌，深度融入乡村振兴，畅通农村营销网络构建"最后一公里"。

巩固提升阶段：2021年4月后，密切关注跟踪农村营销网络运行情况，坚持对标城区看乡村，一体化推进乡村网络建设，努力实现兴农梦。

(二) 赋能夯基建设五类乡村终端，推动产业振兴

产业振兴要想有出路，农产品销售就得有市场。农村零售终端作为农村营销网络的最小单元，遍布广大农村，成为农产品销售的大好市场。着眼于建设这一大好市场，娄底烟草创新终端建设内容，以农产品销售路径为着力点，推动产业振兴。

1. "湘村636"加盟终端突出示范引领，带动乡村零售终端提质升级

一方面，聚焦公平公正选址，通过研究选址理论，从"位（position）、势（potential）、流（pedestrian volume）、道（path）"四方面选取指标，创新性构建"湘村636"选址评价"4P"模型，做好"湘村636"加盟终端科学合理布局。另一方面，聚焦有效运维管服，通过云POS、湘掌柜的运行使用，使乡村终端具备可视化运营、智慧化管理、自助式体验等主要特点，同时发挥新零售培训中心、消费体验中心等多项功能，尤其是在店内特设乡村振兴区，免费为村民提供销售寄卖场地，促进共同富裕。

2. 合作终端突出强强联合，直面新零售浪潮

携手石化企业的乡村零售门店，采取店中店合作形式，将其培养成乡村特有的中高端品牌培育基地和农特产品展示销售窗口。

3. 特色终端突出风采展示，发展特色产业

采取多元化运营形式，将特色终端建设与红色路线、"和森精神"革命路线、"曾国藩家书"文旅路线、紫鹊界千年梯田、湄江地质奇貌、世界锑都等地理特性相结合，推广乡村乡味伴手礼盒，创新乡村品牌消费新模式，推荐设置乡村振兴柜台、摆台等，销售当地当季农特产品。

4. 一般现代终端突出协同效应，释放多元增收效应

组织开展农村消费者品吸、品牌宣讲及销售经验分享等活动，共育品牌培育"生态圈"，发挥烟草组织优势，帮助对接消费帮扶电商渠道，推进"烟草兴百村"行动，巩固脱贫攻坚成果与乡村振兴有效结合。

5. 普通终端突出筑基提升，靓化终端形象

结合零售户店铺实际和改造意愿，拉动银企投入，撬动零售户投入，重点围绕终端前背柜一体化改造、推广使用推烟器、创新实施卷烟槟榔共生"三法十式陈列、卷烟全品规陈列这四项改造内容，配套"惠人达己，四海一家"Logo和标准化VI系统，营造门店良好销售氛围。

(三) 久久为功打造职业化零售队伍，推动人才振兴

1. 着力把握"一个愿景"，搭建人才孵化体系

以"经营共同体、利益共同体、文化共同体、发展共同体"为愿景，将有文化、会经营、善管理、守诚信的农村零售户培养成为职业零售户。在服务内容、标准和频率等方面保持乡村城网均质化服务同步，通过现场观摩、直播培训、微视频宣讲等方式加强新零售理念宣贯，实现"手机成为新农具，直播成为新农活，数据成为新农资"的转变。

2. 着力实现"三个转型"，搭建人才培训平台

一是实现零售户营销理念转型，引导农村零售户参与村级管理、产业发展等工作，积极培养具有现代经营理念、热土情深、扎根农村的现代化职业零售户，服务乡村振兴。

二是实现零售户营销方式转型，自主研发无需外接设备、无提现手续费、无软件使用费的

"湘掌柜"手机端云POS，指导农村零售户做好商品入库、库存盘点、会员管理等工作，实现农村零售户从"经验营销"向"数字营销"转型。

三是实现零售户营销动力转型，建立"开口营销"零售户讲师团队，造就更多乡土人才，实现农村零售户从"被动营销"向"主动营销"转型。创新推出"乡村经营课堂"，由农村零售户组成讲师团队，讲环境提升、管理提升、盈利提升，让零售户带动零售户转变思想。

3. 着力深化"三个抓手"，凸显便民普惠情怀

一是以终端建设"同心圆"体系为抓手，引导农村零售户参与党员服务站建设，支持乡村便民服务站运行，搭建读书角等，让优质乡村终端成为新的"乡村便民服务中心"，实现基层公共便民服务普惠化。

二是以数据营销"新零售"为抓手，打造智慧终端"共生共赢"生态工程，完善消费需求呈现、消费变化分析、盈利结构分析等智能功能，强化店铺成本收益管控，深入推进乡村零售终端数据化管理、数据化经营。

三是以资源撬动"牵手行"模式为抓手，与银行共同推出"烟商贷"等特色金融产品，解决农村零售户融资难问题；协同商务局，指导和协助零售户"直播带货"，营造"乡村好物"带货氛围；联合中国邮政、菜鸟裹裹联盟等，建立快递收寄服务点，丰富终端便民服务功能，拓展零售盈利渠道。

（四）塑形铸魂厚植文化自信，推动文化振兴

1. 以乡村精神文明建设为主线，引导塑造新型乡风文明

娄底烟草通过精神文明创建活动，营造浓厚的学习氛围；以"文明乡村终端店"为依托，通过漫画上墙、标语展示、真人短视频录制等鲜活形式弘扬社会主义核心价值观，围绕乡村精神文明秩序构建，逐步培育崇德向善的文明新风尚。

2. 以增强乡村文化自信为旨归，守住乡土文化的传承根基

娄底烟草从乡村文化资源的保护和转化入手，结合送图书下乡等文化惠民活动，创新保护、传承弘扬乡村文化的方法和载体，强化乡村文化认同感，提升乡村群众的文化自觉与文化自信。

3. 以重构特色文化空间为抓手，打造乡村文化振兴的公共场景

以"我为群众办实事"实践活动为契机，通过帮扶村"门前三小"（小广场、小书屋、小讲堂）建设工程和设置"湘村636"图书角、暖心角、健康角，制作党员风采、党建品牌、法治宣传、村规民约等宣传栏，精心植入党建主题以及文明乡村创建元素，弘扬优秀农耕文化遗产和民俗文化，打通农村文化服务的"最后一公里"。

（五）绵绵用力细描生态底色，推动生态振兴

1. 打造文明吸烟环境，培养良好吸烟行为

娄底烟草以"建设美丽乡村，维护好文明娄底"为主题，通过与市政府、爱卫办、园林处等单位密切合作，重点关注乡村户外吸烟亭（区）、户外吸烟点、现代终端消费体验区三类场所建设，构建"文明吸烟、体面吸烟"的互相尊重式的乡村吸烟环境，维护乡村生态环境。在乡村便民性区域、重点景区旅客服务处、中转地、交通干道旁建设户外吸烟亭（区）、户外吸烟点；在"湘村636"加盟终端、现代终端店内外打造消费体验区，放置吸烟筒。

2. 开展乡村环境整治宣传，在驻点村加大基础设施投入

依托农村营销网络，利用乡村终端宣传资源，在党员服务站开展乡村环境整治宣传。针对部分村道路欠畅通、人居环境较差的情况，娄底烟草拨付帮扶资金49万元，用于改善农村公共基础

设施、开展人居环境整治和推进美丽屋场建设，促进乡村生态宜居建设。

(六) 凝心聚力创新管服模式，推动组织振兴

1. 创新"3+1"网格化管服模式，内外兼治走好善治之路

面对辖区山地丘陵多、农村零售户分布零散等不利因素，娄底烟草积极探索，形成了专销深度融合的乡村市场网格化管服模式。

(1) 创新建立农村网格运行模式。农村营销管理层级原为"县级局营销部—客户经理"两级结构，随着农村经济的发展，零售户数量逐年增多，零售户分布延伸进村，导致该两层管理模式运行效率降低，响应零售户需求慢。根据管理幅度大小与管理层次的关系，娄底烟草创新性从上至下、从内到外搭建"3+1"网格化管理服务模式，即内部以一级网格为县级局辖区，二级网格为专卖管理所（零售户服务站）所辖区域，三级网格为网格员管服区域，外加零售户自发形成的诚信互助小组协助管理，推动管理职能进一步下沉。在这一服务模式创新基础上，娄底烟草建设了8个乡村基层服务所（站），全面推进市场网格化管服向乡村市场延伸，服务范围辐射全市乡村地区。

一是明确农村营销网络中各层级管理的主要任务。一级网格实行目标管理，二级网格实行任务管理，三级网格实行工作管理，共同维护好乡村市场"一张网"。二是理清乡村营销网络管服工作流程。通过自主研发"久久卓越"绩效管理平台，一级网格制定月度目标；二级网格制定具体的工作任务，包括明确时间表、工作要求及责任人；三级网格根据工作任务，合理制订周计划，确保落实。诚信互助小组依据信用管理体系及小组建设要求，开展乡村诚信互助工作。

(2) 创新农村网格协同机制。娄底烟草按照"乡村商情第一时间掌握、乡村状态第一时间反馈、乡村需求第一时间响应"要求，建立乡村商情共享机制。推进专卖、营销、物流、内管"四员"齐抓共管，共享乡村基础商情、乡村监管商情和乡村服务商情。建立乡村信息协同反馈机制，明确反馈、流转节点和处理时限，推进乡村商情端口前移，以二、三级网格为信息资源的主要"集聚场"。完善乡村管服机制，形成"一、二级网格组织协调，三级网格一格一员，诚信互助小组积极协同"的工作格局，切实打牢农村网格基础，夯实乡村市场基础。

(3) 创新乡村管理服务工具。创新开发"烟草精灵"人机交互平台，设计网上办证、政务公开、便民通道、网格运行等功能模块，建立网格运行数据化模型，动态掌握、对标分析乡村市场状况，提高精细化服务水平。将"烟草精灵"设备放置在乡村基层服务所（站），方便零售户就近使用，查询相关政策、自助申请等，推进服务自助化。

2. 创新"撑艰"乡村党建服务内容，丰富组织振兴内涵

娄底烟草牢记组织振兴是乡村振兴的保障条件，创新"撑艰"乡村党建服务内容。

(1) 增设"撑艰"党员示范岗。在乡村基层服务所（站）增设"撑艰"党员示范岗，以"乡村振兴，撑艰有我"为主题，通过"党员先锋队""党员积分制"等特色有效载体，推动乡村党员主动亮出身份、走在前列、干到实处。

(2) 新建零售户"党员服务站"。如冷水江烟草联合冷水江市非公有制经济组织综合委员会、零售户所在地村支两委三方共建党员服务站，延伸支部"红色堡垒"，切实将为民服务触角延伸到乡村。各共建支部结合主题党日定期到站提供服务，组织企业现场爱心助民，为乡村振兴贡献力量。

(3) 定期开展农村特色党建服务。党员服务站定期上党课，深入宣传贯彻党中央、国务院关于乡村振兴各项方针政策。制作新时代文明实践内容发放到户，倡导垃圾不乱扔和禁燃禁塑等好

风气，形成家庭和睦、尊老爱幼、邻里互助的良好风尚。

（七）创新保障措施，为顺利构建融入乡村振兴的农村营销网络保驾护航

1. 组织保障

为了推进融入乡村振兴的农村营销网络的构建，娄底烟草成立领导小组，局长（经理）为组长，各分管领导为副组长，相关部门负责人为小组成员，负责新型农村营销网络构建。

2. 资金保障

为保证农村营销网络的运行及推广，特设立相关经费，纳入年度预算计划。专人负责与烟草工业、银行、移动公司对接，争取获得农村营销网络构建与运行维护的资金与物料支持，并全程协助确保资金使用落实。

3. 机制保障

为推进农村营销网络规范构建与运行，先后下发《农村市场网格化管理实施方案》等文件，并配套编制了《乡村振兴，撑艰有我》《农村网格管服》《农村品牌培育》等工作指导手册，进一步明确了各项工作内容、流程与标准，为科学、规范、高效地构建新型农村营销网络提供了理论指导和制度支撑。

4. 人才保障

一是完善农村管服队伍建设机制。通过专题培训、网格交流、目标考核等形式，着力锻造乡村服务意识强、乡村状态百事通、乡村业务多面手的乡村管服队伍，为乡村市场培养一批能勤、能干、能创的"三能"人才。二是择优成立农村主播培训师队伍。在全市系统选拔直播带货培训师6名，为培训职业化零售户提供了充足的师资力量。

三、市级烟草企业融入乡村振兴的农村营销网络构建的实施成效

（一）精益求精，把准乡村脉动，凸显管理效益

1. 靓化终端，构造农村店铺"新场景"

截至2022年6月，已建设完成"湘村636"加盟终端101家，打造"4Y+T"乡村振兴综合体100个，实现了覆盖红色资源点、覆盖省直联系驻点村、覆盖乡镇政府所在地"三个覆盖"。2020年以来，累计向乡村投入终端改造费用1500余万元，四方共同改造前背柜20000余个，实现一体化改造7684户，一体化改造率为85.61%，较2020年初提高20.1个百分点。

2. 激活潜能，点燃品牌培育"新引擎"

2020年以来，累计开展乡村促销活动1295场，驻店营销983场，吸引2068户次零售户、30000余名消费者参与，对11家工业企业的17个品规进行多样化促销活动。

3. 数字转型，加载农村零售"智慧脑"

在乡村推广双屏机云POS系统782户、"湘掌柜"手机云POS系统2134户。乡村云POS优秀扫码率占比52.9%，较2020年初的30.5%提高12.4个百分点。

（二）实绩惠民，破除发展瓶颈，提升经济效益

1. 步步为"赢"，稳步提升零售户毛利率

乡村终端卷烟零售价格一改低价倾销劣势，普遍实现稳价销售，整条到位率稳定在100%以上，同比提高20%；农村零售户毛利率达13%以上，同比提高了3%，获得感与幸福感显著提升。

2. 积厚成势，经济指标名列前茅

2022年1—4月，省外烟销售占比37.02%，排全省第一；重点品牌占比98.32%，排全省第一；二类烟销售占比24.28%，排全省第一；低焦油烟占比27.58%，排全省第三；42+10行业共

育品牌销量占比46.11%，排全省第四。

（三）开拓进取，汇聚发展动能，彰显社会效益

1. 助农直播，开拓销路惠民生

通过助农直播活动帮助农户拓展新的农产品宣传方式和销售渠道，带动乡村产业兴旺。2021年以来，帮助25家农村零售户安装线上商城，指导其吸收会员、打造私域流量，提供农特产品线上销售窗口，共开展助农直播48场，培养乡土电商"网红"零售户8名，销售额共计20余万元。

2. 脱贫攻坚，帮扶助农获嘉奖

2021年以来，为224户困难零售户免费提供前柜、背柜、推烟器等，并开展一对一经营指导。累计投入社会共建资金近800万元，先后帮扶7个贫困村、664户贫困户、2143名贫困人口实现脱贫，1人获评湖南省脱贫攻坚先进个人，2人分别荣立娄底市脱贫攻坚二等功、三等功。

3. 文明吸烟，和谐消费领风尚

2020年以来，娄底烟草在乡村建成吸烟点、吸烟区等文明吸烟设施683个，构建了农村"文明吸烟、体面吸烟"互相尊重式的吸烟环境，为乡村风景平添绿色环保、文明宣传的风采，为乡村振兴生态宜居与乡风文明尽到烟草责任，连续3年获评娄底市联村建绿先进单位。

（四）推而广之，工作受到认可，形成示范作用

1. 新型农村营销网络构建在全市系统顺利推广

2020年初试点构建的融入乡村振兴的农村营销网络模式通过两年多的探索、运行，取得了良好的管理效果，已于2021年向全市辖区内4个县（市）全面推广。

2. 农村营销网络构建得到行业认可

创新构建融入乡村振兴的农村营销网络，解决了农村市场管理困难、农村零售户盈利水平低、农村零售终端形象差的问题，得到了业内高度关注和认可。本项成果已在株洲、郴州烟草系统内推广应用。

主 创 人：谭耀奇
参与创造人：刘 莎、宁 婷、张 弛、黄娄成、廖红军、龙 伟

市级供电企业基于"'三农'供电效能提升"的配电精益管理体系构建

国网湖南省电力有限公司衡阳供电分公司

摘要： 本项目立足于解决影响乡村电力供应质量的突出问题，践行国家电网公司"人民电业为人民"的企业宗旨，以乡村振兴战略为目标，结合党的十九大报告中关于"三农"问题的要求，从农业、农村、农民三个方面，重点针对乡村供电可靠性和低电压问题，聚焦公司"供好电、服好务"主业主责，坚持问题导向、目标导向和结果导向，形成了一套成熟的乡村配电网精益管理模式，各项电网指标大幅提升，供电可靠性和供电电能质量全面提升，促进衡阳一流配电网高质量发展，为农村经济创收创效、为乡村振兴战略实施赋能。

企业简介

国网湖南省电力有限公司衡阳供电分公司（以下简称衡阳公司）是国网湖南省电力有限公司下属分公司，成立于1979年，为国有大Ⅱ型企业，以建设和运营电网为核心业务，担负着衡阳市7县（市）5区1.53万平方公里730万人口的供电任务。下设12个职能部门、8个县级供电公司、3个城区支公司、1个集体企业、5个业务支撑和实施机构。现有主业员工2228人，农电员工2642人。有35千伏及以上变电站158座；220千伏线路1575公里，110千伏线路1994公里，35千伏线路1573公里；公用配变32512台，容量总计8510兆伏安，配网10千伏线路26078公里，供电用户330万户。

一、市级供电企业基于"'三农'供电效能提升"的配电精益管理体系构建的背景

（一）是践行企业社会责任、助力"三农"发展的需要

党的十九大报告明确提出了实施乡村振兴战略，指出农业农村农民问题是关系国计民生的根本性问题，必须始终把解决好"三农"问题作为全党工作的重中之重。中共中央、国务院随后相继出台了《全面推进乡村振兴加快农业农村现代化的意见》《关于做好2022年全面推进乡村振兴重点工作的意见》，对电力保障提出了更高要求。

（二）是全面共赢助推"双碳"美丽乡村建设的需要

2022年3月，湖南省委、省政府印发《关于做好2022年"三农"工作扎实推进乡村振兴的意见》，明确指出，推动经济社会平稳健康发展，必须稳住农业基本盘，全面巩固提升农村电力保障水平，接续全面推进乡村振兴。这充分说明了高质量的配电网对美丽乡村建设的重要性，迫切需要加大电网投资力度，不断完善农村地区网架结构和提升高、中、低压供用电设备健康水平，从而大幅释放农村地区用电活力，减少农村地区配电台区停电时间，满足日益增长的农村企业和家用电器用电需求，全面保障美丽乡村建设不受电力需求增长限制，为农村经济可持续发展提供

强有力的动力保障,确保农村地区"双碳"目标实现。

(三) 是企业高效发展、统一规划、建设一流电网的需要

2022年6月,湖南省政府发布《湖南省强化"三力"支撑规划(2022—2025年)》,特别提出"三力",即全面优化电力、算力和动力服务支撑体系,并发布《湖南省电力支撑能力提升行动方案(2022—2025年)》,为湖南电力高速发展描绘了蓝图。因此,如何深化配电精益管理,推动电网融合发展、城乡平衡发展,建设坚强的一流电网,成为衡阳公司必须解决的课题。针对农村电网供电能力和质量问题,全面开展配网管理专项行动,能有效降低配网线路故障率和配电变压器停运率,全面管控配网停电和低电压,提升供电服务效能,促进各级电网协调发展,大幅提升电网运行安全可靠性,为建设富饶美丽幸福新湖南作出贡献。

二、市级供电企业基于"'三农'供电效能提升"的配电精益管理体系构建的主要做法

(一) 聚焦"三农"供电突出问题,构建完善配电精益管理体系

1. 顶层设计,强化专项行动组织保障

2020年以来,衡阳公司在全面摸排梳理"三农"供电突出问题和服务需求的前提下,以构建配电精益管理体系为抓手,明确以连续三年大幅压降农村地区平均停电时间和低电压用户数为目标,专门成立了以总经理、党委书记为组长的领导小组和工作小组,重点开展"向配网开战"三年行动和"两降两控"专项行动,先后编制发布了《衡阳公司关于印发2020—2022年三年"向配网开战"专项行动方案的通知》等方案,以"向配网开战"三年行动着力提升电网供电能力、供电质量,以"两降两控"专项行动努力实现降低配网线路故障率、配变停运率,控制配网停电时长和低电压率的目标。

2. 政企联动,共创配网建设良好环境

衡阳公司与衡阳市政府共同推进乡村振兴工作部署,提请国网湖南省电力有限公司与衡阳市政府签订《"十四五"深化战略合作协议》,将农村电网改造纳入"十四五"电网建设的重要任务;各县区供电公司高效落实,促成衡阳公司与各县区政府签订《电网规划建设的合作协议》,并出台各类政策支持文件;各农村供电所积极响应用户需求,主动与乡(镇)政府及村两委对接,充分了解村组及农民用电诉求,及时将相关需求及廊道纳入规划,并在立项实施上重点保障。

(二) 整合统一"全域"资源,布局长效配网精益管理平台

1. 打造四大智能数据平台,支撑配电管理流程畅通高效

衡阳公司从2020年"向配网开战"专项行动发起以来,集省、市、县、所四级资源,全力构建四个配电精益管理平台:

打造配电精益管理全链条平台。从电网建设、运维检修、客户服务等节点出发,集合省、市、县三级平台资源开发了一整套成熟的配电供电效能管理平台,同时依托与华为科技、腾讯云、阿里云等国内先进的互联网企业深度合作,不断革新效能提升过程中的数字化建设工作,以科技助力管理增效。

搭建配电网工程项目全过程管理平台。对电网规划、设计、建设、验收、安全质量评估等全过程进行实时监督和动态管理,建立全量、全链条、全业务数据线上流转机制,以问题为导向,依托该平台驱动项目精准落地,通过问题与项目绑定唯一ID,实时跟踪问题解决阶段和项目实施情况。同时,平台对作业人员资质自动进行审查,工程资料"一键归档"、设备台账"一键移交"。平台对全市农网改造项目的安全、质量、进度进行动态管控,实现参建信息线上管控。

全力开发配电网智能运检管控平台。实现设备数字化、状态全景感知,所有配电网业务流程

全在线化处理，将电网各项指标数据穿透至省—市—县—班所四级管理层面，配网数据和业务逐步透明化。同步在平台中配置配网实时停电池和历史停电池，每日配电线路和台区停电实时可查，短信实时提醒，确保管理人员和一线班组第一时间知悉故障现场，抓住故障报修"黄金五分钟"，实现主动运维、主动抢修、精准服务。

打造专属供电服务指挥平台。开通8228222衡阳专属用电热线，并与市政12345热线无缝衔接，成为衡阳市境内电力客户专用诉求通道，大幅缩短客户服务诉求反馈链条。客户投诉、意见工单实现在线化闭环管理，定期自动督办相关责任部门、责任单位，自动跟踪闭环工单整改措施，以解决问题为目标，让客户真正提升满意度。停电计划上报、停电信息发布、故障报修信息汇集等全渠道工单均实现自动感知推送，让客户第一时间知悉停电范围、停电原因，预计复电时间，优化客户用电体验。

2. 加强防灾抗灾一体化建设，推动配电保障能力强化提升

加强防雷综合整治。在农村地区全面提升电网抗灾设计标准，制定《配电架空线路防雷技术指导意见》，明确针对不同地域、不同地闪密度的防雷装置布置原则，选取328条线路历年雷击故障案例开展防雷专题研究，主动对接市县气象局获取历史气象信息，不断优化描绘防雷重点区域位置，构建防雷地形区域图，采用柱式防雷限压装置等新型技术，大幅提升配电线路抗雷击灾害水平。

加强抗冰专题研究。制定《配电网防覆雪抗冰专项技术导则》，明确抗冰、抗雪灾电力线路，杆塔和金具的防护等级，对于穿越林区、植被覆盖密集、易覆雪导致树竹压线的农村林区复杂区段，严格要求各类工程项目实施过程中采用加强型18米电杆，同时采用三方、四方拉线方式加固电杆。农村地区新建线路同步考虑通道问题，采取合适的线路路径优化方案，对通道治理困难且不便改道的线路，由架空线改为电缆入地。

加强防汛工作部署。与衡阳市气象局、水利局保持紧密沟通，通过衡阳市防汛指挥部开通湖南省防汛抗旱信息系统App账号，密切掌握雨水天气、河流水域水位情况；积极履行社会责任，落实"防汛有责不分家，分外事情分内做"要求，将电力应急抢修队伍纳入政府防汛应急抢险队伍；高标准编制《国网衡阳供电公司电力防汛应急手册》，对农村地区易发生内涝、易淹水的低洼地带、水域附近及易发生山体滑坡地段的电力设施进行全面特巡排查和隐患治理，组织完成各级防汛应急演练，做到"水进人退电停，水退人进电送"。

加强抗旱保电筹划。组织对抗旱重点客户开展专项特巡及设备检测，对临时抽水点提供电源保障，对乡村供电所差异化配置抢修站点，布置应急抢修力量，按照"先复电、后抢修"原则处理抗旱设施故障，通过设置"扫码表计"及时响应农村抗旱客户的需求。对抗旱办电申请资料暂不齐全的，提前启动业扩服务，优化供电方案，灵活采用临时用电、正式用电和扫码办电等方式满足抗旱用电需求。

（三）深入实施"精准"建设，巩固改善农村电网发展基础

1. 坚持问题需求导向，精准施策规划投资

以问题为导向，出台"改必改好"标准规范，高质量完成"两个规划"编制工作，以县区公司"一所一册"，市县城区"网格化"规划为蓝本，科学有序地编制规划分册，将乡村电网问题逐年纳入规划库。以需求为导向，坚持以客户为中心，及时响应用户需求，安排设计队伍逐户了解负荷结构和增长态势，通过无人机+管控App采集中低压线路走廊和规划路径，保障农村客户需求精准立项。充分考虑农村养猪场、烤烟房、炒茶房、抽水抗旱等农业发展需要，结合美丽乡

村的建设规划进行优化设计,设计图纸必须经村组签字确认方可实施。2020年以来,衡阳公司共投资16.6亿元,解决21.1万户低电压问题,为农村用户"用好电、用上放心电"创造了良好条件。

2. 深化配电施工转型,打造示范工程引领

为满足新时代下电网建设要求,衡阳公司制定了《配网工程施工转型三年行动工作方案》,推行"四化施工"。

推行工程建设"标准化"。开展农网改造标准化施工暨示范工程创建活动,要求每个施工单位的工作负责人都必须创建一个标准化示范工程,作为后续施工任务匹配的硬性条件,督促施工单位按照国家电网公司标准工艺进行电网安装施工,使农网改造工程成为一个个"艺术品"点缀"美丽乡村"。

推行施工全面"机械化"。引进立杆打洞一体机、移动升降平台等机械化设备,大力开展机械化施工,能机械做的绝不人工做。

推行材料加工"预制化"。组建农网改造预制工厂,开展台区引线、拉线、接地扁铁等设备材料预制,所有农网改造工程材料"能在车间做的,不在现场做;能在地上做的,不在天上做",全面应用工厂预制化成果及配电台变一体化引线制作、站房设备基础预制、电缆管廊预制等新型工艺,尽可能缩短农网改造周期,减少农网改造施工对农业生产的影响,提升乡村电网建设质效。

推行作业现场"文明化"。在农网改造施工阶段,各农村供电所安排专人与施工单位"同进同出",全过程监督文明施工情况,确保不发生因农村电网改造损坏农村集体及个人财物的事件,施工结束后作业现场做到"工完、料尽、场地清"。

2020年以来,衡阳公司累计打造示范工程116个,实现标准化、机械化作业526项,示范线路、台区工程遍布所有城区、县域电网。

3. 加快自供区改造升级,增强脱贫电力"引擎"

一是主动作为,高度重视。积极主动履行央企社会责任,响应用户可靠用电的迫切需求,与政府联动高位推动自供区体制改革,将自供区接收工作作为公司改革发展、践行企业社会责任的突破口。通过党委会多次商议部署,组建了由公司主要领导牵头、各主要部门参与的领导小组及工作专班,倒排计划,并拟定了时间路线表和行动方案图。二是专题汇报,合作共赢。通过与政府各级部门对接和向上级汇报,专门搭建政企联动工作协调平台,促成市政府召开专题会议,进一步理顺全市各小水电自供区用电管理体制,高位推动自供区及农林场接收进程。三是提前储备,接后即改。对拟接收供区开展电力规划和设计,提前一年上报电网建设改造储备,深度应用配网工程管控App完成现场设计查勘和方案制订,确保在接管协议签订后,立即可开展电网建设工作,快速实现自供区农村电网提质升级,解决老百姓用电难题。自2020年以来,共计完成农村23个小水电自供区、7个国有林场的接管工作,累计投资4.5亿元对自供区电网实施提质改造,惠及用户约14.2万户,农网自供区供电水平和供电质量逐步提升,为自供区农村贫困户脱贫提供了强有力的电力"引擎"。

(四)纵深推进"攻坚"工程,消除弥补配电管理漏洞短板

1. 按需匹配检修计划,科学整合各类停电工作

一是实行农村地区预算式计划停电管理。按照"先算后停、能转不停、能带不停"工作要求组织开展月度配网停电计划审查,对计划来源、带电作业可行性、计划停电范围、计划停电时户数、计划工作内容、检修方案等进行逐条审查,确保停电范围最优。2021年,农村地区线路检修

平均时长减少2.2小时，大幅提升农村电网的检修质效。二是"集中力量打歼灭战"，开展大兵团作战。"县县联合"（"所所联合"）开展农村线路停电集中检修，组织多个县公司或农村供电所检修力量，将检修线路工作任务进行细分，采取分组分片包干形式完成当日检修任务，利用联合作战优势，减少线路重复停电次数，保障农村用户的可靠供电，助力农村美好生活和经济社会发展。三是推广农村地区"全地形+全科目"带电作业。针对衡阳农村地区地形复杂、丘陵多山的特点，采购履带式不停电作业车、绝缘杆组合工具、绝缘平台，使带电作业方式得到大幅拓展，农村地区零星检修、抢修等工作可全部依赖带电作业方式实施，农村客户的业扩报装接入可以实现不停电搭火，大大缩短接电时限，同时对其余居民客户实现无感接入。2020年以来，累计开展各类农村地区带电作业1.52万次，减少停电36.25万时户数，农村客户电力获得感和幸福感指数全面提升。

2. 分析电压质量特征，动态清零农配网低电压

农村电网存在区域化差异，为解决度冬、度夏负荷高峰期部分线路因供电距离长、导线老旧等问题导致农村用户产生低电压现象，衡阳公司深入分析农村低电压问题成因并采取针对性措施，有效保障农村居民电能质量。一是针对农村地区供带低电压用户的配电变压器制定"一台区一方案"，明确低电压成因、治理措施、改造方案和责任人，每周跟踪问题整改闭环情况。二是针对农村地区变电站电源和负荷分布情况差异化设置母线电压AVC（自动电压控制）控制策略，在春节以及春耕夏种秋收等生产时段大力开展调压工作，并设专人24小时监控电压运行情况。三是针对养殖、烤烟、抽水等农村用电大户在生产时期产生低电压的问题，在用户侧加装无功补偿装置，有效提升功率因数和电压。四是全面开展农村低压线路综合治理，消除因导线接头氧化、开关及电表桩头烧损等接触不良因素导致的假性低电压问题。2020年以来，衡阳公司配网低电率指标连续两年同比下降50%以上，成片低电压基本消除，零散低电压正逐步快速动态清零。

（五）多维融合"绿色"理念，打造"三农"电力生态链

1. 创新绿色低碳产业模式，持续推进农村电气化建设

致力打造农村"全电厨房""全电养殖""全电民宿"和"全电制油"，助力农村地区"双碳"目标落地实现。一是开展前期市场调研。针对中小型企业、普通农户、村镇委等三个群体，分别设计"绿色"电力调查问卷，由供电所分发至村组，回收1028份问卷，充分了解农村地区不同客户群体的需求和顾虑，分析讨论解决方案，制定具体措施。二是全力争取政府支持。促请多地政府出台《关于鼓励餐饮场所推广"瓶改电"的通知》，联合政府相关部门鼓励农村客户大力推广"瓶改电"工程，全面惠及农家乐等餐饮农村小微企业，并逐步向乡村及偏远地区延伸，提升农村地区电气化水平。结合新型业务，探索市场友好的效益共享商业模式，完成饲料、通风、清粪、消毒等养殖业主要环节的电气化、智能化升级改造，促成耒阳农村地区59家养殖企业绿色化生产，实现替代电量1300万千瓦时，并在全市、全省推广，提升电能替代覆盖区域。助力大三湘油茶全产业链电气化改造，助推传统茶油加工技术革新。三是试点先行。按照政策驱动、试点引领、全面推广工作模式，协同政府优先选取南岳景区内体量较大、经营较好的企业推动完成厨吹、热水、制冷系统电气化，打造示范点，提炼经验，逐步以可见的项目、可算的效益引导南岳农村地区近100家民宿开展绿色电气化改造，建设绿色景区、绿色民宿，同时将南岳经验推广至全市各旅游区，提升电能使用水平。

2. 着力简化办电流程环节，实现农业生产"无碍"办电

全面优化农村地区办电流程。全部单相居民用户和160千瓦及以下的小微企业用户用电报装

实行"零投资"。营销、配网、发展等各专业协同发力配合，改工作方式"串联为并联"，精简工作流程，在用户需求提报、方案审批立项、储备物资配送、工程实施等环节并行开展，实现客户办电的无缝衔接，业务办理效率和配套电网接入工程建设效率双提升。在县、所两级实行"项目经理+客户经理"负责制，实现网格化全过程跟进，限时办理用电报装各环节业务。持续优化用电营商环境。全面推广农村客户、小微企业"零上门、零审批、零投资""三零"服务，高压客户"省力、省时、省钱""三省"服务，进一步提升农村客户办电用电感受。2020年以来，累计配套投资1.86亿元，实施415个电网项目，为54个充电桩、361个小微企业用户、574个零散居民用户提供可靠电源，压减用户办电成本，为地方经济发展提供有力支撑。

三、市级供电企业基于"'三农'供电效能提升"的配电精益管理体系构建的实施效果

（一）管理效益进一步提升

进一步完善了市级供电企业配电管理工作体系内容，有效提高了农村配电精益管理水平，频繁停电及低电压两个突出矛盾基本得到解决，农村供电能力大幅增强。2020年以来，供电可靠率提升至99.836%，电压合格率提升至99.85%；累计完成112条线路抗冰改造，农村地区在恶劣天气下的抗灾能力得到大幅提升；累计开展各类农村地区带电作业1.52万次，减少停电36.25万时户数。

（二）经济效益稳步提升

乡村供电可靠性得到大幅提升，低电压户数大大降低，衡阳市农村各大中小型企业的生产工作得到持续性的保障，经济效益稳步提升。在疫情影响下，2021年衡阳市生产总值仍实现同比增长8.1%，高于全国平均水平，实现年多供电量5.5亿千瓦时，为企业增加经济效益3.3亿元。

（三）社会效益有力提升

农村营商环境显著改善。全面简化办电流程，推广农村客户、小微企业"零上门、零审批、零投资"的"三零"服务，解决了农村地区业务办理时间长、回头多、路途远的问题。2021年，农村电网客户涉及电能质量和可靠性投诉及意见工单同比下降90%。通过大力开展农网改造工程，释放用电空间，为广大农村客户全面启动乡村农产品加工等产业提供电力支持，为地方政府招商引资提供坚强电力保障，有效促进了衡阳市用电营商环境的不断改善和农村经济的稳定发展。

企业品牌形象进一步彰显。解决了农村配网低电压现象，释放了农网电网供能潜力，改善了农村居民的用电感受，衡阳农村地区电网抗灾能力大大增强，群众满意度大幅提升，体现了供电企业的责任与担当。2020年以来，共通过农村电网提质改造解决3526余亩农田抽水抗旱问题，解决乡村2548处机械化耕作问题，衡阳新增乡村小微企业55家，农村电器设备新增5256台。衡阳公司先后获评全国模范职工之家、国家电网公司先进集体、国家电网公司经法工作先进集体、衡阳市创建文明城市工作先进单位、重点民生实事工作先进单位等荣誉称号。

（四）生态效益逐渐显现

通过打造绿色低碳产业模式，纵深推进农村电气化，2021年以来，衡阳公司完成电能替代项目525项，农村地区新增256辆新能源车辆，新建农村充电桩项目30余个，年均电能替代煤约856.36吨，减少碳排放5562立方米，助力农村地区居民绿色出行，促进了农村生态可持续发展。

主　创　人：肖德祥、文　松
参与创造人：刘志辉、刘君辉、尹虎臣、严　兴、曾向璟、李梦寒、
　　　　　　武嘉林、张正华、蔡余亿、曾小军

"高山上的蒲公英"基层党建品牌打造与实践

湖南省烟草公司张家界市公司慈利县分公司

摘要： 近年来，围绕湖南省烟草公司张家界市公司"忠·诚"党建品牌体系，湖南省烟草公司张家界市公司慈利县分公司以"一支部一品牌、一支部一特色、一支部一项目"为抓手，深入推进基层党组织建设。2020年，将高峰烟站党支部作为试点，创建"高山上的蒲公英"党建品牌，提炼出"不忘初心，砥砺前行；牢记使命，扎根奉献；一朵一朵，朵朵坚韧；一朵一朵，朵朵光辉"品牌内涵，并将其融入烟站工作全过程，渗透到业务各环节。

企业简介

湖南省烟草公司张家界市公司慈利县分公司（以下简称慈利烟草）成立于1984年，现有员工96名（其中5人在对口扶贫村专职扶贫），公司下设9个室（部）、2个标准化烟草站、9个烟叶收购站点，辐射烟农865户，卷烟零售户2401户。

一、"高山上的蒲公英"基层党建品牌打造与实践的背景

（一）是贯彻国家机关党建的要求

党的十九大报告指出，要以提升组织力为重点，突出政治功能，把基层党组织建设成为宣传党的主张、贯彻党的决定、领导基层治理、团结动员群众、推动改革发展的坚强战斗堡垒。2019年3月，中共中央印发了《关于加强和改进中央和国家机关党的建设的意见》，强调"打造体现部门特色的党内政治文化品牌，涵养风清气正的机关政治生态"。慈利烟草开展"一支部一品牌"建设，旨在推进基层党支部立足岗位职能，提升组织力，精心塑造党建与生产经营工作的融合体，切实增强基层党组织的影响力和号召力。

（二）是贯彻行业发展战略的需要

习近平总书记在国有企业党的建设工作会议上发表了关于"三基"建设的重要论述。当前正值全省系统"抓基层、打基础"行动关键期，强化基层党组织建设、提高党的建设科学化水平显得更为迫切。面对当前的新形势、新任务，创建党建品牌，将品牌引入工作，用品牌管理的理论创新党建机制，创建符合时代要求、富有鲜明特色、具有带动作用的党建品牌，能有效打通党建"最后一公里"，实现固本强基，为企业转型升级、提质增效、科学发展提供坚强的组织保证。

（三）是激发党员积极性、创造性的需要

创建党建品牌，将党建工作与业务工作有机融合，形成规划清晰、目标明确、措施具体、落地可行的创建体系，有利于党建工作的系统化、特色化、品质化。在品牌效应的带动下，组织成员更易于达成理念和品牌共识，发挥个人主体作用，探索出成长和成才路径，实现个人和组织的双向进步，进而增强维护荣誉的责任感，激发积极性与主动性，助推党建工作水平有效提升。

二、"高山上的蒲公英"基层党建品牌打造与实践的主要做法

高峰土家族乡位于慈利县西北部,平均海拔800余米,因地势较高而得名,是一个"八山半水一分田,半分道路和庄园"的典型高寒、缺水山乡。但就是在这样一个先天条件并不理想的地方,烟叶质优全省有名,种植面积6000多亩,年产15000多担,是全县最大的烟叶生产产地,同时又是常德卷烟厂的优质烟叶生产基地。2020年,慈利烟草为深入贯彻落实省局烟叶工作会议要求,率先在高峰烟叶生产收购站探索基层烟站规范管理长效机制,着力提升基层烟站管理水平。以在高峰随处可见的蒲公英为载体,按照"发挥特色优势,融入生产经营,助力经济发展"的工作理念,提出了"高山上的蒲公英"这一品牌概念。

(一)做好"高山上的蒲公英"品牌的顶层设计

1. 设计品牌图标

图标通体成圆形,金色烟叶高悬,彰显烟草人身份,图标中央一缕晨光自山坳处冉冉升起,代表着党的光辉洒向大地,并将长久不息。蒲公英的种子随风散落,风起便远行,风刮到哪里,种子就落到哪里,并在那里生根发芽。

蒲公英的核心即为党心,象征着高峰党支部成员坚持以党的政治建设为统领,把贯彻习近平新时代中国特色社会主义思想作为一切工作的出发点和落脚点,在工作中始终不忘初心、牢记使命,切实将党的领导融入烟叶生产的各环节、全过程。

2. 明确创建原则

(1)遵循党规党章,依法创建;(2)围绕中心工作,突出特色;(3)务求实际效能,服务大众。

3. 挖掘品牌内涵

不忘初心,砥砺前行;牢记使命,扎根奉献;一朵一朵,朵朵坚韧;一朵一朵,朵朵光辉。

(二)全心创建"不忘初心,砥砺前行"的文化内涵

"蒲公英,蒲公英,带着初心去旅行。山高路远它不怕,要做勇敢小伞兵。"这是一首脱胎于"高山上的蒲公英"党建品牌的歌谣。慈利烟草从"心"出发,深入推进党的建设,不断深化"高山上的蒲公英"党建品牌文化内涵。

强党心,深化理论武装。持续抓实理论学习,组织学习贯彻习近平新时代中国特色社会主义思想和十九届历次全会精神,系统构建支部集中学、党员随时学、专题讲座辅导学"三位一体"学习模式,以主题党日活动、"三会一课"、组织生活会、民主评议党员为抓手,严肃组织生活,压实党建责任。高标准高质量推进党建工作常态化、制度化。

聚人心,打造红色堡垒。牢固树立一切工作到支部的鲜明导向,不断推进支部工作方法、内容和考评机制创新。一方面,与市局机关二支部等先进支部"结对子",通过定期开展联合主题座谈活动,让所有支部成员谈近期思想动态及工作状态,同时要求对近期工作提出意见和建议,发现问题及时反馈整改,充分发挥好支部的政治组织功能,凝聚干事创业的思想共识。另一方面,围绕"将支部建在烟站上"的工作思路,在示范党支部创建上持续发力。谈心谈话经常化、关心党员成长、主题党日系统化、筑牢党员初心,结对帮带全程化、激活党员热情,聚力打造有温度、

聚人气、暖心气的党建阵地。

（三）全员创建"牢记使命，扎根奉献"的精神内涵

蒲公英"不争"。蒲公英从不苛求土壤的肥沃，哪怕是石缝里的一捧土，都能让它盛放山间。高山上的每一朵"蒲公英"都是品牌代言人，在实际工作中明确身份、履行承诺、亮出业绩，形成扎根基层一线的精神引领和行动自觉，助力打造烟叶生产经营的良好局面。

身份上墙，激活"红色细胞"。开展党员"亮身份、亮风采"活动，将每一位党员的身份都上墙，党员挂牌上岗、佩戴党徽，进一步增强党性意识，明确党员岗位，强化自我约束。在服务窗口、烟田、烤房等重点区域开展党员示范，主动接受监督。落实党员结对帮扶，对生产水平偏低的烟农开展一对一指导，不断提升服务精度。全体党员结合《基层烟站党员示范岗建立健全机制》，对照党章党规和"十有十不有"行为标准开展横向和纵向对标，找差距、补不足，激活干事创业的内生动力，擦亮了"高山上的蒲公英"党建品牌。

承诺上线，把握"红色脉搏"。党员围绕勤学深思有突破、立足岗位创佳绩、发挥特长强服务、检视问题有改进等方面做出承诺。高峰支部围绕"抓基础、打基础"三年行动实施方案，结合生产一线实际情况制定《高峰党支部行为准则》，要求支部党员自觉遵章守纪，并将日常表现纳入每月党员评星定级内容。支部党员群策群力，促支部"三会一课"、主题党日活动、支部创新成果等工作再升级，深化了红色实践内涵；利用摄影、写作、播音主持等特长优势，通过录制红色故事、拍摄党建宣传片、前往革命教育基地开设"蒲公英课堂"等举措，创新工作方法，打造品牌发展优势。收购期间收购"三员"（初检员、烟叶评级员、仓管员）主动开展廉洁自查，积极签订《廉洁承诺书》，表示将情为烟农所系、利为烟农所谋，在廉洁自律的前提下保证公平收购，坚决杜绝"人情烟""面子烟""外地烟"等问题。业绩上报，驱动"红色大脑"

党员结合岗位工作要求、年度工作目标、公开承诺事项等内容，每季度向党总支汇报一次创绩情况，总支以适当方式公开党员创绩情况，让业绩看得见、摸得着，同时鼓励党员把业绩亮出来、把方法教出来、把体会谈出来。将工作创绩、公益活动、志愿服务等场景通过支部微信群、QQ群等及时进行分享，促使创绩及时做、及时亮。年底，对党员年度工作实绩进行公示，接受党员群众监督，并将工作实绩作为党支部党员民主评议的重要内容。受2020年疫情影响，高峰土家族乡雪莲村农家土猪销售面临较大困难，高峰支部了解这一情况后，当即多方联系客户，并通过抖音、快手等平台大力推介农家土猪及各种衍生产品。其间，高峰党支部书记变身新晋"网红"主播，围绕土猪讲故事、说段子、弹吉他、唱山歌，并通过现场烹饪、试吃等互动，极大刺激了消费者的购买欲。近两个小时的直播活动，吸引2000余人在线观看，22头共计5845斤土猪销售一空，成交金额在10万元以上。直播与销售情况由慈利烟草微信群全程实况"转播"，赢得了全体干部职工的点赞和支持，并经《张烟通报》刊载，在张家界烟草系统进行表扬和推介。活动报道《党员志愿者直播"带货"畅了销路暖了人心》见于中国产业经济信息网等媒体，为今后深入开展"党建+志愿服务"提供了强有力的经验借鉴。

（四）全程创建"一朵一朵，朵朵坚韧"的创新内涵

"蒲公英"不惧。蒲公英是抗病毒的良药，敢于直面各种疑难杂症。慈利烟草紧盯"党建+业务"深入融合这一工作难点，把克服工作薄弱环节作为融合的切入点，把聚焦上级最新工作部署作为融合的着力点，把持续推进工作创新作为融合的突破口，将党建贯穿到生产经营各方面、全过程。

融合立标体系。密切关注上层规划和烟叶生产、环境岗位和技术员实际情况的融合问题，积

极发挥党总揽全局、协调各方的作用，制定了《关于跟进〈党建与业务深度融合的实施意见〉工作方法》，根据时间节点做好生产常态化、针对性辅导。破解基层烟站地处偏远、信息不畅、管理难度较大的实际问题，不断完善有关烟站的安全管理、物资管理、档案管理、站务公开等制度，促进内部管理规范化、常态化。与此同时，将从严治党的意识规范渗透到生产经营层面，构筑"兼职纪检监察+内管"两员监督机制，在小站点落实大监督，涵盖烟叶生产全过程，形成生产廉洁防控"2+4"监督机制，有效融入行业大监督体系，展现了烟站管理新面貌。

融入发展战略。慈利烟草坚持党组中心组理论学习制度，不断在学习中统一思路，形成共识。在产业谋划和目标制定的过程中，党组围绕"稳规模、彰特色、提质量、保需求"的总要求，通过征求意见、专题研讨、座谈交流等形式，构建政企合作制度，推动烟叶生产转型升级。一是政企合作抓生产。以"十四五"基本烟田规划为准则，以稳扩生产规模为基础，深化与当地政府的交流协作，全力做好永久烟田保护，并通过政策扶持、调整布局、计划引导等方式，逐步扩大种植面积。二是政企合力强队伍。发展职业烟农队伍，政府对评选的职业烟农予以授牌，形成精神激励。大力号召青年回乡从事烤烟种植，同时提供一定的政策和技术支持，引领带动山地烟可持续发展，跟上行业发展大潮。三是政企合力稳民心。采取"政府烟办+党支部+种植户"的运行模式，支部发挥中间作用，协调各方资源，做好烟地流转工作，切实解决种植过程中地块分散、规模化受限、流转成本高等问题，让烟农吃上生产"定心丸"。

融入创新创效。构建长效创新机制，与湖南农业大学、湖南省作物研究所等高等院校和科研机构建立合作关系，推进产学研一体化建设。广泛开展小改小革，建设"袁博士"科研平台，成立红色QC小组，瞄准重点、难点、亮点工作任务，以"小课题大方向，小发明大作用"为口号，吸引基层烟叶技术员参与到QC小组活动中来，形成主管领导发动、职能部门配合、技术人才领衔、一线员工参与的四位一体QC创新工作格局。大力开展技术攻关、生产"金点子"征集活动，催生了一批有创意、敢创新、能创效的革新能手。近年来，烟苗快速封口器、"弓"式剪叶器等创新成果应运而生，在降本增收提效方面发挥了一定作用，为企业高质量发展提供了源头活水。

（五）全面创建"一朵一朵，朵朵光辉"的成长内涵

蒲公英不息。蒲公英风起而行，落地而生，如同高峰之上的烟叶人，志存高远，只要组织一声号召，他们就在那里生根发芽，播下希望和爱的种子。高山上的"蒲公英"们，以多样实践诠释品牌内涵，提升品牌影响力，并将影响力辐射到更大范围。

带动主业提升。一是构建"生产性"大格局，联合安徽中烟、安徽烟草研究所制定高端卷烟原料定制化开发方案及技术方案，突出抓好关键技术，提升生产技术水平。二是做实蒲公英成长训练营，围绕烟叶栽培、调制、分级等方面培养技术带头人，定期邀请省局、安徽中烟权威专家开展烟叶烘烤专题培训，打造高素质的烟叶网格技术员队伍；"蒲公英夜校"采取自学、分享、教学三种模式轮动，形式丰富多样，课堂机制较强，广受青年员工信赖。三是打造"蒲公英服务队"，破解服务对象居住分散、沟通不便的现实难题。慈利烟草按照"就近、就便、就熟"原则，探索以烟农为点、党员为线、"蒲公英服务队"为面的一张红色联系网。党员定期进行上门服务与技术指导，了解烟农的生产及生活情况，把课堂设在田间地头，经常性开展技术培训、专题讲座、技术咨询等惠农活动，打造高水平的烟叶种植队伍，筑牢党群水乳交融的红色基石。

带动助农增收。一是因地制宜，打造互助小组。针对农村外出务工人员多、家庭劳作人员少的情况，高峰支部统筹安排肥料发放，通过互助小组及时将烟用物资送达烟农，实现生产互助，由小组中心成员协助排查技术难题、上报生产问题，实现减工降本。二是排忧解难，开具生产

"良方"。密切关注极端天气，及时进行病虫害和灾害天气预测预报，聚焦"三虫三靶"病标集成多项绿色防控技术，建立绿色防控核心示范区、辐射区，降低烟叶损失；面对部分地区无烤房、异地请工难等现实问题，采取办理异地运输证、完善用工平台、组建专业"烘烤110"服务队等措施，为烟农解决跨乡镇采摘及烘烤交通运输问题。2021年，张家界市因疫情全面封控，当时正值烟叶烘烤关键期，慈利烟草依托"1+N"党员联系群众机制，发挥党员先锋模范作风，组织党员开展线上交流、网络培训，指导烟叶生产，纾解群众紧张情绪。邀请安徽烟科所专家对烟农开展线上烟叶烘烤指导，实现疫情防控期间服务不缺位。当年全县烟农亩均收入增加450元，户均收入增加2.9万元，真正实现了促农增收致富。

带动文化建设。一是提升环境，营造氛围。以"蒲公英"精神为统领，认真做好落地传播和宣传环境营造，打造"光辉蒲公英"宣传墙，通过宣传优秀党员的先进事迹，发挥先进工作者的模范带头作用，提高干部职工对企业文化的认知率和认同感，实现员工对企业文化的深层接纳。建成"三位一体"党员综合活动展厅，并不断完善丰富展厅内容，使之成为对外展示形象的窗口、对内开展教育的阵地。二是以文化心，以德化人。举办"红色书香砺初心"读书活动，借助阅读，讨论如何将"天气"与"地气"结合，形成推进工作的有力举措，进而走出慈烟风采，在基层熠熠闪光。举办"一封家书 浅诉衷情"主题活动，帮助离家在外的"蒲公英"们寄托相思，在倾诉衷肠的过程中再一次明职尽责、洗炼灵魂，将"修身、齐家、治国"作为自己的人生准则与毕生追求。

带动志愿服务。坚持党建引领中心工作，与当地村支部构建"共商共建、互联互动、先锋聚力"的党建工作机制，围绕乡村振兴、技术帮扶、生产诉求、弱势群体救助等方面，积极开展主题志愿服务活动。同时配套创建蒲公英驿站，形成常态化管理，为活动的持续发展提供坚强的组织保证。在驿站建立"微心愿"墙，开辟群众休憩空间，在驿站外设立班车等候点，让驿站成为高山之上的"温暖港湾"。

三、"高山上的蒲公英"基层党建品牌打造与实践的效果

（一）初心彰显，创响做实了党建品牌

高峰支部自成立以来，开展"支部书记上党课"10次，组织生活会5次，主题教育活动40余次，主题党日活动35次，线上集中学习17次。开展蒲公英志愿者活动30余次，助力脱贫攻坚辐射5个乡镇29个村，一对一扶贫31人，直播帮扶5次。聚焦基层生产生活状态，录制红色故事3个，拍摄党课微视频1个，协助拍摄支部建设宣传片1个，高峰烟站"高山上的蒲公英"品牌获得全省系统认可。

（二）创先争优，接连挖掘出先进人物

在创先争优活动中，涌现出了一批先进人物。为了更好地帮助烟农开展生产，他们有的居住在窝棚，有的驻守在大山深处，有的甚至经历过"被鹅追""被狗咬"等滑稽又心酸的故事。自小在城里长大、人送外号"方少爷"的方杰，成了龙潭河烟农们口中最亲切的"方站长"；农学专业研究生袁谋智搭建起"谋知工作室"，开启烟叶技术员们创新的大门。蒲公英成长训练营新开设的烟农直播课堂，让罗先学站长直播间粉丝已经破万。2020年，罗先学获得张家界烟草系统第一届"向上向善好青年"，2021年获评全省系统优秀共产党员。

（三）贴心入脑，深入延长服务链条

2020年，建立服务窗口党员示范岗10个、收购示范岗8个、党员示范烤房35座、党员示范田近200亩。2021年，新增服务窗口党员示范岗4个、收购示范岗3个、党员示范烤房6座、党

员示范田 60 亩。蒲公英驿站累计满足群众"微心愿"300 余个，蒲公英成长训练营开展培训 25 次，蒲公英烟农学校开展规模不等的培训约 230 次。

（四）丰富生活，满足员工精神文化需求

重建党员活动室，设置蒲公英会议室、谈心谈话室、蒲公英书吧三个分区。蒲公英书吧藏书 2000 余册，内容涵盖烟叶生产技术、治国理政、文学艺术等领域，多层次满足员工精神文化需求。此外，新增党建文化墙、科普展览室、员工健身房等区域，扩建室外篮球场，组织员工活动 10 余场。利用站内闲置土地，建立蒲公英小农场，引导干部职工"知天气、感农事"。

（五）慧心出发，有效提升科研水平

成立蒲公英科研小分队，发布病虫信息简报 12 期。2020 年，全县推广省局选育新品种湘烟七号 100 亩，在实际生产中湘烟 7 号适应性、产质量均表现出较大优势，烟农认可度高，2021 年全县计划种植 4900 亩。大力推广《慈利烟区两段式假植育苗技术研究与应用》相关技术，在全县 6 个乡镇 9 个种烟村 72 户烟农进行了示范，面积 1010 亩，有效解决了还苗期长、成活率低的问题，并发表论文一篇。2019 年，金叶情小组《烟苗快速封口器的研制》课题获得省局 QC 小组活动成果发布会三等奖、市局 QC 小组活动成果发布会一等奖，成功申报实用新型专利一项。2020 年，金叶情 QC 小组《"弓"式剪叶器的研制》课题获得市局 QC 小组活动成果发布会三等奖。以上两项课题成果均在烟叶生产中得到烟农认可并推广。

主　创　人：汪卫国、张俊华
参与创造人：王鹏辉、蒋政文、罗先学、张　程、万里晴

地市级烟草商业企业基于消费者大数据分析的品牌协同营销管理

湖南省烟草公司邵阳市公司

摘要： 近年来，邵阳烟草顺应互联网时代发展趋势，坚持以消费者为中心，探索出一种提升工商协同营销深度和广度的"数字化品牌培育"模式，努力推动工商协同的内涵更加丰富饱满、品牌培育的方法更加科学精准。围绕目标协同、数据信息协同、营销策略协同和营销队伍协同，以品牌为资源配置的核心，构建从消费者数据采集到分析、应用、评估的闭环管理，打造了基于消费者大数据分析的工商零紧密面向消费者的协同营销新模式。基于消费者大数据分析的品牌协同营销管理实施后，邵阳烟草的市场经营能力、品牌培育能力、数智治理能力、终端渠道掌控能力均明显提升，客户获得感和满意度也得到提升，卷烟营销供应链生态系统初步构建完成。

企业简介

湖南省烟草公司邵阳市公司（以下简称邵阳烟草或邵阳市公司）成立于1984年，是湖南省烟草公司下属全资子公司。公司性质为全民所有制，属于商品流通行业，依法监管全市烟草市场，主要负责组织全市烟叶生产种植、收购、调拨和卷烟、雪茄烟、电子烟的销售。内设15个职能科室，下辖9个县（市）级分公司，其中6个纯销区、3个两烟区。2021年销售卷烟22.63万箱，居全省烟草商业系统第4位。收购烟叶9.45万担，营业总收入72.88亿元，实现利润7.55亿元，实现税利总额20.13亿元，增幅3.81%。截至2021年底，有在岗职工732人，在网运行卷烟零售户3.06万户，烟农1266户，资产总额23.25亿元，其中货币资金11.30亿元，企业资产负债率8.34%。

近年来，邵阳烟草坚持稳中求进工作总基调，持续推进"高质量发展持续进位、高效能治理能力不断进步、高素质人才队伍积极进取"发展思路和"严、稳、高、新"工作要求落地见效，持之以恒"转作风、补短板、夯基础、强基层"，久久为功推进各项重点工作，政治生态、队伍状态、市场基础和工作基础总体较好，企业运行和经济指标稳中快进，明码实价、真烟异流治理、绩效改革、财务共享、规范管理等工作在全省系统领先。

一、地市级烟草商业企业基于消费者大数据分析的品牌协同营销管理的实施背景

（一）是顺应互联网时代发展趋势的内在要求

当今社会已经进入移动互联网时代，其主要时代特征表现为高度的易变性、不确定性和复杂性。移动互联网时代，消费者需求在快速变化，而且越来越难以捕捉。工商企业要满足消费者的真实需求，就必须找到消费者、接近消费者、了解消费者、分析消费者。然而现有的卷烟营销链条要经历工业、商业、零售终端和消费者环节，工商企业无法直接面向消费者，无法开展针对性

的广告促销，造成工商营销方式的匮乏。工商企业只能通过零售户反馈、销售数据分析、有奖问卷调查等方式从侧面了解消费者需求。这些方式往往具有滞后性，难以适应快速变化的时代要求。这就使得构建工商协同营销模式成为一种必然，通过移动互联手段准确掌握消费者需求的变化，从消费者的真实需求出发，努力为消费者提供最好的产品，真正做到"消费者在哪里，我们就到哪里"。

（二）是构建卷烟现代营销体系的内在需要

卷烟营销网络决定着卷烟品牌市场销售和卷烟品牌成长，因此，顺应时代发展不断升级完善卷烟营销网络，让卷烟品牌得到充分竞争，真正满足消费者现实需要，是烟草行业赖以生存的基础。这不仅需要工商双方的共同努力，更需要零售终端的加入，因为零售终端才是卷烟品牌销售的主阵地、提升重点品牌市场培育水平的主战场。利用互联网新技术、新手段，全面升级零售终端营销方式，构建以终端为核心的现代营销体系，是实现烟草商业企业由传统经营向数字化经营华丽转身的必然途径。

（三）是精准培育卷烟品牌的内在需求

2021年，行业网建现场会在江苏召开，标志着行业网建工作重点逐渐从终端建设向品牌培育延伸。同年，省局提出打造中高端品牌培育主阵地工作举措，要求各市州公司加强与统计部门、移动、联通和电信等通信运营商合作，收集掌握人口流动、区域经济发展、消费趋势变化等数据，着手从消费者、零售客户、卷烟属性、区域市场等维度对品牌进行画像，探索数据驱动品牌精准培育。目前，品牌数据的获取和整合是精准培育卷烟品牌的难点、痛点和堵点之一，特别是消费者数据分散在工商双方，亟需构建一个连接工商双方的大数据平台来进行品牌数据的收集和整合，打通数据壁垒，实现社会库存、市场价格、平台会员等各类信息高效流动、共享共用，着力提升高效感知市场、精准培育品牌的能力。

二、地市级烟草商业企业基于消费者大数据分析的品牌协同营销管理的主要做法

地市级烟草商业企业基于消费者大数据分析的品牌协同营销管理的内涵是：以商业企业为主体，利用现代信息技术和电子商务手段，整合三大消费者数据采集入口，借助互联网等创新技术，形成涵盖工、商、零、消等环节的完整供应链数据闭环，实现采集消费者数据的最佳路径，进而建立面向消费者的新型工商零协同营销模式，精准满足多样化、品质化、不断升级的卷烟消费需求，全面提升满足、引领、创造需求的能力和水平，做到消费不流失、市场不留白，进而达到提升品牌培育质效、企业经营效益、零售客户和消费者服务水平的目的。

（一）强化目标协同，做好顶层设计

1. 以共同战略为统领，筑牢协同营销基石

不断加强邵阳烟草发展目标与重点工业企业品牌培育目标的一致性研究，确保工商双方各项协同目标具有共同的发展方向、共同的实现基础和畅通的对接机制。（1）协同优化品牌发展布局。以高质量发展为指引，立足"十四五"发展规划，聚焦打造中高端品牌培育主阵地，构建品牌竞争力和市场吸引力评价模型，综合研判各品规发展态势，确定各档位区间重点发展、维持发展、退出发展的品规，有序推动精简整合，实现营销要素资源向重点优势品规集聚。（2）构建工商常态化沟通机制。围绕战略目标落地，工商高层定期召开工商共育品牌座谈会，落实定期调研互访机制，实现品牌培育目标同频共振。围绕目标精确传导，分类建立工商营销职能部门之间、工业基层营销单元与县级局商业公司之间、工商一线营销人员各职能岗位之间的全层级对接机制，确保品牌培育目标层层有效承接落地。

2. 以共同原则为准绳，把准协同营销方向

实施基于消费者大数据分析的品牌协同营销管理应遵循以下原则：

（1）方向正确原则。必须符合国家烟草专卖制度的基本要求，严格遵循国家关于烟草行业的各项政策和规范，工业企业和商业企业有序协同，避免发生违规越权行为。

（2）资源共享原则。建立开放、透明的工商企业合作机制，在产品、技术、渠道、管理等方面实现资源共享，提高双方优势资源的利用效率，避免重复投入产生资源浪费，从而实现"1+1>2"的效果。

（3）市场导向原则。发挥市场在烟草资源配置中的基础作用，鼓励合法竞争、公平竞争、适度竞争、规模竞争，利用市场化的无形作用达到对工商资源最优配置的目的。

（4）技术创新原则。要运用大数据、移动互联等创新技术收集、跟踪消费者信息，高效、便捷、准确地把握消费者需求，开展工商协同面向消费者的卷烟营销工作。

3. 以组织建设为保障，确保协同营销质效

成立基于消费者大数据分析的品牌协同营销管理领导小组，由营销分管领导任组长，负责统筹推进全市系统品牌协同营销管理工作，指导、协调、解决相关重点难点问题，督促检查协同营销管理工作进展及方案落实。成立联合作战指挥室1个，各工业企业驻邵阳代表与市局营销中心合署办公。领导小组下设办公室，办公室主任由营销中心主要负责人兼任，成员由营销中心、工业企业代表、信息中心、各市场服务分部等相关人员组成。办公室成员分为3个工作组：（1）综合推进组。负责基于消费者大数据分析的品牌协同营销管理方案的起草，制订各阶段工作安排，协调督导各项工作推进。（2）数据分析组。负责收集产品、渠道、支付三个入口的数据信息，并进行相应的模型构建与分析，为工商双方提供真实有效的来源于市场、作用于市场的数据决策参考。（3）系统优化组。负责系统功能的设计与实现，功能模块的维护、测试与上线，系统培训工作的落实以及系统故障异常的处理等。

（二）深化数据信息协同，搭建大数据分析平台

1. 打通数据孤岛，整合数据归口

卷烟品牌现有数据来自产品、渠道、支付三个入口。产品数据指消费者扫码数据，是最大、最真实、最有价值的数据。渠道数据是通过"一码通"采集的消费者和零售户数据。基于移动互联网的链式营销模式，指导零售户将顾客汇集至商业微信公众号，不仅能帮助零售户积累客源，也能提升零售户的互联网营销水平。支付数据主要来自智能POS机。支付入口不仅能采集消费者卷烟消费的信息，还能获取其他非烟商品的消费信息，是丰富消费者数据种类的重要途径。这三个入口的数据分属工商两方，其中产品数据在工业企业，渠道和支付数据在商业企业，因此数据的整合和重新识别是构建数据共享分析平台的首要步骤。基于此，邵阳烟草积极与各工业企业数据后台对接，将产品数据同步共享至"智信精微服务"公众号平台，与已有的销售数据汇聚，通过统一的数据平台进行数据分析和数据挖掘，为后续的工商协同营销活动提供数据支撑。

2. 强化平台运维，提高用户黏性

制定"智信精微服务"公众号平台运维管理办法，明确平台的运行管理、信息发布和用户管理等行为的相关职能、内容和要求。（1）明确各部门管理职能。营销中心是平台的运行管理部门，是平台日常运营主体，负责平台信息的发布、日常运行管理维护及制度制定，负责策划平台运营推广、会员活动，负责业务功能需求收集、数据的分析和应用；县级局分公司客户服务分部负责平台运营推广、会员活动等方案的宣导、推广和执行，负责平台功能、会员活动等创意和建议的

收集；运行科负责处理平台收集的投诉问题；法规科负责平台内容信息发布的监督。(2) 构建用户运维的三个体系。构建会员等级体系，根据用户获取的经验值数量多少将用户分为普通会员、白银会员、黄金会员、白金会员和黑金会员5个等级，各等级享有不同的平台权益；构建积分体系，采用积分管理的激励方式来活跃用户，用户通过会员任务、每日任务、学习、答题、发帖、留言和参与互动等相关操作获取积分，积分可用于参与平台开展的各项积分抽奖和积分兑换等福利活动；构建消费会员体系，作为平台用户的一个会员权益，以功能的形式融入平台的会员等级体系中，可实现对消费会员的有效引流、促活、转化和裂变。(3) 强化活动运维。平台开展的线上活动主要包括品牌消费引流活动、日常活动、产品（新品）测试和消费调查四大类。通过活动运营，精耕平台的流量价值，提升平台的服务营销能力和运营创新能力。

3. 深化数据分析，夯实数据支撑

从三大入口采集到的消费者数据进行数据清洗后，与烟草工商业已有的销售数据汇聚，通过统一的数据平台进行数据分析和数据挖掘，为后续的工商协同营销活动提供数据支撑。(1) 精准消费者画像。结合内外部数据资源，建立消费者画像、零售户画像、品牌画像、商圈画像、市场画像，掌握品牌消费者人群特征、忠诚度、积分兑换喜好、购买频次等消费行为。(2) 精准定位分析。时间维度分析，从月、周、日等维度对消费者的扫码量进行统计分析，找出各品牌消费者扫码高峰期，同时结合消费者支付数据，将一天分成24个时间段，找出一天之中交易量最高的时间段，为品牌的推广时间段做出有益的选择；空间维度分析，通过消费者扫码记录，平台可以获取各个规格的卷烟销售地理位置信息，结合时间维度分析，可综合得到扫码行为的时空特征，为品牌营销活动提供更精准的指引。(3) 留存分析。基于流失预测中对"流失"概念（最近两次扫码间隔大于7天）的界定，分别从重复扫码次数、扫码间隔、重复扫码量占比这三方统计分析消费者的活跃度情况，考察在进行过初始行为的用户中，有多大比例的用户会进行后续的行为，对比各品牌的生存情况，为品牌发展布局策略提供精准支撑。(4) 精准市场评估。通过产品、渠道、支付三个入口数据逐步构建消费者数据库，结合"量、价、存"订单数据，建立"俏紧平松软"状态评价模型和品牌市场状态监测体系，强化数据关联分析，对各品牌规格市场状态进行全方位监测和预警。

(三) 细化营销策略协同，丰富数字化场景应用

1. 构建锚定状态的运行调控联动机制

构建以商业"俏紧平松软"状态评价模型为主、工业市场监测体系为辅、工商零共同研判纠偏的市场状态共研共判机制，实现工商市场状态评判的统一。基于市场三个画像与"大数据+算法"，探索并构建了"档位+商圈"的辅助供应管理办法，运用科学模型预测市场需求并制定月度需求预测值和周合理投放量，评估投放状态指标、市场状态指标，结合市场需求可信度，挖掘品牌的优势商圈，扩展投放策略，根据产品属性实施"同档不同策"。同时，切实赋予零售客户货源自主选择权，在行业首创货源积分兑换模式，将统一策略下货源订购配额置换成零售户货源积分，同时对客户成长"因子"赋予当量分值，货源积分与当量积分合并转换为货源订购权，零售客户可以用积分在平台货源中自由选择，真正意义上实现"零售客户不要什么，不订什么""要什么，换购什么"，切实满足零售客户个性化、差异化需求。

2. 构建"三讲三塑"高效传播体系

依托"线上+线下"现代营销方式，讲好品牌故事塑造品牌形象，讲好品吸体验塑造品牌口碑，讲好利好政策塑造品牌价值，切实提升品牌传播的针对性和有效性。线上，依托"智信精微

服务"公众号平台，工商零紧扣"连上去""留下来""粘起来"的互联网运营思路："连上去"立足多种形式拓展消费者"入网"；"留下来"聚焦入网消费者"促活"，主要通过线上调研、有奖互动等活动形式来实现；"粘起来"通过口碑效应实现更大范围的消费者联接，宣传产品和文化，如开展"品牌代言人"小视频创作、"一句话推荐语"宣传语有奖征集活动以及"品牌+网红地打卡""品牌+快闪""品牌+持灰"等创意活动。线下，通过诚信互助小组网格化管理，延展品牌宣传深度。围绕"店、能、客"三个方面，着力优化店堂形象、提客户培育能力、增强消费者黏性，集中资源开展聚焦中高端卷烟的各项终端营销活动，打造"三个阵地"，即形象展示阵地、品牌宣传阵地、口碑传播阵地。其中，形象展示阵地以加盟终端、"金昭现代"终端为依托，将中高端卷烟品牌培育与现代终端建设有机结合，打造一批中高端品牌培育明星示范店；品牌宣传阵地通过现场品鉴、消费买赠、集盒换礼、核心消费者聚会等活动，帮助零售客户增强消费者黏性，发挥终端阵地对卷烟消费的拉动作用；口碑传播阵地通过零售户入网加强口碑宣传，通过面向小组成员开展产品推荐、产品知识培训、"开口营销"等活动，帮助零售客户提升经营技巧，提升小组成员盈利水平和满意度。

3. 构建以消费者为核心的品牌营销体系

深耕圈层营销，强化高端群体消费示范引领。把握卷烟消费社交属性，紧抓高端消费群体示范带动效应发挥，以圈层营销推动高端高价产品培育。聚焦商会圈层，推动高端高价卷烟入会入企，强化辐射带动；聚焦金融圈层，开展圈层品鉴和意见领袖递寄品吸，强化消费拓展；聚焦高端品牌消费圈层，探索品牌跨界联合，联合湘窖酒业开展品鉴会，精准传递品牌价值；探索互联网IP营销，强化消费热点打造。把握卷烟消费个性标签属性，抓住新一代消费群体求新求异消费心理，运用互联网思维和IP营销理念，深挖产品特色、文化内涵，打造品牌形象概念。紧扣"南京（炫赫门）""抽烟只抽炫赫门，一生只爱一个人"网络热点，打造"炫赫门""甜爱"IP；推进高端规格"私人订制"增值服务，选择有潜力的规格、有代表的客户、有影响的消费者，开展特殊事件、特定群体的卷烟订制，使私人订制的影响力高端化、有效化，如积极开展芙蓉（硬红宝石）婚宴定制化服务。

（四）优化营销队伍协同，激发共育内生动力

坚持把高素质营销队伍作为打造工商共育品牌典范的第一资源和动力支撑，优化队伍组织运行，以快速响应市场、快速满足消费为导向，推动理念、组织、职能"三个融合"，实现工商营销队伍同向聚合、高效协作。

1. 推动营销理念融合

共树品牌共育理念，凝聚培育共识。坚持以"两个至上"行业共同价值观为最大公约数，以工商联合开展面向所有营销人员的知识竞赛、征文比赛等活动为载体，融合宣贯践行邵阳烟草企业理念和工业企业精神，自上而下厚植品牌共育一盘棋思想，不断强化品牌共育是工商共同职责使命的理念认同，激发共育品牌的内生动力。共树严格规范理念，时刻保持积极健康的工商关系。把严格规范作为工商健康发展的生命线，共植按制度规矩办事的协作理念，不搞特殊待遇；从严规范营销物资与费用使用管理，建立使用管理全流程跟踪机制和使用效果评价机制，以规范管理促进营销物资和费用正向作用发挥，时刻保持健康的工商关系。

2. 推动营销组织融合

坚持把高效服务消费作为营销组织建设的出发点和落脚点，推动组织结构扁平化、放管结合灵活化、岗位匹配精准化，实现管理重心下沉、服务触角前移。推进扁平化管理，实现管理高效

化。优化匹配基层岗位，提升人力资源效能。打破一线营销人员单兵作战、多头协调的工作模式，设置品牌专员、终端专员、数据专员、培训专员等专业化岗位，更加侧重面向终端、面向消费者开展营销工作。配套实施岗位职级和绩效系数双轨制运行、专业技术竞聘等激励举措，实现岗位能上能下，充分激发营销一线动力活力。

3. 推动营销职能融合

依托高标准市场体系基础制度和营销网络运作模式，推进营销人员职能化分工、标准化运作。再造营销工作流程。对接品牌培育新模式，将业务流程再造与制定营销工作标准、风险防控相结合，围绕品牌培育核心要素，理顺工作流程，明确工作标准，一线营销人员按图施工、遵章作业，实现了标准化运作。革新现代营销技能。依托"智信精微服务"公众号平台，将"智信学院"作为学习阵地，将诚信互助小组和现代终端作为实战阵地，配套教育培训、轮岗锻炼、师带徒等技能培养方式，在营销人员中厚植现代营销理念，举办A级客户经理训练营，轮训提升新媒体、新零售、开口营销、数据分析等现代营销能力，加快推动营销队伍专业化转型。

三、地市级烟草商业企业基于消费者大数据分析的品牌协同营销管理的实施效果

（一）市场经营能力得到提升

"以消费为中心"理念基本确立，营销工作更加尊重市场、遵循规律、遵守规则，跟踪、锁定、把握、引导、创造消费能力进一步提升。2021年，累计销售卷烟22.63万箱，同比增长0.36%；实现单箱均价3.47万元，同比提高1942元，增幅5.93%；实现含税卷烟销售收入78.55亿元，同比增加6.69%；省外比33.63%，高于全省平均1.64个百分点。二类烟占比、零售户综合毛利率、省外卷烟销售占比等6个对标指标进入全省先进行列，为推动企业高质量发展提供有力保障。

（二）品牌培育能力得到提升

品牌布局更科学合理，进退更规范有序，重点品牌发展更强劲有力，工商零共同服务消费者新模式得以落实落地，工业企业更有信心、更期待。在销规格数从181个下降至160个，降幅11.60%。2021年，白沙（精品三代）年销量超过8600箱，黄金叶（乐途）、芙蓉王（硬蓝新版）、红塔山（新时代）销量均超过1500箱，真龙（中支凌云）销量376箱，品牌上柜率86.12%，以上品规销量均列全省第一。

（三）数智治理能力得到提升

建立了"俏紧平松软"五种市场状态的运行调控机制，创造性地开展货源积分制管理；通过"智信精微服务"公众号平台和消费者、品牌、终端多维画像，加快了经验营销向数据营销的转变，货源投放更加精准。2021年，各品规订足率提升至86.19%以上，同比提升23.16个百分点，月卷烟销售计划达成率均超过100%，日销量波幅收窄至3%内；市场串码卷烟数量大幅减少，真烟外流排名全省第11位，没有发生被省外查获的大要案，真正增强了本地市场有容量的自信，让依靠大户卖烟永远成为过去式；一线人员"案头时间"和"在途时间"分别从40%和30%减少到了24%和23%。

（四）终端掌控能力得到提升

小组育品牌功能发挥得更充分，"自组织、自适应、自运行"能力明显增强。2021年，全市开展小组活动9000余场，组长自主发起活动占比达到87.5%。"智信精微服务"公众号平台线上线下相互交融，迸发强大营销活力。公众号会员达到4.5万人，日均活跃用户5000人，会员扫码率达到32.86%，平台影响力日趋增强，越来越多的零售客户主动要求加入。"渠道阵地"对行业

重点品牌的渠道分销、品牌展示、品牌宣传和消费引导作用更加突出。全市高标准建设"湘汇636"103家、"湘村636"38家，引导零售户自主投入升级"金昭现代"终端5036家，靓化普通终端18623家，打造终端示范镇31个、示范街382条，推广云POS使用3336台，云POS全品规扫码率提升至54.21%。

（五）客户获得感和满意度得到提升

随着面向消费者的品牌协同营销模式的成功应用，卷烟供需匹配程度持续提高，零售户经营能力水平大幅提升，经营信心大大提高。2021年，月均整条零售价格到位率100.38%，月均零售户综合毛利率13.42%，两项指标均列全省第一。货源积分制管理的实行，增加了零售客户货源自主选择权，切实满足了零售客户个性化、差异化需求，零售户获得感和满意度明显提高，卷烟营销市场化取向改革得到真正有效落地。客户货源供应满意度由2020年的87.96%提升到2021年四季度的95.28%，同比提升7.32个百分点，由全省倒数第2名提升至第3名。

主　创　人：王　昆、张光利
参与创造人：赵丽珍、游二平、侯钟辉、王丽婧、于庆涛、王亚斌

科技型企业集团"一体三化"高质量党建品牌的构建与实施

中车株洲电力机车研究所有限公司

摘要：坚持党的领导、加强党的建设，是国有企业的光荣传统，是国有企业的"根"和"魂"。中车株洲电力机车研究所有限公司（以下简称中车株洲所）深入学习贯彻习近平总书记关于国有企业改革发展和党的建设的重要论述，结合科技型企业集团的特点，旗帜鲜明讲政治，全面从严抓党建，探索并实施"一体三化"高质量党建品牌，强化"党委行政组织横向一体、各级党组织纵向一体、党建经营工作融合一体"三个一体化，推动党建工作实现"日常工作标准化、重点工作项目化、特色工作品牌化"，不断提升国有企业党建工作质量。通过"一体三化"高质量党建品牌的打造与实施，中车株洲所收获全国先进基层党组织、全国文明单位等多项国字号荣誉，有力推动了党的政治优势转化为企业的发展优势，成为高铁国家名片的核心力量、相关新兴产业的行业领导者。

企业简介

中车株洲所始创于1959年，现为中国中车股份有限公司一级全资子公司，历经60多年的改革发展，见证了新中国铁路电气化科技进步与产业发展。目前，公司拥有2家上市公司、3个企业博士后科研工作站、11个国家级科研创新平台，拥有1名中国工程院院士、240余名博士、3000余名硕士、近7000名研发人员。

中车株洲所坚持创新驱动发展，积极贯彻"科技强国""交通强国""3060碳达峰碳中和""海洋强国"等国家战略，立足交通和能源两大领域，积淀了"器件、材料、算法"三大内核技术，打造了轨道交通、新材料、新能源、电力电子器件、汽车电驱、海工装备、工业电气、智轨快运系统等八大产业板块。通过不断改革创新，企业发展活力、动力不断增强，公司营收超过400亿元，利税贡献近50亿元，创造了显著的经济、社会效益。

基于中车株洲所多产业、跨地域特点，株洲所党组织覆盖面广、管理纵深长，在北京、上海、广州、杭州、青岛、宁波、长沙、昆明、襄阳、天津、沈阳、株洲、宝鸡等20个城市设立了党组织。目前拥有6个直属基层党委、21个党总支、124个党支部、4115名党员。迈进"十四五"，中车株洲所党委始终发挥国有企业党组织"把方向、管大局、保落实"作用，矢志成为交通和能源领域的世界一流企业，打造"高政治站位、高密度融合、高标准落实、高价值创造、高压强监督"的高质量党建，向着2025年500+亿目标迈进。

一、科技型企业集团"一体三化"高质量党建品牌构建与实施的背景

（一）是坚持党的领导、加强党的建设，筑牢国有企业"根"和"魂"的探索实践

党的十八大以来，以习近平同志为核心的党中央高度重视国资国企工作，特别是在 2016 年 10 月 10 日召开的全国国有企业党的建设工作会议上，习近平总书记指出："坚持党的领导、加强党的建设，是我国国有企业的光荣传统，是国有企业的'根'和'魂'，是我国国有企业的独特优势。"作为国有企业，中车株洲所积极探索构建"一体三化"高质量党建品牌，认真落实全国国有企业党的建设工作会议精神，推动国有企业党的领导、党的建设全面严起来、实起来、强起来，为中车株洲所改革发展提供坚强保证。

（二）是承接中国中车党委新时代高铁先锋工程，打造党建"金名片"的重要支撑

2017 年，为贯彻落实党的十九大精神、全国国有企业党的建设工作会议要求，在习近平总书记视察中国中车时提出"高铁是中国制造一张靓丽的金名片"重要肯定的鼓舞下，中国中车党委矢志以更高水平、更高标准开启新时代党的建设新征程，结合自身党的建设和改革发展实际，提出深入推进实施新时代高铁先锋工程，打造中国中车党建"金名片"。探索构建"一体三化"高质量党建品牌，是中车株洲所坚决落实中国中车党委工作要求，不断丰富和发展中国中车党建品牌谱系，支撑打造党建"金名片"的株所行动，使党建工作成为像高铁一样具有影响力的中国中车代表符号的一次新出发、新实践。

（三）是适应科研型集团化管控模式，提升党建工作质量的内在需要

构建"一体三化"高质量党建品牌，既是高质量党建引领保障高质量发展的现实需要，是党建工作提质换挡上水平的必然之举，也是中车株洲所全体员工特别是 4000 余名党员对建强企业党建的内心呼唤。中车株洲所始终坚持党的领导、加强党的建设，坚决贯彻落实党和国家的战略决策部署，通过原始创新、集成创新和引进消化吸收再创新，取得了一系列重大技术创新成果，为我国交通和能源事业作出了积极贡献。但同时，作为科技型集团化企业，存在企业内部党建工作不平衡不充分的矛盾和上热中温下凉"沙滩流水不到头"问题。构建"一体三化"高质量党建品牌是推动党建工作上质量、强融合、树品牌的内在需要。

二、科技型企业集团"一体三化"高质量党建品牌构建与实施的主要做法

中车株洲所"一体三化"高质量党建品牌的核心内涵主要体现在"一体""三化""高质量"三个关键词上。

"一体"重点解决企业不同工作主体之间的关系，实现工作谋划、工作部署、工作推进、工作考核的一体联动，具体包括横向一体、纵向一体、融合一体三个方面。其中横向一体是指强化政治引领和领导作用，党政组织横向一盘棋，党建有力带群团建设，引领驱动保障高质量发展；纵向一体是指上下各级党组织一盘棋，实现力量有效协同、工作整体推进；融合一体是指党的建设与企业使命责任、改革任务、经营发展、科研创新的有机结合、深度融合。

"三化"重点解决如何实现党建工作的提质换挡，推动党建工作上质量、强融合、树品牌，主要包括日常工作标准化、重点工作项目化、特色工作品牌化。其中日常工作标准化，突出固本强基，建立并持续完善统一的工作标准和工作程序；重点工作项目化，突出工作实效，结合中心工作重点难点，确定党建工作的切入点、发力点，以项目管理的方式推进，设定工作目标、进行任务分解、落实工作责任、实施考评奖惩，推动党建工作更加深度融入中心、贴近经营实际；特色工作品牌化，突出示范创新，选取可推广、可复制的工作经验和亮点做法，通过品牌创建、品牌示范、品牌维护与持续认证的全流程管理，打造一批有内涵、有实效、有影响的特色党建子品牌。

"高质量"是中车株洲所党建工作的目标。高政治站位，是把政治建设摆在首位，把旗帜鲜明讲政治融入各项具体工作，切实履行好党和国家赋予国有企业的使命。高密度融合，是把党的建设融入生产经营各个领域、环节，实现党建、经营的共促进、双提升、深融合。高标准落实，是各项党建工作部署、规范和要求言必行、行必果，自上而下铺开、落实。高价值创造，是将党组织的组织优势转化为管理优势，将思想优势转化为文化优势，将纪律优势转化为内控优势，将群团优势转化为人本优势。高压强监督，是将全面从严治党、从严治企引向深入，营造风清气正的发展环境。

（一）发力"三个坚持"，构建"一体"联动格局

1. 坚持"全覆盖"，推进党委行政组织一体联动

按照"四同步"原则，将党组织建设与行政建设相融合，确保业务发展到哪里，党的建设就覆盖到哪里。结合双百改革、国企改革三年行动，不断适应新型业务模式以及股权公司的不同实际，创新党组织管理方式方法，探索混改企业党建工作的差异化管控模式。对于绝对控股混改企业落实"整体平移、一体管控"要求，对于相对控股混改企业落实"深度渗透、有效协同"要求，对于参股混改企业落实"规范到位、加强监督"要求。通过坚持"全覆盖"，推进党委行政组织横向一盘棋，深度融合。

2. 坚持"同推进"，推进全级次党组织一体联动

为快速响应上级要求、及时传递和布置工作，中车株洲所党委通过年度党群工作约谈、年度党群工作研讨、月度党群例会等方式，发布年度党委工作要点、年度党建工作大纲、月度党建重点任务计划，在坚持总体思路、基本原则一致的情况下，确保各级党组织严格按照中车株洲所党委的统一部署、工作要求一体化推进各项党建重点工作。

3. 坚持"强认同"，推进党建经营工作融合一体

党建工作与业务工作互融互促、深度融合，不是一朝一夕能完成的，需要一个潜移默化的过程。中车株洲所党委广泛开展思想解放大讨论、对标学习大提升等专项行动，在广大干部员工中大力弘扬党建经营融合一体理念，树立起衡量所属单位党建抓得好不好，主要看"两利四率"完成得好不好、战略韧劲好不好、领导班子建设好不好，最终用企业发展成果、员工成长和满意程度检验党建工作成效。

（二）打造"六大平台"，推动"三化"落地见效

中车株洲所党委重点打造考核评价平台、技术支持平台、价值创造平台、激励表彰平台、培养发展平台、共建共享平台推动日常工作标准化、重点工作项目化、特色工作平台化落地见效。其中重点以考核评价平台、技术支持平台为抓手推进日常工作标准化，以价值创造平台、激励表彰平台为抓手推动重点工作项目化，以培养发展平台、共建共享平台推动特色工作品牌化落地。

1. 打造考核评价平台，构建科学评价体系

增强国企党建考核工作的科学性和有效性是落实党建责任制，提升党建工作质量的重要抓手。中车株洲所党委探索建立党建工作考核评价体系，以考促做、以考促行。一是解决"考什么"，将考核内容分为日常工作、重点工作、特色工作三大类。日常工作突出"规范化"，建立一份目标明确、要求具体、标准清晰的"考核点检表"；重点工作突出"实效性"，设立四个等级评价标准，动态管理；特色工作突出"示范性"，采用现场述评+过程答辩形式。二是解决"怎么考"，建立程序规范的考核流程，从"发布通知、启动考核"到"公布结果、闭环考核"共设置了12个工作流程。三是解决"如何用"的问题，将考核结果与基层党组织评价相结合，与基层党群工作人

员价值化津贴发放相结合，与全体领导干部的年度考核相结合。通过构建考核评价平台，建立并完善"考核内容量化、考核过程规范、考核责任压实"的科学考核机制。

2. 打造技术支持平台，塑造智慧党建模式

为加强和改进党建工作，中车株洲所党委依托"一体三化"高质量党建品牌打造，积极打造"互联网+智慧党建"模式，建立了株洲所包括管理云、服务云、资讯云、学习云、移动云五大模块的党群云系统。通过资讯云，实现动态资讯一键传递、重要精神快速传递、党建动态及时展示、重大问题主动发声、专题活动集中呈现、文化成果实时共享。通过管理云，推动党群业务规范开展，实现"三会一课"、党员发展、关系转接、党群考核、困难申请等业务工作在线办理。通过服务云，设置"我的福利""我的身份""我的幸福生活""我的共享资源"等栏目，为员工提供一站式的服务及福利信息。通过学习云，设置"网上党校""在线党课""在线考试"等栏目，实现学习教育自主化、效果显性化。通过移动云，实现各项功能的手机端办理，如智能党费交纳功能，既提供了便利，又规避了资金风险。通过党群云建设，中车株洲所构建起党建工作大数据中心，更好地使党建工作纵向延伸基层更深入，横向联系服务党员更广泛，联系服务员工更便捷。

3. 打造价值创造平台，强化党建经营深度融合

国有企业党组织要强化价值导向，服务生产经营，把提高企业发展质量和效益作为党建工作的出发点和落脚点，强化党建经营深度融合。中车株洲所党委在全级次党组织中大力开展"一支部一主题一特色"工作，要求结合本单位重点难点问题谋划党建工作开展，以项目管理方式运作，从选题、立题、管题、结题、用题等全流程推进，建强补短党建工作方方面面。从2018年至今共计结题验收56个项目，系统打造出"飘扬的旗"高质量党建项目，"决战工厂"党建项目，"走向前沿、服务产业"项目，四维一体廉洁文化教育体系建设项目，"新思路、心成长"员工人文关怀及成长助力项目，"共建、共商、共享、共赢"党建共建项目等精品基层党建项目。同时，通过党建搭台、赋能业务开展，中车株洲所在全级次党组织中深入推进"党建六联共建"，与地方政府、合作单位、重点客户、战略伙伴、供应链前后端、高等院校等基层党组织开展以"组织联建、业务联动、资源联享、学术联盟、人才联育、文体联谊"为主要内容的党建联建共建。截至目前，中车株洲所全级次32家单位与外部54家企业累计开展了100余场次联建工作。通过价值平台的打造，中车株洲所将党建工作融入生产、经营、管理等改革环节，推动企业改革发展迈上新台阶。

4. 打造激励表彰平台，营造比学赶帮超氛围

建立健全荣誉表彰激励机制是激励广大党员和党组织奋发进取、创先争优的重要手段。中车株洲所党委通过抓好荣誉表彰激励，探索实施中车株洲所Star荣誉体系。Star荣誉体系喻义评选出的组织和个人都是企业的标杆、榜样，按照荣誉项目的价值重要程度，将中车株洲所荣誉分成S1、S2、S3、T1、T2、A1、A2、R四大类八个小类。中车株洲所每年颁发"党建融合创效奖——优秀党建项目案例"，表彰全级次党组织范围内立得住、叫得响、有实效的优秀党建项目，将其作为Star荣誉体系的顶端荣誉进行奖励。通过正面激励，中车株洲所调动各级党组织、党务工作者的积极性、主动性、创造性，推动党的领导全面融入公司治理、党的建设深度融入生产经营。

5. 打造培育发展平台，打造高素质党务人才队伍

抓好党务知识培训是提升党建工作质量的基本途径。中车株洲所党委推进企业党校建设，推动党务干部教育培训常态化。公司时代党校，对内作为"培训赋能"平台，为株洲所领导干部、党务工作者、广大党员、发展对象提升思想政治素质和业务水平能力赋能；对外作为"展示窗口"，成为公司党建管理特色展示、经验输出的重要载体。近年来，中车株洲所党委立足自身优

势，借助外部资源，研究构建出一套具有公司特色的党建培训开发体系，涵盖国企改革、专业管理、智能制造、党建理论、党务知识、企业文化等内容，让党务干部和人才熟悉管理、了解业务、精通党务，为打造一支党性坚强、素质全面、能力过硬的专业化、复合型党务干部队伍奠定坚实基础。

6. 打造共建共享平台，筑造党建工作品牌高地

中车株洲所打造以党建论坛、文化的力量、文化讲堂为主要内容的共建共享平台，一方面"走出去"，系统梳理、固化拓展党建"金名片"成果，将企业党建领域的探索和实践与外部碰撞交流，形成火花、改进提升；另一方面"请进来"，邀请外部单位、行业机构、高校走进公司，分享创新经验、特色做法，"传经送宝"。从2017年开始，每年举办"文化的力量"活动，充分挖掘中车株洲所产业发展背后的奋斗故事、合作故事，在内部与员工讲、在外部向客户推，达到"内生动力、外树品牌"的效果，该平台已经打造成为中车株洲所年度文化盛宴。

（三）加持"三大资源"，提供坚强有力保障

1. 加持组织、资金、人员保障，强化品牌建设

为确保"一体三化"高质量党建品牌建设，中车株洲所先后成立品牌建设领导小组和工作小组，配齐配强党委工作机构、人员、待遇、经费，进一步强化党建基本工作保障。多次党建标杆之行，走进中车系统党建标杆企业、行业内党建标杆企业，取经党建品牌建设经验，为"一体三化"高质量党建品牌打造提供资源保障支持。

2. 加持外部智力，强化品牌生命

为确保"一体三化"高质量党建品牌的生命力，中车株洲所党委加强与外部党建专家学者的互动交流，聘请湖南省委党校、株洲市委党校、中国中车党建专家把脉"一体三化"高质量党建品牌，将外部专家的宝贵建议纳入品牌打造范畴，通过"内部实践+外部把脉"，丰富"一体三化"高质量党建品牌的内涵逻辑、实施路径和评价标准，强化党建品牌的生命力。

3. 加持宣传资源，彰显品牌价值

党建品牌要有影响力，一方面要持续精耕品牌，另一方面要加强宣传传播，增强品牌工作的影响力。中车株洲所为强化"一体三化"高质量党建品牌的价值影响力，系统梳理做法，在内部，依托会议平台，强化内部交流传播；在外部，先后通过中国中车全媒体平台、《株洲日报》、《湖南日报》等媒体累计发布消息、通讯等20余次。

三、科技型企业集团实施"一体三化"高质量党建品牌构建与实施的效果

（一）培根铸魂，实现了国有资产的保值增值

从经济效益来说，通过实施"一体三化"高质量党建品牌，切实发挥党委"把方向、管大局、保落实"的领导作用，中车株洲所以高质量党建引领企业高质量发展，取得丰硕成果。大力发展轨道交通、功率半导体、传感器、乘用车电驱、风光储新能源装备等战略新兴产业，形成交通和能源"双赛道"发展新格局，打造了"轨道交通、新材料、新能源"三个百亿级产业和时代电气、时代新材两家上市公司。党的十八大以来，中车株洲所总资产从210亿元增长到641亿元，归母净资产从49亿元增长到189亿元，销售收入从141亿元增长到391亿元，利税总额从24.22亿元增长到54.7亿元，归母净利润从4.93亿元增长到10.9亿元，实现了国有资产的保值增值。

（二）强基固本，推动了党的建设的提质换挡

从管理效益来说，通过实施"一体三化"高质量党建品牌，建立健全了中车株洲所党委的管理机制、工作逻辑和方式方法，推动了党的建设的提质换挡。以党建进章程、党委前置研究、党

委人员"双向进入、交叉任职"和规范"三会一层"权责体系为基础,党的领导充分融入公司治理各环节。深入实施基本组织、基本队伍和基本制度"三基建设"工程,推动基层党建提升质量、全面建强。提出党建品牌打造"三步走":品牌创建—品牌示范—品牌认证与持续维护,积极构建"1+N"党群特色品牌,在中车株洲所党委及下属基层党组织层面打造形成10个基层党建品牌,系列抓党建强党建工作的全面铺开,基本达成了中车株洲所高政治站位、高密度融合、高标准落实、高价值创造、高压强监督"五高"党建的目标。中车株洲所也连续五年获得中国中车党建责任制考评A级评价。

(三)点赞好评,打造了特色突出的党建品牌

从示范效应来说,通过实施"一体三化"高质量党建品牌,中车株洲所收获各方点赞好评,喜获各类荣誉奖项,打造了特色突出的党建品牌。近年来,中车株洲所收获全国先进基层党组织、全国文明单位、全国火车头奖状、全国五四红旗团委、全国企业文化建设先进单位等30余项荣誉。"一体三化"高质量党建品牌下的系列工作做法累计20余次在中国中车、株洲市党建研究杂志上刊文,其中中车株洲所"一体三化"高质量党建品牌荣获中国中车党建创新实践一等奖。与此同时,随着近年来国企改革三年行动的推进,"一体三化"高质量党建品牌也是中车株洲所对外推介、外部取经的一张亮丽的管理名片,受到中国一汽、中国保利、中国南方航空等多家单位的点赞好评。

主　创　人:张良荣
参与创造人:曹　婷、黄　文、岳　君、柴　多、吴昌云、黎华珍

助力乡村振兴的农村电网精准投资管理

国网湖南省电力有限公司邵阳供电分公司

摘要：乡村振兴，电力先行。国网湖南省电力有限公司邵阳供电分公司（以下简称邵阳供电）积极落实国家、国网公司部署，聚焦高比例人口迁徙农村负荷的电网特点，立足自身投资管理面临的瓶颈，构建农村电网精准投资管理体系。建立组织架构，形成领导有力、横纵协同的工作格局，改革职责权限及工作流程，实现项目提报、审批、管理权限全面统一。组建柔性工作团队，开展用户调研走访，梳理乡村负荷特性，构建农网改造精准立项评价体系。制定差异化投资策略，细化配网投资颗粒度，统筹分类资金安排，确保资金使用精准。基于精准摸排结果，实施电网建设三年行动计划，大力推进电网升级改造，推动新能源有序接入，分类建强乡村电网，确保项目落地精准。建立人才、资金等长效保障机制，确保精准投资持续推进。通过一系列精准投资，实现了农村电网投资管理的精准化、精细化和精益化，取得了突出的管理效益、经济效益和社会效益，投资质量得到有效提升，电网建设取得重大进展，国家重大战略部署落地，在电力服务领域作出了更大贡献。

企业简介

邵阳供电成立于1978年5月，是国家电网有限公司湖南省电力有限公司的全资子公司，以建设、运营电网和供电服务为核心业务。截至2021年，邵阳供电有在职全民职工3811人，供电服务员工1627人，集体职工69人；供电范围覆盖邵阳9县（市）3区，营业区域面积2.08万平方公里，供区总人口656万人；供电客户301万户，2021年完成售电量95.13亿千瓦时，资产总额153.89亿元，营业收入54.83亿元。从助力打赢脱贫攻坚战到全面推进乡村振兴，邵阳供电始终履职担当，推动基础设施逐步改善，供电质量更加可靠，努力满足"三农"发展的用电需要。

一、助力乡村振兴的农村电网精准投资管理的实施背景

（一）是落实国家乡村振兴战略的具体实践

实施乡村振兴战略，是以习近平同志为核心的党中央着眼中华民族伟大复兴战略全局作出的重大决策部署。2020年12月，在中央农村工作会议上，习近平总书记发表重要讲话，提出了"坚持把解决好'三农'问题作为全党工作重中之重，举全党全社会之力推动乡村振兴"的要求。乡村振兴关系国计民生，电力供应更是重中之重。国家电网公司主动融入乡村振兴工作格局，印发《关于服务乡村振兴战略大力推动乡村电气化的意见》，要求认真落实党中央、国务院全面建成小康社会和实施乡村振兴战略的总体要求，着力增强农村用电保障能力，提升工业生产、乡村产业、农村生活电气化水平等。作为下属供电企业，邵阳供电建设坚强稳定的农村电网，保障充足可靠

的电力供应，是落实国家战略部署、服务人民美好生活用能需要的应尽职责、分内之事。

（二）是适应农村电网负荷发展的内在需要

农业产业高速发展使农村地区电力需求空前高涨。2020年，邵阳地区8个贫困县脱贫摘帽，1074个贫困村全部出列，农业农村发展进入全新的赛道，对电力的可靠供应需求日益强烈。同时，高比例迁徙人口形成不同于其他市州的特殊用电结构。邵阳长期在外务工人员约130万人，占全市总人口的20.8%。每年年底上百万在外务工人员集中返乡，导致用电负荷爆炸式增长；春节过后务工人员外出，农村用电负荷迅速回落。配电网整体利用效率偏低，重过载、轻载两端问题突出，设备利用效率不高的现实情况，导致邵阳地区特殊的供电矛盾。因此，亟需根据各地区的不同情况开展针对性分析诊断，实行差异化的电网建设精准投资管理。

（三）是推动供电企业提质增效的必然要求

邵阳地区农村电网基础薄弱，问题积压较多，负荷增长迅速，电网建设需求远超投资额度。"十三五"期间虽然有较大投入，但仅解决部分紧急和民生突出问题，电网改造释放出来的压抑负荷需求又形成了新的电力供应不足问题。为达到节约成本、增售电量的企业经营目标，为完成助力乡村振兴、提升服务水平的民生使命，邵阳供电亟需推进精准投资策略，提升精准投资能力，实现公司整体效益最优。

二、助力乡村振兴的农村电网精准投资管理的主要做法

（一）明确总体思路目标，优化工作组织流程

1. 系统谋划，明确总体工作思路

围绕服务湖南省"三高四新"的战略定位和使命任务，落实邵阳市人民政府关于推进乡村振兴、加快农业农村现代化工作要求，总结邵阳供电"十三五"电网投资建设情况，全面梳理电网投资存在的问题，基于邵阳农村电网负荷特性，充分考虑电网投资与负荷增长不匹配的实际，邵阳供电确立了"十四五"期间"把钱用好"的总体工作思路。秉持安全、高效、清洁的发展理念，坚持经济效益与社会效益并重、协调发展与差异发展结合，以管理提升为抓手，在管理制度与监督机制、组织结构与协调能力、激励机制与工作效率、规章制度与工作程序、人员结构与工作能力、管理水平与创新思路上下功夫，做好事前科学决策、事中跟踪优化和事后评价调整，有效提升企业投资效益，实现企业可持续发展，全面保障乡村振兴建设。

2. 坚持原则，确立合理工作目标

落实国家电网"深入挖潜增效，提升经营管理水平"的总体要求，坚持"经济效益与社会责任并重、协调发展与差异发展结合、保障重点与综合平衡兼顾"三项原则，坚持"规划引领、统筹兼顾、合理利旧"具体工作方法，在邵阳市人民政府与国网湖南电力有限公司的战略合作协议框架下，计划通过三年的精准投资，总体提升供电可靠性和供电质量，确保存量问题逐年减少，满足新增负荷发展的需要，保障特色小镇和新兴产业发展，满足新能源接入要求，全面落实保障乡村振兴电网精准投资工作目标。

3. 统筹资源，调整权限，梳理工作流程

建立组织架构，形成领导有力、横纵协同的工作格局。成立由一把手挂帅、分管经理组成的领导小组，下设管理办公室，定期协调精准投资相关工作，审议决定重大事项。纵向贯通方面，邵阳供电领导层为决策层，市公司专业部门为管理层，县公司为执行层，供电所为操作层，四级层层贯通，确保管理决策高效传达运行；横向推进方面，配网部为主体，发展部、营销部、调控中心、财务部协同，经研所全面技术支撑，六部门协同推进，确保过程中的问题及时沟通协调、

解决改进。

调整职责权限，形成科学化、规范化的工作流程。将市公司发展专业牵头的需求提报、立项、可研、规划的评审和批复等工作调整至设备（配电）专业。10千伏及以下配网项目的规划、建设、运维等管理工作主体责任全部调整到配网部，项目的提报、审批、管理权限实现全面统一。具体项目需求及可研管理方面，要求县公司每月组织运维分析，形成配电网问题台账，落实建设条件和投资需求，提出初步解决方案。分阶段开展需求提报并在项目管控平台进行线上评审，确保问题提报全面、准确、及时，通过需求常态储备，避免资金等项目的尴尬局面。项目储备规模方面，由市公司配网部牵头，发展部、营销部等部门参与，结合上一年电网诊断分析和储备项目质量情况，提前下达年度储备项目总体规模，分解到具体的2、6、9月。通过总体规模的下达，让县公司对下一年整体投资有明确概念，避免盲目储备、低质量储备。

（二）建立负荷预测模型，确保立项分析精准

1. 持续开展电力客户调研走访

为彻底掌握农村负荷发展特性，邵阳供电对9个县的105个农村供电所进行了入户调研，累计调研356个供电台区、50000余户用电客户，调研内容包括用户家庭成员及收入情况、家用电器持有和使用习惯、用户未来三到五年电器购买及更换计划等。通过梳理分析调研数据，基本摸清了邵阳不同经济发展水平的乡镇、村组台区的负荷现状及发展情况，为精准预测未来三到五年负荷需求提供数据支撑。

2. 深入诊断分析农村负荷特性

总结梳理邵阳农村电网型负荷特性。聚焦农村用户迁徙特性认识不足、用户用电行为及习惯摸排不实、用户用电特性分析不够、用户负荷释放特性研究不深等四个未量化问题，基于大数据平台和海量现场数据调查，采用趋势对比、象限交叉等分析方法，从农村用户迁移特性、农村用户用电特性、农村配电网同时率特性、农村负荷释放特性四个方面"用大数据分析、用大数据判断"，总结梳理邵阳农村电网"四高一低"五项典型负荷特性——高比例长期空置、高比例春节返乡、高比例压抑负荷、高设备间同时率、低用户需用系数。

构建差异化线路评价体系。基于大数据平台和现场数据调查，采用专家评价和聚类分析方法，开展面向精准立项需求的配电网线路状态评价诊断分析，构建差异化线路评价体系，包括乡镇级用电需求评价体系、线路问题评价体系、线路状态评价体系。依据乡镇级用电需求评价体系，对乡镇用电需求进行归档分类；依据线路问题评价体系，对线路状态进行评价；依据线路状态评价体系，基于问题程度和用电需求聚合构建七类线路改造需求。

3. 建立农网立项评价体系模型

进一步对现状问题进行诊断分析，构建农网改造精准立项评价体系。明确线路、台区重大项目、排序项目划分原则，明确线路、台区立项指标选取原则、指标打分权重。10千伏线路项目评价包括是否符合目标网架、年电量、线损率、单条线路串情况等10项评价内容，台区项目评价包括低电压户数、台区设备利用小时数、是否高耗能配变等7项评价内容，特别增加"是否特色小镇项目""是否新兴产业支撑项目"等反映项目对农村经济产业发展支撑情况的社会性指标。综合考虑项目紧急程度、投资效益等因素，开展项目评价。按最终得分情况，将项目分为重大项目、排序项目，重大项目原则上优先安排投资计划，排序项目按得分情况分步实施，逐年销号。

（三）制定差异化投资策略，确保资金使用精准

1. 因地制宜，制定差异化投资策略

2020年，邵阳供电全面开展市、县两个层面的"十四五"配电网规划，将精准投资理念直接写进具体篇章，明确服务乡村振兴大局的总体要求，细化人财物等要素保障措施，从供电能力、网架结构、装备水平、绿色智能等方面对9个县级电网进行全面诊断分析。基于精准预测和对各县公司存量问题的全面摸排，邵阳供电制定了差异化投资策略，确定邵东市、隆回县、邵阳县等负荷发展迅速、供电问题突出的县公司以问题导向为先的总体投资原则，城步县、绥宁县等经济发展缓慢、供电问题较少的县公司以目标导向为先的总体投资原则，综合考虑投资效率效益，划定各县公司"十四五"总体投资规模和县公司分年投资规模。

2. 盘活资源，细化配网投资颗粒度

"十三五"期间，公司投资主体为贫困村改造、中心村改造等政策性投资要求，线路投资只占到19.7%，整体状况较差。同时，基层单位过度解读省公司"改必改好，一步到位"的思路，客观上加大改造标准，减少合理利旧规模，造成投资效益不明显的突出问题。2019年开始，邵阳供电立足电网实际，结合精准投资理论基础，细化投资颗粒度，一是加大线路投资，2019年到2021年线路投资占比分别到达40%、50%、60%，同时对老旧线路改造进行管控，既控改造数量，也控单线改造规模。二是提出按台区立项总体改造原则，严控单台区的投资，优先实施一项多能项目。同时重新梳理利旧原则，对改造线路、台区进行全设备状态评价，老旧设备、物资合理利旧，盘活存量资源。

3. 综合考量，统筹项目类别和资金

配电网投资项目点多面广，类别繁多，各类资金如何统筹安排一直是一个难题。邵阳供电按照"先运维后基建"的总原则，每年动态调整基建、技改大修、运维资金投资比例，运维层面能够解决的优先运维，局部设备类问题、局部其他共性问题优先考虑技改大修解决，问题全面突出的纳入基建解决。2019年，基建、技改大修、运维资金比例为78.3%：17.4%：4.3%，2021年比例调整为65.4%：26.9%：7.7%。

（四）分类建强乡村电网，确保项目落地精准

1. 推进农网升级改造，驱动农村高质量发展

基于状态评价体系和精准投资管控模型，邵阳供电提出配电网供电能力改造提升三年行动计划。2019年为问题导向年，加大对问题线路的梳理，确保解决过载线路、变电站配套、单线串3个及以上乡镇线路问题。2020年为目标导向年，过载线路、变电站配套优先解决，新增"双百"线路，解决线路出口低电压台区线路刚性需求，全面加大强化站间联络线路、目标网架优化线路投入。2021年为巩固提升年，刚性项目过载线路、变电站配套优先解决，新增抗冰线路改造、线路自动化改造等线路刚需，加大安全隐患整治力度。

基于高比例迁徙人口形成不同于其他市州的特殊用电结构，邵阳供电实施针对性电网改造。合理配置改造台区容量，有针对性地使用高过载配变，结合负荷预测结果开展配变轮换补点，针对高损台区使用低损耗的非晶合金配变，加大用电需求偏高、问题严重线路投入，合理配置线路导线截面，加强线路自动化改造。对于线路、台区部分共性问题，邵阳供电结合融资租赁项目、大修技改项目、成本项目等多个资金来源，统筹安排开展了线路、台区各类别问题的专项整治工作。线路方面主要包括高跳线路集中检修、跨鱼塘线路专项整治、"两跨"线路问题专项整治、森林草原防火线路改造等；台区方面主要包括低电压问题台区专项整治、低压线路隐患整治、三相

不平衡整治等。通过实施专项整治，更加突出适应邵阳电网现状的问题优先立项的原则，用最少的钱解决更多的存量问题。

2. 开展特色小镇电网改造，助力产业高质量发展

目前，邵阳市有邵东仙槎桥五金小镇、新宁黄龙脐橙小镇等一批省级特色小镇及新邵白水洞旅游康养研学小镇等一批正在培育发展的特色小镇。邵阳供电积极实施特色小镇电网改造专项规划，对各特色小镇，根据其主导产业差异、电网现状水平开展深入调研、诊断分析及负荷预测，再因地制宜提出有针对性的电网建设改造建议，切实推动特色小镇建设发展。对邵东仙槎桥五金小镇，考虑到其工业负荷密度大，用电负荷重，农网改造注重大截面导线10千伏线路建设改造；对新宁崀山文化旅游小镇，考虑到景区及游客可靠用电的需求，农网改造注重10千伏线路的联络，提高供电可靠性；对隆回小沙江金银花小镇，开展"电烤金银花"专项用能服务，提高生产效率和产品质量。电网项目立项时将"是否特色小镇项目""是否新兴产业支撑项目"作为重要属性纳入项目评价体系，对相应项目给予适当的投资倾斜。

3. 推动新能源有序接入，服务区域绿色发展

邵阳供电秉持绿色发展理念，积极谋划新能源消纳工作。对报装的垃圾焚烧电站、沼气发电站、分布式光伏电站开展接入系统分析，综合考虑其出力特性、周边电网现状及规划情况确定最经济可靠的接入方案。2021年7月，湖南省发改委开展整县（市、区）屋顶分布式光伏开发试点工作，隆回县、邵阳县被列为整县屋顶分布式光伏开发试点县。邵阳供电第一时间与隆回县、邵阳县政府对接，了解整县屋顶资源情况，并开展隆回县、邵阳县分布式光伏接入专项规划及消纳分析研究，对各级电网进行可开放容量测算，对拟开发的屋顶光伏项目从可行性、经济性、适应性等多方面进行项目评价，并提出开发建议，确保全县屋顶光伏项目科学合理开发、经济可靠接入。

(五) 建立长效保障机制，持续提升管理水平

1. 打造专业队伍，强化人才保障

明确市、县、所三级电网规划、建设、投资专业人员配置要求，市公司配电部配备需求专责1人、规划专责1人，经研所配备农配网需求规划管理专责4人，各县公司配备需求专责1人、规划专责1人，各供电所配备需求规划专责1人。成立由管理领军人才牵头的柔性工作团队，成立由专家牵头的调研团队。以提高管理水平和创新能力为核心，以管理领军人才和专家人才为重点，加强专业人员培训，造就一批专业化团队。构建专家人才库，完善人才储备培训机制，加强专业技能培训和人员交流，拓宽专业知识，增强人员岗位适应能力。开办精准投资方案宣贯班、电网建设科级干部业务培训班、规划专责业务培训班、设计培训班、供电所需求提报分期培训班、管控平台操作培训班等22个班次，安排专业老师授课，覆盖企业专业员工500余人次。

2. 深化政企合作，强化资金保障

2019年，国网湖南省电力有限公司与邵阳市人民政府签署《共同推进"三型两网"建设战略合作协议》，规划在2019—2022年4年投资70亿元建设邵阳电网，将农村电网改造特别是贫困村的农改纳入未来4年电网建设计划，积极推进乡村电气化，助力脱贫攻坚，服务决胜全面小康和乡村振兴战略。2022年，双方再次签署"十四五"深化战略合作协议，规划"十四五"期间在邵阳电网投入135亿元，主要用于新型电力系统建设、坚强智能电网建设、供电优质服务等。

3. 搭建管控平台，夯实全过程保障

搭建全过程项目管控平台，完善项目从需求、可研、设计、计划下达到后评价的全过程管理流程，同时要求所有项目入库，并明确提报、审核、批准等管理职责权限要求。从市公司配网部、发展部、营销部、调控中心、经研所到县公司配网部、发展部、营销部、供电所、调控中心均配备了管理账号，明确了各账号工作职责，相关人员全面参与系统流程管控。根据管控平台运转情况和实际需要，多渠道收集运行信息，完善相关配套功能，完善相关流程，做到能用、好用、有用，为精准投资管控提供了系统保障。

4. 建立反馈机制，实现全过程督导

依托管控系统平台，从需求提报到后评价环节，全面开展过程督导评价。重点督查评价需求提报质量、规划任务合格率、可研设计质量、投资计划下达率、可研实施率、工程技经规范性、问题解决情况、投资效率效益等问题，评价结果纳入对各单位的专业工作考核范围，进行必要的通报，并作为配电网投资安排的重要依据。落实柔性团队常态化工作协调机制，定期召开专题会议，集中会商，对精准投资工作中出现的问题进行讨论分析，对上级部门及政府的政策安排及时跟进，建立问题反馈、分析机制。建立管理举措补充修订机制，专业部门和相关部门及县级单位沟通协调，及时掌握最新情况变化，做出相应的管理举措调整，使经验得到推广、教训得到吸取、错误不再重复、项目更加完善。

三、助力乡村振兴的农村电网精准投资管理的实施效果

（一）告别粗放投资理念，提高经济效益

建立了涵盖精准投资管理组织机构、数字化工具、投资策略、实施方案等的管理体系，简化了管理流程，缩短了管理链条。改变原先粗放式的投资观念，有效提升人员业务素质水平，培养了一批技术骨干，建立了动态调整的工作机制，确保精准投资管理工作能够长期贯彻执行。2019—2021年，邵阳农网单位投资增售电量0.74千瓦时/元，相比前三年上升18.2%；单位投资增供负荷2.89千瓦/万元，相比前三年上升21.5%。在同样的供电指标达成前提下，累计节约投资约3.2亿元。

（二）彰显央企责任担当，助力乡村振兴

解决重点乡镇用电问题25个、企业双电源问题28个、低电压用户10.3万余户，农网整体供电可靠性由2019年初的99.932%提升至2021年底的99.966%，农村户均容量由2019年初的1.89千伏安/户提升至2021年底的2.02千伏安/户。在与历年投资基本持平的情况下，2020年、2021年实施效果提升14%。持续精准有效的农网改造投入，大幅提高了农村电网状况和供电水平，适应了邵阳不同区域农村用电增长差异发展的需求，支撑了10余个农业、工业、文旅业特色小镇和电烤烟、电烤金银花等多项新兴产业的发展，增加当地就业11000余人。邵阳供电以实际行动为巩固拓展脱贫攻坚胜利成果、推进国家乡村振兴战略履行了供电企业的社会责任，践行了"为美好生活充电，为美丽中国赋能"的企业使命和"人民电业为人民"的企业宗旨。

（三）服务生态乡村建设，推动绿色发展

通过积极满足垃圾焚烧电站配套接入电网的建设需求，邵阳地区垃圾焚烧比重达到80%，有效减少了垃圾焚烧的环境污染和垃圾掩埋的土地污染。电烤烟、电厨房等项目的实施，有效减缓了碳排放增长速度，平均每年可替代电能1200万千瓦时，减少二氧化碳排放0.39万吨。低损耗的非晶合金配变的推广使用和线路改造后的线损降低进一步减少了能源的浪费，电网建设煤炭单耗减少0.2吨/万元。通过两年的实践，邵阳地区总体终端能源消耗中电力的比重由原来的28.7%

提升到 29.2%。

(四) 探索投资管理新模式，示范效应显著

邵阳供电精准投资的理念为提高电网精准投资管理水平奠定了坚实基础，精准投资成果受到了同行业单位和湖南省电力公司的高度认可，先后荣获"国网湖南电力有限公司 2021 年度软科学研究成果优秀奖（全省第三）""2021 年度国网湖南经研体系工程技术进步奖一等奖"，为全省全面落实推广精准投资工作起到了带头作用，为国内与邵阳农村电网具有相似负荷特性的地市电网企业提供了精准投资管理经验借鉴。

主　创　人：黄　健、陈精哲
参与创造人：刘建华、肖家旺、马　丽、唐谟懿、罗国才、李　媛、
　　　　　　刘楚昕、赵　洁、谢凯文、龙一飞